# KRAMERS VERTAALWOORDENBOEK
## NEDERLANDS-DUITS

# Kramers Vertaalwoordenboek

## Nederlands-Duits

Redactie onder leiding van
drs. H. Coenders

## SAMENSTELLERS

*Algemene leiding*
  drs. H. Coenders

*Eindredactie*
  P.S. Vermeer

*Redactie*
  mevr. J.M. Cromme
  E.J. Schouten
  mevr. E.-M. Ternité

*Auteur 'Niederländische Grammatik'*
  mevr. E.-M. Ternité

*Invoer/correctie*
  drs. G. Bakker
  mevr. W. van der Molen-Kwaak
  mevr. A. Stastra

*Bandontwerp*
  mevr. M. Gerritse

Zetwerk: Grafikon België
Druk: Bercker Kevelaer

ISBN 90 274 7616 0
NUR 627

© 2004 Uitgeverij Het Spectrum

Derde druk

Niets uit deze uitgave mag worden verveelvoudigd
en/of openbaar gemaakt door middel van druk, fotokopie,
microfilm of op welke andere wijze ook, zonder
voorafgaande schriftelijke toestemming van de uitgever.

No part of this book may be reproduced in any form, by
print, photoprint, microfilm or any other means, without
written permission from the publisher.

Opneming van een woord in dit woordenboek
prejudicieert niet ten aanzien van het al of niet
bestaan van merkenrechten op dat woord.

# SAMENSTELLERS

*Algemene leiding*
   drs. H. Coenders

*Eindredactie*
   P.S. Vermeer

*Redactie*
   mevr. J.M. Cromme
   mevr. drs. M. van Driel
   mevr. drs. I. Groothedde
   E.J. Schouten
   mevr. E.-M. Ternité

*Auteur 'Duitse grammatica' en*
*'Duitse culinaire termen en gerechten'*
   mevr. E.-M. Ternité

*Auteur 'Brieven schrijven in het Duits'*
   mevr. J.M. Cromme

*Invoer/correctie*
   mevr. O. Groenewoud
   (Vertaalbureau UvA Vertalers)
   mevr. A. Stastra

*Bandontwerp*
   mevr. M. Gerritse

# VOORWOORD

Het Kramers Vertaalwoordenboek Nederlands-Duits is de opvolger van het Kramers Pocketwoordenboek, waarvan de eerste druk reeds in 1982 verscheen. Dit geheel herziene vertaalwoordenboek is een compacte versie van het grotere gebonden Kramers Woordenboek Nederlands-Duits, waaruit wij met zorg die woorden en uitdrukkingen hebben geselecteerd die Nederlandstaligen nodig hebben als ze in contact komen met de Duitse taal, bijv. bij de studie of in het zakelijk verkeer. Door het handzame formaat is dit woordenboek ook bijzonder geschikt voor op reis. De hoeveelheid en de selectie van de trefwoorden is bovendien van dien aard dat je niet gauw zult misgrijpen bij het zoeken naar een woord. En uiteraard zijn er nieuwe woorden toegevoegd.

Een bijzondere reden voor de Kramersredactie om nu met nieuwe woordenboeken te verschijnen is de spellingwijziging die het Nederlands heeft ondergaan. Uiteraard is de nieuwe, officiële Nederlandse spelling - sinds 1 augustus 1996 verplicht voor het onderwijs en de overheid - in dit woordenboek verwerkt.
Ook het Duits zal met ingang van 1 augustus 1998 een spellingwijziging ondergaan (tot het jaar 2005 is overigens ook de huidige Duitse spelling nog toegestaan). Aan het slot van de *Duitse grammatica*, die als bijlage achterin dit woordenboek is opgenomen, tref je een korte beschrijving aan van de aard van deze spellingwijziging.

Achter Duitse zelfstandige naamwoorden die in dit woordenboek als vertaalwoord worden opgevoerd, is aangegeven of zij mannelijk, vrouwelijk of onzijdig zijn (*m*, *v* of *o*). Aparte toelichting behoeven vertalingen van de vorm: Abgeordnete(r) *m-v* (meestal zijn dit zelfstandig gebruikte bijvoeglijke naamwoorden). Deze formulering houdt in dat het een zelfstandig naamwoord betreft dat zowel mannelijk als vrouwelijk kan zijn. Als mannelijk zelfstandig naamwoord luiden de verbuigingsvormen in de eerste naamval: *der Abgeordnete, ein Abgeordneter*, en als vrouwelijk zelfstandig naamwoord: *die Abgeordnete, eine Abgeordnete*. De overige verbuigingsvormen komen overeen met de verbuigingsvormen die voor bijvoeglijke naamwoorden gebruikelijk zijn (zie de *Duitse grammatica*).

Voor het overige behoeft dit woordenboek geen nader betoog. Alles wat je voor een juist begrip van de artikelen dient te weten, vind je in de *Aanwijzingen voor het gebruik* en de *Lijst van tekens en afkortingen*.

De praktische bruikbaarheid van het woordenboek wordt nog verhoogd door de handige bijlagen die achterin zijn opgenomen. Naast de reeds genoemde *Duitse grammatica* vind je daar o.a. een overzicht van geografische namen, een lijst met Duitse culinaire termen en tips voor het schrijven van brieven in het Duits.

Tot slot willen wij allen bedanken die een bijdrage hebben geleverd aan dit Vertaalwoordenboek. Mede dankzij hun inspanning is er een actueel en goed toegankelijk naslagwerk ontstaan voor een breed publiek.

Amsterdam, april 1997                                          De redactie

# INHOUDSOPGAVE

| | |
|---|---|
| Aanwijzingen voor het gebruik | IX |
| Lijst van tekens en afkortingen | XI |
| Nederlands-Duits | 1-419 |
| Duitse onregelmatige werkwoorden | 422 |
| Nederlandse onregelmatige werkwoorden | 432 |
| Duitse grammatica | 437 |
| Getallen | 468 |
| De tijd | 469 |
| Landennamen | 470 |
| Andere belangrijke geografische namen | 475 |
| Duitse culinaire termen en gerechten | 479 |
| Brieven schrijven in het Duits | 483 |

# AANWIJZINGEN VOOR HET GEBRUIK

## Trefwoorden

De trefwoorden zijn vetgedrukt en alfabetisch geordend. Synonieme trefwoorden die alfabetisch direct op elkaar volgen, zijn achter elkaar aan het begin van een artikel geplaatst:

**afluisterapparatuur, afluisterinstallatie** Abhöranlage *v*, -einrichtung *v*

Trefwoorden die hetzelfde worden geschreven, maar die volstrekt verschillende betekenissen hebben en etymologisch niet aan elkaar verwant zijn, zijn als aparte trefwoorden weergegeven, voorafgegaan door een vetgedrukt nummer:

**1 aas** *o* 1 ⟨dood dier⟩ Aas *o*; 2 ⟨lokaas⟩ Köder *m*
**2 aas** *o & m* kaartsp As *o*

Als bij deze trefwoorden de klemtoon op verschillende plaatsen ligt, is dat aangegeven door middel van een apostrof voorafgaande aan de beklemtoonde lettergreep:

**1 'achteruitgang** *m* ⟨deur⟩ Hinterausgang *m*
**2 achter'uitgang** *m* ⟨terugval⟩ Rückwärtsgang *m*, Verfall *m*; (...)

Als een trefwoord wordt gevolgd door een asterisk (*) betekent dit dat het gaat om een onregelmatig Nederlands werkwoord. Zie voor de vervoegingsvormen van deze werkwoorden de lijst met *Nederlandse onregelmatige werkwoorden* achter in dit woordenboek:

**bakken\***
**bannen\***

## Woordsoorten

Bij trefwoorden die tot verschillende woordsoorten behoren en waarbij er, afhankelijk van de woordsoort, verschillen in vertaling optreden, zijn vetgedrukte Romeinse cijfers gebruikt ter indeling van het artikel. Na de Romeinse cijfers zijn de woordsoorten vermeld (zie voor de gebruikte afkortingen de *Lijst van tekens en afkortingen*):

**aftreden I** *onoverg* zurücktreten, (aus dem Amt) ausscheiden; **II** *o* Rücktritt *m*

## Betekenisaanduidingen

Als een trefwoord meer dan een betekenis heeft en de verschillende betekenissen corresponderen met verschillende Duitse vertalingen, zijn vetgedrukte Arabische cijfers gebruikt om de betekenissen van elkaar te onderscheiden. Na de Arabische cijfers zijn tussen punthaken korte betekenisaanduidingen vermeld:

**aanduiden 1** ⟨vaag⟩ andeuten; **2** ⟨nauwkeurig⟩ bezeichnen, markieren

## Labels

Als een woord of een bepaalde betekenis daarvan specifiek is voor een bepaald (vak)gebied (bijv. scheepvaart, muziek, sport) of voor een bepaalde stijl (bijv. gemeenzaam, plechtig, figuurlijk), of als een vertaling specifiek is voor een bepaald gebied (bijv. Zuid-Duitsland, Noord-Duitsland), is dit aangegeven door middel van onderstreepte *labels* (zie voor de gebruikte afkortingen de *Lijst van tekens en afkortingen*):

**fok 1** scheepv Fock *v*, Focksegel *o*; **2** gemeenz ⟨bril⟩ Brille *v*
**aanharken** Z-Duits rechen; N-Duits harken; (...)

## Zegswijzen, vaste verbindingen, voorbeeldzinnen

Zegswijzen, vaste verbindingen en voorbeeldzinnen zijn cursief gedrukt. Om ruimte te besparen is het teken ~ gebruikt ter vervanging van het trefwoord:

**hinken** hinken, lahmgehen; *op twee gedachten ~ zwischen zwei Gedanken schwanken*
**baken** Bake *v*; *de ~s zijn in/ verzet* fig *das Blättchen hat sich gewandt*

## Geslachtsaanduiding vertaling

In het Duits wordt bij zelfstandige naamwoorden onderscheid gemaakt tussen drie woordgeslachten (zie § 2.4 van de *Duitse Grammatica* achter in dit woordenboek). Achter elk Duits zelfstandig naamwoord is verkort het woordgeslacht vermeld (*m* = mannelijk; *v* = vrouwelijk; *o* = onzijdig; *mv* = meervoud). Een bijzondere geslachtsaanduiding is *m-v*; dit houdt in dat het betreffende Duitse woord een zelfstandig gebruikt bijvoeglijk naamwoord is (zie § 5.4 van de *Duitse grammatica*).

# LIJST VAN TEKENS EN AFKORTINGEN
## ERLÄUTERUNG DER ZEICHEN UND ABKÜRZUNGEN

| | | | |
|---|---|---|---|
| ' | | klemtoonteken | Akzentzeichen |
| ~ | | herhaling van het trefwoord | Wiederholung des Stichworts |
| ± | | ongeveer hetzelfde | ungefähr dasselbe |
| & | | en | und |
| * | | onregelmatig werkwoord | unregelmäßiges Verb |
| *aanw vnw* | | aanwijzend voornaamwoord | Demonstrativpronomen |
| aardr | | aardrijkskunde | Geographie |
| alg. | | algemeen | allgemein |
| anat | | anatomie | Anatomie |
| archeol | | archeologie | Archäologie |
| astrol | | astrologie | Astrologie |
| astron | | sterrenkunde | Astronomie |
| auto | | auto | Kraftfahrzeuge |
| Barg | | Bargoens, dieventaal | Rotwelsch, Gaunersprache |
| *betr vnw* | | betrekkelijk voornaamwoord | Relativpronomen |
| *bez vnw* | | bezittelijk voornaamwoord | Possessivpronomen |
| bijbel | | bijbelse term | biblisch |
| *bijw* | | bijwoord | Adverb |
| bilj | | biljart | Billard |
| biol | | biologie | Biologie |
| bn | | bijvoeglijk naamwoord | Adjektiv |
| bouwk | | bouwkunde | Bauwesen |
| chem | | chemie, scheikunde | Chemie |
| comput | | computerterm | Datenverarbeitung |
| dierk | | dier(kunde) | Tier(kunde) |
| eig | | eigenlijk | eigentlich |
| elektr | | elektrotechniek | Elektrotechnik |
| *enk* | | enkelvoud | Einzahl |
| enz. | | enzovoort | und so weiter |
| fig | | figuurlijk | bildlich, übertragen |
| fotogr | | fotografie | Fotografie |
| gemeenz | | gemeenzaam | umgangssprachlich |
| geol | | geologie | Geologie |
| geringsch | | geringschattend | abwertend |
| godsd | | godsdienst | Religion |
| gramm | | grammatica | Grammatik |
| h. | | vervoegd met 'hebben' | konjugiert mit Hilfswort 'hebben' |
| handel | | handelsterm | Kaufmannssprache |
| herald | | heraldiek, wapenkunde | Heraldik |
| hist | | historische term | historisch |
| iem. | | iemand | |
| iems. | | iemands | |
| iron | | ironisch | ironisch |
| jacht | | jagersterm | Jägersprache |
| jmd. | | | jemand |
| jmdm. | | | jemandem |
| jmdn. | | | jemanden |
| jmds. | | | jemand(e)s |
| kaartsp | | kaartspel | Kartenspiel |
| landb | | landbouw | Landwirtschaft |
| luchtv | | luchtvaart | Flugwesen |
| *m* | | mannelijk | männlich |
| med | | medische term | medizinisch |

# LIJST VAN TEKENS EN AFKORTINGEN

| | | |
|---|---|---|
| meteor | meteorologie | Meteorologie |
| mil | militaire term | militärisch |
| muz | muziek | Musik |
| mv | meervoud | Plural |
| m-v | zowel mannelijk als vrouwelijk | männlich und weiblich |
| nat | natuurkunde | Physik |
| nat-soc | nationaal-socialistisch | nationalsozialistisch |
| Nederd | Nederduits | niederdeutsch |
| N-Duits | Noord-Duits | norddeutsch |
| nv. | naamval | Fall |
| o | onzijdig | sächlich |
| officieel | officiële term | offiziell |
| onderw | onderwijs | Schulwesen |
| onoverg | onovergankelijk | intransitiv |
| Oostr | Oostenrijks | österreichisch |
| overg | overgankelijk | transitiv |
| pers vnw | persoonlijk voornaamwoord | Personalpronomen |
| plantk | plant(kunde) | Pflanz(enkunde) |
| plat | plat | vulgär |
| plechtig | plechtig, dichterlijk | gehoben, poetisch |
| pol | politiek | Politik |
| post | posterijen | Postwesen |
| prot | protestantse term | protestantisch |
| psych | psychologie | Psychologie |
| radio | radio | Rundfunk |
| recht | juridische term | Rechtssprache |
| rekenk | rekenkunde | Arithmetik |
| RK | rooms-katholieke term | katholisch |
| RTV | radio & televisie | Rundfunk & Fernsehen |
| scheepv | scheepvaart | Seewesen |
| scheldwoord | scheldwoord | Schimpfwort |
| schertsend | schertsend | scherzhaft |
| schilderk | schilderkunst | Malerei |
| schrijft | schrijftaal | Schriftsprache |
| slang | slang | Slang |
| sp | sport | Sport |
| spoorw | spoorwegen | Eisenbahnwesen |
| st | sterk werkwoord | starkes Verb |
| stud | studententaal | Studentensprache |
| taalk | taalkunde | Sprachwissenschaft |
| techn | techniek | Technik |
| telec | telecommunicatie | Telekommunikation |
| telw | telwoord | Zahlwort |
| tennis | tennis | Tennis |
| thans | thans | jetzt |
| theat | toneel, theater | Theater |
| tsw | tussenwerpsel | Interjektion |
| turnen | turnen | Turnen |
| TV | TV | Fernsehen |
| typ | typografie | Typographie |
| v | vrouwelijk | weiblich |
| vero | verouderd | veraltet |
| visk | vis(kunde) | Fisch(kunde) |
| vnw | voornaamwoord | Pronomen |
| voegw | voegwoord | Konjunktion |
| vogelk | vogel(kunde) | Vogel(kunde) |
| voorv | voorvoegsel | Präfix |
| voorz | voorzetsel | Präposition |

| | | |
|---|---|---|
| *vroeger* | vroeger | früher |
| *wederk* | wederkerend | reflexiv |
| W-Duits | West-Duits | westdeutsch |
| *wisk* | wiskunde | Mathematik |
| *ww* | werkwoord | Verb |
| ZN | Zuid-Nederlands | südniederländisch |
| *znw* | zelfstandig naamwoord | Substantiv |
| Z-Duits | Zuid-Duits | süddeutsch |
| *zw* | zwak werkwoord | schwaches Verb |
| Zwits | Zwitsers | schweizerisch |

# A

**a** der Buchstabe A, das A; *van ~ tot z* von A bis Z; *wie ~ zegt, moet ook b zeggen* wer A sagt, muß auch B sagen

**à** zu; *vijf ~ zes minuten* fünf bis sechs Minuten; *~ fl. 5,- per stuk* zu hfl. 5,- das Stück, je Stück

**aai** Liebkosung *v*

**aaien** streicheln, liebkosen; *iem. over 't hoofd ~* einem über den Kopf streichen

**aak** scheepv Schleppkahn *m*, Kahn *m*

**aal** ⟨vis⟩ Aal *m*

**aalbes** Johannisbeere *v*

**aalglad** aalglatt, (so) glatt wie ein Aal

**aalmoes** Almosen *o*

**aalmoezenier** Feldgeistlicher *m*

**aalscholver** Kormoran *m*

**aambeeld** (ook gehoorbeentje) Amboß *m*; *steeds op hetzelfde ~ hameren* immer auf dieselbe Sache zurückkommen, in dieselbe Kerbe hauen

**aambeien** Hämorrhoiden *mv*

**aan** I *voorz* an; *de tuin ligt ~ de beek* der Garten liegt am Bach; *ik zeg 't ~ mijn broer* ich sage es meinem Bruder; *'t ~ zijn maag hebben* es mit dem Magen haben; *~ één oor doof wat Iemand aan* auf einem Ohr taub; *~ 't hof* bei Hofe; *'t bezoek ~ Parijs* die Reise nach Paris; *een bezoek ~ de schouwburg* ein Theaterbesuch; *een bezoek ~ mijn tante* ein Besuch bei meiner Tante; *~ tafel gaan* zu Tisch gehen; *~ tafel zitten* bei Tisch sitzen; *de beslissing is ~ u* die Entscheidung liegt (steht) bei Ihnen; II *bijw* an; *de lamp is ~* die Lampe brennt; *de tv staat ~* der Fernseher ist an, läuft; *de boot was ~* fig der Spektakel ging los; *er is niets ~* 1 ⟨saai⟩ es ist gar nicht interessant, es ist saft- und kraftlos; 2 ⟨gemakkelijk⟩ es ist leicht; *er is niets van ~* es ist kein wahres Wort daran; *hij is er slecht ~ toe* er ist übel dran

**aanbakken** anbrennen

**aanbeeld** = *aambeeld*

**aanbellen** klingeln, läuten, schellen

**aanbesteden** verdingen, ausschreiben; im Wege der Submission vergeben; *een werk ~* eine Arbeit ausschreiben, verdingen

**aanbesteding** Verdingung *v*, Ausschreibung *v*, Submission *v*, Verding *m*; *bij ~* im Wege der Submission (Verdingung)

**aanbetalen** anzahlen

**aanbetaling** Anzahlung *v*, Angeld *o*

**aanbevelen** empfehlen, raten; *zich voor verdere orders aanbevolen houden* sich für weitere Aufträge empfehlen; *het is aan te bevelen met de verkoop te wachten* es empfiehlt sich, mit dem Verkauf zu warten

**aanbeveling** Empfehlung *v*; *het verdient ~* es empfiehlt sich

**aanbiddelijk** anbetungswürdig, himmlisch

**aanbidden** anbeten

**aanbidder** 1 ⟨v. goden enz.⟩ Anbeter *m*; 2 ⟨v. meisje⟩ Verehrer *m*

**aanbidding** Anbetung *v*

**aanbieden** anbieten; ⟨deftiger⟩ antragen; *excuses, verontschuldigingen ~* um Verzeihung bitten, sich entschuldigen; *waren ~* Waren anbieten; *te koop ~* feilbieten; *iem. een betrekking ~* einem eine Stelle anbieten, antragen; *een verzoekschrift ~* eine Bittschrift einreichen; *~ iets te doen* sich erbieten (anbieten), etwas zu tun; *zich ~* ⟨v. gelegenheid⟩ sich darbieten

**aanbieding** 1 (in 't alg.) Angebot *o*; 2 ⟨aanbod⟩ Anerbieten *o*; 3 handel Angebot *o*, Offerte *v*; 4 ⟨v. verzoekschrift⟩ Einreichung *v*; *speciale ~* handel Sonderangebot *o*; *in de ~ zijn* im Angebot sein

**aanbinden** anbinden, befestigen; *de strijd ~* den Kampf aufnehmen

**aanblijven** ⟨v. minister enz.⟩ im Amt (ver-)bleiben

**aanblik** Anblick *m*; *bij de eerste ~* auf den ersten Blick

**aanbod** 1 (in 't alg.) Anerbieten *o*; 2 handel Angebot *o*, Offerte *v*; *te groot ~* Überangebot *o*; *een ~ doen* ein Angebot machen

**aanboren** 1 (in 't alg.) anbohren; 2 mijnbouw & fig erschließen; *'t ~ van nieuwe bronnen* die Erschließung neuer Quellen

**aanbouw** ⟨v. gewassen⟩ Anbau *m*, Kultur *v*; *dit huis is in ~* dieses Haus ist im Bau; *de ~ van schepen* der Bau von Schiffen

**aanbranden** anbrennen; zie ook: *aangebrand*

**aanbreken** I *onoverg* anbrechen; *de avond breekt aan* der Abend bricht herein; *de dag breekt aan* der Tag bricht an; *de morgen breekt aan* der Morgen dämmert, bricht an, zieht herauf; *bij 't ~ van de dag* bei Anbruch des Tages, bei Tagesanbruch; *er breken slechte tijden aan* schlechte Zeiten brechen an; II *overg* anbrechen, anreißen; *een voorraad, een fles ~* einen Vorrat, eine Flasche anbrechen; *een pakje sigaretten ~* eine Schachtel Zigaretten anreißen

**aanbrengen** 1 ⟨aandragen⟩ an-, heranbringen; herbeiholen, -tragen; 2 ⟨verklikken⟩ angeben; *correcties (wijzigingen) ~* Korrekturen (Änderungen) vornehmen; *een misdaad ~* ein Verbrechen anzeigen; *iets op een muur ~* etwas an einer Mauer anbringen

**aandacht** Aufmerksamkeit *v*; *iets onder iems. ~ brengen* einen aufmerksam machen auf etwas (4)

**aandachtig** aufmerksam

**aandeel** 1 ⟨deel⟩ Anteil *m*; 2 ⟨effect⟩ Aktie *v*, Anteil(schein) *m*; *gewoon ~* Stammaktie *v*; *preferent ~* Vorzugsaktie *v*; *~ aan toonder* Aktie auf den Inhaber; *~ in de kosten* Anteil an den Kosten, Kostenanteil; *~ in de winst* Gewinnbeteiligung *v*; *~ op naam* Aktie auf Namen, Namensaktie *v*

**aandeelhouder** Aktieninhaber *m*, Aktionär *m*

**aandelenkapitaal** Aktienkapital *o*

**aandenken** Andenken *o*, Erinnerung *v*

**aandienen** anmelden; *zich ~* sich präsentieren

**aandikken** dicker machen; fig übertreiben,

## aandoen

dick auftragen; *zijn woorden ~* seine Worte unterstreichen, seinen Worten größeren Nachdruck verleihen

**aandoen** antun; *iem. iets ~* einem etwas antun; *iem. concurrentie ~* einem Konkurrenz machen; *zich geweld ~* sich Gewalt antun, sich zusammennehmen; *een haven ~* einen Hafen anlaufen; *de jas ~* den Mantel antun, anziehen; *iem. leed ~* einem Leid antun, verursachen; *het licht, de radio ~* das Licht, das Radio anmachen, anschalten; *een ring ~* einen Ring anstecken; *de veiligheidsgordel ~* sich anschnallen, den Gurt anlegen; *aangenaam ~* wohltuend wirken; *ouderwets ~* altmodisch wirken, anmuten; zie ook: *proces*

**aandoening** 1 ⟨emotie⟩ Rührung *v*, Empfindung *v*; 2 ⟨ziekte⟩ Erkrankung *v*

**aandoenlijk** rührend, ergreifend

**aandraaien** andrehen; *een schroef vaster ~* eine Schraube anziehen

**aandragen** heran-, herbeitragen

**aandrang** 1 ⟨aandrift⟩ Andrang *m*; 2 ⟨aansporing⟩ Drängen *o*, Antrieb *m*; 3 ⟨v. ontlasting⟩ Stuhldrang *m*; *met ~* mit Nachdruck; *op ~ van mijn vader* auf das Drängen meines Vaters; *~ hebben* ⟨naar de wc moeten⟩ austreten müssen, gemeenz mal müssen

**aandrift** Antrieb *m*

**aandrijven** I *onoverg* ⟨op water enz.⟩ antreiben, angeschwemmt werden; *dat is komen ~* das ist angeschwemmt worden; II *overg* 1 ⟨aanvuren⟩ antreiben, anfeuern; 2 ⟨in beweging brengen⟩ antreiben

**aandrijving** *techn* Antrieb *m*

**aandringen** 1 *eig* herandringen; 2 *fig* drängen, dringen auf (+ 4); *op zijn ~* auf sein Drängen; *bij iem. op iets ~* bei jmdm. auf etwas (4) dringen

**aandrukken** an-, festdrücken, drücken, pressen; *iem. stevig tegen zich ~* einen fest an sich drücken, pressen

**aanduiden** 1 ⟨vaag⟩ andeuten; 2 ⟨nauwkeurig⟩ bezeichnen, markieren

**aanduiding** 1 ⟨vaag⟩ Andeutung *v*; 2 ⟨nauwkeurig⟩ Bezeichnung *v*, Markierung *v*

**aandurven** den Mut zu etwas haben; riskieren; *iem. ~* sich vor einem nicht fürchten; es mit einem aufnehmen; *iets ~* sich an etwas wagen, sich etwas trauen; *een taak ~* sich an eine Aufgabe heranwagen

**aanduwen** fester andrücken (an + 4); *een auto ~* ein Auto anschieben

**aaneen** aneinander, zusammen; *uren ~* Stunden hintereinander (hindurch), stundenlang

**aaneengesloten** geschlossen

**aaneenhangen** zusammenhängen; *'t hangt als los zand aaneen* es ist ohne jeden Zusammenhang; *van leugens ~* ein Lügengewebe sein

**aaneenschakelen** 1 ⟨in 't alg.⟩ verketten, aneinander reihen; 2 *techn* zusammenschalten

**aaneenschakeling** Verkettung *v*, Aneinanderreihung *v*; *~ van leugens* Lügengespinst *o*

**aaneensluiten** zusammenschließen; *zich ~* sich zusammenschließen; zie ook: *aaneengesloten*

**aanfluiting** Hohn *m*; *dat was echt een ~* das war der reinste Hohn

**aangaan** ⟨licht, vuur enz.⟩ angehen; *het gaat niet aan, dat...* das geht nicht an, daß...; *'t licht gaat aan* das Licht wird eingeschaltet, geht an; *de zaak gaat mij aan* die Sache geht mich an; *dat gaat je niet(s) aan* das geht dich nichts an; *wat dat aangaat* was das betrifft; *bij iem. ~* bei einem vorsprechen; *een coalitie ~* eine Koalition angehen, koalieren; *een contract, huwelijk ~* einen Kontrakt, eine Ehe eingehen, schließen; *een lening ~* eine Anleihe, einen Kredit aufnehmen; *een overeenkomst ~* ein Abkommen treffen; *verplichtingen ~* Verpflichtungen eingehen; *een weddenschap ~* eine Wette eingehen

**aangaande** in bezug auf (+ 4); *was ... betrifft*

**aangapen** ⟨van verbazing⟩ angaffen, beglotzen

**aangeboren** angeboren; *een ~ afwijking* ein angeborener Fehler *m*

**aangebrand**: *hij is gauw ~* er ist gleich beleidigt

**aangedaan** ⟨ontroerd⟩ bewegt, gerührt; *zeer ~* zutiefst gerührt

**aangeklaagde** 1 ⟨in 't alg.⟩ Angeklagte(r) *m-v*; 2 ⟨als tot vervolging is besloten⟩ Angeschuldigte(r) *m-v*

**aangelegenheid** Angelegenheit *v*, Sache *v*

**aangenaam** 1 ⟨in 't alg.⟩ angenehm; 2 ⟨van een huis, van stemming⟩ behaglich; *~!* ⟨bij voorstellen⟩ sehr erfreut!

**aangenomen**: *een ~ kind* ein Adoptivkind *o*; *~ werk* Akkordarbeit *v*; *~ dat 't waar is* angenommen (vorausgesetzt), daß es stimmt

**aangeschoten** 1 ⟨v. wild⟩ angeschossen; 2 ⟨dronken⟩ angeheitert, besäuselt; *~ zijn* ⟨dronken⟩ einen kleben haben, einen Kleinen sitzen haben

**aangeschreven**: *goed, slecht ~* gut, schlecht angeschrieben (beleumundet), in gutem (üblem) Ruf stehend; *~ cirkel* Ankreis *m*; zie ook: *aanschrijven*

**aangeslagen** ⟨ontmoedigd⟩ entmutigt, angeschlagen

**aangetekend**: *~e brief* eingeschriebener Brief, Einschreibebrief *m*

**aangetrouwd** angeheiratet, durch Anheirat verwandt; *~e dochter* Schwiegertochter *v*; *~e tante* angeheiratete Tante *v*

**aangeven** 1 ⟨aanreiken⟩ angeben, herreichen; 2 ⟨bij de politie⟩ anzeigen; 3 ⟨bij de douane⟩ verzollen; 4 ⟨v. weg⟩ markieren; *op 't douanekantoor ~* beim Zollamt anmelden, deklarieren; *zich ~* ⟨bij de politie⟩ sich (der Polizei) stellen

**aangewezen** angewiesen; *op iem. ~ zijn* auf einen angewiesen sein; *de ~ persoon* die richtige (geeignete) Person; *de ~ oplossing* die gegebene Lösung

**aangezien** da, weil

**aangifte** 1 ⟨in 't alg.⟩ Angabe *v*; 2 ⟨bij de

**autoriteiten**) Anzeige v; ⟨voor de belasting⟩ Steuererklärung v; *eigen* ~ ⟨voor de belasting⟩ Selbsteinschätzung v; ~ *van bagage* Gepäckaufgabe v; ~ *van vermissing* ⟨v. persoon⟩ Vermißtenanzeige v; ⟨v. voorwerp⟩ Abgängigkeitsanzeige v; ~ *doen* Anzeige erstatten

**aangiftebiljet** Steuererklärung v

**aangrenzend** angrenzend, anstoßend, benachbart; *de ~e kamer* das benachbarte Zimmer; *een ~ land* ein angrenzendes (benachbartes) Land, ein Nachbarland o

**aangrijnzen** angrinsen, gemeenz anfeixen

**aangrijpen 1** ⟨vastgrijpen, aanpakken⟩ ergreifen; **2** ⟨ontroeren⟩ rühren, ergreifen; *de gelegenheid* ~ die Gelegenheit (be-)nutzen (beim Schopfe fassen, ergreifen)

**aangrijpend** angreifend, erschütternd

**aangrijpingspunt** Angriffspunkt m

**aangroeien 1** ⟨groeien⟩ anwachsen, wachsen; **2** ⟨toenemen⟩ zunehmen

**aanhaken 1** ⟨in 't alg.⟩ anhaken; **2** ⟨haakwerk⟩ anhäkeln; **3** ⟨wagens⟩ anhängen, -koppeln

**aanhalen** ⟨aantrekken⟩ anziehen; *wat heb je nu aangehaald?* was hast du nun angefangen?; *de buikriem* ~ den Gürtel (Riemen) enger anziehen (schnallen); *een kind* ~ ein Kind liebkosen; *een schrijver* ~ einen Schriftsteller anführen, zitieren

**aanhalig** zärtlich, einschmeichelnd, anschmiegsam

**aanhaling 1** ⟨liefkozing⟩ Liebkosung v; **2** ⟨citaat⟩ Anführung v, angeführte Stelle v, Zitat o; **3** ⟨v. waren⟩ Beschlagnahme v, Konfiskation v

**aanhang** Anhang m, Gefolgschaft v, Anhängerschaft v

**aanhangen** anhängen, anhänglich sein; *een partij* ~ einer Partei anhängen; *een geloof* ~ sich zu einem Glauben bekennen

**aanhanger 1** ⟨in 't alg.⟩ Anhänger m; **2** ⟨v. een leer, godsdienst⟩ Bekenner; **3** = *aanhangwagen*

**aanhangig** anhängig; *een zaak* ~ *maken* eine Sache anhängig machen; *de zaak is nog* ~ die Sache schwebt noch, ist noch anhängig

**aanhangsel 1** ⟨in 't alg.⟩ Anhängsel o; **2** ⟨v. boeken⟩ Anhang m, Nachtrag m; *wormvormig* ~ anat Wurmfortsatz m

**aanhangwagen** Anhänger m

**aanhankelijk** anhänglich, zugetan (+ 3); anlehnungsbedürftig

**aanhankelijkheid** Anhänglichkeit v

**aanharken** Z-Duits rechen; N-Duits harken; *de tuin* ~ den Garten zurechtharken

**aanhechten** anheften, anfügen, anhängen

**aanhef** Anfang m; *de* ~ *van een brief* der Anfang (der Eingang) eines Briefes; *in de* ~ *genoemd* eingangs erwähnt

**aanheffen** anheben, anstimmen; *een lied* ~ ein Lied anstimmen

**aanhikken**: ~ *tegen* sich scheuen vor, Schwierigkeiten haben mit; *hij zat er tegen zijn examen aan te hikken* er sah seinem Examen mit Angst entgegen

**aanhoren** (einen) anhören; *het is hem aan te horen* es ist ihm anzuhören; *deze muziek is niet om aan te horen* diese Musik ist nicht zu ertragen; *ten* ~ *van de gehele vergadering* vor der ganzen Versammlung

**aanhouden I** overg **1** ⟨kleren⟩ anbehalten; **2** ⟨arresteren⟩ verhaften, festnehmen; *een abonnement* ~ ein Abonnement behalten; *een beslissing* ~ eine Entscheidung aufschieben; *de jas* ~ den Mantel anbehalten; *de koers* ~ den Kurs halten; *een toon lang* ~ einen Ton lange anhalten; **II** onoverg ⟨duren⟩ dauern, anhalten; *de regen houdt aan* der Regen hält an; *rechts* ~ sich rechts halten

**aanhoudend** ununterbrochen, anhaltend, unausgesetzt

**aanhouder**: *de* ~ *wint* Beharrlichkeit führt zum Ziel, steter Tropfen höhlt den Stein

**aanhouding 1** ⟨in 't alg.⟩ das Anhalten; Anhaltung v; **2** ⟨door politie⟩ Festnahme v, Verhaftung v

**aanjagen** antreiben; *iem. schrik* ~ einen in Schrecken versetzen; *iem. vrees* ~ einem Furcht einjagen

**aankaarten** zur Sprache bringen

**aankakken**: *komen* ~ gemeenz angetanzt kommen, endlich aufkreuzen

**aankijken** ansehen, angucken, anschauen; *een zaak nog eens* ~ sich eine Sache noch einmal überlegen

**aanklacht** Anklage v; Klage v; ~ *wegens belediging* Beleidigungsklage v; ~ *wegens moord* Mordanklage v

**aanklagen** anklagen, beschuldigen; *iem. wegens diefstal* ~ einen wegen (eines) Diebstahls anklagen; *iem. (bij het gerecht)* ~ einen verklagen

**aanklager** Kläger m, Ankläger m; *openbare* ~ Staatsanwalt m; ~ *in hoger beroep* Berufungskläger m

**aanklampen** ⟨een schip⟩ entern; *iemand* ~ einen anhalten, anreden; gemeenz einen anhauen

**aankleden 1** ⟨kleding aandoen⟩ ankleiden; **2** ⟨inrichten⟩ einrichten, ausstatten; *zich* ~ sich anziehen, sich kleiden

**aankleding** Ankleidung v, Ausstattung v; *de* ~ *van een kamer* die Einrichtung eines Zimmers

**aankloppen** anklopfen, -pochen; *bij iem. om iets* ~ sich wegen einer Sache an einen wenden

**aanknopen** anknüpfen; hinzufügen; verlängern; *een gesprek met iem.* ~ ein Gespräch mit einem anknüpfen; *handelsbetrekkingen met iem.* ~ mit einem in Geschäftsverbindung treten; *onderhandelingen* ~ Verhandlungen einleiten, anbahnen

**aanknopingspunt** Anknüpfungspunkt m

**aankoeken** festbacken, anbacken

**aankomen 1** ⟨arriveren⟩ ankommen; **2** ⟨naderen⟩ heran-, daherkommen; **3** ⟨zwaarder worden⟩ an Gewicht zunehmen; *ik zal morgen even* ~ ich will morgen einmal vorsprechen, vorbeikommen; *hij zal je zien* ~! er wird begeistert sein!; *dat zie ik* ~ das sehe ich kommen; *daar is geen* ~ *aan* das

**aankomend**

ist nirgends zu bekommen; *'t komt er niet op aan* es kommt nicht darauf an; *nu komt 't erop aan* jetzt gilt es; *nergens ~ bestimmt* nichts berühren; *die nederlaag is hard aangekomen* die Niederlage hat ihn (uns, euch, sie) schwer getroffen

**aankomend** (nog in opleiding) angehend, werdend

**aankomst** Ankunft *v*; ⟨v. goederen, berichten enz. ook⟩ Eingang *m*

**aankomsthal** ⟨v. luchthaven⟩ Ankunftshalle *v*

**aankondigen** 1 ⟨in 't alg.⟩ ankündigen; 2 RTV ansagen

**aankondiging** 1 ⟨in 't alg.⟩ Ankündigung *v*; 2 RTV Ansage *v*; *~ van voorgenomen huwelijk* Aufgebot *o*; *tot nadere ~* bis auf weitere Mitteilung, bis auf weiteres

**aankoop** Ankauf *m*

**aankoopsom** Ankaufsumme *v*

**aankopen** ankaufen

**aankruisen** ankreuzen

**aankunnen**: *iem., iets ~* einem, etwas gewachsen sein; *iets niet ~* etwas nicht bewältigen können; *'t leven ~* mit dem Leben fertig werden; *op iem. ~* sich auf einen verlassen können

**aankweken** 1 ⟨kweken⟩ ziehen, züchten, heranzüchten; 2 ⟨aanleren⟩ anerziehen, erwecken

**aanlanden** landen; *goed aangeland zijn* gut angekommen sein

**aanleg** ⟨constructie⟩ Bau *m*, Anlage *v*; *~ van wegen* Straßenbau *m*; *~ voor iets hebben* Begabung, Fähigkeit zu etwas haben, zeigen; *artistieke ~* künstlerische Veranlagung *v*; *in eerste ~* recht in erster Instanz *v*

**aanleggen** anlegen; *hoe moet ik dat ~?* wie soll ich das anfangen?; *'t geweer ~* das Gewehr anlegen; *een spoorweg ~* eine Eisenbahnstrecke bauen; *'t erop ~* es drauf anlegen; *'t met een meisje ~* mit einem Mädchen anbandeln; *artistiek aangelegd* künstlerisch veranlagt

**aanlegplaats** Landungssteg *m*, Anlegeplatz *m*

**aanlegsteiger** Landungsbrücke *v*, ⟨kleiner⟩ Bootssteg *m*

**aanleiding** Anlaß *m*, Veranlassung *v*; *~ geven tot* Anlaß geben zu, veranlassen; *er is geen ~ tot bezorgdheid* es liegt kein Anlaß zur Besorgnis vor; *naar ~ van uw advertentie* auf Ihre Anzeige hin; *naar ~ van uw brief* anläßlich Ihres Schreibens

**aanlengen** verdünnen

**aanleren** I *ww* 1 ⟨leren⟩ erlernen; 2 ⟨onderwijzen⟩ beibringen, lehren; II *o* Erlernung *v*; Erlernen *o*

**aanleunen** sich anlehnen (an + 4); sich stützen; *zich iets laten ~* sich etwas gefallen lassen, etwas hinnehmen

**aanleunwoning** Altenwohnheim *o*, Seniorenheim *o*

**aanlijnen** anleinen

**aanlokkelijk** lockend, verlockend, reizend; *een ~ voorstel* ein verlockendes Angebot *o*

**aanlokken** (her)an locken, locken; *dat lokt mij aan* das reizt mich

**aanloop** Anlauf *m*; *een ~ nemen* einen Anlauf nehmen; sp zum Sprung ausholen; *veel ~ hebben* viel Besuch haben; handel starken Zuspruch haben

**aanloopkosten** Anlaufkosten *mv*

**aanlopen** 1 ⟨schuren langs⟩ schleifen; 2 ⟨even op bezoek komen⟩ hereinschauen, vorbeischauen, vorsprechen; 3 ⟨een haven aandoen⟩ anlaufen; *rustig komen ~* langsam angelaufen kommen; *rood ~ van woede* rot anlaufen vor Wut; *achter de feiten ~* nicht auf dem Laufenden sein; *achter de meisjes ~* den Mädchen hinterherlaufen, nachstellen; *tegen iem. ~* einen anstoßen, -rempeln; fig einen zufällig treffen; *tegen iets ~* 1 ⟨opbotsen⟩ gegen etwas laufen; 2 ⟨vinden⟩ auf etwas stoßen; *die hond is komen ~* der Hund ist (uns) zugelaufen

**aanmaak** Anfertigung *v*, Herstellung *v*

**aanmaken** 1 ⟨toebereiden⟩ zubereiten, anmachen; 2 ⟨vuur⟩ anzünden; 3 ⟨vervaardigen⟩ anfertigen; *de kachel ~* den Ofen heizen; *iets met melk ~* etwas mit Milch anrühren; *de sla ~* den Salat anmachen, zubereiten; *de kachel met iem. ~* gemeenz einen hänseln

**aanmanen** ermahnen, auffordern; *tot betaling ~* mahnen, zur Zahlung auffordern

**aanmaning** 1 ⟨in 't alg.⟩ Ermahnung *v*; 2 ⟨sommatie tot betaling⟩ Mahnung *v*, Mahnbrief *m*

**aanmatigen**: *zich iets ~* sich etwas anmaßen; *zich te veel ~* sich zu viel herausnehmen

**aanmatigend** anmaßend, überheblich

**aanmelden** anmelden, melden; *zich voor een betrekking ~* sich um eine Stelle bewerben

**aanmelding** Anmeldung *v*, Meldung *v*; *~ als lid* Beitrittserklärung *v*

**aanmeren** festmachen

**aanmerkelijk** bedeutend, beträchtlich; *~ duurder* wesentlich teurer

**aanmerken** 1 ⟨opmerkingen maken⟩ bemerken; 2 ⟨opvatten⟩ betrachten (als); *iets op iem. aan te merken hebben* an einem etwas auszusetzen haben; *ergens iets op aan te merken hebben* etwas beanstanden, bemängeln

**aanmerking** Einwendung *v*, Tadel *m*; *~en maken* ⟨op waren⟩ beanstanden, bemängeln; *~en op iets maken* etwas an einer Sache auszusetzen haben, Einwände zu einer Sache machen (erheben); *in ~ komen* in Frage, in Betracht kommen; *in ~ nemen* in Betracht ziehen, berücksichtigen

**aanmeten** anmessen

**aanmodderen**: *maar wat ~* herumpfuschen, herummurksen; *iem. laten ~* einen vor sich hin wursteln lassen

**aanmoedigen** 1 ⟨moed inspreken⟩ ermutigen, ermuntern; 2 ⟨stimuleren⟩ fördern

**aanmoediging** Ermutigung *v*, Ermunterung *v*; ⟨stimulering⟩ Förderung *v*

**aanmonsteren** scheepv anheuern, anmu-

stern
**aanmunten** prägen
**aanname** ⟨veronderstelling⟩ Annahme *v*, Hypothese *v*
**aannemelijk** annehmbar; akzeptabel; *iets ~ maken* etwas glaubhaft machen
**aannemen 1** (in 't alg.) annehmen; **2** ⟨veronderstellen⟩ annehmen, voraussetzen; **3** (in de kerk) prot konfirmieren; RK firmen; *dat kun je van me ~* das kannst du mir glauben; *'t air van (een wetenschapsman) ~* (den Wissenschaftler) heraushängen; *een boodschap ~* eine Nachricht entgegennehmen; *een afwachtende houding ~* sich abwartend verhalten; *een kind ~* ein Kind annehmen, adoptieren; *personeel ~* Arbeitskräfte einstellen; *de rouw ~* Trauer anlegen; *de telefoon ~* die Telefon bedienen; ans Telefon gehen; *een voorstel, wet ~* einen Antrag, ein Gesetz annehmen; *vaste vorm ~* feste Formen annehmen; *een weddenschap ~* auf eine Wette eingehen; *voor kennisgeving ~* zur Kenntnis nehmen; *aangenomen, dat...* vorausgesetzt daß...; zie ook: *aangenomen*
**aannemer** ⟨bouwer⟩ Unternehmer *m*, Bauunternehmer *m*
**aanpak** Behandlungsweise *v*, Art der Behandlung *v*
**aanpakken** anpacken, -greifen, -fassen; Hand an etwas legen; *iets op een andere manier ~* etwas auf andere Weise anpakken; *iem. op een andere manier ~* einem anders kommen; *flink ~* tüchtig zupacken; *iets goed (op de juiste wijze) ~* etwas am rechten Ende (beim rechten Zipfel) anfassen; *iets niet goed ~* eine Sache nicht richtig angehen, anfassen; *een zaak grootscheeps ~* etwas im großen Stil angehen; *iem. hard (streng, zacht) ~* einen hart (scharf, sanft) anfassen; *er moet aangepakt worden* es muß durchgegriffen werden
**aanpalend** angrenzend, -stoßend
**aanpappen** sich (an einen) heranmachen, -schmeicheln; Kontakt suchen; *(na ruzie)* sich anbiedern; *met iem. ~* einen anmachen
**aanpassen 1** (v. kleren) anprobieren; **2** (v. lonen, prijzen enz.) anpassen; *zich (aan zijn omgeving) ~* sich (seiner Umgebung) anpassen
**aanpassing** (aan omgeving) Anpassung *v*
**aanpassingsvermogen** Anpassungsvermögen *o*
**aanplakbiljet** Plakat *o*, Anschlagzettel *m*
**aanplakken** ankleben; ⟨tot bekendmaking⟩ anschlagen
**aanplant** Anpflanzung *v*; Anbau *m*; *jonge ~* Schonung *v*, Waldschonung *v*
**aanplanten** anpflanzen
**aanpoten** ⟨voortmaken⟩ gemeenz sich beeilen, voranmachen
**aanpraten**: *iem. iets ~* einem etwas aufschwatzen, aufreden, einreden
**aanprijzen** anpreisen
**aanraden I** *overg: iem. iets ~* einem etwas anraten, empfehlen, einem zu etwas raten; **II** *o* Anraten *o*; *op uw ~* auf Ihren Rat hin, auf Ihre Veranlassung
**aanrader** (film, boek enz.) (heißer) Tip *m*
**aanraken** berühren
**aanraking** Berührung *v*; *met iem. in ~ komen* mit einem in Berührung, Kontakt kommen; *met de strafwet in ~ komen* mit dem Strafgesetz in Konflikt kommen (geraten)
**aanranden 1** ⟨overvallen⟩ überfallen; **2** ⟨vrouw⟩ vergewaltigen
**aanranding 1** ⟨v. vrouw⟩ Vergewaltigung *v*; **2** ⟨overval e.d.⟩ Angriff *m*; ⟨op straat⟩ Überfall *m*
**aanrecht** Anrichte *v*, Abwasch-, Aufwasch-, Spültisch *m*
**aanrechtkastje** ⟨onder⟩ Unterschrank *m*; ⟨boven⟩ Oberschrank *m*
**aanreiken** her-, herüber-, darreichen
**aanrekenen**: *iem. iets ~* einem etwas anrechnen
**aanrichten** anrichten
**aanrijden I** *overg* ⟨botsen tegen; rijdend aanvoeren⟩ anfahren; *iem. ~* jmdn. anfahren; **II** *onoverg*: *komen ~* angefahren kommen
**aanrijding** Zusammenstoß *m*
**aanroepen** anrufen
**aanroeren** anrühren, berühren; *een onderwerp ~* ein Thema berühren, antippen; *een zaak ~* eine Sache erwähnen
**aanrommelen**: *maar wat ~* fuschen, herumwurstel, herummurksen
**aanrukken** anrücken, heranrücken; *een paar flessen Champagne laten ~* ein paar Flaschen Champagner an-, auffahren lassen; *'t ~ der troepen* der Anmarsch der Truppen
**aanschaf** Anschaffung *v*
**aanschaffen** anschaffen; *zich iets ~* ⟨ook⟩ sich etwas zulegen
**aanschieten** ⟨dier⟩ anschießen; *zijn kleren ~* in die Kleider fahren (schlüpfen); *iem. op straat ~* einen auf der Straße anreden
**aanschoppen**: *tegen iets ~* gegen etwas treten
**aanschouwelijk** anschaulich; *~ onderwijs* Anschauungsunterricht *m*
**aanschouwen** anschauen; *'t levenslicht ~* das Licht der Welt erblicken; *ten ~ van 't publiek* vor den Augen des Publikums
**aanschrijven** anschreiben; *ik zal hem ~* werde ihm schreiben, ihn schriftlich auffordern; zie ook: *aangeschreven*
**aanschrijving** offizielles Schreiben *o*; schriftlicher Befehl *m*
**aanslaan 1** (vast slaan) anschlagen; **2** ⟨succes hebben⟩ gut ankommen, Erfolg haben; **3** (v. hond) anschlagen, Laut geben; **4** (v. plant) anschlagen, wurzeln; **5** mil ⟨groeten⟩ grüßen; *de motor slaat aan* der Motor springt an; *een akkoord, toon ~* einen Akkord, ein Ton anschlagen; *een hoge toon ~* fig einen hohen Ton anschlagen, sich aufs hohe Roß setzen; *een vat ~* ein Faß anzapfen; *iem. hoog ~* ⟨waarderen⟩ jmdn. hoch einschätzen; *iem. in de belasting ~* einen besteuern, veranlagen

**aanslag**

**aanslag** 1 ⟨misdrijf⟩ Attentat o, Anschlag m; 2 ⟨muz & op toetsenbord⟩ Anschlag m; 3 ⟨v. belasting⟩ Veranlagung v 4 ⟨op tong⟩ Belag m; ⟨in ketel⟩ Anschlag m; ~ *in de inkomstenbelasting* Veranlagung v zur Einkommensteuer
**aanslagbiljet** Steuerzettel m, -bescheid m
**aanslibben** anschwemmen
**aansluiten** anschließen; *de ~de trein* der Anschlußzug; *zich* ~ sich anschließen
**aansluitend** ⟨in tijd volgend op⟩ anschließend
**aansluiting** Anschluß m; *in* ~ *aan, op uw opmerking* im Anschluß an Ihre Bemerkung
**aansmeren** ⟨met specie⟩ verputzen; *iem. iets* ~ einem etwas aufschwatzen
**aansnellen**: *komen* ~ herbeigestürzt, herangeeilt kommen
**aansnijden** anschneiden; *een probleem* ~ eine Frage anschneiden, aufwerfen
**aanspannen** 1 ⟨v. trekdier⟩ anspannen; 2 ⟨strakker spannen⟩ anspannen; *een proces tegen iem.* ~ ein Prozeß gegen jmdn. einleiten
**aanspelen** sp anspielen
**aanspoelen** anschwemmen, -treiben
**aansporen** anspornen, ermuntern, antreiben
**aansporing** 1 ⟨innerlijk⟩ Ansporn m; 2 ⟨van anderen⟩ Ermunterung v
**aanspraak** Anspruch m, Anrecht o; *territoriale aanspraken* Gebietsanspruch m; ~ *hebben, maken op* Anspruch haben, machen auf (+ 4)
**aansprakelijk** 1 ⟨in 't alg.⟩ verantwortlich; 2 ⟨financieel⟩ haftbar; *iem.* ~ *stellen voor* einen haftbar machen für; *persoonlijk (hoofdelijk)* ~ *zijn* persönlich (solidarisch) haften
**aansprakelijkheid** 1 ⟨in 't alg.⟩ Verantwortlichkeit v; Haftbarkeit v; 2 ⟨financieel⟩ Haftung v; *wettelijke* ~ Haftpflicht v
**aansprakelijkheidsverzekering** Haftpflichtversicherung v
**aanspreekbaar**: *(niet)* ~ *zijn* (nicht) ansprechbar sein
**aanspreken** ⟨spreken tot⟩ anreden, -sprechen; *dat spreekt mij aan* das sagt mir zu; *de fles* ~ der Flasche zusprechen; *zijn kapitaal, voorraden* ~ sein Kapital, Vorräte angreifen; *iem. met jij, u* ~ einen duzen, siezen; *iem. over iets* ~ einen über etwas zur Rede stellen
**aanspreker** Leichenbitter m
**aanstaan** 1 ⟨bevallen⟩ gefallen, behagen; 2 ⟨v. radio enz.⟩ laufen, spielen; *de deur staat aan* die Tür ist angelehnt; *deze condities staan mij aan* diese Bedingungen sagen mir zu
**aanstaand** nächst; bevorstehend, kommend, künftig; *de ~e feesten* die bevorstehenden Feste; *~e eerste oktober* am ersten Oktober d.J. (dieses Jahres); *een ~e moeder* eine werdende Mutter; *mijn ~e schoonmoeder* meine künftige Schwiegermutter; *~e week* nächste Woche; *~e zijn* bevorstehen

**aanstaande** Verlobte(r) m-v, Zukünftige(r) m-v; Bräutigam m; Braut v
**aanstalten**: ~ *maken* Anstalten machen
**aanstampen** ⟨aarde⟩ anstampfen, festtreten
**aanstaren** 1 ⟨in 't alg.⟩ anstarren; 2 ⟨vol verbazing⟩ anstaunen; 3 ⟨met grote ogen⟩ anglotzen
**aanstekelijk** ansteckend
**aansteken** 1 ⟨licht, vuur⟩ anstecken, anzünden; 2 ⟨sigaret⟩ anbrennen, anstecken; 3 ⟨v. ziekte⟩ anstecken; *een aangestoken appel* ein wurmstichiger Apfel
**aansteker** ⟨voor sigaret⟩ Feuerzeug o
**aanstellen** anstellen, ernennen, einsetzen; *een secretaris* ~ einen Sekretär anstellen; *zich* ~ sich anstellen; *stel je niet aan!* gemeenz stell' dich nicht so an!, hab' dich nicht so!
**aansteller** Wichtigtuer m, Angeber m
**aanstellerig** affektiert, geziert; wichtigtuerisch
**aanstellerij** Ziererei v, Geziertheit v, Anstellerei v, Mätzchen mv, Getue o
**aanstelling** Anstellung v, Ernennung v
**aansterken** sich erholen, zu Kräften kommen; erstarken
**aanstichten** anstiften
**aanstichting** Anstiftung v
**aanstippen** 1 ⟨wond⟩ antupfen, betupfen; 2 ⟨noemen⟩ erwähnen
**aanstoken** anschüren, -fachen, schüren
**aanstonds** sogleich, gleich, sofort
**aanstoot** Anstoß m, Ärgernis v; ~ *geven* Anstoß erregen; ~ *nemen aan* Anstoß nehmen an (+ 3)
**aanstootgevend** anstößig
**aanstoten** anstoßen
**aanstrepen** anstreichen, unterstreichen
**aanstrijken** anstreichen, anzünden
**aansturen**: *op een schip* ~ ein Schiff ansteuern, auf ein Schiff zusteuern; *'t erop* ~ fig darauf hinwirken
**aantal** Anzahl v, Zahl v, Menge v; *een* ~ *leerlingen* eine Anzahl Schüler, von Schülern; *een* ~ *jaren* eine Reihe von Jahren
**aantasten** 1 ⟨rechten enz.⟩ antasten; 2 ⟨door insecten, ziekte, vuur, bacteriën, zuren⟩ angreifen; *iems. eer, goede naam* ~ jemands Ehre, guten Namen antasten; *het milieu* ~ der Umwelt schaden
**aantasting** 1 ⟨v. gezondheid⟩ Schädigung v, Zerrüttung v; 2 ⟨v. metaal⟩ Korrosion v; 3 ⟨v. planten⟩ Befall m; 4 ⟨v.h. milieu⟩ Schädigung v; 5 ⟨v. reputatie, eer⟩ Verunglimpfung v, Verleumdung v
**aantekenen** 1 ⟨noteren⟩ notieren, vermerken; 2 ⟨voor huwelijk⟩ das Aufgebot bestellen; 3 ⟨opmerken⟩ bemerken; *beroep* ~ Berufung einlegen; *een brief* ~ einen Brief per Einschreiben schicken; *verzet* ~ Widerspruch erheben; *in de kantlijn* ~ am Rande vermerken
**aantekening** 1 ⟨in 't alg.⟩ Aufzeichnung v, Eintragung v; 2 ⟨notitie⟩ Notiz v, Vermerk m; ~ *in de kantlijn* Randbemerkung v, -glosse v
**aantijging** Beschuldigung v

**aantikken 1** ⟨aankloppen⟩ anklopfen; **2** ⟨v. zwemmers⟩ anschlagen; *dat tikt aan* (= *wordt veel*) das läppert sich
**aantocht** Anzug *m*, -marsch *m*; *in ~ zijn* im Anzug sein; ⟨v. datum⟩ heranrücken
**aantonen 1** ⟨tonen⟩ zeigen; **2** ⟨bewijzen⟩ dartun, beweisen nachweisen; *~de wijs* gramm Indikativ *m*; Wirklichkeitsform *v*; *zoals aangetoond kan worden* nachweislich
**aantoonbaar** nachweisbar, -lich
**aantreden** antreten; *sinds het ~ van het kabinet* seit dem Antritt des Kabinetts
**aantreffen** antreffen, finden; *dat treft men nergens anders aan* das findet sich nirgendwo sonst
**aantrekkelijk** ⟨bekorend⟩ anziehend, reizend; ⟨aanlokkelijk⟩ einladend
**aantrekken** ⟨v. kleren, koersen⟩ anziehen; *andere kleren ~* ⟨ook⟩ die Kleider wechseln; *nieuwe krachten ~* neue Kräfte sammeln; *zich iets ~* sich etwas zu Herzen nehmen; *zich 't lot van een kind ~* sich eines Kindes annehmen; *zich tot iets aangetrokken voelen* sich zu etwas hingezogen fühlen; *ik trek me er niets van aan* ich mache mir nichts draus; es kümmert mich nicht
**aantrekkingskracht** Anziehungskraft *v*
**aanvaardbaar** annehmbar, akzeptabel
**aanvaarden** ⟨ambt, reis, erfenis⟩ antreten; *iets moeten ~* etwas hinnehmen müssen; *in dank ~* mit Dank annehmen; *de strijd ~* den Kampf aufnehmen; *een taak ~* eine Aufgabe übernehmen; *de terugreis ~* die Rückreise antreten; *de verantwoordelijkheid ~* die Verantwortung übernehmen; *direct te ~* ⟨v. huis⟩ per sofort zu beziehen
**aanvaarding 1** ⟨ambt enz.⟩ Antritt *m*; **2** ⟨ondergaan⟩ Hinnahme *v*; **3** ⟨v.h. leven⟩ Bejahung *v*
**aanval 1** ⟨in 't alg.⟩ Angriff *m*, mil ⟨ook⟩ Offensive *v*; **2** ⟨v. ziekte⟩ Anfall *m*; *~ van duizeligheid* Schwindelanfall *m*; *~ van razernij* Tobsuchtsanfall *m*
**aanvallen** angreifen; *op iem. ~* über einen herfallen; *op 't eten ~* sich über die Speisen hermachen
**aanvallend** angreifend, offensiv; *~ te werk gaan* angriffsweise verfahren
**aanvaller 1** ⟨in 't alg.⟩ Angreifer *m*; **2** sp Angriffsspieler *m*; ⟨voetbal ook⟩ Stürmer *m*
**aanvallig** anmutig, reizend, hold
**aanvang** Anfang *m*, Beginn *m*; *bij de ~ van het nieuwe jaar* am (zu) Anfang des neuen Jahres
**aanvangen** anfangen, beginnen
**aanvankelijk** anfänglich, anfangs, zunächst; *'t ~ onderwijs* der Anfangsunterricht
**aanvaring** Zusammenstoß *m*, Kollision *v*; *in ~ komen met* zusammenstoßen, kollidieren mit
**aanvechtbaar** anfechtbar
**aanvechten** anfechten, bestreiten
**aanvechting** Anfechtung *v*; *een ~ van slaap* Müdigkeitsanfall *m*
**aanvegen** ausfegen, kehren, auskehren; *de vloer met iem. ~* einen erledigen

**aanverwant I** *bn* **1** ⟨m.b.t. personen⟩ verschwägert, anverwandt; **2** ⟨soortgelijk⟩ verwandt; *alle ~e artikelen* alle derartigen Artikel; *een ~e taal* eine verwandte Sprache *v*; **II** *m-v* Verschwägerte(r) *m-v*
**aanvliegen 1** ⟨vliegend naderen⟩ (her-) anfliegen; **2** ⟨rennen⟩ heranstürzen (auf); *komen ~* heranstürzen; ⟨per vliegtuig⟩ herangeflogen kommen; *iem. ~* jmdn. anspringen
**aanvliegroute** Ein-, Anflugschneise *v*
**aanvoelen** ⟨in 't alg.⟩ anfühlen; **2** ⟨begrijpen⟩ nachempfinden; *deze stof voelt zacht aan* dieser Stoff fühlt sich weich an
**aanvoer** An-, Zufuhr *v*; *~ van munitie* Munitionsnachschub *m*
**aanvoerder 1** mil Anführer *m*, Befehlshaber *m*; **2** sp Kapitän *m*, Mannschaftsführer *m*
**aanvoeren 1** ⟨leiden⟩ anführen, befehlen, befehligen; **2** ⟨bewijsplaatsen⟩ bei-, vorbringen; *argumenten ~* Argumente ins Feld führen; *bewijzen ~* Beweise erbringen; *materiaal ~* Materialien herbeischaffen; *daartegen is 't volgende aan te voeren* dem is folgendes entgegenzustellen, dagegen ist folgendes vorzubringen; *de aangevoerde redenen* die herbeigebrachten Gründe
**aanvoering** Anführung *v*; *onder ~ van* unter Anführung (+ 2)
**aanvraag** Anfrage *v*; *een ~ indienen* einen Antrag stellen; *op ~* auf Verlangen
**aanvraagformulier** Anforderungs-, Anfrage-, Antragsformular *o*
**aanvragen 1** ⟨in 't alg.⟩ beantragen, bitten um; ⟨officieel⟩ nachsuchen; **2** ⟨bestellen⟩ anfordern; *echtscheiding, verlof ~* Scheidung, Urlaub beantragen; *een gesprek, octrooi ~* ein Gespräch, ein Patent anmelden; *ontslag ~* um seine Entlassung einkommen; *overplaatsing ~* seine Versetzung beantragen; *een presentexemplaar ~* um ein Freiexemplar bitten
**aanvreten** anfressen
**aanvullen 1** ⟨in 't alg.⟩ ergänzen; **2** ⟨bijvullen⟩ nachfüllen; *zij vullen elkaar aan* sie ergänzen sich gegenseitig
**aanvullend** ergänzend
**aanvulling** Ergänzung *v*; Zusatz *m*; Nachtrag *m*
**aanvuren** anfeuern, anspornen
**aanwaaien** anwehen; *die kennis zal je niet komen ~* diese Kenntnisse wirst du dir nicht im Schlaf erwerben; *bij iem. komen ~* (unerwartet) bei jmdm. vorbeikommen
**aanwakkeren 1** ⟨vuur, begeerte⟩ anfachen, anschüren; **2** ⟨woede, haat, hoop⟩ schüren; *de wind is aangewakkerd* der Wind hat zugenommen; *de belangstelling ~* das Interesse vergrößern, anheizen
**aanwas** Zuwachs *m*
**aanwenden** anwenden, gebrauchen, benutzen; *alle middelen ~* alle (verfügbaren) Mittel aufbieten; *pogingen ~* Versuche unternehmen; *een som geld goed ~* einen Betrag nützlich verwenden
**aanwennen** angewöhnen

**aanwensel** Angewohnheit *v*
**aanwerven** anwerben
**aanwezig 1** ⟨v. personen⟩ anwesend, gegenwärtig; **2** ⟨v. dingen⟩ vorhanden; *de ~en* die Anwesenden
**aanwezigheid** Anwesenheit *v*, Gegenwart *v*
**aanwijsbaar** nachweisbar
**aanwijzen** anweisen, zeigen, anzeigen; *iem. zijn plaats ~* einem seinen Platz anweisen; *iem. met de vinger ~* mit dem Finger auf einen zeigen; *als verdediger, tot voogd ~* zum Verteidiger, zum Vormund bestellen; zie ook: *aangewezen*
**aanwijzend** hinweisend; *het ~ voornaamwoord* das hinweisende Fürwort, Demonstrativpronomen *o*
**aanwijzing 1** ⟨in 't alg.⟩ Anweisung *v*, Hinweis *m*; **2** ⟨aanduiding⟩ Bezeichnung *v*, Angabe *v*
**aanwinst** ⟨'t nieuw verworvene⟩ Neuerwerbung *v*, -anschaffung *v*; *nieuwe ~en* ⟨in museum enz.⟩ Neuerwerbungen *mv*, ⟨in boekhandel⟩ Zugänge *mv*
**aanwippen** vorbeikommen
**aanwrijven**: *iem. iets ~* einem etwas andichten (anhängen)
**aanzeggen** ansagen, ankündigen; bekanntmachen
**aanzet** Ansatz *m*; *in eerste ~* in erster Instanz
**aanzetten 1** ⟨in 't alg.⟩ ansetzen; **2** ⟨van spijzen⟩ anbrennen, ansetzen; **3** ⟨mes⟩ abziehen; **4** ⟨machine⟩ anlassen; **5** ⟨motor⟩ in Betrieb setzen; **6** ⟨aansporen⟩ antreiben; **7** ⟨radio, tv⟩ anstellen, einschalten; *daar komt hij ~* da kommt er herangelaufen
**aanzien I** *ww* ansehen, anschauen, betrachten; *men kan 't hem ~* man kann es ihm ansehen; *'t is niet om aan te zien* es sieht nicht aus; *naar 't zich laat ~* anscheinend, voraussichtlich; *waar zie je me voor aan?* wofür hältst du mich?; *iem. voor vol ~* einen für voll nehmen; **II** *o* Ansehen *o*, Aussehen *o*, Äußere(s) *o*; *in hoog ~ staan* in hohem Ansehen stehen; *ten ~ van* in Hinsicht auf (+ 4), in bezug auf (i.b.a) (+ 4); *zonder ~ des persoons* ohne Ansehen der Person
**aanzienlijk 1** ⟨voornaam⟩ angesehen, vornehm; **2** ⟨groot⟩ ansehnlich; *een ~e som* eine ansehnliche, beträchtliche Summe *v*
**aanzitten** ⟨aan tafel⟩ Tischgast sein; sich zu Tische setzen; bei Tische sitzen; *ergens ~* ⟨betasten⟩ etwas berühren; *overal ~* von nichts die Finger lassen können, die Finger überall haben
**aanzoek** Heiratsantrag *m*; *een meisje een ~ doen* einem Mädchen einen (Heirats-) antrag machen
**aanzuiveren** ⟨schuld⟩ abtragen, ausgleichen, begleichen
**aanzwellen** anschwellen
**aanzwengelen** ankurbeln
**aap** Affe *m*; *~ van een jongen* Lausebengel *m*, Lausejunge *m*, Lauser *m*; *daar komt de ~ uit de mouw* da kommt der Pferdefuß zum Vorschein, da wird die Absicht klar; *in de ~ gelogeerd zijn* in des Teufels Küche geraten sein, in der Patsche sitzen; *voor ~ staan* sich lächerlich machen; *iem. voor ~ zetten* jmdn. lächerlich machen
**aapmens** Affenmensch *m*
**aar 1** ⟨v. koren⟩ Ähre *v*; **2** ⟨ader⟩ Ader *v*
**aard 1** ⟨manier⟩ (die) Art und Weise, Beschaffenheit *v*; **2** ⟨v. mensen enz.⟩ Art *v*, Charakter *m*; Natur *v*, Wesen *o*; *een luidruchtige ~* ein lautes Wesen *o*; *naar hun ~* ihrer Natur nach; *uit de ~ der zaak* selbstverständlich; der Natur der Sache nach; *van dien ~* derart; *anders van ~* andersgeartet; *van voorbijgaande ~* von vorübergehender Natur; *de ware ~ verloochent zich niet* Art läßt nicht von Art
**aardappel** Kartoffel *v*; *gebakken ~s* Bratkartoffeln; *gekookte ~s* Salzkartoffeln
**aardappelkroket** Kartoffelkrokette *v*
**aardappelmeel** Kartoffel(walz)mehl *o*
**aardappelmesje** Kartoffelmesser *o*
**aardappelmoeheid** Kartoffelmüdigkeit *v*
**aardappelpuree** Kartoffelbrei *m*, -püree *o*
**aardas** Erdachse *v*
**aardbei** Erdbeere *v*
**aardbeving** Erdbeben *o*
**aardbodem** Erdboden *m*
**aardbol** Erdkugel *v*, -ball *m*
**aarde** Erde *v*; ⟨grond ook⟩ Boden *m*; *in goede ~ vallen* auf guten Boden fallen; *ter ~ bestellen* beerdigen, bestatten
**aardedonker**
**1 aarden** *onoverg* **1** ⟨lijken op⟩ arten, nacharten, gleichen; **2** ⟨gedijen⟩ gedeihen; **3** *elektr* erden; *niet kunnen ~* nicht heimisch werden; *naar zijn vader ~* dem Vater gleichen
**2 aarden** *bn* irden; *~ kruik* Tonkrug *m*
**3 aarden** *o elektr* Erdung *v*
**aardewerk** irdenes Geschirr *o*, Tongeschirr *o*; ⟨grof werk⟩ Steingut *o*; *Delfts ~* Delfter Fayence *v*
**aardgas** Erdgas *o*
**aardig 1** ⟨v. uiterlijk⟩ hübsch; **2** ⟨v. aard⟩ nett, reizend; **3** ⟨grappig⟩ spaßig, komisch, amüsant; *dat is niet ~ van je* das ist nicht nett von dir; *dat is aardig van je* das ist lieb von dir; *een ~ bedrag* ein hübscher (ansehnlicher) Betrag; *een ~e vent* ein netter Kerl; *het is ~ koud* es ist tüchtig kalt
**aardigheid 1** ⟨vriendelijkheid⟩ Nettigkeit *v*, Freundlichkeit *v*; **2** ⟨grap⟩ Scherz *m*, Witz *m*, Spaß *m*; *een ~je* ⟨cadeautje⟩ eine Aufmerksamkeit; *voor de ~, uit ~* zum Spaß, zum Scherz; *de ~ is er voor mij af* die Sache hat für mich ihren Reiz verloren; *hij heeft er ~ in* es macht ihm Spaß
**aardkorst** Erdrinde *v*, -kruste *v*
**aardlaag** Erdschicht *v*
**aardleiding** Erdleitung *v*
**aardlekschakelaar** Leitungsschutzschalter *m*
**aardolie** Erdöl *o*, Petroleum *o*; zie ook: *olie(-)*
**aardrijkskunde** Erdkunde *v*, Geographie *v*
**aardrijkskundig** erdkundlich, geographisch
**aards** irdisch; erdhaft; *~e goederen* Erden-

**güter** mv, irdische Güter mv
**aardschok** Erdstoß m, -erschütterung v
**aardstralen** Erdstrahlen mv
**aardverschuiving** Erd-, Bergrutsch m ⟨ook fig⟩
**aars** After m; gemeenz Arsch m, Hintern m
**aartsbisdom** Erzbistum o
**aartsbisschop** Erzbischof m
**aartsengel** Erzengel m
**aartshertog** Erzherzog m
**aartsleugenaar** Erzlügner m
**aartslui** erzfaul, stinkend faul, faul wie die Sünde
**aartsvader** Erzvater m, Patriarch m
**aartsvijand** Erzfeind m
**aarzelen 1** ⟨weifelen⟩ zaudern; **2** ⟨talmen⟩ zögern; *zonder* ~ ohne Bedenken (Zögern)
**aarzeling 1** ⟨het talmen⟩ Zögern o; **2** ⟨weifeling⟩ Zaudern o, Unentschlossenheit v
**1 aas** o **1** ⟨dood dier⟩ Aas o; **2** ⟨lokaas⟩ Köder m
**2 aas** m & o kaartsp As o
**aasdier, aaseter** Aasfresser m
**aasgier** Aasgeier m
**aasvlieg** Aasfliege v
**abattoir** Schlachthof m
**abces** Abszeß m, Eitergeschwulst v
**abdiceren, abdiqueren** abdizieren, abdanken
**abdij** Abtei v
**abdis** Abtissin v
**aberratie** ⟨ook astron⟩ Aberration v, Abirrung v
**abject** verächtlich
**abnormaal** abnorm
**abominabel** scheußlich, gräßlich
**abonnee** m **1** ⟨v. tijdschrift⟩ Abonnent(in) m(v); **2** telec Teilnehmer(in) m(v); *de* ~*s* Leserschaft v; telec Teilnehmerschaft v
**abonneenummer** telec Telefonnummer v
**abonneetelevisie, abonnee-tv** Pay-TV o, Pay-TV-Kanal m
**abonnement 1** ⟨in 't alg.⟩ Abonnement o; **2** ⟨schouwburg ook⟩ Dauerkarte v; **3** ⟨tram enz.⟩ Zeitkarte v; ~ *op een krant* Abonnement o auf eine Zeitung
**abonneren** abonnieren (+ 4); *zich* ~ *op een krant* eine Zeitung abonnieren (+ 4); *geabonneerd zijn op* abonniert sein auf (+ 4)
**aborteren** abtreiben
**abortus** Abtreibung v, Schwangerschaftsabbruch m
**Abraham:** ~ *gezien hebben* fünfzig Jahre alt geworden sein; *weten waar* ~ *de mosterd haalt* wissen, wo Barthel den Most holt
**abri** Wartehäuschen o
**abrikoos** Aprikose v
**abrupt** abrupt, abgerissen, schroff
**absent** abwesend
**absentie** Absenz v, Abwesenheit v
**absint** Absinth m
**absolutie** RK Absolution v
**absolutisme** Absolutismus m
**absoluut 1** ⟨in 't alg.⟩ absolut; **2** ⟨onvermijdelijk⟩ unweigerlich; *absolute fout* wirklicher Fehler; ~ *gehoor* absolutes Gehör; ~

*onmogelijk, verkeerd* absolut (völlig) unmöglich, falsch
**absorberen** absorbieren
**absorptie** Absorption v
**abstract** abstrakt; ~ *woord* Abstraktum o, Begriffswort o
**abstractie** Abstraktion v
**abstraheren** abstrahieren
**absurd** absurd, ungereimt; ~ *toneel* absurdes Theater
**absurditeit** Absurdität v, Ungereimtheit v
**abt** Abt m
**abuis:** ~ *zijn* sich irren; *bij, per* ~ versehentlich
**acacia** Akazie v, Robinie v
**academicus** Akademiker m
**academie 1** ⟨wetenschappelijk genootschap⟩ Akademie v; **2** ⟨hogeschool, universiteit⟩ Hochschule v, Universität v; *militaire* ~ Militärakademie v; ~ *voor beeldende kunsten* Kunstakademie v; ~ *voor lichamelijke opvoeding* Sporthochschule v
**academisch** akademisch; ~ *gevormd* akademisch gebildet, mit Hochschulabschluß; ~ *gevormd persoon* Akademiker(in) m(v); *'t* ~ *statuut* das Akademische Statut
**acceleratie** auto Beschleunigung v
**accent** Akzent m; *'t* ~ *op iets leggen* etwas betonen; auf etwas (4) den Nachdruck legen
**accentueren** akzentuieren, betonen
**acceptabel** akzeptabel, annehmbar
**accepteren** akzeptieren, annehmen
**acceptgirokaart** (vorgedruckte) Zahlkarte v
**accessoires** auto Zubehörteile mv, Accessoires mv
**accijns** Verbrauchssteuer v; ~ *op alcohol* Alkoholsteuer v
**acclamatie** Akklamation v; *bij* ~ durch (per) Akklamation
**acclimatiseren** akklimatisieren
**accolade** Akkolade v, geschweifte Klammer v
**accommodatie 1** ⟨aanpassing⟩ Anpassung v, Akkommodation v; **2** ⟨v. reizigers⟩ Unterkunftsmöglichkeit v
**accordeon** Akkordeon o
**accordeonist** Akkordeonist m
**accountant 1** ⟨in 't alg.⟩ Bücherrevisor m; **2** ⟨officieel aangesteld⟩ Wirtschaftsprüfer m
**accountantsverklaring** Prüfungsvermerk m
**accrediteren** beglaubigen, akkreditieren
**accu** Akku m, Akkumulator m, Batterie v
**accumulatie** Akkumulation v
**accumuleren** akkumulieren
**accuraat** genau, pünktlich, akkurat
**accuratesse** Genauigkeit v, Pünktlichkeit v, Akkuratesse v
**ace** ⟨tennis⟩ As o
**aceton** Aceton o, Azeton o
**ach:** ~*!* ach!
**achilleshiel** Achillesferse v
**achillespees** Achillessehne v
**1 acht** v ⟨aandacht⟩ Acht v; Obacht v; ~ *slaan op* achten auf (+ 4), beachten; *in* ~ *nemen* einhalten ⟨die vorgeschriebene Ge-

schwindigkeit, einen Termin, ein Versprechen enz.); *zich in* ~ *nemen* sich in acht nehmen

**2 acht I** *telw* acht; **II** *v* ⟨het cijfer⟩ Acht *v*; *met zijn ~en* zu acht

**achtbaan** Achterbahn *v*

**achteloos** unachtsam, nachlässig; ⟨sterker⟩ fahrlässig

**achten 1** ⟨achting hebben⟩ achten, schätzen; **2** ⟨menen⟩ halten (erachten) für; *iem. tot iets in staat* ~ einen für fähig halten, etwas zu tun; (meestal ongunstig) einem etwas zumuten; *iets verstandig* ~ etwas für vernünftig halten; *zich gelukkig* ~ sich glücklich schätzen; *men wordt geacht dat te weten* es wird angenommen, daß man das weiß; *'t geachte publiek* das verehrte Publikum; *geachte vriend* verehrter Freund; *zeer geachte heer* sehr geehrter Herr

**achtenswaard, achtenswaardig** achtbar, achtenswert

**achter I** *voorz* hinter; **II** *bijw* hinten; *hij staat* ~ *mij* er steht hinter mir; *hij woont* ~ er wohnt hinten; *er steekt iets* ~ dahinter steckt etwas; ~ *in de auto* im Fond des Autos; ~ *in de tuin* hinten im Garten; ~ *zijn* ⟨*raken*⟩ zurückbleiben; *met de huur* ~ *zijn* mit der Miete im Rückstand sein; zie ook: *erachter*

**achteraan** ganz hinten, zuletzt; *ergens* ~ *zitten* ⟨proberen te krijgen⟩ nach etwas hinterher sein

**achteraankomen** nachkommen; hinterherkommen

**achteraanzicht** Rückansicht *v*

**achteraf 1** ⟨terzijde⟩ abseits; **2** ⟨later⟩ hinterher, nachher, nachträglich; ~ *bezien* bei näherer Betrachtung

**achterbak** ⟨v. auto⟩ Kofferraum *m*

**achterbaks 1** ⟨niets vertellend⟩ hinterhältig; **2** ⟨vals⟩ heimtückisch; *een* ~*e aanval* ein heimtückischer Angriff

**achterban** Basis *v*, Anhänger *mv*; Nachhut *v*; *de* ~ *raadplegen* die Basis zu Rate ziehen

**achterband** Hinterreifen *m*

**achterbank** Rücksitz *m*, Hintersitz *m*

**achterblijven 1** ⟨in 't alg.⟩ zurückbleiben; **2** fig zurückstehen (hinter); **3** sp zurückfallen

**achterblijver 1** ⟨bij wandeling enz.⟩ Nachzügler *m*; **2** ⟨op school⟩ schwacher Schüler *m*

**achterbuurt** Armen-, Hinterviertel *o*

**achterdeur** Hintertür *v*

**achterdocht** Argwohn *m*, Mißtrauen *o*; ~ *krijgen* Argwohn schöpfen

**achterdochtig** argwöhnisch

**achtereen** hinter-, nacheinander

**achtereenvolgens** nacheinander

**achterelkaar 1** ⟨plaats⟩ hintereinander; **2** ⟨in tijd⟩ nacheinander

**achteren:** *van* ~ von hinten, von rückwärts; *iem. van* ~ *aanvallen* einen hinterrücks angreifen; *van* ~ *naar voren lezen* rückwärts lesen

**achtergrond** Hintergrund *m*; *op de* ~ *blijven* im Hintergrund bleiben; *op de* ~ *raken* in den Hintergrund geraten; *tegen deze* ~ auf (vor) diesem Hintergrund

**achtergrondinformatie** Hintergrundinformation *v*

**achtergrondmuziek** Hintergrundmusik *v*

**achterhalen 1** ⟨inhalen⟩ einholen; ⟨door snelheid⟩ ereilen; **2** ⟨nasporen⟩ ermitteln; *(door de feiten) achterhaald* (von den Tatsachen) überholt

**achterheen:** *ergens* ~ *zitten* energisch hinter einer Sache her sein

**achterhoede 1** mil Nachhut *v*; **2** sp Abwehr *v*, Verteidigung *v*

**achterhoedegevecht** Rückzugsgefecht *o*

**achterhoofd** Hinterkopf *m*; *hij is niet op zijn* ~ *gevallen* er ist nicht auf den Kopf gefallen

**achterhouden 1** eig zurückbehalten; **2** ⟨verheimlijken⟩ verhehlen, verheimlichen

**achterhuis** Hinterhaus *o*

**achterin** hinten (drin)

**achterkant 1** ⟨in 't alg.⟩ Hinter-, Rückseite *v*, die hintere Seite; **2** ⟨van huis⟩ Rückfront *v*

**achterklap** üble Nachrede *v*

**achterkleinkind** Urenkel *m*, Urenkelin *v*

**achterland** Hinterland *o*

**achterlaten 1** ⟨in 't alg.⟩ zurücklassen, hinterlassen; **2** ⟨bij sterven⟩ hinterlassen

**achterlating:** *met* ~ *van* unter Zurücklassung (+2)

**achterlicht** Rück-, Schlußlicht *o*, Schlußlampe *v*

**achterliggen** sp hinten-, zurückliegen; *bij iem.* ~ hinter einem zurückstehen

**achterlijf** Hinterleib *m*

**achterlijk** ⟨v. persoon⟩ (geistig) zurückgeblieben, minderbegabt; gemeenz dämlich, dumm

**achterlijn** sp Grundlinie *v*

**achterlopen 1** ⟨v. uurwerk⟩ nachgehen; **2** ⟨in ontwikkeling⟩ hinterherhinken

**achterna** ⟨later⟩ hinterher

**achternaam** Familien-, Nachname *m*

**achternamiddag:** *op een* ~ fig in kürzester Zeit

**achternazitten:** *iem.* ~ ⟨achtervolgen⟩ einem nachsetzen

**achterneef** Großneffe *m*

**achternicht** Großnichte *v*

**achterom** hintenherum

**achteromkijken** sich umblicken, zurückblicken

**achterop** hintendrauf; auf der Rückseite; ~ *raken* ins Hintertreffen geraten

**achterover** rückwärts, hintenüber

**achteroverdrukken 1** eig hintenüberdrücken; **2** ⟨stelen⟩ gemeenz klauen, unterschlagen

**achteroverslaan 1** onverg ⟨vallen⟩ hintenüberfallen, nach hinten kippen; *(steil)* ~ *van verbazing* völlig perplex sein, baff sein; **II** overg ⟨m.b.t. sterke drank⟩ gemeenz einen kippen

**achterpand** ⟨v. kleding⟩ hinterer Schoß *m*, Rückenteil *o*

**achterpoot** Hinterbein *o*; ⟨v. wild⟩ Hinterlauf *m*

**achterruit** auto Heckfenster o, -scheibe o
**achterruitverwarming** auto Hechscheibenheizung v
**achterspeler** sp Verteidiger m, Rückraumspieler m; ~s (ook:) Hintermannschaft v
**achterstaan** sp zurückliegen; *met 0-2 ~ 0:2 zurückliegen*
**achterstallig** ausstehend; ~e *huur* ausstehende Miete v; ~e *gelden* Rückstände mv; ~ *onderhoud* überfällige Reparatur
**achterstand** Rückstand m
**achterste** 1 (achtereind) Hintere(s) o; 2 (zitvlak) Hintern m; *op zijn ~ krijgen* den Hintern voll bekommen
**achterstellen** zurücksetzen; *iem. bij anderen ~* einen hinter andere zurücksetzen
**achterstevoren** das hinterste vorn
**achtertuin** Hintergarten m
**1 achteruit** bijw rückwärts, zurück
**2 achteruit** m auto Rückwärtsgang m; *in zijn ~ zetten* den Rückwärtsgang einschalten
**achteruitboeren** (das Geschäft, den Hof) herunterwirtschaften
**achteruitgaan** 1 eig rückwärtsgehen; 2 fig zurückgehen; *de zaak gaat achteruit* das Geschäft geht zurück; ist im Niedergang begriffen; *de zieke gaat achteruit* es geht mit dem Kranken bergab
**1 'achteruitgang** m (deur) Hinterausgang m
**2 achter'uitgang** m (terugval) Rückgang m, Verfall m; *economische ~* wirtschaftlicher Niedergang m; *~ van een zaak* geschäftlicher Niedergang m
**achteruitkijkspiegel** Rückspiegel m
**achteruitrijden** 1 (met auto) rückwärts fahren; 2 (in trein enz.) entgegen der Fahrtrichtung sitzen
**achtervoegsel** gramm Suffix o, Nachsilbe v
**achtervolgen** (einen) verfolgen
**achtervolging** Verfolgung v
**achtervolgingswaanzin** Verfolgungswahn m
**achterwaarts** I bijw rückwärts, zurück; II bn rückgehend, rückwärtig; ~e *beweging* Rückwärtsbewegung v
**achterwege**: ~ *blijven* unterbleiben, wegfallen; *iets ~ laten* etwas unterlassen
**achterwerk** gemeenz Hintern m, Hinterster m; schertsend Popo m, die vier Buchstaben
**achterwiel** Hinterrad o
**achterwielaandrijving** Heckantrieb m; *met ~* heckangetrieben
**achterzak** Hintertasche v
**achterzijde** Hinter-, Rückseite v; (v. huis ook) Hinterfront v
**achthoekig** achteckig
**achting** Achtung v; *met ~* hochachtungsvoll
**achtmaal** achtmal
**achtste** (der, die, das) achte; *een ~* ein Achtel o; *ten ~* achtens
**achttien** achtzehn
**achtvoud** Achtfache(s) o
**acne** Akne v

**acquit** bilj Anspiel o, erster Stoß m; *van ~ gaan* den Ball aussetzen
**acrobaat** Akrobat m
**acrobatiek** Akrobatik v
**acrobatisch** akrobatisch
**acryl** 1 (textielvezel) Acrylfaser v, (Poly-)acryl o; 2 (verf) Acrylfarbe v
**acteren** (Theater) spielen
**acteur** Schauspieler m
**actie** 1 (in 't alg.) Aktion v; 2 (handeling) Handlung v; *op elkaar afgestemde ~s* pol konzertierte Aktion v; *politionele ~* Polizeiaktion v; *in ~ komen* aktiv (tätig) werden; mil losfeuern; *~ en reactie* Wirkung und Gegenwirkung
**actiecomité** Aktionsausschuß m, -komitee o
**actief** tätig, aktiv
**actiefoto** Actionfoto o
**actiegroep** Bürgerinitiative v
**actieradius** 1 eig Aktionsradius m; 2 fig Reichweite v, Wirkungsbereich m & o, Flugweite v
**actievoerder** 1 (demonstrant) Demonstrant m; 2 (actief voorvechter) Bürgerrechtler m
**activa** Aktivbestand m, Aktiva mv; (bij faillissement ook) Masse v
**activeren** beleben, aktivieren
**activist** Aktivist m
**activiteit** Aktivität v, Rührigkeit v; Tätigkeit v
**actrice** Schauspielerin v
**actualiteit** Zeitnähe v, Aktualität v; ~en Nachrichten mv
**actualiteitenprogramma** Magazin o, Magazinsendung v
**actueel** aktuell, zeitgemäß, gegenwartsbezogen; *niet ~* unzeitgemäß; *uiterst ~* hochaktuell; *de actuele gebeurtenissen* das Zeitgeschehen
**acupunctuur** Akupunktur v
**acuut** akut
**ad**: ~ *1* zu 1; *een bedrag ~ f 100* ein Betrag von, in Höhe von hfl. 100
**adamsappel** Adamsapfel m
**adamskostuum**: *in ~* im Adamskostüm
**adapter** Adapter m
**adapteren** adaptieren, anpassen
**adat** Adat m
**adder** Kreuzotter v, Viper v; *er zit een ~tje onder het gras* die Sache hat einen Haken, da steckt noch etwas dahinter; *als door een ~ gebeten* wie von einer Tarantel gestochen
**adel** Adel m; *hoge ~* Hochadel m; *van ~ zijn* von Adel sein, adlig sein
**adelaar** Adler m; plechtig Aar m
**adelborst** Seekadett m
**adelen** adeln; *arbeid adelt* Arbeit adelt
**adellijk** 1 (edel) adlig; 2 (v. wild) mit Hochgeschmack, mit Hautgout; *een ~e familie* eine adlige Familie v, eine Adelsfamilie v; ~e *kringen* Adelskreise
**adelstand** Adelsstand m; *in de ~ verheffen* in den Adelsstand erheben, nobilitieren
**adem** Atem m; *buiten ~* außer Atem; *de ~ inhouden* (ook: fig) den Atem anhalten *de*

# adembenemend

**~ benemen** den Atem rauben (versetzen); *in één ~ noemen* in einem Atem(zug) nennen; *naar ~ snakken* nach Atem ringen; *op ~ komen* zu Atem kommen; *van lange ~* von langer Dauer, auf lange Sicht; *de hete adem van iem. in de nek voelen* jmdn. im Nacken haben; *de laatste ~ uitblazen* das Leben (die Seele) aushauchen

**adembenemend** atemraubend

**ademen** atmen, Atem holen; *weer ruimer ~* aufatmen

**ademhalen** Atem holen, atmen

**ademhaling** Atmung *v*

**ademloos** atemlos

**ademnood** Atemnot *v*

**adempauze** Atempause *v*

**adempoef, ademtest** *m* Atemtest *m*, Hauchprobe *v*

**adequaat** adäquat

**ader** Ader *v*

**aderlaten 1** <u>eig</u> zur Ader lassen; **2** <u>fig</u> schröpfen

**aderlating 1** <u>eig</u> Aderlaß *m*; **2** <u>fig</u> Schröpfung *v*

**aderverkalking** Arterienverkalkung *v*

**adhesie 1** <u>nat</u> Adhäsion *v*, Anhaftung *v*; **2** <u>fig</u> Beifall *m*

**adhesiebetuiging** Beifallsbezeigung *v*

**adieu** auf Wiedersehen

**adjectief** Adjektiv *o*, Eigenschaftswort *o*

**adjudant** Adjutant *m*

**adjunct** Adjunkt *m*, Amtsgehilfe *m*

**administrateur** Verwalter *m*; ⟨v. ministerie⟩ Ministerialdirektor *m*

**administratie 1** ⟨afdeling⟩ Verwaltung *v*, Verwaltungsbehörde *v*; **2** ⟨abstract⟩ Verwaltungswesen *o*

**administratief** verwaltungstechnisch, Verwaltungs...; *~ recht* Verwaltungsrecht *o*; *~ werk* ⟨ook⟩ Büroarbeit *v*; *om administratieve redenen* aus verwaltungstechnischen Gründen

**administratiekosten** Verwaltungskosten *mv*

**administreren** verwalten

**admiraal** ⟨scheepv en vlinder⟩ Admiral *m*

**admiraliteit** Admiralität *v*

**adolescent** Adoleszent *m*

**adolescentie** Adoleszenz *v*

**adopteren** adoptieren, (an Kindes Statt, als eigen) annehmen; *een geadopteerd kind* ein Adoptivkind *o*

**adoptie** Adoption *v*

**adoreren** adorieren, anbeten

**ad rem** zur Sache, wohlangebracht, schlagend

**adres 1** ⟨woonplaats enz.⟩ Adresse *v*; **2** ⟨op brief⟩ Anschrift *v*; **3** <u>comput</u> Adresse *v*; *aan 't verkeerde ~ komen (zijn)* an die falsche (verkehrte) Adresse kommen (sein); *per ~* per Adresse (p.A.), bei

**adresboek** Adreßbuch *o*

**adressenbestand** Adressenbestand *m*, -verzeichnis *o*; <u>comput</u> Adressendatei *v*

**adresseren** adressieren; *de geadresseerde* der Adressat, der Empfänger

**adstructie** Erläuterung *v*

**ADV** = *arbeidsduurverkorting* Arbeitszeitverkürzung *v*

**advent** Advent *m*

**adverteerder** Inserent *m*

**advertentie** Anzeige *v*, Inserat *o*, Annonce *v*; *kleine ~* Kleinanzeige *v*

**adverteren** anzeigen, inserieren

**advies** Rat *m*, Beratung *v*; ⟨officieel⟩ Gutachten *o*

**adviesbureau** Beratungsstelle *v*; *~ voor beroepskeuze* Berufsberatungsstelle *v*

**adviesorgaan, adviesraad** *m* Begutachtungskommission *v*

**adviessnelheid** Richtgeschwindigkeit *v*, empfohlene (Höchst)geschwindigkeit *v*

**adviseren** empfehlen; ⟨officieel⟩ begutachten; *(een) ~de stem* eine beratende Stimme *v*

**adviseur** Berater *m*, Gutachter *m*; *economisch ~* Wirtschaftsberater *m*; *rechtskundig ~* Rechtsberater *m*, juristischer Berater *m*

**advocaat 1** <u>recht</u> Rechtsanwalt *m*; **2** ⟨drank⟩ Eierkognak *m*; *~ van kwade zaken* Winkeladvokat *m*

**advocaat-generaal** Generalstaatsanwalt *m*

**advocatuur** Advokatur *v*

**aërodynamica** Aero-dynamik *v*

**af** ab; ⟨klaar⟩ fertig; <u>sp</u> aus; ⟨perfect⟩ tadellos, perfekt; *~! los!*; *~ en aan* ab und an; *~ en toe* ab und zu, hin und wieder; *(de) berg ~* bergab, den Berg hinab; *met iets slecht ~ zijn* mit etwas übel beraten sein; *op 't geluid ~* dem Schall nach; *op het gevaar ~* auf die Gefahr hin; *dat kan er niet ~* das kann ich nicht bezahlen; *van voren ~ aan* von vorn (an); *van die tijd ~* von der Zeit an; *van hier ~* nog *10 km* von hier aus noch 10 km *er niets van ~ weten* nichts davon wissen; *van iem. ~ zijn* einen los sein; mit einem gebrochen haben; *daar wil ik ~ zijn* darüber bin ich nicht sicher, das weiß ich nicht genau; *hij is goed ~* er hat Glück gehabt; *'t werk is ~* die Arbeit ist fertig; *iem. te vlug ~ zijn* einem zuvorkommen

**afasie** Aphasie *v*

**afbakenen** ⟨terrein⟩ abstecken; *iems. bevoegdheid ~* jemands Kompetenz abgrenzen

**afbeelden** abbilden, darstellen

**afbeelding** Abbildung *v*

**afbekken** anschnauzen; *iem. ~* einem über den Mund fahren

**afbellen 1** ⟨telefonisch afzeggen⟩ telefonisch absagen; **2** ⟨overal heen telefoneren⟩ herumtelefonieren

**afbestellen** abbestellen, widerrufen; *een order ~* einen Auftrag widerrufen

**afbetalen** abbezahlen, abtragen; *in termijnen ~* in Raten abbezahlen

**afbetaling** Abzahlung *v*, Abbezahlung *v*

**afbetalingstermijn** Abzahlungsrate *v*

**afbeulen** abrackern, schinden; *een paard ~* ein Pferd schinden, abtreiben; *zich ~* sich abschinden

**afbijten** abbeißen; *verf ~* Farbe abbeizen; *van zich ~* sich seiner Haut wehren; zie ook: *afgebeten,* ³*spits*

**afbinden** 1 ⟨losbinden⟩ ab-, losbinden; 2 med abbinden; 3 ⟨afsluiten⟩ zubinden
**afbladderen** (sich) abblättern
**afblaffen** anschnauzen, -bellen, -herrschen
**afblazen** 1 ⟨blazend verwijderen⟩ abblasen; 2 sp abpfeifen; 3 ⟨niet door laten gaan⟩ abblasen, absagen; *de demonstratie is afgeblazen* die Demonstration wurde abgeblasen; *stoom* ~ fig Dampf ablassen
**afblijven** nicht berühren; ~*!* Hände weg!; *blijf van me af!* bleib' mir vom Leibe!
**afbluffen**: *iem.* ~ einen abkanzeln, anschnauzen
**afboeken** abbuchen
**afboenen** abschrubben
**afborstelen** 1 ⟨in 't alg.⟩ abbürsten; 2 ⟨schoenen⟩ abputzen
**afbouwen** 1 ⟨de bouw voltooien⟩ fertigbauen; 2 ⟨geleidelijk verminderen⟩ abbauen
**afbraak** 1 ⟨het afbreken⟩ Abbruch *m*, -riß *m*; 2 ⟨puin⟩ Schutt *m*; 3 chem Abbau *m*
**afbraakproduct** Abbauprodukt *o*
**afbranden** abbrennen; *een minister* ~ fig einen Minister in der Luft zerreißen
**afbreekbaar** chem zerlegbar
**afbreken** 1 ⟨in 't alg.⟩ abbrechen; 2 ⟨muur⟩ abtragen, schleifen; 3 ⟨huis⟩ niederreißen; 4 ⟨tent⟩ abbauen; 5 ⟨reis, studie, gesprek⟩ abbrechen; 6 telec trennen; 7 ⟨woorden⟩ trennen; 8 ⟨zwangerschap⟩ unterbrechen, abbrechen; ~*de kritiek* abwertende, herunterreißende Kritik *v*
**afbreking** Abbrechung *v*; ⟨onderhandeling, spel enz.⟩ Abbruch *m*; ⟨woord⟩ Trennung *v*
**afbrengen**: *iem. van iets* ~ ⟨op andere gedachten brengen⟩ jmdn. von etwas (3) abbringen *'t er levend* ~ mit dem Leben davonkommen; *'t er goed* ~ gut abschneiden
**afbreuk** Abbruch *m*, Eintrag *m*; ~ *doen aan de duidelijkheid* die Deutlichkeit beeinträchtigen
**afbrokkelen** abbröckeln
**afbuigen** abbiegen
**afchecken** abhaken, kontrollieren
**afdak** Schutz-, Vordach *o*
**afdalen** herabkommen, hinabgehen, herab-, hinabsteigen, herunter-, hinuntergehen; *tot in bijzonderheden* ~ bis ins Detail gehen; *in de mijn* ~ in die Grube fahren
**afdaling** 1 ⟨in 't alg.⟩ Abstieg *m*; 2 ⟨ski⟩ Abfahrt *v*
**afdammen** abdämmen
**afdanken** 1 ⟨personen⟩ abdanken, entlassen; 2 ⟨kleren⟩ ablegen, ausrangieren; *iets* ~ ⟨ook⟩ zum alten Eisen werfen
**afdankertje** weggegebenes Kleidungsstück *o*
**afdekken** abdecken
**afdeling** 1 ⟨in 't alg.⟩ Abteilung *v*; 2 ⟨in ziekenhuis⟩ Station *v*; ~ *voor intensive care* Intensivstation *v*
**afdelingschef** Abteilungsleiter *m*
**afdingen** feilschen, herunterhandeln, abmarkten; *op dat werk is veel af te dingen* an der Arbeit is viel auszusetzen; *op de prijs* ~ am Preise herunterhandeln, feilschen, vom Preise abhandeln

**afdoen** 1 ⟨voltooien⟩ abtun, abmachen; 2 ⟨schuld⟩ abbezahlen, abtragen; *hij heeft afgedaan* er ist erledigt, hat ausgedient; er ist unten durch; *een kwestie* ~ eine Frage erledigen; *een schort* ~ eine Schürze abbinden, -legen; *dat doet aan de zaak niets af* das ändert an der Sache nichts; *deze zaak is nog niet afgedaan* ⟨ook⟩ darüber sind die Akten noch nicht geschlossen; *iets van de prijs* ~ den Preis heruntersetzen, fallen lassen; zie ook: *afgedaan*
**afdoend, afdoende** entscheidend, triftig, schlagend; *een afdoend bewijs* ein bündiger (schlagender) Beweis *m*; *afdoende maatregelen* durchgreifende Maßregeln; *een afdoend middel* ein wirksames Mittel
**afdraaien** abdrehen; *een film* ~ einen Film vorführen, zeigen; *zijn gewone verhaal* ~ sein Sprüchlein herbeten, -sagen
**afdragen** 1 ⟨naar beneden⟩ hinunter-, heruntertragen; 2 ⟨kleren⟩ abtragen; *gelden* ~ Gelder abtragen, -liefern
**afdrijven** abtreiben ⟨ook door abortus⟩; *'t onweer drijft af* das Gewitter zieht ab, verzieht sich; *de rivier* ~ den Fluß hinuntertreiben
**afdrogen** 1 ⟨droogmaken⟩ abtrocknen, -wischen; 2 sp ⟨duidelijk verslaan⟩ abservieren; *iem.* ~ ⟨ranselen⟩ einem eine Abreibung geben, einen durchprügeln
**afdronk**: *de wijn heeft een goede* ~ der Wein ist vollmundig
**afdruipen** 1 eig abtröpfeln, -tropfen; 2 fig abziehen; *met lege handen* ~ leer abziehen
**afdruiprek** Abtropfbrett *o*, Tropfplatte *v*
**afdruk** 1 ⟨in 't alg.⟩ Abdruck *m*; 2 fotogr Abzug *m*
**afdrukken** 1 ⟨boek, tekening⟩ abdrucken; 2 ⟨geweer enz.⟩ abdrücken; 3 fotogr abdrukken, kopieren; *afgedrukt vel* Aushänger *m*, Aushängebogen *m*
**afduwen** 1 ⟨wegduwen⟩ abstoßen; 2 ⟨naar beneden⟩ hinab-, hinunterherunterstoßen
**afdwalen** abirren, abkommen von; sich verirren; *van zijn onderwerp* ~ vom Thema abkommen
**afdwingen** erzwingen, abnötigen; *eerbied* ~ Respekt heischen, Ehrfurcht gebieten; *een belofte* ~ ein Versprechen abringen
**affaire** Affäre *v*, Angelegenheit *v*
**affiche** Plakat *o*, Anschlag *m*, Affiche *v*
**afficheren** plakatieren ⟨ook fig⟩
**affiniteit** chem & fig Affinität *v*
**affix** Affix *o*
**affluiten** sp abpfeifen
**afgaan** 1 ⟨in 't alg.⟩ abgehen; 2 ⟨vuurwapen⟩ losgehen; 3 ⟨slecht figuur slaan⟩ sich blamieren; 4 ⟨ontlasting hebben⟩ Stuhlgang haben; *het gaat hem goed af* er macht es gut; ⟨vlot⟩ es geht ihm flink von der Hand; *de berg* ~ den Berg hinabgehen; *op iem.* ~ auf einen zugehen; *op iems. woorden* ~ sich auf die Worte eines Menschen verlassen
**afgang** Mißerfolg *m*, Blamage *v*
**afgebeten**: ~ *spreken* abgehackt sprechen

**afgedaan** fertig, abgemacht, erledigt; *een afgedane zaak* eine erledigte Sache v; ⟨voldongen feit⟩ eine vollendete Tatsache

**afgeknot** abgestumpft; *~te kegel* Kegelstumpf m, stumpfer Kegel m

**afgeladen** gedrängt voll

**afgelasten** absagen, abblasen

**afgeleefd** abgelebt, altersschwach; *~e gezichten* verwüstete Gesichter

**afgelegen** abgelegen, entlegen

**afgelopen**: *in 't ~ jaar* im abgelaufenen (vergangenen, verflossenen, vorigen) Jahr, im Vorjahr

**afgemat** ermattet

**afgemeten** 1 eig abgemessen; 2 ⟨plechtig⟩ förmlich; *met ~ passen* mit abgemessenen Schritten

**afgepast**: *~ geld* abgezähltes Geld o

**afgepeigerd** gemeenz total erschöpft

**afgestompt** abgestumpft

**afgetobd** abgehärmt

**afgetrapt** ⟨v. schoenen⟩ abgetreten

**afgevaardigde** Abgeordnete(r) m-v

**afgeven** 1 ⟨overhandigen⟩ abgeben, übergeben, aushändigen, einhändigen; 2 ⟨kleuren⟩ abfärben; *op iem. ~* auf einen schimpfen, über einen herziehen; *zich met schurken ~* sich mit Schurken abgeben

**afgewerkt** ⟨olie⟩ alt, verunreinigt; 2 ⟨lucht⟩ verbraucht, abgestanden, schlecht

**afgezaagd** fig abgedroschen, abgegriffen, banal

**afgezant** Abgesandte(r) m

**afgezien**: *~ van* abgesehen von

**afgezonderd** abgesondert

**afgieten** 1 ⟨in 't alg.⟩ abgießen; 2 ⟨door vergiet⟩ durchschlagen

**afgietsel** Abguß m

**afgifte** Abgabe v, Auslieferung v; *~ van bagage* Gepäckausgabe v

**afglijden** 1 ⟨naar beneden glijden⟩ abgleiten, -rutschen; 2 fig herunterkommen

**afgod** 1 ⟨godheid⟩ Abgott m; 2 ⟨beeld⟩ Götze m

**afgodsbeeld** Götzenbild o

**afgooien** 1 ⟨bommen, een ruiter, kleding⟩ abwerfen; 2 ⟨v.d. trap⟩ hinunterwerfen

**afgraven** abgraben

**afgrendelen** abriegeln

**afgrijselijk** abscheulich, grausig, grauenhaft

**afgrijzen** Abscheu m, Grausen o

**afgrond** Abgrund m

**afgunst** Mißgunst v, Neid m, Eifersucht v

**afgunstig** neidisch, eifersüchtig; *~ op iets zijn* ⟨ook⟩ etwas mit scheelen Augen ansehen

**afhaalrestaurant** Restaurant o mit Außer-Haus-Verkauf

**afhaken** 1 ⟨loshaken⟩ loshaken; 2 ⟨wagens⟩ abkoppeln, abhängen; 3 ⟨niet meer meedoen⟩ aufhören

**afhakken** abhauen

**afhalen** 1 ⟨ophalen⟩ abholen; 2 ⟨neerhalen⟩ herunterholen, -bringen; 3 ⟨bonen⟩ abfädeln, abziehen; *de bedden ~* die Betten abziehen

**afhameren** ⟨snel afhandelen⟩ schnell erledigen; *iem. ~* einen zur Ordnung rufen

**afhandelen** abhandeln, abmachen

**afhandig**: *iem. iets ~ maken* einem etwas entwenden; gemeenz einem etwas ausspannen

**afhangen** ⟨vom Baum⟩ herabhängen; *van iem. ~* fig von einem abhängen; *dat hangt ervan af* das hängt davon ab; je nachdem

**afhankelijk** abhängig; *van de temperatuur ~* durch die Temperatur bedingt

**afhaspelen** 1 ⟨afwinden⟩ abhaspeln, -spulen, -wickeln; 2 ZN ⟨slordig en haastig afmaken⟩ hinpfuschen

**afhelpen**: *iem. van zijn geld ~* einen um sein Geld bringen; *iem. van een ziekte ~* einen von einer Krankheit befreien

**afhouden** 1 ⟨in 't alg.⟩ ab-, zurückhalten; 2 ⟨boot⟩ vom Ufer abhalten; 3 sp sperren; *iets van 't loon ~* etwas am Lohne kürzen; *iem. van iets ~* einen von etwas zurückhalten; *de ogen niet van iets kunnen ~* die Augen nicht von etwas abwenden können

**afhuren** mieten

**afijn** 1 ⟨het zij zo⟩ nun ja, na ja; 2 ⟨kortom⟩ kurzum, kurz und gut

**afjakkeren** 1 ⟨uitputten⟩ abhetzen; 2 ⟨een paard⟩ zuschanden reiten

**afkalven** abbröckeln

**afkammen** 1 ⟨iem.⟩ heruntermachen; 2 ⟨boek, toneelstuk enz.⟩ verreißen

**afkanten** 1 ⟨hout⟩ abkanten; 2 ⟨brei-, naaiwerk⟩ umranden

**afkappen** 1 ⟨door kappen verwijderen⟩ abkappen, -hauen; 2 ⟨beëindigen⟩ abrupt beenden

**afkatten**: *iem. ~* einen anfahren, angiften, anschnauzen

**afkeer**: *~ van* Abneigung v gegen; ⟨sterker⟩ Abscheu m vor; ⟨walging⟩ Ekel m vor; *een ~ van iets hebben* etwas verabscheuen, Abscheu vor etwas (3) haben

**afkeren**: *zich ~* sich abwenden

**afkerig** abgeneigt; *wij zijn er niet ~ van dat te doen* wir sind nicht abgeneigt, das zu tun

**afketsen** ⟨afstuiten⟩ abprallen; *een voorstel ~* einen Vorschlag ablehnen, verwerfen; *~ op* fig scheitern an (+ 3)

**afkeuren** 1 ⟨veroordelen⟩ mißbilligen, tadeln; ⟨streng, officieel⟩ rügen; 2 ⟨v. plan⟩ verwerfen; 3 sp ⟨v. speelterrein⟩ für unbespielbar erklären; *waren ~* Waren ausmustern; *voor de dienst (arbeid) ~* für dienstuntauglich (arbeitsuntauglich) erklären

**afkeurend** mißbilligend; *een ~ oordeel* ein absprechendes Urteil; *zich ~ uiten* sich abfällig äußern

**afkeuring** Mißbilligung v

**afkickcentrum** Entziehungsanstalt v

**afkicken** einer Entziehungskur unterziehen

**afkijken** 1 ⟨in 't alg.⟩ abgucken, absehen; 2 ⟨op school⟩ abschreiben, abluchsen, spikken

**afkleden** schlank machen

**afklemmen** abklemmen

**afkloppen** abklopfen; *~!* ⟨als bezwering⟩ unberufen!

**afkluiven** abnagen

**afknappen** 1 ⟨breken⟩ abbrechen; 2 ⟨'t opgeven⟩ zusammenbrechen; enttäuscht werden

**afknapper** große Enttäuschung *v*

**afknippen** abschneiden, -trennen

**afkoelen** I *onoverg* abkühlen; II *overg techn* kühlen

**afkoken** ⟨v. aardappels⟩ mehlig werden

**afkomen** 1 ⟨van iets naar beneden⟩ ab-, herab-, herunterkommen; 2 ⟨kwijtraken⟩ loswerden; 3 ⟨afstammen⟩ herkommen, abstammen; 4 ⟨van benoeming⟩ offiziell werden; *er bekaaid ~* schlecht (schlimm, übel) wegkommen; *er genadig, heelhuids ~* glimpflich, ungeschoren davonkommen; *er goed ~* gut dabei wegkommen, nichts abbekommen; *op iem. ~* auf einen zugehen; *van iem. ~* einen loswerden

**afkomst** Ab-, Herkunft *v*, Abstammung *v*; *van geringe (voorname) ~* von geringer (vornehmer) Geburt

**afkomstig**: *~ uit Amsterdam* ⟨geboren in⟩ aus Amsterdam gebürtig; *~ zijn van* stammen (kommen) von; *de plannen zijn van mij ~* die Pläne rühren von mir her, stammen von mir; *van diefstal ~ zijn* von einem Diebstahl herrühren

**afkondiging** Verkünd(ig)ung *v*, Bekanntmachung *v*

**afkoopsom** 1 ⟨voor aangegane verplichting⟩ Abfindungssumme *v*; 2 ⟨voor afzien v.e. koop⟩ Rücktrittsgeld *o*

**afkopen** 1 ⟨iets⟩ ablösen; 2 ⟨iem.⟩ ⟨jmdn.⟩ abfinden

**afkoppelen** 1 ⟨in 't alg.⟩ ab-, loskoppeln; 2 ⟨wagen⟩ abhängen

**afkondigen** verkünd(ig)en, bekanntmachen; *de staat van beleg ~* den Belagerungszustand verhängen; *een verbod ~* ein Verbot erlassen; *een wet ~* ein Gesetz verkündigen

**afkorten** ⟨woord⟩ abkürzen

**afkorting** Abkürzung *v*

**afkraken** 1 ⟨iem.⟩ ⟨einen⟩ völlig heruntermachen; 2 ⟨boek, toneelstuk⟩ verreißen

**afkrijgen** 1 ⟨omlaagkrijgen⟩ herab-, hinab-, herunter-, hinunterbringen; 2 ⟨klaarkrijgen⟩ fertigbringen, -kriegen, -bekommen

**afkunnen**: *iets ~* mit etwas fertig werden, etwas fertigbringen; *iets op zijn sloffen ~* etwas in aller Gemütlichkeit tun können

**aflaat** RK Ablaß *m*

**aflandig** scheepv ablandig

**aflaten** 1 ⟨ophouden⟩ ablassen; 2 ⟨neerlaten⟩ hinunter-, herablassen; *nooit ~de ijver* nie ablassender Fleiß *m*

**aflebberen** gemeenz 1 ⟨aflikken⟩ ablecken; Z-Duits abschlecken; 2 *elkaar ~* ⟨zoenen⟩ sich abknutschen

**afleggen** 1 ⟨bekentenis, getuigenis, verklaring, rekenschap⟩ ablegen; 2 ⟨weg, afstand⟩ zurücklegen; *'t tegen iemand ~* den kürzern ziehen; *een lijk ~* eine Leiche waschen

**afleiden** 1 ⟨in 't alg.⟩ ableiten, deduzieren; 2 ⟨gevolgtrekkingen⟩ schließen, folgern; 3 ⟨woorden⟩ herleiten; 4 ⟨water, de aandacht⟩ ablenken; *~ van* herleiten von; *iem. ~* ⟨verstrooien⟩ einen zerstreuen

**afleiding** 1 ⟨verstrooiing⟩ Zerstreuung *v*; 2 ⟨gevolgtrekking⟩ Folgerung *v*; 3 ⟨van water, aandacht⟩ Ablenkung *v*; 4 ⟨afgeleid woord⟩ Ableitung *v*; 5 ⟨herkomst v. woord⟩ Ab-, Herleitung *v*

**afleidingsmanoeuvre** Ablenkungsmanöver *o*

**afleren**: *iem. iets ~* einem etwas abgewöhnen; ⟨met geweld⟩ austreiben; *hij heeft dat afgeleerd* er hat sich das abgewöhnt

**afleveren** abliefern, überleben, verabfolgen

**aflevering** 1 ⟨het leveren⟩ Ablieferung *v*; 2 ⟨v. tijdschrift⟩ Heft *o*, Lieferung *v*; 3 ⟨v. tv-serie⟩ Folge *v*; *in ~en* heftweise

**aflezen** ablesen

**aflikken** ablecken; *een afgelikte boterham* fig ein Flittchen *o*

**afloop** ⟨einde⟩ Ablauf *m*; *met dodelijke ~* mit tödlichem Ausgang; *na ~ van de film* nach dem Film; *na ~ van een jaar* nach Ablauf (Verlauf) eines Jahres

**aflopen** I *onoverg* 1 ⟨eindigen⟩ ausgehen, zu Ende gehen, enden; 2 ⟨v. wekker, film, periode⟩ ablaufen; *de straat loopt af* die Straße senkt sich; *goed, slecht ~* gut, schlecht ablaufen; *'t loopt met hem af* es geht mit ihm zu Ende; *Afgelopen!* Schluß!; II *overg* 1 ⟨school⟩ absolvieren; 2 ⟨schoenen⟩ ablaufen; *de hele stad ~* die ganze Stadt ablaufen, abklappern; *de trap ~* die Treppe hinuntergehen; zie ook: *afgelopen*

**aflossen** 1 ⟨vervangen⟩ ablösen; 2 ⟨schulden⟩ abtragen, bezahlen, tilgen; *een hypotheek ~* eine Hypothek löschen, tilgen

**aflossing** ⟨v. schuld⟩ Tilgung *v*; 2 mil Ablösung *v*; *~ van de wacht* Wachablösung *v*, -wechsel *m*

**afluisterapparatuur, afluisterinstallatie** Abhöranlage *v*, -einrichtung *v*

**afluisteren** ⟨telefoon, gesprek⟩ abhören; ⟨gesprek ook⟩ abhorchen, belauschen; mithören; ⟨horen⟩ erlauschen

**afmaken** 1 ⟨voltooien⟩ fertig machen, beenden, vollenden; 2 ⟨doden, v. mens⟩ umbringen, töten; gemeenz erledigen; 3 ⟨v. dier⟩ abschlachten; *op smaak ~* abschmecken; *zich ~ (met een jantje-van-leiden) van iets ~* sich einer Sache entziehen, sich etwas vom Halse schaffen

**afmatten** ab-, ermatten, ab-, ermüden

**afmelden** abmelden; *zich ~* sich abmelden

**afmeren** I *overg* festmachen, vertäuen; II *onoverg* die Trossen loswerfen, abfahren

**afmeten** 1 ⟨de grootte bepalen⟩ abmessen; 2 ⟨v. straf enz.⟩ bemessen; zie ook: *afgemeten*

**afmeting** 1 ⟨'t meten⟩ Abmessung *v*; 2 ⟨maat⟩ Dimension *v*, Ausmaß *o*, Abmessung *v*

**afmonsteren** abmustern

**afmonstering** Abmusterung *v*

**afname** 1 ⟨in 't alg.⟩ Abnahme *v*; 2 ⟨achteruitgang ook⟩ Rückgang *m*

**afneembaar** abnehmbar

**afnemen** I *overg* abnehmen; II *onoverg* ⟨verminderen⟩ abnehmen, nachlassen; *de*

*koorts neemt af* das Fieber läßt nach; *iem. iets in dank* ~ einem für etwas Dank wissen, einem etwas danken; zie ook: *eed, examen, hoed, stof, verhoor*
**afnemer** Abnehmer *m*, Käufer *m*; ~ *in 't groot* Großabnehmer *m*, -bezüger *m*, Großkunde *m*
**afneming** Abnahme *v*, Abnehmung *v*; ~ *van 't kruis* Kreuzabnahme *v*
**afnokken** gemeenz Schluß machen
**aforisme** Aphorismus *m*
**afpakken** (iem. iets) fortnehmen, wegkapern
**afpalen** abstecken, abgrenzen, abpfählen
**afpassen** (afmeten) abmessen; (door passen te nemen) abschreiten; zie ook: *afgepast*
**afpeigeren**: *zich* ~ gemeenz sich abrackern, -plagen, -quälen
**afperken 1** (in 't alg.) abgrenzen; **2** (afbakenen) abstecken
**afpersen** erpressen
**afpersing** Erpressung *v*
**afpijnigen**: *zich* ~ sich abquälen
**afpikken** (stelen) klauen, wegschnappen
**afpoeieren**: *iem.* ~ einen abfertigen
**afprijzen** herabsetzen, senken
**afraden**: *iem. iets* ~ einem (von) etwas abraten, einem etwas widerraten
**afraffelen 1** (slordig afmaken) schnell und schlecht fertig machen, hinsudeln; **2** (bij 't opzeggen) herunterplappern, herunterleiern
**afraken** (v.e. weg, gewoonte) abkommen; *van zijn onderwerp* ~ abschweifen; *van de weg* ~ vom Wege abkommen
**aframmelen 1** (afranselen) durch-, verprügeln; **2** (muziek enz.) abhaspeln, herunterspielen
**aframmeling** Tracht *v* Prügel
**afranselen** durch-, verprügeln
**afrasteren** umzäunen, vergittern
**afrastering** Umzäunung *v*, Zaun *m*
**afreageren** abreagieren; *zijn ergernis* ~ (ook) seinen Ärger an einem auslassen
**afreizen** (vertrekken) abreisen; *een streek geheel* ~ eine Gegend ganz durchreisen
**afrekenen** abrechnen; *met iem. afgerekend hebben* fig mit einem fertig sein
**afrekening** Abrechnung *v*
**afremmen** abbremsen (ook fig)
**africhten** abrichten, dressieren
**afrijden 1** (naar beneden rijden) hinunterfahren; **2** (wegrijden) wegfahren; **3** (tot het eind rijden) ausfahren, entlangfahren; **4** (rijexamen doen) die Fahrprüfung ablegen, den Führerschein machen
**Afrika** Afrika *o*
**Afrikaan** Afrikaner *m*
**Afrikaander** Afrika(a)nder *m*
**Afrikaans I** *bn* afrikanisch; *een* ~*e* eine Afrikanerin; **II** *o* Afrikaans *o*
**afrikaantje** Studenten-, Samtblume *v*
**Afrikaner** = *Afrikaander*
**afrit 1** (v. autoweg) Abfahrt *v*, Ausfahrt *v*; **2** (v. brug enz.) Rampe *v*
**afroep**: *op* ~ auf Abruf
**afroepen** (namen) abrufen

**afroffelen** ⟨vlug afmaken⟩ hinsudeln, schnell und schlecht fertig machen; ⟨muziekstuk⟩ herunterspielen
**Afro-kapsel** Afro-Look *m*
**afrollen I** *overg* ⟨ontrollen⟩ abrollen; **II** *onoverg* ⟨naar beneden rollen⟩ herunterrollen
**afromen** abrahmen, -sahnen; *de winst* ~ den Gewinn absahnen
**afronden**: ~ *op* ⟨naar beneden⟩ abrunden auf (+ 4); ⟨naar boven⟩ aufrunden auf (+ 4)
**afrossen 1** ⟨paard⟩ abstriegeln; **2** ⟨slaan⟩ durchprügeln; gemeenz das Fell gerben
**afruimen** abräumen
**afrukken** abreißen
**afschaffen** abschaffen
**afschaffing** Abschaffung *v*
**afschampen** schräg abprallen
**afscheid** Abschied *m*
**afscheiden I** *overg* **1** ⟨afzonderen⟩ absondern, trennen; **2** ⟨v. ruimte⟩ abtrennen; **3** ⟨geur, vocht⟩ ausscheiden; *een boek* ~ ein Buch produzieren; **II** *wederk*: *zich* ~ **1** ⟨zich losmaken van⟩ sich trennen, sich lossagen; **2** ⟨in andere vorm voortbestaan⟩ sich abspalten
**afscheiding 1** ⟨het afscheiden⟩ Trennung *v*, Absonderung *v*; **2** ⟨afgescheiden stof⟩ Ausscheidung *v*, Absonderung *v*
**afscheidingsbeweging** separatistische Bewegung *v*
**afscheidsgroet** Abschiedsgruß *m*
**afschepen** ⟨waren⟩ verschiffen, verladen; *iem.* ~ einen abfertigen; *iem. met vage beloften* ~ einen mit vagen Versprechungen abspeisen
**afschermen 1** ⟨licht⟩ abschirmen, -blenden; **2** ⟨venster⟩ abdunkeln
**afscheuren** ⟨krachtig⟩ abreißen; ⟨voorzichtig, bonnen bijv.⟩ abtrennen
**afschieten 1** ⟨afvuren⟩ abschießen, -feuern; **2** ⟨doodschieten⟩ abschießen; **3** ⟨een ruimte afscheiden⟩ durch eine Wand abtrennen; *een raket* ~ eine Rakete ablassen; *op iem.* ~ auf einen losrennen
**afschilderen 1** ⟨schilderend weergeven⟩ (ab)malen; **2** ⟨beschrijven⟩ schildern; *iets donker (somber)* ~ etwas schwarz (in grau) malen
**afschilferen** abblättern, sich abschuppen
**afschminken** abschminken
**afschrift** Abschrift *v*, Kopie *v*
**afschrijven 1** ⟨waardevermindering boeken⟩ abschreiben; ⟨v.e. rekening⟩ abbuchen; **2** ⟨afmaken⟩ fertig, zu Ende schreiben; **3** ⟨niet meer rekenen op⟩ abschreiben; *geld van een rekening* ~ Geld von einem Konto abbuchen
**afschrijving 1** handel Abschreibung *v*; **2** ⟨afboeking⟩ Abbuchung *v*; **3** ⟨bewijs v. afschrijving⟩ Abbuchungsbeleg *m*, Lastschrift *v*; ~ *op gebouwen en inventaris* Abschreibung auf Gebäude und Inventar; *automatische* ~ Dauerauftrag *m*
**afschrikken** ab-, zurückschrecken
**afschrikwekkend** abschreckend
**afschudden** abschütteln; *een achtervolger van zich* ~ einen Verfolger abschütteln,

loswerden

**afschuimen** abschäumen

**afschuiven** 1 ⟨wegschuiven⟩ abschieben, herunter-, hinunterschieben; 2 ⟨betalen⟩ gemeenz berappen, bezahlen; *iets van zich ~* etwas von sich abschieben, sich etwas vom Halse schieben; *de verantwoordelijkheid voor iets van zich ~* die Verantwortlichkeit für etwas ablehnen

**afschuw**: *~ van* Abscheu m vor (+ 3); *een ~ hebben van iets* ⟨ook⟩ etwas verabscheuen

**afschuwelijk** abscheulich, gräßlich, scheußlich

**afslaan** I overg 1 ⟨v. aanbod enz.⟩ abschlagen, ablehnen, zurückweisen; 2 ⟨door slaan scheiden van⟩ abschlagen; *een aanval ~* einen Angriff abschlagen, ab-, zurückweisen; *de thermometer ~* das (Fieber-) thermometer (he)runterschlagen; II onoverg 1 ⟨van richting veranderen⟩ ⟨rechts, links⟩ abbiegen; 2 ⟨v. motor⟩ ausgehen, aussetzen; 3 ⟨lager worden in prijs⟩ fallen; *van zich ~* sich seiner Haut wehren; *~d verkeer* Abbieger

**afslachten** 1 ⟨vee⟩ schlachten; 2 ⟨mensen⟩ niedermetzeln

**afslag** 1 ⟨veiling⟩ Abstreich m; 2 ⟨v. weg⟩ Abzweigung v; *bij ~ verkopen* im Abstreich verkaufen, versteigern

**afslanken** schlanker werden

**afsluitdijk** Abschlußdamm m, -deich m, Sperrdeich m

**afsluiten** 1 ⟨vergrendelen⟩ abschließen, verschließen, absperren; 2 ⟨weg, gebied, elektriciteit, telefoon enz.⟩ (ab)sperren; 3 techn abdichten; *de boeken ~* handel die Bücher abschließen; *een contract, lening ~* einen Kontrakt, Anleihe abschließen *posten, zaken ~* Abschlüsse, Geschäfte tätigen; *de waterleiding ~* ⟨ook⟩ die Wasserleitung abdrehen, abschließen; *van de buitenwereld afgesloten* von der Außenwelt abgeschnitten

**afsluiting** 1 ⟨haven of gebied⟩ Sperrung v; 2 ⟨v.e. weg⟩ Sperre v; *~ van de boeken* handel Abschluß m der Bücher; *~ van 't gas* Gassperre v

**afsluitprovisie** ⟨v. makelaar⟩ Abschlußprovision v

**afsmeken** erflehen

**afsnauwen** anschnauzen, -fahren

**afsnijden** abschneiden; *een bocht ~* eine Kurve schneiden; *de toevoer ~* die Zufuhr abschneiden, unterbinden; *'t water ~* das Wasser sperren

**afsnoepen**: *iem. iets ~* einem etwas wegschnappen

**afspelen** I overg ⟨afdraaien & sp⟩ abspielen; *een geluidsband, de bal ~* ein Tonband, der Ball abspielen; II wederk: *zich ~* sich abspielen

**afspiegelen** abspiegeln, spiegeln

**afsplitsen** abspalten, -zweigen

**afspoelen** ⟨schoonspoelen⟩ abspülen, abwäschen

**afspraak** Verabredung v; *een ~ hebben* ⟨ook⟩ sich verabredet haben; *een ~ maken met iem.* sich jmdm. verabreden; *overeenkomstig onze ~* unserer Abmachung gemäß

**afspreken** verabreden; *afgesproken!* abgemacht!; *afgesproken werk* ein abgekartetes Spiel o

**afspringen** ⟨weg-, naar beneden springen⟩ (her)ab-, hinunterspringen; *de koop is afgesprongen* der Kauf hat sich zerschlagen; *de onderhandelingen zijn afgesprongen* die Verhandlungen sind gescheitert

**afstaan** abtreten, verzichten auf (+ 4), überlassen; *zijn rechten ~* auf seine Rechte verzichten, seine Rechte (auf etwas) abtreten

**afstammeling** Nachkomme m, Abkömmling m

**afstammen** abstammen

**afstamming** Abstammung v

**afstammingsleer** Abstammungslehre v

**afstand** 1 ⟨lengte⟩ Entfernung v, Distanz v; ⟨bij regelmatige tussenruimte⟩ Abstand m; 2 ⟨het afzien van⟩ Abtretung v, Verzichtleistung v; *~ doen van* verzichten auf (+ 4); *~ houden (bewaren)* ⟨ook fig⟩ Distanz, Abstand wahren; *op een ~ houden* in Distanz halten; *op een ~ zijn* zurückhaltend sein; *op geringe ~* in geringer Entfernung

**afstandelijk** distanziert

**afstandsbediening** Fernbedienung v, Fernsteuerung v

**afstandsschot** sp Fernschuß m

**afstapje** Stufe v

**afstappen** (her)ab-, hinuntersteigen; *van een onderwerp ~* ein Thema fallen lassen

**afsteken** 1 ⟨bijv. met spade⟩ abstechen; 2 ⟨afgrenzen⟩ abstecken; *~ tegen* abstechen, sich abheben von + 3; gegen + 4; *een bezoek, visite ~* einen Besuch machen; *iem. de loef ~* fig einem den Rang ablaufen; *een rede ~* eine Rede halten; *vuurwerk ~* Feuerwerk abbrennen; *ongunstig ~* stark abfallen

**afstel** Einstellung v, Beendigung v

**afstellen** techn einstellen

**afstemmen** 1 ⟨bij stemming verwerpen⟩ ablehnen, verwerfen; 2 RTV abstimmen; 3 ⟨doen aansluiten bij⟩ abstimmen (auf + 3), zuschneiden (auf + 4); *op elkaar ~* aufeinander abstimmen

**afstempelen** abstempeln

**afsterven** absterben

**afstevenen**: *~ op los-*, zusteuern auf (+ 4); *op een doel ~* ⟨ook⟩ ein Ziel ansteuern

**afstijgen** ab-, herab-, hinab-, herunter-, hinuntersteigen

**afstoffen** abstauben, Staub wischen

**afstompen** abstumpfen

**afstoppen** 1 ⟨dichtmaken⟩ abdichten; 2 sp abstoppen

**afstotelijk** abstoßend

**afstoten** 1 ⟨wegstoten⟩ ab-, herab-, hinab-, hinunter-, herunterstoßen; 2 handel verkaufen

**afstraffen** züchtigen, abstrafen; ⟨met woorden⟩ abkanzeln

**afstralen** ausstrahlen, zurückstrahlen aus

**afstrijken** 1 ⟨v. lucifer⟩ anzünden, anstrei-

**afstropen**

chen; 2 ⟨door strijken verwijderen⟩ abstreichen; 3 ⟨strijkwerk afmaken⟩ fertig bügeln
**afstropen** 1 ⟨huid⟩ abstreifen, abziehen; 2 ⟨'t land⟩ plündern; *afgestroopt vel* Balg *m*
**afstuderen** seine Studien abschließen, zu Ende studieren; *afgestudeerde (m-v)* (Universitäts)absolvent *m*
**afstuiten** abprallen (an + 3, von), zurückprallen (von); ~ *op* fig ⟨ook⟩ scheitern an (+ 3)
**aftaaien** gemeenz abhauen, verduften
**aftakelen** verfallen; *hij takelde zienderogen af* er verfiel zusehends
**aftakeling** Verfall *m*; *seniele* ~ Altersschwäche *v*
**aftakken** abzweigen
**aftakking** 1 ⟨in 't alg.⟩ Abzweigung *v*; ⟨v. autoweg ook⟩ Abzweig *m*; 2 elektr ⟨ook⟩ Anzapfung *v*
**aftands** 1 ⟨v. persoon⟩ hinfällig; 2 ⟨v. voorwerp⟩ abgenutzt
**aftappen** abzapfen, -lassen; *een telefoon* ~ ein Telephon anzapfen
**aftasten** abtasten
**aftekenen** abzeichnen, zeichnen; *zich* ~ sich abzeichnen
**aftellen** abzählen; *'t* ~ ⟨ruimtevaart⟩ Startzählung *v*
**aftelrijmpje**, **aftelversje** Abzählreim *m*, -vers *m*
**aftershave** Rasierwasser *o*
**aftiteling** Nachspann *m*
**aftocht** Ab-, Rückzug *m*; *de aftocht* ~ zum Rückzug blasen, Schamade schlagen
**aftoppen** 1 ⟨v. bomen⟩ kappen, stutzen; 2 ⟨salaris⟩ kürzen
**aftrainen** das Trainingspensum abbauen
**aftrap** ⟨voetb⟩ Anstoß *m*
**aftrappen** 1 ⟨weg-, naar beneden schoppen⟩ (her)ab-, hinuntertreten; 2 ⟨voetbal⟩ anstoßen; 3 ⟨schoen⟩ ablatschen, abtreten
**aftreden** I *onoverg* zurücktreten, (aus dem Amt) ausscheiden; II *o* Rücktritt *m*
**aftrek** 1 ⟨afname⟩ Absatz *m*; 2 ⟨vermindering, korting⟩ Abzug *m*; *na* ~ *van alle onkosten* abzüglich, nach Abzug aller Unkosten; *met* ~ *van voorarrest* unter Anrechnung der Untersuchungshaft; *gretig* ~ *vinden* zügig abgehen, reißenden Absatz finden;
**aftrekbaar**: ~ *van de belasting* steuerlich absetzbar; *aftrekbare kosten* abzugsfähige Kosten
**aftrekken** I *overg* 1 ⟨door trekken verwijderen⟩ abziehen; ⟨naar beneden trekken⟩ hinunterziehen; 2 rekenk abziehen, subtrahieren; 3 ⟨kruiden⟩ abkochen; 4 ⟨masturberen⟩ wichsen; *van de belasting* ~ von der Steuer absetzen; *de handen van iem.* ~ die Hand von einem ablassen; *de onkosten* ~ die Unkosten abziehen; II *onoverg* 1 ⟨wegtrekken⟩ weggehen, abziehen; 2 ⟨v. onweer⟩ sich verziehen; III *wederk*: *zich* ~ gemeenz wichsen
**aftrekpost** Abzugsposten *m*
**aftreksel** Absud *m*, Dekokt *o*
**aftreksom** Subtraktion *v*
**aftrektal** Minuend *m*

**aftroeven** abtrumpfen
**aftroggelen** ablisten, abluchsen
**aftuigen** 1 ⟨schip⟩ abtakeln; 2 ⟨mishandelen⟩ durch-, verprügeln
**afturven** eine strichliste machen, durch Striche zählen
**afvaardigen** abordnen; *vertegenwoordigers* ~ Abgeordnete schicken
**afvaardiging** Abordnung *v*
**afvaart** Abfahrt *v*
**afval** 1 ⟨vuilnis⟩ Abfall *m*, Müll *m*; 2 ⟨overschotten⟩ Abfälle *mv*
**afvalemmer** Mülleimer *m*
**afvallen** 1 ⟨naar beneden vallen⟩ ab-, hinunterfallen, -stürzen; 2 ⟨m.b.t. gewicht⟩ abmagern; 3 ⟨v. partij, geloof⟩ abtrünnig werden; *iem.* ~ einen im Stich lassen, einem untreu werden
**afvallig** abtrünnig; *een* ~*e (m-v)* ein(e) Abtrünnige(r) *m-v*
**afvalstoffen** Abfallstoffe *mv*
**afvalverwerking** Müllverwertung *v*
**afvalwater** Abwasser *o*, Abwässer *mv*
**afvalwedstrijd** Ausscheidungsrennen *o*, -spiel *o*
**afvegen** abwischen
**afvliegen**: ~ *op* 1 ⟨vliegend naderen⟩ zufliegen auf (+ 4); 2 ⟨zich storten op⟩ sich stürzen auf (+ 4)
**afvloeien** 1 ⟨wegvloeien⟩ abfließen, -strömen; 2 ⟨v. inkt⟩ ablöschen; 3 ⟨ontslagen worden⟩ entlassen (abgebaut) werden
**afvloeiing** ⟨wegstroming⟩ Abfluß *m*; ~ *van personeel* Personalabbau *m*
**afvloeiingsregeling** Entlassungs-, Abbauregelung *v*
**afvoer** 1 ⟨het wegvoeren⟩ Abfuhr *v*; 2 ⟨van water enz.⟩ Abfluß *m*
**afvoerbuis** Abflußrohr *n*
**afvoeren** abführen; *iets van de agenda* ~ etwas von der Tagesordnung streichen; *een bedrag van de begroting* ~ einen Betrag vom Haushaltsplan absetzen
**afvragen**: *zich* ~ sich fragen
**afvuren** abfeuern, -brennen
**afwachten** 1 ⟨in 't alg.⟩ abwarten; 2 ⟨bezoek, bericht⟩ erwarten; *de gelegenheid* ~ die Gelegenheit abpassen; *een* ~*de houding* eine ab-, zuwartende Haltung
**afwachting** Erwartung *v*; *in* ~ *van uw antwoord* in Erwartung Ihrer Antwort; Ihrer Antwort entgegensehend
**afwas** Abwasch *m*
**afwasbaar** abwaschbar
**afwasbak** Abwaschschüssel *v*
**afwasborstel** Abwasch-, Spülbürste *v*
**afwasmachine** Geschirrspülautomat *m*, -maschine *v*
**afwasmiddel** Spülmittel *o*, Geschirrspülmittel *o*
**afwassen** abwaschen; ⟨de vaat⟩ spülen
**afwateren** sich entwässern
**afwatering** Entwässerung *v*, Abfluß *m*
**afweer** 1 ⟨verweer⟩ Abwehr *v*; 2 ⟨schermen⟩ Parade *v*
**afweergeschut** mil Abwehr-, Flakgeschütz *o*
**afweermechanisme** Abwehrmechanismus *m*

**afweerstof** med Abwehr-, Schutzstoff *m*
**afwegen 1** ⟨precies wegen⟩ abwiegen; **2** ⟨overwegen⟩ abwägen
**afwenden** abwenden
**afwennen** abgewöhnen
**afwentelen** abwälzen (ook fig); hinab-, herabwälzen
**afweren** abwehren, parieren
**afwerken** ⟨voltooien⟩ erledigen; ⟨de laatste hand leggen aan⟩ die letzte Hand an etwas legen, vollenden; *een programma* ~ ein Programm absolvieren; *dat is netjes afgewerkt* das ist sorgfältig verarbeitet; zie ook: *afgewerkt*
**afwerking** ⟨voltooiing⟩ Erledigung *v*, Vollendung *v*; *keurige* ~ tadellose Ausführung *v*
**afwerpen** ab-, hinab-, herabwerfen, hinunter-, herunterwerfen; *iem. de trap* ~ einen die Treppe hinunterwerfen; *'t gewei* ~ das Geweih abstreifen; *vruchten* ~ Früchte tragen
**afweten**: *van iets* ~ von (um) etwas wissen; *ervan* ~ im Bilde sein; *het laten* ~ **1** ⟨niet komen⟩ absagen; **2** ⟨in gebreke blijven⟩ versagen
**afwezig 1** ⟨niet present⟩ abwesend; **2** ⟨verstrooid⟩ zerstreut; *de ~en* die Abwesenden
**afwezigheid 1** ⟨absentie⟩ Abwesenheit *v*; **2** ⟨verstrooidheid⟩ Zerstreutheit *v*; *schitteren door* ~ durch Abwesenheit glänzen
**afwijken** abweichen; *van 't onderwerp* ~ vom Thema abschweifen
**afwijking** Abweichung *v*; *lichamelijke* ~ körperliche Mißbildung *v*
**afwijzen** ⟨eis, verzoek, voorstel, uitnodiging⟩ ablehnen, abweisen; *een ~d antwoord krijgen* eine ablehnende Antwort erhalten
**afwikkelen** abwickeln
**afwikkeling** Abwicklung *v*; ~ *van zaken* Abwicklung *v* von Geschäften
**afwimpelen** abwimmeln, ablehnen
**afwinden** abwinden
**afwisselen** abwechseln; *elkaar* ~ einander abwechseln, sich abwechseln
**afwisselend 1** ⟨beurtelings⟩ abwechselnd; **2** ⟨gevarieerd⟩ abwechslungsreich
**afwisseling** Abwechslung *v*; ~ *bieden* Abwechslung gewähren; *ter* ~ zur Abwechslung; *vol* ~ abwechslungsreich, wechselvoll
**afzakken 1** ⟨kousen, broek⟩ herunterrutschen; **2** ⟨neerdalen⟩ hinuntersteigen; **3** ⟨moreel enz.⟩ herunterkommen, nachlassen; *langzaam* ~ ⟨bijv. op school⟩ zurückbleiben; *de rivier* ~ den Fluß hinunter-, hinabfahren
**afzakkertje** gemeenz letztes Glas *o*
**afzeggen**: *de gasten, een vergadering* ~ den Gästen, eine Versammlung absagen; *een order* ~ einen Auftrag widerrufen
**afzeiken**: *iem.* ~ jemanden 'runtermachen
**afzender** Absender *m*, Versender *m*
**afzet** Absatz *m*
**afzetgebied** Absatzgebiet *o*
**afzetten 1** ⟨in 't alg.⟩ ab-, heruntersetzen; **2** ⟨uitschakelen⟩ abstellen, ausschalten, ausmachen; **3** geol ablagern; **4** ⟨bedriegen⟩ beschwindeln, übervorteilen, prellen; *een minister* ~ einen Minister absetzen, entlassen; *een been* ~ ein Bein amputieren; *een gedachte van zich* ~ sich einen Gedanken aus dem Kopf schlagen; *iem. geld* ~ einem Geld ablisten, -gaunern; *goederen, waren* ~ handel Güter, Waren absetzen; *iem.* ~ (op een bep. plaats) einen absetzen; *de straat* ~ die Straße absperren; *een terrein* ~ ein Grundstück umzäunen
**afzetter** Betrüger *m*, Schwindler *m*
**afzetterij** Schwindel *m*, Betrügerei *v*; Geldschneiderei *v*
**afzetting 1** ⟨in 't alg.⟩ Absetzung *v*, Herabsetzung *v*; **2** ⟨door politie⟩ Sperre *v*; **3** ⟨amputatie⟩ Amputation *v*; **4** geol Ablagerung *v*
**afzichtelijk** abscheulich, gräßlich
**afzien 1** ⟨afkijken⟩ absehen, -gucken; **2** ⟨lijden⟩ ⟨Schmerzen⟩ leiden; ~ *van* verzichten auf (+ 4); *van zijn eis* ~ von seiner Forderung abstehen; *van zijn voornemen* ~ sein Vorhaben aufgeben; *van een zaak* ~ von einem Geschäft zurücktreten; *afgezien daarvan* davon abgesehen
**afzienbaar** absehbar; *binnen ~bare tijd* in absehbarer Zeit
**afzijdig** abseitig; *zich* ~ *houden* sich abseits halten
**afzonderen** absondern; *zich* ~ sich absondern, sich zurückziehen
**afzondering** Absonderung *v*; Einsamkeit *v*, Zurückgezogenheit *v*
**afzonderlijk** einzeln, separat; ~ *geval* Einzelfall *m*
**afzuigen** absaugen
**afzuigkap** Absaughaube *v*
**afzwaaien** mil in großen Urlaub entlassen werden
**afzwakken** abschwächen
**afzwemmen 1** ⟨wegzwemmen⟩ wegschwimmen; **2** ⟨voor zwemdiploma⟩ sich freischwimmen, die Schwimmprüfung ablegen; *de baan* ~ die Strecke zu Ende schwimmen
**afzweren** abschwören
**agaat** Achat *m*
**agenda 1** ⟨boekje⟩ Notiz-, Merkbuch *o*; **2** ⟨v. zakenman, dokter enz.⟩ Terminkalender *m*; **3** ⟨v. vergadering⟩ Tagesordnung *v*
**agens** Agens *o*
**agent 1** ⟨v. politie⟩ Polizist *m*, Schutzpolizist *m*; gemeenz Bulle *m*, Schupo *m*; **2** handel Vertreter *m*, Agent *m*; **3** pol Agent *m*; *geheim* ~ Geheimagent *m*
**agentschap, agentuur** Agentur *v*, Vertretung *v*
**ageren** agieren, agitieren; *tegen iem., iets* ~ gegen jmdn., etwas agitieren
**agglomeratie 1** ⟨samenklontering⟩ Agglomeration *v*; **2** ⟨stedencomplex⟩ Ballungsgebiet *o*
**aggregaat I** *o* **1** ⟨elektr & opeenhoping⟩ Aggregat *o*; **2** ZN ⟨lesbevoegdheid⟩ Lehrberechtigung *v*; **II** *m* ZN ⟨leraar⟩ ± Studienrat *m*

**aggregatie**

**aggregatie** ZN ⟨lesbevoegdheid⟩ Lehrberechtigung *v*
**agio** Agio *o*, Aufgeld *o*
**agitatie 1** (in 't alg.) Aufregung *v*; **2** pol Agitation *v*, Hetze *v*, Hetzarbeit *v*
**agnosticus** Agnostiker *m*
**agogie** Menschenführung *v*
**agrariër** Agrarier *m*
**agrarisch** agrarisch, landwirtschaftlich
**agressie** Aggression *v*, Angriff *m*
**agressief** aggressiv, angreiferisch, angriffslustig
**agressiviteit** Aggressivität *v*
**agressor** Aggressor *m*, Angreifer *m*
**aids** Aids *o*
**aids-virus** Aids-Virus *o*, HIV-Virus *o*
**air** Air *o*; *zich het* ~ *geven van* sich das Air geben von
**airbag** Airbag *m*
**airconditioned** mit Klimaanlage, klimatisiert
**airconditioning** Klimaanlage *v*, Airconditioning *o*
**ajakkes, ajasses** pfui!, pfui Teufel!
**ajuin** Zwiebel *v*
**akela** Anführerin *v* von Wölflingen
**akelig 1** ⟨onaangenaam⟩ ekelig, widerlich; **2** ⟨griezelig⟩ unheimlich, grausig; ~ *weer* unangenehmes, ⟨sterker⟩ scheußliches Wetter *o*; *ik word er* ~ *van* mir wird schlecht davon; ~ *stil* unheimlich still
**Aken** Aachen *o*
**Akenaar** Aachener *m*
**Akens** Aachener
**akkefietje 1** ⟨karweitje⟩ kleine Arbeit *v*; **2** ⟨onaangenaam zaakje⟩ Affäre
**akker** Acker *m*
**akkerbouw** Ackerbau *m*
**1 akkoord o 1** muz Akkord *m*; **2** ⟨overeenkomst⟩ Vergleich *m*, Vertrag *m*, Abkommen *o*
**2 akkoord** *bn*: ~! einverstanden!, abgemacht!; ~ *gaan met* einverstanden sein mit
**akoestiek** Akustik *v*
**akoestisch** akustisch
**akte 1** (in 't alg.) Akte *v*, Urkunde *v*; **2** ⟨diploma⟩ Diplom *o*; **3** ⟨v. toneelstuk⟩ Akt *m*; *een* ~ *opmaken*, passeren eine Urkunde aufsetzen, ausstellen; ~ *van iets nemen* etwas zur Kenntnis nehmen; ~ *van bekwaamheid* Zeugnis *o*, Diplom *o*; ~ *van overlijden* Totenschein *m*, Sterbeurkunde *v*
**aktetas** Aktentasche, Aktenmappe *v*
**al I** *onbep vnw* all, alle, alles; ~ *de wijn*, ~ *de moeite* aller Wein, alle Mühe; ~ *met* ~ alles in allem; **II** *bijw* ⟨reeds⟩ schon, bereits; ~ *of niet* wohl oder nicht; ~ *te zeer* gar zu sehr; *niet* ~ *te best* nicht all zu gut, nicht so gut; *hij praat* ~ *maar door* er redet in einem fort; *toch* ~ sowieso, ohnehin; ~ *lezende, werkende* über dem Lesen, der Arbeit; ~ *lopende* im Gehen; ~ *wachtende* während des Wartens; **III** *voegw* ⟨hoewel⟩ obgleich, obwohl, auch wenn; ~ *regent het nog zo hard* obgleich (auch wenn) es noch so regnet
**alarm** Alarm *m*; ~ *slaan* Alarm schlagen;

20

*loos* ~ blinder Alarm
**alarmcentrale** Alarmzentrale *v*
**alarmeren** alarmieren
**alarminstallatie** Warnanlage *v*
**alarmnummer** Notruf *m*
**alarmpistool** Schreckschußwaffe *v*, Alarmpistole *v*
**alarmtoestand** Alarmbereitschaft *v*
**1 Albanees** *m* Albaner *m*, Albanier *m*
**2 Albanees** *bn* albanisch, albanesisch
**Albanië** *o* Albanien *o*
**albast** Alabaster *m*
**albatros** Albatros *m*
**albinisme** Albinismus *m*, Weißsucht *v*
**albino** Albino *m*, Weißling *m*
**album** Album *o*
**alchemie** Alchimie *v*, Alchemie *v*
**alchemist** Alchimist *m*, Alchemist *m*
**alcohol** Alkohol *m*
**alcoholica** alkoholische Getränke *mv*
**alcoholisch** alkoholisch
**alcoholisme** Alkoholismus *m*
**alcoholist** Alkoholiker *m*
**alcoholvrij** alkoholfrei
**aldaar** dort, daselbst; *de firma's* ~ die dortigen Firmen
**aldoor** immerfort, ständig
**aldus** also, auf diese Weise; folgendermaßen; *het is* ~ es ist wie folgt
**alert** alert
**alexandrijn** Alexandriner *m*
**alfa** Alpha *o*
**alfabet** Alphabet *o*
**alfabetisch** alphabetisch; *in* ~*e volgorde* in alphabetischer Reihenfolge
**alfabetiseren** ⟨op alfabet ordenen; leren lezen en schrijven⟩ alphabetisieren
**alfavakken** geisteswissenschaftliche Fächer
**alfawetenschappen** Geisteswissenschaften *mv*
**algebra** Algebra *v*
**algeheel** völlig, gänzlich, vollkommen
**algemeen** allgemein; *in 't* ~ ⟨gesproken⟩ im allgemeinen; ⟨over 't geheel⟩ überhaupt; *'t* ~ *beschaafd* die Hochsprache; ~ *geldig* allgemeingültig; *algemene ontwikkeling* Allgemeinbildung *v*; *met algemene stemmen* einstimmig; *algemene vergadering* Plenarversammlung *v*; Hauptversammlung *v*
**alhier** hier, allhier, hierselbst; *de firma's* ~ die hiesigen Firmen
**alhoewel** wiewohl, obschon
**alias** alias
**alibi** Alibi *o*
**alimentatie 1** ⟨levensonderhoud⟩ Alimentation *v*; **2** ⟨'t bedrag⟩ Alimente *mv*, Unterhaltsbeitrag *m*
**alinea** Absatz *m*
**alkoof** Alkoven *m*
**allebei** (alle)beide
**alledaags** alltäglich, gewöhnlich; ⟨in samenstelling⟩ Alltags-
**alleen I** *bn* ⟨zonder andere(n)⟩ allein; **II** *bijw* ⟨echter⟩ nur, jedoch
**alleenheerschappij** Alleinherrschaft *v*
**alleenrecht** Monopol *o*
**alleenstaand** allein-, einzelstehend; ~*e* Alleinstehende *m-v*

**allegaartje** Mischmasch *m*
**allegorie** Allegorie *v*
**allegorisch** allegorisch
**allemaal 1** ⟨m.b.t. personen⟩ alle; **2** ⟨m.b.t. zaken⟩ alles; *wij ~* wir alle; *'t is ~ waar* es ist alles wahr
**allemachtig**: *~!* du meine Güte!
**allemansvriend** Allerweltsfreund *m*
**allengs** allmählich
**allerbest** allerbest; *'t ~ am* allerbesten, aufs allerbeste
**allereerst** (zu) allererst, zuerst
**allergie** Allergie *v*
**allergisch**: *~ voor* allergisch gegen
**allerhande** allerlei, -hand
**Allerheiligen** Allerheiligen
**allerlaatst** allerletzt; *op het ~e moment* im allerletzten Augenblick
**allerlei** allerlei, allerhand
**allerliefst** allerliebst
**allerminst I** *bn* (minst in aantal) allermindest; **II** *bijw* (allesbehalve) nicht im geringsten, keineswegs, alles andere als
**allerwegen** allerwegen, überall
**Allerzielen** Allerseelen *o*
**alles** alles; *~ op ~ zetten* alles daransetzen; *van ~ en nog wat* alles mögliche; *vóór ~* vor allem
**allesbehalve** nichts weniger als, keineswegs, alles andere als; *(Bent u tevreden?) A~!* Durchaus nicht!
**allesbrander** Allesbrenner *m*
**alleseter** Allesfresser *m*
**alleszins** in jeder Hinsicht; *de toestand is ~ gunstig* die Lage ist durchaus günstig
**alliantie** Allianz *v*, Bund *m*
**allicht** natürlich, selbstverständlich
**alligator** Alligator *m*
**all-in** alles einbegriffen, pauschal
**alliteratie** Stabreim *m*, Alliteration *v*
**allochtoon I** *m* ± Ausländer *m*; **II** *bn* allochthon
**allooi** Gehalt *m*; *van het laagste ~* fig von der schlechtesten Sorte *v*
**all-riskverzekering** Versicherung *v* gegen jede Gefahr, Vollkaskoversicherung *v*
**allround** Allround
**allrounder** Allroundman *m*; sp Allroundsportler *m*
**allure** Allüre *v*
**alluvium** Alluvium *o*
**almaar** = *alsmaar*
**almacht** Allmacht *v*
**almachtig** allmächtig
**almanak** Almanach *m*
**alom** überall, allenthalben
**alomtegenwoordig** allgegenwärtig
**alomvattend** allesumfassend
**Alpen** Alpen *mv*
**alpenweide** Matte *v*, Alm *v*
**alpien** alpin; *'t ~e ras* die alpine Rasse
**alpinisme** Alpinismus *m*
**alpinist** Alpinist *m*, Bergsteiger *m*
**alpino** Baskenmütze *v*
**als 1** ⟨in de hoedanigheid van⟩ als; **2** ⟨in vergelijking⟩ wie; **3** ⟨na vergrotende trap⟩ als; **4** ⟨indien⟩ wenn; **5** ⟨wanneer⟩ wenn; *~ plaatsvervanger* als Stellvertreter; *even*

*oud ~* ebenso alt wie; *~ 't ware* gleichsam; *~ 't mogelijk is* wenn es möglich ist; *telkens ~ ik hem zie* jedesmal, wenn ich ihn sehe
**alsjeblieft** bitte; *laat mij ~ met rust* laß mich gefälligst in Ruhe
**alsmaar** ständig, immerfort
**alsmede** sowie (auch)
**alsnog** nachträglich, noch, jetzt noch
**alsof** als ob
**alsook** wie auch
**alstublieft** bitte
**alt 1** ⟨zangeres⟩ Alt *m*; Altistin *v*; **2** ⟨stem⟩ Altstimme *v*
**altaar** Altar *m*
**altaarstuk** Altarbild *o*, -gemälde *o*
**alternatief I** *o* Alternative *v*; **II** *bn* alternativ
**althans** wenigstens, jedenfalls
**altijd** immer, stets; *voor ~* für immer, auf immer
**altijddurend** immer-, ewigwährend
**altruïsme** Altruismus *m*
**altsaxofoon** Altsaxophon *o*
**altviool** Bratsche *v*, Altgeige *v*
**aluminium** Aluminium *o*
**aluminiumfolie** Aluminiumfolie *v*
**alvast** schon mal, einstweilen
**alvleesklier** Bauchspeicheldrüse *v*, Pankreas *o*
**alvorens** bevor, ehe
**alwaar** wo
**alweer** wiederum, schon wieder
**alwetend** allwissend
**AM** = *amplitudemodulatie* AM, Amplitudenmodulation *v*
**amalgaam** Amalgam *o*
**amandel 1** ⟨vrucht, halsklier⟩ Mandel *v*; **2** ⟨boom⟩ Mandelbaum *m*; *de ~en pellen* med die Mandeln herausschälen
**amandelspijs** Mandelmasse *v*
**amanuensis** Amanuensis *m*
**amateur** Liebhaber *m*, Amateur *m*
**amateurisme** Amateurismus *m*
**amateuristisch** amateuristisch
**amazone** Amazone *v*
**amazonezit** Damensitz *m*
**ambacht** Handwerk *o*, Gewerbe *o*; *twaalf ~en, dertien ongelukken* neunerlei Handwerk, achtzehnerlei Unglück
**ambachtelijk** handwerklich
**ambachtsman** Handwerker *m*
**ambassade** Botschaft *v*
**ambassadeur** Botschafter *m*
**ambiëren** begehren, anstreben
**ambigu** mehrdeutig, ambig
**ambitie 1** ⟨eerzucht⟩ Ehrgeiz *m*; **2** ⟨ijver⟩ Strebsamkeit *v*
**ambitieus 1** ⟨eerzuchtig⟩ ehrgeizig; **2** ⟨ijverig⟩ strebsam
**ambivalent** ambivalent
**ambt** Amt *o*; *een ~ aanvaarden* ein Amt antreten
**ambtelijk** amtlich, Amts-; *langs ~e weg* auf dem Amtswege
**ambteloos** unbeamtet; *~ burger* Privatperson *v*
**ambtenaar** Beamte(r) *m-v*, Beamtin *v*; *~ v.d. burgerlijke stand* Standesbeamte(r)

*m-v*
**ambtenarenapparaat** Beamtenapparat *m*
**ambtenarij** Bürokratie *v*
**ambtgenoot** Kollege *m*
**ambtsaanvaarding** Amtsantritt *m*
**ambtseed** Amts-, Diensteid *m*
**ambtsgeheim** Amtsgeheimnis *o*
**ambtshalve** von Amtswegen, amtshalber
**ambtsketen** Amtskette *v*
**ambulance** Krankenwagen *m*
**ambulant** wandelend, ambulant
**amechtig** außer Atem, keuchend, atemlos
**amen** Amen *o*
**amendement** Amendement *o*
**amenderen** amendieren
**Amerika** Amerika *o*; *Latijns-~* Lateinamerika *o*
**Amerikaner** Amerikaner *m*
**Amerikaans** amerikanisch; *een ~e* eine Amerikanerin *v*
**ameublement** Möbel *mv*, Zimmereinrichtung *v*
**amfetamine** Amphetamin *o*
**amfibie** Amphibie *v*, Lurch *m*
**amfibievoertuig** Amphibienfahrzeug *o*
**amfitheater** Amphitheater *o*
**amicaal** freundschaftlich
**aminozuur** Aminosäure *v*
**ammonia** Salmiakgeist *m*
**ammoniak** Ammoniak(gas) *o*
**ammunitie** Munition *v*
**amnesie** Amnesie *v*, Gedächtnisschwund *m*
**amnestie** Amnestie *v*; *algemene ~* Generalpardon *m*
**amok**: *~ maken* Amok laufen
**amoreel** amoralisch
**amorf** amorph
**amoureus** amourös
**ampel** ausführlich
**amper** kaum
**ampère** Ampere *o*
**amplitude** Amplitude *v*
**ampul** Ampulle *v*
**amputatie** Amputation *v*
**amputeren** amputieren
**amulet** Amulett *o*
**amusant** amüsant, unterhaltend
**amusement** *o* Unterhaltung *v*, Amüsement *o*
**amuseren** amüsieren, unterhalten; *zich ~* sich amüsieren, sich vergnügen
**anaal** anal
**anabool**: *anabole steroïden* anabole Steroide *mv*
**anachronisme** Anachronismus *m*
**anakoloet** Anakoluth *o*
**analfabeet** Analphabet *m*
**analfabetisme** Analphabetismus *m*
**analist** Laborant *m*
**analogie** Analogie *v*
**analoog** analog, analogisch
**analyse** Analyse *v*
**analyseren** analysieren, zerlegen, zergliedern
**analytisch** analytisch
**ananas** Ananas *v*
**anarchie** Anarchie *v*
**anarchisme** Anarchismus *m*

**anarchist** Anarchist *m*
**anarchistisch** anarchistisch
**anatomie** Anatomie *v*
**anciënniteit** Dienst-, Amtsalter *o*
**ander I** *bn* ander; *een ~e keer* ein anderes (nächstes) Mal *in 't ~e geval* andernfalls; **II** *telw* zweite, nächste; *om de ~e dag* jeden zweiten Tag; **III** *onbep vnw* der, die, das andere; *de een of ~* irgendeiner *het een en ~* dies und jenes; *onder andere* unter anderem *onder ~en* unter anderen
**anderhalf** anderthalb; *~ uur* anderthalb Stunden
**andermaal** zum zweiten Mal
**anders 1** ⟨op andere wijze⟩ anders, auf andere Weise; **2** ⟨in een ander geval⟩ sonst; *ergens ~* anderswo, sonstwo; *iem. ~* sonstwer
**andersdenkende** Andersdenkende(r) *v(m)*
**andersom** umgekehrt, anders herum
**anderszins** anders
**anderzijds** and(r)erseits
**andijvie** Endivie *v*
**andragogie(k)** Andragogik *v*
**anekdote** Anekdote *v*
**anemoon** Anemone *v*
**anesthesie** Anästhesie *v*
**anesthesist** Anästhesist *m*
**angel** Stachel *m*
**Angelsaksisch** angelsächsisch
**angina** Angina *v*; *~ pectoris* Angina *v* pectoris
**anglicaans** anglikanisch
**anglicisme** Anglizismus *m*
**anglist** Anglist *m*
**angorakat** Angorakatze *v*
**angst** Angst *v*; *in ~ zitten* Angst haben; *met ~ en beven* mit Zittern und Zagen
**angstaanjagend** beängstigend
**angsthaas** Angsthase *m*
**angstig** ängstlich; *~ maken* (be)ängstigen
**angstvallig** ängstlich, peinlich (genau), behutsam
**angstwekkend** beängstigend, angsterregend
**angstzweet** Angstschweiß *m*
**anijs** Anis *m*
**animatiefilm** Zeichentrickfilm *m*, Trickfilm *m*
**animeermeisje** Animierdame *v*
**animeren** animieren; *geanimeerd* ⟨v. gesprek⟩ angeregt; ⟨v. beurs⟩ lebhaft
**animo 1** ⟨in 't alg.⟩ Lebhaftigkeit *v*, Lust *v*; **2** handel Kauflust *v*
**animositeit** Gereiztheit *v*, Animosität *v*
**anker** Anker *m*; *voor ~ gaan, liggen* vor Anker gehen, liegen
**ankeren** ankern, vor Anker gehen
**annalen** Annalen *mv*
**annex** mit, damit verbunden; *een huis ~ garage* ein Haus mit angebauter Garage
**annexatie** Annektierung *v*, Einverleibung *v*
**annexeren** annektieren, einverleiben
**anno** Anno
**annonce** Anzeige *v*, Inserat *o*
**annotatie** Anmerkung *v*
**annoteren** annotieren

**annuïteit** Annuität *v*
**annuleren** annullieren; *een order* ~ einen Auftrag annullieren, widerrufen
**annulering** Annullierung *v*, Widerruf *m*
**annuleringsverzekering** Rücktrittskostenversicherung *v*
**anoniem** anonym
**anonimiteit** Anonymität *v*
**anonymus** Anonymus *m*
**anorak** Anorak *m*
**anorexia nervosa** Magersucht *v*
**anorganisch** anorganisch
**ansichtkaart** Ansichtskarte *v*
**ansjovis** Anschovis
**antecedent 1** gramm Bezugswort *o*; **2** *iems. ~en* jemands Vorleben *o*
**antedateren** zurück-, antedatieren
**antenne** Antenne *v*
**antibioticum** Antibiotikum *o*
**anticipatie** Vorwegnahme *v*, Antizipation *v*
**anticiperen** vorwegnehmen, antizipieren
**anticlimax** Antiklimax *v*
**anticonceptie** Empfängnisverhütung *v*
**anticonceptiemiddel** Verhütungsmittel *o*
**antiek I** *bn* antik; **II** *o* Antiquitäten *mv*
**antigeen** Antigen *o*
**antiheld** Antiheld *m*
**antilichaam** Antikörper *m*
**antilope** Antilope *v*
**antipathie** Antipathie *v*, Abneigung *v*
**antipode** Antipode *m*, Gegenfüßler *m*
**antiquaar** Antiquar *m*
**antiquair** Antiquitätenhändler *m*
**antiquariaat** Antiquariat *o*
**antiquarisch** antiquarisch
**antiquiteit** Antiquität *v*
**antireclame**: ~ *zijn voor* keine (schlechte) Werbung sein für
**antisemiet** Antisemit *m*
**antisemitisme** Antisemitismus *m*
**antislip** Gleit-, Schleuderschutz *m*
**antistof** Abwehrstoff *m*
**antivries** Frost-, Gefrierschutzmittel *o*
**antraciet** Anthrazit *m*
**antropologie** Anthropologie *v*
**antropoloog** Anthropologe *m*
**antroposofie** Anthroposophie *v*
**antwoord** Antwort *v*, Bescheid *m*; *in* ~ *op uw brief* in Antwort auf Ihr Schreiben
**antwoordapparaat** Anrufbeantworter *m*
**antwoorden 1** ⟨op vraag⟩ antworten, erwidern; **2** ⟨inbrengen tegen⟩ versetzen, entgegnen
**antwoordkaart** Antwortkarte *v*
**antwoordnummer** bezahlte Rückantwort *v*
**anus** Anus *m*, After *m*
**aorta** Aorta *v*, Hauptschlagader *v*
**AOW** staatliche Altersrente *v*
**apart 1** ⟨afgezonderd⟩ gesondert, separat, einzeln; **2** ⟨buitengewoon⟩ apart, außergewöhnlich; *iets ~ leggen* etwas beiseite legen; *iets ~s* etwas Besonderes
**apartheid** Apartheid *v*
**apathie** Apathie *v*
**apathisch** apathisch
**apegapen**: *op ~ liggen* auf dem letzten Loch pfeifen
**apekool** Quatsch *m*
**apenliefde** Affenliebe *v*
**aperitief** Aperitif *m*
**apert** offenkundig
**apetrots** stolz wie ein Pfau
**apezuur**: *zich 't ~ werken* arbeiten wie ein Pferd
**aplomb** Aplomb *o*
**Apocalyps**, Apokalypse *v*
**apocrief** apokryph; *~e boeken* Apokryphen *mv*
**Apollo** Apoll
**apostel** Apostel *m*
**apostolisch** apostolisch
**apostrof** Apostroph *m*
**apotheek** Apotheke *v*
**apotheker** Apotheker *m*
**apotheose** Apotheose *v*
**apparaat** Apparat *m*
**apparatuur** Apparatur *v*
**appartement** Appartement *o*
**1 'appel** *m* ⟨vrucht⟩ Apfel *m*; *de ~ valt niet ver van de boom* der Apfel fällt nicht weit vom Stamm; *door de zure ~ heen bijten* in den sauren Apfel beißen; *voor een ~ en een ei* für einen Apfel und ein Ei; zie ook: *appeltje*
**2 ap'pel** *o* **1** *recht* Berufung *v*; **2** ⟨verzameling⟩ Appell *m*; *op het ~ verschijnen* zum Appell antreten; *op het ~ ontbreken* beim Appell fehlen
**appelboom** Apfelbaum *m*
**appelflap** Apfeltasche *v*
**appelflauwte** Ohnmacht *v*
**appelleren** appellieren; ~ *aan* appellieren an (+ 4)
**appelmoes** Apfelmus *o*
**appelsap** Apfelsaft *m*
**appelstroop** Apfelkraut *o*
**appeltaart** Apfeltorte *v*, -kuchen *m*
**appeltje** Äpfelchen *o*; *een ~ voor de dorst* ein Notgroschen *m*, ein Notpfennig *m*; *een ~ met iem. te schillen hebben* mit jmdm. ein Hühnchen zu rupfen haben
**appendicitis** Blinddarmentzündung *v*, Appendizitis *v*
**appendix** *o* ⟨anat; aanhangsel⟩ Appendix *m*
**appetijtelijk** appetitlich
**applaudisseren** applaudieren, Beifall klatschen
**applaus** Beifall *m*, Applaus *m*
**apporteren** apportieren
**appreciëren** schätzen, anerkennen
**après-ski** Après-Ski *o*
**april** der April; *in ~* im April; *op tien ~* am zehnten April; *begin, midden, eind ~* Anfang, Mitte, Ende April; *één ~!* April, April!; *~ doet wat hij wil* der April macht, was er will
**aprilgrap** Aprilscherz *m*
**a priori** a priori, von vornherein
**apropos**: *iem. van zijn ~ brengen* jmdn. durcheinanderbringen
**à propos** apropos, übrigens
**aquaduct** Aquädukt *m*
**aquajoggen** Aquajogging *o*

**aquarel**

**aquarel** Aquarell o
**aquarium** Aquarium o
**1 ar** v Pferdeschlitten m
**2 ar**: in ~ren moede (vertwijfeld) verzwei-felt; in (mismoedig) verdrossen
**arabesk** Arabeske v
**Arabië** Arabien o
**Arabier** Araber m
**Arabisch** arabisch; een ~e (vrouw) eine Araberin
**arbeid** Arbeit v
**arbeiden** arbeiten
**arbeider** Arbeiter m
**arbeidersbeweging** Arbeiterbewegung v
**arbeidersklasse** Arbeiterklasse v
**arbeidsbesparend** arbeitsparend
**arbeidsbureau** Arbeitsamt o
**arbeidsgeschil** Arbeitskonflikt m
**arbeidsinspectie** Gewerbeaufsicht v, Gewerbeinspektion v
**arbeidsintensief** arbeitsintensiv
**arbeidskracht** Arbeitskraft v
**arbeidsloon** Arbeitslohn m
**arbeidsmarkt** Arbeitsmarkt m; krappe, ruime ~ Unter-, Überbeschäftigung v
**arbeidsongeschikt** arbeitsunfähig
**arbeidsovereenkomst** Dienstvertrag m; collectieve ~ Tarifvertrag m
**arbeidsplaats** Arbeitsstelle v
**arbeidsreserve** Arbeitsreserve v
**arbeidstherapie** Arbeitstherapie v
**arbeidsvermogen 1** nat Energie v; **2** (v. persoon) Arbeitsfähigkeit v
**arbeidsvoorwaarden** Arbeitsbedingungen mv
**arbeidzaam** arbeitsam, emsig
**arbiter** Schiedsrichter m, Arbiter m
**arbitrage 1** handel Arbitrage v; **2** recht Schiedsspruch m
**arbitrair** arbiträr, willkürlich
**arceren** schraffieren
**archaïsch** archaisch
**archaïsme** Archaismus m
**archeologie** Archäologie v
**archeologisch** archäologisch
**archeoloog** Archäologe m
**archetype** Archetyp m
**archief** Archiv o
**archipel** Archipel m
**architect** Baumeister m, Architekt m
**architectuur** Architektur v
**archivaris** Archivar m
**are** Ar o
**arena** Arena v; (v. circus ook) Piste v
**arend** Adler m
**arendsnest** Adlerhorst m
**argeloos** arglos
**arglistig** arg-, hinterlistig, tückisch
**argument** Argument o
**argumentatie** Argumentation v
**argumenteren** argumentieren
**argusogen**: met ~ mit Argusaugen
**argwaan** Argwohn m, Mißtrauen o, Verdacht m; ~ krijgen, wekken Argwohn schöpfen, erregen
**argwanend** argwöhnisch
**aria** Arie v
**Ariër** nat-soc Arier m

**Arisch** nat-soc arisch
**aristocraat** Aristokrat m
**aristocratie** Aristokratie v
**aristocratisch** aristokratisch
**ark 1** Arche (Noah) v; **2** (woonboot) Wohnboot o
**1 arm** bn arm, bedürftig; ~ als de mieren (een kerkrat, Job) arm wie eine Kirchenmaus; ~ aan vitaminen vitaminarm; de ~en die Armen
**2 arm** m Arm m; ~ in ~ Arm in Arm, eingehakt; iem. in de ~ nemen jmdn. zu Rate ziehen; met behulp van de sterke ~ unter Anwendung von Staatsgewalt; met de ~en over elkaar mit verschränkten Armen
**armband** Armband o
**armelijk** ärmlich, dürftig
**armetierig** kümmerlich
**armlastig** unterstützungsbedürftig
**armleuning** Armlehne v
**armoe** = armoede; 't is daar ~ troef alles Armut, was man sieht
**armoede** Armut v; uit ~ fig vor Langeweile
**armoedig 1** (arm) ärmlich, dürftig; **2** (schamel) mager
**armoedzaaier** Hungerleider m, Habenichts m
**armslag**: ~ hebben Ellbogenfreiheit haben
**armzalig** armselig, jämmerlich
**Arnhem** Arnheim o
**aroma** Arom o
**aromatisch** aromatisch
**aronskelk** Aronsstab m
**arrangement** Arrangement o
**arrangeren** arrangieren
**arrenslede** Pferdeschlitten m
**arrest 1** (hechtenis) Haft v, Arrest m; **2** (vonnis) Urteil o; in ~ zitten im Arrest, verhaftet sein
**arrestant(e)** Verhaftete(r) m-v, Häftling m
**arrestatie** Verhaftung v, Festnahme v
**arrestatiebevel** Haftbefehl m
**arresteren 1** (aanhouden) verhaften, festnehmen; **2** (beslag leggen op) beschlagnahmen; de notulen ~ das Protokoll genehmigen
**arriveren 1** eig ankommen; **2** (maatschappelijk) arrivieren
**arrogant** arrogant
**arrogantie** Arroganz v
**arrondissement** Bezirk m
**arrondissementsrechtbank** Landgericht o
**arsenaal** Arsenal o; (grote verzameling, ook) Anhäufung v
**arsenicum 1** (element) Arsen o; **2** (rattenkruit) Arsenik o
**articulatie** Artikulation v
**articuleren** artikulieren
**artiest 1** (in 't alg.) Künstler m; **2** (variété enz.) Artist m
**artikel 1** (in 't alg.) Artikel m; **2** (in tijdschrift) Aufsatz m, Artikel m; **3** (in wet) Paragraph m; **4** (lidwoord) Artikel m, Geschlechtswort o; huishoudelijke ~en Haushaltsartikel mv
**artillerie** Artillerie v
**artillerist** Artillerist m

**artisjok** Artischocke *v*
**artistiek** künstlerisch
**arts** Arzt *m*, Ärztin *v*
**artsenbezoeker** Ärztebesucher *m*
**1 as** *v techn* 1 ⟨v. voertuigen⟩ Achse *v*; 2 ⟨voor bewegingsoverbrenging⟩ Welle *v*
**2 as** *v* ⟨verbrandingsrest⟩ Asche *v*; *in de ~ leggen* in Asche legen, einäschern
**asbak** Aschenbecher *m*
**asbest** Asbest *m*
**asblond** aschblond
**asceet** Asket *m*
**ascendant** Aszendent *m*
**ascese** Askese *v*
**ascetisch** asketisch
**asem** gemeenz Puste *v*
**aseptisch** aseptisch
**asfalt** Asphalt *m*
**asfalteren** asphaltieren
**asgrauw** aschgrau
**asiel** 1 ⟨bescherming⟩ Asyl *o*; 2 ⟨toevluchtsoord⟩ Zufluchtsort *m*, Freistatt *v*; *politiek ~ verlenen* politisches Asyl gewähren; *~ vragen* um Asyl bitten
**asielzoeker** Asylbewerber *m*, Asylant *m*
**asjeblieft** = *alsjeblieft*
**asjemenou** nicht zu fassen!, Donnerwetter!
**asociaal** asozial
**aspect** Aspekt *m*
**asperge** Spargel *m*
**aspirant** Anwärter *m*, Aspirant *m*
**aspiratie** 1 ⟨het streven⟩ Aspiration *v*; 2 ⟨aanblazing⟩ Aspiration *v*, Behauchung *v*; *~s hebben* höher hinaufwollen
**aspirientje** Aspirintablette *v*
**aspirine** Aspirin *o*
**assemblage** Zusammenbau *m*, Montage *v*
**assemblee** (Voll)versammlung *v*
**assembleren** zusammensetzen
**assepoester, Assepoester** Aschenbrödel *o*, -puttel *o*
**assertief** selbstsicher
**assertiviteit** Selbstsicherheit *v*
**assimilatie** Assimilation *v*, Angleichung *v*
**assimileren** assimilieren, angleichen
**assisenhof** *ZN* Schwurgericht *o*; ⟨België, Frankrijk, Zwitserland⟩ Assisen *mv*
**assistent** Assistent *m*, Gehilfe *m*
**assistentie** Assistenz *v*, Hilfe *v*
**assisteren** (jmdm.) assistieren, Assistenz leisten
**associatie** Assoziation *v*
**associatief** assoziativ
**associëren** assoziieren; *zich ~ (met)* sich assoziieren (mit + 3)
**assortiment** Auswahl *v*, Sortiment *o*
**assuradeur** Versicherer *m*
**assurantie** Versicherung *v*
**aster** Aster *v*
**asterisk** Sternchen *o*, Asteriskus *m*
**astma** Asthma *o*
**astmatisch** asthmatisch
**astrologie** Astrologie *v*
**astrologisch** astrologisch
**astroloog** Sterndeuter *m*, Astrologe *m*
**astronaut** Astronaut *m*
**astronomie** Astronomie *v*, Sternkunde *v*
**astronomisch** astronomisch
**astronoom** Astronom *m*, Sternforscher *m*
**Aswoensdag** Aschermittwoch *m*
**asymmetrisch** asymmetrisch
**ATB** All-Terrain-Bike *o*
**atavisme** Atavismus *m*
**atelier** Atelier *o*, Werkstatt *v*
**atheïsme** Atheismus *m*
**atheïst** Atheist *m*
**Athene** ⟨stad⟩ Athen *o*
**atheneum** 1 *hist* Athenäum *o*; 2 *thans* ± (neusprachliches) Gymnasium *o*
**Atlantisch:** *~e Oceaan* Atlantischer Ozean *m*, Atlantik *m*
**atlas** ⟨boek⟩ Atlas *m*
**atleet** Athlet *m*
**atletiek** Leichtathletik *v*
**atletisch** athletisch
**atmosfeer** Atmosphäre *v*
**atmosferisch** atmosphärisch
**atol** Atoll *o*
**atomair** atomar
**atonaal** atonal
**atoom** Atom *o*
**atoombom** Atom-, Nuklearbombe *v*
**atoomenergie** Atom-, Kernenergie *v*
**atoomkop** Atomsprengkopf *m*
**atoomwapen** Atomwaffe *v*
**attaché** Attaché; *cultureel ~* Kulturattaché *m*
**attachékoffer** Diplomatenkoffer *m*
**attaque** 1 ⟨aanval⟩ Attacke *v*; 2 *med* Schlaganfall *m*
**attenderen:** *~ op* aufmerksam machen auf (+ 4), hinweisen auf (+ 4)
**attent** 1 ⟨oplettend⟩ aufmerksam; 2 ⟨voorkomend, ook⟩ zuvorkommend
**attentie** Aufmerksamkeit *v*; *~s* ⟨ook⟩ Gefälligkeiten *mv*; *~!* Achtung!; *ter ~ van de heer B.* zu Händen (z. H.) des Herrn B.
**attest** Zeugnis *o*; Attest *o*; *geneeskundig ~* ärztliches Gutachten *o*
**attractie** Attraktion *v*
**attractief** attraktiv
**attributief** attributiv
**attribuut** Attribut *o*
**ATV** = *arbeidstijdverkorting* Arbeitszeitverkürzung *v*
**au:** *~!* au!, o weh!, aua!
**aubade** Aubade *v*, Morgenständchen *o*
**au bain marie** im Wasserbad *o*
**aubergine** Aubergine *v*, Eierfrucht *v*
**audiëntie** Audienz *v*
**audiorack** HiFi-Turm *m*, HiFi-Schrank *m*
**audiovisueel** audiovisuell
**auditie** Vorsingen *o*, Vorspielen *m*; *~ doen* etwas vorsingen, vorspielen
**auditorium** ⟨gehoor; zaal⟩ Auditorium *o*
**augurk** Gurke *v*; ⟨in zuur⟩ Essiggurke *v*
**augustus** 1 ⟨maand⟩ der August *m*; vgl.: *april*; 2 *A~* ⟨naam⟩ August *m*
**aula** Aula *v*
**au pair I** *bn* au pair; **II** *v* Au-pair-Mädchen *o*
**aureool** Aureole *v*, Heiligenschein *m*; *met het ~ van* mit dem Nimbus des, der
**auspiciën:** *onder ~ van* unter den Auspizien des, der
**ausputzer** *sp* Ausputzer *m*

**Australië**

**Australië** Australien *o*
**Australiër** Australier *m*
**Australisch** australisch
**autarkie** Autarkie *v*
**auteur 1** ⟨in 't alg.⟩ Verfasser *m*, Autor *m*; **2** ⟨beroep⟩ Schriftsteller *m*
**auteursrecht** Urheberrecht *o*
**authentiek** authentisch
**autisme** Autismus *m*
**autistisch** autistisch
**auto** Auto *o*, Wagen *m*, Kraftwagen *m*
**autobiografie** Auto-, Selbstbiographie *v*
**autobus** Autobus *m*
**autochtoon I** *m* Autochthone *m*, Eingeborene(r) *m-v*; **II** *bn* autochthon, einheimisch
**autocoureur** Rennfahrer *m*
**autocraat** Autokrat *m*, Selbstherrscher *m*
**autocratie** Autokratie *v*
**autodidact** Autodidakt *m*
**autogordel** Sicherheitsgurt *m*
**autokerkhof** Autofriedhof *m*
**automaat 1** ⟨in 't alg.⟩ Automat *m* **2** ⟨type auto⟩ Wagen *m* mit Automatikgetriebe
**automatisch** automatisch; ~ *pistool* Maschinenpistole *v*
**automatiseren** automatisieren
**automatisering** Automatisierung *v*
**automatisme** Automatismus *m*
**automobilist** Autofahrer *m*, Automobilist *m*
**automonteur** Kraftfahrzeugmechaniker *m*
**autonomie** Autonomie *v*
**autonoom** autonom
**auto-ongeluk** Autounfall *m*
**autopapieren** Kraftfahrzeugpapiere *mv*
**autopark** Wagenpark *m*
**autoped** Roller *m*, Tretroller *m*
**autopsie** Autopsie *v*
**autorijden** autofahren
**autorijschool** Fahrschule *v*
**autorisatie** Ermächtigung *v*, Vollmacht *v*
**autoriseren** ermächtigen, autorisieren; *geautoriseerde uitgave* berechtigte Ausgabe *v*
**autoritair** autoritär
**autoriteit** Autorität *v* ⟨ook persoon⟩; *de ~en* die Behörde
**autoslaaptrein** Autoreisezug *m*
**autosloperij 1** ⟨bedrijf⟩ Autoverschrottung *v*; **2** ⟨terrein⟩ Schrottplatz *m*

**autosnelweg** Autobahn *v*
**autotelefoon** Autotelefon *o*
**autoverhuur** Autoverleih *m*, Autovermietung *v*
**autoweg** Autostraße *v*
**avances**: ~ *maken* Avancen machen
**avant-garde** Avantgarde *v*
**averechts** verkehrt; *een ~e uitwerking hebben* eine entgegengesetzte Wirkung haben
**averij** Havarie *v*, Seeschaden *m*; *met ~ havariert*; *~ oplopen* Havarie erleiden
**aversie** Aversion *v*, Abneigung *v*
**A4-tje** (DIN-A4-)Seite *v*
**avocado** Avocato *v*, Avocado *v*
**avond** Abend *m*; *de ~ tevoren* der Vorabend; *'s avonds* abends, am Abend; *op zekere ~* eines Abends
**avondeten** Abendessen *o*
**avondjuk** Abendkleid *o*
**avondkleding** Gesellschaftskleidung *v*, Abendkleidung *v*
**avondklok** Ausgehverbot *o*, Ausgangssperre *v*; *een ~ instellen* Sperrstunden vorschreiben
**avondmaal** Abendmahl *o*
**avondopleiding** Abendkurs *m*, -unterricht *m*
**avondrood** Abendröte *v*, Abendrot *o*
**avondschool** Abendschule *v*
**avondspits** abendlicher Berufs-, Stoßverkehr *m*
**avondwinkel** spätabends (nachts) geöffnetes Geschäft *o*
**avonturenfilm** Abenteuerfilm *m*
**avonturier** Abenteurer *m*
**avontuur** Abenteuer *o*
**avontuurlijk** abenteuerlich
**avontuurtje** ⟨liefdesaffaire⟩ Liebesabenteuer *o*
**axioma** Grundwahrheit *v*, Axiom *o*
**azalea** Azalee *v*, Azalie *v*
**azen**: *op iets ~* auf etwas (4) lauern
**Aziaat** Asiat *m*
**Aziatisch** asiatisch
**Azië** Asien *o*
**azijn** Essig *m*
**azijnzuur** Essigsäure *v*
**Azteek** Azteke *m*
**azuur** Azur *m*, Himmelsblau *o*

# B

**b** der Buchstabe B, das B; *muz* das H
**ba** = *bah*; zie ook: *boe*
**baai** ⟨v.d. zee⟩ Bucht *v*, Meerbusen *m*
**baal** Ballen *m*; *ergens balen van hebben* ge̲meenz etwas satt haben
**baaldag** ⟨slechte dag⟩ schlechter Tag *m*
**baan** 1 ⟨in 't alg.⟩ Bahn *v*; 2 ⟨weg⟩ Straße *v*, Weg *m*; 3 ⟨betrekking⟩ Stelle *v*; 4 ⟨van stoffen⟩ Bahn *v*; 5 ⟨v. vlag⟩ Fahnenstreifen *m*; *~ stof* Stoffbahn *v*; *~ voor halve dagen* Halbtagsbeschäftigung *v*; *korte ~* sp Kurzstrecke *v*; *~ om de aarde* Erdumlaufbahn *v*; *ruim ~ maken* Platz machen, den Weg freimachen; *'t is van de ~* die Sache ist erledigt, abgeblasen; *'t gesprek in andere banen leiden* das Gespräch in eine andere Bahn lenken; *iets op de lange ~ schuiven* etwas auf die lange Bank schieben
**baanbrekend** bahnbrechend
**baanrecord** Streckenrekord *m*
**baantje** 1 ⟨op ijsbaan⟩ Bahn *v*; 2 ⟨betrekking⟩ Stelle *v*, Posten *m*
**baanvak** Strecke *v*, Blockabschnitt *m*
**baanwachter** Bahnwärter *m*
**1 baar** *v* 1 ⟨draagbaar⟩ Bahre *v*; Tragbahre *v*; 2 ⟨staaf⟩ Stange *v*; *~ goud* Goldbarren *m*
**2 baar** *bn*: *~ geld* bares Geld *o*, Bargeld *o*
**baard** 1 ⟨in 't alg.; ook v. sleutel⟩ Bart *m*; 2 ⟨v. walvis⟩ Barte *v*; *de ~ in de keel hebben* im Stimmwechsel sein; *een ~ van drie dagen hebben* sich in drei Tagen nicht rasiert haben
**baarlijk**: *~e nonsens* barer Unsinn
**baarmoeder** Gebärmutter *v*, Uterus *m*
**baars** Barsch *m*
**baas** 1 ⟨in 't alg.⟩ Meister *m*, Chef *m*; 2 ⟨ploegbaas in fabriek⟩ Werkmeister *m*; 3 ⟨v. hond⟩ Herr *m*; *een gezellige oude ~* ein gemütlicher alter Herr; *een vrolijke ~* ein lustiger Patron *m*; *dat is een ~* das ist ein Kerl; *iem. de ~ blijven* über jmdn. die Oberhand behalten; *de ~ spelen* den Meister machen; *over iem. de ~ spelen* einen bevormunden; *iem. (verre) de ~ zijn* einem (haushoch) überlegen sein; *zijn eigen ~ zijn* sein eigner Herr sein; *iem. laten zien wie de ~ is* ⟨ook⟩ einem zeigen, was Trumpf ist; *moeilijkheden de ~ worden* Schwierigkeiten meistern; *altijd ~ boven ~* jeder findet seinen Meister
**baat** Nutzen *m*; *baten en lasten* Gewinn und Verlust, Nutzen und Lasten; *de gelegenheid te ~ nemen* die Gelegenheit ergreifen; *een middel te ~ nemen* ein Mittel anwenden; zie ook: *bate*
**baatzuchtig** gewinnsüchtig, habgierig, eigennützig
**babbel** ⟨persoon⟩ Plauderer *m*, Plauderin *v*; *een vlotte ~ hebben* ein flinkes Mundwerk haben
**babbelen** schwatzen, plaudern, plauschen
**babbeltje**: *een ~ maken* ein Schwätzchen machen, (mit einem) plaudern
**babbelziek** geschwätzig
**baby** Baby *o*
**babyfoon** Babyphon *o*
**babysit, babysitter** Babysitter *m*
**bacchanaal** Bacchanal *o*
**bacil** Bazillus *m*
**back** *sp* Verteidiger *m*, Back *m*
**bacon** Bacon *m*
**bacterie** Bakterie *v*
**bacterieel** bakteriell
**bacteriologie** Bakteriologie *v*
**bacteriologisch** bakteriologisch
**bad** Bad *o*; *in ~ gaan* sich baden, ein Bad nehmen
**badcel** Badezimmer *o*
**baden** (sich) baden
**badgast** 1 ⟨aan strand enz.⟩ Badegast *m*; 2 ⟨in kuuroord⟩ Kurgast *m*
**badhanddoek** Badehandtuch *o*
**badhuis** Badehaus *o*
**badjas** Bademantel *m*
**badkamer** Badezimmer *o*, -stube *v*
**badkuip** Badewanne *v*
**badmeester** Bademeister *m*
**badminton** 1 ⟨als wedstrijdsport⟩ Badminton *o*; 2 ⟨recreatief⟩ Federball(spiel) *o*
**badmintonnen** 1 ⟨als wedstrijdsport⟩ Badminton spielen 2 ⟨recreatief⟩ Federball spielen;
**badmuts** Bademütze *v*, -kappe *v*
**badpak** Badeanzug *m*
**badplaats** Badeort *m*, Bad *o*
**badschuim** Badeschaum *m*
**badwater** Badewasser *o*; zie ook: *kind*
**badzout** Badesalz *o*
**bagage** Gepäck *o*
**bagagedepot** Gepäckaufbewahrung *v*
**bagagedrager** ⟨op fiets⟩ Gepäckträger *m*
**bagagekluis** Schließfach *o*, Gepäckautomat *o*
**bagagerek** Gepäckhalter *m*
**bageruimte** Kofferraum *m*
**bagatel** Bagatelle *v*, Kleinigkeit *v*
**bagatelliseren** bagatellisieren
**bagger** Schlamm *m*
**baggereiland** Baggerinsel *v*
**baggeren** (aus)baggern; *door de modder ~* durch den Schlamm waten
**baggermolen** Eimerbagger *m*
**bah**: *~!* pfui!, pfui Teufel!
**bain-marie** zie: *au bain marie*
**baisse** Baisse *v*; *à la ~ speculeren* auf die Baisse spekulieren, tiefspekulieren
**bajes** *slang* Kittchen *o*
**bajesklant** *slang* Knacki *m*
**bajonet** Bajonett *o*
**bajonetsluiting** Bajonettverschluß *m*
**bak** 1 ⟨in 't alg.⟩ Kasten *m*; 2 ⟨voor planten, kalk enz.⟩ Kübel *m*; 5 ⟨mop⟩ Witz *m*; 6 ⟨nor⟩ Kittchen *o*, Loch *o*; 7 ZN ⟨krat⟩ Kasten *m*; *in de ~ zitten* im Kittchen (Knast) sitzen; zie ook: *bakje*
**bakbeest** Koloß *m*, Ungetüm *o*
**bakboord** Backbord *o*
**bakeliet** Bakelit *o*
**baken** Bake *v*; *de ~s zijn verzet* *fig* das Blättchen hat sich gewandt

**bakermat** ⟨oorsprong⟩ Wiege *v*
**bakfiets** Transportfahrrad *o*, Lieferrad *o*
**bakje 1** ⟨kleine bak⟩ Kästchen *m*; **2** ⟨serviesgoed⟩ ⟨kleine⟩ Schüssel *v*; *een ~ koffie* eine Tasse *v* Kaffee
**bakkebaard** Backenbart *m*, Koteletten *mv*
**bakkeleien** sich raufen
**bakken*** ⟨brood, koekjes⟩ backen; ⟨vlees, aardappels ook:⟩ braten; ⟨klei⟩ brennen; *ze bruin ~ fig* es zu weit treiben; *er niets van ~* mit etwas nicht klarkommen; *gebakken zitten* Glück haben
**bakker** Bäcker *m*; *'t is voor de ~* die Sache ist geritzt, es ist alles in Butter
**bakkerij** Bäckerei *v*
**bakkes** Fratze *v*; *hou je ~ gemeenz* halt das Maul
**bakkie 1** ⟨zendapparaat⟩ CB-Funkgerät *o*; **2** ⟨aanhangwagen⟩ Anhänger *m*
**bakmeel**: *zelfrijzend ~* mit Backpulver vermischtes Mehl *o*
**bakpoeder** Backpulver *o*
**baksteen** Ziegel *m*, Ziegelstein *m*; *zakken als een ~* ⟨voor examen⟩ mit Pauken und Trompeten durchfallen
**bakvis** ⟨meisje⟩ Backfisch *m*
**bakzeil**: *~ halen* klein beigeben
**1 bal** *m* **1** ⟨speelbal⟩ Ball *m*; **2** ⟨v. hand, voet⟩ ⟨Hand-, Fuß⟩ballen *m*; **3** ⟨teelbal⟩ Hode *m* & *v*, Hoden *m*; *~ gehakt* Bulette *v*, Fleischkloß *m*; *daar snap ik geen ~ van* davon verstehe ich keine Bohne
**2 bal** *o* Ball *m*; *~ masqué* Maskenball *m*
**balanceren** balancieren
**balans 1** ⟨weegtoestel⟩ Waage *v*; **2** ⟨bij boekhouden⟩ Bilanz *v*; **3** ⟨evenwicht⟩ Balance *v*, Gleichgewicht *o*; *de ~ opmaken fig* die Bilanz aufstellen, die Bilanz ziehen; *in ~* im Gleichgewicht, ausgeglichen
**balbezit**: *in ~ zijn* im Ballbesitz sein; *op ~ spelen* den Ball in den eigenen Reihen halten
**baldadig 1** ⟨ondeugend⟩ ungezogen, ungehörig; **2** ⟨uitgelaten⟩ ausgelassen, übermütig
**baldadigheid 1** ⟨ondeugendheid⟩ Ungezogenheit *v*; ⟨ongunstig⟩ ⟨grober⟩ Unfug *m*; **2** ⟨uitgelatenheid⟩ Ausgelassenheit *v*
**baldakijn** Baldachin *m*
**balein** I *v* **1** ⟨v. walvis⟩ Fischbeinstab *m*; **2** ⟨v. paraplu⟩ Stab *m*; II *o* ⟨stof⟩ Fischbein
**balen**: *ergens van ~* etwas satt haben
**balie 1** ⟨in een bank enz.⟩ Schalter *m*; **2** ⟨de advocaten⟩ Anwaltschaft *v*; *voor de ~ moeten verschijnen* vor den Schranken des Gerichts erscheinen müssen
**baliekluiver** Eckensteher *m*, Taugenichts *m*
**balk 1** ⟨in 't alg.⟩ Balken *m*; **2** ⟨notenbalk⟩ Notensystem *o*, die fünf Notenlinien *mv*
**balken** ⟨v. ezel⟩ schreien, iahen
**balkon 1** ⟨in 't alg.⟩ Balkon *m*; **2** ⟨v. tram⟩ Plattform *v*
**ballade** Ballade *v*
**ballast** Ballast *m*
**ballen** ⟨spel⟩ Ball spielen; *de vuist ~* die Faust ballen
**ballenjongen** *sp* Balljunge *m*

**ballentent** *gemeenz* ⟨uitgaansgelegenheid⟩ Schickimicki-Kneipe *v*
**ballerina** Ballerina *v*
**ballet** Ballett *o*
**balletdanser** Ballettänzer *m*
**balletje 1** ⟨kleine bal⟩ Bällchen *o*, Kügelchen *o*; **2** ⟨in de soep enz.⟩ Klößchen *o*; *bij iem. een ~ over iets opgooien* bei jmdm. auf den Busch klopfen
**balling** Verbannte(r) *m-v*
**ballingschap** Verbannung *v*, Exil *o*; *regering in ~* Exilregierung *v*
**ballon** Ballon *m*; *een ~netje oplaten fig* einen Versuchsballon starten (steigen) lassen
**ballonvaarder** Ballonfahrer
**ballotage** Ballotage *v*
**ballpoint** Kugelschreiber *m*
**balorig** widerspenstig
**balpen** Kugelschreiber *m*
**balsem** Balsam *m*
**balsemen** einbalsamieren
**balspel** Ballspiel *o*
**balts** *dierk* Balz *v*
**balustrade** Balustrade *v*, Brüstung *v*
**balzaal** Ballsaal *m*
**balzak** Hodensack *m*, Skrotum *o*
**bamboe** Bambus *m*
**bami, bami goreng** Bami-goreng *o*
**ban 1** *hist* ⟨Reichs⟩acht *v*; **2** ⟨v.d. kerk⟩ Bann *m*, Kirchenbann *m*; *in de ~ zijn van* gebannt sein von, im Banne stehen von
**banaal** banal, alltäglich
**banaan** Banane *v*, Pisang *m*
**banaliteit** Banalität *v*
**bananenrepubliek** Bananenrepublik *v*
**1 band** *m* **1** ⟨om te binden; verbondenheid⟩ Band *o*; **2** ⟨v. fiets, auto⟩ Reifen *m*; **3** ⟨v. boek⟩ Einband *m*; **4** *bilj* Bande *v*; **5** *RTV* Band *o*, Frequenzbereich *m*; *aan de lopende ~* am laufenden Band; *iem. aan ~en leggen* einem Fesseln anlegen; *uit de ~ springen* über die Stränge schlagen
**2 band** *m muz* Band *v*
**bandage** Bandage *v*, Stützverband *m*
**bandeloos** zügellos
**bandenlichter** Reifenheber *m*
**bandenpech** Reifenschaden *m*, -panne *v*
**bandenspanning** Luftdruck *m*
**banderol** Banderole *v*
**bandiet** Bandit *m*
**bandje 1** Bändchen *o*; **2** ⟨geluidsband⟩ ⟨Ton-⟩band *o*, Cassette *v*; **3** ⟨v. sigaar⟩ Bauchbinde *v*
**bandopname** ⟨Ton⟩bandaufnahme *v*
**bandplooibroek** Bundfaltenhose *v*
**bandrecorder** *m* Tonbandgerät *o*
**banen**: *(zich) een weg ~* (sich) einen Weg bahnen
**bang** bange, ängstlich; *~ maken* ängstigen, Angst machen; *~ worden* Furcht (Angst) bekommen; *~ zijn* sich fürchten, Angst haben (vor + 3); *ik ben ~ dat 't niet goed afloopt* ich (be)fürchte, daß die Sache schlecht ausgeht
**bangelijk** ängstlich, furchtsam
**bangerd** Angsthase *m*
**bangmakerij** Einschüchterung *v*, Ängstigung *v*

**banier** Banner o
**banjeren** ⟨zwerven⟩ umherstreifen, -schweifen
**banjo** Banjo o
**bank 1** ⟨zitbank⟩ Bank v; **2** ⟨geldbank⟩ Bank v; **3** ⟨zandbank⟩ Sandbank v; ~ van lening Leihhaus o, -amt o; door de ~ genomen durch die Bank, durchweg
**bankbediende** Bankangestellte(r) m-v
**bankbiljet** Banknote v; een ~ van 100 Mark ein Hundertmarkschein m
**banket 1** ⟨maaltijd⟩ Festmahl o; **2** ⟨gebak⟩ Backwerk o mit Mandelfüllung
**banketbakker** Konditor m
**banketbakkerij** Konditorei v
**banketletter** buchstabenförmiges Gebäckstück o
**bankgeheim** Bankgeheimnis o
**bankier** Bankier m
**bankieren** im Bankfach tätig sein
**bankoverval** Banküberfall m, Bankraub m
**bankpas** Scheckkarte v; Geldautomatenkarte v
**bankrekening** Bankkonto o
**bankroet** Bankrott m, Konkurs m; ~ gaan Bankrott machen
**bankschroef** Schraubstock m
**bankstel** Bank-, Couchgarnitur v, Sitzgruppe v
**bankwerker** Schlosser m
**banneling** Verbannte(r) m-v
**bannen\* 1** ⟨verbannen⟩ (ver)bannen; **2** ⟨door betovering vasthouden⟩ bannen
**Bantoe** Bantu m
**banvloek** Bannfluch
**1 bar I** bn: dat is ~ das ist arg, schändlich; ~re tijden böse Zeiten; ~ en boos schändlich; **II** bijw: ~ koud furchtbar (niederträchtig) kalt; ~ slecht grundschlecht;
**2 bar** m & v ⟨café⟩ Bar v; aan de ~ zitten an der Theke sitzen
**barak** Baracke v
**barbaar** m Barbar m, Unmensch m
**barbaars** barbarisch, roh, unmenschlich
**barbarisme** Barbarismus m
**barbecue** Barbecue o
**barbecuen** grillen
**barbeel** Barbe v
**barbier** Friseur m, Barbier m
**bard** Barde m
**barema** ZN Tarif m, (Tarif)skala v
**baren** gebären; opzien ~ Aufsehen erregen
**barensweeën** Geburtswehen mv
**baret 1** ⟨in 't alg.⟩ Barett o; **2** ⟨van geestelijke⟩ Birett o
**Bargoens I** o Rotwelsch o, Gaunersprache v; **II** bn rotwelsch
**bariton** ⟨stem, zanger⟩ Bariton m
**barkeeper** Barkeeper m
**barkruk** Barhocker m, -schemel m
**barmhartig** barmherzig
**barmhartigheid** Barmherzigkeit v
**barnsteen** Bernstein m
**barok I** o Barock o & m; **II** bn barock
**barometer** Barometer o, Luftdruckmesser m
**barometerstand** Barometerstand m
**baron** Baron m, Freiherr m

**barones 1** ⟨gehuwd⟩ Baronin v, Freifrau v; **2** ⟨ongehuwd⟩ Baronesse v, Freiin v
**barrage** Stechen o
**barrevoets** barfuß, barfüßig
**barricade** Barrikade v
**barricaderen** ⟨ver⟩barrikadieren; ⟨v. deur ook⟩ verrammeln
**barrière** Schlagbaum m, Barriere v
**bars** barsch, unwirsch
**barst 1** ⟨in glas, aardewerk⟩ Sprung m, Knacks m; **2** ⟨in hout⟩ Riß m; ⟨breder⟩ Spalte v; geen ~ nicht ein bißchen, kein bißchen; dat gaat je geen ~ aan gemeenz das geht dich einen Dreck an
**barsten\* 1** ⟨uiteenspringen⟩ bersten, platzen; **2** ⟨een barst krijgen⟩ springen; ~ van 't lachen, van nieuwsgierigheid platzen ⟨vergehen⟩ vor Lachen, vor Neugier; ~ van de hoofdpijn furchtbares Kopfweh haben; 't barst er van de kerken es gibt massenhaft Kirchen da; barst! gemeenz leck mich (am Arsch)!
**Bartjens:** volgens ~ nach Adam Riese
**bas 1** ⟨stem; zanger⟩ Baß m; **2** ⟨contrabas⟩ Kontrabaß m, Baßgeige v; **3** ⟨basgitaar⟩ Baßgitarre v
**basalt** Basalt m
**bascule** Brückenwaage v, Dezimawaage v
**base** v chem Base v
**baseren** basieren (auf + 3), gründen (auf + 3); zich ~ op sich gründen auf (+ 3), beruhen auf (+ 3), sich stützen auf (+ 3)
**basgitaar** Baßgitarre v
**basilicum** Basilicum m
**basiliek** Basilika v
**basis 1** ⟨in 't alg.⟩ Basis v; **2** ⟨grondslag ook⟩ Grundlage v; **3** ⟨voor vliegtuigen, oorlogsschepen⟩ Stützpunkt m; op ~ van aufgrund (+ 2)
**basisbeurs** Stipendium o
**basisonderwijs** Grundunterricht m
**basisschool** Grundschule v, Volksschule v
**basketbal** Basketball m
**basketballen** Basketball spielen
**bas-reliëf** Bas-, Flachrelief o
**bassen** ⟨blaffen⟩ bellen
**bassin** Bassin o, Becken o
**bassist** Bassist m, Baßspieler m
**bassleutel** Baßschlüssel m
**bast 1** ⟨v. boom⟩ Rinde v, Borke v; **2** ⟨v. peul⟩ Hülse v, Schale v; **3** ⟨v. vrucht⟩ Fruchtschale v; in zijn blote ~ (halb)nackt
**basta:** ~! basta!, Schluß!
**bastaard** Bastard m
**bastaardwoord** Lehnwort o
**bastersuiker** Bastern(zucker) m, Bastardzucker m
**bastion** Bastion v
**basviool** Cello o, Violoncello o
**bataljon** Bataillon o
**Batavier** Bataver m
**batch** comput Stapelverarbeitung v, -betrieb m
**bate:** ten ~ van zugunsten (+ 2)
**baten** nutzen, nützen, helfen; baat 't niet, 't schaadt ook niet es kann auf jeden Fall nicht schaden
**batig:** ~ saldo Überschuß m

## batist

**batist** Batist *m*
**batterij** mil & elektr Batterie *v*
**bauxiet** Bauxit *m*
**baviaan** Pavian *m*
**bazaar** Basar *m*
**bazelen** faseln
**bazig** herrisch, herschsüchtig, gebieterisch
**bazin** Meisterin *v*
**bazooka** Panzerfaust *v*, Antitankbüchse *v*
**bazuin** Posaune *v*
**beademen** 1 ⟨persoon⟩ beatmen; 2 ⟨spiegel, ruit enz.⟩ behauchen, anhauchen
**beambte** Beamte(r) *m-v*; *vrouwelijke ~* Beamtin *v*
**beamen** bestätigen, bejahen
**beangstigen** beängstigen
**beantwoorden** 1 ⟨antwoord geven⟩ beantworten; 2 ⟨terugkomen⟩ erwidern; *aan 't doel, de verwachting ~* dem Zweck, der Erwartung entsprechen; *de liefde, 't vuur ~* die Liebe, das Feuer erwidern
**beautycase** Kosmetikkoffer *m*
**bebloed** blutig
**beboeten**: *iem. ~* einem eine Geldstrafe auferlegen; *met 100 Mark ~* mit 100 Mark bestrafen
**bebossen** bewalden; *opnieuw ~* aufforsten
**bebouwen** 1 ⟨gebouwen zetten op⟩ bebauen; 2 ⟨v. akker⟩ bestellen; *binnen de bebouwde kom* in geschlossenen Ortschaften
**bebouwing** 1 ⟨met gebouwen⟩ Bebauung *v*; 2 ⟨v. akker⟩ Bestellung *v*
**becijferen** beziffern, berechnen
**beconcurreren**: *iem. ~* einem Konkurrenz machen
**bed** 1 ⟨slaapmeubel⟩ Bett *o*; 2 ⟨in de tuin⟩ Beet *o*, Gartenbeet *o*; *zijn ~ je gespreid vinden* in ein gemachtes Bett kommen; *'t ~ houden* das Bett hüten; *zijn ~ opmaken* sein Bett machen; *kamer met twee ~den* Zweibettzimmer *o*; *naar ~ brengen* ins Bett bringen; *(met iem.) naar ~ gaan* (mit einem) ins Bett gehen
**bedaagd** betagt
**bedaard** ruhig, gelassen
**bedacht**: *op iets ~ zijn* auf etwas aussein, bedacht sein; *daarop was ik niet ~* darauf war ich nicht gefaßt
**bedachtzaam** bedächtig, vorsichtig
**bedachtzaamheid** Bedächtigkeit *v*, Vorsicht *v*
**bedanken** 1 ⟨dank betuigen⟩ Dank sagen, danken; 2 ⟨een aanbod afslaan⟩ ablehnen; 3 ⟨als lid⟩ austreten; *iem. ~* sich bei einem bedanken, einem danken; *daar bedank ik (feestelijk) voor* dafür bedanke ich mich (bestens); *voor een tijdschrift (een krant) ~* eine Zeitschrift (eine Zeitung) abbestellen
**bedankje** 1 ⟨dankbetuiging⟩ Dankeschön *v*; Danksagung *v*; ⟨schriftelijk⟩ Dank(es)schreiben *o*; 2 ⟨afwijzing v. uitnodiging⟩ Absage *v*; 3 ⟨als lid⟩ Austrittserklärung *v*
**bedaren** (sich) beruhigen, sich fassen; *de storm is bedaard* der Sturm hat nachgelassen, sich gelegt; *zijn opwinding bedaarde* seine Erregung flaute ab

**beddengoed** Bettzeug *o*, -wäsche *v*
**bedding** Bett *o*, Flußbett *o*
**bede** 1 ⟨gebed⟩ Gebet *o*; 2 ⟨verzoek⟩ Bitte *v*
**bedeesd** scheu, furchtsam, schüchtern, verschämt
**bedehuis** Bethaus *o*
**bedekken** bedecken; zudecken
**bedekking** Bedeckung *v*
**bedekt** 1 eig bedeckt; 2 fig ⟨heimelijk⟩ heimlich, auf versteckte Weise, insgeheim; *een ~ verwijt* ein versteckter Vorwurf *m*; *de hemel is ~* der Himmel ist bedeckt, bewölkt; *in ~e termen* durch die Blume
**bedelaar** Bettler *m*
**bedelarij** Bettelei *v*, das Betteln
**bedelarmband** Bettelarmband *o*
**bedelbrief** Bettelbrief *m*
1 **'bedelen** betteln
2 **be'delen**: *iem. rijkelijk ~* jmdm. reichlich bedenken
**bedelstaf**: *aan (tot) de ~ raken, brengen* an den Bettelstab kommen (geraten), bringen
**bedelven** begraben; *bedolven worden (door puin e.d.)* verschüttet werden
**bedenkelijk** bedenklich, mißlich; *een ~e geschiedenis* eine heikle Geschichte *v*
**bedenken** 1 ⟨overdenken⟩ bedenken, erwägen; 2 ⟨uitdenken⟩ erdenken, sich ausdenken; *zich ~* es sich anders überlegen; *iem. goed ~* einen gut bedenken; *wanneer men bedenkt* wenn man bedenkt, sich überlegt
**bedenking** ⟨bezwaar⟩ Einwand *m*, Einwendung *v*
**bedenktijd** Bedenkzeit *v*, Frist *v*
**bederf** Verderben *o*, Fäulnis *v*; *~ der zeden* Sittenverderbnis *v*
**bederfelijk** verderblich
**bederfwerend** fäulnishindernd, -verhütend
**bederven*** I *overg* verderben; ⟨verknoeien⟩ verpfuschen; *kinderen ~* Kinder verwöhnen, verziehen; *iems. plezier ~* einem die Freude verleiden; II *onoverg* verfaulen, schlecht werden
**bedevaart** Wall-, Pilgerfahrt *v*; *een ~ doen* wallfahr(t)en, pilgern
**bedevaartganger** Wallfahrer *m*, Pilger *m*
**bedevaartplaats** Wallfahrtsort *m*
**bedgeheim** Bettgeflüster *o*
**bediende** 1 ⟨in 't alg.⟩ Bediente(r) *m-v*, Diener *m*; 2 ⟨kelner⟩ Ober *m*; 3 ⟨winkelbediende⟩ Verkäufer *m*, Gehilfe *m*; 4 ⟨op kantoor⟩ Angestellte(r) *m-v*
**bedienen** 1 ⟨klanten⟩ bedienen; 2 ⟨aan tafel⟩ bedienen, aufwarten; 3 ⟨apparaat⟩ bedienen; *zich van iets ~* sich einer Sache bedienen; *bediend worden* ⟨v. stervende⟩ die Sterbesakramente erhalten
**bediening** 1 ⟨in 't alg.⟩ Bedienung *v*; 2 ⟨aan tafel⟩ Bedienung *v*, Aufwartung *v*
**bedillen**: *iem. ~* an jmdm. nörgeln
**bedilzucht** Sucht *v* sich in alles hineinzumischen
**beding** Bedingung *v*; *onder ~ dat...* unter der Bedingung, daß...
**bedingen** bedingen, ausdingen; *hoge prij-*

zen ~ hohe Preise verlangen, fordern
**bedisselen** deichseln, einfädeln, in Ordnung bringen
**bedlegerig** bettlägerig
**bedoeïen** Beduine *m*
**bedoelen** bezwecken, beabsichtigen, meinen; *hoe bedoelt u?* wie meinen Sie das?; *wie bedoelt u?* wen meinen Sie?; *de bedoelde persoon* die betreffende Person, der Betreffende; *als bedoeld in art. 2* im Sinne von Paragraph 2; *de verklaring bedoeld in par. 5* die Erklärung nach Paragraph 5
**bedoeling** Zweck *m*, Absicht *v*; *met de beste ~* in der besten Absicht; *'t is niet de ~ dat te bestrijden* ⟨ook⟩ das soll nicht bestritten werden
**bedoening** Betrieb *m*, Wirbel *m*, Rummel *m*, Getue *o*, Theater *o*; *het was een hele ~* war das ein Theater
**bedompt** dumpfig, dumpf, muffig, modrig
**bedonderd** gemeenz ⟨slecht⟩ abscheulich, gräßlich, scheußlich; *ik voel me ~* ich fühle mich beschissen, es geht mir miserabel; *ben je bedonderd?* bist du toll?, spinnst du?
**bedonderen** gemeenz betrügen
**bedorven** bn **1** ⟨in 't alg.⟩ verdorben, faul; **2** ⟨eten ook⟩ schlecht; **3** ⟨zeden, taalvormen⟩ verderbt; **4** ⟨kind⟩ verzogen
**bedotten 1** ⟨beetnemen⟩ an der Nase herum führen, betrügen, hintergehen; **2** ⟨afzetten⟩ prellen, beschwindeln
**bedrading** Verdrahtung *v*
**bedrag** Betrag *m*; *vast ~* Fixum *o*; *~ in contanten* Barbetrag *m*; *~ ineens* Pauschale *o*, Pauschalbetrag *m*; *ten ~e van* im Betrag, in Höhe von; *tot een ~ van* bis zum Betrag von
**bedragen** betragen, sich belaufen auf (+ 4)
**bedreigen** (einen) bedrohen, (einem) drohen; *in zijn veiligheid ~* ⟨ook⟩ verunsichern
**bedreiging** Bedrohung *v*, Drohung *v*
**bedremmeld** verwirrt, verlegen, betreten
**bedreven** gewandt, erfahren
**bedriegen\* 1** ⟨in 't alg.⟩ betrügen; **2** ⟨oplichten⟩ beschwindeln; *bedrogen uitkomen* sich betrogen (getäuscht) sehen
**bedrieger** Betrüger *m*, Schwindler *m*
**bedrieglijk** betrügerisch; *~ gelijkend* täuschend ähnlich
**bedrijf 1** ⟨onderneming⟩ Betrieb *m*; **2** ⟨nijverheid⟩ Gewerbe *o*; **3** ⟨exploitatie⟩ Betrieb *m*; **4** ⟨v. toneelstuk⟩ Aufzug *m*, Akt *m*; *agrarisch ~* landwirtschaftlicher Betrieb; *gemengd ~* landb Gemischtwirtschaft *v*; *buiten ~ zijn* außer Betrieb sein; *in vijf bedrijven* theat fünfaktig; *in ~ nemen, stellen, zijn* in Betrieb nehmen, setzen, sein; *tussen de bedrijven door* zwischendurch
**bedrijfsarts** Betriebs-, Werksarzt *m*
**bedrijfseconomie** Betriebswirtschaft(slehre) *v*, Betriebswissenschaft *v*
**bedrijfskapitaal** Betriebskapital *o*
**bedrijfsklaar** betriebsfähig
**bedrijfskunde** Betriebswirtschaftslehre *v*
**bedrijfsleider** Betriebsleiter *m*

**bedrijfsleiding 1** ⟨personen⟩ Betriebsleitung *v*; **2** ⟨bestuur⟩ Betriebs-, Geschäftsführung *v*
**bedrijfsleven** Wirtschaft *v*
**bedrijfsongeval** Betriebsunfall *m*
**bedrijfstak** Wirtschaftszweig *m*
**bedrijven**: *de liefde ~* Liebe machen; *kwaad ~* Böses anrichten
**bedrijvig 1** ⟨druk, levendig⟩ lebhaft, rege, betriebsam; **2** ⟨actief⟩ geschäftig, rührig, tätig, regsam
**bedrijvigheid 1** ⟨activiteit⟩ Geschäftigkeit *v*; **2** ⟨levendigheid⟩ Lebhaftigkeit *v*; *grote ~* lebhaftes Treiben *o*
**bedrinken**: *zich ~* sich betrinken
**bedroefd** betrübt, traurig, trübselig
**bedroeven** betrüben
**bedroevend** betrüblich; *~ weinig* erbärmlich wenig
**bedrog** Betrug *m*, Schwindel *m*
**bedruipen** beträufeln; *zich ~* seinen Lebensunterhalt verdienen, sein Auskommen haben
**bedrukken 1** ⟨kwellen⟩ bedrücken; **2** typ bedrucken
**bedrukt 1** typ bedruckt; **2** ⟨terneergeslagen⟩ bedrückt, niedergeschlagen; ⟨v. stemming⟩ gedrückt
**bedrust** Bettruhe *v*
**bedscène** Bettszene *v*
**bedstede, bedstee** Wandbett *o*, Bettnische *v*
**bedtijd** Schlafenszeit *v*
**beducht** besorgt; *~ zijn voor* fürchten um
**beduiden** bedeuten; *dat heeft niets te ~* das hat nichts zu bedeuten
**beduidend** bedeutend
**beduimelen** abgreifen
**beduusd** verwirrt, bestürzt, baff
**beduvelen** bemogeln, beschummeln
**bedwang** *in ~ houden* in Schach, im Zaume halten
**bedwateren** Bettnässen *o*
**bedwelmen 1** ⟨in 't alg.⟩ betäuben; **2** ⟨door alcohol, geluk⟩ berauschen
**bedwingen** bezwingen, bezähmen; *zich ~* sich beherrschen; *zijn tranen ~* seine Tränen zurückhalten
**beëdigen 1** ⟨eed afnemen⟩ vereidigen; **2** ⟨door eed bekrachtigen⟩ beeiden
**beëindigen** beend(ig)en
**beek** Bach *m*
**beeld 1** ⟨in 't alg.⟩ Bild *o*; **2** ⟨standbeeld⟩ Standbild *o*, Figur *v*, Statue *v*; *een wassen ~* eine Wachsfigur *v*; *in ~* im Bild
**beeldbuis** Bildröhre *v*
**beeldend**: *een ~e beschrijving* eine plastische Beschreibung; *de ~e kunsten* die bildenden Künste *mv*; *~e taal* bildhafte Sprache *v*
**beeldenstorm** Bildersturm *m*
**beeldhouwen 1** ⟨in 't alg.⟩ bildhauern; **2** ⟨in steen⟩ meißeln; **3** ⟨in hout⟩ schnitzen
**beeldhouwer** Bildhauer *m*
**beeldhouwkunst 1** ⟨in 't alg.⟩ Bildhauerkunst *v*, Bildhauerei *v*, Bildnerei *v*; **2** ⟨in hout, steen enz.⟩ Skulptur *v*; **3** ⟨in klei, gips enz.⟩ Plastik *v*

**beeldhouwwerk** 1 ⟨beeld⟩ Skulptur v, Plastik v; 2 ⟨het beeldhouwen⟩ Bildhauerarbeit v; ⟨in hout⟩ Holzschnitzarbeit v
**beeldig** bild-, wunderschön
**beeldmerk** Logo o & m, Waren-, Markenzeichen o
**beeldscherm** Bildschirm m
**beeldschoon** bildschön
**beeldschrift** Bilderschrift v
**beeldspraak** Bildersprache v
**beeldtelefoon** Bildtelefon o
**beeltenis** Bildnis o, Bild o, Porträt o
**1 been** 1 ⟨lichaamsdeel⟩ Bein o; 2 ⟨v. broek⟩ Beinling m; 3 ⟨v. passer⟩ Schenkel m; *de benen nemen* die Beine in die Hand (unter die Arme) nehmen; *zich de benen uit het lijf lopen voor iets* die Beine nach etwas ablaufen (wundlaufen); *met het verkeerde ~ uit bed stappen* mit dem linken Bein zuerst aufstehen; *iem. op de ~ helpen* einem auf die Beine helfen; *zich op de ~ houden* sich auf den Beinen halten; *op zijn achterste benen staan* sich auf die Hinterbeine stellen, fuchsteufels wild sein; *op eigen benen staan* auf eigenen Füßen stehen; *iem. tegen 't zere ~ schoppen* einen vor das Schienbein treten; *nog goed ter ~ zijn* noch gut bei Weg sein; *slecht ter ~* schlecht zu Fuß
**2 been** ⟨bot⟩ Knochen m (ook: de stof); *er geen ~ in zien* sich kein Gewissen aus etwas machen
**beenbreuk** Beinbruch m, Knochenbruch m
**beendergestel** Knochengerüst o
**beenhouwer** ZN Fleischer m, Metzger m
**beenhouwerij** ZN Fleischerei v, Metzgerei m
**beenmerg** Knochenmark o
**beenruimte** Bein-, Kniefreiheit v
**beentje** 1 ⟨botje⟩ Knöchelchen o; 2 ⟨klein been⟩ Beinchen o; *iem. ~ lichten* jmdm. ein Bein stellen; *zijn beste ~ voorzetten* sich von der besten Seite zeigen
**beenwarmer** Legwarmer m
**beer** 1 ⟨wild dier⟩ Bär m; 2 ⟨mannelijk zwijn⟩ Eber m; *de Kleine B~* der Kleine Bär; *de Grote B~* der Große Bär, der Wagen m; *een ongelikte ~* ein ungehobelter Kerl m
**beerput** 1 eig Senkgrube v; 2 fig Sammelbecken o
**beest** 1 ⟨dier in 't alg.⟩ Tier o; 2 ⟨wild beest ook⟩ Bestie v; 3 ⟨nuttig dier⟩ Vieh o; 4 ⟨v.w. persoon⟩ Bestie v; *de ~ uithangen* die Sau 'rauslassen, sich wie eine Bestie betragen; *'t is bij de ~en af* es ist einfach tierisch, bestialisch
**beestachtig** bestialisch, viehisch, roh; *~ duur* schändlich (sündhaft) teuer
**beestenbende, beestenboel** Saustall m
**beestenweer** scheußliches Wetter o, Sauwetter o
**beet** 1 ⟨hap⟩ Biß m; 2 ⟨brok⟩ Bissen m
**beethebben** im Griff haben; *iem. ~* ⟨foppen⟩ einen zum besten haben, hereinlegen; *ik heb beet* ⟨bij het vissen⟩ er (sie, es) hat angebissen
**beetje**: *een ~* ein bißchen, ein wenig; *een ~ musicus* jeder ordentliche Musiker; *alle ~s helpen* Kleinvieh macht auch Mist
**beetnemen** 1 ⟨bedriegen⟩ ⟨einen⟩ beschwindeln; 2 ⟨foppen⟩ zum besten haben
**beetpakken** festgreifen
**beetwortel** Zuckerrübe v
**bef** Beffchen o
**befaamd** berühmt, bekannt
**beffen** gemeenz lecken
**begaafd** begabt, talentvoll, talentiert
**begaafdheid** Begabung v, Talent o
**begaan** ⟨weg⟩ betreten; ⟨fout, misdaad, moord⟩ begehen; *een overtreding ~* sp foulen; *iem. laten ~* einen gewähren ⟨machen⟩ lassen; *ik ben met zijn lot ~* sein Los dauert mich; *de begane grond* Parterre o, Erdgeschoß o; *op de begane grond* zu ebner Erde
**begaanbaar** gangbar, wegsam
**begeerlijk** begehrenswert
**begeerte** Begierde v, Gelüst o; ⟨sterker⟩ Gier v
**begeleiden** begleiten (ook muz); *~d orkest* Begleitorchester o; *~d schrijven* Begleitschreiben o
**begeleider** Begleiter m (ook muz)
**begeleiding** Begleitung v (ook muz); *ter ~* zum Geleit
**begenadigen** ⟨gratie verlenen⟩ begnadigen; *een begenadigd kunstenaar* ein begnadeter Künstler m
**begeren** begehren, verlangen nach (+ 3)
**begerig** begierig, lüstern (nach)
**begeven**: *'t ~* ⟨kapotgaan⟩ versagen; *de moed begaf hem* der Mut verließ ihn; *zijn stem begeeft het* seine Stimme versagt; *zijn zenuwen hebben het ~* er ist mit den Nerven ganz herunter; *zich ~* sich begeben; *zich op weg ~* sich auf den Weg machen
**begieten** begießen
**begiftigen**: *~ met* beschenken ⟨mit⟩, verleihen
**begijn** Begine v
**begin** Anfang m, Beginn m; *een goed ~ is 't halve werk* frisch begonnen (gewagt), ist halb gewonnen; *alle ~ is moeilijk* aller Anfang ist schwer; *een ~ maken* den Anfang machen; *in 't ~* zu Anfang; *van 't ~ tot 't einde* von Anfang bis Ende; *hij is ~ vijftig* er ist Anfang fünfzig
**beginletter** Anfangsbuchstabe m
**beginneling** Anfänger m
**beginnen** * anfangen, beginnen, in Angriff nehmen; *het werk is begonnen* die Arbeit hat angefangen; *'t woord begint met een b* das Wort fängt mit b an; *een zaak ~* ein Geschäft gründen (auftun); *voor zichzelf ~* ⟨ook⟩ sich selbständig machen; *om te ~* zunächst
**beginner** Anfänger m
**beginsel** Grundsatz m, Prinzip o; *de ~en van een wetenschap* die Grundzüge, Anfangsgründe einer Wissenschaft; *in ~* grundsätzlich, im Prinzip
**beginselverklaring** Grundsatzerklärung v; pol ⟨ook⟩ Parteiprogramm o
**begluren** belauern, hinschielen zu
**begonia** Schiefblatt o, Begonie v

**begraafplaats** Friedhof *m*
**begrafenis** Beerdigung *v*, Begräbnis *o*
**begrafenisplechtigheid** Trauerfeier *v*
**begrafenisstoet** Leichenzug *m*
**begraven** 1 ⟨dode⟩ begraben, beerdigen; 2 ⟨dieren⟩ verscharren; 3 ⟨zaken⟩ vergraben;
**begrensd** begrenzt; beschränkt
**begrenzen** 1 ⟨in 't alg.⟩ begrenzen; 2 ⟨beperken⟩ einschränken
**begrijpelijk** begreiflich, verständlich
**begrijpen** begreifen, verstehen, fassen; *ergens in begrepen zijn* mit einbegriffen sein; *(elkaar) verkeerd ~* (sich gegenseitig) mißverstehen; *'t niet op iem. begrepen hebben* einen nicht mögen, einem nicht grün sein; ⟨wantrouwen⟩ einem nicht über den Weg trauen
**begrip** 1 ⟨denkbeeld, voorstelling⟩ Begriff *m*, Vorstellung *v*; 2 ⟨inzicht⟩ Verständnis *o*, Einsicht *v*; 3 ⟨begripsvermogen⟩ Auffassungsgabe *v*; *dat gaat mijn ~ te boven* das geht über meinen Verstand; *wederzijds ~ tussen de mensen* zwischenmenschliches Verständnis; *~ voor iets hebben, opbrengen* Verständnis für etwas haben, aufbringen; *vol ~* verständnisvoll; *Cruyff is hier een ~* Cruyff ist hier ein Begriff
**begripsverwarring** Begriffsverwirrung *v*
**begroeiing** Bewuchs *m*
**begroeten** begrüßen, bewillkommnen
**begroeting** Begrüßung *v*
**begrotelijk** teuer
**begroten** schätzen; ⟨officiëler⟩ veranschlagen
**begroting** 1 ⟨in 't alg.⟩ Haushalt *m*, Etat *m*, Budget *o*; 2 ⟨kostenraming⟩ Kosten(vor-)anschlag *m*; *van defensie* Wehrhaushalt *m*, -etat *m*; *volgens de ~* etatsmäßig
**begrotingstekort** Budget-, Haushaltsdefizit *o*
**begunstigde** 1 ⟨in 't alg.⟩ Bevorzugte(r) *m-v*; 2 ⟨bij legaat⟩ Vermächtnisnehmer *m*, Legator *m*
**begunstigen** begünstigen; *een zaak ~* einer Sache Vorschub leisten
**begunstiger** 1 ⟨in 't alg.⟩ Begünstiger *m*; 2 ⟨v. kunst enz.⟩ Förderer *m*, Gönner *m*
**begunstiging** Begünstigung *v*
**beha** Beha *m*, Büstenhalter *m*
**behaaglijk** behaglich, angenehm, gefällig
**behaagziek** gefallsüchtig, kokett
**behaard** behaart, haarig
**behagen** I *overg* gefallen; *'t heeft Hare Majesteit behaagd hem te benoemen* Ihre Majestät haben geruht, ihn zu ernennen; II *o* Behagen *o*; *~ in iets scheppen* an etwas ⟨3⟩ Gefallen (Geschmack) finden, sich in einer Sache gefallen
**behalen** gewinnen; *een goed cijfer ~* eine gute Note bekommen; *succes, winst ~* Erfolg *m*, Gewinn *m* erzielen; *de zege ~* den Sieg davontragen, erringen
**behalve** 1 ⟨uitgezonderd⟩ außer (+ 3), ausgenommen, mit Ausnahme (+ 2); *allen, ~ mijn broer* alle außer meinem Bruder, mit Ausnahme meines Bruders; 2 ⟨naast⟩ neben, außer (+ 3); *~ een hond had hij nog drie katten* neben einem Hund hatte er noch drei Katzen
**behandelen** ⟨in alle betekenissen⟩ behandeln; ⟨afhandelen ook⟩ erledigen
**behandeling** 1 ⟨in 't alg.⟩ Behandlung *v*; 2 *recht* Verhandlung *v*; *~ in hoger beroep* Berufungsverfahren *o*, -verhandlung *v*; *de zaak is in ~ recht* die Sache steht zur Verhandlung; *zich onder ~ stellen* sich ärztlich behandeln lassen
**behang** Tapete *v*
**behangen** 1 ⟨hangen aan⟩ behängen; 2 ⟨kamer⟩ tapezieren
**behanger** Tapezierer *m*
**behappen**: *iets niet kunnen ~* etwas nicht bewältigen können, etwas nicht schaffen
**behartigen** beherzigen; *de belangen ~* die Interessen wahren, wahrnehmen, vertreten
**beheer** Verwaltung *v*
**beheerder** Verwalter *m*
**beheersen** beherrschen, meistern; *zich ~* sich beherrschen
**beheerst** beherrscht
**beheksen** verhexen, verzaubern
**behelpen**: *zich ~* sich (4) behelfen
**behelzen** enthalten
**behendig** 1 ⟨vlug⟩ behende; 2 ⟨handig⟩ geschickt, gewandt
**behendigheid** Geschicklichkeit *v*, Gewandtheit *v*
**behept**: *~ met* behaftet mit (+ 3)
**beheren** verwalten, administrieren
**behoeden** (be)hüten, schützen (vor + 4); *God behoede je!* Gott behüte dich!
**behoedzaam** behutsam, bedächtig, vorsichtig
**behoedzaamheid** Behutsamkeit *v*
**behoefte** Bedürfnis *o*; ⟨v. goederen enz.⟩ Bedarf *m*; *~ aan rust* Bedürfnis *o* nach Ruhe; *~ aan voedsel* Nahrungsbedarf *m*, -bedürfnis *o*; *zijn ~ doen* seine Notdurft verrichten; *dringend ~ hebben aan iets* ein dringendes Bedürfnis nach einer Sache haben, etwas dringend brauchen
**behoeftig** bedürftig, notleidend
**behoeve**: *ten ~ van de armen* zugunsten der Armen; *ten ~ van 't verkeer* behufs, im Interesse des Verkehrs
**behoeven** brauchen, nötig haben, bedürfen (+ 2); *geen betoog ~* keiner Erörterung bedürfen
**behoorlijk** 1 ⟨zoals het hoort⟩ anständig, gehörig; 2 ⟨tamelijk⟩ ziemlich; *een heel ~ bedrag* ein ganz anständiger Betrag *m*; *een ~ salaris* ein auskömmliches (angemessenes) Gehalt; *zich ~ gedragen* sich anständig, ordentlich benehmen
**behoren** 1 ⟨toebehoren⟩ gehören; 2 ⟨passend zijn⟩ sich gehören, sich (ge)ziemen; 3 ⟨deel zijn van⟩ gehören zu, angehören (+ 3); *dat behoort tot mijn vak* das gehört zu meinem Fachgebiet; *gedraag je zoals het behoort!* benimm dich, wie es sich gehört!; *naar ~* ordnungsgemäß, geziemend; zie ook: ²*horen*
**behoud** Erhaltung *v*, Rettung *v*; *~ van mensenlevens* Rettung *v* von Menschenleben; *met ~ van salaris* unter Beibehaltung (Wei-

**behouden**

terzahlung) des Gehalts; *dat is 't ~ van uw auto* das verhindert den Ruin Ihres Autos
**1 behouden** *overg* behalten, bewahren
**2 behouden** *bn* wohlbehalten, unversehrt; gerettet, außer Gefahr; *~ aankomen* wohlbehalten ankommen; *in ~ haven komen* in einen sicheren Hafen kommen; *(een) ~ vaart* eine glückliche Fahrt *v*
**behoudend** konservativ
**behoudens** vorbehaltlich (+ 2), außer (+ 3), unbeschadet (+ 2); *~ goedkeuring* vorbehaltlich der Genehmigung; *~ onvoorziene omstandigheden* Unvorhergesehenes vorbehalten; *~ enige uitzonderingen* abgesehen von einigen Ausnahmen
**behuisd**: *klein ~ zijn* auf engem Raum wohnen
**behuizing** Wohnung *v*
**behulp** Hilfe *v*, Beistand *m*; *met ~ van een machine* mittels, unter Zuhilfenahme einer Maschine; *met ~ van mijn vrienden* mit der Hilfe meiner Freunde
**behulpzaam** behilflich (+ 3), hilfreich, dienstfertig, willfährig
**beiaard** Glockenspiel *o*
**beiaardier** Glöckner *m*
**beide** beide; *wij ~n* wir beide; *met hun ~n* zu zweien, zu zweit; *de ~ mogelijke oplossingen* die beiden möglichen Lösungen; *ons ~r vriend* unser beider Freund
**beiderlei** beiderlei
**Beier** Bayer *m*
**beieren** läuten; N-Duits, Zwits beiern
**Beieren** Bayern *o*
**Beiers**: bay(e)risch: (van de taal ook) bairisch; *een ~e* eine Bayerin *v*
**beige** beige
**beignet** Krapfen *m*
**beijveren**: *zich ~* sich bestreben, bestrebt sein
**beïnvloeden** beeinflussen
**beitel** Meißel *m*
**beitelen** meißeln, ausmeißeln; *gebeiteld zitten* Glück haben
**beits** Beize *v*
**beitsen** beizen
**bejaard** bejahrt, betagt
**bejaardenpas(poort)** Seniorenpaß *m*
**bejaardenhuis, bejaardentehuis** Altersheim *o*
**bejaardenzorg** Altersfürsorge *v*
**bejegenen** begegnen (+ 3), behandeln (+ 4)
**bek 1** ⟨snavel⟩ Schnabel *m*; **2** ⟨v. dier; gemeenz ook v. mens⟩ Maul *o*, Schnauze *v*; *hou je ~!* halt das Maul!; *een grote ~ hebben* eine große Schnauze haben
**bekaaid**: *er ~ afkomen* übel dabei wegkommen
**bekaf** erschöpft, todmüde
**bekakt** großspurig, affektiert
**bekeerling** Bekehrte(r) *m*, Konvertit *m*
**bekend** bekannt; *bent u hier ~?* kennen Sie sich hier aus?; *goed ~ staan* in gutem Ruf stehen; *zich ~ maken* sich bekannt machen; *zoals ~* bekanntlich
**bekende** Bekannte(r) *m-v*
**bekendheid** Bekanntheit *v*; *~ met de wet* Kenntnis *v* des Gesetzes

**bekendmaken 1** ⟨in 't alg.⟩ bekanntmachen, -geben, kundtun; **2** ⟨officieel⟩ bekanntmachen, verlautbaren
**bekennen** (ein)gestehen, bekennen; *kleur ~* ⟨kaartsp, ook fig⟩ Farbe bekennen; *zijn ongelijk ~* sein Unrecht eingestehen; *bekend hebben* ⟨ook⟩ geständig sein; *nergens te ~ zijn* nirgends zu sehen (finden) sein
**bekentenis** Geständnis *o*
**beker 1** ⟨drinkgerei⟩ Becher *m*; **2** ⟨prijs⟩ Pokal *m*
**1 be'keren** *overg* bekehren
**2 'bekeren** *onoverg sp* ein Pokalspiel austragen
**bekerwedstrijd** Pokalspiel *o*
**bekerwinnaar** Pokalsieger *m*
**bekeuren**: *iem. ~* einem ein Protokoll machen; *bekeurd worden* ein Protokoll bekommen
**bekeuring** Protokoll *o*
**bekijken** an-, besehen, begucken, betrachten; *iets nauwkeurig ~* sich etwas genau ansehen, etwas genau betrachten; *achteraf bekeken* im Nachhinein; *dat is in een wip bekeken* das schaffen wir im Nu
**bekijks**: *veel ~ hebben* Aufsehen erregen, alle Augen auf sich ziehen
**bekken 1** ⟨ook muz⟩ Becken *o*; **2** muz Tschinelle *v*; **3** geol Mulde *v*
**beklaagde** Angeklagte(r) *m-v*
**bekladden** beklecksen, beschmutzen; *iems. naam ~* einen in übeln Ruf bringen, verlästern
**beklag** Klage *v*, Beschwerde *v*; *over iem. zijn ~ doen* sich über einen beklagen
**beklagen** beklagen, bedauern, bemitleiden; *zich ~* sich beklagen, ⟨officieel⟩ sich beschweren
**bekleden 1** ⟨in 't alg.⟩ bekleiden; **2** ⟨met hout⟩ verschalen, verkleiden; **3** ⟨van wand, lambrisering⟩ täfeln, ⟨met stof⟩ ausschlagen; **4** ⟨stoel⟩ überziehen; *een ambt ~* ein Amt bekleiden; *'t voorzitterschap ~ van* den Vorsitz führen über, präsidieren (+ 2)
**bekleding 1** ⟨in 't alg.⟩ Bekleidung *v*; **2** ⟨met hout⟩ Verschalung *v*, Verkleidung *v*; **3** ⟨lambrisering⟩ Täfelung *v*; **4** ⟨auto v. binnen⟩ Innenbezug *m*; **5** ⟨van stoel⟩ Überzug *m*; **6** ⟨v. ambt⟩ Bekleidung *v*
**beklemmen** beklemmen
**beklemtonen** betonen, akzentuieren
**beklijven 1** ⟨in 't alg.⟩ fortdauern; **2** ⟨kennis⟩ hängen bleiben
**beklimmen** besteigen, hochklettern
**beklimming** Besteigung *v*
**beklinken** ⟨drinken⟩ auf eine Sache anstoßen; *de zaak is beklonken* die Sache ist abgemacht
**beknellen** einklemmen
**beknibbelen 1** ⟨besparen⟩ sparen; **2** ⟨afdingen⟩ feilschen; *iem. op zijn loon ~* einem (etwas) vom Lohne abknapsen
**beknopt** kurzgefaßt, bündig; *een ~ overzicht* eine gedrängte Übersicht *v*; *een ~ verslag* ein knapper Bericht *m*; *zich ~ uitdrukken* sich kurz fassen
**beknotten** einschränken, beeinträchtigen

**bekocht** betrogen, hintergangen; ~ *zijn* geprellt sein; *zich* ~ *voelen* sich betrogen fühlen

**bekoelen** (ijver, drift) sich legen, nachlassen

**bekogelen** bewerfen

**bekokstoven** einfädeln, abkarten, aushecken

**bekomen 1** ⟨krijgen⟩ bekommen, erhalten, empfangen; **2** ⟨goed of slecht⟩ bekommen; *van de schrik* ~ sich von dem Schrecken erholen

**bekommerd** bekümmert

**bekommeren**: *zich* ~ *om* sich kümmern um; *bekommer u daarover maar niet* seien Sie deswegen ohne Sorge

**bekomst**: *zijn* ~ *hebben* ⟨v. eten⟩ vollständig satt (gesättigt) sein; *van iets zijn* ~ *hebben* fig die Sache satt haben

**bekonkelen** abkarten, einfädeln, aushecken

**bekoorlijk** reizend, anmutig, lieblich

**bekopen** erkaufen, bezahlen, büßen; *met de dood* ~ mit dem Tode büßen, mit dem Leben erkaufen

**bekoren** reizen, anlocken

**bekoring** Reiz *m*; *onder zijn* ~ *brengen* in seinen Bannkreis ziehen

**bekorten** abkürzen

**bekostigen** bezahlen, die Kosten bestreiten

**bekrachtigen** ⟨benoeming, vonnis⟩ bestätigen; *met een eed* ~ eidlich erhärten

**bekrachtiging** ⟨benoeming, vonnis⟩ Bestätigung *v*

**bekritiseren** kritisieren

**bekrompen** beschränkt; ~ *omstandigheden* dürftige Verhältnisse, kümmerliche Umstände; ~ *van geest* beschränkt, borniert

**bekronen** bekrönen, krönen ⟨ook uitw.⟩; **2** ⟨onderscheiden⟩ prämiieren, mit einem Preis auszeichnen; *een bekroonde film* ein preisgekrönter Film; *met succes bekroond* erfolgsgekrönt

**bekroning** Krönung *v*; ~ *van de moeite* der Lohn für die Mühe; *dat is de* ~ *van 't werk* das setzt dem Werk die Krone auf

**bekruipen** bekriechen, beschleichen; *de lust bekroop mij* es wandelte mich die Lust an

**bekvechten** sich heftig streiten

**bekwaam** tüchtig, fähig, geschickt

**bekwaamheid** Tüchtigkeit *v*, Fähigkeit *v*

**bekwamen** ausbilden, vorbereiten; *zich* ~ ⟨in vak enz.⟩ sich ausbilden; ⟨für ein Examen⟩ sich vorbereiten

**bel 1** ⟨v. deur enz.⟩ Schelle *v*, Klingel *v*; **2** ⟨v. fiets⟩ Fahrradklingel *v*, Glocke *v*; **3** ⟨v. luchtbel⟩ Blase *v*; *de* ~ *gaat* es klingelt; *aan de* ~ *trekken* fig Alarm schlagen; ~*len blazen* Seifenblasen machen

**belabberd** miserabel, elend, erbärmlich

**belachelijk** lächerlich

**beladen** beladen

**belagen** ⟨einem⟩ nachstellen, auflauern

**belager** Nachsteller *m*, Feind *m*

**belanden**: *waar is hij beland?* wo ist er hingeraten, hingekommen?

**belang 1** ⟨belangstelling⟩ Interesse *o*; **2** ⟨betekenis⟩ Bedeutung *v*, Wichtigkeit *v*; **3** ⟨zakenbelang⟩ Belang *m*; ~ *bij* Interesse an (+ 3); *in 't algemeen* ~ im Interesse des öffentlichen Wohls; *van* ~ wichtig, bedeutend, von Bedeutung; *'t was daar een drukte van* ~ es war da Hochbetrieb *m*; *niet van* ~ *zijn* ohne Belang sein, keine Rolle spielen; *van essentieel* ~ wesentlich; *van vitaal* ~ lebenswichtig

**belangeloos** uneigennützig

**belangengroep, -organisatie** Interessengruppe *v*, -verband *m*

**belanghebbende** Beteiligte(r) *m-v*, Interessent *m*, Interessentin *v*; ⟨bij klacht⟩ Beschwerdeführer *m*, -führerin *v*

**belangrijk** wichtig, bedeutend, bedeutsam; *een* ~ *bedrag* eine namhafte Summe *v*

**belangstellend** interessiert; *een* ~ *toehoorder* ein aufmerksamer Zuhörer *m*; ~ *informeren naar* sich angelegentlich erkundigen nach

**belangstelling** Interesse *o*, Teilnahme *v*; ~ *voor* Interesse *o* für

**belangwekkend** interessant

**belast** belastet; ~ *met* beauftragt mit; *erfelijk* ~ erblich belastet, erbkrank

**belastbaar 1** ⟨inkomen⟩ steuerbar; **2** ⟨bij invoer⟩ zollpflichtig; **3** ⟨personen⟩ steuerpflichtig; ~ *met (tot)* mit einer Nutzlast von

**belasten 1** ⟨in 't alg.⟩ belasten, beladen; **2** techn belasten; **3** ⟨met belasting⟩ besteuern; **4** ⟨met taak⟩ beauftragen; *zich met iets* ~ etwas übernehmen; *iem. met iets* ~ einen mit etwas (3) beauftragen

**belasteren** verleumden

**belasting 1** ⟨door gewicht⟩ Belastung *v*; **2** ⟨aan overheid⟩ Steuer *v*; *hoogste* ~ techn Maximallast *v*; *progressieve* ~ gestaffelte Steuer, Progressivsteuer *v*; ~ *over de toegevoegde waarde* Mehrwertsteuer *v*; ~ *heffen* Steuern erheben

**belastingaangifte** Steuererklärung *v*

**belastingaanslag 1** ⟨biljet⟩ Steuerbescheid *m*; **2** ⟨bedrag⟩ Steuerveranlagung *v*

**belastingaftrek** Steuerabzug *m*

**belastingbiljet** Steuerzettel *m*

**belastingconsulent** Steuerberater *m*

**belastingdruk** Steuerdruck *m*

**belastingontduiking 1** ⟨in 't alg.⟩ Steuerhinterziehung *v*; **2** ⟨door vertrek⟩ Steuerflucht *v*

**belastingparadijs** Steueroase *v*, Steuerparadies *o*

**belastingvrij** steuerfrei

**belazerd** gemeenz: *ben je belazerd?* bist du verrückt?; *ik voel me* ~ ich fühle mich mies, schlecht

**belazeren** gemeenz beschummeln, betrügen, übers Ohr hauen; *hij heeft je belazerd* er hat dich beschissen

**beledigen** beleidigen, kränken

**belediging** Beleidigung *v*

**beleefd 1** ⟨in 't alg.⟩ höflich; **2** ⟨attent⟩ rücksichtsvoll; *een* ~ *antwoord* eine höfliche, verbindliche Antwort *v*

**beleefdheid** Höflichkeit v; *ik laat het aan uw ~ over* es steht in Ihrem Belieben

**beleefdheidsvorm** taalk Höflichkeitsform v

**beleg 1** mil Belagerung v; **2** ⟨op brood⟩ Belag m, Aufschnitt m

**belegen** alt, abgelagert; *~ kaas* mittelalter Käse m; *~ hippies* ältliche Hippies

**belegeren** belagern

**beleggen 1** ⟨bedekken⟩ belegen, bedecken; **2** handel anlegen, investieren; **3** ⟨vergadering⟩ zusammenrufen, einberufen, anberaumen; *geld in aandelen, tegen 8% ~* Geld in Aktien (3), zu 8% anlegen; *een belegd broodje* ein belegtes Brötchen o, Brot o

**belegging 1** ⟨bedekking⟩ Belegung v, Bedeckung v; **2** ⟨v.e. vergadering⟩ Einberufung v; **3** ⟨v. geld⟩ Anlage v, Investition v, *~ in het buitenland* Auslandsanlage v; *een verkeerde ~* Fehlinvestition v

**beleggingsfonds 1** ⟨maatschappij⟩ Investment-, Kapitalanlagegesellschaft v, Investmentfonds v; **2** ⟨effect⟩ Anlagepapier o

**beleid 1** ⟨voorzichtigheid⟩ Takt m, Umsicht v; **2** ⟨gedragslijn⟩ Politik v; *buitenlands ~* Außenpolitik v

**beleidsnota 1** pol Regierungsbericht m, -papier o; **2** ⟨v. onderneming⟩ betriebsinterner Bericht m

**belemmeren** hindern, hemmen

**belemmering 1** ⟨hindernis⟩ Hindernis o; **2** ⟨'t belemmeren⟩ Belästigung v, Hemmung v

**belendend** angrenzend, anliegend; *~ perceel* ⟨ook⟩ Anliegergrundstück o, -gebäude o

**belenen** verpfänden, versetzen; *effecten ~* Effekten lombardieren, beleihen

**belerend** belehrend

**beletsel** Hindernis o

**beletten** verhindern

**beleven** erleben; *plezier aan iets ~* an etwas (3) Freude erleben; *we zullen wat ~!* ⟨ook⟩ es setzt etwas!

**belevenis** Erlebnis o

**belezen** belesen

**belezenheid** Belesenheit v

**Belg** Belgier m

**belgicisme** Belgizismus m

**België** Belgien o

**Belgisch** belgisch; *~e Belgier* Belgierin v

**Belgrado** Belgrad o

**belhamel** ⟨kwajongen⟩ Tunichtgut m

**belichamen** verkörpern

**belichten 1** ⟨in 't alg.⟩ beleuchten; **2** fotogr belichten

**belichting 1** ⟨in 't alg.⟩ Beleuchtung v; **2** fotogr Belichtung v

**belichtingsmeter** Belichtungsmesser m

**believen I** overg belieben, gefallen; *als 't u belieft* wenn es Ihnen beliebt, bitte (sehr); **II** o: *naar ~* nach Belieben

**belijden 1** ⟨religieus⟩ bekennen; **2** ⟨schuld⟩ gestehen; *een godsdienst ~* sich zu einer Religion bekennen; *de ~de kerk* die Bekennende Kirche

**belijdenis** Bekenntnis o, Konfession v; *zijn ~ doen* sein Glaubensbekenntnis ablegen; *~ van zonden* Sündenbekenntnis o

**bellen 1** ⟨in 't alg.⟩ schellen, klingeln, läuten; **2** ⟨opbellen⟩ anrufen; **3** ⟨fietser⟩ läuten; *er wordt gebeld* es klingelt, es läutet; es wird geklingelt

**bellettrie** Belletristik v

**belofte** Versprechen o

**belonen** belohnen

**beloning** Belohnung v

**beloop**: *de zaak op haar ~ laten* die Sache ihren Lauf gehen lassen

**belopen** sich belaufen auf (+ 4); *hoeveel beloopt de rekening?* wieviel beträgt die Rechnung?; *dat kan ik niet allemaal ~* das kann ich nicht alles zu Fuß machen

**beloven** versprechen; plechtig verheißen; *plechtig ~* feierlich geloben

**beluisteren 1** ⟨luisteren naar⟩ sich anhören; **2** ⟨afluisteren⟩ belauschen; **3** med behorchen

**belust** lüstern (nach); *~ op sensatie* sensationslüstern, -gierig

**belvédère** Aussichtspunkt m, Belvedere o

**bemachtigen** sich bemächtigen (+ 2)

**bemalen** entwässern

**bemannen** bemannen

**bemanning** Bemannung v

**bemerken** bemerken, verspüren

**bemesten** düngen

**bemesting** Düngung v

**bemiddelaar** Vermittler m; officieel Schlichter m

**bemiddeld** wohlhabend, begütert, bemittelt

**bemiddelen** vermitteln; *in een geschil ~* einen Streit (versuchen zu) schlichten, eine Differenz belzulegen versuchen

**bemiddeling** Vermittlung v; officieel Schlichtung v

**bemind** ge-, beliebt; *innig (vurig) ~* heißgeliebt

**beminnelijk** liebenswürdig

**beminnen** lieben

**bemoederen** bemuttern

**bemoedigen** ermutigen, ermuntern; *~d* ermutigend

**bemoeial**: *hij is een ~* er mischt sich überall ein

**bemoeien**: *zich ~ met* ⟨zich mengen in⟩ sich einmischen in (+ 4); ⟨bemoeienis hebben met⟩ sich kümmern um; ⟨ingrijpen⟩ eingreifen; *zich met alles ~* sich in alles hineinmischen; *bemoei je met je eigen zaken* kümmere dich um deine eigenen Angelegenheiten

**bemoeienis, bemoeiing** Bemühung v

**bemoeilijken** erschweren

**bemoeizucht** Neigung (Sucht) v sich in alles hineinzumischen

**benadelen** schädigen, schaden, beeinträchtigen

**benadeelde** Geschädigte(r) m-v

**benaderen 1** ⟨dichterbij komen⟩ sich nähern; **2** ⟨ongeveer bepalen⟩ annähernd berechnen, schätzen, bestimmen; **3** ⟨onderzoeken⟩ herangehen an (+ 4); *iem. ~* an einen herantreten, einen ansprechen; *een*

*probleem* ~ an ein Problem herangehen
**benadering** 1 ⟨het dichterbij komen⟩ Annäherung *v*, Näherung *v*; 2 ⟨v. iem.⟩ das Herantreten; *bij* ~ annähernd
**benadrukken** betonen, nachdrucken
**benaming** Benennung *v*
**benard** bedrängt; *in* ~*e omstandigheden* in einer mißlichen Lage, in bedrängten Umständen
**benauwd** 1 ⟨op de borst⟩ engbrüstig; 2 ⟨atmosfeer⟩ drückend, schwül; *'t* ~ *krijgen* Atemnot bekommen; *fig* es mit der Angst bekommen
**benauwen** beklemmen, beängstigen
**bende** Bande *v*; *'t is er een* ~ es herrscht da ein kolossales Durcheinander
**beneden I** *bijw* unten; **II** *voorz* unter; *naar* ~ *her-*, hinunter, her-, hinab; *hij is* ~ er ist unten; *dat acht ik* ~ *mijn stand* das halte ich für unter meiner Würde; *naar* ~ *brengen* hinunter-, herunterbringen; *naar* ~ *gaan* hinunter-, heruntergehen
**benedenloop** Unterlauf *m*, unterer Lauf *m*
**benedenverdieping** Erdgeschoß *o*, Parterre *o*
**benedictijn** Benediktiner *m*
**(benefiet)voorstelling** Benefiz *o*, -vorstellung *v*
**Benelux** Benelux *v*, Beneluxstaaten *mv*
**benemen** nehmen; *iem. de hoop* ~ einem die Hoffnung rauben; *iem. de moed* ~ einem den Mut benehmen;
**1 benen** *bn* beinern, knöchern; *een* ~ *knoop* ein beinerner Knopf
**2 benen** *onoverg* stiefeln
**benenwagen**: *de* ~ *nemen* auf Schusters Rappen reisen
**benepen** 1 ⟨nauw⟩ eng; 2 ⟨kleingeestig⟩ engherzig; *met* ~ *stem* kleinlaut
**beneveld** ⟨dronken⟩ benommen, berauscht, benebelt; *een* ~ *verstand* ein getrübter Verstand *m*
**benevens** nebst (+ 3), samt (+ 3)
**Bengaals**: ~ *vuur* bengalisches Feuer *o*
**bengel** 1 ⟨klok⟩ Glocke *v*; 2 ⟨klepel⟩ Klöppel *m*; 3 ⟨kwajongen⟩ Bengel *m*, Schlingel *m*
**bengelen** 1 ⟨klok⟩ bimmeln; 2 ⟨bungelen⟩ baumeln
**benieuwd** neugierig, gespannt
**benieuwen**: *'t zal mij* ~ es sollte mich wundern, ich bin gespannt
**benijden** beneiden, mißgönnen
**benijdenswaardig** beneidenswert
**benjamin** ⟨jongste kind⟩ Benjamin *m*
**benodigd** benötigt, nötig, erforderlich
**benodigdheden** Erforderliche(s) *o*, Nötige(s) *o*; *alle benodigdheden* alles Erforderliche, alles Nötige
**benoemen** 1 ⟨naam geven⟩ benennen; 2 ⟨tot ambt⟩ ernennen
**benoeming** 1 ⟨naamgeving⟩ Benennung *v*; 2 ⟨tot ambt⟩ Ernennung *v*
**benoorden** nördlich (+ 2 & von)
**benul**: *geen* ~ *van iets hebben* keine blasse Ahnung von etwas haben
**benutten** benutzen, verwerten, auswerten; *ten volle* ~ ausnutzen

**B en W** = *Burgemeester en Wethouders* der Magistrat
**benzine** Benzin *o*; *gemengde* ~ Gemisch *o*
**benzinebom** Benzinbombe *v*
**benzinepomp, benzinestation** Zapfsäule *v*, Tankstelle *v*
**benzinetank** Benzintank *m*
**beo** Beo *m*
**beoefenaar** Ausübender *m*; ~ *van de letterkunde* Literat *m*; ~ *van de watersport* Wassersportler *m*; ~ *van de wetenschap* Wissenschaftler *m*
**beoefenen** (aus)üben, (be)treiben, sich widmen; *muziek, sport* ~ Musik, Sport treiben; *een wetenschap* ~ sich einer Wissenschaft widmen
**beogen** beabsichtigen, bezwecken
**beoordelen** beurteilen
**beoordeling** Beurteilung *v*; *verkeerde* ~ Fehleinschätzung *v*; *wij laten 't aan uw* ~ *over* wir stellen es in Ihrem Ermessen anheim, wir überlassen es Ihnen
**beoosten** östlich (+ 2 & von)
**bepaald** bestimmt, entschieden; *niet* ~ *vaak* nicht gerade häufig; zie ook: *bepalen*
**bepakking** Bepackung *v*; *mit Gepäck o; volledige* ~ mit Vollgepäck *o*
**bepakt**: ~ *en bezakt* mit Sack und Pack
**bepalen** 1 ⟨vaststellen⟩ bestimmen; 2 ⟨voorschrijven⟩ verordnen; 3 ⟨beperken⟩ beschränken, einschränken; *zijn houding* ~ *tegenover* Stellung nehmen zu; *een termijn* ~ einen Termin festsetzen, anberaumen; *tegenover iets zijn standpunt* ~ sich mit etwas auseinandersetzen; *'t bepaalde onder §11* die Bestimmungen unter §11
**bepaling** 1 (in 't alg.) Bestimmung *v* ⟨ook *gramm*⟩; 2 ⟨v. datum⟩ Festsetzung *v*, Anberaumung *v*; *een wettelijke* ~ eine gesetzliche Bestimmung *v*; ~ *van gesteldheid* prädikatives Attribut *o*
**beperken** beschränken, begrenzen; *de invoer* ~ die Einfuhr drosseln; *zich tot een zaak* ~ sich auf eine Sache beschränken
**beperking** Einschränkung *v*, Beschränkung *v*
**beperkt** beschränkt, begrenzt; ~*e middelen* beschränkte Mittel *mv*; *een* ~*e oplage* eine begrenzte Auflage; *met* ~*e aansprakelijkheid* mit beschränkter Haftung; ~ *van geest* (geistig) beschränkt
**beplanten** bepflanzen
**beplanting** Bepflanzung *v*
**bepleiten** verteidigen, befürworten
**bepoten** ZN betatschen
**bepraten** beschwatzen, überreden
**beproefd** erprobt, ⟨v. middel ook⟩ bewährt
**beproeven** 1 ⟨proberen⟩ versuchen, probieren, einen Versuch machen; 2 ⟨onderzoeken⟩ prüfen, auf die Probe stellen, erproben; *zijn geluk* ~ sein Glück (Heil) versuchen; *een zwaar beproefd gezin* eine leidgeprüfte Familie *v*
**beproeving** ⟨ramp enz.⟩ Prüfung *v*, Heimsuchung *v*
**beraad** Überlegung *v*, Beratschlagung *v*; *iets nog in* ~ *houden* es sich noch überlegen; *na rijp* ~ nach reiflicher Erwägung,

**beraadslagen** Überlegung
**beraadslagen** beratschlagen, sich beraten
**beraadslaging** Beratung v
**beraden**: *zich ~* mit sich selbst zu Rate gehen
**beramen** planen; *de kosten ~* die Kosten überschlagen, veranschlagen; *een overval ~* einen Überfall planen
**berber** ⟨tapijt⟩ Berber m, Berberteppich m
**Berber** Berber m
**berde**: *te ~ brengen* aufs Tapet bringen, vorbringen
**berechten 1** ⟨rechtspreken over⟩ aburteilen; **2** ZN ⟨v. sacramenten⟩ die Letzte Ölung geben
**beredderen** anordnen, in Ordnung bringen
**bereden**: *~ politie* die berittene Polizei; *een druk ~ weg* eine stark befahrene Straße
**beredeneren** ausführlich erörtern, auseinandersetzen; ⟨verslag⟩ begründen, motivieren
**beregoed** gemeenz riesig, ausgezeichnet, prima
**bereid** bereit; *~ tot onderhandelen* verhandlungswillig; *tot vrede ~* friedenswillig; *graag tot wederdienst ~* zu Gegendiensten gern bereit
**bereiden** bereiten, zubereiten; *een maaltijd ~* ein Mahl, ein Essen (zu)bereiten
**bereidheid** Bereitschaft v
**bereiding** Zubereitung v, Bereitung v
**bereidvaardig, bereidwillig** bereitwillig
**bereik** Bereich m, Reichweite v; *het ~ van een radiozender* die Reichweite eines Rundfunksenders; *dat ligt binnen het ~ van de mogelijkheden* das liegt im Bereich der Möglichkeiten; *binnen ieders ~ liggen* (zijn) jedem zur Verfügung stehen, für jeden erreichbar sein
**bereikbaar** erreichbar
**bereiken 1** ⟨plaats, leeftijd⟩ erreichen; **2** ⟨beoogd doel⟩ erzielen; *een goed resultaat ~* ein gutes Resultat erzielen; *waar bent u morgen te ~?* wo sind Sie morgen zu erreichen?
**bereisd 1** ⟨land⟩ bereist; **2** ⟨mens⟩ viel-, weitgereist
**bereizen** bereisen
**berekenen** berechnen; in Anrechnung bringen; *hij is niet voor zijn taak berekend* er ist seiner Aufgabe nicht gewachsen
**berekenend** berechnend
**berekening** Berechnung v; *naar menselijke ~* nach menschlichem Ermessen
**berenklauw 1** dierk ⟨klauw v.e. beer⟩ Bärentatze v; **2** plantk Bärenklau v, Hasenscharte v
**berenmuts** Bärenmütze v
**berg** Berg m; *gouden ~en beloven* goldene Berge versprechen; *de haren rijzen hem te ~e* ihm sträuben sich die Haare
**bergachtig** gebirgig, bergig
**bergbeklimmen** Bergsteigen o
**bergbeklimmer** Bergsteiger m
**bergen*** bergen, aufbewahren; *de lading ~* die Ladung bergen; *waar moet ik jullie allemaal ~?* wo soll ich euch alle unterbringen?; *zich ~* sich bergen, sich in Sicherheit bringen
**berghelling** Berg(ab)hang m, -halde v
**berghok** Abstellraum m
**berging 1** ⟨v. schip⟩ Bergung v; **2** = *bergruimte*
**bergingsvaartuig** Bergungsfahrzeug o
**bergkam** Berggrat m, Grat m
**bergketen** Gebirgskette v
**bergkristal** Bergkristall m
**bergop, bergopwaarts** bergauf, bergan
**bergpas** Gebirgspaß m
**bergplaats 1** ⟨in 't alg.⟩ Magazin o, Lagerraum m; **2** ⟨voor fietsen enz.⟩ Unterstellraum m
**Bergrede** Bergpredigt v
**bergrug** Bergrücken m
**bergruimte** Aufbewahrungs-, Abstellraum m
**bergschoen 1** ⟨in 't alg.⟩ Bergsteigerstiefel m, Bergschuh m; **2** ⟨klimschoen⟩ Kletterschuh m
**bergsport** Bergsport m
**bergtop** Berggipfel m
**beriberi** Beriberi v
**bericht** Nachricht v; ⟨in de handel en scheepv ook⟩ Bericht m; ⟨aankondiging⟩ Anzeige v; *onjuist ~* Fehl-, Falschmeldung v
**berichten** berichten, melden
**berijden 1** ⟨met voertuig⟩ befahren; **2** ⟨paard⟩ bereiten
**berijpt** bereift
**berin** Bärin v
**berispen** tadeln; officieel verweisen; ⟨streng⟩ rügen
**berisping** Tadel m; officieel Verweis m; ⟨streng⟩ Rüge v
**berk, berkenboom** m Birke v
**Berlijn** Berlin o
**Berlijner** Berliner m
**Berlijns I** bn Berliner; *~ blauw* Berlinerblau o; **II** o ⟨dialect⟩ Berlinerisch
**berm 1** ⟨langs autoweg⟩ Grünstreifen m, Bankett o; **2** ⟨langs spoorbaan, dijk⟩ Böschung v
**bermlamp** Suchlampe v, Suchscheinwerfer m
**bermtoerisme** Wegranderholung v
**bermudashort** Bermudashorts mv
**beroemd** berühmt
**beroemdheid** Berühmtheit v
**beroemen**: *zich ~ op* sich (etwas, 2) rühmen, sich brüsten mit; *zich ~ op zijn kennis* sich seiner Kenntnisse rühmen, sich mit seinen Kenntnissen brüsten
**beroep 1** ⟨in 't alg.⟩ Beruf m; **2** ⟨handwerk⟩ Gewerbe o; *een ~ doen op* appellieren an (+ 4); *tegen een beslissing in ~ gaan* eine Entscheidung anfechten; *in hoger ~ gaan* Berufung einlegen, appellieren, ein höheres Gericht anrufen; *in ~ gaan* ⟨tegen belastingaanslag⟩ Beschwerde einlegen; *met een ~ op* unter Berufung auf (+ 4); *kleermaker van ~* seines Zeichens ein Schneider; *zonder ~* ohne Beruf, berufslos
**beroepen 1** ⟨benoemen⟩ berufen; **2** ⟨be-

schreeuwen) errufen; *zich op iem., iets* ~ sich auf jmdn., etwas berufen
**beroepengids** Berufsverzeichnis o
**beroeps-** beruflich, berufsmäßig
**beroepsbevolking** Berufstätige *mv*, Erwerbstätige *mv*, der arbeitende Teil der Bevölkerung
**beroepsdeformatie** Berufsschaden *m*
**beroepsgeheim** Berufsgeheimnis o
**beroepshalve** berufshalber
**beroepshof** ZN Berufungsgericht o
**beroepskeuze** Berufswahl *v*
**beroepsmilitair** Berufssoldat *m*
**beroepsopleiding** Berufsausbildung *v*
**beroepsschool** ZN Berufsschule *v*
**beroepsspeler** sp Berufsspieler *m*, Berufssportler *m*; *gemeenz* Profi *m*
**beroepsvoetbal** Profifußball *m*
**beroerd** erbärmlich, elend; ⟨ziek⟩ miserabel, elend; *een* ~*e geschiedenis* eine fatale Geschichte *v*; *die* ~*e vent* der verfluchte Kerl
**beroeren** aufrühren
**beroering** ⟨onrust⟩ Aufregung *v*, Unruhe *v*
**beroerte** Schlaganfall *m*, Schlag *m*; *een* ~ *krijgen* vom Schlage gerührt werden, einen Schlaganfall bekommen
**berokkenen** verursachen; *kwaad* ~ Unheil stiften; *iem. veel leed* ~ einem viel Kummer bereiten; *iem. schade* ~ einem Schaden verursachen, einen zu Schaden bringen
**berooid** von allem beraubt, ohne einen Pfennig
**berouw** Reue *v*, Zerknirschung *v*; ~ *over iets hebben* etwas bereuen, Reue über etwas verspüren; ~ *komt na de zonde* Reue kommt nach der Tat
**berouwen** bereuen, gereuen
**berouwvol** reuevoll, reuig, reumütig
**beroven** berauben; *iem. van 't leven* ~ einem das Leben nehmen; *van de macht* ~ entmachten
**beroving** Beraubung *v*
**berucht** berüchtigt, verrufen
**berusten** 1 ⟨steunen⟩ beruhen, sich gründen; 2 ⟨bewaard worden⟩ in Gewahrsam (Verwahrung) sein; ~ *in* sich fügen (+ 3), sich fügen in (+ 4); sich geben in (+ 4), sich abfinden mit; *deze macht berust bij hem* diese Gewalt steht ihm zu; ~ *op* beruhen auf (+ 3), sich gründen auf (+ 4)
**berusting** ⟨lijdelijkheid⟩ Ergebung *v*
**bes** 1 ⟨vrucht⟩ Beere *v*; 2 ⟨toon⟩ das b
**beschaafd** gebildet; *de* ~*e wereld* die Kulturwelt; *'t algemeen* ~ Hochsprache *v*
**beschaamd** 1 ⟨zich schamend⟩ beschämt; 2 ⟨verlegen⟩ schamhaft, verlegen, verschämt
**beschadigen** beschädigen
**beschadiging** Beschädigung *v*, Schaden *m*
**beschamen** beschämen; *iems. verwachting* ~ die Erwartung eines Menschen (ent-)täuschen
**beschaven** bilden, zivilisieren
**beschaving** Zivilisation *v*, Bildung *v*, Kultur *v*
**bescheid** Bescheid *m*, Antwort *v*
**1 bescheiden** *bn* bescheiden, diskret; ⟨wei-

nig eisend⟩ anspruchslos
**2 bescheiden** *mv* Dokumente *mv*, Unterlagen *mv*
**bescheidenheid** Bescheidenheit *v*
**beschermeling** Schützling *m*, Schutzbefohlene(r) *m-v*
**beschermen** schützen, beschützen (vor + 3); *beschermd (natuur)gebied* Naturschutzgebiet o, Schongebiet o
**beschermengel** Schutzengel *m*
**beschermheer** Schirmherr *m*
**beschermheilige** Schutzheilige(r) *m-v*, Patron *m*, Patronin *v*
**bescherming** Schutz *m*; ~ *burgerbevolking* Zivilschutz *m*; ~ *tegen onwettig ontslag* Kündigungsschutz *m*; *in* ~ *nemen* in Schutz (Obhut) nehmen
**bescheuren**: *zich* ~ sich kaputtlachen
**beschieten** 1 ⟨met wapens⟩ beschießen; 2 ⟨met hout⟩ verkleiden; *beschoten worden* unter Beschuß liegen
**beschieting** 1 ⟨met wapens⟩ Beschießung *v*, Beschuß *m*; 2 ⟨met hout⟩ Verkleidung *v*
**beschijnen** bescheinen, beleuchten
**beschikbaar** verfügbar, zur Verfügung stehend; ~ *zijn* zur Verfügung stehen
**beschikken** ⟨beslissen⟩ bescheiden; *over iets, iem.* ~ über etwas, einen verfügen; *op een verzoek afwijzend* ~ eine Bitte ablehnen, abschlägig bescheiden
**beschikking** 1 ⟨het beschikken⟩ Verfügung *v*; 2 ⟨regeling, zorg⟩ Anordnung *v*; *bij ministeriële* ~ durch Verfügung des Ministers; *de* ~ *hebben over ites* etwas zur Verfügung haben; *ter* ~ *staan, stellen* zur Verfügung stehen, stellen; *ter* ~ *stellen* recht ± in Sicherungsverwahrung unterbringen
**beschilderen** bemalen
**beschimmelen** schimmeln, verschimmeln
**beschimpen** beschimpfen, verhöhnen
**beschoeiing** Uferbekleidung *v*
**beschonken** betrunken; *zie ook: dronken*
**beschoren** beschieden (+ 3)
**beschot** Bretterverschlag *m*
**beschouwen** betrachten (als); *alles wel beschouwd* alles in allem genommen; *op zichzelf beschouwd* an und für sich; *vanuit uw standpunt beschouwd* von Ihrem Standpunkt aus
**beschouwend** beschaulich, kontemplativ
**beschouwing** Betrachtung *v*; ~*en houden* Betrachtungen anstellen; *buiten* ~ *laten* außer Betracht lassen
**beschrijven** 1 ⟨papier enz.⟩ beschreiben; 2 ⟨een reis, stad enz.⟩ schildern
**beschrijving** Beschreibung *v*
**beschroomd** scheu, schüchtern, verlegen, zaghaft
**beschuit** Zwieback *m*
**beschuldigde** 1 ⟨in 't alg.⟩ Beschuldigte(r) *m-v*; 2 ⟨na de aanklacht⟩ Angeklagte(r) *m-v*
**beschuldigen** 1 ⟨in 't alg.⟩ beschuldigen; 2 ⟨gerechtelijk⟩ anklagen; *iem. van nalatigheid* ~ einen der Nachlässigkeit beschuldigen
**beschuldiging** 1 ⟨in 't alg.⟩ Beschuldigung *v*, Bezichtigung *v*; 2 ⟨voor de recht-

**beschut**

bank) Anklage; *in staat van ~ stellen* unter Anklage stellen
**beschut** beschützt, gesichert, geschützt
**beschutten** beschützen
**beschutting** Schutz *m*
**besef** ⟨bewustzijn⟩ Bewußtsein *o*; *~ van tijd* Zeitsinn *m*; *niet 't minste ~* nicht die leiseste Ahnung; *tot 't ~ komen* zur Einsicht gelangen
**beseffen** 1 ⟨in 't alg.⟩ begreifen, erkennen; 2 ⟨een groot verlies bijv.⟩ ermessen, fassen
**besje** ⟨oude vrouw⟩ altes Mütterchen *o*
**beslaan** 1 ⟨met metaal; v. paard⟩ beschlagen; 2 ⟨v. glas⟩ beschlagen, anlaufen; 3 ⟨plaats innemen⟩ einnehmen; *een beslagen ruit* eine beschlagene, angelaufene Fensterscheibe; *een beslagen tong* eine belegte Zunge *v*; *goed beslagen ten ijs komen* gut vorbereitet, sattelfest sein
**beslag** 1 ⟨in 't alg.⟩ Beschlag *m*; 2 ⟨v. meel⟩ Teig *m*; ⟨metalen⟩ Metallbeschlag *m*; *~ leggen op iets, in ~ nemen* etwas beschlagnahmen, konfiszieren; ⟨om schuld⟩ pfänden; *fig* ⟨ook⟩ beanspruchen; *een ~ leggen recht* einen Arrest vollziehen; *zijn ~ krijgen* zum Abschluß gelangen
**beslagen** zie: *beslaan*
**beslechten** ⟨ruzie⟩ beilegen, schlichten
**beslissen** 1 ⟨in 't alg.⟩ entscheiden; 2 recht zum Austrag bringen
**beslissend** entscheidend
**beslissing** Entscheidung *v*; *een ~ nemen* eine Entscheidung treffen; *foutieve ~* Fehlentscheid(ung) *m(v)*; *voorlopige ~* Vorentscheidung *v*, -entscheid *m*
**beslist** entschieden, absolut, durchaus; *'t is ~ onmogelijk* es ist absolut (durchaus) unmöglich; *ik moet ~ gaan* ich muß unbedingt gehen
**beslommeringen** Mühseligkeiten *mv*; *huiselijke ~* häusliche Sorgen *mv*
**besloten** geschlossen; *~ gezelschap* geschlossene Gesellschaft *v*
**besluipen** 1 ⟨in 't alg.⟩ beschleichen; 2 jacht sich (her)anpirschen (an + 4)
**besluit** 1 ⟨beslissing van meerdere personen⟩ Beschluß *m*; ⟨van één persoon⟩ Entschluß *m*; 2 ⟨gevolgtrekking⟩ Schluß *m*, Schlußfolgerung *v*; 3 ⟨einde⟩ Schluß *m*; *een ~ nemen* einen Entschluß (Beschluß) fassen; *koninklijk ~* königlicher Erlaß *m*; *ministerieel ~* ministerielle Verfügung *v*; *tot ~* zum Schluß; schließlich
**besluiteloos** unschlüssig, unentschlossen
**besluiten** 1 ⟨tijdens vergadering⟩ beschließen; 2 ⟨persoonlijk⟩ sich entschließen; 3 ⟨eindigen⟩ Schließen; 4 ⟨gevolgtrekking maken⟩ schließen, folgern; *wij hebben besloten* wir haben uns entschlossen; *dat heeft mij doen ~* das hat mich dazu veranlaßt...; *alles is daarin besloten* alles ist darin enthalten
**besluitvaardig** entschlußfähig
**besluitvorming** Beschlußfassung *v*
**besmeren** beschmieren, bestreichen
**besmet** 1 ⟨smetstof dragend⟩ angesteckt, infiziert; ⟨m.b.t. gebied⟩ verseucht *(infiziert)*; 2 ⟨vervuild⟩ beschmutzt, verunreinigt; *de haven werd ~ verklaard* der Hafen wurde für verseucht erklärt; *~ werk* ⟨bij staking⟩ indirekte Streikarbeit *v*
**besmettelijk** 1 med ansteckend; 2 ⟨van kleren⟩ leicht schmutzend
**besmetten** 1 ⟨ziekte⟩ anstecken, infizieren; 2 ⟨bevuilen⟩ besudeln, beschmutzen
**besmettingshaard** Ansteckungs-, Infektionsherd *m*
**besmeuren** beschmutzen, besudeln
**besneeuwd** schneebedeckt; *~e helling* Schneehang *m*
**besnijden** beschneiden; *een fraai besneden kastje* ein schön geschnitztes Kästchen *o*
**besnijdenis** Beschneidung *v*
**besnoeien** 1 ⟨heggen enz.⟩ beschneiden; 2 ⟨verminderen⟩ verkürzen, schmälern
**besodemieterd**: *ben je ~?* gemeenz bist du verrückt?
**besodemieteren** gemeenz reinlegen, übers Ohr hauen
**besogne** Geschäft *o*, Beschäftigung *v*
**bespannen** ⟨m.b.t. paarden, snaren⟩ bespannen; *met twee paarden ~* zweispännig
**besparen** 1 ⟨bezuinigen⟩; 2 ⟨verdriet, moeite⟩ sparen, ersparen; *zich iets ~* sich etwas ersparen
**besparing** 1 ⟨'t besparen⟩ Er-, Einsparung *v*; 2 ⟨'t bespaarde⟩ Ersparnis *v*; *~ van onkosten* Kosteneinsparung *v*; *~ van plaatsruimte* Platzersparnis *v*; *ter ~ van kosten* ⟨ook⟩ zur Kostenersparnis
**bespelen** 1 ⟨spelen op⟩ bespielen, spielen; 2 ⟨beïnvloeden⟩ beeinflussen; *'t orgel ~* die Orgel spielen
**bespeuren** verspüren, entdecken; *een fout ~* einen Fehler entdecken; *een neiging ~* ein Gelüst verspüren; *onraad ~* Unrat wittern
**bespieden** 1 ⟨in 't alg.⟩ belauschen; 2 ⟨door spion⟩ bespitzeln
**bespiegeling** Betrachtung *v*
**bespioneren** bespitzeln
**bespoedigen** beschleunigen
**bespottelijk** lächerlich
**bespotten** verspotten, verhöhnen, spotten über (+ 4)
**bespreekbaar** diskutabel, nicht Tabu, als Gesprächsthema möglich
**bespreken** ⟨spreken over⟩ besprechen; ⟨uitvoerig⟩ erörtern; *een boek ~* ein Buch besprechen, rezensieren; *plaatsen ~* Plätze bestellen, reservieren
**bespreking** 1 ⟨het spreken over⟩ Besprechung *v*; ⟨v. meer personen ook⟩ Konferenz *v*; 2 ⟨onderhandeling⟩ Unterhandlung *v*; 3 ⟨onderhoud⟩ Unterredung *v*; 4 ⟨v. plaatsen⟩ Reservierung *v*
**besprenkelen** besprengen, besprenkeln
**bespringen** 1 ⟨springen op⟩ anspringen, sich stürzen auf; 2 ⟨v. dieren⟩ bespringen, decken
**besproeien** ⟨in 't alg.⟩ besprühen, (be-)sprengen; ⟨v. velden⟩ bewässern; *de tuin, het grasveld ~* den Garten *m*, den Rasen *m* sprengen
**bessensap** Johannisbeersaft *m*

**bessenstruik** Johannisbeerstrauch *m*
**best** best; ~*!* schön!, ausgezeichnet!; ~*e vriend* ⟨als aanspreking⟩ lieber Freund; *zijn ~e vriend sein bester Freund*; *de eerste de ~e* der erstbeste; *op één na de ~e* der (die) nächstbeste; *ik vind 't ~* mir ist es ganz recht; *dat is ~ mogelijk* das ist durchaus möglich; *naar mijn ~e weten* nach bestem Wissen; *niet al te ~* nicht zum besten, nicht besonders gut; *hij weet dat 't ~* er weiß das am besten; *zijn ~ doen* sein Bestes tun, sich bemühen
**bestaan I** *onoverg* bestehen, existieren; *dat bestaat niet gemeend* das gibt's nicht; *hoe bestaat 't?* wie ist das möglich?; *~ uit* bestehen aus; **II** o Dasein *o*, Existenz *v*, Bestehen *o*; *'t ~ van God* die Existenz Gottes; *'t aards ~* das irdische Dasein; *een ruim ~ hebben* sein gutes Auskommen haben
**bestaansminimum** Existenzminimum *o*
**bestaansrecht** Existenzberechtigung *v*
**1 bestand** *o* **1** mil Waffenstillstand *m*; **2** ⟨verzamelde gegevens⟩ Bestand *m*; comput Datenbestand *m*, Datei *v*; **3** ⟨voorraad⟩ Vorrat *m*, Bestand *m*
**2 bestand** *bn*: *~ zijn tegen iets* etwas ertragen können, etwas aushalten können, einer Sache gewachsen sein; *tegen hitte, koude ~* hitze-, kältebeständig
**bestanddeel** Bestandteil *m*
**besteden 1** ⟨geld⟩ ausgeben, aufwenden; **2** ⟨moeite, tijd⟩ verwenden; *aandacht aan iets ~* einer Sache Aufmerksamkeit schenken
**besteding** Aufwand *m*, Verwendung *v*
**bestedingsbeperking** Konsumverzicht *m*, Konjunkturdämpfung *v*
**bestedingspatroon 1** ⟨v. consumenten⟩ Konsumverhalten *o*; **2** ⟨v. overheid⟩ Ausgabenpolitik *v*
**besteedbaar**: *~ inkomen* verfügbares Einkommen *o*
**bestek 1** ⟨bij maaltijd⟩ Besteck *o*; **2** bouwk Verdingheft *o*, Baubeschreibung *v*; *'t ~ van dit boek* der Rahmen dieses Buches; *in kort ~* in gedrängter Form
**bestel 1** ⟨bestaande ordening⟩ Ordnung *v*; **2** ⟨systeem⟩ System *o*; **3** ⟨organisatie⟩ Organisation *v*, Arrangement *o*; *het maatschappelijk ~* Gesellschaftsordnung *v*, -system *o*
**bestelauto** Lieferauto *o*, -wagen *m*
**bestelen** bestehlen, berauben
**bestellen** ⟨waren⟩ bestellen, ordern; in Auftrag geben; *brieven ~* Briefe austragen, zustellen;
**besteller 1** ⟨v. post⟩ Briefträger *m*; **2** ⟨v. waren⟩ Besteller *m*, Auftraggeber *m*
**bestelling 1** ⟨order⟩ Bestellung *v*, Auftrag *m*; **2** ⟨v. brieven⟩ Austragung *v*, Zustellung *v*; *~en doen* Bestellungen machen, Aufträge erteilen
**bestemmen** bestimmen, vorsehen; *te bestemder plaatse* an Ort und Stelle
**bestemming** Bestimmung *v*
**bestemmingsplan** Flächennutzungsplan *m*
**bestempelen** ⟨met stempel⟩ stempeln; *~ als* bezeichnen als

**bestendig** beständig, dauernd
**bestendigen** fortdauern lassen
**besterven**: *'t woord bestierf op zijn lippen* das Wort erstarb ihm auf den Lippen; *'t ~ van angst* fast sterben vor Angst; *vlees laten ~* Fleisch abhängen
**bestijgen** besteigen
**bestoken** ⟨beschieten⟩ beschießen; *met projectielen ~* mit Projektilen beschießen, bewerfen, belegen; *iem. met vragen ~* einen mit Fragen überhäufen
**bestormen 1** ⟨aanvallen⟩ (be)stürmen (ook fig); **2** ⟨stormenderhand innemen⟩ erstürmen
**bestorming 1** ⟨in 't alg.⟩ Sturm *m* (auf + 4); **2** ⟨inneming⟩ Erstürmung *v*
**bestraffen 1** ⟨in 't alg.⟩ bestrafen; **2** ⟨berispen⟩ tadeln
**bestralen 1** ⟨in 't alg.⟩ bestrahlen, beleuchten; **2** med bestrahlen
**bestraling** Bestrahlung *v*
**bestraten** pflastern
**bestrijden** bekämpfen; *iets niet ~* ⟨betwisten⟩ etwas nicht bestreiten, abstreiten, in Abrede stellen; *uitgaven ~* Ausgaben bestreiten
**bestrijdingsmiddel** Bekämpfungsmittel *o*
**bestrijken 1** ⟨kunnen beschieten⟩ bestreichen; **2** ⟨zich uitstrekken over⟩ sich erstrecken über; **3** ⟨strijken op⟩ bestreichen
**bestrooien** bestreuen
**bestseller** Bestseller *m*, Reißer *m*
**bestuderen 1** ⟨studie maken van⟩ studieren; **2** ⟨onderzoeken⟩ untersuchen, eingehend betrachten
**bestuiven** bestäuben
**besturen 1** ⟨v. boot, auto⟩ steuern, lenken; **2** ⟨leiden⟩ führen, leiten; ⟨v. land enz.⟩ regieren; ⟨v. organisatie⟩ verwalten; *draadloos ~* fernlenken, -steuern; *een vereniging ~* einem Verein vorstehen
**besturing** Steuerung *v*; *draadloze ~* Fernsteuerung *v*, -bedienung *v*; *dubbele ~* auto Koppelsteuerung *v*
**bestuur 1** ⟨leiding⟩ Leitung *v*; **2** ⟨v. land⟩ Regierung *v*; **3** ⟨v. vereniging⟩ Vorstand *m*; **4** ⟨beheer, administratie⟩ Verwaltung *v*; *dagelijks ~* Geschäfts-, Vorstandsausschuß *m*
**bestuurder 1** ⟨in 't alg.⟩ Führer *m*, Lenker *m*; **2** ⟨v. auto⟩ Fahrer *m*; **3** ⟨v. tram⟩ Wagenführer *m*; **4** ⟨v. instelling⟩ Vorsteher *m*, Direktor *m*, Leiter *m*
**bestuurlijk** administrativ, verwaltungstechnisch
**bestuurslid** Vorstandsmitglied *o*
**bestwil**: *voor je eigen ~* zu deinem eigenen Besten
**betaalbaar** bezahlbar
**betaalcheque** Barscheck *m*
**betaalkaart** Post(bar)scheck *m*
**betaalmiddel** Zahlungsmittel *o*
**betaalpas** Scheckkarte *v*
**bètablokker** med Betablocker *m*
**betalen** ⟨iem.⟩ bezahlen, ⟨iets⟩ zahlen; *contant ~* bar, per Kasse (be)zahlen; *betaald zetten* heimzahlen, eintränken
**betaling** Bezahlung *v*, Zahlung *v*; *contante ~* Barzahlung *v*; *~ in termijnen* Ratenzah-

**betalingsbalans**

lung v; *tegen contante ~* gegen bar
**betalingsbalans** Zahlungsbilanz v
**betamelijk** geziemend, schicklich
**betamen**: *zoals het betaamt* wie es sich geziemt
**betasten** betasten, befühlen
**betekenen** bedeuten; *niet veel te ~ hebben* nicht viel zu bedeuten haben, nicht von Bedeutung sein; *wat moet dat ~?* was soll das heißen?
**betekenis** Bedeutung v, Sinn m; *veranderingen van ~* wesentliche Änderungen; *een artiest van ~* ein Künstler m von Rang, von Format
**beter** besser; *~ worden* ⟨ook⟩ sich bessern; ⟨v. zieke ook⟩ genesen, gesund werden; *de ~e kringen* die besseren Kreise, die gute Gesellschaft; *het gaat ~ met hem* es geht ihm besser; *hij wist niet beter, of ze waren vertrokken* soviel er wußte, waren sie abgereist
**beteren**: *zich ~* sich bessern; *God betere 't* Gott sei es geklagt; *aan de ~de hand zijn* sich auf dem Wege der Besserung befinden
**beterschap** (gute) Besserung v
**beteugelen** bezähmen, zügeln
**beteuterd** betreten, verdattert
**betichten** bezichtigen, beschuldigen; *iem. van diefstal ~* einen des Diebstahls beschuldigen (bezichtigen)
**betijen**: *iem. laten ~* einen gewähren (machen) lassen
**betimmeren** 1 ⟨in 't alg.⟩ verzimmern, verkleiden; 2 ⟨wand⟩ täfeln
**betitelen** 1 ⟨in 't alg.⟩ titulieren; 2 ⟨een boek⟩ betiteln
**betoelagen** ZN bezuschussen, subventionieren
**betoelaging** ZN Bezuschussung v, Subvention v
**betoeterd**: *ben je (een haartje) ~?* gemeenz bist du wahnsinnig geworden?, bist du verrückt?
**betogen** 1 ⟨uiteenzetten⟩ auseinandersetzen, darlegen; 2 ⟨demonstreren⟩ demonstrieren
**betoger** Demonstrant m
**betoging** Kundgebung v
**beton** Beton m; *~ storten* Beton gießen; *gewapend ~* Eisen-, Stahlbeton m
**betonen** zeigen, bezeigen, erzeigen; *'t betoonde vertrouwen* das erwiesene Vertrauen
**betonmolen** Betonmischer m, -mischmaschine v
**betonvlechter** Eisenbieger m
**betoog** Darlegung v, Beweisführung v, Ausführung v
**betoveren** 1 ⟨door toverkracht⟩ verzaubern; 2 ⟨bekoren⟩ bezaubern
**betovergrootmoeder** Ururgroßmutter v
**betovergrootvader** Ururgroßvater m
**betovering** 1 ⟨door toverkracht⟩ Verzauberung v; 2 ⟨bekoring⟩ Bezauberung v, Zauber m
**betrachten** 1 ⟨v. plicht⟩ erfüllen; 2 ⟨v. voorzichtigheid, deugd⟩ üben

**betrappen** ertappen; *iem. op een diefstal, een leugen ~* einen bei einem Diebstahl, einer Lüge ertappen; zie ook: *heterdaad*
**betreden** betreten
**betreffen** betreffen, angehen, belangen; *'t betreft...* es handelt sich um...; *wat mij betreft* was mich betrifft, anbelangt
**betreffende** betreffs, hinsichtlich (+ 2); *~ deze zaak* hinsichtlich dieser Angelegenheit v, was diese Angelegenheit betrifft
**betrekkelijk** verhältnismäßig, relativ; *dat is allemaal ~* das ist alles relativ; *het ~ voornaamwoord* das beziehende Fürwort, Relativpronomen
**betrekkelijkheid** Relativität v
**betrekken** I *overg* 1 ⟨kopen⟩ beziehen; 2 ⟨v. woning⟩ beziehen; 3 ⟨deelachtig maken⟩ einbeziehen, verwickeln, hineinziehen; II *onoverg* ⟨v.d. hemel⟩ sich bewölken, sich beziehen; 5 ⟨v. gezicht⟩ sich verdüstern; *de wacht ~* die Wache beziehen; *bij iets betrokken zijn* an etwas (3) beteiligt sein; *iem. in 't gesprek ~* einen ins Gespräch ziehen
**betrekking** 1 ⟨verhouding⟩ Beziehung v, Bezug m, Verhältnis o; 2 ⟨baan⟩ Stelle v, Posten m; *goede ~en onderhouden* gute Beziehungen pflegen; *een volledige ~* eine Vollstelle v; *~ hebben op* sich beziehen auf, Bezug haben auf (+ 4); *in volledige ~* vollamtlich; *met ~ tot* mit Bezug auf, in bezug auf (+ 4), hinsichtlich (+ 2), bezüglich (+ 2); *Buitenlandse B~en* ZN (Buitenlandse Zaken) Außenministerium v
**betreuren** bedauern, trauern um; *doden ~* ⟨bij ongeluk⟩ Todesopfer beklagen
**betreurenswaardig** bedauernswert
**betrokken** 1 ⟨bij iets⟩ beteiligt an (+ 3); 2 ⟨weer, lucht⟩ trübe, bewölkt; *er ~ uitzien* abgespannt aussehen; *de ~ instantie* die zuständige Dienststelle; *de ~ persoon* die betreffende Person
**betrokkene** betreffende Person v; *de (daarbij) ~n* die Beteiligten
**betrokkenheid** Beteiligung v, Engagement o
**betrouwbaar** zuverlässig
**betten** 1 ⟨in 't alg.⟩ abtupfen; 2 ⟨ogen⟩ anfeuchten
**betuigen** bezeigen, erklären, versichern; *bijval ~* Beifall spenden; *dank ~* Dank bezeigen, Dank sagen, seinen Dank abstatten; *zijn deelneming ~* sein Beileid (seine Teilnahme) ausdrücken, bezeigen, aussprechen; *instemming ~ met iems. woorden* den Worten eines Menschen beipflichten, beistimmen
**betuttelen** schulmeistern, bemängeln, bekritteln
**betweter** Besserwisser m, Rechthaber m
**betweterij** Besserwisserei v, Rechthaberei v
**betwijfelen** bezweifeln
**betwistbaar** anfechtbar, zweifelhaft
**betwisten** 1 ⟨iets⟩ einem etwas streitig machen; 2 ⟨mening⟩ abstreiten; 3 ZN ⟨deelnemen aan⟩ teilnehmen an; ⟨ein Spiel⟩ austragen

**beu:** *ik ben 't ~* ich habe es satt
**beug** Schleppnetz *o*
**beugel 1** ⟨voor tanden⟩ Zahnspange *v*; **2** ⟨om been⟩ Schiene *v*; **3** ⟨stroomafnemer op tram enz.⟩ (Gleit)bügel *m*; **4** ⟨voor elektr. leidingen⟩ Kabelhaken *m*, -schelle *v*; ⟨voor leidingbuizen⟩ Schelle *v*, Klammer *v*, Bügel *m*; **5** ⟨stijgbeugel⟩ Steigbügel *m*; *dat kan niet door de ~* ⟨kan er niet mee door⟩ das geht nicht!; ⟨is ongeoorloofd⟩ das geht zu weit, das kann man nicht durchgehen lassen
**beugelsluiting** Bügelverschluß *m*
**beuk 1** ⟨boom⟩ Buche *v*, Rotbuche *v*; **2** ⟨stomp⟩ Stoß *m*; **3** ⟨v. kerk⟩ Schiff *o*; *de ~ erin!* zeig's ihnen!, hau rein!
**1 beuken** *bn* aus Buchenholz, buchen
**2 beuken** *overg* klopfen, schlagen
**beukenboom** Buche *v*
**beukenhout** Buchenholz *o*, Buche *v*
**beukennoot** Buchecker *v*, -nuß *v*, -eichel *v*
**beul 1** ⟨scherprechter⟩ Henker *m*, Scharfrichter *m*; **2** fig Unmensch *m*, Schinder *m*; *hij is een ~ voor zijn mensen* er ist ein Leuteschinder
**beunhaas** Böhnhase *m*, Pfuscher *m*
**beunhazen** pfuschen
**beunhazerij** Pfuscherei *v*
**beuren 1** ⟨optillen⟩ heben; **2** ⟨geld⟩ losen, empfangen
**1 beurs** *v* **1** ⟨portemonnee⟩ Börse *v*, Beutel *m*; **2** ⟨voor studenten⟩ Stipendium *o*; **3** handel Börse *v*; **4** ⟨tentoonstelling⟩ Messe *v*
**2 beurs** *bn* angefault, überreif, teigig
**beursbericht** Börsenbericht *m*
**beursnotering** Kursnotierung *v*
**beursstudent** Stipendiat *m*
**beurt** Reihenfolge *v*, Reihe *v*; *iem. een ~ geven* **1** ⟨aan de beurt laten komen⟩ einen an die Reihe kommen lassen; **2** plat ⟨neuken⟩ einen bumsen, ficken; *een goede ~ maken* gut abschneiden (davonkommen); *een grote ~* ⟨v. auto⟩ eine gründliche Inspektion *v*, Überholung *v*; *aan de ~ komen* an die Reihe (dran) kommen; *aan de ~ zijn* an der Reihe (dran) sein; *om ~en, om de ~* reihum, abwechselnd; *ieder op zijn ~* jeder der Reihe nach; *te ~ vallen* zuteil werden
**beurtelings** abwechselnd
**beurtrol** ZN (regelmäßige) Aufgabenverteilung *v*
**beurtschipper** Binnenschiffer *m* in der Börtfahrt
**beuzelen** tändeln
**beuzelpraat** Gewäsch *o*, Geschwätz *o*
**bevaarbaar** schiffbar
**bevallen 1** ⟨aanstaan⟩ gefallen; *'t is mij goed ~* es hat mir gut gefallen; **2**: *van een kind ~* ein Kind gebären, eines Kindes entbunden werden; *in het ziekenhuis, thuis ~* in der Klinik, zu Hause entbinden
**bevallig** anmutig, lieblich, reizend
**bevalling** Entbindung *v*, Geburt *v*
**bevangen 1** ⟨beschroomd⟩ befangen; **2** ⟨door vrees⟩ befallen; *door de kou ~* durch die Kälte benommen
**bevaren** *overg & bn* befahren

**bevattelijk 1** ⟨v. teksten enz.⟩ faßlich, begreiflich, leicht verständlich; **2** ⟨van personen⟩ intelligent
**bevatten 1** ⟨inhouden⟩ enthalten; **2** ⟨begrijpen⟩ erfassen, verstehen, begreifen; *deze wijn bevat 12% alcohol* dieser Wein enthält 12% Alkohol
**bevattingsvermogen** Auffassungsgabe *v*, -vermögen *o*
**bevechten** bekämpfen; *de overwinning ~* den Sieg erkämpfen
**beveiligen 1** ⟨in 't alg.⟩ schützen; **2** ⟨mil, bij bergtocht, bij elektriciteit⟩ (ab)sichern; *beveiligd tegen brand* feuersicher
**beveiliging 1** ⟨in 't alg.⟩ Schutz *m*, Beschützung *v*; **2** ⟨mil, bij bergtocht, bij elektriciteit⟩ Sicherung *v*
**bevel** Befehl *m*, Order *v*; *'t ~ voeren over* den Befehl führen über, befehligen; *iem. onder zijn ~ plaatsen* einen seinem Befehl unterstellen; *op ~* auf Befehl; *op ~ van hogerhand* auf höhern Befehl; *op mijn ~* auf meinen Befehl
**bevelen\*** befehlen, gebieten; *op ~de toon* in befehlendem (befehlerischem, herrischem) Ton
**bevelhebber** Befehlshaber *m*
**bevelschrift** Verfügung *v*, Dekret *o*, schriftlicher Befehl *m*; *~ tot betaling* Zahlungsanweisung *v*
**beven** beben, zittern
**bever** Biber *m*
**beverig** zitt(e)rig, zitternd
**bevestigen 1** ⟨vastmaken⟩ befestigen; **2** ⟨gerucht, ontvangst v. iets⟩ bestätigen; *onder ede ~* eidlich erhärten; *de ontvangst van een brief ~* den Empfang eines Schreibens bestätigen
**bevestigend** bejahend, affirmativ; *een ~ antwoord* eine bejahende Antwort; *~e zin* Aussage-, Bejahungssatz *m*
**bevestiging 1** ⟨in 't alg.⟩ Befestigung *v*; **2** ⟨v. gerucht; ontvangst v. iets⟩ Bestätigung *v*; *~ van ontvangst* Empfangsbestätigung *v*
**bevinden I** *overg* befinden: *iets goed, juist, in orde ~* etwas für gut, für richtig, in Ordnung befinden; *iem. schuldig ~* von jemandes Schuld überzeugt sein; ⟨door bewijs⟩ überführen; *recht schuldig ~* sprechen **II** *wederk zich ~* sich befinden; *zich ~d* ⟨ook⟩ befindlich
**bevinding 1** ⟨bevind van zaken⟩ Befund *m*; **2** ⟨ervaring⟩ Erfahrung *v*
**beving** Beben *o*, Zittern *o*
**bevlieging** Anwandlung *v*
**bevloeien** berieseln, bewässern
**bevlogen 1** ⟨vol inspiratie⟩ schöpferisch, einfallsreich; **2** ⟨enthousiast⟩ begeistert, leidenschaftlich
**bevochtigen** befeuchten; ⟨weinig⟩ anfeuchten
**bevoegd** befugt, kompetent; *volledig ~* vollbefähigt; *de ~e instantie* die zuständige Instanz; *van ~e zijde* von wohlunterrichteter (berufener) Seite
**bevoegdheid** Befugnis *v*
**bevolken** bevölkern

**bevolking** Bevölkerung *v*
**bevolkingscijfer** Bevölkerungszahl *v*
**bevolkingsdichtheid** Bevölkerungsdichte *v*
**bevolkingsexplosie** Bevölkerungsexplosion *v*
**bevolkingsregister** 1 ⟨register⟩ Einwohnerliste *v*; 2 ⟨bureau⟩ Einwohnermeldeamt *o*, Melderegister *o*, -stelle *v*
**bevoogding** Bevormundung *v*
**bevoordelen** begünstigen, einen Vorteil verschaffen (+ 3)
**bevooroordeeld** voreingenommen, befangen
**bevoorraden** bevorraten
**bevoorrading** Bevorratung *v*
**bevoorrechten** bevorzugen, privilegieren; *bevoorrechte positie* Vorzugsstellung *v*
**bevorderen** 1 ⟨in 't alg.⟩ fördern, heben; 2 ⟨in rang⟩ befördern; *dat bevordert de genezing* das fördert die Genesung; *de handel ~* den Handel heben; *kunsten en wetenschappen ~* Kunste und Wissenschaften fördern
**bevordering** 1 ⟨stimulering⟩ Hebung *v*; 2 mil Beförderung *v*; *~ van de welvaart* Hebung *v* des Wohlstandes; *~ van de wetenschappen* Pflege *v* der Wissenschaften
**bevorderlijk** förderlich; *~ voor de gezondheid* der Gesundheit förderlich, zuträglich
**bevrachten** 1 ⟨in 't alg.⟩ befrachten; 2 scheepv ⟨huren⟩ chartern; *zwaar bevracht* schwer beladen
**bevragen** befragen, sich erkundigen nach; *te ~ bij* Näheres bei..., nähere Auskunft erteilt...
**bevredigen** 1 ⟨iem.⟩ zufriedenstellen; 2 ⟨wensen⟩ befriedigen
**bevredigend** befriedigend
**bevrediging** Befriedigung *v*
**bevreemden** befremden
**bevreemding** Befremden *o*
**bevreesd** furchtsam, ängstlich, besorgt; *~ zijn voor de dood* Angst vor dem Tod haben
**bevriend** befreundet; *nauw ~* eng befreundet
**bevriezen\*** 1 ⟨dichtvriezen⟩ zufrieren; 2 ⟨stollen⟩ gefrieren; 3 ⟨v. lichaamsdelen⟩ erfrieren; *lonen, prijzen ~* Löhne, Preise einfrieren; *bevroren vlees* Gefrierfleisch *o*
**bevrijden** befreien, erlösen
**bevrijder** Befreier *m*
**bevrijding** Befreiung *v*
**bevrijdingsdag** Tag *m* der Befreiung; *B~* ⟨in Nederland⟩ 5. Mai *m*, Tag der Befreiung von der deutschen Besetzung im 2. Weltkrieg
**bevrijdingsfront** Befreiungsfront *v*
**bevroeden** einsehen, begreifen; *niet kunnen ~* ⟨ook⟩ nicht ahnen können
**bevruchten** befruchten
**bevuilen** beschmutzen
**bewaarder** 1 ⟨bewaker⟩ Wärter *m*; 2 ⟨hoeder⟩ Hüter *m*; 3 ⟨iem. die iets in bewaring heeft⟩ Verwahrer *m*
**bewaarloon** 1 ⟨in 't alg.⟩ Lagerkosten, -gebühren *mv*; 2 ⟨v. bank⟩ Verwahrungsgebühr *v*
**bewaarmiddel** ZN Konservierungsmittel *o*
**bewaken** bewachen, überwachen; *bewaakte spoorwegovergang* beschrankter Bahnübergang *m*
**bewaker** 1 ⟨in gevangenis⟩ Wärter *m*; 2 ⟨in museum, park enz.⟩ Wächter *m*
**bewaking** Bewachung *v*
**bewandelen** begehen, beschreiten; *de officiële weg ~* den Amtsweg einhalten; *de wettelijke weg ~* den gesetzlichen Weg, den Rechtsweg beschreiten
**bewapenen** bewaffnen
**bewapening** Bewaffnung *v*
**bewapeningswedloop** Rüstungswettlauf *m*, Wettrüsten *o*
**bewaren** 1 ⟨wegbergen⟩ (auf)bewahren, aufheben; officieel verwahren; 2 ⟨behoeden⟩ schützen, behüten; *God bewaar me* Gott bewahre!, behüte!; *een geheim ~* ein Geheimnis hüten; *'t zwijgen ~* das Stillschweigen bewahren
**bewaring** ⟨Auf⟩bewahrung *v*; ⟨officieel⟩ Verwahrung *v*; *iets in ~ geven (nemen)* etwas in Verwahrung geben (nehmen); *in verzekerde ~ stellen* in (polizeilichen) Gewahrsam nehmen
**beweegbaar** beweglich, bewegbar
**beweeglijk** beweglich; *een ~e geest* ein rühriger Geist *m*; *een ~ kind* ein unruhiges Kind *o*
**beweegreden** Grund *m*, Beweggrund *m*, Motiv *o*
**bewegen** I *overg* bewegen; ⟨ontroeren ook⟩ rühren; II *onoverg* sich bewegen; ⟨minder⟩ sich regen; *de wind bewoog de bladeren* der Wind bewegte die Blätter; *iem. ~ mee te doen* einen zum Mitmachen bewegen; *wat heeft hem ertoe bewogen?* was hat ihn dazu bewogen, bestimmt, veranlaßt?; *zich op een gebied ~* fig sich auf einem Gebiet betätigen
**beweging** Bewegung *v*; *zich in ~ zetten*, *in ~ komen* sich in Bewegung setzen; *uit eigen ~* aus eigenem Antrieb, aus freien Stücken
**bewegingsvrijheid** Bewegungsfreiheit *v*
**bewegwijzeren** beschildern
**bewegwijzering** Wegmarkierung *v*
**beweren** behaupten; *er wordt beweerd dat...* es heißt, daß...; *hij beweert 't gehoord te hebben* ⟨ook⟩ er will es gehört haben
**bewering** Behauptung *v*; *een ~ doen* eine Behauptung aufstellen
**bewerkelijk** viel Arbeit verursachend
**bewerken** 1 ⟨werk verrichten aan⟩ bearbeiten; 2 ⟨beïnvloeden⟩ beeinflussen, bearbeiten; 3 ⟨bewerkstelligen⟩ bewirken; *prachtig bewerkte meubels* prachtvoll gearbeitete Möbel; *hij heeft dat weten te ~* er hat das fertiggebracht (zustande gebracht)
**bewerking** 1 ⟨in 't alg.⟩ Bearbeitung *v*; 2 ⟨beïnvloeding⟩ Beeinflussung *v*, Bearbeitung *v*; 3 ⟨bewerkstelliging⟩ das Bewirken; 4 wisk Operation *v*
**bewerkstelligen** bewerkstelligen, bewirken

**bewesten** westlich (+ 2 & *von*)
**bewieroken**: *iem. ~ einen* beweihräuchern, mit Weihrauch streuen
**bewijs 1** ⟨in 't alg.⟩ Beweis *m*; **2** ⟨bewijsplaats⟩ Beleg *m*; **3** ⟨geschreven of gedrukt⟩ Schein *m*, Bescheinigung *v*; *~ uit 't ongerijmde* indirekter Beweis *m*; *~ van goed gedrag* Unbescholtenheitszeugnis *o*; *~ van onvermogen* Armutszeugnis *o*
**bewijskracht** Beweiskraft *v*
**bewijslast** Beweislast *v*
**bewijsvoering** Beweisführung *v*
**bewijzen 1** ⟨bewijs leveren voor⟩ beweisen; **2** ⟨aantonen⟩ nachweisen; *iem. een dienst, eer ~* einem einen Dienst, Ehre erweisen; *iems. schuld overtuigend ~* einen seiner Schuld überführen
**bewind 1** ⟨regering⟩ Regierung *v*; **2** ⟨beheer⟩ Verwaltung *v*; *aan 't ~ komen* an die Regierung kommen
**bewindsman** Regierungsperson *v*, Minister *m*
**bewindvoerder** Verwalter *m*
**bewogen**: *~ zijn* bewegt, gerührt sein; *diep ~* tiefbewegt
**bewolking** Bewölkung *v*
**bewolkt** bewölkt
**bewonderaar** Bewunderer *m*; Verehrer *m*
**bewonderen** bewundern
**bewonderenswaardig** bewundernswert, -würdig
**bewondering** Bewunderung *v*
**bewonen** bewohnen
**bewoner** Bewohner *m*
**bewoonbaar** bewohnbar
**bewust 1** ⟨besef hebbend⟩ bewußt; **2** ⟨weloverwogen⟩ bewußt, absichtlich; **3** ⟨genoemd⟩ erwähnt, betreffend; *zich er niet van ~ zijn* sich dessen nicht bewußt sein; *de ~e persoon* die betreffende (bewußte) Person
**bewusteloos** bewußtlos, ohnmächtig
**bewustheid** Bewußtheit *v*, -sein *o*
**bewustwording** Bewußtwerdung *v*
**bewustzijn** Bewußtsein *o*
**bewustzijnsverruimend** bewußtseinserweiternd
**bezaaien 1** ⟨akker enz.⟩ besäen; **2** ⟨bestrooien⟩ bestreuen; *bezaaid met fouten* voll(er) Fehler, mit Fehlern übersät
**bezadigd** besonnen, gesetzt
**bezatten**: *zich ~* sich besaufen
**bezegelen** besiegeln; ⟨fig ook⟩ bestätigen, bekräftigen
**bezeilen 1** ⟨zee enz.⟩ besegeln; **2** ⟨haven⟩ ansegeln; *met hem is geen land te ~* mit ihm ist nicht auszukommen
**bezem** Besen *m*; *de ~ ergens door halen* mit eisernem Besen (aus)kehren
**bezemsteel** Besenstiel *m*
**bezemwagen** Besenwagen *m*
**bezeren** verletzen, verwunden
**bezet 1** ⟨niet vrij⟩ besetzt; **2** ⟨druk⟩ beschäftigt; *al mijn tijd is ~* all meine Zeit ist in Anspruch genommen
**bezeten** besessen; *zij is ~ van hardrock* sie ist versessen auf Hardrock
**bezetene** Besessene(r), Verrückte(r) *m-v*

**bezetenheid** Besessenheit *v*
**bezetten** besetzen; *de tweede plaats ~* ⟨in competitie⟩ den zweiten Platz belegen
**bezetter** Besetzer *m*
**bezetting** Besetzung *v*
**bezettingsgraad** Auslastung *v*
**bezichtigen** besichtigen, (sich) anschauen
**bezichtiging** Besichtigung *v*; *ter ~* zur Ansicht
**bezield 1** ⟨met een ziel⟩ beseelt; **2** ⟨vol vuur⟩ begeistert
**bezielen 1** ⟨leven geven⟩ beseelen, beleben; **2** ⟨geestdriftig maken⟩ begeistern; *wat bezielt je?* was hast du?, was ist in dich gefahren?
**bezieling 1** ⟨het leven geven⟩ Beseelung *v*, Belebung *v*; **2** ⟨geestdrift⟩ Begeisterung *v*
**bezien** besehen; *dat staat nog te ~* das steht noch dahin
**bezienswaardig** sehenswert, -würdig
**bezienswaardigheid** Sehenswürdigkeit *v*
**bezig** beschäftigt
**bezigen** gebrauchen, anwenden
**bezigheid** Beschäftigung *v*, Arbeit *v*
**bezigheidstherapie** Beschäftigungstherapie *v*
**bezighouden** beschäftigen
**bezijden**: *~ de waarheid* nicht der Wahrheit gemäß
**bezinken 1** ⟨naar de bodem zakken⟩ niederschlagen, sich (ab)setzen; **2** ⟨helder worden v. vloeistof⟩ sich abklären; *laten ~* fig verarbeiten
**bezinksel** Bodensatz *m*, Rückstände *mv*
**bezinnen**: *zich ~* nachdenken, sich besinnen; *bezint eer gij begint* erst besinn's, dann beginn's
**bezinning** Besinnung *v*; *tot ~ komen* zur Besinnung kommen
**bezit** Besitz *m*; *particulier ~* Privatbesitz *m*; *in 't ~ van iets zijn* im Besitz einer Sache sein; *iets in zijn ~ krijgen* etwas an sich bringen
**bezittelijk**: *~ voornaamwoord* besitzanzeigendes Fürwort *o*; Possessivpronomen *o*
**bezitten** besitzen
**bezitter** Besitzer *m*, Eigentümer *m*, Inhaber *m*
**bezitting** Besitz *m*, Besitzung *v*, Eigentum *o*
**bezoedelen** besudeln, verunreinigen
**bezoek** Besuch *m*; *~en afleggen* Besuche machen; *een ~ aan zijn oom, aan Parijs, aan de schouwburg* ein Besuch bei seinem Onkel, in Paris, des Theaters; *op ~* auf, zu Besuch
**bezoeken** besuchen; *druk bezocht* gut, stark besucht
**bezoeker** Besucher *m*, Gast *m*
**bezoeking** Prüfung *v*, Heimsuchung *v*; *'t is een ~* es ist ein Kreuz, es ist ein Leiden
**bezoekregeling** Besuchsregelung *v*
**bezoekuur** Besuchsstunde *v*
**bezoldigen** besolden
**bezoldiging 1** ⟨in overheidsdienst⟩ Besoldung *v*; **2** ⟨in particuliere dienst⟩ Gehalt *o*; Lohn *m*
**bezondigen**: *zich ~* sich versündigen

**bezonken**

**bezonken** abgeklärt, wohlüberlegt
**bezopen 1** ⟨gemeenz⟩ ⟨dronken⟩ besoffen; **2** ⟨dwaas⟩ verrückt, idiotisch
**bezorgd** besorgt, bekümmert
**bezorgdheid**: ~ *voor* Besorgnis *v*, Sorge *v* um
**bezorgen** besorgen, verschaffen; *brieven* ~ Briefe austragen; *kranten* ~ Zeitungen zustellen; *last* ~ Schwierigkeiten machen; *iets thuis laten* ~ etwas ins Haus schicken lassen
**bezorger** Zusteller *m*, Austräger *m*
**bezuiden** südlich (+ 2 & *von*)
**bezuinigen** (ein)sparen; sich einschränken; *op de uitgaven* ~ die Ausgaben einschränken
**bezuiniging 1** ⟨het bezuinigen⟩ Er-, Einsparung *v*; **2** ⟨resultaat⟩ Ersparnis *v*
**bezuren**: *iets (moeten)* ~ für etwas büßen müssen
**bezwaar 1** ⟨moeilijkheid⟩ Beschwerde *v*, Schwierigkeit *v*; **2** ⟨bedenking⟩ Bedenken *o*, Einspruch *m*; ⟨moreel⟩ Skrupel *m*; ~ *hebben, maken tegen* Bedenken haben, anmelden gegen (+ 4); *zonder enig* ~ anstandslos
**bezwaard 1** eig beschwert; **2** ⟨door zorgen⟩ bekümmert; *met* ~ *gemoed (hart)* schweren Herzens; *zich* ~ *voelen* Gewissensbisse haben (fühlen)
**bezwaarlijk 1** ⟨nauwelijks⟩ schwerlich, kaum; **2** ⟨moeilijk⟩ beschwerlich, mühselig
**bezwaarschrift** Beschwerdeschrift *v*
**bezwaren** beschweren; ~*de omstandigheden* erschwerende Umstände
**bezweet** verschwitzt, schweißbedeckt
**bezweren** beschwören, besprechen; *geesten* ~ Geister beschwören, bannen
**bezwering** Beschwörung *v*
**bezwijken\* 1** ⟨niet bestand zijn⟩ erliegen, unterliegen; ⟨v. deur⟩ nachgeben; **2** ⟨overlijden⟩ erliegen, sterben; *aan zijn wonden* ~ seinen Wunden erliegen; *onder de last* ~ unter der Last erliegen
**bezwijmen** ohnmächtig werden
**bezwijming** Ohnmacht *v*
**bh** = *beha*
**bibberen 1** ⟨van kou⟩ frösteln, zittern; **2** ⟨van angst⟩beben, zittern
**bibliografie** Bibliographie *v*
**bibliothecaresse** Bibliothekarin *v*
**bibliothecaris** Bibliothekar *m*
**bibliotheek** Bibliothek *v*, Bücherei *v*
**bibs** = *bips*
**biceps** Bizeps *m*
**bidden\* 1** ⟨tot God⟩ beten; **2** ⟨iem. om iets bitten⟩ (+ 4); **3** ⟨smeken⟩ flehen (+ 4)
**bidet** Bidet *o*
**bidprentje** Toten-, Heiligenbildchen *o*
**biecht** Beichte *v*; *te* ~ *gaan* zur Beichte gehen
**biechten** beichten
**biechtstoel** Beichtstuhl *m*
**biechtvader** Beichtvater *m*
**bieden\* 1** ⟨in 't alg.⟩ bieten; **2** kaartsp ansagen; ~ *en laten* Brief und Geld
**biefstuk** Beefsteak *o*
**biels** Eisenbahnschwelle *v*, Schwelle *v*

**bier** Bier *o*; *een* ~*tje drinken* ein Bier trinken
**bierbrouwerij** Brauerei *v*, Brauhaus *o*
**bierbuik** Bierbauch *m*, -wanst *m*
**bierkaai**: *'t is vechten tegen de* ~ es ist verlorene Liebesmühe, vergebliche Mühe
**bierviltje** Bierfilz *m*
**bies 1** ⟨lint⟩ Biese *v*, Litze *v*; **2** ⟨omboording⟩ Paspel *m*-*v*; *zijn biezen pakken* sich aus dem Staub machen
**bieslook** Schnittlauch *m*
**biest** Biest(milch) *v*
**biet** Rübe *v*; *rode* ~ rote Bete *v*; *mij een* ~! gemeenz das ist mir schnuppe, piepe, piepegal; *geen* ~! kein bißchen
**biezen** binsen, aus Binsen gemacht; ~ *mat* Binsenmatte *v*
**big** Ferkel *o*
**bigamie** Bigamie *v*, Doppelehe *v*
**biggelen** ⟨tranen⟩ herabkullern
**biggen 1** ⟨door varken⟩ ferkeln; **2** ⟨door wild zwijn⟩ frischen
**1 bij** Biene *v*
**2 bij I** *voorz* bei; ⟨beweging⟩ zu; *kom* ~ *mij* komm zu mir; *blijf* ~ *mij* bleib bei mir; ~ *deze hiermit;* ~ *honderden* zu Hunderten; *'t is* ~ *tienen* es ist fast zehn; *6* ~ *10 meter* 6 mal 10 Meter; ~ *vijven* gegen fünf Uhr; ~ *'t vuur gaan zitten* sich ans Feuer setzen; ~ *de wet verboden* gesetzlich verboten; ~ *mijn weten* soviel ich weiß; ~ *zich hebben* bei sich haben, mithaben; ~ *een glas thee* zu einem Glas Tee; **II** *bijw*: *ergens niet* ~ *kunnen* (niet kunnen pakken) an etwas (4) nicht heranreichen; ⟨niet begrijpen⟩ etwas nicht verstehen; *dat moest er nog* ~ *komen* das fehlte noch (gerade); *er is haast* ~ es eilt; *hij is goed* ~ er ist nicht von gestern
**bijbaantje** Nebenbeschäftigung *v*; *als* ~ im Nebenamt
**bijbedoeling** Nebenabsicht *v*
**bijbehorend** zugehörig
**bijbel** Bibel *v*
**bijbelboek** Buch *o* der Bibel
**bijbelgenootschap** Bibelgesellschaft *v*
**bijbels** biblisch
**bijbelvast** bibelfest
**bijbenen**: *iem. niet kunnen* ~ nicht gleichen Schritt mit einem halten können; *'t niet kunnen* ~ fig es nicht schaffen können, nicht mitkommen; *de vraag naar iets niet kunnen* ~ der Nachfrage nicht nachkommen können
**bijbetalen 1** ⟨in 't alg.⟩ nachzahlen, zuzahlen; **2** spoorw nachlösen
**bijbetekenis** Nebenbedeutung *v*, -sinn *m*
**bijblijven 1** ⟨op school⟩ mitkommen; **2** ⟨bij wedstrijd, tocht⟩ Schritt halten; **3** ⟨in herinnering blijven⟩ (einem) in Erinnerung (im Gedächtnis) bleiben; **4** ⟨op de hoogte blijven⟩ auf dem laufenden bleiben
**bijbrengen 1** ⟨aan 't verstand brengen⟩ beibringen; **2** ⟨een bewusteloze⟩ zum Bewußtsein bringen
**bijdehand** gewandt; ⟨met woorden⟩ zungenfertig, keck

**bijdehandje** gewandtes Kind o
**bijdetijds** modern
**bijdraaien** fig einlenken
**bijdrage** Beitrag m; ⟨opstel ook⟩ Aufsatz m; ~ in de kosten Kostenbeitrag m
**bijdragen** beitragen, -steuern; in de kosten ~ zu den Kosten beitragen; een steentje ~ (s)ein Scherflein beitragen
**bijeen** 1 ⟨zijn⟩ beisammen, beieinander; 2 ⟨komen ook⟩ zusammen
**bijeenbrengen** zusammenbringen; sammeln
**bijeenkomen** zusammenkommen
**bijeenkomst** Versammlung v
**bijeenroepen** 1 (in 't alg.) zusammenrufen; 2 ⟨vergadering⟩ ausschreiben; 3 ⟨Kamer⟩ ein-, zusammenberufen
**bijenhouder** Bienenzüchter m, -vater m
**bijenkoningin** (Bienen)weisel m, Bienenkönigin v
**bijenkorf** Bienenkorb m, -haus o
**bijenteelt** Bienenzucht v
**bijfiguur** Nebenfigur v
**bijgaand** anbei, beigeschlossen, beiliegend; 't ~e Beiliegendes o
**bijgebouw** 1 ⟨in 't alg.⟩ Nebengebäude o, -bau m; 2 ⟨op landgoed⟩ Wirtschaftsgebäude o
**bijgedachte** Neben-, Hintergedanke m
**bijgeloof** Aberglaube m
**bijgelovig** abergläubisch
**bijgenaamd** (zu)genannt
**bijgerecht** Neben-, Beigericht o
**bijgeval** I bijw vielleicht, zufällig; II voegw falls
**bijgevolg** folglich, demnach, mithin
**bijhouden**: iem. ~ mit einem gleichen Schritt halten; iem. niet kunnen ~ nicht mitkommen (mitkönnen); de boeken ~ die Bücher führen; zijn bord ~ seinen Teller herhalten; zijn Spaans ~ sein Spanisch pflegen; zijn vak ~ sich in bezug auf sein Fach auf dem laufenden halten
**bijhuis** ZN Filiale v, Zweiggeschäft o
**bijkans** beinahe, fast
**bijkantoor** 1 ⟨in 't alg.⟩ Zweig-, Nebenstelle v; 2 ⟨v.d. post⟩ Zweigpostamt o
**bijkeuken** Spülküche v
**bijkomen** ⟨v. bewusteloze⟩ zu sich kommen
**bijkomend** zusätzlich; ~e kosten Nebenspesen mv; ~e omstandigheden Neben-, Begleitumstände mv
**bijkomstig** nebensächlich
**bijkomstigheden** Nebensächliche(s), das Drum und Dran
**bijl** Beil o; ⟨met lange steel⟩ Axt v; met de botte ~ fig mit dem Holzhammer voor de ~ gaan in die Knie gehen; zie ook: bijltje
**bijlage** 1 ⟨in 't alg.⟩ Beilage v; 2 handel Anlage v
**bijleggen** 1 ⟨leggen bij⟩ zulegen, hinzulegen, draufzahlen; 2 ⟨twist⟩ schlichten, beilegen; ergens geld ~ irgendwo Geld zusetzen; een geschil ~ einen Streit schlichten
**bijles** Nachhilfestunde v
**bijlichten**: iem. ~ einem leuchten
**bijltje**: het ~ erbij neergooien die Flinte v ins Korn werfen

**bijna** fast, beinahe
**bijnaam** Bei-, Zuname m; ⟨spottend⟩ Spott-, Spitzname m; grappige ~ Ulkname m
**bijnier** Nebenniere v
**bijouterieën** Schmucksachen mv, Schmuck m
**bijpassen** zuzahlen
**bijpraten**: we moeten nodig weer eens ~ wir müssen uns dringend wieder einmal ausquatschen
**bijproduct** Nebenprodukt o
**bijrijder** Mit-, Beifahrer m
**bijrol** Nebenrolle v
**bijschaven** glatthobeln
**bijschenken** hinzuschenken
**bijscholen** weiter-, fortbilden
**bijscholing** Weiterbildung v, Fortbildung v
**bijschrift** 1 ⟨bij foto enz.⟩ Unterschrift v; 2 ⟨kanttekening⟩ Notiz v, Randglosse v
**bijschrijven**: een bedrag op een rekening ~ einen Betrag auf ein Konto buchen; de rente ~ die Zinsen zum Kapital schreiben
**bijsluiter** Beipackzettel m
**bijsmaak** Bei-, Nebengeschmack m
**bijspijkeren** ⟨v. kennis⟩ auffrischen, aufholen; een leerling ~ einem Schüler Nachhilfestunden geben
**bijspringen** (einem) beispringen (+ 3), aushelfen (+ 3)
**bijstaan** beistehen (+ 3), helfen (3); bijgestaan door zijn broer mit Hilfe seines Bruders; 't staat mij bij dat hij vandaag komt ich meine, er kommt heute
**bijstand** Beistand m, Hilfe v; ⟨officieel⟩ Sozialhilfe v; in de ~ zitten Sozialhilfe empfangen
**bijstandsmoeder** sozialhilfeabhängige Alleinerziehende v
**bijstandsuitkering** Sozialhilfe v
**bijstellen** 1 ⟨aanpassen⟩ anpassen, korrigieren; 2 techn nachstellen
**bijstelling** 1 ⟨aanpassing⟩ Anpassen o; 2 techn Nachstellung v; 3 gramm Apposition v, Beisatz m
**bijster**: 't spoor ~ zijn die Spur verloren haben; fig auf dem Holzweg sein; niet ~ gelukkig nicht gerade glücklich
**bijsturen** 1 ⟨v. voertuig⟩ aussteuern; 2 ⟨aanpassen⟩ anpassen, korrigieren
**bijt** Eisloch o, Wune v
**bijtanken** 1 ⟨v. brandstof⟩ nach-, zu-, auftanken; 2 fig auftanken
**bijtekenen** ⟨bij verbintenis⟩ sich für weitere Zeit verpflichten
**bijten**\* 1 ⟨met tanden⟩ beißen; 2 ⟨vis⟩ anbeißen; 3 ⟨van vloeistoffen⟩ beizen, ätzen
**bijtend** beißend; ⟨zuren enz.⟩ ätzend; ~ middel Ätzmittel o
**bijtijds** rechtzeitig, beizeiten, zeitig
**bijtrekken** hinzuziehen, heranziehen; dat trekt wel bij das kommt schon wieder in Ordnung, das gibt sich wieder
**bijv.** = bijvoorbeeld
**bijvak** Nebenfach o
**bijval** Beifall m
**bijvallen** (einem) beistimmen, -pflichten
**bijverdienen** dazu-, hinzuverdienen
**bijverdienste** Nebenverdienst m, -er-

**bijverschijnsel** 48

werb *m*
**bijverschijnsel** Begleiterscheinung *v*; ⟨v. medicijn⟩ Nebenwirkung *v*
**bijvoegen 1** (in 't alg.) hinzufügen; **2** ⟨als bijlage⟩ beifügen, -legen; *achteraf* ~ nachträglich hinzufügen, nachtragen
**bijvoeglijk** *gramm* adjektivisch; ~*e bepaling* attributive Bestimmung *v*; ~*e bijzin* Attribut-, Beifügesatz *m*; ~ *naamwoord* Eigenschaftswort *o*, Adjektiv *o*
**bijvoegsel 1** (in 't alg.) Zusatz *m*, Anhang *m*, Nachtrag *m*; **2** ⟨v. krant⟩ Beiblatt *o*; *cultureel* ~ Kulturbeilage *v*
**bijvoorbeeld** zum Beispiel, z.B., beispielsweise
**bijwerken** verbessern, ergänzen; *de boeken* ~ *handel* die Bücher in Ordnung bringen; *'t boek is tot op heden bijgewerkt* das Buch ist auf den aktuellen Stand ergänzt
**bijwerking** Nebenwirkung
**bijwonen** I *overg* (etwas 3) beiwohnen; II *o*: *'t* ~ *van een vergadering* der Besuch einer Versammlung
**bijwoord** Umstandswort *o*, Adverb(ium) *o*
**bijwoordelijk** adverbial; ~*e bepaling* Adverbialbestimmung *v*; ~*e bijzin* Adverbial-, Umstandssatz *m*
**bijzaak** Nebensache *v*; *dat is maar* ~ das ist nebensächlich
**bijzetten 1** (erbij plaatsen) dazustellen; **2** ⟨dode⟩ beisetzen
**bijziend** kurzsichtig
**bijzijn**: *in mijn* ~ in meinem Beisein, in meiner Gegenwart (Anwesenheit)
**bijzin** Neben-, Gliedsatz *m*
**bijzit** Konkubine *v*, Kebsweib *o*, Kebse *v*
**bijzonder 1** (niet algemeen) besonder, Sonder-; **2** (ongewoon) besonder, apart, eigen; **3** (zeer) sehr, besonder; ~*e bepaling* Sonderbestimmung *v*; ~ *onderwijs* ⟨confessioneel⟩ konfessioneller Unterricht; ⟨particulier⟩ Privatschulunterricht *m*; ~ *mooi* besonders schön, wunderschön; *in 't* ~ besonders, insbesondere, namentlich; *niet veel ~s* nichts besonderes
**bijzonderheid 1** (ongewoonheid) Besonderheit *v*; **2** ⟨detail⟩ Einzelheit *v*, Detail *o*; *nadere bijzonderheden* Näheres *o*; *in bijzonderheden treden* ins Detail gehen
**bikini** Bikini *m*
**bikkelhard** steinhart
**bikken 1** ⟨stenen⟩ abpicken, behauen, behacken; **2** ⟨ketels⟩ abklopfen; **3** ⟨eten⟩ essen, futtern
**bil** Hinterbacke *v*; ~*len* ⟨ook⟩ Gesäß *o*; *voor de ~len geven* den Hintern versohlen; *wie zijn ~len brandt, moet op de blaren zitten* die Suppe, die man sich eingebrockt hat, muß man auch auslöffeln
**bilateraal** bilateral
**biljard** Billiarde *v*
**biljart** Billard *o*; *Amerikaans* ~ Poolbillard *o*
**biljartbal** Billardball *m*, -kugel *v*
**biljarten** Billard spielen
**biljarter** Billardspieler *m*
**biljet 1** ⟨bankbiljet⟩ Schein *m*; **2** ⟨v. schouwburg enz.⟩ Billett *o*, Eintrittskarte *v*; **3** ⟨aanplakbiljet⟩ Zettel *m*, ⟨groot⟩ Plakat *o*; **4** ⟨van spoor enz.⟩ Fahrschein *m*, -karte *v*; ~ *van honderd* Hunderter *m*
**biljoen** Billion *v*
**billboard** große Anzeigentafel *v*
**billijk 1** ⟨redelijk⟩ angemessen, berechtigt; **2** ⟨rechtvaardig⟩ gerecht; *niet meer dan* ~ nicht mehr als recht und billig
**billijken** billigen, gutheißen
**binair** binär, binarisch
**binden*** (fest)binden; ⟨v. boek⟩ (ein-)binden; *aan een bepaalde tijd gebonden* zeitgebunden, -bedingt; *zich* ~ sich binden, sich auf etwas **(4)** festlegen
**bindend** bindend, verbindlich; ~ *verklaren* für verbindlich erklären
**bindgaren** Bindegarn *o*
**binding** Bindung *v*
**bindmiddel** Bindemittel *o*
**bindweefsel** Bindegewebe *o*
**bingo** I *o* ⟨spel⟩ Bingo *o*; II *tsw* ⟨uitroep⟩ bingo!
**bink** Kerl *m*; *een stoere* ~ ein strammer, toller Bursche; *een vlotte* ~ ein flotter Junge *m*
**binnen** I *voorz* innerhalb (+ 2 & 3), in, in (+ 3), binnen (+ 3, zelden + 2, alleen in tijdsbepalingen); ~ *'t bereik* in Reichweite; ~ *drie dagen* in (binnen) drei Tagen; innerhalb dreier Tage, innerhalb von drei Tagen; ~ *de stad* innerhalb der Stadt; ~ *de gestelde termijn* fristgemäß; II *bijw* **1** (bij beweging) hinein, herein; **2** (bij rust) drinnen; ~! (na kloppen) herein!; *hij is* ~ er ist drinnen; *fig* er hat seine Schäfchen im Trocknen; *de gelden zijn* ~ die Gelder sind eingegangen; *naar* ~ *gaan* hineingehen; *eten naar* ~ *krijgen* Essen herunterschlucken, -bringen, -würgen; *van* ~ *en buiten* in- und auswendig; *van* ~ innen
**binnenbaan** *sp* Innenbahn *v*
**binnenbad** Hallenbad *o*
**binnenband** (Fahrrad)schlauch *m*
**binnenbocht** innere Kurve *v*, Innenkurve *v*
**binnenbrand** Kleinfeuer *o*
**binnendoor**: ~ *gaan* einen kürzeren Weg nehmen
**binnengrens** ± Grenze z.B. zwischen Ländern der Europäischen Union
**binnenhaven** Innen-, Binnenhafen *m*
**binnenhof** innerer Hof *m*
**binnenhuisarchitect** Innenarchitekt *m*
**binnenkant** innere Seite *v*, Innenseite *v*; *aan de* ~ inseitig, von innen
**binnenkomen 1** (in 't alg.) hereinkommen; **2** ⟨bestellingen, gelden⟩ eingehen, -laufen
**binnenkort** in Kürze, in (binnen) kurzem; *zeer* ~ in allernächster (kürzester) Zeit
**binnenland 1** i.t.t. buitenland) Inland *o*; **2** ⟨ver van kust⟩ Landesinneres *o*
**binnenlands** inländisch, einheimisch, Inland-; ~*e handel* Innenhandel *m*, Inlandsgeschäft *o*; ~*e onlusten, politiek* innere Unruhen *mv*, Politik *v*
**binnenlaten** hereinlassen; ⟨bezoek⟩ vorlassen
**binnenloodsen** herein-, hineinlotsen; *fig* ⟨ook⟩ einschleusen

**binnenlopen** hereinlaufen; *een haven ~ in einen Hafen einlaufen*
**binnenplaats** Hof *m*, Hinterhof *m*
**binnenpraten** luchtv mit Radar hereinlotsen
**binnenscheepvaart** Binnenschiffahrt *v*
**binnenschipper** Fluß-, Kanalschiffer *m*
**binnenshuis** innerhalb des Hauses
**binnenskamers** zwischen den vier Wänden
**binnensmonds**: *~ spreken* unverständlich vor sich hin sprechen, murmeln
**binnenspeler** sp Innenspieler *m*, Innenstürmer *m*
**binnenspiegel** Innenspiegel *m*
**binnenstad** Stadtmitte *v*, Innenstadt *v*
**binnenste** 1 ⟨inwendige⟩ Innere(s) *o*; 2 ⟨gemoed⟩ Herz *o*; *'t ~ der aarde* das Erdinnere
**binnenstebuiten** falschherum, linksherum
**binnenvaart** Binnenschiffahrt *v*
**binnenvallen** ⟨in een land⟩ einfallen *plotseling ~* ⟨bij iem.⟩ hereinplatzen, -schneien
**binnenvetter** geschlossener Mensch *m*
**binnenwaarts** einwärts, nach innen
**binnenwater** Binnenwasser *o*; *de ~en* Binnengewässer *mv*
**binnenweg** Feldweg *m*
**binnenwerk** 1 ⟨werk in een gebouw⟩ Innenarbeit *v*; 2 ⟨van horloge, klok⟩ Werk *o*
**binnenzak** innere Rocktasche *v*
**binnenzee** Binnenmeer *o*
**bint** Querbalken *m*
**biobak** Biotonne *v*
**biografie** Lebensbeschreibung *v*, Biographie *v*
**bio-industrie** Intensivhaltung *v*, Massentierhaltung *v*
**biologie** Biologie *v*
**biologisch** biologisch
**bioloog** Biologe *m*
**bioritme** Biorhythmus *m*
**bioscoop** Kino *o*; *naar de ~ gaan* ins Kino gehen
**biotechnologie** Biotechnologie *v*
**biotoop** Biotop *o*
**bips** Popo *m*, Hinterbacken *mv*
**bisamrat** Bisamratte *v*
**biscuit** ⟨koekje⟩ Keks *m* & *o*, Biskuit *o*
**bisdom** Bistum *o*
**biseksueel** bisexuell, gemeenz bi
**bisschop** Bischof *m*
**bisschoppelijk** bischöflich
**bissectrice** Winkelhalbierende *v*, Halbierende *v*
**bistro** Bistro *o*
**1 bit** *o* ⟨v. paard⟩ Gebiß *o*
**2 bit** *v* comput Bit *o*
**bits** bissig
**bitter** 1 ⟨van smaak⟩ bitter, herbe; 2 fig bitter, schwer, hart; *'t ~e einde* das bittere Ende; *~ koud* bitterkalt; *~ weinig* herzlich wenig, blutwenig
**bitterbal** ± Krokette *v*
**bitterkoekje** Makrone *v*
**bitumen** Bitumen *o*, Erdwachs *o*, -pech *o*
**bivak** Biwak *o*
**bivakkeren** biwakieren
**bivakmuts** Biwak-, Kapuzenmütze *v*
**bizar** bizarr, seltsam, wunderlich

**bizon** Bison *m*
**blaadje** 1 ⟨klein blad⟩ Blättchen *o*; 2 ⟨dienblad⟩ Servier-, Tragbrett, Tablett *o*, Platte *v*; *een ~ papier* ein Zettel *m*; *in een goed ~ staan* gut angeschrieben sein
**blaag** Range *m-v*; Kind *o*
**blaam** Tadel *m*
**blaar** Blase *v*
**blaas** Blase *v*
**blaasbalg** Blasebalg *m*
**blaasinstrument** Blasinstrument *o*; *houten, koperen ~* Holz-, Blechblasinstrument *o*
**blaaskaak** Windbeutel *m*, Aufschneider *m*
**blaaskapel** Blaskapelle *v*
**blaasontsteking** Blasenentzündung *v*
**blaaspijp** 1 ⟨in 't alg.⟩ Blasrohr *o*; 2 ⟨voor alcoholtest⟩ Röhrchen *o*; 3 ⟨als speelgoed⟩ Pusterohr *o*
**blabla** Blabla *o*
**blackjack** kaartsp Black Jack *o*
**black-out** Blackout *o* & *m*
**blad** 1 ⟨in 't alg.⟩ Blatt *o*; 2 ⟨van de tafel⟩ Tischplatte *v*; 3 ⟨v. houweel, roeiriem⟩ Schaufel *v*; 4 ⟨dienblad⟩ Tablett *o*; *een ~ papier* ein Bogen *m* (Blatt *o*) Papier; *een onbeschreven ~*, fig ein unbeschriebenes Blatt *o*; *geen ~ voor de mond nemen* kein Blatt vor den Mund nehmen; *omgedraaid zijn als een ~ aan een boom* wie ausgewechselt sein
**bladderen** abblättern
**bladeren** blättern
**bladgoud** Blatt-, Blättergold *o*
**bladgroen** Blattgrün *o*
**bladgroente** Blattgemüse *o*
**bladluis** Blattlaus *v*
**bladspiegel** Satz-, Schriftspiegel *m*
**bladstil** windstill
**bladvulling** Seitenfüller *m*
**bladwijzer** 1 ⟨inhoudsopgave⟩ Inhaltsverzeichnis *o*, Register *o*; 2 ⟨boekenlegger⟩ Lesezeichen *o*
**bladzijde** Seite *v*
**blaffen** bellen; ⟨keffen⟩ kläffen
**blaffer** gemeenz ⟨vuurwapen⟩ Schießeisen *o*, Kanone *v*
**blaken**: *~ van geestdrift* vor Begeisterung glühen; *~ van gezondheid* strotzen von Gesundheit; *~ van ijver* vor Eifer brennen; *~ de zon* brennende (pralle) Sonne *v*; *in ~ de gezondheid (welstand)* in blühender Gesundheit
**blaker** Leuchter *m*, Blaker *m*
**blakeren** brennen, sengen
**blamage** Blamage *v*
**blameren** blamieren; *zich ~* sich blamieren
**blancheren** blanchieren, abbrühen
**blanco** blanko, nicht ausgefüllt, unbeschrieben; *~ cheque* Blankoscheck *m*; *~ stem* (Stimm)enthaltung *v*
**blank** 1 ⟨wit⟩ weiß; 2 ⟨gepoetst⟩ blank; *~ en en zwarten* Weiße und Schwarze; *de velden staan ~* die Felder sind überschwemmt
**blasé** blasiert
**blasfemie** Gotteslästerung *v*, Blasphemie *v*
**blaten** blöken
**blauw** I *bn* blau; II *o* Blau *o*, *in 't ~* in Blau,

**Blauwbaard**

blau gekleidet
**Blauwbaard** Blaubart *m*
**blauwbekken** frieren
**blauwdruk** Blaupause *v*
**blauweregen** plantk Glyzinie *v*
**blauwhelm** Blauhelm *m*
**blauwkous** Blaustrumpf *m*
**blauwtje** ⟨vlinder⟩ Bläu-, Blauling *m*; *een ~ lopen* einen Korb bekommen
**blauwzuur** Blausäure *v*
**blazen*** 1 ⟨in 't alg.⟩ blasen; 2 ⟨v. kat⟩ fauchen; *'t is oppassen ge~* man muß äußerst vorsichtig handeln (vorgehen); *op de fluit ~* auf der Flöte spielen, die Flöte blasen; *op de hoorn ~* ins Horn stoßen;
**1 blazer** muz Bläser *m*
**2 blazer** ⟨jasje⟩ Blazer *m*
**blazoen** Wappenschild *o*, Wappen *o*
**bleek** blaß; ⟨sterker en in hogere stijl⟩ bleich; *~ als een lijk* leichenblaß
**bleekgezicht** Blaß-, Bleichgesicht *o*
**bleekneus** blasses Kind *o*, Bleichschnäbelchen *o*; blasser Mensch *m*
**bleekscheet** Bleichgesicht *o*
**bleekselderij** Staudensellerie *v*
**bleekwater** Bleichlauge *v*
**bleken** ⟨was⟩ bleichen
**blèren** 1 ⟨schreeuwen⟩ plärren; 2 ⟨huilen v. kind⟩ heulen; 3 ⟨v. dier⟩ blöken
**bles** ⟨witte plek; dier⟩ Blesse *v*
**blesseren** verletzen, verwunden, blessieren
**blessuretijd** sp Nachspielen *o*
**bleu** scheu, schüchtern, verlegen
**blij** froh, freudig, heiter, *de ~de boodschap* die frohe Botschaft, das Evangelium; *in ~ stemming* in heiterer Stimmung; *ik ben er ~ over* es freut mich; *iem. met iets ~ maken* einen mit etwas erfreuen; *iem. ~ maken met een dode mus* einem eine falsche, unechte Freude vorspiegeln; *~ verrast* freudig überrascht
**blijdschap, blijheid** Freude *v*
**blijk** Beweis *m*, Zeichen *o*; *~ geven van* zeigen, an den Tag legen, aufweisen; *een ~ van vertrouwen* ein Vertrauensbeweis *m*; *als ~ van dankbaarheid* als Zeichen der Dankbarkeit
**blijkbaar** offenbar, offensichtlich
**blijken*** 1 ⟨in 't alg.⟩ sich zeigen; 2 ⟨bij onderzoek; als resultaat⟩ sich ergeben; *daaruit blijkt* daraus zeigt (ergibt) sich; *waar ~* sich bewahrheiten; *iets niet laten ~* sich etwas nicht merken lassen
**blijkens** laut (+ 2 & 3), auf Grund (+ 2)
**blijmoedig** froh, heiter
**blijspel** Lustspiel *o*
**blijven*** bleiben; *bij zijn besluit ~* auf seinem Entschluß beharren; *bij een mening ~* bei einer Meinung bleiben; *in bed ~* im Bett bleiben; ⟨ziek ook⟩ das Bett hüten; *in huis ~* das Haus hüten; *in leven ~* am Leben bleiben; *iets ~ doen* etwas weiterhin (nach wie vor) tun; *~ doorwerken* fortfahren zu arbeiten; *~ staan, zitten* stehen, sitzen bleiben; *~ weigeren* auf einer Weigerung beharren; *achterwege ~* unterbleiben; *goed ~* sich halten; *kalm ~* ruhig bleiben

**blijvend** bleibend, dauernd; *~e invloed* nachhaltige Wirkung *v*; *~e toestand* Dauerzustand *m*
**1 blik** *m* ⟨oogopslag⟩ Blick *m*; *~ van verstandhouding* Blick *m* des Einverständnisses; *zijn ~ verruimen* seinen Horizont erweitern
**2 blik** *o* 1 ⟨materiaal⟩ Blech *o*; 2 ⟨veegblik⟩ Blechschaufel *v*, Kehrblech *o*; 3 ⟨conservenblik⟩ Büchse, Dose *v*; Konserven-, Blechdose *v*; 4 ⟨trommeltje⟩ Blechdose *v*; *een ~ petroleum* ein Kanister *m* Petroleum; *een ~ sardines* eine Büchse Sardinen; *in ~* Büchsen-, Dosen-
**blikje** Dose *v*, Büchse *v*; *een ~ bier* eine Bierdose
**1 blikken** *bn* blechern, aus Blech; *een ~ doos* eine Blechdose *v*
**2 blikken** *onoverg* blicken; *zonder ~ of blozen* unverfroren, ohne eine Miene zu verziehen, ohne mit der Wimper zu zucken
**blikkeren** glitzern, funkeln, blitzen
**blikopener** Büchsen-, Dosenöffner *m*
**blikschade** Blechschaden *m*
**bliksem** Blitz *m*; *een arme ~* ein armer Teufel *m*; *als de gesmeerde ~* wie ein geölter Blitz; *naar de ~ gaan* vor die Hunde gehen
**bliksemafleider** Blitzableiter *m*
**bliksembezoek** Blitzbesuch *m*, -visite *v*
**bliksemcarrière** Blitzkarriere *v*
**bliksemen** blitzen
**bliksemflits** Blitzstrahl *m*
**blikseminslag** Blitzschlag *m*
**bliksems** I *bn bijw & tsw* verdammt
**bliksemschicht** Blitzstrahl *m*
**bliksemsnel** blitzschnell; *~le aanval* Blitzangriff *m*
**bliksemstraal** Blitzstrahl *m*
**blikvanger** Blickfang *m*
**blikvoer** Dosenfutter *o*
**1 blind** *bn* 1 ⟨niet kunnende kijken⟩ blind; 2 ⟨blindelings⟩ blindlings; *~e gehoorzaamheid* Kadavergehorsam *m*; *~ vertrouwen in iem. hebben* jmdm. blind vertrauen; *'t ~ dammen, schaken* Blindspiel *o*; *~ zijn voor de werkelijkheid* sich der Wirklichkeit verschließen
**2 blind** *o* ⟨vensterluik⟩ Fensterladen *m*
**blinddoek** Augenbinde *v*
**blinddoeken** einem die Augen verbinden
**blinde** Blinde(r) *m-v* (ook kaartsp)
**blindedarm** Blinddarm *m*
**blindedarmontsteking** Blinddarmentzündung *v*
**blindelings** blindlings
**blindemannetje**: *~ spelen* Blindekuh spielen
**blindengeleidehond** Blindenhund *m*
**blinderen** 1 ⟨pantseren⟩ panzern; 2 ⟨aan het gezicht onttrekken⟩ verblenden, verkleiden
**blindganger** mil Blindgänger *m*
**blindheid** Blindheit *v*
**blinstaren**: *zich op een idee ~* sich in eine Idee verrennen
**blindvaren**: *~ op iem.* einem blindlings vertrauen
**blinken*** blinken, leuchten, glänzen

**blocnote** Schreibblock *m*
**bloed** Blut *o*; *iem. het ~ onder de nagels vandaan halen* fig einen bis aufs Blut peinigen; *'t ~ kruipt waar 't niet gaan kan* wo das Blut nicht hinläuft; *kwaad ~ zetten* böses Blut machen; *badend in het ~* blutüberströmt; *in koelen ~e* kaltblütig, kalten Blutes; *dat zit hem in 't ~* das steckt, sitzt, liegt ihm im Blut
**bloedarmoede** Blutarmut *v*
**bloedbaan** Blutbahn *v*
**bloedbad** Blutbad *o*, Gemetzel *o*
**bloedbank** Blutbank *v*, -sammelstelle *v*
**bloedblaar** Blutblase *v*
**Bloedbruiloft** Bluthochzeit *v*
**bloeddoorlopen** blutunterlaufen
**bloeddorstig** blutdürstig, blutrünstig
**bloeddruk** Blutdruck *m*; *te hoge, te lage ~* erhöhter, niedriger Blutdruck *m*
**bloedeigen** eigen, leiblich
**bloedeloos** 1 〈krachteloos〉 blutlos; 2 〈zonder bloed〉 unblutig
**bloeden** bluten; *dood ~* verbluten; *tot ~s toe* bis aufs Blut; *iem. laten ~* fig einen schröpfen
**bloederig** blutig, blutrünstig
**bloederziekte** Bluterkrankheit *v*, Hämophilie *v*
**bloedgroep** Blutgruppe *v*
**bloedheet** glühendheiß
**bloedhond** Bluthund *m* (ook fig)
**bloedig** blutig
**bloeding** Blutung *v*
**bloedje**: *drie ~s van kinderen* drei arme junge Kinder
**bloedkoraal** Blutkoralle *v*
**bloedlichaampje** Blutkörperchen *o*
**bloedlink** gemeenz 1 〈erg gevaarlijk〉 höchst gefährlich; 2 〈woedend〉 fuchsteufelswild, sehr wütend
**bloedneus** blutige Nase *v*; Nasenbluten *o*
**bloedonderzoek** Blutuntersuchung *v*
**bloedproef** Blutprobe *v*
**bloedsomloop** Blutkreislauf *m*; *kleine ~* Lungenkreislauf *m*
**bloedstollend** haarsträubend
**bloedtransfusie** Blutübertragung *v*, -transfusion *v*
**bloeduitstorting** Bluterguß *m*
**bloedvat** Blutgefäß *o*
**bloedvergieten** Blutvergießen *o*
**bloedvergiftiging** Blutvergiftung *v*
**bloedverlies** Blutverlust *m*
**bloedverwant** Blutsverwandte(r) *m*
**bloedverwantschap** Blutsverwandtschaft *v*
**bloedworst** Blutwurst *v*
**bloedwraak** Blutrache *v*
**bloedzuiger** 1 〈worm〉 Blutegel *m*, -sauger *m*; 2 fig Blutsauger *m*
**bloei** Blüte *v*; *in de ~ van zijn leven* in der Blüte seiner Jahre; *in ~ komen* 〈v. plant〉 Blüten treiben; *in ~ staan* in (voller) Blüte stehen; *tot ~ komen* fig zur Blüte gelangen
**bloeien** blühen; *een ~de zaak* ein blühendes Geschäft *o*

**bloeiwijze** Blütenstand *m*
**bloem** 1 〈v. plant〉 Blume *v*; 2 〈op de ruiten〉 Eisblume *v*; 3 〈meel〉 Kern-, Auszugsmehl *o*
**bloembed** Blumenbeet *o*
**bloembol** Blumenzwiebel *v*
**bloemencorso** Blumenkorso *m*
**bloemenvaas** Blumenvase *v*
**bloemenwinkel** Blumengeschäft *o*, -laden *m*
**bloemetje** Blümchen *o*; *de ~s buiten zetten* auf den Putz hauen
**bloemig** blumig; 〈v. aardappelen〉 mehlig
**bloemist** Blumenhändler *m*
**bloemisterij** Blumengeschäft *o*
**bloemknop** Blumenknospe *v*
**bloemkool** Blumenkohl *m*
**bloemlezing** Anthologie *v*, Blütenlese *v*
**bloemperk** Blumenbeet *o*
**bloempot** Blumentopf *m*
**bloemrijk** blumenreich, blumig
**bloemschikken** Blumenarrangieren *o*, -binden *o*
**bloemstuk** Blumenarrangement *o*, -gebinde *o*
**bloes** = **blouse**
**bloesem** Blüte *v*
**blok** *o* 1 〈stuk hout〉 Block *m*; 2 〈van bouwdoos〉 Klotz *m*; 3 〈brandhout〉 Scheit *o*, Klotz *m*; *een ~ huizen* ein Häuserblock *m*; *een ~ aan 't been* eine Fessel *v* (ein Klotz *m*) am Bein
**blokfluit** Blockflöte *v*
**blokhut** Blockhaus *o*
**blokkade** Sperre *v*, Blockade *v*
**blokken** ochsen, büffeln
**blokkendoos** Baukasten *m*
**blokkeren** 〈in 't alg., ook handel〉 sperren, blockieren; *een haven ~* einen Hafen (ab-)sperren; *'t verkeer ~* den Verkehr blockieren; *geblokkeerde rekening* Sperrkonto *o*
**blokletter** Blockbuchstabe *m*
**blokvorming** Blockbildung *v*
**blond** blond
**blonderen** bleichen, blondieren
**blondine, blondje** Blondine *v*
**bloot** nackt, bloß; *met 't blote oog* mit bloßem Auge; *onder de blote hemel* unter freiem Himmel, im Freien
**blootgeven**: *zich ~* sich eine Blöße geben
**blootje**: *in zijn (haar) ~* nackt, unbekleidet
**blootleggen** bloßlegen, aufdecken
**blootshoofds** barhäuptig; mit bloßem Kopf
**blootstaan**: *aan grote gevaren ~* großen Gefahren ausgesetzt sein
**blootstellen** aussetzen, preisgeben; *zich aan grote gevaren ~* sich großen Gefahren aussetzen
**blootsvoets** barfuß, barfüßig
**blos** Röte *v*
**blouse** Bluse *v*
**blowen** gemeenz kiffen, haschen, einen Joint durchziehen
**blozen** erröten, rot werden; *zij heeft gebloosd* sie ist errötet; *tot achter de oren ~* über und über rot werden; *iem. aan het ~ maken* einen zum Erröten bringen
**blozend** blühend, rosig

**blubber**

**blubber** Dreck *m*, Matsch *m*
**bluf** Windbeutelei *v*, Aufschneiderei *v*
**bluffen** aufschneiden, prahlen, protzen, angeben; *'t* ~ *kaartsp* Poch *m* & *o*
**blunder** Dummheit *v*, Schnitzer *m*, Ausrutscher *m*
**blunderen** eine Dummheit machen, einen Schnitzer machen, ausrutschen
**blusapparaat** Löscher *m*, Löschgerät *o*
**blussen** löschen; *geblusde kalk* gelöschter Kalk, Löschkalk *m*
**blut** *gemeenz* pleite, abgebrannt
**bluts** Beule *v*, Quetschung *v*
**blutsen** quetschen, einbeulen
**blz.** = *bladzijde*
**bnp** = *bruto nationaal product* Bruttosozialprodukt *o*
**boa** ⟨slang, bont⟩ Boa *v*
**board** (Holz)faserplatte *v*
**bobbel** Wulst *m* & *v*; Buckel *m*, Blase *v*
**bobbelen** sprudeln; sieden
**bobo** *gemeenz* ein großes, hohes Tier *o*
**bobslee** Bob *m*; *tweepersoons* ~ Zweierbob *m*
**bochel** ⟨kromming, ook v. rug⟩ Buckel *m*, Höcker *m*
**1 bocht** *v* **1** ⟨in weg enz.⟩ (Weg)biegung *v*, Krümmung *v*, Kurve *v*; **2** ⟨baai⟩ Bucht *v*; *gevaarlijke* ~! gefährliche Kurve!; *scherpe* ~ Kehre *v*; *zich in allerlei* ~*en wringen* sich krümmen (drehen) und winden, sich wie ein Aal winden
**2 bocht** *o* & *m* ⟨drank⟩ Gesöff *o*; ⟨wijn⟩ Krätzer *m*; *wat is dat voor* ~! was ist das für Zeug(s)!
**bochtig** sich schlängelnd, gewunden
**bockbier** Bockbier *o*
**bod** Gebot *o*; *aannemelijk* ~ annehmbares Gebot *o*; *een hoger, lager* ~ ein Über-, Untergebot *o*; *'t hoogste* ~ das Meistgebot *o*; *aan* ~ *komen fig* an die Reihe kommen; *wie is aan* ~? *fig* wer ist dran?; *een* ~ *doen op iets* auf etwas ein Gebot (4) bieten
**bode 1** (in 't alg.) Bote *m*; Botenfrau *v*; **2** ⟨expediteur⟩ Spediteur *m*; **3** ⟨op kantoor⟩ Bürodiener *m*; ~ *bij een ministerie* Kanzleidiener *m*; ~ *van het stadhuis* Rats-, Amtsdiener *m*
**bodem 1** ⟨grond⟩ Boden *m*; **2** ⟨v. schip⟩ Kiel *m*; *de* ~ *van de zee* der Meeresgrund; *dubbele* ~ Doppelboden *m*; *de vaderlandse* ~ die heimatliche Erde, der heimatliche Boden; *van eigen* ~ bodenständig; *verwachtingen de* ~ *inslaan* Hoffnungen zunichte machen
**bodemgesteldheid** Bodenbeschaffenheit *v*
**bodemkunde** Bodenkunde *v*, -lehre *v*
**bodemloos** bodenlos
**bodemmonster** Bodenprobe *v*
**bodemschatten** Bodenschätze *mv*
**bodemverontreiniging** Bodenverschmutzung *v*
**Bodenmeer** Bodensee *m*
**bodyguard** Bodyguard *m*
**bodystocking** Bodystocking *m*
**boe:** ~! muh!; ~ *noch ba zeggen* kein Wort, kein Sterbenswörtchen sagen

**boeddha** ⟨beeld⟩ Buddha *m*
**Boeddha** Buddha *m*
**boeddhisme** Buddhismus *m*
**boeddhist** Buddhist *m*
**boedel 1** Besitztum *o*, Inventar *o*, Hab und Gut *o*; *recht* Masse *v*; **2** ⟨van erfenis⟩ Erbschaft *v*, Hinterlassenschaft *v*; *zijn gehele* ~ *wordt verkocht* all sein Hab und Gut, seine ganze Habe wird verkauft; *failliete* ~ Konkursmasse *v*
**boedelscheiding, boedelverdeling** Auseinandersetzung *v*
**boef** Spitzbube *m*
**boeg** Bug *m*; *nog heel wat voor de* ~ *hebben* noch viel in Aussicht haben; noch viel zu arbeiten, zu tun haben; *'t over een andere* ~ *gooien* die Sache anders anfassen (ausdrücken)
**boegbeeld** Galionsfigur *v*
**boegspriet** Bugspriet *m*
**boei 1** ⟨keten⟩ Fessel *v*; **2** ⟨baak⟩ Boje *v*; *iem. in de* ~*en slaan* einen in Fesseln, in Ketten legen (schlagen)
**boeien 1** ⟨met ketens⟩ fesseln, binden; **2** *fig* fesseln
**boeiend** fesselnd
**boeienkoning** Entfesselungskünstler *m*
**boek** Buch *o*; *als goed, slecht te* ~ *staan* einen guten, schlechten Ruf haben; *iets te* ~ *stellen* etwas aufzeichnen; zie ook: *boekje*
**boekbespreking** (Buch)besprechung *v*, Rezension *v*
**boekbinden** Buchbinden *o*
**boekbinder** Buchbinder *m*
**boekdeel** Band *m*; *dat spreekt boekdelen* das spricht Bände
**boekdrukkunst** Buchdruckerkunst *v*
**boeken** buchen; *een succes* ~ einen Erfolg buchen, aufweisen, verzeichnen; *op een nieuwe rekening* ~ auf neue Rechnung vortragen
**boekenbeurs** Buchmesse *v*
**boekenbon** Buchergutschein *m*
**boekenclub** Buchgemeinschaft *v*, Lesering *m*
**boekenkast** Bücherschrank *m*
**boekenlegger** Buch-, Lesezeichen *o*
**boekenmolen** drehbares Büchergestell *o*
**boekenplank** Bücherbrett *o* -regal *o*, -gestell *o*
**boekenrek** Büchergestell *o*
**boekensteun** Buchstütze *v*
**boekentaal** papierene Sprache *v*
**boekenwurm** *fig* Bücherwurm *m*
**boeket 1** ⟨v. bloemen⟩ Strauß *m*, Blumenstrauß *m*, Bukett *o*; **2** ⟨v. wijn⟩ Blume *v*, Duft *m*, Bukett *o*; *een* ~ *maken* einen Strauß binden
**boekhandel 1** ⟨zaak⟩ Buchhandlung *v*; **2** ⟨handel in boeken⟩ Buchhandel *m*
**boekhandelaar** Buchhändler *m*
**boekhouden I** *o* Buchführung *v*, -haltung *v*; **II** *onoverg* Buch führen, die Bücher führen
**boekhouder** Buchhalter *m*
**boekhouding** Buchführung *v*, -haltung *v*
**boeking 1** ⟨bij het boekhouden⟩ Buchung *v*, Verbuchung *v*, Eintragung *v*; **2** ⟨re-

servering) Buchung v, Reservierung v; **3** sp Verwarnung v
**boekjaar** Geschäfts-, Rechnungsjahr o
**boekje** Büchlein o; *buiten zijn ~ gaan* seine Befugnis überschreiten, zu weit gehen; *een ~ over iem. opendoen* jmds. Sündenregister aufschlagen
**boekstaven** auf-, verzeichnen
**boekwaarde** Buchwert m
**boekweit** Buchweizen m
**boekwerk** Buch o, Werk o
**boekwinkel** Buchladen m, -geschäft o
**boel** ⟨menigte⟩ Menge v, Zeug o; *een dolle ~* ein tolles Durcheinander o; *'t is er een dooie ~* es ist da nichts los; *de hele ~* der ganze Kram; *dat is 'n mooie ~!* iron schöne Bescherung!; *zijn ~tje pakken* sein Bündel schnüren, seine Siebensachen zusammenpacken
**boeman** Buhmann m
**boemel** ⟨trein⟩ Personen-, Bummelzug m; *aan de ~ zijn* ⟨fuiven⟩ schwiemeln, bummeln, auf die Pauke hauen
**boemelen** schwiemeln, herumzechen
**boemerang** Bumerang m
**boender 1** ⟨in 't alg.⟩ Scheuerbürste v; **2** ⟨voor de vloer⟩ Bohner m, Bohnerbürste v
**boenen 1** ⟨in 't alg.⟩ scheuern; **2** ⟨met boenwas⟩ bohnern
**boenwas** Bohnerwachs o
**boer** m **1** Bauer m, Landmann m; **2** kaartsp Bube m, Unter m, Wenzel m; **3** ⟨oprisping⟩ Rülpser m; *zo'n lompe ~* welch ein Grobian m; *een ~ laten* rülpsen; *de ~ opgaan* über Land ziehen
**Boer** Bure m
**boerderij** Bauernhof m, Hof m, Gehöft o
**boeren 1** ⟨boer zijn⟩ Ackerbau treiben; **2** ⟨oprispen⟩ (auf)rülpsen; *goed ~* gut wirtschaften
**boerenbedrijf 1** ⟨hofstede⟩ Bauernhof m, Landwirtschaft v; **2** ⟨'t bedrijf⟩ landwirtschaftlicher Betrieb m
**boerenbedrog** Bauernfängerei v
**boerenbont** buntkariert
**boerenbruiloft** Bauernhochzeit v
**boerenjongen** Bauernbursche m; *~s* ⟨drank⟩ Rosinenbranntwein m
**boerenkinkel** Bauernlümmel m, Tölpel m
**boerenkool** Grünkohl m
**boerenlul** Trottel m, Idiot m
**Boerenoorlog** ⟨Z.-Afrika⟩ Burenkrieg m
**boerenslimheid** Bauernschläue v
**boerenverstand** gesunder Menschenverstand m
**boerin** Bäuerin v
**boers 1** ⟨als een boer⟩ bäu(e)risch; **2** ⟨grof⟩ grob, tramplig
**boete 1** ⟨geldstraf⟩ (Geld)strafe v; Z-Duits Zwits Oostr Buße v; **2** ⟨boetedoening⟩ Sühne v; *~ betalen* Strafe zahlen; *~ doen* Buße tun; *verboden op ~ van 100 mark* bei einer Geldstrafe von 100 Mark verboten
**boetedoening** Sühne v
**boetekleed** Bußgewand o
**boeten** büßen; *een net ~* ein Netz flicken; *voor een misdaad ~* für ein Verbrechen büßen
**boetiek** Boutique v
**boetseerklei** Modellierton m, Ton m
**boetseren** modellieren, bossieren, bosseln
**boetvaardig** bußfertig, zerknirscht
**boezem 1** ⟨borst⟩ Busen m; **2** ⟨v. polder⟩ Busen m; **3** ⟨baai⟩ Meerbusen m; **4** ⟨v. hart⟩ Vorkammer v, Vorhof m
**boezemvriend** Busenfreund m
**bof 1** ⟨geluk⟩ Glück o; gemeenz Schwein o; **2** med Mumps m, Ziegenpeter m
**boffen** Glück (gemeenz Schwein) haben
**boffer(d)** Glückspilz m
**bogen:** *~ op zijn daden* sich seiner Taten rühmen, stolz sein auf seine Taten
**bohémien** Bohemien m
**boiler** Boiler m, Warmwasserspeicher m
**bok 1** ⟨dier⟩ Bock m, Ziegenbock m; **2** ⟨gymnastiektoestel⟩ Turnbock m; **3** ⟨v. rijtuig⟩ Kutschbock m; **4** ⟨hijstuig⟩ Hebebock m, Bock m; *een ~ schieten* ⟨een blunder maken⟩ einen Bock schießen
**bokaal** Pokal m
**bokken** ⟨v. paard & fig⟩ bocken
**bokkenpruik:** *de ~ op hebben* schlechter (übler) Laune sein
**bokkensprong** Bock(s)sprung m; *geen ~en maken* keine großen Sprünge machen
**bokkig** unwirsch, bärbeißig
**bokking** Bückling m
**boksbeugel** Schlagring m
**boksen** boxen
**bokser** Boxer m ⟨ook hond⟩
**bokshandschoen** Boxhandschuh m
**bokspringen** Bockspringen o
**bol I** m **1** ⟨in 't alg.⟩ Kugel v; **2** ⟨bloembol⟩ Blumenzwiebel v, Zwiebel v; **3** ⟨broodje⟩ Weck(en) m, Brötchen o; **4** ⟨hoofd⟩ Kopf m; Denkzwiebel v; ZN ⟨kopje zonder oor⟩ Trinkschale v; *Berliner ~* (Berliner) Pfannkuchen m; *het hoog in de ~ hebben* die Nase hoch tragen; *uit zijn ~ gaan* außer sich geraten (vor Freude); **5** ZN ⟨v. zeil⟩ geschwollen, gebläht; *~le wangen* runde Backen; *de kranten stonden ~ van het schandaal* die Zeitungen waren voll von dem Skandal
**bolderkar** Handwagen m
**boleet** Boletus m
**1 'bolero** ⟨jasje⟩ Bolero m
**2 bo'lero** muz Bolero m
**bolgewas** Zwiebelgewächs o
**bolhoed** steifer Hut m, Melone v
**bolleboos** m Kanone v, As m; *~ in 't rekenen* Held m im Rechnen
**bollen** sich aufbauschen, sich aufblähen
**bolletje 1** ⟨kleine bol⟩ Kügelchen o; **2** ⟨kadetje⟩ Brötchen o; Z-Duits Semmel v; **3** ⟨hoofd⟩ Köpfchen o
**bolrond** kugelrund
**bolsjewiek** Bolschewist m, Bolschewik m
**bolster 1** ⟨v. noot⟩ äußere Nußschale v; **2** ⟨van graan⟩ Hülse v; **3** ⟨kussen⟩ Polster o, Strohsack m; *ruwe ~, blanke pit* hinter der rauhen Schale steckt ein weicher Kern
**bolvormig** kugelförmig
**bolwassing** ZN Kopwäsche v; *iem. een ~ geven* einem den Kopf waschen

**bolwerk**

**bolwerk** 1 ⟨bastion⟩ Bollwerk o, Bastion v; 2 fig Hochburg v
**bolwerken** ⟨klaarspelen⟩ fertigbringen; 't ~ es schaffen
**bom** Bombe v; *een ~ geld* ein Haufen m Geld; *de ~ is gebarsten* die Bombe ist geplatzt
**BOM** = *bewust ongehuwde moeder* bewußt unverheiratete Mutter v
**bomaanslag** Bombenattentat o, -anschlag m
**bombardement** Bombardierung v, Bombardement o
**bombarderen** bombardieren
**bombarie** Lärm m, Spektakel m
**bombast** Bombast m, Schwulst m
**bombastisch** bombastisch, schwülstig
**bombrief** Briefbombe v, Sprengstoffbrief m
**bomen** 1 ⟨schuit⟩ staken; 2 ⟨babbelen⟩ plaudern, schwatzen; *zwaar ~ Probleme* wälzen
**bomijs** Hohleis o
**bommelding** Bombendrohung v, -meldung v
**bommen** 1 ⟨dreunen⟩ dröhnen, hohl tönen; 2 *gemeenz*: '*t kan me niets ~* es ist mir völlig egal
**bommentapijt** Bombenteppich m
**bommenwerper** Bombenwerfer m, Bomber m
**bomvol** brechend voll
**bomvrij** bombensicher, -fest
**bon** 1 ⟨kassabon⟩ Kassenzettel m; 2 ⟨bekeuring⟩ Strafzettel m; 3 ⟨tegoedbon⟩ Gut-, Anrechtsschein m; 4 ⟨distributiebon⟩ Bezugsschein m, Marke v
**bonafide** bona fide
**bonbon** Praline v; *Oostr* Pralinee, -né o
**bond** 1 ⟨in 't alg.⟩ Bund m; 2 ⟨voor beperkt doel⟩ Bündnis o; 3 ⟨van verenigingen⟩ Bund m, Verband m
**bondgenoot** Bundesgenosse m
**bondgenootschap** Bundesgenossenschaft v, Bündnis o
**bondig** bündig, kurzgefaßt, gedrungen
**bondscoach** *sp* Bundestrainer m
**Bondsdag** Bundestag m
**bondskanselier** Bundeskanzler m
**bondspresident** Bundespräsident m
**Bondsrepubliek** Bundesrepublik v
**bondsstaat** Bundesstaat m
**bonenkruid** Bohnen-, Pfefferkraut o
**bonificatie** Bonifikation v
**bonje** *gemeenz* Zank m, Streit m, Krach m
**bonjour** 1 ⟨goedendag⟩ guten Tag; 2 ⟨bij afscheid⟩ auf Wiedersehen
**bonk** Stück o, Klumpen m; *ze is één ~ zenuwen* sie ist ein Nervenbündel
**bonken** schlagen, stoßen
**bonnefooi**: *op de ~* auf gut Glück, aufs Geratewohl
**1 bons** ⟨plof⟩ Schlag m, Stoß m; *iem. de ~ geven* jmdm. einen Korb geben; *de ~ krijgen* einen Korb bekommen; *~!* bums!
**2 bons** = *bonze*
**1 bont** *bn* 1 ⟨veelkleurig⟩ bunt; 2 ⟨v. dier⟩ scheckig; *~ en blauw* blau und grün; *~*

*paard, rund* Scheck m, ⟨merrie, koe⟩ Schekke v; *'t te ~ maken* es zu bunt (toll) treiben
**2 bont** o 1 ⟨pelswerk⟩ Pelzwaren mv; -werk o, Rauchwaren mv; 2 ⟨voorwerp⟩ Pelzkragen m, Pelz m; 3 ⟨katoen⟩ bunter Kattun m, Druckkattun m
**bontjas** Pelzmantel m, ⟨kort⟩ Pelzjacke v
**bontwerker** Kürschner m
**bonus** Bonus m
**bonze** ⟨hooggeplaatst persoon⟩ Bonze m
**bonzen** bumsen, bumpern, schlagen; *op de deur ~* an die Tür bumsen, schlagen; *tegen elkaar ~* zusammenstoßen, -prallen; *met ~d hart* mit hämmerndem Herzen
**boodschap** 1 ⟨bericht⟩ Botschaft v, Nachricht v; 2 ⟨artikel⟩ Besorgung v, Einkauf m; 3 ⟨opdracht⟩ Auftrag m; *blijde ~* Freudenbotschaft v; *de blijde ~ bijbel* die frohe Botschaft; *~pen doen* Besorgungen machen, einkaufen gehen; *een grote ~ doen* ein großes Geschäft verrichten; *een kleine ~ doen* Pipi machen, ein kleines Geschäft verrichten; *geen ~ hebben aan* nichts wissen von, nichts zu schaffen haben mit
**boodschappenlijstje** Einkaufszettel m
**boodschappentas** Einkaufstasche v
**boodschapper** Bote m
**boog** Bogen m; *de ~ kan niet altijd gespannen zijn* man soll den Bogen nicht überspannen
**booglamp** Bogenlampe v
**boogschutter** Bogenschütze m; ⟨sterrenbeeld⟩ Schütze
**bookmaker** Buchmacher m
**boom** Baum m; *een ~ van een kerel* ein wuchtiger Kerl; *een ~ opzetten* ⟨gesprek⟩ ein langes Gespräch führen; *hoge bomen vangen veel wind* wer hoch steht, den sieht man weit; *door de bomen 't bos niet meer zien* vor lauter Bäumen den Wald nicht sehen
**boomgaard** Obstgarten m
**boomgrens** Baumgrenze v
**boomkweker** Baumgärtner m
**boomkwekerij** Baumschule v
**boomschors** 1 ⟨in 't alg.⟩ Baumrinde v; 2 ⟨buitenste laag⟩ Borke v
**boomstronk** Baumstumpf m, Baumstrunk m
**boon** Bohne v; *ik ben een ~ als 't niet waar is* ich will Hans heißen (ich bin ein Schelm), wenn es nicht wahr ist; *in de bonen zijn* verwirrt sein
**boontje** Böhnchen o; *een heilig ~* ein Tugendbold m; *~ komt om zijn loontje* böser Tat folgt böser Lohn; *zijn eigen ~s doppen* für sich selbst sorgen
**boor** Bohrer m; *pneumatische ~* Preßluftbohrer m
**boord** l m 1 ⟨rand⟩ Rand m, Saum m; 2 ⟨oever⟩ Ufer o; II o & m 1 ⟨v. kledingstuk⟩ Kragen m; 2 ⟨v. schip, vliegtuig⟩ Bord m; *witte ~en* fig Beamte mv; *aan (van) ~ gaan* an (von) Bord gehen; *over ~* über Bord
**boordcomputer** Bordcomputer m
**boordevol** bis zum Rand voll, gestrichen voll

**boordwerktuigkundige** Bordmechaniker *m*
**booreiland** Bohrinsel *v*
**boorkop** Bohr-, Spannfutter *o*
**boortoren** Bohrturm *m*
**boos** 1 ⟨kwaad⟩ böse, sauer, zornig; 2 ⟨slecht⟩ böse, schlecht; ~ *op iem. zijn* böse, sauer auf einen sein, (mit) einem böse sein; ~ *over iets zijn* zornig über etwas sein; *dat is uit den boze* das ist vom, von Übel
**boosaardig** 1 ⟨slecht⟩ boshaft, bösartig; 2 ⟨v. gezwel⟩ bösartig
**boosdoener** Übel-, Missetäter *m*
**boosheid** Zorn *m*; Schlechtigkeit *v*
**booswicht** Bösewicht *m*
**boot** 1 ⟨in 't alg.⟩ Boot *o*; 2 ⟨stoomboot⟩ Dampfer *m*; 3 ⟨roeiboot⟩ Kahn *m*, Nachen *m*; *de ~ afhouden* sich bedeckt halten, etwas/jmdn. auf abstand halten, sich drücken; *toen was de ~ aan* da ging der Spektakel los; *ik heb de ~ gemist* der Zug ist für mich abgefahren; *uit de boot vallen* das Nachsehen haben
**boothals** U-Boot-Ausschnitt *m*
**bootreis** Dampferfahrt *v*, Schiffsreise *v*
**boottocht** Schiffsfahrt *v*
**bootsman** Bootsmann *m*
**boottrein** Zubringerzug *m*
**bootwerker** Hafenarbeiter *m*
**bord** 1 ⟨etensbord⟩ Teller *m*; 2 onderw ⟨Wand⟩tafel *v*; 3 ⟨verkeer⟩ Tafel *v*, Schild *o*; 4 ⟨naambord⟩ Schild *o*
**bordeaux** I *m* ⟨wijn⟩ Bordeaux(wein) *m*; II *o* ⟨kleur⟩ Bordeauxrot *o*
**bordeel** Bordell *o*, Freudenhaus *o*, Puff *m*
**bordes** Freitreppe *v*; Balkon *m*
**bordje** Tellerchen *o*; Täfelchen *o*; Schildchen *o*; *de ~s zijn verhangen* das Blättchen hat sich gewendet (gewandt)
**borduren** sticken, ausnähen
**borduursel** Stickerei *v*, Stickarbeit *v*
**borduurwerk(je)** Stickerei *v*, Stickarbeit *v*
**boren** bohren; *een schip de grond in ~* ein Schiff versenken
**borg** 1 ⟨persoon⟩ Bürge *m*; 2 ⟨onderpand⟩ Bürgschaft *v*, Kaution *v*; ~ *staan voor iem.* für einen bürgen, gutstehen; ~ *staan voor iets* für etwas haften
**borgsom** Kautionssumme *v*
**borgtocht** Bürgschaft *v*, Kaution *v*
**borrel** 1 ⟨glas sterke drank⟩ Schnaps *m*; 2 ⟨bijeenkomst⟩ Umtrunk *m*; *een ~ geven* einen Umtrunk veranstalten
**borrelen** 1 ⟨opspuiten⟩ sprudeln; 2 ⟨drinken⟩ einen Schnaps trinken, kneipen
**borrelpraat** Stammtischgerede *o*
**borst** Brust *v*; *een hoge ~ opzetten* sich aufblähen, sich wichtig machen; *een kind de ~ geven* einem Kind die Brust geben, ein Kind stillen, anlegen; *dat stuit mij tegen de ~* das ist mir zuwider, das geht mir gegen den Strich; *uit volle ~* aus voller Brust, vollem Halse
**borstaandoening** Brustleiden *o*
**borstbeeld** Brustbild *o*
**borstbeen** Brustbein *o*
**borstel** Bürste *v*, Scheuerbürste *v*
**borstelen** bürsten, abbürsten

**borstelig** 1 ⟨v. haar⟩ borstig; 2 ⟨ruig⟩ struppig; ~*e wenkbrauwen* struppige Augenbrauen
**borstholte** Brusthöhle *v*
**borstkanker** Brustkrebs *m*
**borstkas** Brustkorb *m*
**borstplaat** Zuckerplätzchen *o*
**borstslag** Brustschwimmen *o*
**borstvlies** Brust-, Rippenfell *o*
**borstvliesontsteking** Brust-, Rippenfellentzündung *v*
**borstvoeding** Brustnahrung *v*, Ernährung *v* mit Muttermilch
**borstwering** Brustwehr *v*, Brüstung *v*
**borstzak** Brusttasche *v*
**bos** 1 ⟨met bomen⟩ Wald *m*; ⟨bosstreek⟩ Waldung *v*; ⟨onder bosbeheer⟩ Forst *m*; 2 ⟨bundel⟩ Bund *o*, Bündel *o*; ⟨haren, veren⟩ Büschel *o*
**bosbes** Heidel-, Blau-, Waldbeere *v*
**bosbouw** Forstwesen *o*, Waldbau *m*
**bosbrand** Waldbrand *m*
**bosje** 1 ⟨bundeltje⟩ Büschel *o*; 2 ⟨struiken⟩ Gebüsch *o*; *bij ~s* haufenweise
**Bosjesman** Buschmann *m*
**bosneger** Buschneger *m*
**Bosnië** Bosnien *o*; ~*-Hercegovina* Bosnien und Herzegowina
**Bosniër** Bosnier *m*, Bosniake *m*
**Bosnisch** bosnisch
**bosrand** Waldrand *m*, -saum *m*
**bosrijk** stark bewaldet, waldreich
**bosschage** Lustwäldchen *o*
**bosuil** Waldkauz *m*
**boswachter** Förster *m* Forstmann *m*
**bosweg** Waldweg *m*
**1 bot** *m* ⟨vis⟩ Butt *m*, Flunder *v*; ~ *vangen* abgewiesen werden, erfolglos sein
**2 bot** *o* ⟨been⟩ Knochen *m*
**3 bot** *bn* 1 ⟨v. mes⟩ stumpf; 2 ⟨dom⟩ plump, dumm; 3 ⟨nors⟩ schroff; *een ~ antwoord* eine schroffe Antwort; *een ~te leugen* eine plumpe (glatte) Lüge *v*
**botanicus** Botaniker *m*
**botanie** Botanik *v*, Pflanzenkunde *v*
**botaniseren** botanisieren
**boter** Butter *v*; ~ *bij de vis* gegen Kasse, (bar) auf die Hand; ~ *op zijn hoofd hebben* Dreck am Stecken haben
**boterbloem** Ranunkel *v*, Hahnenfuß *m*, Butterblume *v*
**boterbriefje** gemeenz Trauschein *m*
**boteren** mit Butter bestreichen; *'t botert niet tussen hen* sie vertragen sich nicht, sie kommen nicht mit einander zurecht
**boterham** Brot *o*; ⟨met boter⟩ Butterbrot *o*; *zijn ~ verdienen met* sich sein Brot verdienen mit
**boterkoek** Butterkuchen *m*
**botsautootje** Autoskooter *m*, Bumsauto *o*
**botsen** zusammenstoßen, anprallen, kollidieren; *op elkaar ~* zusammenprallen; ⟨v. meningen ook⟩ aufeinanderprallen
**botsing** 1 ⟨in 't alg.⟩ An-, Aufprall *m*, Zusammenstoß *m*, -prall *m*, Kollision *v*; 2 ⟨tussen personen⟩ Konflikt *m*; *in ~ komen met* zusammenstoßen mit; fig in Konflikt geraten mit

**bottelen**

**bottelen** auf Flaschen ziehen
**bottelier** 1 ⟨keldermeester⟩ Kellermeister *m*; 2 scheepv Bottelier *m*
**bottenkraker** Chiropraktiker *m*
**botter** ⟨eine Art⟩ Fischerkahn *m*
**botterik** Schafs-, Dummkopf *m*; plumper Kerl *m*
**botulisme** Botulismus *m*
**botvieren**: *zijn hartstochten (lusten)* ~ seinen Leidenschaften frönen
**botweg** 1 ⟨zondermeer⟩ schlankweg, geradeheraus; 2 ⟨grof⟩ schroff; *iets* ~ *weigeren* etwas schroff ablehnen
**boud** dreist, kühn, frech
**Boudewijn** Balduin
**boudoir** Boudoir *o*, Damenzimmer *o*
**bougie** Zündkerze *v*
**bougiesleutel** Zündkerzenschlüssel *m*
**bouillon** Kraft-, Fleischbrühe *v*, Bouillon *v*
**bouillonblokje** Suppen-, Brühwürfel *m*
**boulevard** 1 ⟨brede straat⟩ Boulevard *m*, Prachtstraße *v*; 2 ⟨langs de kust⟩ Strandpromenade *v*
**boulevardblad** Boulevard-, Groschenblatt *o*
**boulevardpers** Boulevardpresse *v*
**boulimie** Bulimie *v*
**bourgeois** I *m* Bourgeois *m*; II *bn* bürgerlich
**bourgeoisie** Bourgeoisie *v*
**Bourgondië** Burgund *o*
**Bourgondiër** Burgunder *m*
**Bourgondisch** burgundisch
**bout** 1 ⟨metalen staaf⟩ Bolzen *m*; 2 ⟨v. haas, kip⟩ Keule *v*; 3 ⟨strijkijzer⟩ Bügeleisen *o*; *met een* ~ *bevestigen* verbolzen
**bouvier** Bouvier *m*
**bouw** Bau *m*; ⟨v. gewassen ook⟩ Anbau *m*; ⟨v. lichaam ook⟩ Wuchs *m*, Gestalt *v*
**bouwbedrijf** 1 ⟨de gezamenlijke bouwwerkzaamheden⟩ Baugewerbe *o*, -wirtschaft *v*; 2 ⟨onderneming⟩ Baugeschäft *o*, -unternehmen *o*
**bouwdoos** Baukasten *m*
**bouwen** 1 ⟨huizen⟩ bauen, erbauen, errichten; 2 ⟨v. land⟩ bebauen, bestellen; *op iem.* ~ auf einen bauen
**bouwgrond** Baugelände *o*, -fläche *v*; *stuk* ~ Baustelle *v*, Parzelle *v*; Bauplatz *m*; ⟨v. boer⟩ Ackerboden *m*
**bouwjaar** Baujahr *o*; *(een auto) van* ~ *1993* (ein Auto) Baujahr 1993
**bouwkeet** Baubude *v*
**bouwkunde** Architektur *v*
**bouwkundig**: ~ *ingenieur* Bauingenieur *m*
**bouwkunst** Architektur *v*, Baukunst *v*
**bouwland** Bau-, Ackerland *o*
**bouwmeester** Baumeister *m*, Architekt *m*
**bouwnijverheid** Baugewerbe *o*
**bouwpakket** Bausatz *m*
**bouwplaat** 1 ⟨bouwmateriaal⟩ Bauplatte *v*; 2 ⟨speelgoed⟩ Ausschneide-, Modellbogen *m*
**bouwput** Baugrube *v*
**bouwrijp** baureif, siedlungsfähig; *het* ~ *maken van de grond* das Aufschließen des Bodens
**bouwsel** etwas Gebautes *o*

**bouwstijl** Baustil *m*
**bouwvak** Baufach *o*, Baugewerbe *o*, -handwerk *o*
**bouwvakarbeider, bouwvakker** *m* Baufachwerker *m*
**bouwval** Ruine *v*
**bouwvergunning** Baugenehmigung *v*
**bouwwerf** ZN Baustelle *v*
**bouwwerk** Bau *m*, Bauwerk *o*
**boven** I *voorz* 1 ⟨hoger dan⟩ über (+ 3 of 4); 2 ⟨behalve⟩ außer (+ 3); 3 ⟨stroomopwaarts⟩ oberhalb (+ 2); *hij woont* ~ *mij* er wohnt über mir; *ik hang 't schilderij* ~ *de piano* ich hänge das Bild über das Klavier; ~ *water komen* ⟨ook fig⟩ auftauchen; ~ *iem. staan* über einem stehen; ⟨chef zijn⟩ jemands Vorgesetzter sein; II *bijw* oben, droben; *hij is* ~ er ist oben; *naar* ~ *gaan* hinaufgehen; *alle verwachtingen te* ~ *gaan* alle Erwartungen übersteigen; *te* ~ *komen* überwinden; *iets te* ~ *zijn* über etwas hinweg sein, etwas überstanden (überwunden) haben; *van* ~ *af* von oben her; *van* ~ *tot onder* von oben bis unten
**bovenaan** oben, an oberster Stelle
**bovenaards** ⟨boven de grond⟩ 1 *eig* oberirdisch; 2 *fig* überirdisch
**bovenal** vor allem, besonders
**bovenarm** Oberarm *m*
**bovenbeen** Oberschenkel *m*
**bovenbouw** 1 ⟨v. bouwwerk⟩ Oberbau *m*; 2 ⟨v. school⟩ Oberstufe *v*
**bovenbuur** Nachbar *m* im obern Stock, im Oberstock
**bovendek** Oberdeck *o*
**bovendien** außerdem, zudem, darüber hinaus
**bovengemeld, bovengenoemd** obenerwähnt, obig
**bovengronds** oberirdisch
**bovenhand**: *de* ~ *krijgen* die Oberhand bekommen
**bovenhuis** oberes Stockwerk *o*; Wohnung *v* im ober(e)n Stock, im Oberstock
**bovenin** oben
**bovenkaak** Oberkiefer *m*
**bovenkamer** Zimmer *o* im obern, zweiten, dritten usw. Stock; *er mankeert wat in zijn* ~ *fig* er ist nicht ganz richtig im Oberstübchen, im Kopf
**bovenkant** obere Seite *v*, Oberseite *v*; Deckfläche *v*
**bovenkomen** nach oben kommen; ⟨trap op⟩ heraufkommen; ⟨uit 't water⟩ über Wasser kommen
**bovenlaag** obere Schicht *v*, Oberschicht *v*
**bovenleiding** 1 elektr Freileitung *v*, oberirdische Leitung *v*; 2 ⟨v. tram⟩ Fahr-, Oberleitungs-, Kontaktdraht *m*
**bovenlicht** Oberlicht *o*
**bovenlijf** Oberkörper *m*, -leib *m*
**bovenloop** Oberlauf *m*; *de* ~ *van de Donau* die obere Donau
**bovenmenselijk** übermenschlich
**bovennatuurlijk** übernatürlich
**bovenop** *er weer* ~ *komen* ⟨ziekte⟩ die Krankheit überstehen, sich erholen; ⟨anders⟩ die Schwierigkeiten überwinden;

't er dik ~ leggen stark, dick auftragen; er ~ zijn etwas überwunden haben, sich erholt haben
**bovenstaand** obenstehend, obig
**boventoon** muz Oberton m; de ~ voeren vorherrschen, (prä)dominieren
**bovenuit** obenaus, obenhinaus; men hoort hem er ~ man hört ihn (gut) heraus
**bovenverdieping** Oberstock m
**bowl** Bowle v
**bowlen** bowlen, Bowling spielen
**bowling** Bowling o
**box 1** (in stal; voor auto's) Box v; **2** (v. kinderen) Laufgitter o, Laufstall m; **3** (bergruimte) Kellerbox v; **4** (luidsprekerbox) Lautsprecherbox v
**boxershort** Boxershorts mv
**boycot** Boykott m
**boycotten** boykottieren
**boze**: dat is uit den ~ das ist von (vom) Übel
**braadkip** Brathuhn o
**braadpan** Bratpfanne v, -topf m
**braadspit** Bratspieß m
**braadworst** Bratwurst v
**braaf** brav, bieder
**1 braak** (inbraak) Einbruch m; diefstal met ~ Einbruchsdiebstahl m
**2 braak** bn: ~ liggen brachliegen ⟨ook fig⟩
**braakmiddel** Brechmittel o
**braaksel** Erbrochene(s) o
**braam 1** ⟨vrucht⟩ Brombeere v; **2** ⟨struik⟩ Brombeerstrauch m, -staude v; **3** ⟨aan mes⟩ Grat m, Faden m
**Brabander** Brabanter m
**Brabant** o Brabant o
**Brabants** brabantisch; een ~e eine Brabanterin v
**brabbelen** plappern, stammeln
**braden*** braten; ge~ vlees Braten m
**braderie** Straßenmarkt m
**brahmaan** Brahmane m
**brailleschrift** Braille-, Blinden(punkt)schrift v
**1 brak** bn brackig; ~ water Brackwasser o
**2 brak** m ⟨hond⟩ Bracke m
**braken 1** ⟨vlas of hennep⟩ brechen; **2** ⟨overgeven⟩ sich erbrechen, sich übergeben; bloed ~ Blut spucken, Blut brechen
**brallen** großtun
**brancard** Tragbahre v, Trage v
**branche** Geschäftszweig m, Branche v
**brand** Brand m, Feuer o; ~! Feuer!; uitslaande ~ Großfeuer o; er is ~ es brennt; in ~ raken Feuer fangen; in ~ staan brennen; in ~ steken in Brand stecken (setzen); iem. uit de ~ helpen jmdm. aus der Not helfen; uit de ~ zijn aus allen Schwierigkeiten heraus sein
**brandbaar** brennbar
**brandblaar** Brandblase v
**brandblusapparaat, brandblusser** Feuerlöschgerät o, -löscher m
**brandbom** Brandbombe v
**brandbrief** Brandbrief m
**branddeur** Brand-, Not-, Feuer-, Schutztür v
**branden** brennen; zich ~ sich (ver-)brennen; ~ van nieuwsgierigheid, verlangen vor Neugier, Sehnsucht brennen; zijn vingers ~ sich die Finger verbrennen ⟨ook fig⟩; een ~de kwestie eine brennende Frage v; gebrand zijn op erpicht sein auf etwas (4)
**brander** ⟨v. fornuis enz.⟩ Brenner m
**branderig 1** ⟨prikkelend⟩ brandig; **2** ⟨reuk⟩ brenzlig
**branderij** ⟨destilleerderij⟩ Brennerei v
**brandewijn** Branntwein m
**brandgang 1** ⟨in gebouw⟩ Brandgasse v; **2** ⟨in bos⟩ Durchhau m
**brandglas** Brennglas o
**brandhaard** Brandherd m
**brandhout** Brandholz o
**branding** Brandung v
**brandkast** Geld-, Panzerschrank m
**brandkraan** Hydrant m
**brandlucht** Brandgeruch m
**brandmelder** Feuermelder m
**brandmerk** Brandmal o
**brandmerken** brandmarken
**brandnetel** Brennessel v
**brandoffer** Brandopfer o
**brandpunt** Brennpunkt m ⟨ook fig⟩; Fokus m; in 't ~ van de belangstelling staan im Brennpunkt des Interesses stehen
**brandschade** Feuerschaden m
**brandschatten** brandschatzen
**brandschilderen** o Brandmalerei v; ⟨in hout ook:⟩ Holzbrandmalerei v; gebrandschilderd raam Buntglasfenster o
**brandschoon** blitzblank; niet ~ zijn fig etwas ausgefressen haben
**brandslang** (Spritzen)schlauch m
**brandspuit** Feuerspritze v
**brandstapel** Scheiterhaufen m
**brandstichter** Brandstifter m
**brandstichting** Brandstiftung v
**brandstof 1** (in 't alg.) Brennstoff m; **2** auto ook: Betriebsstoff m; **3** ⟨voor 't huis ook⟩ Brand m
**brandtrap** Brandtreppe v
**brandverzekering** Feuerversicherung v
**brandvrij** feuersicher
**brandwacht 1** ⟨groep⟩ Brand-, Feuerwache v; **2** ⟨persoon⟩ Feuerwehrmann m
**brandweer** Feuerwehr v
**brandweerman** Feuerwehrmann m
**brandwond** Brandwunde v
**branie I** m & v **1** ⟨bluffer⟩ Angeber m, Großtuer m; **2** ⟨waaghals⟩ Wagehals m; **II v 1** ⟨flinkheid⟩ Schneid m; **2** ⟨bluf⟩ Angeberei v, Großtuerei v; ~ schoppen angeben, Theater machen
**branieschopper** Angeber m
**brasem** Brachsen m, Brachse v
**brassen** ⟨eten & drinken⟩ schlemmen
**bravoure** Bravour v
**Braziliaan** Brasilianer m, Brasilier m
**Braziliaans** brasilianisch; ~e koffie Brasilkaffee m
**Brazilië** Brasilien o
**breakdance** Breakdance m
**breed** breit; brede kennis umfassende Kenntnisse mv; ~ in de heupen breithüftig; ~ van opvatting weitherzig; ~ van opzet großzügig; 't niet ~ hebben ein knap-

**breedgeschouderd**

pes Auskommen haben; *wie 't ~ heeft, laat 't ~ hangen* wer's hat, der hat's
**breedgeschouderd** breitschult(e)rig
**breedsprakig** weitschweifig, -läufig
**breedte** Breite *v* (ook *aardr*)
**breedtecirkel** Breitenkreis *m*
**breedtegraad** Breitengrad *m*
**breedvoerig** weitläufig, ausführlich
**breekbaar** zerbrechlich
**breekijzer** Brecheisen *o*, -stange *v*
**breekpunt** 1 eig Bruchstelle *v*; 2 fig unüberwindliche Schwierigkeit *v*
**breien** stricken; *gebreid vest* Strickweste *v*, -jacke *v*
**brein** Hirn *o*, Gehirn *o*; *elektronisch ~* Elektronengehirn *o*
**breinaald** Stricknadel *v*
**breiwerk** Strickzeug *o*
**brekebeen** Stümper *m*, Pfuscher *m*
**breken\*** 1 ⟨in 't alg.⟩ brechen; 2 ⟨stukbreken⟩ zerbrechen, zerschlagen; 3 ⟨'t licht⟩ brechen; *mijn hart brak* das Herz brach mir; *'t touw breekt* das Seil reißt (entzwei); *een eed, zijn belofte, zijn woord ~* einen Eid, sein Versprechen, sein Wort brechen; *gebroken getal* gebrochene Zahl, Bruchzahl *v*; *gebroken wit* gebrochenes Weiß
**breker** (golf) Brecher *m*
**breking** Brechung *v*
**brem** (struik) Ginster *m*
**brengen\*** 1 ⟨in 't alg.⟩ bringen; 2 ⟨personen⟩ führen; 3 ⟨v. waar⟩ liefern; *nader ~ tot* nahebringen (+ 3); *'t niet ver ~* nicht weit kommen, auf keinen grünen Zweig kommen; *een bezoek ~* einen Besuch machen; *een offer ~* ein Opfer darbringen; *verandering ~* Wandel schaffen; *naar huis ~* nach Hause bringen, heimbegleiten; *naar de post ~* auf die Post tragen; *naar voren ~* hervorheben, aufs Tapet bringen; *iem. tot iets ~* einen zu etwas bringen, veranlassen;
**bres** 1 ⟨in de muur⟩ Bresche *v*; 2 ⟨in de rijen⟩ Lücke *v*; *voor iemand in de ~ springen* für einen eintreten, in die Bresche springen
**bretel** Hosenträger *m*
**breuk** Bruch *m* (ook *med*); *decimale ~* Dezimalbruch *m*; *repeterende ~* periodischer Bruch *m*
**breukvlak** Bruchfläche *v*
**brevet** 1 ⟨in 't alg.⟩ Diplom *o*, Schein *m*; 2 ⟨v. vlieger⟩ Führerschein *m*; *~ van onvermogen* Armutszeugnis *o* (ook fig), fig Inkompetenzschein *m*
**brevier** Brevier *o*
**bridge** Bridge *o*
**bridgedrive** Bridgeturnier *o*
**bridgen** Bridge spielen
**brie** Briekäse *m*, Brie *m*
**brief** Brief *m*, Schreiben *o*; *aangetekende ~* eingeschriebener Brief *m*, Einschreibebrief *m*; *ingekomen brieven* Briefeinlauf *m*; *de brieven van Paulus* bijbel die paulinischen Briefe *m*; *per ~* brieflich
**briefgeheim** Briefgeheimnis *o*
**briefhoofd** Briefkopf *m*
**briefje** Zettel *m*; *een ~ van tien* ein Zehnguldenschein *m*, Zehnmarkschein *m*; *dat geef ik je op een ~* das gebe ich dir schriftlich
**briefkaart** Postkarte *v*
**briefopener** Brieföffner *m*
**briefpapier** Briefpapier *o*
**briefwisseling** Briefwechsel *m*, Korrespondenz *v*, Schriftwechsel *m*
**bries** Brise *v*
**briesen** 1 ⟨paard⟩ schnauben; 2 ⟨leeuw⟩ brüllen; *~d van woede* wutschnaubend
**brievenbus** Briefkasten *m*, -einwurf *m*
**brievenweger** Briefwaage *v*
**brigade** Brigade *v*
**brigadier** ⟨politie⟩ Hauptwachtmeister *m*
**brij** Brei *m*
**brik** 1 scheepv Brigg *v*; 2 ⟨wagen⟩ Stellwagen *m*
**briket** Brikett *o*
**bril** Brille *v* (ook v. wc); *een sterke, zwakke ~* eine scharfe, schwache Brille
**briljant** I *m* Brillant *m*; II *bn* fig brillant
**brillenkoker** Brillenetui *o*
**brilslang** Brillenschlange *v*
**brink** Brink *m*, Dorfplatz *m*
**Brit** Brite *m*
**brits** Pritsche *v*
**Brits** britisch; *een ~e* eine Britin *v*
**brocante** ZN 1 ⟨antiek⟩ Antiquitäten *mv*; 2 ⟨rommel⟩ Trödel *m*
**broccoli** Broccoli *mv*
**broche** Brosche *v*, Ansteckenadel *v*
**brochure** Broschüre *v*, Flugschrift *v*
**broddelen** pfuschen, stümpern
**brodeloos** brotlos
**broeden** brüten; *op iets ~* über etwas (3) brüten
**broeder** 1 ⟨broer; medemens⟩ Bruder *m*; 2 ⟨verpleger⟩ Pfleger *m*
**broederdienst** Militärdienst *m* des Bruders
**broederlijk** brüderlich
**broedermoord** Brudermord *m*
**broederschap** ⟨vereniging⟩ Bruderschaft *v*; *vrijheid, gelijkheid en ~* Freiheit, Gleichheit und Brüderlichkeit
**broedervolk** Brüdervolk *o*
**broedmachine** Brutapparat *m*, -ofen *m*
**broedplaats** Brutstätte *v*
**broeds** brütig
**broedsel** Brut *v*
**broeien** ⟨v. hooi⟩ gären; *de lucht broeit* es ist schwül (drückend heiß); *er broeit iets* es braut sich etwas zusammen
**broeierig** schwül, drückend heiß
**broeikas** Treibhaus *o*
**broeikaseffect** Treibhauseffekt *m*
**broeinest** fig Brutstätte *v*, Herd *m*
**broek** Hose *v*, Hosen *mv*; *een strakke ~* eine stramm sitzende Hose; *zij heeft de ~ aan* fig sie hat die Hosen an; *iem. achter de ~ zitten* hinter einem her sein; *het in zijn ~ doen* (van angst) in die Hosen machen (vor Angst); *een pak voor de ~* Prügel *mv*; *iem. voor (op) zijn ~ geven* jmdm. die Hosen stramm ziehen
**broekje** 1 ⟨onderbroek⟩ Unterhose *v*; 2 ⟨slipje⟩ Slip *m*, Höschen *o*; ⟨voor dames ook⟩ Schlüpfer *m*; 3 ⟨korte broek⟩ Shorts *mv*, kurze Hose *v*; 4 ⟨jongetje⟩ Neuling *m*, Grün-

schnabel *m*
**broekpak** Hosenanzug *m*
**broekriem** Gürtel *m*; *de ~ aanhalen* (ook fig) den Gürtel enger schnallen
**broekrok** Hosenrock *m*
**broekzak** Hosentasche *v*
**broer** Bruder
**broertje** Brüderchen *o*; *daar heeft hij een ~ aan dood* das ist ihm zuwider, das mag er nicht
**brok** 1 ⟨in 't alg.⟩ Brocken *m*, Stück *o*; 2 ⟨eten⟩ Brocken *m*, Bissen *m*; *een ~ ellende* ein Häufchen *o* Elend; *ik had een ~ in de keel* ich hatte einen Kloß im Hals; *~ken maken* Bruch machen; *veel (vaak) ~ken maken* allerhand (viel) Porzellan zerschlagen
**brokaat** Brokat *m*
**brokkelen** bröckeln
**brokkelig** bröck(e)lig
**brokkenpiloot** Tolpatsch *m*
**brokstuk** Bruchstück *o*; *~ken* ⟨ook⟩ Trümmer *mv*
**brombeer** Brummbär *m*, Griesgram *m*
**bromfiets** Moped *o*; Mofa *o*; ⟨officieel⟩ Fahrrad *o* mit Hilfsmotor
**bromfietser** Mopedfahrer *m*
**brommen** 1 ⟨geluid maken⟩ brummen; 2 ⟨een standje geven⟩ schimpfen; 3 ⟨op bromfiets⟩ Mofa fahren; 4 ⟨gevangen zitten⟩ brummen
**brommer** = *bromfiets*
**brompot** Brummbär *m*, Griesgram *m*
**bromtol** Brummkreisel *m*
**bromvlieg** Schmeiß-, Brummfliege *v*
**bron** 1 ⟨in 't alg.⟩ Quelle *v*; 2 ⟨spuitend⟩ Sprudel *m*; *~ van informatie* Informationsquelle *v*; *~ van inkomsten* Einnahme-, Erwerbsquelle *v*; *hete ~* Thermalquelle *v*, Kochbrunnen *m*; *uit goede (betrouwbare) ~* aus sicherer (zuverlässiger) Quelle
**bronchitis** Bronchitis *v*
**bronnenstudie** Quellenstudium *o*, -forschung *v*
**brons** Bronze *v*
**bronst** Brunst *v*, Brünstigkeit *v*; ⟨spec. bij herten⟩ Brunft *v*
**bronstig** brünstig; ⟨spec. bij herten⟩ brunftig
**bronstijd** ⟨tijdperk⟩ Bronzezeit *v*
**bronsttijd** ⟨paartijd⟩ Brunstzeit *v*; ⟨spec. bij herten⟩ Brunftzeit *v*
**bronwater** Quell-, Brunnenwasser *o*; *~ drinken* Brunnen trinken
**bronzen** I *bn* bronzen, Bronze-; II *overg* bronzieren
**brood** Brot *o*; *bruin ~* Graubrot *o*; *wit ~* Weißbrot *o*; *zijn ~ verdienen* sein Brot verdienen; *om den brode* ums liebe Brot; *verwijten op zijn ~ krijgen* Vorwürfe einstecken müssen
**broodbeleg** Brotbelag *m*
**brooddronken** mutwillig, üppig, übermütig
**broodheer** Brotherr *m*, -geber *m*
**broodje** Brötchen *o*, Z-Duits Semmel *v*; *een ~ ham* Schinkenbrötchen *o*; *een ~ gezond* Salatbrötchen *o*; *~ aap* moderner Mythos *m*; *als warme ~s over de toonbank gaan* weggehen wie warme Semmeln; *zoete ~s bakken* klein beigeben, kleine Brötchen backen
**broodkruimel** Brotkrümel *m*
**broodmager** klapper-, spindeldürr
**broodnijd** Brotneid *m*
**broodnodig** bitter nötig, unentbehrlich
**broodplank** Brotschneidebrett *o*
**broodroof**: *~ aan iem. plegen* einen brotlos machen, einen um Lohn und Brot bringen
**broodrooster** Toaster *m*, Brotröster *m*
**broodschrijver** Schriftsteller *m* um des lieben Brotes willen
**broodtrommel** Brotkapsel *v*
**broodwinning** Broterwerb *m*
**broom** Brom *o*
**broos** 1 ⟨breekbaar⟩ zerbrechlich; 2 ⟨v. glas, ijzer⟩ spröde; 3 ⟨v. gebak⟩ mürbe; 4 ⟨v. gestel⟩ schwach, hinfällig
**bros** ⟨v. gebak⟩ knusp(e)rig; cross
**brousse** ZN Busch *m*
**1 brouwen\*** *overg* ⟨bier⟩ brauen
**2 brouwen** *onoverg* ⟨bij uitspraak v.d. r⟩ schnarren
**brouwer** Brauer *m*, Bierbrauer *m*
**brouwerij** Brauerei *v*; *leven in de ~ brengen* Leben in die Bude bringen
**brouwsel** 1 ⟨bier⟩ Bräu *o*, Gebräu *o*; 2 ⟨mengsel⟩ Gemisch *o*
**brug** 1 ⟨over water enz.⟩ Brücke *v*; 2 turnen Barren *m*; 3 ⟨op viool, aan bril⟩ Steg *m*; *over de ~ komen* ⟨dokken⟩ blechen, in die Kasse (den Beutel) greifen
**bruggenhoofd** ⟨ook mil⟩ Brückenkopf *m*
**bruggepensioneerde** ZN Vorruheständler *m*
**brugklas** Förder-, Orientierungsstufe *v*
**brugleuning** Brückengeländer *o*
**brugpensioen** ZN Vorruhestand *m*
**brugwachter** Brückenwärter *m*
**brui**: *er de ~ aan geven* es satt haben
**bruid** Braut *v*; *zij is de ~* sie ist Braut
**bruidegom** Bräutigam *m*
**bruidsboeket** Brautstrauß *m*, Brautbukett *o*
**bruidsdagen** Tage *mv* zwischen Aufgebot und Heirat
**bruidsjonker** Brautführer *m*
**bruidsjurk, bruidsjapon** Brautkleid *o*
**bruidsmeisje** Brautjungfer *v*
**bruidspaar** Brautpaar *o*
**bruidsschat** Mitgift *v*
**bruidssluier** Brautschleier *m*
**bruikbaar** brauchbar, verwendbar
**bruikleen** 1 ⟨in 't alg.⟩ Nutznießung *v*, Nießbrauch *m*; 2 ⟨voor museum enz.⟩ Leihgabe *v*; *in ~ geven* leihen, leihweise überlassen
**bruiloft** Hochzeit *v*
**bruin** I *bn* braun; II *o* Braun *o*
**Bruin**: *dat kan ~ niet trekken* das kann ich mir nicht leisten; *~ de beer* der Petz
**bruinen** *overg* bräunen; braun werden
**bruinkool** Braunkohle *v*
**bruinvis** Braunfisch *m*, Schweinswal *m*
**bruisen** brausen

**bruistablet** Brausetablette *v*
**brulaap** ⟨dier & fig⟩ Brüllaffe *m*
**brulboei** Heultonne *v*
**brullen** brüllen
**brunch** Brunch *m*
**brunette** Brünette *v*
**Brussel** Brüssel *o*
**Brusselaar** Brüsseler *m*
**Brussels** Brüsseler; ~ *lof* Chicorée *v*
**brutaal** 1 ⟨onbeschaamd⟩ frech, unverschämt; 2 ⟨vrijmoedig⟩ keck; ~ *als de beul (een hond)* frech wie ein Rohrspatz (wie Oskar); *een brutale mond* eine freche Zunge *v*; *een* ~ *neusje* ein keckes Näschen *o*
**brutaliteit** Frechheit *v*
**bruto** brutto
**brutosalaris** Bruttogehalt *o*
**bruusk** brüsk, heftig, barsch, schroff
**bruut** I *m* Rohling *m*; brutaler Mensch *m*; II *bn* brutal, roh; *brute kracht* brutale Kraft *v*
**BTW** = *belasting toegevoegde waarde* MwSt., Mw.-St. (Mehrwertsteuer *v*)
**bubbelbad** Whirlpool *m*
**buddy** Buddy *m*
**budget** Haushalt(splan) *m*, Etat *m*, Budget *o*
**budgettair** budgetär
**buffel** Büffel *m*
**buffer** ⟨v. locomotief & comput⟩ Puffer *m*
**bufferstaat** Pufferstaat *m*
**buffervoorraad** Polster-, Ausgleichslager *o*
**bufferzone** Pufferzone *v*
**buffet** 1 ⟨meubel⟩ Büfett *o*; 2 ⟨in café⟩ Schanktisch *m*, Ausschank *m*; *koud* ~ kaltes Büfett *o*
**buggy** ⟨wandelwagen⟩ Buggy *m*
**bui** 1 ⟨regen enz.⟩ Schauer *m*, Regenguß *m*; 2 ⟨humeur⟩ Laune *v*; *een goede (slechte)* ~ *hebben* gut (schlecht) gelaunt sein
**buidel** Beutel *m*, Geldbeutel *m*; *in de* ~ *tasten* in den Beutel greifen
**buigbaar** biegbar
**buigen\*** 1 ⟨krombuigen⟩ biegen; 2 ⟨bukken⟩ sich beugen; 3 ⟨buiging maken⟩ sich verbeugen; *het is* ~ *of barsten* es geht auf Biegen oder Brechen; *met gebogen hoofd* mit gesenktem Kopf
**buiging** 1 ⟨beleefdheid⟩ Verbeugung *v*; 2 ⟨kromming⟩ Biegung *v*; 3 *gramm* Beugung *v*
**buigzaam** 1 *eig* biegsam; 2 *fig* lenksam, geschmeidig
**buiig** böig, regnerisch, unbeständig
**buik** Bauch *m*; *de* ~ *vasthouden van 't lachen* sich den Bauch halten (sich wälzen) vor Lachen; *ik heb er mijn* ~ *van* ich habe die Nase voll davon; *dat kun je op je* ~ *schrijven* darauf kannst du lange warten
**buikdanseres** Bauchtänzerin *v*
**buikgriep** Darminfektion *v*
**buiklanding** Bauchlandung *v*
**buikloop** Durchfall *m*
**buikpijn** Bauchweh *o*, Bauchschmerzen *mv*
**buikspreken** Bauchreden *o*
**buikspreker** Bauchredner *m*
**buikvlies** Bauchfell *o*

**buikvliesontsteking** Bauchfellentzündung *v*
**buil** Beule *v*; *daar kun je je geen* ~ *aan vallen* das kann nicht schiefgehen
**buis** 1 ⟨pijp⟩ Röhre *v*; ⟨breder⟩ Rohr *o*; 2 ⟨v. tv⟩ Röhre *v*, Bildröhre *v*; ~ *van Eustachius* Eustachische Röhre (Tube) *v*
**buiswater** Spritzwasser *o*
**buit** Beute *v*; ~ *maken* erbeuten
**buitelen** purzeln
**buiteling** Purzelbaum *m*; *een* ~ *maken* einen Purzelbaum schlagen (schießen)
**buiten** I *voorz* 1 ⟨niet binnen⟩ außerhalb; 2 ⟨zonder⟩ ohne; 3 ⟨behalve⟩ außer; ~ *zijn schuld* ohne seine Schuld; ~ *mijn weten* ohne mein Mitwissen; ~ *mij om* ohne mein Mitwissen, ohne meine Mitwirkung; ~ *zichzelf* außer sich; II *bijw* draußen, außen; ~ *en binnen* außen und innen; *hij staat* ~ er steht draußen; *ik kan daar niet* ~ ich kann das nicht entbehren; *kom eens (naar)* ~ komm einmal heraus; *naar* ~ *gaan* hinausgehen; *te* ~ *gaan* überschreiten; *van* ~ ⟨aan de buitenkant⟩ von außen, auswendig; ⟨van het platteland⟩ vom Lande; *van* ~ *leren* auswendig lernen; *daar blijf ik* ~ da halte ich mich heraus; III *o* ⟨landgoed⟩ Landsitz *m*, Landhaus *o*; IV *tsw*: ~! ZN ⟨eruit!⟩ raus!
**buitenbad** Freibad *o*
**buitenband** Mantel *m*, Laufdecke *v*
**buitenbeentje** Eigenbrötler *m*, Außenseiter *m*
**buitenboordmotor** Außenbordmotor *m*
**buitendeur** Außentür *v*
**buitendienst** Außendienst *m*
**buitenechtelijk** außerehelich
**buitengaats** auf offener See; vor dem Hafen
**buitengewoon** außergewöhnlich; außerordentlich; ~ *hoogleraar* außerordentlicher Professor *m*
**buitengrens** ± Grenze zwischen z.B. Ländern der EU und anderen Ländern
**buitenhuis** Landhaus *o*
**buitenissig** ausgefallen, bizarr
**buitenkansje** Glücksfall *m*
**buitenkant** Außenseite *v*
**buitenland** Ausland *o*
**buitenlander** Ausländer *m*
**buitenlands** ausländisch, auswärtig; ~*e handel* Außenhandel *m*, Exporthandel *m*; ~*e reis* Auslandsreise *v*; ~*e zender* Auslandssender *m*; B~*e Zaken* zie: *ministerie*
**buitenleven** Leben *o* auf dem Lande
**buitenlucht** freie Luft *v*, frische Luft *v*
**buitenmens** 1 ⟨plattelander⟩ Mensch *m* vom Lande; 2 ⟨natuurliefhebber⟩ Naturfreund *m*
**buitenmodel** abweichend
**buitenom** außen herum
**buitenparlementair** außerparlamentarisch
**buitenshuis** außerhalb des Hauses, außer Hause
**buitensluiten** aussperren; *fig* ausschließen
**buitenspel** I *o sp* Abseits *o*; II *bijw* abseits, im Abseits; ~ *staan* im Abseits stehen

**buitenspeler** sp Außenspieler *m*
**buitenspelval** sp Abseitsfalle *v*
**buitenspiegel** auto Rückspiegel *m*
**buitensporig 1** ⟨in te hoge mate⟩ übermäßig; **2** ⟨onfatsoenlijk⟩ ausschweifend
**buitenstaander** Außenstehende(r) *m-v*, Außenseiter *m*
**buitenverblijf 1** ⟨huis⟩ Sommer-, Landsitz *m*; **2** ⟨in dierentuin⟩ Freigehege *o*
**buitenwacht** Außenstehenden *mv*
**buitenwereld** Außenwelt *v*
**buitenwijk** Außenviertel *o*
**buitmaken** erbeuten
**buizerd** Bussard *m*
**bukken** bücken; *onder een last gebukt gaan* unter einer Last gebeugt gehen; *zich ~* sich bücken
**buks** Büchse *v*, Flinte *v*
**1 bul** *m* ⟨stier⟩ Bulle *m*, Stier *m*
**2 bul** *v* ⟨v. paus, v. universiteit⟩ Bulle *v*
**bulderen 1** ⟨luid spreken⟩ poltern; **2** ⟨storm⟩ toben; **3** ⟨geschut⟩ donnern; *~ van 't lachen* brüllen vor Lachen
**buldog** Bulldogge *v*, Bullenbeißer *m*
**Bulgaar** Bulgare *m*
**Bulgaars** bulgarisch
**Bulgarije** Bulgarien *o*
**bulken**: *~ van 't geld* in Geld schwimmen
**bulldozer** Bulldozer *m*
**bullebak** ⟨boeman⟩ Popanz *m*, Ungetüm *o*
**bullepees** Ochsenziemer *m*
**bulletin** Bulletin *o*
**bult 1** ⟨bochel⟩ Buckel *m*, Höcker *m*; **2** ⟨heuvel⟩ Anhöhe *v*; **3** ⟨buil⟩ Beule *v*; *~ van een kameel* Kmelhöcker *m*
**bumper** Stoßstange *v*, -dämpfer *m*
**bundel 1** ⟨pak⟩ Bündel *o*; **2** ⟨stro⟩ Bund *o*; **3** ⟨opstellen⟩ Sammelband *m*; ⟨gedichten⟩ Sammlung *v*
**bundelen** bündeln
**bunder** Hektar *o*
**bungalow** Bungalow *m*
**bungalowpark** Bungalowdorf *o*
**bungalowtent** Bungalowzelt *o*
**bungelen** baumeln
**bunker 1** mil Bunker *m*; **2** ⟨bij golf⟩ Bunker *m*
**bunkeren 1** scheepv bunkern; **2** ⟨veel eten⟩ sich vollstopfen
**bunzing** Iltis *m*
**bups**: *de hele ~ gemeenz* der ganze Kram
**burcht** Burg *v*
**bureau 1** ⟨schrijftafel⟩ Schreibtisch *m*; **2** ⟨kantoor⟩ Büro *o*; ⟨officieel⟩ Amt *o*, Kanzlei *v*; **3** ⟨v. politie⟩ Polizeiamt *o*; ⟨kleiner⟩ Polizeirevier *o*; **4** ⟨instantie⟩ Dienststelle *v*; *~ voor gevonden voorwerpen* Fundamt *o*, -büro *o*
**bureaucraat** Bürokrat *m*
**bureaucratie** Bürokratie *v*, Beamtenherrschaft *v*
**bureaustoel** Schreibtischstuhl *m*, -sessel *m*
**burengerucht** Ruhestörung *v*
**burenruzie** Streit *m* zwischen Nachbarn
**burgemeester 1** ⟨in 't alg.⟩ Bürgermeister *m*; **2** ⟨op 't platteland⟩ Ortsvorsteher *m*; **3** ⟨v. grote stad⟩ Oberbürgermeister *m*; *~ en wethouders* Magistrat *m*
**burger 1** ⟨in 't alg.⟩ Bürger *m*; Staatsangehörige(r) *m-v*; **2** ⟨niet-militair⟩ Zivilist *m*, Zivilperson *v*; *in ~* in Zivil; *dat geeft de ~ moed* das gibt einem wieder Mut
**burgerbevolking** Zivilbevölkerung *v*
**burgerij** Bürgerschaft *v*; Bürgertum *o*; *de kleine ~* das Kleinbürgertum, die kleinen Leute *mv*
**burgerkleding** Zivilkleidung *v*
**burgerlijk** bürgerlich; *B~e Bescherming* ZN Bürgerschutz *m*; *~ huwelijk* ⟨toestand⟩ Zivilehe *v*; ⟨voltrekking⟩ standesamtliche Trauung *v*, Ziviltrauung *v*; *~ ingenieur* ZN ± Diplomingenieur *m*; *~ recht* Zivilrecht *o*; *~e staat* Zivilstand *m*; *~e stand* Standesamt *o*; *~ wetboek* bürgerliches Gesetzbuch *o*, BGB *o*
**burgerluchtvaart** Zivilluftfahrt *v*
**burgerman** Bürgersmann *m*
**burgeroorlog** Bürgerkrieg *m*
**burgerrecht** Bürgerrecht
**burgervader** Bürgermeister *m*
**burgerwacht 1** ⟨tegen criminaliteit⟩ Bürgerwache *v*; **2** ⟨korps v. gewapende burgers⟩ Miliz *v*, Bürgerwehr *v*
**burlesk** burlesk, possenhaft
**1 bus** *v* **1** ⟨om iets in te bewaren⟩ Büchse *v*, Dose *v*; **2** ⟨brievenbus⟩ Briefkasten *m*; *dat klopt als een ~* das klappt, das stimmt; *op de ~ doen* in den Kasten werfen
**2 bus** *m & v* ⟨autobus⟩ Bus *m*
**buschauffeur** Busfahrer *m*
**bushalte** Bushaltestelle *v*
**buskruit** ⟨Schieß⟩pulver *o*; *'t ~ niet uitgevonden hebben* das Pulver nicht erfunden haben
**buslichting** Briefkastenleerung *v*
**busstation** Busbahnhof *m*
**buste** Büste *v*
**bustehouder** Büstenhalter *m*
**butagas** Butangas *o*
**butler** Butler *m*, Haushofmeister *m*
**buts** Beule *v*, Delle *v*
**button** Button *m*
**buur** Nachbar *m*; Nachbarin *v*
**buurjongen** Nachbarssohn *m*
**buurman** Nachbar *m*; *al te goed is ~s gek* wer sich grün macht, den fressen die Ziegen
**buurmeisje** Nachbarstochter *v*
**buurpraatje** Zaungespräch *o*
**buurt 1** ⟨straat en inwoners⟩ Nachbarschaft *v*; **2** ⟨woonwijk⟩ Stadtviertel *o*, Viertel *o*; *in de ~* in der Nähe
**buurtbewoner** jemand aus der Nachbarschaft
**buurten** seine(n) Nachbarn besuchen
**buurthuis** Gemeinschaftshaus *o*
**buurtschap** Weiler *m*, Ortschaft *v*
**buurvrouw** Nachbarin *v*
**BV** = *besloten vennootschap* zie bij: *vennootschap*
**BVD** = *Binnenlandse Veiligheidsdienst* Staatssicherheitsdienst *m*
**byte** comput Byte *o*
**Byzantium** Byzanz *o*

# C

**c** der Buchstabe C, das C
**cabaret** Kabarett *o*
**cabaretier** Kabarettier *m*
**cabine** 1 ⟨v. vliegtuig⟩ Pilotraum *m*; 2 ⟨van vrachtauto⟩ Fahrerhaus *o*, -kabine *v*
**cabriolet** Kabriolett *o*
**cacao** Kakao *m*
**cacaoboter** Kakaobutter *v*
**cachet** ⟨distinctie⟩ Abgehobenheit *v*, besonderes Gepräge *o*
**cachot** gemeenz Kasten *m*, Loch *o*
**cactus** Kaktus *m*, Kaktee *v*
**cadans** Kadenz *v*, Tonfall *m*
**cadeau** Geschenk *o*; ~ *geven* schenken; ~ *krijgen* geschenk bekommen; *bij wijze van* ~ geschenkweise
**cadeaubon** Geschenkgutschein *m*
**cadet** mil Kadett *m*
**cadmium** Kadmium *o*
**café** Wirtschaft *v*, Lokal *o*, Schenke *v*; gemeenz Kneipe *v*; ~ *met dansgelegenheid* Tanzlokal *o*
**caféhouder** Wirt *m*
**cafeïne** Koffein *o*
**café-restaurant** Gaststätte *v* mit Café
**cafetaria** Cafetaria *v*, Schnellbüfett *o*
**cahier** Schreibheft *o*, Heft *o*
**caissière** Kassiererin *v*
**caisson** Senkkasten *m*
**caissonziekte** Caisson-, Druckluftkrankheit *v*
**cake** Kuchen *m*
**calcium** Kalzium *o*
**calculatie** Berechnung *v*, Kalkulation *v*
**calculeren** berechnen, kalkulieren
**caleidoscoop** Kaleidoskop *o*
**callgirl** Nutte *v*, Dame *v* auf Abruf
**calorie** Kalorie *v*
**calvinisme** Kalvinismus *m*
**Cambrium** Kambrium *o*
**camcorder** Camcorder *m*
**camee** Kamee *v*
**camembert** Camembert *m*
**camera** Kamera *v*
**cameraman** Kameramann *m*
**camouflage** Tarnung *v*, Verschle(i)erung *v*
**camoufleren** verschleiern; mil tarnen
**campagne** Kampagne *v*; mil Feldzug *m*
**camper** Campingbus *m*, Wohnmobil *o*
**camping** Camping *o*
**Canada** Kanada *o*
**Canadees** I *m* Kanadier *m*; II *bn* kanadisch
**canapé** Sofa *o*, Kanapee *v*
**canard** Zeitungsente *v*
**cancelen** streichen, nicht stattfinden lassen
**cannabis** Hanf *m*, Cannabis *m*
**canon** 1 ⟨regel⟩ Kanon *m*, Regel *v*; 2 muz Kanon *m*
**canoniek** kanonisch, kirchlich anerkannt
**cantate** Kantate *v*
**cantharel** Pfifferling *m*, Eierschwamm *m*
**CAO** = *collectieve arbeidsovereenkomst* Tarifvertrag *m*

**capabel** fähig, kapabel
**capaciteit** 1 ⟨in 't alg.⟩ Fähigkeit *v*, Kapazität *v*; 2 ⟨v. persoon⟩ Kapazität *v*; 3 techn Leistung *v*, Leistungsfähigkeit *v*; 4 ⟨v. zaal, tank enz.⟩ Fassungsvermögen *o*
**cape** Cape *o*
**capitulatie** Kapitulation *v*
**capituleren** kapitulieren, die Waffen strecken
**cappuccino** Cappuccino *m*
**capriool** Kapriole *v*
**capsule** Kapsel *v*
**captain** Kapitän *m*; sp Mannschaftskapitän *m*; ~ *of industry* Wirtschaftskapitän *m*
**capuchon** Kapuze *v*
**cara** = *chronische aspecifieke respiratoire aandoeningen* chronisch-obstruktive Lungenkrankheit *v*
**carambole** Karambolage *v*
**caravan** Caravan *m*, Wohnanhänger *m*
**carbol** Karbol *m*, Karbolsäure *v*
**carbonpapier** Kohle-, Durchschreibpapier *o*
**carburateur** Karburator *m*, Vergaser *m*
**cardiogram** Kardiogramm *o*
**cardiologie** Kardiologie *v*
**cardioloog** Kardiologe *m*
**cargadoor** Schiffsmakler *m*
**cariës** Karies *v*
**carillon** Karillon *o*
**carnaval** Karneval *m*; Z-Duits Fasching *m*
**carnivoor** Fleischfresser *m*
**carpoolen** eine Fahrgemeinschaft *v* bilden
**carré** Viereck *o*, Karree *o*
**carrière** Karriere *v*
**carrosserie** Karosserie *v*, Aufbau *m*
**carrousel** Karussell *o*
**carter** techn Ölwanne *v*
**cartoon** Cartoon *m* & *o*
**cartoonist** Cartoonist *m*, Cartoonzeichner *m*
**cascade** Kaskade *v*, Wasserfall *m*
**casco** Kasko *o*, Schiffsrumpf *m*
**cash** Cash *o*, Bargeld *o*; ~ *betalen* bar (be-)zahlen
**casino** Kasino *o*
**cassatie** Kassation *v*
**casselerrib** Kasseler Rippenspeer *m*
**cassette** Kassette *v*, Kästchen *o*
**cassettedeck** Kassettendeck *o*
**cassetterecorder** Kassettenrekorder *m*
**cassis** Cassis *m*, schwarzer Johannisbeersaft *m*
**cast** Besetzung *v*
**castagnetten** Kastagnetten *mv*, Handklappern *mv*
**castreren** kastrieren
**casu quo** gegebenenfalls
**catacombe** Katakombe *v*
**catalogiseren** katalogisieren, verzetteln
**catalogus** Katalog *m*; *systematische* ~ Realkatalog *m*
**catamaran** Katamaran *m* & *o*
**cataract** Katarakt *m* ⟨med ook⟩ Katarakte *v*
**catastrofaal** katastrophal
**catastrofe** Katastrophe *v*
**catechisatie** Konfirmandenunterricht *m*
**catechismus** Katechismus *m*

**categorie** Kategorie v, Gattung v
**categorisch** kategorisch
**catering** Catering o
**catharsis** Katharsis v
**causaal** kausal
**causerie** Plauderei v
**cavalerie** Kavallerie v, Reiterei v
**cavia** Meerschweinchen o
**cd** = *compactdisc* Compact Disk v, CD v, CD-Platte v
**cd-rom** = *compactdisc-read only memory* comput CD-ROM v
**cd-speler** CD-Spieler m
**ceder** Zeder v
**cedille** Cedille v
**ceintuur** Gürtel m
**cel** Zelle v; *natte* ~ Naßzelle v
**celdeling** Zellteilung v
**celebreren** zelebrieren
**celibaat** Zölibat m & o; *verplicht* ~ Pflichtzölibat m & o
**celibatair** zölibatär
**cellist** Cellist m
**cello** Cello o
**cellulair** zellular
**celluloid** Zelluloid o
**cellulose** Zellulose v, Zellstoff m
**cement** Zement m
**censureren** zensurieren
**censuur** Zensur v
**cent** Cent m; *tot de laatste* ~ auf Heller und Pfennig; *hij heeft* ~*en* er hat Moneten; *geen (rode)* ~ *hebben, waard zijn* keinen (roten) Heller haben, wert sein; *tot op de laatste* ~ bis auf den letzten Heller
**centaur** Zentaur m
**centimeter** 1 ⟨maat⟩ Zentimeter o; 2 ⟨meetlint⟩ Meter-, Zentimetermaß o
**centraal** zentral; *Centraal-Afrika* Zentralafrika o; *Centraal-Afrikaanse Republiek* Zentralafrikanische Republik v; zie ook: *verwarming* en *zenuwstelsel*
**centrale** 1 ⟨in 't alg.⟩ Zentrale v; 2 ⟨bureau⟩ Zentralstelle v; *elektrische* ~ Kraftwerk o
**centralisatie** Zentralisierung v
**centraliseren** zentralisieren
**centreren** zentrieren
**centrifugaal** zentrifugal; *centrifugale kracht* Flieh-, Zentrifugalkraft v
**centrifuge** 1 ⟨in 't alg.⟩ Zentrifuge v; 2 ⟨voor de was⟩ Schleuder v
**centrifugeren** 1 ⟨v.d. was⟩ schleudern; 2 ⟨stoffen scheiden⟩ zentrifugieren
**centripetaal** zentripetal
**centrum** Zentrum o
**ceramiek** = *keramiek*
**ceremonie** Zeremonie v
**ceremonieel** zeremoniell, feierlich
**ceremoniemeester** Zeremonienmeister m
**certificaat** Zertifikat o; ~ *van aandeel* Aktienzertifikat o; ~ *van echtheid* Echtheitsbescheinigung v
**cervelaatworst** Zervelatwurst v
**cessie** Abtretung v, Überlassung v, Zession v
**cesuur** Zäsur v
**cfk's** = *chloorfluorkoolwaterstofverbindingen* Fluor-Chlor-Kohlenwasserstoffe, FCKWs mv
**chador** Tschador m
**chagrijn** Mißmut m
**chagrijnig** mürrisch
**champagne** 1 eig Champagner m; 2 ⟨Duitse⟩ Sekt m
**champignon** Champignon m
**chanson** Chanson o
**chantage** Erpressung v
**chanteren**: *iem* ~ Geld von einem erpressen, einen erpressen
**chaoot** Chaot m
**chaos** Chaos o
**chaotisch** chaotisch
**chaperonneren** chaperonieren
**chapiter** Thema o, Gegenstand m
**charge** Attacke v, Angriff m
**charlatan** Scharlatan m
**charmant** reizend, (s)charmant
**charme** Charme m, Scharm m, Reiz m
**charmeren** scharmieren, entzücken
**charter** Charter m
**charteren** chartern
**chartervliegtuig** Charterflugzeug o
**chartervlucht** Charterflug m
**chassis** auto Rahmen m
**chaufferen** (Auto) fahren
**chauffeur** Fahrer m, Chauffeur m, Schofför m
**chauvinisme** Chauvinismus m
**checken** abhaken, kontrollieren
**cheetah** Gepard m
**chef** Chef m, Vorstand m; (v. firma) Firmenchef m; ~ *de bureau* Bürochef m
**chef-staf** Stabschef m
**chemicus** Chemiker m
**chemie** Chemie v
**chemisch** chemisch
**chemokar** Müllwagen m für chemischen Abfall
**chemotherapie** Chemotherapie v
**cheque** Scheck m; ~ *aan toonder* Inhaberscheck m
**cherubijn** Cherub m
**chic** I bn schick, fein, elegant, schnittig; *een chique auto* ein schnittiger Wagen m; *een chique japon* ein elegantes Kleid o; II m 1 ⟨verfijning⟩ Eleganz v; 2 ⟨elegante mensen⟩ die elegante Welt
**chicane** Schikane v; ~s *maken* schikanieren
**chimpansee** Schimpanse m
**China** China o
**chinees** ⟨restaurant⟩ chinesisches Restaurant o, Chinese m
**1 Chinees** m Chinese m; *een rare* ~ gemeenz ein wunderlicher Kauz (Heiliger) m
**2 Chinees** I bn chinesisch; II o ⟨taal⟩ Chinesisch o
**chinezen** 1 ⟨in Chinees restaurant⟩ beim Chinesen essen (gehen); 2 ⟨heroïne⟩ Heroin ziehen
**chip** comput Chip m
**chips** ⟨zoutjes⟩ Chips mv
**chiropracticus** Chiropraktiker m, -praktikerin v
**chirurg** Chirurg m
**chirurgie** Chirurgie v
**chloor** Chlor o

**chloroform** Chloroform o
**chocola** Schokolade v; *ik kan er geen ~ van maken* ich kann mir keinen Reim m darauf machen
**chocolaatje** Schokoladenplätzchen o
**chocolademelk** Schokolade v, Kakao m
**chocoladepasta** Schokoladencreme v
**cholera** Cholera v
**choqueren** schockieren
**choreograaf** Choreograph m
**Chr.** = *Christus*
**christelijk** christlich
**christen** Christ m
**christen-democraat** Christdemokrat m
**christen-democratisch** christdemokratisch
**christendom** Christentum o
**Christus** Christ(us) m; *voor ~* vor Christo
**chromosoom** Chromosom o, Kernschleife v
**chronisch** chronisch; *~e hoest* Stockhusten m
**chronologie** Chronologie v
**chronometer** Chronometer o
**chroom** Chrom o
**chrysant** Chrysantheme v
**cichorei** Zichorie v
**cider** Zider m
**cijfer** Ziffer v; ⟨op school ook⟩ Note v, Zensur v; *rode ~s* rote Zahlen; *in ~s* ziffernmäßig
**cijferen** rechnen
**cijferlijst** Zensuren mv
**cijfermateriaal** Zahlenmaterial o
**cijferslot** Zahlenschloß o
**cijns** Zins m
**cilinder** Zylinder m
**cineast** Filmregisseur m
**cipier** Gefängniswärter m
**cipres** Zypresse v
**circa** zirka
**circuit** Renn-, Rundstrecke v
**circulaire** Rundschreiben o, Zirkular o
**circulatie** Umlauf m, Zirkulation v; *in ~ brengen* in Umlauf bringen
**circuleren** umlaufen, zirkulieren
**circus** Zirkus m
**cirkel** Kreis m
**cirkelen** kreisen
**cirkelredenering** Zirkelschluß m
**cirkelzaag** Kreis-, Zirkelsäge v
**cis** muz Cis o
**ciseleren** ziselieren
**citaat** Anführung v, Zitat o
**citadel** Zitadelle v
**citer** Zither v
**citeren** zitieren, anführen
**citroen** Zitrone v
**citroengeel** zitronengelb
**citroenzuur** Zitronensäure v
**civetkat** Zibetkatze v
**civiel** 1 ⟨burgerlijk⟩ zivil, bürgerlich; 2 ⟨beleefd⟩ höflich; *het ~ recht* das Zivilrecht; *~e zaak* Zivilsache v
**civilisatie** Zivilisation v, Gesittung v
**civiliseren** zivilisieren, bilden
**claim** 1 ⟨eis⟩ Forderung v; 2 ⟨bij effecten⟩ Bezugsschein m; *een ~ indienen* eine Forderung geltend machen; *een ~ leggen op* Anspruch m auf etwas erheben
**claimen** 1 ⟨opeisen⟩ fordern; 2 ⟨beweren⟩ behaupten
**clandestien** ⟨heimelijk⟩ heimlich; *~e handel* Schwarzhandel m; *~e zender* Schwarzsender m
**classicisme** Klassizismus m
**classicus** ⟨filoloog⟩ Altphilologe m
**classificatie** Klassifizierung v, -fikation v
**classificeren** klassifizieren, einteilen
**clausule** Klausel v
**claxon** Autohupe v, Hupe v
**claxonneren** hupen
**clean** 1 ⟨schoon⟩ sauber; 2 ⟨vrij van drugs⟩ clean; 3 ⟨zonder emoties⟩ nüchtern
**clematis** Waldrebe v, Clematis v
**clement** gnädig, barmherzig
**clementie** Gnade v
**clerus** Klerus m
**cliché** Klischee o, Druck-, Bildstock m
**clichématig** schablonenhaft, klischeehaft
**cliënt** 1 ⟨in 't alg.⟩ Klient m; 2 ⟨klant⟩ Kunde m; 3 ⟨v. advocaat⟩ Mandant m
**clientèle** Kundschaft v
**climax** Klimax v
**clinch**: *met iem. in de ~ liggen* mit einem im Clinch liegen
**clip** 1 ⟨videoclip⟩ Clip m; 2 ⟨paperclip⟩ Büroklammer v
**clitoris** Klitoris v, Kitzler m
**clochard** Clochard m
**closet** Abort m, Klosett o
**close-up** Nah-, Großaufnahme v
**clou** Pointe v, Clou m
**clown** Clown m
**club** Klub m
**clubfauteuil** Klubsessel m
**clubhuis** Vereinshaus o, Klubhaus o
**clubkaart** sp Klubausweis o
**cm** = *centimeter*
**coach** sp Coach m, Trainer m
**coachen** sp coachen
**coalitie** Koalition v
**coassistent** med Famulus m; *~ zijn* famulieren
**coaxkabel** Koaxialkabel o
**cobra** Kobra v
**cocaïne** Kokain o; *slang* Koks m, Schnee m
**cockerspaniël** Cockerspaniel m
**cockpit** luchtv Pilotraum m
**cocktail** Cocktail m
**cocktailjurk** Cocktailkleid o
**cocon** Kokon m
**code** Kode m
**coderen** chiffrieren, verschlüsseln
**codex** Kodex m
**codicil** Kodizill o
**coëfficiënt** Koeffizient m
**coëxistentie** Koexistenz v
**coffeeshop** 1 ⟨koffiehuis⟩ Café o; 2 ⟨in Nederland⟩ Coffeeshop m, Drogencafé o
**cognac** Kognak o; *Duitse ~* Weinbrand m
**coherent** zusammenhängend, kohärent
**coherentie** Zusammenhang m, Kohärenz v
**cohesie** Kohäsion v
**coiffeur** Friseur m
**cokes** Koks m

**cola** Coka *o* & *v*, Cola *o* & *v*
**colbert** Jackett *o*, Jacke *v*
**collaborateur** Kollaborateur *m*
**collaboreren** kollaborieren
**collage** Collage *v*
**collaps** Kollaps *m*
**collectant** Kollektant *m*
**collecte** Kollekte *v*, (Ein)sammlung *v*
**collectebus** Sammelbüchse *v*
**collecteren** (ein)sammeln, kollektieren
**collectie** Sammlung *v*, Kollektion *v*
**collectief** I *o* 1 (groep) Kollektiv *o*; 2 (in socialistische landen) Produktionsgemeinschaft *v*; II *bn* kollektiv; *collectieve lasten* gemeinsame Lasten *mv*; *collectieve sector* öffentlicher Bereich *m*; zie ook: CAO
**collega** Kollege *m*, Kollegin *v*
**college** 1 (bestuurslichaam) Kollegium *o*; 2 (aan universiteit) Vorlesung *v*, Seminar *o*; ~ *geven* eine Vorlesung (Seminar) halten; ~ *lopen* Vorlesungen besuchen; ~ *van B. en W.* Magistratskollegium *o*
**collegegeld** Studiengebühren *mv*
**collegekaart** Studentenausweis *m*
**collegezaal** Hörsaal *m*, Auditorium *o*
**collegiaal** kollegial
**collie** Collie *m*
**collier** Kollier *o*
**colonne** Kolonne *v*
**coloradokever** Kolorado-, Kartoffelkäfer *m*
**colportage** Hausierhandel *m*; Kolportage *v*
**colporteren** hausieren; kolportieren
**colporteur** Kolporteur *m*
**coltrui** Roll(kragen)pullover *m*
**column** Kolumne *v*
**columnist** Kolumnist *m*
**combi** Kombi *m*
**combinatie** Kombination *v*
**combinatietang** Kombizange *v*
**combine** landb Kombine *v*, Mähdrescher *m*
**combineren** kombinieren
**combo** Combo *o*
**come-back** Comeback *o*
**comfort** Behaglichkeit *v*, Komfort *m*
**comfortabel** behaglich, komfortabel
**comité** Ausschuß *m*, Komitee *o*
**commandant** Kommandant *m*; *plaatselijk* ~ Ortskommandant *m*
**commanderen** befehlen, kommandieren; *een regiment* ~ ein Regiment befehligen
**commando** 1 (bevel; gezag; comput) Befehl *m*, Kommando *o*; 2 (troepenafdeling) Kommando *o*
**commentaar** Kommentar *m*; ~ *op* Kommentar zu
**commentariëren** kommentieren
**commentator** Kommentator *m*
**commercie** Handel *m*, Kommerz *m*
**commercieel** kaufmännisch, wirtschaftlich, kommerziell; *commerciële belangen* wirtschaftliche Interessen; *commerciële televisie* Privatfernsehen *o*
**commissariaat** 1 (in 't alg.) Kommissariat *m*; 2 handel Sitz im (in einem) Aufsichtsrat; 3 (politie) von einem Polizeikommissar geleitetes Polizeiamt
**commissaris** 1 (in 't alg.) Kommissar *m*; 2 (v.e. vennootschap) Aufsichtsrat *m*; ~ *van de Koningin* Vertreter *m* der Königin in einer Provinz; ~ *van politie* Polizeikommissar *m*
**commissie** 1 handel Kommission *v*; 2 (comité) Ausschuß *m*, Kommission *v*
**commissionair** Kommissionär *m*; ~ *in effecten* Effektenmakler *m*
**commode** Kommode *v*
**commotie** Aufregung *v*, Erregung *v*
**commune** Wohngemeinschaft *v*, Kommune *v*
**communicant** Kommunikant *m*, Abendmahlsgänger *m*
**communicatie** Kommunikation *v*; (verbinding) Verbindung *v*
**communicatief** kommunikativ
**communicatiesatelliet** Kommunikations-, Nachrichtensatellit *m*
**communiceren** kommunizieren; ~*de vaten* kommunizierende Röhren *mv*
**communie** RK Kommunion *v*; *eerste* ~ Erstkommunion *v*; ~ *doen* zur heiligen Kommunion gehen
**communiqué** Kommuniqué *o*, Verlautbarung *v*
**communisme** Kommunismus *m*
**communist** Kommunist *m*
**compact** kompakt, gedrängt
**compactdisc** Compact Disk *v*
**compagnie** 1 handel Kompagnie *v*; 2 mil Kompanie *v*
**compagnon** Teilhaber *m*, Kompagnon *m*
**compartiment** Abteil *o*
**compatibel** kompatibel
**compendium** Kompendium *o*
**compensatie** 1 handel Ausgleich *m*; 2 (vergoeding) Vergütung *v*; (plaatsvervangend) Ersatz *m*
**compenseren** ausgleichen, kompensieren
**competent** zuständig, befugt, kompetent
**competentie** Zuständigkeit *v*, Kompetenz *v*; *dat behoort niet tot mijn* ~ dafür bin ich nicht zuständig
**competitie** 1 (mededinging) Wettbewerb *m*; 2 sp Spielsaison *v*
**competitiewedstrijd** Punktspiel *o*
**compilatie** Kompilation *v*
**compileren** kompilieren, zusammentragen
**compleet** vollständig, komplett
**complement** Ergänzung *v*, Komplement *o*
**complementair**: ~*e kleur* Komplementärfarbe *v*
**completeren** ergänzen, vervollständigen
**complex** I *o* (ook psychisch) Komplex *m*; II *bn* komplex
**complicatie** Komplikation *v*, Verwicklung *v*
**compliceren** komplizieren
**compliment** Kompliment *o*; *iem. een* ~ *maken* jmdm. ein Kompliment machen
**complimenteren** komplimentieren
**complimenteus** artig, sehr höflich
**complot** Komplott *o*, Verschwörung *v*
**complotteren** komplottieren
**component** Komponente *v*
**componeren** vertonen, komponieren

**componist** Komponist *m*, Tonsetzer *m*
**compositie** Komposition *v*; ⟨samenstelling ook⟩ Zusammensetzung *v*
**compositiefoto** Phantombild *o*
**compost** Kompost *m*
**comprimeren** verdichten, komprimieren
**compromis** Kompromiß *m* & *o*
**compromitteren** bloßstellen, kompromittieren
**computer** Computer *m*, Rechner *m*, Datenverarbeiter *m*
**computerbestand** Datei *v*
**computerkraker** Hacker *m*
**computervirus** Computervirus *m*
**concaaf** konkav, hohlrund
**concentratie** Konzentration *v*
**concentratiekamp** Konzentrationslager *o*, KZ *o*
**concentreren** konzentrieren
**concentrisch** konzentrisch
**concept** Konzept *o*
**conceptie** Konzeption *v*, Befruchtung *v*
**concern** Konzern *m*
**concert** Konzert *o*
**concertmeester** Konzertmeister *m*
**concessie** Konzession *v*; ~*s doen* Zugeständnisse, Konzessionen machen
**conciërge** Hausmeister *m*
**concilie** Konzil *o*
**concipiëren** konzipieren
**conclaaf** Konklave *o*
**concluderen 1** ⟨in 't alg.⟩ folgern, schließen; **2** ⟨bij rechtbank⟩ beantragen; *uit deze woorden concludeerde men dat...* aus diesen Worten folgerte man, daß...
**conclusie 1** ⟨in 't alg.⟩ Folgerung *v*; **2** ⟨v. advocaat⟩ Schriftsatz *m*
**concours** Wettkampf *m*; ~ *hippique* Reit- und Fahrtturnier *o*
**concreet** konkret, gegenständlich
**concretiseren** konkretisieren
**concubinaat** Konkubinat *o*, wilde Ehe *v*
**concubine** Konkubine *v*
**concurrent** Konkurrent *m*
**concurrentie 1** ⟨het concurreren⟩ Wettbewerb *m*, Konkurrenz *v*; **2** ⟨de concurrenten⟩ Konkurrenz *v*; *oneerlijke* ~ unlauterer Wettbewerb *m*
**concurreren** konkurrieren
**condens** Kondenswasser *o*
**condensatie** Kondensation *v*
**condensator** Kondensator *m*
**condenseren** kondensieren
**conditie 1** ⟨voorwaarde⟩ Bedingung *v*; **2** ⟨toestand⟩ Zustand *m*; **3** sp Kondition *v*; *lichamelijke* ~ körperliche Beschaffenheit *v*; *in* ~ *zijn* sp in Form sein
**conditietraining** Konditionstraining *o*
**conditioneren** konditionieren
**condoleren** kondolieren (+ 3); *iem. met een verlies* ~ einem zum Verlust kondolieren; *wel gecondoleerd* mein herzliches Beileid
**condoom** Kondom *o*
**conducteur** Schaffner *m*
**confectie** Konfektion *v*, Fertigkleidung *v*
**confederatie** *v* Konföderation *v*
**conferencier** Conférencier *m*
**conferentie** Konferenz *v*

**confereren** beraten, konferieren
**confessie** Konfession *v*, Bekenntnis *o*
**confessioneel** konfessionell
**confetti** Konfetti *o*
**confidentieel** konfidentiell
**confiscatie** Konfiskation *v*, Beschlagnahme *v*
**confisqueren** beschlagnahmen
**confituren** Konfitüren *mv*
**conflict** Konflikt *m*, Auseinandersetzung *v*; *in* ~ *komen met* in Konflikt geraten mit
**conform** ⟨overeenkomstig⟩ gemäß; ~ *de eis* recht antragsgemäß; ~ *de voorschriften* den Anordnungen gemäß; *voor kopie* ~ für gleichlautende Abschrift
**conformeren**: *zich* ~ *aan* sich anpassen (+ 3), sich fügen (+ 3); *zich* ~ *aan een mening* sich einer Meinung anpassen
**conformisme** Konformismus *m*
**confrontatie** Konfrontation *v*
**confronteren** konfrontieren
**confuus** verwirrt, konfus
**congé** Abschied *m*; Entlassung *v*
**congregatie** Kongregation *v*
**congres** Kongreß *m*, Tagung *v*
**congruent** kongruent, deckungsgleich
**congruentie** Kongruenz *v*, Deckungsgleichheit *v*
**conifeer** Nadelbaum *m*, Konifere *v*
**conjunctie 1** gramm Konjunktion *v*, Bindewort *o*; **2** astron Konjunktion *v*
**conjunctief** gramm Konjunktiv *m*, Möglichkeitsform *v*
**conjunctuur** Konjunktur *v*, Wirtschaftslage *v*
**connectie** Konnex *m*, Konnexion *v*, Verbindung *v*
**connotatie** Nebenbedeutung *v*, Assoziation *v*
**conrector** stellvertretender Direktor *m* einer höher(e)n Schule
**consciëntieus** gewissenhaft
**consecratie** Konsekration *v*
**consensus** Konsens *m*
**consequent** folgerichtig, konsequent
**consequentie** Folgerichtigkeit *v*, Konsequenz *v*
**conservatief** konservativ
**conservator** Konservator *m*
**conservatorium** Musikhochschule *v*
**conserven** Konserven *mv*
**conserveren** konservieren; ⟨v. levensmiddelen ook⟩ haltbar machen
**conserveringsmiddel** Konservierungsstoff *m*
**consideratie** Erwägung *v*; ~ *hebben met* Rücksicht nehmen auf (+ 4)
**consigne** Parole *v*
**consistent** konsistent
**consistentie** Konsistenz *v*
**consolidatie** Konsolidierung *v*
**consolideren** konsolidieren
**consonant** Konsonant *m*, Mitlaut *m*
**consorten** Konsorten *mv*, Genossen *mv*
**consortium** Konsortium *o*
**constant** beständig, konstant
**constante** Konstante *v*
**constateren** feststellen, konstatieren

**constellatie** Konstellation v
**consternatie** Bestürzung v
**constipatie** Konstipation v, Verstopfung v
**constitutie** 1 ⟨grondwet⟩ Verfassung v; 2 ⟨lichamelijk⟩ Konstitution v
**constitutioneel** verfassungsmäßig, konstitutionell; *het Constitutionele Hof* das Bundesverfassungsgericht o
**constructie** Konstruktion v
**constructief** konstruktiv
**construeren** konstruieren
**consul** Konsul m; *honorair* ~ Ehrenkonsul m
**consulaat** Konsulat o
**consulent** Berater m, Konsulent m
**consult** Konsultation v
**consultatiebureau** ⟨in 't alg.⟩ Beratungsstelle v; ⟨voor zuigelingen⟩ Mütterberatung v
**consulteren** konsultieren
**consument** Verbraucher m, Konsument m; *de* ~*en* ⟨ook⟩ die Verbraucherschaft
**consumeren** konsumieren, verzehren
**consumptie** 1 ⟨in 't alg.⟩ Verbrauch m; 2 ⟨in café, restaurant⟩ Getränk o, Platte v, das Bestellte
**consumptiebon** Verzehrgutschein m
**consumptief** konsumtiv; *consumptieve bestedingen* Verbrauchsausgaben mv; ~ *krediet* Konsumkredit m
**consumptie-ijs** Speiseeis o
**consumptiemaatschappij** Konsumgesellschaft v
**contact** 1 ⟨in 't alg.⟩ Kontakt m, Berührung v; 2 elektr Kontakt m; ~ *met de grond* luchtv Bodenkontakt m; ~*en leggen* Kontakte herstellen; *in* ~ *treden met* Kontakt aufnehmen mit, in Verbindung treten mit
**contactadvertentie** Kontaktanzeige v
**contactdoos** Steck-, Kontakt-, Anschlußdose v
**contactgestoord** kontaktgestört
**contactlens** Haftschale v, Kontaktglas o
**contactlijm** Kontaktkleber m
**contactpersoon** Kontaktperson v, Kontakter m
**contactsleutel** Zündschlüssel m
**container** Container m
**contaminatie** Kontamination v
**contant** bar, kontant; *à* ~ gegen Kasse; *tegen* ~*e betaling* gegen Barzahlung v
**contanten** Bargeld o, -schaft v
**content** zufrieden
**context** Kontext m; fig Zusammenhang m
**continentaal** kontinental; ~ *plat* Kontinentalsockel m
**contingent** Quote v, Kontingent o
**continu** kontinuierlich
**continubedrijf** Dauerbetrieb m
**continueren** weiterführen, fortsetzen
**continuïteit** Kontinuität v
**contour** Kontur v
**contra** I *bijw* gegen, kontra; II o Kontra o
**contrabande** Bannware v
**contrabas** Kontrabaß m
**contraceptie** Empfängnisverhütung v
**contract** Vertrag m, Kontrakt m; *een* ~ *opmaken* einen Kontrakt, Vertrag aufsetzen; *volgens* ~ vertraglich
**contracteren** kontrahieren
**contractueel** vertraglich; *contractuele verplichtingen* Vertragsverpflichtungen mv
**contragewicht** Gegengewicht o
**contramine**: *in de* ~ *zijn* entgegengesetzter Meinung sein; ⟨altijd⟩ ein Querkopf sein
**contraproductief** kontraproduktiv
**contrapunt** muz Kontrapunkt m
**contraspionage** ⟨de activiteit⟩ Gegenspionage v; ⟨de dienst⟩ Abwehrdienst m
**contrast** Kontrast m
**contreien** Gegend v
**contributie** Mitgliedsbeitrag m
**controle** Kontrolle v; ~ *van overheidswege* behördliche Kontrolle
**controleren** kontrollieren, nachprüfen; ~*d geneesheer* Kontrollarzt m
**controleur** Kontrolleur m, Aufsichtsbeamte(r) m-v
**controverse** Kontroverse v
**conveniëren** konvenieren, passen, gelegen sein
**conventie** 1 ⟨verdrag⟩ Konvention v; 2 ⟨gewoonte⟩ Herkommen o; *Conventie van Genève* Genfer Konvention
**conventioneel** konventionell
**convergeren** konvergieren
**conversatie** Konversation v, Unterhaltung v
**converseren** sich unterhalten, Konversation machen
**conversie** Konversion v
**converteren** konvertieren, umwandeln
**convex** konvex, erhaben, gewölbt
**convocatie** 1 ⟨bijeenroeping⟩ Einberufung v, Konvokation v; 2 ⟨brief⟩ Einladungszettel m
**coöperatie** 1 ⟨samenwerking⟩ Kooperation v; 2 ⟨vereniging⟩ Genossenschaft v; 3 ⟨winkel⟩ Konsumgeschäft o
**coöperatief** genossenschaftlich, kooperativ; *coöperatieve vereniging* eingetragene Genossenschaft v
**coördinaten** Koordinaten mv
**coördinatenstelsel** Koordinatensystem o
**coördinatie** Koordination v
**coördinator** Koordinator m, Koordinatorin v
**coördineren** koordinieren
**copieus** kopiös, üppig
**copuleren** kopulieren
**copyright** Copyright o, Verlagsrecht o
**copywriter** Werbetexter m
**corduroy** I o Cord(samt) m, Kord(samt) m; II bn Cord-, Kord-; *een* ~ *broek* eine Cord-, Kordhose v
**cornedbeef** Corned beef o
**corner** sp Eckstoß m, -ball m
**corpus** Korpus m
**correct** korrekt
**correctie** 1 ⟨verbetering v. fouten⟩ Berichtigung v, Korrektur v; 2 ⟨terechtwijzing⟩ Zurechtweisung v
**corrector** Korrektor m
**correlatie** Korrelation v
**correleren** korrelieren

**correspondent** Korrespondent *m*
**correspondentie** Korrespondenz *v*, Briefwechsel *m*
**corresponderen** korrespondieren; ⟨overeenkomen met: ook⟩ entsprechen (+ 3)
**corridor** Korridor *m*; ⟨in huis ook⟩ Flur *m*
**corrigeren** berichtigen, verbessern, korrigieren; *een drukproef ~* eine Korrektur lesen
**corrosie** Korrosion *v*
**corrumperen** korrumpieren
**corrupt** korrupt
**corruptie** Korruption *v*
**corsage** Ansteckblume *v*
**corso** Korso *m*
**corvee 1** ⟨huishoudelijk werk⟩ Dienst *m*; **2** ⟨vervelend werk⟩ unangenehme Arbeit *v*; *~ hebben* Dienst haben
**coryfee** Koryphäe *m*
**cosinus** Kosinus *m*
**cosmetica** Kosmetik *mv*
**cosmetisch** kosmetisch
**cotangens** Kotangens *m*
**couchette** Liegesitz *m*
**coulant** kulant
**coulisse** Kulisse *v*; *achter de ~n kijken* fig hinter die Kulissen sehen
**counter 1** sp Konter *m*; **2** ⟨balie⟩ Counter *m*
**counteren** sp kontern
**coup** Coup *m*, Streich *m*, Putsch *m*; *een ~ plegen* einen Coup ausführen, putschen
**coupe 1** ⟨snit⟩ Schnitt *m*; **2** ⟨schaaltje⟩ Schale *v*; *~ soleil* Strähne *v*
**coupé** ⟨v. trein⟩ Abteil *o*
**couperen 1** ⟨dier⟩ kupieren; **2** kaartsp abheben; **3** ⟨oren⟩ stutzen; **4** ⟨tekst⟩ kürzen
**couplet 1** ⟨lieddeel⟩ Strophe *v*; **2** ⟨lied⟩ Couplet *o*; *laatste ~* Schlußstrophe *v*
**coupon** Kupon *m*
**coupure 1** ⟨uit film e.d.⟩ Kürzung *v*; **2** ⟨v. waardepapier⟩ Abschnitt *m*
**coureur** Rennfahrer *m*
**courgette** Zucchini *mv*, Zucchino *m*
**courtage** Maklergebühr *v*, Courtage *v*
**courtisane** Kurtisane *v*
**couscous** Couscous *m & o*, Kuskus *m & o*
**couturier** (Haute) Couturier *m*
**couveuse 1** ⟨v. baby's⟩ Brutkasten *m*, Inkubator *m*; **2** ⟨v. eieren⟩ Brutmaschine *v*
**couveusekind** Brutkastenkind *o*
**cover 1** ⟨boekomslag⟩ Einband *m*; **2** ⟨v.e. lied⟩ Neuaufnahme *v*
**coveren** ⟨v.e. lied⟩ eine Neufassung herausbringen
**cowboy** Cowboy *m*
**crack 1** ⟨uitblinker⟩ Crack *m*, As *o*; **2** ⟨drug⟩ Crack *m*
**crash 1** ⟨v. auto⟩ Zusammenstoß *m*; ⟨v. vliegtuig⟩ Absturz *m*; **2** ⟨v.d. beurs⟩ Krach *m*
**crashen 1** ⟨v. auto, vliegtuig⟩ einen Unfall erleiden; ⟨v.d. beurs⟩ krachen; **3** ⟨persoon⟩ crashen
**crawlen** kraulen; *'t ~* das Kraul(schwimmen)
**creatie** Kreation
**creatief** schöpferisch, kreativ
**creativiteit** Kreativität *v*
**creatuur** Kreatur *v* ⟨ook ongunstig⟩; Geschöpf *o*
**crèche** Kinderkrippe *v*, Kindertagesstätte *v*, Kita *v*
**credit** Kredit *o*, Haben *o*
**creditcard** Kreditkarte *v*
**crediteren** kreditieren
**crediteur** Gläubiger *m*, Kreditor *m*
**creëren** kreieren
**crematie** Feuerbestattung *v*, Einäscherung *v*
**crematorium** Krematorium *o*
**crème** Krem *m-v*, Creme *v*
**cremeren** feuerbestatten, kremieren
**crêpe 1** ⟨weefsel⟩ Krepp *m*; **2** ⟨flensje⟩ dünner Pfannkuchen *m*, Crêpe *v*
**crepeergeval** Elendsfall *m*
**crêpepapier** Kreppapier *o*
**creperen** krepieren
**cricket** Kricket *o*
**crime**: *'t is een ~* es ist schlimm
**criminaliteit** Kriminalität *v*
**crimineel** kriminell; *criminele jeugd* straffällige Jugend *v*
**criminologie** Kriminologie *v*
**crisis** Krise *v*; *tegen een ~ bestand* krisenfest
**criterium** Kriterium *o*
**criticus** Kritiker *m*
**croissant** Croissant *o*, Hörnchen *o*
**cross-country** Cross-Country
**crossen 1** sp an einem Cross-Country teilnehmen; **2** ⟨wild rijden⟩ rasen
**crossfiets 1** ⟨voor kinderen⟩ BMX-Rad *o*; **2** ⟨voor veldrijden⟩ Crossrad *o*
**crossmotor** Geländemaschine *v*
**cru** krude
**cruciaal** entscheidend
**crucifix** Kruzifix *o*
**cruise** Kreuzfahrt *v*
**cryptisch** kryptisch
**cryptogram** ⟨puzzel⟩ Kryptogramm *o*
**culinair** kulinarisch
**cultiveren** kultivieren; ⟨fig ook⟩ pflegen
**cultureel** kulturell; *~ akkoord* Kulturabkommen *o*; *culturele uitwisseling* Kulturaustausch *m*
**cultus** Kultus *m*, Kult *m*
**cultuur 1** ⟨in 't alg.⟩ Kultur *v*; **2** ⟨geestelijke verfijndheid⟩ Bildung *v*; *land in ~ brengen* Land urbar machen
**cultuurbarbaar** Kulturbanause *m*
**cultuurgeschiedenis** Kulturgeschichte *v*
**cultuurvolk** Kulturvolk *o*
**cumulatief** kumulativ
**cup 1** sp Cup *m*, Pokal *m*; **2** ⟨onderdeel v. bh⟩ Cup *m*
**cupfinale** Cupfinale *o*, Pokalendspiel *o*
**curatele** Vormundschaft *v*; *onder ~ staan* entmündigt sein; *onder ~ stellen* entmündigen
**curator 1** ⟨in 't alg.⟩ Kurator *m*; **2** ⟨bij faillissement⟩ Konkursverwalter *m*
**curetteren** ausschaben, kürettieren
**curie** RK Kurie *v*
**curieus** kurios, seltsam
**curiositeit** Kuriosität *v*
**curiosum** Kuriosum *o*
**curling** Eisschießen *o*, Curling *o*

**cursief** kursiv
**cursiefje** Kolumne *v*
**cursist** Kursteilnehmer *m*
**cursiveren** kursiv drucken
**cursor** comput Cursor *m*, Positionsanzeiger *m*
**cursus** Kurs *m*, Lehrgang *m*; *schriftelijke* ~ Fernkurs *m*
**curve** Kurve *v*
**cyaankali** Zyankali(um) *o*
**cyclaam** Zyklame *v*, Alpenveilchen *o*
**cyclisch** zyklisch
**cycloon** Zyklon *m*, Wirbelsturm *m*
**cycloop** Zyklop *m*
**cyclus** Zyklus *m*
**cynicus** Zyniker *m*
**cynisch** zynisch
**cynisme** Zynismus *m*
**cypers**: ~*e kat* Zyperkatze *v*
**Cyprioot** Zypriot *m*
**Cypriotisch** zyprisch
**Cyprus** Zypern *o*
**cyrillisch** kyrillisch
**cyste** Zyste *v*

# D

**d** der Buchstabe D, das D

**daad** Tat *v*; ~ *van geweld* Gewaltakt *m*; *de* ~ *bij 't woord voegen* dem Worte (den Worten) die Tat folgen lassen

**daadwerkelijk** tatsächlich, wirklich; ~ *verzet* aktiver Widerstand *m*

**daags I** *bijw* **1** (per dag) täglich; **2** (op de dag) am Tage, tags; ~ *tevoren* tags zuvor; *driemaal* ~ dreimal täglich; **II** *bn* (voor/van alle dagen) alltäglich; ~ *pak* Alltagsanzug *m*

**daalder** Taler *m*

**daar I** *bijw* **1** (plaats) da, dort; **2** (richting) dahin, dorthin; *ga* ~ *staan* stelle dich dorthin; **II** *voegw* weil, da

**daarbeneden** darunter; *boeken van 22 mark en* ~ Bücher von 22 Mark an abwärts

**daarbij 1** (in de buurt) dabei; **2** (bovendien) dazu; ~ *zal 't blijven* dabei bleibt es; *hoe kom je* ~? wie kommst du darauf?; ~ *komt nog* es kommt noch hinzu

**daarboven** droben, oben; *boeken van 22 mark en* ~ Bücher von 22 Mark und drüber

**daardoor** dadurch

**daarentegen** da-, hingegen

**daargelaten:** ~ *dat* abgesehen davon, daß...; *uitzonderingen* ~ abgesehen von einigen Ausnahmen

**daarheen** dahin, dorthin

**daarin 1** (plaats) darin; **2** (richting) dahinein; *leg 't boek* ~ lege das Buch dahinein; *'t ligt daar al in* es liegt schon darin

**daarlangs 1** (in 't alg.) dort entlang; **2** ⟨voorbij⟩ an dem Ort, an der Stelle (usw.) vorüber, vorbei; **3** ⟨een weg volgend⟩ auf dem Wege; *ik kom dagelijks* ~ ich komme täglich daran vorbei, vorüber

**daarlaten** auf sich beruhen lassen

**daarna** darauf, danach, nachher

**daarnaast** daneben; *de kamer* ~ das Zimmer nebenan

**daarnet** soeben, vorhin

**daarom** darum, deshalb, daher

**daaromheen** darum herum

**daaromtrent 1** ⟨daarover⟩ darüber; **2** ⟨ongeveer⟩ ungefähr; **3** (in die buurt) da herum; *1000 mark of* ~ ungefähr 1000 Mark

**daaronder** darunter; *de kosten* ~ *begrepen* einschließlich der Kosten

**daarop 1** (plaats) darauf; **2** (beweging) dahinauf

**daaropvolgend** darauffolgend

**daarover** darüber

**daartegen** dagegen

**daartegenover** demgegenüber

**daartoe** dazu

**daartussen** dazwischen

**daaruit** daraus

**daarvan** davon; *wat zeg je* ~? was sagst du dazu?

**daarvandaan** daher

**daarvoor 1** ⟨doel⟩ dafür; **2** ⟨plaats⟩ davor; **3** ⟨tevoren⟩ zuvor; *de dag* ~ am Tage zuvor; *uit vrees, angst* ~ aus Angst davor

**dadel** Dattel *v*

**dadelijk** gleich, sogleich, sofort; *ik kom* ~ ich komme gleich

**dadelpalm** Dattelpalme *v*

**dader** Täter *m*

**dag** Tag *m*; ~! (guten) Tag!; ⟨bij afscheid⟩ auf Wiedersehen!; *de godganse* ~ den lieben langen Tag; *open* ~ Tag der offenen Tür; *de volgende* ~ tags darauf; *doordeweekse* ~ Wochentag *m*; *de* ~ *tevoren* tags zuvor; *dezer* ~*en* heutzutage; ⟨toekomst⟩ dieser (nächster) Tage; *een* ~ *of acht* etwa acht Tage; *een* ~*je ouder worden* altern; ~ *in,* ~ *uit* tagaus, tagein; *aan de* ~ *komen, leggen* an den Tag kommen, legen; *bij de* ~ *leven* in den Tag hineinleben; *om de andere* ~ jeden zweiten Tag; *op deze* ~ an diesem Tag; *op klaarlichte* ~ am hellichten Tage; *op zijn oude* ~ auf seinen alten Tage; *vandaag over acht* ~*en* heute in acht Tagen; *van* ~ *tot* ~ von Tag zu Tag; *voor de* ~ *komen* zum Vorschein kommen; *met iets voor de* ~ *komen* mit etwas (3) hervortreten; *voor* ~ *en dauw* vor Tau und Tag; *voor de* ~ *ermee!* heraus damit!; *werk voor halve* ~*en* Halbtagsarbeit *v*

**dagafschrift** (v. bank) Tagesauszug *m*

**dagblad** Zeitung *v*, Tageblatt *o*, Tageszeitung *v*

**dagboek** Tagebuch *o*

**dagdief** Tagedieb *m*, Faulpelz *m*

**dagdienst 1** ⟨dienst overdag⟩ Tagdienst *m*; ⟨bij ploegendienst⟩ Tagschicht *v*; **2** (in dienstregeling) Tagesdienst *m*

**dagdromer** Träumer *m*

**dagdroom** Tagtraum *m*, Wachtraum *m*

**dagelijks** täglich; *de* ~*e behoefte* der Tagesbedarf; *'t* ~ *bestuur* der geschäftsführende Ausschuß, die Geschäftsführung; ~ *leven* Alltagsleben *o*

**dagen** (dag worden) tagen; *voor 't gerecht* ~ *vorladen*; *het begint me te* ~ es dämmert mir

**dagenlang** tagelang

**dageraad** Morgenröte *v*, Tagesanbruch *m*

**daggeld 1** ⟨dagloon⟩ Tagelohn *m*; **2** ⟨vergoeding⟩ Tagegeld *o*; **3** *handel* Tagesgeld *o*

**dagjesmens** Ausflügler *m*

**daglicht** Tageslicht *o*; *het* ~ *niet kunnen velen* das Licht scheuen; *in een verkeerd* ~ *plaatsen* in ein schlechtes Licht setzen, stellen

**dagloner** Tagelöhner *m*

**dagloon** Tagelohn *m*

**dagmars** Tagesmarsch *m*

**dagschotel** Tagesmenü *o*

**dagtekening** Datum *v*

**dagtocht** Tagesausflug *m*

**dagvaarden** vor Gericht laden

**dagvaarding 1** (in 't alg.) gerichtliche Vorladung *v*; **2** ⟨aanklacht⟩ Klageschrift *v*

**dagwaarde** Tageswert *m*

**dagwerk** Tagesarbeit *v*; *daar heb je* ~ *aan* damit hat man den ganzen Tag zu tun

**dahlia** Dahlie *v*

**dak** Dach o; *een ~ boven 't hoofd hebben* ein Dach über dem Kopf haben; *iem. onder ~ brengen* einen unter Dach bringen; *onder ~ zijn* unter Dach und Fach sein; *iem. op zijn ~ komen* einem aufs Dach steigen; *uit zijn ~ gaan* außer Rand und Band geraten; ausflippen; *van de ~en verkondigen* von den Dächern predigen; *men schreeuwt het van de ~en* die Spatzen pfeifen es von den Dächern
**dakgoot** Dachrinne v
**dakhaas** schertsend Dachhase m
**dakloos** obdachlos
**dakpan** Dachziegel m; *gegolfde ~* Dachpfanne v
**dakterras** Dachterrasse v
**daktuin** Dachgarten m
**dal** Tal o; *diepste deel v.e. ~* Talgrund m
**dalen** 1 ⟨naar beneden gaan⟩ sinken, sich senken; 2 ⟨verminderen⟩ abnehmen, fallen; *de barometer daalt* das Barometer fällt; *de prijzen ~* die Preise gehen herunter; *een ~de lijn* eine Abwärtskurve v
**daling** 1 ⟨in 't alg.⟩ Sinken o, Fallen o, Niedergehen o; 2 luchtv ⟨ook⟩ Senkflug m
**dalmatiër, dalmatiner** ⟨hond⟩ Dalmatiner m
**dalurenkaart** ± Ermäßigungskarte v außerhalb der Stoßzeit
**1 dam** m ⟨waterkering⟩ Damm m
**2 dam** v sp: *~ spelen* Dame spielen; *~ halen* Dame machen
**damast** Damast m
**dambord** Dambrett o, Damebrett o
**dame** Dame v; *~s!* meine Damen!; *~s en heren* meine Damen und Herren!
**damesblad** Frauenzeitschrift v
**damesfiets** Damen(fahr)rad o
**dameskapper** Damenfrisör m
**damestoilet** Damentoilette v
**damesverband** Damenbinde v
**damhert** Damhirsch m; ⟨wijfje⟩ Damkuh v
**dammen** Dame spielen
**damp** ⟨wasem⟩ Dampf m, Dunst m
**dampen** 1 ⟨damp afgeven⟩ dampfen; 2 ⟨walmen⟩ qualmen; 3 ⟨roken⟩ qualmen
**dampkring** Dunst-, Luftkreis m
**damschijf** Damestein m
**damspel** Damespiel o
**dan** 1 ⟨daarna; verder⟩, dann, alsdann; 2 ⟨dan toch⟩ denn; 3 ⟨na comparatief⟩ als; *eerst dit, ~ dat* erst dies, dann das; *waarom doe je 't ~ niet?* warum tust du es denn nicht?; *ouder ~ ik* älter als ich; *~ wel* oder ob; *~ dit, ~ dat* bald dies, bald das
**dancing** Tanzdiele v, -lokal o
**dandy** Dandy m
**danig** ordentlich, kräftig; *iem. ~ afranselen* einen gehörig verhauen
**dank** Dank m; *hartelijk ~* herzlichen Dank; *geen ~!* keine Ursache!; *iets in ~ aanvaarden* etwas mit Dank annehmen
**dankbaar** 1 ⟨dank voelend⟩ dankbar, erkenntlich; 2 ⟨bevredigend⟩ dankbar
**dankbaarheid** Dankbarkeit v
**dankbetuiging** Dankbezeigung v; ⟨schriftelijk⟩ Dankschreiben o; *onder ~ ontvangen* dankend erhalten

**danken** (einem) danken; *ik dank u zeer* ich danke Ihnen sehr, danke sehr; *niet te ~!* nicht zu danken!, keine Ursache!
**dankwoord** Dankewort o
**dankzeggen** danksagen
**dankzegging** 1 ⟨schriftelijk dankwoord⟩ Danksagung v; ⟨mondeling⟩ Dankeschön o; 2 ⟨gebed⟩ Danksagung v
**dankzij** dank (+ 3)
**dans** Tanz m; *ten ~ vragen* (eine Dame) zum Tanz auffordern; *de ~ ontspringen* der Gefahr entrinnen
**dansen** tanzen
**danser** Tänzer m
**danseres** Tänzerin v
**dansles** Tanzstunde v
**dansorkest** Tanzorchester o
**dansvloer** Tanzfläche v, -boden m
**danszaal** Tanzsaal m
**dapper** tapfer
**dapperheid** Tapferkeit v
**dar** Drohne v, Drohn m
**darm** Darm m; *de ~en* die Gedärme; *de blinde, dikke, dunne, twaalfvingerige ~* der Blind-, Dick-, Dünn-, Zwölffingerdarm
**darmkanaal** Darmkanal m
**dartel** übermütig, ausgelassen
**dartelen** sich tummeln, tollen, herumtoben
**darts** o, Dartspiel o
**1 das** ⟨dier⟩ Dachs m
**2 das** v 1 ⟨sjaal⟩ Schal m, Halstuch o; 2 ⟨stropdas⟩ Krawatte v, Schlips m; *dat deed hem de ~ om* das gab ihm den Rest
**dashboard** Armaturen-, Instrumentenbrett o
**dashond** Dackel m, Teckel m
**dasspeld** Krawatten-, Schlipsnadel v
**dat** I *betr en aanw vnw* das, der, die; ⟨aanw ook⟩ jenes, jener, jene; dieses, dieser, diese; ⟨betr ook⟩ welches; II *voegw* daß; *wordt dát huis ook verkocht?* wird das Haus dort auch verkauft?; *de tijd dat we daar woonden* die Zeit, in der/wo wir da wohnten
**data** mv
**databank, database** comput Datenbank v
**datacommunicatie** comput Datenübertragung v
**datatransmissie** Datenübertragung v
**datatypist** Datentypist m, Datentypistin v
**dateren** I *overg* datieren; II *onoverg* stammen aus, von (+ 3), (sich) datieren von
**datgene** dasjenige
**datief** Dativ m
**dato** dato; *de ~* vom
**DAT-recorder** DAT-Rekorder m
**datum** Datum o; *van recente ~* jüngeren Datums
**dauw** Tau m
**dauwdruppel** Tautropfen m
**dauwtrappen** am Himmelfahrtstag oder am zweiten Pfingsttag frühmorgens einen Spaziergang machen
**daveren** dröhnen, donnern
**daverend** 1 ⟨dreunend⟩ donnernd, dröhnend; 2 ⟨geweldig⟩ gewaltig, riesig; *~ applaus* donnernder Beifall m; *~e overwinning* sp haushoher Sieg; *een ~ succes* ein Riesenerfolg m

**davidster** David(s)stern *m*
**davit** scheepv Davit *m* & *o*
**dazen** faseln, quatschen, drauf losschwatzen
**de** der, die, das; *mv* die; *'t is dé oplossing* es ist die (richtige) Lösung
**deadline** Deadline *v*, letzter Termin *m*
**deal** 1 (met drugs) Deal *m* & *o*; 2 (overeenkomst) Kompromiß *m*
**dealen** dealen, handeln; *cocaïne ~* mit Kokain dealen
**dealer** 1 (in 't alg.) Alleinvertreter *m*; 2 (in drugs) Dealer *m*; (vooral harddrugs) Pusher *m*
**debacle** Debakel *o*
**debat** Debatte *v*, Aussprache *v*
**debater** Debattierender *m*
**debatteren** debattieren
**debet** Debet *o*, Soll *o*; *~ en credit* Debet und Kredit, Soll und Haben; *aan een zaak ~ zijn* an einer Sache schuld sein
**debetnota** Debetnota *v*, Lastschrift *v*
**debiel** debil
**debiet** 1 (afzet) Absatz *m*, Debit *m*; 2 ZN (capaciteit) Leistung *v*; *een ruim ~ hebben* reißend abgehen
**debiteren** 1 (boeken) debitieren, belasten; 2 (verkopen) absetzen, verkaufen; *aardigheden ~* Witze machen
**debiteur** Schuldner *m*, Debitor *m*
**debutant** Debütant *m*
**debuteren** debütieren
**debuut** Debüt *o*
**decaan** 1 (faculteitsvoorzitter) Dekan *m*; 2 (studentenadviseur) Studienberater *m*
**decade** Dekade *v*
**decadent** dekadent
**decadentie** Dekadenz *v*
**december** der Dezember; vgl.: *april*
**decennium** Dezennium *o*
**decent** dezent
**decentraliseren** dezentralisieren
**deceptie** Enttäuschung *v*
**decharge** Decharge *v*
**decibel** Dezibel *o*
**decimaal** I *bn* dezimal; *decimale breuk* Dezimalbruch *m*; II *v* Dezimale *v*; *een getal met drie decimalen* eine dreistellige Dezimalzahl *v*
**decimeren** dezimieren
**decimeter** Dezimeter *o*
**declamatie** Deklamation *v*
**declameren** deklamieren
**declaratie** 1 (onkostennota) Unkostenrechnung *v*; 2 (v. douane) Zollerklärung *v*; 3 (v. arts) Rechnung *v*
**declareren** 1 (nota indienen) (Unkosten) in Rechnung stellen; 2 (bij de douane) deklarieren
**declasseren** (overtroeven) deklassieren
**declinatie** gramm Deklination *v*
**decoderen** dekodieren
**decolleté** Dekolleté *o*
**decor** Dekor *o*; die Dekoration(en); (kleiner) die Versatzstücke
**decoratie** 1 (versiering) Dekoration *v*, Schmuck *m*; 2 (ridderorde, ook) Orden *m*, Auszeichnung *v*
**decoratief** dekorativ
**decoreren** dekorieren; *hij werd gedecoreerd* er wurde mit einem Orden dekoriert
**decorum** Dekorum *o*, Anstand *m*
**decoupeerzaag** Tischler-, Bandsäge *v*
**decreet** Dekret *o*
**dédain** Geringschätzung *v*, Herablassung *v*
**deduceren** deduzieren
**deductie** Deduktion *v*
**deeg** Teig *m*
**deegroller** Nudelholz *o*, Teigrolle *v*
**1 deel** *v* Tenne *v*
**2 deel** *o* 1 (onderdeel in 't alg.) Teil *m* (& *o*); 2 (v. boek) Band *m*; 3 (v. symfonie) Satz *m*; *de edele delen* die edlen Teile *mv*; *~ hebben aan iets* Anteil haben an; *in gelijke delen* zu gleichen Teilen; *ten dele* zum Teil, teilweise; *voor 't grootste ~* zum größten Teil; *ieder zijn ~* jedem das Seine; zie ook: *uitmaken*
**deelachtig**: *iets ~ worden* einer Sache (2) teilhaft(ig) werden
**deelbaar** teilbar
**deelgenoot** Teilhaber *m*; handel (ook) Gesellschafter *m*; *de deelgenoten* die Teilnehmerschaft *v*; *iem. ~ van zijn vreugde maken* einen an seiner Freude teilhaben lassen
**deelname** Teilnahme *v*
**deelnemen** teilnehmen (an + 3), sich beteiligen (an + 3); *~ in* beteiligt sein an (+ 3)
**deelnemer** Teilnehmer *m*; *de ~s* die Teilnehmerschaft *v*
**deelneming** 1 (het meedoen) Beteiligung *v*; 2 (het meevoelen) Anteilnahme *v*; *zijn ~ betuigen* seine Anteilnahme aussprechen
**deels** teils, zum Teil; *~ dit, ~ dat* teils dieses, teils jenes
**deelstaat** Gliedstaat *m*; (in Duitsland) Bundesland *o*
**deelstreep** Bruchstrich *m*
**deeltal** Dividend *m*, Teilungszahl *v*
**deelteken** 1 (trema) Trennungszeichen *o*; 2 rekenk Teilungszeichen *o*
**deeltijdbaan** Teilzeitbeschäftigung *v*
**deeltjesversneller** Teilchenbeschleuniger *m*
**deelverzameling** Teilmenge *v*
**deelwoord** Partizip(ium) *o*; *tegenwoordig, verleden ~* erstes, zweites Partizip *o*
**deemoed** Demut *v*
**deemoedig** demütig
**Deen** Däne *m*
**Deens** dänisch
**deerlijk** I *bn* kläglich; II *bijw* (erg) jämmerlich, schrecklich; *zich ~ vergissen* sich gewaltig irren
**deernis** Erbarmen *o*
**defaitisme** Defätismus *m*
**defect** I *bn* defekt, schadhaft; II *o* Defekt *m*
**defensie** (Landes)verteidigung *v*
**defensief** I *bn* defensiv; II *o* Defensive *v*
**defilé** Defilee *o*, Vorbeimarsch *m*
**defileren** vorbeimarschieren, defilieren
**definiëren** definieren
**definitie** Definition *v*, Begriffsbestimmung *v*

**definitief** endgültig, definitiv
**deflatie** Deflation v
**deftig** vornehm, würdevoll; *een ~e Dame* eine vornehme Dame; *een ~e oude heer* ein würdevoller alter Herr m
**degelijk 1** (solide) tüchtig, solide; **2** (moreel) rechtschaffen; *~e waar* Qualitätsware v; *'t is wel ~ waar* es ist ganz bestimmt wahr
**degen** Degen m
**degene** derjenige, diejenige; *~n* diejenigen
**degeneratie** Degeneration v
**degenereren** degenerieren
**degradatie** Degradierung v; ⟨sp ook⟩ Abstieg m
**degraderen** degradieren; ⟨sp ook⟩ absteigen; *~de club* Absteiger m
**deinen** (auf- und nieder)wogen
**deining 1** (golfbeweging) Seegang m; **2** (opschudding) Spektakel m; *~ veroorzaken* hohe Wellen schlagen, Staub aufwirbeln
**dek 1** (bedekking) Decke v; **2** scheepv Deck o
**dekbed** Deckbett o
**dekbedovertrek** Deckbettbezug m
**1 deken** m **1** (kerkelijk) Dechant m, Dekan m; **2** (v. corps diplomatique) Doyen m; **3** (v. advocaten) Vorsteher m
**2 deken** v Decke v
**dekhengst 1** (paard) Deckhengst m; **2** (persoon) gemeenz Bock m
**dekken** ⟨schade, kosten, verf, dier, aftocht⟩ decken; *een speler ~* einen Spieler abdecken; *zich ~* ⟨ook mil⟩ sich decken, sich abdecken
**dekking** Deckung v
**deklaag 1** (in 't alg.) Deckschicht v; **2** (chroom bijv.) Überzug m
**dekmantel** Deckmantel m (ook fig)
**dekoloniseren** de-, entkolonisieren
**dekschild** Flügeldecke v
**dekschuit** Zille v
**deksel** Deckel m
**deksels I** *tsw*: *~!* potztausend!; **II** *bn* verteufelt
**dekstier** Deckstier m
**dekzeil** Plane v
**del 1** (slons) Schlampe v; **2** (slet) Flittchen o
**delegatie** Delegation v
**delegeren** delegieren
**delen 1** (verdelen) teilen; **2** rekenk teilen, dividieren; *iems. mening ~* die Ansicht eines Menschen teilen; *in drieën ~* in drei Teile teilen; *in iems. smart ~* jemands Schmerz teilen; *in de winst ~* am Gewinn beteiligt sein
**deler 1** (gever) Teiler m; **2** rekenk Divisor m; *de grootste gemene ~* der größte gemeinsame Teiler
**delfstof** Mineral o
**delgen** tilgen
**delibereren** beratschlagen
**delicaat** delikat
**delicatesse** Delikatesse v; *~n* ⟨ook⟩ Feinkost v
**delicieus** deliziös, lecker
**delict** Delikt o
**deling 1** (het delen) Teilung v; **2** rekenk Division v

**delinquent** Delinquent m
**delirium** Delirium o; *~ tremens* Delirium tremens o
**delta** Delta o
**deltavliegen** Drachenfliegen o
**deltavliegtuig** Drachen m
**delven\* 1** (in 't alg.) graben; **2** techn schürfen; *een graf ~* ein Grab (aus)schaufeln; *kolen ~* Kohlen fördern
**demagogie** Demagogie v
**demagoog** Demagoge m
**demarcatielijn** Demarkationslinie v
**demarrage 1** ⟨het demarreren⟩ sp Ausreißen o; **2** ⟨uitlooppoging⟩ sp Ausreißversuch m
**demarreren** ausreißen
**dement** senil
**dementeren** senil werden
**dementie** Demenz v, Dementia v
**demilitariseren** de-, entmilitarisieren
**demi-pension** Halbpension v
**demissionair** zurückgetreten
**demo, demobandje** Demoaufnahme v
**demobiliseren** demobilisieren
**democraat** Demokrat m
**democratie** Demokratie v
**democratisch** demokratisch
**demografie** Demographie v
**demon** Dämon m, böser Geist m
**demonisch** dämonisch
**demonstrant** Demonstrant m
**demonstratie 1** (in 't alg.) Demonstration v; **2** ⟨vertoning ook⟩ Vorführung v; **3** ⟨betoging ook⟩ Massenkundgebung v
**demonstratief** demonstrativ
**demonstreren 1** ⟨laten zien⟩ vorführen; **2** ⟨betogen⟩ demonstrieren
**demonteren** demontieren
**demoralisatie** Demoralisierung v
**demoraliseren** demoralisieren
**demotiveren** demotivieren
**dempen 1** (geluid) dämpfen; **2** ⟨kuil, sloot⟩ zuwerfen
**demper** muz Dämpfer m, Sordine v
**den** Kiefer v; ⟨spar⟩ Tanne v; *grove ~* Föhre v; *zo slank als een ~* schlank wie eine Tanne
**denderen** dröhnen; *de trein dendert langs* der Zug donnert vorbei
**denderend** (fantastisch) großartig, gewaltig
**Denemarken** Dänemark o
**denigrerend** abfällig, geringschätzend
**denim** Denim m & o
**denkbaar** denkbar, erdenklich
**denkbeeld** Idee v
**denkbeeldig** eingebildet
**denkelijk** vermutlich
**denken\* I** *onoverg & overg* denken; ⟨menen⟩ meinen; *~ aan* denken an (+ 4); *doen ~ aan* erinnern an (+ 4); *dat denk je maar!, kun je net ~!* so siehst du aus!; *wat denkt u wel?* wo denken Sie hin?; *wat denkt u te doen?* was gedenken Sie zu tun?; *dat zou ik niet ~!* das glaube ich kaum!; *dat zou ik ~!* das will ich meinen!; *geen ~ aan* daran ist nicht zu denken; *geen haar op mijn*

*hoofd die eraan denkt* das fällt mir ja im Traum nicht ein; *ik zal er nog eens over ~* ich will es mir noch überlegen; *ergens 't zijne van ~* sich sein Teil (zu etwas) denken; *wat denkt u ervan?* was halten Sie davon?; *wie denk je wel dat je bent?* für wen hältst du dich eigentlich?; II o Denken o

**denker** Denker *m*
**denkfout** Denkfehler *m*
**denksport** Denksport *m*
**denktank** Denkfabrik *v*
**denkwerk** Denkarbeit *v*
**dennenappel** Kiefernzapfen *m*
**dennenboom** Kiefer *v*, Tannenbaum *m*
**dennennaald** Kiefernnadel *v*
**deodorant** Deodorant
**departement** zie: *ministerie*
**dependance** Dependance *v*; ⟨filiaal ook⟩ Filiale *v*
**deplorabel** jämmerlich, erbärmlich
**deponeren** hinterlegen, deponieren; *wettig gedeponeerd* gesetzlich geschützt; *gedeponeerd handelsmerk* eingetragenes Warenzeichen o
**deportatie** Deportation *v*
**deporteren** deportieren
**deposito** 1 ⟨het in bewaring geven⟩ Deposition *v*; 2 ⟨m.b.t. geld⟩ Depositum o
**depot** 1 ⟨bewaarplaats⟩ Depot o; *mil* Lager o; 2 ⟨het in bewaring geven⟩ Deposition *v*; 3 ⟨in bewaring gegeven goederen⟩ Depositum o; ⟨geld⟩ Einlage *v*; 4 ⟨filiaal⟩ Niederlage *v*; 5 ⟨droesem⟩ Depot o
**deppen** (ab)tupfen
**depressie** 1 ⟨med & handel⟩ Depression *v*; 2 *meteor* ⟨ook⟩ Tief o
**depressief** depressiv
**deprimeren** deprimieren, niederdrücken
**deputatie** Deputation *v*
**derailleren** entgleisen
**derde** I *telw* der (die, das) dritte; *een ~ (deel)* ein Drittel o; *ten ~* drittens; *a tot de ~ a* hoch drei; *voor de ~ maal* zum dritten Mal; II *m-v* ⟨buitenstaander⟩ Dritte(r) *m-v*
**derdegraads**: *~ verbranding* Verbrennung *v* dritten Grades; *~ leraar* Hauptschullehrer *m*
**derderangs** 1 *eig* dritten Ranges, drittrangig; 2 ⟨minderwaardig⟩ drittklassig
**deregulering** Deregulierung *v*
**deren** schaden (+ 3); *niets kan hem ~* nichts kann ihm etwas anhaben
**dergelijk** derartig; ⟨alleen voor *mv*⟩ dergleichen; *iets ~s* (etwas) Ähnliches
**derhalve** deshalb
**derivaat** Derivat o
**dermate** dermaßen
**dermatologie** Dermatologie *v*
**derrie** Dreck *m*
**derrière** *gemeenz* Hintern *m*
**dertien** dreizehn; *~ in een dozijn* zwölf auf ein Dutzend
**dertiende** dreizehnte; *een ~* ein Dreizehntel o
**dertig** dreißig; *de jaren ~* die dreißiger Jahre; *zij is voor in de ~* sie ist Anfang Dreißig; *hij is achter in de ~* er ist Ende Drei-

ßig
**dertiger** Dreißiger *m*
**dertigjarig** dreißigjährig; *de D~e Oorlog* der Dreißigjährige Krieg
**dertigste** dreißigste; *een ~* ein Dreißigstel o
**derven** entbehren
**des**: *~ te* desto
**desalniettemin** nichtsdestoweniger
**desastreus** katastrophal, verheerend
**desbetreffend** diesbezüglich
**desem** Sauerteig *m*
**deserteren** desertieren
**deserteur** Fahnenflüchtige(r) *m-v*, Deserteur *m*
**desertie** Fahnenflucht *v*, Desertion *v*
**desgevraagd, desgewenst** auf Verlangen, auf Wunsch
**desgevraagd**: *~ verklaarde de president...* auf diese Frage hin erklärte der Präsident...
**desillusie** Desillusion *v*
**desinfecteren** desinfizieren
**desinteresse** Desinteresse o; *blijk geven van ~* sein Desinteresse an, für etwas bekunden, zeigen
**desktop publishing** Desktop-Publishing o
**deskundig** sachverständig
**deskundige** Sachverständige(r) *m-v*
**desnoods** zur Not, notfalls
**desolaat** trostlos
**desondanks** trotzdem, dessenungeachtet
**despoot** Despot *m*
**dessert** Dessert o
**destijds** damals, seinerzeit
**destructie** Destruktion *v*
**destructief** destruktiv
**detachement** für besondere Aufgaben abkommandierte Truppenabteilung *v*
**detacheren** 1 ⟨elders te werk stellen⟩ an anderer Stelle arbeiten lassen; 2 *mil* detachieren; ⟨troepenonderdelen⟩ abkommandieren
**detail** Einzelheit *v*, Detail o; *in ~s treden* ins Detail gehen; *tot in de kleinste ~s* bis ins kleinste Detail
**detailhandel** Einzel-, Detailhandel *m*
**detailleren** detaillieren
**detaillist** Detail-, Einzelhändler *m*
**detective** Detektiv *m*; *particulier ~* Privatdetektiv *m*
**detectiveroman** Detektivroman *m*, Krimi *m*
**detentie** 1 ⟨hechtenis⟩ Haft *v*; 2 ⟨het houden⟩ Gewahrsam *m*
**determinatiegraad** ZN Sekundarstufe II
**determineren** determinieren
**detineren** in Haft halten; *gedetineerd zijn* sich in Haft befinden
**detoneren** 1 *muz* detonieren; 2 *fig* ⟨uit de toon vallen⟩ unangenehm auffallen
**deuce** *tennis* Gleichstand *m*
**deugd** Tugend *v*; *dat doet ~* das tut wohl; *lieve ~!* du meine Güte
**deugdelijk** tauglich, tüchtig
**deugdelijkheid** Tauglichkeit *v*
**deugdzaam** tugendhaft; *~ zijn* ⟨ook⟩ Tugend üben
**deugen** taugen; *niet ~* nichts taugen; *hij*

*deugde niet voor opvoeder* er eignete sich nicht zum Erzieher
**deugniet** Taugenichts *m*
**deuk 1** ⟨in 't alg.⟩ Beule *v*; **2** ⟨v. hoed⟩ Kniff *m*; *zijn zelfvertrouwen heeft een flinke* ~ *opgelopen* sein Selbstvertrauen wurde erschüttert; *in een* ~ *liggen* <u>gemeenz</u> sich schieflachen
**deuken** Beulen machen
**deun, deuntje 1** ⟨melodie⟩ Melodie *v*; **2** ⟨liedje⟩ Lied *o*, Liedchen *o*
**deur** Tür *v*; *achter (met) gesloten* ~*en* hinter (bei) verschlossenen Türen; *openslaande* ~*en* Flügeltür *v*; *met de* ~ *in huis vallen* mit der Tür ins Haus fallen; *dat staat voor de* ~ das steht vor der Tür, das steht bevor; *dat doet de* ~ *dicht* das schlägt dem Faß den Boden aus; *een open* ~ *intrappen* offene Türen eintreten; *iem. de* ~ *uitzetten*, <u>ZN</u>: *iem. aan de* ~ *zetten* einen vor die Tür setzen; *iem. (het gat van) de* ~ *wijzen* jmdm. die Tür weisen; *bij iem. de* ~ *platlopen* jmdm. die Schwelle vom Hause laufen; *de* ~ *wijd openzetten voor* <u>fig</u> Tür und Tor öffnen (+ 3)
**deurknop** Türgriff *m*, -knauf *m*
**deurmat** Türmatte *v*
**deuropening** Türöffnung *v*
**deurpost, deurstijl** *m* Türpfosten *m*
**deurwaarder** Gerichtsvollzieher *m*
**deux-chevaux** Citroën 2cv
**deux-pièces** Deux-pièces *o*
**devaluatie** Abwertung *v*, Devalvation *v*
**devalueren I** *overg* abwerten, devalvieren; **II** *onoverg* abgewertet werden
**devies** Wahlspruch *m*, Devise *v*; *deviezen* <u>handel</u> Devisen *mv*
**deviezenhandel** Devisengeschäft *o*
**deviezensmokkel** Devisenschmuggel *m*
**devoot** devot
**devotie** Devotion *v*
**deze** dieser, diese, dieses; ~ *en (of) gene* dieser und (oder) jener; *bij* ~*n* hiermit, hierdurch; *brenger* ~*s* Überbringer dieses; *in* ~*n* in dieser Sache
**dezelfde** der-, die-, dasselbe; *op dezelfde wijze* in derselben Art und Weise; *van dezelfde kleur (vorm)* gleichfarbig (-förmig)
**dia** Dia *o*, Diapositiv *o*
**diabetes** Diabetes *m*
**diabeticus** Diabetiker *m*
**diacones** Diakonisse *v*, Diakonissin *v*
**diaconie** Diakonie *v*
**diacritisch**: ~ *teken* diakritisches Zeichen *o*
**diadeem** Diadem *o*, Stirnreif *m*
**diafragma** Diaphragma *o*
**diagnose** Diagnose *v*
**diagnostiseren** diagnostizieren
**diagonaal I** *bn* diagonal; **II** *v* Diagonale *v*
**diagram** Diagramm *o*
**diaken** Diakon *m*
**dialect** Mundart *v*, Dialekt *m*
**dialoog** Dialog *m*
**dialyse** Dialyse *v*
**diamant** Diamant *m*; *ruwe* ~ Rohdiamant *m*; ~*en bruiloft* diamantene Hochzeit *v*

**diamantair** Juwelier *m*, Juwelenhändler *m*
**diameter** Diameter *m*
**diametraal** diametral
**diapositief** Diapositiv *o*
**diaraampje** Diarahmen *m*
**diarree** Durchfall *m*; <u>med</u> Diarrhöe *v*
**diaviewer** Diabetrachter *m*
**dicht 1** ⟨v. mist, bewolking, bos⟩ dicht; **2** ⟨gesloten⟩ zu, verschlossen; **3** ⟨op geringe afstand⟩ nahe; *in* ~*e drommen* in Scharen; ~ *bij iem. staan* <u>fig</u> einem nahestehen; ~ *bij 't volk staand* volksnah
**dichtader** dichterische (poetische) Ader *v*
**dichtbevolkt** dichtbevölkert
**dichtbij** nahe, in der Nähe; *van* ~ *gezien* aus der Nähe gesehen; *opname van* ~ Nahaufnahme *v*
**dichtbundel 1** ⟨van één dichter⟩ Band *m* Gedichte; **2** ⟨in 't alg.⟩ Gedichtsammlung *v*
**dichtdoen** zumachen
**dichten 1** ⟨poëzie maken⟩ dichten; **2** ⟨dichtmaken⟩ dichten, abdichten; ⟨v. dijk ook⟩ schließen
**dichter** Dichter *m*, Poet *m*
**dichterlijk** dichterisch
**dichtgaan** zugehen
**dichtgooien** zuwerfen; ⟨deur ook⟩ zuknallen
**dichtgroeien** zuwachsen
**dichtheid** Dichtigkeit *v*
**dichtklappen 1** <u>eig</u> zuklappen; **2** <u>fig</u> kein Wort mehr sagen
**dichtknijpen 1** ⟨handen⟩ (fest) gegeneinanderpressen; **2** ⟨mond, ogen⟩ zusammenkneifen; *iem. de keel* ~ einem die Gurgel zuschnüren ⟨ook fig⟩; *met dichtgeknepen keel* ⟨v. ontroering⟩ mit zugeschnürter Kehle; *de handen mogen* ~ <u>fig</u> heilfroh sein dürfen; *een oogje* ~ <u>fig</u> ein Auge zudrücken
**dichtkunst** Dichtkunst *v*
**dichtmaken** zumachen
**dichtregel** Verszeile *v*
**dichtslaan** zuschlagen
**dichtslibben** verschlammen
**dichtspijkeren** zunageln
**dichttrekken** zuziehen
**dichtvriezen** zufrieren
**dictaat** Diktat *o*
**dictafoon** Diktiergerät *o*, Diktaphon *o*
**dictator** Diktator *m*
**dictatoriaal** diktatorisch
**dictatuur** Diktatur *v*
**dictee** Diktat *o*
**dicteren** diktieren
**dictie** Diktion *v*
**didactiek** Didaktik *v*
**didactisch** lehrhaft, didaktisch
**die I** *aanw vnw* der, die, das; diese, dieser, dieses; ⟨in tegenstelling tot 'deze'⟩ jener, jene, jenes; **II** *betr vnw* der, die, das; welcher, welche, welches; ~ *meneer heeft 't gezegd* der Herr dort hat es gesagt; *de heer* ~ *'t gezien heeft* der Herr, der es gesehen hat; *hij* ~ *'t weet mag 't zeggen* derjenige, der (wer) es weiß, darf es sagen; ~ *is goed!* das ist ein guter Witz!; *meneer* ~ *en* ~ Herr Soundso

**dieet** 

**dieet** Diät v; *op ~ zijn* diät halten (leben); *iem. op ~ zetten* einem eine Diät verordnen
**dief** Dieb m
**diefje-met-verlos**: *~ spelen* Fangen spielen
**diefstal** Diebstahl m; *~ met braak* Einbruchsdiebstahl m
**diegene** der-, die-, dasjenige
**dienaangaande** mit Rücksicht darauf
**dienaar** Diener m
**dienblad** Tablett o
**diender** Bulle m; *een dooie ~* ein Langweiler m
**dienen** 1 (behulpzaam zijn) dienen (+ 3); 2 (aan tafel) servieren; 3 (een functie vervullen als) *~ als, tot* dienen als, zu; 4 (nuttig zijn) nützen (+ 3); 5 (behoren) sollen; 6 mil Soldat sein; *om u te ~* zu dienen; *men dient dat te weten* man soll(te) das wissen; *daarmee ben ik niet gediend* damit ist mir nicht gedient; *daarvan ben ik niet gediend* das verbitte ich mir; *dat dient tot niets* das ist zwecklos, hat keinen Zweck; *iem. van advies ~* jmdn. beraten
**dienovereenkomstig** dementsprechend
**dienst** 1 (in 't alg.) Dienst m; 2 (vriendelijkheid, ook) Gefälligkeit v; 3 mil Wehrdienst m; 4 (betrekking) Stellung v; *geheime ~* Geheimdienst m; *meteorologische ~* Wetterdienst m; *openbare ~en* Betriebe der öffentlichen Hand; *planologische ~* Planungsamt o; *iem. een ~ bewijzen* einem einen Dienst erweisen; *de ene ~ is de andere waard* eine Liebe ist die andere (der anderen) wert; *de ~ uitmaken* das Sagen haben; *buiten ~ (stellen)* außer Dienst (stellen); *iem. in ~ nemen* einen einstellen; *bij iem. in ~ treden,* in jemands Dienst treten, stehen; *in vaste ~* fest angestellt; *ten ~e staan* zu Diensten; *tot uw ~* zu Ihren Diensten; *wat is er van uw ~?* womit kann ich (Ihnen) dienen?
**dienstauto** Dienstwagen m
**dienstbaar** dienstbar
**dienstbetoon** Dienstleistung v, Dienst m; *maatschappelijk ~* ZN Sozialarbeit v
**dienstbetrekking** 1 (verhouding) Dienstverhältnis o; 2 (baan) Stelle v
**dienstbevel** Dienstbefehl m
**dienstbode** Dienstbote v; (modern) Hausangestellte v
**dienstdoen**: *~ als* dienen als
**dienstdoend** diensttuend
**dienstensector** Dienstleistungssektor m
**dienster** Serviererin v, Kellnerin v
**dienstig** dienlich; *~ achten* für dienlich erachten
**dienstijver** Diensteifer m
**dienstjaar** Dienstjahr o
**dienstklopper** Dienstfresser m, -fuchser m
**dienstmeisje** Dienstmädchen o
**dienstplicht** 1 (in 't alg.) Dienstpflicht v; 2 mil Wehrpflicht v
**dienstplichtig** wehrpflichtig
**dienstregeling** (van spoor) Fahrplan m; (volledig boek) Kursbuch o; 3 (v. luchtv.) Flugkursbuch o

**dienstreis** Dienstreise v
**diensttijd** Militärzeit v
**dienstvaardig** dienstbereit
**dienstverband** 1 (in 't alg.) Dienstverhältnis o; 2 mil Militärverhältnis o
**dienstverlenend** Dienstleistungs-
**dienstverlening** Dienstleistung v
**dienstweigeraar** Kriegsdienstverweigerer m
**dienstweigering** Kriegsdienstverweigerung v
**dienstwoning** Amtswohnung v
**dientengevolge** demzufolge
**1 diep** bn bijw tief; *~e wanhoop* helle Verzweiflung; *~ in de schuld zitten* tief in Schulden stecken; *'t gaat bij hem niet ~* es geht bei ihm nicht tief; *in 't ~st van zijn hart* im Grunde seines Herzens; *uit 't ~st van zijn hart* aus tiefstem Herzen
**2 diep** o Tief o
**diepdruk** Tiefdruck m
**diepgaand** tiefgehend; *~ onderzoek* gründliche Untersuchung v; *~e veranderingen* einschneidende Änderungen
**diepgang** Tiefgang m
**diepte** Tiefe v
**dieptebom** Wasserbombe v
**dieptepass** sp Steilpaß m
**dieptepsychologie** Tiefenpsychologie v
**dieptepunt** Tiefpunkt m
**diepvries** 1 (het diepvriezen) Tiefkühlen o; 2 (installatie) Tiefkühltruhe v; 3 (diepgevroren levensmiddelen) Tiefkühlkost v
**diepvrieskast, diepvrieskist** Tiefkühltruhe v
**diepvriesmaaltijd** tiefgekühlte Mahlzeit v
**diepvriezer** Tiefkühltruhe v
**diepzinnig** tiefsinnig
**dier** Tier o; *koudbloedig ~* Kaltblüter m
**dierbaar** teuer, wert
**dierenarts** Tierarzt m
**dierenasiel** Tierasyl o
**dierenbescherming** 1 (het beschermen) Tierschutz m; 2 (vereniging) Tierschutzverein m
**dierenbeul** Tierquäler m, -schinder m
**dierendag** Tag m des Tieres
**dierenmishandeling** Tierquälerei v
**dierenpark** Tierpark m, Zoo m
**dierenriem** Tierkreis m, Zodiakus m
**dierenrijk** Tierreich o
**dierentemmer** Tierbändiger m
**dierentuin** zoologischer Garten m, Zoo m
**dierenvriend** Tierfreund m
**dierenwinkel** Tier-, Zoohandlung v
**diergaarde** = *dierentuin*
**diergeneeskunde** Tiermedizin v, -heilkunde v
**dierkunde** Tierkunde v, Zoologie v
**dierlijk** 1 (als een dier) tierhaft; 2 (ongunstig) tierisch; *~e vetten* tierische Fette
**diersoort** Tiergattung v
**dies** darum; *en wat ~ meer zij* und ähnliches
**dies** (stichtingsdag) Gründungstag m
**dieselmotor** Dieselmotor m
**dieselolie** Dieselöl o
**diëtiste** Diätistin v

**dievegge** Diebin *v*
**dievenklauw** Sicherheitsschloß *o*
**dieventaal** Dieb(e)ssprache *v*
**differentiaal** Differential *o*
**differentiaalrekening** Differentialrechnung *v*
**differentiëren** differenzieren
**diffuus** diffus
**difterie** Diphtherie *v*
**diftong** Diphthong *m*
**diggel**: *aan* ~*en* in Scherben
**digitaal** digital
**digitaliseren** comput digitalisieren
**dij** Oberschenkel *m*
**dijbeen** Schenkelknochen *m*
**dijenkletser** Witz *m* zum Totlachen
**dijk** Deich *m*; *een* ~ *van een salaris gemeenz* ein kolossales Gehalt *o*; *iem. aan de* ~ *zetten* einem den Laufpaß geben
**dijkbreuk, dijkdoorbraak** Deich-, Dammbruch *m*
**dijkgraaf** Deichgraf *m*
**dik I** *bn* dick; *een 200 bladzijden* ~ *boek* ein 200 Seiten starkes Buch *o*; *twee steen* ~ zwei Stein stark; *een* ~ *uur gaans* eine gute, reichliche Wegstunde; ~*ke vrienden* dicke Freunde; *'t is* ~ *aan tussen die twee* sie sind sehr intim befreundet; *dat ligt er* ~ *bovenop* das ist überdeutlich; *dat zit er* ~ *in* das ist sehr wahrscheinlich; ~ *doen* geschwollen daherreden; *zich* ~ *maken* sich aufregen; ~ *worden gemeenz* Speck ansetzen; **II** *o*: *door* ~ *en dun* durch dick und dünn, auf Gedeih und Verderb
**dikhuid** dierk Dickhäuter *m*; fig ein dickhäutiger, dickfelliger Mensch
**dikhuidig 1** eig dickhäutig; **2** fig dickfellig
**dikkerd** Dicke(r) *m-v*
**dikte 1** (in 't alg.) Dicke *v*; **2** (van ijzeren platen enz.) Stärke *v*; **3** (van lagen) Mächtigkeit *v*
**dikwijls** oft, öfters
**dikzak** Dicke(r) *m-v*
**dildo** Godemiché *m*, Dildo *m*
**dilemma** Dilemma *o*
**dilettant** Dilettant *m*
**diligence** Eilpostwagen *m*
**dille** Dill *m*
**dimensie** Dimension *v*
**dimlicht** Abblendlicht *o*
**dimmen** (licht) abblenden
**diner** warmes Abendessen *o*, Diner *o*
**dineren** dinieren
**ding** Ding *o*, Sache *v*, Gegenstand *m*; *één* ~ *is zeker* eins ist sicher; *alle goede* ~*en bestaan in drieën* aller guten Dinge sind drei; *een aardig* ~ (v. kind) ein niedliches, liebes Ding; *grote* ~*en doen* Großes leisten
**dingen\*** (afdingen) feilschen, abhandeln; ~ *naar* sich um etwas bewerben
**dinges** Dings *o*; *meneer D*~ Herr Soundso
**dinosaurus** Dinosaurier *m*, Dinosaurus *m*
**dinsdag** Dienstag *m*; *op* ~ am Dienstag
**dinsdags I** *bijw* dienstags; **II** *bn* **1** (elke dinsdag) dienstäglich; **2** (op een dinsdag) dienstägig
**diocees** Diözese *v*
**dioxine** Dioxin *o*

**diploma 1** (getuigschrift) Diplom *o*; **2** (officieel stuk) Zertifikat *o*
**diplomaat** Diplomat *m*
**diplomatenkoffertje** Diplomatenkoffer *v*
**diplomatie** Diplomatie *v*
**diplomatiek** diplomatisch
**diplomeren** diplomieren
**dippen** dippen, eintauchen
**dipsaus** Dip *m*
**direct I** *bn* (rechtstreeks) direkt, unmittelbar; **II** *bijw* (dadelijk) sofort, (so)gleich; ~*e verkiezingen* unmittelbare Wahlen; ~*e rede* gramm direkte Rede
**directeur** Direktor *m*; ~ *van belastingen* Obersteuerdirektor *m*; ~ *v.e. school* Rektor *m*; ~ *v.e. middelbare school* Oberstudiendirektor *m*
**directeur-generaal** Generaldirektor *m*
**directie** Direktion *v*; (meer personen ook) Direktorium *o*
**directiekeet** Bauhütte *v*
**directoire** (kledingstuk) Schlüpfer *m*
**directoraat** Direktorat *o*, Direktoramt *o*
**directrice** Direktorin *v*
**dirigeerstok** Taktstock *m*, Dirigentenstab *m*
**dirigent** Dirigent *m*; *eerste* ~ Generalmusikdirektor *m*
**dirigeren** dirigieren
**dis** (maaltijd) Tafel *v*, Tisch *m*
**discipel 1** (in 't alg.) Schüler *m*; **2** bijbel Jünger *m*
**disciplinair** disziplinarisch
**discipline** Disziplin *v*
**disco I** *m* (discotheek) Disko *v*; **II** *m* (muziek) Diskomusik *v*
**disconteren** diskontieren
**disconto** Diskont *m*
**discotheek** Diskothek *v*
**discreet** diskret
**discrepantie** Diskrepanz *v*
**discretie** Diskretion *v*
**discriminatie** Diskriminierung *v*
**discrimineren** diskriminieren
**discus** Diskus *m*
**discussie** Diskussion *v*; *ter* ~ *stellen* zur Erörterung stellen
**discussiëren** diskutieren; *over iets* ~ etwas diskutieren
**discuswerpen** Diskuswerfen *o*
**discutabel** diskutabel
**discuteren** diskutieren
**diskdrive** comput Diskettenlaufwerk *o*
**diskette** comput Diskette *v*
**diskjockey** Disk-Jockey *m*
**diskrediet** Mißkredit *m*, Diskredit *m*
**diskwalificatie** Disqualifikation *v*
**diskwalificeren** disqualifizieren
**dispensatie** Befreiung *v*, Dispension *v*; ~ *krijgen, vragen* Dispens erhalten, erbitten
**display** Display *o*
**dispuut 1** (twistgesprek) Disput *m*; **2** (vereniging) Debattierklub *m*
**dissel** (v. wagen) (Wagen)deichsel *v*
**dissertatie** Dissertation *v*
**dissident** Dissident *m*; pol (ook) Abweichler *m*
**dissonant** Dissonanz *v*, Mißklang *m*

**distantie**

**distantie** Distanz *v*
**distantiëren**: *zich ~ van* sich distanzieren von
**distel** Distel *v*
**distillatie** Destillation *v*
**distilleerderij** Brennerei *v*
**distilleren** destillieren
**distinctie** Distinktion *v*
**distribueren** distribuieren
**distributie** Zuteilung *v*
**district** 1 ⟨in 't alg.⟩ Bezirk *m*; 2 Kreis *m*; 3 Revier *o*
**dit** dieses, dies, diese, dieser
**ditje**: *~s en datjes* dieses und jenes
**ditmaal** diesmal
**dito** dito; Oostr ditto
**diva** Diva *v*
**divan** Diwan *m*
**divergeren** divergieren
**divers** divers; *~en* Diverses *o*
**dividend** Dividende *v*
**dividendbelasting** Dividendensteuer *v*
**divisie** 1 *mil* Division *v*; 2 *sp* Liga *v*; 3 ⟨v.e. bedrijf⟩ Sektor *m*; *hoogste Duitse voetbal~* Bundesliga *v*; *gewestelijke ~s* ⟨bij voetbal⟩ Regionalliga *v*
**DNA** = *desoxyribonucleic acid* DNA *v*
**do** Do *o*
**dobbelen** würfeln
**dobbelsteen** Würfel *m*
**dobber** Schwimmer *m*; *ergens een zware ~ aan hebben* an einer Sache schwer zu knacken haben
**dobberen** 1 ⟨drijven⟩ schaukeln; 2 *fig* schwanken
**dobermannpinscher** Dobermannpinscher *m*
**docent** Dozent *m*
**doceren** dozieren, lehren, unterrichten
**doch** jedoch, aber
**dochter** Tochter *v*; *jonge ~* Jungfer *v*
**dochteronderneming** Tochtergesellschaft *v*
**dociel** fügsam
**doctor** Doktor *m*; *~ in de medicijnen, in de letteren* Doktor *m* der Medizin, der Philologie
**doctoraat** Doktorat *o*
**doctorandus** 1 ⟨in 't alg.⟩ Akademiker; 2 ⟨aan promotie werkend⟩ Doktorand *m*
**doctrinair** doktrinär
**doctrine** *v* Doktrin *v*
**document** 1 ⟨in 't alg.⟩ Dokument *o*; 2 handel ⟨ook⟩ Begleitpapier *o*; 3 ⟨gegevens⟩ Unterlagen *mv*
**documentaire** Dokumentarfilm *m*
**documentalist** Dokumentalist *m*
**documentatie** Dokumentation *v*
**documenteren** dokumentieren
**dode** Tote(r) *m-v*
**dodelijk** tödlich; *~ bedroefd* todtraurig; *zich ~ vervelen* sich zu Tode langweilen; *~e afloop* tödlicher Ausgang *m*; *~e angst* höllische Angst
**doden** töten; *de tijd ~* die Zeit totschlagen
**dodendans** Totentanz *m*
**dodenherdenking** Totenfeier *v*, Totenehrung *v*

**dodenlijst** 1 ⟨bij ramp enz.⟩ Totenliste *v*; 2 ⟨lijst met te vermoorden mensen⟩ Abschußliste *v*
**dodenmasker** Totenmaske *v*
**dodenrit** Todesfahrt *v*
**dodenwacht** Totenwache *v*
**doedelzak** Dudelsack *m*, Sackpfeife *v*
**doe-het-zelver** Heimwerker *m*
**doek** I *m* ⟨stuk stof⟩ Tuch *o*; II *o* 1 ⟨geweven stof⟩ Tuch *o*; 2 ⟨schilderij⟩ Gemälde *o*; 3 theat Vorhang *m*; 4 ⟨film⟩ Leinwand *v*; *het ~ gaat open* theat der Vorhang teilt sich; *bij open ~* auf offener Bühne; *iets op 't ~ brengen* etwas malen; *iets uit de ~en doen* etwas aufdecken
**doekje** Tüchlein *o*; *open ~* Szenenapplaus *m*; *een ~ voor het bloeden* ein schwacher Trost *m*; *er geen ~s om winden* kein Blatt vor den Mund nehmen
**doel** 1 ⟨in 't alg.⟩ Ziel *o*; 2 ⟨bedoeling⟩ Zweck *m*; 3 *sp* Tor *o*; *met dat ~* zu diesem Zweck; *ten ~ hebben* bezwecken; *zich een ~ stellen* sich ein Ziel stecken; *zijn ~ voorbijschieten* übers Ziel hinausschießen; *'t ~ heiligt de middelen* der Zweck heiligt die Mittel; *in eigen ~ schieten* *sp* ein Eigentor schießen
**doelbewust** zielbewußt, zielsicher
**doeleinde** Zweck *m*, Zweckbestimmung *v*
**doelen** zielen; *dat doelt op mij* das zielt auf mich
**doelgebied** *sp* Torraum *m*
**doelgemiddelde** Torverhältnis *o*
**doelgericht** gezielt
**doelgroep** Zielgruppe *v*
**doellijn** Torlinie *v*
**doelloos** ziellos, zwecklos
**doelman** = *doelverdediger*
**doelmatig** zweckmäßig, sinngemäß
**doelpaal** Torpfosten *m*
**doelpunt** Tor *o*; *een ~ maken* ein Tor erzielen; *eigen ~* Eigentor *o*; *het winnende ~* das entscheidende Tor; *~ dat de leiding geeft* Führungstreffer *m*; *~ uit buitenspelpositie* Abseitstor *o*
**doelsaldo** Tordifferenz *v*
**doelstelling** Zielsetzung *v*
**doeltrap** Abstoß *m*
**doeltreffend** zweckentsprechend
**doelverdediger** Torwart *m*, Tormann *m*
**doelwit** 1 *eig* das Weiße (in der Scheibe); 2 *fig* Ziel *o*, Zielscheibe *v*
**doem** ⟨vloek⟩ Fluch *m*; *er rust een ~ op* es liegt ein Fluch darauf
**doemdenken** Schwarzseherei *v*
**doemen** verurteilen; *tot mislukken gedoemd* zum scheitern verurteilt
**doemscenario** Schreckensszenarium *o*
**doen\*** I *o* Tun *o*; *'t ~ en laten* das Tun und Lassen; *in goeden ~ zijn* sein gutes Auskommen haben; *uit zijn gewone ~ zijn* aus dem gewohnten Gleis sein; *niets met iets van ~ hebben* nichts mit etwas zu schaffen haben; *voor hun ~* für ihre Verhältnisse; II *ww* 1 ⟨in 't alg.⟩ tun; 2 ⟨voor infinitief⟩ machen; *hoe doet de hond?* wie macht der Hund?; *wat is hier te ~?* was ist hier los?; *'t doet 't heel aardig* es macht sich gut; *wie*

*goed doet, goed ontmoet* wie man es in den Wald hereinschreit, so schallt es heraus; *ik kan er niets aan ~* ich kann nicht dafür; *daar is niets aan te ~* da ist nichts zu machen; *daar was 't om te ~* das war der Zweck der Übung; *dat zal 't hem wel ~* das wird wohl Erfolg haben; *~ denken aan* erinnern an (+ 4); *~ gelden* geltend machen; *~ gevoelen* fühlen lassen; *iem. veel te ~ geven* einem viel zu schaffen machen; *ik heb met de arme man te ~* der arme Mann dauert mich; *een betaling ~* eine Zahlung leisten; *de groeten ~* Grüße bestellen, grüßen; *de huishouding ~* den Haushalt besorgen; *een kamer ~* ein Zimmer putzen; *zijn plicht ~* seine Pflicht erfüllen; *in antiek ~* mit Antiquitäten handeln; *in de kost ~* in Kost geben; *'t doet er niet toe* es macht nichts aus; *'t ermee kunnen ~* iron sein Teil weghaben; *hij heeft 't altijd gedaan* er ist es immer gewesen; zie ook *gedaan*
**doende** beschäftigt; *al ~ leert men* Übung macht den Meister
**doenlijk** möglich
**doetje** 1 ⟨slappe vent⟩ Trottel *m*; 2 ⟨vrouw⟩ Gänschen *o*
**doezelen** dösen
**doezelig** dösig, schläfrig
**dof** 1 ⟨stem⟩ dumpf; 2 ⟨v. glans⟩ matt; 3 ⟨spiegel⟩ blind; 4 ⟨blik⟩ trübe; *~fe zijde* stumpfe Seide *v*; *~ maken* mattieren; *~(fer) worden* verdumpfen
**doffer** Tauber *m*, Täuber *m*
**dog** Dogge *v*
**dogma** Dogma *o*
**dogmatisch** dogmatisch
**dok** Dock *o*; *drijvend ~* Schwimmdock *o*
**doka** = *donkere kamer* Dunkelkammer *v*
**dokken** 1 scheepv docken; 2 gemeenz ⟨betalen⟩ blechen
**dokter** Arzt *m*; *vrouwelijke ~* Ärztin *v*
**dokteren** ärztlich behandeln *~ aan* herumdoktern an (+ 3)
**doktersadvies**: *op ~* auf ärztliche Anweisung *v*
**doktersassistente** Arzthelferin *v*
**doktersroman** Arztroman *m*
**dokwerker** Hafenarbeiter *m*; *eten als een ~* fressen wie ein Scheunendrescher
**1 dol** *m* scheepv Dolle *v*
**2 dol** *bn* toll, sinnlos; *dat is te ~* das ist zu toll; *~ op* vernarrt in (+ 4); *~le hond* toller Hund *m*; *~le pret* großer Spaß *m*; *~le schroef* überdrehte Schraube *v*; *~ op sport* sportfreudig; *~ van blijdschap* närrisch vor Freude; *hij is er ~ op* er ist wild darauf; *'t is om ~ van te worden* es ist zum Verrücktwerden; *door 't ~le heen* in toller Stimmung
**dolblij** riesig froh, überfroh
**doldraaien**: *de schroef is dolgedraaid* die Schraube ist überdreht; fig *hij is dolgedraaid* er ist (völlig) durchgedreht
**doldriest** tollkühn
**dolen** irren
**dolfijn** Delphin *m*
**dolfinarium** Delphinarium *o*

**dolgraag** furchtbar gern
**dolk** Dolch *m*
**dolksteek** Dolchstich *m*
**dollar** Dollar *m*
**dolleman** Tollkopf *m*
**dollen** 1 ⟨grappen maken⟩ scherzen; 2 ⟨stoeien⟩ ⟨herum⟩ toben
**1 dom** *bn bijw* dumm; *zo ~ als (het achterend van) een varken* saudumm; *zich van de ~me houden* sich dumm stellen
**2 dom** *m* ⟨kerk⟩ Dom *m*; *de ~ van Keulen* der Kölner Dom
**domein** 1 eig Domäne *v*; 2 fig Wissens-, Arbeitsgebiet *o*
**domheid** Dummheit *v*
**domicilie** Domizil *o*; *ergens ~ kiezen* irgendwo sein Domizil wählen
**dominant** dominant
**dominee** Pfarrer *m*, Pastor *m*; *er gaat een ~ voorbij* ein Engel geht ⟨schwebt, fliegt⟩ durch den Raum
**domineren** dominieren
**dominicaan** Dominikaner *m*
**dominoën** Domino spielen
**domkop** Dummkopf *m*
**dommekracht** 1 techn Winde *v*; 2 fig Kraftheini *m*
**dommelen** duseln, dösen
**dommerik, domoor** = *domkop*
**dompelaar** ⟨verwarmingstoestel⟩ Tauchsieder *m*
**dompelen** 1 ⟨in vloeistof⟩ tauchen; 2 fig ⟨doen verzinken⟩ stürzen; *in rouw ~* in Trauer versetzen
**domper** ⟨v. kaars⟩ Löschhütchen *o*; *een ~ op de feestvreugde zetten* der Festfreude einen Dämpfer versetzen
**dompteur** Dompteur *m*
**domweg** gedankenlos, einfach
**donateur** Donator *m*
**donatie** Donation *v*
**Donau** Donau *v*
**donder** Donner *m*; *alle ~s!* Donner und Doria!; *geen donder kein* Bißchen; *daar kun je ~ op zeggen* darauf kannst du Gift nehmen; *iem. op z'n ~ geven* einen 'was aufs Dach geben; *op zijn ~ krijgen* Prügel bekommen, eins auf die Nuß bekommen; *voor de ~* zum Teufel; *arme ~* armer Schlucker *m*
**donderbui** Gewitter *o*
**donderdag** Donnerstag *m*; *op ~* am Donnerstag; *Witte D~* Gründonnerstag *m*
**donderdags** I *bijw* donnerstags; II *bn* 1 ⟨elke donderdag⟩ donnerstäglich; 2 ⟨op een donderdag⟩ donnerstägig
**donderen** I *overg* gemeenz ⟨gooien⟩ schmeißen; II *onoverg* 1 ⟨bij onweer⟩ donnern; 2 gemeenz ⟨vallen⟩ herunterknallen; *dat dondert niet* das macht nichts aus
**donderjagen** poltern
**donders**: *~!* alle Wetter!
**donderslag** Donnerschlag *m*; *een ~ bij heldere hemel* ein Blitz aus heiterm Himmel
**donderspeech** Standpauke *v*, Strafrede *v*
**dondersteen** Rabauke *m*
**donker** I *bn* dunkel; *~e kamer* Dunkelkammer *v*; *~e kleuren* dunkle Farben; *een ka-*

**donkerblauw**

*mer ~ maken* ein Zimmer verdunkeln; *iets ~ inzien* etwas schwarz sehen; **II** *o* Dunkel *o*
**donkerblauw** dunkelblau
**donor** Spender *m*
**dons 1** (veren) Daunen *mv;* **2** (op de wang) Flaum *m*
**donzen** flaumfedern; *~ dekbed* Daunenbett *o; ~ deken* Daunendecke *v*
**donzig** flaumig
**dood I** *m & v* Tod *m; ~ door een ongeluk* Unfalltod *m; als de ~ zijn voor* eine schreckliche Angst haben vor; *om de dooie ~ niet* gemeenz beileibe nicht; *ter ~ brengen* vom Leben zum Tode bringen, hinrichten; *ter ~ veroordelen* zum Tode verurteilen; *duizend doden sterven* Höllenqualen ausstehen; **II** *bn* tot; *zo ~ als een pier* mausetot; *~ spoor* totes Gleis; *dode vingers* abgestorbene Finger; *de Dode Zee* das Tote Meer
**doodbloeden 1** eig verbluten; **2** fig sich totlaufen
**dooddoener** ± abgedroschene Phrase *v*
**doodeenvoudig** ganz einfach
**doodeerlijk** grundehrlich
**doodeng** unheimlich
**doodgaan** sterben
**doodgewoon 1** (heel gewoon) ganz normal; **2** (doodeenvoudig) ganz einfach
**doodgooien 1** eig totwerfen; **2** fig überschwemmen
**doodgraver** (ook dierk) Totengräber *m*
**doodjammer** jammerschade
**doodkalm** seelenruhig
**doodkist** Sarg *m; een drijvende ~* ein schwimmender Sarg
**doodleuk** unverfroren
**doodlopen**: *het offensief liep dood* die Offensive blieb stecken; *deze steeg loopt dood* dies ist eine Sackgasse; *de zaak loopt dood* die Sache verläuft im Sande; *zich ~* sich tot laufen
**doodmoe** todmüde
**doodongelukkig** todunglücklich
**doodop** todmüde
**doods** öde; *~e stilte* Totenstille
**doodsangst** Todesangst *v*
**doodsbang**: *~ zijn voor* eine tödliche Angst haben vor (+ 3)
**doodsbed** Sterbebett *o*
**doodsbericht 1** (in 't alg.) Totmeldung *v;* **2** (in krant) Todesanzeige *v;* Oostr Parte *v*
**doodsbleek** totenblaß
**doodschieten** tot-, erschießen
**doodschrikken**: *zich ~* sich zu Tode erschrecken; *doen ~* zu Tode erschrecken
**doodsgevaar** Todesgefahr *v*
**doodshoofd** Totenkopf *m*
**doodsklok** Totenglocke *v*
**doodskop** Totenkopf *m*
**doodslaan** er-, totschlagen; *al sla je me dood, ik weet het niet* schlag' mich tot, ich weiß es nicht
**doodslag** Totschlag *m*
**doodsnood** Todesnot *v*
**doodsschrik** Todesschrecken *m*
**doodsteek** Todesstoß *m;* jacht Fangstoß *m*

**doodsteken** totstechen, erstechen
**doodstil** totenstill
**doodstraf** Todesstrafe *v*
**doodsverachting** Todesverachtung *v*
**doodsvijand** Todfeind *m*
**doodtij** Nipptide *v,* Nippflut *v*
**doodvallen** tot fallen; *ik mag ~ als...* ich will Emil heißen, wenn...; *~ op een cent* knauserig sein; *val dood!* gemeenz leck mich (am Arsch)!
**doodverven**: *iem. ~ als* einen abstempeln zu
**doodvonnis** Todesurteil *o*
**doodwerken**: *zich ~* sich zu Tode arbeiten
**doodziek** sterbens-, todkrank
**doodzonde I** *v* Todsünde *v;* **II** *bn* jammerschade
**doodzwijgen** totschweigen
**doof** taub; *~ aan 't linkeroor* taub auf dem linken Ohr; *voor kritiek ~ zijn* gegen Kritik taub sein
**doofheid** Taubheit *v*
**doofpot**: *iets in de ~ stoppen* eine Sache unter den Teppich kehren
**doofstom** taubstumm
**dooi** Tauwetter *o*
**dooien** tauen
**dooier** Dotter *m & o*
**doolhof** Irrgarten *m*
**doop** Taufe *v; ten ~ houden* aus der Taufe heben
**doopceel** Taufschein *m; iems. ~ lichten* jmds. Sündenregister aufschlagen
**doopjurk** Taufkleid *o*
**doopnaam** Taufname *m*
**doopsel** Taufe *v*
**doopsgezinde** Mennonit *m;* Mennonitin *v*
**doopvont** Taufbecken *o*
**door I** *voorz* **1** (doorheen, door middel van) durch; **2** (v. handelende persoon) von; *~ de deur* durch die Tür; *de stad werd ~ de vijand veroverd* die Stadt wurde vom Feind erobert; *de verovering van de stad ~ de vijand* die Eroberung der Stadt durch den Feind; *hij liet 't ~ een bode bezorgen* er ließ es durch einen Boten besorgen; *~ zo te handelen* indem er (Sie usw.) so handelt; **II** *bijw* durch; *de hele nacht ~* die ganze Nacht hindurch; *hij kent 't bedrijf ~ en ~* er kennt den Betrieb durch und durch; *~ en ~ fatsoenlijk, slecht* grundanständig, grundslecht; *~ en ~ goed* herzensgut
**door'bakken** durch'backen
**doorberekenen** mit einberechnen
**doorbijten** durchbeißen
**doorbijter**: *hij is een ~* er ist eine Kämpfernatur *v*
**doorbladeren** durchblättern
**doorborduren**: *op een idee ~* einen Gedanken *o* weiterspinnen
**door'boren** durch'löchern
**doorbraak** (ook mil, sp) Durchbruch *m*
**doorbranden** durchbrennen
**1 'doorbreken 1** (doormidden breken) durchbrechen; **2** (v. zweer) aufbrechen; **3** (v. zon) durchbrechen; *doen ~* zum Durchbruch verhelfen
**2 door'breken** durch'brechen; *de geluids-*

*barrière* ~ die Schallmauer 'durchstoßen
**doorbrengen** zu-, verbringen
**doordacht** durchdacht
**doordat** dadurch daß
**1 'doordenken** *onoverg* weiterdenken
**2 door'denken** *overg* durch'denken
**doordenkertje** Bemerkung *v*, über die man nachdenken soll
**doordeweeks** alltäglich
**doordouwer**: *hij is een* ~ er gibt nicht leicht auf
**doordraaien 1** ⟨verder draaien⟩ weiterdrehen; **2** ⟨snel geld uitgeven⟩ verpulvern; **3** ⟨v. groente e.d.⟩ vernichten
**doordrammen 1** ⟨doorzeuren⟩ quengeln; **2** ⟨doordrijven⟩ durchsetzen
**doordraven 1** ⟨verder draven⟩ weitertraben; **2** ⟨zwetsen⟩ ins Blaue hinein schwatzen
**doordrijven** (hin)durchtreiben; *zijn zin* ~ seinen Kopf durchsetzen
**doordrijver** Starrkopf *m*
**1 'doordringen** *onoverg* durchdringen; *'t dringt niet tot hem door* es wird ihm nicht bewußt
**2 door'dringen** *overg* durch'dringen; *doordrongen zijn van* durchdrungen sein von
**doordringend** durch'dringend
**doordrukken I** *onoverg* **1** ⟨doorgaan met duwen⟩ weiterdrücken; **2** ⟨meer drukwerk maken⟩ weiterdrucken; **3** ⟨zonder ophouden drukken⟩ durchdrucken; **4** ⟨door iets heen duwen⟩ durchdrücken; **II** *overg* **1** ⟨doorzetten⟩ durchsetzen, -drücken; **3** ⟨op de achterkant v. papier doorslaan⟩ durchdrucken
**doordrukstrip** Durchdrückverpackung *v*
**dooreen** durcheinander
**doorgaan 1** ⟨door iets heen gaan⟩ hindurchgehen; **2** ⟨niet ophouden⟩ fortfahren; weitergehen; ⟨met werk⟩ weitermachen; **3** ⟨niet afgelast worden⟩ stattfinden; **4** ⟨trekken door⟩ durch'wandern; ~ *met eten* weiteressen; *ga door* fahre fort; *'t concert gaat niet door* das Konzert findet nicht statt; *'t plan gaat niet door* der Plan hat sich zerschlagen; *voor een eerlijk man* ~ als ein ehrlicher Mann gelten
**doorgaand**: ~*e trein* Durchgehender Zug *m*; ~ *verkeer* Durchgangsverkehr *m*
**doorgaans** gewöhnlich, meistens
**doorgang** Durchgang *m*
**doorgangshuis** ⟨voor vluchtelingen, zwervers enz.⟩ Asyl *o*; ⟨voor jongeren⟩ Übergangsheim *o*
**doorgeefluik** Durchreiche *v*
**doorgestoken**: *dat is (een)* ~ *kaart* das ist eine abgekartete Sache
**doorgeven** weitergeben; ⟨aan de spreker⟩ herüberreichen; ⟨van verzoeken e.d.⟩ weiterleiten; *'t* ~ die Weitergabe
**doorgewinterd** gestanden
**doorgronden** ergründen
**doorhalen 1** ⟨schrappen⟩ durchstreichen; **2** ⟨draad⟩ hindurchziehen; *een nacht* ~ eine Nacht durchmachen
**doorhaling** ⟨schrapping⟩ Streichung *v*
**doorhebben** ⟨snappen⟩ kapieren; *iem., iets* ~ einen, die Sache durch'schauen
**doorheen** hin'durch
**doorkiesnummer** <u>telec</u> Durchwahl(-nummer) *v*
**doorkijk** Durchblick *m*
**doorkijkbloes** durchsichtige Bluse *v*
**doorkijken** durchgucken
**doorkneed** bewandert; *hij is* ~ *in die zaken* er ist in diesen Geschäften sehr bewandert
**doorkomen** (hin)durchkommen; *er is geen* ~ *aan* es ist nicht durchzukommen
**doorkrijgen 1** ⟨door midden krijgen⟩ durchbekommen; **2** ⟨een bericht enz. ontvangen⟩ erhalten; *iem.* ~ hinter jemands Schliche kommen
**doorkruisen** durch'kreuzen ⟨ook fig⟩
**doorlaatpost** Grenzstelle *v*
**doorlaten** durchlassen; ~*d* durchlässig
**doorleren** weiterlernen
**doorleven** durch'leben
**doorlezen 1** ⟨tot einde toe⟩ durchlesen; **2** ⟨verder⟩ weiterlesen
**doorlichten** durch'leuchten
**doorliggen** sich durchliegen; *de zieke heeft zijn rug doorgelegen* der Kranke hat sich seinen Rücken wundgelegen; *zijn rug is doorgelegen* sein Rücken ist durchgelegen
**1 'doorlopen** *onoverg & overg* **1** ⟨door iets lopen⟩ durchlaufen; **2** ⟨verder lopen⟩ weiterlaufen; **3** ⟨v. kleuren⟩ auslaufen; **4** ⟨vluchtig doorzien⟩ durchsehen; **5** ⟨niet onderbroken worden⟩ durchgehen; **6** ⟨v. voeten⟩ wundlaufen
**2 door'lopen** *overg* **1** ⟨lopend gaan door⟩ durch'laufen; **2** ⟨school⟩ absolvieren
**doorlopend 1** ⟨voortdurend⟩ fortwährend, ständig; **2** ⟨telkens weer⟩ laufend; ~ *genummerd* fortlaufend numeriert
**doormaken** durchmachen
**doormidden** entzwei, mittendurch
**doorn** Dorn *m*; *een* ~ *in 't oog* ein Dorn im Auge
**doornat** durchnäßt
**doornemen** durchnehmen
**Doornroosje** Dornröschen *o*
**doorpraten** weiterreden; *aan één stuk* ~ sich ins Uferlose verlieren; *een zaak* ~ eine Sache durchsprechen
**doorprikken 1** ⟨met een prik doen barsten⟩ aufstechen; **2** ⟨ontzenuwen⟩ entkräften
**doorregen** durch'wachsen
**doorreis** Durchreise *v*
**doorreizen 1** ⟨door iets heen reizen⟩ durchreisen; **2** ⟨verder reizen⟩ weiterreisen; ⟨in trein ook⟩ weiterfahren
**doorrijden** ⟨door iets heen rijden⟩ durchreiten, -fahren; **2** ⟨verder rijden⟩ weiterreiten, -fahren; *'t* ~ *na een verkeersongeluk* Unfallflucht *v*
**doorrijhoogte** Durchfahrtshöhe *v*
**doorschemeren** durchschimmern; *laten* ~ durchblicken lassen
**1 'doorschieten** *onoverg* **1** ⟨doorgaan met schieten⟩ weiterschießen; **2** ⟨v. plant⟩ ins Kraut schießen; *naar de andere kant* ~ fig völlig umschlagen
**2 door'schieten** *overg* ⟨ook van boek⟩

**doorschijnend**

durch'schießen
**doorschijnend** durch'scheinend
**doorschrappen** (durch-, aus)streichen
**doorslaan 1** ⟨door iets heen slaan⟩ durch-, hindurchschlagen; **2** ⟨weegschaal⟩ ausschlagen; **3** ⟨machine⟩ durchgehen; **4** ⟨zwetsen⟩ in einem Ton schwatzen; **5** ⟨bekennen⟩ gestehen; slang singen; **6** elektr ⟨doorbranden⟩ durchbrennen
**doorslaand**: *een ~ bewijs* ein schlagender Beweis *m*
**doorslag 1** ⟨kopie⟩ Durchschlag *m*; **2** ⟨v.e. balans⟩ Ausschlag *m*; *de ~ geven* den Ausschlag geben
**doorslaggevend** ausschlaggebend
**doorslikken** hinunter-, herunterschlucken
**doorsmeren** auto abschmieren
**doorsnede, doorsnee 1** ⟨in 't alg.⟩ Durchschnitt *m*; **2** techn ⟨v. buis⟩ Lichtung *v*; *in ~* durchschnittlich
**1 'doorsnijden** ⟨in tweeën snijden⟩ durchschneiden
**2 door'snijden** ⟨door iets heen lopen, stromen⟩ durch'schneiden
**doorspekken** spicken
**doorspelen 1** ⟨verder spelen⟩ weiterspielen; **2** sp ⟨de bal doorgeven⟩ zuspielen; **3** muz durchspielen; *informatie aan iem. ~* jmdm. Informationen zuspielen
**doorspreken 1** ⟨verder spreken⟩ weitersprechen; **2** ⟨bespreken⟩ durchsprechen
**doorstaan 1** ⟨lijden⟩ ertragen, erdulden, durchstehen; **2** ⟨te boven komen⟩ bestehen, überstehen; *'t gevaar ~* die Gefahr über'stehen; *de (vuur)proef ~* die (Feuer-)probe bestehen; *de toets der kritiek, de vergelijking ~* der Kritik, dem Vergleich standhalten
**1 'doorsteken I** *overg* ⟨door een opening brengen, een opening maken in⟩ (hin-)'durchstechen; **II** *onoverg* ⟨kortere weg nemen⟩ abschneiden
**2 door'steken** *overg* ⟨doorboren⟩ durch'stechen
**doorstoten** ⟨ook mil⟩ durchstoßen
**doorstrepen** durchstreichen
**doorstromen 1** ⟨door iets stromen⟩ (hin-)durchströmen; **2** ⟨m.b.t. huisvesting⟩ in eine teurere Wohnung umziehen; **3** ⟨m.b.t. onderwijs⟩ überwechseln (auf einen anderen Schultyp)
**doorstuderen** weiterstudieren
**doortastend** energisch
**doortimmerd** solide gebaut; *een goed ~ betoog* eine gut fundierte Darlegung *v*
**doortocht** Durchmarsch *m*
**doortrapt** durch'trieben, raffiniert, gerieben, gerissen
**1 'doortrekken 1** ⟨door iets heen gaan⟩ (hin-)durchziehen; **2** ⟨weg⟩ verlängern; **3** ⟨wc⟩ durchspülen
**2 door'trekken** ⟨geheel doordringen in⟩ durch'ziehen
**doorvaart** Durchfahrt *v*
**doorverbinden** (weiter)verbinden, durchstellen
**doorverkopen** weiterverkaufen
**doorvoed** wohlgenährt

**doorvoer** Durchfuhr *v*, Transit *m*
**doorvoeren** durchführen
**doorvoerhaven** Transithafen *m*
**doorvoerrechten** Durchfuhrzoll *m*
**doorwaadbaar** durch'watbar; *~bare plaats* Furt *v*
**doorweekt** aufgeweicht
**doorwerken 1** ⟨een boek enz.⟩ durcharbeiten; **2** ⟨doorgaan met werken⟩ fort-, weiterarbeiten; **3** ⟨invloed hebben⟩ fortwirken
**doorwrocht** gediegen
**doorzagen** durchsägen
**doorzakken 1** ⟨door 't ijs zakken⟩ einbrechen; **2** ⟨doorbuigen⟩ sich durchbiegen; **3** ⟨veel drinken⟩ versacken; *doorgezakte voet* Senkfuß *m*
**doorzetten** durchsetzen; *we moeten ~* wir müssen durchhalten; *zijn wil ~* seinen Willen durchsetzen
**doorzetter** = doordouwer
**doorzettingsvermogen** Durchhaltevermögen, Ausdauer *v*
**doorzeven** durch'sieben
**doorzichtig** durch'sichtig (ook fig); *~e verpakking* Klarsichtpackung *v*
**1 'doorzien** ⟨doorkijken⟩ (hin)durchsehen; *iets ~* durchsehen
**2 door'zien** ⟨de bedoeling begrijpen⟩ durch'schauen
**1 'doorzoeken** *onoverg* ⟨verder zoeken⟩ weitersuchen
**2 door'zoeken** *overg* ⟨grondig zoeken in⟩ durch'suchen
**doos 1** ⟨in 't alg.⟩ Dose *v*; **2** ⟨groter, van hout⟩ Kasten *m*; **3** ⟨v. papier, dun karton⟩ Schachtel *v*; *blikken ~* Blechdose *v*; ⟨stevige⟩ *kartonnen ~* Karton *m*; *de ~ van Pandora* die Büchse der Pandora; *uit de oude ~* aus der Mottenkiste
**dop 1** ⟨v. noten, ei⟩ Schale *v*; **2** ⟨v. bonen⟩ Hülse *v*; **3** ⟨v. ballpoint e.d.⟩ Kappe *v*; *een professor in de ~* ein künftiger Professor; *kijk uit je ~pen!* mach (doch) die Augen auf!
**dopen 1** ⟨plechtig⟩ taufen; **2** ⟨dompelen⟩ eintauchen
**doper** Täufer *m*
**doperwt** Zucker-, Schotenerbse *v*
**dophei(de)** Glockenheide *v*
**doping 1** ⟨de toediening⟩ Doping *o*; **2** ⟨de middelen⟩ Aufputsch-, Anregungsmittel *o*
**dopingcontrole** Dopingtest *m*
**doppen 1** ⟨bonen⟩ enthülsen; **2** ⟨noten⟩ schälen; **3** ZN ⟨stempelen⟩ stempeln gehen
**dopsleutel** Steckschlüssel *m*
**dor 1** ⟨droog, onvruchtbaar⟩ dürr, trocken; **2** ⟨vervelend⟩ eintönig; *~re feitenkennis* trockenes Wissen *o*
**dorp** Dorf *o*
**dorpel** Schwelle *v*
**dorpeling** Dorfbewohner *m*
**dorps** dörflich, ländlich
**dorpsgek** Dorftrottel *m*
**dorsen** dreschen; *'t ~* das Dreschen
**dorst** Durst *m*; *~ naar macht* Machtgier *v*
**dorsten**: *~ naar* dürsten nach
**dorstig** durstig
**dorsvlegel** Dreschflegel *m*

**dorsvloer** Tenne *v*
**doseren** dosieren
**dosis** Dosis *v*
**dossier** Dossier *o*; ⟨kleiner⟩ Akte *v*
**dot** 1 ⟨kluwen⟩ Knäuel *m & o*; 2 ⟨schat⟩ Herzchen *o*; 3 ⟨haar⟩ Knoten *m*; *een ~ watten* Tupfer *m*; *een ~ van een kind* ein Wonneproppen *m*
**dotterbloem** Sumpfdotterblume *v*
**dotterbehandeling** med Ballondilatation *v*
**douane** 1 ⟨dienst⟩ Zoll *m*; 2 ⟨kantoor⟩ Zollamt *o*
**douanier** Zollbeamte(r) *m*
**double** 1 ⟨tennis⟩ Doppel *o*; 2 ⟨film⟩ Ersatzmann *m*
**doublé** Dublee *o*
**doubleren** 1 ⟨verdubbelen⟩ duplieren; 2 ⟨een klas⟩ repetieren; 3 kaartsp den Einsatz verdoppeln; 4 ⟨bridge⟩ Kontra geben
**doublure** Doppelung *v*
**douche** Dusche *v*
**douchecel, douchehokje** Duschkabine *v*
**douchen** duschen
**douw** ⟨duw⟩ Stoß *m*; ⟨van personen ook⟩ Puff *m*; *een ~ krijgen* fig zurückgesetzt werden
**douwen** = *duwen*
**dove** Taube(r) *m-v*
**doven** I *overg* (h.) ⟨uitmaken⟩ löschen; II *onoverg* (is) ⟨uitgaan⟩ erlöschen
**dovenetel** Taubnessel *v*
**down** 1 ⟨neerslachtig⟩ down, deprimiert, niedergeschlagen; 2 comput & kaartsp down
**dozijn** Dutzend *o*; *bij 't ~* dutzendweise, im Dutzend; *bij ~en* zu Dutzenden
**Dr.** (= *Doctor*) *bn* tragbar
**draad** 1 ⟨v. textiel⟩ Faden *m*; 2 ⟨in vlees, v. hout⟩ Faser *v*; 3 ⟨metaal⟩ Draht *m*; 4 ⟨v. schroef⟩ Gewinde *o*; *een rode ~* fig ein roter Faden *m*; *de ~ kwijtraken, weer oppakken* der Faden verlieren, wiederaufnehmen; *tot op de ~ versleten* total abgenutzt; *tegen de ~ in* fig entgegengesetzter Meinung; *voor de ~ komen* sich zeigen
**draadloos** drahtlos; *~loze besturing* Fernsteuerung *v*
**draadnagel** Drahtnagel *m*; ⟨kleiner⟩ Drahtstift *m*
**1 draagbaar** *v* Tragbahre *v*
**2 draagbaar** *bn* tragbar
**draagkracht** 1 ⟨financieel⟩ Finanzkraft *v*, Leistungsfähigkeit *v*; 2 ⟨v. brug enz.⟩ Tragkraft *v*, Tragfähigkeit *v*
**draagkrachtig** leistungsfähig, einkommensstark
**draaglijk** erträglich, tragbar
**draagmoeder** Leih-, Ersatzmutter *v*
**draagraket** Trägerrakete *v*
**draagstoel** Sänfte *v*, Tragsessel *m*
**draagtas** Tragetasche *v*
**draagvermogen** Tragfähigkeit *v*
**draagvlak** Tragfläche *v*
**draagwijdte** Tragweite *v*
**draai** ⟨wending⟩ Drehung *v*, Wendung *v*; *z'n ~ vinden* in Gang kommen; *de ~ te kort nemen* ⟨met auto enz.⟩ zu kurz wenden;

*een ~ aan iets geven* etwas in ein andres Licht rücken; *iem. een ~ om zijn oren geven* jmdm. eins hinter die Ohren geben
**draaibaar** drehbar
**draaibank** Drehbank *v*
**draaiboek** Drehbuch *o*
**draaicirkel** auto Wendekreis *m*
**draaideur** Drehtür *v*
**draaien** 1 ⟨in 't alg.⟩ sich drehen; 2 ⟨treuzelen⟩ schwanken; 3 ⟨bedriegen⟩ Winkelzüge machen; *de wind is gedraaid* der Wind hat sich gedreht; *mijn hoofd draait* mir dreht sich alles; *een film ~* ⟨opnemen⟩ einen Film drehen; ⟨vertonen⟩ einen Film vorführen; *deze film draait hier al zes weken* dieser Film läuft hier schon sechs Wochen; *een nummer ~* telec eine Nummer drehen; *in elkaar ~* improvisieren; *eromheen ~* herumdrucksen
**draaier** 1 ⟨in 't alg.⟩ Dreher *m*; 2 ⟨onstandvastig mens⟩ Wetterfahne *v*; 3 ⟨houtdraaier⟩ Drechsler *m*; 4 ⟨bedrieger⟩ Betrüger *m*
**draaierig** schwindlig
**draaiing** Drehung *v*
**draaikolk** Wirbel *m*, Strudel *m*
**draaikont** gemeenz 1 ⟨huichelachtig persoon⟩ Wendehals *m*; 2 ⟨beweeglijk persoon⟩ Zappelphilipp *m*
**draaimolen** Karussell *o*, Oostr Ringelspiel *o*
**draaiorgel** Drehorgel *v*
**draaischijf** 1 ⟨in 't alg.⟩ Drehscheibe *v*; 2 ⟨v. telefoon⟩ Wählscheibe *v*
**draaitafel** ⟨v. pick-up⟩ Plattenteller *m*
**draaitol** Kreisel *m*
**draak** 1 ⟨mythisch dier⟩ Drache *m*; 2 ⟨toneelstuk, film⟩ Schauerdrama *o*; 3 ⟨persoon⟩ Drachen *m*; *zo'n oude ~* so ein alter Drache *m*; *vliegende ~* dierk Flugdrache *m*; *de ~ steken met iem.* einen zum besten (Narren) halten
**drab** Hefe *v*, ⟨bezinksel⟩ Bodensatz *m*
**dracht** 1 ⟨kleding⟩ Tracht *v*; 2 ⟨v. dier⟩ Trächtigkeit *v*; 3 ⟨v. wapen⟩ Tragweite *v*
**drachtig** trächtig
**draf** Trab *m*; *in gestrekte (snelle) ~* in raschem (gestrecktem) Trab
**drafsport** Trabrennsport *m*
**dragee** Dragée *v & o*
**dragen\*** 1 ⟨in 't alg.⟩ tragen; 2 ⟨verdragen⟩ ertragen; *de wond draagt* die Wunde näßt; *rente ~* (ook) sich verzinsen; *vrucht ~* fig (ook) fruchten; *op handen ~* auf Händen tragen; *ten grave ~* zu Grabe tragen
**drager** Träger *m*
**dragline** Greiferbagger *m*, Bagger *m*
**dragon** ⟨kruid⟩ Estragon *m*
**dragonder** Dragoner *m*
**draineren** dränieren
**dralen** 1 ⟨aarzelen⟩ zaudern; 2 ⟨talmen⟩ zögern
**drama** 1 ⟨toneelstuk⟩ Drama *o*; 2 ⟨treurspel; ramp⟩ Tragödie *v*
**dramatiek** Dramatik *v*
**dramatisch** dramatisch
**dramatiseren** dramatisieren

**dramaturg** Dramaturg *m*
**drammen** quengeln
**drammer** Quengler *m*
**drang** Drang *m*; ~ *tot zelfbehoud* Selbsterhaltungstrieb *m*
**dranger** Türschließer *m*
**dranghek** Sperrschranke *v*
**drank** 1 ⟨in 't alg.⟩ Getränk *o*; *plechtig* Trank *m*; 2 ⟨geneesmiddel⟩ Arznei *v*; *sterke* ~ geistige (alkoholische) Getränke *mv*; *aan de* ~ *zijn* dem Trunk verfallen sein
**drankje** 1 ⟨medicijn⟩ Medizin *v*, Arznei *v*; 2 ⟨alcohol⟩ Gläschen *o*, Aperitif *o*
**drankmisbruik** Alkoholmißbrauch *m*
**drankorgel** Säufer *m*
**drankvergunning** Schankerlaubnis *v*
**drankwinkel** Schnapsladen *m*
**drankzucht** Trunksucht *v*
**draperen** drapieren
**draperie** Draperie *v*
**drassig** sumpfig
**drastisch** drastisch
**draven** traben
**draver** Traber *m*
**draverij** ⟨wedstrijd⟩ Trabrennen *o*
**dreef** 1 ⟨laan⟩ Allee *v*; 2 ⟨veld⟩ Flur *v*; *op* ~ *komen, zijn* in Schwung kommen, sein
**dreg** Dregge *v*
**dreggen** dreggen
**dreigbrief** Drohbrief *m*
**dreigement** Drohung *v*, Bedrohung *v*
**dreigen** drohen
**dreigend** ⟨bedreigend⟩ drohend; ⟨op 't punt staan te gebeuren⟩ bedrohlich
**dreiging** Drohung *v*
**dreinen** quengeln
**drek** Kot *m*
**drempel** Türschwelle *v*, Schwelle *v*
**drempelvrees** Schwellenangst *v*
**drenkeling** ⟨dood⟩ Ertrunkene(r) *m-v*; ⟨levend⟩ Ertrinkende(r) *m-v*
**drenken** tränken
**drentelen** schlendern
**drenzen** quengeln
**dresseren** dressieren
**dressman** Dressman *m*
**dressoir** Anrichte *v*, Büfett *o*
**dressuur** Dressur *v*
**dreumes** Knirps *m*, Hosenmatz *m*
**dreun** 1 ⟨dof geluid⟩ Dröhnen *o*; 2 ⟨slag⟩ Stoß *m*; 3 Singsang *m*
**dreunen** dröhnen
**drevel** Treibeisen *o*
**dribbel** *sp* Dribbeln *o*
**dribbelen** 1 ⟨wijze v. lopen⟩ trippeln; 2 *sp* dribbeln
**drie** I *telw* drei; II *v* ⟨het cijfer⟩ Drei *v*; *een* ~ eine Drei; *alle goede dingen bestaan in* ~*ën* aller guten Dinge sind drei; *met z'n* ~*ën* zu dritt
**driebaansweg** dreispurige Straße *v*
**driebandenspel** *bilj* Dreibandspiel *o*
**driedaags** dreitägig
**driedimensionaal** dreidimensional
**driedubbel** dreifach; *hij heeft 't* ~ *verdiend* er hat es doppelt und dreifach verdient
**Drie-eenheid** *godsd* Dreifaltigkeit *v*
**driehoek** Dreieck *o*
**driehoekig** dreieckig
**driehoeksverhouding** Dreiecksverhältnis *o*
**drieklank** 1 *taalk* Dreilaut *m*; 2 *muz* Dreiklang *m*
**driekleur** dreifarbige Fahne *v*; *de Nederlandse* ~ die rotweißblaue Fahne; *de Franse* ~ die Trikolore
**Driekoningen** Dreikönigsfest *o*
**driekwart** dreiviertel; ~ *jaar* Dreivierteljahr *o*
**driekwartsmaat** Dreivierteltakt *m*
**drieledig** dreigliedrig, -teilig
**drieletterwoord** Four-letter-word *o*
**drieling** Drillinge *mv*
**drieluik** Triptychon *o*
**driemaal** dreimal; ~ *is scheepsrecht* aller guten Dinge sind drei; *tot* ~ *toe* bis zu drei Mal
**driemanschap** Triumvirat *o*
**driepoot** 1 ⟨stoeltje⟩ Dreifuß *m*; 2 *fotogr* Stativ *o*
**driespan** Dreigespann *o*
**driesprong** 1 ⟨wegsplitsing⟩ Dreiweg *m*; 2 *sp* Dreisprung *m*
**driest** dreist
**driestemmig** dreistimmig
**drietal** Dreizahl *v*
**drietand** Dreizack *m*
**drietrapsraket** dreistufige Rakete *v*
**drievoud** Dreifache(s) *o*; *in* ~ in dreifacher Ausfertigung
**driewegstekker** Dreifachstecker
**driewerf** dreimal
**driewieler** Dreirad *o*
**drift** 1 ⟨woede⟩ Jähzorn *m*; 2 ⟨hartstocht, drang⟩ Leidenschaft *v*, Trieb *m*, Drang *m*; 3 ⟨stroming⟩ Drift *v*; *in* ~ *ontsteken* in Zorn ausbrechen; *op* ~ *raken scheepv* ins Treiben kommen; *een schip op* ~ ein driftendes Schiff *o*
**driftbui** Zornausbruch *m*
**driftig** jähzornig; ~ *worden* sich ereifern
**driftkop** Hitzkopf *m*
**driftleven** Triebleben *o*
**drijfgas** Treibgas *o*
**drijfhout** Treibholz *o*
**drijfijs** Treibeis *o*
**drijfjacht** Treibjagd *v*
**drijfkracht** Triebkraft *v*
**drijfnat** pudelnaß
**drijfnet** Treibnetz *o*
**drijfriem** Treibriemen *m*
**drijfveer** Triebfeder *v*
**drijfzand** Treibsand *m*
**drijven\*** I *overg & onoverg* treiben; II *onoverg* 1 ⟨niet zinken⟩ schwimmen; 2 ⟨nat zijn⟩ durch und durch naß sein; *handel, een zaak* ~ Handel, ein Geschäft treiben; *op de vlucht* ~ in die Flucht schlagen, treiben; *op 't water* ~ auf dem Wasser schwimmen; *de zaak drijft op hem* das Geschäft steht und fällt mit ihm; *de* ~*ite kracht achter iets* die treibende Kraft bei etwas
**drijver** 1 ⟨bij jacht⟩ Treiber *m*; 2 ⟨agitator⟩ Fanatiker *m*; 3 *techn* Schwimmkörper *m*
**dril** ⟨vleesnat⟩ Gallerte *v*
**drilboor** Drillbohrer *m*, Bohrwinde *v*

**drillen** drillen
**dringen\*** I *onoverg* dringen, sich drängen; II *overg* drängen; *door de nood gedrongen* notgedrungen; *er werd vreselijk gedrongen* es gab ein furchtbares Gedränge
**dringend** dringend; *ik verzoek u* ~ ich bitte Sie dringend, inständigst; *een* ~*e behoefte aan* ein dringendes Bedürfnis nach; *een* ~ *beroep doen op* dringend appellieren an (+ 4)
**drinkbaar** trinkbar
**drinkebroer** Säufer *m*
**drinken\*** 1 trinken; 2 ⟨v. dieren⟩ saufen; 3 ⟨veel alcohol drinken⟩ saufen; *hij drinkt* ⟨is een dronkaard⟩ er ist ein Trunkenbold
**drinkgelag** Trinkgelage *o*
**drinklied** Trinklied *o*
**drinkwater** Trinkwasser *o*
**drive** 1 ⟨tennis⟩ Treibschlag *m*; 2 ⟨bridge⟩ Turnier *o*
**drive-in-woning** Wohnung *v* mit angebauter Garage
**droef** betrübt, traurig
**droefenis** Betrübnis *v*, Trauer *v*, Kummer *m*
**droefgeestig** trübsinnig, traurig, schwermütig
**droesem** Bodensatz *m*, Hefe *v*
**droevig** traurig; *een* ~ *einde* ein kläglicher Ende *v*
**droge**: *'t* ~ das Trockne; *op 't* ~ auf trocknem Lande
**drogen** 1 ⟨in 't alg.⟩ trocknen; 2 ⟨vruchten enz.⟩ dörren; *gedroogde vruchten* Trockenobst *o*
**drogeren** sp dopen
**drogist** Drogist *m*
**drogisterij** Drogerie *v*
**drogreden** Trugschluß *m*
**drol** Wurst *v*, Haufen *m*
**drom** Menge *v*; *in dichte* ~*men* in hellen Haufen
**dromedaris** Dromedar *o*
**dromen** träumen; *dat had ik nooit kunnen dromen* das hätte ich mir nicht träumen lassen
**dromer** Träumer *m*
**dromerig** 1 ⟨als in een droom⟩ träumerisch; 2 ⟨geneigd tot dromen⟩ verträumt; 3 ⟨suf⟩ dösig
**drommel** Teufel *m*; *een arme* ~ ein armer Schlucker *m*; *voor den* ~*!* zum Donnerwetter!
**drommels** verflucht, verteufelt, zum Teufel; ~*e kerel* Teufelskerl *m*; *een* ~ *lastige taak* eine verzwickte Aufgabe *v*
**drommen** sich zusammendrängen
**dronk** Trunk *m*, Schluck *m*; *een kwade, een vrolijke* ~ *hebben* einen zänkischen, einen heitern Rausch haben
**dronkaard** Zechbruder *m*
**dronkelap** Trunkenbold *m*
**dronkeman** Betrunkene(r) *m*
**dronken** betrunken; ~ *als een kanon* betrunken wie eine Strandhaubitze; ~ *van vreugde* freudetrunken
**dronkenschap** Betrunkenheit *v*, Trunkenheit *v*

**droog** trocken; *droge humor* trockner Humor *m*
**droogbloemen** Trocken-, Strohblumen *mv*
**droogdoek** Trocken-, Wischtuch *o*
**droogdok** Trockendock *o*
**droogje**: *op een* ~ *zitten* auf dem Trockenen sitzen; zie ook: *natje*
**droogkap** Trockenhaube *v*
**droogkomiek**: *een* ~ *zijn* einen trocknen Humor haben
**droogkuis** ZN Reinigung *v*
**droogleggen** trockenlegen
**drooglegging** Trockenlegung *v*
**drooglijn** Wäsche-, Trockenleine *v*
**droogmaken** 1 ⟨in 't alg.⟩ trocknen; 2 ⟨terrein⟩ trockenlegen
**droogmakerij** Trockenlegung *v*
**droogmolen** Wäsche-, Trockenspinne *v*
**droogrek** Trockengestell *o*
**droogstaan** 1 ⟨v. planten⟩ trocken sein; 2 ⟨v. rivieren enz.⟩ völlig trocken werden; 3 ⟨v. alcoholisten⟩ auf dem trockenen sitzen; 4 ⟨bij ontwenningskuur⟩ trocken sein
**droogstoppel** fader Kerl *m*
**droogte** Trockenheit *v*
**droogtrommel** Trockentrommel *v*
**droogvallen** 1 ⟨v. land⟩ trocken fallen; 2 ⟨v. rivieren⟩ aus-, vertrocknen
**droom** Traum *m*; *dromen zijn bedrog* Träume sind Schäume; *als in een* ~ traumhaft
**droombeeld** Traumbild *o*
**droomwereld** Traumwelt *v*
**1 drop** *m* ⟨druppel⟩ = *drup*
**2 drop** *v* ⟨snoep⟩ Lakritze *v*; *Engelse* ~ Englisch Drops
**dropje** Lakritze *v*, Pastille *v*
**dropshot** sp Dropshot *m*
**dropwater** Lakritzwasser *o*
**drug** Droge *v*, Rauschgift *o*; ~*s gebruiken* Drogen nehmen
**drugsgebruiker** Drogen-, Rauschgiftkonsument *m*
**drugsverslaafde** Drogen-, Rauschgiftsüchtige(r) *m-v*
**druif** Traube *v*; ⟨afzonderlijke bes⟩ Weinbeere *v*; *de druiven zijn zuur* die Trauben hängen ihm zu hoch
**druilerig** ⟨weer⟩ trübe, regnerisch
**druiloor** Schlafmütze *v*
**druipen\*** triefen; *'t zweet druipt van zijn gezicht* der Schweiß trieft ihm vom Gesicht; ~*d van het zweet* schweißtriefend
**druiper** med Tripper *m*
**druipnat** tropfnaß
**druipneus** Triefnase *v*; *met een* ~ triefnasig
**druipsteen** Tropfstein *m*
**druivennat** Traubensaft *m*
**druivensap** Traubensaft *m*
**druivensuiker** Traubenzucker *m*
**1 druk** *m* 1 ⟨pressie, 't drukken⟩ Druck *m*; 2 ⟨oplage⟩ Auflage *v*; *in* ~ *geven* drucken lassen; *onder de* ~ *van de omstandigheden* unter dem Druck der Verhältnisse; *onder* ~ *van de publieke opinie* auf den Druck der öffentlichen Meinung; *onder* ~ *komen te staan* unter Druck geraten; *eerste* ~ Erstdruck *m*; *hoge* ~ Hochdruck *m*; *lage* ~ Niederdruck *m*; meteor Tiefdruck *m*; *zijwaart-*

**druk**

se ~ seitlicher Schub *m*

**2 druk** *bn* **1** ⟨v. personen: levendig, bedrijvig⟩ lebhaft, geschäftig, rührig; **2** ⟨veel te doen hebbend⟩ (viel)beschäftigt; **3** ⟨zenuwachtig⟩ nervös; **4** ⟨lawaaierig⟩ aufgeregt; **5** ⟨intensief⟩ rege; **6** ⟨v. winkel enz.⟩ stark besucht; **7** ⟨straat⟩ belebt, lebhaft; ~ *bezig* eifrig beschäftigt; ~*ke bezigheden hebben* sehr besetzt sein; *een* ~*ke dienst* ein schwerer Dienst *m*; *een* ~ *kantoor* ein starkbeschäftigtes Kontor *m*; *de* ~*ste uren* die Spitzenstunden; ~ *verkeer* reger Verkehr *m*; *'t (heel)* ~ *hebben* vielbeschäftigt sein; *zich* ~ *maken* sich aufregen

**drukfout** Druckfehler *m*
**drukinkt** Druckerfarbe *v*
**drukken 1** ⟨in 't alg.⟩ drücken; **2** ⟨boek e.d.⟩ drucken; *de prijzen* ~ die Preise drücken; *over iets heen* ~ etwas überdrucken; *in gedrukte stemming* in gedrückter Stimmung; *zich* ~ ⟨zich onttrekken⟩ sich drücken
**drukkend** drückend; ⟨weer ook⟩ schwül
**drukker** (Buch)drucker *m*
**drukkerij** Druckerei *v*
**drukknoop** Druckknopf *m*
**drukknop** Druckknopf *m*, -taste *v*
**drukkunst** Buchdruckerkunst *v*
**drukpers** Druckerpresse *v*
**drukproef 1** ⟨in 't alg.⟩ Korrektur; **2** ⟨als vel⟩ Korrekturbogen *m*; **3** ⟨slips⟩ Korrekturfahne *v*
**drukte 1** ⟨gewoel, gedrang⟩ Gedränge *o*; **2** ⟨lawaai⟩ Spektakel *m*; ~ *op straat* Straßenlärm *m*; *grote* ~ *in zaken* reges Geschäftsleben *o*; *de grote* ~ *met Sinterklaas* das lebhafte Sankt Niklausgeschäft; *veel* ~ *om niets* viel Lärm um nichts; *koude* ~ Windmacherei *v*; *zonder (koude)* ~ ohne (viel) Umstände; ~ *maken* ⟨opscheppen⟩ sich mausig machen; ⟨lawaai maken⟩ Spektakel machen; *veel* ~ *van iets maken* viel Aufhebens von etwas machen
**druktemaker** Aufschneider *m*, Dicktuer *m*
**druktoets** Drucktaste *v*
**drukverband** Druckverband *m*
**drukwerk** Drucksache *v*, -sachen *mv*
**drum 1** *muz* Drum *v*; **2** ⟨vat⟩ Faß *o*; ~*s muz* Schlagzeug *o*
**drumband** Schlagzeugband *v*
**drummen** Schlagzeug spielen
**drummer** Schlagzeuger *m*, Drummer *m*
**drumstel** Schlagzeug *o*
**drup** ⟨druppel⟩ Tropfen *m*
**druppel** Tropfen *m*; *een* ~ *op een gloeiende plaat* ein Tropfen auf den heißen Stein; *op elkaar lijken als twee* ~*s water* sich ähnlich sehen wie ein Ei dem andern
**druppelen** tröpfeln, träufeln
**druppelsgewijs** tropfenweise
**Ds.** = dominee
**D-trein** D-Zug *m*
**dubbel 1** ⟨tweevoudig⟩ doppelt, zwiefach; **2** ⟨bloemen⟩ gefüllt; ~ *en dwars* doppelt und dreifach; ~ *fout* ⟨bij tennis⟩ Doppelfehler *m*; ~*e punt* Doppelpunkt *m*; ~*e ramen* Doppelverglasung *v*
**dubbeldekker** ⟨bus, vliegtuig⟩ Doppeldekker *m*
**dubbelganger** Doppelgänger *m*
**dubbelhartig** doppelherzig
**dubbelspel** Doppel *o*, Doppelspiel *o*
**dubbelspion** Doppelspion *m*
**dubbelspoor** Doppelgleis *o*, -spur *v*
**dubbelstekker** Doppelstecker *m*
**dubbeltje** Zehncentstück *o*; *een* ~ *op zijn kant zijn* auf Messers Schneide stehen; *voor een* ~ *op de eerste rij willen zitten* für einen Groschen in der ersten Reihe sitzen wollen; *ieder* ~ *moeten omdraaien* mit jedem Pfennig rechnen müssen
**dubbelvouwen** zusammenfalten
**dubbelzien** doppelt sehen *o*
**dubbelzinnig** doppeldeutig; ⟨ook ongunstig⟩ zweideutig
**dubben 1** ⟨piekeren⟩ überlegen; **2** ⟨weifelen⟩ grübeln
**dubieus** fraglich, zweifelhaft
**dubio**: *in* ~ *staan* im Zweifel sein
**duchten** befürchten; *gevaar is niet te* ~ Gefahr steht nicht zu befürchten
**duchtig** tüchtig, gehörig
**duel** Duell *o*
**duelleren** sich schlagen
**duet** Duett *o*
**duf 1** ⟨bedompt⟩ dumpfig, muffig; **2** ⟨saai⟩ fad, spießig; **3** ⟨slaperig⟩ benommen
**dug-out** *v* Trainerbank *v*
**duidelijk 1** ⟨in 't alg.⟩ deutlich; **2** ⟨helder⟩ klar; **3** ⟨begrijpelijk⟩ deutlich, verständlich; *'t is mij niet* ~ es ist mir nicht klar; *iem.* ~ *zeggen waar 't op staat* einem deutlich machen (klarmachen), worum es geht
**duidelijkheid** Deutlichkeit *v*
**duiden I** *overg* ⟨uitleggen⟩ deuten, erklären; *iem. iets ten kwade (euvel)* ~ einem etwas übelnehmen; **II** *onoverg* ⟨wijzen⟩ zeigen; ~ *op een ontsteking* auf eine Infektion hindeuten
**duif** Taube *v*; *onder iems. duiven schieten* jmdm. ins Gehege kommen
**duig**: *in* ~*en vallen* *fig* scheitern
**duik 1** ⟨vanaf de kant⟩ Kopfsprung *m*; **2** ⟨onder water⟩ Tauchen *o*; *een* ~ *nemen* einen Kopfsprung machen
**duikboot** U-boot *o*, Unterseeboot *o*
**duikbril** Taucherbrille *v*
**duikelaar**: *een slome* ~ *gemeenz* ein Döskopf *m*
**duikelen 1** ⟨buitelen⟩ einen Purzelbaum schlagen; **2** ⟨vallen, zakken⟩ purzeln
**duiken\* 1** ⟨onder water gaan⟩ (unter-)tauchen; **2** ⟨het water in⟩ einen Kopfsprung machen; **3** ⟨bukken⟩ sich ducken; *in de boeken* ~ sich in die Bücher vergraben
**duiker** Taucher *m*
**duikerklok** Taucherglocke *v*
**duikplank** Sprungbrett *o*
**duikvlucht** Sturzflug *m*
**duim 1** ⟨lichaamsdeel⟩ Daumen *m*; **2** ⟨maat⟩ Zoll *m*; **3** ⟨v. handschoen⟩ Däumling *m*; *onder de* ~ *houden* unter dem Daumen halten; *iets uit zijn* ~ *zuigen* sich etwas aus den Fingern saugen; ~*en draaien* faulenzen
**duimbreed**: *geen* ~ *wijken* keinen Zollbreit nachgeben

**duimen** 1 ⟨duimzuigen⟩ am Daumen lutschen; 2 *voor iem.* ~ einem die Daumen drücken

**duimpje** Daumen *m*; *Klein D~* der Däumling *m*; *op zijn* ~ aus dem Effeff (FF)

**duimschroef** Daumenschraube *v*

**duimspijker** ZN Reißnagel *m*

**duimstok** Zollstab *m*

**duimzuigen** am Daumen lutschen

**duin** Düne *v*

**duinpan** Dünenkessel *m*

**duister** I *bn* 1 eig dunkel; ⟨helemaal donker⟩ finster; 2 fig dunkel; II *o* Dunkel *o*; *in het* ~ *tasten* im Dunkeln tappen; fig im dunkeln tappen

**duisternis** Finsternis *v*, Dunkelheit *v*

**duit** hist Deut *m*; ~*en* gemeenz Moneten *mv*; *zijn laatste* ~ sein letztes Geld; *een aardige* ~ ein hübsches Sümmchen *o*; *een slordige* ~ ein Heidengeld; *een* ~ *in het zakje doen* seinen Senf dazugeben; *een flinke* ~ *verdienen* einen guten Batzen verdienen

**duitendief** Pfennigfuchser *m*

**Duits** deutsch; ~*e Democratische Republiek* Deutsche Demokratische Republik, DDR *v*; *in 't* ~ auf deutsch; *'t* ~ das Deutsch(e)

**Duitser** Deutsche(r) *m*; *de* ~, *een* ~ der Deutsche, ein Deutscher

**Duitsgezind** deutschfreundlich

**Duitsland** *o* Deutschland *o*; *Bondsrepubliek* ~ Bundesrepublik *v* Deutschland, BRD

**Duitstalig** deutschsprachig

**duivel** Teufel *m*; *als je van de* ~ *spreekt, trap je op zijn staart* wenn man den Teufel nennt, kommt er gerennt; *de duivel hale je!* hol dich der Henker!; *bij de* ~ *te biecht gaan* dem Teufel beichten; zie ook: *duvel*

**duivelin** Teufelin *v*

**duivels** I *bn* 1 ⟨als, van de duivel⟩ teuflisch; 2 ⟨razend⟩ rasend, wütend; ~ *goedje* Teufelszeug *o*; ~*e jongen* Teufelsjunge *m*; *ze werd* ~ *toen ze de waarheid hoorde* sie fuhr aus der Haut (geriet außer sich), als sie die Wahrheit erfuhr; *'t is om* ~ *te worden* es ist zum Tollwerden; II *tsw* ~*!* alle Wetter!, zum Henker!

**duivelskunstenaar** 1 ⟨magiër⟩ Hexenmeister *m*; 2 ⟨handig mens⟩ Tausendkünstler *m*

**duivenmelker** Taubenzüchter *m*

**duiventil** Taubenschlag *m*

**duizelen** schwindeln; *ik duizel* mir wird schwindlig; *mijn hoofd duizelt* mir wirbelt der Kopf

**duizelig** schwindelig; *ik word* ~ mir wird schwindlig

**duizelingwekkend** schwindelerregend

**duizend** I *telw* tausend; *ruim* ~ *mensen* gut (einige) tausend Menschen; *tegen de* ~ *mensen* an die tausend Menschen; *hij is een kerel uit* ~ er ist einer unter tausend; II *o* Tausend *o*, ~*en en* ~*en* Tausende und Abertausende; *bij* ~*en* zu Tausenden

**duizendjarig** tausendjährig

**duizendpoot** Tausendfüß(l)er *m*

**duizendschoon** Bartnelke *v*

**duizendste** tausendste; *een* ~ ein Tausendstel *o*

**duizendtal** 1 ⟨duizend stuks e.d.⟩ Tausend *o*; 2 rekenk Tausender *m*

**dukaat** Dukaten *m*

**dukdalf** Duckdalbe *v*

**dulden** dulden; *dat kan ik niet* ~ das kann ich nicht zulassen

**dumdumkogel** Dumdumgeschoß *o*

**dummy** 1 ⟨model⟩ Dummy *m*; 2 kaartsp Strohmann *m*; 3 ⟨pop⟩ Dummy *m*, Versuchspuppe *v*

**dumpen** 1 ⟨tegen lage prijs verkopen⟩ verschleudern; 2 ⟨lozen⟩ ⟨gefährliche Stoffe usw.⟩ schütten

**dun** dünn; ~ *gezaaid* dünn gesät

**dunbevolkt** dünnbesiedelt

**dunk** Meinung *v*; *een geringe (hoge)* ~ *van iets hebben* eine geringe (hohe) Meinung von etwas haben; *ik heb er geen hoge* ~ *van* davon verspreche ich mir wenig

**dunken** dünken; *mij dunkt* mich (mir) dünkt

**dunnetjes** dünn; *'n feest nog eens* ~ *overdoen* ein Fest wiederholen, weil's so schön war

**duo** I *m* ⟨v. motorfiets⟩ Soziussitz *m*; II *o* ⟨tweetal⟩ Duo *o*

**duopassagier** Sozius *m*

**dupe** Opfer *o*; *hij is er de* ~ *van* er muß es ausbaden

**duperen** düpieren

**duplicaat** 1 ⟨v. brief⟩ zweite Ausfertigung *v*; 2 ⟨anders⟩ Duplikat *o*

**duplo** duplo; *een afschrift in* ~ eine Abschrift in doppelter Ausfertigung

**duren** dauern, währen

**durf** Wagemut *m*; ~ *hebben* wagemutig sein

**durfal** Draufgänger *m*, Wagehals *m*

**durven\*** wagen, sich getrauen, den Mut haben

**dus** also, folglich

**dusdanig** I *bn* solch; II *bijw* derart

**duster** Staubmantel *m*

**dusver**: *tot* ~ bisher

**dutje**: *een* ~ *doen* ein Nickerchen machen

**dutten** 1 ⟨slapen⟩ schlummern; 2 ⟨suffen⟩ dösen

**1 duur** *m* Dauer *v*; ~ *van de oorlog* Kriegsdauer *v*; *op den* ~ auf die Dauer (Länge); *dat is niet van lange* ~ das hat keine Dauer; *voor de* ~ *van* auf die Dauer (+ 2)

**2 duur** *bn* ⟨kostbaar⟩ teuer, kostspielig; *een* ~ *grapje* ein teurer Spaß *m*; *een dure plaats* gemeenz ein teures Pflaster *o*; ~ *komen te staan* teuer zu stehen kommen

**duurte** 1 ⟨v. bepaalde dingen⟩ hoher Preis; 2 ⟨in 't alg.⟩ Teuerung *v*

**duurzaam** dauerhaft

**duvel** = *duivel*; *de* ~ *en zijn (ouwe) moer* der Teufel und seine Großmutter; *of de* ~ *ermee speelt* als ob der Teufel mit im Spiel ist; *te stom om voor de* ~ *te dansen* dümmer als die Polizei erlaubt; *een* ~*tje uit een doosje* ein Teufelchen im Kästchen

**duvelstoejager** Faktotum *o*

**duw** Stoß *m*, Schub *m*; *een* ~*tje in de goede richting* ein Anstoß *m*

**duwboot** Schubschiff o
**duwen 1** (in 't alg.) stoßen; **2** (kar) schieben; **3** (in gedrang) drängeln
**duwvaart** Schub(schif)fahrt v
**dwaalleer** Irrlehre v
**dwaallicht** Irrlicht o
**dwaalspoor** Irrweg m; *op een ~ brengen (raken)* auf Abwege bringen (geraten)
**dwaas I** m Tor m, Narr m; **II** bn **1** (in 't alg.) töricht; **2** (meer uiterlijk) närrisch; *ben je ~!* bist du verrückt!
**dwaasheid 1** (in 't alg.) Torheit v; **2** (meer uiterlijk) Narrheit v; **3** (gekheid) Dummheit v, Narretei v
**dwalen 1** (dolen) irren; **2** (zich vergissen) sich irren, sich täuschen
**dwaling** Irrtum m, Fehltritt m
**dwang** Zwang m; *onder ~* aus Zwang
**dwangarbeid** Zwangsarbeit v
**dwangarbeider** Zwangsarbeiter m
**dwangbevel** Zahlungsbefehl m
**dwangbuis** Zwangsjacke v
**dwanggedachte** Zwangsvorstellung v
**dwangmatig** zwangsmäßig
**dwangneurose** Zwangsneurose v
**dwangsom** Zwangsgeld o
**dwangvoorstelling** Zwangsvorstellung v
**dwarrelen** (v. stof, dorre bladeren enz.) wirbeln
**dwars** quer, *altijd ~ zijn* immer querköpfig sein; *de straat ~ oversteken* die Straße überqueren; *dat zit mij ~* das liegt mir im Magen
**dwarsbomen**: *iem. ~* einem entgegenarbeiten; *een plan ~* einen Plan hintertreiben
**dwarsdoorsnede** Querschnitt m
**dwarsfluit** Querflöte v
**dwarskijker** Aufpasser m
**dwarskop** Starrkopf m
**dwarslaesie** Querschnittslähmung v
**dwarsligger 1** (dwarsbalk) Schwelle v; **2** (persoon) Querschießer m
**dwarsschip** Querschiff o
**dwarsstraat** Querstraße v; *ik noem maar een ~* nur so als Beispiel
**dwarszitten 1** (hinderen, ergeren) stören, ärgern; **2** (tegenwerken) in die Quere kommen
**dweepziek** schwärmerisch
**dweepzucht** Schwärmerei v
**dweil** Aufnehmer m, Scheuerlappen m
**dweilen 1** (schoonmaken) aufwaschen; **2** (boemelen) schwiemeln
**dwepen**: *met iets ~* für etwas schwärmen; (erover spreken) von etwas schwärmen
**dwerg** Zwerg m
**dwergachtig** zwergenhaft, zwergig
**dwergpoedel** Zwergpudel m
**dwergvolk** Zwergvolk o
**dwingeland** Tyrann m, Despot m
**dwingelandij** Tyrannei v, Despotie v
**dwingen\* 1** (noodzaken) zwingen, nötigen; **2** (zeuren) quengeln; *vreemde ogen ~* fremde Augen sind mächtig
**dynamica, dynamiek** Dynamik v
**dynamiet** Dynamit o
**dynamisch** dynamisch
**dynamo** Dynamo m
**dynastie** Dynastie v, Herrscherhaus o
**dysenterie** Dysenterie v
**dyslexie** Dyslexie v

# E

**e** der Buchstabe E, das E
**e.a.** = *en andere* u.a., und andere
**eau de cologne** Kölnischwasser *o*
**eb** Ebbe *v*; ~ *en vloed* Ebbe und Flut
**ebbenhout** Ebenholz *o*
**eboniet** Hartgummi *m*, Ebonit *o*
**echec** Schlappe *v*, Mißerfolg *m*
**echelon** 1 *mil* Staffel *v*; 2 ⟨rang⟩ Rangstufe *v*
**echo** Echo *o*, Widerhall *m*
**echoën** echoen, widerhallen
**echolood** Echolot *o*
**echoscopie** Echographie *v*
**1 echt** *bn bijw* 1 ⟨werkelijk⟩ echt, unverfälscht, authentisch; 2 ⟨erg⟩ recht; ~*e kinderen* eheliche Kinder; *een* ~*e leugenaar* ein rechter Lügner *m*; *niet* ~ *jong zijn* nicht richtig jung sein; *'t is* ~ *waar* es ist wirklich wahr; *dat is* ~ *iets voor hem* das ist das Richtige für ihn
**2 echt** *m* ⟨huwelijk⟩ Ehe *v*; *in de* ~ *treden* in den Ehestand treten; *in de* ~ *verbinden* ehelich verbinden
**echtbreuk** Ehebruch *m*
**echtelijk** ehelich; ~*e staat* Ehestand *m*
**echten** ⟨een kind⟩ legitimieren, anerkennen
**echter** aber, jedoch, allein
**echtgenoot** Ehemann *m*, Gatte *m*, Ehegatte *m*; *de echtgenoten* die Ehegatten *mv*, -leute *mv*
**echtgenote** Gattin *v*, Ehegattin *v*; officieel Ehefrau *v*
**echtheid** Echtheit *v*, Authentizität *v*
**echtpaar** Ehepaar *o*
**echtscheiding** Ehescheidung *v*
**echtverbintenis, echtvereniging** Ehebund *m*
**eclatant** eklatant, schlagend
**eclips** Eklipse *v*
**ecologie** Ökologie *v*
**econometrie** Ökonometrie *v*
**economie** 1 ⟨economische praktijk, situatie⟩ Wirtschaft *v*; 2 ⟨als wetenschap⟩ Wirtschaftslehre *v*, Ökonomie *v*; Volkswirtschaftslehre *v*
**economisch** wirtschaftlich; ⟨zuinig⟩ ökonomisch, sparsam; ~ *adviseur* Wirtschaftsberater *m*; ~*e groei* Wirtschaftswachstum *o*; ~*e politiek* Wirtschaftspolitik *v*
**econoom** 1 ⟨huishoudkundige⟩ Volkswirt *m*, Wirtschaftler *m*; 2 <u>ZN</u> ⟨beheerder⟩ Verwalter *m*
**ecosysteem** Ökosystem *o*
**ecu** = *European currency unit* ECU *m*, Ecu *m*
**eczeem** Ekzem *o*
**e.d.** = *en dergelijke* u.dgl. (und dergleichen), u.ä (und ähnliches)
**edammer, Edammerkaas** *m* Edamer Käse *m*
**edel** 1 edel; 2 ⟨adellijk⟩ adlig; *de* ~*e delen* die edlen Teile *mv*
**edelachtbaar** <u>vero</u> hochwohlgeboren; *E*~*bare Heer* Ew. (Euer) Hochwohlgeboren; *ja,* ~*bare* jawohl, Herr Richter
**edelgas** Edelgas *o*
**edelgesteente** Edelsteine *mv*
**edelhert** Edel-, Rothirsch *m*
**edelman** *m* Edelmann *m*, Adlige(r) *m*
**edelmetaal** Edelmetall *o*
**edelmoedig** edelherzig, -mütig, generös
**edelmoedigheid** Edelmut *m*
**edelsmid** Edelschmied *m*
**edelsteen** Edelstein *m*
**edelweiss** Edelweiß *o*
**edelwild** Edelwild *o*
**edict** Edikt *o*
**editie** Ausgabe *v*
**edoch** jedoch, aber, allein
**educatie** Erziehung *v*
**educatief** erzieherisch
**eed** Eid *m*; ~ *van trouw* Treueid *m*, -schwur *m*; *een* ~ *afleggen* einen Eid leisten; *iem. de* ~ *afnemen* einen vereiden; *een* ~ *doen* einen Eid leisten; *onder ede* eidlich; *onder ede staan* unter einem Eid stehen
**eeg** = *elektro-encefalogram* EEG *o*, Elektroenzephalogramm *o*
**EEG** = *Europese Economische Gemeenschap* EWG *v*, Europäische Wirtschaftsgemeinschaft *v*
**eega** plechtig ⟨Ehe⟩gatte *m*, -gattin *v*
**eekhoorn** Eichhörnchen *o*, -kätzchen *o*
**eekhoorntjesbrood** Stein-, Eichpilz *m*
**eelt** Schwielen *mv*
**een I** *lidw & telw* ein; **II** *v* ⟨het cijfer⟩ Eins *v*; ~, *twee, drie* eins, zwei, drei; *het is één uur* es ist ein Uhr (eins); *één uur precies* Punkt eins; *op* ~ *na de oudste* der zweitälteste; ~ *week of drie* etwa drei Wochen; ~ *en al oor* ganz Ohr; ~ *en ander* einiges, dieses und jenes; *de* ~ *of ander* irgendeiner; *'t* ~ *of ander* irgendwas, -etwas; ~ *van beiden* einer (eine, eins) von beiden; ~ *voor* ~ einer nach dem andern
**eenakter** Einakter *m*
**eend** Ente *v*; *gebraden* ~ Entenbraten *m*; *(lelijke)* ~ <u>auto</u> Ente *v*; *een vreemde* ~ *in de bijt* ein Fremder unter lauter Bekannten
**eendagsvlieg** (insect & fig) Eintagsfliege *v*
**eendelig** einteilig
**eendenkooi** Entenherd *m*, -koje *v*, -gehege *o*
**eender** gleich; *'t is mij precies* ~ es ist mir ganz egal
**eendracht** Eintracht *v*, Einigkeit *v*; ~ *maakt macht* Einigkeit macht stark
**eendrachtig** einträchtig, -mütig
**eenduidig** eindeutig, unzweideutig
**eeneiig** eineiig
**eenentwintigen** Siebzehnundvier spielen
**eengezinswoning** Einfamilienhaus *o*
**eenheid** Einheit *v*
**eenheidsprijs** Einheitspreis *m*
**eenheidsworst** Einerlei *o*, Eintönigkeit *o*; *die spelletjesprogramma's op de tv zijn toch allemaal* ~ diese Spielshows im Fernsehen sind doch immer und ewig dasselbe!
**eenhoofdig**: ~ *bewind* Alleinherrschaft *v*; ~*e leiding* einheitliche Leitung *v*

**eenjarig** ⟨ook v. planten⟩ einjährig
**eenkennig** scheu, schüchtern; ~ *zijn* ⟨v. kind⟩ fremdeln
**eenling** Einzelne(r) *m-v*
**eenmaal** einmal; ~ *per jaar, maand, week* einjährlich, -monatlich, -wöchentlich, einmal pro Jahr, Monat, Woche; *dat is nu* ~ zo das ist eben so
**eenmalig** einmalig
**eenogig** einäugig
**eenoog** Einäugige(r) *m-v*; *in 't land der blinden is* ~ *koning* unter Blinden ist der Einäugige König
**eenoudergezin** Einelternfamilie *v*
**eenpansmaaltijd** Eintopf *m*, Eintopfgericht *o*
**eenparig 1** ⟨gelijkmatig⟩ gleichförmig; **2** ⟨eenstemmig⟩ einstimmig; ~ *versneld* gleichförmig beschleunigt
**eens 1** ⟨in toekomst of verleden⟩ einst; **2** ⟨ooit een keer⟩ einmal; **3** ⟨één maal⟩ einmal; **4** ⟨eensgezind⟩ einig; *er was* ~*...* es war einmal...; *kom (hoor)* ~ komm (hör) mal; *nog* ~ noch einmal; *hij kan niet* ~ *lezen* er kann nicht einmal lesen; ~ *en voor al(tijd)* ein für allemal; *'t met iem.* ~ *zijn* mit einem einverstanden sein, sich mit einem einig wissen, einem beistimmen; *'t over de prijs* ~ *worden* über den Preis einig werden
**eensgezind** einträchtig, gleichgesinnt, einmütig
**eensklaps** auf einmal, plötzlich
**eensluidend** gleichlautend
**eenstemmig** einstimmig, einmütig, einhellig
**eentje** eine(r), eins; *in zijn* ~ ganz allein; *jij bent me er* ~! du bist mir einer!; *er* ~ *nemen* ⟨een borrel⟩ einen trinken
**eentonig** eintönig
**een-tweetje** sp Doppelpaß *m*
**eenvormig** einförmig
**eenvoud 1** ⟨simpelheid, soberheid⟩ Einfachheit *v*; **2** ⟨naïveteit⟩ Einfalt *v*
**eenvoudig** einfach, schlicht
**eenvoudigweg** ganz einfach, ohne weiteres, förmlich
**eenwording** (Ver)einigung *v*, Zusammenschluß *m*; *de Europese* ~ die Vereinigung, der Zusammenschluß Europas
**eenzaam 1** ⟨in 't alg.⟩ einsam; **2** ⟨verlaten⟩ öde; *eenzame opsluiting* Einzelhaft *v*, Isolierhaft *v*
**eenzaamheid** Einsamkeit *v*
**eenzelvig** einsiedlerisch, zurückgezogen
**eenzijdig** einseitig
**1 eer** *v* Ehre *v*; *ik heb de* ~ *u mee te delen* ich beehre mich, Ihnen mitzuteilen; *de laatste* ~ *bewijzen* die letzte Ehre erweisen; *er is daaraan geen* ~ *te behalen* damit ist keine Ehre einzulegen; ~ *stellen in iets* seine Ehre in etwas setzen; *iemand in zijn* ~ *aantasten* jemands Ehre zu nahe treten; *in alle* ~ *en deugd* in allen Ehren; *tot* ~ *strekken* zur Ehre gereichen; zie ook: **ere**
**2 eer** I *voegw* **1** ⟨voordat⟩ ehe, bevor; **2** ⟨totdat⟩ bis; *'t zal een uur duren* ~ *hij komt* es wird eine Stunde dauern, bis er kommt; II *bijw* ⟨eerder⟩ eher, früher
**eerbaar** ehrbar, züchtig, honett
**eerbetoon, eerbewijs** Ehrenbezeigung *v*
**eerbied** Ehrfurcht *v*, Respekt *m*; ~ *voor de wet* Achtung *v* vor dem Gesetz
**eerbiedig** ehrfurchtsvoll, ehrerbietig
**eerbiedigen** achten, respektieren
**eerbiedwaardig** ehr-, verehrungswürdig
**erdaags** in kurzem, nächstens, demnächst
**eerder 1** ⟨vroeger⟩ eher, früher; **2** ⟨liever⟩ eher, lieber; *hoe* ~ *hoe beter* je eher je (umso) besser
**eergevoel** Ehrgefühl *o*
**eergisteren** vorgestern; *uw brief van* ~ Ihr vorgestriges Schreiben *o*
**eerherstel** Ehrenrettung *v*, Rehabilitierung *v*
**eerlijk** ⟨oprecht⟩ ehrlich, aufrichtig; ~ *gezegd* ehrlich gesagt; ~ *waar* wirklich wahr; *dat is niet* ~ das ist nicht fair; ~ *duurt 't langst* ehrlich währt am längsten
**eerlijkheid** Ehrlichkeit *v*
**eerlijkheidshalve** ehrlichkeitshalber
**eerloos** ehrlos
**eerst** zuerst; *'t* ~ zuerst; *wie 't* ~ *komt, 't* ~ *maalt* wer zuerst kommt, mahlt zuerst; *ten* ~*e* erstens; *voor het* ~ zum ersten Mal
**eerste** erst; ~ *communie* Erstkommunion *v*; ~ *editie* Erstausgabe *v*; ~ *piloot* luchtv Kapitän *m*; *de* ~ *de beste* der (die, das)erstbeste;~*vandemaand*Monatserste(r); ~ *van de klas* Klassenerste(r) *m-v*; *vele* ~*n zullen de laatsten zijn* die Ersten werden die Letzten sein
**eerstegraads**: ~ *verbranding* Verbrennung *v* ersten Grades; ~ *leraar* ± Gymnasiallehrer *m*; ~ *vergelijking* wisk Gleichung *v* ersten Grades
**eerstehulppost** Sanitätswache *v*
**eerstejaars(student)** Erstsemester *o*
**eerstgenoemd** erstgenannt, -erwähnt
**eerstkomend, eerstvolgend** nächst
**eerverleden**: ~ *week* vorletzte Woche *v*
**eervol** ehrenvoll
**eerwaard** ehrwürdig, hochwürdig
**eerzaam** ehrbar
**eerzucht** Ehrgeiz *m*
**eerzuchtig** ehrgeizig; ~*e* Ehrgeizling *m*
**eetbaar** eßbar, genießbar
**eetcafé** (Speise)lokal *o*, Gaststätte *v*
**eetgelegenheid** *v* Restaurant *o*, Gaststätte *v*
**eetgerei** Eßgerät *o*
**eethoek** Eßecke *v*, -nische *v*
**eethuis** Speisehaus *o*, -wirtschaft *v*
**eetkamer** Speisezimmer *o*, Eßzimmer *o*
**eetlepel** Eßlöffel *m*
**eetlust** Appetit *m*, Eßlust *v*
**eetstokje** Eßstäbchen *v*
**eetwaar** Eßwaren *mv*
**eetzaal** Speisesaal *m*
**eeuw 1** ⟨l00 jaar⟩ Jahrhundert *o*; **2** ⟨periode⟩ Zeitalter *o*; *de gouden* ~ das goldene Zeitalter; *de 20ste* ~ das zwanzigste Jahrhundert; *ik heb je in geen* ~*(en) gezien* ich habe dich eine Ewigkeit nicht gesehen
**eeuwenoud** jahrhundertealt, uralt
**eeuwfeest** Säkular-, Jahrhundertfeier *v*

**eeuwig** ewig, ewiglich; ~ *en altijd* immer und ewig; *voor* ~ auf ewig
**eeuwigdurend** ewigwährend, -dauernd
**eeuwigheid** Ewigkeit *v*; *ik heb hem in een* ~ *niet gezien* ich habe ihn eine Ewigkeit nicht gesehen
**eeuwwisseling** Jahrhundertwende *v*
**effect 1** ⟨werking⟩ Effekt *m*, Wirkung *v*; **2** ⟨fonds⟩ Effekt *m*, Wertpapier *o*, Wert *m*; **3** sp Effet *o*; ~ *sorteren* Effekt erzielen, Wirkung haben
**effectbal** sp Effetball *m*, angeschnittener Ball *m*; *een* ~ *geven* den Ball mit (viel) Effet schlagen, spielen
**effectenbeurs** Effektenbörse *v*
**effectief I** *bn* **1** ⟨doeltreffend⟩ effektiv, wirksam; **2** ⟨werkelijk⟩ wirklich, tatsächlich; **3** ZN ⟨v. gevangenisstraf, onvoorwaardelijk⟩ ohne Bewährung; ~ *kandidaat* ZN seriöser Kandidat *m*; *een* ~ *middel* ein wirksames Mittel *o*; *effectieve sterkte* mil Effektivbestand *m*; ~ *vermogen* effektive Leistung *v*; **II** *o* ZN ⟨personeelsbezetting⟩ Belegschaft *v*; **III** *m* ZN ⟨kamerlid⟩ Parlamentsmitglied *o*; *effectieven* ZN sp Aktiven
**effen 1** ⟨in 't alg.⟩ eben; **2** ⟨van stoffen⟩ einfarbig, einfach; ~ *wateroppervlak* glatte Wasserfläche *v*; *met een* ~ *gezicht* mit ernsthafter Miene
**effenen** ebnen
**efficiency** Zweckmäßigkeit *v*, Wirtschaftlichkeit *v*
**efficiënt** zweckmäßig, wirtschaftlich
**eg** Egge *v*
**EG** = *Europese Gemeenschappen* EG *v*, Europäische Gemeinschaft *v*
**egaal** egal, gleich
**egaliseren 1** ⟨in 't alg.⟩ egalisieren; **2** ⟨grond ook⟩ einebnen, planieren
**egel** Igel *m*
**eggen** eggen
**ego** Ego *o*, Ich *o*
**egocentrisch** egozentrisch
**egoïsme** Selbstsucht *v*, Egoismus *m*
**egoïst** Egoist *m*
**egoïstisch** ichsüchtig, egoistisch
**egotrip** Egotrip *m*
**Egypte** Ägypten *o*
**Egyptenaar** Ägypter *m*
**Egyptisch** ägyptisch
**EHBO** Erste Hilfe *v*, Unfallhilfe *v*
**ei** Ei *o*; *'t* ~ *van Columbus* das Ei von/des Kolumbus; *beter een half* ~ *dan een lege dop* ein halbes Ei ist besser als eine leere Schale; *gebakken* ~*eren* Spiegeleier *mv*; *op* ~*eren lopen* fig wie auf Eiern gehen; *uit het* ~ *komen* schlüpfen; ~*eren voor zijn geld kiezen* klein beigeben, gelindere Saiten aufziehen
**eicel** Eizelle *v*
**eidereend** Eiderente *v*
**eierdooier** Eidotter *m & o*
**eierdop** Eierschale *v*
**eierkoek** Eierkuchen *m*
**eierschaal** Eierschale *v*
**eierstok** Eierstock *m*, Ovarium *o*
**eierwekker** Eieruhr *v*

**eigeel** Eigelb *o*
**eigen** eigen; ~ *geld* ⟨bij loterij⟩ Einsatz *m*; ~ *kosten* Selbstkosten *mv*; ~ *risico* Selbstbeteiligung *v*; ~ *weg* Privatweg *m*; *zich iets* ~ *maken* sich etwas zu eigen machen
**eigenaar** Eigentümer *m*, Besitzer *m*, Inhaber *m*
**eigenaardig 1** ⟨bijzonder⟩ eigentümlich; eigenartig; **2** ⟨vreemd⟩ sonderbar, seltsam
**eigenaardigheid** Eigentümlichkeit *v*, Eigenart *v*, Sonderbarkeit *v*
**eigenares** Besitzerin *v*, Inhaberin *v*
**eigenbelang** Eigennutz *m*, -interesse *o*
**eigendom** Eigen-, Besitztum *o*
**eigendunk** Eigendünkel *m*, Dünkel *m*
**eigengemaakt** selbstverfertigt
**eigengereid** eigensinnig, ⟨sterker⟩ eigenbrötlerisch
**eigenhandig** eigenhändig
**eigenliefde** Eigen-, Selbstliebe *v*
**eigenlijk** eigentlich
**eigenmachtig** eigenmächtig
**eigennaam** Eigenname *m*
**eigenschap** Eigenschaft *v*; *voortreffelijke* ~*pen* Vorzüge *mv*
**eigentijds** zeitgenössisch
**eigenwaan** Eigendünkel *m*, Dünkel *m*
**eigenwaarde** Eigenwert *m*
**eigenwijs 1** ⟨m.b.t. kind⟩ naseweis, vorwitzig; **2** ⟨m.b.t. volwassenen⟩ eigensinnig, rechthaberisch, dickköpfig
**eigenzinnig** eigensinnig
**eik** Eiche *v*
**eikel 1** ⟨vrucht v. eik⟩ Eichel *v*; **2** anat Eichel *v*; **3** ⟨onbenullig persoon⟩ Trottel *m*
**eiken** eichen, aus Eichenholz; *een* ~ *tafel* ein Eichentisch *m*
**eikenhout** Eichenholz *o*
**eiland** Insel *v*
**eileider** Eileiter *m*
**eind 1** ⟨slot⟩ Ende *o*; **2** ⟨afstand⟩ Strecke *v*; ~ *touw* Strick *m*; ~ *goed, al goed* Ende gut, alles gut; *een heel* ~ eine ganze Strecke *v*; ~ *oktober* Ende Oktober; *'t* ~ *van het lied* das Ende vom Lied; *'t* ~ *v.d. maand* das Monatsende, die Monatswende; *daar is 't* ~ *van zoek* da ist gar kein Ende abzusehen; *er komt geen* ~ *aan* das nimmt kein Ende; *een heel* ~ *komen* ziemlich weit kommen; *een* ~ *aan iets maken* einer Sache ein Ende machen; *een* ~ *aan iems. praktijken maken* jmdm. das Handwerk legen; *aan het* ~ am Ende; *aan 't kortste* ~ *trekken* den kürzern ziehen; *aan 't langste* ~ *trekken* Sieger bleiben; *iets bij 't rechte* ~ *hebben* recht haben, etwas richtig aufgefaßt haben; *iets bij 't verkeerde* ~ *hebben* im Unrecht sein, sich irren; *tot een goed* ~ *brengen* zu einem guten Abschluß bringen; zie ook: *einde, eindje*
**eindbedrag** Schluß-, Totalbetrag *m*
**eindcijfer** Totalziffer *v*
**einddiploma** Reife-, Abgangszeugnis *o*
**einde 1** ⟨slot⟩ Ende *o*, Schluß *o*; **2** ⟨laatste gedeelte⟩ Ende *o*; ~ *v.d. oorlog* Kriegsende *o*; *de voorstelling is 't* ~! gemeenz die Vorstellung ist ein Höhepunkt, ist unübertrefflich; *ten* ~ *brengen* zu Ende führen;

**eindejaar**

ten ~ lopen zu Ende, zur Neige gehen; ten ~ raad zijn sich nicht zu raten wissen; te dien ~ zu diesem Zweck; ten ~ toe bis ans Ende; zie ook: eind, eindje, teneinde

**eindejaar** ZN Silvester o
**eindejaarspremie** ZN Weihnachtsgratifikation v, -geld o
**eindelijk** endlich, zuletzt, schließlich
**eindeloos** 1 ⟨zonder einde⟩ endlos; 2 ⟨prachtig⟩ herrlich, prachtvoll
**einder** Horizont m
**eindexamen** Reife-, Abgangsprüfung v; ⟨v. school ook⟩ Abitur o; ~ doen sein Abitur machen
**eindfase** Schlußphase v
**eindig** 1 eig endlich; 2 ⟨sterfelijk⟩ vergänglich
**eindigen** I overg beenden, II onoverg enden, aufhören; ⟨aflopen⟩ erlöschen; de brief eindigt met 't volgende der Brief schließt mit Nachfolgendem; 't woord eindigt op een m das Wort geht auf m aus, endet auf m
**eindje** ⟨afstand⟩ Strecke v; ~ touw Strick m; een klein ~ ein kleines Stückchen o, ein Katzensprung m; de ~s maar net aan elkaar kunnen knopen fig nur ganz knapp auskommen
**eindklassement** Schlußwertung v
**eindproduct** Endprodukt o, Fertigerzeugnis o
**eindpunt** Ziel o, Endpunkt m
**eindredacteur** Schlußredakteur m
**eindredactie** endgültige Fassung v, Endfassung v
**eindronde** End-, Schlußrunde v, Finale o; zich voor de ~ kwalificeren sich für das Finale qualifizieren
**eindsignaal** sp Schlußpfiff m; 't ~ geven sp abpfeifen
**eindspel** Endspiel o
**eindsprint, eindspurt** Endspurt m
**eindstand** ⟨in 't alg.⟩ Endergebnis o; ⟨v. competitie⟩ Abschlußtabelle v
**eindstation** End-, Zielstation v
**eindstreep** Ziel o
**eis** 1 ⟨persoonlijk⟩ Forderung v; 2 ⟨in 't burgerlijk proces⟩ Klage v; 3 ⟨strafproces⟩ Strafantrag m; een ~ stellen eine Forderung (einen Anspruch) erheben; hoge ~en aan iem. stellen hohe Anforderungen an einen stellen; de ~ van 't Openbaar Ministerie der Strafantrag des Staatsanwalts; ~ tot schadevergoeding Schadenersatzanspruch m
**eisen** 1 ⟨persoonlijk⟩ fordern; 2 ⟨nodig hebben⟩ erfordern, beanspruchen; te veel ~ van überfordern; een straf ~ recht eine Strafe beantragen; ~de partij Kläger m
**eiser** recht Kläger m
**eivol** gedrängt (gepfropft) voll
**eiwit** Eiweiß o; (stijf)geklopt ~ Eischnee m
**ejaculatie** Samenerguß m, Ejakulation v
**ekster** Elster v
**eksteroog** Hühnerauge o
**el** Elle v
**elan** Schwung m
**eland** Elch m & o, Elentier o

**elasticiteit** Dehnbarkeit v, Elastizität v
**elastiek** 1 ⟨materiaal⟩ Gummi m; 2 ⟨band⟩ Gummiband o, -zug m
**elastiekje** Gummi(bändchen) o
**elastisch** elastisch, federnd
**Elbe** Elbe v
**elders** anderswo, andernorts; van ~ anderswoher; overal ~ überall sonst
**eldorado** Eldorado o
**electoraat** Elektorat o
**elegant** elegant, geschmackvoll, fein; zeer ~ hochelegant
**elegantie** Eleganz v
**elegie** Elegie v
**elektra** Elektrizität v
**electricien** Elektrotechniker m, Elektriker m
**electriciteit** Elektrizität v
**electriciteitscentrale** Elektrizitäts-, Kraftwerk o
**electrificeren** elektrifizieren
**elektrisch** elektrisch; ~e centrale Kraftwerk o; ~e deken Heizdecke v; ~e gitaar Elektrogitarre v; ~e stroom elektrischer Strom m
**elektrocardiogram** Elektrokardiogramm o
**elektrocuteren** 1 ⟨in 't alg.⟩ durch elektrischen Strom töten; 2 ⟨als doodstraf⟩ auf dem elektrischen Stuhl hinrichten
**elektrocutie** 1 ⟨in 't alg.⟩ Tod m durch Stromschlag; 2 ⟨als doodstraf⟩ Hinrichtung v durch den elektrischen Stuhl
**elektrode** Elektrode v
**elektro-encefalogram** Elektro-enzephalogramm o
**elektron** Elektron o
**elektronenflitser** Elektronenblitzgerät o
**elektronica** Elektronik v
**elektronisch** elektronisch; ~ brein Elektronengehirn o; ~e rekenmachine Elektronenrechner m; ~e snelweg Datenautobahn v
**elektroshock** Elektroschock m
**elektrotechniek** Elektrotechnik v
**element** Element o; in zijn ~ zijn in seinem Element sein
**elementair** elementar, elementarisch
**1 elf** I telw elf; II v ⟨het cijfer⟩ Elf v; met z'n elven zu elft
**2 elf** v ⟨luchtgeest⟩ Elf m, Elfe v
**elfde** elfte; te ~ ure in letzter Stunde
**elfendertigst**: op zijn ~ im Schneckengang
**elftal** Elf v, (Fußball)mannschaft v; nationaal ~ Ländermannschaft v, Nationalelf v
**elimineren** eliminieren, heben
**elitair** elitär
**elite** Elite v
**elixer** Elixier o
**elk** jede(r), jedes; ~ mens jeder Mensch m; ~e week jede Woche v; ~ huis jedes Haus o
**elkaar** einander; zij ontmoetten ~ sie begegneten sich, einander; bij ~ zusammen; alles bij ~ ⟨al met al⟩ alles in allem; door ~ durcheinander; iem. in ~ slaan jmdn. zusammenschlagen; iets in ~ zetten etwas zusammensetzen; kort na ~ kurz nacheinander

**ander;** *door ~ gerekend, genomen* im Durchschnitt; *dat is voor ~* das ist erledigt, in Ordnung

**elleboog** Ell(en)bogen *m*; *ze achter de elleboog hebben* es faustdick hinter den Ohren haben

**ellende** Elend *o*, Jammer *m*

**ellendeling** Elende(r) *m*, Bösewicht *m*

**ellendig** elend, jämmerlich; *een ~e geschiedenis* eine bedauernswerte Geschichte *v*; *ik voel me ~* mir ist ganz elend (zu Mute)

**ellenlang** ellenlang

**ellepijp** Elle *v*

**ellips** Ellipse *v*

**elliptisch** elliptisch

**elpee** LP *v*, Langspielplatte *v*

**els** ⟨boom⟩ Erle *v*, Erlenbaum *m*; *zwarte ~* Schwarzerle *v*

**Elzas:** *de ~* das, der Elsaß

**Elzasser** Elsässer *m*

**Elzassisch** elsässisch

**email** Email *o*, Emaille *v*, Schmelz *m*

**emailleren** emaillieren

**emancipatie** Emanzipation *v*

**emanciperen** emanzipieren

**emballage** Emballage *v*

**embargo 1** ⟨handelsverbod⟩ Embargo *o*; **2** ⟨beslaglegging op schepen⟩ Embargo *o*; **3** ⟨publicatieverbod⟩ Nachrichtensperre *v*; *een ~ afkondigen* ein Embargo verhängen

**embleem** Emblem *o*, Hoheitszeichen *o*

**embolie** Embolie *v*

**embryo** Embryo *m*

**emeritaat** Emiritat *o*

**emeritus** Emerit *m*, Emeritus *m*; *~ dominee* Pastor emeritus; *~ hoogleraar* emeritierte(r) Professor(in) *m(v)*

**emigrant** Auswanderer *m*, Emigrant *m*

**emigratie** Auswanderung *v*, Emigration *v*

**emigreren** auswandern, emigrieren

**eminent** hervorragend, eminent

**eminentie** Eminenz *v*

**emir** Emir *m*

**emiraat** Emirat *o*

**emissie** Emission *v*, Ausgabe *v*

**Emmentaler** ⟨soort kaas⟩ Emmentaler *m*

**emmer** Eimer *m*

**emmeren** <u>gemeenz</u> nörgeln, quengeln

**emoe** Emu *m*

**emolumenten** Emolumente *mv*

**emotie** Emotion *v*, Gemütsbewegung *v*

**emotionaliteit** Emotionalität *v*

**emotioneel** emotional, -nell

**empirisch** empirisch

**emplacement** ⟨v. station⟩ Bahnhofsgelände *o*

**emplooi** Amt *o*; *~ vinden* Verwendung finden

**employé** Angestellte(r) *m-v*

**EMU** *Europese Monetaire Unie* EWU, Europäische Währungsunion *v*

**emulsie** Emulsion *v*

**en** und; *én dit én dat* sowohl dies, wie (auch) das

**en bloc** en bloc

**encefalitis** Enzephalitis *v*, Gehirnentzündung *v*

**enclave** Enklave *v*

**encycliek** Enzyklika *v*

**encyclopedie** Enzyklopädie *v*, Konversationslexikon *o*

**encyclopedisch** enzyklopädisch

**end** = *eind(e)*

**endeldarm** Mastdarm *m*

**endemisch** endemisch

**endossement** Indossament *o*

**enenmale:** *ten ~* ganz und gar, absolut

**energie** Energie *v*

**energiebedrijf 1** ⟨installatie⟩ Kraft-, Elektrizitätswerk *o*, E-werk *o*; **2** ⟨bedrijf⟩ Elektrizitätsgesellschaft *o*, Energieversorgungsbetrieb *m*

**energiebesparing** Energieeinsparung *v*

**energiek** energisch

**energieverbruik** Energieverbrauch *m*, -aufwand *m*

**enerzijds** einerseits

**en face** en face; von vorn

**enfin** ⟨nu ja⟩ na ja; ⟨kortom⟩ kurz, mit einem Wort

**eng 1** ⟨nauw⟩ eng; **2** ⟨griezelig⟩ unheimlich; *een ~e kerel* ein unheimlicher Mensch *m*

**engagement 1** ⟨betrokkenheid, verbintenis⟩ Engagement *o*; **2** ⟨verloving⟩ Verlobung *v*

**engageren** verpflichten, engagieren; *zich ~* **1** ⟨maatschappelijk betrokken raken; een verbintenis aangaan⟩ sich engagieren; **2** ⟨zich verloven⟩ sich verloben

**engel** Engel *m*

**Engeland** England *o*

**engelbewaarder** Schutzengel *m*

**engelengeduld** Engelsgeduld *v*

**engelenhaar** (voor de kerstboom) Engel(s)haar *o*

**Engels I** *o* ⟨de taal⟩ Englisch *o*; *hoe heet dat in 't ~?* wie heißt das auf Englisch?; **II** *bn* englisch; *~e sleutel* Engländer *m*; *~e ziekte* englische Krankheit *v*

**Engelse, Engelsman** Engländerin *v*, -länder *m*

**Engelstalig** englischsprachig

**engerd** unheimlicher Mensch *m*

**engte 1** ⟨nauwheid⟩ Enge *v*; **2** ⟨pas⟩ Engpaß *m*

**enig 1** ⟨een paar⟩ einig; **2** ⟨één alleen⟩ einzig; **3** ⟨prachtig⟩ wundervoll, glänzend; *dat was ~!* (ook) das war fein!; *~ in zijn soort* einzig in seiner Art, einzigartig; *~e erfgenaam* Alleinerbe *m*, alleiniger Erbe *m*; *~ kind* Einzelkind *o*; *~e vertegenwoordiger* Alleinvertreter *m*; *zonder ~e moeite* ohne die geringste Mühe; ohne irgendwelche Mühe

**enigermate** einigermaßen

**eniggeboren** eingeboren

**enigszins** einigermaßen; *als 't ~ mogelijk is* wenn es irgend möglich ist

**1 enkel** *m* ⟨lichaamsdeel⟩ Knöchel *m*, Sprunggelenk *o*; *tot op de ~s* ⟨van rok e.d.⟩ knöchellang

**2 enkel** *bn & onbep vnw* **1** ⟨slechts één⟩ einzig; **2** ⟨een paar⟩ einig, wenig; **3** ⟨verstrooid, heel enkel⟩ einzeln, vereinzelt; **4** ⟨slechts⟩ bloß, nur, lauter; *~ en alleen* ein-

**enkelband**

zig und allein, lediglich; *dat is ~ verbeelding* das ist lauter Einbildung; *één ~e maal* ein einziges Mal o; *een ~e maal* ⟨nu en dan⟩ dann und wann, vereinzelt; *een ~e reis Amsterdam* einmal Amsterdam, nur hin; *~ spoor* eingleisige (einspurige) Bahn v; *met een ~ woord* mit wenig(en) Worten
**enkelband** anat Sprunggelenksband o
**enkeling** Einzelmensch m, Einzelne(r) m-v
**enkelspel** ⟨tennis⟩ Einzel(spiel) o
**enkelspoor** Einspurbahn v
**enkeltje** ⟨enkele reis⟩ einfache Fahrkarte v, Einzelfahrschein m
**enkelvoud** Einzahl v, Singular m
**enkelvoudig 1** ⟨in 't alg.⟩ einfach; **2** gramm in der Einzahl
**enorm** enorm, sehr groß, ungeheuer
**enormiteit** Enormität v
**en passant** beiläufig, am Rande
**en plein public** vor allen Leuten, in aller Öffentlichkeit, vor aller Welt
**en profil** im Profil
**enquête 1** ⟨door het parlement⟩ Enquete v, Erhebung v, Untersuchung v; **2** ⟨ondervraging van groot aantal personen⟩ Meinungsumfrage v, Umfrage v; *een ~ houden* eine Umfrage machen (veranstalten)
**enquêtecommissie** pol Untersuchungsausschuß m
**enquêteren** eine Umfrage machen (veranstalten)
**enquêteur, enquêtrice** Nachforscher m
**ensceneren** inszenieren
**ensemble** Gesellschaft v, Truppe v, Ensemble o
**ent** ⟨loot⟩ Pfropfreis o
**enten** ⟨v. bomen⟩ pfropfen
**entente** Entente v
**enteren** entern
**entertainen** unterhalten
**enthousiasme** Enthusiasmus m, Begeisterung v
**enthousiast** begeistert, enthusiastisch; *~ maken* enthusiasmieren
**entiteit** Entität v
**entourage** Umgebung v
**entr'acte** Zwischenakt m
**entrecôte** Entrecote v
**entree 1** ⟨ingang⟩ Eingang m; **2** ⟨entreegeld⟩ Eintritt m, Eintrittsgeld o; **3** ⟨bij diner⟩ Vorgericht o
**entreebiljet** Eintrittskarte v
**entreegeld** Eintrittsgeld v
**entrepot** Entrepot o
**envelop(pe)** Briefumschlag m, Umschlag m; *in een ~ doen* in einen Umschlag stecken
**enz., enzovoort** usw, und so weiter
**enzym** Enzym o
**epaulet** Epaulett o, Epaulette v
**epicentrum** Epizentrum o
**epidemie** Epidemie v, Seuche v
**epidemisch** epidemisch, seuchenartig
**epiek** Epik v
**epigoon** Epigone m
**epigram** Epigramm o, Sinngedicht o

**epilepsie** Epilepsie v, Fallsucht v
**epilepticus** Epileptiker m
**epileptisch** epileptisch, fallsüchtig
**epileren** epilieren
**epiloog** Nachwort o, Epilog m
**episch** episch
**episcopaat** Episkopat m & o
**episode** Episode v
**epistel** Epistel v
**epos** Epos o, Heldengedicht o
**equator** Äquator m
**equatoriaal** äquatorial; *E~ Guinee* Äquatorialguinea o
**equipe** Equipe v, Mannschaft v
**equivalent** Äquivalent o
**er** da; es; *~ zijn mensen die nooit tevreden zijn* es gibt Leute, die nie zufrieden sind; *hij is ~ al* er ist schon da; *hij ziet ~ goed uit* er sieht gut aus; *~ zitten acht mensen in* es sitzen acht Menschen darin; *ik heb ~ twee* ich habe (deren) zwei; *wat is ~?* was ist denn (los)?; *~ wordt geklopt* es wird geklopft; *~ wordt gebeld* es läutet, es klingelt
**era** Ära v
**eraan** daran; *~ gaan* verloren gehen; zugrunde gehen; *~ geloven* dran glauben; *~ komen* ⟨naderen⟩ herankommen; ⟨aanraken⟩ berühren; *hoe kom ji ~?* wie kommst du dazu?, *wat heb je ~?* was hast du davon?
**erachter** dahinter; *~ komen* dahinterkommen; *~ zijn* es kapiert haben
**erbarmelijk** erbärmlich, jämmerlich, erbarmenswert
**erbarmen:** *zich over iem. ~* sich eines Menschen erbarmen
**erbij** dabei; *~ blijven* dabeibleiben; *~ halen* hinzuziehen; *~ komen* hinzukommen; *hoe kom je ~?* wie kommst du dazu?, was fällt dir ein?; *~ kunnen* erreichen können; fig verstehen, kapieren; *~ zijn* ⟨aanwezig zijn⟩ dabeisein; ⟨gesnapt zijn⟩ es erwischt haben, geliefert sein; *er gloeiend bij zijn* ⟨ook⟩ aufgeschmissen sein; *hij is er niet bij* er ist nicht bei der Sache; *ik blijf ~ dat...* ich bleibe dabei, daß...; *hoort dat ~?* gehört das dazu?
**erboven** darüber; *~ staan* darüberstehen ⟨ook fig⟩
**erdoor(heen)** hindurch; *~ gaan* hindurchgehen; *zijn vermogen ~ jagen* sein Vermögen durchbringen, verschwenden, verjubeln; *~ krijgen* durchbringen, -bekommen; *zich ~ slaan* sich (hin)durchschlagen; *iem. ~ slepen* einem durchhelfen; *~ zijn* ⟨v. examen⟩ durchgekommen sein; *de wet is ~* das Gesetz wurde (endlich) durchgebracht
**ere** = ¹*eer*; *in ~ houden* in Ehren halten; *ter ~ van de koning* zu Ehren des Königs; *~ wie ~ toekomt* Ehre wem Ehre gebührt
**ere-** ZN ⟨oud- & honorair⟩ Ehren-; Honorar-
**ereambt, erebaantje** Ehrenamt o
**ereburger** Ehrenbürger m
**erectie** Erektion v
**eredienst** Kult m, Kultus m
**eredivisie** Bundesliga v ⟨in Duitsland⟩

**eredoctoraat** Ehrendoktorat o
**erelid** Ehrenmitglied o
**ereloon** ZN Honorar o
**eremiet** Eremit m, Einsiedler m, Klausner m
**eren** 1 ⟨eer bewijzen⟩ ehren; 2 ⟨achten⟩ verehren, achten
**ereplaats** Ehrenplatz m
**erepodium** Siegerpodest o, Siegertreppchen o
**ereprijs** ⟨plantk & onderscheiding⟩ Ehrenpreis m
**ereronde** Ehrenrunde v
**ereschuld** Ehrenschuld v
**eretitel** Ehren-, Ruhmestitel m
**eretribune** Ehrentribüne v
**erewacht** Ehrenwache v
**erewoord** Ehrenwort o; *op mijn* ~ auf (mein) Ehrenwort
**erf** Hof m
**erfdeel** Erbteil o & m, Erbe o; *wettelijk* ~ Pflichtteil m & o
**erfelijk** erblich; ~ *belast zijn* erblich belastet sein; ~ *factor* Erbfaktor m; ~*e ziekte* Erbkrankheit v
**erfelijkheid** Erblichkeit v
**erfelijkheidsleer** Vererbungslehre v
**erfenis** Erbschaft v
**erfgenaam** Erbe m
**erfgoed** Erbgut o, Erbe o
**erflater** Erblasser m
**erfopvolging** Erbfolge v, -gang m
**erfpacht** Erbpacht v
**erfrecht** Erbrecht o
**erfstuk** Erbstück o, -sache v
**erfvijand** Erbfeind m
**erfzonde** Erbsünde v
**1 erg** bn bijw 1 ⟨naar⟩ arg, schlimm, böse, übel; 2 ⟨zeer⟩ sehr; *'t is niet* ~ es ist nicht schlimm; *in 't* ~*ste geval* schlimmstenfalls; *op 't* ~*ste voorbereid* auf das Schlimmste gefaßt; *bloedt 't* ~? blutet es arg?; *des te* ~*er* um so schlimmer
**2 erg**: *zonder* ~ ohne Arg, ohne Absicht; *geen* ~ *in iets hebben* ahnungslos sein
**ergens** 1 ⟨plaats⟩ irgendwo; 2 ⟨in enig opzicht⟩ irgendwie, in gewisser Hinsicht; ~ *anders* sonstwo, anderswo, irgendwo sonst
**ergeren** ärgern; *zich* ~ sich ärgern; *ik was geërgerd* ich war entrüstet
**ergerlijk** ärgerlich, schändlich
**ergernis** Ärger m
**ergo** ergo, also, folglich
**ergonomie** Ergonomie v, Ergonomik v
**erheen** dahin; ~ *brengen* hinbringen; ~ *gaan* hingehen
**erin** ⟨komen⟩ hinein, herein; 2 ⟨zijn⟩ darin; ~ *blijven* ⟨van het lachen⟩ sich (fast) totlachen; ~ *lopen*, ~ *vliegen* (he)reinfallen, aufsitzen; *iem.* ~ *laten lopen* einen hinters Licht führen; *iem.* ~ *luizen* einen hereinlegen, einem einen Streich spielen; *staat het* ~? steht es d(a)rin?
**erkennen** 1 ⟨als wettig aanvaarden⟩ anerkennen; 2 ⟨toegeven⟩ zugeben; 3 ⟨inzien⟩ erkennen
**erkenning** 1 ⟨in 't alg.⟩ Anerkennung v; 2 ⟨inzicht⟩ Erkenntnis v; 3 ⟨v. schuld⟩ Eingeständnis o
**erkentelijk** erkenntlich, dankbar
**erkentelijkheid** Erkenntlichkeit v, Dankbarkeit v
**erker** Erker m
**ermee** damit; *hoe gaat 't* ~? wie geht es?; *'t kan* ~ *door* es geht gerade; *je hebt vooral jezelf* ~ du schneidest dir damit bloß ins eigene Fleisch
**erna** danach; *de week* ~ eine Woche darauf
**ernaar** ⟨naar het genoemde⟩ hin; *duizenden mensen keken* ~ Tausende von Menschen schauten hin, schauten es sich an; *het* ~ *maken* ⟨uitdagen⟩ Anlaß zu etwas geben
**ernaast** daneben; *dat is* ~ das ist unrichtig; ~ *zitten* sich irren; nicht bekommen, was man gewollt hat
**ernst** 1 ⟨in 't alg.⟩ Ernst m; 2 ⟨v. misdaad⟩ Schwere v; *dodelijke* ~ feierlicher Ernst m; *het is hem* ~ es ist ihm Ernst; *in alle* ~ allen Ernstes
**ernstig** 1 ⟨in 't alg.⟩ ernst, ernsthaft, ernstlich; 2 ⟨m.b.t. ongeval, verwonding, verwijt enz.⟩ schwer; 3 ZN ⟨eerlijk⟩ ehrbar, ehrlich; ⟨degelijk⟩ anständig; ⟨bekwaam⟩ kompetent, fähig; *een* ~*e fout* ein schwerer (ernstlicher) Fehler m; *een* ~ *gevaar* eine ernstliche Gefahr v; *een* ~ *geval* ein Ernstfall m; *een* ~ *gezicht* ein ernstes Gesicht o; *hij heeft een* ~ *karakter* er hat einen ernsten Charakter; *met een heel* ~ *gezicht* mit ernsthafter Miene; ~*e situatie* ernste Lage v; ~*e woorden* ernste Worte; ~ *in gevaar brengen* ernstlich gefährden; *'t* ~ *menen* es ernst(haft) meinen; *iets* ~ *opvatten* etwas ernst nehmen; ~ *ziek* ernstlich krank
**erom** 1 ⟨plaatsbepaling⟩ darum, herum; 2 ⟨om, vanwege het genoemde⟩ darum; *'t* ~ *doen* es absichtlich tun; *'t gaat* ~ *dat...* es handelt sich darum, daß...; *het hangt* ~ es hängt (noch) in der Luft, es ist in der Schwebe; ~ *lachen* darüber lachen
**eronder** darunter; *iem.* ~ *houden* einen unterdrücken; *iem.* ~ *krijgen* fig einen unter seine Knute bringen; *zich niet* ~ *laten krijgen* sich nicht unterkriegen lassen; ~ *lijden* unter etwas leiden
**erop** darauf; *de week* ~ eine Woche darauf; ~ *slaan* draufhauen, auf etwas schlagen; ~ *staan* auf etwas (3) bestehen; *haar naam staat* ~ ihr Name steht d(a)rauf; *'t zit* ~ es ist erledigt; *de vakantie zit* ~ die Ferien sind vorbei; *met alles* ~ *en eraan* mit allem Drum und Dran; ~ *of eronder* siegen oder untergehen
**erosie** Erosion v, Auswaschung v
**erotiek** Erotik v
**erotisch** erotisch
**erover** darüber; ⟨over hek enz.⟩ her-, hinüber; ~ *gaan* fig behandeln; *wij zijn het* ~ *eens* wir sind uns darüber einig
**ertegen** dagegen; ~ *kunnen* etwas (u.a. die Kälte) gut ertragen (aushalten) können; ~ *zijn* dagegen sein

**ertoe** dazu; *wat doet dat ~?* was macht das?; *iem. ~ brengen om iets te doen* einen dazu bringen, bewegen, etwas zu tun; *~ komen* dazu kommen

**erts** Erz o

**ertsader** Erzader v

**ertussen** dazwischen; *iem. ~ nemen* einen zum besten halten, verulken

**erudiet** hochgebildet, grundgelehrt

**eruit** her-, hinaus; daraus; *vooruit, ~!* los, raus!; *'t hoge woord moet ~* das große Wort muß gesprochen werden; *zich ~ draaien* sich heraus reißen (winden); *~ gooien* hinauswerfen; *~ halen* herausholen; *zijn kosten ~ halen* auf seine Kosten kommen; *~ komen* (oplossen) etwas lösen, die Lösung finden; *~ liggen* (uitgeschakeld zijn) ⟨werk⟩ entlassen werden; ⟨spel⟩ ausscheiden; *zich ~ praten* sich herausreden; *~ vliegen* gemeenz rausfliegen; *'t ziet ~ of...* es sieht danach aus, daß/alsob...; *het was moeilijk, maar ik ben ~* es war schwierig, aber jetzt hab' ich's!

**eruptie** Eruption v, Ausbruch m

**ervan** davon; daraus; darüber; *~ houden om... ...* (gerne) mögen; *dat komt ~* das ist die Folge; gemeenz da haben wir die Bescherung; *het ~ nemen* es sich gutgehen lassen; *~ weten* Bescheid wissen

**ervandoor**: *~ gaan* abhauen, durchbrennen, türmen

**1 ervaren\*** *overg* **1** ⟨ondervinden⟩ empfinden, erfahren; **2** ⟨beleven⟩ erleben; *zij heeft het als pijnlijk ~* sie hat es als schwerzhaft empfunden

**2 ervaren** *bn* erfahren, bewandert; *een ~ zakenman* ein erfahrener Geschäftsmann *m*; *~ in een vak* in einem Fache bewandert

**1 erven** *overg* erben; *van iem. ~* einen beerben, von einem erben

**2 erven** *mv* Erben *mv*; *Firma ~ Müller* Firma Müller Nachfolger

**ervoor 1** ⟨zich bevindend voor het genoemde⟩ davor; **2** ⟨voorafgaande aan het genoemde⟩ vorher, davor; **3** ⟨ten behoeve van⟩ dafür; *iedereen was ~* ⟨stemde in⟩ alle waren dafür; *~ zorgen dat...* dafür sorgen, daß...; *~ zijn* dafür sein

**erwt** Erbse *v*, Gartenerbse *v*; *groene ~* Saaterbse *v*; *grauwe ~* graue Erbse *v*

**erwtensoep** Erbsensuppe *v*

**es** ⟨boom⟩ Esche *v*, Eschenbaum *m*

**escalatie** Eskalation *v*

**escaleren** eskalieren

**escapade** Eskapade *v*, Seitensprung *m*

**escorte** Eskorte *v*, Geleit *o*

**escorteren** das Geleit geben, eskortieren

**esculaap** Äskulapstab *m*

**esdoorn** Ahorn *m*, Bergahorn *m*

**eskader** Geschwader *o*

**eskadron** Schwadron *v*, Eskadron *v*

**esp** Espe *v*, Zitterpappel *v*

**Esperanto** Esperanto *o*

**espresso** Espresso *m*

**essay** Essay *m & o*

**essence** Essenz *v*

**essentie** Essenz *v*, das Wesentliche

**essentieel** essentiell, wesentlich

**Est** Este *m*

**establishment** bestehende Gesellschaftsordnung *v*

**estafette, estafetteloop** Staffel-, Stafettenlauf *m*

**estheet** Ästhet *m*

**esthetica** Ästhetik *v*

**esthetisch** ästhetisch

**Estisch** estisch

**Estland** Estland *o*

**etablissement** Etablissement *o*, Betrieb *m*

**etage** Stockwerk *o*, Stock *m*; *op de tweede ~* im zweiten Stock

**etalage** Schaufenster *o*

**etalagepop** Schaufensterpuppe *v*

**etaleren 1** ⟨uitstallen⟩ ausstellen, auslegen; **2** fig zur Schau tragen

**etaleur** Schaufensterdekorateur *m*

**etappe 1** sp Etappe, Teilstrecke *v*, Abschnitt *m*; **2** mil Etappe *v*, Etappen-, Nachschubgebiet *o*

**etc., etcetera** usw., und so weiter

**eten\*** I *overg* **1** ⟨in 't alg.⟩ essen; **2** ⟨v. dieren⟩ fressen; *eet smakelijk!* guten Appetit!; Mahlzeit!; *uit ~ gaan* (auswärts) essen gehen; *iem. te ~ vragen* einen zum Essen einladen; II *o* das Essen; die Speisen *mv*; *na het ~* nach dem Essen, nach Tisch; *iem. voor het ~ uitnodigen* einen zum Essen einladen

**etensbak** Freßnapf *m*; ⟨groter⟩ Freßtrog *m*

**etenstijd** Eßzeit *v*, Tischzeit *v*

**etenswaar** Eßwaren *mv*

**etentje** Essen *o*

**eter** Esser *m*; Tafelgast *m*; *een flinke ~ zijn* ein großer Esser sein; schertsend eine gute Klinge schlagen

**ether** Äther *m*; *in de ~ zijn* senden

**etherpiraat** Piratensender *m*

**ethisch** ethisch

**ethos** Ethos *o*

**etiket** Namenszettel *m*, Etikett *o*

**etiquette** Etikette *v*

**etmaal** vierundzwanzig Stunden; scheepv Etmal *o*

**etnisch** ethnisch

**etnocentrisme** Ethnozentrismus *m*

**etnografie** Ethnographie *v*

**etnologie** Ethnologie *v*, Völkerkunde *v*

**ets** Radierung *v*

**etsen 1** ⟨graveren⟩ radieren; **2** chem ätzen

**etter 1** ⟨wondvocht⟩ Eiter *m*; **2** gemeenz ⟨vervelend persoon⟩ Ekel *m*

**etterbuil 1** eig Eiterbeule *v*; **2** gemeenz ⟨vervelend persoon⟩ Ekel *m*

**etteren 1** ⟨etter uitscheiden⟩ eitern; **2** ⟨vervelend doen⟩ sich ekelig benehmen

**etude** muz Etüde *v*, Übungsstück *o*

**etui 1** ⟨in 't alg.⟩ Etui *o*; **2** ⟨van bril⟩ Brillenetui *o*, -futteral *o*

**etymologie** Etymologie *v*

**EU** = *Europese Unie* EU *v*, Europäische Union

**eucalyptus** Eukalyptus *m*, Fieberbaum *m*

**eucharistie** Eucharistie *v*

**eufemisme** Euphemismus *m*

**eufemistisch** euphemistisch

**euforie** Euphorie *v*

**eunuch** Eunuch *m*
**euro** Euro *m*
**eurocheque** Euroscheck *m*, Eurocheque *m*
**euromarkt** Euromarkt *m*
**Europa** Europa *o*
**Europacup** sp Europapokal *m*, Europacup *m*
**europarlement** Europäisches Parlament *o*, Europaparlament *o*
**europarlementariër** Abgeordnete(r) *m-v* im Europaparlament
**Europeaan** Europäer *m*
**Europees** europäisch; *Europese Unie* europäische Union
**euthanasie** Euthanasie *v*, Sterbehilfe *v*
**euthanaticum** Euthanatikum *o*
**euvel I** *o* Übel *o*, Krankheit *v*; *aan hetzelfde ~ mank gaan* mit demselben Übel behaftet sein; **II** *bn* übel; *~ duiden* übelnehmen
**evacuatie** Evakuierung *v*
**evacué** Evakuierte(r) *m-v*
**evacueren** räumen, evakuieren
**evaluatie** Evaluation *v*
**evalueren** evaluieren
**evangelie** Evangelium *o*; *het ~ van Johannes* das Johannesevangelium
**evangelisatie** Evangelisation *v*
**evangelisch** evangelisch
**evangelist** Evangelist *m*
**even 1** ⟨v. getallen⟩ gerade; **2** ⟨gelijk⟩ gleich; **3** ⟨net zo⟩ ebenso; **4** ⟨eventjes⟩ einen Augenblick; *zij zijn ~ oud* sie sind gleich alt; *hij is ~ oud als ik* er ist ebenso alt wie ich; *hoor eens ~* hören Sie einmal; *ik raakte hem maar ~ aan* ich berührte ihn kaum; *om 't ~* einerlei, egal; *om 't ~ wie* gleichgültig (gleichviel) wer
**evenaar** Äquator *m*
**evenals** (eben)so wie
**evenaren** gleichkommen (3), gleichen (3), es einem gleichtun; *iem. in iets ~* einem in etwas (3) gleichkommen
**evenbeeld** Ebenbild *o*
**eveneens** eben-, gleichfalls
**evenement** Ereignis *o*
**evengoed** ebenso gut
**evenknie** Ebenbürtige(r) *m-v*; *iemands ~ zijn* einem ebenbürtig sein
**evenmin** ebensowenig
**evenredig** in gleichem Verhältnis, proportional; *een ~ aandeel in de winst* ein entsprechender Gewinnanteil *m*; *stelsel van ~e vertegenwoordiging* Proportionalwahlsystem *o*; *omgekeerd (recht) ~ met* umgekehrt (direkt) proportional zu; *recht of omgekeerd ~ zijn aan...* in geradem, umgekehrtem Verhältnis stehen zu...
**evenredigheid 1** ⟨in 't alg.⟩ Verhältnis *o*; **2** wisk Proportion *v*, Verhältnisgleichung *v*
**eventjes 1** ⟨heel kort⟩ einen Augenblick; **2** ⟨nauwelijks⟩ knapp, kaum
**eventualiteit** Eventualität *v*, Möglichkeit *v*; *voor alle ~en* für alle Fälle
**eventueel I** *bn* eventuell, etwaig; **II** *bijw* etwa, eventuell
**evenveel** ebensoviel, g(e)rade so viel; *~ als* ebensoviel wie; *~ punten hebben* gleich viel Punkte haben

**evenwel** dennoch, gleichwohl
**evenwicht** Gleichgewicht *o*
**evenwichtig** ausgeglichen
**evenwichtsbalk** Schwebebaum *m*
**evenwichtsorgaan** Gleichgewichtsorgan *o*
**evenwichtsstoornis** Gleichgewichtsstörung *v*
**evenwijdig** parallel, gleichlaufend; *~ aan* parallel zu; *~e lijnen* Parallellinien *mv*, Parallelen *mv*
**evenzeer** ebensowohl, in gleichem Maße
**evenzo** ebenso
**ever, everzwijn** Wildschwein *o*
**evident** evident, offenbar, augenscheinlich
**evolueren** sich fortentwickeln
**evolutie** Evolution *v*
**ex I** *m-v* Ehemalige(r) *m-v*, Exfrau *v*, -mann *m*, -freundin *v*, -freund *m*; **II** *voorz*: *~ dividend* ohne Dividende
**ex-** ehemalig, früher, Alt-, Ex-
**exact** genau, exakt
**ex aequo** ex aequo, gleichermassen; *~ op de derde plaats eindigen* gemeinsam den dritten Platz belegen
**examen** Prüfung *v*, Examen *o*; *~ doen, afleggen* Examen machen, ablegen; *een ~ afnemen* ein Examen abnehmen; *voor het ~ slagen* die Prüfung bestehen, (beim Examen) durchkommen
**examengeld** Prüfungsgebühr *v*
**examenopgave** Examen(s)-, Prüfungsaufgabe *v*
**examenvrees** Prüfungsangst *v*
**examinandus** Kandidat *m*, Examinand *m*, Prüfling *m*
**examinator** Examinator *m*
**examineren** prüfen, examinieren
**excellent** vorzüglich, exzellent
**excellentie** Exzellenz *v*
**excelleren** brillieren, glänzen
**excentriek** überspannt, verschroben
**exceptioneel** exzeptionell
**excerperen** ausziehen, exzerpieren
**excerpt** Auszug *m*, Exzerpt *o*
**exces** Ekzeß *m*
**excessief** exzessiv, übertrieben
**exclusief I** *bn* exklusiv; **II** *bijw* **1** ⟨in 't alg.⟩ exklusive, mit Ausschluß von; **2** ⟨m.b.t. fooienstelsel⟩ ohne Trinkgeld, gemeenz ohne
**excommuniceren** exkommunizieren
**excrement** Auswurf *m*, Exkrement *o*
**excursie 1** ⟨in 't alg.⟩ Ausflug *m*; **2** ⟨v. school ook⟩ Lehrfahrt *v*
**excuseren** entschuldigen, verzeihen
**excuus** Entschuldigung *v*, Verzeihung *v*; *zijn excuses aanbieden, maken* sich entschuldigen
**executeren** exekutieren, hinrichten
**executeur** Exekutor *m*; *~-testamentair* Testamentsvollstrecker *m*; ⟨door rechtbank aangesteld⟩ Nachlaßpfleger *m*
**executie** Exekution *v*
**executiepeloton** Exekutionskommando *o*
**executieve** ZN ⟨deelregering⟩ Executive *v*, Landesregierung *v*
**exegese** Exegese *v*, Bibelerklärung *v*

**exemplaar** Stück o, Exemplar o
**exerceren** exerzieren
**exercitie** das Exerzieren
**exhibitionisme** Exhibitionismus m
**existentialisme** Existentialismus m
**existentie** Dasein o, Existenz v
**existentieel** existenziell
**existeren** bestehen, existieren
**ex-libris** Exlibris o, Buchzeichen o
**exogeen** exogen
**exorbitant** exorbitant
**exorcisme** Exorzismus v
**exotisch** exotisch
**expansie** Expansion v
**expediëren** spedieren, transportieren
**expediteur** Spediteur m
**expeditie** 1 ⟨tocht⟩ Expedition v; 2 ⟨verzending⟩ Spedition v
**expeditiekantoor** Speditionsgeschäft o
**experiment** Experiment o, Versuch m
**experimenteel** experimentell, Experimental...; ~*tele natuurkunde* Experimentalphysik v
**experimenteren** experimentieren
**expert** Experte m, Sachverständige(r) m-v
**expertise** Expertise v
**expertsysteem** comput Expertensystem o
**explicatie** Erklärung v, Erläuterung v
**expliciet** explizite, nachdrücklich
**expliciteren** nachdrücklich darstellen, betonen
**exploderen** explodieren, platzen, zerknallen
**exploitant** Unternehmer m
**exploitatie** 1 ⟨in 't alg.⟩ Betrieb m; 2 ⟨van mijn⟩ Abbau m; 3 ⟨uitbuiting⟩ Ausbeutung v
**exploiteren** 1 ⟨in exploitatie hebben⟩ in Betrieb haben; 2 ⟨v. mijn⟩ ausbeuten, abbauen; 3 ⟨uitbuiten⟩ ausbeuten, -nutzen
**exploot** Zustellungsurkunde v
**exploreren** 1 ⟨onderzoeken⟩ erforschen, explorieren; 2 ⟨mijnbouw⟩ schürfen
**explosie** Explosion v
**explosief** I m Explosiv-, Sprengstoff m; II bn explosiv; *explosieve kwestie* brenzliche Frage v
**exponent** Exponent m
**export** Export m, Ausfuhr v

**exporteren** ausführen, exportieren
**exporteur** Exporteur m
**exportvergunning** Ausfuhr-, Exportgenehmigung v
**exposé** Exposé o, Darlegung v
**exposeren** ausstellen
**expositie** ⟨tentoonstelling⟩ Ausstellung v
**expres** I bijw 1 ⟨opzettelijk⟩ absichtlich; 2 ⟨uitdrukkelijk⟩ extra, ausdrücklich; ~ *daarvoor* extra dafür; II m = *exprestrein*
**expresse**: *per* ~ per Express, mit Eilpost
**expressie** Ausdruck m
**expressief** ausdrucksvoll, expressiv
**expressionisme** Expressionismus m
**exprestrein** D-Zug m, Schnellzug m
**expresweg** ZN Schnellstraße v
**exquis** ausgesucht, exquisit
**extase** Verzückung v, Ekstase v; *in* ~ verzückt
**extenso**: *in* ~ in extenso, vollständig
**extern** extern, auswärtig
**extra** I bn extra; ⟨bijkomend ook⟩ zusätzlich; *iets extra's* etwas Besonderes; etwas Zusätzliches; *iets extra's doen* etwas mehr tun (als erwartet); ~ *bed* Extrabett o, zusätzliches Bett o; ~ *fijne kwaliteit* hochfeine (extrafeine) Qualität v; II o: *met veel* ~'*s* mit vielen Extras
**extraatje** Extra o, etwas zusätzliches; *een* ~ *krijgen* etwas dazubekommen
**extract** Auszug m, Extrakt m
**extralegaal** ZN außergesetzlich
**extraneus** Extraneer m, Externe(r) m-v, Extraneus m, Auswärtige(r) m-v
**extraparlementair** außerparlamentarisch
**extravagant** extravagant
**extravert** extravertiert
**extreem** extrem; ~ *geval* Extremfall m
**extremisme** Extremismus m
**extremist** Extremist m
**extremiteit** Extremität v
**eyeliner** Eyeliner m
**ezel** 1 ⟨dier⟩ Esel m; 2 ⟨v.e. schilder⟩ Staffelei v; *een* ~ *stoot zich in het gemeen niet tweemaal aan dezelfde steen* ein gebranntes Kind scheut das Feuer
**ezelsbruggetje** Eselsbrücke v
**ezelsoor** Eselsohr o ⟨ook in boek⟩

# F

**f** der Buchstabe F, das F
**f, f.** = ¹*gulden*
**fa** *muz* f, fa
**fa.** = *firma*
**faalangst** Versagensangst *v*, Angst *v* zu versagen
**faam** Ruf *m*, Name *m*
**fabel** Fabel *v*
**fabelachtig** fabel-, märchenhaft
**fabricage** Herstellung *v*, Fabrikation *v*
**fabriceren** herstellen, (an)fertigen, fabrizieren
**fabriek** Fabrik *v*, Werk *o*, Werke *mv*
**fabrieksgeheim** Fabrikgeheimnis *o*
**fabrikaat** Erzeugnis *o*, Fabrikat *o*
**fabrikant** Fabrikant *m*, Fabrikbesitzer *m*
**fabuleus** fabelhaft
**façade** Fassade *v*, Front *v*, Vorderseite *v*
**facelift** Facelifting *o*
**facet** 1 ⟨geslepen vlak⟩ Facette *v*; 2 ⟨aspect⟩ Aspekt *m*
**facetoog** Facettenauge *o*
**faciliteit** Erleichterung *v*
**facsimile** Faksimile *o*
**factor** Faktor *m*; *erfelijke* ~*en* Erbmasse *v*
**factotum** Faktotum *o*, Diener *m*
**factureren** fakturieren
**factuur** Rechnung *v*, Faktur *v*; *iem. zijn facturen presenteren* ZN einem die Rechnung präsentieren
**facultatief** ⟨vak enz.⟩ fakultativ, wahlfrei
**faculteit** Fakultät *v*
**fading** RTV Fading *o*, Schwund *m*
**fagot** *muz* Fagott *o*
**failliet** I *bn* bankrott; *de* ~*e boedel* die Konkursmasse; ~ *gaan* Konkurs (Bankrott) machen; *gemeenz* Pleite machen; II *o* ⟨ondergang⟩ Konkurs *m*, Untergang *m*
**faillissement** Konkurs *m*, Bankrott *m*; *gemeenz* Pleite *v*; ~ *aanvragen* Konkurs anmelden
**fakkel** Fackel *v*
**falafel** Falafel *m*
**falen** 1 ⟨mislukken⟩ scheitern; 2 ⟨tekortschieten⟩ versagen
**falie**: *iem. op zijn* ~ *geven* jmdm. eine 'runterhauen; *op zijn* ~ *krijgen* die Jacke voll kriegen
**faliekant**: *dat gaat* ~ *verkeerd* das geht schief, das geht ins Auge
**fallisch** phallisch
**fall-out** Fall-out *o*
**fallus** Phallus *m*
**falset** Falsett *o*, Fistelstimme *v*
**falsificatie** 1 ⟨vervalsing⟩ Fälschung *v*, Falsifikat *o*; 2 ⟨ontkrachting⟩ Falsifikation *v*
**falsificeren, falsifiëren** 1 ⟨vervalsen⟩ (ver)fälschen; 2 ⟨in de wetenschap⟩ falsifizieren
**fameus** famos
**familiaal** ZN ⟨stationcar⟩ Kombi *m*
**familiaar, familiair** familiär, vertraut
**familie** Familie *v*, Verwandtschaft *v*, Sippe *v*; *(verre)* ~ *van elkaar zijn* (entfernt) mit einander verwandt sein; *(aan de)* ~ *Carels* ⟨bij adressering⟩ (an) Familie Carels
**familieberichten** ⟨in krant⟩ Familienanzeigen *mv*
**familiegraf** Familiengrab *o*, -gruft *v*
**familiekring** Familienkreis *m*
**familielid** Familienmitglied *o*, -angehörige(r) *m-v*
**familienaam** Familien-, Zu-, Geschlechtsname *m*
**familiestuk** Familienstück *o*
**fan** 1 ⟨bewonderaar⟩ Fan *m* 2 ⟨ventilator⟩ Ventilator *m*
**fanaat, fanaticus** Fanatiker *m*
**fanatiek** fanatisch
**fanatiekeling** Fanatiker *m*
**fanatisme** Fanatismus *m*
**fanclub** Fanklub *m*
**fanfare** 1 ⟨muziekstuk⟩ Tusch *m*, Fanfare *v*; 2 ⟨orkest⟩ Blechmusik *v*
**fantaseren** 1 ⟨in 't alg.⟩ phantasieren; 2 ⟨verzinnen⟩ erdichten
**fantasie** Phantasie *v*
**fantast** Phantast *m*, Schwärmer *m*, Träumer *m*
**fantastisch** 1 ⟨ingebeeld⟩ phantastisch; 2 ⟨zeer goed⟩ großartig
**fantoom** Phantom *o* (ook med); Trugbild *o*
**fantoompijn** Phantomschmerz *m*
**farao** Pharao *m*
**farce** Farce *v*
**farceren** farcieren
**farizeeër** Pharisäer *m*
**farmacie** Pharmazie *v*
**farmacologie** Pharmakologie *v*, Heilmittellehre *v*
**fascinatie** Faszination *v*, Zauber *m*
**fascineren** faszinieren
**fascisme** Faschismus *m*
**fascist** Faschist *m*
**fascistisch** faschistisch
**fase** Phase *v*
**faseren** in Phasen einteilen
**fastfood** Fast Food *o*, Schnellimbiss *m*
**fat** Dandy *m*, Stutzer *m*, Geck *m*, Zieraffe *m*
**fataal** verhängnisvoll, fatal
**fatalistisch** fatalistisch
**fatsoen** 1 ⟨fatsoenlijkheid⟩ Anstand *m*; 2 ⟨vorm, snit⟩ Fasson *v*, Schnitt *m*, Form *v*; *met goed* ~, *uit* ~ anstandshalber; *zijn* ~ *houden* den Anstand wahren
**fatsoeneren** in Ordnung bringen
**fatsoenlijk** 1 ⟨netjes⟩ anständig; 2 ⟨passend⟩ schicklich; 3 ⟨behoorlijk⟩ ordentlich; *een* ~*e vent* ein anständiger Kerl *m*; *hij heeft nog nooit een* ~ *boek gelezen* er hat noch nie ein ordentliches Buch gelesen
**fatsoenshalve** anstandshalber
**fatsoensrakker** Sittenrichter *m*
**faun** Faun *m*, Waldgeist *m*
**fauna** Fauna *v*, Tierwelt *v*
**fauteuil** Fauteuil *m*
**faveur**: *ten* ~*e van* zugunsten (+ 2)
**favoriet** Favorit *m*, Günstling *m*
**fax** ⟨apparaat; bericht⟩ Fax *o*, Telefax *o*
**faxen** (tele)faxen
**fazant** Fasan *m*
**februari** der Februar; vgl.: *april*

**fecaliën**

**fecaliën, feces** Fäkalien *mv*, Fäzes *mv*
**federaal** föderativ; *~rale wet* Bundesgesetz *o*
**federalisme** Föderalismus *m*
**federatie** Föderation *v*
**federatief** föderativ
**fee** Fee *v*
**feeëriek** feenhaft
**feeks** Hausdrache(n) *m*, Hexe *v*
**feeling**: *~ hebben voor* ein Feeling, Gespür für etwas haben
**feest** Fest *o*, ⟨plechtiger⟩ Feier *v*
**feestcommissie** Festausschuß *m*
**feestdag** Fest-, Feiertag *m*; *algemeen erkende ~* gesetzlicher Feiertag *m*
**feestelijk** festlich; *~e optocht* Festzug *m*; *~e plechtigheid* Festakt *m*; *dank je ~!* na, ich danke (bestens)!
**feesten** ⟨in 't alg.⟩ ein Fest feiern; 2 ⟨fuiven⟩ feiern
**feestmaal** Festessen *o*, -schmaus *m*, -gelage *o*
**feestneus** Pappnase *v*
**feestvarken** *schertsend* ⟨algemeen⟩ Gefeierte(r) *m-v*; gemeend Festhammel *m*
**feil** Fehler *m*, Irrtum *m*; *zonder ~en* fehlerlos
**feilbaar** fehlbar
**feilloos** fehlerlos
**feit** Tatsache *v*, Gegebenheit *v*; *'t is een ~* es ist (eine) Tatsache; *de ~en* recht der Tatbestand *m*; *een strafbaar ~* eine strafbare Handlung *v*; *een voldongen ~* eine vollendete Tatsache *v*; *in ~e* faktisch, eigentlich
**feitelijk** 1 ⟨werkelijk⟩ tatsächlich; 2 ⟨daadwerkelijk⟩ tätlich
**feitenkennis** Sachkenntnis *v*
**fel** heftig, scharf; *~le kou* grimmige Kälte *v*; *~ licht* grelles, scharfes Licht *o*; *een ~le strijd* ein heftiger Kampf *m*; *~ op iets zijn* auf etwas (4) scharf sein; *in de ~le zon* in der prallen Sonne
**felicitatie** Glückwunsch *m*, Gratulation *v*
**feliciteren** (einen) beglückwünschen, gratulieren; *iem. ~ met zijn verjaardag* einem zum Geburtstag gratulieren
**feminisme** Feminismus *m*
**feministisch** feministisch
**feniks** Phönix *m*
**fenomeen** Phänomen *o*
**fenomenaal** phänomenal
**feodaal** feudal; *het ~dale stelsel* das Feudalsystem
**feodalisme** Feudalismus *m*
**ferm** 1 ⟨flink⟩ tüchtig, kräftig, schneidig; 2 ⟨energiek⟩ energisch; *een ~e houding* eine schneidige, feste Haltung *v*; *een ~e knaap* ein tüchtiger, schneidiger Bursche *m*; *~ optreden* energisch auftreten, vorgehen
**fermenteren** fermentieren
**fervent** feurig
**festijn** 1 ⟨feest⟩ Fest *o*; 2 ⟨feestmaal⟩ Festessen *o*
**festival** Festival *o*, Festspiele *mv*
**festiviteit** Festlichkeit *v*; *~en* festliche Veranstaltungen *mv*
**fêteren** feiern
**fetisj** *m* Fetisch *m*

**fetisjisme** Fetischismus *m*
**feuilleton** Feuilleton *o*, Fortsetzungsroman *m*
**feut** stud Erstsemester *m*, Ersti *m*
**fez** Fes *m*, Fez *m*
**fiasco** Fiasko *o*, Mißerfolg *m*
**fiat** Genehmigung *v*, Zustimmung *v*; *zijn ~ aan iets geven* etwas genehmigen, unterschreiben
**fiatteren** genehmigen
**fiber** Fiber *v*
**fiberglas** Fiberglas *o*
**fiche** 1 sp Spielmarke *v*, Marke *v*; 2 ⟨in kaartsysteem⟩ Zettel *m*
**fictie** Fiktion *v*, Erdichtung *v*, Erfindung *v*
**fictief** fiktiv, erdichtet, imaginär
**ficus** 1 ⟨het plantengeslacht⟩ Ficus *m*; 2 ⟨de sierplant⟩ Gummibaum *m*
**fideel** fidel, lustig, heiter
**fiducie** Vertrauen *o*; *ik heb er geen ~ in* ich traue der Sache nicht; *er ~ in hebben* zuversichtlich sein
**fielt** Gauner *m*, Schurke *m*, Halunke *m*
**fier** 1 ⟨trots⟩ stolz; 2 ⟨uitdagend⟩ trotzig
**fiets** Fahrrad *o*, Rad *o*; *opvouwbare ~* Klapp(fahr)rad *o*
**fietsband** 1 ⟨binnenband⟩ Schlauch *m*; 2 ⟨buitenband⟩ Mantel *m*, Reifen *m*
**fietsbroek** Radlerhose *v*
**fietsen** radfahren, radeln
**fietsenmaker** Fahrradschlosser *m*
**fietsenstalling** Fahrradüberdachung *v*, Fahrradstand *m*
**fietser** Radfahrer *m*, Radler *m*
**fietspad** Radweg *m*, Radfahrweg *m*
**fietspomp** Luftpumpe *v*
**fietstocht** Radtour *v*
**fifty-fifty**: *~ doen* halbpart machen, fifty-fifty machen
**figurant** 1 ⟨in 't alg.⟩ Statist *m*; 2 ⟨in film⟩ Komparse *m*
**figuratief** figurativ
**figureren** figurieren
**figuur** 1 ⟨in 't alg.⟩ Figur *v*; 2 ⟨belangrijk persoon⟩ Gestalt *v*, Persönlichkeit *v*; *een goed ~ hebben* eine hübsche Figur haben, gut gewachsen sein; *een goed ~ slaan* eine gute Figur machen; *een gek ~ slaan* eine komische Figur abgeben
**figuurlijk** figürlich, bildlich
**figuurzaag** Laubsäge *v*
**figuurzagen** mit der Laubsäge arbeiten
**fijn** 1 ⟨niet grof⟩ fein; 2 ⟨teer⟩ zart; *~! famos!*, toll!; *~ dat ze gewonnen hebben* großartig, famos, daß sie gesiegt haben; *~ goud* Feingold *o*; *een ~e vent!* ein famoser, prima Kerl *m*; *de ~e was* die feine Wäsche; *'t ~e van de zaak* das Rechte von der Sache
**fijnbesnaard** zartbesaitet
**fijngevoelig** feinfühlig, zartfühlend
**fijngevoeligheid** Fein-, Zartgefühl *o*, Feinfühligkeit *v*
**fijnhakken** kleinhacken, zerkleinern
**fijnmaken** zerkleinern; pulverisieren
**fijnproever** Feinschmecker *m* ⟨ook fig⟩
**fijnschrijver** Feinschreiber *m*
**fijntjes** ⟨slim⟩ schlau, verschmitzt; *~ glimla-*

*chen* fein (ironisch) lächeln; *iets ~ zeggen* etwas ganz hübsch sagen
**fijnzinnig** feinsinnig
**fijt** Umlauf *m*, Fingerentzündung *v*, -wurm *m*
**fik** gemeenz Feuer; *in de ~ staan, steken* in Brand stehen, stechen
**1 fikken** onoverg gemeenz ⟨branden⟩ brennen
**2 fikken** *mv* gemeenz ⟨vingers⟩ Klauen *mv*, Krallen *mv*
**fiks** tüchtig, kräftig
**fiksen** gemeenz deichseln
**filantroop** Philanthrop *m*, Menschenfreund *m*
**filatelie** Philatelie *v*, Briefmarkenkunde *v*
**filatelist** Philatelist *m*
**1 file** v auto Stau *m*; *(in een) ~ rijden* Kolonne fahren; *in de ~ staan* im Stau stehen
**2 file** *m* comput Datei *v*
**fileren** ⟨vis⟩ entgräten
**filet** Filet *o*, Lendenbraten *m*
**filevorming** auto Stauung *v*
**filiaal** Filiale *v*, Zweigstelle *v*
**filiaalhouder** Filialleiter *m*
**Filips** Philipp *m*; ~ *de Goede* Philipp der Gütige
**Filistijn** Philister *m*; *naar de ~en zijn* ⟨kapot⟩ im Eimer sein, kaputt sein
**film** Film *m*; *naar de ~ gaan* ins Kino, in einen Film gehen
**filmcamera** Filmkamera *v*
**filmen** filmen
**filmer** Filmer *m*
**filmkeuring** Filmprüfung *v*, -zensur *v*
**filmster** Filmstar *m*, -größe *v*
**filmstudio** Filmstudio *o*, Filmatelier *o*
**filologie** Philologie *v*
**filosoferen** philosophieren
**filosofie** Philosophie *v*
**filosofisch** philosophisch
**filosoof** Philosoph *m*
**filter** Filter *o*
**filteren** filtern
**filtersigaret** Filterzigarette *v*
**filterzakje** Filtertüte *v*
**filtreren** filtern, filtrieren
**Fin** Finne *m*, Finnländer *m*
**finaal** I bn final; II bijw völlig
**finale** Finale *o*; ⟨sp ook⟩ Endspiel *o*; ⟨atletiek⟩ Endlauf *m*
**finalist** Finalist *m*
**financieel** finanziell, Finanz-
**financiën** Finanzen *mv*; *zijn ~ zijn niet in orde* seine Geldverhältnisse sind nicht in Ordnung
**financier** Finanzmann *m*
**financieren** finanzieren
**financiering** Finanzierung *v*
**financieringstekort** Haushaltsdefizit *o*, Finanzierungslücke *v*
**fineer** Furnier *o*
**finesse** Finesse *v*, Feinheit *v*
**fingeren** fingieren, erdichten
**finish 1** ⟨eindstreep⟩ Ziel *o*; **2** ⟨slotgedeelte v. wedstrijd⟩ Endkampf *m*, Finish *o*; *als eerste over de ~ gaan* als erster durchs Ziel gehen

**finishen** sp durchs Ziel gehen
**Finland** Finnland *o*
**Fins** finnisch; *de ~e Golf* der Finnische Meerbusen; *~e mark* Finnmark *v*
**firma** Firma *v*
**firmament** Firmament *o*
**firmant** Teilhaber *m*, Gesellschafter *m*
**fiscaal** steuerlich; fiskalisch; *fiscale rechten* Finanzzölle *mv*; *fiscale recherche* Steuerfahndung *v*
**fiscus** Fiskus *m*
**fistel** Fistel *v*, Fistelgeschwür *o*
**fit** fit; *niet helemaal ~ zijn* nicht ganz wohl, fit sein
**fitnesscentrum** Fitneßcenter *o*
**fitting** Fassung *v*, Lampenfassung *v*
**fixatie** Fixation *v*
**fixeerbad** Fixierbad *o*
**fixeren** (in alle betekenissen) fixieren
**fjord** Fjord *m*
**flacon** Flakon *o* & *m*, Fläschchen *o*
**fladderen** flattern
**flagrant** offenbar, schreiend
**flair** Flair *o*
**flakkeren** flackern
**flamberen** flambieren
**flambouw** Fackel *v*
**flamenco** Flamenco *m*
**flamingant** flämischer Nationalist *m*
**flamingo** Flamingo *m*
**flanel** Flanell *m*
**flaneren** flanieren, bummeln, umherschlendern
**flank** Flanke *v*; *~en* ⟨v. paard⟩ Weichen *mv*
**flankeren** flankieren
**flansen**: *in elkaar ~* zusammenstoppeln, -schmieren
**flap** *m* **1** ⟨v. boek⟩ (Schutzumschlag-)klappe *v*; **2** ⟨bankbiljet⟩ Schein *m*; **3** ⟨aan een stuk textiel⟩ Zipfel
**flapdrol** gemeenz Null *v*, Nullität *v*
**flappen** ⟨slaan⟩ klatschen; *alles eruit ~* alles herausplappern
**flappentap** gemeenz Geldautomat *m*
**flaptekst** Klappentext *m*
**flapuit** Schwätzer *m*, Schwätzerin *v*
**flash-back** Rückblende *v*, -blendung *v*
**flat 1** ⟨woning⟩ Etagenwohnung *v*; **2** = *flatgebouw*
**flater** Schnitzer *m*, Bock *m*
**flatgebouw** Etagenhaus *o*, Apartmenthaus *o*
**flatteren** schmeicheln (+ 3), flattieren (+ 4); *een geflatteerde balans* eine frisierte (verschleierte) Bilanz *v*
**flatteus** flattierend
**flauw 1** ⟨slap⟩ schwach, matt; **2** ⟨v. smaak⟩ fade; **3** ⟨kinderachtig⟩ albern; **4** handel flau; *de wind is ~* der Wind ist flau; *een ~e bocht* eine schwache Kurve; *een ~e grap* ein schlechter (fauler) Witz; *geen ~ idee* keine blasse Ahnung
**flauwekul** gemeenz Quatsch *m*, Unsinn *m*, Blödsinn *m*, Larifari *o*
**flauwerd, flauwerik** *m* fader Kerl *m*
**flauwte 1** ⟨lichte bewusteloosheid⟩ Ohnmacht *v*, Ohnmachtsanfall *m*; **2** ⟨windstilte⟩ Flaute *v*, Windstille *v*; *een ~ krijgen* in

**flauwtjes**

Ohnmacht fallen
**flauwtjes** schwach, matt, flau, kraftlos
**flauwvallen** in Ohnmacht fallen, ohnmächtig werden
**flegma** Phlegma o
**flegmatiek, flegmatisch** phlegmatisch
**flemen** schmeicheln (+ 3), schwänzeln
**flensje** (dünner) Pfannkuchen m, Plinse v; Oostr Palatschinken m
**fles** Flasche v; *op de ~ gaan* pleite machen; *op de ~ zijn* bankrott, pleite sein
**flesopener** Flaschenöffner m
**flessen** betrügen, beschwindeln
**flessenhals 1** eig Flaschenhals m; **2** (in weg) Flaschenhals m, Engpaß m
**flessenpost** Flaschenpost v
**flessentrekker** Schwindler m, Hochstapler m
**flessentrekkerij** Schwindel m
**flets 1** (vaal) fahl, matt; **2** (bleek) blaß; *~e bloemen* welke Blumen; *~ kleuren* matte, fahle Farben; *er ~ uitzien* blaß aussehen
**fleur** Flor m; *de ~ is van de zaak af* die Sache hat ihren ersten Reiz verloren
**fleurig 1** (vrolijk) frisch, lustig, munter; **2** (aardig) schmuck; *~e japonnen* farbenfrohe Kleider
**flexibel** flexibel
**flierefluiter** Leichtfuß m, Nichtsnutz m
**flikflooien** (slijmen) schmeicheln, sich einschmeicheln
**flikken:** *'t hem geflikt hebben* es geschafft (gedeichselt) haben; *iem. iets ~* einem einen Streich spielen
**flikker** gemeenz **1** (homoseksueel) Homosexueller, Schwule(r) m; **2:** *het kan me geen ~ schelen* es ist mir Wurst, scheißegal; *hij heeft geen ~ gedaan* er hat keinen Finger gerührt; *er geen ~ van weten* keine Ahnung davon haben; *iem. op zijn ~ geven* (een uitbrander) einem eins auf den Deckel geben, einen ausschimpfen; *iem. op zijn ~ slaan* einen verdreschen, durchprügeln
**flikkeren 1** gemeenz (smijten) schmeißen, werfen; **2** gemeenz (vallen) hinfallen, -sausen; **3** (flakkeren) flimmern, flackern; *flikker op!* verschwinde!, hau ab!
**flikkering** das Flimmern, das Flackern
**flikkerlicht** flackerndes Licht o; (zwaailicht) Blinklicht o
**flink 1** (energiek) energisch; **2** (behoorlijk, aanzienlijk) tüchtig, ordentlich; **3** (v. stijging of daling) kräftig; *een ~e eter* ein tüchtiger Esser m; *een ~ huis* ein stattliches Haus o; *een ~e kerel* ein ganzer Kerl m; *een ~e som gelds* eine bedeutende Summe v; *een ~e storm* ein kräftiger Sturm m; *zich ~ houden* sich gut halten
**flinterdun** hauchdünn
**flip-over** Flip-Chart o
**flipperautomaat, flipperkast** Flipper m, Flipperautomat m
**flipperen** flippern
**flippo** ± Cap m, Pog m
**flirt** Flirt m; *hij is een ~* er flirtet gern, er ist ein Schäker, er ist ein Schürzenjäger; *zij is een ~* sie liebt das Flirten, sie ist kokett
**flirten** flirten
**flits 1** (v. licht) Blitzlicht o; **2** (bliksem) Blitz(-strahl) m; **3** (v. sportwedstrijd enz.) Ausschnitt m; *als een ~ door iem. heen gaan* einen durchblitzen
**flitsapparaat** Blitzlichtgerät o, Blitz m
**flitsen 1** (snel bewegen) flitzen; **2** (v. bliksem) zucken; **3** fotogr blitzen, mit Blitzlicht fotografieren
**flitsend 1** (modieus) modisch, elegant; **2** (wervelend) glänzend, brillant, spritzig
**flitslamp** Blitzlichtlampe v
**flitslicht** Blitzlicht o
**flodder 1** (vrouw) Schlampe v; **2** (jurk) schlampiges, schludriges Kleid; *losse ~s* **1** mil Platzpatronen v; **2** fig (zusammenhang-) lose Bemerkung v
**flodderen** (v. kleren) schlottern, schlackern
**flodderig** unordentlich, schlampig, schludrig
**floep: ~!** schwupp!
**floers 1** (stof) Flor m, Krepp m; **2** (voor de ogen) Schleier m
**flonkeren** funkeln, glänzen
**floodlight** Flutlicht o
**flop** Flop m, Reinfall m, Niete v
**floppen** platzen, schiefgehen; *deze musical is vreselijk geflopt* dieses Musical war ein Riesenflop m
**floppy, floppydisk** comput Floppy disk v, Diskette v
**flora 1** (bloemenrijk) Flora v, Pflanzenwelt v; **2** (boek) Flora v, Bestimmungsbuch o
**floreren** florieren, blühen, gedeihen
**floret** (degen) Florett o
**florijn** Florin m
**florissant** blühend
**flossen** die Zähne mit Zahnseide reinigen
**fluctueren** schwanken, fluktuieren
**fluim** Qualster m, Schleim m, Auswurf m
**fluistercampagne** Flüsterpropaganda v
**fluisteren 1** (zacht praten) flüstern; **2** (smoezen) tuscheln; **3** (boosaardig) zischeln; **4** (geheimzinnig) raunen
**fluit 1** muz Flöte v; **2** (voor signalen) Pfeife v; **3** (glas) Flötenglas o
**fluitconcert 1** muz Flötenkonzert o; **2** (afkeurend) Pfeifkonzert o
**fluiten\* 1** (in 't alg.) pfeifen; **2** (muz, vogels) flöten; *een deuntje ~* eine Melodie pfeifen; *de hond ~* den Hund pfeifen; *naar iets kunnen ~* das Nachsehen haben; gemeenz sich den Mund (das Maul) wischen können
**fluitenkruid** Wiesenkerbel m
**fluitist** Flötist m
**fluitketel** Pfeifkessel m
**fluks** sogleich, geschwind
**fluor** Fluor o
**fluorescentie** Fluoreszenz v
**fluoresceren** fluoreszieren
**fluoride** Fluorid o
**flut** wertloses (mieses) Zeug o
**fluweel** Samt m; *op ~ zitten* auf Rosen gebettet sein
**fluwelen** samten, aus Samt, Samt-; *~ hand-*

*schoen* Samthandschuh *m* (ook fig)
**fluwelig** samtartig, samtig
**flux de bouche** Zungenfertigkeit *v*, Beredsamkeit *v*
**FM** radio UKW (Ultrakurzwelle *v*)
**fnuikend** fatal
**fobie** Phobie *v*
**focus** Fokus *m*, Brennpunkt *m*
**focussen**: ~ *op* fotogr scharfstellen auf; fig in den Mittelpunkt stellen
**foedraal** Futteral *o*, Behälter *o*, Etui *o*
**foefje** Kniff *m*, Trick *m*
**foei**: ~! pfui!
**foerageren** furagieren
**foeteren** schimpfen, nörgeln, meckern
**foetsie** gemeenz futsch
**foetus** Fötus *m*
**föhn** 1 (wind) Föhn *m*; 2 (haardroger) Fön *m*
**fok** 1 scheepv Fock *v*, Focksegel *o*; 2 gemeenz (bril) Brille *v*
**fokken** züchten
**fokkenmast** Fockmast *m*
**fokker** Züchter *m*
**fokkerij** Züchterei *v*
**folder** Faltblatt *o*
**folie** Folie *v*; *plastic* ~ Klarsichtfolie *v*
**folio** Folio *o*; *boek in* ~ Folioband *m*
**folk, folkmuziek** Folk *m*, Folkmusic *v*
**folklore** 1 (in 't alg.) Folklore *v*; 2 (volkskunde) Volkskunde *v*
**folteren** foltern, martern, auf die Folter spannen
**foltering** Folterung *v*
**fondant** Fondant *o*
**fonds** 1 (kapitaal) Fonds *m*, Stock *m*; 2 (ziekenfonds) Krankenkasse *v*; 3 (van uitgever) die verlegten Bücher, Verlagsprogramm *o*; 4 (effect) Wertpapier *o*, Papier *o*, Fonds *m*
**fondspatiënt** Kassenpatient *m*
**fondue** Fondue *o*
**fonduen** Fondue essen, machen
**fonduestel** Fondueset *o*, Fonduegarnitur *v*
**fonetiek** Phonetik *v*
**fonetisch** phonetisch; ~ *schrift* (ook) Lautschrift *v*
**fonkelen** funkeln, glänzen, blitzen
**fonkelnieuw** funkelnagelneu, nagelneu
**fonologie** Phonologie *v*
**fonotheek** Phonothek *v*
**fontanel** Fontanelle *v*
**fontein** Springbrunnen *m*, Fontäne *v*
**fonteintje** 1 (kleine fontein) kleiner Springbrunnen *m*; 2 (wasbakje) Handbecken *o*
**fooi** Trinkgeld *o*
**fooienpot** Tronc *m*
**foor** ZN (kermis) Jahrmarkt *m*, Z-Duits Kirchweih *v*, N-Duits Rummel *m*
**foorkramer** ZN Schausteller *m*
**foorwagen** ZN Wohnwagen *m* eines Schaustellers
**foppen** foppen
**fopperij** Fopperei *v*, Schwindel *m*
**fopspeen** Schnuller *m*, Nuckel *m*, Sauger *m*
**forceren** erzwingen, forcieren, strapazieren; *een deur* ~ eine Tür gewaltsam öffnen
**forel** Forelle *v*

**forens** Pendler *m*
**forensenplaats** Wohnort *m* für Pendler
**forensentrein** Pendelzug *m*
**forensisch** gerichtlich
**forenzen** pendeln, aus-, einpendeln
**forfaitair** pauschal
**formaat** Format *o*; *een man van* ~ ein Mann *m* von Format
**formaliteit** Formalität *v*
**formateur** pol der mit der Kabinettsbildung Beauftragte
**formatie** Formation *v* (in alle betekenissen)
**formatteren** comput formatieren
**formeel** 1 (wat de vorm betreft) formal; 2 (vormelijk) förmlich, formell; *hij heeft 't* ~ *geweigerd* er hat es förmlich abgelehnt
**formeren** 1 (vormen) bilden; 2 (scheppen) erschaffen; *'t kabinet* ~ das Kabinett bilden
**formica** Formica *o*
**formidabel** enorm, ungeheuer, kolossal
**formule** Formel *v*
**formuleren** formulieren
**formulier** Formblatt *o*, Formular *o*
**fornuis** Herd *m*; *elektrisch* ~ Elektroherd *m*
**fors** 1 (krachtig) stark, kräftig, stattlich; 2 (forsgebouwd) stämmig, rüstig; 3 (v. bouwwerk, brug bijv.) wuchtig; *een* ~ *bedrag* eine stattliche Summe *v*; ~*e verliezen* starke Verluste
**forsythia** Forsythie *v*, Goldflieder *m*
**fort** mil Fort *o*
**fortuin** 1 (geluk) Glück *o*; 2 (vermogen) Vermögen *o*; ~ *maken* sein Glück machen
**fortuinlijk** glücklich; ~ *zijn* Glück haben
**fortuinzoeker** Glücksritter *m*
**forum** 1 (groep deskundigen) Forum *o*; 2 (discussiebijeenkomst) Podiumsdiskussion *v*
**fosfor** Phosphor *m*
**fosforesceren** phosphoreszieren
**fossiel** I *o* Fossil *o*; II *bn* fossil
**foto** Bild *o*, Foto *o*, Fotografie *v*
**fotoalbum** Fotoalbum *o*
**foto-elektrisch**: ~*e cel* photoelektrische Zelle *v*
**fotofinish** Fotofinish *o*
**fotogeniek** fotogen
**fotograaf** Fotograf *m*
**fotograferen** fotografieren; gemeenz knipsen
**fotografie** Fotografie *v*
**fotokopie** Fotokopie *v*
**fotokopiëren** fotokopieren
**fotokopieerapparaat** Fotokopierapparat *m*, Kopierer *m*
**fotomodel** Fotomodell *o*
**fotomontage** Fotomontage *v*
**fototoestel** Fotoapparat *m*
**fouilleren**: durchsuchen; slang filzen
**fourneren** liefern, ver-, beschaffen
**fout** I *v* 1 (in 't alg.) Fehler *m*; 2 (gebrek) Schaden *m*; 3 (vergissing) Irrtum *m*, Versehen *o*; 4 sp Foul *o*; *een grove* ~ ein (grober) Schnitzer *m*; *zonder* ~*en* fehlerfrei; II *bn* falsch, nicht richtig, fehlerhaft
**foutief** fehlerhaft, falsch, Fehl-

**foutloos** fehlerfrei
**foutparkeren** falsch parken
**foxtrot** Foxtrott *m*
**foyer** Foyer *o*
**fraai** schön, zierlich, hübsch
**fractie** 1 ⟨deel⟩ Bruchteil *m*; 2 pol Fraktion *v*; *een ~ hoger* um einen Bruchteil höher
**fractuur** Knochenbruch *m*, Fraktur *v*
**fragiel** fragil, zart, zerbrechlich
**fragment** Fragment *o*, Bruchstück *o*
**fragmentarisch** fragmentarisch, bruchstückweise
**fragmentatiebom** Splitterbombe *v*, Streubombe *v*
**framboos** Himbeere *v*
**frame** Rahmen *m*, Gestell *o*
**Française** Französin *v*
**franchise** Franchise *v*, Zollfreiheit *v*; Freigepäck *o*
**franciscaan** *m* Franziskaner *m*
**franco** frei, franko, porto-, frachtfrei
**francofoon** französischsprachig, französisch sprechend
**franje** 1 ⟨aan kleding⟩ Fransen *mv*; 2 fig Beiwerk *o*, Firlefanz *m*; *vol ~* fransig
**1 frank**: *~ en vrij* frank und frei
**2 frank** *m* ⟨munt⟩ Franc *m*, Frank *m*; Zwits Franken *m*
**Frank** ⟨volksnaam⟩ Franke *m*
**frankeren** freimachen, frankieren
**Frankisch** fränkisch
**Frankrijk** Frankreich *o*
**1 Frans** *m* ⟨voornaam⟩ Franz; *een vrolijke ~* ein flotter Bruder *m*, ein Bruder Lustig *m*
**2 Frans** I *bn* französisch; II *o* ⟨de taal⟩ Französisch *o*; *daar is geen woord ~ bij* das ist klare, unmißverständliche Sprache; *in 't ~* auf französisch
**franskiljon** ZN Frankomane *m*
**Fransman** Franzose *m*
**Franstalig** = *francofoon*
**frappant** frappant
**frapperen** 1 ⟨treffen⟩ frappieren, auffallen; 2 ⟨imponeren⟩ beeindrucken
**frase** Phrase *v*, Redensart *v*
**frater** Ordensbruder *m*
**fratsen**: *~ uithalen* Faxen machen
**fraude** Betrug *m*, Defraudation *v*
**frauderen** defraudieren, Betrug verüben
**fraudeur** Betrüger *m*
**frauduleus** betrügerisch
**freak** Freak *m*
**Frederik** Friedrich *m*
**freelance** freiberuflich
**freelancer** freier Mitarbeiter *m*, Freiberufler *m*, (artiest) Freischaffende(r) *m-v*
**frees** Fräse *v*
**freewheelen** Freilauf radeln
**fregat** Fregatte *v*
**frêle** zart, zerbrechlich
**frequent** frequent, häufig
**frequenteren** frequentieren
**frequentie** Häufigkeit *v*, Frequenz *v*
**fresco** Freske *v*, Fresko *o*
**fresia** Freesie
**fret** ⟨dier⟩ Frett *o*, Frettchen *o*
**freudiaans** freudianisch, Freudsch

**freule** Fräulein *o* von..., Baronesse *v*; ⟨als aanspreekvorm⟩ gnädiges Fräulein *o*
**frezen** fräsen
**fricandeau** 1 ⟨in 't alg.⟩ Frikandeau *o*; 2 ⟨kalfsvlees⟩ (Kalbs)nuß *v*
**frictie** Reibung *v*, Friktion *v*
**friemelen** fummeln; *aan iets ~* an etwas herumfummeln, -fingern
**fries** bouwk Fries *m*
**Fries** I *m* Friese *m*; II *o* ⟨taal⟩ Friesisch *o*; III *bn* friesisch
**friet** = *frites*
**Friezin** Friesin *v*
**frigide** frigid, -gide
**frik** 1 ⟨leraar⟩ gemeenz Pauker *m*; 2 fig Schulmeister *m*, Pedant *m*
**frikadel** Frikadelle *v*
**fris** frisch; ⟨koel ook⟩ kühl; *in de frisse lucht* im Freien; *zo ~ als een hoentje* frisch (munter) wie der Fisch im Wasser
**frisbee** Frisbee *o*
**frisbeeën** Frisbee spielen
**frisdrank** erfrischungsgetränk *o*, Sprudel *m*
**frisheid** Frische *v*, Kühle *v*
**frisjes** kühl
**frites** Pommes frites *mv*, Fritten *mv*, Pommes *mv*
**friteskraam** Pommesbude *v*, Frittenbude *v*
**friteuse** Friteuse *v*
**frituren** fritieren
**frituurpan** Fritierpfanne *v*
**frituurvet** Fritüre *v*, Fritierfett *o*
**frivool** frivol, leichtfertig
**frommelen**: *aan iets ~* herumfummeln an etwas (3); *iets in elkaar ~* (verkreukelen) etwas zerknüllen, zerknittern; *iets weg~* etwas wegstecken
**frons** Runzel *v*, Falte *v*
**fronsen** runzeln; *'t voorhoofd ~* die Stirn runzeln, in Falten ziehen; *een gefronst voorhoofd* eine gerunzelte Stirn *v*
**front** 1 mil Front(linie) *v*; 2 ⟨van gebouw ook⟩ Fassade *v*, Vorderseite *v*; 3 meteor Front *v*; 4 ⟨v. overhemd⟩ Vorhemd *o*, Chemisette *v*; *gemeenschappelijk ~* Einheitsfront *v*; *westelijk ~* Westfront *v*; *voor 't ~ komen* fig vor die Front kommen
**frontaal** frontal; *frontale aanval* Frontal-, Stirnangriff *m*; *frontale botsing* Frontalzusammenstoß *m*
**frontlijn, frontlinie** Frontlinie *v*
**fruit** Obst *o*, Früchte *mv*; *houdbaar ~* Lagerobst *o*
**fruitautomaat** Spielautomat *m*
**fruiten** rösten, bräunen
**fruitig** blumig, fruchtig
**frunniken** herumfummeln
**frustratie** Frustration *v*
**frustreren** frustrieren
**frutselen** (herum)fummeln, (herum)fingern
**fuchsia** Fuchsia *v*, Fuchsie *v*
**fuga** Fuge *v*
**fuif** Fete *v*, Party *v*, Fest *o*
**fuifnummer** Partylöwe *m*
**fuik** Reuse *v*; *in de ~ lopen* in die Falle gehen

**fuiven** (ein Fest) feiern; <u>gemeenz</u> feten
**fulltime** full-time; ~ *werken* ganztägig arbeiten
**fulmineren** rasen, toben, wettern
**functie** 1 ⟨taak, werking⟩ Funktion *v*; 2 ⟨ambt⟩ Amt *o*, Posten *m*, Stellung *v*; *ik ben hier in* ~ ich bin hier in amtlicher Tätigkeit; *in* ~ *blijven* im Amte bleiben; *in* ~ *treden* sein Amt (eine Tätigkeit) antreten
**functionaris** Amtsinhaber *m*, Amtsträger *m*; ⟨binnen een organisatie, partij⟩ Funktionär *m*
**functioneel** funktionell
**functioneren** funktionieren
**fundament** Fundament *o*
**fundamentalisme** Fundamentalismus *m*
**fundamentalist** Fundamentalist *m*
**fundamenteel** grundlegend, fundamental
**funderen** gründen, fundieren; ⟨<u>fig</u> ook⟩ unterbauen
**fundering** 1 ⟨het funderen⟩ Gründung *v*, Fundierung *v*; 2 ⟨grondslag⟩ Grundlage *v*, Fundament *o*
**funest** verhängnisvoll, fatal
**fungeren** fungieren; ~*d burgemeester* amtierender Bürgermeister *m*
**funk** <u>muz</u> Funk *m*

**furie** ⟨heks⟩ Furie *v*
**furieus** rasend, wütend
**furore**: ~ *maken* Furore machen
**fuseren** fusionieren, zusammenschmelzen
**fusie** Fusion *v*, Verschmelzung *v*
**fusilleren** ⟨standrechtlich⟩ erschießen, füsilieren
**fust** 1 ⟨vat⟩ Faß *o*; 2 ⟨verpakking⟩ Verpakkung *v*
**fut** Energie *v*, Schwung *m*, Tatkraft *v*, Schneid *m*; <u>gemeenz</u> Mumm *m*, Saft *m*; *geen* ~ *meer hebben* keinen Pep *m*, Schwung *m*, mehr haben
**futiel** futil, nichtig, unbedeutend
**futiliteit** Futilität *v*, Nichtigkeit *v*
**futloos** saft- und kraftlos; ⟨v. personen⟩ schlapp, energielos
**futurisme** Futurismus *m*
**futurologie** Futurologie *v*
**fuut** Haubentaucher *m*
**fysica** Physik *v*
**fysicus** Physiker *m*
**fysiek I** *o* Physis *v*, Konstitution *v*; **II** *bn* physisch
**fysiotherapeut** Physiotherapeut *m*
**fysiotherapie** Physiotherapie *v*
**fysisch** physisch

# G

**g** der Buchstabe G, das G

**gaaf** 1 ⟨volledig⟩ ganz, vollständig; 2 ⟨ongedeerd⟩ unverletzt; 3 ⟨onbeschadigd⟩ unbeschädigt, intakt, unverletzt; 4 gemeenz stark; *gave appels* gesunde Äpfel *mv*; *een ~ gebit* gesunde Zähne *mv*

**gaai**: *Vlaamse ~* Eichelhäher *m*

**gaan\*** gehen; *daar ga je!* prosit!; *'t gaat hem niet bijzonder* es geht ihm nicht besonders gut; *eraf ~* abgehen; *ervandoor ~* die Weite suchen; *'t ga je goed!* laß es dir gut gehen!; *hoe gaat 't met u?* wie geht es Ihnen?, wie befinden Sie sich?; *mooi gekleed ~* hübsch angezogen sein, schöne Kleider tragen; *'t gaat nogal* es geht einigermaßen, so lala; *'t gaat verkeerd* es geht schief; *verloren ~* verlorengehen; *de storm gaat liggen* der Sturm legt sich; *~ liggen, staan, zitten* sich ⟨hin-⟩legen, -stellen, -setzen; *'t gaat regenen* es fängt an zu regnen; *~ slapen* schlafen gehen, sich schlafen legen; *~ wandelen* spazieren gehen; *aan 't werk ~* an die Arbeit gehen; *Mark gaat met Fatima* Mark geht mit Fatima; *naar buiten ~* hinausgehen; ⟨als uitstapje⟩ aufs Land gehen; *naar zijn werk ~* zur Arbeit gehen; *'t gaat om je geluk* es geht um dein Glück; *nu gaat 't erom* nun gilt's, jetzt geht's um die Wurst; *op reis ~* auf Reisen gehen; *op weg ~* sich auf den Weg machen; *het boek gaat over de oorlog* das Buch handelt über den Krieg; *het gesprek gaat over politiek* in dem Gespräch geht es um Politik; *te boven ~* übersteigen, übertreffen; *zich te buiten ~* Exzesse begehen; *uit eten ~* essen gehen; *uit jagen ~* auf die Jagd gehen

**gaande** im Gange; *wat is er ~?* was gibt's?, was ist los?; *de ~ en komende man* die Kommenden und Gehenden *mv*

**gaanderij** Galerie *v*

**gaandeweg** allmählich, nach und nach

**gaans**: *een uur ~* eine Wegstunde *v*

**gaap** Gähnen *o*

**gaar** de; *hij is een halve gare* gemeenz er ist nicht recht gescheit

**gaarkeuken** Gar-, Volksküche *v*

**gaarne** plechtig gern; *zeer ~* sehr gern

**gaas** Gaze *v*

**gaatje** Löchelchen *o*

**gabber** gemeenz 1 ⟨man, jongen⟩ Kerl *m*, Bursche *m*; 2 ⟨maatje⟩ Kumpel *m*

**gade** 1 *m* Gatte *m*; 2 *v* Gattin *v*

**gadeslaan** 1 ⟨waarnemen⟩ beobachten; 2 ⟨letten op⟩ achtgeben (auf + 4)

**gading** Geschmack *m*; *iets van zijn ~ vinden* etwas nach seinem Geschmack finden

**gaffel** 1 ⟨hooivork en techn⟩ Gabel *v*; 2 scheepv Gaffel *v*

**gaga** gemeenz plemplem, meschugge

**gage** 1 scheepv Heuer *v*; 2 ⟨v. kunstenaar⟩ Gage *v*

**gajes** slang Gesindel *o*

**GAK** = *Gemeenschappelijk Administratiekantoor* GAK *o* ⟨Verwaltungsorgan der Sozialversicherung⟩

**gal** Galle *v*; *zijn ~ spuwen* fig Gift und Galle speien

**gala** 1 ⟨feest⟩ großes, prunkvolles Fest *o*; 2 ⟨kleding⟩ Gala *v*, Feststaat *m*; *in ~* in Gala; gemeenz in vollem Ornat, herausgeputzt

**galant** galant, höflich

**galblaas** Gallenblase *v*

**galei** Galeere *v*

**galeiboef, galeislaaf** *m* Galeerensklave *m*, -sträfling *m*

**galerie** Galerie *v*

**galerij** 1 ⟨gang⟩ Galerie *v*; 2 ⟨in theater⟩ Olymp *m*

**galerijflat** Laubenganghaus *o*

**galg** Galgen *m*; *voor ~ en rad opgroeien* für Galgen und Rad heranwachsen

**galgenaas, galgenbrok** *m* Galgenaas *o*

**galgenhumor** Galgenhumor *m*

**galgenmaal** Henkersmahl⟨zeit⟩ *o* ⟨*v*⟩

**galgje** ⟨spelletje⟩ Henker *m*

**galjoen** Galione *v*, Galeone *v*

**gallicisme** Gallizismus *m*

**Gallië** Gallien *o*

**gallisch** gallisch; *ik werd er ~ van* mir kam die Galle hoch

**galm** Widerhall *m*, Schall *m*

**galmen** 1 ⟨echoën⟩ hallen, widerhallen; 2 ⟨schreeuwen⟩ schreien

**galon** Galon *m*, Galone *v*, Tresse *v*

**galop** Galopp *m*

**galopperen** galoppieren

**galsteen** Gallenstein *m*

**galvaniseren** verzinken, galvanisieren

**gambiet** Gambit *o*

**game** 1 ⟨spel⟩ Spiel *o*; 2 ⟨tennis⟩ Satz *m*

**gamel** Eßkübel *m*

**gamma** 1 ⟨geordende reeks⟩ Gamma *o*, Skala *v*; 2 muz Tonleiter *v*; *het hele ~ van misdaden* die ganze Serie von Verbrechen

**gammastralen** Gammastrahlen *mv*

**gammel** 1 ⟨v. personen⟩ marode, vergammelt; 2 ⟨v. oude mensen⟩ klapprig; 3 ⟨v. huis enz.⟩ baufällig; 4 ⟨v. meubels⟩ wacklig

**gang** 1 ⟨het gaan⟩ Gang *m*; 2 ⟨v. zaak⟩ Verlauf *m*; 3 ⟨corridor⟩ Gang *m*, Korridor *m*; *de ~ van zaken* der Lauf der Dinge; *er komt ~ in* es kommt Zug in die Sache; *er zit geen ~ in* es ist kein Zug dahinter; *een zaak waar ~ in zit* ein schwungvolles Geschäft *o*; *iem. zijn ~ laten gaan* einen gewähren lassen; *ga je ~* nur zu ⟨los⟩!, mach nur!, bitte!; *hij gaat zijn ~* er läßt sich nicht stören; *~ maken* sp Schritt machen; *aan de ~ blijven* fortfahren; ⟨eindeloos⟩ kein Ende nehmen; *de zaak aan de ~ brengen* den Stein ins Rollen bringen; *aan de ~ zijn* im Gange sein; *in volle ~* in vollem Gang, in vollem Betrieb; *op ~ brengen* auf Touren, in Gang, in Schwung bringen; *auto* ankurbeln; *op ~ komen* in Gang kommen

**gangbaar** 1 ⟨v. geld⟩ gültig, gängig, gangbar; 2 ⟨v. artikelen⟩ gängig, gern gekauft, gut gehend; 3 ⟨v. woorden, uitdrukkingen⟩ geläufig, üblich; 4 ⟨v. opvattingen⟩ vorherrschend, landläufig; 5 ⟨v. methoden⟩ üblich,

**gängig**, gangbar; *niet meer ~* (munt e.d.) außer Kurs gesetzt; *de gangbare waarde* der übliche Wert

**gangmaker 1** sp Schrittmacher *m*; **2** (sfeermaker) Stimmungskanone *v*

**gangpad** Durchgang *m*

**gangreen** Gangrän *o*, -gräne *v*

**gangster** Gangster *m*

**1 gans** *v* (vogel) Gans *v*; *een domme ~* fig eine dumme Gans *v*, Ziege *v*; *Moeder de Gans* Mutter Gans

**2 gans** *bn bijw* (geheel) ganz

**ganzenbord** Gänsespiel *o*

**ganzenlever** Gänseleber *v*

**ganzenveer** Gänsefeder *v*

**gapen 1** (v. verbazing) gaffen; **2** (v. slaap) gähnen; *een ~de afgrond* ein gähnender Abgrund *m*; *een ~de muil* ein aufgesperrter Rachen *m*; *een ~de wond* eine klaffende Wunde *v*

**gappen** gemeenz klauen, mausen, stibitzen

**garage 1** (stalling) Garage *v*; **2** (werkplaats) Autowerkstatt *v*

**garagehouder** Garagist *m*

**garanderen** verbürgen, gewährleisten, garantieren; *iets ~* (ook) für etwas bürgen

**garant** Bürge *m*; *voor iets/iem. ~ staan* für etwas/jmdn. bürgen

**garantie** Garantie *v*, Bürgschaft *v*

**garantiebewijs** Garantieschein *m*

**gard** (roede) Rute *v*, Gerte *v*

**garde** Garde *v*

**garderobe** Garderobe *v*

**gareel** Kum(me)t *o*; *in het ~ lopen* fig sich fügen; *iem. weer in het ~ brengen* einen zur Ordnung rufen

**garen I** *o* Garn *o*; *~ en band* Kurzwaren; **II** *bn* zwirnen; *~ handschoenen* Zwirnhandschuhe *mv*

**garnaal** Garnele *v*, Krabbe *v*

**garneren** garnieren, besetzen, verbrämen

**garnering** Garnierung *v*, Besatz *m*, Verbrämung *v*

**garnituur** Garnitur *v*

**garnizoen** Garnison *v*, Standort *m*; *in ~ zijn* (ook) garnisonieren

**gas** Gas *o*; *vol ~* Vollgas *o*; *~ terugnemen* Gas wegnehmen; fig einen Gang zurückschalten

**gasaansteker 1** (v. sigaretten) Gasfeuerzeug *o*, Feuerzeug *o*; **2** (voor gasfornuis) Gaszünder *m*

**gasbedrijf** Gaswerk *o*

**gasbel 1** (in vloeistof) Gasblase *v*; **2** (in aardkorst) Erdgasvorkommen *o*

**gasbeton** Gasbeton *m*, Schaumbeton *m*

**gasbrander** Gasbrenner *m*

**gasfabriek** Gaswerk(e) *o (mv)*, -fabrik *v*, -anstalt *v*

**gasfitter** Gasarbeiter *m*

**gasfles** Gasflasche *v*

**gasfornuis** Gasherd *m*

**gaskachel** Gasofen *m*

**gaskamer** Gaskammer *v*

**gaskraan** Gashahn *m*

**gasleiding** Gasleitung *v*

**gaslek** Gasaustritt *m*, Gasflucht *v*

**gasmasker** Gasmaske *v*

**gasmeter** Gasmesser *m*, -uhr *v*, -zähler *m*

**gasoven** Gasofen *m*

**gaspedaal** Gashebel *m*, -pedal *o*

**gaspit** Gasflamme *v*

**gasslang** Gasschlauch *m*

**gasstel** Gaskocher *m*

**gast 1** (bezoeker) Gast *m*; **2** (jonge kerel) Bursche *m*, Kerl *m*; *te ~ zijn* zu Gast sein

**gastarbeider** Gastarbeiter *m*

**gastcollege** Gastvorlesung *v*

**gastenboek** Gästebuch *o*

**gastheer 1** (persoon) Gastgeber *m*, Wirt *m*; **2** (plant, dier) Wirt *m*, Wirtspflanze *v*, -tier *o*; *voor ~ spelen* den Gastgeber spielen

**gasthuis** Krankenhaus *o*

**gastland** Gastland *o*

**gastmaal** Gastmahl *o*

**gastronomie** Gastronomie *v*, Feinschmeckerei *v*

**gastvrij 1** (huis) gastlich; **2** (persoon) gastfrei, gastfreundlich

**gastvrijheid** Gastlichkeit *v*, Gastfreundschaft *v*

**gastvrouw** Gastgeberin *v*, Wirtin *v*

**gasvlam** Gasflamme *v*

**gasvormig** gasförmig

**gat I 1** (opening) Loch *o*; **2** (zeegat) Gatt *o*; **3** (klein, vervelend dorp) Kaff *o*, Kuhdorf *o*; **II** gemeenz (achterwerk) Hintern *m*, Arsch *m*, Po(po) *m*; *iem. in de gaten hebben* (iemands streken doorzien) einem auf die Sprünge kommen; *iets in de gaten hebben* etwas herausbekommen, kapieren; *iets (goed) in de ~ houden* etwas im Auge behalten; *er geen ~ in zien* keinen Ausweg sehen, mit seiner Weisheit zu Ende sein; *een ~ in de dag slapen* in den (hellen) Tag hinein schlafen; *een ~ in de lucht springen* vor Freude bis an die Decke springen; *hij heeft een ~ in zijn hand* das Geld zerrinnt ihm unter den Händen; *een ~ in de markt* eine Marktlücke *v*; *hij dicht het ene ~ met het andere* er stopft ein Loch mit dem andern zu; *op zijn ~ liggen* fig (mislukt zijn) im Eimer sein; *niet voor één ~ te vangen zijn* mit allen Hunden gehetzt sein

**gatenkaas** Käse *m* mit Löchern

**gatenplant** Monstera *v*

**gatverdarrie** gemeenz pfui (Teufel)!

**gauw 1** (snel) rasch, geschwind, schnell; **2** (spoedig) bald; *witte japonnen worden ~ vuil* weiße Kleider schmutzen leicht; *te ~ oordelen* vorschnell urteilen

**gauwigheid, gauwte** Geschwindigkeit *v*, Hurtigkeit *v*; *in de ~* in der Eile, in der Geschwindigkeit

**gave** Gabe *v*; *de ~ van 't woord* die Rednergabe

**gazel** Gazelle *v*

**gazeuse** Brauselimonade *v*

**gazon** Rasen *m*; (groter) Rasenplatz *m*, -stück *o*

**Gdansk** Danzig *o*

**ge** ZN of plechtig enk du; mv ihr; (beleefd) Sie

**geaard 1** (van aard) beschaffen, geartet; **2**

**geaardheid**

elektr geerdet; ~ *stopcontact* geerdete Steckdose v
**geaardheid** Beschaffenheit v, Art v, Natur v
**geaccidenteerd** uneben, hügelig
**geacht** geachtet; ~*e heer* geehrter (verehrter) Herr
**geadresseerde** Adressat m
**geaffecteerd** geziert, affektiert
**geaggregeerd** ZN lehrberechtigt
**geaggregeerde** ZN Lehrberechtigte(r) m-v
**geagiteerd** erregt, aufgeregt
**Geallieerden**: *de* ~ die Alliierten mv
**geamuseerd** belustigt, amüsiert
**geanimeerd** (gesprek) angeregt
**gearmd** Arm in Arm, gemeenz untergefaßt, eingehakt
**geavanceerd** 1 (vergevorderd) fortgeschritten; 2 (vooruitstrevend) fortschrittlich
**gebaar** Gebärde v; (groot en fig) Geste v; *met een breed* ~ mit großer Geste
**gebak** Gebäck o, Backwerk o
**gebakje** Törtchen v
**gebaren** gestikulieren, sich gebärden
**gebarentaal** Gebärdensprache v
**gebed** Gebet o; *zijn* ~ *doen* sein Gebet verrichten
**gebedsgenezer** Gesundbeter m
**gebedsmolen** Gebetsmühle v
**gebeente** Gebein o; *wee je* ~*!* hüte dich!, wehe dir!
**gebeiteld**: ~ *zitten* gemeenz sich in günstiger Lage befinden, geritzt sein
**gebekt**: *goed* ~ *zijn* ein gutes Mundwerk haben
**gebelgd** ungehalten, verstimmt, erzürnt
**gebergte** Gebirge o
**gebeten**: *op iem.* ~ *zijn* bitterböse auf einen sein
**gebeuren** I 1 (plaatsvinden) geschehen, passieren, sich ereignen, stattfinden; 2 (gedaan worden) geschehen, gemacht, erledigt werden; 3 (overkomen) passieren, geschehen; *er* ~ *rare dingen* Sachen gibt's!; *wat er ook* ~ *moge* was auch (immer) geschehen mag; *het moet* ~*!* das muß gemacht (erledigt) werden!; *het zal je* ~*!* das ist nicht gerade ein Vergnügen!; *dat gebeurt niet!* das kommt nicht in Frage!; II o das Geschehen
**gebeurtenis** Vorfall m, Begebenheit v; (belangrijk) Ereignis o; *een blijde* ~ ein freudiges Ereignis o (ook v. geboorte)
**gebied** 1 (in 't alg.) Gebiet o, Raum m, Bezirk m; (fig ook) Bereich m; 2 (jacht) Revier o; 3 (domein) Dominium o
**gebieden** gebieten, befehlen
**gebiedend** befehlend, gebieterisch; ~*e wijs* Imperativ m, Befehlsform v; *op* ~*e toon* in gebieterischem Ton
**gebiedsdeel** Gebietsteil o; *overzeese gebiedsdelen* Überseegebiete mv
**gebit** Gebiß o; *vals* ~ künstliches Gebiß o; Zahnprothese v
**gebladerte** Laub o, Belaubung v, Blätterwerk o
**geblesseerd** sp verletzt

**gebloemd** geblümt
**geblokt** (van stoffen) gewürfelt
**gebocheld** bucklig; ~*e* Bucklige(r) m-v
**gebod** Gebot o; *onder de* ~*en staan* aufgeboten sein
**gebonden** (v. soep) sämig; ~ *stijl* gebundene Rede v
**geboomte** Bäume mv
**geboorte** Geburt v; *hij is Nederlander van* ~ er ist geborener Niederländer; *Amsterdammer van* ~ aus Amsterdam gebürtig
**geboorteakte** Geburtsurkunde v, -schein m
**geboortebeperking** Geburtenbeschränkung v
**geboortecijfer** Geburtenzahl v, -ziffer v
**geboortedag** Geburtstag m
**geboortegolf** Geburtenwelle v
**geboortejaar** Geburtsjahr o
**geboortekaartje** Geburtsanzeige v
**geboorteoverschot** Geburtenüberschuß m
**geboorteplaats** Geburtsort m
**geboorteregeling** Geburtenregelung v
**geboorteregister** Geburtsregister o
**geboortig** gebürtig (aus)
**geboren** geboren; *een* ~ *dichter* ein geborener Dichter m; *een* ~ *Duitser* ein Deutscher m von Geburt; *Mevrouw Müller* ~ *Jansen* Frau Müller geborene Jansen; ~ *en getogen* geboren und aufgewachsen
**geborneerd** borniert, beschränkt
**gebouw** Gebäude o
**gebraad** 1 (het braden) Braten m; 2 (wat gebraden is) Gebratene(s) o
**gebrand**: ~ *zijn op* erpicht sein auf (+ 4), brennen auf (+ 4)
**gebrek** 1 ('t ontbrekende) Mangel m; 2 (fout) Fehler m; 3 (lichaams~) Gebrechen o; ~ *lijden* darben; ~ *hebben aan* Mangel haben an (+ 3); ~ *aan belangstelling* Mangel m an Interesse; ~ *aan personeel* Personalmangel m; *bij* ~ *aan mangels* (+ 2); *bij* ~ *aan beter* in Ermangelung eines Besseren; *in* ~*e blijven* in Verzug geraten; *in* ~ *stellen* Versäumnisse anlasten, jmdn. haftbar machen; *recht* jmdn. wegen Verzug mahnen; *in* ~*e zijn* im Rückstand, im Verzug sein, säumig sein; *wegens* ~ *aan bewijs* mangels Beweises; *zonder* ~*en* fehlerfrei
**gebrekkig** 1 (v. dingen) mangelhaft; 2 (v.e. mens) gebrechlich, invalide
**gebrevetteerd** ZN patentiert
**gebroed** Brut v, Geschmeiß o, Gezücht o
**gebroeders** Gebrüder mv
**gebroken** gebrochen; *in* ~ *Engels* in gebrochenem Englisch; ~ *zijn, zich* ~ *voelen* (lichamelijk) sich wie gerädert fühlen; (geestelijk) gebrochen sein; ~ *wit* gebrochenes Weiß o; gebrochen weiß
**gebrouilleerd**: *met iem.* ~ *zijn* mit einem verfeindet sein, sich mit einem entzweit (überworfen) haben
**gebruik** 1 (het gebruiken) Gebrauch m, Benutzung v, Verwertung v; 2 (toepassing) Anwendung v; 3 (gewoonte) Brauch m, Sitte v; 4 (consumptie) Genuß m; *het* ~ *van*

**een encyclopedie** die Benutzung einer Enzyklopädie; *het ~ van geweld* die Anwendung von Gewalt; *buiten ~* außer Betrieb; *in ~ nemen* in Gebrauch nehmen; *in ~ zijn* im Gebrauch sein; *~ van iets maken* etwas verwerten, benutzen; *voor eigen ~* zu eigenem Gebrauch, zu eigener Verwendung
**gebruikelijk** gebräuchlich, üblich, gewöhnlich; *algemeen ~* ⟨ook⟩ gang (gäng) und gäbe
**gebruiken** gebrauchen, benutzen, anwenden; ⟨uitbuiten⟩ ausnutzen; *de gelegenheid ~* die Gelegenheit benutzen; *drugs ~* Drogen nehmen; *geneesmiddelen ~* Arzneien einnehmen; *geweld ~* Gewalt anwenden; *een maaltijd ~* eine Mahlzeit einnehmen; *veel water ~* viel Wasser verbrauchen; *wilt u iets ~?* wollen Sie etwas zu sich nehmen (essen, trinken?); *gebruikt u melk in de koffie?* nehmen Sie Milch in den Kaffee?; *gebruikte auto* Gebrauchtwagen *m*
**gebruiker** 1 ⟨in 't alg.⟩ Benutzer *m*, Gebraucher *m*; 2 ⟨eter, enz.⟩ Konsument *m*
**gebruikersvriendelijk** benutzerfreundlich
**gebruikmaking**: *met ~ van* unter Benutzung (+ 2)
**gebruiksaanwijzing** Gebrauchsanweisung *v*; *iem. met een ~* ein schwieriger (vorsichtig zu behandelnder) Mensch *m*
**gebruiksklaar** gebrauchs-, verwendungsfähig, benutzbar
**gebruiksvoorwerp** Gebrauchsgegenstand *m*
**gecharmeerd**: *~ zijn van* entzückt sein über
**geciviliseerd** zivilisiert
**gecommitteerde** Kommissar *m*
**gecompliceerd** kompliziert, verwickelt
**geconcentreerd** konzentriert
**geconsolideerd** konsolidiert
**gedaagde** Beklagte(r) *m-v*; ⟨hoger beroep⟩ Berufungsbeklagte(r) *m-v*
**gedaan** fertig; *'t is met hem ~* es ist um ihn geschehen, es ist aus mit ihm; *dat is niets ~* damit ist es nichts; *iets van iem. gedaan krijgen* bei jemandem etwas erreichen
**gedaante** 1 ⟨gestalte⟩ Gestalt *v*; 2 ⟨vorm⟩ Form *v*, Figur *v*
**gedaanteverwisseling** Verwandlung *v*, Metamorphose *v*
**gedachte** Gedanke *m*: *losse ~n* Gedankensplitter *mv*, -splitter *mv*; *zijn ~n de vrije loop laten* seinen Gedanken nachhängen; *zijn ~n over iets laten gaan* sich (3) etwas überlegen; *in ~n* im Geist; *iets in ~ houden* sich etwas merken; *met de ~ spelen* mit dem Gedanken spielen; *op andere ~n brengen* auf andere Gedanken bringen, umstimmen; *op de ~ komen om... auf den Gedanken kommen,...; *van ~ veranderen* sich (3) etwas anders überlegen; *van ~n wisselen* Gedanken austauschen
**gedachtegang** Gedankengang *m*
**gedachteloos** gedankenlos
**gedachtenis** 1 ⟨concreet⟩ Andenken *o*; 2 ⟨abstract⟩ Andenken *o*, Erinnerung *v*; Gedächtnis *o*
**gedachtestreep** Gedankenstrich *m*

**gedachtewereld** Gedankenwelt *v*
**gedachtewisseling** Gedankenaustausch *m*
**gedachtig** eingedenk (+ 2)
**gedateerd** unzeitgemäß, altmodisch, veraltet
**gedecideerd** entschlossen, entschieden
**gedeelte** Teil *m*; *voor een ~* zum Teil
**gedeeltelijk** 1 ⟨in 't alg.⟩ zum Teil, teilweise, Teil-; 2 ⟨op bepaalde plaatsen⟩ stellenweise; *~e oplossing* Teillösung *v*
**gedegen** gediegen
**gedeisd** gemeenz.: *zich ~ houden* ruhig bleiben, sich beherrschen
**gedekt** gedeckt; *zich ~ houden* ⟨kalm blijven⟩ sich ruhig verhalten, ⟨zich verstoppen⟩ sich versteckt halten; ⟨op de achtergrond blijven⟩ sich bedeckt halten
**gedelegeerde** Delegierte(r) *m-v*, Abgeordnete(r) *m-v*
**gedenkboek** Gedenkbuch *o*
**gedenkdag** Gedenktag *m*
**gedenken** gedenken (+ 2)
**gedenksteen** Gedenkstein *m*
**gedenkteken** Denkmal *o*, Monument *o*
**gedenkwaardig** denkwürdig
**gedeprimeerd** deprimiert
**gedeputeerde** Deputierte(r) *m-v*, ⟨lid v. Gedeputeerde Staten⟩ Mitglied *o* des Provinzialausschusses
**gedesillusioneerd** desillusioniert
**gedetailleerd** detailliert, in Einzelheiten
**gedetineerde** Häftling *m*; *preventief ~* Untersuchungshäftling *m*
**gedicht** Gedicht *o*; *iem. ~ maken op iem.* ⟨ook⟩ auf jmdn. ein Gedicht schreiben
**gedienstig** dienstbar, dienstfertig
**gedierte** Getier *o*, Tiere *mv*
**gedijen** gedeihen; *gestolen goed gedijt niet* unrecht Gut gedeihet nicht
**geding** Verfahren *o*, Prozeß *m*; *een kort ~ aanspannen* ein Eilverfahren beantragen, eine einstweilige Verfügung (Anordnung) beantragen; *in het ~ brengen* vorbringen, zur Sprache bringen; *in het ~ zijn* zur Diskussion stehen
**gediplomeerd** (staatlich) geprüft
**gedisciplineerd** diszipliniert
**gedistilleerd** I *o* Spirituosen *mv*, II *bn* destilliert; *~e dranken* Spirituosen *mv*
**gedistingeerd** distinguiert, vornehm
**gedoe** Getue *o*, Treiben *o*, Spektakel *m*
**gedogen** dulden
**gedonder** 1 *eig* das Donnern; Donner *m*; 2 ⟨last⟩ Scherererei *v*; *daar heb je 't ~* da haben wir die Bescherung
**gedrag** 1 ⟨uiterlijk⟩ Benehmen *o*; ⟨goed of slecht⟩ Betragen *o*; ⟨in bepaalde situatie⟩ (Auf)führung *v*; 2 ⟨m.b.t. stof, voorwerp onder bep. omstandigheden⟩ Verhalten *o*; *fatsoenlijk ~* anständiges Benehmen; *wegens goed ~* wegen guter Führung
**1 gedragen** *wederk*: *zich ~* 1 ⟨uiterlijk⟩ sich benehmen; 2 ⟨goed of slecht⟩ sich betragen; 3 ⟨in bepaalde situatie⟩ sich aufführen
**2 gedragen** *bn* ⟨plechtstatig⟩ feierlich, getragen
**gedragslijn** Verhalten *o*

**gedragswetenschappen** Verhaltenswissenschaften *mv*

**gedrang** Gedränge *o*, Drängen *o*; *in 't ~ komen* ins Gedränge kommen; in die Klemme kommen

**gedrocht 1** ⟨monster⟩ Ungetüm *o*, Ungeheuer *o*; **2** ⟨mismaakt⟩ Monstrum *o*

**gedrongen** ⟨van gestalte⟩ gedrungen, gedrängt

**gedrukt 1** ⟨depressief⟩ gedrückt, niedergeschlagen; **2** *handel* gedrückt

**geducht 1** ⟨gevreesd⟩ gefürchtet; **2** ⟨flink⟩ tüchtig, gehörig

**geduld** Geduld *v*; *~ oefenen* Geduld üben, sich gedulden; *mijn ~ is op* meine Geduld ist zu Ende, mir reißt der Geduldsfaden

**geduldig** geduldig

**geduldwerk** Geduldsarbeit *v*

**gedurende**: *~ de oorlog* während des Krieges; *~ een jaar* ein Jahr lang

**gedurfd** gewagt

**gedurig** beständig, anhaltend

**geduvel** Schererei *v*

**gedwee** gefügig, lenksam; ⟨van dieren ook⟩ fromm

**gedwongen** ⟨niet spontaan⟩ gezwungen; *~ verkoop* Zwangsverkauf *m*

**geef**: *dat is te ~* das ist umsonst, das ist so gut wie geschenkt

**geëigend** geeignet

**geel I** *bn* gelb; *de gele kaart sp* die gelbe Karte; *gele koorts* Gelbfieber *o*; *de gele trui* ⟨wielrennen⟩ das gelbe Trikot; **II** *o* Gelb *o*, gelbe Farbe *v*; *'t ~ van een ei* das Gelbe vom Ei, das Eigelb

**geelfilter** *fotogr* Gelbfilter *m*

**geelkoper** Messing *o*, Gelbguß *m*

**geeltje** *slang* 25-Guldenschein *m*

**geelzucht** Gelbsucht *v*

**geëmancipeerd** emanzipiert

**geëmotioneerd** emotional, erschüttert

**geen** kein, keine; ⟨zelfstandig gebruikt⟩ keiner, keine, keins; *~ van beiden* keiner (-e, -s) von beiden

**geeneens** gemeenz nicht 'mal

**geëngageerd** ⟨sociaal/politiek bewogen⟩ engagiert

**geenszins** keineswegs, auf keine Weise

**geep** Grünknochen *m*, Hornhecht *m*

**geest** Geist *m*; *de ~ geven* den Geist aufgeben, den Geist (die Seele) aushauchen; *de ~ krijgen* erleuchtet werden; in Begeisterung geraten; *in deze ~* in diesem Sinne; *levendig van ~* geistig regsam; *voor de ~ komen* vor die Seele treten; *zich iets voor de ~ roepen* sich etwas vergegenwärtigen; *voor de ~ staan* vor Augen stehen, vorschweben

**geestdodend** geisttötend

**geestdrift** Begeisterung *v*, Enthusiasmus *m*; *laaiende ~* lodernde Begeisterung; *vol ~ voor de kunst* kunstbegeistert

**geestdriftig** begeistert

**geestelijk 1** ⟨intellectueel⟩ geistig; **2** ⟨kerkelijk⟩ geistlich; *~e liederen* geistliche Lieder *mv*; *~e vermogens* Geisteskräfte *mv*; *~e waarden* geistige Werte *mv*

**geestelijke** Geistliche(r) *m*, Kleriker *m*

**geestelijkheid** Geistlichkeit *v*, Klerus *m*

**geestesgesteldheid** Geistesverfassung *v*, -art *v*

**geesteskind** Geistesprodukt *o*, Idee *v*

**geestesoog** Geistesauge *o*

**geestesziek** geisteskrank, -gestört; *een ~e* ein Geisteskranker

**geestgrond** Geest *v*, Geestboden *m*

**geestig** ⟨grappig⟩ witzig, geistreich

**geestigheid 1** ⟨eigenschap⟩ Geist *m*, Humor *m*; **2** ⟨aardigheid⟩ geistreiche Bemerkung *v*; Witz *m*

**geestkracht** Geisteskraft *v*, Energie *v*

**geestrijk** geistreich, -voll, voll Geist; *~e dranken* geistige Getränke *mv*

**geestverruimend** bewußtseinserweiternd, psychedelisch

**geestverschijning** Geistererscheinung *v*

**geestverwant** Geistesverwandter *m*, Geistesgefährte *m*

**geestverwantschap** Geistesverwandschaft *v*

**geeuw** Gähnen *o*

**geeuwen** gähnen

**gefingeerd** fingiert

**geflatteerd** geschmeichelt, smeichelhaft, beschönigt

**gefleem, geflikflooi** Schmeichelei *v*, Fuchsschwänzelei *v*

**gefluit 1** ⟨in 't alg.⟩ Pfeifen *o*, Gepfeife *o*; **2** ⟨v. vogels⟩ Gesang *m*; *een schril ~* ein greller Pfiff *m*

**geforceerd** forciert; strapaziert; *een ~e glimlach* ein gezwungenes Lächeln *o*

**gefortuneerd** vermögend

**gefundeerd** fundiert; *een ~e opinie* eine wohlbegründete Ansicht *v*

**gegadigde** Kandidat *m*, Bewerber *m*; Kauf-, Mietlustige(r) *m-v*

**gegarandeerd** garantiert, verbürgt

**gegeven I** *o* **1** ⟨in 't alg.⟩ Angabe *v*, Indiz *o*; **2** *wisk* das Gegebene; *~s* Material *o*, Daten *mv*; *officiële ~s* Unterlagen *mv*; **II** *bn* gegeben; *op een ~ ogenblik* in einem bestimmten Augenblick

**gegevensverwerking** Datenverarbeitung *v*

**gegijzelde** Geisel *v*

**gegoed** begütert, wohlhabend

**gegoten**: *~ ijzer* Gußeisen *o*; *als aan 't lijf ~* wie angegossen

**gegradueerde** ZN Akademiker *m*

**gegroefd 1** ⟨v. zuilen⟩ geriefelt, gerillt; **2** ⟨v. voorhoofd⟩ gefurcht, gerunzelt

**gegrond** begründet, triftig; *een ~ verwijt* ein berechtigter Vorwurf *m*

**gehaaid** ausgekocht

**gehaast** eilig

**gehaat** verhaßt

**gehakketak** Gezänk *o*

**gehakt** Hackfleisch *o*, Hackepeter *m*, Hackte(s) *o*

**gehaktbal** B(o)ulette *v*, Hackfleischbällchen *o*

**gehaktmolen** Fleischwolf *m*

**gehalte** Gehalt *m* (ook *fig*); *~ aan zout* Salzgehalt *m*

**gehandicapt** körperbehindert; *geestelijk ~*

geistig behindert
**gehandicapte** Behinderte(r) *m-v*; *geestelijk ~* geistig Behinderte(r) *m-v*
**gehannes** Getue *o*
**gehard 1** *eig* gehärtet; **2** *fig* abgehärtet
**geharnast** geharnischt
**geharrewar 1** ⟨gedoe⟩ Scherereien *v(mv)*; **2** ⟨gekibbel⟩ Gezanke *o*
**gehavend 1** ⟨in 't alg.⟩ zerschunden, übel zugerichtet; **2** ⟨kleren⟩ zerrissen; **3** ⟨schepen⟩ havariert; **4** ⟨goederen⟩ ramponiert
**gehecht**: *aan iem. ~ zijn* einem zugetan sein, an einem hängen
**geheel I** *bn* ganz; *~ en al* ganz und gar; *gehele getallen* ganze Zahlen; *~ onmogelijk* völlig, gänzlich, total unmöglich; **II** *o* das Ganze; *in 't ~ niet* gar nicht, nicht die Spur; *in zijn ~* als Ganzes; *over 't ~ (genomen)* im (großen) ganzen
**geheelonthouder** Abstinenzler *m*
**geheelonthouding** Abstinenz *v*
**geheid** *gemeenz* bombenfest, todsicher; *we gaan ~ winnen* wir werden todsicher gewinnen
**geheim I** *bn* geheim, Geheim-; *~ agent* Geheimagent *m*; *~e dienst* Geheimdienst *m*; *~ doen* heimlich tun; **II** *o* Geheimnis *o*; *in 't ~* heimlich, im Geheimen; *een publiek ~* ein offenes Geheimnis; *van iets geen ~ maken* aus etwas kein Hehl machen
**geheimhouden** geheimhalten
**geheimhouding** Geheimhaltung *v*; *onder de strengste ~* unter dem Siegel der Verschwiegenheit
**geheimschrift** Geheimschrift *v*
**geheimtaal** Geheimsprache *v*
**geheimzinnig** geheimnisvoll
**geheimzinnigheid** Heimlichkeit *v*
**gehemelte** Gaumen *m*
**geheugen 1** ⟨vermogen om te onthouden⟩ Gedächtnis *o*, Erinnerungsvermögen *o*; **2** *comput* Speicher *m*; *een ~ als een zeef, als een garnaal* ein Gedächtnis wie ein Sieb; *een fotografisch ~* ein fotografisches Erinnerungsvermögen *o*; *~ voor getallen* Zahlengedächtnis *o*; *in 't ~ liggen* in der Erinnerung liegen; *iets in het ~ prenten* etwas dem Gedächtnis einprägen
**geheugensteuntje** Gedächtnisstütze *v*, -hilfe *v*
**geheugenverlies** Gedächtnisschwund *m*
**gehoor 1** ⟨het horen⟩ Gehör *o*; **2** ⟨toehoorders⟩ Zuhörerschaft *v*, Auditorium *o*; *een welwillend ~* ein geneigtes Ohr *o*; *bij geen ~* bei Nichtentgegennahme des Anrufs; *geen ~ geven aan een verzoek* einer Bitte keine Folge leisten; *geen ~ krijgen* vergeblich klingeln; *telec* keine Verbindung bekommen; *ik krijg geen ~* es meldet sich niemand; *op 't ~ spelen* muz nach dem Gehör spielen; *ten gehore brengen* zu Gehör bringen
**gehoorapparaat** Hörgerät *o*, Hörapparat *m*
**gehoorbeentje** Gehörknöchelchen *o*
**gehoorgestoord** schwerhörig
**gehoororgaan** Gehörorgan *o*
**gehoorsafstand**: *binnen (buiten) ~* in (au-

ßer) Hörweite *v*
**gehoorzaal** Hörsaal *m*
**gehoorzaam** gehorsam
**gehoorzaamheid** Gehorsam *m*
**gehoorzamen** gehorchen (+ 3)
**gehorig** hellhörig, schalldurchlässig
**gehouden** verpflichtet; *~ tot schadevergoeding* schadenersatzpflichtig
**gehucht** Weiler *m*, Ortschaft *v*
**gehuil** Weinen *o*; ⟨erg; ook v. dieren, wind e.d.⟩ Geheul(e) *o*, Heulen *o*
**gehumeurd**: *goed, slecht ~* gut-, schlechtgelaunt, guter, schlechter Laune
**gehurkt** kauernd, hockend
**gehuwd** verheiratet; *~e staat* Ehestand *m*
**geigerteller** Geigerzähler *m*
**geijkt** traditionell; *de ~e term* der stehende Ausdruck
**geil 1** ⟨v. personen⟩ geil, lüstern, scharf, spitz; **2** ⟨v. foto's enz.⟩ geil, heiß
**geilen**: *~ op iem., iets* auf etwas/einen scharf, spitz, geil sein, *gemeenz* auf etwas/einen abfahren
**geilheid 1** ⟨v. personen⟩ Geilheit *v*, Lüsternheit *v*; **2** ⟨v. foto's enz.⟩ Geilheit *v*
**geïllustreerd** illustriert, bebildert
**gein** *gemeenz* Scherz *m*, Spaß *m*
**geinig** witzig, spaßig
**geïnteresseerd** interessiert, mit Interesse; *niet ~* uninteressiert
**geintje** *gemeenz* Spaß *m*, Witz *m*; *~s maken* Mätzchen machen, Possen reißen
**geiser 1** ⟨spuitende bron⟩ Geysir *m*, Geiser *m*; **2** ⟨warmwatertoestel⟩ Durchlauferhitzer *m*
**geisha** Geisha *v*
**geit** Ziege *v*; Z-Duits Geiß *v*; *vooruit met de ~!* *gemeenz* 'rin ins Vergnügen!
**geitenkaas** Ziegenkäse *m*
**geitenwol** Ziegen-, Mohairwolle *v*
**gejaagd** hastig, gehetzt, aufgeregt
**gejubel, gejuich** Gejubel *o*, Jubeln *o*, Jubel *m*
**gek I** *bn* **1** ⟨krankzinnig⟩ irrsinnig; **2** ⟨dwaas⟩ toll, verrückt, närrisch; **3** ⟨komisch⟩ komisch; **4** ⟨raar⟩ merkwürdig, komisch; *dat is niet ~* das ist nicht schlecht; *dat is te ~ om los te lopen* da lachen ja die Hühner, das ist total verrückt; *een ~ke geschiedenis* eine komische Geschichte *v*, eine tolle Sache *v*; *ben je ~?* bist du verrückt?; *dat is om ~ van te worden* das ist zum Verrücktwerden; *gemeenz* das ist zum Ausrasten *o*; *te ~!* Wahnsinn!, super!; *~ op iemand zijn* einen Narren an einem gefressen haben; *~ op een meisje zijn* in ein Mädchen vernarrt sein; *~ van vreugde* verrückt vor Freude; **II** *m* **1** ⟨krankzinnig⟩ Irrsinnige(r) *m*; **2** ⟨dwaas⟩ Narr *m*, Tor *m*; *een ~ die 't gelooft* wer's glaubt wird selig; *lopen als een ~* laufen wie verrückt; *al te goed is buurmans ~* wer sich grün macht, den fressen die Ziegen; *de ~ steken met iem.* seinen Spaß mit jmdm. treiben; *iem. voor ~ laten lopen* jmdm. bescheuert aussehen lassen; *voor ~ staan* wie ein Idiot dastehen, blamiert sein
**gekant**: *tegen iets ~ zijn* dagegen sein
**gekheid** Scherz *m*, Spaß *m*; *allemaal ~!* Un-

**gekken**

sinn! Quatsch!; ~ *maken* Unsinn treiben, scherzen; *alle* ~ *op een stokje* Scherz (Spaß) beiseite; *uit* ~ zum Scherz; *zonder* ~ Scherz beiseite, (jetzt mal) ganz im Ernst
**gekken** scherzen
**gekkenhuis** Irrenhaus *o*
**gekkenwerk** reiner Wahnsinn *m*
**gekkigheid** Blödsinn *m*, Unsinn *m*, Quatsch *m*; *de kinderen wisten van* ~ *niet wat ze moesten doen* die Kinder wußten vor lauter Ausgelassenheit nicht, was sie anstellen sollten
**gekko** Gecko *m*
**gekleed** gekleidet; *geklede japon* vornehmes Kleid *o*, Gesellschaftskleid *o*; *geklede jas* Gehrock *m*
**geklets** Faselei *v*; leeres Geschwätz, Gewäsch *o*, gemeenz Blabla *o*; gemeenz Gelaber *o*
**gekleurd** 1 ⟨in 't alg.⟩ gefärbt; 2 ⟨in kleuren⟩ farbig, bunt; 3 ⟨v. prent⟩ koloriert; ~ *glas* farbiges Glas *o*; *er* ~ *op staan* schlecht angeschrieben sein
**geknipt**: ~ *zijn voor iets* für etwas wie geschaffen sein
**geknoei** 1 ⟨slordig werk⟩ Pfuscherei *v*, Sudelei *v*; 2 ⟨kunst ook⟩ Machwerk *o*; 3 ⟨bedrog⟩ Betrug *m*, Schwindel *m*, Schiebung *v*
**gekonkel** Ränke *mv*, Machenschaften *mv*, Intrigen *mv*, Kunkelei *v*
**gekostumeerd** kostümiert; ~ *bal* Kostümball *m*
**gekraak** Krachen *o*
**gekruid** gewürzt; *een* ~*e stijl* ein pfiffiger, frivoler Stil *m*
**gekscheren** scherzen; ~*d* im Spaß
**gekte** Geisteskrankheit *v*, Wahnsinn *m*
**gekunsteld** gekünstelt, geziert, affektiert
**gekwaak** 1 ⟨v. kikkers⟩ Quaken *o*, Gequake *o*; 2 ⟨kletsen⟩ Geschnatter *o*, Schnattern *o*
**gel** Gel *o*
**gelaagd** geschichtet
**gelaarsd** gestiefelt; *de G*~*e Kat* der gestiefelte Kater
**gelaat** Antlitz *o*
**gelaatskleur** Gesichtsfarbe *v*
**gelach** 1 ⟨het lachen⟩ Lachen *o*; 2 ⟨uitbarsting van gelach⟩ Gelächter *o*; *daverend* ~ Lachsalven *mv*
**geladen** geladen, ⟨m.b.t. sfeer ook⟩ gespannt
**gelag** 1 ⟨partij⟩ Gelage *o*; 2 ⟨consumpties⟩ Zeche *v*; *een hard* ~ eine verdrießliche Sache *v*, eine große Enttäuschung *v*; *'t* ~ *betalen* die Zeche bezahlen (ook *fig*)
**gelagkamer** Wirts-, Schankstube *v*, Gastzimmer *o*
**gelang**: *(al) naar* ~ je nachdem; *naar* ~ *v.d. kwaliteit* je nach Qualität; *naar* ~ *v.d. omstandigheden* je nach den Umständen
**gelasten** befehlen, auftragen
**gelaten** ergeben, resigniert
**gelatenheid** Ergebenheit *v*, Resignation *v*
**gelatine** Gelatine *v*
**gelazer** Scherereien *mv*; *daar heb je het* ~ *al* da haben wir den Salat; *daar krijg je* ~

**112**

*mee* das gibt nur Schereereien
**geld** Geld *o*; *contant* ~ Bargeld *o*; ~ *als water* Geld wie Heu (Dreck); ~ *moet rollen* Geld muß rollen; *eigen* ~ ⟨loterij⟩ Freilos *o*; *gepast* ~ abgezähltes Geld *o*; *vals* ~ Falschgeld *o*; *weggegooid* ~ herausgeworfenes Geld; *zwart* ~ schwarzes Geld *o*; *dat is geen* ~ das ist kein Geld, das ist geschenkt; ~ *en in deposito* Depositengelder *mv*; *zijn* ~ *opmaken* sein Geld durchbringen; ~ *speelt geen rol* Geld spielt keine Rolle; ~ *in 't water gooien* Geld auf die Straße werfen; *ergens* ~ *uit slaan* aus etwas Geld *o* (Kapital *o*, Münze *v*) schlagen; *iem.* ~ *uit de zak kloppen* jmdm. Geld aus der Tasche locken (ziehen); jmdm. kräftig in die Tasche langen; *het* ~ *groeit me niet op de rug* ich kann mir das Geld nicht aus den Rippen (der Haut) schneiden; *met* ~ *smijten* das Geld zum Fenster hinauswerfen; *te* ~*e maken* zu Geld machen; *tegen half* ~ gegen halbe Bezahlung; *voor hetzelfde* ~ *fig* genausogut; *voor geen* ~ *van de wereld* um keinen Preis
**geldautomaat** Geldautomat *m*
**geldbelegging** Kapital-, Geldanlage *v*
**geldboete** Geldbuße *v*, Geldstrafe *v*
**geldelijk** geldlich, finanziell; ~*e aangelegenheden* pekuniäre, finanzielle Verhältnisse *mv*
**gelden*** 1 ⟨in 't alg.⟩ gelten; 2 ⟨betrekking hebben op⟩ sich beziehen auf (+ 4), betreffen (+ 4); 3 ⟨v. wet⟩ Geltung haben; *dat geldt mij* das gilt mir, das geht auf mich; *(zich) doen* ~ (sich) geltend machen, (sich) zur Geltung bringen
**geldgebrek** Geldmangel *m*
**geldig** gültig; *algemeen* ~ gemeingültig; ~*e reden* berechtigter Grund *m*
**geldigheid** Gültigkeit *v*
**geldigheidsduur** Geltungs-, Gültigkeitsdauer *v*
**geldingsdrang** Geltungsdrang *m*
**geldkraan**: *de* ~ *dichtdraaien* (einem) den Geldhahn zu-, abdrehen
**geldmarkt** Geldmarkt *m*
**geldmiddelen** Geldmittel *mv*
**geldontwaarding** Geldentwertung *v*
**geldschieter** Geldgeber *m*, -leiher *m*
**geldsom** Geldsumme *v*, -betrag *m*
**geldstuk** Geldstück *o*, Münze *v*
**geldverspilling** Geldvergeudung *v*, -verschwendung *v*
**geldwolf** Pfennigfuchser *m*
**geldzorgen** Geldsorgen *mv*, -schwierigkeiten *mv*
**geleden**: *drie dagen* ~ vor drei Tagen; *enige tijd* ~ vor einiger Zeit; *'t is nu drie dagen* ~ es ist nun drei Tage her; *hoe lang is 't* ~? wie lange ist es her?
**geleding** 1 ⟨groepering⟩ Gliederung *v*; 2 biol ⟨segment⟩ Glied *o*; 3 plantk Gelenk *o*
**geleed** gegliedert; ~ *voertuig* Gelenkfahrzeug *o*
**geleedpotig**: ~*e dieren* Gliederfüßer *mv*
**geleerd** gelehrt
**geleerde** Gelehrte(r) *m-v*
**geleerdheid** Gelehrsamkeit *v*

**gelegen**: *het kasteel is aan de rivier* ~ das Schloß liegt am Fluß; ~ *komen gelegen kommen; komt mijn bezoek u* ~? kommt mein Besuch Ihnen gelegen?; *er is mij veel aan* ~ es liegt mir viel daran; *zich iets aan iem.* ~ *laten liggen* sich um jmdn. kümmern

**gelegenheid** 1 ⟨in 't alg.⟩ Gelegenheit *v*; 2 ⟨horeca⟩ Wirtschaft *v*; *de* ~ *maakt de dief* Gelegenheit macht Diebe; *de* ~ *te baat nemen* die Gelegenheit beim Schopfe fassen; *bij* ~ bei Gelegenheit, gelegentlich; *bij* ~ *van* bei Gelegenheit (+ 2), gelegentlich (+ 2); *bij voorkomende* ~ vorkommendenfalls; *in de* ~ *komen* in die Lage kommen; *in de* ~ *zijn* die Gelegenheit haben; in der Lage sein; *hij vertrok met de eerste* ~ er nahm den nächsten Zug, das nächste Flugzeug; *op eigen* ~ auf eigene Faust; *ter* ~ *van* anläßlich (+ 2)

**gelei** 1 ⟨v. vruchten⟩ Gelee *o & m*; 2 ⟨v. vlees⟩ Gallert *o*; *gans in* ~ gesülzte Gans *v*

**geleid** geführt; ~*e economie* gelenkte Wirtschaft *v*, Wirtschaftslenkung *v*; ~ *bezoek* ZN Führung *v*

**geleide** 1 ⟨het vergezellen⟩ Geleit *o*; 2 mil Bedeckung *v*, Eskorte *v*; *onder iemands* ~ unter jemands Geleit; *ten* ~ zum Geleit

**geleidehond** Blindenhund *m*

**geleidelijk** allmählich, nach und nach

**geleiden** 1 ⟨in 't alg.⟩ geleiten, begleiten; 2 ⟨warmte⟩ leiten; *een dame naar tafel* ~ eine Dame zu Tisch führen

**geleider** ⟨warmte enz.⟩ Leiter *m*; *metalen* ~ Metallschiene *v*

**geleiding** Leitung *v*

**geleidraad** Leitungsdraht *m*

**geletterd** studiert; belesen

**geleuter** Geschwätz *o*, Quatsch *m*

**gelid** Glied *o*; *in 't* ~ in Reih und Glied; *uit 't* ~ *treden* mil austreten; *gelederen* ook: Reihen *mv*; *de gelederen sluiten* die Reihen schließen

**geliefd** 1 ⟨bemind⟩ geliebt, teuer; 2 ⟨populair⟩ beliebt; ~*e Geliebte(r); mijn* ~*en* meine Lieben

**geliefkoosd** beliebt

**1 gelieven** *overg* belieben; *u gelieve te zenden* senden Sie bitte

**2 gelieven** *mv* Liebende *mv*, Liebespaar *o*

**gelig** gelblich

**gelijk** I *bn* ⟨overeenkomstig⟩ gleich; ähnlich; der-, die-, dasselbe; *twee* ~*e delen* zwei gleiche Teile; ~*e rechten* gleiches Recht; *in* ~*e mate* gleichermaßen; *op* ~*e wijze* auf dieselbe, ähnliche Weise; *van* ~*e leeftijd* gleichaltrig, im gleichen Alter; II *bijw* ⟨meteen, direct⟩ gleich, sofort; ⟨tegelijk⟩ zugleich; ~ *aankomen* zur gleichen Zeit eintreffen; III *voegw* gleich (+ 3); *bleek* ~ *de dood* totenblaß, totenbleich; IV *o*: *je hebt* ~ du hast recht; *groot* ~ *hebben* ganz Recht haben; *iem.* ~ *geven* jmdn. recht geben; *iem.* ~ *krijgen* recht bekommen, behalten; *iem. in 't* ~ *stellen* jmdn. recht geben

**gelijkbenig** *wisk* gleichschenklig

**gelijkelijk** gleichmäßig, in gleicher Weise

**gelijken** gleichen, ähnlich sein; zie ook: *lijken*

**gelijkenis** 1 ⟨parabel⟩ Gleichnis *o*, Parabel *v*; 2 ⟨overeenkomst⟩ Ähnlichkeit *v*

**gelijkgerechtigd** gleichberechtigt

**gelijkheid** 1 ⟨overeenkomst⟩ Gleichheit *v*; 2 ⟨effenheid⟩ Ebenheit *v*

**gelijklopen** 1 ⟨in 't alg.⟩ gleichlaufen; 2 ⟨klok⟩ richtig gehen

**gelijkluidend** gleichlautend

**gelijkmaken** 1 ⟨in 't alg.⟩ gleichmachen; 2 ⟨verschil opheffen; sp⟩ ausgleichen; 3 ⟨bodem⟩ ebnen, nivellieren; *met de grond* ~ dem (Erd)boden gleichmachen

**gelijkmaker** *sp* Ausgleich *m*, Ausgleichstor *o*

**gelijkmatig** gleichmäßig

**gelijkmoedig** gleichmütig

**gelijknamig** gleichnamig, gleichen Namens

**gelijkschakelen** 1 ⟨op gelijk niveau brengen⟩ angleichen; *lonen* ~ Löhne einander angleichen; 2 pol ⟨op een lijn brengen⟩ gleichschalten; 3 elektr gleichschalten

**gelijkschakeling** 1 ⟨het op gelijk niveau brengen⟩ Angleichung *v*, Anpassung *v*, Harmonisierung *v*; 2 pol ⟨het op een lijn brengen⟩ Gleichschaltung *v*

**gelijkspel** Unentschieden *o*; *een 1-1* ~ ein 1:1-Unentschieden

**gelijkspelen** *sp* unentschieden spielen, gleichziehen

**gelijkstaan** gleichstehen (+ 3), übereinstimmen (mit); *met iem. in kennis* ~ einem an Wissen gleichkommen

**gelijkstellen** gleichstellen (+ 3), gleichsetzen (mit)

**gelijkstroom** Gleichstrom *m*

**gelijkteken** Gleichheitszeichen *o*

**gelijktijdig** gleichzeitig

**gelijkvloers** 1 ⟨op de begane grond⟩ zu eb(e)ner Erde, im Erdgeschoß; 2 ⟨v. kruising⟩ nicht niveaufrei; ~*e kruising* Niveaukreuzung *v*, höhengleiche Kreuzung *v*; ~*e spoorwegovergang* Niveauübergang *m*

**gelijkvormig** 1 ⟨in 't alg.⟩ gleichförmig; 2 wisk ähnlich

**gelijkwaardig** gleichwertig

**gelijkzetten** ⟨klok, horloge⟩ richtig stellen

**gelijkzijdig** gleichseitig

**gelijnd, gelinieerd** liniiert

**gelobd** gelappt

**geloei** 1 ⟨gejoel⟩ Gebrüll *o*; 2 ⟨v. storm⟩ Geheul(e) *o*, Heulen *o*

**gelofte** Gelübde *o*, Gelöbnis *o*

**geloof** Glaube *m*; ~ *hechten aan* Glauben beimessen (+ 3); ~ *aan, in God* Glaube an Gott (4); ~ *aan spoken* Gespensterglaube *m*; *op goed* ~ auf Treu und Glauben

**geloofsartikel** Glaubensartikel *m*, -satz *m*

**geloofsbelijdenis** Glaubensbekenntnis *o*

**geloofsgenoot** Glaubensgenosse *m*

**geloofsleer** Glaubenslehre *v*

**geloofwaardig** glaubhaft, glaubwürdig

**geloven** glauben; *zijn ogen (oren) niet kunnen* ~ seinen Augen (Ohren) nicht trauen können; *aan God* ~, *in God* ~ an Gott (4) glauben; *iem. op zijn woord* ~ einem aufs

**gelovig**

Wort glauben; *eraan moeten ~* daran glauben müssen; *'t wel ~* (ermee ophouden) mit etwas aufhören; ⟨aanvaarden⟩ etwas kritiklos akzeptieren; *ik geloof van wel* ich glaube ja

**gelovig** gläubig

**geluid** 1 ⟨in 't alg.⟩ Schall *m*; 2 ⟨onharmonisch⟩ Geräusch *o*; 3 ⟨meer bepaald⟩ Laut *m*; 4 ⟨klank⟩ Klang *m*; *de ~en van 't verkeer* die Verkehrsgeräusche *mv*; *'t ~ van zijn stem* der Klang seiner Stimme; *geen ~ geven* keinen Laut von sich geben

**geluiddemper** Schalldämpfer *m*
**geluiddicht** schalldicht, -isoliert, lärmfrei
**geluidsapparatuur** = *geluidsinstallatie*
**geluidsband** 1 ⟨v. bandrecorder⟩ Tonband *o*; 2 ⟨bij film⟩ Tonstreifen *m*
**geluidsbarrière** Schallgrenze *v*, -mauer *v*
**geluidsfilm** Tonfilm *m*
**geluidsgolf** Schallwelle *v*
**geluidshinder** Lärmbelästigung *v*
**geluidsinstallatie** 1 ⟨stereo-installatie⟩ Stereoanlage *v*; 2 ⟨voor zalen enz.⟩ Lautsprecheranlage *v*
**geluidsoverlast** Lärmbelästigung *v*
**geluidssnelheid** Schallgeschwindigkeit *v*
**geluidswal** Lärmschutzwall *m*
**geluimd**: *goed, slecht ~* gut-, übelgelaunt
**geluk** Glück *o*; *echtelijk ~* Eheglück *o*; *meer ~ dan wijsheid* mehr Glück als Verstand; *~ hebben* Glück (gemeenz Schwein) haben; *'t ~ is met de dommen* die dümmsten Bauern haben die dicksten Kartoffeln; *op goed ~* auf gut Glück, wahllos, aufs Geratewohl; *van ~ kunnen spreken* von Glück sagen können
**gelukje** Glücksfall *m*
**gelukken** 1 ⟨in 't alg.⟩ gelingen, glücken; 2 ⟨goed uitvallen⟩ geraten; *de oogst is gelukt* die Ernte ist gut geraten
**gelukkig** I *bn* glücklich, selig; II *bijw* glücklicherweise, zum Glück, erfreulicherweise; *~ nieuwjaar!* prosit Neujahr!; *~ weet ik 't* zum Glück, glücklicherweise weiß ich es; *die is nog niet ~* der hat nichts zu lachen
**gelukkigerwijs** glücklicherweise
**gelukskind** Glückskind *o*
**geluksspel** Glücksspiel *o*
**gelukstelegram** Schmuckblatttelegramm *o*
**geluksvogel** Glückskind *o*, -pilz *m*
**gelukwens** Glückwunsch *m*
**gelukwensen** Glück wünschen (+ 3), gratulieren (+ 3), beglückwünschen (+ 4); *ik wens je geluk met je benoeming* ich wünsche dir Glück, ich gratuliere dir, ich beglückwünsche dich zu deiner Ernennung
**gelukzalig** glückselig
**gelukzoeker** Glücksritter *m*, Abenteurer *m*
**gelul** gemeenz Getratsch *o*, Geschwätz *o*
**gemaakt** ⟨geaffecteerd⟩ geziert, affektiert
**1 gemaal** *m* ⟨echtgenoot⟩ Gatte *m*, Gemahl *m*
**2 gemaal** *o* Pumpwerk *o*
**gemachtigde** 1 ⟨in 't alg.⟩ Bevollmächtigte(r) *m-v*; 2 ⟨bewindvoerder⟩ Treuhänder *m*
**gemak** 1 ⟨gerief⟩ Bequemlichkeit *v*, Ruhe *v*; 2 ⟨wc⟩ Abort *m*; *met ~* mühelos, leicht; *zijn ~ houden* es sich bequem machen; *houd je ~* sei ruhig, bemühe dich nicht; *op zijn dooie ~* ganz gemächlich, in aller Gemütsruhe; *op zijn ~ stellen* über die Verlegenheit hinweghelfen; *zich niet op zijn ~ voelen* sich nicht behaglich fühlen; *zijn ~ ervan nemen* es sich bequem machen; *van alle ~ken voorzien zijn* allen Komfort haben; *voor 't ~* bequemlichkeitshalber

**gemakkelijk** 1 ⟨niet moeilijk⟩ leicht; 2 ⟨wat gemak geeft⟩ bequem; *een ~ spreker* ein gewandter Redner *m*; *een ~e stoel* ein bequemer Stuhl *m*; *'t valt mij ~* es fällt mir leicht; *hij is geen ~ mens* er ist ein schwieriger Mensch; *de chef is niet ~* der Chef ist nicht bequem; *~ in de omgang* umgänglich; *zo ~ als wat* kinderleicht; *dat kun je ~ beweren* das kannst du (so) leicht behaupten; *'t zich ~ maken* es sich bequem machen; *iets ~ opnemen* etwas leicht nehmen; *jij hebt ~ praten* du hast gut, leicht reden

**gemakshalve** bequemlichkeitshalber
**gemakzucht** Bequemlichkeit *v*
**gemakzuchtig** bequem
**gemalin** Gemahlin *v*, Gattin *v*
**gemaniëreerd** manieriert, gekünstelt
**gemarmerd** marmoriert
**gemaskerd** maskiert; *~ bal* Maskenball *m*
**gematigd** 1 ⟨niet extreem⟩ gemäßigt; 2 ⟨bezadigd⟩ maßvoll; *~ warm* mäßig warm; *~ luchtstreek* gemäßigte Zone *v*
**gember** Ingwer *m*
**gemeen** 1 ⟨vals⟩ gemein, niederträchtig; gemeenz fies; 2 ⟨gemeenschappelijk⟩ gemeinschaftlich, gemeinsam; *~ recht* ZN öffentliches Recht *o*; *~ weer* scheußliches Wetter *o*; *voor de gemene zaak* für das Gemeinwohl; *iets ~ hebben met* etwas gemeinsam haben mit; *'t is ~ koud* es ist gemein, furchtbar kalt; *een gemene streek* ein gemeiner Streich *m*
**gemeend** gemeint; *'t is ~* es ist Ernst
**gemeengoed** Gemeingut *o*, Allgemeinbesitz *m*
**gemeenplaats** Gemeinplatz *m*
**gemeenschap** 1 ⟨maatschappij⟩ Gesellschaft *v*, Gemeinwesen *o*, Staat *m*; 2 ⟨geslachtsgemeenschap⟩ ⟨Geschlechts-⟩ verkehr *m*; 3 ⟨groep⟩ Gemeinschaft *v*, Gemeinde *v*; 4 ⟨het gezamenlijk hebben⟩ Gemeinschaft *v*; *~ met iem. hebben* geschlechtlich mit einem verkehren; *~ van goederen* Gütergemeinschaft *v*; *Europese G~pen* Europäische Gemeinschaften *mv*
**gemeenschappelijk** gemeinschaftlich; *~ bezit* Gemeinbesitz *m*; *~ front* Einheitsfront *v*; *~e markt* gemeinsamer Markt *m*
**gemeenschapszin** Gemein-, Gemeinschaftssinn *m*
**gemeente** Gemeinde *v* (ook kerkelijk)
**gemeenteambtenaar** Kommunal-, Gemeindebeamte(r) *m*, -beamtin *v*
**gemeentebestuur** Gemeindevorstand *m*
**gemeentehuis** Rathaus *o*
**gemeentelijk** kommunal, städtisch, Stadt-, Gemeinde-
**gemeentepolitie** Stadtpolizei *v*

**gemeenteraad** Gemeinderat *m*, Stadtverordnetenversammlung *v*
**gemeentereiniging** städtischer Reinigungsdienst *m*
**gemeenteverordening** Gemeindeordnung *v*
**gemeentewerken** Gemeinde-, Stadtbauamt *o*
**gemeenzaam** vertraulich, familiär
**gemêleerd** gemischt
**gemelijk** verdrießlich, mürrisch, verstimmt
**Gemenebest**: *het Britse* ~ das Britische Commonwealth *o*; ~ *van Onafhankelijke Staten (GOS)* Gemeinschaft Unabhängiger Staaten *v* (GUS)
**gemengd** gemischt; ~ *bedrijf* gemischtwirtschaftlicher Betrieb *m*; ~*e berichten* Vermischtes; ~ *huwelijk* Mischehe *v*; *met* ~*e gevoelens* mit gemischten Gefühlen
**gemiauw** das Miauen
**gemiddeld I** *bn* durchschnittlich, mittler; **II** *bijw* im Durchschnitt, im Schnitt, im Mittel; ~*e diepte* mittlere Tiefe *v*; ~*e fout* durchschnittlicher Fehler *m*; ~*e leeftijd* Durchschnittsalter *o*
**gemiddelde** Durchschnitt *m*, Mittel *o*, Mittlere *o*; *boven, onder 't* ~ über-, unterdurchschnittlich
**gemis** Mangel *m*; *het* ~ *aan ervaring* mangelhafte Erfahrung
**gemoed** Gemüt *o*; *de* ~*eren waren verhit* die Gemüter waren erhitzt; *in* ~ ernsthaft
**gemoedelijk** gemütlich; *een* ~ *man* ein gemütlicher, umgänglicher Mensch *m*
**gemoedsaandoening, gemoedsbeweging** Gemüts(er)regung *v*, -bewegung *v*
**gemoedsrust** Gemütsruhe *v*
**gemoedstoestand** Gemütsverfassung *v*
**gemoeid**: *zijn betrekking is ermee* ~ seine Stelle steht auf dem Spiel; *er is veel geld mee* ~ es erfordert viel Geld
**gemotoriseerd** motorisiert
**gems** Gemse *v*; *Z-Duits* Gams *v*
**gemunt** gemünzt *'t op iem.* ~ *hebben* es auf jmdn. (4) abgesehen haben
**gemutst**: *goed, slecht* ~ gut-, übelgelaunt, (bei) guter, übler Laune, gut, schlecht aufgelegt
**gen** *biol* Gen *o*
**genaamd** namens; *een man,* ~ *Mulder* ein Mann namens Mulder
**genade** Gnade *v*, Gunst *v*; *goeie* ~*!* du meine Güte!; ~ *voor recht doen (laten) gelden* Gnade walten lassen, Gnade für recht ergehen lassen
**genadeloos** unbarmherzig, gnadenlos, hart(hertig)
**genadeschot** Gnadenschuß *m*
**genadeslag** Gnadenstoß *m*; *iem. de* ~ *geven* einen erledigen, jmdm. den Rest geben
**genadig** gnädig; ~*e hemel!* gütiger Himmel!
**gênant** genierlich, genant, peinlich; beschämend
**gendarme** Gendarm *m*, Landjäger *m*, Polizeisoldat *m*
**gendarmerie** Gendarmerie *v*, die Landjäger *mv*
**gene** jener, jene, jenes; *aan* ~ *zijde v.d. rivier* jenseits des Flusses
**gêne** Hemmung *v*, Verlegenheit *v*
**genealogie** Genealogie *v*, Familienforschung *v*
**Geneefs** Genfer; ~*e Conventie* Genfer Konvention *v*
**geneesheer** Arzt *m*; *controlerend* ~ Vertrauensarzt *m*
**geneesheer-directeur** dirigierender Arzt *m*
**geneeskrachtig** heilkräftig; ~*e bron* Heilquelle *v*; ~ *kruid* Arznei-, Heilpflanze *v*, Heilkraut *o*
**geneeskunde** Heilkunde *v*, Medizin *v*; *interne* ~ innere Medizin *v*
**geneeskundig** ärztlich; ~*e dienst* Gesundheitsamt *o*, -dienst *m*, Sanitätsdienst *m*
**geneesmiddel** Arznei *v*, Medikament *o*, Heilmittel *o*
**geneeswijze** Heilverfahren *o*; *alternatieve* ~ alternatives Heilverfahren *o*
**genegen**: ~ *tot* bereit zu
**genegenheid** Zuneigung *v*
**geneigd**: ~ *tot* geneigt zu; ~ *zijn iets te geloven* geneigt sein, etwas zu glauben
**geneigdheid** Neigung *v*; (ziekelijk sterk) Hang *m*
**1 generaal** *m* General *m*
**2 generaal** *bn* allgemein, General-; *generale repetitie* Generalprobe *v*; *generale staf* Generalstab *m*
**generalisatie** Generalisierung *v*, Verallgemeinerung *v*
**generaliseren** verallgemeinern, generalisieren
**generatie** Generation *v*, Geschlecht *o*
**generator** Generator *m*
**generen**: *zich* ~ sich genieren
**genereren** generieren
**genereus** generös, edelmütig
**generlei** keinerlei; *op* ~ *wijze* in keiner Weise
**genetica** Genetik *v*
**genetisch** genetisch
**geneugte** Vergnügen *o*, Wonne *v*, Freude *v*
**Genève** Genf *o*
**genezen\* I** *overg* heilen, kurieren; **II** *onoverg* **1** (v. mens, dier) genesen; **2** (ziekte e.d.) heilen; *de wond geneest al* die Wunde heilt schon
**genezing** Heilung *v*; (v. mens ook) Genesung *v*
**geniaal** genial
**genialiteit** Genialität *v*
**1 genie** *o* (persoon, gave) Genie *o*; *een miskend* ~ ein verkanntes Genie *o*
**2 genie** *v mil* Pionierkorps *o*, -truppe *v*
**geniep**: *in 't* ~ hinterrücks, heimtückisch
**geniepig I** *bn* (heim)tückisch; **II** *bijw* hinterrücks
**genieten\*** genießen; ~ *van* genießen (+ 4); *een goede gezondheid* ~ sich einer guten Gesundheit erfreuen; *onderwijs* ~ Unterricht erhalten; *pensioen* ~ Pension beziehen (erhalten); *een behoorlijk salaris* ~ ein

**genist**

anständiges Gehalt beziehen; *de voorkeur* ~ *den Vorzug haben; voorrang* ~ *(verkeer)* Vorfahrtsrecht haben; *hij genoot!* er war entzückt!; *hij was niet te* ~ er war unausstehlich

**genist** Pionier *m*

**genitaliën** Geschlechtsteile *mv*, Genitalien *mv*

**genocide** Genocid(ium) *o*

**genodigde** Gast *m*, Eingeladene(r) *m-v*; *opvoering voor* ~*n* Aufführung *v* vor geladenen Gästen, geladenem Publikum

**genoeg** genug; *geld* ~ Geld genug, genügend Geld; ~ *hebben van iets, er* ~ *van hebben* etwas satt haben, etwas über haben; *hij heeft er schoon* ~ *van* er hat es gründlich satt, er ist es leid; *'t is niet* ~ es reicht nicht (aus)

**genoegdoening** Genugtuung *v*

**genoegen** 1 (bevrediging) Zufriedenheit *v*, Genüge *v*; 2 (amusement) Vergnügen *o*; *de* ~*s van het leven* die Freuden des Lebens; *de* ~*s van de stad* die Vergnügungen der Stadt; *geen onverdeeld* ~ kein reines Vergnügen *o*; *dat doet mij* ~ das macht mir Freude; *iem. een ('t)* ~ *doen* einem den Gefallen tun, erweisen; *een* ~ *smaken* sein Vergnügen haben; *'t* ~ *hebben iets te doen* das Vergnügen haben, etwas zu tun; *met wie heb ik 't* ~*?* mit wem habe ich das Vergnügen?; *met* ~*!* mit Vergnügen!; ~ *met iets nemen* sich mit etwas zufrieden geben; *naar uw* ~*?* zu Ihrer Zufriedenheit?; *was 't naar* ~*?* war es so recht?, waren Sie zufrieden?; *tot algemeen* ~ zur allgemeinen Freude

**genoeglijk** vergnügt, vergnüglich, gemütlich

**genoegzaam** hinreichend, genug, hinlänglich; (bijw. ook) zur Genüge; ~ *bekend* (ook) sattsam bekannt

**genoemd** genannt, erwähnt

**genoot** Genosse *m*

**genootschap** Gesellschaft *v*

**genot** Genuß *m*; *een* ~ *voor 't oog* eine Augenweide *v*; *een* ~ *voor 't oor* ein Ohrenschmaus *m*; *onder 't* ~ *van een sigaar* beim Genuß einer Zigarre

**genotmiddel** Genußmittel *o*

**genotzucht** Genußsucht *v*

**genre** Gattung *v*, Genre *o*

**gentleman** Gentleman *m*, Ehrenmann *m*

**genuanceerd** nuanciert

**geoefend** geübt, geschult

**geofysica** Geophysik *v*

**geograaf** Geograph *m*, Erdkundler *m*

**geografie** Geographie *v*, Erdkunde *v*

**geografisch** geographisch, erdkundlich

**geolied** 1 *eig* (m.b.t. machines) geölt; (ein)geölt, (ab)geschmiert; 2 *fig* wie geölt, geschmiert

**geologie** Geologie *v*, Erdgeschichte *v*

**geologisch** geologisch

**geoloog** Geologe *m*

**geoorloofd** erlaubt

**geoutilleerd** ausgestattet, ausgerüstet

**geouwehoer** gemeenz Geschwafel *o*, Gewäsch *o*, Blabla *o*

**geowetenschappen** Geowissenschaften *mv*

**gepaard** 1 (in 't alg.) gepaart, vereint, paarweise; 2 *biol* paarig; ~ *rijm* Paarreim *m*; ~ *gaan met* verbunden (verknüpft) sein mit

**gepakt**: ~ *en gezakt* mit Sack und Pack

**gepantserd** gepanzert; ~*e trein* Panzerzug *m*

**gepassioneerd** leidenschaftlich, begeistert, passioniert

**gepast** (behoorlijk) passend, angemessen, schicklich; ~ *geld* abgezähltes Geld *o*

**gepeins** Nachdenken *o*, Grübeln *o*

**gepensioneerd** pensioniert; *een* ~ *majoor* ein Major a. D. (außer Dienst)

**gepeperd** gepfeffert (ook v. rekening)

**gepeupel** Pöbel *m*

**gepikeerd** verschnupft, pikiert

**geplaatst** 1 (in 't alg.) hingestellt; 2 *handel* verkauft; 3 *sp* (gekwalificeerd) plaziert, gesetzt

**geploeter** (gezwoeg) Schinderei *v*

**gepoft** (kastanjes enz.) geröstet; ~*e maïs* Puffmais *m*, Popcorn *o*

**geporteerd**: ~ *zijn voor* eine Vorliebe haben für, eingenommen sein für

**geprononceerd** ausgesprochen, betont

**geproportioneerd** proportioniert

**geraakt** 1 *eig* getroffen; 2 (kwaad) gereizt, empfindlich

**geraamte** 1 (beendergestel) Gerippe *o*, Skelett *o*; 2 (ontwerp) Gerüst *o*, Gerippe *o* (ook v. vliegtuig, schip, gebouw enz.)

**geraas** Lärm *m*, Getöse *o*

**geradbraakt** (wie) gerädert

**geraden** ratsam; *'t is je* ~*!* das rate ich dir!

**geraffineerd** raffiniert

**geraken** zie: **raken**

**geranium** Geranie *v*

**gerant** Geschäftsführer *m*, Betriebsleiter *m*; (Zwits ook) Gerant *m*

**1 gerecht** *o* 1 *recht* Gericht *o*; 2 (spijs) Gericht *o*, Speise *v*, Gang *m*; *een smakelijk* ~ ein schmackhaftes Gericht; *voor 't* ~ *verschijnen* vor Gericht erscheinen, vor die Schranken treten

**2 gerecht** *bn* (rechtvaardig) gerecht

**gerechtelijk** gerichtlich; ~ *akkoord* Zwangsvergleich *m*; ~*e verkoop* Zwangsverkauf *m*; *langs* ~*e weg* auf gerichtlichem Wege, auf dem Rechtswege

**gerechtigd** berechtigt

**gerechtigheid** Gerechtigkeit *v*

**gerechtshof** Oberlandesgericht *o*; *Internationaal* G~ Internationaler Gerichtshof *m*

**gerechtvaardigd** berechtigt

**gereed** 1 (klaargekomen) fertig; 2 (klaar voor iets dat volgt) bereit; *tot verzending* ~ versandbereit; ~ *voor het gebruik* gebrauchsfertig; *gerede aftrek vinden* zügig abgehen; *tegen gerede betaling* gegen bar

**gereedheid** Bereitschaft *v*

**gereedhouden** bereithalten

**gereedmaken** fertig machen

**gereedschap** Gerät *o*, Gerätschaft *v*, Werkzeug *o*; ~*pen* (ook) Utensilien *mv*

**gereedschapskist** Werkzeugkasten *m*

**gereformeerd** ⟨Nederlands⟩ evangelisch-reformiert
**geregeld** regelmäßig
**gerei** Gerät o, Zeug o
**geremd:** ~ *zijn* fig gehemmt sein; gemeenz verklemmt sein
**gerenommeerd** renommiert, bekannt
**gereserveerd** reserviert, zurückhaltend
**geriatrie** Geriatrie v
**gericht** Gericht o; *het Jongste G*~ das Jüngste Gericht
**gerief** Bequemlichkeit v, Komfort m; *ten gerieve van* zuliebe (+ 3); *aan zijn ~ komen* (een orgasme krijgen) kommen, fertig werden
**gerieflijk** bequem, behaglich
**gerieven** dienen, Hilfe leisten, dienlich sein; *om 't publiek te ~* dem Publikum zu Gefallen; *als ik u ergens mee ~ kan* wenn ich Ihnen mit irgendetwas dienen kann
**gering** gering; ⟨zeer gering⟩ geringfügig; *niet in 't ~ste* nicht im geringsten, durchaus nicht; *van ~e afkomst* von geringer Herkunft
**geringschatten** geringschätzen
**geringschattend** geringschätzig
**Germaan** Germane m
**Germaans** germanisch; *~e vrouw* Germanin v
**germanisme** Germanismus m
**germanistiek** Germanistik v
**geroezemoes** Wirrwarr m, Trubel m; *~ van stemmen* Stimmengewirr o, schertsend Stimmenbabel o
**geronnen** geronnen
**gerookt** geräuchert; *~e paling* ⟨ook⟩ Räucheraal m
**geroutineerd** erfahren, bewandert
**gerst** Gerste v
**gerstekorrel** 1 eig Gerstenkorn o; 2 med ⟨ook⟩ Wern v, Werre v
**gerucht** 1 ⟨praatje⟩ Gerücht o; 2 ⟨lawaai⟩ Lärm m, Getöse o; *er loopt een ~* es geht ein Gerücht; *bij ~e* gerüchtweise; *veel ~ maken* großes Aufsehen erregen, viel Staub aufwirbeln
**geruchtmakend** sensationell, aufsehenerregend
**geruim:** *~e tijd* geraume Zeit v
**geruis** 1 ⟨in 't alg.⟩ Geräusch o; 2 ⟨v. beek⟩ Rauschen o, Gemurmel o; 3 ⟨in de oren⟩ Ohrenklingen o
**geruisloos** geräuschlos, unhörbar
**geruit** gewürfelt, kariert; *~e stof* Karo o; *Schots ~e stof* Schottenkaro o
**gerust** ruhig; *ik ben er niet ~ op* ich bin noch nicht ganz sicher (daß es nicht schiefgeht); *wees ~* seien Sie ruhig (unbesorgt, ohne Sorge); *u kunt dat ~ aannemen* Sie können das ruhig annehmen
**geruststellen** beruhigen
**geruststelling** Beruhigung v
**gescheiden** geschieden; *~ van tafel en bed* von Tisch und Bett geschieden
**geschenk** Geschenk o; *ten ~e krijgen* geschenkt bekommen; *iem. iets ten ~e geven* jmdm. etwas schenken, jmdm. etwas zu eigen geben

**geschenkverpakking** Geschenkpackung v
**geschieden** geschehen, sich ereignen, erfolgen
**geschiedenis** Geschichte v; *algemene ~* Universalgeschichte v; *vaderlandse ~* Nationalgeschichte v; *een vreemde ~* eine tolle Geschichte v
**geschiedkundig** geschichtlich, historisch
**geschiedschrijver** Geschichtsschreiber m
**geschift** gemeenz im Oberstübchen nicht richtig, meschugge
**geschikt** tauglich, geeignet, anstellig; *een ~e kerel* ein netter Mensch m; *op 't ~e ogenblik* im geeigneten Augenblick; *voor een betrekking ~ zijn* sich zu einer Stelle eignen
**geschil** Streit m, Uneinigkeit v, Streitigkeit v
**geschilpunt** Streitpunkt m, Streitgegenstand m
**geschoold** geschult
**geschreeuw** Geschrei o, Schreien o; *veel ~ en weinig wol* viel Geschrei und wenig Wolle
**geschrift** Schrift v
**geschubd** schuppig, geschuppt
**geschut** Artillerie v, Geschütz o; *met grof ~ beginnen* fig grobes Geschütz auffahren
**gesel** Geißel v
**geselen** geißeln
**geseling** Geißelung v
**gesitueerd:** *goed ~* gutsituiert
**gesjochten:** *~ zijn* ⟨blut⟩ pleite sein, abgebrannt sein; ⟨in de knoei⟩ geliefert sein
**geslaagd** ⟨gelukt⟩ gelungen, erfolgreich; *een ~e opname* eine gelungene Aufnahme v; *een ~e poging* ein erfolgreicher Versuch m
**geslacht** 1 ⟨familie; sekse; generatie⟩ Geschlecht o; 2 biol Gattung v
**geslachtelijk** geschlechtlich
**geslachtloos** geschlechtslos, ungeschlechtig
**geslachtsdaad** Geschlechtsakt m
**geslachtsdeel** Geschlechtsteil m
**geslachtsdrift** Geschlechtstrieb m
**geslachtsgemeenschap** Geschlechtsverkehr m; *~ met iem. hebben* ⟨ook⟩ geschlechtlich mit einem verkehren
**geslachtsorgaan** Geschlechtsorgan o
**geslachtsverkeer** Geschlechts-, Sexualverkehr m
**geslachtsziekte** Geschlechtskrankheit v
**geslepen** ⟨leep⟩ verschlagen, durchtrieben
**gesloten** ⟨op slot⟩ abgeschlossen, verschlossen; *een ~ deur* eine verschlossene Tür v; *~ seizoen* Schonzeit v; *een ~ mens* ein verschlossener Charakter, Mensch m
**gesluierd** verschleiert
**gesmeerd:** *'t loopt ~* gemeenz es geht flott, wie geschmiert
**gesoigneerd** soigniert, gepflegt
**gesp** Schnalle v, Spange v
**gespannen** gespannt; *op ~ voet* auf gespanntem Fuße
**gespeend:** *~ van* bar (+ 2), ohne
**gespen** (fest)schnallen
**gespierd** musk(e)lig, muskulös, sehnig, ner-

**gespitst:** *met ~e oren* mit gespitzten Ohren; *~ zijn op* begierig sein auf

**gesprek** Gespräch *o*; *in ~ telec* besetzt; *in ~ zijn* im Gespräch sein, in ein Gespräch verwickelt sein; handel unterhandeln; *interlokaal ~* Ferngespräch *o*; *lokaal ~* Ortsgespräch *o*; *~ met Parijs* Gespräch *o* nach Paris; *~ van de dag* Tagesgespräch *o*

**gespreksgroep** Gesprächsgruppe *v*

**gesprekspartner** Gesprächspartner *m*

**gespuis** Gesindel *o*, Pack *o*, Lumpenbande *v*, -gesindel *o*

**gestaag** beständig, anhaltend, fortwährend; *een gestage vooruitgang* ein steter Fortschritt *m*

**gestaald** gestählt

**gestalte** Gestalt *v*, Wuchs *m*; *aan iets ~ geven* einer Sache Gestalt geben (verleihen)

**gestand:** *zijn woord ~ doen* sein Wort halten

**geste** Geste *v*

**gesteente** Gestein *o*

**gestel** Konstitution *v*

**gesteld:** *~ dat...* gesetzt den Fall, daß..., angenommen, daß...; *'t is er slecht mee ~* es ist schlecht darum bestellt; *zeer ~ zijn op iets* auf etwas großen Wert legen, sehr auf etwas (4) halten; *zeer op iem. ~ zijn* große Stücke auf einen halten; *daar ben ik niet op ~* ⟨ook⟩ das verbitte ich mir

**gesteldheid** Zustand *m*, Lage *v*, Beschaffenheit *v*

**gestemd** gestimmt, aufgelegt; *goed, slecht ~ zijn* guter, schlechter Laune sein

**gesternte** Gestirn *o*, Stern *m*; *onder een gelukkig ~* unter einem glücklichen Stern (Gestirn, Zeichen)

**gesticht** Anstalt *v*

**gesticuleren** gestikulieren

**gestoord** gestört

**gestreept** gestreift; *~e stof* Streifenstoff *m*

**gestrekt** gestreckt; *een ~e hoek* ein gestreckter Winkel *m*; *in ~e draf* in gestrecktem Trab

**gesyndiceerde, gesyndikeerde** ZN Gewerkschaftler *m*

**getaand** gebräunt, gegerbt; ⟨kleur ook⟩ lohfarbig

**getal** Zahl *v*; *een ~ van één cijfer, vier cijfers* eine ein-, vierstellige Zahl *v*; *in groten ~e* in großer Zahl; *twaalf in ~* zwölf an der Zahl

**getalsterkte** numerische Stärke *v*

**getand** 1 ⟨in 't alg.⟩ gezahnt; 2 ⟨postzegel⟩ gezähnt

**getapt** ⟨populair⟩ populär, beliebt

**geteisem** Pöbel *m*, Pack *o*, Gesindel *o*, Gesocks *o*

**getij, getijde** Gezeiten *mv*, Tide *v*; *bij opkomend ~* bei Flut *v*; *'t getij kentert* die Gezeit wechselt; fig wir leben in einer Zeit des Umbruchs

**getijdenboek** Stundenbuch *o*

**getijgerd** getigert

**getijstroom** Gezeitenstrom *m*

**getikt** übergeschnappt, verrückt, bekloppt

**getiteld** betitelt, tituliert; mit dem Titel

**getralied** vergittert

**getrapt:** *~e verkiezing* gestaffelte Wahl *v*

**getroebleerd** verrückt, übergeschnappt

**getroosten:** *zich veel moeite ~* sich viel Mühe geben

**getrouw** treu; *~ aan de werkelijkheid* wirklichkeitsgetreu; *de oude ~en* die alte Garde

**getto** 1 ⟨arme woonwijk⟩ Getto *o*; 2 hist ⟨jodenwijk ook⟩ Judenviertel *o*

**getuige** Zeuge *m*, Zeugin *v*; *~ à charge* Belastungszeuge *m*; *~ à décharge* Entlastungszeuge *m*; *~ bij een huwelijk* Trauzeuge *m*; *~ zijn van* Zeuge sein von

**getuigen** zeugen; *~ van* zeugen von, bekunden; *iets ~* etwas bezeugen

**getuigenis** Zeugnis *o*, Zeugenaussage *v*; *valse ~* falsches Zeugnis, Falschaussage *v*

**getuigenverhoor** Zeugenverhör *o*, -vernehmung *v*

**getuigenverklaring** Zeugenaussage *v*

**getuigschrift** ⟨schriftliches⟩ Zeugnis *o*; *~ van goed gedrag* Führungszeugnis *o*

**getverderrie** = *gatverdarrie*

**geul** 1 ⟨in 't alg.⟩ Rinne *v*, Furche *v*; 2 ⟨smal⟩ Rille *v*; 3 ⟨in de wadden⟩ Priel *m*

**geur** 1 ⟨in 't alg.⟩ Geruch *m*; 2 ⟨aangenaam⟩ Duft *m*, Wohlgeruch *m*; *in ~en en kleuren* ausführlich, mit allen Einzelheiten

**geuren** 1 eig duften; 2 ⟨opsnijden⟩ prahlen, flunkern, renommieren

**geurig** duftig

**geus** hist Geuse *m*

**geuzennaam** ehrenvoller Spitzname *m*

**gevaar** Gefahr *v*, Not *v*; *~! gemeenz* dicke Luft!; *~ lopen, in ~ zijn* Gefahr laufen, gefährdet sein; *buiten ~ zijn* außer Gefahr sein; *in ~ brengen* in Gefahr bringen, gefährden; *op het ~ af* auf alle Gefahr hin; *vol gevaren* gefahrvoll

**gevaarlijk** gefährlich

**gevaarte** Ungetüm *o*, Koloß *m*

**geval** 1 Fall *m*; 2 ⟨voorval⟩ Geschichte *v*, Vorfall *m*; 3 ⟨toeval⟩ Zufall *m*; 4 ⟨ding⟩ Ding *o*, gemeenz Teil *o*; *een speciaal ~* ein Einzelfall *m*; *in 't gunstigste, 't ergste ~* besten-, schlimmstenfalls; *in 't uiterste ~* ⟨ook⟩ wenn alle Stränge (Stricke) reißen; *in elk (ieder) ~* jedenfalls, auf jeden Fall; *in geen ~* auf keinen Fall, keinesfalls; *in ~ van nood* im Falle der Not, im Notfall, notfalls; *in ~ van twijfel* im Zweifelsfall; *in ~, voor 't ~ dat* falls; *van ~ tot ~* von Fall zu Fall

**gevangen** 1 mil gefangen; 2 ⟨door politie⟩ verhaftet

**gevangenbewaarder** Gefängniswärter *m*, Gefangenenaufseher *m*, -wärter *m*

**gevangene** Gefangene(r)

**gevangenis** Gefängnis *o*

**gevangenisstraf** Gefängnisstrafe *v*; ⟨zwaarder⟩ Zuchthausstrafe *v*

**gevangenkamp** Gefangenenlager *o*

**gevangennemen** 1 mil gefangennehmen; 2 ⟨arresteren⟩ verhaften, festnehmen

**gevangenschap** 1 ⟨als straf⟩ Haft *v*; 2 mil Gefangenschaft *v*

**gevangenzitten** (gefangen) sitzen, einsitzen
**gevankelijk** gefänglich, als Gefangene(r)
**gevarendriehoek** auto Warndreieck o
**gevarenzone** Gefahrenzone v
**gevarieerd** variiert
**gevat** schlagfertig, gewandt
**gevecht** Kampf m; ⟨kleiner⟩ Gefecht o; *buiten ~ stellen* kampfunfähig machen, außer Gefecht setzen; *~ van man tegen man* Handgemenge o
**gevechtsklaar** gefechtsbereit
**gevechtsvliegtuig** Kampfflugzeug o
**gevederd** gefiedert
**geveinsd 1** ⟨onoprecht⟩ heuchlerisch; **2** ⟨voorgewend⟩ vorgetäuscht, geheuchelt
**gevel 1** ⟨voorgevel⟩ Fassade v, Vorderfront v; **2** ⟨topgevel⟩ Giebel m
**gevelsteen** Giebelstein m; Hausmarke v
**geveltoerist** Fassadenkletterer m
**geven*** geben; *'t geeft niets* das macht (doch) nichts; *iem. ervan langs ~* einen durchprügeln, -hauen, fig einem aufs Dach steigen, einem sein Fett geben; *iem. vrij(af) ~* einem frei geben, Urlaub gewähren; *niets om iets ~* nichts auf etwas geben; *er wat om ~* als... viel darum geben, wenn...; *ik geef er niet om* ich mache mir nichts daraus; *iem. op zijn donder, falie, flikker, huid, ziel ~ gemeenz* einem durchprügeln, einem die Hose (die Jacke, den Pelz) ausklopfen; *dat geeft te denken* das läßt tief blicken; *iem. veel te doen ~* einem viel zu schaffen machen; *te kennen ~* zu erkennen (verstehen) geben; *te raden ~* zu raten aufgeben; *iem. iets te verstaan ~* einem etwas beibringen (zu verstehen geben)
**gever** Geber m, Spender m
**gevestigd** ansässig, wohnhaft; *een ~e reputatie* ein wohlbegründeter Ruf m
**gevierd** gefeiert
**gevlamd** geflammt; *~ hout* Maserholz o
**gevlekt 1** ⟨v. dieren enz.⟩ gescheckt, gefleckt, bunt; **2** ⟨met inktvlekken enz.⟩ verkleckst
**gevleugeld**: *gevleugelde woorden* geflügelte Worte
**gevlij**: *bij iem. in 't ~ trachten te komen* sich bei einem einschmeicheln
**gevoeglijk 1** ⟨passend⟩ geziemend, passend; **2** ⟨gerust⟩ füglich, ruhig, getrost
**gevoel** Gefühl o; *met veel ~* gefühlsbetont; *met weinig ~* gefühlsarm; *op 't ~ af* nach dem Gefühl; *~ voor humor* Sinn für Humor
**1 gevoelen** Meinung v, Ansicht v, Idee v; *persoonlijke ~s* persönliche Gesinnung v; *gemengde ~s* geteilte Gefühle; *met ~s van hoogachting* ⟨onder brief⟩ hochachtungsvoll
**2 gevoelen**: *zich doen ~* sich fühlbar machen, fühlbar werden; *zie ook: voelen*
**gevoelig 1** ⟨vatbaar voor indrukken van buiten⟩ empfindlich; **2** ⟨met veel gevoel⟩ empfindsam, sensibel; **3** ⟨voelbaar⟩ fühlbar; **4** ⟨merkbaar⟩ merkbar, merklich; *een ~e kwestie* eine heikle Angelegenheit v; *een ~ mens* ein sensibler Mensch m; *een ~e nederlaag* eine empfindliche Niederlage v; *de ~e plaat fotogr* die lichtempfindliche Platte; *een ~e plek op de huid* eine empfindliche Stelle v auf der Haut; *een ~e slag* ein empfindlicher Schlag m; *een ~ verlies* ein empfindlicher (fühlbarer) Verlust m; *~ voor kou, warmte* kälte-, wärmeempfindlich, für Kälte, Wärme empfindlich; *~ voor 't weer* wetterfühlig; *~ spelen muz* gefühlvoll spielen
**gevoeligheid 1** ⟨het gevoelig zijn⟩ Empfindlichkeit v, Sensibilität v; **2** techn Empfindlichkeit v; **3** ⟨prikkelbaarheid⟩ Reizbarkeit v
**gevoelloos** gefühl-, empfindungslos
**gevoelsleven** Gefühlsleben o
**gevoelsmatig** gefühlsmäßig, vom Gefühl o her
**gevoelsmens** Gemütsmensch m
**gevoelstemperatuur** Temperaturempfinden o
**gevoelswaarde** Gefühlswert m
**gevogelte** Geflügel o
**gevolg 1** ⟨v. vorst⟩ Gefolge o; **2** ⟨uitvloeisel⟩ Folge v; *~ geven aan* (einer Sache) Folge leisten; (einen Plan) zur Ausführung bringen; *als ~ van, ten ~ van infolge* (+ 2); *ten ~e hebben* zur Folge haben; *met alle ~en van dien* mit allen sich daraus ergebenden Folgen, mit allen Konsequenzen; *met goed ~* mit Erfolg, erfolgreich
**gevolgtrekking** Folgerung v, Schluß m, Schlußfolgerung v; *~en maken* Folgerungen (Schlüsse) ziehen
**gevolmachtigde 1** ⟨in 't alg.⟩ Beauftragte(r) m-v; **2** recht Bevollmächtigte(r) m-v
**gevorderd 1** ⟨verder gekomen⟩ fortgeschritten; **2** ⟨v. leeftijd, uur⟩ vorgerückt
**gevreesd** gefürchtet
**gevuld 1** eig gefüllt; **2** ⟨mollig⟩ rundlich, mollig; **3** ⟨v. boezem⟩ voll
**gewaad** Gewand o
**gewaagd** gewagt, verwegen; *aan elkaar ~ zijn* einander gewachsen sein
**gewaarworden** gewahr werden, verspüren, empfinden
**gewaarwording** Empfindung v
**gewag**: *van iets ~ maken* etwas erwähnen, einer Sache Erwähnung tun
**gewapend 1** ⟨met wapens⟩ bewaffnet; **2** ⟨toegerust⟩ gerüstet; *~ beton* Eisenbeton m
**gewas** Gewächs o, Pflanze v
**gewatteerd** wattiert; *~e deken* Steppdecke v
**geweer** Gewehr o; ⟨jachtgeweer ook⟩ Flinte v; *tegen iets in 't ~ komen* gegen etwas protestieren
**geweerloop** Gewehrlauf m
**geweerschot** Gewehrschuß m; ⟨jachtgeweer⟩ Flintenschuß m
**geweervuur** Gewehrfeuer o
**gewei 1** ⟨in 't alg.⟩ Geweih o; **2** ⟨van éénjarig hert⟩ Spieß m
**geweld 1** ⟨fysieke kracht⟩ Gewalt v; **2** ⟨spektakel⟩ Lärm m, Getöse o; *~ van wapenen* Waffengewalt v; *met ~* mit Gewalt, gewaltsam; *met alle ~* um jeden Preis, mit al-

**gewelddaad**

ler Gewalt
**gewelddaad** Gewalttat v, -akt m
**gewelddadig** gewalttätig, -sam
**geweldenaar** 1 ⟨tiranniek heerser⟩ Tyrann m, Gewaltherrscher m, Despot m; 2 ⟨sterk persoon⟩ Mordskerl m; 3 ⟨zeer kundig persoon⟩ Pfundskerl m, Genie o
**geweldig** gewaltig, ungeheuer; *een ~ acteur* ein fabelhafter Schauspieler m
**geweldloos** gewaltlos
**geweldpleging** Gewalttätigkeit v
**gewelf** Gewölbe o
**gewelfd** gewölbt
**gewend** gewohnt (+ 4), gewöhnt (an + 4); *dat ben ik niet ~* das bin ich nicht gewohnt
**gewennen**: *~ aan* gewöhnen an (+ 4)
**gewenning** das Sichgewöhnen o, Gewöhnung v
**gewenst** erwünscht
**gewerveld**: *~ dier* Wirbeltier o
**gewest** 1 ⟨streek⟩ Gegend v; 2 ⟨provincie⟩ Provinz v
**gewestelijk** regional; *~ arbeidsbureau* Bezirksarbeitsamt o; *~e competitie* Bezirksliga v
**geweten** Gewissen o; *een zuiver ~* ein reines Gewissen o; *iets op zijn ~ hebben* etwas auf dem Gewissen haben
**gewetenloos** gewissenlos
**gewetensbezwaar** Skrupel m, Gewissensskrupel m
**gewetensbezwaarde** 1 ⟨in 't alg.⟩ wer sich in Gewissensnot befindet; 2 ⟨m.b.t. militaire dienst⟩ Wehrdienstverweigerer m aus Gewissensgründen
**gewetensgevangene** inhaftierter Überzeugungstäter m, Gefangene(r) m-v seines (ihres) Gewissens
**gewetensnood** Gewissensnot v
**gewetensvol** gewissenhaft
**gewetensvrijheid** Gewissensfreiheit v
**gewetenszaak** Gewissenssache v; *een ~ van iets maken* sich ein Gewissen aus etwas machen
**gewettigd** begründet, berechtigt, legitimiert
**gewezen** ehemalig, vormalig, früher
**gewicht** 1 ⟨voorwerp, zwaarte⟩ Gewicht o; 2 ⟨belangrijkheid⟩ Wichtigkeit v, Bedeutung v; *dood ~* totes Gewicht o; *~ in de schaal leggen, van ~ zijn* ins Gewicht fallen; *bij 't ~ verkopen* nach Gewicht verkaufen; *'t is voor mij van groot ~* es ist für mich von großer Wichtigkeit
**gewichtheffen** Gewichtheben o
**gewichtig** wichtig; *~ doen* sich wichtig machen, sich aufspielen
**gewichtigdoenerij** Wichtigtuerei v
**gewichtloosheid** Gewichts-, Schwerelosigkeit v
**gewichtsverlies** Gewichtsverlust v
**gewiekst** gerissen, gerieben; ⟨niet ongunstig⟩ gewiegt, clever; *een ~e jurist* ein gewiegter Jurist
**gewijd** geweiht, heilig; *~e handeling* Weiheakt m; *~e muziek* geistliche Musik v
**gewild** 1 ⟨in trek⟩ gesucht, begehrt; 2 ⟨gekunsteld⟩ gesucht, affektiert

**gewillig** willig, folgsam
**gewin** Gewinn m
**gewis** gewiß, bestimmt, sicher
**gewoel** 1 ⟨in 't alg.⟩ Gewühl o, Wühlen o; 2 ⟨gedrang⟩ Gedränge o
**gewond** verletzt, verwundet
**gewonde** Verwundete(r) m-v
**gewonnen**: *zich ~ geven* sich besiegt erklären, sich geschlagen geben; *zo ~, zo geronnen* wie gewonnen, so zerronnen
**gewoon** 1 ⟨alledaags⟩ gewöhnlich, üblich; 2 ⟨gewend aan⟩ gewohnt, gewöhnt; 3 ⟨normaal⟩ normal; ordentlich; *gewone vergadering* ordentliche Versammlung v; *~ hoogleraar* ordentlicher Professor m, Ordinarius m; *gewone inkomsten en uitgaven* ordentliche Einkünfte und Ausgaben; *de gewone man* der Durchschnittsmann m; *op 't gewone uur* zur gewohnten Stunde; *op de gewone wijze* in der gewöhnlichen Weise; *doe ~!* stell dich nicht an!; *het gaat ~ niet* es geht einfach nicht
**gewoonlijk** gewöhnlich, für gewöhnlich
**gewoonte** 1 ⟨wat men gewoon is⟩ Gewohnheit v; 2 ⟨traditie⟩ Herkommen o; *ouder ~* nach alter Gewohnheit; *naar, volgens ~* in gewohnter Weise, gewohntermaßen; *tegen zijn ~* gegen seine Gewohnheit; *uit ~* gewohnheitshalber
**gewoontedier** Gewohnheitstier o, -mensch m
**gewoontedrinker** Gewohnheitstrinker m
**gewoontegetrouw** gewohnheitsgemäß, gewohnheitshalber
**gewoonterecht** Gewohnheitsrecht o
**gewoonweg** einfach, geradezu, schlechthin, schlichtweg; *~ onmogelijk* einfach unmöglich
**gewricht** Gelenk o
**gewrichtsontsteking** Gelenkentzündung v
**gewrocht** Schöpfung v, ⟨Kunst⟩werk o, Erzeugnis o
**gewroet** 1 ⟨het graven⟩ Gewühl o; 2 fig Wühlerei(en) v (mv)
**gewrongen** gekünstelt, unnatürlich; *een ~ stijl* ein verschrobener Stil
**gezag** 1 ⟨v. staat e.d.⟩ Macht v, Gewalt v; 2 ⟨overwicht⟩ Autorität v; *het koninklijk, wettig ~* die königliche, gesetzmäßige Gewalt; *op ~ van de schrijver* auf die Gewähr v des Autors hin; *op eigen ~* eigenmächtig, unbefugt
**gezaghebbend** 1 ⟨met gezag bekleed⟩ machtbefugt; 2 ⟨invloedrijk⟩ maßgebend, maßgeblich
**gezaghebber** Befehls-, Gewalthaber m
**gezagsgetrouw** obrigkeitstreu, regierungstreu
**gezagvoerder** 1 scheepv Schiffskapitän m; 2 luchtv Flugzeugführer m
**gezamenlijk I** *bn* gemeinschaftlich; Gesamt-; *de ~e kosten, omzet* die Gesamtkosten, der Gesamtumsatz; *voor ~e rekening* auf gemeinschaftliche Rechnung; **II** *bijw* ⟨alle⟩ zusammen
**gezang** 1 ⟨lied⟩ Gesang m, Lied o; 2 ⟨het zingen⟩ Singen o, Gesinge o

**gezant** Gesandte(r) *m*
**gezantschap** Gesandtschaft *v*
**gezapig** gemächlich
**gezegde 1** ⟨wat gezegd is⟩ das Gesagte; **2** ⟨uitdrukking⟩ Redensart *v*; **3** ⟨uitlating⟩ Äußerung *v*; **4** *gramm* Prädikat *o*, Satzaussage *v*
**gezeggen**: *zich laten ~ folgsam sein; zich niet laten ~* sich nichts sagen lassen
**gezeglijk** folgsam, gefügig, lenksam
**gezel 1** *hist* ⟨handwerker⟩ Geselle *m*; **2** ⟨kameraad⟩ Kamerad *m*, Gefährte *m*; **3** ⟨reisgenoot⟩ Reisegefährte *m*
**gezellig 1** ⟨m.b.t. omgeving, sfeer⟩ gemütlich, traulich, behaglich; **2** ⟨m.b.t. personen⟩ unterhaltsam, gesellig
**gezelligheid** Gemütlichkeit *v*, Behaglichkeit *v*, Geselligkeit *v*
**gezelligheidsvereniging** Verein *m* zur Pflege des geselligen Verkehrs
**gezellin** Gefährtin *v*; ⟨op reis⟩ Reisegenossin *v*
**gezelschap** Gesellschaft *v*; *~ houden* Gesellschaft leisten
**gezelschapsspel** Gesellschaftsspiel *o*
**gezet 1** ⟨dik⟩ (wohl)beleibt, korpulent; ⟨v. dames⟩ stark; **2** ⟨geregeld⟩ stetig, regelmäßig; *op ~te tijden* zu bestimmten Zeiten; periodisch
**gezeten** ⟨bemiddeld⟩ wohlhabend; *de ~ burgerij* die alteingesessenen Bürger *mv*
**gezeur 1** ⟨het aanhoudend zeuren⟩ Nörgeln *o*, Genörgle; ⟨v. kind ook⟩ Gequengel *o*, Quengeln *o*; **2** ⟨geklets⟩ Getratsch *o*; **3** ⟨last⟩ Schererei *v*; *hou eens op met dat ~!* hör endlich auf zu quengeln, nörgeln!
**gezicht 1** ⟨gelaat⟩ Gesicht *o*, Antlitz *o*; **2** ⟨gezichtsvermogen⟩ Sehvermögen **3** ⟨aanblik⟩ Anblick *m*; **4** ⟨uitzicht⟩ Blick *m*; **5** ⟨trekken⟩ Miene *v*; *een ~ als een oorwurm* ein Gesicht *o* wie vierzehn Tage Regenwetter; *zijn ~ redden* das Gesicht wahren; *~en trekken* Gesichter schneiden; *dat is geen ~!* das sieht schrecklich aus!; *lelijke ~en trekken* Grimassen (Fratzen) schneiden (ziehen); *zijn ~ verliezen* sein Gesicht verlieren; *een lelijke, vrolijke ~ zetten* ein schiefes, frohes Gesicht machen; *iem. iets in zijn ~ zeggen* jmdm. etwas ins Gesicht sagen; *in 't ~ zijn* in Sicht sein; *op 't eerste ~ auf* den ersten Blick; *iem. op zijn ~ geven* jmdm. einen Denkzettel verpassen, geben; *iem. op zijn ~ slaan gemeenz* jmdm. in die Fresse schlagen; *van ~ kennen* von Angesicht kennen; *iem. iets van het ~ lezen* jmdm. etwas am Gesicht (von den Augen) ablesen; *hij is slecht, goed van ~* er sieht schlecht, gut
**gezichtsbedrog** optische Täuschung *v*, Gesichtstäuschung *v*
**gezichtshoek** Gesichtswinkel *m*; ⟨fig ook⟩ Blickwinkel *m*
**gezichtskring** Gesichtskreis *m*, Blickfeld *o*
**gezichtspunt** Gesichtspunkt *m*, Blickpunkt *m*
**gezichtsveld** Seh-, Blickfeld *o*
**gezichtsverlies 1** *eig* Verlust *m* des Sehvermögens; **2** *fig* Gesichtsverlust *m*
**gezichtsvermogen** Sehvermögen *o*, -kraft *v*; *met slecht ~* sehbehindert
**gezichtszenuw** Sehnerv *m*
**gezien** ⟨geacht⟩ angesehen; *zeer ~ zijn* in hohem Ansehen stehen
**gezin** Familie *v*; *met 't hele ~* ⟨ook⟩ mit Kind und Kegel
**gezind** gesinnt, geneigt; *iem. slecht ~ zijn* einem übelwollen; *de fortuin was mij goed ~* das Glück war mir hold
**gezindheid 1** ⟨in t alg.⟩ Gesinnung *v*; **2** ⟨geloof⟩ religiöse Richtung (Überzeugung) *v*
**gezindte** Konfession *v*; *de kerkelijke ~* das religiöse Bekenntnis
**gezinsfles** Familienflasche *v*
**gezinshoofd** Familienoberhaupt *o*; Haushaltsvorstand *m*
**gezinshulp 1** ⟨persoon⟩ Hausgehilfin *v*; **2** ⟨hulpverlening⟩ Familienfürsorge *v*, -pflege *v*
**gezinsleven** Familienleben *o*
**gezinsplanning** Familienplanung *v*
**gezinsuitbreiding** Familienzuwachs *m*
**gezinsverpakking** Familien-, Haushalts-, Sparpackung *v*
**gezinsverzorgster** Haushaltspflegerin *v*
**gezocht 1** ⟨gewild⟩ beliebt, begehrt; **2** ⟨onnatuurlijk⟩ gekünstelt, unnatürlich, gesucht, weit hergeholt
**gezond** gesund; *~ maken handel* sanieren; *~ als een vis* so gesund wie der Fisch im Wasser; *de zaak is ~* die Sache ist in Ordnung
**gezondheid** Gesundheit *v*; *wat de ~ betreft gaat 't hem goed* gesundheitlich geht's ihm gut; *met zijn ~ spelen* mit seiner Gesundheit spielen, seine Gesundheit gefährden; *op uw ~!* (auf) Ihr Wohl!, zur Gesundheit!; *op iems. ~ drinken* auf jmds. Wohl trinken, jmds. Gesundheit ausbringen
**gezondheidsredenen**: *om ~* aus Gesundheitsrücksichten *mv*, gesundheitshalber
**gezondheidstoestand** Gesundheitszustand *m*, Befinden *o*
**gezondheidszorg** Gesundheitsfürsorge *v*, -pflege *v*
**gezusters** Schwestern *mv*
**gezwel** Geschwulst *v*, Tumor *m*
**gezwind** geschwind; *met ~e pas* im Laufschritt
**gezwollen** ⟨stijl⟩ schwülstig
**gezworen**: *~ vijanden* geschworene Feinde
**gft-afval** *= groente-, fruit- en tuinafval* organischer Abfall *m*, Bio-Müll *m*
**gids** Führer *m*
**gidsland** Modelland *o*, wegweisendes Land *o*
**giechelen** kichern
**giek 1** ⟨boot⟩ Gig *o & v*; **2** ⟨bij kraan⟩ Ausleger *m*, Arm *m*
**1 gier** *m* ⟨vogel⟩ Geier *m*
**2 gier** *v* ⟨mest⟩ Jauche *v*, Gülle *v*
**gieren 1** ⟨v. wind⟩ heulen; **2** ⟨schreeuwen⟩ kreischen; **3** ⟨lachen⟩ wiehern; **4** ⟨mesten⟩ mit Jauche düngen, güllen; *'t is om te ~* es ist zum Totlachen (Schießen)
**gierig** geizig, knauserig

**gierigaard** Geizhals *m*, -kragen *m*
**gierigheid** Geiz *m*, Filzigkeit *v*, Knauserigkeit *v*
**gierst** Hirse *v*
**gierzwaluw** Mauersegler *m*
**gietbui** Regenguß *m*, -schauer *m*
**gieten\*** gießen; ~ *van de regen* in Strömen gießen
**gieter** Gießkanne *v*
**gietijzer** Gußeisen *o*
**gif** Gift *o*
**gifbeker** Giftbecher *m*
**gifbelt** Giftmülldeponie *v*
**gifgas** Giftgas *o*
**gifkikker** gemeenz Giftnudel *v*
**gifklier** Giftdrüse *v*
**giflozing** Giftmüllverklappung *v*
**gifmenger** Giftmischer *m*
**1 gift** *v* Gabe *v*, Geschenk
**2 gift(-)** = *gif(-)*
**giftig 1** ⟨vergiftig⟩ giftig; **2** ⟨kwaad⟩ giftig, gehässig
**gigant** Gigant *m*
**gigantisch** gigantisch
**gigolo** Gigolo *m*
**gij** plechtig du; *mv* ihr; ⟨beleefdheidsvorm⟩ Sie
**gijzelaar 1** ⟨gegijzelde⟩ Geisel *m-v*; **2** ⟨gijzelhouder⟩ Geiselnehmer *m*
**gijzelen** zur, als Geisel nehmen (+ 4)
**gijzelhouder, gijzelnemer 1** ⟨in 't alg.⟩ Geiselnehmer *m*; **2** ⟨bij vliegtuigkapingen⟩ Flugzeugentführer *m*, Luftpirat *m*
**gijzeling** Geiselnahme *v*
**gil** Schrei *m*, Aufschrei *m*, gellender Schrei *m*; *een ~ geven* eig kreischen, gellend schreien; ⟨een seintje geven⟩ benachrichtigen, Bescheid sagen
**gillen 1** ⟨v. persoon⟩ aufschreien; ⟨ook van plezier⟩ kreischen; **2** ⟨van locomotief enz.⟩ gellen; *'t is om te ~* es ist zum Totlachen, zum Schießen
**giller:** *wat een ~!* das ist ja zum Brüllen!
**ginder, ginds** dort, drüben
**ginds I** *bn* jener, jene, jenes; *de ~e kerk* jene Kirche **II** *bijw* dort
**ginnegappen** albern, kichern
**gips** Gips *m*
**gipsen** gipsern; *een ~ beeld* ein Gipsbild *o*
**gipskruid** Gipskraut *o*
**gipsverband** Gipsverband *m*
**giraal:** *~ geld* Giralgeld *o*, Buchgeld *o*
**giraf, giraffe** Giraffe *v*
**gireren** girieren; *een bedrag ~* einen Betrag überweisen
**giro** Giro *o*; *per ~* durch Giro, auf dem Giroweg, auf ein Girokonto; *per ~ overmaken* per Giro überweisen
**girobetaalkaart** Giroscheck *m*
**girodienst** Postscheckamt *o*
**giromaat** = *geldautomaat*
**giromaatpas** Scheckkarte *v*, Geldautomatenkarte *v*
**gironummer** Postschecknummer *v*
**giropas** Giroausweis *m*
**girorekening** Postscheckkonto *o*
**gis** ⟨slim⟩ clever, hell
**gissen:** *naar iets ~* nach etwas ⟨3⟩ raten

**gist** Hefe *v*; *droge ~* Preßhefe *v*
**gisten 1** ⟨fermenteren⟩ gären ⟨gor, gegoren⟩; **2** fig gären ⟨gärte, gegärt⟩
**gisteren** gestern; *hij is niet van ~* er ist nicht von gestern; *uw schrijven van ~* Ihr gestriges Schreiben *o*
**gister(en)avond** gestern abend
**gisting** Gärung *v*
**git I** *o* Gagat *m*; **II** *m* ⟨kraal⟩ Jett *m* & *o*
**gitaar** Gitarre *v*; gemeenz Klampfe *v*
**gitarist** Gitarrenspieler *m*, Gitarist *m*
**gitzwart** jettschwarz
**glaasje** Gläschen *o*; *te diep in 't ~ kijken* zu tief ins Glas gucken (schauen)
**glad 1** ⟨in 't alg.⟩ glatt; **2** ⟨glibberig⟩ glitschig, schlüpfrig; **3** ⟨vlak⟩ eben, gleich; *een ~de vent* ein geriebener, gewiechster Kerl *m*; *zo ~ als een aal* aalglatt; *~ van tong* glattzüngig; *dat is nogal ~* das versteht sich; *iets ~ vergeten* etwas glatt vergessen
**gladharig** glatthaarig
**gladheid 1** ⟨in 't alg.⟩ Glätte *v*, Glattheit *v*; **2** ⟨van weg⟩ Glitschigkeit *v*, Schlüpfrigkeit *v*; **3** ⟨slimheid⟩ Gerissenheit *v*, Geriebenheit *v*
**gladiool** Gladiole *v*
**gladjanus** Schlaumeier *m*, Pfiffikus *m*
**gladweg** glatt-, schlankweg; *iets ~ vergeten* etwas glatt vergessen
**glamour** Glamour *m*
**glans** Glanz *m*; *met ~ door een examen komen* ein Examen glänzend (mit Glanz) bestehen
**glansperiode** Glanzzeit *v*, -periode *v*
**glansrijk** glanzvoll
**glansrol:** *een ~ vervullen* eine Glanzrolle spielen
**glanzen** glänzen, leuchten; ⟨zachte glans⟩ schimmern
**glas 1** ⟨materiaal, drinkbeker⟩ Glas *o*; **2** ⟨glasruit⟩ Fensterscheibe *v*, Scheibe *v*; *vijf glazen bier* fünf Glas Bier; *dubbel ~* Doppelverglasung *v*; *achter ~* unter Glas; *~ in lood* bleigefaßtes Glas *o*, Bleiverglasung *v*; *zijn eigen glazen ingooien* seine eigene Sache verderben
**glasbak** Glascontainer *m*, Glassammelbehälter *m*
**glasblazer** Glasbläser *m*, Glaser *m*
**glasfiber** Glasfiber *v*
**glashard 1** ⟨v. materialen⟩ glashart; **2** fig unerbittlich, unerschütterlich, ohne mit der Wimper zu zucken; *iets ~ ontkennen* etwas eiskalt leugnen, abstreiten
**glashelder 1** ⟨doorzichtig⟩ glashell; **2** ⟨v. geluid⟩ glockenhell, -klar, -rein; **3** ⟨duidelijk⟩ sonnenklar
**glasnost** Glasnost *v*
**glasplaat** Glasscheibe *v*; Glasplatte *v*
**glastuinbouw** ⟨v. groente enz.⟩ Glaskultur *v*
**glasvezel** Glasfaser *v*, -fiber *v*
**glaswerk 1** ⟨glazen voorwerpen⟩ Glaswaren *mv*; **2** ⟨servies⟩ Glasgeschirr *o*
**glaswol** Glaswolle *v*
**glazen** gläsern, aus Glas; *~ bol* Glaskugel *v*; *~ deur* Glastür *v*; *in een glazen huis*

**wonen** im Glashaus wohnen; ~ *oog* Glasauge *o*
**glazenier** Glas-, Emailmaler *m*
**glazenwasser** 1 ⟨persoon⟩ Fensterputzer *m*; 2 ⟨insect⟩ Jungfer *v*, Wasserjungfer *v*, Libelle *v*
**glazig** (ook v. aardappels) glasig
**glazuren** glasieren
**glazuur** 1 ⟨op aardewerk enz.⟩ Glasur *v*, Beglasung *v*, Email *o*; 2 ⟨op gebak⟩ Zuckerguß *m*
**gletsjer** Gletscher *m*; Z-Duits, Oost Ferner *m*, Kees *o*
**gleuf** 1 ⟨spleet⟩ Spalte *v*, Schlitz *m*; 2 ⟨groef⟩ Rille *v*; 3 ⟨voeg⟩ Nute *v*; 4 ⟨in de grond⟩ Furche *v*; 5 ⟨in hoed⟩ Kniff *m*
**glibberen** gleiten, glitschen, rutschen
**glibberig** schlüpfrig, glatt, glitschig
**glijbaan** Rutschbahn *v*
**glijden\*** 1 ⟨in 't alg.⟩ gleiten; 2 ⟨uitglijden⟩ glitschen, rutschen; *over iets heen* ~ über etwas hinweghuschen; *beginnen te* ~ ins Rutschen kommen; *zijn blik gleed langs mij heen* sein Blick streifte mich
**glijmiddel** Gleitmittel *o*
**glijvlucht** luchtv Gleitflug *m*
**glimlach** Lächeln *o*
**glimlachen** lächeln
**glimmen\*** ⟨glanzen⟩ glänzen, schimmern, blinken; *de schoenen* ~ die Schuhe glänzen; ~ *van trots, genoegen* vor Stolz, Vergnügen strahlen, glühen
**glimp** ⟨flauwe glans⟩ Schimmer *m*; *een* ~ *van hoop* ein Hoffnungsschimmer *m*; *slechts een* ~ *van iets opvangen* etwas nur flüchtig sehen
**glimvlucht** luchtv Gleitflug *m*
**glimworm** Johannis-, Glühwurm *m*, -würmchen *o*; Leuchtkäfer *m*
**glinsteren** 1 ⟨in 't alg.⟩ glänzen; 2 ⟨van ster⟩ funkeln, glitzern; 3 ⟨zwakker⟩ schimmern
**glinstering** Schimmer *m*, Glanz *m*
**glippen** schlüpfen; *door de vingers* ~ durch die Finger schlüpfen
**globaal** 1 ⟨niet in details⟩ global, pauschal; 2 ⟨ongeveer⟩ ungefähr, etwa, annähernd; ~ *genomen* im großen und ganzen, im Durchschnitt
**globe** Globus *m*
**globetrotter** Globetrotter *m*, Weltenbummler *m*
**gloed** 1 ⟨in 't alg.⟩ Glut *v*; 2 ⟨v. diamant⟩ Feuer *o*; *met* ~ *iets verdedigen* etwas feurig verteidigen
**gloednieuw** funkelnagel-, brandneu
**gloeidraad** Glühfaden *m*, -draht *m*
**gloeien** glühen; *ijzer* ~ Eisen glühen; *de wangen* ~ ⟨door slag⟩ die Backen brennen
**gloeiend** glühend, brennend; ~ *heet* glühend heiß; ~ *de pest over iets in hebben* sich furchtbar über etwas ärgern; *er* ~ *bij zijn* aufgeschmissen sein, dran sein
**gloeilamp** Glühlampe *v*, -birne *v*
**glooien** schräg ablaufen, abfallen; *een* ~*de oever* eine Uferböschung *v*; ~*d terrein* geneigtes Gelände *o*
**glooiing** 1 ⟨in 't alg.⟩ Böschung *v*; 2 ⟨van heuvel⟩ Abhang *m*, Hanglage *v*
**gloren** 1 ⟨glimmen⟩ schimmern, glimmen, glänzen; 2 fig leuchten; *de ochtend gloort* der Tag bricht an
**glorie** Glorie *v*, Ruhm *m*, Herrlichkeit *v*
**glorierijk** glorreich
**glorietijd** Glanzzeit *v*, Höhepunkt *m*
**glorieus** glorios, ruhmreich
**glucose** Glukose *v*, Traubenzucker *m*
**gluiper(d)** Schleicher *m*, Leisetreter *m*
**gluiperig** heimtückisch, hinterhältig, N-Duits glup(i)sch
**glunderen** strahlen
**gluren** spähen; ⟨minder ongunstig⟩ schielen, lugen, linsen
**gluurder** 1 ⟨in 't alg.⟩ Späher *m*; 2 ⟨seksueel⟩ Voyeur *m*; gemeenz Spanner *m*
**glycerine** Glyzerin *o*
**gniffelen** schmunzeln, sich ins Fäustchen lachen
**gnoe** Gnu *o*
**gnoom** Gnom *m*, Kobold *m*
**gnuiven** schmunzeln, sich ins Fäustchen lachen
**goal** Tor *o*; *een* ~ *maken* ein Tor schießen; ⟨ook⟩ einsenden
**goalgetter** Torjäger *m*, -schütze *m*
**gobelin** Gobelin *m*, Bildteppich *m*
**God, god** *m* Gott *m*; ~ *beware!* Gott bewahre!, Gott behüte!; *leven als* ~ *in Frankrijk* leben wie der liebe Gott in Frankreich; *van* ~ *noch gebod weten* weder Gott noch seine Gebote kennen; *van* ~ *verlaten* von Gott verlassen, gottverlassen
**godallemachtig**: ~! allmächtiger Gott!
**goddank** gottlob, Gott sei Dank
**goddelijk** göttlich
**goddeloos** 1 ⟨ongodsdienstig⟩ gottlos; 2 ⟨zedeloos⟩ gottlos, lasterhaft; 3 ⟨verschrikkelijk⟩ abscheulich, schrecklich; *een* ~ *leven* ein gottloses, lasterhaftes Leben *o*
**godendom** Göttertum *o*
**godendrank** Göttertrank *m*, Nektar *m*
**godenspijs** Götterspeise *v*
**godgans, godganselijk**: *de* ~*e dag* den lieben langen ⟨den ganzen lieben⟩ Tag
**godgeklaagd**: *'t is* ~ Gott sei's geklagt
**godgeleerdheid** Theologie *v*
**godheid** Gottheit *v*
**godin** Göttin *v*
**godsdienst** Religion *v*
**godsdienstig** religiös, fromm
**godsdienstoefening** Gottesdienst *m*, Andacht *v*
**godsdienstoorlog** Religionskrieg *m*
**godsdienstvrijheid** Religionsfreiheit *v*
**godsdienstwaanzin** religiöser Wahnsinn *m*
**godsgeschenk** Gottesgabe *v*, -geschenk *o*
**godsgruwelijk** gemeenz fürchterlich, entsetzlich, scheußlich; *zij hebben een* ~*e hekel aan elkaar* sie können sich nicht ausstehen, nicht riechen
**godshuis** Gotteshaus *o*, Kirche *v*
**godslastering** Gotteslästerung *v*
**godslasterlijk** gotteslästerlich
**godsnaam**: *in* ~ in Gottes Namen; *doe dat in* ~ *niet* tu(e) das um Gottes willen nicht
**godsonmogelijk** ganz und gar unmöglich
**godsvrucht** Gottesfurcht *v*, Frömmigkeit *v*

**godswil**: *om* ~ um Gottes willen
**godswonder** das reinste Wunder
**godverdomme** verdammt (noch mal)
**godvergeten I** *bn* 1 (eenzaam) gottverlassen, abgelegen; 2 (m.b.t. persoon) gottlos, böse, schlecht; **II** *bijw* verdammt, verflucht
**1 goed** *bn bijw* gut; ~ *zo!* sehr gut!, richtig!; *het ~e antwoord* die richtige Antwort *o*; *alles* ~ *en wel, maar...* alles was recht ist, aber...; *ik ben niet* ~ (ziek) mir ist nicht wohl; *niet* ~ *bij 't hoofd* nicht gescheit; ~ *van vertrouwen* vertrauensselig; *mij (is 't)* ~ mir ist es (schon) recht; *die is* ~ das ist gelungen; *dat doet* ~ das tut wohl; *goeie hemel!* lieber Himmel!; *een goeie twintig* (ruim twintig) gut zwanzig; *'t is een* ~ *uur lopen* es ist eine gute Stunde zu Fuß; *op een goeie dag* eines (schönen) Tages; ~ *blijven* sich halten; *het* ~ *doen* 〈v. machine〉 gut laufen; 〈succesvol zijn〉 sich gut machen; *als ik het* ~ *heb* wenn ich mich nicht täusche; wenn ich richtig informiert bin; *ten ~e komen* zugute kommen; *dat zit* ~ *in elkaar* das hat Hand und Fuß; *er niet* ~ *bij zijn* nicht recht bei der Sache sein; *zo* ~ *als* *zo goed wie*; *zo* ~ *en zo kwaad als het gaat* recht und schlecht; wie es eben geht; *je bent* ~ *af* du hast Glück gehabt; du bist fein heraus; *zie ook*: **vrijdag**
**2 goed** *o* 1 〈bezit〉 Habe *v*, Hab und Gut *o*; 2 〈landgoed〉 Gut *o*; 3 〈stof〉 Stoff *m*, Zeug *o*; 4 〈wat juist is〉 Gute(s) *o*; *~eren* Waren *mv*, Güter *mv*; *zich te* ~ *doen aan* sich gütlich tun an (+ 3); *iets te* ~ *hebben* etwas zu fordern haben; *onroerende* ~ Liegenschaften *v*, Immobilien *mv*; *roerende ~eren* bewegliche Habe *v*; *schoon* ~ saubere Wäsche *v*; ~ *en kwaad* Gutes und Böses
**goedaardig** 1 〈v. ziekte〉 gutartig; 2 〈v. personen〉 gutherzig
**goedbloed** gutmütiger Mensch *m*; 〈sterker〉 Einfaltspinsel *m*
**goeddeels** großenteils
**goeddoen** 〈weldaden〉 wohltun (einem); *dat zal je* ~ das wird dir guttun
**goeddunken I** *onoverg* für gut halten, gutdünken, belieben; *hij doet wat hem goeddunkt* er tut was ihm beliebt; **II** *o*: *volgens uw* ~ nach Belieben *o*, nach Ihrem Gutdünken *o*
**goedemiddag**: ~! guten Mittag!, guten Nachmittag!, guten Tag!
**goedemorgen**: ~! guten Morgen!
**goedenacht**: ~! gute Nacht!
**goedenavond**: ~! guten Abend!
**goedendag**: ~! 1 guten Tag!, Z-Duits Grüß Gott; 2 〈afscheid ook〉 auf Wiedersehen!, adieu!, tschüs!, ade!
**goederentrein** Güterzug *m*
**goederenwagen** Güterwagen *m*
**goedgeefs** freigebig, gebefreudig
**goedgelovig** leichtgläubig
**goedgezind** wohlgesinnt; *iem.* ~ *zijn* 〈ook〉 einem wohlwollen
**goedgunstig** günstig, gewogen; *de ~e lezer* der geneigte Leser

**goedhartig** gutherzig
**goedheid** Güte *v*
**goedig** gutherzig, -mütig
**goedje**: *wat is dat voor* ~? was ist das für Zeug(s)?
**goedkeuren** 1 〈in 't alg.〉 billigen, gutheißen; 2 〈officieel〉 genehmigen; 3 *mil* tauglich erklären; 4 〈voor betrekking enz.〉 für gesund erklären
**goedkeurend** beifällig
**goedkeuring** Billigung *v*; 〈officieel〉 Genehmigung *v*; *dat draagt onze* ~ *weg* das hat unsern Beifall
**goedkoop** wohlfeil, billig; ~ *is vaak duurkoop* billig kaufen kann teuer sein, das Billigste ist nicht immer das Günstigste; *goedkoper worden* 〈ook〉 sich verbilligen
**goedlachs**: ~ *zijn* gern lachen
**goedmaken** 1 〈in 't alg.〉 gutmachen; 2 〈schade〉 vergüten, ersetzen; 3 〈fout〉 ausgleichen, wettmachen; 4 〈verloren tijd〉 wiedereinbringen; *'t weer* ~ einen Streit beilegen; *een verlies* ~ einen Verlust wettmachen, ausgleichen
**goedmoedig** gutmütig, -herzig
**goedpraten** beschönigen
**goedschiks** 1 〈gewillig〉 frei-, gutwillig; 2 〈met goed fatsoen〉 schicklich; ~ *of kwaadschiks* gutwillig oder gezwungen, wohl oder übel, gern oder ungern; ~ *regelen* im Guten regeln
**goedvinden I** *overg* billigen, gutheißen, genehmigen, **II** *o* Beifall *m*, Billigung *v*, Genehmigung *v*; *met uw* ~ mit Ihrer Erlaubnis; *met* ~ *van...* im Einverständnis mit...; *met onderling (wederzijds)* ~ in beiderseitigem Einvernehmen
**goedzak** herzensguter Kerl *m*, gutmütiger Trottel *m*
**goegemeente** der kleine Mann *m*, die kleinen Leute *mv*
**goeierd** guter Mensch *m*
**goeroe** Guru *m*
**goesting** ZN Lust *v*
**gok** 1 〈gissing〉 Schätzung *v*, Vermutung *v*; 2 〈onzekere onderneming〉 Wagnis *o*, Risiko *o*; *doe eens* ~ rate mal; *iets op de* ~ *doen* etwas auf gut Glück, aufs Geratewohl tun; *een ~je wagen* sein Glück versuchen
**gokautomaat** Spielautomat *m*
**gokken** spielen
**gokspel** Glücksspiel *o*
**goktent** Spielhölle *v*
**1 golf** *v* 1 〈in water, in 't alg.〉 Welle *v*; 2 〈grote zeegolf〉 Woge *v*; 3 〈baai〉 Golf *m*, Meerbusen *m*; ~ *van prijsverhogingen* Preiswelle *v*; *groene* ~ 〈verkeer〉 grüne Welle *v*; *lange* ~ radio Langwelle *v*; *korte* ~ radio Kurzwelle *v*; *ultrakorte* ~ radio Ultrakurzwelle
**2 golf** *o* sp Golf *o*, Golfspiel *o*
**golfbaan** Golfplatz *m*, -links *mv*
**golfbreker** Wellenbrecher *m*
**golfen** Golf spielen
**golfkarton** Wellpappe *v*
**golflengte** RTV Wellenlänge *v*
**golflijn** Schlangen-, Wellenlinie *v*

**golflinks** Golfplatz m, Golflinks mv
**golfplaat** Wellblech o
**golfslag** Wellenschlag m, -gang m
**golfslagbad** Wellenbad o
**Golfstaat** Golfstaat m
**Golfstroom** Golfstrom m
**golven** wogen
**golvend** 1 ⟨water, menigte⟩ wogend; 2 ⟨haar, nevel⟩ wallend; ~ *haar* gewellte Haare mv, ⟨loshangend⟩ welliges, wallendes Haar o; *een ~ terrein* ein welliges Gelände o
**gom** 1 (in 't alg.) Gummi m & o; 2 ⟨op postzegel enz.⟩ Gummierung v
**gommen** gummieren
**gondel** Gondel v
**gondelier** Gondelführer m, Gondoliere m
**gondellied** Gondellied o
**gong** Gong m & o
**gonorroe** Gonorrhö v, Gonorrhöe v
**gonzen** summen
**goochelaar** Zauberer m, Zauberkünstler m, Gaukler m
**goochelen** zaubern, gaukeln
**goocheltoer** Zauberkunststück o
**goochem** pfiffig, schlau
**goodwill** Goodwill o
**gooi** Wurf m; ⟨bij 't kegelspel⟩ Schub m; *een ~ naar iets doen* 1 ⟨een kans wagen⟩ etwas anstreben, sich um etwas bewerben; 2 ⟨iets schatten⟩ auf etwas tippen
**gooien** werfen, schmeißen; ⟨bij kegelen⟩ schießen; *iem. op de grond ~* einen auf den Boden werfen; *er geld tegenaan ~* Geld hineinstecken; *iem. eruit ~* ⟨ontslaan⟩ einen auf die Straße setzen
**gooi-en-smijtfilm** Slapstick m, Klamotte v
**goor** 1 ⟨grauwvuil⟩ schmutziggrau; 2 ⟨smerig⟩ schmutzig, eklig; *een ~ boek* ein unflätiges Buch o; *gore mop* Zote v
**goot** 1 ⟨straatgoot⟩ Gosse v; 2 ⟨afvoerbuis⟩ Rinne v, Rinnstein m; *door de ~ halen* durch die Gosse ziehen
**gootsteen** Spül-, Rinnstein m, Spüle v, Spülbecken o
**gootsteenkastje** Spüle v
**gordel** ⟨ceintuur⟩ Gürtel m, Gurt m, Riemen m
**gordeldier** Gürteltier o
**gordelroos** med Gürtelrose v, -flechte v
**gordiaans**: *~e knoop* gordischer, unauflösbarer Knoten m
**gordijn** 1 (in 't alg.) Vorhang m, Gardine v; 2 ⟨theater⟩ Vorhang m; *'t IJzeren G~* der eiserne Vorhang
**gordijnroe(de)** Gardinen-, Vorhangstange v
**gorgelen** gurgeln
**gorilla** 1 ⟨dier⟩ Gorilla m; 2 ⟨lijfwacht⟩ Leibwächter m
**gort** 1 ⟨gemalen graan⟩ Grütze v; 2 ⟨van gerst⟩ (Gersten)graupen mv
**gortdroog** 1 eig strohtrocken, pulvertrocken; 2 fig sehr trocken, (stink)langweilig, humorlos, phantasielos; *zijn humor is ~* er hat einen trockenen Humor
**gortig**: *'t te ~ maken* es zu arg (zu toll) treiben

**GOS** = *Gemeenbest van Onafhankelijke Staten* GUS v, Gemeinschaft v Unabhängiger Staaten
**gospel** Gospel o, Gospelsong m
**gotiek** Gotik v
**gotisch** gotisch
**gotspe** Chuzpe v, Unverschämtheit v, Frechheit v
**gouache** Gouache v
**goud** Gold o; *~ op snee* mit Goldschnitt; *voor geen ~* für nichts in der Welt; *het is niet alles ~ wat er blinkt* es ist nicht alles Gold, was glänzt
**goudblond** goldblond
**gouden** golden, Gold-; *~en bruiloft* goldene Hochzeit v; *~ handdruk* große Abfindungssumme beim Ausscheiden aus einer Stelle
**goudenregen** Goldregen m
**goudkleurig** goldfarbig, -farben
**goudklomp** Goldklumpen m
**goudkoorts** Goldfieber o
**goudmijn** 1 eig Goldgrube v, -bergwerk o; 2 fig Gold-, Fundgrube v
**goudrenet** Goldrenette v
**goudsbloem** Ringelblume v
**goudschaal** Goldwaage v; *zijn woorden op een ~tje leggen* seine Worte auf die Goldwaage legen
**goudsmid** Goldschmied m
**goudstuk** Goldstück o
**goudvink** Gimpel m, Dompfaff m, Laubenfink m
**goudvis** Goldfisch m
**goudzoeker** Goldsucher m, -gräber m
**gourmetten** 1 ⟨grillen⟩ grillen auf einem Raclettegerät; 2 ⟨eten⟩ Raclette essen
**gouvernante** Gouvernante v, Erzieherin v
**gouverneur** 1 pol Gouverneur m; 2 ⟨leermeester⟩ Hauslehrer m
**gouverneur-generaal** Generalgouverneur m
**gozer** gemeenz Kerl m
**graad** Grad m; *in de hoogste ~* im höchsten Grade, hochgradig; *wijn van 11 graden* ZN Wein mit 11 Grad Alkoholgehalt; *in ~ stijgen* ZN, mil einen höheren Rang bekleiden
**graadmeter** Gradmesser m
**graaf** Graf m
**graafschap** Grafschaft v
**graag** gern
**graagte** Eifer m; *met ~ recht* gern
**graaien**: 1 ⟨grabbelen⟩ grapschen, herumkramen; 2 ⟨wegkapen⟩ sich etwas krallen, etwas abstauben
**graal** Gral m
**graan** Getreide o, Korn o; *granen* Getreidearten, -sorten mv
**graangewassen** Getreide o
**graanoogst** Getreideernte v
**graanpakhuis** Getreidespeicher m
**graanschuur** Getreide-, Kornscheune v, -speicher m, Kornkammer v ⟨ook fig⟩
**graansilo** Getreidesilo m
**graantje**: *een ~tje meepikken* etwas (vom Gewinn) abkriegen
**graat** Gräte v; *niet zuiver op de ~ zijn* Dreck

**grabbel**

am Stecken haben, unzuverlässig sein; *van de ~ vallen* abmagern
**grabbel**: *te ~ gooien* in die Rapuse (Grabbel) werfen (geben), wegwerfen
**grabbelen** grabbeln, grapsen, grapschen
**grabbelton** Grabbeltonne *v*, -kiste *v*
**gracht** Stadtgraben *m*, Graben *m*, Gracht *v*
**grachtenhuis, grachtenpand** Grachtenhaus *o*
**gracieus** graziös, anmutig
**gradatie** Gradation *v*, Steigerung *v*
**graduaat** ZN Fachhochschulabschluß *m*
**gradueel** graduell; *~ verschillen* dem Grad nach verschieden sein
**graf** 1 (in 't alg.) Grab *o*; 2 (grafkuil) Grube *v*; 3 (gemetseld graf) Gruft *v*; *zijn eigen ~ graven* fig sein eignes Grab schaufeln; *zich in 't ~ omdraaien* sich im Grabe (her-) umdrehen; *ten ~ dragen* zu Grabe tragen
**graffiti** Graffiti *mv*
**grafheuvel** Grabhügel *m*
**graficus** Graphiker *m*
**grafiek** Graphik *v*, graphische Darstellung *v*
**grafiet** Graphit *m*
**grafisch** graphisch; *~e kunst* Graphik *v*
**grafkelder** Grabgewölbe *o*, Gruft *v*
**grafologie** Graphologie *v*
**grafrede** Grabrede *v*
**grafschennis** Grabschändung *v*
**grafschrift** Grabschrift *v*
**grafsteen** Grabstein *m*
**grafstem** Grabesstimme *v*
**graftombe** Grabmal *o*
**grafzerk** Leichenstein *m*, Grabstein *m*
**1 gram** *o* (gewicht) Gramm *o*; 4 ~ 4 Gramm, 4 g
**2 gram**: *zijn ~ halen (bij iem.)* sein Mütchen (an jmdm.) kühlen
**grammatica** Grammatik *v*, Sprachlehre *v*
**grammaticaal** grammatikalisch, grammatisch
**grammofoon** Plattenspieler *m*
**grammofoonplaat** Schallplatte *v*
**gramschap** vero Zorn *m*, Grimm *m*
**granaat** *v* 1 (projectiel) Granate *v*; 2 (halfedelsteen) Granat *m*
**granaatappel** Granatapfel *m*, Granate *v*
**granaatscherf** Granatsplitter *m*
**grandioos** grandios, großartig
**graniet** Granit *m*
**granieten** graniten, aus Granit, Granit-
**grap** 1 (in 't alg.) Spaß *m*, Scherz *m*; 2 (mop) Witz *m*; *een dure ~* ein teurer Spaß; *flauwe ~* Faxen *mv*; *~pen maken* Witze machen, witzeln; *een ~ uithalen* einen lustigen Streich aushecken; *voor de ~* zum Spaß, im Scherz, spaßeshalber
**grapefruit** Grapefruit *v*, Pampelmuse *v*
**grapjas** Witzbold *m*, Spaßmacher *m*
**grappen** scherzen, spaßen
**grappenmakerij** Spaßerei *v*
**grappig** spaßhaft, spaßig, drollig, komisch
**gras** Gras *o*; *ergens geen ~ over laten groeien* nicht lange warten, gleich dabei sein, es nicht alt werden lassen; *iem. 't ~ voor de voeten wegmaaien* jmdm. das Wasser abgraben

**grasduinen**: *ergens in ~* sich mit etwas zum Vergnügen beschäftigen; *~ in boeken* schmökern
**grasland** Grasland *o*, Wiese *v*
**grasmaaier** Grasmäher *m*, Heuer *m*
**grasmat** Wiesen-, Grasnarbe *v*
**grasperk** Rasen *m*, Rasenplatz *m*
**grassspriet** Grashalm *m*
**grasveld** Rasen *m*, Rasenplatz *m*
**graszode** Rasenplagge *v*
**gratie** 1 (bevalligheid) Grazie *v*, Anmut *v*, Reiz *m*; 2 (genade) Gnade *v*; *de drie gratiën* die drei Grazien; *bij de ~ Gods* von Gottes Gnaden; *in de ~ zijn* in Gunst stehen, der Hahn im Korbe sein; *uit de ~ raken* aus der Gunst kommen
**gratificatie** Gratifikation *v*
**gratis** unentgeltlich, umsonst, gratis, kostenfrei, -los
**gratuit** unmotiviert, unbegründet
**1 grauw** *bn* grau
**2 grauw** *m* (snauw) Anschnauzer *m*; *met een ~ en een snauw* barsch und bissig
**3 grauw** *o* 1 (gepeupel) Janhagel *m*, Pöbel *m*; 2 (kleur) das Grau
**grauwen** schimpfen, brummen
**grauwtje** (ezel) Grauchen *o*, Esel *m*
**graveerder** Kupferstecher *m*, Graveur *m*
**graveerkunst** Kupferstecherkunst *v*
**graveernaald** Radiernadel *v*
**gravel** Ziegelgrus *m*, -mehl *o*; *op ~ spelen* auf dem Sandplatz spielen
**graven\*** 1 (in 't alg.) graben; 2 (naar ertsen) schürfen
**graveren** gravieren, eingraben, stechen; *in koper ~* in Kupfer stechen
**graveur** Kupferstecher *m*; Graveur *m*
**gravin** Gräfin *v*
**gravure** Stich *m*, Kupferstich *m*, Kupfer *o*; *gekleurde ~* Farbstich *m*
**grazen** 1 (in 't alg.) grasen; 2 (hert, ree) aasen, äsen; *iem. te ~ nemen* einen auf den Arm nehmen, verkohlen; (toetakelen) in die Mangel nehmen
**grazig** grasig, voll Gras, grasreich
**greep** (grijpbeweging; handvat) Griff *m*; *~ op iets hebben* etwas im Griff haben; *God zegene de ~* auf gut Glück
**Gregoriaans** gregorianisch; *~ gezang* Gregorianischer Choral
**greintje**: *geen ~ gevoel* kein Fünkchen Gefühl, überhaupt kein Gefühl; *geen ~ verstand* kein Fünkchen (Quentchen) Verstand
**grenadier** Grenadier *m*
**grendel** 1 (slot) Riegel *m*; 2 (v. geweer) Schloß *o*; *de ~ erop doen* den Riegel vorschieben
**grens** Grenze *v*; *grenzen aan iets stellen* einer Sache Schranken setzen; *dit is op de ~ van het toelaatbare* die Grenze des Erlaubten ist erreicht; *iem. over de ~ zetten* einen über die Grenze abschieben, ausweisen
**grensgebied** Grenzgebiet *o*
**grensgeval** Grenzfall *m*
**grensincident** Grenzzwischenfall *m*
**grenskantoor** Zollstation *v*

**grenslijn** Grenz-, Demarkationslinie *v*
**grensrechter** Linienrichter *m*
**grensverleggend** bahnbrechend
**grenswaarde** Grenzwert *m*
**grenzeloos** grenzenlos; ~ *dom* (ook) bodenlos dumm, dumm wie Brot *o*
**grenzen** grenzen, abgrenzen; ~ *aan* (ook fig) grenzen (stoßen) an (+ 4)
**greppel** Graben *m*
**gretig** gierig, begierig
**gribus** gemeenz 1 (gevangenis) Kittchen *o*; 2 (krot) Baracke *v*; 3 (wijk) Armenviertel *o*
**grief** 1 (klacht) Beschwerde *v*; 2 (ergernis) Verdruß *m*
**Griek** Grieche *m*
**Griekenland** Griechenland *o*
**Grieks** griechisch
**grieks-katholiek** griechisch-katholisch
**grienen** greinen, weinen, flennen
**griep** Grippe *v*
**grieperig** die Grippe *v* haben; *ik voel me een beetje* ~ ich fühle mich schlapp, nicht wohl
**gries** Grieß *m*
**griesmeel** Grießmehl *o*
**1 griet** *v* (meisje) gemeenz Käfer *m*, Mädchen *o*; slang Tussi *v*
**2 griet** *v* (vis) Glattbutte *v*
**grieven** kränken, schmerzen, weh tun
**griezel** Schauder *m*, Schauer *m*; *hij is een* ~ er ist ein unheimlicher Mensch
**griezelen** schaudern, graulen, grausen, gruseln; *ik griezel van* ich schaudere, mir (mich) schaudert vor (+ 3), mir grault, ich graule mich vor (+ 3), mir graust vor (+ 3), mich (mir) gruselt, ich grusele mich vor (+ 3)
**griezelfilm** Gruselfilm *m*
**griezelig** schaudererregend, -haft, gruselig
**griezelroman** Schauerroman *m*
**grif**: ~ *betalen* prompt bezahlen; *dat geloof ik* ~ das nehme ich ohne weiteres an; ~ *toegeven* sofort einräumen; glatt, unbedingt zugeben
**griffel** Griffel *m*
**griffie** Kanzlei *v*; *provinciale* ~ Provinzialkanzlei *v*; *de* ~ *van het kantongerecht* die Geschäftsstelle des Amtsgerichts; *ter* ~ *deponeren* auf dem Sekretariat zur Einsicht vorlegen
**griffier** 1 recht Gerichtsschreiber *m*, Urkundsbeamte(r) *m*; 2 (in parlement) Schriftführer *m*
**griffioen** Vogel Greif *m*
**grijns, grijnslach** *m* Grinsen *o*, Grienen *o*; gemeenz das Feixen
**grijnzen** grinsen, gemeenz feixen
**grijpen*** greifen, fassen, schnappen; *door de trein gegrepen worden* vom Zug erfaßt werden; *in elkaar* ~ ineinandergreifen; *naar iets* ~ nach etwas haschen; *naar de pen, naar de wapens* ~ zu der Feder, zu den Waffen greifen; die Waffen ergreifen; *om zich heen* ~ (v. brand, ziekte enz.) um sich greifen; *voor 't* ~ *liggen* in Massen zur Verfügung stehen, vorhanden sein
**grijpstuiver** gemeenz Extraprofit *m*, -ge-

winn *m*; *voor een* ~ für billiges Geld
**grijs** grau; *grijze vrouw* Greisin *v*; ~ *van ouderdom* altersgrau
**grijsaard** Greis *m*
**grijsrijden** halblegal fahren
**gril** Grille *v*, Laune *v*, Schrulle *v*; ~*len hebben* allerlei Grillen, Mucken im Kopf haben
**grill** Grill *m*, Bratrost *m*
**grillen, grilleren** grillen
**grillig** launenhaft, launisch, gereizt, mürrisch, grillig, kapriziös
**grilligheid** Launenhaftigkeit *v*, Gereiztheit *v*
**grimas** Grimasse *v*, Fratze *v*
**grime** das Schminken
**grimeren**: *zich* ~ sich schminken
**grimeur** Maskenbildner *m*
**grimmig** grimmig
**grind** Kies *m*
**grinniken** feixen, grinsen
**grip** Griff *m*
**grissen** grapschen, grapsen
**groef, groeve** 1 (kuil) Grube *v*; 2 (gemetseld) Gruft *v*; 3 (graf) Grab *o*; 4 (keep) Rille *v*; 5 (rimpel) Furche *v*
**groei** 1 (groter worden) Wachstum *o*, Wuchs *m*, Wachsen *o*, Gedeihen *o*; 2 (vermeerderen) An-, Zuwachs *m*; *in de* ~ *zijn* im Wachstum sein; *op de* ~ *gemaakt* auf Zuwachs (Wachstum) gemacht
**groeien** wachsen; ~ *als kool* prächtig gedeihen; *iem. boven 't hoofd* ~ jmdm. über den Kopf wachsen; *ergens in* ~ (zich gaandeweg bekwamen) in etwas hineinwachsen; *uit een jas* ~ einen Rock auswachsen
**groeikern** (m.b.t. stad) Wachstums-, Entwicklungskern *m*
**groeistuip** (v.h. lichaam) Wachstumskrampf *m*; ~*en* fig Wachstumsprobleme *mv*
**groeizaam** fruchtbar; ~ *weer* gedeihliches Wetter *o*
**groen I** bn 1 (groen gekleurd; milieuvriendelijk; onervaren) grün; 2 (onrijp) unreif; **II** o 1 (kleur) Grün *o*, grüne Farbe *v*; 2 (gebladerte) Grün *o*; *de* ~*e partij* die Grünen; *het* ~*e licht geven* grünes Licht geben; *zich* ~ *en geel betalen* seinen letzten Heller hergeben; *zich* ~ *en geel ergeren* sich grün und blau (gelb) ärgern; *'t werd me* ~ *en geel voor de ogen* es wurde mir grün und gelb vor den Augen; *hij is nog zo* ~ *als gras* er ist noch ein Grünling
**groenen** grünen, grün werden
**Groenen**: *de* ~ (politieke richting) die Grünen
**groenstrook** Grünstreifen *m*
**groente** Gemüse *o*, Grünzeug *o*
**groenteboer, -man** Gemüsehändler *m*
**groentesoep** Gemüsesuppe *v*
**groentewinkel, groentezaak** Gemüseladen *m*
**groentijd** Fuchszeit *v*
**groentje** 1 (nieuweling) grüner Junge *m*, Grün-, Milchschnabel *m*, Neuling *m*; 2 (student) Fuchs *m*
**groep** 1 (in 't alg.) Gruppe *v*; 2 fotogr Gruppenaufnahme *v*, -bild *o*

**groeperen** gruppieren; *anders ~* umgruppieren

**groepsfoto** Gruppenaufnahme *v*, -bild *o*

**groepspraktijk** Gruppenpraxis *v*

**groepstaal** Gruppensprache *v*, Jargon *m*, Slang *m*; taalk Soziolekt *m*

**groepsverband:** *in ~* in Gruppen

**groet** Gruß *m*; *de ~en aan uw moeder* grüßen Sie Ihre (Frau) Mutter von mir; *iem. de ~en (laten) doen* einem einen Gruß bestellen; *u moet de ~en van haar hebben* sie läßt schön grüßen; *met vriendelijke ~* mit freundlichem Gruß; *de ~en!* ⟨bij weigering⟩ vergiß es!, ich danke!

**groeten** grüßen

**groeve** zie *groef*

**groezelig** schmutziggrau, unsauber

**grof** grob; derb; *~ van korrel* grobkörnig; *~ van bouw* grobglied(e)rig; *een ~ antwoord* eine grobe, plumpe Antwort *v*; *~ geld* schweres Geld *o*; *een grove kam* ein weiter Kamm *m*; *een grove kerel* ein grober Kerl *m*; *een grove stof* ein grober Stoff *m*; *~ spelen* hoch spielen; *in grove trekken* in großen Zügen

**grofheid** Grobheit *v*, Plumpheit *v*

**grofweg** ⟨bij benadering⟩ schätzungsweise, ungefähr, etwa

**grog** Grog *m*

**groggy** groggy, erschöpft

**grogstem** Bierbaß *m*

**grol** Posse *v*, Schnurre *v*

**grommen 1** ⟨in 't alg.⟩ murren, brummen; **2** ⟨v. hond⟩ knurren

**grond 1** ⟨aarde⟩ Boden *m*; **2** ⟨diepste deel⟩ Grund *m*; **3** ⟨reden⟩ Grund *m*; *~en* ⟨v. vonnis⟩ Urteilsgründe *mv*; ⟨v. wetenschap⟩ Anfangsgründe *mv*; *woeste ~* Ödland *o*; *een stuk ~* ein Grundstück *o*; *van de koude ~* im Freien gewachsen; fig armselig, miserabel; *groente van de koude ~* im Freien gewachsenes Gemüse *o*; *vaste ~ onder de voeten hebben* festen Boden unter den Füßen haben; *de ~ leggen (voor)* den Grund legen (zu); *aan de ~ lopen* auflaufen, stranden, auf Grund laufen; *aan de ~ raken* auflaufen, auf Grund geraten; *aan de ~ zitten* scheepv festsitzen; fig am Ende sein; *boven (onder) de ~* ⟨mijnbouw⟩ über (unter) Tag; *in de ~ van de zaak* im Grunde (genommen); *iem. de ~ in boren* einen fertigmachen; *met ~* mit Grund, mit Recht; *met de ~ gelijkmaken* dem Boden gleich machen, rasieren; *'t boek ligt op de ~* das Buch liegt am Boden; *op de begane ~* zu ebener Erde; *op eigen ~* auf eigenem Boden; *op losse ~en* ohne triftige Gründe; *op ~ van mijn ervaring* aufgrund meiner Erfahrung; *op ~ van de feiten* auf dem Boden der Tatsachen; *op ~ van deze paragraaf* kraft dieses Paragraphen; *te ~ gaan, richten* zugrunde gehen, richten; *te ~e liggen* zugrunde liegen; *tegen de ~ slaan* lang hinschlagen; *iets uit de ~ stampen* etwas aus dem Boden stampfen; *uit de ~ van mijn hart* aus Herzensgrund; *iets van de ~ krijgen* etwas auf die Beine bringen

**grondbeginsel** Prinzip *o*, Grundsatz *m*; *~en* ⟨v. wetenschap, muziek⟩ Anfangsgründe *mv*

**grondbegrip** Grundbegriff *m*

**grondbelasting** Grundsteuer *v*

**grondbezit** Grund-, Bodenbesitz *m*

**gronden 1** ⟨grondvesten⟩ gründen; **2** ⟨bij 't schilderen⟩ grundieren; *gegrond zijn op* sich gründen auf (4); *gegronde hoop* begründete Hoffnung *v*

**grondgebied 1** ⟨in 't alg.⟩ Gebiet *o*; **2** pol Hoheitsgebiet *o*; *op Nederlands ~* auf niederländischem Boden

**grondgedachte** Grundgedanke *m*

**grondhouding** Grundhaltung *v*

**grondig 1** ⟨v. smaak⟩ schlammig, erdig, grundig; **2** ⟨diepgaand⟩ gründlich, einläßlich, eingehend; schertsend gemeenz nach Noten; *~e kennis* gründliche Kenntnisse *mv*

**grondlaag** Bodenschicht *v*

**grondlegger** Gründer *m*, Begründer *m*, Grundleger *m*, Stifter *m*

**grondlegging** Grundlegung *v*

**grondlijn** Grundlinie *v*

**grondoorzaak** Grundursache *v*

**grondpersoneel** Bodenpersonal *o*

**grondregel** Grundregel *v*, Grundsatz *m*

**grondslag** Grundlage *v*, Fundament *o*, Basis *v*; *de ~ van de berekening* die Basis der Berechnung; *de ~ leggen voor* den Grund legen für; *aan iets ten ~ liggen* etwas (3) zugrunde liegen

**grondstewardess** Groundhostess *v*, Bodenstewardeß *v*

**grondstof 1** ⟨in 't alg.⟩ Element *o*; **2** ⟨voor de industrie⟩ Rohstoff *m*, -material *o*

**grondstrijdkrachten** Bodenstreitkräfte *mv*

**grondtoon** Grundton *m*

**grondverf** Grundfarbe *v*; *in de ~ zetten* grundieren

**grondvesten** gründen, errichten; *~ op* gründen auf (+ 4)

**grondvlak** Grund-, Bodenfläche *v*

**grondwater** Grundwasser *o*

**grondwet** Verfassung *v*, Konstitution *v*, Grundgesetz *o*

**grondwettelijk, grondwettig** verfassungsmäßig, konstitutionell

**grondzee** Grundsee *v*

**groot** groß; *~ en klein* groß und klein; *kinderen worden ~* aus Kindern werden Leute; *grote mogendheid* Großmacht *v*; *grote vakantie* Sommerferien *mv*, Große Ferien *mv*; *in 't ~* im großen; *verkoop in 't ~* Großverkauf *m*

**grootbedrijf** Großbetrieb *m*

**grootbeeld-tv** Großbildfernseher *m*

**grootboek** Hauptbuch *o*

**grootbrengen** großziehen, erziehen

**Groot-Brittannië** Großbritannien *o*

**grootdoenerij** Großtuerei *v*, Angeberei *v*, Wichtigtuerei *v*

**grootgrondbezit** Großgrundbesitz *m*

**grootgrondbezitter** Großgrundbesitzer *m*

**groothandel** ⟨abstract⟩ Großhandel *m*

**groothandelaar** Großhändler *m*, Großkaufmann *m*

**groothandelsprijs** Großhandelspreis *m*
**grootheid** 1 ⟨in 't alg.⟩ Größe *v*; 2 ⟨verhevenheid⟩ Erhabenheit *v*, Großartigkeit *v*
**grootheidswaan, grootheidswaanzin** Größenwahn *m*
**groothertog** Großherzog *m*
**groothertogdom** Großherzogtum *o*
**groothoeklens** Weitwinkelobjektiv *o*
**groothouden**: *zich ~* sich nichts anmerken lassen; *hou je maar niet zo groot* tu bloß nicht so
**grootindustrieel** Großindustrielle(r) *m*, Wirtschaftsführer *m*, -kapitän *m*
**grootje** gemeenz Großmütterchen *o*, Omi *v*; *dat is naar z'n ~* ⟨kapot⟩ das ist zum Teufel
**grootkapitaal** Großkapital *o*
**grootmacht** Großmacht *v*
**grootmeester** Großmeister *m*
**grootmoeder** Großmutter *v*
**grootmoedig** großmütig, großherzig
**grootmoedigheid** Großmut *v*
**grootouders** Großeltern *mv*
**groots** 1 ⟨trots⟩ hochmütig, stolz; 2 ⟨grandioos⟩ großartig, -zügig, erhaben
**grootschalig** großangelegt, in großem Stil; Groß-, groß-; *een ~ experiment* ein großangelegter Versuch *m*, ein Großversuch *m*; *iets ~ organiseren* etwas in großem Stil organisieren; *~e bedrijven* Großunternehmen, -betriebe
**grootscheeps** großartig, großzügig
**grootspraak** Großsprecherei *v*, Prahlerei *v*; *zonder ~* ohne Überhebung
**grootspreker** Aufschneider *m*, Prahler *m*, Angeber *m*
**grootstad** ZN Großstadt *v*
**grootsteeds** großstädtisch
**grootte** Größe *v*; *ter ~ van een meter* von der Größe eines Meters; *op ware ~* in voller Lebensgröße
**grootvader** Großvater *m*
**grootverbruik** Großverbrauch *m*
**grootwinkelbedrijf** Großverkaufgeschäft *o*, Ladenkette *v*
**grootzeil** Großsegel *o*
**gros** 1 ⟨144 stuks⟩ Gros *o*; 2 ⟨de meesten⟩ Mehrzahl *v*; *twee ~* zwei Gros; *'t ~ van 't publiek* die Mehrheit des Publikums; *'t ~ van de studenten* die Mehrzahl der Studenten
**grossier** Grossist *m*
**grossierderij** Großhandlung *v*
**grossieren** 1 eig en gros, im großen verkaufen; 2 fig strotzen von, vor; sammeln
**grot** Höhle *v*; ⟨ondiep⟩ Grotte *v*
**grote** Große(r) *m-v*
**grotendeels** größtenteils, zum größten Teil
**grotesk** grotesk
**gruis** Staub *m*, Pulver *o*
**grut**: *klein ~* kleines Zeug, Kroppzeug *o*
**grutten** Grütze *v*, Gersten-, Buchweizengrütze *v*; *grote ~!* lieber Himmel!, heiliger Strohsack!
**grutter** ⟨bekrompen persoon⟩ Spießler *m*, Krämerseele *v*
**grutto** Uferschnepfe *v*
**gruwel** Greuel *m*

**gruweldaad** Greuel-, Schandtat *v*
**gruwelijk** greulich, abscheulich, scheußlich, greuelhaft
**gruwen** grauen; *ik gruw ervan* mir graut davor
**gruyère, gruyèrekaas** Gruyerekäse *m*, Greyerzer Käse *m*
**gruzelementen** Stücke *mv*, Scherben *mv*
**guerrilla** 1 ⟨oorlog⟩ Guerilla *v*, Klein-, Partisanenkrieg *m*; 2 = *guerrillastrijder*
**guerrillastrijder** Guerillakämpfer *m*, Partisane *m*
**guillotine** Guillotine *v*
**guillotineren** guillotinieren
**guirlande** Blumen-, Laubgewinde *o*, Girlande *v*
**guit** Schalk *m*, Schelm *m*
**guitig** schelmisch, schalkhaft, neckisch
**gul** 1 ⟨vrijgevig⟩ freigebig, großzügig, gemeenz nobel; 2 ⟨openhartig⟩ offen; *~le lach* herzliches Lachen *o*; *een ~ onthaal* eine gastfreundliche Aufnahme *v*
**1 gulden** ⟨munt⟩ Gulden *m*; *500 ~* 500 Gulden
**2 gulden** bn ⟨gouden⟩ golden
**gulheid** Freigebigkeit *v*, Großzügigkeit *v*, Gastfreundlichkeit *v*
**gulp** 1 ⟨golf⟩ Wasserschwall *m*; 2 ⟨in broek⟩ Hosenschlitz *m*; Z-Duits Hosentürl *o*
**gulpen** hervorströmen, -sprudeln
**gulzig** gierig, gefräßig; N-Duits happig
**gulzigaard** Fresser *m*, Vielfraß *m*
**gum** = *gom*
**gummen** ausradieren
**gummetje** Radiergummi *m*
**gummi** Gummi *m & o*
**gummiknuppel, -stok** Gummiknüppel *m*
**gunnen** gönnen; *iem zijn geluk ~* einem sein Glück gönnen; *een aannemer een werk ~* einem Bauunternehmer eine Arbeit zuweisen
**gunst** Gunst *v*; *een ~ bewijzen* jmdm. eine Gunst erweisen; *bij iem. in de ~ komen* jmds. Gunst erwerben; *bij iem. uit de ~ raken* jemands Gunst verlieren, aus der Gunst kommen; *ten ~e van de koper* zugunsten des Käufers
**gunsteling** Günstling *m*
**gunstig** günstig; *~ bekend* gut beleumundet, rühmlich bekannt; *in 't ~ste geval* bestenfalls
**gunstprijs** ZN Sonderpreis *m*, günstiger Preis *m*
**guppy** Guppy *m*
**guts** 1 ⟨stroom⟩ Strom *m*; 2 ⟨beitel⟩ Hohlmeißel *m*, -eisen *o*, Gutsche *v*
**gutsen** 1 ⟨v. zweet⟩ triefen; 2 ⟨v. bloed, regen⟩ strömen
**guur** rauh; *~ weer* rauhes Wetter *o*
**gym** gemeenz **I** *v* ⟨gymnastiek⟩ Gymnastik *v*; **II** *o* Gymnasium *o*
**gymmen** turnen, Gymnastik treiben
**gymnasiast** Gymnasialschüler *m*, Gymnasiast *m*; gemeenz Pennäler *m*
**gymnasium** Gymnasium *o*
**gymnast** Turner *m*
**gymnastiek** Gymnastik *v*; ⟨op school⟩ Sport(unterricht) *m*; *ritmische ~* rhytmische

**gymnastiekles**

Gymnastik *v*, Rhythmik *v*
**gymnastiekles** Sportstunde *v*, -unterricht *m*
**gymnastieklokaal** Sportsaal *m*, -halle *v*
**gympen, gympjes** Turnschuhe *mv*, Sportschuhe *mv*
**gymschoen** Turn-, Sportschuh *m*
**gynaecologie** Gynäkologie *v*
**gynaecoloog** Gynäkologe *m*

# H

**h** der Buchstabe H, das H

**haag** Hecke v, Hag m; *een ~ van bewonderaars* ein Spalier o von Bewunderern

**Haag:** *Den ~* Haag o; *in Den ~* im Haag

**haai** Hai m, Haifisch m; *naar de ~en gaan* verloren gehen

**haaibaai** Drachen m

**haaienvinnensoep** Haifischflossensuppe v

**haak** 1 ⟨in 't alg.⟩ Haken m; 2 ⟨scheepshaak⟩ Schiffshaken m; 3 ⟨vishaak⟩ Angel v; 4 ⟨in druk, schrift⟩ Klammer v; *haken en ogen* ⟨aan kleding⟩ Heftel mv; *aan die zaak zitten wat haken en ogen* die Sache hat ein paar Haken; *iem. aan de ~ slaan* sich jmdn. angeln; *dat is niet in de ~* das stimmt nicht; *de telefoon op de ~ leggen* den Hörer abhängen, auflegen

**haakje** 1 ⟨in 't alg.⟩ Häkchen o; 2 typ Klammer v; *~ openen* Klammer auf; *~ sluiten* Klammer zu; *tussen ~s zetten* einklammern; *tussen (twee) ~s* in Klammern; fig beiläufig

**haaks** winkelrecht; *~ staan* im Lot stehen

**haakwerk** Häkelarbeit v

**haal** 1 ⟨v.d. pen⟩ Zug m; 2 ⟨met net⟩ Zug m; *aan de ~ gaan* ausreißen

**haalbaar** erreichbar; *dat is geen haalbare kaart* das läßt sich nicht machen

**haan** Hahn m ⟨ook v. geweer⟩; *er kraait geen ~ naar* es kräht kein Hahn danach; *zijn ~ moet altijd koning kraaien* er will immer triumphieren, alles muß nach seinem Willen gehen

**haantje** 1 ⟨kleine haan⟩ Hähnchen o; 2 ⟨macho⟩ Macho m; *~ de voorste* Hans(dampf) in allen Gassen

**1 haar I** pers vnw ⟨4de nv.⟩ sie; ⟨3de nv.⟩ ihr; **II** bez vnw ihr, ihre, ihr; *ik zie ~ en ~ broer dagelijks* ich sehe sie und ihren Bruder täglich; *ik zal het ~ zeggen* ich werde es ihr sagen

**2 haar** o of v Haar o; *gekrulde haren, gekrulde zinnen* krauses Haar, krauser Sinn; *geen ~ op mijn hoofd die eraan denkt* das fällt mir nicht im Schlaf ein; *~ op de tanden hebben* Haare auf den Zähnen haben; *geen ~ beter* zijn um kein Haar besser sein; *grijze haren van iets krijgen* sich graue Haare über etwas wachsen lassen; *de wilde haren verliezen* sich die Hörner ablaufen; *elkaar in de haren vliegen* einander in die Haare fahren (geraten); *iets met de haren erbij slepen* etwas an den Haaren herbeiziehen; *met de handen in het ~ zitten* sich weder zu raten noch zu helfen wissen; *op een ~ na* um ein Haar; zie ook: *haartje*

**haarband** Haarband o

**haarbreed** ⟨geen⟩ kein Haarbreit o

**haard** Herd m ⟨ook fig⟩; Dauerbrenner m; *open ~* Kamin m; *~ van besmetting* Ansteckungsherd m; *eigen ~ is goud waard* eigner Herd ist Gold wert

**haardos** Schopf m

**haardracht** Haartracht v

**haardroger** Haartrockner m

**haardvuur** Herd-, Kaminfeuer o

**haarfijn** haarfein; *iets ~ uit de doeken doen* etwas haargenau berichten

**haargroei** Haarwuchs m

**haarkloverij** Haarklauberei v, -spalterei v

**haarlak** Haarlack m

**haarlok** Haarlocke v

**haarnetje** Haarnetz o

**haarpijn** Katzenjammer m, Kater m

**haarscherp** haarscharf

**haarspeld** Haarnadel v

**haarspeldbocht** Haarnadelkurve v, Serpentine v

**haarstukje** Haaraufsatz m

**haartje** Härchen o; *het scheelde maar een ~* es fehlte nur ein Haar

**haaruitval** Haarausfall m

**haarvat** Haargefäß o

**haarversteviger** Haarfestiger m

**haarvlecht** Zopf m

**haarzakje** Haarbalg m

**haas** 1 ⟨dier⟩ Hase m; 2 ⟨vlees⟩ Lendenbraten m; *gebraden ~* Hasenbraten m; *er als een ~ vandoor gaan* das Hasenpanier ergreifen; *mijn naam is ~* mein Name ist Hase

**haasje-over:** *~ spelen (doen)* bockspringen

**1 haast** v 1 ⟨spoed⟩ Eile v; 2 ⟨gejaagdheid⟩ Hast v; *~ hebben* eilig sein; *ik heb er geen ~ mee* es ist mir nicht damit; *geen ~ maken* sich nicht beeilen; *in vliegende ~* in fliegender Eile

**2 haast** bijw (bijna) fast, beinahe

**haasten:** *zich ~* sich beeilen

**haastig** 1 ⟨in 't alg.⟩ eilig; 2 ⟨driftige haast⟩ hastig

**haastje-repje** mach' schnell; in größter Eile

**haastwerk** eilige Arbeit v

**haat** Haß m

**haatdragend** nachtragend

**haat-liefdeverhouding** Haßliebe v

**habbekrats:** *voor een ~* für ein Butterbrot

**hachee** Haschee o

**hachelijk** mißlich, heikel

**hachje:** *bang zijn voor zijn ~* besorgt sein um sein Leben

**hacker** comput Hacker m

**hacking** ⟨computer⟩ Hacking o

**hagedis** Eidechse v, Lazerte v

**hagel** Hagel m

**hagelbui** Hagelschauer m

**hagelen** hageln, schloßen

**hagelslag** ⟨chocolade~⟩ Schokoladenstreusel mv

**hagelsteen** Hagelstein m

**hagelwit** hagelweiß

**hagenpreek** Heckenpredigt v

**haiku** Haiku o

**hairspray** Haarspray m

**hak** v 1 ⟨hiel, houweel⟩ Hacke v; 2 ⟨v. schoen⟩ Absatz m; *hoge ~* Stöckelabsatz m; *van de ~ op de tak springen* vom Hundertsten ins Tausendste kommen; *iem. een ~ zetten* jmdm. einen Streich spielen; *op de ~ nemen* verulken

**haken I** overg 1 ⟨aan een haak vastmaken⟩

**hakenkruis**

(an)haken; 2 ⟨handwerk⟩ häkeln; 3 ⟨ten val brengen⟩ jmdm. ein Bein stellen; II *onoverg* ⟨achter iets blijven vastzitten⟩ hängenbleiben; ~ *naar* sich sehnen nach

**hakenkruis** Hakenkreuz o
**hakhout** Niederwald *m*, Unterholz o
**hakkebord** muz Hackbrett o
**hakkelaar** 1 ⟨iem. die niet vlot spreekt⟩ Stammler *m*; 2 ⟨door spraakgebrek⟩ Stotterer *m*
**hakkelen** stammeln, stottern
**hakken** hacken, hauen; *dat hakt erin* das läuft ins Geld; *altijd op iem.* ~ immer auf einen herumhacken
**hakkenbar** Absatzbar v
**hakketakken** sich zanken; ~ *op* bemäkeln, bekritteln
**hakmes** Hackmesser o
**hal** 1 ⟨in 't alg.⟩ Halle *v*; 2 ⟨van woonhuis⟩ Flur *m*
**halen** holen; ~! theat Vorhang!; *ik kom je* ~ ich komme dich abzuholen; *er is niets te* ~ dabei ist nichts zu holen; *er valt iets te* ~ es fällt dabei etwas für uns ab; *hij haalt 't wel* er kommt schon durch; *geld van de bank* ~ Geld von der Bank abheben; *de zieke zal de morgen niet* ~ der Kranke wird den Morgen nicht erleben; *de trein* ~ den Zug erreichen; *de trein nog net* ~ den Zug gerade noch erwischen; *alles onderstebven* ~ das oberste zu unterst kehren; *alles erbij* ~ alles herbeiziehen; *hij haalt het niet bij zijn broer* er läßt sich nicht mit seinem Bruder vergleichen, er ist nichts gegen seinen Bruder; *door de modder ('t slijk)* ~ fig durch den Schmutz ziehen (zerren), in den Schmutz treten; *kinderen van school* ~ Kinder aus der Schule abholen
**half** I *bn bijw* halb; ~ *een* halb eins; ~ *maart* Mitte März; ~ *om* ~ halb und halb; II o *een* ~ *en een achtste* ein Halb und ein Achtel; *drie en een* ~ dreieinhalb; *ten halve* halbwegs; zur Hälfte
**halfbakken** halb, unzulänglich
**halfbloed** Halbblut o; ⟨mens ook⟩ Mischling *m*
**halfbroer** Halbbruder *m*
**halfdonker** Halbdunkel o
**halfedelsteen** Halbedelstein *m*
**half-en-half** so ungefähr, fast
**halffabrikaat** Halbwaren *mv*
**halfgaar** halbgar ⟨ook fig⟩
**halfgod** Halbgott *m*
**halfhartig** halbherzig
**halfjaarlijks** halbjährlich
**halfje** Halber *m*; *een* ~ *wit* ein halbes Weißbrot o
**halfmaandelijks** halbmonatlich
**halfom**: *broodje* ~ Brötchen o mit gebratener Leber und Pökelfleisch
**half-om-half** Hackfleisch gemischt
**halfpension** Halbpension v
**halfrond** Halbkugel v
**halfslachtig** zwitterartig
**halfstok** halbmast; *met de vlaggen* ~ Trauerbeflaggung v
**halfvol**: ~*e melk* teilentrahmte Milch v
**halfwas** Halberwachsene(r) *m-v*

**halfweg** auf halbem Wege, halbwegs
**halfzacht** fig nicht ganz bei Troste
**halfzuster** Halbschwester v
**halfzwaargewicht** I *m* ⟨persoon⟩ Halbschwergewichtler *m*; II o ⟨gewichtsklasse⟩ Halbschwergewicht o
**hall** 1 ⟨zaal⟩ Halle *v*; 2 ⟨v. woonhuis⟩ Diele *v*, Flur *m*
**halleluja** Halleluja o
**hallo** hallo
**hallucinatie** Halluzination v
**hallucineren** halluzinieren
**hallucinogeen** Halluzinogen o
**halm** Halm *m*
**halo** Halo *m*
**halogeenlamp** Halogenleuchte *v*, Halogenlampe *v*
**hals** 1 ⟨in 't alg.⟩ Hals *m*; 2 ⟨v. zeil⟩ Halse *v*; 3 ⟨sukkel⟩ Tropf *m*; *lage* ~ Ausschnitt *m*; *een onnozele* ~ ein einfältiger Tropf *m*; iem. *om de* ~ *vallen* einen umhalsen; *zich iets op de* ~ *halen* sich etwas zuziehen
**halsband** Halsband o
**halsbrekend** halsbrecherisch
**halsdoek** Halstuch o, -binde v
**halsketting** Halskette v
**halsmisdaad** Kapital-, Halsverbrechen o
**halsoverkop** Hals über Kopf
**halsslagader** Halsschlagader v
**halssnoer** Halsschnur *v*, Halsband o
**halsstarrig** halsstarrig, starrköpfig
**halster** Halfter o
**halswervel** Halswirbel *m*
**halszaak** = *halsmisdaad*; *een* ~ *van iets maken* etwas zu ernst nehmen
**halt** halt; ~ *houden* halten, haltmachen
**halte** Haltestelle v
**halter** Hantel v
**halvarine** halbfette Margarine v
**halvemaan** Halbmond *m*
**halveren** halbieren
**halveringstijd** Halbwertszeit v
**halverwege** halbwegs; ~ *de trap* halbwegs die Treppe hinauf (hinab, hinunter)
**ham** Schinken *m*
**hamburger** Hamburger *m*
**hamer** Hammer *m*; *houten* ~ Holzhammer *m*; *onder de* ~ *brengen* versteigern; *tussen* ~ *en aambeeld* zwischen Hammer und Amboß
**hameren** hämmern; *op iets* ~ fig wiederholt auf etwas drängen
**hamerslag** Hammerschlag *m*
**hamerstuk** ohne Abstimmung genehmigter Antrag *m*
**hamlap** Schinkenstück o
**hamster** Hamster *m*
**hamsteren** hamstern
**hamvraag** entscheidende Frage *v*, Kernfrage *v*
**hand** Hand *v*; *het zijn twee* ~*en op één buik* sie stecken unter einer Decke; iem. *de helpende* ~ *bieden* jmdm. hilfreiche Hand leisten; *de* ~*en ineenslaan* sich die Hände reichen; ~*en omhoog!* Hände hoch!; *de laatste* ~ *leggen aan zu* Ende führen; *vele* ~*en maken licht werk* viele Hände machen leicht ein Ende; *de* ~ *aan de ploeg slaan*

die Hand an den Pflug legen; *de ~ aan zichzelf slaan* Hand an sich legen; *iem. de ~ boven het hoofd houden* einen in Schutz nehmen; *~ in eigen boezem steken* den Fehler bei sich selbst suchen; *de ~ in iets hebben* die Hand im Spiel haben; *de ~ in het vuur durven steken voor iets* seine Hand ins Feuer legen für etwas (4); *de ~ met iets lichten* etwas nicht so genau nehmen; *de ~ op iets leggen* Hand an etwas (4) legen; *~ over ~ toenemen* überhandnehmen; *de ~ over 't hart strijken* nachgeben; *de ~en uit de mouwen steken* selbst Hand anlegen; *de ~en vol hebben* alle Hände voll zu tun haben; *we konden geen ~ voor ogen zien* es war stockdunkel; *iems. ~ vragen* um jmds. Hand anhalten; *iem. de vrije ~ laten* jmdm. freie Hand lassen; *aan de beterende ~ zijn* sich auf dem Wege zur Besserung befinden; *aan de winnende ~ zijn* im Gewinnen sein; *wat is er aan de ~?* was ist los?; *aan de ~ van de gegevens* anhand der Daten; *iets achter de ~ hebben* etwas hinter der Hand haben; *iets bij de ~ hebben* etwas zur Hand haben; *in de ~ hebben* fig im Griff haben; *in ~en krijgen* in die Hände bekommen; *in ~en vallen van de vijand* dem Feind in die Hände fallen; *in verkeerde ~en komen* in die falsche Hände geraten; *met de ~en in het haar zitten* weder ein noch aus wissen; *met de ~ op 't hart* Hand aufs Herz; *met ~ en tand* bis zum Äußersten; *iets om ~en hebben* eine Beschäftigung haben; *veel werk onder ~en hebben* vieles in Arbeit haben; *iem. onder ~en nemen* einen ins Gebet nehmen; *iets onder ~en nemen* etwas in Angriff (Arbeit) nehmen; *op ~en en voeten* auf allen vieren; *op iemands ~ zijn* auf jemands Seite sein; *een zaak ter ~ nemen* eine Sache in die Hand nehmen; *iem. iets ter ~ stellen* einem etwas einhändigen; *uit ~en geven* aus der Hand geben; *uit ~en nemen* abnehmen; *uit de (losse) ~ getekend* aus freier Hand gezeichnet; *uit de ~ lopen* außer Kontrolle geraten; *van de ~ in de tand leven* von der Hand in den Mund leben; *van de ~ wijzen* ablehnen; *iets van de ~ doen* etwas losschlagen; *vlot van de ~ gaan* reißenden Absatz finden; *voor de ~ liggen* auf der Hand liegen; zie ook: *handje*

**handarbeider** Handarbeiter *m*
**handbagage** Handgepäck *o*
**handbal** sp Handball *m*
**handbereik**: *binnen (buiten) ~* im (außer dem) Bereich der Hand
**handboei** Handfessel *v*, -schelle *v*
**handboek** Handbuch *o*
**handbreed** handbreit
**handdoek** Handtuch *o*; *de ~ in de ring gooien* (boksen) das Handtuch werfen
**handdruk** Händedruck *m*
**1 handel** *m* 1 ⟨koop en verkoop⟩ Handel *m*; 2 ⟨winkel⟩ Handlung *v*; *zwarte ~* Schwarzhandel *m*; *~ en nijverheid* Handel und Gewerbe; *~ en wandel* Tun und Treiben
**2 handel** *o & m* ⟨hendel⟩ Hebel *m*

**handelaar** Händler *m*; *~ in tweedehandsauto's* Gebrauchtwagenhändler *m*
**handelbaar** 1 ⟨v. zaken⟩ handlich; 2 ⟨personen⟩ gefügig
**handelen** 1 ⟨doen⟩ handeln; ⟨handel drijven ook:⟩ Handel treiben; 2 ⟨optreden⟩ vorgehen, verfahren; *krachtig ~* energisch vorgehen; *in koffie ~* mit Kaffee handeln; *~ in strijd met* zuwiderhandeln (+ 3)
**handeling** Handlung *v*, Tat *v*; *de H~en der apostelen* die Apostelgeschichte; *de ~en van de Tweede Kamer* die Sitzungsberichte der Zweiten Kammer
**handelingsbekwaam** handlungsfähig
**handelsagent** Handelsagent *m*
**handelsakkoord** Handelsabkommen *o*
**handelsbalans** Handelsbilanz *v*
**handelsbetrekkingen** Geschäftsverbindungen *mv*
**handelscorrespondentie** Handelskorrespondenz *v*
**handelsgeest** Handelsgeist *m*
**handelskennis** kaufmännische Kenntnisse *mv*; ⟨als vak⟩ Handelslehre *v*
**handelsmerk** Warenzeichen *o*
**handelsonderneming** Handelsunternehmen *o*
**handelsrecht** Handelsrecht *o*
**handelsreiziger** Geschäftsreisende(r) *m*; ⟨deftiger⟩ Vertreter *m*
**handelsrekenen** kaufmännisches Rechnen *o*
**handelsverdrag** Handelsvertrag *m*
**handelsverkeer** Geschäftsverkehr *m*
**handelswaar** Handelsware *v*
**handelswaarde** Handelswert *m*
**handelwijze** Handlungsweise *v*
**handenarbeid** 1 ⟨v. arbeider⟩ Handarbeit *v*; 2 onderw Werken *o*
**hand- en spandiensten** Handlangerdienste *mv*
**handgebaar** Handgebärde *v*
**handgeklap** Hände-, Beifallsklatschen *o*
**handgeld** Handgeld *o*
**handgemeen**: *~ worden* handgemein werden; *'t ~* Nahkampf *m*
**handgranaat** Handgranate *v*
**handgreep** Handgriff *m*
**handhaven** behaupten; *een eis ~* auf einer Forderung bestehen; *de orde ~* die Ordnung aufrechterhalten; *de prijzen ~* die Preise aufrechterhalten; *iem. in zijn betrekking ~* einen in seiner Stelle belassen
**handhaving** Aufrechterhaltung *v*; *~ v.d. openbare orde* Ordnungsschutz *m*
**handicap** 1 ⟨gebrek⟩ Behinderung *v*; 2 ⟨belemmering⟩ ⟨ook sp⟩ Handikap *o*
**handicaprace** Ausgleichsrennen *o*
**handig** 1 ⟨behendig⟩ gewandt, behende; 2 ⟨van voorwerpen⟩ handlich; 3 ⟨gewiekst⟩ clever, gewieckt, gewickt; *een ~ toestel* ein handlicher Apparat *m*
**handigheid** Gewandtheit *v*; ⟨van zaken⟩ Handlichkeit *v*
**handje** Händchen *o*; *iem. een ~ helpen* jmdm. mit Hand anlegen; *daar heeft hij een ~ van* das ist so seine Art
**handjeklap**: *~ spelen met iem.* (samen-

spannen) mit einem unter einer Decke stecken
**handkar** Handkarren *m*
**handkus** Handkuß *m*
**handlanger** 1 ⟨bij 't werk⟩ Helfer *m*, Handlanger *m*; 2 ⟨bij misdaad⟩ Helfershelfer *m*; ~ van de politie Spitzel *m*
**handleiding** Anleitung *v*
**handlezer** Handleser *m*
**handomdraai**: *in een* ~ im Handumdrehen
**handoplegging** Handauflegung *v*
**handopsteken**: *bij* ~ durch Händeaufheben
**handpalm** Handfläche *v*
**handreiking** Hilfeleistung *v*
**handrem** Handbremse *v*
**hands** *sp* Hand *v*, Handspiel *o*; Oostr Zwits Hands; *aangeschoten* ~ angeschossene Hand *v*; ~ *up!* Hände hoch!
**handschoen** Handschuh *m*; *iem. de* ~ *toewerpen* jmdm. den Handschuh hinwerfen; *de* ~ *opnemen* den Handschuh aufnehmen; *met de* ~ *trouwen* per Prokuration heiraten; *iem. met fluwelen* ~*en aanpakken* einen mit Samthandschuhen anfassen
**handschoenenkastje, handschoenenvak** Handschuhfach *o*
**handschrift** Handschrift *v*
**handstand** Handstand *m*
**handtas** Handtasche *v*
**handtastelijk** handgreiflich, tätlich
**handtastelijkheid** 1 ⟨fysiek geweld⟩ Handgreiflichkeit *v*, Tätlichkeiten *v*; 2 ⟨ongewenste lichamelijke aanraking⟩ Zudringlichkeit *v*
**handtekening** 1 ⟨'t ondertekenen⟩ Unterzeichnung *v*; 2 ⟨naam⟩ Unterschrift *v*
**handvaardigheid** Handfertigkeit *v*
**handvat** Griff *m*
**handvest** verbriefte Urkunde *v*; *het H~ van de Verenigde Naties* die Charta der Vereinten Nationen
**handvol** Handvoll *v*
**handwerk** 1 ⟨met de hand gemaakt werk⟩ Handarbeit *v*; 2 ⟨ambacht⟩ Gewerbe *o*
**handwerken** handarbeiten, Handarbeiten *mv* machen
**handwoordenboek** Handwörterbuch *o*
**handzaam** 1 ⟨gemakkelijk⟩ handlich; 2 ⟨v. persoon⟩ folgsam
**hanenkam** Hahnenkamm *m* ⟨in alle bet.⟩
**hanenpoot**: ~*poten* ⟨schrift⟩ Gekritzel *o*, Krakelfüße *mv*
**hang**: ~ *naar (tot)* Hang *m* zu
**hangbrug** Hängebrücke *v*
**hangbuik** Hängebauch *m*
**hangen\*** I *onoverg* hängen ⟨st⟩; II *overg* hängen ⟨zw⟩; *iem.* ~ ⟨ophangen⟩ einen aufhängen; *de zaak hangt nog* die Sache schwebt noch; *het hangt erom* es hängt noch in der Luft; *aan elkaar* ~ zusammenhalten; *aan iem.* ~ an einem hängen; *van leugens aan elkaar* ~ das Blau vom Himmel herunterlügen; *'t hangt van onzin aan elkaar* es ist der reinste Unsinn; *in kroegen* ~ in Kneipen herumlungern; *met* ~ *en wurgen* mit Hängen und Würgen

**hangend** I *bn* hängend; *de zaak is nog* ~*e* die Sache ist noch in der Schwebe; II *voorz* ⟨gedurende⟩ während
**hang-en-sluitwerk** Baubeschläge *mv*
**hanger** 1 ⟨in 't alg.⟩ Hänger *m*; 2 ⟨sieraad⟩ Anhänger *m*; 3 ⟨klerenhaak⟩ (Kleider-)bügel *m*
**hangerig** lustlos, matt
**hangijzer** Hangeisen *o*; *een heet* ~ ein heißes Eisen *o*
**hangkast** Hängeschrank *m*
**hangklok** Wanduhr *v*
**hangmap** Hängemappe *v*
**hangmat** Hängematte *v*
**hangpartij** ⟨schaken, dammen⟩ Hängepartie *v*
**hangplant** Hängepflanze *v*
**hangslot** Vorhänge-, Vorlegeschloß *o*
**hangwang** Hängebacke *v*
**hanig** macho-, Macho-
**hannesen** ⟨stuntelen⟩ stümpern *wat zit je toch te* ~? an was fummelst du denn herum?
**hansop** Kinderhemdhose *v*
**hansworst** Hanswurst *m*
**hanteerbaar** benutzbar, verwendbar, handgerecht
**hanteren** handhaben; *het zwaard* ~ das Schwert führen
**Hanzestad** Hansestadt *v*
**hap** Happen *m*, Bissen *m*; *geen* ~ *naar binnen kunnen krijgen* keinen Bissen hinunterbringen; ~*!* schnapp!
**haperen** 1 ⟨mankeren⟩ hapern; 2 ⟨stokken⟩ stocken; *hapert er iets aan?* stimmt etwas nicht?; ⟨persoon⟩ fehlt Ihnen etwas?
**hapering** Stockung *v*
**hapje** Bissen *m*, Häppchen *o*; *een hartig* ~ ein Gabelbissen *m*; *een lekker* ~ ein Leckerbissen *m*
**hapklaar** mundgerecht; *hapklare brokken* mundgerechte Bissen *mv*, *fig* leicht verdauliche Sachen *mv*
**happen** 1 ⟨een hap nemen⟩ beißen; 2 ⟨reageren⟩ anbeißen; ~ *in* beißen in (+ 4); *naar lucht* ~ nach Luft schnappen
**happening** Happening *o*
**happig** begierig; ~ *op iets zijn* auf etwas versessen sein
**happy**: ~ *met iets zijn* zufrieden mit etwas sein; *een* ~ *end* ein Happy-End *o*
**hapsnap** ruck zuck
**haptonomie** Haptonomie *v*
**haptonoom** Haptonom *m*
**hard** 1 ⟨in 't alg.⟩ hart; 2 ⟨hardhandig⟩ kräftig; 3 ⟨streng⟩ hartherzig; 4 ⟨erg⟩ schwer, stark; *zo* ~ *als een bikkel* hart wie Stein; ~ *als glas* glashart; *zo* ~ *als een spijker fig* unerbittlich; *'t gaat* ~ *tegen* ~ es geht hart auf hart; ~*e schijf comput* Festplatte *v*; ~*e valuta* harte Währung *v*; ~ *water* hartes Wasser *o*; *om het* ~*st* um die Wette; ~ *nodig* dringend nötig; ~ *vriezen* stark frieren; ~ *schreeuwen* laut schreien; ~ *werken* viel arbeiten
**hardboard** Hartfaserplatte *v*
**harddisk** comput Festplatte *v*
**harddrug** harte Droge *v*

**harden 1** ⟨hardmaken⟩ härten; **2** ⟨uithouden⟩ aushalten; *het er niet kunnen ~* es da nicht aushalten können
**hardhandig** unsanft
**hardheid 1** *eig* Härte v; **2** ⟨gevoelloosheid⟩ Hartherzigkeit v, Unbarmherzigkeit v
**hardhorend, hardhorig** schwerhörig
**hardhout** Hartholz o
**hardleers 1** ⟨moeilijk lerend⟩ ungelehrig; **2** ⟨eigenwijs⟩ unbelehrbar
**hardloopwedstrijd** Wettlauf m
**hardlopen** laufen, rennen
**hardloper** Läufer m; *~ op midden-, korte, lange afstanden* Mittel-, Kurz-, Langstreckler m; *~s zijn doodlopers* übertriebene Hast schadet nur!
**hardmaken** ⟨bewijzen⟩ beweisen
**hardnekkig** hartnäckig
**hardop** laut
**hardrijder** ⟨op schaatsen⟩ Eisschnellläufer m
**hardvochtig** hartherzig
**hardware** Hardware v
**harem** Harem m
**harig** behaart, haarig
**haring** ⟨vis, tentpin⟩ Hering m; *zure ~* saurer Hering m; *zoute ~* Salzhering m; *als ~en in een ton* wie die Sardinen in der Büchse
**haringkaken** Heringskaaken o
**haringvangst** Heringsfang m
**hark** Rechen m; N-Duits Harke v; *stijve ~* Stockfisch m
**harken** rechen; N-Duits harken
**harkerig** steif
**harlekijn** m Harlekin m
**harmonica** Harmonika v
**harmonicadeur** Harmonikatür v
**harmonie** Harmonie v
**harmoniemodel** Konfliktsvermeidungsstrategie v
**harmonieorkest** Harmonieorchester o
**harmoniëren** harmonieren
**harmonieus** harmonisch
**harmonisatie** Harmonisierung v
**harmonisch** harmonisch
**harmoniseren** harmonisieren
**harmonium** Harmonium o
**harnas** Harnisch m, Panzer m; *iem. tegen zich in 't ~ jagen* jmdm. gegen sich selbst in Harnisch bringen
**harp** Harfe v
**harpij** *fig* Furie v
**harpist** Harfner m, Harfenspieler m, Harfenist v
**harpoen** Harpune v
**harpoeneren** harpunieren
**harrewarren** sich zanken, sich streiten
**hars 1** ⟨in 't alg.⟩ Harz o; **2** ⟨voor strijkstokken⟩ Kolophonium o
**hart** Herz o; *een gevoelig ~* ein weiches Herz o; *een ~ van goud* ein goldenes Herz o; *als je 't ~ hebt* wenn du es wagst; *heb 't ~ eens om dat te doen!* untersteh' dich!; *zijn ~ aan iets ophalen* sich an einer Sache zugute tun; *iem. een ~ onder de riem steken* jmdm. Mut machen; *iem. een goed (kwaad) ~ toedragen* jmdm. (nicht)

zugetan sein; *het ~ klopte me in de keel* das Herz schlug mir bis zum Hals; *zijn ~ op de tong dragen* das Herz auf der Zunge tragen; *~ voor iets hebben* ein Herz für etwas haben; *zijn ~ vasthouden* das Schlimmste befürchten; *aan 't ~ gaan nahegehen* (+ 3); *dat ligt me na aan 't ~* das liegt mir sehr am Herzen; *in ~ en nieren* in Herz und Nieren; *met ~ en ziel* mit Leib und Seele; *met een bloedend ~* mit blutendem Herzen; *iem. iets op 't ~ drukken* jmdm. etwas ans Herz legen; *iets op 't ~ hebben* etwas auf dem Herzen haben; *iets niet over zijn ~ kunnen verkrijgen* etwas nicht übers Herz bringen; *ter ~e gaan* am Herzen liegen; *ter ~e nemen* zu Herzen nehmen; *uit 't ~ gegrepen* aus der Seele gesprochen; *van ~e gaan* von Herzen gehen; *niet van ~e* mit halbem Herzen; *van ganser ~e* von ganzem Herzen; *waar 't ~ vol van is, loopt de mond van over* wovon das Herz voll ist, davon geht der Mund über; *van zijn ~ geen moordkuil maken* aus seinem Herzen keine Mördergrube machen
**hartaandoening** Herzleiden o
**hartaanval** Herzanfall m
**hartbewaking** ⟨ziekenhuisafdeling⟩ Herzintensivstation v
**hartboezem** Herzvorkammer v
**hartbrekend** herzbrechend, -zerreißend
**hartchirurgie** Herzchirurgie v
**hartelijk** herzlich
**harteloos** herzlos
**harteloosheid** Herzlosigkeit v
**harten** *kaartsp* Herz o
**hartenaas** Herzas o
**hartenkreet** Herzensschrei m
**hart- en vaatziekten** Herz- und Gefäßkrankheiten mv
**hartenwens** Herzenswunsch m
**hartgrondig** herzinnig; ⟨ongunstig⟩ zutiefst; *een ~e hekel iem. hebben* tiefe Abscheu gegen jmdn. empfinden
**hartig** ⟨v. spijzen⟩ gesalzen, gewürzt; *een ~ woordje met iem. spreken* ein ernstes Wort mit jmdm. sprechen
**hartinfarct** Herzinfarkt m
**hartje** Herzchen o; *'t ~ van Afrika* das Innere Afrikas; *~ winter* mitten im Winter; *hij heeft alles wat zijn ~ begeert* ihm geht nichts ab
**hartkamer** Herzkammer v
**hartklep** Herzklappe v
**hartklopping** Herzklopfen o
**hartkwaal** Herzleiden o
**hart-longmachine** Herz- und Lungenmaschine v
**hartoperatie** Herzoperation v; *open ~* Operation v am offenen Herzen
**hartpatiënt** Herzpatient m; *~ zijn* herzkrank sein
**hartroerend** herzergreifend, erschütternd
**hartsgeheim** Herzensgeheimnis o
**hartslag** Herzschlag m
**hartspecialist** Herzspezialist m
**hartstikke** *gemeenz* sehr, total; *~ dood* mausetot; *~ doof* stocktaub

**hartstocht** Leidenschaft *v*
**hartstochtelijk** leidenschaftlich
**hartsvriend** Herzensfreund *m*
**harttransplantatie** Herzverpflanzung *v*
**hartvergroting** Herzvergrößerung *v*
**hartverlamming** Herzschlag *m*
**hartverscheurend** herzzerreißend
**hartverwarmend** herzerhebend
**hartzeer** Herzeleid *o*
**hasj, hasjiesj** Haschisch *o*
**hasjhond** Drogenspürhund *m*
**hasjpijp** Haschpfeife *v*
**haspel** Haspel *m-v*
**haspelen** ⟨garen afwinden⟩ haspeln; *alles door elkaar ~* alles durcheinanderwerfen
**hat-eenheid** HAT-Wohnung *v* (= Wohnung für einen Ein- oder Zweipersonenhaushalt)
**hatelijk** ⟨krenkend⟩ gehässig, anzüglich
**hatelijkheid** Gehässigkeit *v*
**haten** hassen
**hausse** 1 ⟨in zaken⟩ Wirtschaftsbelebung *v*; 2 ⟨aan de beurs⟩ Hausse *v*
**hautain** herablassend
**have** Habe *v*; *~ en goed* Hab und Gut
**haveloos** ⟨v. kleding⟩ zerlumpt
**haven** Hafen *m*; *~ van bestemming* Bestimmungshafen *m*
**havenarbeider** Hafenarbeiter *m*
**havengeld** Hafengebühr *v*, -gebühren *mv*, -gelder *mv*
**havenhoofd** Mole *v*
**havenstad** Hafenstadt *v*
**havenstaking** Hafenstreik *m*
**haver** Hafer *m*; *van ~ tot gort kennen* kennen wie seine Westentasche
**haverklap**: *om de ~* alle nasenlang
**havermout** Haferflocken *mv*
**havik** 1 ⟨vogel⟩ Habicht *m*; 2 pol Scharfmacher *m*
**haviksneus** Habichtsnase *v*
**havo** = *hoger algemeen voortgezet onderwijs* ± Realschule *v*
**hazardspel** Hasardspiel *v*
**hazelaar** Hasel(nuß)strauch *v*
**hazelnoot** Haselnuß *v*
**hazelworm** Blindschleiche *v*
**hazenlip** Hasenscharte *v*
**hazenpad**: *'t ~ kiezen* das Hasenpanier ergreifen
**hazenpeper** Hasenpfeffer *m*
**hbo** = *hoger beroepsonderwijs* Fachhochschulunterricht *m*
**H-bom** H-Bombe *v*
**heao** = *hoger economisch en administratief onderwijs* höherer Handelsschulunterricht *m*
**hebbeding** Dingelchen *o*
**hebbelijkheid** ⟨neutraal⟩ Angewohnheit *v*; ⟨ongunstig⟩ Unart *v*
**hebben*** I *overg* haben; *ik weet niet hoe ik 't heb* ich weiß nicht, wie mir ist; *iets niet willen ~* ⟨toestaan⟩ etwas nicht gestatten; *van heb ik jou daar!* wie nur einer!; *hij kan niets ~* ⟨wordt snel humeurig⟩ er wird gleich gereizt; *daar heb je hem* da ist er; *het goed ~* es gut haben; *het koud ~* frieren; *ik heb niets aan hem* er ist mir zu nichts nutze; *wat heb je eraan?* was hast du davon?; *ik weet niet wat ik aan hem heb* ich weiß nicht, woran ich mit ihm bin; *iets bij zich ~* etwas bei sich haben; *ik heb met hem te doen* er jammert mich; *iets tegen iem. ~* etwas gegen jmdn. haben; *veel van iem. ~* einem sehr ähnlich sein; *ik moet daar niets van ~* ich will nichts davon wissen; *ik moet niets van hem ~* er kann mir gestohlen bleiben; II *o: zijn hele ~ en houden* sein ganzes Hab und Gut
**hebberig** habgierig
**hebbes** hab' dich
**Hebreeuws** hebräisch
**hebzucht** Habsucht *v*
**hebzuchtig** habsüchtig
**hecht** fest; *~ gebouwd* solide gebaut
**hechten** I *overg* 1 med nähen; 2 ⟨vastmaken⟩ heften; *geloof ~ aan een zaak* einer Sache Glauben schenken; II *onoverg* ⟨vast blijven zitten⟩ haften; III *wederk*: *zich aan iem. ~* sich an einen hängen; *gehecht aan die school* ZN ⟨verbonden⟩ der Schule angegliedert sein
**hechtenis** ⟨bij politie⟩ Haft *v*; *preventieve ~* Vorbeugehaft *v*; *in ~ nemen* verhaften, festnehmen
**hechting** Faden *m*; ⟨krammetje⟩ Wundklammer *v*; *~en verwijderen* Fäden ziehen
**hechtpleister** Heftpflaster *o*
**hectare** Hektar *o*
**hectisch** hektisch
**hectogram** Hektogramm *o*
**hectoliter** Hektoliter *o*
**heden** I *bijw* heute; *~ ten dage* heutzutage, heute; *de post van ~* die heutige Post; II *o* Gegenwart *v*, Heute *o*
**hedenavond** heute abend
**hedendaags** heutig; *~e kunst* zeitgenössische Kunst *v*
**hedonisme** Hedonismus *m*
**heel** I *bn* ⟨gaaf, geheel⟩ ganz, heil; *de hele dag* den ganzen Tag; *de hele uren* die vollen Stunden; *niets van iem. ~ laten* kein gutes Haar an jmdm. lassen; II *bijw* ⟨erg⟩ sehr; *~ duur* sehr teuer; *~ wat* ziemlich viel; *~ en al* ganz und gar; *men denkt dat 't ~ wat is* man hält es für etwas Besonderes
**heelal** Weltall *o*
**heelhuids**: *er ~ afkomen* mit heiler Haut davonkommen
**heelkunde** Chirurgie *v*
**heelmeester** Chirurg *m*
**heemkunde** Heimkunde *v*
**heen** hin; *~ en weer* hin und her; *ergens ~* irgendwohin; *ergens anders ~* sonstwohin; *iets over zich ~ laten gaan* etwas über sich ergehen lassen; *over iets ~ komen* über etwas hinwegkommen; *waar moet dat ~?* wo soll das hingehen?; *door een verkeerssein, over een kruising ~ rijden* ein Signal, eine Kreuzung überfahren; *waar wil je ~?* wo willst du hin?; *fig* worauf willst du hinaus?; *over iets ~ zijn* über etwas hinaussein
**heen-en-weer**: *het ~ krijgen van iets* einen zuviel/eine Macke von etwas kriegen; *krijg het ~!* verreck doch!

**heengaan 1** ⟨weggaan⟩ (fort)gehen; **2** ⟨sterven⟩ hinscheiden
**heenkomen:** *een goed ~ zoeken* sich aus dem Staub(e) machen
**heenlopen** hinweglaufen; *loop heen!* geh mir!; *over iem. ~* einen ignorieren; *over iets ~* über etwas (4) hinweghuschen
**heenreis** Hinreise v, -fahrt v
**heenwedstrijd** ZN Auswärtsspiel o
**heenweg** Hinweg m
**heer 1** ⟨persoon⟩ Herr m; **2** kaartsp König m; *de ~ X* ⟨adres⟩ Herrn X; *mijn oude ~ gemeenz* mein Alter m; *de ~ des huizes* der Herr vom Hause; *zo ~, zo knecht* wie der Herr, so der Knecht; *~ en meester zijn* sein eigner Herr sein; *wees een ~ in 't verkeer* sei ein Kavalier am Steuer
**heerlijk** herrlich, wunderbar
**heerlijkheid 1** ⟨pracht, landgoed⟩ Herrlichkeit v; **2** ⟨lekkernij⟩ Köstlichkeiten mv
**heerschap** geringsch Patron m, Mensch m; *een raar ~* ein wunderlicher Kauz m
**heerschappij** Herrschaft v, Macht v
**heersen 1** ⟨regeren⟩ herrschen; **2** ⟨woeden⟩ wüten, grassieren; *hier heerst een misverstand* hier liegt ein Mißverständnis vor
**heersend** herrschend; *de ~e opvatting* die (vor)herrschende Auffassung
**heerser** Herrscher m
**heerszuchtig** herrschsüchtig
**heertje** Herrchen o; *het ~ zijn* ⟨er bovenop zijn⟩ obenauf sein; ⟨er netjes uitzien⟩ ein feiner Herr sein
**heerweg** Heerstraße v
**hees** heiser, rauh
**heester** Strauch m
**heet 1** ⟨zeer warm⟩ heiß; **2** ⟨pittig v. smaak⟩ scharf; **3** ⟨hitsig⟩ hitzig; *hete lucht* Heißluft v; *~ van de naald* brühwarm; *het gaat er ~ aan toe* es geht heiß her; *in het ~st van de strijd* im Eifer des Gefechts
**heetgebakerd** hitzig, hitzköpfig
**heethoofd** Hitzkopf m, Heißsporn m
**hefboom** Hebel m
**hefbrug 1** ⟨over waterweg⟩ Hubbrücke v; **2** ⟨in garage⟩ Hebebühne v
**heffen\* 1** ⟨in 't alg.⟩ heben, erheben; ⟨gewichten ook⟩ stemmen; **2** ⟨vorderen⟩ erheben; *belasting ~* Steuern erheben
**heffing** Erhebung v
**heft** Heft o Griff m; *'t ~ in handen hebben* das Heft in Händen haben
**heftig** heftig, auffahrend
**heftruck** Gabelstapler m
**hefvermogen** Hebkraft v
**heg** Hecke v; *~ noch steg weten* sich nicht auskennen
**hegemonie** Hegemonie v
**heggenschaar** Heckenschere v
**hei** = *heide*
**heibel** Krach m
**heiblok** Ramme v, Rammbär m
**heide** ⟨plant, vlakte⟩ Heide v
**heiden** Heide m; *aan de ~en overgeleverd* in Teufels Küche geraten
**heidens** heidnisch; *een ~ lawaai* ein Heidenlärm m
**heien** (ein)rammen; zie ook: *geheid*

**heiig** unsichtig, diesig
**heikneuter** Hinterwäldler m
**heil** Heil o; *veel ~ en zegen (in 't nieuwe jaar)!* Prosit Neujahr!; *ergens geen ~ in zien* sich nichts von einer Sache versprechen; *zijn ~ zoeken in iets* sein Heil suchen in etwas (3)
**Heiland** Heiland m
**heilbot** Heilbutt m
**heildronk** Trinkspruch m, Gesundheit v
**heilgymnastiek** Heilgymnastik v
**heilig** heilig; *de H~e Geest* der Heilige Geist; *hij is nog ~ bij zijn vriend vergeleken* er ist ein Heiliger neben seinem Freund; *'t H~e der H~en* das Allerheiligste
**heiligbeen** Kreuzbein o
**heiligdom** Heiligtum o
**heilige** Heilige(r) m-v
**heiligen** heiligen
**heiligheid** Heiligkeit v; *Zijne H~ de Paus* Seine Heiligkeit der Papst
**heiligschennis** Entheiligung v
**heiligverklaring** Heiligsprechung v
**heilloos** heillos
**heilsoldaat** Heilssoldat m
**heilstaat** Heilstaat m
**heilwens** Segenswunsch m
**heilzaam** heilsam
**heimelijk** heimlich, verstohlen
**heimwee** Heimweh o
**Hein:** *magere ~* der Sensenmann m; *een ijzeren ~* ein stahlharter Mann m
**heinde:** *~ en ver* weit und breit; *van ~ en ver* von fern und nah
**heipaal** Rammpfahl m
**heisa 1** ⟨gedoe⟩ Getue o; **2** ⟨ophef⟩ Trara o; *veel ~ over iets maken* ein großes Trara um etwas machen
**heitje** gemeenz ⟨kwartje⟩ Viertelgulden m
**hek 1** ⟨v. ijzer⟩ Zaun m; ⟨v. draad⟩ Drahtzaun m; ⟨v. latten⟩ Lattenzaun m; ⟨traliehek⟩ Gitter o; **2** ⟨deur⟩ Gartentor o; ⟨v. traliewerk⟩ Gittertür v; *het ~ is van de dam* alles geht drunter und drüber
**hekel** ⟨voor vlas⟩ Hechel v; *een ~ aan iem. hebben* einen nicht leiden mögen; *over de ~ halen* durchhecheln (ook fig)
**hekeldicht** Satire v
**hekelen 1** ⟨v. vlas⟩ hecheln; **2** ⟨afkeuren⟩ durchhecheln, durch die Hechel ziehen
**hekelschrift** Satire v
**hekkensluiter 1** ⟨de achterste⟩ der Letzte in einem Zug; **2** sp Tabellenletzter m
**heks** Hexe v
**heksen** hexen; *niet kunnen ~* nicht zaubern können
**heksenjacht** Hexenjagd v
**heksenketel** Hexenkessel m
**heksenkring** Hexenring m
**heksentoer** Teufelsarbeit v
**heksenwerk, hekserij** Hexerei v
**hekwerk 1** ⟨latten⟩ Gatter o; **2** ⟨traliewerk⟩ Gitterwerk o; **3** ⟨leuning⟩ Geländer o
**1 hel** v ⟨onderwereld⟩ Hölle v; *ter ~le varen* zur Hölle fahren; *iems. leven tot een ~ maken* einem das Leben zur Hölle machen
**2 hel** bn ⟨fel⟩ hell; *~le kleuren* grelle Farben
**hela:** *~!* holla!, heda!

**helaas** leider
**held** Held *m*; ~ *van de dag* Held *m* des Tages; *geen* ~ *zijn in...* keine Leuchte sein in...; ~ *op sokken* Angsthase *m*
**heldendaad** Heldentat *v*
**heldendicht** Heldenepos *o*
**heldenverering** Heldenverehrung *v*
**helder** 1 ⟨geluid⟩ hell, klar; 2 ⟨licht⟩ hell; 3 ⟨vloeistof⟩ klar; 4 ⟨schoon⟩ sauber, rein; 5 ⟨duidelijk⟩ klar; *een* ~*e hemel* ein heit(e-)rer Himmel *m*; *de* ~*e maan* der helle Mond; *een* ~ *verstand hebben* einen klaren Verstand haben; *nu is de zaak mij* ~ nun ist die Sache mir klar; ~ *als glas* glasklar; ~ *als koffiedik* klar wie dicke Tinte; ~*der worden* sich aufhellen
**helderheid** 1 ⟨licht⟩ Helle *v*; 2 ⟨lucht, water, gedachten⟩ Klarheit *v*; 3 ⟨netheid⟩ Sauberkeit *v*
**helderziend** hellseherisch; ~*e* Hellseher *m*, -seherin *v*
**heldhaftig** heldenmütig
**heldin** Heldin *v*
**heleboel**: *een* ~ viel(e), eine große Masse
**helemaal** gänzlich; *bent u* ~ *gek?* sind Sie total verrückt?; ~ *verkeerd* völlig falsch; *dat is 't* ~ das ist vortrefflich
**1 helen** *onoverg & overg* ⟨genezen⟩ heilen
**2 helen** *overg* ⟨gestolen goederen⟩ hehlen
**heler** Hehler *m*
**helft** Hälfte *v*; *zijn betere* ~ seine bessere Hälfte *v*; *voor de* ~ zur Hälfte
**helihaven** Helihafen *m*, -port *m*
**helikopter** Helikopter *m*
**heling** 1 ⟨v. gestolen goederen⟩ Hehlerei *v*; 2 ⟨v. wond⟩ Heilung *v*
**heliport** Heliport *m*, -hafen *m*
**helium** Helium *o*
**hellebaard** Hellebarde *v*
**hellen** 1 ⟨in 't alg.⟩ überhängen; 2 ⟨weg, terrein⟩ sich neigen; ~*d vlak* geneigte Ebene *v*
**hellenisme** Hellenismus *m*
**helleveeg** Hexe *v*
**helling** 1 ⟨heuvel⟩ Abhang *m*, Hang *m*, Halde *v*; 2 ⟨stenig, rotsig⟩ Steinhalde *v*; 3 ⟨'t hellen⟩ Abschüssigkeit *v*; 4 ⟨bijv. v. spoorbaan⟩ Gefälle *o*; 5 ⟨scheepshelling⟩ Helling *v* & *m*; *besneeuwde* ~ Schneehalde *v*
**1 helm** *m* ⟨hoofdbescherming⟩ Helm *m*; *stalen* ~ Stahlhelm *m*; *met de* ~ *geboren* mit dem Helm (der Glückshaube) geboren
**2 helm** *v* ⟨gras⟩ Helmgras *o*
**help**: ~*!* (zu) Hilfe!; *lieve* ~*!* lieber Himmel!
**helpen*** 1 ⟨in 't alg.⟩ helfen; 2 ⟨in winkel⟩ bedienen; *hij is niet te* ~ ihm ist nicht zu helfen; *ik kan 't niet* ~ ich kann nicht dafür; *hij hielp hem vluchten* er half ihm bei der Flucht; *ik help 't je wensen* ich wünsche es mit dir; *de kat laten* ~ die Katze sterilisieren (kastrieren) lassen; *dat helpt geen zier* das hilft nichts; *iem. aan een betrekking* ~ einem zu einer Stelle verhelfen
**helper** Helfer *m*; ⟨bediende ook⟩ Gehilfe *m*
**hels** höllisch, teuflisch; ~ *lawaai* Höllenlärm *m*; ~*e machine* Höllenmaschine *v*; ~ *zijn* fuchswild sein
**hem** ⟨3e nv.⟩ ihm; ⟨4e nv.⟩ ihn; *zeg* ~ *dat ik* ~ *verwacht* sagen Sie ihm, daß ich ihn erwarte
**hemd** 1 ⟨ondergoed⟩ Unterhemd *o*; 2 ⟨overhemd⟩ Hemd *o*; *'t* ~ *is nader dan de rok* das Hemd ist näher als der Rock; *iem. 't* ~ *van 't lijf vragen* jmdm. Löcher in den Bauch fragen
**hemdsmouw** Hemdsärmel *m*
**hemel** ⟨ook v. bed⟩ Himmel *m*; ~ *en aarde bewegen* Himmel und Erde (Hölle) in Bewegung setzen; *lieve* ~*!* lieber Gott!; *in de zevende* ~ im siebenten Himmel; *om 's* ~*s wil* um Himmels willen; *onder de blote* ~ im Freien Himmel; *ten* ~ *varen* gen Himmel fahren
**hemelbed** Himmelbett *o*
**hemelbestormer** *fig* ⟨iem. met wilde, revolutionaire ideeën⟩ Himmel(s)stürmer *m*
**hemelhoog** himmelhoch; *iets* ~ *prijzen* etwas über den grünen Klee loben
**hemellichaam** Himmelskörper *m*
**hemelrijk** Himmelreich *o*
**hemels** himmlisch; *de* ~*e Vader* der himmlische Vater
**hemelsblauw** himmelblau
**hemelsbreed** in der Luftlinie; *een* ~ *verschil* ein himmelweiter Unterschied *m*
**hemelsnaam**: *in* ~ des Himmels willen
**hemeltergend** himmelschreiend
**hemelvaart** Himmelfahrt *v*; Z-Duits Auffahrt *v*
**Hemelvaartsdag** Himmelfahrt(stag) *v (m)*
**hemelvuur** Blitz *m*
**hemelwater** Regenwasser *o*
**hemisfeer** Hemisphäre *v*
**hemofilie** Hämophilie *v*
**1 hen** *pers vnw* sie
**2 hen** *v* ⟨kip⟩ Henne *v*, Huhn *o*
**hendel** = ²*handel*
**Hendrik** Heinrich *m*; *brave H*~ Tugendbold *m*
**hengel** Angel(rute) *v*
**hengelaar** Angler *m*
**hengelen** angeln; ~ *naar* angeln nach
**hengsel** 1 ⟨v. emmer enz.⟩ Henkel *m*, Handgriff *m*; 2 ⟨v.d. deur⟩ Türangel *v*
**hengst** Hengst *m*
**hennep** Hanf *m*
**hens**: *alle* ~ *aan dek* alle Mann an Deck
**hepatitis** Hepatitis *v*
**her** her, herwärts; ~ *en der* hier und da; *eeuwen* ~ vor Jahrhunderten; *van eeuwen* ~ Jahrhunderte alt
**herademen** wiederaufatmen
**heraldiek** Heraldik *v*
**heraut** Herold *m*
**herbarium** Herbarium *o*, Herbar *o*
**herbebossen** (wieder)aufforsten
**herbenoemen** wiederwählen, -ernennen
**herberg** Herberge *v*
**herbergen** beherbergen
**herbergier** Wirt *m*
**herbivoor** Herbivore *m*
**herboren** neugeboren, verjüngt
**herbouw** Wiederaufbau *m*
**herdenken** 1 ⟨weer denken aan⟩ gedenken, zurückdenken an; 2 ⟨vieren⟩ feiern; *iem.* ~ eines Menschen gedenken; ⟨door een arti-

**kel na zijn dood**) einem einen Nachruf widmen
**herdenking** 1 ⟨herinnering⟩ Erinnerung v; 2 ⟨plechtigheid⟩ Gedächtnisfeier v
**herder** Hirt m, Schäfer m; *Duitse* ~ Schäferhund m
**herderlijk** 1 ⟨v. herders⟩ hirtenmäßig; 2 ⟨geestelijk⟩ seelsorgerisch; ~ *schrijven* Hirtenbrief m
**herdershond** Schäferhund m
**herderstasje** ⟨plant⟩ Hirtentäschel o
**herdruk** Neudruck m, Neuauflage v
**herdrukken** wiederabdrucken, neu auflegen
**heremiet** Eremit m, Einsiedler m
**herenboer** Landwirt m, Gutsbesitzer m
**herendienst** Frondienst m
**herenhuis** 1 ⟨op landgoed⟩ Gutshaus o; 2 ⟨in stad⟩ herrschaftliches Haus o; 3 ⟨makelaarsterm⟩ stattliches Bürgerhaus o
**hereniging** Wiedervereinigung v
**herenkleding** Herrenkleidung v
**herenmode** Herrenmode v
**herexamen** Nachexamen o
**herfst** Herbst m
**herfstvakantie** Herbstferien mv
**hergebruik** Wiederverwendung v
**herhaaldelijk** wiederholt
**herhalen** wiederholen
**herhaling** Wiederholung v
**herhalingsoefening** Wiederholungsübung v
**herinneren**: ~ *aan* erinnern an (+ 4); *zich* ~ sich erinnern (+ 2, + an); *herinner je je dat nog?* erinnerst du dich noch daran?; *wij zijn zo vrij u eraan te* ~ ⟨ook⟩ wir erlauben uns, Ihnen die Sache in Erinnerung zu bringen
**herinnering** Erinnerung v, Andenken o; *ter* ~ *aan* zum Andenken an (4)
**herkauwen** wiederkäuen
**herkauwer** Wiederkäuer m
**herkenbaar** wiedererkennbar
**herkennen** 1 ⟨onderscheiden⟩ erkennen; 2 ⟨weer kennen⟩ wiedererkennen; *een vliegtuig* ~ ein Flugzeug ansprechen
**herkenningsmelodie** RTV Erkennungsmelodie v
**herkeuring** Nachuntersuchung v; mil Nachmusterung v
**herkiesbaar** wiederwählbar
**herkiezen** wiederwählen; *niet* ~ abwählen
**herkomst** Her-, Abkunft v
**herleidbaar** reduzierbar
**herleiden** 1 ⟨in 't alg.⟩ zurückführen; 2 rekenk verwandeln
**herleven** wiederaufleben; *doen* ~ wiederbeleben
**herleving** Wiederaufleben o
**hermafrodiet** Hermaphrodit m, Zwitter m
**hermelijn** I m ⟨dier⟩ Hermelin o; II o ⟨bont⟩ Hermelin m
**hermetisch** hermetisch
**hernemen** 1 ⟨terugnemen⟩ wieder-, zurücknehmen; 2 ⟨verder praten⟩ fortfahren
**hernhutter** Herrnhuter m
**hernia** Hernie v
**hernieuwen** erneuern; *een hernieuwde*

*poging* ein erneuter Versuch m
**heroïek** heroisch, heldisch
**heroïne** Heroin o
**heroïnehoertje** drogensüchtige Prostituierte v
**heropenen** wiedereröffnen
**heropening** Wiedereröffnung v
**heropvoeding** Umerziehung v
**heroveren** wiedererobern
**heroverwegen** etwas noch einmal erwägen
**herpes** Herpes m
**herplaatsen** 1 ⟨in krant⟩ wiederholen; 2 ⟨m.b.t. arbeidsplaats⟩ wiedereinstellen
**herrie** 1 ⟨drukte⟩ Trubel m; 2 ⟨spektakel⟩ Spektakel m, Radau m; 3 ⟨ruzie⟩ Klamauk m
**herrieschopper** Radaubruder m, -macher m
**herrijzen** wieder aufstehen
**herrijzenis** Auferstehung v
**herroepen** widerrufen
**herscheppen** neugestalten, umwandeln, umschaffen
**herscholen** umschulen
**herschrijven** umschreiben
**hersenbloeding** Gehirnblutung v
**hersendood** Hirntod m
**hersenen** Gehirn o, Hirn o; *de grote, kleine* ~ das Groß-, Kleinhirn
**hersenloos** beschränkt
**hersenpan** Hirnschale v
**hersens** = *hersenen*; *hoe haalt hij 't in zijn* ~? wie ist er nur auf den Gedanken gekommen?; *iem. de* ~ *inslaan* jmdm. den Schädel einschlagen; *zijn* ~ ⟨af⟩*pijnigen* sich das Gehirn zermartern; *zijn* ~ *gebruiken* seinen Verstand gebrauchen
**hersenschim** Hirngespinst o, Truggebilde o
**hersenschudding** Gehirnerschütterung v
**hersenspinsel** Hirngespinst o
**hersenspoeling** Gehirnwäsche v
**hersentumor** Gehirntumor m, -geschwulst v
**hersenverweking** Gehirnerweichung v
**hersenvlies** Hirn-, Gehirnhaut v
**hersenvliesontsteking** Hirn-, Gehirnhautentzündung v
**herstel** 1 ⟨genezing⟩ Genesung v; 2 ⟨v. gebouwen⟩ Wiederherstellung v; 3 ⟨v. apparatuur⟩ Reparatur v; 4 ⟨van de oorlogsvernielingen⟩ Reparation v
**hersteldienst** ZN Kundendienst m
**herstellen** I overg 1 ⟨in de vorige toestand terugbrengen⟩ wiederherstellen; 2 ⟨kleren enz.⟩ ausbessern; 3 ⟨gebouwen⟩ restaurieren; *zich* ~ ⟨v.e. emotie⟩ sich fassen; *'t evenwicht* ~ das Gleichgewicht wiederherstellen; *een fout* ~ einen Fehler berichtigen, korrigieren; *iem. in zijn eer* ~ einen rehabilitieren; *iem. in zijn rechten* ~ einen wieder in die verlorenen Rechte einsetzen; *de rust* ~ Ruhe schaffen; *de verbinding is hersteld* die Verbindung ist wiederhergestellt; II onoverg ⟨v.e. ziekte⟩ genesen; *een* ~*de zieke* ein Genesende(r) m-v
**herstellende**: *hij is* ~ er ist auf dem Wege

**herstellingsoord**

zur Besserung
**herstellingsoord** Heilanstalt v, Sanatorium o
**herstelwerkzaamheden** Reparaturen mv, Wiederherstellungsarbeiten mv
**herstructureren** neu strukturieren
**hert** Hirsch m; *vliegend* ~ ⟨insect⟩ Hirschkäfer m
**hertelling** wiederholte Zählung v
**hertenkamp** Hirschpark m
**hertog** Herzog m
**hertogdom** Herzogtum o
**hertogelijk** herzoglich; ~*e waardigheid* Herzogswürde v
**hertogin** Herzogin v
**hertrouwen** wieder heiraten, sich wiederverheiraten
**hertshoorn** Hirschhorn o
**hertz** Hertz o
**hervatten** 1 ⟨opnieuw beginnen⟩ wiederaufnehmen, -auffassen; 2 ⟨verder praten⟩ fortfahren; *het werk* ~ die Arbeit wiederaufnehmen
**herverdeling** Umverteilung v
**herverkaveling** Flurbereinigung v
**hervormd** evangelisch
**hervormen** 1 ⟨veranderen⟩ verwandeln, umgestalten, umbilden; 2 ⟨ook kerkelijk⟩ reformieren
**hervorming** 1 ⟨verandering⟩ Umgestaltung v, Neugestaltung v, Umbildung v; 2 ⟨verbetering⟩ Reform v; 3 prot Reformation v; *financiële* ~ Finanzreform v; *politieke* ~*en* politische Reformen mv; *v.h. grondbezit* Bodenreform v
**herwaarderen** 1 ⟨in 't alg.⟩ neubewerten; 2 ⟨v. munt⟩ revalorisieren
**herwinnen** wieder-, zurückgewinnen
**herzien** 1 ⟨in 't alg.⟩ aufs neue durchsehen; ⟨boek ook⟩ revidieren; 2 ⟨balans; mening⟩ berichtigen
**herziening** Revision v; ~ *van de grondwet* Verfassungsreform v; ~ *van 't vonnis* Wiederaufnahme v des Verfahrens
**hes, hesje** Kittel m, Bluse v
**het** I *lidwoord* das, der, die; II *vnw* es; ~ *is* ~ *derde huis* es ist das dritte Haus; *het boek v.h. jaar* das beste Buch, das Buch des Jahres
**heten**\* heißen; *hoe heet dat in 't Latijn?* wie heißt das auf lateinisch?; *wat heet rijk?* was bedeutet reich?; *een man Müller ge*— ein Mann namens Müller; *'t heet angeblich*, wie man sagt; *naar iem.* ~ nach einem genannt sein; *iem. welkom* ~ einen willkommen heißen
**heterdaad**: *op* ~ *betrappen* auf frischer Tat ertappen
**heterofiel** I *bn* heterosexuell; II *m-v* Heterosexuelle(r) *m-v*
**heterofilie** Heterosexualität v
**heterogeen** heterogen
**heteroseksueel** heterosexuell
**hetgeen** I *betr vnw*: *al* ~ *gedaan moest worden, is al* alles, was gemacht werden mußte, ist fertig; II *bepalingaankondigend vnw*: ~ *ik verwachtte, is uitgekomen* das, was ich erwartet habe, ist eingetroffen

**hetze** Hetze v
**hetzelfde** dasselbe; *'t is mij allemaal* ~ es ist mir alles eins (egal); *'t komt op* ~ *neer* es läuft auf dasselbe hinaus
**hetzij** sei es; ~ *vandaag of morgen* sei es heute oder morgen
**heug**: *tegen* ~ *en meug* widerwillig
**heugen** sich erinnern; *de tijd heugt mij nog* ich erinnere mich noch der Zeit; *dat zal hem* ~ daran wird er noch lange denken
**heuglijk** 1 ⟨verblijdend⟩ erfreulich; 2 ⟨gedenkwaardig⟩ denkwürdig
**heulen**: *met iem.* ~ mit einem gemeinschaftliche Sache machen
**heup** Hüfte v; *'t op de* ~*en krijgen* 1 ⟨energiek worden⟩ voll 'drauf losgehen; 2 ⟨kwaad worden⟩ das Rasen kriegen
**heupbroek** Hüfthose v
**heupfles** Taschenflasche v
**heupwiegen** sich in den Hüften wiegen
**heupworp, heupzwaai** Hüftschwung m
**heus** 1 ⟨werkelijk⟩ wirklich; 2 ⟨beleefd⟩ höflich; ..., *maar niet* ~*!* wer's glaubt, wird selig!; ~ *waar* wirklich wahr
**heuvel** Hügel m, Anhöhe v; *de* ~ *af* hügelab; *de* ~ *op* hügelauf
**heuvelachtig** hügelig
**heuvelrug** Hügelkette v, Höhenzug m
**hevel** Heber m
**hevig** heftig; ~ *verontwaardigd* heftig empört
**hiaat** Hiatus m, Lücke v
**hiel** 1 ⟨lichaamsdeel⟩ Ferse v; 2 ⟨onder de schoenen⟩ Absatz m; *zijn* ~*en lichten* Fersengeld geben; *iem. op de* ~*en zitten* einem ⟨dicht⟩ auf den Fersen sein
**hielenlikker** Schmeichler m, Arschkriecher m
**hier** 1 ⟨beweging⟩ her; 2 ⟨rust⟩ hier; *kom eens* ~ komm einmal her; *tot* ~ bis hierher; *de firma's* ~ *ter plaatse* die hiesigen Firmen; ~ *of daar* irgendwo
**hieraan** hieran; ~ *heb ik niets* das nützt mir nichts; ~ *heb ik niets toe te voegen* ich habe dem nichts hinzuzufügen
**hierachter** 1 ⟨in 't alg.⟩ hier hinten; 2 ⟨in boeken⟩ weiter unten
**hiërarchie** Hierarchie v
**hiërarchisch** hierarchisch; *langs de* ~*e weg* auf dem Instanzenweg
**hierbij** 1 ⟨rust⟩ hierbei; 2 ⟨beweging⟩ dazu; 3 ⟨in brief⟩ in der Anlage; ~ *bericht ik u...* hiermit berichte ich Ihnen...; ~ *horen* hierhergehören; ~ *komt nog...* dazu kommt noch...
**hierboven** 1 ⟨in 't alg.⟩ hier oben; 2 ⟨bij citeren⟩ oben; ~ *genoemd* obengenannt, o.g.
**hierheen** hierher
**hierin** 1 ⟨plaats⟩ hierin; 2 ⟨beweging⟩ hierein
**hierlangs** 1 ⟨in 't alg.⟩ hier entlang; 2 ⟨hier voorbij⟩ hier vorbei; ~ *bereikt u 't dorp* auf diesem Wege erreichen Sie das Dorf
**hiermee** hiermit
**hierna** hiernach; *hierna te noemen* weiter unten zu nennen
**hiernaast** 1 ⟨in 't alg.⟩ hierneben; 2 ⟨in aan-

grenzende kamer enz.) nebenan
**hiernamaals** in einem andern Leben, im Jenseits; *'t ~* das Jenseits
**hiëroglief** Hieroglyphe *v*
**hierom** 1 (reden) hierum, darum; 2 (hier omheen) hierherum
**hieromtrent** 1 (betreffende dit) hierüber, über diese Sache; 2 (in de buurt) hier in der Nähe
**hieronder** hierunter; *~ genoemd* unten erwähnt
**hierop** hierauf
**hierover** hierüber
**hiertegen** hiergegen
**hiertoe** hierzu; *tot ~* bis hierher
**hiertussen** hierzwischen
**hieruit** hieraus
**hiervan** hiervon
**hiervoor** 1 (voor dit doel) hierfür; 2 (tevoren) vorher; *~ bestemd* hierfür bestimmt; *~ was hij ziek* davor war er krank; *~ genoemd* (in boek enz.) obenerwähnt
**hifi** Hi Fi, Hi-Fi
**high** berauscht, high
**hij** er; *~ die...* wer..., derjenige, der...; *~ die dat gelooft* wer (derjenige, der) das glaubt
**hijgen** keuchen; (v. hond) hecheln
**hijger** anonymer Anrufer *m* der Obszönitäten äußert
**hijsblok** Flaschenzug *m*
**hijsen\*** hissen, heißen; *de vlag ~* die Flagge setzen (hissen); *bier ~* (drinken) <u>gemeenz</u> Bier tanken
**hijskraan** Hebekran *m*, Kran *m*
**hik** Schlucken *m*
**hikken** schlucken, den Schlucken haben
**hilariteit** Hilarität *v*
**hinde** Hindin *v*, Hirschkuh *v*
**hinder** Ungemach *o*, Belästigung *v*
**hinderen** hindern, belästigen; *het lawaai hindert mij* der Lärm stört mich; *dat hindert niet* das macht nichts; *wat hindert dat?* was macht das schon?; *iem. in zijn werk ~* einen bei der Arbeit belästigen
**hinderlaag** Hinterhalt *m*; *in ~ liggen* im Hinterhalt liegen
**hinderlijk** hinderlich
**hindernis, hinderpaal** Hindernis *o*
**hinderwet** Lärm- und Immissionsschutzgesetz *o*
**hindoe** Hindu *m*
**hindoeïsme** Hinduismus *m*
**hinkelen** hüpfeln, hüpfen
**hinken** hinken, lahmgehen; *op twee gedachten ~* zwischen zwei Gedanken schwanken
**hink-stap-sprong** Dreisprung *m*
**hinniken** wiehern
**hint** Wink *m*
**hip** modisch; <u>gemeenz</u> schickimicki
**hiphop** Hip Hop *m*
**hippie** Hippie *m*
**hippisch** hippisch
**historicus** Historiker *m*
**historie** 1 (geschiedenis) Geschichte *v*; 2 (verhaal) Erzählung *v*; *natuurlijke ~* Naturgeschichte *v*
**historisch** geschichtlich, historisch

**1 hit** *m* (succes) Hit *m*
**2 hit** *m* (dier) Pony *o*
**hitparade** Hitparade *v*
**hitsig** hitzig
**hitsingle** Hit *m*
**hitte** Hitze *v*
**hittebestendig** hitzebeständig
**hittegolf** Hitzewelle *v*
**hitteschild** Hitzeschild *m*
**ho**: *~!* ho!, oho!, halt!
**hobbel** Huckel *m*, Unebenheit *v*
**hobbelen** 1 (op een weg) holpern; 2 (op hobbelpaard) schaukeln
**hobbelig** holp(e)rig
**hobbelpaard** Schaukelpferd *o*
**hobbezak** 1 (kledingstuk) unförmiges Kleidungsstück *o*; 2 (vrouw) Klotz *m*
**hobby** Hobby *o*
**hobbyisme** <u>geringsch</u> Dilettantismus *m*
**hobo** Oboe *v*
**hoboïst** Oboist *m*
**hockeyen** Hockey spielen
**hockeyer** Hockeyspieler *m*
**hockeystick** Hockeyschläger *m*
**hocus-pocus** Hokuspokus *m*
**hoe** wie; *het ~ en waarom* das Wie und Wo; *~ eerder ~ beter* je eher, je besser; *~ ouder ~ gekker* Alter schützt vor Torheit nicht; *'t werd ~ langer ~ later* es wurde immer später; *~ dan ook* irgendwie
**hoed** Hut *m*; *hoge ~* Zylinder *m*; *slappe ~* Schlapphut *m*; *zijn ~ voor iem. afnemen* den Hut vor jmdm. abnehmen fig alle Achtung vor jmdm. haben; *van de ~ en de rand weten* Bescheid wissen
**hoedanig** 1 (welk) was für; welch; 2 (zoals) wie
**hoedanigheid** Beschaffenheit *v*; *in de ~ van plaatsvervanger* als Stellvertreter
**hoede** Hut *v*, Obhut *v*; *onder zijn ~ nemen* in seine (Ob)hut nehmen; *op zijn ~ zijn* auf der Hut sein
**hoeden** (vee) hüten; *zich ~ voor* sich hüten vor (+ 3), auf der Hut sein vor (+ 3)
**hoedenplank** Hutablage *v*
**hoeder** Hüter *m*
**hoedje** Hütchen *o*; *zich een ~ schrikken* zu Tode erschrecken; *onder één ~ spelen* unter einer Decke stecken, gemeinsame Sache machen; *onder een ~ te vangen* sehr kleinlaut
**hoef** Huf *m*
**hoefdier** Huftier *o*
**hoefijzer** Hufeisen *o*
**hoefsmid** Hufschmied *m*
**hoegenaamd**: *~ niet* 1 (volstrekt niet) durchaus nicht; 2 (vrijwel niet) kaum; *'t heeft ~ geen moeite gekost* es hat absolut keine Mühe gekostet; *hij heeft ~ niets gegeten* er hat kaum etwas gegessen
**hoek** 1 (v. kamer, straat e.d.) Ecke *v*; 2 (wisk) Winkel *m*; 3 (streek) Gegend *v*, Ort *m*; 4 (boksen) Haken *m*; 5 (v. beurs) Börsenecke *v*; *met scherpe ~en* spitzwinklig; *een rechtse ~* (boksen) ein rechter Haken; *om de ~* um die Ecke; *op de ~ van de straat* an der Straßenecke; *uit (in) alle ~en en gaten* von (in) allen Ecken und Enden; *aardig*

**hoekhuis**

*uit de ~ komen* hübsche oder witzige Bemerkungen machen; zie ook: *hoekje*
**hoekhuis** Eckhaus o
**hoekig** eckig
**hoekje** 1 ⟨kleine hoek⟩ Eckchen o; 2 ⟨plekje⟩ Plätzchen o; 3 ⟨verborgen⟩ Winkel m; *'t ~ omgaan* ⟨sterven⟩ abkratzen; *hij zit altijd in 't ~ waar de slagen vallen* er hat immer Pech
**hoekman** Parkettmann m
**hoekpunt** Eckpunkt m
**hoekschop** Eckball m
**hoeksteen** Eckstein m
**hoektand** Eckzahn m
**hoekvlag** Eckfahne v
**hoen** 1 ⟨kip⟩ Huhn o; 2 ⟨orde v. vogels⟩ Hühnervogel m
**hoenderhok** Hühnerhaus o
**hoepel** Reifen m
**hoepelen** mit dem Reifen spielen
**hoepelrok** Reifrock m
**hoepla**: *~!* hoppla!
**hoer** Hure v
**hoera** I tsw: *~!* hoch!, hurra!; II o Hochruf m, Hurra o; *een donderend ~* ein brausendes Hoch o
**hoerenkast** Hurenhaus o
**hoerenloper** gemeenz Hurenbock m
**hoereren** huren
**hoes** 1 ⟨in 't alg.⟩ Überzug m; 2 ⟨v. grammofoonplaat⟩ Plattenhülle v
**hoeslaken** Spannlaken o
**hoest** Husten m
**hoestbui** Hustenanfall m
**hoestdrankje** Hustentrank m
**hoesten** husten
**hoestpastille** Hustenbonbon m & o
**hoeve** Hof m, Bauernhof m
**hoeveel** wieviel; *met zijn hoevelen zijn zij?* mit wieviel Personen sind sie?
**hoeveelheid** Quantität v, Menge v
**hoeveelste**: *de ~* der (die, das) wievielte
**hoeven\*** brauchen, nötig sein; *dat hoeft niet* das ist nicht nötig; *dat had je niet ~ doen* du hättest du nicht zu tun gebraucht; ⟨na ontvangst v.e. cadeau⟩ das wäre (doch) nicht nötig gewesen!
**hoewel** obwohl, wiewohl
**hoezee**: *~!* hurra!
**hoezeer**: *~ het me ook spijt* wie sehr es mir auch leid tut; *je kunt begrijpen ~ dit me pijn deed* du kannst dir vorstellen, wie sehr mir das wehtat
**hoezo**: *~?* wieso?, was meinst du damit?; *~ slecht weer?* wieso schlechtes Wetter?
**1 hof** m ⟨tuin⟩ Garten m; *de H~ van Eden* der Garten Eden
**2 hof** o Hof m; *Constitutioneel H~* Bundesverfassungsgericht o; *~ van appel* Appellationsgericht o; *'t Haagse H~ van Arbitrage* der Haager Schiedshof; *~ van cassatie* Kassationsgericht o; *Internationale H~ van Justitie* Weltgerichtshof m; *'t ~ maken* den Hof machen; *aan 't ~ komen* bei Hofe verkehren
**hofdame** Hofdame v
**hoffelijk** höflich, artig
**hoffelijkheid** Höflichkeit v, Artigkeit v

**hofhouding** Hofhaltung v
**hofje** 1 ⟨huisjes om binnenplaats⟩ Wohnsiedlung v; 2 ⟨binnenplaats⟩ kleiner Innenhof m
**hofkapel** Hofkapelle v
**hofleverancier** Hoflieferant m
**hofmaarschalk** Hofmarschall m
**hofmeester** scheepv Steward m
**hofnar** Hofnarr m
**hogedrukgebied** Hoch o
**hogedrukpan** Schnellkochtopf m
**hogepriester** der Hohe-, ein Hoherpriester
**hogerhand**: *van: ~* höhern Ortes
**Hogerhuis** Oberhaus o
**hogerop**: *~ willen* höher hinaus wollen; *het ~ zoeken* sich an eine höhere Instanz wenden
**hogeschool** 1 ⟨academie⟩ Hochschule v; 2 ⟨v. paarden⟩ Hohe Schule v; *economische ~* Wirtschaftshochschule v; *technische ~* technische Hochschule v; *~ voor lichamelijke opvoeding* Hochschule v für Leibesübungen
**hogesnelheidstrein** Hochgeschwindigkeitszug m
**hoi** ⟨groet⟩ grüß dich
**hok** 1 ⟨voor berging⟩ Schuppen m; 2 ⟨voor dieren⟩ Stall m; ⟨v. hond ook⟩ Hütte v, Haus o; 3 ⟨gevangenis, huis⟩ gemeenz Loch o; 4 sp gemeenz ⟨doel⟩ Tor o
**hokje** Kabine v
**hokjesgeest** Nischengeist m
**hokken** 1 ⟨ongehuwd samenwonen⟩ in wilder Ehe leben; 2 ⟨haperen⟩ stocken; *bij elkaar ~* zusammenhocken
**hokvast** = *honkvast*
**1 hol** bn 1 eig hohl; 2 ⟨v. zinnen⟩ phrasenhaft; *~le kies* hohler Bakkenzahn m; *~le klanken* leere Worte; *in het ~st van de nacht* mitten in der Nacht, bei Nacht und Nebel
**2 hol** o 1 ⟨in 't alg.⟩ Höhle v; ⟨v. dier ook⟩ Höhle v, Bau m; 2 ⟨v. wild dier⟩ Lager o; 3 ⟨plaats van duistere praktijken⟩ Spelunke v; 4 gemeenz ⟨achterste⟩ Arsch m; *zich in het ~ van de leeuw wagen* sich in die Höhle des Löwen wagen; *iem. een schop onder zijn ~ geven* gemeenz einem einen Tritt in den Arsch geben; *het kan me geen ~ schelen* gemeenz es ist mir scheißegal
**3 hol**: *iem. 't hoofd op ~ brengen* einem den Kopf verdrehen; *op ~ slaan (raken)* durchgehen; fig sich nicht länger in der Gewalt haben
**holbewoner** Höhlenbewohner m
**holding company** Holdinggesellschaft v
**hold-up** ZN Überfall m
**hole** sp Loch o
**holenmens** Höhlenmensch m
**Holland** Holland o; *~ op zijn smalst* holländische Knauserigkeit v, Spießbürgerlichkeit v
**Hollander** Holländer m
**Hollands** holländisch
**hollen** 1 ⟨rennen⟩ laufen, rennen; 2 ⟨op hol slaan⟩ durchgehen; *'t is met hem ~ of stilstaan* er fällt von einem Extrem ins andere
**holletje**: *op een ~* in größter Eile

**holocaust** Holocaust *m*
**holografisch** holographisch
**hologram** Hologramm *o*
**holrond** hohlrund
**holster** Halfter *v*
**holte** 1 ⟨in 't alg.⟩ Höhlung *v*; 2 ⟨uitholling⟩ Vertiefung *v*; *de* ~ *van de hand* die hohle Hand
**hom** ⟨v. vis⟩ Milch *v*
**homeopaat** Homöopath *m*
**homeopathie** Homöopathie *v*
**homerun** honkbal Vier-Mal-Lauf *m*
**hometrainer** Heimtrainer *m*
**hommel** Hummel *v*
**hommeles** gemeenz: *'t is daar* ~ ⟨ruzie⟩ es gibt dort Krach; ⟨'t loopt mis⟩ dort geht es schief
**homo, homofiel** = *homoseksueel*
**homogeen** homogen
**homoniem** I *bn* homonym(isch), gleichlautend; II *o* Homonym *o*
**homoseksualiteit** Homosexualität *v*
**homoseksueel** I *bn* homosexuell; II *m-v* 1 ⟨man⟩ Homosexuelle(r) *m*; 2 ⟨vrouw⟩ Lesbierin *v*
**homp** Brocken *m*
**hond** Hund *m*; *bekend als de bonte* ~ bekannt wie ein bunter Hund; *ziek als een* ~ hundekrank; *de* ~ *in de pot vinden* die Schüssel leer finden; *blaffende* ~*en bijten niet* bellende Hunde beißen nicht; *als twee* ~*en vechten om een been, loopt de derde ermee heen* wenn sich zweie streiten, freut sich der Dritte; *men moet geen slapende* ~*en wakker maken* man soll den Teufel nicht an die Wand malen; *de gebeten* ~ *zijn* es immer ausbaden müssen; *daar lusten de* ~*en geen brood van* das ist einfach unvorstellbar; *commandeer je* ~*(je) en blaf zelf* ich laß mich von dir nicht herumkommandieren!
**hondenbaantje** Hundearbeit *v*
**hondenbelasting** Hundesteuer *v*
**hondenbrokken** Hunde(trocken)futter *o*
**hondenhok** Hundehaus *o*, -hütte *v*
**hondenleven** Hundeleben *o*
**hondenlul** gemeenz 1 *eig* Hundeschwanz *m*; 2 ⟨scheldwoord⟩ Arschloch *o*, Arsch *m*
**hondenpenning** Hundemarke *v*
**hondenpoep** Hundekot *m*, Hundescheiße *v*
**hondenwacht** scheepv Hundswache *v*
**hondenweer** Hunde-, Sauwetter *o*
**hondenziekte** Staupe *v*
**honderd** I *telw* hundert; *nummer* ~ schertsend Abort *m*; *tegen de* ~ gegen hundert; II *o* Hundert *o*; ~*en en nog eens* ~*en* Hunderte und aber Hunderte; *enige* ~*en* einige hundert (Hunderte); ~*en keren* Hunderte von Malen; *bij* ~*en* zu Hunderten; *vijf ten* ~ ZN fünf Prozent; fünf von hundert; *alles loopt in 't* ~ alles geht drunter und drüber; *alles in 't* ~ *sturen* alles verwirren, verderben
**honderdduizend** hunderttausend; *de* ~ das große Los
**honderdste** hundertste; *een* ~ ein Hunderdstel *o*
**honderduit**: ~ *over iets praten* einen alten Stiefel über etwas schwatzen
**honds** ⟨onbeschoft⟩ hündisch, grob
**hondsbrutaal** rotzfrech, rotzig; ~ *zijn* unverschämt
**hondsdagen** Hundstage *mv*
**hondsdolheid** Tollwut *v*
**hondsdraf** Gundelrebe *v*
**hondsvot** gemeenz Hundsfott *m*
**honen** verhöhnen
**Hongaar** Ungar *m*
**Hongaars** ungarisch; ~*e wijn* Ungarwein *m*, ungarischer Wein *m*
**Hongarije** Ungarn *o*
**honger** Hunger *m*; ~ *lijden* Hunger leiden, hungern; ~ *als een paard* Bärenhunger *m*; *ik heb* ~ ich habe Hunger; *van* ~ *sterven* vor Hunger sterben; ~ *maakt rauwe bonen zoet* Hunger ist der beste Koch
**hongerdood** Hungertod *m*
**hongeren** hungern
**hongerig** hung(e)rig; ~ *als een wolf* hungrig wie ein Wolf
**hongerlijder** Hungerleider *m*
**hongerloon** Hungerlohn *m*
**hongeroedeem** Hungerödem *o*
**hongersnood** Hungersnot *v*
**hongerstaking** Hungerstreik *m*
**hongerwinter** Hungerwinter *m*
**honing** Honig *m*; *iem.* ~ *om de mond smeren* jmdm. Honig um den Mund schmieren
**honingraat** Honigscheibe *v*
**honk** 1 *sp* Mal *o*; 2 *fig* Heim *o*
**honkbal** Baseball *m*
**honkbalknuppel** Baseballschläger *m*
**honkballer** Baseballer *m*, Baseballspieler *m*
**honkslag** Schlag *m* mit dem der Spieler ein Base vorrückt
**honkvast**: *hij is heel* ~ 1 ⟨verhuist nooit⟩ er klebt an der Scholle; 2 ⟨zit graag thuis⟩ er ist ein Stubenhocker
**honneurs** ⟨ook kaartsp⟩ Honneurs *mv*; *de* ~ *waarnemen* die Gäste empfangen und vorstellen
**honorair**: ~ *lid* Ehrenmitglied *o*
**honorarium** Honorar *o*; ~ *op royaltybasis* Absatzhonorar *o*
**honoreren** honorieren
**hoofd** 1 ⟨lichaamsdeel⟩ Kopf *m*; ⟨edeler⟩ Haupt *o*; 2 ⟨v.d. stad enz.⟩ Oberhaupt *o*; 3 ⟨aanvoerder, opperhoofd⟩ Häuptling *m*; 4 ⟨de voornaamste⟩ Haupt *o*; 5 ⟨v. brief⟩ Kopf *m*; 6 ⟨havenhoofd⟩ Mole *v*; *gekroonde* ~*en* gekrönte Häupter; ~ *v.e. bureau* Bürovorsteher *m*; ~ *van de familie* Familienhaupt *o*; ~ *v.e. school* Schulvorsteher *m*; ⟨van middelbare school⟩ Direktor *m*; *zoveel* ~*en zoveel zinnen* viele Köpfe, viele Sinne; *een hard* ~ *hebben* fig ein Dickschädel sein; *ik heb er een zwaar* ~ *in* die Sache scheint mir bedenklich zu sein; *iets 't* ~ *bieden* einer Sache die Stirn bieten; *'t* ~ *boven water houden* sich über Wasser halten; *zich 't* ~ *niet breken* sich keine grauen Haare wachsen lassen; *'t* ~ *koel houden* einen kühlen Kopf behalten;

**hoofdagent**

't ~ *in de schoot leggen* sich unterwerfen; 't ~ *laten hangen* den Kopf hängen lassen; 't ~ *loopt mij om* ich weiß nicht, wo mir der Kopf steht; *zijn ~ over iets breken* sich über etw. (4) den Kopf zerbrechen; 't ~ *stoten* fig abgewiesen werden; 't ~ *verliezen* die Fassung verlieren; *veel aan zijn ~ hebben* viel am Halse haben; *aan 't ~ van de huishouding staan* der Haushaltung vorstehen; *aan 't ~ van de onderneming staan* die Leitung des Unternehmens haben; *aan 't ~ van de tafel zitten* am oberen Ende des Tisches sitzen; *hij is niet goed bij z'n ~* er hat nicht alle Tassen im Schrank; *iem. boven 't ~ groeien* jmdm. über den Kopf wachsen; *boven 't ~ hangen* bevorstehen; 't *is mij door 't ~ geschoten* (ben het vergeten) ich habe es rein vergessen; 't *in zijn ~ krijgen* auf etwas kommen; *met opgeheven ~* mit erhobenem Haupte; *iem. voor het ~ stoten* jmdm. etwas an den Kopf werfen; fig jmdm. etwas vorwerfen; *over het ~ zien* übersehen; *per ~* pro Kopf; *uit dien ~e* aus dem Grund; *uit ~e van* wegen; *uit ~e van zijn ambt* auf Grund seines Amtes; *uit 't ~ leren* auswendig lernen; *iets uit zijn ~ laten* etwas bleiben lassen; *zich iets uit het ~ zetten* sich etwas aus dem Sinn (Kopf) schlagen; *iem. voor het ~ stoten* einen vor den Kopf stoßen
**hoofdagent 1** ⟨vertegenwoordiger⟩ Generalagent *m*; **2** ⟨bij politie⟩ Wachtmeister *m*
**hoofdarbeider** Kopfarbeiter *m*
**hoofdartikel 1** ⟨in tijdschrift⟩ Leitartikel *m*; **2** handel Hauptartikel *m*
**hoofdbestuur 1** ⟨v. vereniging⟩ allgemeiner Vorstand *m*; **2** ⟨v. maatschappij, zaak⟩ Hauptverwaltung *v*
**hoofdbewoner** Hauptbewohner *m*
**hoofdbreken**: *veel ~s* viel Kopfzerbrechen(s)
**hoofdbureau**: *~ van politie* Polizeipräsidium *o*
**hoofdcommissaris** Polizeipräsident *m*
**hoofddeksel** Kopfbedeckung *v*
**hoofddoek** Kopftuch *o*
**hoofdeinde** ⟨v. bed⟩ Kopfende *o*
**hoofdelijk**: *~ aansprakelijk* persönlich haftbar; *~ stemmen* namentlich abstimmen; *iets ~ omslaan* ⟨samen betalen⟩ umlegen
**hoofdinspecteur** Oberinspektor *m*
**hoofdkantoor** handel Hauptgeschäft *o*
**hoofdkraan** Haupthahn *m*
**hoofdkussen** Kopfkissen *o*
**hoofdkwartier** mil Hauptquartier *o*
**hoofdleiding** ⟨buis⟩ Hauptleitung *v*
**hoofdletter** Majuskel *v*; *met ~ A* mit großem A; *met een ~ schrijven* groß schreiben
**hoofdlijn 1** ⟨in 't alg.⟩ Hauptlinie *v*; **2** spoorw Hauptstrecke *v*
**hoofdmaaltijd** Hauptmahlzeit *v*
**hoofdmoot** wichtigster Teil *m*
**hoofdofficier** Stabsoffizier *m*
**hoofdonderwijzer** Hauptlehrer *m*
**hoofdpersoon** Hauptperson *v*
**hoofdpijn** Kopfweh *o*, *-schmerzen mv*

**hoofdprijs** Hauptgewinn *m*
**hoofdredacteur** Chefredakteur *m*
**hoofdrekenen** Kopfrechnen *o*
**hoofdrol** Haupt-, Spitzenrolle *v*
**hoofdschotel** fig Hauptsache *v*
**hoofdschuddend** kopfschüttelnd
**hoofdstad** Hauptstadt *v*
**hoofdsteun** Kopfstütze *v*
**hoofdstuk** Kapitel *o*
**hoofdtelwoord** Hauptzahlwort *o*
**hoofdvak** Haupt-, Kernfach *o*
**hoofdwerk 1** ⟨met het hoofd⟩ Kopfarbeit *v*; **2** ⟨voornaamste werk⟩ Hauptarbeit *v*; **3** ⟨v.e. kunstenaar enz.⟩ Hauptwerk *o*
**hoofdzaak** Hauptsache *v*; *in ~* hauptsächlich
**hoofdzakelijk** hauptsächlich
**hoofdzin** Hauptsatz *m*
**hoofs 1** ⟨v.e. hof⟩ höfisch; **2** ⟨hoffelijk⟩ sehr höflich
**hoog** hoch; *drie ~* drei Treppen hoch; *~ en droog* wohlbehalten; *zo ~ mogelijk* höchstmöglich, so hoch wie möglich; *~ ambtenaar* Oberbeamte(r) *m*; *hoge druk* Hochdruck *m*; *bij ~ en laag* hoch und teuer
**hoogachten** hochachten
**hoogachting** Hochachtung *v*; *met de meeste ~* hochachtungsvoll
**hoogblond** hochblond
**hoogbouw** Hochbau *m*
**hoogconjunctuur** Hochkonjunktur *v*
**hoogdravend** hochtrabend, geschwollen
**hoogdringendheid** ZN Dringlichkeit *v*; *bij, in geval van ~* im Notfall, in dringenden Fällen
**hoogfrequent** hochfrequent
**hooggaand 1** ⟨golven⟩ hochgehend; **2** ⟨ruzie⟩ heftig
**hooggeacht**: *~e heer* hochverehrter Herr
**hooggeëerd**: *~ publiek* hochverehrtes Publikum
**hooggebergte** Hochgebirge *o*
**hooggeleerd** sehr gelehrt, hochgelehrt; ⟨titel⟩ *de ~e heer Prof. Dr. X* Herrn Prof. Dr. X
**hooggeplaatst** hochgestellt
**hooggespannen**: *~ verwachtingen* hochgespannte Erwartungen
**hoogHartig** stolz
**hoogheemraadschap** Deichhauptmannschaft *v*
**hoogheid 1** ⟨titel⟩ Hoheit *v*; **2** ⟨verhevenheid⟩ Erhabenheit *v*; *Zijne Koninklijke H~* Seine Königliche Hoheit
**hoogland** Hochland *o*
**hoogleraar** Universitätsprofessor, Professor *m*; *~ in de geschiedenis* Professor der Geschichte; *(buiten)gewoon ~* (außer)ordentlicher Professor *m*
**Hooglied** Hohelied *o*
**hooglijk** höchlich
**hooglopend** ⟨ruzie⟩ heftig
**hoogmis** Hochamt *o*
**hoogmoed** Hochmut *m*; *~ komt voor de val* Hochmut kommt vor dem Fall
**hoogmoedig** hochmütig
**hoognodig** dringend nötig, notwendigst

**hoogoven** Hochofen *m*
**hoogrood** hochrot
**hoogseizoen** Hochsaison *v*
**hoogslaper** Hoch(bau)bett *o*
**hoogspanning** Hochspannung *v*
**hoogspanningskabel** Hochspannungskabel *o*
**hoogspringen** Hochsprung *m*
**hoogst** höchst; ~ *belangrijk* höchst (äußerst) wichtig; *'t* ~ am höchsten; *op zijn* ~ höchstens; *de crisis is op haar* ~ die Krise ist auf dem Gipfelpunkt; *ten* ~*e verwonderd* aufs höchste erstaunt
**hoogstaand** hochstehend
**hoogstandje** Glanzstück *o*
**hoogsteigen**: *in* ~ *persoon* in höchsteigener Person
**hoogstens** höchstens
**hoogstnodig** höchst notwendig
**hoogstpersoonlijk** höchstpersönlich
**hoogstwaarschijnlijk** höchstwahrscheinlich
**hoogte** Höhe *v*; ⟨heuvel ook⟩ Anhöhe *v*; *de* ~ *hebben* ⟨dronken zijn⟩ einen Rausch haben, angeheitert sein; *geen* ~ *van iets (iem.) krijgen* nicht klug aus etwas (jemand) werden; ~ *verliezen* absacken; *op deze* ~ ⟨hier ongeveer⟩ hierherum; *de* ~ *in gaan* ⟨ook fig⟩ steigen; *op de* ~ *van Helgoland* scheepv auf der Höhe von Helgoland; *op de* ~ *brengen (stellen)* verständigen; *op de* ~ *houden* auf dem laufenden (er)halten; *goed (niet meer) op de* ~ *zijn van* gut (nicht mehr) auf dem laufenden sein über (+ 4); *ter* ~ *van 1000 Mark* in Höhe von 1000 Mark; *tot op zekere* ~ in gewissem Sinne; *iem. uit de* ~ *behandelen* einen herablassend behandeln
**hoogtelijn 1** aardr Höhenlinie *v*; **2** wisk Höhe *v*
**hoogtepunt** Höhe-, Gipfelpunkt *m*
**hoogtevrees** Höhenangst *v*
**hoogteziekte** Höhenkrankheit *v*
**hoogtezon** Höhensonne *v*
**hoogtij**: ~ *vieren* Triumphe feiern; ⟨ongunstig⟩ grassieren
**hooguit**: ~ *twee weken* höchstens zwei Wochen
**hoogveen** Hochmoor *o*
**hoogverraad** Hochverrat *m*
**hoogvlakte** Hochebene *v*
**hoogvlieger** fig Koryphäe *v*; *hij is geen* ~ mit ihm ist es nicht weit her
**hoogwaardig 1** ⟨van hoge waarde⟩ hochwertig; **2** ⟨m.b.t. persoon⟩ hochwürdig
**hoogwaardigheidsbekleder** (Groß)würdenträger *m*
**hoogwater** Hochwasser *o*
**hoogwerker** Hubsteiger *m*
**hoogzwanger** hochschwanger
**hooi** Heu *o*; *te veel* ~ *op zijn vork nemen* sich übernehmen; *te* ~ *en te gras* dann und wann, gelegentlich
**hooiberg** Heuhaufen *m*, -schober *m*
**hooien** heuen, Heu machen
**hooikoorts** Heufieber *o*, -schnupfen *m*
**hooimijt** Heuschober *m*, -miete *v*
**hooischuur** Heuscheuer *v*; Z-Duits Heustadel *m*
**hooivork** Heugabel *v*
**hooiwagen 1** ⟨wagen⟩ Heuwagen *m*; **2** ⟨insect⟩ Weberknecht *m*
**hooizolder** Heuboden *m*, -speicher *m*
**hooligan** Hooligan *m*, Rowdy *m*
**hoon** Hohn *m*
**hoongelach** Hohngelächter *o*
**1 hoop** *m* **1** ⟨stapel⟩ Haufen; **2** ⟨grote hoeveelheid⟩ Haufen *m*, Menge *v*; **3** ⟨drol(len)⟩ Häufchen *o*, Kot *m*; *een* ~ *doen* ein Häufchen machen; *bij hopen* haufenweise; *een* ~ *geld* ein Haufen Geld, ein Heidengeld *o*; *te* ~ *lopen* in Massen (Schwärmen) kommen; *alles op één* ~ *gooien* fig alles auf einen Haufen schmeißen
**2 hoop** *v* ⟨verwachting⟩ Hoffnung *v*; *ijdele* ~ eitele Hoffnung *v*; *stille* ~ leise Hoffnung *v*; ~ *doet leven* Hoffnung läßt nicht zuschanden werden; *in de* ~ *dat...* in der Hoffnung, daß...; *op* ~ *van zegen* in Erwartung eines Bessern; *tussen* ~ *en vrees* zwischen Hoffen und Bangen
**hoopgevend** hoffnungsvoll
**hoopvol** hoffnungsvoll
**hoor I** tsw: *goed* ~! ja, gut!, ja, großartig!; *Ik? Nee* ~! Ich? Ich denke nicht daran!; *niet vergeten* ~! Vergiß es bloß nicht, gell!; *ja* ~, *ik kom* ja, ich komme schon!; **II**: ~ *en wederhoor toepassen* recht beide Parteien hören
**hoorapparaat** Hörapparat *m*
**hoorbaar** hörbar
**hoorcollege** Vorlesung *v*
**hoorn 1** ⟨v. dieren; muz⟩ Horn *o*; **2** telec Hörer *m*; *Engelse* ~ Englischhorn *o*; ~ *des overvloeds* Füllhorn *o*; *de* ~ *van de haak nemen* den Hörer abheben
**hoorndol**: *ik word* ~ *van dat lawaai* der Lärm macht mich verrückt
**hoornen** hörnern; ~ *montuur* Horngestell *o*
**hoornvlies** Hornhaut *v*
**hoorspel** Hörspiel *o*
**hoorzitting** Anhörung *v*, Hearing *o*
**hoos 1** ⟨waterhoos⟩ Wasserhose *v*; **2** ⟨wervelwind⟩ Windhose *v*
**1 hop** ⟨plant⟩ Hopfen *m*
**2 hop**: *tsw* ~! hopp!, hops!
**hopelijk** hoffentlich
**hopeloos** hoffnungslos, aussichtslos
**hopen** ⟨verwachten⟩ hoffen; ~ *op* hoffen auf (+ 4); *naar ik hoop* wie ich hoffe; *ik hoop van niet* ich will's nicht hoffen
**hopman** ⟨scouting⟩ Feldmeister *m*
**hor** Drahtständer *m*
**horde 1** ⟨bende⟩ Horde *v*, Bande *v*; **2** sp Hürde *v*
**hordeloop** Hürdenlauf *m*
**horecabedrijf 1** ⟨bedrijfstak⟩ Gaststättengewerbe *o*; **2** ⟨één bedrijf⟩ Gaststätte *v*
**1 horen** overg **1** ⟨met de oren⟩ hören; **2** ⟨verhoren⟩ vernehmen, verhören; *dat mag ik graag* ~ so was höre ich gern; *geen kwaad van iem. willen* ~ nichts auf einen kommen lassen; *wie niet* ~ *wil, moet voelen* wer nicht hören will, muß fühlen; *aan iem.* ~ *dat hij een vreemdeling is* einem anhö-

**horen**

ren, daß er ein Fremder ist; *van ~ zeggen* vom Hörensagen; *partijen gehoord hebbend* nach Vernehmung der Parteien; *~ en zien vergaat me* Hören und Sehen vergeht mir
**2 horen** *onoverg* ⟨behoren⟩ gehören; *dat hoorde je te weten* das solltest du wissen; *voor wat hoort wat* ein Dienst ist des andern wert; *tot onze familie ~* unserer Familie angehören
**horendol** zie *hoorndol*
**horizon** Horizont *m*
**horizontaal** horizontal
**horizonvervuiling** Verunstaltung *v* der Landschaft
**horloge** Uhr *v*; *volgens 't ~* nach der Uhr
**horlogebandje** Uhrband *o*
**hormonaal** hormonal
**hormoon** Hormon *o*
**horoscoop** Horoskop *o*; *iems. ~ trekken* jmdm. das Horoskop stellen
**horrelvoet** Klump-, Pferdefuß *m*
**hors d'oeuvre** Vorspeise *v*, Hors d'oeuvre *o*
**hort** Stoß *m*, Ruck *m*; *de ~ op gaan, zijn* gemeenz herumbummeln; *met ~en en stoten* stoßweise
**hortensia** Hortensie *v*
**hortus** botanischer Garten *m*
**horzel** Hornisse *v*; Bremsfliege *v*
**hospes** Wirt *m*
**hospik** mil, gemeenz Sanitäter *m*
**hospita** Wirtin *v*
**hospitaal** Hospital *o*; mil Lazarett *o*
**hospitant** ⟨toehoorder⟩ Gasthörer *m*, Hospitant *v*
**hospiteren** hospitieren
**hossen** tanzen und springen
**hostess** Hostess *v*
**hostie** Hostie *v*
**hot:** *~ en her doorelkaar* wüst durcheinander; *van ~ naar her* von Pontius zu Pilatus
**hotel** Hotel *o*; ⟨eenvoudiger⟩ Gasthof *m*
**hoteldebotel:** *~ zijn* auseinander sein
**hotelhouder, hotelier** *m* Hotel-, Gasthofbesitzer *m*
**hotelschakelaar** Hotelschalter *m*
**hotemetoot** gemeenz Bonze *m*, hohes Tier *o*
**Hottentot** Hottentotte *m*
**houdbaar** haltbar; lagerfähig
**houden\*** 1 ⟨in 't alg.⟩ halten; 2 ⟨doen plaatsvinden⟩ abhalten; *dat mag je ~* das darfst du behalten; *hij houdt zich maar zo* er tut nur so; *er was geen ~ aan* da war kein Halten mehr; *zich dood ~* sich tot stellen; *zich goed ~* sich gut halten, sich in der Gewalt haben; *rechts ~* rechtsverkehren; *zijn smoel (waffel, snavel) ~* gemeenz das Maul (die Fresse, den Schnabel, die Schnauze) halten; *niet weten waaraan men zich te ~ heeft* nicht wissen, wie man dran ist; *er beslissing aan zich ~* sich eine Entscheidung vorbehalten; *zich ~ aan de bepalingen* die Bestimmungen einhalten; *iem. erbuiten ~* einen aus dem Spiel lassen; *'t met iem. ~* es mit einem halten; *het

146

zal erom ~* es wird schwer halten; *eronder ~* fig unter dem Daumen halten; *iem. iets ten goede ~* einem etwas zugute halten; *niet uit elkaar kunnen ~* nicht von einander unterscheiden können; *van iem. ~* einen lieben, gern haben; *van appels, wijn ~* Äpfel, Wein mögen; *iets voor gezien ~* mit etwas aufhören; *voor de gek ('t lapje) ~* anführen; *een geheim vóór zich ~* ein Geheimnis für sich behalten; *houd de dief!* haltet den Dieb!; zie ook: *gehouden*
**houder** 1 ⟨om iets in te doen⟩ Behälter *m*; ⟨om iets in vast te klemmen⟩ Halter *m*; mil ⟨voor patronen⟩ Rahmen *m*; 2 ⟨eigenaar⟩ Inhaber *m*
**houdgreep** Haltegriff *m*; *iem. in de ~ hebben* fig einen in der Zange haben
**houding** 1 ⟨in 't alg.⟩ Haltung *v*; 2 ⟨gedrag⟩ Benehmen *o*; *een afwachtende ~ aannemen* eine abwartende Haltung einnehmen; *een andere houding ~* ⟨ook⟩ sich umstellen; *zich een ~ geven* seine Haltung bewahren; *zich geen ~ weten te geven* sich eckig benehmen; *in de ~ gaan staan* Haltung annehmen; *in de ~ staan* strammstehen
**house** House *m*
**housen** zum House tanzen
**houseparty** Houseparty *v*
**hout** Holz *o*; *vloeibaar ~* Flüssigholz *o*; *het ging van dik ~ zaagt men planken* sie benahmen sich wie die Axt im Walde; *dat snijdt geen ~* das führt zu nichts; *alle ~ is geen timmerhout* nicht jedes Holz gibt einen Bolz; *houtje*
**houtduif** Holz-, Ringeltaube *v*
**houten** hölzern, Holz-; *~ been* Holzbein *o*
**houterig** hölzern
**houtgravure** Holzstich *m*
**houthakker** Holzfäller *m*; fig sp Holzhacker *m*
**houtig** holzig
**houtje** Hölzchen *o*; *op zijn eigen ~* auf eigene Faust; *op een ~ bijten* nichts zu beißen und zu brechen haben
**houtje-touwtjejas** Montycoat *m*
**houtlijm** Holzleim *m*
**houtmijt** Holzhaufen *m*
**houtskool** Holzkohle *v*
**houtsnede** Holzschnitt *m*
**houtsnijwerk** Holzschnitzerei *v*
**houtsnip** ⟨vogel⟩ Waldschnepfe *v*
**houtvester** Oberförster *m*
**houtvlot** Holzfloß *o*
**houtvrij** holzfrei
**houtwerk** 1 ⟨in hout uitgevoerd⟩ Holzarbeit *v*; 2 ⟨al 't hout⟩ Holzwerk *o*
**houtwol** Holzwolle *v*
**houtworm** Holzwurm *m*; *door de ~ aangetast* holzwurmig
**houvast** Anhaltspunkt *m*, Halt *m*; *geen ~ meer hebben* seinen Halt verloren haben
**houw** Hieb *m*
**houwdegen** Haudegen *m* ⟨ook fig⟩
**houweel** 1 ⟨in 't alg.⟩ Haue *v*; 2 ⟨bij bergsport⟩ Pickel *m*
**houwen\*** hauen
**houwitser** Haubitze *v*

**hovaardig** hoffärtig, stolz
**hoveling** Höfling *m*, Hofmann *m*
**hovenier** Gärtner *m*
**hovercraft** Hovercraft *o*, Luftkissenfahrzeug *o*
**hozen** ausösen
**HST** = *hogesnelheidstrein* Hochgeschwindigkeitszug *m*
**hts** = *hogere technische school* Technikum *o*
**hufter** gemeenz Flegel *m*, Schwein *o*
**hugenoot** Hugenotte *m*
**huichelaar** Heuchler *m*
**huichelachtig** heuchlerisch
**huichelarij** Heuchelei *v*, Verstellung *v*
**huichelen** heucheln, sich verstellen
**huid** 1 ⟨in 't alg.⟩ Haut *v*; 2 ⟨van kleinere dieren⟩ Fell *o*; 3 ⟨afgestroopt⟩ Balg *m*; *zijn ~ duur verkopen* seine Haut teuer verkaufen; *men moet de ~ niet verkopen voordat de beer geschoten is* ± man soll den Tag nicht vor dem Abend loben; *iem. de ~ vol schelden* jmdn. sehr beschimpfen; *met ~ en haar* mit Haut und Haar; *een dikke ~ hebben* fig ein dickes Fell haben; *iem. op zijn ~ zitten* jmdm. auf der Pelle sitzen
**huidarts** Hautarzt *m*
**huidig** heutig; *tot de ~e dag* bis auf heute
**huidskleur** Hautfarbe *v*
**huiduitslag** Hautausschlag *m*
**huidziekte** Hautkrankheit *v*, -leiden *o*
**huif** ⟨v.e. wagen⟩ Plane *v*, Blahe *v*
**huifkar** Planwagen *m*
**huig** Zäpfchen *o*
**huilbui** Weinkrampf *m*
**huilebalk** 1 ⟨jongen⟩ Heulpeter *m*; 2 ⟨meisje⟩ Heulsuse *v*
**huilen** 1 ⟨schreien⟩ weinen; ⟨erg⟩ heulen; 2 ⟨v.d. wind⟩ pfeifen; 3 ⟨v. dieren⟩ heulen; *erbarmelijk ~* heulen wie ein Schloßhund; *om iets (4) weinen*; *tranen met tuiten ~* heiße Tränen weinen; *~ met de wolven in het bos* mit den Wölfen heulen; *~ van blijdschap* vor Freude weinen; *'t ~ staat hem nader dan 't lachen* das Weinen ist ihm näher als das Lachen; *het is om te ~* es ist zum Heulen
**huilerig** weinerlich
**huis** Haus *o*; *eigen ~* Eigenheim *o*; *particulier ~* Privathaus *o*; *~ van bewaring* Untersuchungsgefängnis *o*; *met iem. geen ~ kunnen houden* mit jmdm. nicht auskommen können; *ergens veel aan ~ komen* irgendwo täglich ins Haus kommen; *naar ~* nach Hause, heim; *dat is niet om over naar ~ te schrijven* das ist nicht berauschend; *van ~ en haard* von Haus und Herd; *van goeden huize* aus gutem Hause, von guter Familie; *van ~ zijn* verreist sein; *van ~ tot ~* von Haus zu Haus; *van ~ uit* von Haus(e) aus; *nog verder van ~ zijn* von dem Regen in die Traufe gekommen sein; zie ook: *huisje*
**huis-aan-huisblad** Anzeige(n)blatt *o*
**huisapotheek** Hausapotheke *v*
**huisarrest** Hausarrest *m*
**huisarts** Hausarzt *m*
**huisbaas** Hauswirt *m*

**huisbakken** hausbacken
**huisbezoek** Hausbesuch *m*
**huisdealer** Hausdealer *m*
**huisdeur** Haustür *v*
**huisdier** Haustier *o*
**huiseigenaar** Hausbesitzer *m*
**huiselijk** häuslich; *~e bezigheden* häusliche Arbeiten *mv*; *~ geluk* Familienglück *o*
**huisgenoot, huisgenote** Hausgenosse *m*, -genossin *v*
**huisgezin** Familie *v*
**huishoudbeurs** Haushaltungsmesse *v*
**huishoudboek** Haushaltungsbuch *o*
**huishoudelijk** häuslich; *~e artikelen* Haushaltungsartikel *mv*; *voor ~ gebruik* für den Hausbedarf
**huishouden** I *onoverg* 1 ⟨huishoudelijke taken doen⟩ haushalten, wirtschaften; 2 ⟨tekeergaan⟩ hausen; *de hooligans hebben hier flink huisgehouden* die Hooligans haben hier ihr Unwesen getrieben; II *o* Haushaltung *v*, Haushalt *m*; *een ~ van Jan Steen* eine polnische Wirtschaft *v*; *'t ~ doen* den Haushalt führen
**huishoudgeld** Wirtschafts-, Haushalt(s)geld *o*
**huishouding** Haushaltung *v*, Haushalt *m*
**huishoudkunde** Wirtschaftskunde *v*
**huishoudschool** vroeger Haushaltungs-, Hauswirtschaftsschule *v*
**huishoudster** Haushälterin *v*, Wirtschafterin *v*
**huisje** 1 ⟨klein huis⟩ Häuschen *o*; 2 ⟨v. slak⟩ Haus *o*, Gehäuse *o*; *een heilig ~* etwas Sakrosanktes; *ieder ~ heeft zijn kruisje* kein Haus ohne Kreuz
**huisjesmelker** Mietenjäger *m*, Zinsenzieher *m*
**huiskamer** Wohnzimmer *o*
**huisknecht** Hausdiener *m*
**huisman** Hausmann *m*
**huismeester** 1 ⟨conciërge⟩ Hausmeister *m*; 2 ⟨bestuurder⟩ Vorsteher *m*
**huismerk** Hausmarke *v*
**huismiddeltje** Hausmittel *o*
**huismoeder** Hausmutter *v*
**huismus** 1 ⟨vogel⟩ Haussperling *m*; 2 fig Stubenhocker *m*
**huisnummer** Hausnummer *v*
**huisraad** Hausrat *m*, -gerät *o*
**huisschilder** Stubenmaler *m*
**huissleutel** Hausschlüssel *m*
**huis-, tuin- en keuken-** Feld-, Wald- und Wiesen-
**huisvader** Hausvater ⟨ook v. tehuis⟩
**huisvesten** (be)herbergen
**huisvesting** 1 ⟨woning⟩ Wohnung *v*; 2 ⟨het huisvesten⟩ Beherbergung *v*
**huisvlijt** Hausfleiß *m*
**huisvredebreuk** Hausfriedensbruch *m*
**huisvriend** Hausfreund *m*
**huisvrouw** Hausfrau *v*
**huisvuil** Müll *m*, Kehricht *o & m*
**huiswaarts** heimwärts; *~ gaan* heimgehen
**huiswerk** Haus-, Schularbeiten *mv*
**huiszoeking** Haussuchung *v*
**huiszoekingsbevel** Durchsuchungsbefehl *m*

**huiveren** schaudern, frösteln
**huiverig**: ~ *zijn* frösteln; *ik ben* ~ mich fröstelt; ~ *zijn voor* sich scheuen vor (+ 3)
**huivering** Schauer *m*, Frösteln *o*; *er ging een* ~ *over mijn leden* ein Schauer überlief mich; *een* ~ *van geluk* ein Wonneschauer *m*
**huiveringwekkend** schauderhaft, grauenhaft
**huizen** wohnen, hausen
**huizenhoog** haushoch
**hulde** Huldigung *v*; ~! alle Achtung!; ~ *aan hen die...* wir danken denen, die..; *iem.* ~ *bewijzen* einem huldigen
**huldebetoon** Ehrung *v*
**huldeblijk** Ehrengeschenk *o*
**hulde-exemplaar** ZN Ehrenausgabe *v*
**huldigen** huldigen; *iem.* ~ einem huldigen; *een mening* ~ eine Ansicht vertreten; *een principe* ~ sich zu einem Grundsatz bekennen
**hullen** hüllen (in + 4)
**hulp** 1 (bijstand) Hilfe *v*, Beistand *m*; 2 (steun) Förderung *v*; 3 (persoon) Helfer *m*, Helferin *v*; ~ *aan ontheemden* Vertriebenenhilfe *v*; *eerste* ~ *bij ongelukken* Erste Hilfe *v*; ~ *aan Afrika* Hilfe für Afrika; ~ *in de huishouding* (persoon) Hausgehilfin *v*; *te* ~ *snellen* zu Hilfe eilen
**hulpbehoevend** hilfsbedürftig
**hulpbron** Hilfsquelle *v*
**hulpdienst** Hilfs-, Bereitschaftsdienst *m*; *telefonische* ~ Telefonseelsorge *v*
**hulpeloos** hilflos
**hulplijn** wisk Hilfslinie *v*
**hulpmiddel** Hilfsmittel *o*
**hulpstuk** Einzelteil *o*
**hulpvaardig** hilfsbereit
**hulpverlener** Sozialarbeiter *m*
**hulpverlening** Hilfeleistung *v*; (breed opgezet) Hilfsaktion *v*
**hulpwerkwoord** Hilfszeitwort *o*, -verb *o*; ~ *van tijd* temporales Hilfsverb *o*; ~ *van modaliteit* Modalverb *o*
**huls** Hülse *v*
**hulst** Stechpalme *v*
**hum**: ~! hm!; *in zijn* ~ *zijn* gutgelaunt sein
**humaan** human
**humaniora** Gymnasium *o*; *oude* ~ ZN humanistisches altsprachliches Gymnasium *o*; *moderne* ~ ZN neusprachliches Gymnasium *o*
**humanisme** Humanismus *m*
**humanist** Humanist *m*
**humanistisch** humanistisch
**humanitair** humanitär
**humeur** Laune *v*, Stimmung *v*; *een slecht* ~ *hebben* ein unangenehmes Temperament haben; *in een goed* ~ *zijn* guter Laune sein; *uit zijn* ~ *zijn* übelgelaunt sein; *iem. uit zijn* ~ *brengen* jmdm. die Laune verderben
**humeurig** launisch; ~ *van aard zijn* leicht die gute Laune verlieren
**hummel** Krümel *m*, Dreikäsehoch *m*
**humor** Humor *m*
**humorist** Humorist *m*
**humoristisch** humoristisch, humorvoll

**humus** Humus *m*
**hun** I *pers vnw* (3de naamval) ihnen, (4de naamval) sie, (1ste naamval mv) gemeenz sie; II *bez vnw* ihr, ihre; ihr; *ik gaf* ~ ~ *boeken* ich gab ihnen ihre Bücher; *ze waren met* ~ *vieren* sie waren zu vier(t)
**Hun** Hunne *m*
**hunebed** Hünengrab *o*
**hunkeren** sich sehnen (nach); *naar wraak* ~ Rache schnauben
**hup**: ~! (aanmoedigingskreet) los!, vorwärts!; ~ *Holland!* Holland hi ~
**huppelen** 1 (v. kind enz.) hüpfen, tänzeln; 2 (v. haas enz.) hoppeln
**huppen** tanzen, springen, hopsen
**huren** 1 (huis, auto enz.) mieten; 2 (personeel) in Dienst nehmen
**hurken** I *mv*: *op de* ~ *zitten* kauern, hocken; *op de* ~ *gaan zitten* niederkauern; II *onoverg* kauern, hocken
**hut** 1 (kleine woning) Hütte *v*; 2 (aan boord) Kajüte *v*
**hutkoffer** Kabinenkoffer *m*
**hutspot** 1 (gerecht) Eintopfgericht von Karotten, Zwiebeln und Kartoffeln; 2 (rommeltje) Mischmasch *m*
**huur** 1 (in 't alg.) Miete *v*; 2 (tijd) Mietzeit *v*; *huis te* ~ Haus zu vermieten
**huurauto** Mietauto *o*, -wagen *m*
**huurbescherming** Mieterschutz *m*
**huurcontract** Mietvertrag *m*, -kontrakt *m*
**huurder** Mieter *m*
**huurhuis** Mietwohnung *v*; Miet(s)haus *o*
**huurkazerne** Mietskaserne *v*
**huurkoop** Mietkauf *m*
**huurleger** Söldnerheer *o*
**huurling** 1 (huursoldaat) Söldner *m*; 2 (iem. die te huur is) Mietling *m*, Söldling *m*
**huurmoordenaar** gedungener Mörder *m*, Killer *m*
**huurschuld** Mietschuld *v*
**huurverhoging** Mieterhöhung *v*
**huurwoning** Mietwohnung *v*
**huwbaar** heiratsfähig
**huwelijk** 1 (het huwen) Heirat *v*; (hogere stijl) Vermählung *v*; 2 (gehuwde staat) Ehe *v*; (bruiloft) Hochzeit *v*; *burgerlijk* ~ standesamtliche Eheschließung *v*; *eerste, tweede* ~ Erst-, Zweitehe *v*; *gemengd* ~ Mischehe *v*; *kerkelijk* ~ Trauung *v*; ~ *met de handschoen* Handschuhehe *v*; ~ *uit liefde* Liebesheirat *v*; *een goed* ~ *doen* eine gute Partie machen; *in het* ~ *treden* die Ehe eingehen; *ten* ~ *vragen* einen Heiratsantrag machen
**huwelijksaanzoek** Heiratsantrag *m*
**huwelijksadvertentie** Heiratsanzeige *v*
**huwelijksbootje**: *in 't* ~ *stappen* in den Ehehafen einlaufen
**huwelijksbureau** Heiratsbüro *o*
**huwelijksgeschenk** Hochzeitsgeschenk *o*
**huwelijksreis** Hochzeitsreise *v*
**huwelijksvoorwaarden** Ehevertrag *m*
**huwen** heiraten, sich verheiraten; (deftiger) sich vermählen; *wanneer is hij gehuwd?* wann hat er geheiratet?; *hij is gehuwd* er ist verheiratet
**huzaar** Husar *m*

**huzarensla** Husarensalat *m*
**huzarenstukje** Husarenstück *o*, -streich *m*
**hyacint** Hyazinthe *v*
**hydraulisch** hydraulisch
**hyena** Hyäne *v*
**hygiëne** Hygiene *v*
**hygiënisch** hygienisch; ~*e dienst* Gesundheitsamt *o*
**hymne** Hymne *v*, Hymnus *m*
**hyperbool** Hyperbel *v*
**hypermodern** supermodern, ultramodern
**hypernerveus** extrem nervös, hypernervös
**hypertensie** Hypertension *v*
**hyperventilatie** Hyperventilation *v*
**hyperventileren** (ziekte) an Hyperventilation leiden; (aanval krijgen) einen Anfall von Hyperventilation haben

**hypnose** Hypnose *v*
**hypnotiseren** hypnotisieren
**hypnotiseur** Hypnotiseur *m*
**hypochonder** Hypochonder *m*
**hypocriet** Hypokrit *m*
**hypocrisie** Hypokrisie *v*
**hypofyse** Hypophyse *v*, Hirnanhang *m*
**hypothecair** hypothekarisch
**hypotheek** Hypothek *v*
**hypotheekbank** Hypothekenbank *v*
**hypothese** Hypothese *v*
**hypothetisch** hypothetisch
**hysterica** Hysterikerin *v*
**hystericus** Hysteriker *m*
**hysterie** Hysterie *v*
**hysterisch** hysterisch

# I

**i** der Buchstabe I, das I
**ibis** Ibis *m*
**icon, icoon** Ikone *v*
**ideaal** I *o* Ideal *o*, Hochziel *o*; II *bn* ideal
**idealiseren** idealisieren
**idealisme** Idealismus *m*
**idealist** Idealist *m*
**idealiter** im Idealfall *m*
**idee** Idee *v*; *geen flauw ~* keine blasse Ahnung *v*; *een uitstekend ~* eine ausgezeichnete Idee *v*
**ideëel** ideell
**ideeënbus 1** ⟨bus⟩ Ideenbriefkasten *m*; **2** ⟨'t systeem⟩ Vorschlagswesen *o*
**idee-fixe** fixe Idee *v*, Idée fixe *v*
**idem** idem
**identiek** identisch
**identificatie** Identifizierung *v*
**identificeren** identifizieren
**identiteit** Identität *v*
**identiteitsbewijs** Identitätsbeweis *m*
**identiteitscrisis** Identitätskrise *v*
**ideologie** Ideologie *v*
**idiomatisch** idiomatisch
**idioom** Idiom *o*
**idioot** I *m* Idiot *m*; II *bn* idiotisch, blödsinnig; *een ~ gezicht* ein verrückter Anblick *m*
**idioterie** Idiotie *v*
**idiotie** Idiotie *v*
**idolaat**: *~ van iets zijn* in etwas (4) vernarrt sein
**idool** Idol *o*
**idylle** Idylle *v*
**idyllisch** idyllisch
**ie** ⟨hij⟩ er; *daar komt ~* ⟨spreektaal⟩ da kommt er
**ieder** jeder, jede, jedes; ⟨iedereen⟩ jedermann, ein jeder; *~e vier weken* alle vier Wochen; *~ voor zich* jeder für sich; *tot ~s verbazing* zum Erstaunen aller
**iedereen** jedermann, ein jeder
**iel** dünn
**iemand** jemand; *een aardig ~* ein reizender Mensch *m*; *een zeker ~* ein gewisser Jemand *m*; *~ anders* sonstwer
**iep** Ulme *v*, Rüster *v*
**Ier** Ire *m*, Irländer *m*
**Ierland** Irland *o*
**Iers** irisch
**iets** etwas, ein wenig; *dat is net ~ voor hem* ⟨past goed bij hem⟩ das ist für ihn gerade geeignet; ⟨streek⟩ das sieht ihm ähnlich
**ietwat** ein wenig, etwas
**iglo** Iglu *m*
**ijdel 1** ⟨zelfingenomen⟩ eitel; **2** ⟨leeg⟩ leer
**ijdelheid** Eitelkeit *v*; *~ der ijdelheden* Eitelkeit über Eitelkeit
**ijdeltuit 1** ⟨meisje, vrouw⟩ eitles Mädchen *o*; **2** ⟨man⟩ Geck *m*
**ijken** eichen; *zie ook: geijkt*
**1 ijl** *bn* dünn
**2 ijl**: *in aller ~* in aller Eile, eiligst
**ijlbode** Eilbote *m*
**ijlen 1** ⟨haasten⟩ eilen; **2** ⟨v. zieken⟩ irre reden
**ijlings** eilends
**ijltempo** Eiltempo *o*
**ijs** Eis *o*; *'t ~ breken* das Eis brechen ⟨ook fig⟩; *~ en weder dienende* wenn das Wetter es erlaubt; *zich op glad ~ wagen* sich aufs Glatteis wagen; *goed beslagen ten ~ komen* gut beschlagen zum Eis kommen
**ijsafzetting** Eisansatz *m*
**ijsbaan** Eisbahn *v*
**ijsbeer** Eisbär *m*
**ijsberen** auf und ab gehen (tigern)
**ijsberg** Eisberg *m*
**ijsbergsla** Eisbergsalat *m*
**ijsblokje** Eiswürfel *m*
**ijsbreker** Eisbrecher *m*
**ijscoman** Eismann *m*
**ijselijk** entsetzlich, greulich, abscheulich, gräßlich
**ijsgang 1** ⟨v. drijfijs⟩ Eisgang *m*; **2** ZN ⟨ijzel⟩ Glatteis *o*
**ijshockey** Eishockey *o*
**ijsje** Eis *o*
**ijskast** Eisschrank *m*; *in de ~ leggen* fig auf Eis legen
**ijskoud 1** eig eiskalt; **2** fig mit eisiger Kälte
**ijskreem** ZN Eis *o*, Speiseeis *o*
**IJsland** Island *o*
**IJslander** Isländer *m*
**ijslolly** Eis *o* am Stiel
**ijsmachine** Eismaschine *v*
**ijspegel** Eiszapfen *m*
**ijssalon** Eisstube *v*
**ijsschol, ijsschots** Eisscholle *v*
**ijstaart** Eisbombe *v*, Eistorte *v*
**ijstijd** Eiszeit *v*; *uit de ~* eiszeitlich
**ijsvogel** Eisvogel *m*
**ijsvrij** eisfrei
**IJszee** Eismeer *o*
**ijszeilen** Eissegeln *o*
**ijver 1** ⟨geestdrift⟩ Eifer *m*; **2** ⟨vlijt⟩ Fleiß *m*
**ijveraar** Eiferer *m*; *een ~ voor het geloof* ein Zelot *m*
**ijveren** eifern, sich bemühen
**ijverig 1** ⟨vurig⟩ eifrig; **2** ⟨vlijtig⟩ fleißig, emsig
**ijzel 1** Reif *m*; **2** ⟨op de grond⟩ Glatteis *o*
**ijzelen** Bildung von Raureif *m*, Glatteis *o*; *'t ijzelt* es gibt Glatteis
**ijzen** schaudern; *ik ijs ervan* mich schaudert's
**ijzer** Eisen *o*; *oud ~* Alteisen *o*; Schrott *m*; *ruw ~* Roheisen *o*; *~s* ⟨boeien⟩ Fesseln *mv*; ⟨schaatsen⟩ die Schlittschuhe; *men kan geen ~ met handen breken* man soll nicht das Unmögliche versuchen; *men moet 't ~ smeden als 't heet is* man muß das Eisen schmieden, solange es glüht
**ijzerdraad** Eisendraht *m*
**ijzeren** eisern; *een ~ gestel* eine eiserne Konstitution *v*
**ijzererts** Eisenerz *o*
**ijzergaren** Eisengarn *o*
**ijzerhandel 1** ⟨bedrijfstak⟩ Eisenhandel *m*; **2** ⟨winkel⟩ Eisengeschäft *o*
**ijzerhoudend** eisenhaltig
**ijzersterk** eisenstark

**ijzertijd** Eisenzeit *v*
**ijzervijlsel** Eisenspäne *mv*
**ijzervreter** Eisenfresser *m*
**ijzerwaren** Eisenwaren *mv*
**ijzerwinkel** Eisengeschäft *o*
**ijzerzaag** Eisensäge *v*
**ijzig** eisig, eiskalt
**ijzingwekkend** grauenerregend, grausig, gruselig, schaudervoll
**ik** ich; *mijn betere* ~ mein besseres Ich *o*
**ikfiguur** Ich *o*, Ichfigur *v*
**iktijdperk** Ich-Generation *v*
**illegaal** illegal
**illegaliteit** 1 (in 't alg.) Illegalität *v*; 2 (in de Tweede Wereldoorlog) Untergrundbewegung *v*
**illumineren** illuminieren
**illusie** Illusion *v*; *zich geen* ~*s maken* sich keine Illusionen machen
**illusionist** Illusionist *m*
**illuster** illuster
**illustratie** Illustration *v*
**illustratief** illustrativ
**illustreren** bebildern, illustrieren
**image** Image *o*
**imaginair** imaginär
**imago** 1 (image) Image *o*; 2 (v. insect) Imago *v*
**imam** Imam *m*
**imbeciel** I *bn* imbezil(l); II *m-v* Imbezille(r) *m-v*
**imitatie** Imitation *v*
**imitator** Imitator *m*
**imiteren** imitieren, nachahmen
**imker** Imker *m*
**immanent** immanent
**immatriculatie** ZN KFZ-Zulassung *v*, Kraftfahrzeugzulassung *v*
**immatriculeren** immatrikulieren, in die Stammliste eintragen
**immens** immens; ~ *vervelend* endlos langweilig
**immer** immer, stets
**immers** I *bijw* ja; *hij doet 't* ~ *toch niet* er tut es ja doch nicht; II *voegw* denn
**immigrant** Einwand(e)rer *m*, Immigrant *m*
**immigratie** Einwand(e)rung *v*, Immigration *v*
**immigreren** einwandern, immigrieren
**immobiliën** ZN Immobilien
**immobiliënmaatschappij** ZN Immobiliengesellschaft
**immoreel** unmoralisch
**immuniseren** immunisieren
**immuniteit** Immunität *v*
**immuun** immun; ~ *maken* immunisieren
**impact** Einwirkung *v*
**impasse** Sackgasse *v*
**imperatief** Imperativ *m*, Befehlsform *v*
**imperiaal** auto Dachgepäckträger *m*
**imperialisme** Imperialismus *m*
**impertinent** impertinent, unverschämt
**implanteren** implantieren, einpflanzen
**implementeren** comput implementieren
**implicatie** Implikation *v*
**impliceren** implizieren
**impliciet** implizit
**implosie** Implosion *v*
**imponeren** imponieren (+ 3)
**impopulair** unbeliebt
**import** Import *m*, Einfuhr *v*
**importeren** importieren, einführen
**importeur** Importeur *m*
**imposant** imposant
**impotent** impotent, zeugungsunfähig
**impotentie** Impotenz *v*
**impregneren** imprägnieren
**impresario** Impresario *m*
**impressie** Eindruck *m*, Impression *v*
**impressionisme** Impressionismus *m*
**improductief** unproduktiv
**improvisatie** Improvisation *v*
**improviseren** improvisieren
**impuls** 1 (in 't alg.) Anregung *v*; 2 nat Impuls *m*
**impulsaankoop** spontaner Kauf *m*
**impulsief** impulsiv
**in** I *voorz* in; (binnen ook) innerhalb; ~ *cijfers* ziffernmäßig; ~ *dank ontvangen* dankend erhalten; ~ *'t Duits* auf deutsch; ~ *ieder geval* auf jeden Fall; *handel* ~ *oude kleren* Handel *m* mit alten Kleidern; ~ *leeftijd verschillen* verschiedenen Alters sein; ~ *leven* am Leben; ~ *mei* im Mai; ~ *termijnen* ratenweise; ~ *één woord* mit einem Wort; II *bijw* in; *dag* ~ *dag uit* tagaus tagein; ~ *en uit lopen* ein und aus gehen; *de bal is* ~ der Ball ist im Feld; *dat wil er bij mij niet* ~ das kann ich mir nicht vorstellen; *over iets* ~ *zitten* sich Sorgen über etwas machen; III *bn* (populair) in
**inachtneming** Beobachtung *v*, Berücksichtigung *v*, Befolgung *v*, Rücksichtnahme *v*; *met* ~ *van mijn belangen* unter Berücksichtigung meiner Interessen; *met* ~ *der formaliteiten* mit Berücksichtigung der Formalitäten
**inactief** inaktiv, untätig
**inademen** einatmen
**inauguratie** Inauguration *v*
**inaugureel** inaugural; *inaugurele rede* Antrittsrede *v*
**inbaar** eintreibbar
**inbedden** einbetten in
**inbeelden**: *zich iets* ~ sich etwas einbilden
**inbeelding** 1 (fantasie) Einbildung *v*; 2 (verwaandheid) Dünkel *m*
**inbegrepen** in-, einbegriffen; *de kosten* ~ einschließlich der Kosten, die Kosten einbegriffen
**inbegrip** Inbegriff *m*; *met* ~ *van alle onkosten* mit Inbegriff aller Unkosten
**inbeschuldigingstelling** ZN: *Kamer van* ~ Strafkammer *v*
**inbeslagneming** Beschlagnahme *v*
**inbinden** 1 (boeken) binden; 2 (minder eisen) gelindere Saiten aufziehen; 3 (zich beheersen) sich mäßigen
**inblazen** eig en fig einblasen; *nieuw leven* ~ neu beleben
**inblikken** eindosen; *ingeblikte muziek* Konservenmusik *v*
**inboedel** Mobiliar *o*, Inventar *o*
**inboeten** einbüßen
**inboezemen** einflößen
**inboorling** Eingeborene(r) *m-v*

**inborst** Naturell *o*
**inbouwen** 1 ⟨in 't alg.⟩ einbauen; 2 ⟨huis⟩ umbauen
**inbraak** Einbruch *m*
**inbraakbeveiliging** Einbruch(s)sicherung *v*
**inbreken** einbrechen
**inbreker** Einbrecher *m*
**inbreng** Eingebrachte *o*, Beitrag *m*
**inbrengen** 1 ⟨in 't alg.⟩ hereinbringen, -führen; 2 ⟨geld⟩ einbringen; 3 ⟨tegen⟩ einwenden (gegen); *niets in te brengen hebben* nichts zu sagen haben
**inbreuk** Eingriff *m*; ~ *maken op iemands rechten* Eingriffe in jemands Rechte machen
**inburgeren** einbürgern
**incalculeren** einkalkulieren
**incapabel** unfähig
**incarnatie** Inkarnation *v*, Fleischwerdung *v*
**incasseren** 1 ⟨geld e.d.⟩ einkassieren; 2 ⟨klappen, tegenslag⟩ hinnehmen
**incasseringsvermogen** Fähigkeit *v* Schläge hinzunehmen
**incasso** Inkasso *o*
**incassobureau** Inkassobüro *o*
**incassokosten** Inkassospesen *mv*
**incest** Inzest *m*
**incestueus** inzestuös, blutschänderisch
**inchecken** einchecken
**incident** Zwischenfall *m*
**incidenteel** gelegentlich
**inciviek** ZN I *bn* politisch sprunghaft; II *m-v* Kollaborateur *m*
**incivisme** ZN Mangel *m* an staatsbürgerlichem Bewußtsein; politische Sprunghaftigkeit *v*
**incluis, inclusief** inklusive (+ 2), einschließlich (+ 2); *vijf gulden inclusief* fünf Gulden mit (Trinkgeld)
**incognito** inkognito
**incoherent** inkohärent
**incompatibel** inkompatibel
**incompetent** inkompetent
**incompleet** unvollständig
**in concreto** in concreto
**inconsequent** inkonsequent, folgewidrig
**inconsistent** inkonsistent
**incontinent** inkontinent
**incorrect** in-, unkorrekt
**incourant** inkurant
**incubatietijd** Inkubationszeit *v*
**indachtig** eingedenk (+ 2); *de moeite* ~ eingedenk der Mühe
**indammen** 1 eig eindeichen; 2 fig eindämmen
**indecent** indezent
**indekken**: *zich* ~ ⟨in 't alg.⟩ sich eindecken; *zich* ~ *tegen* sich sicherstellen gegen
**indelen** 1 einteilen; 2 ⟨onderbrengen⟩ einreihen
**indeling** ⟨in 't alg.⟩ Einteilung *v*, Einreihung *v*
**indenken**: *zich* ~ *in* sich hineindenken; *zoiets kan ik me goed* ~ so etwas kann ich mir richtig vorstellen; *denk je dat eens in!* stell dir das mal vor!
**inderdaad** in der Tat, tatsächlich
**inderhaast** in aller Eile
**indertijd** seinerzeit
**indeuken** einbeulen
**index** Index *m*; ~ *van de kosten van levensonderhoud* Lebenshaltungskostenindex *m*
**indexcijfer** Indexziffer *v*, Teuerungszahl *v*
**indexeren** indizieren
**India** Indien *o*
**Indiaan** Indianer *m*
**indianenverhaal** ⟨onwaarschijnlijk verhaal⟩ unglaubliche Geschichte *v*
**indicatie** 1 ⟨in 't alg.⟩ Merkmal *o*; 2 med Indikation *v*
**Indië** Indien *o*; *Nederlands-*~ Niederländisch-Indien *o*
**indien** wenn, falls
**indienen** einreichen, einschicken; *een (aan-) klacht* ~ ⟨bij politie⟩ eine Anzeige erstatten; recht Strafantrag stellen; *een eis tot schadevergoeding* ~ auf Schadenersatz klagen; *een voorstel* ~ einen Vorschlag *m* einbringen
**indiensttreding** Dienstantritt *m*
**Indiër** Indier *m*
**indigestie** Indigestion *v*
**indigo** Indigo *m*
**indijken** eindeichen
**indikken** eindicken
**indirect** indirekt, mittelbar
**Indisch** indisch; *een* ~*e* eine Indierin *v*
**indiscreet** indiskret
**individu** Individuum *o*, Einzelwesen *o*
**individualiseren** individualisieren
**individualisme** Individualismus *m*
**individualist** Individualist *m*
**individueel** individuell; ~ *onderwijs* Einzelunterricht *m*
**Indo** Eurasier *m*
**indoctrinatie** Indoktrinierung *v*
**indoctrineren** indoktrinieren
**Indo-europeaan** Indoeuropäer *m*
**Indo-europees** taal indoeuropäisch
**Indogermaans** taal indogermanisch
**indolent** indolent, träge
**indommelen** einnicken
**Indonesië** Indonesien *o*
**Indonesiër** Indonesier *m*
**Indonesisch** indonesisch
**indoor** sp Hallen-
**indraaien** 1 ⟨in 't alg.⟩ eindrehen; 2 ⟨schroeven⟩ einschrauben; *de bak* ~ gemeenz ins Loch fliegen
**indringen** eindringen; *zich bij een familie* ~ sich in eine Familie eindrängen
**indringend** eindringlich
**indringer** Eindringling *m*
**induisen**: ~ *tegen* widerstreben (+ 3)
**indruk** Eindruck *m*; *de* ~ *krijgen* den Eindruck gewinnen; ~ *maken* Eindruck machen; *onder de* ~ *zijn* beeindruckt sein
**indrukken** eindrücken; *'t gaspedaal* ~ auf den Gashebel treten; *'t kwaad de kop* ~ das Übel unterdrücken
**indrukwekkend** imponierend, imposant
**in dubio** in dubio
**induceren** induzieren
**inductie** Induktion *v*

**industrialisatie** Industrialisierung *v*
**industrialiseren** industrialisieren
**industrie** Industrie *v*
**industrieel** I *bn* industriell, gewerblich II *m* Industrielle(r) *m*, Fabrikant *m*
**industriegebied** Industriegebiet *o*
**industrieterrein** Industrieanlage *v*, -gelände *o*
**indutten** einnicken, -schlafen
**ineen** 1 ⟨in elkaar⟩ ineinander; 2 ⟨in zichzelf⟩ zusammen
**ineengedoken** 1 ⟨kleingemaakt⟩ geduckt; 2 ⟨gehurkt⟩ zusammengekauert
**ineenkrimpen** 1 ⟨van schrik⟩ zusammenschrecken; 2 ⟨van pijn⟩ sich winden; *mijn hart kromp ineen* mein Herz krampfte sich zusammen
**ineens** auf einmal; *een betaling* ~ eine einmalige Zahlung *v*; *som* ~ Abfindung *v*
**ineenslaan** zusammenschlagen
**ineenstorten** 1 ⟨in 't alg.⟩ einstürzen; 2 ⟨met gekraak⟩ zusammenkrachen
**ineenvloeien** zusammen-, ineinanderfließen
**ineenzakken** zusammenbrechen
**inefficiënt** ineffizient, nicht wirksam
**inenten** impfen, vakzinieren
**inenting** Impfung *v*; ~ *tegen griep* Grippeschutzimpfung *v*
**inert** inert
**infaam** infam
**infanterie** Infanterie *v*
**infanterist** Infanterist *m*
**infantiel** infantil
**infarct** Infarkt *m*
**infecteren** infizieren
**infectie** Infektion *v*
**infectiehaard** Infektions-, Ansteckungsherd *m*
**inferieur** minderwertig
**infiltrant** Infiltrant *m*
**infiltratie** 1 ⟨in 't alg.⟩ Infiltration *v*; 2 ⟨v. mensen⟩ Unterwanderung *v*
**infiltreren** infiltrieren; unterwandern
**infinitief** Infinitiv *m*
**inflatie** Inflation *v*
**influenza** Influenza *v*, Grippe *v*
**influisteren** einflüstern
**info** Info *o*
**informant** Informant *m*
**informateur** pol Informateur *m*
**informatica** Informatik *v*
**informatie** Auskunft *v*; Erkundigung *v*; *verkeerde* ~ Fehlinformation *v*; ~ *geven* Auskunft erteilen
**informatiedrager** Datenträger *m*
**informatief** informativ
**informeel** nicht förmlich
**informeren** informieren, sich erkundigen; *naar iem.* ~ sich nach einem erkundigen
**infrarood** infrarot
**infrastructuur** Infrastruktur *v*
**infuus** Infusion *v*, Tropf *m*
**ingaan** 1 ⟨binnengaan⟩ hineingehen; 2 ⟨v. voorschrift⟩ in Kraft treten; 3 ⟨v. huur, diensttijd⟩ anfangen; *de bajes* ~ gemeenz ins Loch fliegen; *de bocht* ~ in die Kurve gehen; *'t huis* ~ ins Haus hineingehen; *op*

*iets* ~ auf etwas (4) eingehen; *de natuur* ~ ins Grüne gehen; *tegen een wens* ~ einem Wunsch entgegen sein
**ingang** Eingang *m*; *met* ~ *van 1 januari* vom 1. Januar an; ~ *vinden* Eingang finden; ~ *vrij* ZN freier Zutritt *m*; *verboden* ~ ZN Zutritt verboten
**ingenieur** ⟨van hts⟩ Ingenieur *m*; ⟨van th⟩ Diplomingenieur *m*; *scheikundig* ~ Diplomchemiker *m*
**ingenieus** ingeniös, erfinderisch; *een* ~ *idee* eine ingeniöse Idee *v*; *een* ~*ze kerel* ein erfinderischer Kopf *m*
**ingenomen**: ~ *met* eingenommen für; ~ *met zichzelf* selbstgefällig; *met uw voorstel ben ik zeer* ~ Ihr Vorschlag sagt mir sehr zu
**ingenottreding** ZN ⟨van onroerend goed⟩ Ingebrauchnahme *v*
**ingeroest** fig unausrottbar
**ingespannen** angestrengt
**ingesprektoon** telec Besetztzeichen *o*
**ingetogen** 1 ⟨zedig⟩ sittig; 2 ⟨matig⟩ anspruchslos
**ingeval** falls, wenn
**ingeven** eingeben
**ingeving** Eingebung *v*
**ingevoerd**: *goed* ~ gut eingeführt
**ingevolge** 1 ⟨ten gevolge van⟩ infolge (+ 2) 2 ⟨in overeenstemming met⟩ zufolge (+ 3); ~ *het slechte weer* infolge des schlechten Wetters; ~ *uw opdracht* Ihrem Auftrag zufolge
**ingewanden** Eingeweide *mv*, Gedärm *o*; *de* ~ *der aarde* das Innere der Erde
**ingewijde** Eingeweihte(r) *m-v*
**ingewikkeld** verwickelt, kompliziert
**ingeworteld** eingewurzelt
**ingezetene** Einwohner(in) *m-v*
**ingooi** sp Einwurf *m*
**ingooien** einwerfen
**ingraven** eingraben; *zich* ~ sich eingraben
**ingrediënt** Zutat *v*, Ingredienz *v*
**ingreep** Eingriff *m*
**ingrijpen** eingreifen
**ingrijpend** eingreifend; *diep* ~*e wijzigingen* tief einschneidende Änderungen *mv*
**inhaalmanoeuvre** Überholungsmanöver *o*
**inhaalbahn** Überholbahn *v*, -spur *v*
**inhaalstrook** Überholbahn *v*, -spur *v*
**inhaalverbod** Überholverbot *o*
**inhaalwedstrijd** Nachholspiel *o*
**inhaken** einhaken (ook fig)
**inhakken**: *dat hakt erin* das läuft ins Geld; *erop* ~ drauf loshauen
**inhalen** 1 ⟨binnenhalen⟩ (her)einholen; 2 ⟨verwelkomen⟩ einholen; 3 ⟨'t verzuimde⟩ nach-, aufholen; 4 ⟨in het verkeer⟩ überholen; *een examen, slaap* ~ eine Prüfung, Schlaff nachholen
**inhaleren** inhalieren
**inhalig** habgierig
**inham** Einbuchtung *v*; Meeresbucht *v*
**inhechtenisneming** Verhaftung *v*
**inheems** einheimisch
**inherent**: ~ *aan* inhärent (+ 3)
**inhoud** 1 ⟨in 't alg.⟩ Inhalt *m*; 2 techn Fassungsvermögen *o*
**inhoudelijk** inhaltlich

**inhouden** 1 ⟨bevatten⟩ enthalten; 2 ⟨de adem, paard⟩ anhalten; 3 ⟨niet uitbetalen⟩ einbehalten; *zijn lachen ~* sein Lachen unterdrücken; *de pas ~* den Schritt verhalten; *zijn vaart ~* seine Geschwindigkeit herabsetzen; *ingehouden woede* verhaltener Zorn *m*; *zich ~* an sich halten
**inhoudsmaat** Hohlmaß *o*
**inhoudsopgave** Inhaltsangabe *v*, -verzeichnis *o*
**inhuldigen** 1 ⟨v. vorsten e.d.⟩ (einem) huldigen; 2 ZN ⟨officieel openen v. straat e.d.⟩ (feierlich) einweihen; 3 ZN ⟨onthullen v. monument⟩ enthüllen; 4 ZN ⟨openen v. manifestatie⟩ eröffnen
**inhuldiging** Huldigung *v*
**inhuren** engagieren, einstellen
**initiaal** Initiale *v*, Anfangsbuchstabe *m*
**initiatie** Initiation *v*
**initiatief** Initiative *v*; *op zijn ~* auf seine Anregung hin; *het ~ nemen* die Initiative ergreifen
**initiatiefnemer** Initiator *m*, Initiant *m*
**initieel** Anfangs-
**initiëren** anregen, einführen
**injecteren** injizieren
**injectie** Einspritzung *v*, Injektion *v*
**injectienaald** Einspritz-, Injektionsnadel *v*
**injectiespuitje** Injektionsspritze *v*
**inkapselen** ein-, verkapseln
**inkeer** Einkehr *v*; *tot ~ komen* zur Besinnung kommen
**inkeping** Einkerbung *v*, Einschnitt *m*
**inkijk** Einblick *m*; *een blouse met ~* eine Bluse mit tiefem Ausschnitt
**inkijken** hineingucken, -blicken (in + 4)
**inklappen** I *overg* ein-, zusammenklappen; II *onoverg* ⟨geestelijk instorten⟩ zusammenbrechen
**inklaren** einklarieren, verzollen
**inkleden** einkleiden
**inkoken** einkochen
**inkomen** I *onoverg* ⟨her⟩einkommen; *er is een verzoekschrift ingekomen* es ist eine Bittschrift eingegangen; *daar kan ik ~* das leuchtet mir ein; *daar komt niets van in* daraus wird nichts; II *o* Einkommen *o*; *~ per hoofd* Prokopfeinkommen *o*
**inkomenspolitiek** Einkommenspolitik *v*
**inkomst** ⟨intocht⟩ Einzug *m*
**inkomsten** ⟨verdiensten⟩ Einkünfte *mv*
**inkomstenbelasting** Einkommensteuer *v*
**inkoop** Einkauf *m*; *inkopen doen* Einkäufe machen
**inkopen** einkaufen
**inkoper** Einkäufer *m*
**inkoppen** sp einköpfen
**inkorten** ver-, abkürzen
**inkrimpen** 1 ⟨kleiner worden⟩ einlaufen, eingehen, einschrumpfen; 2 fig ⟨uitgaven⟩ einschränken; ⟨personeel⟩ abbauen
**inkt** 1 ⟨in 't alg.⟩ Tinte *v*; 2 ⟨drukinkt⟩ Druckerschwärze *v*; *Oost-Indische ~*, ZN *Chinese ~* Tusche *v*
**inktlint** Farbband *o*
**inktpot** Tintenfaß *o*
**inktvis** Tintenfisch *m*
**inktzwam** Tintenpilz *m*, Tintling *m*

**inkuilen** einmieten
**inkwartieren** einquartieren
**inkwartiering** Einquartierung *v*
**inladen** ein-, verladen
**inlander** Eingeborene(r) *m-v*, Inländer(in) *m-v*
**inlands** inländisch
**inlas** Einsatz *m*, -schub *m*
**inlassen** einfügen, einschalten
**inlaten** ⟨binnenlaten⟩ (her)einlassen; *zich ~ met* sich einlassen auf (4); *ik laat mij niet met hem in* ich lasse mich nicht mit ihm ein
**inleg** 1 ⟨bij spel⟩ Einsatz *m*; 2 ⟨als spaargeld⟩ Einlage *v*
**inleggen** 1 ⟨ergens in leggen⟩ einlegen; 2 ⟨kleren⟩ einnähen; 3 ⟨levensmiddelen⟩ einmachen; 4 ⟨met hout, zilver enz.⟩ einlegen; *eer ~ met* Ehre einlegen mit
**inlegkruisje** Slipeinlage *v*
**inlegvel** Einlegeblatt *o*
**inleiden** einführen, -leiten
**inleiding** Einführung *v*, Einleitung *v*
**inleven**: *zich ~* sich einleben
**inleveren** 1 ⟨in 't alg.⟩ einliefern; 2 ⟨v. verzoekschrift e.d.⟩ einreichen
**inlezen**: comput einlesen; *zich ~* sich einlesen
**inlichten** (einem) Auskunft geben; ⟨algemener⟩ Aufschluß geben; *als ik goed ingelicht ben* wenn ich recht unterrichtet bin
**inlichting** 1 ⟨informatie⟩ Auskunft *v*; 2 ⟨opheldering⟩ Aufschluß *m*; *~en geven* Auskunft erteilen
**inlichtingendienst** 1 ⟨in 't alg.⟩ Nachrichtendienst *m*; 2 ⟨geheime dienst⟩ Geheimdienst *m*
**inlijsten** einrahmen
**inlijven**: *~ bij* einverleiben (+ 3); *soldaten bij een regiment ~* Soldaten in ein Regiment einreihen
**inloggen** comput einloggen
**inloopzaak** Geschäft *o* ohne Kaufzwang
**inlopen** ⟨in 't alg.⟩ einlaufen; *schoenen ~* Schuhe einlaufen; *een achterstand ~* einen Rückstand aufholen; *een straat ~* in eine Straße einbiegen
**inlossen** einlösen; *zijn belofte ~* sein Versprechen einlösen
**inloten** (op universiteit) einen Studienplatz durch das Losverfahren bekommen
**inluiden** 1 ⟨door klokgelui e.d.⟩ einläuten; 2 ⟨het begin zijn⟩ einleiten
**inluizen**: *er ~ gemeenz* hereinfallen, hereinschlittern
**inmaak** 1 ⟨het inmaken⟩ Einmachen *o*; 2 ⟨wat ingemaakt is⟩ das Eingemachte
**inmaakpartij** sp leichter Sieg *m*
**inmaken** 1 ⟨conserven⟩ einmachen; 2 sp ⟨verpletteren⟩ abfertigen
**in memoriam** I zum Andenken an; II *o* Nachruf *m*
**inmengen** (hin)einmengen; *zich ergens ~* sich irgendwo hineinmischen
**inmenging** Einmischung *v*
**inmiddels** inzwischen, unterdessen
**innaaien** 1 ⟨door naaien insluiten⟩ einnähen; 2 ⟨boek⟩ heften, broschieren
**in natura** in natura; *gift ~* Sachspende *v*

**innemen** I *ww* einnehmen; *een japon ~* ein Kleid einschlagen; *de plaats van de ouders ~* Elternstelle vertreten; *vergif ~* Gift nehmen; *goed van ~ zijn* tüchtig essen und trinken können; *iedereen voor zich ~* alle Leute für sich gewinnen; zie ook: *ingenomen*; II *o* Einnahme *v*, Einnehmen *o*
**innemend** einnehmend, gewinnend
**innen** einziehen, eintreiben, einkassieren
**innerlijk** I *bn* inner; *~ en uiterlijk* innerlich und äußerlich; II *o* das Innere; *zijn ~* sein Inneres *o*
**innig** 1 ⟨oprecht⟩ innig; 2 ⟨vurig⟩ inbrünstig
**1 inning** *v* ⟨v. gelden⟩ Eintreibung *v*
**2 inning** *m sp* Inning *o*
**innovatie** Innovation *v*, Neuerung *v*
**innoveren** erneuern
**inpakken** einpacken; *~ en wegwezen* fig seine Siebensachen packen; *wel kunnen ~* einpacken können; *zich helemaal door iem. laten ~* sich ganz von jmdn. einwickeln lassen
**inpalmen**: *iem. ~* einen für sich gewinnen, einen einwickeln
**inpandig** eingebaut
**inpassen** hineinpassen
**inpeperen**: *'t iem. ~* es einem eintränken
**inperken** zurückdämmen, einschränken, einhegen
**inpikken** ⟨zich toe-eigenen⟩ einstecken, sich aneignen
**inplakken** einkleben
**inplanten** einpflanzen
**inpolderen** einpoldern
**inpompen** 1 *eig* einpumpen; 2 ⟨in geheugen⟩ einpauken
**inprenten** einprägen, -schärfen
**inproppen** einpfropfen
**input** Input *m*
**inquisitie** Inquisition *v*
**inregenen** (hin)einregnen
**inrekenen** verhaften, einlochen
**inrichten** 1 ⟨regelen⟩ einrichten, anordnen; 2 ZN ⟨organiseren⟩ veranstalten, organisieren
**inrichter** ZN ⟨organisator⟩ Organisator *m*
**inrichting** 1 ⟨'t inrichten, meubilair⟩ Einrichtung *v*; 2 ⟨gebouw⟩ Anstalt *v*; 3 ⟨toestel⟩ Vorrichtung *v*; 4 ZN ⟨organisatie⟩ Organisation *v*
**inrijden** ⟨ergens in rijden⟩ 1 ⟨met voertuig⟩ einfahren; 2 ⟨rijder⟩ (hin)einreiten; *een auto ~* ein Auto einfahren; *een paard ~* ein Pferd einreiten; *een straat ~* in eine Straße einfahren; *verboden in te rijden* keine Einfahrt
**inrit** Einfahrt *v*
**inroepen** anrufen
**inroesten** einrosten; zie ook: *ingeroest*
**inruil** Eintausch *m*
**inruilen** eintauschen; *~ tegen* eintauschen gegen; *een auto ~* ein Auto in Zahlung geben
**inruilwaarde** Tauschwert *m*
**inruimen** einräumen
**inrukken** sich packen; *ingerukt mars!* verschwinde!; *mil* wegtreten!
**inschakelen** einschalten
**inschalen** einstufen
**inschatten** einschätzen, beurteilen, bewerten; *iem., iets verkeerd ~* einen, etwas falsch einschätzen
**inschenken** einschenken
**inschepen** einschiffen
**inscheuren** einreißen
**inschieten** 1 *mil* einschießen; 2 ⟨tussenvoegen⟩ einschalten; *de bal ~* den Ball einschießen; *een deur ~* ⟨snel binnengaan⟩ durch eine Tür hineinschlüpfen; *zijn geld, zijn leven erbij ~* sein Geld, sein Leben dabei einbüßen
**inschikkelijk** nachgiebig, willfährig
**inschikken** zusammenrücken
**inschrijfgeld** Einschreibegebühr *v*
**inschrijven** 1 ⟨in 't alg.⟩ einschreiben; 2 ⟨in de boeken⟩ eintragen; 3 ⟨aan universiteit⟩ immatrikulieren; 4 ⟨wedstrijd⟩ nennen; *op een lening ~* auf eine Anleihe zeichnen
**inschrijving** 1 ⟨in 't alg.⟩ Einschreibung *v*; 2 ⟨bij aanbesteding⟩ Submission *v*; 3 ⟨aan universiteit⟩ Immatrikulation *v*; 4 ⟨bij wedstrijd⟩ Nennung *v*; 5 ⟨op lening⟩ Zeichnung *v*; *~ in het kadaster* Grundbucheintragung *v*; *hoogste, laagste ~* ⟨aanbesteding⟩ höchste, niedrigste Forderung *v*
**inschuiven** (hin)einschieben
**inscriptie** Inskription *v*, Inschrift *v*
**insect** Insekt *o*, Kerbtier *o*
**insecteneter** Insektenfresser *m*
**insecticide** Insektizid *o*, Insektengift *o*
**inseinen** informieren
**inseminatie** Insemination *v*
**insgelijks** ebenfalls, gleichfalls
**insider** Insider *m*, Eingeweihte(r) *m-v*
**insigne** Abzeichen *o*
**insinuatie** 1 ⟨verdachtmaking⟩ sinnlose Beschuldigung *v*; 2 *recht* Insinuation *v*
**insinueren** insinuieren
**inslaan** 1 ⟨ruit⟩ einschlagen; 2 ⟨spijker⟩ hineinschlagen; 3 ⟨palen⟩ einrammen; 4 ⟨waren⟩ einschlagen, sich versorgen mit; *dat zal ~!* das wird zünden!; *de bliksem is ingeslagen* der Blitz hat eingeschlagen; *een artikel, toneelstuk enz. dat inslaat* ein Schlager *m*; *verwachtingen de bodem ~* Hoffnungen zunichte machen; *een andere koers ~* das Ruder herumreißen (ook fig); *een straat ~* in eine Straße einbiegen
**inslag** Einschlag *m*; *~ v.d. bliksem* Blitzeinschlag *m*
**inslapen** einschlafen
**inslikken** ein-, ver-, hinunterschlucken; *de tranen ~* die Tränen verschlucken
**insluimeren** einschlummern
**insluipen** sich einschleichen
**insluiper** Eindringling *m*
**insluiten** 1 ⟨in 't alg.⟩ einschließen; 2 ⟨in ruimte⟩ einsperren; 3 ⟨in brief⟩ beischließen; *ingesloten factuur* beifolgende Faktur *v*
**insmeren** einschmieren
**insneeuwen** 1 ⟨door sneeuw omringd raken⟩ einschneien; 2 ⟨naar binnen⟩ hereinschneien
**insnijden** einschneiden
**insnoeren** einschnüren

**inspannen**

**inspannen** an-, vorspannen; *zich ~* sich anstrengen; *zich voor iets ~* sich für etwas einsetzen; zie ook: *ingespannen*
**inspannend** anstrengend, strapaziös
**inspanning** Anstrengung *v*; Anspannung *v*; *met ~ van alle krachten* mit Aufbietung aller Kräfte
**in spe** in spe
**inspecteren** inspizieren, besichtigen
**inspecteur** Inspektor *m*; *~ van politie* Polizeikommissar *m*; *~ van de recherche* Kriminalkommissar *m*
**inspectie 1** ⟨onderzoek, de inspecteurs⟩ Inspektion *v*; **2** ⟨gebied⟩ Aufsichtsbezirk *m*; **3** mil Besichtigung *v*
**inspelen**: *zich ~* sich einspielen; *~ op* sich richten nach
**inspiratie** Inspiration *v*; Anregung *v*
**inspireren** inspirieren, begeistern
**inspraak** Mitsprache *v*, Mitbestimmung *v*
**inspreken**: *een band ~* auf Band sprechen; *iem. moed ~* einem Mut machen
**inspringen 1** ⟨ergens in springen⟩ (hin-)einspringen; **2** typ einrücken; *voor iem. ~* einen vertreten; *~de hoek* überstumpfer Winkel *m*
**inspuiten** einspritzen, injizieren
**instaan**: *~ voor* bürgen, einstehen für; *ik kan er niet voor ~ dat...* ich kann nicht dafür einstehen, daß...; *voor iem. kunnen ~* für jmdn. bürgern können
**instabiel 1** ⟨v. constructies⟩ instabil; **2** ⟨v. toestanden⟩ ungewiß
**installateur** Installateur *m*
**installatie 1** ⟨in ambt, techn⟩ Installation *v*; **2** ⟨als lid⟩ Aufnahme *v*
**installeren 1** ⟨in ambt⟩ einführen; **2** ⟨v. apparaten⟩ installieren; *zich ~* sich installieren
**instampen 1** ⟨met voeten⟩ einstampfen; **2** fig ⟨in geheugen⟩ eintrichtern
**instandhouding** Instandhalten *o*, -haltung *v*
**instantie** Instanz *v*, Dienststelle *v*; *militaire ~s* militärische Dienststellen *mv*; *in eerste, laatste ~* in erster, letzter Instanz
**instapkaart** Bordkarte *v*
**instappen** einsteigen; *is er nog iemand ingestapt?* hat noch jemand zugestiegen?
**insteekhaven** ⟨parkeerplaats⟩ Parkplatz *m*
**insteken 1** ⟨met puntig voorwerp⟩ (hin-)einstecken; **2** ⟨opbergen⟩ (hin)einstecken; *een draad ~* einen Faden einfädeln
**instellen 1** ⟨stichten⟩ einsetzen; **2** ⟨invoeren⟩ einführen; **3** ⟨lens⟩ einstellen; *een avondklok ~* Sperrstunden vorschreiben; *een blokkade ~* eine Sperre verhängen; *een onderzoek ~* eine Untersuchung vornehmen; *een strafvervolging ~* einen Strafprozeß anstrengen; *progressief ingesteld zijn* progressiv eingestellt sein
**instelling 1** ⟨het instellen, houding⟩ Einstellung *v*; **2** ⟨instituut⟩ Einrichtung *v*, Anstalt *v*
**instemmen**: *met iem. ~* einem beipflichten, -stimmen
**instemming** Zustimmung *v*; *~ vinden* Beifall finden

**instigatie** Anregung *v*
**instinct** Instinkt *m*, Trieb *m*; *~ tot zelfbehoud* Selbsterhaltungstrieb *m*
**instinctief, instinctmatig** instinktmäßig, instinktiv
**institutionaliseren** zu einem Institut machen
**instituut** Institut *o*, Anstalt *v*; *financieel ~* Finanzinstitut *o*; *meteorologisch ~* Wetterwarte *v*; *~ voor schriftelijk onderwijs* Fernlehrinstitut *o*
**instoppen** ⟨volproppen⟩ einstopfen; *warm ~* warm einmumme(l)n; *de dekens ~* die Decken einschlagen; *een kind ~* ein Kind schön zudecken
**instorten 1** ⟨ineenstorten⟩ einstürzen; **2** ⟨lichamelijk⟩ zusammenbrechen; **3** med einen Rückfall erleiden
**instructeur 1** ⟨leraar in 't alg.⟩ Lehrer *m*, Instruktor *m*; **2** mil Ausbilder *m*, Instrukteur *m*; **3** auto Fahrlehrer *m*
**instructie 1** ⟨onderwijs⟩ Instruktion *v*; **2** ⟨voorschrift⟩ Vorschrift *v*; **3** ⟨bevel enz.⟩ Anweisung *v*; **4** ⟨v.d. rechter⟩ Beweisaufnahme *v*
**instructief** instruktiv, lehrreich
**instrueren** beauftragen, instruieren
**instrument** Instrument *o*
**instrumentaal** instrumental; *~tale muziek* Instrumentalmusik *v*
**instrumentarium** Instrumentar *o*, -tarium *o*
**instrumentmaker** Feinmechaniker *m*
**instuderen 1** ⟨in 't alg.⟩ einstudieren; **2** ⟨rol⟩ studieren
**instuif** Party *v*
**insturen** ⟨inzenden⟩ einsenden; *iem. de stad ~* einen in die Stadt schicken
**insubordinatie** Insubordination *v*
**insuline** Insulin *o*
**insult** med Anfall *m*, Insult *m*
**intact** intakt
**intakegesprek** Aufnahmegespräch *o*
**inteelt** Inzucht *v*
**integendeel** im Gegenteil
**integer** integer
**integraal I** *v* Integral *o*; **II** *bn* integral
**integraalhelm** Integralhelm *m*
**integraalrekening** Integralrechnung *v*
**integratie** Integration *v*, Eingliederung *v*
**integreren** integrieren, eingliedern
**integriteit** Integrität *v*
**intekenen** eintragen, zeichnen
**intekenlijst 1** ⟨in 't alg.⟩ Sammelliste *v*; **2** ⟨voor boek⟩ Subskriptionsliste *v*
**intekenprijs** Subskriptionspreis *m*
**intellect** Intellekt *m*
**intellectualistisch** intellektualistisch
**intellectueel I** *bn* intellektuell; **II** *m-v* Intellektuelle(r) *m-v*; *geringsch* Intelligenzler *m*
**intelligent** intelligent
**intelligentie** Intelligenz *v*
**intelligentiequotiënt** Intelligenzquotient *m*
**intelligentietest** Intelligenztest *m*
**intelligentsia** Intelligenz *v*
**intendant** theat, mil Intendant *m*

**intens, intensief** intensiv; *intens vervelend* äußerst langweilig
**intensiteit** Intensität *v*
**intensive care** Intensivpflege *v*
**intensiveren** intensivieren
**intentie** Intention *v*, Anliegen *o*
**intentieverklaring** Absichtserklärung *v*
**interactie** Interaktion *v*
**interactief** interaktiv
**intercity** Intercity *m*
**intercom** Sprechanlage *v*
**intercommunale** ZN Kommunalverband *m*
**intercontinentaal** interkontinental
**interdictie** ZN (curatele) Verbot *o*
**interdisciplinair** interdisziplinär
**interen** (langsam) verbrauchen; *~ op zijn vermogen* zehren von seinem Vermögen
**interessant** interessant
**interesse** Interesse *o*
**interesseren** interessieren
**interest** Zinsen *mv*; *samengestelde ~* Zinseszinsen *mv*; *geld tegen ~ uitlenen* Geld auf (zu) Zinsen ausleihen
**interface** comput Schnittstelle *v*, Interface *o*
**interferentie** Interferenz *v*
**interfereren** interferieren
**interieur** Interieur *o*
**interim** I *o* Interim *o*; *ad ~* ad interim; II *bn* ZN (vervanging) Vertretung *v*; III *m-v* ZN (invaller) Vertreter *m*
**interimaris** ZN Stellvertreter *m*
**interimbureau** ZN = *uitzendbureau*
**interimdividend** Zwischen-, Interimsdividende *v*
**interkerkelijk** zwischenkirchlich
**interlandwedstrijd** Länderspiel *o*
**interlinie** Durchschuß *m*
**interlokaal** telec *~ gesprek* Ferngespräch *o*; *~ telefoonnummer* Fernruf *m*; *interlokale verbinding* Fernverbindung *v*
**intermediair** I *o* (bemiddeling) Vermittlung *v*; II *m-v* (persoon) Vermittler(in) *m-v*
**intermezzo** Intermezzo *o*
**intern** intern; *~e aangelegenheid* Internum *o*
**internaat** Internat *o*, Schülerheim *o*
**internationaal** international; *~nale betrekkingen* zwischenstaatliche Beziehungen *mv*, *~nale wedstrijd* Länderspiel *o*, -kampf *m*
**international** sp Nationalspieler *m*
**interneren** internieren
**internet, Internet** Internet *o*
**internist** Internist *m*
**interpellatie** Anfrage *v*, Interpellation *v*
**interpelleren** anfragen, interpellieren
**interpoleren** interpolieren
**interpretatie** Interpretation *v*, Deutung *v*
**interpreteren** interpretieren, deuten
**interpunctie** Zeichensetzung *v*, Interpunktion *v*
**interregnum** Interregnum *o*, Zwischenregierung *v*
**interrumperen** unterbrechen
**interruptie** 1 (onderbreking) Unterbrechung *v*; 2 (opmerking) Zwischenbemerkung *v*
**interval** Intervall *o*
**interveniëren** 1 (in 't alg.) intervenieren; 2 ⟨door politie⟩ einschreiten
**interventie** 1 (in 't alg.) Intervention *v*; 2 ⟨door politie⟩ Einschreiten *o*
**interview** Pressegespräch *o*, Interview *o*
**interviewen** interviewen
**intiem** intim, vertraut; *~ bevriend* nahe befreundet
**intikken** 1 ⟨v. ruiten enz.⟩ einschlagen, -werfen; 2 ⟨intypen⟩ eintippen
**intimidatie** Einschüchterung *v*
**intimideren** einschüchtern
**intimiteit** Intimität *v*, Vertraulichkeit *v*; *ongewenste ~* (sexuelle) Belästigungen *mv*
**intocht** Einzug *m*
**intolerant** intolerant, unduldsam
**intomen** zügeln, im Zaum halten
**intonatie** muz, taalk Intonation *v*
**intransitief** intransitiv
**intrappen** 1 (in 't alg.) eintreten; 2 sp (in goal) einsenden; *ergens ~* fig auf etwas hereinfallen; *een open deur ~* nichts Neues erzählen
**intraveneus** intravenös
**intrede** Eintritt *m*; *zijn ~ doen* ⟨ambt⟩ sein Amt antreten
**intreden** 1 (naar binnen gaan) (her-)eintreten; 2 (aanvaarden) antreten; *in een orde ~* RK in einen Orden eintreten
**intrek** Einzug *m*; *zijn ~ nemen in* einziehen
**intrekken** I *onoverg* (naar binnen gaan) einziehen; II *overg* 1 (binnentrekken) hineinziehen; 2 (besluit, belofte) widerrufen; 3 (motie, woorden) zurücknehmen; *een order ~* einen Auftrag zurücknehmen; *de wijde wereld ~* in die Weite ziehen
**intrigant** Intrigant *m*, Ränkeschmied *m*
**intrige** Intrige *v*; ⟨v. toneelstuk, roman e.d.⟩ Verwicklung *v*, Handlung *v*
**intrigeren** intrigieren, Ränke schmieden; *dat intrigeert mij ten zeerste* das interessiert mich höchlich
**intro** 1 (in boek) Einführung *v*; 2 muz Introduktion *v*
**introducé** Gast *m*
**introduceren** einführen
**introductie** Einführung *v*; *~ ter beurze* Börseneinführung *v*
**introeven** stechen
**introspectie** Innenschau *v*
**introvert** introvertiert
**intuïtie** Intuition *v*; *bij ~* intuitiv
**intuïtief** intuitiv
**intussen** 1 (inmiddels) inzwischen; 2 ⟨echter⟩ jedoch
**inval** Einfall *m*; *een zotte ~* eine Schnapsidee *v*; *het is daar de zoete ~* man findet dort immer eine gedeckten Tisch
**invalide** I *m-v* Invalide *m*, Versehrte(r) *m-v*; II *bn* invalide
**invalidenwagen** Invalidenwagen *m*
**invaliditeit** Invalidität *v*, Erwerbsunfähigkeit
**invallen** I 1 (in 't alg.) einfallen, einstürzen; 2 muz einsetzen, -fallen; 3 ⟨v. nacht enz.⟩ anbrechen; *de dooi viel in* es trat Tauwet-

**invaller**

ter ein; *voor iem.* ~ einen vertreten; **II o 1** ⟨in 't alg.⟩ das Einfallen, Einsturz *m*; **2** ⟨v. duisternis⟩ Eintritt *m*; **3** ⟨van nacht, kou⟩ Einbruch *m*
**invaller 1** ⟨in 't alg.⟩ Ersatzmann *m*; **2** ⟨sp ook⟩ Ersatzspieler *m*
**invalshoek** Einfallswinkel *m*
**invalsweg** Einfallstraße *v*
**invasie** Invasion *v*
**inventaris** Inventar *o*; ~ *opmaken* das Inventar aufnehmen
**inventarisatie** Inventaraufnahme *v*
**inventariseren** inventarisieren
**inventief** findig
**inversie** Inversion *v*
**investeren** investieren
**investering** Investierung *v*, Investition *v*
**invetten** einfetten
**invitatie** Einladung *v*
**inviteren** einladen
**in-vitrofertilisatie** med In-vitro-Fertilisation *v*
**invloed** Einfluß *m*; ~ *hebben op* Einfluß haben auf (+ 4), beeinflussen (+ 4); *onder* ~ *zijn* angeheitert sein; *de* ~ *ondergaan* beeinflußt werden
**invloedrijk** einflußreich
**invloedssfeer** Wirkungsbereich *m*, Einflußsphäre *v*
**invoegen 1** ⟨in 't alg.⟩ einfügen, einschalten; **2** ⟨met auto⟩ sich einfädeln
**invoegstrook** ⟨voor snelweg⟩ Beschleunigungsspur *v*
**invoer** Einfuhr *v*
**invoeren** einführen; *gegevens* ~ comput Daten in den Computer eingeben; *goed ingevoerd* fig gut eingeführt
**invoerrecht** Einfuhrzoll *m*
**invoervergunning** Einfuhrgenehmigung *v*
**invorderen** einfordern
**invreten** einfressen
**invriezen** ein-, festfrieren
**invrijheidstelling** Freilassung *v*
**invullen** ⟨een formulier⟩ ausfüllen; *zinnen* ~ Sätze vervollständigen; *getallen in kolommen* ~ Zahlen in Spalten eintragen; *namen op een lijst* ~ Namen in eine Liste eintragen
**inwaarts** nach innen
**inwendig I** *bn* inner; *de* ~*e mens* der innere Mensch; *voor* ~ *gebruik* für innerliche Anwendung; *'t* ~*e* das Innere; **II** *bijw* innen, inwendig
**inwerken**: ~ *op* einwirken auf (4); *zich* ~ sich hineinarbeiten; *goed ingewerkt* gut eingeführt
**inwerpen** einwerfen
**inwijden** einweihen
**inwijding** Einweihung *v*
**inwilligen** (ein)willigen (in + 4), gewähren
**inwinnen**: *advies, raad* ~ Rat einholen, officieel ein Gutachten einholen; *inlichtingen* ~ Erkundigungen einziehen
**inwisselen** einwechseln; *coupons* ~ Kupons einlösen
**inwonen** wohnen (bei); *bij iem. komen* ~ zu einem ziehen; ~*d student* Student *m* zur Untermiete
**inwoner 1** ⟨v. stad e.d.⟩ Einwohner *m*; **2** ⟨v. huis⟩ Bewohner *m*
**inworp** sp Einwurf *m*
**inwrijven** einreiben; *met sneeuw* ~ einseifen
**inzaaien** einsäen
**inzage** Einsicht *v*; ⟨v. boeken⟩ Ansicht; *ter* ~ *liggen* zur Einsicht aufliegen
**inzake**: ~ *de belastingen* die Steuern betreffend; ~ *de politiek* in Sachen der Politik
**inzakken 1** ⟨naar beneden zakken⟩ einsinken; **2** ⟨instorten⟩ einstürzen; **3** ⟨v. prijzen⟩ fallen
**inzamelen** einsammeln, sammeln
**inzameling** Sammlung *v*
**inzegenen** einsegnen
**inzenden** einsenden, -schicken; *naar een tentoonstelling* ~ eine Ausstellung beschicken; *ingezonden stuk* Eingesandt *o*
**inzender** Einsender *m*
**inzending** Einsendung *v*
**inzepen** einseifen ⟨ook fig⟩
**inzet 1** ⟨bij gokken; voetbal⟩ Einsatz *m*; **2** ⟨bij verkoping⟩ erstes Gebot *o*; **3** ⟨kleine tekening in grotere⟩ Insert *o*, Einfügung *v*; **4** ⟨toewijding, werklust⟩ Einsatz *m*, Eifer *m*
**inzetbaar** einsatzfähig
**inzetten 1** ⟨ergens in⟩ hineinsetzen; **2** ⟨ruit, stuk in kledingstuk; aanval, troepen⟩ einsetzen; **3** ⟨verkoping⟩ anbieten; *zich* ~ sich anstrengen; *zich* ~ *voor iets, iem.* sich für etwas, jmdn. einsetzen
**inzicht 1** ⟨mening, begrip⟩ Einsicht *v*; **2** ZN ⟨voornemen⟩ Vorhaben *o*; *met helder* ~ klarsichtig
**inzien** einsehen; *de krant* ~ die Zeitung durchsehen; *de toekomst donker* ~ der Zukunft in großer Sorge entgegensehen; *mijns* ~*s* meines Erachtens; *bij nader* ~ bei näherem Hinsehen
**inzinken** einsinken
**inzinking 1** eig Einsenkung *v*; **2** ⟨economisch, bij ziekte⟩ Rückfall *m*
**inzitten**: *ermee* ~ in der Klemme sitzen; *over iets* ~ sich Gedanken über etwas machen; *daar zit wat in* es ist etwas daran
**inzittende** Insasse *m*
**inzoomen** zoomen
**ion** Ion *o*
**ionosfeer** Ionosphäre *v*
**IQ** = *intelligentiequotiënt*
**iris** Iris *v*
**iriscopie** Iriskopie *v*
**ironie** Ironie *v*
**ironisch** ironisch
**irreëel** irreell
**irrelevant** irrelevant
**irrigatie** Irrigation *v*
**irrigator** Irrigator *m*
**irrigeren** irrigieren
**irritant** ärgerlich
**irritatie** Irritation *v*
**irriteren** irritieren, reizen
**ischias** Ischias *v*, *m* & *o*
**islam** Islam *m*
**islamiet** Islamiet *m*, Moslem *m*

**islamitisch** islamitisch, islamisch
**isolatie** Isolierung *v*
**isolatieband** Isolierband *o*
**isolationisme** Isolationismus *m*
**isoleercel** Isolierzelle *v*
**isolement** Vereinsamung *v*, Isolierung *v*
**isoleren** isolieren
**Israël** Israël *o*
**Israëli, Israëliër** Israeli *m*
**Israëliet** Israelit *m*
**Israëlisch** israelisch
**issue** Thema *o*, Angelegenheit *v*
**Italiaan** Italiener *m*
**Italiaans** italienisch
**Italië** Italien *o*
**item** Gegenstand *m*, Thema *o*
**ivoor** Elfenbein *o*
**ivoren** elfenbeinern; ~ *toren* Elfenbeinturm *m*

# J

**j** der Buchstabe J, das J (Jott)
**ja** ja; *op alles ~ en amen zeggen* zu allem ja und amen sagen
**jaap 1** ⟨snee⟩ Schnitt *m*, Hieb *m*; **2** ⟨litteken⟩ Schmiß *m*
**jaar** Jahr *o*; ⟨v. student⟩ Jahrgang *m*; *een miljoen jaren* eine Jahrmillion, eine Million Jahre; *de jaren des onderscheids* die Jahre der Vernunft; *de jaren zestig* die sechziger Jahre; *binnen een ~ (tijds)* in Jahresfrist; *'t ene ~ na 't andere* ein Jahr nach dem andern; *in 't ~ 1997* (im Jahre) 1997; *in 't ~ nul* Anno dazumal, Anno Tobak; *~ in ~ uit* jahraus, jahrein; *dat komt met de jaren* das findet sich mit den Jahren; *~ na ~* Jahr für Jahr; *hij is reeds op jaren* er ist schon bei Jahren; *op zijn achtste ~* mit acht Jahren, im Alter von acht Jahren; *vandaag over een ~* heute übers Jahr; *sinds (sedert) ~ en dag* seit Jahr und Tag; *van ~ tot ~* von Jahr zu Jahr
**jaarbeurs** Messe *v*
**jaarboek** Jahrbuch *o*
**jaargang** Jahrgang *m*
**jaargenoot 1** ⟨leeftijdgenoot⟩ Altersgenosse *m*; **2** stud Mitstudent *m*
**jaargetijde** Jahreszeit *v*
**jaarlijks I** *bijw* jährlich, alljährlich; **II** *bn* jährlich, Jahres-; *~ inkomen* Jahreseinkommen *o*; *~e omzet* Jahresumsatz *m*
**jaarmarkt** Jahrmarkt *m*
**jaarring** ⟨v. boom⟩ Jahr-, Jahresring *m*
**jaarsalaris** Jahresgehalt *o*
**jaartal** Jahreszahl *v*
**jaartelling** Zeitrechnung *v*
**jaarvergadering** Jahresversammlung *v*
**jaarverslag** Jahresbericht *m*
**jaarwisseling** Jahreswende *v*, -wechsel *m*
**1 jacht** *v* ⟨het jagen⟩ Jagd *v*; *gesloten ~* Schonzeit *v*; *~ maken op* Jagd machen auf (+ 4); *~ op groot, klein wild* hohe, niedere Jagd (Niederjagd) *v*; *op ~ gaan* auf die Jagd gehen
**2 jacht** *o* ⟨schip⟩ Jacht *v*
**jachtbommenwerper** Jagdbomber *m*
**jachten** eilen, drängen, hetzen; sich eilen
**jachteskader** Jagdgeschwader *o*
**jachtgeweer** Jagdgewehr *o*, -flinte *v*
**jachthaven** Jachthafen *m*
**jachthond** Jagdhund *m*
**jachtig** gehetzt
**jachtluipaard** Gepard *m*, Jagdleopard *m*
**jachtopziener** Jagdaufseher *m*, Wildhüter *m*
**jachtschotel** Jägereintopf *m*
**jachtveld** Jagdgebiet *o*; *de eeuwige ~en* die ewigen Jagdgründe
**jack** ⟨sportief jasje⟩ Joppe *v*, Jacke *v*
**jackpot** Jackpot *m*
**Jacobus** Jakob
**jacquet** Cut(away) *m*
**jade** Jade *m*
**jaeger** Jägerwolle *o*

**jagen\* 1** ⟨op wild⟩ jagen; **2** ⟨haasten⟩ eilen, hasten; **3** ⟨aandrijven⟩ antreiben; *'t geld erdoor ~* das Geld auf den Kopf hauen; *iem. op kosten ~* einen in Unkosten stürzen; *de deur uit ~* zur Tür hinausjagen, gemeenz rausschmeißen
**jager 1** ⟨persoon⟩ Jäger *m*; **2** ⟨vliegtuig⟩ Jäger *m*
**jagerslatijn** Jägerlatein *o*
**jaguar** Jaguar *m*
**jajem** slang Schnaps *m*
**jak** ⟨jasje⟩ Jacke *v*
**jakhals** Schakal *m*
**jakkeren 1** ⟨rennen⟩ hetzen, jagen; **2** ⟨hard werken⟩ schuften
**jakkes** pfui!, igitt!
**jaknikker 1** ⟨jabroer⟩ Jasager *m*, -bruder *m*; **2** ⟨v. aardolie⟩ Pferdekopf *m*
**jakobijn** Jakobiner *m*
**jakobijns** jakobinisch
**jaloers** eifersüchtig, neidisch auf (+ 4)
**jaloezie 1** ⟨jaloersheid⟩ Eifersucht *v*, Neid *m*; **2** ⟨voor de ramen⟩ Rolläden *mv*, Jalousie *v*
**jam** Marmelade *v*
**jamboree** Jamboree *o*
**jammen** an einer Jam Session teilnehmen, improvisieren
**jammer I** *o* & *m* Jammer *m*, Not *v*, Elend *o*; *'t is ~* es ist schade, jammerschade; *'t is ~ van 't geld* es ist schade um das Geld; *ik vind het ~* ich finde es schade, es tut mir leid; **II** *tsw* *~!* schade!
**jammeren** jammern, winseln, klagen
**jammerhout** schertsend Wimmerholz *o*
**jammerklacht** Wehklage *v*, Jammerschrei *m*
**jammerlijk** jämmerlich, jammervoll, kläglich
**jampot** Marmelade(n)dose *v*, -glas *o*
**jamsessie** Jam Session *v*
**janboel** tolle (polnische) Wirtschaft *v*, Lotter-, Mißwirtschaft *v*, chaotischer Zustand *m*
**janboerenfluitjes**: *op zijn ~* nach-, fahrlässig, stümperhaft
**jandoedel** ⟨sul⟩ Trottel *m*
**janhen** Topfgucker *m*
**janken** heulen, winseln
**janmaat** Janmaat *m*, Matrose *m*
**janplezier** Kremserwagen *m*, Kremser *m*
**jantje** ⟨matroos⟩ Teer-, Blaujacke *v*; *zich met een ~ van Leiden van iets afmaken* sich eine Sache auf leichte Weise vom Halse schaffen
**januari** der Januar *m*; Oostr, Zwits der Jänner *m*; vgl.: *april*
**jan-van-gent** ⟨vogel⟩ Baßtölpel *m*
**Jap** geringsch Japs *m*
**Japan** Japan *o*
**Japanner** Japaner *m*
**Japans** japanisch
**japon** Kleid *o*
**jarenlang** jahrelang, Jahre hindurch; *~e werkzaamheid* langjährige Tätigkeit *v*
**jargon** Jargon *m*, Berufssprache *v*
**jarig**: *~ zijn* Geburtstag haben; *de ~e* das Geburtstagskind; *dan ben je nog niet ~!*

dann blüht dir 'was!, na dann prost!
**jarretel(le)** Straps *m*, Hüfthalter *m*
**jas 1** (in 't alg.) Mantel *m*; **2** (deel van pak) Rock *m*, Jacke *v*; *geklede ~* Gehrock *m*; *witte ~ (v. arts)* Arztkittel *m*
**jasbeschermer** Kleiderschutz *m*, -netz *o*, Rockschoner *m*
**jasmijn** Jasmin *m*
**jassen**: *aardappels ~* Kartoffeln schälen
**jasses** gemeenz bah, pfui, igitt
**jaszak** Manteltasche *v*, Jackentasche *v*
**jat** slang Flosse *v*, Pfote *v*
**jatten** slang klauen
**Javaan** Javaner *m*
**Javaans** javanisch
**jawel** jawohl; doch; *en ~, 't klopte* und siehe da, es stimmte; *~ hoor!* iron alles klar!
**jawoord** Jawort *o*
**jazz** Jazz *m*
**jazzballet** Jazzballett *o*
**jazzband** Jazzkapelle *v*, -orchester *o*
**je I** pers vnw **1** (in 't alg.) du, dir, dich; **2** (in brieven) Du, Dir, Dich; **3** (jullie) ihr, euch; **4** (beleefd) Sie, Ihnen; **5** (men) man; **II** bez vnw **1** (in 't alg.) dei(ne); **2** (beleefd) Ihr; *waar heb ~ ~ boek?*; *~ van het* vom Feinsten Buch?; *~ van het* vom Feinsten
**jeans** Jeans *mv*
**jee**: *~!* weh!, jemine!
**jeep** Jeep *m*
**jegens** gegen; *mijn plicht ~ hem* meine Pflicht ihm gegenüber
**jekker** Joppe *v*
**jenever** Genever *m*, Wacholder *m*
**jeneverbes 1** (bes) Wacholderbeere *v*; **2** (plant) Wacholder *m*
**jengelen** quengeln
**jennen** piesacken, (einen) ärgern
**jeremiëren** jammern; gemeenz Trübsal blasen
**jerrycan** Benzinkanister *o*
**jersey** Jersey *m*
**jet** Jet *m*, Düsenflugzeug *o*
**jetje**: *iem. van ~ geven* gemeenz einen durchprügeln
**jetlag** Jetlag *m*
**jetset** Jet Set *m*
**jeugd** Jugend *v*
**jeugdcriminaliteit** Jugendkriminalität *v*
**jeugdherberg** Jugendherberge *v*
**jeugdherinnering** Kindheitserinnerung *v*
**jeugdig** jugendlich; *~e personen* Jugendliche *mv*
**jeugdliefde** Jugendliebe *v*
**jeugdloon** Lohn *m* für Jugendliche
**jeugdpuistjes** jugendliche Akne *v*
**jeugdwerk 1** (v. artiest) Jugendarbeit *v*; **2** (werk t.b.v. jeugd) Jugendfürsorge *v*
**jeugdzonde** Jugendsünde *v*
**jeuk** Jucken *o*, Juckreiz *m*; *ik heb ~* es juckt mich
**jeuken** jucken; *mijn vingers ~* meine Finger jucken, es juckt mich an den Fingern; fig es juckt mir in den Fingern
**jewelste** zie bij *welste*
**jezuïet** Jesuit *m*
**Jezus** Jesus *m*
**jicht** Gicht *v*

**Jiddisch** Jiddisch *o*
**jij** = *je (I)*
**jijbak** boshafte Erwiderung *v*
**jingle** Jingle *m*
**jioe-jitsoe** Jiu-Jitsu *o*
**job** Job *m*, Stellung *v*
**Job** Hiob *m*; *zo arm als ~* arm wie Hiob
**jobstijding** Hiobs-, Unglücksbotschaft *v*
**jobstudent** ZN Werkstudent *m*; Jobber *m*
**joch, jochie** Bub *m*, Knirps *m*
**jockey** Jockey *m*
**jodelen** jodeln
**jodendom** Judentum *o*
**jodenkoek** Heidesand *m*
**jodenster 1** (als symbool) Davidsstern *m*; **2** (tijdens de Tweede Wereldoorlog) Judenstern *m*
**jodenvervolging** Judenverfolgung *v*
**jodin** Jüdin *v*
**jodium** Jod *o*
**jodiumtinctuur** Jodtinktur *v*
**Joegoslaaf** Jugoslawe *m*
**Joegoslavië** Jugoslawien *o*
**Joegoslavisch** jugoslawisch
**joekel** Riese *m*; *een ~ van een hond* ein Riesenhund *m*
**joelen** johlen
**joetje** slang Zehner *m*, Zehnguldenschein *m*
**jofel** gemeenz klasse, spitze, prima, dufte
**joggen** joggen
**jogger** Jogger *m*
**joggingpak** Trainings-, Jogginganzug *m*
**Johannes** Johannes
**joint** Joint *m*
**jojo** Jo-Jo *o*
**joker** kaartsp Joker *m*; *voor ~ staan* wie ein Idiot dastehen; *iem. voor ~ zetten* einen zum besten haben
**jokeren** kaartsp Rommé spielen
**jokkebrok** Lügenpeter *m*
**jokken** lügen, schwindeln
**jol** Jolle *v*
**jolig** ausgelassen, lustig, fidel, heiter
**jonassen** einen hin- und herschwingen
**jong I** bn jung; *~ geleerd, oud gedaan* jung gewohnt, alt getan; **II o 1** (jong dier) Junge(s) *o*, junges Tier *o*; **2** (jongen) Junge *m*
**jongedame** Fräulein *o*, junge Dame *v*
**jongeheer 1** (persoon) junger Herr *m*; **2** gemeenz (penis) kleiner Mann *m*
**jongeling** Jüngling *m*
**jongelui**: *de ~ (jonge mensen)* die jungen Leute
**jongeman** junger Mann *m*, Jüngling *m*
**1 jongen** *m* Junge *m*; Z-Duits Bub(e) *m*; *een kleine ~ vergeleken bij* der reinste Waisenknabe gegen; *ouwe ~* gemeenz alter Junge *m*; *een zware ~* ein Schwerverbrecher *m*, ein schwerer Junge *m*
**2 jongen** onoverg jungen, Junge kriegen (werfen)
**jongensachtig** knaben-, jungen-, bubenhaft
**jongere** Jugendliche(r) *m-v*; *werkende ~* berufstätige(r) Jugendliche(r) *m-v*
**jongetje** Jüngelchen *o*, Bübchen *o*
**jonggehuwden** Neuvermählte(n) *mv*

**jongleren** jonglieren
**jongleur** Jongleur *m*
**jongmens** junger Mann *m*
**jongs**: *van* ~ *af* von klein auf
**jongstleden** *5 oktober* ~, *5 okt. jl.* am letzten (vorigen) 5. Oktober
**jonk** scheepv Dschunke *v*
**jonker 1** ⟨v. adel⟩ Junker *m*, junger Herr von…; **2** ⟨aspirant-officier⟩ Kadett *m*, Fahnenjunker *m*
**jonkheer** Adliger ohne Titel
**jonkie** ⟨dier⟩ Junges *o*
**jonkvrouw** Adlige ohne Titel
**jood** Jude *m*; *de wandelende* ~ der ewige Jude
**joods** jüdisch
**Joost**: ~ *mag 't weten* das weiß der Teufel
**jota** Jota *o*; *geen* ~ nicht ein Jota, (um) kein Jota; zie ook: *tittel*
**jou** dich, dir; ⟨in brieven⟩ Dich, Dir; ⟨minder intiem⟩ Sie, Ihnen
**joule** Joule *o*
**journaal 1** ⟨boekhouden⟩ Journal *o*; **2** scheepv Bordbuch *o*; **3** ⟨op tv⟩ Tagesschau *v*
**journalist** Journalist *m*
**journalistiek I** *bn* journalistisch; **II** *v* Journalismus *m*; Zeitungs-, Pressewesen *o*; ⟨als wetenschap⟩ Journalistik *v*
**jouw** = *je (II)*; *mijn huis en 't* ~*e* mein Haus und das deine, deinige, Ihre (Ihrige)
**jouwen** ⟨joelen⟩ johlen
**joviaal** jovial, gemütlich
**joyriding** Strolchenfahrt *v*
**joystick** Joystick *m*
**Jozef** Joseph, Josef; *de ware* ~ der wahre Jakob
**jubelen** ⟨juichen⟩ jubeln, jauchzen
**jubilaris** Jubilar *m*
**jubileren** jubilieren
**jubileum** Jubiläum *o*; *honderdjarig* ~ Hundertjahrfeier *v*
**juchtleer** Juchten *m*, Juchtenleder *o*
**judaspenning** Judassilberling *m*, Mondviole *v*
**judassen** piesacken, zwiebeln
**judo** Judo *o*
**judoka** Judoka *m*
**juf** ⟨onderwijzeres⟩ Lehrerin *v*; ⟨als aanspreekvorm⟩ Frau (+ achternaam)
**juffershondje** Schoßhündchen *o*; *trillen, bibberen, beven als een* ~ zittern wie Espenlaub
**juffrouw 1** ⟨onderwijzeres⟩ zie *juf*; **2** ⟨ongehuwde vrouw⟩ Fräulein *o*; ⟨schertsend⟩ ⟨meisje⟩ junges Fräulein *o*, ⟨vrouw⟩ junge Frau *v*; ~ *van de garderobe* Garderobendame *v*
**Jugendstil** Jugendstil *m*

**juichen** jauchzen, jubeln
**juist I** *bn* richtig, recht; **II** *bijw* **1** ⟨zojuist⟩ gerade, eben; **2** ⟨precies⟩ richtig, gerade, genau; *die opmerking is* ~ diese Bemerkung ist richtig; *de* ~*e man op de* ~*e plaats* der richtige (rechte) Mann an der richtigen (rechten) Stelle
**juistheid 1** ⟨waarheid⟩ Richtigkeit *v*; **2** ⟨preciesheid⟩ Genauigkeit *v*
**jujube** Jujube *v*, Brustbeere *v*
**juk** Joch *o*; *'t* ~ *afwerpen* das Joch abschütteln
**jukbeen** Jochbein *o*, Wangen-, Backenknochen *m*
**jukebox** Jukebox *v*, Musikautomat *m*
**juli** der Juli; vgl.: *april*
**jullie I** *pers vnw* ihr, euch; ⟨minder intiem⟩ Sie, Ihnen, Sie; **II** *bez vnw* euer; ⟨minder intiem⟩ Ihr
**jumper** Jumper *m*, Pulli *m*, Pullover *m*
**jungle** Dschungel *m*
**juni** der Juni; vgl.: *april*
**junior I** *bn* junior, der Jüngere; **II** *m* Junior *m* (ook *sp*); *de* ~*en sp* die Junioren *mv*, die Juniormannschaft *v*
**junk I** gemeenz *m* ⟨heroïne⟩ Stoff *m*, Heroin *o*; **II** *m-v* ⟨verslaafde⟩ = *junkie*
**junkie** Junkie *m*
**junta** Junta *v*
**jureren** als Preisrichter auftreten
**juridisch** juristisch, rechtlich; Oostr, Zwits juridisch; ~*e bijstand* Rechtsbeistand *m*
**jurisdictie** Jurisdiktion *v*, Rechtsprechung *v*
**jurisprudentie** Jurisprudenz *v*
**jurist** Jurist *m*, Rechtsgelehrte(r) *m-v*
**jurk** Kleid *o*
**jury 1** recht die Schöffen, die Geschwor(e-)nen; **2** ⟨bij tentoonstellingen; wedstrijden⟩ Preisrichterkollegium *o*; *centrale* ~ ZN staatlicher Prüfungsausschuß *m*, staatliche Prüfungskommission *v*
**jurylid 1** recht Juror *m*, Geschwor(e)ne(r); **2** ⟨bij tentoonstellingen; wedstrijden⟩ Preisrichter *m*
**jus** Soße *v*, Tunke *v*, Jus *v* & *o*
**jus d'orange** Orangensaft *m*
**juskom** Soßenschüssel *v*, Sauciere *v*
**juslepel** Soßenlöffel *m*
**justitie** Justiz *v*, Rechtspflege *v*
**justitieel** gerichtlich, Justiz…; ~*tiële dwaling* Justizirrtum *m*, gerichtlicher Irrtum *m*
**Jut**: *de kop van* ~ der Lukas
**jute** Jute *v*
**jutezak** Jutetasche, -sack *m*
**Juttemis**: *met Sint-*~ am (Sankt) Nimmerleinstag
**juweel 1** eig Juwel *o*; **2** fig ⟨mens⟩ Perle *v*
**juwelier** Juwelier *m*, Juwelenhändler *m*

# K

**k** der Buchstabe K, das K
**kaaiman** Kaiman *m*
**kaak 1** ⟨been⟩ Kiefer *m*, Kinnbacken *m*, -backe *v*; **2** ZN ⟨wang⟩ Wange *v*, Backe *v*; *aan de ~ stellen* an den Pranger stellen, anprangern
**kaakchirurg** Kieferchirurg *m*
**kaakholte** Kieferhöhle *v*
**kaakje** Keks *m* & *o*
**kaakslag** Backenstreich *m*
**kaal 1** ⟨onbehaard⟩ kahl, nackt; **2** ⟨arm⟩ schäbig; *een kale boel* eine armselige Wirtschaft *v*; *een kale jas* ein fadenscheiniger Rock *m*; *kale knikker* Glatze *v*
**kaalkop** Kahlkopf *m*
**kaalslag** Kahlschlag *m*, -hieb *m*
**kaap** ⟨voorgebergte⟩ Kap *o*; *K~ de Goede Hoop* Kap der guten Hoffnung
**kaapvaart** Kaperfahrt
**kaardenbol** Kardendistel *v*
**kaars** Kerze *v*
**kaarslicht** Kerzenlicht *o*, -schein *m*
**kaarsrecht** kerzengerade
**kaarsvet** Talg *m*, Unschlitt *o*
**kaart** Karte *v*; *dat is doorgestoken ~* das ist ein abgekartetes Spiel *o*, eine Durchstecherei *v*; *een blinde ~* eine stumme (unbeschriebene) Karte *v*; *de gele ~* sp die gelbe Karte; *de rode ~* sp die rote Karte, der Platzverweis; *'t is geen haalbare ~* es läßt sich nicht verwirklichen; *65+kaart* Seniorenpaß *m*; *iem. de ~ leggen* jmdm. die Karten legen; *een ~je leggen* Karten spielen, ein Spielchen machen; *de ~en op tafel leggen* seine Karten aufdecken (offen ausspielen); *open ~ spelen* mit offenen Karten spielen; fig ⟨ook⟩ reinen Wein einschenken; *in ~ brengen* kartographisch aufnehmen, kartieren; *iem. in de ~ spelen* jmdm. in die Hände arbeiten; *alles op één ~ zetten* alles auf eine Karte setzen
**kaartcontrole 1** ⟨in trein enz.⟩ Fahrkartenkontrolle *v*; **2** ⟨bij toegang⟩ Kartenkontrolle *v*
**kaarten** Karten spielen
**kaartenbak** Kartenkasten *m*, Kartothek *v*, Kartei *v*
**kaartenhuis** Kartenhaus *o*
**kaartje 1** ⟨in 't alg.⟩ Kärtchen *o*; **2** ⟨visite-⟩ Visitenkarte *v*; **3** ⟨v. kaartregister⟩ Kartei(karte) *v*; **4** ⟨v. bus, tram⟩ Fahrschein *m*; **5** spoorw Fahrkarte *v*; **6** ⟨v. museum, bioscoop e.d.⟩ Eintrittskarte *v*
**kaartspel** Kartenspiel *o*
**kaartsysteem** Kartei *v*; Zettelsystem *o*
**kaarttelefoon** Kartentelefon *o*
**kaas** *m* Käse *m*; *Edammer ~* Edamerkäse *m*; *vette ~* Fettkäse *m*; *Zwitserse ~* Schweizerkäse *m*; *zich de ~ niet van 't brood laten eten* sich die Butter nicht vom Brot nehmen lassen; *geen ~ van iets gegeten hebben* keinen Dunst (keine Ahnung) von etwas haben
**kaasboer** Käsehändler *m*
**kaasburger** Cheeseburger *m*
**kaasfondue** Käsefondue *o*
**kaaskop** ⟨scheldwoord⟩ Nordniederländer *m*
**kaasmes** Käsemesser *o*
**kaasschaaf** Käseschaber *m*
**kaasstolp** Käseglocke *v*
**kaatsen** ⟨stuiten⟩ prallen; *wie kaatst, moet de bal verwachten* wer ausgibt (austeilt), muß auch einstecken
**kabaal** Lärm *m*, Radau *m*
**kabbelen** plätschern, rieseln
**kabel 1** ⟨in 't alg.⟩ Kabel *o*; **2** ⟨voor transport⟩ Drahtseil *o*; *stalen ~* Stahlkabel *o*; *een ~ leggen* ein Kabel verlegen
**kabelbaan** Drahtseilbahn *v*, Seilbahn *v*
**kabeljauw** Kabeljau *m*
**kabelnet** Kabelnetz *o*
**kabeltelevisie** Kabelfernsehen *o*
**kabinet 1** ⟨kamer, ministerraad⟩ Kabinett *o*; **2** ⟨museum⟩ Galerie *v*, Kunstsammlung *v*; **3** ⟨kast⟩ Schrank *m*; **4** ZN ⟨wc⟩ Toilette *v*, WC *o*
**kabinetschef** ZN Kabinettschef *m*
**kabinetscrisis** Kabinettskrise *v*
**kabinetsformateur** Regierungsformant *m*; der mit der Regierungsbildung Beauftragte
**kabinetskwestie** Kabinettsfrage *v*
**kabouter** Kobold *m*, Heinzel-, Wichtelmännchen *o*
**kachel** Ofen *m*
**kadaster 1** ⟨register⟩ Kataster *m* & *o*, Flurbuch *o*; **2** ⟨bureau⟩ Katasteramt *o*
**kadastraal** zum Kataster gehörig, katastermäßig; *~ ingeschreven* grundbuchamtlich eingetragen
**kadaver** Kadaver *m*
**kadaverdiscipline** Kadavergehorsam *m*
**kade** Kai *m*
**kader 1** ⟨lijst⟩ Rahmen *m*; **2** ⟨groep personen⟩ Kader *m*; **3** typ Kasten *m*, Rahmen *m*; *vast ~* permanenter Kader *m*; *niet in 't ~ passen* nicht in den Rahmen passen
**kadetje** Brötchen *o*, Semmel *v*
**kadi** Kadi *m*
**kaduuk** schadhaft
**kaf** Spreu *v*, Kaff *o*; *het ~ van 't koren scheiden* die Spreu vom Weizen trennen
**kaffer** ⟨volksnaam en scheldwoord⟩ Kaffer *m*
**kaft** Umschlag *m*, Einband *m*
**kaften** einschlagen
**kaftpapier** Einschlagpapier *o*
**kajak** Kajak *m*, Grönländer *m*
**kajotter** ZN Mitglied *o* der christlichen Arbeiterjugendvereinigung
**kajuit** Kajüte *v*
**kajuitsjongen** Kajütenwächter *m*
**kak** gemeenz Kot *m*; *kale (kouwe) ~* Dicktuerei *v*, Windmacherei *v*
**kakelbont** buntfarbig, kunterbunt, buntscheckig, in schreienden Farben
**kakelen 1** ⟨v. kippen⟩ gackern, gackeln; **2** ⟨babbelen⟩ schwatzen, plaudern
**kakelvers** sehr frisch
**kaken** kaaken, ausnehmen

**kakenestje** ZN Nesthäkchen o, Benjamin m
**kaketoe** Kakadu m
**kaki** Khaki m
**kakken** gemeenz kacken
**kakkerlak** Kakerlak m, Schabe v
**kakkineus** gemeenz hochnäsig
**kakmadam** gemeenz affektierte Person v, affektiertes Frauenzimmer o
**kakofonie** Kakophonie v
**kalebas** Kalebasse v, Flaschenkürbis m
**kalen** kahl werden; gemeenz eine Glatze kriegen
**kalender** Kalender m, -Jahrweiser m
**kalf** Kalb o; *het gouden* ~ das Goldene Kalb; *als 't* ~ *verdronken is, dempt men de put* den Brunnen zudecken, wenn das Kind hineingefallen ist
**kalfsgehakt** gehacktes Kalbfleisch o
**kalfslapje** Kalbsschnitzel o
**kalfsleer** Kalb(s)leder o
**kalfsoester** Kalbsmedaillon o
**kali** ⟨stof⟩ Kali o; Kaliumhydroxyd o
**kaliber** 1 ⟨v. vuurwapens⟩ Kaliber o; 2 ⟨soort⟩ Schlag m; *van groot, klein* ~ groß-, kleinkalibrig
**kalief** Kalif m
**kalifaat** Kalifat o
**Kaliningrad** Königsberg o
**kalium** Kalium o
**kalk** 1 ⟨in 't alg.⟩ Kalk m; 2 ⟨metselkalk⟩ Mörtel m; *gebluste* ~ gelöschter Kalk m, Löschkalk m
**kalkaanslag** Kalkrückstände mv
**kalken** 1 ⟨in 't alg.⟩ kalken; 2 ⟨witten ook⟩ tünchen; 3 ⟨schrijven⟩ gemeenz schmieren
**kalkoen** Truthahn m, Truthenne v, Pute v, Puter m
**kalksteen** Kalkstein m
**kalligrafie** Kalligraphie v
**kalm** 1 ⟨in 't alg.⟩ ruhig; 2 scheepv kalm; ~ *aan* immer mit der Ruhe; *zich* ~ *houden* sich ruhig verhalten
**kalmeren** beruhigen, lindern; ~d *middel* Beruhigungsmittel o
**kalmpjes**: ~ *(aan)* (ganz) ruhig, gemächlich, gemütlich
**kalmte** 1 ⟨in 't alg.⟩ Ruhe v, Gemüts-, Seelenruhe v, Gelassenheit v; 2 ⟨op zee⟩ Meeres-, Windstille v, Kalme v; ~ *bewaren!* ruhig Blut behalten, ruhig bleiben
**kalven** kalben, ein Kalb werfen
**kalverliefde** Backfischliebe v
**kam** 1 ⟨haar-, hanen-, weverskam⟩ Kamm m; 2 ⟨v. viool⟩ Steg m; 3 ⟨bergkam⟩ Kamm m, Grat m; *alles over één* ~ *scheren* alles über einen Kamm scheren
**kameel** ⟨dier & scheepskameel⟩ Kamel o
**kameleon** Chamäleon o
**kamenier** Zofe v, Kammerjungfer v
**kamer** 1 ⟨woonkamer, vertrek⟩ Zimmer o, gemeenz Stube v; 2 ⟨kleiner, van hart, sluis enz.⟩ Kammer v; *donkere* ~ Dunkelkammer v; *de Eerste en de Tweede K*~ die Erste und die Zweite Kammer; *K*~ *van Koophandel en Fabrieken* Industrie- und Handelskammer v; ~ *voor civiele zaken* Zivilkammer v; ~ *voor strafzaken* Straf-

kammer v; *de* ~ *doen* das Zimmer putzen; *op zijn* ~ in seinem Zimmer; *op* ~*s wonen* ein (eigenes) Zimmer haben
**kameraad** 1 ⟨vriend⟩ Kamerad m, Kameradin v, Gefährte m, Gefährtin v; 2 ⟨v. communisten⟩ Genosse m, Genossis v; *gezworen kameraden zijn* treue Kameraden sein
**kameraadschap** Kameradschaft v
**kameraadschappelijk** kameradschaftlich
**kamerarrest** Stubenarrest m
**kamerbewoner** Zimmerbewohner m
**kamerbreed** zimmerbreit
**kamerdebat** Kammerdebatte v
**kamerfractie** Fraktion v; *de* ~ *van de CDU* die CDU-Fraktion
**kamergeleerde** Stubengelehrte(r) m-v
**kamergenoot** Zimmergenosse m
**kamerheer** Kammerherr m
**kamerlid** Abgeordnete(r) m-v, Volksvertreter(in) m-v, Parlamentarier(in) m-v
**kamermeisje** (in hotel) Zimmermädchen o
**kamermuziek** Kammermusik v
**kamerorkest** Kammerorchester o
**kamerplant** Zimmerpflanze v
**kamerscherm** Wandschirm m, spanische Wand v
**kamertemperatuur** Zimmertemperatur v
**kamerverkiezing** 1 ⟨in 't alg.⟩ Parlamentswahl v; 2 ⟨in Duitsland⟩ Bundestagswahl v
**kamerzetel** Abgeordnetensitz m; *de partij heeft vijf* ~*s* die Partei zählt fünf Vertreter in der Volksvertretung, im Bundestag m
**kamfer** Kampfer m
**kamgaren** Kammgarn o
**kamikazeactie** Kamikaze-Unternehmen o
**kamille** Kamille v
**kamillethee** Kamillentee m
**kammen** kämmen
**1 kamp** 1 Lager o ⟨groep tenten; aanhangers⟩ Lager o
**2 kamp** m ⟨gevecht⟩ Kampf m, Gefecht o
**kampanje** scheepv Kampanje v
**kampbeul** KZ-Schinder m
**kampeerauto** Wohnmobiel o, Camper m
**kampeerboerderij** Bauernhof m mit Campingplatz
**kampeerder** Camper m
**kampeerterrein** Zelt(lager)platz m, Campingplatz m; Camping v
**kampen** kämpfen; *met iets te* ~ *hebben* mit etwas zu kämpfen haben
**kamperen** kampieren; ⟨v. trekkers⟩ zelten, lagern
**kamperfoelie** Geißblatt o
**kampioen** 1 sp Meister m; 2 ⟨voorvechter⟩ Vorkämpfer m; *nationaal* ~ Landesmeister m; *Europees* ~ Europameister m
**kampioenschap** Meisterschaft v
**kampvuur** Lagerfeuer o
**kampwinkel** Campingladen m
**kan** Kanne v; *de zaak is in* ~*nen en kruiken* die Sache ist entschieden; *wie 't onderste uit de* ~ *wil hebben, krijgt 't lid op de neus* wer zu viel haben will, dem wird wenig
**kanaal** Kanal m; *het K*~ der (Ärmel)kanal
**Kanaaltunnel** (Ärmel)kanaltunnel m
**kanaliseren** kanalisieren

**kanarie** Kanarienvogel *m*
**kanariegeel** kanariengelb
**kandelaar** Leuchter *m*
**kandidaat 1** (in 't alg.) Kandidat *m*; **2** ⟨sollicitant⟩ Bewerber *m*; *iem. ~ stellen* einen als Kandidaten aufstellen (nominieren)
**kandidaatsexamen** Zwischenprüfung *v*
**kandidatuur** Kandidatur *v*; *zijn ~ stellen* ZN sich bewerben um, eine Bewerbung einreichen
**kandij** Kandis *m*, Kandiszucker *m*, Zuckerkandis *m*
**kaneel** Zimt *m*
**kangoeroe** Känguruh *o*
**kanis** gemeenz ⟨kop⟩ Deez *m*; *hou je ~!* Halt's Maul! Halt die Fresse!
**kanjer 1** (iets groots in zijn soort) Riesen-; *een ~ van een spin* eine Riesenspinne *v*; **2** ⟨uitblinker⟩ Könner *m*, Spitzenfrau *v*, -mann *m*; **3** ⟨aantrekkelijke vrouw, man⟩ Bombenfrau *v*, -kerl *m*
**kanker** Krebs *m*
**kankeraar** Nörgler *m*; gemeenz Meckerfritze *m*
**kankerbestrijding** Krebsbekämpfung *v*
**kankeren** nörgeln, murren; gemeenz mekkern
**kankergezwel** Krebsgeschwulst *v*, Karzinom *o*
**kankerverwekkend** krebserregend
**kannibaal** Kannibale *m*
**kannibalisme** Kannibalismus *m*
**kano** Kanu *o*, Paddelboot *o*
**kanoën** kanufahren
**kanon** Kanone *v*, Geschütz *o*
**kanonnenvlees** Kanonenfutter *o*
**kanonnier** Artillerist *m*
**kanonskogel** Kanonenkugel *v*
**kanovaarder** Kanufahrer *m*, Kanute *m*
**kans** Chance *v*, Aussicht *v*; *~ van slagen* Aussicht *v* auf Erfolg; *~ op winst* ⟨ook⟩ Gewinnchance *v*, -möglichkeit *v*; *de ~ lopen* Gefahr laufen; *daar is geen ~ op* dazu ist keine Aussicht vorhanden; *de ~en zijn gekeerd* das Blättchen hat sich gewandt (gewendet)
**kansarm** unterprivilegiert, benachteiligt
**kansberekening** = *kansrekening*
**kansel 1** (preekstoel) Kanzel *v*; **2** ⟨v. jager⟩ Hochsitz *m*
**kanselarij** Kanzlei *v*
**kanselier** Kanzler *m*
**kanselredenaar** Kanzelredner *m*
**kanshebber** Favorit *m*; *tot de ~s behoren* zu den Favoriten zählen
**kansloos** aussichtslos
**kansrekening** Wahrscheinlichkeitsrechnung *v*
**kansspel** Glücksspiel *o*
**1 kant 1** (zijde) Seite *v*; **2** ⟨scherpe kant⟩ Kante *v*; **3** ⟨rand⟩ Rand *m*; **4** ⟨wal, oever⟩ Ufer *o*; *dat raakt ~ noch wal* das ist ohne Sinn und Verstand ist; *een andere ~ op kijken* wegblicken, -sehen, -schauen; *dat gaat de verkeerde ~ op* das geht schief; *aan alle ~en* an allen Ecken und Enden; *aan deze ~* auf dieser Seite; *aan de ene ~* auf der einen Seite; *aan de hoge ~* ziemlich hoch; *de kamer aan ~ maken* das Zimmer putzen; *aan de ~ zetten* beiseite stellen (schieben); gemeenz abladen; *met zes ~en* sechskantig; *iets over zijn ~ laten gaan* etwas hinnehmen, hingehen lassen; *van vaders ~* von Vaters Seite, väterlicherseits; *van de ~ van* seitens (+ 2); *wij van onze ~* wir uns(r-)erseits; *zich van ~ maken* sich das Leben nehmen, sich ein Leids antun; *iem. van ~ maken* jmdm. den Garaus machen
**2 kant** ⟨stof⟩ Spitzen *mv*; *Brusselse ~* Brüsseler Spitzen
**kanteel** Zinne *v*
**kantelen I** *onoverg* ⟨vallen⟩ umstürzen, umkippen; **II** *overg* ⟨op de kant zetten⟩ kanten; *niet ~!* ⟨op kisten⟩ nicht stürzen!
**kantelraam** Schwingflügelfenster *o*
**kant-en-klaar** fix und fertig, Fertig-; *~maaltijd* Fertiggericht *o*
**kantine** Kantine *v*
**kantje 1** ⟨kantstof⟩ Spitze *v*; **2** ⟨randje⟩ Rändchen *o*; **3** (haring) Heringsfaß *o*, Kantje *o*; *de ~s eraf lopen* sich kein Bein ausreißen, sich keine Mühe machen; *op het ~ (af)* mit knapper Not, mit Ach und Krach; *dat was juist op 't ~* die Sache wäre fast schief gegangen, es hätte nur wenig daran gefehlt
**kantlijn** Rand *m*, Randlinie *v*
**kanton** (in Zwitserland) Kanton *m*
**kantongerecht** Amtsgericht *o*
**kantonrechter** Amtsrichter *m*
**kantoor 1** (bureau v overwegend administratief werk) Büro *o*; **2** ⟨overheidsdienst⟩ Amt *o*; **3** ⟨v. advocaat, notaris⟩ Kanzlei *v*; *op ~ werken* in einem Büro arbeiten; *ten kantore van* im Büro (+ 2)
**kantoorbediende** Kontorist *m*, Handlungsgehilfe *m*, Büroangestellte(r) *m-v*, -kraft *v*; Zwits Bürolist *m*
**kantoorbehoeften** Bürobedarf *m*, Bürobedarfsartikel *mv*, -utensilien *mv*
**kantoorboekhandel** Geschäftsbuchhandlung *v*
**kantoorgebouw** Bürogebäude *o*, -haus *o*, Geschäftshaus *o*
**kantoormachine** Büromaschine *v*
**kantoorpik** geringsch Büromensch *m*, -hengst *m*
**kantoortuin** Großraumbüro *o*
**kantooruren** Büro-, Geschäftsstunden *mv*, -zeit *v*; *na ~* nach Büroschluß
**kanttekening** Randbemerkung *v*, -glosse *v*
**kantwerk** Spitzenarbeit *v*
**kanunnik** Kanonikus *m*, Domherr *m*
**1 kap** *v* **1** ⟨hoofddeksel⟩ Kappe *v*; **2** ⟨v. lamp⟩ Schirm *m*, Lampenschirm *m*; **3** ⟨v. huis⟩ Dachstuhl *m*; **4** ⟨v. molen⟩ Haube *v*; **5** ⟨v. laars⟩ Stulpe *v*
**2 kap** *m* (het kappen) Schlag *m*, Hieb *m*
**kapel 1** ⟨v. kerk en muz⟩ Kapelle *v*; **2** ⟨vlinder⟩ Schmetterling *m*, Falter *m*
**kapelaan** Kaplan *m*
**kapelmeester** Kapellmeister *m*
**kapen 1** hist (op zee) kapern; **2** (gappen) stibitzen, mausen, klemmen, klauen; *een vliegtuig ~* ein Flugzeug entführen

**kaper 1** ⟨persoon⟩ Kaper *m*; **2** ⟨schip⟩ Kaperschiff *o*; **3** ⟨vliegtuig enz.⟩ Entführer *m*; Geiselnehmer *m*; *er zijn ~s op de kust* es sind Diebe in der Nähe; andere lauern darauf
**kaping** das Kapern
**1 kapitaal I** *o* ⟨grote geldsom⟩ Kapital *o*, Vermögen *o*; **II** *v* ⟨hoofdletter⟩ Kapital-, Großbuchstabe *m*
**2 kapitaal** *bn* **1** ⟨in 't alg.⟩ groß, wichtig, vornehm; **2** ⟨v. huis⟩ stattlich; *kapitale fout* Kapitalfehler *m*
**kapitaalgoederen** Kapitalgüter *mv*
**kapitaalkrachtig** kapitalkräftig
**kapitaalmarkt** Kapitalmarkt *m*
**kapitaalvlucht** Kapitalflucht *v*
**kapitalisatiebon** ZN Sparbrief *m*
**kapitaliseren** kapitalisieren
**kapitalisme** Kapitalismus *m*
**kapitalist** Kapitalist *m*
**kapitalistisch** kapitalistisch
**kapiteel** Kapitäl *o*, Säulenknauf *m*
**kapitein 1** scheepv Kapitän *m*; **2** mil Hauptmann *m*; *twee ~s op een schip* zwei Hähne auf einem Misthaufen
**kapittel** Kapitel *o*
**kapittelen**: *iem. ~* einen abkanzeln
**kapje 1** ⟨hoofddeksel⟩ Käppchen *o*, Haube *v*; **2** ⟨v. brood⟩ (Brot)kanten *m*, Knust *m*
**kaplaars** Schaft-, Röhrenstiefel *m*
**kapmeeuw** Lachmöwe *v*
**kapmes** Hack-, Haumesser *o*
**kapok** Kapok *m*
**kapot** ⟨in 't alg.⟩ kaputt; ⟨v. glas enz., ook⟩ entzwei; *zich ~ lachen* sich kaputt-, kranklachen; *ik ben er niet ~ van* ich bin davon nicht begeistert, das imponiert mir gar nicht; *hij was er ~ van* ⟨overstuur⟩ er war ganz aus dem Häuschen; *ik ben ~!* ⟨zeer moe⟩ ich bin geschafft, fertig!
**kapotgaan** kaputt-, entzweigehen, in die Brüche (zu Bruch) gehen
**kapotje** gemeenz Tüte *v*, Gummi *m*
**kapotmaken** kaputtmachen; *zich ~* sich kaputtmachen
**kappen 1** *overg* **1** ⟨haar⟩ frisieren; **2** ⟨bomen⟩ schlagen; **3** ⟨takken⟩ abhauen, kappen; **II** *onoverg*: *ergens mee ~* ⟨ophouden⟩ etwas aufgeben, die Flinte ins Korn werfen
**kapper** Friseur *m*, -sör *m*, Haarschneider *m*
**kappertjes** Kapern *mv*
**kapsalon** Frisiersalon *m*; Friseurladen *m*
**kapseizen** kentern
**kapsel** Frisur *v*, Coiffüre *v*
**kapsones**: *~ hebben* dicktun
**kapstok 1** ⟨staand⟩ Kleider-, Garderobeständer *m*; **2** ⟨aan de wand⟩ Kleiderrechen *m*
**kaptafel** Toiletten-, Frisiertisch *m*
**kapucijn** ⟨monnik⟩ Kapuziner *m*
**kar 1** ⟨in 't alg.⟩ Karre *v*; ⟨vooral trekkar⟩ Karren *m*; **2** ⟨fiets⟩ Rad *o*, Karre *v*
**karaat** Karat *o*; *goud van 24 ~* 24 karätiges Gold *o*
**karabijn** Karabiner *m*
**karaf** Karaffe *v*
**karakter** Charakter *m* ⟨ook typ⟩
**karaktereigenschap** Charakterzug *m*
**karakteriseren** charakterisieren
**karakteristiek I** *bn* charakteristisch; **II** *v* Charakteristik *v*
**karakterloos** charakterlos
**karaktermoord** Charaktermord *m*
**karamel** Karamelle *v*
**karate** Karate *o*
**karateka** Karateka *m*
**karavaan** Karawane *v*
**karbonade** Karbonade *v*
**karbouw** indonesischer Büffel *m*, Wasserbüffel *m*
**kardinaal I** *m* Kardinal *m*; **II** *bn*: *kardinale fout* Kardinal-, Grundfehler *m*
**karekiet** Rohrsänger *m*
**Karel** Karl *m*; *~ de Grote* Karl der Große
**karig 1** ⟨schraal⟩ karg; **2** ⟨gierig⟩ knauserig; *~ voedsel* dürftige Nahrung *v*; *~ met lof zijn* mit Lob kargen; *~ voorzien* kärglich versehen
**karikaturaal** karikaturistisch
**karikatuur** Karikatur *v*, Zerrbild *o*
**Karinthië** Kärnten *o*
**karkas** Gerippe *o*, Skelett *o*
**karmijn** Karmin *m*
**karnemelk** Buttermilch *v*
**karnen** buttern, kernen, kirnen
**karos** Karosse *v*
**karper** Karpfen *m*
**karpet** Teppich *m*
**karren** fahren, karren
**karrenpaard** Karrengaul *m*
**karrenspoor** Wagenspur *v*
**karrenvracht** Fuhre *v*
**1 'kartel** *m* Kerbe *v*, Einschnitt *m*
**2 kar'tel** *o* **1** handel Kartell *o*; **2** ZN ⟨v. pol. partijen⟩ Kartell *o*, Bündnis *o*, Block *m*; *een ~ vormen* kartellieren
**karteldarm** Grimmdarm *m*
**kartelen** rändeln
**kartelrand 1** ⟨aan brei-, haakwerk⟩ Zackenrand *m*; **2** ⟨aan muntstuk⟩ Rändelrand *m*
**kartelvorming** Kartellbildung *v*
**karton 1** ⟨materiaal⟩ Pappe *v*, Karton *m*; **2** ⟨doos⟩ Karton *m*
**kartonnen** aus Karton, aus Pappe; *~ band* Pappband *m*; *~ doos* Karton *m*, Pappkarton *m*; ⟨groot⟩ Pappschachtel *v*
**karwats** Karbatsche *v*, Reitpeitsche *v*
**karwei** Arbeit *v*; *een heel ~, een moeilijk ~* ein schweres Stück Arbeit
**karwij** Kümmel *m*
**kas 1** ⟨voor geld⟩ Kasse *v*; **2** ⟨voor planten⟩ Gewächs-, Treibhaus *o*, Glaskasten *m*; *de ~ houden* die Kasse führen; *de ~ opmaken* Kasse *v* machen, Kassensturz machen; *niet (goed) bij ~ zijn* nicht (gut) bei Kasse sein; *een greep in de ~ doen* die Lade ausleeren, das Geld aus der Lade stehlen
**kasbloem** Treibhausblume *v*
**kasboek** Kassenbuch *o*
**kascheque** Postbarscheck *m*
**kasgeld** Kassengeld *o*
**kasplant** Treibhauspflanze *v*
**kassa** Kasse *v*
**kassabon** Kassenbon *m*, -zettel *m*
**kassaldo** Kassenbestand *m*
**kassei** Kopfstein *m*, Katzenkopf *m*

**kassier** Kassierer *m*, Kassenführer *m*
**kasstuk** ⟨toneel⟩ Kassen-, Zugstück *o*; <u>gemeenz</u> Kassenknüller *m*
**kast 1** ⟨meubel⟩ Schrank *m*; **2** ⟨studentenkamer⟩ Bude *v*; *een ~ van een huis* eine Riesenvilla *v*; *iem. op de ~ jagen* jmdn. veräppeln, ärgern
**kastanje** Kastanie *v*; *tamme ~* Edelkastanie *v*; *wilde ~* Roßkastanie *v*
**kastanjeboom** Kastanienbaum *m*
**kastanjegeest** Kastengeist *m*
**kastanjebruin** kastanienbraun
**kaste** Kaste *v*
**kasteel 1** ⟨adellijk huis⟩ Schloß *o*; **2** ⟨schaakspel⟩ Turm *m*
**kastekort** Kassendefekt *m*, Defizit *o*
**kastelein** Gastwirt *m*, Wirt *m*
**kastengeest** Kastengeist *m*
**kastijden** kasteien, züchtigen
**kastje** Schränkchen *o*; *van 't ~ naar de muur gestuurd worden* von einem zum anderen, von Pontius zu Pilatus geschickt werden
**kasuaris** Kasuar *m*
**kat 1** ⟨huisdier⟩ Katze *v*; **2** ⟨vinnig meisje⟩ Hexe *v*, Kratzbürste *v*; **3** ⟨snauw⟩ Anschnauzer *m*; *de Gelaarsde K~* der gestiefelte Kater *m*; *de ~ de bel aanbinden* der Katze die Schelle anbinden, an-, umhängen; *leven als ~ en hond* leben wie Hund und Katze; *~ en muis spelen* Katz und Maus spielen; *de ~ in 't donker knijpen* heimlich sündigen; *een ~ in de zak kopen* eine Katze im Sack kaufen; *de ~ op 't spek binden* der Katze den Speck anvertrauen, den Bock zum Gärtner machen; *de ~ uit de boom kijken* sehen, wie der Hase läuft; *als de ~ van huis is, dansen de muizen op tafel* ist die Katz' aus dem Haus, so tanzt die Maus
**katachtig** katzenartig, katzenhaft, Katzen-
**katafalk** Katafalk *m*
**katalysator** Katalysator *m*
**katapult 1** mil Katapult *m* & *o*, Schleudermaschine *v*; **2** ⟨vooral kinderspeelgoed⟩ Schleuder *v*
**katenspek** Katenspeck *m*
**kater 1** ⟨mannetjeskat⟩ Kater *m*; **2** ⟨na drankgebruik⟩ Kater *m*; **3** ⟨teleurstelling⟩ Katzenjammer *m*
**katern** Heft *o*
**katheder** Katheder *o* & *m*
**kathedraal** Kathedrale *v*
**kathode** Kathode *v*
**katholicisme** Katholizismus *m*
**katholiek I** *bn* katholisch; *dat is niet ~* <u>ZN</u> ⟨niet pluis⟩ hier stimmt etwas nicht; **II** *m* Katholik *m*
**katje** ⟨dier, bloeiwijze⟩ Kätzchen *o*; *in het donker zijn alle ~s grauw* bei Nacht ⟨nachts⟩ sind alle Kätzchen grau; *zij is geen ~ om zonder handschoenen aan te pakken* sie ist eine Henne mit Sporen, eine Kratzbürste
**katoen 1** ⟨onbewerkt⟩ Baumwolle *v*; **2** ⟨bedrukte stof⟩ Kattun *m*; *iem. van ~ geven* <u>gemeenz</u> einen durchprügeln; *gegen einen scharf ins Zeug gehen*
**katoenen** baumwollen, kattunen, aus Baumwolle, aus Kattun; *~ stoffen* Kattunwaren *mv*
**katrol** Flaschenzug *m*, Zugwinde *v*, -rolle *v*
**kattebelletje** Zettel *m*, Zettelchen *o*, Briefchen *o*
**kattenbak** Katzenklo *o*
**kattenbakvulling** Katzenstreu *v*
**kattenkop 1** ⟨kop v.e. kat⟩ Katzenkopf *m*; **2** ⟨vrouwspersoon⟩ Katze *v*, Katzbürste *v*
**kattenkwaad** Dumme(r)jungenstreich *m*; ⟨sterker⟩ Unfug *m*; *~ uithalen* Dummejungensteiche aushecken; Unfug treiben
**kattenluik** Katzenklappe *v*
**kattenpis** <u>gemeenz</u> Katzenpisse *v*; *dat is geen ~* das ist keine Kleinigkeit; ⟨m.b.t. een geldbedrag⟩ das ist kein Katzendreck
**kattenstaart 1** ⟨staart v.e. kat⟩ Katzenschwanz *m*; **2** ⟨plant⟩ Blutweiderich *m*, gemeiner Weiderich *m*
**kattentong** ⟨ook chocolaatje⟩ Katzenzunge *v*
**katterig** ⟨licht onwel⟩ unwohl, schlecht, übel
**kattig** scharf, bissig, kratzbürstig
**katzwijm**: *in ~ liggen* in Ohnmacht liegen
**kauw** Dohle *v*
**kauwen** kauen, zerkauen
**kauwgom** Kaugummi *m*
**kavel** Los *o*
**kaviaar** Kaviar *m*
**kazemat** Kasematte *v*
**kazerne** Kaserne *v*
**kazuifel** Kasel *v*, Meßgewand *o*
**keel** Hals *m*, Kehle *v*, Gurgel *v*; *schorre ~* rauher Hals *m*; *een ~ opzetten* laut zu brüllen ⟨schreien⟩ anfangen; *de ~ smeren* <u>gemeenz</u> die Kehle anfeuchten; *het hangt me de ~ uit* es wächst ⟨hängt⟩ mir zum Halse heraus, die Sache steht mir bis hier; *iem. naar de ~ vliegen* jmdm. an die Kehle springen, fahren
**keelgat** Schlund *m*, Gurgel *v*; *dat schoot hem in het verkeerde ~* fig das hat er in den falschen Hals gekriegt
**keelholte** Rachenhöhle *v*
**keelklank** Kehllaut
**keel-, neus- en oorarts** Hals-Nasen-Ohrenarzt *m*, HNO-Arzt *m*
**keelontsteking** Halsentzündung *v*
**keelpijn** Halsschmerzen *mv*, -weh *o*
**keep** ⟨insnijding⟩ Kerbe *v*, Einschnitt *m*
**keepen** Torwart sein
**keeper** Torwart *m*, -wächter *m*, -mann *m*
**keer 1** ⟨draai⟩ Wendung *v*; **2** ⟨maal⟩ Mal *o*; *deze ~* dieses Mal, diesmal; *een ~ ten goede* eine Wendung zum Bessern; *~ op ~* einmal übers andere; *twee ~ zoveel* doppelt soviel
**keerkring** Wendekreis *m*
**keerpunt** Wende *v*, Wendepunkt *m*; ⟨bij zwemwedstrijd⟩ Wende *v*
**keeshond** Spitz *m*
**Kees**: *klaar is ~* fertig ist die Kiste (der Lack)
**keet 1** ⟨loods⟩ Schuppen *m*; **2** ⟨directiekeet⟩ Bauhütte *v*; **3** ⟨lawaai⟩ Lärm *m*, Radau *m*; **4** ⟨rommel⟩ Unordnung *v*, Chaos, Sausdall *m*; *~ maken, schoppen* Krach, Radau machen
**keffen** kläffen

**kegel 1** ‹wisk› Kegel *m*; **2** ‹ijskegel› Eiszapfen *m*; **3** ‹alcoholstank› Fahne *m*; *afgeknotte* ~ Kegelstumpf *m*
**kegelbaan** Kegelbahn *v*
**kegelen** kegeln, Kegel schieben (spielen)
**kei 1** ‹steenblok› Stein *m*; **2** ‹straatkei› Kopfstein *m*; **3** ‹uitblinker› Hecht *m*; sp große Kanone *v*; *een ~ in zijn vak* ein Größer in seinem Fach
**keihard** stein-, stahlhart; fig (ook) knallhart; *~ spel* knochenhartes Spiel *o*
**keilbout** Keil-, Schließbolzen *m*
**keilen 1** gemeenz ‹gooien› schmeißen; **2** ‹met stenen› titschern, Steine über die Wasseroberfläche hüpfen lassen
**keizer** Kaiser *m*
**keizerin** Kaiserin *v*
**keizerlijk** kaiserlich; *~e waardigheid* Kaiserwürde *v*
**keizerrijk** Kaiserreich *o*
**keizersnede** Kaiserschnitt *m*
**kelder** Keller *m*; *naar de ~ gaan* in den Keller herabsacken; scheepv sinken
**kelderen** ‹v. aandelen, prijzen› stürzen, purzeln, hinabrutschen
**keldermeester** Kellermeister *m*
**keldertrap** Kellertreppe *v*
**kelen** ‹dieren› abstechen; *iem. ~* einem den Hals abschneiden
**kelk** Kelch *m*
**kelner** Kellner *m*; *~!* Herr Ober!
**Kelt** Kelte *m*
**Keltisch** keltisch; *een ~e* eine Keltin *v*
**kemphaan 1** ‹vogel› Kampfläufer *m*; **2** ‹ruziemaker› Kampfhahn *m*
**kenau** herrische Frau *v*
**kenbaar** kenntlich, erkennbar; *zijn mening ~ maken* seine Meinung äußern
**kengetal** telec Kennzahl *v*, -ziffer *v*, Vorwahlnummer *v*
**kenmerk** Kennzeichen *o*, Merkmal *o*; *ons ~* ‹boven zakenbrief› unser Zeichen *o*
**kenmerken** kennzeichnen, bezeichnen
**kenmerkend** bezeichnend, charakteristisch
**kennel** Hundezwinger *m*
**kennelijk** offenbar, augenscheinlich, offensichtlich; *in ~e staat* augenscheinlich (offensichtlich) betrunken
**kennen 1** ‹in 't alg.› kennen; **2** ‹taal, les› können; *ik ken dat!* iron kennimus!, ich kenne den Rummel!; *te ~ geven dat...* zu erkennen geben, daß...; *hij heeft mij in die zaak niet gekend* er hat mich in der Angelegenheit nicht zu Rate gezogen; *zich niet laten ~* sich nicht lumpen lassen; *laat je niet ~!* durchhalten!; *hij heeft zich als leugenaar doen ~* er hat sich als Lügner erwiesen; *van buiten ~* auswendig können (kennen); *van nabij ~* näher kennen
**kenner** Kenner *m*, Sachkundige(r) *m-v*, Sachverständige(r) *m-v*, Sachkenner *m*
**kennersblik** Kennerblick *m*, -miene *v*
**1 kennis** *v* **1** ‹bekendheid met› Kenntnis *v*; **2** ‹het weten, wetenschap› Wissen *o*, Kenntnisse *mv*; *medische ~* medizinische Kenntnisse, *mv*; *~ van zaken* Sachverstand *m*, -verständnis *o*, -kunde *v*; *~ van het Spaans* Kenntnis des Spanischen, Kenntnisse im Spanischen; *~ is macht* Wissen ist Macht; *~ van iets dragen van* etwas wissen; *~ van iets krijgen* etwas erfahren; *~ geven van* benachrichtigen, mitteilen; *bij ~* bei Bewußtsein; *bij ~ komen* zu sich kommen; *buiten ~* bewußtlos; *buiten ~ raken* das Bewußtsein verlieren; *buiten mijn ~* ohne mein (Vor)wissen; *in ~ stellen van* in Kenntnis setzen von, benachrichtigen
**2 kennis** *m & v* ‹bekende› Bekannte(r) *m-v*
**kennisgeving** Anzeige *v*; schrijft Bekanntmachung *v*; *iets voor ~ aannemen* etwas zur Kenntnis nehmen
**kennisleer** Erkenntnislehre *v*, -theorie *v*
**kennismaken**: *met iem. ~* einen kennenlernen, Bekanntschaft mit jmdm. machen
**kennismaking** das Bekanntschaftmachen, das Kennenlernen; Vorstellung *v*; *bij nadere ~* bei näherer Bekanntschaft
**kennisnemen**: *van iets ~* etwas zur Kenntnis nehmen
**kennisneming** Kenntnisnahme *v*
**kennissenkring** Bekanntenkreis *m*
**kenschetsen** kennzeichnen, charakterisieren
**kenteken** Kennzeichen *o*, Merkmal *o*
**kentekenbewijs** (Fahrzeug)zulassungsschein *m*, -karte *v*
**kentekenplaat** Nummernschild *o*, Kennzeichen *o*
**kenteren 1** meteor umschlagen; **2** scheepv kentern; *'t getij kentert* die Gezeit wechselt, die Ebbe geht zu Ende, die Flut verläuft sich; fig wir leben in einer Zeit des Umbruchs; *de stemming kenterde* die Stimmung schlug um
**kentering 1** ‹omslaan› Kentern *o*; **2** ‹bij getij› Wechsel *m* der Gezeiten, Stillwasser *o*; **3** fig Wende *v*; Umschwung *m*, Umschlag *m*
**keper 1** ‹weefsel› Köper *m*; **2** ZN ‹dakrib› (Dach)sparren *m*; *op de ~ beschouwd* bei Lichte besehen
**kepie** Käppi *o*
**keppeltje** Käppchen *o*
**keramiek** Keramik *v*, Töpferware *v*
**kerel** Kerl *m*
**keren** kehren, wenden; *de wind is gekeerd* der Wind hat sich gewendet; *binnenstebuiten ~* das Innere nach außen wenden; *ondersteboven ~* das Unterste zu oberst (das Oberste zu unterst) kehren; *een onheil ~* ein Unheil abwenden; *in zichzelf gekeerd* in sich gekehrt; *iets ten goede ~* etwas zum Guten lenken; *'t heeft zich ten goede gekeerd* es hat sich zum Guten gewendet; *per ~de post* postwendend, umgehend
**kerf** Kerbe *v*, Einschnitt *m*
**kerfstok** Kerbholz *o*; *iets op zijn ~ hebben* etwas auf dem Kerbholz haben
**kerk** Kirche *v*
**kerkboek** Gebetbuch *o*
**kerkdienst** Gottesdienst *m*
**kerkelijk** kirchlich, Kirchen-; *~ jaar* Kirchenjahr *o*; *de K~e Staat* der Kirchenstaat
**kerkenraad** ± Kirchenvorstand *m*, -rat *m*

**kerker** Kerker *m*
**kerkfabriek** ZN Kirchenfabrik *v*, -stiftung *v*
**kerkgang** Kirchgang *m*
**kerkganger** Kirchgänger *m*
**kerkhervorming** 1 ⟨van Luthers tijd⟩ Reformation *v*; 2 ⟨anders⟩ Kirchenreform *v*
**kerkhof** Kirch-, Friedhof *m*
**kerkklok** Kirchenglocke *v*
**kerkkoor** Kirchenchor *m*
**kerkmuziek** Kirchenmusik *v*
**kerkorgel** Kirchenorgel *v*
**kerkplein** Kirch(en)platz *m*
**kerkprovincie** Kirchenprovinz *v*
**kerkrat**: *arm als een* ~ arm wie eine Kirchenmaus
**kerks** kirchlich, fromm
**kerktoren** Kirchturm *m*; ~ *met bol* Zwiebelturm *m*
**kerkuil** Schleiereule *v*
**kerkvader** Kirchenvater *m*
**kermen** winseln, wimmern
**kermis** Kirmes *v*, Kirchweih *v*, Jahrmarkt *m*; *'t is niet alle dagen* ~ es ist nicht alle Tage Sonntag; *van een koude* ~ *thuiskomen* schlecht wegkommen
**kermisbed** Feldbett *o*
**kermisvolk** 1 ⟨exploitanten⟩ Schausteller *mv*, Gaukler *mv*, fahrendes Volk *o*; 2 ⟨bezoekers⟩ Jahrmarktsbesucher *mv*
**kern** Kern *m* ⟨ook v. atoom⟩; *een* ~ *van waarheid* ein Kern von Wahrheit; *de vaste* ~ ⟨v. bijv. arbeiders⟩ die Stammannschaft; *in de* ~ im Wesen, im Wesentlichen, wesentlich
**kernachtig** kernig, markig
**kernafval** Atommüll *m*, radioaktiver Abfall *m*
**kernbewapening** nukleare Rüstung *v*
**kernbom** Atombombe *v*
**kerncentrale** Kernkraftwerk *o*
**kernenergie** Kernenergie *v*
**kernexplosie** Kernexplosion *v*
**kernfusie** Kernverschmelzung *v*, -fusion *v*
**kernfysica** Kern-, Nuklearphysik *v*, Kernforschung *v*
**kerngezond** kerngesund
**kernkop** Atomsprengkörper *m*
**kernmacht, kernmogendheid** Atommacht *v*
**kernoorlog** Atomkrieg *m*
**kernploeg** Kernmannschaft *v*
**kernproef** Kern(spaltungs)versuch *m*
**kernpunt** Kernpunkt *m*
**kernreactor** Kernreaktor *m*
**kernstopverdrag** Atomstoppvertrag *m*
**kernwapen** Kernwaffe *v*
**kerosine** Kerosin *o*
**kerrie** Kurry *o*
**kers** ⟨vrucht⟩ Kirsche *v*; *Oost-Indische* ~ Kapuzinerkresse *v*
**kersenboom** Kirschbaum *m*
**kersenpit** 1 *eig* Kirschkern *m*, -stein *m*; 2 *fig gemeenz* Deez *m*
**kerst** Weihnachten *o*
**kerstavond** ⟨24 dec.⟩ heiliger Abend *m*; Christ-, Weihnachts-, Heiligabend *m*
**kerstboom** Weihnachtsbaum *m*, Tannenbaum *m*
**kerstdag** Weihnachtstag *m*
**kerstenen** christianisieren
**kerstfeest** Weihnachts-, Christfest *o*
**kerstkaart** Weihnachtskarte *v*
**Kerstkind** Christkind *o*, Jesuskind *o*
**kerstlied** Weihnachtslied *o*
**Kerstmis** Weihnachten *mv*
**kerstnacht** Christnacht *v*
**kerstpakket** Weihnachtspäckchen *o*
**kerstroos** Christrose *v*, Weihnachtsrose *v*
**kerststukje** Weihnachtsgesteck *o*
**kerstvakantie** Weihnachtsferien *mv*
**kerstverhaal** Weihnachtsgeschichte *v*
**kersvers** 1 ⟨heel vers⟩ ganz frisch; 2 *fig* brühwarm
**kervel** Kerbel *m*; *dolle* ~ Schierling *m*
**kerven*** kerben, schneiden
**ketchup** Ketchup *m* & *o*
**ketel** Kessel *m*
**ketelmuziek** Katzenmusik *v*
**ketelsteen** Kesselstein *m*
**1 keten** *v* 1 ⟨ketting⟩ Kette *v*; 2 *elektr* (Strom)kreis *m*
**2 keten** *onoverg gemeenz* herumalbern
**ketenen** fesseln, in Ketten schlagen
**ketjap** Sojasoße *v*
**ketsen** 1 ⟨geweer⟩ versagen; 2 ⟨biljartspel⟩ kicksen; 3 ⟨afschampen⟩ prallen
**ketter** Ketzer *m*
**ketteren** rasen, toben, schimpfen
**ketterij** Ketzerei *v*
**ketterjacht** Ketzerjagd *v*, -hetze *v*
**ketters** ketzerisch
**ketting** Kette *v*; *aan de* ~ *leggen* anketten
**kettingbotsing** Massenkarambolage *v*
**kettingbreuk** Kettenbruch *m*
**kettingbrief** Kettenbrief *m*
**kettingformulier** Endlosformular *o*
**kettinghond** Ketten-, Schloßhund *m*
**kettingkast** Kettenkasten *m*
**kettingreactie** Kettenreaktion *v*
**kettingroker** Kettenraucher *m*
**kettingsteek** Kettenstich *m*
**keu** Billardstock *m*, Queue *o*
**keuken** Küche *v*; *centrale* ~ Gemeinschaftsküche *v*; *koude* ~ kalte Küche *v*
**keukenblok** Küchenzeile *v*
**keukenhanddoek** Geschirr-, Küchentuch *o*
**keukenkast** Küchenschrank *m*
**keukenmeid** Küchenmädchen *o*; *gillende* ~ kreischendes Küchenmädchen *o*
**keukenmeidenroman** Hintertreppenroman *m*
**keukenrol** Küchenrolle *v*
**keukenzout** Kochsalz *o*
**Keulen** Köln *o*; *hij keek alsof hij 't in* ~ *hoorde donderen* er machte ein Gesicht wie eine Kuh (die Katze, eine Gans), wenn's donnert; ~ *en Aken zijn niet op één dag gebouwd* Rom ist nicht an einem Tag erbaut worden
**keur** 1 ⟨keuze⟩ Auswahl *v*, Auslese *v*; 2 ⟨overvloed⟩ Fülle *v*; 3 ⟨merk⟩ Marke *v*; 4 ⟨op munten, goud, zilver⟩ Stempel *m*; *de* ~ *der natie* die Blüte der Nation
**keurcollectie** Spitzenauswahl *v*
**keuren** 1 ⟨in 't alg.⟩ probieren; 2 ⟨wetenschappelijk⟩ prüfen; 3 ⟨soldaten⟩ mustern;

*medisch* ~ ärztlich untersuchen; *vlees* ~ Fleisch beschauen; *iem. geen blik waardig* ~ einen keines Blickes würdigen

**keurig** elegant, tadellos, sauber; *iets* ~ *doen* etwas ausgezeichnet (sehr schön, tadellos) tun; ~ *schrijven* wie gestochen schreiben

**keuring** Prüfung *v*, Musterung *v*; *medische* ~ ärztliche Untersuchung *v*; ~ *van vlees* Fleischbeschau *v*

**keuringsdienst** 1 ⟨v. waren⟩ Warenprüfungsdienst *m*; 2 ⟨v. vlees⟩ Fleischbeschaudienst *m*

**keurkorps** Elitekorps *o*, -truppe *v*

**keurmeester** 1 ⟨in 't alg.⟩ Prüfer *m*; 2 ⟨v.d. munt⟩ Münzwardein *m*; 3 ⟨v. vlees⟩ Beschauer *m*

**keurmerk** Probestempel *m*

**keurslijf** 1 ⟨korset⟩ Korsage *v*, Schnürleibchen *o*, Korsett *o*; 2 ⟨knellende verplichting⟩ Fessel *v*; *in een* ~ *zitten* fig in der Klemme sitzen, gebunden sein

**keurtroepen** Elite-, Kerntruppen *mv*

**keurvorst** Kurfürst *m*

**keus** = *keuze*

**keutel** Kötel *m*

**keuterboer** Kleinbauer *m*, Kätner *m*

**keuvelen** plaudern

**keuze** Wahl *v*; *een* ~ *doen, maken* eine Wahl treffen; *een ruime* ~ eine reiche Auswahl; *naar* ~ nach Wahl; *voor de* ~ *stellen* vor die Wahl stellen

**keuzepakket** onderw Wahlpflichtfächer *mv*

**keuzevak** Wahlfach *o*

**kever** Käfer *m* ⟨ook auto⟩

**keyboard** Keyboard *o*

**kibbelen** sich zanken

**kibboets** Kibbuz *m*

**kick**: *een* ~ *van iets krijgen* von etwas einen Kick kriegen

**kickboksen** Kickboxen *o*

**kicken**: ~ *op* stehen auf

**kidnappen** kidnappen, entführen

**kidnapper** Kidnapper *m*, Entführer *m*

**kiekeboe**: ~! guckguck!

**kiekendief**: *blauwe* ~ Kornweihe *v*; *grauwe* ~ Wiesenweihe *v*; *bruine* ~ Rohrweihe *v*

**kiekje** Bildchen *o*, Foto *o*

1 **kiel** *v* ⟨v. schip⟩ Kiel *m*

2 **kiel** *m* ⟨kledingstuk⟩ Kittel *m*

**kiele-kiele** ~! kille, kille!; *het was* ~ es ging kaum (mit genauer Not)

**kielhalen** kielholen

**kielwater, kielzog** Kielwasser *o*, -streifen *m*, Sog *m*; *in iems. kielzog varen* im Kielwasser eines andern segeln

**kiem** Keim *m*; *iets in de* ~ *smoren* etwas im Keim ersticken

**kiemen** keimen

**kien** ⟨slim⟩ hell, gescheit

**kienen** Lotto, Bingo spielen

**kienspel** Lotto *o*, Bingo *o*

**kieperen** I *onoverg* fallen, stürzen, purzeln; II *overg* werfen, schmeißen

**kier** Spalte *v*; *de deur staat op een* ~ die Tür ist angelehnt; *een deur op een* ~ *zetten* eine Tür anlehnen

**kierewiet** gemeenz blödsinnig

1 **kies** *v* Backenzahn *m*; *dat kan wel in mijn holle* ~ das ist gerade genug für einen hohlen Zahn

2 **kies** I *bn* ⟨fijngevoelig⟩ zart, feinfühlig, delikat; II *bijw* ⟨netjes, tactvol⟩ rücksichtsvoll

**kiescollege** Wahlkollegium *o*

**kiesdeler** Wahlquotient *m*

**kiesdistrict** Wahlbezirk *m*, -kreis *m*

**kiesdrempel** ⟨in 't alg.⟩ Prozentklausel *v*; ⟨in Duitsland⟩ Fünfprozentklausel *v*

**kiesgerechtigd** wahlberechtigt; ~*e leeftijd* Wahlalter *o*

**kieskauwen** lange Zähne machen

**kieskeurig** wählerisch

**kieslijst** Wählerliste *v*

**kiesman** Wahlmann *m*

**kiespijn** Zahnschmerzen *mv*, -weh *o*

**kiesrecht** Wahlrecht *o*

**kiesschijf** telec Wähl(er)scheibe *v*

**kiestoon** telec Freizeichen *o*

**kieswet** Wahlgesetz *o*

**kietelen** kitzeln; *niet tegen* ~ *kunnen* kitzlig sein

**kieuw** Kieme *v*

**kiezel** 1 ⟨kiezelsteen⟩ Kiesel *m*; 2 ⟨grint⟩ Kies *m*

**kiezelsteen** Kiesel(stein) *m*

**kiezen*** wählen; ~ *of delen* sich entscheiden, entweder oder; friß Vogel, oder stirb

**kiezer** 1 ⟨kiesgerechtigde⟩ Wähler *m*; 2 ⟨kiesschijf⟩ Wählscheibe *v*; *de* ~*s* ⟨ook⟩ Wählerschaft *v*; *jonge* ~ Jungwähler *m*

1 **kif, kift** *v* ⟨afgunst⟩ Neid *m*

2 **kif** *m* ⟨hennep⟩ Kif *m*

**kiften** sich zanken

**kijf**: *dat het moeilijk is, staat buiten* ~ unstreitig ist es schwierig; daß es schwierig ist, ist keine Frage (steht außer Frage)

**kijk** 1 ⟨in 't alg.⟩ Einblick *m*; 2 ⟨op iets⟩ Einsicht *v* (in + 4), Vorstellung *v* (von); ~ *krijgen op* Einblick gewinnen in; *een andere* ~ *op iets krijgen* etwas anders sehen; *een goede* ~ *op iets hebben* Einblick in eine Sache haben; den richtigen Blick für etwas haben; *te* ~ *lopen met iets* etwas zur Schau tragen; *te* ~ *staan* zur Schau stehen; *tot* ~! auf Wiedersehen!

**kijkbuis** schertsend Glotze *v*, Flimmerkiste *v*, Mattscheibe *v*

**kijkdag** Besichtigungstag *m*

**kijkdichtheid** Einschaltquote *v*

**kijken*** gucken, sehen, schauen; *boos, zuur* ~ böse, sauer dreinschauen (-sehen); *gek staan te* ~ große Augen machen; *niet zo nauw* ~ es nicht so genau nehmen; *kijk, kijk* schau, schau! *kijk eens aan!* sieh einmal an!; *ik kom gauw eens* ~ ich komme bald mal vorbei, gucken; *hij komt pas* ~ er ist erst ein Anfänger; er ist blutjung; *daar komt heel wat bij* ~ die Sache ist nicht so einfach; *naar buiten* ~ hinausgucken, -blicken, -schauen; *daar sta je van te* ~ da staunst du, was?

**kijker** 1 ⟨toekijker⟩ Zuschauer *m*, Gucker *m*; 2 ⟨verrekijker⟩ Fernglas *o*, -rohr *o*; 3 ⟨tv-kijker⟩ (Fernseh)zuschauer *m*; ~*s* ⟨ogen⟩

**Guckeln** *mv*, **Augen** *mv*; *iem. in de ~ hebben* einen auf dem Kieker haben, einen durchschauen; *in de ~ lopen* zu sehr auffallen
**kijkgeld** Fernsehgebühr *v*; *kijk- en luistergeld* Rundfunk- und Fernsehgebühren *mv*
**kijkje** Anblick *m*, Blick *m*; *ergens een ~ nemen* sich etwas ansehen
**kijkkast** Guckkasten *m*
**kijkoperatie** Forschungsunternehmen *o*
**kijkspel** 1 ⟨op kermis⟩ Schaubude *v*; 2 ⟨vertoning⟩ Schau *v*, Darbietung *v*
**kijven*** keifen, zanken
**kik** Mucks *m*; *geen ~ geven* keinen Laut von sich geben
**kikken** mucksen
**kikker** Frosch *m*
**kikkerbilletje** Froschkeule *v*, -schenkel *m*
**kikkerdril** Froschlaich *m*
**kikkervisje** Kaulquappe *v*
**kikvors** Frosch *m*
**kikvorsman** Froschmann *m*
**kil** 1 ⟨nat-koud⟩ feucht-, naßkalt; 2 ⟨koel⟩ frostig, kalt
**kilo, kilogram** Kilo *o*, Kilogramm *o*
**kilobyte** comput Kilo-Byte *o*
**kilometer** Kilometer *m*
**kilometerteller** Kilometerzähler *m*
**kilometervergoeding** Kilometerpauschale *v*, Kilometergeld *o*
**kilometervreter** Kilometerfresser *m*
**kilowatt** Kilowatt *o*
**kilte** Kälte *v*
**kim** Horizont *m*; ⟨op zee⟩ Kimmung *v*, Kimm *v*
**kimono** Kimono *m*
**kin** Kinn *o*
**kind** Kind *o*; *~eren krijgen* Kinder kriegen; *een ~ kan de was doen* das ist kinderleicht; *'t ~ met 't badwater weggooien* das Kind mit dem Badewasser ausschütten; *zo blij zijn als een ~* sich freuen wie ein Schneekönig; *bij iem. ~ aan huis zijn* bei jmdn. wie ein Kind zu Hause sein; *'t ~ van de rekening zijn* etwas ausbaden (entgelten) müssen; *~ noch kraai hebben* weder Kind noch Kegel haben
**kinderachtig** kindisch
**kinderafdeling** Kinderabteilung *v*
**kinderarbeid** Kinderarbeit *v*
**kinderarts** Kinderarzt *m*
**kinderbescherming** Kinderschutz *m*
**kinderbijslag** Kindergeld *o*
**kinderboek** Kinderbuch *o*
**kinderboerderij** ± Streichelzoo *m*
**kinderdagverblijf** Kindertagesstätte *v*
**kinderhand** Kinderhand *v*; *een ~ is gauw gevuld* Kinderhand ist bald gefüllt
**kinderjaren** Kinderjahre *mv*, Kindheit *v*
**kinderjuffrouw** Kinderfräulein *o*
**kinderkaart** Kinderkarte *v*
**kinderkamer** Kinderstube *v*, -zimmer *o*
**kinderlijk** kindlich; *op ~e leeftijd* im Kindesalter
**kinderlokker** Kinderverführer *m*
**kinderloos** kinderlos
**kindermeisje** Kindermädchen *o*
**kindermenu** Kindermenü *o*, Kinderteller *m*
**kindermoord** Kindermord *m*, Kindsmord *m*
**kinderoppas** Babysitter *m*; Tagesmutter *v*
**kinderopvang** Kinderkrippe *v*
**kinderpostzegel** Jugend(brief)marke *v*
**kinderrechter** Jugendrichter *m*
**kinderschaar** ⟨groep kinderen⟩ Kinderschar *v*
**kinderschoen** Kinderschuh *m*; *de ~en ontgroeid zijn* den Kinderschuhen entwachsen sein
**kinderslot** auto Kindersicherung *v*
**kinderspel** Kinderspiel *o*; *dat is maar ~* das ist ein Kinderspiel, das ist kinderleicht
**kindersterfte** Kindersterblichkeit *v*
**kinderstoel** Kinderstuhl *m*
**kindertehuis** Kinderheim *o*
**kindertelefoon** ⟨voor hulpverlening⟩ Kindersorgentelefon *o*
**kindertijd** Kindheit *v*
**kinderverlamming** Kinderlähmung *v*
**kindervriend** Kinderfreund *m*
**kinderwagen** Kinderwagen *m*
**kinderwerk** ⟨onbenullig werk⟩ Kinderei *v*, Tändelei *v*
**kinderziekte** Kinderkrankheit *v*
**kindlief** liebes Kind *o*
**kinds** kindisch, altersblöd
**kindsbeen**: *van ~ af* von Kindesbeinen an, von Kind auf
**kindsdeel** Kindesteil *m*
**kindsheid** ⟨v. ouderdom⟩ Altersschwäche *v*, -blödsinn *m*
**kindvrouwtje** kindlich-verspielte Frau *v*
**kinesie, kinesitherapie** ZN Physiotherapie *v*
**kinesist, kinesitherapeut** ZN Physiotherapeut *m*, Physiotherapeutin *v*
**kinine** Chinin *o*
**kink** Kink *v*; *er is een ~ in de kabel* die Sache hat einen Haken
**kinkel** Grobian *m*, Rüpel *m*
**kinkhoest** Keuch-, Stickhusten *m*
**kinnebak** Kinnlade *v*, -backen *m*
**kiosk** Kiosk *m*
**kip** Huhn *o*, Henne *v*; *gebraden ~* Brathuhn *o*, -hühnchen *o*; *praten als een ~ zonder kop* albernes (dummes) Zeug, Unsinn reden; *er is geen ~ op straat* weit und breit ist keine Seele zu sehen; *er als de ~pen bij zijn* gleich dahinter her sein, aufpassen wie ein Schießhund (ein Schweißhund); *met de ~pen op stok* mit den Hühnern zu Bett
**kipfilet** Hühnerbrustfilet *o*
**kipkar** Kippkarren *m*, -wagen *m*, Kipper *m*
**kiplekker** sau-, pudelwohl
**kippenborst** 1 eig Hühnerbrust *v*; 2 ⟨bij mensen⟩ Gänsebrust *v*
**kippenboutje** Hühnerschenkel *m*
**kippenei** Hühnerei *o*
**kippengaas** Maschendraht *m*, Drahtgeflecht *o*
**kippenhok** Hühnerstall *m*, -haus *o*
**kippenlever** Hühnerleber *v*
**kippenren** Hühnerlauf *m*
**kippensoep** Hühnersuppe *v*

**kippenvel** Gänsehaut v; *iem. ~ bezorgen* jmdm. Gänsehaut verursachen
**kippig** kurzsichtig
**kippigheid** Kurzsichtigkeit v
**kirren** girren, gurren
**kissproof** kußecht, -fest
**kist** 1 ⟨in 't alg.⟩ Kiste v ⟨ook vliegtuig⟩; 2 ⟨lijkkist⟩ Sarg m
**kisten** ⟨v. lijk⟩ einsargen; *zich niet laten ~* sich nicht lumpen lassen
**kistje** Kistchen o, Kästchen o; ⟨sigaren⟩ Kiste v
**kistkalf** Mastkalb o
**1 kit** v & o ⟨lijm⟩ Kitt m
**2 kit** v ⟨opiumkroeg⟩ Opiumkneipe v
**3 kit** v ⟨v. kolen⟩ Kohlenschütter m
**kitchenette** Kleinküche v; Kochnische v
**kits** gemeenz in Ordnung
**kitsch** Kitsch m
**kittelaar** Kitzler m
**kittig** keck
**kiwi** Kiwi v
**klaaglied** Klagelied o, Elegie v
**klaaglijk** kläglich
**klaagzang** Klagelied o
**klaar** 1 ⟨af⟩ fertig; 2 ⟨gereed⟩ bereit; 3 scheepv, luchtv klar; 4 ⟨helder⟩ heiter, klar; 5 ⟨zuiver⟩ rein; *'t is gauw ~* ⟨af⟩ es ist bald geschafft; *~ als een klontje* sonnenklar; *~ om op te stijgen* flugklar; *~ om te schieten* schußbereit; ⟨van vuurwapens⟩ entsichert; *~ voor vertrek* zur Abreise bereit; *~ zijn met eten* abgegessen haben
**klaarblijkelijk** offenbar, -sichtlich, augenscheinlich
**klaarheid** Klarheit v, Deutlichkeit v
**klaarkomen** fertig werden; ⟨orgasme ook⟩ kommen
**klaarlicht**: *op ~e dag* am hellichten Tage
**klaarliggen** bereitliegen
**klaarmaken** 1 ⟨gereedmaken⟩ vorbereiten, richten; 2 ⟨afmaken⟩ fertigmachen; 3 ⟨eten⟩ zubereiten; 4 ⟨voor examen⟩ vorbereiten; *zich ~* ⟨om uit te gaan⟩ sich fertigmachen; ⟨om iets te doen⟩ sich anschicken
**klaar-over** Schülerlotse m
**klaarspelen** fertigbringen, -bekommen; *'t ~ es* schaffen
**klaarstaan** bereitstehen; *altijd voor iem. ~* einem immer hilfsbereit zur Verfügung stehen
**klaarstomen**: *iem. voor 't examen ~* jmdn. zum Examen einpauken
**klaarwakker** völlig wach, hellwach
**klaarzetten** bereit-, hinstellen
**Klaas** Nikolaus m, Klaus m; *houten k~* hölzerner Klotz m; *~ Vaak* der Sandmann, das Sandmännchen o
**klacht** 1 ⟨in 't alg.⟩ Klage v; 2 ⟨bij de politie⟩ Anzeige v; 3 ⟨bij een officiële instantie⟩ Beschwerde v; 4 ⟨reclamatie⟩ Beanstandung v, Reklamation v; 5 ⟨lichamelijk⟩ Beschwerden mv
**1 klad** v ⟨vlek⟩ Schmutzfleck m, Klecks m; *er zit de ~ in* es geht bergab
**2 klad** o ⟨ontwerp⟩ Kladde v, Brouillon o; *in 't ~ schrijven* ins Unreine schreiben
**kladblok** Block m, Konzeptpapier

**1 kladden** onoverg 1 ⟨vlekken maken⟩ Kleckse machen, klecksen; 2 ⟨knoeien⟩ sudeln, schmieren
**2 kladden** mv: *iem. bij z'n ~ grijpen* einen beim Schlafittchen (Wickel) fassen (kriegen)
**kladderen** klecksen
**kladje** 1 ⟨ontwerp⟩ Kladde v; 2 ⟨vel papier; briefje⟩ Zettel m
**kladpapier** Konzeptpapier o
**kladschilder** Klecker m, Sudler m
**klagen** 1 ⟨in 't alg.⟩ klagen, wehklagen; 2 ⟨officieel zijn beklag doen⟩ sich beschweren, Klage erheben; *~ over* klagen (sich beklagen) über
**klager** recht Kläger m
**klak** ZN ⟨pet⟩ (Schirm)mütze v
**klakkeloos** mir nichts, dir nichts; unbedenklich
**klakken** ⟨met tong⟩ schnalzen
**klam** klamm
**klamboe** Moskitonetz o
**klamp** Klampe v
**klandizie** Kundschaft v
**klank** 1 ⟨geluid in 't alg.⟩ Klang m, Schall m; 2 ⟨v. taal⟩ Laut m
**klankbodem** Schall-, Klangboden m
**klankbord** Schalldeckel m
**klank-en-lichtspel** Spiel o mit Tönen und Licht
**klankkast** Resonanzraum m, Klangboden m
**klankkleur** Klangfarbe v
**klant** Kunde m; Kundin v; *vaste ~* Stammkunde m, -kundin v; *vaste ~en* ⟨ook⟩ Kundenstamm m
**klantenbinding** Kundenbindung v
**klantenkring** Kundenkreis m, Kundschaft v
**klantenservice** Kundendienst m
**klap** 1 ⟨slag⟩ Klaps m; ⟨harder⟩ Schlag m; 2 ⟨knal⟩ Knall m; 3 ⟨verlies in zaken⟩ Schlag m, Schlappe v; *~ in 't gezicht* Bakkenstreich m, Ohrfeige v, Maulschelle v; fig Schlag m ins Gesicht; *een lelijke ~ krijgen* fig eine arge Schlappe erleiden; *een ~ om de oren* eine Ohrfeige v; *de ~ op de vuurpijl* das Glanzstück, der Knalleffekt
**klapband** Plattfuß m
**klapdeur** Klapptür v
**klaplopen** schmarotzen
**klaploper** Schmarotzer m
**klapmuts** ⟨zeehond⟩ Klappmütze v
**klappen** 1 ⟨met handen⟩ klatschen; 2 ⟨met tong⟩ schnalzen; 3 ⟨praten⟩ plaudern; *in de handen ~* in die Hände klatschen; ⟨applaus⟩ Beifall klatschen
**klapperen** 1 ⟨tanden⟩ klappern; 2 ⟨v. zeilen⟩ schlagen
**klapperpistool** ± Spielzeugpistole v
**klappertanden** mit den Zähnen klappern, zähneklappern
**klappertje** ⟨voor kinderpistool⟩ Zündblättchen o, Amorce v
**klaproos** Klatschrose v
**klapsigaar** Knallzigarre v
**klapstoel** Klappstuhl m, -sessel m
**klaptafel** Klapp-, Aufschlagetisch m

**klapwieken** Flügel (mit den Flügeln) schlagen
**klapzoen** schmatzender Kuß *m*, Schmatz *m*
**klare** Klare(r) *m*, Schnaps *m*
**klaren** 1 ⟨helder worden⟩ klar werden, aufklaren; 2 ⟨helder maken⟩ (auf)klären; *hij zal 't wel* ~ er schafft es schon
**klarinet** Klarinette *v*
**klarinettist** Klarinettist *m*
**klaroen** Zinke *v*
**klas, klasse** Klasse *v*; *eerste* ~ *waren* erstklassige Waren *mv*; *hoogste* ~ ⟨v. school⟩ Abschlußklasse *v*; *een kaartje tweede* ~ eine Fahrkarte zweiter Klasse
**klasgenoot** onderw Klassenkamerad *m*, Mitschüler *m*
**klasseloos** klassenlos
**klassement** Rangliste *v*; Zwits Klassement *o*, Gesamtwertung *v*
**klassenbewustzijn** Klassenbewußtsein *o*
**klassenjustitie** Klassenjustiz *v*
**klassenstrijd** Klassenkampf *m*
**klasseren** klassifizieren
**klassiek** klassisch
**klassieken** Klassiker *mv*
**klassieker** ⟨boek, film e.d.⟩ Klassiker *m*
**klassikaal** klassenweise, Klassen-; ~ *onderwijs* Klassenunterricht *m*
**klateren** plätschern
**klatergoud** Flitter-, Rauschgold *o*
**klauteren** klettern; gemeenz turnen
**klauw** 1 ⟨v. koeien enz.⟩ Klaue *v*; 2 ⟨v. roofdieren⟩ Tatze *v*; 3 ⟨v. roofvogels⟩ Kralle *v*, Fang *m*; 4 ⟨werktuig⟩ Hand-, Gartenhakke *v*, Greifzange *v*; 5 ⟨aan machines⟩ Klaue *v*
**klauwhamer** Klauenhammer *m*
**klavecimbel** Klavizimbel *o*, Cembalo *o*
**klaver** Klee *m*
**klaverblad** 1 Kleeblatt *o* ⟨eig en fig⟩; 2 ⟨verkeer ook⟩ Autobahnkreuz *o*, -kleeblatt *o*
**klaveren** kaartsp Treff *o*
**klaverjassen** jassen, Jaß spielen (klopfen)
**klavertjevier** vierblättriges Kleeblatt *o*
**klaverzuring** Sauerklee *m*
**klavier** Klavier *o*
**kledder** Klecks *m*
**kledderen** kleckern, sudeln
**kleddernat** patsch-, klatsch-, klitschnaß
**kleden** 1 ⟨in 't alg.⟩ kleiden; 2 mil einkleiden; *in 't grijs gekleed* in Grau gekleidet, grau gekleidet; *zich* ~ sich ankleiden (anziehen)
**klederdracht** Kleidertracht *v*
**kledij, kleding** Kleidung *v*
**kledingstuk** Kleidungsstück *o*
**kleed** 1 ⟨kledingstuk⟩ Kleid *o*; plechtig Gewand *o*; 2 ⟨vloerkleed⟩ Teppich *m*; 3 ⟨voor de tafel⟩ Decke *v*; 4 ZN ⟨jurk⟩ Kleid *o*
**kleedgeld** Kleidungsgeld *o*
**kleedhokje** Ankleidekabine *v*
**kleedje** 1 ⟨vloerkleed⟩ kleiner Teppich *m*; 2 ⟨op tafel⟩ Decke *v*; 3 ZN ⟨jurkje⟩ (Mädchen-)kleid *o*; *gehaakt* ~ Häkeldecke *v*
**kleedkamer** 1 ⟨op sportveld e.d.⟩ Ankleidezimmer *o*, -raum *m*; 2 ⟨in schouwburg enz.⟩ Garderobe *v*
**kleedster** Garderobiere *v*, Ankleidefrau *v*

**Kleef** Kleve *o*
**kleefpleister** Heftpflaster *o*
**kleerborstel** Kleiderbürste *v*
**kleerhanger** = *klerenhanger*
**kleerkast** = *klerenkast*
**kleermaker** Schneider *m*
**kleermakerszit** Schneidersitz *m*
**kleerscheuren**: *zonder* ~ mit heiler Haut, leichten Kaufs, ohne Schaden
**klef** klitschig, schliefrig
**klei** 1 ⟨in 't alg.⟩ Klei *m*; 2 ⟨voor pottenbakkers⟩ Ton *m*; *Limburgse* ~ Löß *m*
**kleiduif** Tontaube *v*
**kleiduivenschieten** Tontauben schießen
**kleien** töpfern
**klein** klein; ~ *maar fijn* klein aber fein; ~*e auto* Kleinauto *o*, -wagen *m*; *zeer* ~*e auto* Kleinstauto *o*, -wagen *m*; *de* ~*e man* der Kleinbürger, der kleine Mann; *K*~ *Duimpje* Däumling *m*; *'t is een* ~ *uur* es ist eine knappe Stunde; ~ *van stuk* von kleiner Gestalt; *iem.* ~ *krijgen* einen klein kriegen, einen mürbe machen
**kleinbedrijf** Kleingewerbe *o*, -industrie *v*
**kleinbeeldcamera** Kleinbildkamera *v*
**kleinburgerlijk** kleinbürgerlich, philiströs, spießig
**kleindochter** Enkelin *v*
**kleine** Kleine(r) *m-v*, Kleine(s) *o*, Baby *o*
**kleineren** herabsetzen; demütigen
**kleingeestig** kleinlich, engherzig
**kleingeld** Kleingeld *o*
**kleinhandel** Klein-, Detailhandel *m*
**kleinigheid** Kleinigkeit *v*
**kleinkind** Enkelkind *o*, Enkel *m*, Enkelin *v*
**kleinkrijgen** ⟨bedwingen⟩ klein-, unterkriegen
**kleinkunst** Kleinkunst *v*
**kleinmaken** 1 ⟨in 't alg.⟩ zerkleinern; 2 ⟨geld⟩ für Kleingeld wechseln
**kleinood** Kleinod *o*
**kleinschalig** Klein-; in kleinem Maßstab, Umfang
**kleinsteeds** kleinstädtisch
**kleintje** ⟨kind⟩ Kleines *o*, Baby *o*; *op de* ~*s passen* auf jeden Pfennig sehen; *vele* ~*s maken één grote* Kleinvieh macht auch Mist
**kleintjes**: *zich* ~ *voelen* sich klein fühlen
**kleinvee** Klein-, Schmalvieh *o*
**kleinzerig** wehleidig; gemeenz pimpelig
**kleinzielig** kleinlich
**kleinzoon** Enkel *m*
**kleitablet, kleitafel** Tonziegel *m*, -tafel *v*
**1 klem** *v* 1 ⟨val⟩ Fußangel *v*, -eisen, Tellereisen *o*; 2 techn Klemme *v*; *in de* ~ *zitten* in der Klemme sitzen; *met* ~ mit Nachdruck
**2 klem** *bn*: *iem.* ~ *rijden* jmdn. einkeilen; ~ *zitten* verklemmt sein
**klemmen** klemmen, zwängen, kneifen, pressen; *de deur klemt* die Tür klemmt
**klemtoon** Ton *m*, Akzent *m*, Nachdruck *m*; *lettergreep met* ~ betonte Silbe *v*
**klemvast**: *de bal* ~ *hebben* sp den Ball umklammern
**klemzetten** einschließen; ⟨met argumenten enz.⟩ in die Enge treiben
**klep** 1 ⟨deksel⟩ Klappe *v*; 2 ⟨v. pet⟩

**klepel**

Schirm *m*; 3 ⟨v. piano⟩ Tastendeckel *m*; 4 ⟨v. motor⟩ Ventil *o*
**klepel** Schwengel *m*, Klöpfel *m*
**kleppen** 1 ⟨klepperen⟩ klappern; 2 ⟨kletsen⟩ quatschen, schnattern, N-Duits klonen
**klepperen** klappern
**kleptomaan** Kleptomane *m*
**kleptomanie** Kleptomanie *v*, Stehltrieb *m*
**klere-** gemeenz Scheiß-
**klerelijer** gemeenz Scheiß-, Dreckskerl *m*
**kleren** Kleider *mv*; ~ *maken de man* Kleider machen Leute; *in zijn* ~ *schieten* in die Knochen fahren; *in de* ~ *steken* mit Kleidung versehen; *met* ~ *en al* in voller Kleidung; *niet uit de* ~ *komen* nicht aus dem Hintern, Arsch kommen, sich nicht ausmehren
**klerenhanger** Kleiderbügel *m*
**klerenkast** Kleiderschrank *m* (eig en fig)
**klerikaal** klerikal
**klerk** Schreiber *m*, Kanzlist *m*, Schreibkraft *v*
**klets** I *v* 1 ⟨slag⟩ Klatsch *m*; 2 ⟨geklets⟩ Gewäsch *o*, Quatsch *m*; II *tsw*: ~! klatsch!
**kletsen** 1 ⟨lawaai maken⟩ klatschen, klitschen; 2 ⟨babbelen⟩ schwatzen, klatschen, schnacken; 3 ⟨zwammen⟩ quasseln; *erop los* ~ drauf los reden; ins Blaue hineinschwatzen
**kletskous, kletsmajoor, kletsmeier** Quatschkopf *m*, Schwätzer *m*
**kletsnat** pudel-, klatsch-, patsch-, quatschnaß
**kletspraat**: *dat is maar* ~ gemeenz alles Quatsch, Quatsch mit Soße
**kletspraatje** Klatscherei *v*, Geschwätz *o*
**kletteren** 1 ⟨regen⟩ schlagen; 2 ⟨hagel⟩ prasseln; 3 ⟨wapens⟩ klirren
**kleumen** frieren
**kleur** 1 ⟨in 't alg.⟩ Farbe *v*; 2 ⟨v. partij⟩ Couleur *v*; 3 ⟨schaamblos⟩ Schamröte *v*; *primaire* ~ Grundfarbe *v*; *een* ~ *krijgen* erröten; *van dezelfde* ~ gleichfarbig
**kleurbad** 1 ⟨in 't alg.⟩ Farb-, Färbebad *o*; 2 fotogr Farbentwicklungsbad *o*
**kleurboek** Malbuch *o*
**kleurdoos** Farben-, Tuschkasten *m*
**kleurecht** farbecht
**kleuren** 1 ⟨met potlood e.d.⟩ färben, einfärben, ⟨met stiften⟩ malen; 2 ⟨blozen⟩ erröten; 3 ⟨v. bladeren⟩ sich färben; zie ook: *gekleurd*
**kleurenblind** farbenblind
**kleurendruk** Farbendruck *m*
**kleurenfilm** Farbfilm *m*
**kleurenfoto** Farbfoto *o*, -aufnahme *v*
**kleurentelevisie** Farbfernsehen *o*
**kleurhoudend** farb-, waschecht
**kleurig** farbig
**kleurkrijt** farbige Kreide *v*
**kleurling** Farbige(r) *m*
**kleurloos** farblos
**kleurpotlood** Farb-, Buntstift *m*
**kleurrijk** farbig
**kleurschakering** Farbenabstufung *v*, -nuance *v*
**kleurshampoo** Tönungsshampoo *o*
**kleurspoeling** Tönung *v*

**kleurstof** Farbstoff *m*
**kleuter** Kleinkind *o*
**kleuterklas** Vorschulklasse *v*
**kleuterleidster** Kindergärtnerin *v*
**kleuterschool** Vorschule *v*, ± Kindergarten *m*
**kleven** kleben
**kleverig** kleb(e)rig
**kliederboel** gemeenz Dreck *m*, Sauerei *v*
**kliederen** kleckern, manschen, sudeln
**kliek** 1 ⟨voedsel⟩ Rest *m*, Überbleibsel *o*; 2 ⟨groep⟩ Clique *v*, Sippschaft *v*, Koterie *v*
**klier** 1 anat Drüse *v*; 2 ⟨vervelend mens⟩ Ekel *o*
**klieren** plagen, (he)rumekeln, nerven
**klieven*** 1 ⟨hout enz.⟩ spalten, zerspalten, klieben; 2 ⟨golven, lucht⟩ durchschneiden
**klif** Kliff *o*
**klik** ⟨kort, hoog geluid⟩ Klicks *m*
**klikken** 1 ⟨verraden⟩ angeben, zutragen, klatschen; ⟨op school⟩ petzen; 2 ⟨klikkend geluid geven⟩ klicken; *'t klikt tussen hen* sie vertragen sich gut; *'t klikte direct tussen ons* ⟨verliefd worden⟩ es hatte gleich gefunkt zwischen uns
**klikker** Angeber *m*, Zuträger *m*; ⟨op school⟩ Petzer *m*
**klikspaan** Angeber *m*; ⟨op school⟩ Petzer *m*
**klim** Aufstieg *m*; *'t is een hele* ~ es ist eine beschwerliche Kletterei
**klimaat** Klima *o*; *geestelijk* ~ geistiges Klima *o*
**klimatologie** Klimatologie *v*
**klimmen*** 1 ⟨in 't alg.⟩ steigen; 2 ⟨klauteren⟩ klettern; *in een boom* ~ auf einen Baum steigen; *bij 't* ~ *der jaren* bei zunehmendem Alter
**klimop** Efeu *m*
**klimplant** Kletter-, Schlingpflanze *v*
**klimrek** Kletter-, Sprossenwand *v*
**kling** Klinge *v*, Degenklinge *v*; *over de* ~ *jagen* über die Klinge springen lassen
**klingelen** klingeln
**kliniek** Klinik *v*
**klinisch** klinisch
**klink** Türklinke *v*
**klinkdicht** Sonett *o*
**klinken*** 1 ⟨geluid geven⟩ klingen, tönen, schallen; 2 ⟨met 't glas⟩ anstoßen; *een ~de naam* ein Name, der Klang hat; *een ~de oorvijg* eine schallende Ohrfeige
**klinker** 1 ⟨letter⟩ Vokal *m*, Selbstlaut *m*; 2 ⟨steen⟩ Klinker *m*, Ziegelstein *m*
**klinkklaar**: *klinkklare onzin* barer Unsinn *m*
**klinknagel** Nietholzen *m*, Niet *m*, Niete *v*
**klip** Klippe *v*; *tegen de ~pen op werken* arbeiten, was das Zeug hält
**klis, klit** ⟨plant⟩ Klette *v* (ook fig)
**klitten** wie die Kletten zusammenhalten
**klittenband** Klett(en)verschluß *m*
**klodder** 1 ⟨klomp⟩ Klumpen *m*; 2 ⟨vlek⟩ Klecks *m*; ~ *verf* Farbklecks *m*
**klodderen** klecksen
**1 kloek** *v* ⟨moederhen⟩ Glucke *v*
**2 kloek** *bn bijw* 1 ⟨sterk⟩ tüchtig, handfest; 2 ⟨dapper⟩ herzhaft, mannhaft; *een* ~ *be-*

*sluit* ein mutiger Entschluß *m; een ~e gestalte* eine kräftige Gestalt *v; ~e houding* energische Haltung *v*
**kloffie** gemeenz Kluft *v,* Klamotten *mv; in zijn ouwe ~* in seinen alten Klamotten
**klojo** gemeenz Trottel *m,* Schwachkopf *m*
**klok 1** ⟨uurwerk⟩ Uhr *v;* **2** ⟨om te luiden; duikerklok⟩ Glocke *v; slaande ~* Schlaguhr *v; een staande ~* eine Standuhr *v,* eine Kastenuhr *v; dat klinkt als een ~* das hat Hand und Fuß, das läßt sich hören; *iets aan de grote ~ hangen* etwas an die große Glocke hängen; *hij heeft de ~ horen luiden, maar weet niet waar de klepel hangt* er hat's läuten hören, aber nicht zusammenschlagen
**klokbeker** Glockenbecher *m*
**klokgelui** Glockengeläut(e) *o*
**klokgevel** geschweifter Giebel *m*
**klokhuis** Griebs *m,* Kerngehäuse *o*
**klokje 1** ⟨om te luiden⟩ Glöckchen *o;* **2** ⟨tijdsaanwijzing⟩ Uhr *v;* **3** plantk Glockenblume *v; 't ~je rond slapen* rund um die Uhr schlafen
**klokken 1** ⟨klokkend geluid maken⟩ glucksen, gluckern; **2** ⟨v. rok⟩ glockig sein; **3** ⟨met prikklok⟩ die Stechuhr bestätigen, stechen; **4** sp ⟨tijd opnemen⟩ stoppen
**klokkenluider** Glöckner *m,* Glockenläuter *m*
**klokkenspel** Glockenspiel *o*
**klokkentoren** Glockenturm *m*
**klokkijken:** *kunnen ~* die Uhr lesen können
**klokradio** Radiowecker *m*
**klokslag** Glocken-, Stundenschlag *m; ~ drie* Schlag drei, Punkt drei Uhr
**klomp 1** ⟨blok⟩ Klumpen *m,* Kloß *m;* **2** ⟨schoeisel⟩ Holzschuh *m,* Holzpantine *v; nou breekt m'n ~* gemeenz da wackelt die Wand, nun schlägt's dreizehn
**klompvoet** Klumpfuß *m*
**klonen** klonen
**klont** Klumpen *m,* Brocken *m*
**klonteren** klümpern, (sich) klumpen
**klonterig** klumprig, klumpig
**klontje 1** ⟨in 't alg.⟩ Klümpchen *o;* **2** ⟨suiker⟩ Zuckerwürfel *m*
**kloof 1** ⟨in 't alg.⟩ Riß *m;* **2** ⟨in de bergen⟩ Kluft *v;* **3** ⟨groot⟩ Schlucht *v;* **4** ⟨spleet⟩ Spalte *v,* Ritze *v*
**klooien** gemeenz ⟨prutsen, stuntelen⟩ (he-)rumeiern, (he)rumfummeln
**kloon** Klon *m*
**klooster** Kloster *o*
**kloostergang** Klostergang *m*
**kloosterling** Mönch *m*
**kloosterorde** Klosterorden *m*
**kloot 1** ⟨bol⟩ Kugel *v;* **2** ⟨lichaamsdeel⟩ gemeenz Hode *m-v,* Hoden *m*
**klootjesvolk** gemeenz das gemeine Volk, der Pöbel
**klootzak** scheldwoord Scheißkerl *m*
**klop** Schlag *m; ~ (op de deur)* Klopfen *o*
**klopboor** Schlagbohrer *m*
**klopgeest** Klopfgeist *m,* Poltergeist *m*
**klopjacht** Treibjagd *v;* ⟨met omsingeling⟩ Kesseltreiben *o*

**kloppartij** Rauferei *v,* Schlägerei *v,* Keilerei *v*
**kloppen 1** ⟨slaan, tikken⟩ klopfen, pochen; **2** ⟨ranselen⟩ prügeln; **3** ⟨aderen⟩ pulsieren; **4** ⟨overwinnen in sport⟩ schlagen; *dat klopt* das stimmt; *~ met* übereinstimmen mit; *er wordt geklopt* es klopft; *die cijfers ~ niet* die Ziffern stimmen nicht; *iets dat niet klopt* eine Unstimmigkeit *v; aan de deur ~* an die Tür klopfen; *een ~d bewijs* ein schlüssiger Beweis *m; met ~d hart* klopfenden Herzens
**klopper** ⟨aan deur⟩ Türklopfer *m,* Klopfer *m*
**klos 1** ⟨garen⟩ Röllchen *o;* **2** techn Spule *v;* **3** ⟨blok⟩ Klotz *m; hij is de ~* er ist der Dumme
**klossen 1** ⟨kant⟩ klöppeln; **2** ⟨garen⟩ aufwickeln; **3** ⟨stommelen⟩ trampeln, tappen
**klote** gemeenz Scheiß-, scheiß-
**klotsen 1** ⟨van vloeistof⟩ platschen, glucksen, schwappen; **2** ⟨golven⟩ schlagen; **3** ⟨bal⟩ knallen
**kloven** klieben, spalten
**klucht** Posse *v,* Schwank *m,* Farce *v*
**kluchtig** komisch, possenhaft, schnurrig
**kluif** Nagekochen *m; erwtensoep met ~* Erbsensuppe mit Eisbein *o; dat is een flinke (hele) ~* das ist ein tüchtiges Stück Arbeit
**kluis 1** ⟨v. kluizenaren⟩ Klause *v,* Zelle *v;* **2** ⟨safe⟩ Stahlkammer *v,* Tresor *m*
**kluisteren** fesseln, in Fesseln schlagen
**kluit 1** ⟨klomp⟩ Klumpen *m;* **2** ⟨boter⟩ Stück *o;* **3** ⟨aarde⟩ Erdscholle *v;* **4** ⟨v. plant⟩ Wurzelballen *m;* **5** ⟨menigte⟩ eine ganze Menge *v,* ein Haufen *m; de ~ belazeren* die Menge betrügen; *uit de ~en gewassen* von stattlichem Wuchs
**kluitje:** *met een ~ in 't riet sturen* (mit glatten Worten) abspeisen
**kluiven*** nagen, abnagen; *op de nagels ~* an den Nägeln kauen
**kluizenaar** Klausner *m,* Einsiedler *m,* Eremit *m*
**klungel** *m-v* Trottel *m,* Stümper *m,* Pfuscher *m*
**klungelen** pfuschen, stümpern
**klungelig** läppisch, stümperhaft
**kluns** Stümper *m,* Trottel *m*
**klunzen** herumlungern, stümpern
**klunzig** stümperhaft
**klusje** Gelegenheitsarbeit *v*
**klusjesman** Gelegenheitsarbeiter *m*
**klussen** ⟨klusjes doen⟩ Kleinigkeiten erledigen
**kluts:** *de ~ kwijt zijn* aus der Fassung sein, den Kopf verloren haben; *de ~ kwijtraken* aus der Fassung geraten, den Kopf verlieren
**klutsen** quirlen; *eieren ~* Eier schlagen
**kluut** Säbelschnäbler *m*
**kluwen** Knäuel *m & o*
**klysma** Klysma *o,* Klistier *o,* (Darm-)einlauf *m*
**KMO** ZN: *kleine en middelgrote ondernemingen* kleine und mittelgroße Unternehmen, Klein- und Mittelbetriebe *mv*
**knaagdier** Nagetier *o*

**knaak** gemeenz = *rijksdaalder*
**knaap** 1 ⟨jongen⟩ Knabe *m*, Bube *m*; 2 ⟨schildknaap⟩ Knappe *m*
**knaapje** ⟨klerenhanger⟩ Kleiderbügel *m*
**knabbelen** knabbern
**knäckebröd** Knäckebrot *o*
**knagen** nagen (ook fig)
**knak** Riß *m*, Bruch *m*, Knacks *m*, Stoß *m*
**knakken** knicken; *zijn gezondheid is geknakt* seine Gesundheit ist angeknackst, zerrüttet; *door 't leven geknakt worden* vom Leben zermürbt werden
**knakker** gemeenz Kerl *m*, Typ *m*
**knakworst** Knackwurst *v*
**knal** Knall *m*
**knalgeel** knallgelb
**knallen** knallen
**knalpot** Auspufftopf *m*
**knalrood** knallrot
**knap** 1 ⟨mooi⟩ hübsch; 2 ⟨net⟩ sauber, reinlich; 3 ⟨intelligent⟩ tüchtig, gescheit, klug; *een ~pe bol* ein gescheiter Kopf *m*; *~ bedacht* fein ausgedacht; *~ gedaan* brav ⟨schön, gut, intelligent⟩ gemacht
**knappen** knacken
**knapperd** gescheiter Kopf *m*
**knapperen** knistern, prasseln
**knapperig** knusprig
**knapzak** Knappsack *m*
**knarsen** 1 ⟨tanden, sneeuw⟩ knirschen; 2 ⟨machinedelen⟩ quietschen, kreischen
**knarsetanden** mit den Zähnen knirschen
**knauw** 1 ⟨beet⟩ Biß *m*; 2 ⟨klap⟩ Knacks *m*
**knauwen** 1 ⟨met tanden⟩ benagen; 2 ⟨plagen⟩ zwicken; 3 ⟨breken⟩ den Knacks geben, zerbrechen
**knecht** 1 ⟨handwerksman⟩ Knecht *m*, Geselle *m*; 2 ⟨huisknecht⟩ Hausdiener *m*
**knechten** knechten
**kneden** kneten
**kneedbom** Knetbombe *v*
**kneep** 1 ⟨met vingers⟩ Kniff *m*; 2 ⟨truc⟩ Kniff *m*, Pfiff *m*; *daar zit 'm de ~* ⟨de moeilijkheid⟩ da liegt der Hund begraben; *de ~jes van het vak kennen* den Handel verstehen, alle Wege und Stege kennen
**knekelhuis** Beinhaus *v*
**knel**: *in de ~ zitten* in der Klemme ⟨Patsche⟩ sitzen
**knellen** 1 eig klemmen, kneifen; 2 fig drücken
**knelpunt** ⟨impasse⟩ Engpaß *m*
**knersen** = *knarsen*
**knetter** ⟨gek⟩ gemeenz ⟨total⟩ verrückt, übergeschnappt, bekloppt
**knetteren** 1 ⟨geweerschoten, vonken⟩ knattern; 2 ⟨vuur⟩ knistern; 3 ⟨papier⟩ knittern
**knettergek** total verrückt, übergeschnappt
**kneusje** 1 ⟨persoon⟩ Schwächling *m*; 2 ⟨auto⟩ Schrottkiste *v*
**kneuzen** 1 ⟨v. lichaamsdelen⟩ quetschen, prellen; 2 ⟨klein, fijn maken⟩ zerkleinern
**kneuzing** 1 med Quetschung *v*, Prellung *v*; 2 ⟨het fijnmaken⟩ Zerkleinerung *v*
**knevel** Schnurrbart *m*
**knevelen** knebeln, fesseln
**knibbelen** ⟨afdingen⟩ feilschen, abhandeln, herunterhandeln; *~ op de uitgaven* bei den Ausgaben sparen
**knickerbockers** Knickerbockers *mv*
**knie** Knie *o*; *~ in de broek hebben* ausgebeulte Knie haben; *met knikkende ~ën* mit schlotternden Knien; *door de ~ën gaan* in die Knie gehen, weich werden in den Knien; *iets onder de ~ hebben* etwas gründlich erlernt haben; *iets onder de ~ krijgen* etwas meistern; *iem. op de ~ën krijgen* einen in die Knie zwingen
**knieband** 1 anat Kniesehne *v*; 2 ⟨ter bescherming⟩ Knieschützer *m*, Knieleder *o*
**kniebroek** Kniehose *v*
**kniebuiging** Kniebeuge *v*; *diepe ~* Hocke *v*
**knieholte** Kniekehle *v*
**kniekous** Kniestrumpf *m*
**knielen** knien
**knieschijf** Kniescheibe *v*
**kniesoor** Griesgram *m*, Murrkopf *m*, Kopfhänger *m*
**knietje**: *een ~ geven* ⟨in het dijbeen⟩ mit dem Fuß anstoßen
**knieval** Kniefall *m*
**kniezen** sich grämen, sich härmen, grämlich sein
**knijpen\*** kneifen, zwicken; *'m ~* gemeenz Angst haben; *ertussenuit ~* kneifen, sich verdrücken
**knijper** ⟨wasknijper⟩ Klammer *v*
**knijpkat** Handdynamo *m*
**knijptang** Kneifzange *v*
**knik** 1 ⟨breuk⟩ Knick *m*, Knacks *m*; 2 ⟨met 't hoofd⟩ Nicken *o*
**knikkebollen** einnicken
**knikken** 1 ⟨met hoofd⟩ mit dem Kopf nicken, grüßen; 2 ⟨breken⟩ knicken; *(van) ja ~* bejahend nicken
**knikker** Murmel *v*; *kale ~* Glatze *v*
**knikkeren** mit Murmeln spielen
**1 knip** *m* 1 ⟨met schaar⟩ ⟨Ein⟩schnitt *m*; 2 ⟨met vingers⟩ Schnipser *m*; *hij is geen ~ voor de neus waard* er ist mir überhaupt nichts wert
**2 knip** *v* 1 ⟨grendel⟩ Riegel *m*; 2 ⟨portemonnee⟩ Geldbeutel *m*; *de deur op de ~ doen* die Tür verriegeln
**knipbrood** eingekerbtes Brot *o*
**knipmes** Klapp-, Schnappmesser *o*; *buigen als een ~* zusammenklappen wie ein Taschenmesser
**knipogen** blinzeln, zwinkern; *naar iem. ~* einen anblinzeln, -zwinkern, einem zublinzeln
**knippatroon** Schnittmuster *o*
**knippen** 1 ⟨met de schaar⟩ schneiden; 2 ⟨haar⟩ schneiden; 3 ⟨nagels⟩ schneiden; 4 ⟨kaartjes⟩ knipsen, ⟨durch⟩lochen; 5 ⟨coupons⟩ abschneiden; 6 ⟨met de vingers⟩ knipsen; *hij is geknipt voor die betrekking* er ist für diese Stelle wie geschaffen
**knipperen** ⟨met de ogen⟩ zwinkern, blinkern
**knipperlicht** Blinklicht *o*, -leuchte *v*
**knipsel** ⟨uitgeknipt bericht⟩ Ausschnitt *m*; ⟨uit krant⟩ Zeitungsausschnitt *m*
**KNO-arts** Hals-Nasen-Ohren-Arzt *m*, HNO-

Arzt *m*
**knobbel** Höcker *m*, Knoten *m*; *een ~ voor wiskunde hebben* eine große Begabung für Mathematik haben, mathematikbegabt sein
**knobbelig** höckerig
**knock-out** sp Knockout *m*, Niederschlag *m*; *~ slaan* knockout schlagen; ausknocken
**knoedel** 1 ⟨meelbal⟩ Knödel *m*; 2 ⟨haar⟩ Haardutt *m*
**knoei:** *in de ~ zitten* in der Patsche sitzen
**knoeiboel** = *knoeierij*
**knoeien** 1 ⟨morsen⟩ Kleckern; 2 ⟨slordig werken⟩ pfuschen; 3 ⟨oneerlijk handelen⟩ schwindeln; *met melk ~* die Milch pan(t)schen
**knoeier** 1 ⟨prutser⟩ Pfuscher *m*, Stümper *m*, Sudler *m*; 2 ⟨oplichter⟩ Schwindler *m*, Pfuscher *m*
**knoeierij** 1 ⟨prulwerk⟩ Pfuscherei *v*, Schluderei *v*, Sudelei *v*; 2 ⟨oplichting⟩ Schwindel *m*
**knoeiwerk** Sudelwerk *o*
**knoert** gemeenz Riese *m*; *een ~ van een vent* ein riesiger Kerl
**knoerthard** steinhart
**knoest** Knorren *m*, Astknoten *m*
**knoet** ⟨zweep⟩ Knute *v*, Knotenpeitsche *v*; *onder de ~ zitten* unter der Knute stehen
**knoflook** Knoblauch *m*
**knokig** knochig, starkknochig
**knokkel** Knöchel *m*, Fingerknöchel *m*
**knokken** ⟨vechten⟩ gemeenz sich raufen
**knokpartij** Rauferei *v*
**knokploeg** Prügel-, Schlägertruppe *v*, Schlägerkommando *o*
**knol** 1 plantk Knollen *m*; 2 ⟨groente⟩ weiße Rübe *v*; 3 ⟨paard⟩ Gaul *m*; *een oude ~* eine alte Kracke *v*, eine Schindmähre *v*; *iem. ~len voor citroenen verkopen* jmdm. ein X für ein U vormachen
**knolgewas** Knollengewächs *o*
**knollentuin:** *in zijn ~ zijn* in seinem Esse sein
**knolraap** Steckrübe *v*, Wru(c)ke *v*
**knolselderij** Knollensellerie *m-v*
**knoop** 1 ⟨aan jas⟩ Knopf *m*; 2 ⟨in touw; nat, scheepv⟩ Knoten *m*; *platte ~* Kreuzknoten *m*; *een ~ leggen* einen Knoten machen; *de ~ doorhakken* den Knoten durchhauen; *een ~ in de zakdoek leggen* einen Knoten ins Taschentuch knüpfen; *in de ~ raken* sich verknoten; fig in Schwierigkeiten geraten; *van de blauwe ~* vom Blauen Kreuz
**knooppunt** Knotenpunkt *m*
**knoopsgat** Knopfloch *o*
**knop** 1 ⟨schakelaar, v. deur e.d.⟩ Knopf *m*; 2 ⟨v. bloemen⟩ Knospe *v*; 3 ⟨v. elektr. bel⟩ Klingelknopf *m*; *iets naar de ~pen helpen* gemeenz etwas gründlich verderben
**knopen** 1 ⟨jas⟩ (zu)knöpfen; 2 ⟨aaneenknopen⟩ knüpfen; *de eindjes (niet) aan elkaar kunnen ~* mit seinem Geld gerade (nicht) auskommen; *netten ~* Netze stricken
**knorren** 1 ⟨v. varken⟩ grunzen; 2 ⟨mopperen⟩ murren, brummen
**knorrepot** Murrkopf *m*, Griesgram *m*, Brummbär *m*
**knorrig** mürrisch, griesgrämig
**knot** 1 ⟨wol⟩ Büschel *o*, Knäuel *m* & *o*; 2 ⟨haardracht⟩ Knoten *m*
**1 knots** *v* Keule *v*; *een ~ van een auto* gemeenz ein riesiger Wagen
**2 knots** *bn* ⟨gek⟩ gemeenz verrückt
**knotten** 1 ⟨boom⟩ stutzen; 2 ⟨wilg⟩ köpfen
**knotwilg** Kopf-, Kappweide *v*
**knowhow** Know-how *o*
**knudde** gemeenz wertlos, schlecht, nichtig
**knuffel** ⟨speelgoedbeest⟩ Schmusetier *o*, Stofftier *o*; *iem. een ~ geven* ⟨liefkozing⟩ einen drücken
**knuffeldier** Schmusetier *o*, Stofftier *o*
**knuffelen** schmusen, herzen
**knuist** Faust *v*; gemeenz Pranke *v*
**knul** Kerl *m*, Typ *m*
**knullig** ⟨prullig⟩ ungeschickt, stümperhaft
**knuppel** Knüppel *m*, Prügel *m*; *een ~ in 't hoenderhok* ein Schlag *m* ins Kontor
**knuppelen** prügeln
**knus** gemütlich, traulich, behaglich
**knutselaar** Bastler *m*
**knutselen** basteln
**knutselwerk** Bastelarbeit(en) *v (mv)*
**kobalt** Kobalt *o*
**kobaltblauw** kobaltblau
**kobold** Kobold *m*
**koddig** drollig, spaßhaft, possierlich, komisch
**koe** Kuh *v*; *men kan niet weten hoe een ~ een haas vangt* man kann nie wissen, wie der Hase läuft; *oude ~ien uit de sloot halen* alten Kohl aufwärmen
**koedoe** Kudu *m*
**koehandel** pol Kuhhandel *m*
**koeienletter** Riesenbuchstabe *m*
**koeioneren** kujonieren
**koek** ± Kuchen *m*, Gebäck *o*; *dat is oude ~* das ist eine alte Geschichte; *het is ~ en ei tussen hen* sie sind ein Herz und eine Seele; *iets voor zoete ~ aannemen* sich etwas gefallen lassen; *de ~ is op* das Schöne ist vorbei; *dat is andere ~* das steht auf einem anderen Blatt; *gesneden ~* Kinderspiel *o*
**koekeloeren** gucken
**koekenbakker** 1 eig Kuchenbäcker *m*; 2 fig ⟨prutser⟩ Pfuscher *m*
**koekenpan** (Brat)pfanne *v*, Tiegel *m*
**koekje** 1 ⟨in 't alg.⟩ Keks *m*, Küchelchen *o*; 2 ⟨v. banketbakker⟩ Plätzchen *o*; *iem. een ~ van eigen deeg geven* jmdm. etwas mit gleicher Münze heimzahlen
**koekoek** Kuckuck *m*; *dat haal je de ~* das will ich glauben
**koekoeksklok** Kuckucksuhr *v*
**koel** 1 ⟨koud⟩ kühl; 2 ⟨gereserveerd⟩ kalt, gleichgültig
**koelbloedig** kaltblütig, mit kaltem Blute
**koelbox** Kühlbox *v*
**koelcel** Kühlzelle *v*
**koelen** kühlen; *wijn ~* Wein einkühlen; *gekoeld vlees* Kühlfleisch *o*
**koelhuis** Kühlhaus *o*
**koelie** Kuli *m*
**koeling** 1 ⟨het koelen⟩ Kühlung *v*; 2 ⟨koelcel⟩ Kühlraum *m*; 3 ⟨v. motor⟩ Kühlsy-

**koelkast**

stem o
**koelkast** Kühlschrank m
**koelmiddel** Kühlmittel o
**koeltas** Kühltasche v
**koelte 1** (koudheid) Kühle v, Frische v; **2** fig Kälte v; **3** scheepv (wind) Kühlte v
**koeltje** (fig windje) Lüftchen o
**koeltjes 1** (tamelijk koud) ziemlich kühl; **2** fig frostig, gleichgültig
**koelwater** Kühlwasser o
**koen** kühn
**koepel** Kuppel v
**koepelkerk** Kuppelkirche v
**Koerdisch I** bn kurdisch; **II** o Kurdisch o
**koeren** gurren, kirren
**koerier** Kurier m, Eilbote m, Läufer m
**koeriersdienst** Kurierdienst m
**koers** Kurs m; *een andere ~ inslaan* das Ruder herumreißen (ook fig); *~ zetten naar* Kurs nehmen auf, steuern nach; *uit de ~ raken* vom Kurs abkommen
**koersdaling** Kurssenkung v, -rückgang m; *sterke ~* Kurssturz m
**koersen** steuern, den Kurs nehmen
**koersval** Kurssturz m
**koersverlies** Kursverlust m
**koerswaarde** Kurswert m
**koeskoes** Kuskus m & o; Couscous m & o
**koest I** tsw: ~! kusch!, ruhig!; **II** bn: *zich ~ houden* sich ruhig halten, sich zurückhalten
**koesteren 1** (verwarmen) erwärmen, wärmen; **2** (verzorgen) hegen, pflegen; *achterdocht, achting & ~* Argwohn, Achtung & hegen; *'t plan, voornemen ~ die* Absicht haben; *zich in de zon ~* sich an der Sonne wärmen
**koeterwaals** Kauderwelsch o
**koetje** Kuh v, Kühlein o; *over ~s en kalfjes praten* über Gott und die Welt reden
**koets** Kutsche v
**koetshuis** Kutschhaus o
**koetsier** Kutscher m
**koevoet** Kuhfuß m
**koffer** Koffer m
**kofferbak** Kofferraum m
**kofferruimte** Kofferraum m
**koffie** Kaffee m; *~ zetten* Kaffee kochen, machen; *dat is geen zuivere ~* die Sache ist nicht geheuer; *zwarte ~* schwarzer Kaffee, Kaffee schwarz
**koffieautomaat** Kaffeeautomat m
**koffieboon** Kaffeebohne v
**koffiedik** Kaffeesatz m; *zo helder als ~* klar wie dicke Tinte
**koffiehuis** Café o
**koffiejuffrouw** Büfettdame v, -fräulein o
**koffiekamer** (in schouwburg) Wandelhalle v
**koffieleut 1** (vrouw) Kaffeetante v, -schwester v; **2** (man) starker Kaffeetrinker m
**koffiemelk** Kaffeemilch v
**koffiemolen** Kaffeemühle v
**koffiepauze** Kaffeepause v, kurze Arbeitspause v
**koffieplantage** Kaffeepflanzung v
**koffieshop** = *coffeeshop*
**koffietafel** (maaltijd) Brotmahlzeit v

**koffiezetapparaat** Kaffeemaschine v
**kofschip** Kuff v
**kogel** Kugel v; *de ~ is door de kerk* der Würfel ist gefallen
**kogelbiefstuk** Steak o von der Nuß
**kogellager** Kugellager o
**kogelrond** kugelrund
**kogelstoten** Kugelstoßen o
**kogelvrij** kugelfest, -sicher
**kohier** Steuerliste v, -verzeichnis o
**kok** Koch m
**kokarde** Kokarde v
**koken** kochen, sieden; (heftig) wallen; *zijn bloed begon te ~* sein Blut geriet in Wallung
**koker 1** (v. pijlen) Köcher m; **2** (foedraal) Behälter m, Futteral o; **3** (v. lift) Schacht m; *kartonnen ~* Papphöhre v; *dat komt niet uit zijn ~* das ist nicht auf seinem Mist gewachsen
**koket** kokett, gefallsüchtig
**koketteren** kokettieren
**kokhalzen** würgen
**kokkerellen** in der Küche herumhantieren
**kokkin** Köchin v
**kokmeeuw** Lachmöwe v
**kokos** Kokos v
**kokosmakron** Kokosmakrone v
**kokosmat** Kokosmatte v
**kokosnoot** Kokosnuß v
**kolanoot** Kolanuß v
**kolder** (onzin) Blödsinn m
**kolen** (Stein)kohlen mv; *op hete ~ zitten* wie auf glühenden Kohlen sitzen, auf Nadeln sitzen
**kolendamp** Kohlengas o, -oxyd o
**kolenhok** Kohlenschuppen m, -schlag m
**kolenkit** Kohlenschütter m
**kolenmijn** Kohlengrube v, -bergwerk o, -zeche v
**kolf 1** (v. geweer) Kolben m; **2** (v. laboratorium ook) Retorte v
**kolfje:** *dat is een ~ naar zijn hand* das ist gerade sein Fall, das liegt ihm
**kolibrie** Kolibri m
**koliek** Kolik v
**kolk** (draaikolk) Strudel m
**kolken** strudeln, wirbeln, kreiseln
**kolom 1** (zuil) Pfeiler m, Säule v; **2** (in boek of krant) Spalte v, Druckspalte v; *in twee ~men* zweispaltig
**kolonel** Oberst m
**koloniaal** kolonial; *~ stelsel* Kolonialsystem o; *~niale waren* Kolonialwaren mv
**kolonialisme** Kolonialismus m
**kolonie** Kolonie v; (nederzetting ook) Siedlung v
**kolonisatie** Besiedlung v, Kolonisation v
**koloniseren** besiedeln, kolonisieren
**kolonist** Ansiedler m, Kolonist m
**koloriet** Farbe v, Kolorit o
**kolos** Koloß m
**kolossaal** kolossal
**kom 1** (bakje) Napf m; **2** (om uit te drinken) Tasse v, Schale v; **3** (haven) Bassin o; **4** (v. gewricht) Gelenkpfanne v; *bebouwde ~* geschlossene Ortschaft v, Ortsinnere(s) o; *uit de ~ schieten* auskugeln

**komaan**: ~! ⟨aansporing⟩ komm schon!, Kopf hoch!

**komaf**: *van eenvoudige (lage)* ~ einfacher (niedriger) Herkunft; *van goede* ~ aus guter Familie

**kombuis** Kombüse *v*

**komediant** Schauspieler *m*; ⟨ook fig⟩ Komödiant *m*

**komedie 1** ⟨toneel⟩ Theater *o*; **2** ⟨blijspel⟩ Lustspiel *o*, Komödie *v*; ~ *spelen* ⟨ook fig⟩ Theater (Komödie) spielen

**komeet** Komet *m*, Schweifstern *m*

**komen\*** kommen; *kom, kom!* ach was!, nanu!; *gelegen* ~ gelegen kommen, passen; *daar komt hij aanlopen* da kommt er angelaufen; *wie 't eerst komt, 't eerst maalt* wer zuerst kommt, mahlt zuerst; ~ *te vallen* zu Fall kommen; *een* ~ *en gaan* ein ständiges Kommen und Gehen; *ik ben daar goedkoop aan gekomen* ich habe das billig bekommen; *aan zijn geld* ~ zu seinem Geld gelangen (kommen); *aan iets* ~ zu etwas kommen; *achter iets* ~ hinter etwas kommen; *hoe kom je erbij?* wie kommst du dazu?; *er weer bovenop* ~ hochkommen; med sich wieder erholen; *door 't examen* ~ durchkommen, (das Examen) bestehen; *op iets* ~ ⟨zich herinneren⟩ auf etwas kommen; *op een idee* ~ auf eine Idee verfallen; *de prijs komt op tien Mark per stuk* der Preis wird zehn Mark pro Stück; *iem. te na* ~ einem zu nahe treten; gemeenz einem an den Karren fahren; *ten goede* ~ zugute kommen; *er niet toe* ~ nicht dazu kommen; *tot niets* ~ es zu nichts bringen; *daar komt niets van daraus* wird nichts; *voor elkaar* ~ zustande kommen, zum Klappen kommen

**komfoor 1** ⟨gaskomfoor⟩ Gaskocher *m*; **2** ⟨warmhouder⟩ Rechaud *m* & *o*

**komiek I** *bn* komisch; **II** *m* Komiker *m*

**komijn** Kreuzkümmel *m*

**komijnekaas** Kreuzkümmelkäse *m*

**komisch** komisch

**komkommer** Gurke *v*

**komkommertijd** Sauregurkenzeit *v*

**komma** Komma *o*

**kommaneuker** gemeenz Federfuchser *m*

**kommer** Kummer *m*, Gram *m*

**kompas** Kompaß *m*; *op iemands* ~ *varen* sich nach jmdm. richten

**kompasnaald** Kompaßnadel *v*

**kompel** ⟨mijnwerker⟩ Kumpel *m*

**kompres** Umschlag *m*, Kompresse *v*

**komst** Ankunft *v*, Kommen *o*; *op* ~ *zijn* bevorstehen, im Anzug sein

**kond**: ~ *doen* vero bekanntmachen, kund tun

**konfijten** (in Zucker) einmachen, kandieren

**kongsi, kongsie** ⟨kliek⟩ Interessengruppe *v*, Lobby *v*

**konijn** Kaninchen *o*

**konijnenhok** Kaninchenbucht *v*, -stall *m*

**koning** König *m*

**koningin 1** ⟨persoon⟩ Königin *v*; **2** ⟨v. bijen⟩ Weisel *m*

**Koninginnedag** Tag *m* der Königin

**koningschap** Königtum *o*; königliche Würde *v*

**koningsgezind** königstreu, royalistisch

**koningshuis** Königshaus *o*

**koningstijger** Königstiger *m*

**koninklijk** königlich

**koninkrijk** Königreich *o*

**konkelen, konkelfoezen** Ränke schmieden, intrigieren, klüngeln

**kont** gemeenz Hinter *m*, Gesäß *o*, Popo *v*; *in zijn (haar) blote* ~ ganz nackt; *iem. een schop onder (voor) zijn* ~ *geven* jmdm. einen Tritt in den Hintern geben; *je kan er je* ~ *niet keren* man kann sich vor Enge nicht bewegen

**konvooi** Geleitzug *m*, Konvoi *m*

**kooi 1** ⟨in 't alg.⟩ Käfig *m*, Bauer *o* & *m*; **2** ⟨v. wilde dieren ook⟩ Zwinger *m*; **3** ⟨aan boord⟩ Koje *v*, Schlafkoje *v*

**kooien 1** ⟨eenden⟩ wilde Enten fangen; **2** ⟨in kooi⟩ einsperren; **3** ⟨v. schapen⟩ einpferchen

**kook** Kochen *o*, Kocherei *v*, Sieden *o*; *aan de* ~ *brengen* zum Kochen bringen; *helemaal van de* ~ *zijn* ganz außer Fassung sein, die Fassung verloren haben

**kookboek** Kochbuch *o*

**kookkunst** Kochkunst *v*

**kookplaat** Koch-, Heizplatte *v*

**kookpunt** Siedepunkt *m*

**kookwekker** Kochwecker *m*

**kool 1** ⟨houts-, steenkool⟩ Kohle *v*; **2** ⟨plant⟩ Kohl *m*, Kraut *o*; ⟨een exemplaar⟩ Kohl-, Krautkopf *m*; *groene* ~ Grünkohl *m*, Zwits Federkohl; *rode* ~ Rotkohl *m*, -kraut *o*; *witte* ~ Weißkohl *m*; *iem. een* ~ *stoven* jmdm. einen Streich spielen, jmdm. etwas am Zeuge flicken; *de* ~ *en de geit sparen* beide Parteien schonen

**kooldioxide** Kohlendioxyd *o*

**koolmees** Kohlmeise *v*

**koolmonoxide** Kohlenmonoxyd *o*, -gas *o*

**koolraap 1** ⟨boven de grond⟩ Kohlrabi *m*; **2** ⟨onder de grond⟩ Kohl-, Steckrübe *v*, Wruke *v*

**koolstof** Kohlenstoff *m*

**koolwaterstof** Kohlenwasserstoff *m*

**koolwitje** Kohlweißling *m*

**koolzaad** Raps *m*, Ölraps *m*

**koolzuur** Kohlensäure *v*

**koolzuurhoudend** kohlensäurehaltig

**koon** Wange *v*, Backe *v*

**koop** Kauf *m*, Einkauf *m*; *op de* ~ *toe* ⟨bovendien⟩ zusätzlich, außerdem; *op de* ~ *toe nemen* in den Kauf nehmen; *te* ~ zu verkaufen; *te* ~ *lopen met* zur Schau tragen (laufen); *weten wat er in de wereld te* ~ *is* seine Welt kennen

**koopakte** Kaufvertrag *m*

**koopcontract** Kaufvertrag *m*, -kontrakt *m*

**koophandel** Handel *m*, Kaufhandel *m*

**koopje** Gelegenheitskauf *m*, billiger Einkauf *m*; iron Reinfall *m*; *op een* ~ für ein Spottgeld

**koopjesjager** Profitjäger *m*

**koopkracht** Kaufkraft *v*

**koopkrachtig** kaufkräftig

**kooplust** Kauflust *v*, -neigung *v*

**kooplustig** kauflustig, -freudig

**koopman** Kauf-, Handelsmann *m*
**koopmanschap** Handel *m*
**koopsom** Kaufsumme *v*
**koopvaarder** Kauffahrer *m*
**koopvaardij** Handelsschiffahrt *v*
**koopvaardijschip** Kauffahrteischiff *o*, Kauffahrer *m*
**koopwaar** Kaufware *v*
**koopwoning** Eigentumswohnung *v*
**koopziek** kaufsüchtig
**koor** ⟨zangers enz.⟩ Chor *m*; ⟨deel v. kerk⟩ Chor *o* & *m*
**koord 1** ⟨in 't alg.⟩ Schnur *v*; **2** ⟨dun touw⟩ Bindfaden *m*; ⟨dikker touw⟩ Leine *v*; *op 't slappe ~ dansen* auf dem Seil tanzen
**koorddanser** Seiltänzer *m*
**koorde** wisk Sehne *v*
**koorknaap** Chorknabe *m*
**koorts** Fieber *o*; *gele ~* gelbes Fieber *o*, Gelbfieber *o*; *hoge ~* hitziges, hohes, starkes Fieber *o*; *~ hebben* Fieber haben, fiebern
**koortsaanval** Fieberanfall *m*
**koortsachtig 1** eig fieb(e)rig, fiebernd; **2** fig fieberhaft; *~ zijn* Fieber haben
**koortsdroom** Fiebertraum *m*
**koortsig** = *koortsachtig*
**koortsthermometer** Fieberthermometer *o*
**koortsuitslag** Fieberflecken *mv*
**koortswerend** fiebervertreibend; *~ middel* ⟨ook⟩ Fiebermittel *o*
**koosjer** koscher
**koosnaam** Kosename *v*
**kootje** ⟨v. vinger⟩ Fingerglied *o*
**kop 1** ⟨hoofd⟩ Kopf *m*; **2** ⟨v. stoet⟩ Spitze *v*; **3** ⟨voor thee enz.⟩ Tasse *v*; **4** ⟨donderwolk⟩ Gewitterwolke *v*; **5** ⟨van golf⟩ Wellenkamm *m*; **6** ⟨boven artikel⟩ Überschrift *v*; *vette ~* ⟨in krant⟩ Schlagzeile *v*, Aufmacher *m*; *~ op!* Kopf hoch!; *een rode ~ krijgen* erröten; *dat heeft ~ noch staart* das hat weder Hand noch Fuß; *de ~ indrukken* unterdrücken, im Keim ersticken; *de ~pen bij elkaar steken* die Köpfe zusammenstecken; *dat kost hem zijn ~* das muß er mit dem Hals (Leben) bezahlen; *dat kan hem zijn ~ kosten* das kann ihm den Kopf kosten; *mijn ~ er af als...* ich will Fritz (Hans, Meier) heißen, wenn...; *op de ~ af* aufs Haar genau; *op zijn ~ krijgen* gemeenz Prügel, Schläge bekommen, gemeenz eins auf die Nuß bekommen; *alles staat op zijn ~* alles steht auf dem Kopf; *al ga je op je ~ staan* wenn du dich auf den Kopf stellst; *op de ~ tikken* etwas auftreiben; ⟨kopen⟩ erstehen; *over de ~ gaan* eig umschlagen, werfen; ⟨failliet gaan⟩ fallieren, Pleite machen; *zich voor de ~ schieten* sich eine Kugel durch den Kopf schießen; *zich wel voor z'n ~ kunnen slaan* sich in den Arsch (Hintern) beißen können
**kopbal** Kopfstoß *m*
**kopduel** Kopfballduell *o*
**kopen\* 1** ⟨in 't alg.⟩ kaufen; **2** ⟨op veiling &, ook⟩ erstehen; **3** ⟨fig v. overwinning, vriendschap enz.⟩ erkaufen; *wat koop ik daarvoor?* was nützt mir das?

**1 koper** *o* ⟨metaal⟩ Kupfer *o*; *geel ~* Messing *o*; *rood ~* Rotkupfer *o*; *het ~* ⟨de koperen blaasinstrumenten in het orkest⟩ das Blech
**2 koper** *m* Käufer *m*
**koperdraad** Kupferdraht *m*
**koperen** kupfern, aus Kupfer; *~ blaasinstrument* Blech(blas)instrument *o*; *~en bruiloft* Nickelhochzeit *v*; *~ plaat* Kupferblech *o*, -platte *v*
**kopergravure** Kupferstich *m*, Kupfer *o*
**kopergroen** Kupfergrün *o*, Grünspan *m*
**koperslager** Kupferschmied *m*
**koperwerk 1** ⟨in 't alg.⟩ Kupfergerät *o*; **2** ⟨in de keuken⟩ kupfernes Geschirr *o*
**kopgroep** sp Spitzengruppe *v*
**kopie** Kopie *v*, Abschrift *v*; *in ~* abschriftlich
**kopieerapparaat** = *fotokopieerapparaat*
**kopiëren** kopieren; ⟨met machine ook⟩ ablichten
**kopij 1** ⟨manuscript⟩ Manuskript *o*; **2** ⟨voor drukker⟩ Druckvorlage *v*
**kopje 1** ⟨hoofdje⟩ Köpfchen *o*; **2** ⟨voor thee, enz.⟩ Tasse *v*; *~s geven* Köpfchen geben, sich an einem reiben; *iem. een ~je kleiner maken* einen (um einen Kopf kürzer machen
**kopjeduikelen**, einen Purzelbaum schlagen (schießen), kobolzen, Kobolz schießen
**kopje-onder** kopfunter
**koplamp** Scheinwerfer *m*; *de ~en aanheben* mit Fernlicht fahren
**koploper 1** sp ⟨die voorop loopt, rijdt⟩ Spitzenreiter *m*, Spitzenführer *m*; **2** sp ⟨in klassement⟩ Tabellenführer *m*, Erste(r) *m-v*
**kopman** Mannschaftskapitän *m*
**1 koppel** *o* **1** ⟨honden, paarden⟩ Koppel *v*; **2** ⟨herten⟩ Rudel *o*; **3** ⟨patrijzen⟩ Volk *o*, Kette *v*; **4** ⟨ossen⟩ Joch *o*; *een ~* ZN ⟨enige, enkele⟩ ein Paar, einige
**2 koppel** *m* & *v* ⟨riem⟩ Koppel *o*
**koppelbaas** Leiharbeitgeber *m*, Verleiher *m*
**koppelen 1** ⟨honden enz.⟩ koppeln; **2** ⟨mensen, machinedelen enz.⟩ kuppeln; **3** ⟨woorden enz.⟩ verbinden
**koppeling** Kupp(e)lung *v*
**koppelteken** Bindestrich *m*
**koppeltjeduikelen** einen Purzelbaum machen, schlagen; sich überschlagen
**koppelverkoop** Kopplungsverkauf *m*
**koppelwerkwoord** kopulatives Verb *o*, Kopula *v*, Satzband *o*
**koppen** ⟨voetbal⟩ köpfen
**koppensnellen 1** ⟨bij primitieve volken⟩ köpfen; **2** ⟨krantenkoppen lezen⟩ Überschriften lesen; **3** ⟨topfunctionarissen overnemen⟩ die Köpfe abschießen
**koppie-koppie** Köpfchen, Köpfchen!
**koppig** ⟨eigenzinnig⟩ starrköpfig, halsstarrig, eigensinnig, trotzig; ⟨v. wijn⟩ feurig
**koppijn** gemeenz Kopfschmerzen *mv*
**koprol** Purzelbaum *m*, Salto *m*; sp Rolle *v* (vorwärts)
**kopschuw** kopfscheu, stutzig
**kopspijker** Polsternagel *m*
**kop-staartbotsing** Auffahrunfall *m*
**kopstation** Kopfstation *v*

**kopstem** Kopfstimme v
**kopstoot** Kopfstoß m
**kopstuk** Prominente(r) m-v
**Kopt** Kopte m
**koptelefoon** Kopfhörer m
**Koptisch** koptisch
**kopzorg**: *veel* ~ *hebben* schwere Sorgen (Kopfzerbrechens) haben
**1 koraal** o muz Choral m
**2 koraal** o & v dierk Koralle v
**koraalrif** Korallenriff o
**koralen** korallen, Korallen-; ~ *ketting* Korallenkette v
**koran** Koran m
**kordaat** unverzagt, herzhaft, tapfer
**kordon** Kette v, Kordon m
**Korea** Korea o
**Koreaan** Koreaner m
**Koreaans** koreanisch
**koren** Korn o, Getreide o; *dat is* ~ *op zijn molen* das ist Wasser auf seine Mühle
**korenaar** Kornähre v
**korenbloem** Kornblume v, Zyane v
**korenschuur** Kornscheune v, -scheuer v; *de* ~ *van Europa* die Kornkammer v Europas
**korf** Korb m
**korfbal** Korbball m
**korfballen** Korbball spielen
**korhoen** Birk-, Spielhuhn o
**koriander** Koriander m
**1 kornet** m mil Kornett m
**2 kornet** o muz Kornett o
**kornuit** Geselle m, Kamerad m
**korporaal** Obergefreite(r) m
**korps** Korps o; ~ *mariniers* Marineinfanterie v
**korrel** Korn o, Körnchen o; *iem. op de* ~ *nemen* einen aufs Korn nehmen
**korrelig** körnig, gekörnt
**korreltje** Körnchen o; *een* ~ *zout* ein Körnchen Salz; *iets met een* ~ *zout nemen* etwas nicht so ernst nehmen
**korset** Korsett o, Mieder o
**korst** 1 (v. brood) Rinde v; 2 (op wond) Schorf m, Kruste v
**korstmos** Flechte v
**kort** kurz; ~ *en bondig* kurz und bündig; ~ *en klein* kurz und klein; ~ *en krachtig* kurz und kräftig; ~ *van memorie zijn* ein schlechtes Gedächtnis haben; *in 't* ~, kurz gesagt; *nieuws in 't* ~ Kurznachrichten mv; *om* ~ *te gaan* kurz (gesagt); *iem.* ~ *houden* einen knapp, kurz halten; *het* ~ *maken* es kurz machen; (in speech) sich kurz fassen; ~ *van stof zijn* wortkarg sein
**kortaangebonden** jähzornig, kurz angebunden
**kortademig** kurzatmig
**kortaf** einsilbig, wortkarg
**kortegolfzender** Kurzwellensender m
**korten** kürzen, abziehen; *zijn tijd* ~ sich die Zeit kürzen
**kortharig** kurzhaarig
**korting** 1 handel Abzug m, Ermäßigung v, Rabatt m, Nachlaß m; 2 (op het loon) Lohnkürzung v
**kortlopend** handel kurzfristig
**kortom** kurz, kurz und gut

**kortparkeerder** Kurzparker m
**kortsluiting** Kurzschluß m
**kortstondig** kurz, von kurzer Dauer
**kortverhaal** ZN Kurzgeschichte v
**kortweg** kurzweg, kurzerhand
**kortwieken** die Flügel (be)schneiden ⟨ook fig⟩
**kortzichtig** kurzsichtig
**korvet** Korvette v
**korzelig** ärgerlich, verdrießlich, verstimmt
**kosmisch** kosmisch
**kosmografie** Kosmographie v
**kosmologie** Kosmologie v
**kosmonaut** Kosmonaut m
**kosmopoliet** Kosmopolit m
**kosmopolitisch** kosmopolitisch
**kosmos** Kosmos m, Weltall o
**kost** 1 (voedsel) Essen o, Kost v, Verpflegung v; 2 (levensonderhoud) Lebensunterhalt m, Kost v; *de* ~ *verdienen* das Brot, den Lebensunterhalt verdienen; *in de* ~ *nemen* in Pflege nehmen; *iem. de* ~ *geven* einen ernähren; (letterlijk) beköstigen; *ik zou ze niet graag de kost willen geven* davon gibt's viele; *dit proefschrift is zware* ~ (= moeilijk) diese Dissertation ist nicht einfach zu lesen; *flauwe* ~ fade Kost v; *schrale* ~ schmale Kost v; ~ *en inwoning* Kost und Logis; *in de* ~ *doen* in Pension (Kost) geben; *in de* ~ *zijn* in Pension sein; *ten* ~*e van* auf Kosten (+ 2); *wat doet hij voor de* ~? womit verdient er sein Brot?
**kostbaar** kostbar, kostspielig, teuer, aufwendig
**kostbaarheid** 1 (duurte) Kostbarkeit v, Kostspieligkeit v; 2 (kostbaar iets) Kostbarkeit v
**kostelijk** köstlich
**kosteloos** gebühren-, kostenfrei, -los, unentgeltlich
**1 kosten** mv 1 (in 't alg.) Kosten mv; 2 (onkosten v. reis enz.) Spesen mv; Unkosten mv; 3 (verschuldigd recht) Gebühr(en) v (mv); *iem. op* ~ *jagen* jmdn. in die Kosten jagen; *uit de* ~ *zijn* die Kosten abschreiben; ~ *noch moeite sparen* weder Kosten noch Mühe sparen; *met grote* ~ mit großem Kostenaufwand m; *op mijn* ~ auf meine Kosten; *tot de* ~ *veroordelen* kostenpflichtig verurteilen
**2 kosten** onoverg kosten; *dat heeft een aardige cent (duit) gekost* das hat eine Stange Geld gekostet; *dat kost mij een gulden* das kostet mir (mich) einen Gulden; *het koste wat het kost* es koste was es wolle
**koster** Küster m; (RK ook) Mesner m
**kostganger** Kostgänger m, Pensionär m
**kostgeld** Kostgeld o
**kosthuis** Kosthaus o, Pension v
**kostprijs** Kost-, Selbstkostenpreis m
**kostschool** Internat o, Pensionat o
**kostuum** 1 (in 't alg.) Kostüm o; 2 (voor heren meestal) Anzug m
**kostwinner** Ernährer m
**kostwinning** 1 (levensonderhoud) Broterwerb m; 2 (betrekking enz.) Brotstelle v, Erwerbsquelle v
**kot** 1 (ellendig huis) ärmliche Hütte v; 2 (v.

**kotelet** Kotelett o
varkens) Schweinekoben m; **3** ⟨v. duiven⟩ Taubenhaus o; **4** ⟨kerker⟩ Kittchen o; **5** ZN ⟨studentenkamer of -flat⟩ (Studenten-)bude v, Zimmer o
**koter** gemeenz Kind o
**kots** gemeenz Kotze v
**kotsen** kotzen
**kotsmisselijk**: *ik ben ~* gemeenz mir ist spei-, todübel, hundsmiserabel
**kotter** Kutter m
**kou** Kälte = *kou*; *~ vatten* sich erkälten; *iem. in de kou laten staan* jmdn. sitzen lassen; *in de ~ zetten* kaltstellen
**koud** kalt; *~e drukte* Windmacherei v; *bar ~* hundekalt; *ik heb 't ~* ich friere, mich friert; *het laat mij ~* **1** ⟨'t is mij om het even⟩ es ist mir egal; **2** ⟨het beroert mij niet⟩ es läßt mich kalt; *ik word er ~ van* es überläuft mich kalt
**koude** = *kou*
**koudegolf** Kältewelle v
**koudvuur** kalter Brand m
**koudwatervrees** fig übertriebene Angst v
**koufront** Kalt-, Kältefront v
**koukleum** Fröstling m, Fröstler m
**kous 1** ⟨kledingstuk⟩ Strumpf m; **2** ⟨v. lamp⟩ Docht m, Glühstrumpf m; *de ~ is af* die Sache ist erledigt; *de ~ op de kop krijgen* sich eine Abfuhr holen
**kousenband** Strumpfband o
**kousjer** koscher
**kouten** plaudern, sich unterhalten; Oostr plauschen
**kouvatten** sich erkälten
**kouwelijk** fröst(e)lich
**kozak** Kosak m
**kozijn** Fenster-, Türrahmen m
**kraag** Kragen m; *iem. in de ~ grijpen* einen am (beim) Kragen nehmen; ⟨arresteren⟩ einen verhaften
**kraai** Krähe v; *bonte ~* Nebelkrähe v; *zwarte ~* Rabenkrähe v
**kraaien** krähen
**kraaienmars**: *de ~ blazen* gemeenz abkratzen
**kraaiennest** Krähennest o ⟨eig & scheepv⟩
**kraaienpootjes** Krähenfüße mv
**kraak 1** ⟨geluid⟩ Krach m, Gekrach o; **2** ⟨inbraak⟩ Einbruch m, Ding o; *een ~ zetten* ein Ding drehen; *zonder ~ of smaak* ohne Saft und Kraft
**kraakactie** Hausbesetzung v
**kraakbeen** Knorpel m
**kraakbeweging** Hausbesetzerbewegung v
**kraakhelder** blitzsauber
**kraakpand** besetztes Haus o, besetzte Wohnung v
**kraal 1** ⟨dorp⟩ Kral m; **2** ⟨van ketting⟩ Perle v, Koralle v
**kraam** Bude v, Verkaufsbude v, Kramladen m
**kraamafdeling** Entbindungsstation v
**kraambed** Wochen-, Kindbett o
**kraambezoek** Wochenbesuch m
**kraamkamer** Wochenstube v
**kraamkliniek** Geburtsklinik v, Entbindungsanstalt v
**kraamverpleegster** Wochenpflegerin v; Säuglingsschwester v
**kraamverzorgster** Wochenpflegerin v
**kraamvisite** Wochenbesuch m
**kraamvrouw** Wöchnerin v
**kraamvrouwenkoorts** Wochen-, Kindbettfieber o
**1 kraan** v **1** ⟨hijstoestel⟩ Kran m; **2** ⟨v. vat⟩ Hahn m, Faßhahn m, Zapfen m; **3** ⟨aan water-, gasleiding enz.⟩ Hahn m
**2 kraan** m ⟨uitblinker⟩ Kanone v
**kraandrijver, kraanmachinist** m Kranführer m
**kraanvogel** Kranich m
**kraanwagen** Abschleppwagen m
**krab 1** ⟨dier⟩ Krabbe v; **2** ⟨schram⟩ Kratz m
**krabbel 1** ⟨onduidelijk teken⟩ Gekritzel o; **2** ⟨schets⟩ Skizze v
**krabbelen 1** ⟨krabben⟩ kratzen; **2** ⟨bij 't schrijven⟩ kritzeln; **3** ⟨schaatsenrijden⟩ mühselig schlittschuhlaufen
**krabbelschrift** Gekritzel o, Kritzel-, Krakelschrift v
**krabben** kratzen
**krabber** ⟨voor verwijdering v. ijs⟩ Eiskratzer m
**krabbetje** Rippchen o
**kracht** Kraft v; *zijn ~en schieten tekort* seine Kräfte versagen; *~ bijzetten* Nachdruck verleihen; *~ van wet* Gesetzeskraft v; *in de ~ van zijn leven* in seinen besten Jahren; *met terugwerkende ~* rückwirkend; *op ~en komen* zu Kräften kommen; *uit zijn ~en groeien* über seine Kräfte wachsen; *van ~ worden* in Kraft treten
**krachtbron** Kraftquelle v
**krachtdadig** kräftig, energisch, tatkräftig
**krachteloos** kraft-, machtlos
**krachtens** kraft (+ 2), vermöge (+ 2)
**krachtig** kräftig
**krachtmeting** Kräftemessen o
**krachtpatser** Kraftprotz m, -meier m, -bold m
**krachtproef** Kraftprobe v
**krachtsinspanning** Kraftanstrengung v
**krachtsport** Kraftsport m, Schwerathletik v
**krachtterm** Kraftausdruck m, -wort o
**krachttoer** Kraftleistung v
**krak I** m Krach m, Knacks m; **II** tsw *~!* krach!, knacks!
**krakelen** krakeelen
**krakeling** Kringel m, Brezel v
**kraken 1** ⟨in 't alg.⟩ krachen; **2** ⟨noot; ook comput⟩ knacken; **3** ⟨deur, nieuwe schoenen⟩ knarren; **4** ⟨sneeuw⟩ knistern; *een brandkast ~* einen Geldschrank knacken; *een huis ~* ein Haus besetzen; *een ~de stem* eine schnarrende Stimme
**kraker 1** ⟨v. huizen⟩ Hausbesetzer m; **2** ⟨inbreker⟩ Einbrecher m; **3** ⟨bottenkraker⟩ Chiropraktiker m; **4** ⟨populair lied⟩ Schlager m, Hit m; **5** comput Hacker m
**krakkemikkig** stümperhaft; hinfällig
**kram 1** ⟨in muur e.d.⟩ Mauerhaken m, Krampe v, Klammer v; **2** med Wundklammer v, Agraffe v
**kramer** Krämer m, Kleinhändler m, Hausie-

rer *m*
**kramp** Krampf *m*
**krampachtig** krampfhaft, verkrampft
**kranig** schneidig
**krankjorum** gemeenz schertsend toll, verrückt, absurd, lächerlich
**krankzinnig** wahn-, irrsinnig, verrückt; *een ~e snelheid* eine wahnsinnige Geschwindigkeit *v*
**krankzinnigengesticht** Irrenanstalt *v*; gemeenz Klapsmühle *v*
**krankzinnigheid** Irrsinn *m*, Verrücktheit *v*
**krans** Kranz *m*
**kranslegging** Kranzniederlegung *v*
**kransslagader** Kranzarterie *v*
**krant** Zeitung *v*
**krantenartikel** Zeitungsartikel *m*
**krantenbericht** Zeitungsnachricht *v*, -meldung *v*
**krantenjongen** Zeitungsjunge *m*, -(aus)träger *m*
**krantenknipsel** (Zeitungs)ausschnitt *m*
**krantenman** 1 ⟨bezorger⟩ Zeitungs(aus)träger *m*; 2 ⟨journalist⟩ Journalist *m*, gemeenz Zeitungsfritze *m*
**krantenwijk**: *een ~ hebben* Zeitungs(aus)träger *m* sein
**krap** 1 ⟨in 't alg.⟩ knapp; 2 ⟨nauwelijks⟩ kaum; 3 ⟨kleding⟩ eng; *'t ~ hebben* knapp auskommen; *~ zitten* knapp bei Kasse sein; gemeenz klamm sein; *de geldmarkt wordt ~per* der Geldmarkt versteift sich
1 **kras** *v* Kratzer *m*, Ritzer *m*
2 **kras** *bn* kraß; *dat is ~* das ist stark; *hij is ~ voor zijn jaren* er ist noch rüstig für sein Alter; *in ~se bewoordingen* mit scharfen Worten
**kraslot** Rubbellos *o*
**krassen** 1 ⟨met nagels e.d.⟩ kratzen, kritzeln; 2 ⟨v. vogels⟩ krächzen
**krat** ⟨verpakking⟩ (Latten)kiste *v*
**krater** Krater *m*
**krats**: *voor een ~* gemeenz für ein Spottgeld (Butterbrot)
**krediet** Kredit *m*; *kortlopend ~* Kurzkredit *m*; *op ~ kopen* auf Kredit kaufen
**kredietbeperking** Kreditdrosselung *v*
**kredietwaardig** kreditfähig, -würdig
**kreeft** 1 ⟨in het alg. & astron⟩ Krebs *m*; 2 ⟨zeekreeft⟩ Krabs *m*, Hummer *m*
**kreeftskeerkring** Wendekreis *m* des Krebses
**kreek** Flußrinne *v*
**kreet** 1 ⟨schreeuw⟩ Schrei *m*; 2 ⟨bewering⟩ (sinnlose) Losung *v*
**kregel, kregelig** ärgerlich
**krek** ⟨precies⟩ genau
**krekel** Grille *v*; ⟨huiskrekel⟩ Heimchen *o*
**kreng** 1 ⟨kadaver⟩ Aas *o*; 2 ⟨scheldwoord⟩ Aas *o*, Luder *o*
**krenken** kränken, verletzen; *iem. geen haar ~* einem kein Haar krümmen
**krenking** Kränkung *v*
**krent** Korinthe *v*
**krentenbol** Rosinenbrötchen *o*
**krentenbrood** Rosinenbrot *o*
**krentenkakker** gemeenz Korinthenkacker *m*

**krenterig** knauserig, knick(e)rig
**kretologie** Phrasendrescherei *v*
**kreuk, kreukel** Falte *v*, Knitter *m*
**kreukelen** = *kreuken*
**kreukelig** zerknittert, zerknüllt
**kreukelzone** Knautschzone *v*
**kreuken** I *onoverg* knittern; II *overg* (zer-)knittern, zerknüllen
**kreukherstellend** knitterarm
**kreukvrij** knitterfest, -frei
**kreunen** stöhnen, ächzen
**kreupel** lahm, hinkend; *~ zijn* ⟨ook⟩ lahmen
**kreupelhout** Gestrüpp *o*, Dickicht *o*, Unterholz *o*
**krib, kribbe** 1 ⟨ruif⟩ Krippe *v*; 2 ⟨dam⟩ Buhne *v*; 3 ⟨bed⟩ einfaches Bett *o*
**kribbig** kratzbürstig, zänkisch, mürrisch
**kriebel** das Kribbeln; *ik krijg er de ~s van* mir wird davon kribblig
**kriebelen** 1 ⟨jeuken⟩ kribbeln, jucken, kitzeln; ⟨opzettelijk⟩ kitzeln; 2 ⟨schrijven⟩ kritzeln
**kriebelhoest** Reizhusten *m*
**kriebelig** 1 ⟨geprikkeld⟩ kribb(e)lig; 2 ⟨v. schrift⟩ kritzlig
**kriegel** mürrisch, ärgerlich; gereizt
**kriek** schwarze Süßkirsche *v*; *zich een ~ lachen* sich einen Ast lachen
**krielaardappel** kleine Kartoffel *v*, Minikartoffel *v*
**krielkip** Zwerghuhn *o*
**krijgen*** 1 ⟨in 't alg.⟩ bekommen; 2 ⟨zending, gift⟩ erhalten; 3 gemeenz kriegen; 4 ⟨gratis⟩ umsonst bekommen; *elkaar ~* sich (einander) kriegen; *we zullen ze ~* die werden wir schon kriegen; *ergens genoeg van ~* etwas satt werden, gemeenz etwas leid werden; *niet genoeg van iets kunnen ~* nicht genug von etwas bekommen können; *(bij 't zien) zich aan iets niet satt sehen können; ervan langs ~* abgekanzelt werden; ⟨slaag⟩ durchgeprügelt werden; *een kandidaat erdoor ~* einen Kandidaten durchbringen; *iem. eronder ~* einen unterkriegen; *iem. te pakken ~* 1 ⟨te spreken krijgen⟩ jmdn. erreichen; 2 ⟨gevangen nemen⟩ jmdn. fassen, erwischen, zu fassen kriegen; *iem. tot iets ~* einen zu etwas bringen (bewegen); *niets uit iem. ~* nichts von einem erfahren; *er iets van ~* von etwas krank werden; *iets van iem. gedaan ~* etwas bei einem erreichen; *iets voor elkaar ~* etwas zustandebringen; gemeenz hinkriegen, über die Bühne bringen
**krijger** Krieger *m*
**krijgertje**: *~ spelen* Fangen(s) spielen
**krijgsauditeur** ZN Wehrdisziplinaranwalt *m*
**krijgsdienst** Heeres-, Kriegsdienst *m*
**krijgsgevangene** Kriegsgefangene(r) *m-v*
**krijgsgevangenschap** Kriegsgefangenschaft *v*
**krijgshaftig** kriegerisch, martialisch
**Krijgshof** ZN ± Kriegsgericht *o*
**krijgslist** Kriegslist *v*
**krijgsmacht** Kriegsmacht *v*
**krijgsman** Krieger *m*
**krijgsraad** Kriegs-, Militärgericht *o*

**krijsen** kreischen, schreien
**krijt** Kreide v; *het K~*, geol Kreide(zeit) v, Kreideformation v; *in 't ~ staan* in der Kreide stehen; *in 't ~ treden* in die Schranken treten
**krijtje** Kreidestift m
**krijtwit** kreideweiß, -bleich
**krik** Wagenheber m
**krimi** Krimi m
**krimp** 1 ⟨gebrek⟩ Mangel m; 2 ⟨'t krimpen⟩ Schrumpfung v; *geen ~ geven* nicht nachgeben
**krimpen\*** 1 ⟨kleiner worden⟩ einlaufen, schrumpfen, krumpfen, schwinden; 2 ⟨v. wind⟩ krimpen; *deze broek is gekrompen* diese Hose ist eingelaufen; *~ van de pijn* sich vor Schmerzen winden
**krimpvrij** krumpfecht, nicht einlaufend
**kring** 1 ⟨in 't alg.⟩ Kreis m, Ring m; 2 ⟨om maan⟩ Hof m; *de betere ~en* die besseren Kreise; *de huiselijke ~* der Familienkreis; *~en onder de ogen* Schatten unter den Augen, Augenringe mv
**kringelen** sich winden, sich schlängeln
**kringloop** Kreislauf m
**kringlooppapier** Umwelt-, Recyclingpapier o
**kringspier** Ringmuskel m
**krioelen** wimmeln
**kris** Kris m
**kriskras** 1 ⟨alle kanten uit⟩ kreuz und quer; 2 ⟨verward dooreen⟩ alles durcheinander
**kristal** 1 ⟨gekristalliseerd lichaam⟩ Kristall m; 2 ⟨glaswerk⟩ Kristall o
**kristalhelder** kristallhell, -klar
**kristallen** kristallen, Kristall-; *~ vaas* Kristallvase v
**kristallisatie** Kristallisierung v
**kristalliseren** kristallisieren
**1 kritiek** bn ⟨hachelijk⟩ kritisch, heikel, mißlich
**2 kritiek** v Kritik m
**kritiekloos** kritiklos
**kritisch** kritisch
**kritiseren** kritisieren
**Kroaat** Kroate m
**Kroatië** Kroatien o
**Kroatisch** kroatisch
**krocht** Höhle v
**kroeg** gemeenz Kneipe v, Schankwirtschaft v
**kroegbaas** Schenk-, Kneipwirt m, Budiker m
**kroegentocht** Sauf-, Sumpftour v
**kroegloper** Kneipbruder m
**kroegtijger** Bierbruder m
**kroelen** kuscheln, schmusen
**kroep** Krupp m
**kroepoek** Fischmehlcrackers mv
**kroes** Becher m, Krug m
**kroeshaar** Kraushaar o, krauses Haar o
**kroeskop** Krauskopf m
**kroezen** sich kräuseln
**krokant** knusprig
**kroket** Krokette v
**krokodil** Krokodil o
**krokodillentranen** Krokodilstränen mv
**krokus** Krokus m

**krokusvakantie** kurze Ferien mv im Frühjahr
**krols** rammelig, brünstig
**krom** krumm; *~me lijn* krumme Linie v, wisk Kurve v; *~ praten* kauderwelschen; *zich ~ lachen* sich krummlachen, sich einen Ast lachen
**kromliggen** fig krumm liegen; *~ van het lachen* sich krummlachen
**kromlopen** gebeugt gehen
**kromme** wisk Kurve v
**krommen** krümmen, biegen; *zich ~* sich krümmen
**kromming** Krümmung v; *~ van de weg* Wegkurve v, -biegung v
**kromstaf** Krummstab m
**kromtrekken** 1 ⟨in 't alg.⟩ sich verbiegen, sich (ver)ziehen, sich krümmen; 2 ⟨v. hout⟩ sich werfen
**kronen** krönen
**kroniek** Chronik v; *K~en* bijbel Bücher mv der Chronik
**kroning** Krönung v
**kronkel** 1 ⟨ineenstrengeling⟩ Verschlingung v; 2 ⟨bocht⟩ Schlinge v, Windung v
**kronkelen** sich winden, sich schlängeln, sich schlingen; *een ~de weg* ein gewundener Weg
**kronkelig** schlängelnd, gewunden, verschlungen
**kronkeling** Windung v
**kronkelpad, kronkelweg** m Schlängelpfad m, gewundener Weg m; *langs ~en gaan* fig krumme Wege gehen
**kroon** 1 ⟨in 't alg.⟩ Krone v; 2 ⟨lichtkroon ook⟩ Kronleuchter m; 3 ZN ⟨bloemenkrans⟩ Blumenkranz m; *de ~ spannen* alles übertreffen; *dat zet de ~ op 't werk* das setzt dem Werk die Krone auf; *iem. naar de ~ steken* mit jmdm. wetteifern
**kroondomein** Krondomäne v, -gut o
**kroongetuige** Kronzeuge m, -zeugin v
**kroonjaar** Jubeljahr o
**kroonkolonie** Kronkolonie v
**kroonkurk** Kron(en)kork(en) m
**kroonlid** seitens der Regierung ernanntes Mitglied o
**kroonlijst** Karnies o
**kroonluchter** Kronleuchter m
**kroonprins** Kronprinz m
**kroonprinses** Kronprinzessin v
**kroos** Entengrün o, -grütze v
**kroost** Nachkommenschaft v, Nachkommen v
**kroot** rote Rübe v
**krop** 1 ⟨v. vogels; gezwel⟩ Kropf m; 2 ⟨v. sla enz.⟩ Kopf m, Salatkopf m; Oostr Häuptel o
**kropgezwel** Kropfgeschwulst v, Kropf m
**kropsla** Kopfsalat m
**krot** Elends-, Barackenwohnung v, alte Baracke v
**kruid** Kraut o; *~en* (mv) Gewürze mv, Gewürzkräuter mv; *tegen de dood is geen ~ gewassen* gegen den Tod ist kein Kraut gewachsen
**kruiden** würzen
**kruidenboter** Kräuterbutter v

**kruidendokter** Kräuterdoktor *m*; ⟨vrouw⟩ Kräuterfrau *v*
**kruidenier** 1 Lebensmittelhändler *m*; 2 ⟨kleinburger⟩ gemeenz Krämer *m*, Spießer *m*
**kruidenierswaren** Lebensmittel *mv*
**kruidenthee** Kräutertee *m*
**kruidentuin** Kräutergarten *m*
**kruidig** würzig, duftig
**kruidkoek** Gewürzkuchen *m*
**kruidnagel** (Gewürz)nelke *v*
**kruien** 1 ⟨verplaatsen⟩ karren; 2 ⟨v. rivier⟩ mit Eis, mit Treibeis gehen; ~*d ijs* Eisstau *m*
**kruier** (Gepäck)träger *m*, Dienstmann *m*
**kruik** Krug *m*; *een warme* ~ eine Wärmflasche *v*; *de* ~ *gaat zo lang te water tot ze breekt* der Krug geht so lange zum Brunnen, bis er zerbricht
**kruim** 1 ⟨v. brood⟩ Krume *v*; 2 ZN ⟨het fijnste⟩ Creme *v*; das Feinste vom Feinen; 3 ZN ⟨verstand⟩ Intelligenz *v*, Verstand *m*, Grips *m*
**kruimel** Krümel *m*; ~*s* (spec. v. brood) Brosamen *mv*
**kruimeldief** Eierdieb *m*
**kruimeldiefstal** Bagatelldiebstahl *m*
**kruimelen** zerkrümeln; sich krümeln
**kruimig** krümelig
**kruin** 1 Scheitel *m*; 2 ⟨v. boom⟩ Wipfel *m*, Krone *v*
**kruipen\*** kriechen
**kruiper** fig Kriecher *m*
**kruiperig** kriecherisch, servil
**kruipolie** Maschinenschmieröl *o*
**kruipruimte** Zwischenraum *m*
**kruis** 1 ⟨in 't alg.⟩ Kreuz *o* ⟨ook muz, lichaamsdeel⟩; 2 ⟨v.d. broek⟩ Schritt *m*; *het Rode K*~ das Rote Kreuz; ~ *van verdienste* Verdienstkreuz *o*; ~ *of munt* Bild oder Wappen, Kopf oder Schrift; *een* ~ *slaan* RK ein Kreuz schlagen
**kruisband** post & anat Kreuzband *o*
**kruisbeeld** Kruzifix *o*
**kruisbes** Stachelbeere *v*
**kruisboog** Kreuzbogen *m*
**kruiselings** kreuzweise
**kruisen** 1 ⟨in 't alg.⟩ kreuzen; 2 ⟨de straat⟩ queren; *elkaar* ~ sich kreuzen
**kruiser** Kreuzer *m*
**kruisfinale** ± Halbfinale *o*
**kruisgewijs** kreuzweise
**kruisigen** kreuzigen
**kruisiging** Kreuzigung *v*
**kruising** Kreuzung *v*; *gelijkvloerse* ~ höhengleiche Kreuzung *v*
**kruiskerk** Kreuzkirche *v*
**kruispunt** 1 ⟨in 't alg.⟩ Kreuzpunkt *m*, Kreuzungsstelle *v*; 2 ⟨v. spoorwegen⟩ Knotenpunkt *m*
**kruisraket** Marschflugkörper *m*
**kruisridder** Kreuzritter *m*
**kruissnelheid** luchtv Reisegeschwindigkeit *v*
**kruisspin** Kreuzspinne *v*
**kruissteek** Kreuzstich *m*
**kruisteken** Kreuzeszeichen *o*
**kruistocht** Kreuzzug *m*

**kruisvaarder** Kreuzfahrer *m*
**kruisvereniging** Verein *v* zur Förderung der Hauskrankenpflege
**kruisverhoor** Kreuzverhör *o*
**kruisvuur** Kreuzfeuer *o*
**kruisweg** Kreuzweg *m* (ook RK)
**kruiswoordpuzzel**, **kruiswoordraadsel** Kreuzworträtsel *o*
**kruit** Schießpulver *o*, Pulver *o*; *al zijn* ~ *verschieten* sein Pulver verschießen
**kruitdamp** Pulverdampf *m*
**kruitvat** Pulverfaß *o* (ook fig); *de lont in 't* ~ *steken* den Funken ins Pulverfaß schleudern
**kruiwagen** Schubkarren *m*, Schiebkarre *v*; *een* ~ *hebben* fig Beziehungen, einen Fürsprecher haben
**kruizemunt** Krauseminze *v*
**kruk** I *v* 1 ⟨steun⟩ Krücke *v*, Krückstock *m*; 2 ⟨om te zitten⟩ Hocker *m*, Schemel *m*, Taburett *o*; 3 ⟨voor de hand⟩ Griff *m*; *met* ~*ken lopen* an (auf) Krücken gehen; *op* ~*ken* an Krücken; II *m* & *v* ⟨knoeier⟩ Pfuscher *m*, Stümper *m*
**krukas** Kurbelwelle *v*
**krul** 1 ⟨lok⟩ Locke *v*; 2 ⟨spaander⟩ Hobelspan *m*; 3 ⟨bij schrijven enz.⟩ Schnörkel *m*
**krulhaar** Kraushaar *o*
**krullen** 1 ⟨krullend maken⟩ kräuseln, frisieren; 2 ⟨letters enz.⟩ verschnörkeln; 3 ⟨krullig worden⟩ sich kräuseln, kraus werden
**krullenbol** Krauskopf *m*; gemeenz Wuschelkopf *m*
**krullig** 1 ⟨v. haar⟩ lockig; 2 ⟨letters enz.⟩ verschnörkelt
**krulsla** krausblättriger Salat *m*
**krulspeld** Lockenwickel *m*, -wickler *m*
**krultang** Kräuselzange *v*, Brennschere *v*
**kubiek** kubisch; ~*e meter* Kubikmeter *o*
**kubisme** Kubismus *m*
**kubus** Würfel *m*, Kubus *m*
**kuch** (hoest) Hüsteln *o*
**kuchen** hüsteln, husten
**kudde** Herde *v*
**kuddedier** ⟨ook fig⟩ Herdentier *o*
**kuddegeest** Herdentrieb *m*
**kuieren** spazieren
**kuif** 1 ⟨haar⟩ Stirnlocke *v*, Schopf *m*; 2 ⟨v. vogels⟩ Schopf *m*, Haube *v*
**kuiken** Kü(c)ken *o*
**kuil** Loch *o*; (groter) Grube *v*; N-Duits Kuhle *v*; *wie een* ~ *graaft voor een ander, valt er zelf in* wer andern eine Grube gräbt, fällt selbst hinein
**kuiltje** Grübchen *o*
**kuip** ⟨vat⟩ Kufe *v*, Bütte *v*
**kuipen** 1 ⟨vaten maken⟩ Fässer binden, die Böttcherei betreiben; 2 ⟨slinks te werk gaan⟩ intrigieren
**kuiperij** Böttcherei *v*; ~*en* ⟨listige streken⟩ Ränke *mv*, Intrigen *mv*, Machenschaften *mv*
**kuipstoel** Schalensessel *m*
**kuis** keusch, züchtig, sittsam
**kuisen** säubern, reinigen; *gekuiste taal* gewählte Rede *v* (Sprache)
**kuisheid** Keuschheit *v*, Sittsamkeit *v*
**kuisheidsgordel** Keuschheitsgürtel *m*

**kuit** 1 ⟨lichaamsdeel⟩ Wade v; 2 ⟨v. vis⟩ Rogen m, Laich m; ~ *schieten* laichen
**kuitbeen** Wadenbein o
**kukeleku** kikeriki
**kukelen** gemeenz ⟨vallen⟩ purzeln
**kunde** Wissen o, Kenntnisse mv, Kunde v
**kundig** kundig, kenntnisreich, unterrichtet; *ter zake* ~ sachverständig
**kundigheid** Wissen o, Kenntnisse mv
**kunne** Geschlecht o; *van beiderlei* ~ beiderlei Geschlechts
**kunnen\*** können; *dat kan wel* das ist wohl möglich, das mag sein; *dat kan toch wel* das geht doch; *dat kan niet* das geht nicht; *het kan ermee door* es ist gut genug, es kann so gehen; *er niet bij* ~ mit seinem Verstand zu Ende sein; *tegen iem. op* ~ einem das Wasser reichen; *ergens niet tegen* ~ etwas nicht ertragen; ⟨lichamelijk⟩ nicht vertragen können
**kunst** Kunst v; *dat is juist de* ~ das ist es eben, darin steckt gerade die Schwierigkeit; *de* ~ *afkijken* gucken wie's gemacht wird; *dat is geen* ~ das ist kein Kunststück; *de* ~ *verstaan* die Kunst beherrschen
**kunstacademie** Kunstakademie v
**kunstenaar** Künstler m
**kunst- en vliegwerk**: *met* ~ mit Mühe und Not
**kunstgebit** künstliches Gebiß o, Zahnprothese v
**kunstgeschiedenis** Kunstgeschichte v
**kunstgras** Kunst(stoff)rasen m
**kunstgreep** Kunstgriff m, Kniff m, Trick m
**kunsthandel** 1 ⟨zaak⟩ Kunsthandlung v; 2 ⟨het handelen⟩ Kunsthandel m
**kunstig** kunstvoll
**kunstijsbaan** Kunsteisbahn v
**kunstje** Kunststück o, Kunstgriff m; *een koud* ~! keine Kunst!
**kunstkenner** Kunstkenner m
**kunstlicht** künstliches Licht o
**kunstlievend** kunstliebend
**kunstmatig** künstlich
**kunstmest** Kunstdünger m
**kunstnijverheid** Kunstgewerbe o, Handwerkskunst v
**kunstpenis** Dildo m, künstlicher Penis m
**kunstrijden** Kunstlauf m
**kunstschaats** Schlittschuh m für Eiskunstlauf
**kunstschaatsen** Eiskunstlauf m
**kunstschat** Kunstschatz m
**kunstschilder** Maler m, Kunstmaler m
**kunststof** Kunststoff m
**kunstwerk** ⟨artistiek werk⟩ Kunstwerk o; ~*en* mv techn Kunstbauten mv
**kunstzinnig** kunstsinnig
**kunstzwemmen** Kunstschwimmen o
**kuras** Küraß m
**kuren** eine Kur durchmachen
**kurk** I o & m ⟨stof⟩ Korken m; II v ⟨v. fles⟩ Kork m, Pfropf(en) m
**kurkdroog** knochen-, zundertrocken
**1 kurken** bn korken
**2 kurken** overg korken, verkorken
**kurkentrekker** Pfropfen-, Korkzieher m
**kus** Kuß m, gemeenz Schmatzer m

**kushandje** Kußhand v, -händchen o
**1 kussen** overg küssen; gemeenz knutschen
**2 kussen** o 1 ⟨in 't alg.⟩ Kissen o; 2 ⟨stoelbekleding⟩ Polster o
**kussengevecht** Kissenschlacht v
**kussensloop** Kissenüberzug m, -bezug m
**1 kust** v Küste v; ⟨dichterlijk⟩ Gestade o
**2 kust**: *te* ~ *en te keur* in Hülle und Fülle
**kustlicht** Küstenfeuer o
**kustvaarder** Küstenfahrer m
**kustvaart** Küsten(schiff)fahrt v
**kustwacht** Küstenwache v
**kustwateren** Küstengewässer mv
**kut** I v ⟨Fotze v, Muschi v, Muffe v; *dat slaat als* ~ *op dirk* das ist reiner Blödsinn; II bn Mist-; III tsw Scheiße!, Scheißdreck!
**kuur** 1 ⟨gril⟩ Grille v, Laune v; 2 ⟨voor zieken⟩ Kur v; *kuren hebben* Launen haben, gemeenz Mücken im Kopf haben
**kuuroord** Kurort m
**kwaad** I bn 1 ⟨boos⟩ böse, zornig, ungehalten, ärgerlich; 2 ⟨slecht⟩ böse, schlimm; *dat is niet* ~ das ist nicht übel; *kwade* ~ bei böser Wille m; ~ *op iem. zijn* böse auf jmdn. sein; *het te* ~ *krijgen* sich nicht beherrschen können; *het wordt nur* ~ *het terger* es wird immer schlimmer; II o Böse(s) o, Übel o, Schaden m; *dat kan geen* ~ das kann nicht schaden; *iem.* ~ *doen* jmdm. etwas Böses tun; *er steekt geen* ~ *in hem* er ist nicht verkehrt; *geen* ~ *zien in* kein Arg finden an
**kwaadaardig** ⟨gezwel enz.⟩ bösartig; *een* ~*e hond* ein bissiger Hund m; ~*e opmerkingen* boshafte Bemerkungen
**kwaadheid** Zorn m, Ärger m
**kwaadschiks** ungern; zie ook: *goedschiks*
**kwaadspreken**: *van iem.* ~ einen verleumden, verlästern, einem Böses (Übles) nachsagen
**kwaadspreker** Verleumder m, Lästermaul o
**kwaadwillig** böswillig, übelgesinnt, -wollend
**kwaal** Übel o, Leiden o
**kwab** 1 ⟨vet⟩ Wamme v; 2 ⟨v. hersenen of long⟩ Lappen m
**kwadraat** Quadrat o
**kwadrant** Quadrant m
**kwadratuur** Quadratur v; ~ *van de cirkel* Quadratur des Zirkels (Kreises)
**kwajongen** Lausbub m, Taugenichts m
**kwajongensstreek** Buben-, Dummejungenstreich m, Lausbüberei v
**kwak** I tsw 1 ⟨geluid v. eend, kikker⟩ quak!; 2 ⟨geluid v. neervallende weke massa⟩ Platsch!, Klatsch!; II m 1 ⟨klodder⟩ Haufen m, Menge v, Klecks m; 2 ⟨geluid⟩ Plumps m, Platsch m
**kwaken** 1 ⟨v. kikkers⟩ quaken; 2 ⟨v. eenden⟩ schnattern
**kwakkelen** 1 ⟨v. winter⟩ schlacke(r)n; 2 ⟨ziekelijk zijn⟩ kränkeln
**kwakken** gemeenz ⟨gooien⟩ schmettern, schleudern, schmeißen
**kwakzalver** Quacksalber m
**kwakzalverij** Quacksalberei v
**kwal** dierk Qualle v; *een* ~ *van een vent* ein

ekelhafter Kerl *m*
**kwalificatie** Qualifikation *v*
**kwalificeren** qualifizieren
**kwalijk**: *iem. iets ~ nemen* einem etwas übelnehmen; *neem me niet ~* entschuldigen Sie; verzeihen Sie; nehmen Sie mir nicht übel; *~ ruiken* übel riechen
**kwalitatief** qualitativ
**kwaliteit** (ook schaken) Qualität *v*
**kwantitatief** quantitativ, mengenmäßig
**kwantiteit** Quantität *v*, Menge *v*
**kwark** Quark *m*, Weißkäse *m*
**kwarktaart** Käsekuchen *m*, Quarkkuchen *m*
**kwart** I *o* Viertel *o*; *~ over zeven* (ein) Viertel nach sieben; *~ voor drie* ein Viertel vor drei; *een ~ liter* ein Viertelliter *o*; II *v* muz Quarte *v*
**kwartaal** Vierteljahr *o*, Quartal *o*; *per ~* vierteljährlich
**kwartaaldrinker** Quartalssäufer *m*
**kwartel** Wachtel *v*; *zo doof als een ~* stocktaub
**kwartet** (alle betekenissen) Quartett *o*
**kwartetspel** Quartett *o*, Quartettspiel *o*
**kwartetten** Quartett spielen
**kwartfinale** Viertelfinale *o*
**kwartier** (15 minuten, stadswijk, maanfase) Viertel *o*; (15 minuten ook) Viertelstunde *v*; *drie ~* (ook) Dreiviertelstunde *v*; *in drie ~* in dreiviertel Stunden, in einer Dreiviertelstunde; *in ~ liggen* im Quartier liegen
**kwartje** Viertelgulden *m*
**kwarts** Quarz *m*
**kwartshorloge** Quarzuhr *v*
**kwartslag** Vierteldrehung *v*
**kwast** 1 (in hout) Ast *m*, Knoten *m*, Knorren *m*; 2 (v. schilder) Bürste *v*, Pinsel *m*; 3 (citroenkwast) Zitronenwasser *o*; *verwaande ~* eingebildeter Pinsel *m*
**kwebbel** Klatschbase *v*, Quatschkopf *m*
**kwebbelen** quatschen
**kwee** 1 (boom) Quitte *v*, Quittenbaum *m*; 2 (vrucht) Quitte *v*
**kweekplaats** Pflanzstätte *v*
**kweekreactor** Brutreaktor *m*; *snelle ~* schneller Brüter *m*, Schnellbrüter *m*
**kweekschool** vroeger (pedagogische academie) Pädagogische Hochschule *v*
**kweekvijver** 1 (voor vis) Zuchtteich *m*; 2 fig Nährboden *m*
**kweekling** 1 (leerling in 't alg.) Zögling *m*; 2 vroeger (van kweekschool) Seminarist *m*
**kweken** 1 (bloemen enz.) züchten; 2 ZN (v. kinderen & dieren) großziehen
**kweker** Züchter *m*, Pflanzenzüchter *m*
**kwekerij** 1 (in 't alg.) Gärtnerei *v*; 2 (v. bomen) Baumschule *v*

**kynologie**

**kwekken** quatschen, schnattern
**kwelduivel** Quälgeist *m*
**kwelen** 1 ⟨v. vogels⟩ trillern, flöten; 2 ⟨op lieve toon zeggen⟩ flöten
**kwelgeest** Quälgeist *m*
**kwellen** quälen
**kwelling** Qual *v*
**kwelwater** Drängewasser *o*
**kwestie** Frage *v*; *geen ~ van* ausgeschlossen, das kommt nicht in Frage; *een ~ van smaak* Geschmackssache *v*; *een ~ van tijd* eine Frage der Zeit; *'t punt in ~* der fragliche (strittige) Punkt, der in Rede stehende Gegenstand
**kwetsbaar** verwundbar, verletzlich
**kwetsen** 1 ⟨verwonden⟩ verwunden, verletzen; 2 fig verletzen
**kwetsuur** Verwundung *v*, Verletzung *v*
**kwetteren** 1 ⟨v. vogels⟩ zwitschern; 2 ⟨babbelen⟩ schwatzen, plappern
**kwezel** Betschwester *v*, Frömmlerin *v*
**kwibus** Narr *m*, Kauz *m*; *een rare ~* ein komischer Kauz *m*
**kwiek** quick, flink, lebhaft, wendig
**kwijl** Geifer *m*, Sabber *m*
**kwijlen** geifern, sabbern
**kwijnen** ⟨v. planten⟩ verkümmern, hinwelken; *de handel kwijnt* der Handel liegt danieder, nimmt ab
**kwijt** 1 (in 't alg.) los; 2 ⟨zoek⟩ verloren, weg; *alle loten ~ zijn* alle Lose los sein; *'t boek ben ik ~* das Buch ist mir abhanden gekommen
**kwijten***: *zich van een taak ~* sich einer Aufgabe entledigen; eine Aufgabe erledigen
**kwijtraken** verlieren, (einer Sache) verlustig gehen
**kwijtschelden** schenken, erlassen
**kwijtschelding** Erlaß *m*, Erlassung *v*, Verzeihung *v*; *~ van straf* Straferlaß *m*, -nachlaß *m*
**kwik** Quecksilber *o*
**kwikstaart** Bachstelze *v*; *gele ~* Schafstelze *v*
**kwikzilver** Quecksilber *o*
**kwinkeleren** zwitschern, schlagen, quinkelieren
**kwinkslag** Witz *m*, Witzwort *o*
**kwint** muz Quinte *v*
**kwintessens** Quintessenz *v*
**kwintet** Quintett *o*
**kwispedoor** Spucknapf *m*
**kwispelen, kwispelstaarten** schwanzwedeln
**kwistig** verschwenderisch, üppig, freigebig; *met ~e hand* mit milder Hand
**kwitantie** Quittung *v*, Empfangsschein *m*
**kynologie** Kynologie *v*

# L

**l** der Buchstabe L, das L
**la** Lade *v*, Schublade *v*; zie ook: *laatje*
**laadbak** Pritsche *v*; Container *m*
**laadklep** Ladeklappe *v*
**laadvermogen** Ladefähigkeit *v*
**1 laag** *bn bijw* **1** ⟨niet hoog⟩ niedrig, tief; **2** ⟨gemeen⟩ gemein, niederträchtig; *een lage streek* ein niederträchtiger Streich *m*; ~ *gezonken* tief gesunken; ~ *uitgesneden* ⟨japon⟩ tief ausgeschnitten; ~ *vliegen* tieffliegen
**2 laag** *v* Schicht *v*; *isolerende* ~ Isolierschicht *v*; *middelste* ~ Mittelschicht *v*; *de volle* ~ *krijgen fig* sein Fett kriegen
**laag-bij-de-gronds** abgeschmackt, banal
**laagbouw** Flachbau *m*
**laagfrequent** niederfrequent
**laagland** Tiefland *o*
**laagte 1** ⟨laagheid⟩ Niedrigkeit *v*; **2** ⟨lage grond⟩ Niederung *v*
**laagveen** Tief-, Niedermoor *o*
**laagvlakte** Tiefebene *v*
**laakbaar** tadelhaft, tadelnswert
**laan** Allee *v*; *iem. de* ~ *uit sturen* jmdm. den Laufpaß geben
**laars** Stiefel *m*; *'t aan zijn* ~ *lappen* darauf pfeifen
**laarzenknecht** Stiefelanzieher *m*, -knecht *m*
**laat** spät; *late gotiek, middeleeuwen* Spätgotik *v*, Spätmittelalter *o*; *beter* ~ *dan nooit* besser zu spät als gar nicht; *hoe* ~ *is 't?* wieviel Uhr ist es?, wie spät ist es?; *ik weet al hoe* ~ *'t is fig* ich weiß schon, was die Glocke geschlagen hat
**laatbloeier** ⟨persoon⟩ Spätentwickler *m*
**laatdunkend** dünkelhaft
**laatje**: *dat brengt geld in het* ~ das bringt Geld in die Kasse
**laatkomer** Spätling *m*, Nachzügler *m*
**laatst I** *bn* letzt; **II** *bijw* ⟨onlangs⟩ neulich; *op één (twee) na* ~ vorletzt (vorvorletzt); ~*e pluk* Spätlese *v*, *van de* ~*e tijd* der letzten Zeit *v*; *op z'n* ~ spätestens; *voor het* ~ zum letzten Mal
**laatstgenoemd** letztgenannt
**laatstleden**: ~ *maandag* (am) vorigen Montag
**lab** *gemeenz* Labor *o*
**label 1** ⟨in 't alg.⟩ Adreßzettel *m*; **2** ⟨aan koffer⟩ Anhänger *m*; **3** ⟨v. grammofoonplaat⟩ Marke *v*
**labeur** *ZN* **1** ⟨zwaar werk⟩ Schwer(st)arbeit *v*; **2** ⟨landbouw⟩ Acker-, Landbau *m*; ⟨hoeveelheid bebouwd land⟩ Ackerland *o*
**labiel** labil
**laborant** Laborant *m*
**laboratorium** Laboratorium *o*
**labrador** Labrador *m*
**labyrint** Labyrinth *o*
**lach** Lachen *o*; *in de* ~ *schieten* in Lachen ausbrechen; *de slappe* ~ *hebben* einen Lachkrampf haben

**lachbui** Lachanfall *m*
**lachebek** Lacher *m*; ~*je* Kichererbse *v*
**lachen\*** lachen; ~ *als een boer die kiespijn heeft* süßsauer lachen; *om iets* ~ über etwas lachen; *in zichzelf* ~ in sich hinein lachen; *laat me niet* ~ daß ich nicht lache; *wie 't laatst lacht, lacht 't best* wer zuletzt lacht, lacht am besten; *het is om je dood te* ~ es ist zum Totlachen; *zich een bult* ~ sich einen Ast lachen; *zich krom (naar)* ~ sich bucklig (krank) lachen
**lacher**: *de* ~*s op zijn hand hebben* die Lacher auf seiner Seite haben
**lacherig** lachlustig
**lachfilm** Komödie *v*, komischer Film *m*
**lachgas** Lachgas *o*
**lachsalvo** Lachsalve *v*
**lachspiegel** Lachspiegel *m*
**lachstuip** Lachkrampf *m*
**lachwekkend** komisch; ⟨belachelijk⟩ lächerlich
**laconiek** lakonisch
**lacune** Lücke *v*
**ladder 1** ⟨trap⟩ Leiter *v*; **2** ⟨in kous⟩ Laufmasche *v*
**ladderen**: *de kous laddert* der Strumpf hat eine Laufmasche
**ladderzat** sternhagelvoll, stockbesoffen
**lade** = *la*
**ladekast** Schubladenschrank *m*
**ladelichter** Kassenmarder *m*, Ladendieb *m*
**laden\*** laden; *met scherp* ~ scharf laden; zie ook: *geladen*
**lading** Ladung *v*
**ladykiller** Ladykiller *m*, Schwerenöter *m*
**laf 1** ⟨v. smaak⟩ fade; **2** ⟨lafhartig⟩ feige
**lafaard, lafbek** *m* Angsthase *m*, Feigling *m*
**lafenis** Labung *v*, Labsal *o*
**lafhartig** feigherzig
**lafheid** Feigheit *v*
**lagedrukgebied** Tief *o*, Tiefdruckgebiet *o*
**lager** *techn* Lager *o*
**Lagerhuis** Unterhaus *o*
**lagerwal**: *aan* ~ *raken* herunterkommen, vom Pferd auf den Esel kommen, verkommen
**lagune** Lagune *v*
**lak 1** ⟨klevende stof⟩ Lack *m*; **2** ⟨zegel⟩ Siegel *o*; *daar heb ik* ~ *aan gemeenz* das ist mir schnuppe; *ik heb* ~ *aan hem gemeenz* ich schere mich den Teufel um ihn
**lakei** Lakai *m*
**1 laken** *o* **1** ⟨wollen stof⟩ Tuch *o*; **2** ⟨bedlaken⟩ Bettuch *o*; *de* ~*s uitdelen* das Sagen haben
**2 laken** *overg* tadeln, rügen
**lakken 1** ⟨vernissen⟩ lackieren; **2** ⟨met zegellak⟩ versiegeln
**lakmoes** Lackmus *o*
**laks 1** ⟨nalatig⟩ schlampig, nachlässig; **2** ⟨traag⟩ lasch, schlapp
**laksheid** Schlaffheit *v*, Laxheit *v*
**lakverf** Lackfarbe *v*
**lallen** lallen
**1 lam** *bn* **1** ⟨verlamd⟩ lahm, gelähmt; **2** ⟨vervelend⟩ dumm; **3** ⟨dronken⟩ blau, voll; *zich* ~ *schrikken* einen Mordsschreck bekommen

**2 lam** o ⟨jong schaap⟩ Lamm o
**lama 1** ⟨dier⟩ Lama o; **2** ⟨priester⟩ Lama m
**lambrisering** Täfelung v
**lamel** Lamelle v
**lamenteren** lamentieren
**lamheid**: met ~ geslagen zijn wie gelähmt sein
**lamleggen** lahmlegen
**lamlendig 1** ⟨slap⟩ schlaff, träge; **2** ⟨vervelend⟩ lahm
**lammeling** elender Kerl m
**lamp** ⟨verlichtingstoestel⟩ Lampe v; ⟨v. radio⟩ Röhre v; een staande ~ eine Stehlampe v; tegen de ~ lopen erwischt werden
**lampenkap** Lampenschirm m
**lampetkan** Kanne v bei einer Waschschüssel
**lampion** Lampion m & o, Papierlaterne v
**lamstraal** gemeenz Trottel m
**lamsvlees** Lammfleisch o; gebraden ~ Lammbraten m
**lanceerbasis** Abschußbasis v
**lanceren** lancieren
**lancet** Lanzette v
**land** Land o; ~ van bestemming Bestimmungsland o; 't ~ van oorsprong das Herkunftsland; 't ~ hebben verdrießlich sein; 't ~ aan iets hebben einen Widerwillen gegen etwas haben; 't ~ aan iem. hebben einen nicht leiden können; 't ~ aan zichzelf hebben einen Moralischen haben; aan ~ brengen, gaan ans Land bringen, gehen; hier te ~e hierzulande; te ~ en ter zee zu Wasser und zu Land(e); uit alle ~en aus aller Herren Ländern; in 't ~ der blinden is eenoog koning unter Blinden ist der Einäugige König
**landaanwinning** Landgewinnung v
**landaard** Landesart v; Nationalcharakter m
**landarbeider** Landarbeiter m
**landauer** m Landauer m
**landbouw** Ackerbau m, Landwirtschaft v
**landbouwbedrijf** Landwirtschaft v
**landbouwer** Landwirt m
**landbouwhogeschool** landwirtschaftliche Hochschule v
**landbouwkunde** Ackerbaulehre v, Agronomie v
**landbouwkundig** landwirtschaftlich
**landbouwmachine** Landmaschine v
**landbouwschool** Landwirtschaftsschule v
**landbouwwerktuig** landwirtschaftliches Gerät o
**landdag** Landtag m, ⟨alg. jaarlijkse vergadering⟩ Jahreshauptversammlung v
**landelijk** ländlich
**landen** landen; ~ op landen auf (+ 3)
**landengte** Landenge v
**land- en volkenkunde** Länder- und Völkerkunde v
**landenwedstrijd** Länderkampf m
**landerig 1** ⟨chagrijnig⟩ übelgelaunt; **2** ⟨futloos⟩ lustlos
**landerijen** Ländereien mv
**landgenoot** Landsmann m ⟨mv Landsleute⟩
**landgoed** Gut o, Landgut o
**landhuis** Landhaus o
**landing** Landung v; een zachte ~ maken weich aufsetzen
**landingsbaan** Landungsbahn v, -piste v
**landingsgestel** Fahrwerk o, -gestell o
**landingstroepen** Landungstruppen mv
**landingsvaartuig** Landungsfahrzeug o
**landinwaarts** landeinwärts
**landkaart** Landkarte v
**landklimaat** Land-, Kontinentalklima o
**landloper** Landstreicher m, Vagabund m
**landloperij** Landstreicherei v
**landmacht** Heer o, Landstreitkräfte mv
**landman** Landmann m, Bauer m
**landmeten** Landesaufnahme v, Landvermessung v
**landmeter** Land(ver)messer m
**landmijn** Landmine v
**landrot** Landratte v
**landsadvocaat** Anwalt m des Staates; ⟨in Duitsland⟩ Bundesanwalt m
**landsbelang** Staatsinteresse o
**landschap** Landschaft v
**landsheer** Landesherr m, Landesfürst m
**landskampioen** Landesmeister m; ⟨m.b.t. Duitsl.⟩ deutscher Meister m
**landstaal** Landessprache v
**landstreek** Gegend v, Landstrich m
**landsverdediging** Landesverteidigung v; minister van ~ ZN Verteidigungsminister m
**landtong** Landzunge v
**landverhuizer** Auswanderer m
**landverhuizing** Auswanderung v
**landverraad** Landesverrat m
**landverrader** Landesverräter m
**landvoogd** Landvogt m, Gouverneur m
**landweg** Feldweg m
**landwijn** Landwein m
**landwind** Landwind m
**landwinning** Landgewinnung v
**lang I** bn lang; **II** bijw lange; ~ niet bei weitem nicht; 't is ~ geleden es ist lange her; ergens ~ en breed over spreken ein langes und breites über etwas reden; het is zo ~ als het breed is es ist gehüpft wie gesprungen; ~ van stof langatmig; bij ~e na niet bei weitem nicht; hoe ~er, hoe meer (erger) immer mehr (schlimmer); sinds ~ seit langem
**langdradig** langatmig, weitschweifig
**langdurig** lange, länger; ⟨onaangenaam⟩ langwierig
**langeafstandsloper** Langstreckenläufer m
**langeafstandsraket** Langstreckenrakete v
**langgerekt** langgedehnt, langgezogen
**langharig** langhaarig
**langlauf** Langlauf m
**langlaufen** langlaufen
**langlopend** handel langfristig
**langparkeerder** Dauerparker m
**langpootmug** Schnake v
**langs** entlang (+ 4), an (+ 3)... entlang; längs (+ 2 of 3), entlang (+ 3); ⟨voorbij⟩ vorbei, vorüber; ~ 't kanaal staan bomen den Kanal entlang stehen Bäume; ~ 't kanaal rijden am Kanal entlang fahren; de bomen ~ 't kanaal die Bäume am Kanal; ~ de kortste weg auf dem kürzesten Weg; wij

**langsgaan**

*rijden ~ 't postkantoor* wir fahren am Postamt vorbei; *iem. ervan ~ geven* ⟨slaag geven⟩ einem eine Tracht Prügel verpassen; ⟨terechtwijzen⟩ einem gehörig die Meinung sagen, einem eins auf den Deckel geben; *ervan ~ krijgen* ⟨slaag geven⟩ Hiebe (Schläge) bekommen; ⟨terechtgewezen worden⟩ eins aufs Dach bekommen

**langsgaan** 1 ⟨voorbijgaan⟩ vorbei-, vorübergehen; 2 ⟨op bezoek gaan⟩ (bei einem) vorbeischauen

**langslaper** Langschläfer *m*

**langspeelplaat** Langspielplatte *v*, LP *v*

**langszij** längsseits (+ 2)

**languit** der Länge nach, längelang

**langwerpig** länglich

**langzaam** langsam; *~ maar zeker* langsam, aber sicher; *~ van begrip zijn* eine lange Leitung haben

**langzaamaan** allmählich

**langzaam-aan-actie** Bummelstreik *m*; *een ~ uitvoeren* bummelstreiken

**langzamerhand** allmählich

**lankmoedig** langmütig

**lans** Lanze *v*; *een ~ voor iem. breken* eine Lanze für einen brechen

**lansier** 1 hist Lanzenreiter *m*; 2 ZN ⟨tanksoldaat⟩ Panzerschütze *m*

**lansknecht** hist Landsknecht *m*

**lantaren, lantarnen** Laterne *v*; *iets met een ~tje zoeken* etwas mit der Laterne suchen

**lantaarnpaal** Laternenpfahl *m*

**lanterfanten** faulenzen, müßiggehen, herumlungern

**lap** 1 ⟨in 't alg.⟩ Lappen *m*; 2 ⟨overgeschoten stuk stof⟩ Rest *m*; 3 ⟨flard⟩ Fetzen *m*; *een ~ goed* ein Stück Zeug *o*; *een ~ grond* ein Grundstück *o*; *als een rode ~ op een stier* wie ein rotes Tuch; zie ook: *lapje*

**Lap** Lappländer *m*, Lappe *m*

**lapje** 1 ⟨kleine lap⟩ Läppchen *o*; 2 ⟨kalfs-, varkensvlees⟩ Schnitzel *o*; *iem. voor 't ~ houden* einen aufziehen

**lapjeskat** dreifarbige Katze *v*

**lapmiddel** Notbehelf *m*

**lappen** ⟨herstellen⟩ ausbessern, flicken; *de ramen ~* die Fenster putzen; *een schoen ~* einen Schuh flicken; *het ~* gemeenz etwas fertigbringen; *dat lap je hem niet* das bringst du nicht fertig; *iem. erbij ~* ⟨verraden⟩ jmdn. verpetzen; *iem. iets ~* einem einen Streich spielen

**lappendeken** 1 eig Flickendecke *v*; 2 fig Flickwerk *o*

**lappenmand**: *in de ~ zitten* krank sein, kränkeln

**lapwerk** Flickarbeit *v*, -werk *o*

**lapzwans** gemeenz Schlappschwanz *m*

**larderen** spicken, bardieren

**larf** Larve *v*

**larie, lariekoek** Quatsch *m*; *allemaal ~* ach Possen

**larmoyant** larmoyant

**las** Lasche *v*, Schweißung *v*

**lasagna** Lasagne *mv* ⟨ook *v*⟩

**lasapparaat** Schweißapparat *m*

**laser** Laser *o*

**laserprinter** Laserdrucker *m*

**laserstraal** Laserstrahl *m*

**lassen** schweißen; *'t ~* Laschung *v*; Schweißung *v*; *aan elkaar ~* zusammenschweißen

**lasser** Schweißer *m*

**lasso** Lasso *m & o*

**last** 1 ⟨in 't alg.⟩ Last *v*, Bürde *v*; 2 ⟨lading⟩ Ladung *v*; 3 ⟨ongerief⟩ Unannehmlichkeiten *mv*, Schwierigkeiten *mv*, Beschwerden *mv*; *sociale ~en* Sozialabgaben *mv*; *vaste ~ van de maag* Magenbeschwerden *mv*; *~ van iem. hebben* Ärger mit jmdm. haben; *ik heb daar (geen) ~ van* es stört mich (nicht); *in ~ hebben* handel den Auftrag haben; *op ~ van de regering* im Auftrag der Regierung; *op hoge ~en zitten* hohe Kosten haben; *iem. iets ten ~e leggen* einem etwas zur Last legen; *ten ~e van de koper* zu Lasten des Käufers; *ten ~e van iem. komen* zu jemands Lasten gehen; *iem. tot ~ zijn* einem zur Last fallen (sein)

**lastdier** Lasttier *o*

**lastenkohier** ZN Kostenvoranschlag *m*

**lastenverlichting** ⟨via belasting⟩ Steuererleichterung *v*

**lastenverzwaring** ⟨via belasting⟩ Steuererhöhung *v*

**laster** Verleumdung *v*

**lasteraar** Verleumder *m*, Lästerer *m*

**lastercampagne** Verleumdungskampagne *v*

**lasteren** verleumden, lästern

**lasterlijk** verleumderisch, lästerlich

**lasterpraatjes** verleumderische Reden *mv*, ⟨geroddel⟩ Klatsch *m*

**lastgever** 1 ⟨in 't alg.⟩ Auftraggeber *m*; 2 ⟨juridisch⟩ Mandant *m*

**lastig** 1 ⟨in 't alg.⟩ schwierig; 2 ⟨v. kind⟩ lästig; *een ~ geval* ein schwieriger Fall *m*; *een ~ mens* ein unbequemer Mensch *m*

**lastigvallen**: *iem. ~* einem belästigen, jmdm. lästig fallen, jmdm. beschwerlich sein, einen bemühen; *een dame ~* ⟨ook⟩ einer Dame gegenüber zudringlich sein; *val me daarmee niet lastig* komm mir nicht mit solchen Sachen, bleibe mir damit vom Leibe

**lastpak, lastpost** unbequemer Mensch *m*

**lat** 1 ⟨stuk hout⟩ Latte *v*; 2 ⟨v. doel⟩ Torlatte *v*; *de (lange) ~* die Skier

**laten*** lassen; *waar heb ik dat gelaten* wo ist das hingekommen?; *dat moet hij ~* das soll er bleiben lassen; *laat dat!* laß das (sein)!; *ik laat 't voor wat 't is* ich lasse das dahingestellt; *laat hij maar komen* er möge kommen; *laat hem maar lopen!* laß ihn nur gewähren!; *een vak ~ vallen* onderw ein Fach abwählen; *iem. iets ~ weten* einen etwas wissen lassen; *iets ~ zakken* etwas herablassen (senken); *iem. ~ zakken* ⟨bij examen⟩ einen durchfallen lassen; *~ zitten* sitzenlassen; *'t er niet bij ~ zitten* es nicht dabei bewenden lassen; *iets niet op zich ~ zitten* etwas nicht auf sich sitzen lassen; *iets achterwege ~* etwas bleiben lassen; *'t erbij ~* es dabei bewenden lassen; *'t er niet bij ~* sich damit nicht zufrieden geben

**latent** latent
**latertje**: *'t wordt een ~* es wird spät werden
**latex** Latex *m*
**Latijn** Latein *o*; *in 't ~* auf lateinisch
**Latijns** lateinisch; *~-Amerika* Lateinamerika *o*
**lat-relatie** 'LAT'-Verhältnis *o*
**latrine** Latrine *v*
**latwerk** Lattenwerk *o*
**laureaat** 1 ZN (geslaagde) erfolgreicher Prüfling *m*; 2 ZN ⟨winnaar⟩ Sieger *m*
**laurier** Lorbeer *m*
**laurierblad** Lorbeerblatt *o*
**lauw** lau
**lauwer**: *op zijn ~en rusten* auf seinen Lorbeeren ausruhen
**lauweren** mit Lorbeeren schmücken
**lauwerkrans** Lorbeerkranz *m*
**lava** Lava *v*
**laveloos** sternhagelvoll, stockbesoffen
**laven** laben, erquicken
**lavendel** Lavendel *m*
**laveren** 1 scheepv lavieren; 2 ⟨wankelen⟩ torkeln
**lawaai** Lärm *m*, Radau *m*; *een heidens ~* ein Heidenlärm *m*; *~ maken* Lärm machen
**lawaaierig, lawaaiig** lärmend, geräuschvoll
**lawaaimaker, lawaaischopper** *m* Lärm-, Krachmacher *m*
**lawine** Lawine *v*
**laxeermiddel** Abführmittel *o*
**laxeren** laxieren
**lay-out** Layout *o*
**lazaret** Lazarett *o*
**lazarus**: *~ zijn* total besoffen sein
**lazer**: *iem. op zijn ~ geven* einen durchprügeln; *op zijn ~ krijgen* einen Rüffel bekommen
**lazeren** gemeenz ⟨gooien⟩ werfen, schmeißen
**LCD** = *Liquid Crystal Display* Flüssigkristallanzeige *v*, LCD *v*
**leadzanger** Leadsänger *m*
**leaseauto** geleastes Auto *o*
**leasen** leasen
**lebberen** schlabbern, schlürfen
**lector** Lektor *m*; ± Professor *m*
**lectuur** Lektüre *v*
**ledematen** Glieder *mv*, Gliedmaßen *mv*
**ledenbestand** Mitgliederzahl *v*
**leder** = ¹*leer*
**lederen** = ¹*leren*
**lederwaren** Lederwaren *mv*
**ledig** = *leeg*
**ledigen** leeren, ausleeren
**ledigheid**: *~ is des duivels oorkussen* Müßiggang ist aller Laster Anfang
**ledikant** Bettstelle *v*; Z-Duits Bettlade *v*
**1 leed** *o* Leid *o*; *schrijnend ~* bitteres Leid *o*; *'t doet mij ~* es tut mir leid; *iem. ~ doen* einem etwas zuleide tun
**2 leed**: *met hede ogen aanzien* mit scheelen Augen ansehen
**leedvermaak** Schadenfreude *v*; *vol ~* schadenfroh
**leedwezen**: *tot mijn ~* zu meinem Bedauern (Leidwesen)
**leefbaar** lebbar, lebenswert, erträglich
**leefgemeenschap** Lebensgemeinschaft *v*
**leefklimaat** Lebensbedingungen *mv*
**leefmilieu** Umwelt *v*
**leefnet** Setzkescher *m*
**leefregel** Lebensregel *v*
**leefruimte** Lebensraum *m*
**leeftijd** Alter *o*; *gemiddelde ~* Durchschnittsalter *o*; *kiesgerechtigde ~* Wahlalter *o*; *op ~ komen* in gesetzte Alter kommen; *op de ~ van 20 jaar* im Alter von zwanzig Jahren; *op mijn ~* in meinem Alter
**leeftijdgenoot** Altersgenosse *m*
**leeftijdsgrens** Altersgrenze *v*
**leeftocht** Mundvorrat *m*, Proviant *m*, Lebensmittel *mv*
**leefwijze** Lebensweise *v*
**leeg** 1 ⟨zonder inhoud⟩ leer; 2 ⟨v. tijd⟩ müßig; *met lege handen staan* mit leeren Händen dastehen
**leeghalen** leeren
**leeghoofd** Hohlkopf *m*
**leegloop** (in 't alg. en fig) Leerlauf *m*
**leeglopen** 1 ⟨niets doen⟩ müßiggehen, faulenzen; 2 ⟨vat⟩ aus-, leerlaufen
**leegloper** Faulenzer *m*, Müßiggänger *m*
**leegstand** Leerstehen *o*
**leegte** Leere *v*; *gapende ~* gähnende Leere *v*
**leek** Laie *m*; *een volslagen ~* ein blutiger Laie *m*
**leem** Lehm *m*; *van ~* lehmig
**leemte** Lücke *v*
**leen** *o* hist Lehen *o*, Leh(e)nsgut *o*; *in ~ hebben* geliehen haben; *te ~ geven* leihen; *iets te ~ ontvangen* etwas geliehen bekommen
**leenheer** Leh(e)nsherr *m*
**leenman** Leh(e)nsmann *m*
**leenrecht** 1 hist Leh(e)nsrecht *o*; 2 ⟨v. bibliotheken⟩ Leihgebühr *v*
**leenstelsel** Lehn(s)-, Feudalsystem *o*
**leenwoord** Lehnwort *o*
**leep** schlau, pfiffig, verschlagen
**1 leer** *o* Leder *o*; *het ~* sp das Leder; *van ~ trekken* vom Leder ziehen
**2 leer** *v* ⟨les, theorie⟩ Lehre *v*; *bij iem. in de ~ gaan* bei einem in die Lehre gehen; *niet zuiver in de ~ zijn* nicht rechtgläubig sein
**3 leer** *v* ⟨ladder⟩ Leiter *v*
**leerboek** Lehrbuch *o*
**leercontract** ZN Lehrvertrag *m*
**leergang** Lehrgang *m*
**leergeld** Lehrgeld *o*; *~ moeten betalen* Lehrgeld zahlen müssen
**leergierig** lernbegierig, -eifrig
**leerjongen** Lehrjunge *m*, Lehrling *m*
**leerkracht** Lehrkraft *v*
**leerling** 1 ⟨op school of op de les⟩ Schüler *m*; 2 ⟨in 't ambacht⟩ Lehrling *m*; 3 ⟨volgeling⟩ Jünger *m*; *~ van een autorijschool* Fahrschüler *m*; *~ van een schriftelijke cursus* Fernschüler *m*; *~ van een basisschool* Grundschüler *m*
**leerlingstelsel** Lehrlingswesen *o*
**leerling-verpleegster** Lernschwester *v*

**leerlooien**

**leerlooien** gerben
**leerlooier** Gerber *m*
**leermeester** Lehrmeister *m*, Lehrer *m*
**leerplan** Lehrplan *m*
**leerplicht** Schulpflicht *v*
**leerplichtig** schulpflichtig; *(nog) niet ~* vorschulisch
**leerschool**: *een harde ~ doorlopen* eine strenge Schule durchmachen
**leerstelling** Lehrsatz *m*
**leerstoel** Lehrstuhl *m*, Professur *v*
**leerstof** Lehrstoff *m*
**leertje** Lederstück *o*
**leervak** Lehrfach *o*
**leerzaam** 1 ⟨leergierig⟩ lernbegierig, -eifrig; 2 ⟨geschikt om te leren⟩ gelehrig; 3 ⟨nuttig⟩ lehrreich
**leesbaar** 1 ⟨duidelijk⟩ leserlich; 2 ⟨goed⟩ lesbar
**leesbibliotheek** Leihbibliothek *v*, -bücherei *v*
**leesblind** leseblind
**leesboek** Lesebuch *o*; *eerste ~* Fibel *v*
**leesbril** Lesebrille *v*
**leeslamp** Leselampe *v*
**leesmoeder** Frau *v* die Kindern vorliest in Schulen
**leesplank** Lesekasten *m*
**leesportefeuille** Lesemappe *v*
**leest** 1 ⟨v. schoenmaker⟩ Leisten *m*; 2 ⟨middel⟩ Taille *v*; *op dezelfde ~ geschoeid zijn* über einen Leisten geschlagen sein
**leesteken** Satz-, Interpunktionszeichen *o*
**leesvoer** Lesefutter *o*
**leeszaal** Lesesaal *m*
**leeuw** Löwe *m* (ook astrol)
**leeuwenbek** (ook plant) Löwenmaul *o*
**leeuwendeel** Löwenanteil *m*
**leeuwenkuil** Löwengrube *v*
**leeuwenmoed** Löwenmut *m*
**leeuwentemmer** Löwenbändiger *m*
**leeuwerik** Lerche *v*
**leeuwin** Löwin *v*
**lef**: *~ hebben* sich trauen, es wagen
**lefdoekje** Kavalier(taschen)tuch *o*
**lefgozer** *m gemeenz* Angeber *m*
**leg** Legen *o*; *van de ~ zijn* nicht legen
**legaal** legal
**legaat** Legat *o*
**legaliseren** beglaubigen, legalisieren
**legatie** Gesandtschaft *v*
**legbatterij** Legebatterie *v*
**legen** leeren, ausleeren
**legenda** Legende *v*
**legendarisch** legendär
**legende** Legende *v*
**leger** 1 mil Heer *o*, Armee *v*; 2 ⟨v. haas⟩ Lager *o*; *L~ des Heils* Heilsarmee *v*
**1 'legeren** ⟨troepen⟩ lagern
**2 le'geren** ⟨metalen⟩ legieren
**1 'legering** Lagerung *v*
**2 le'gering** Legierung *v*
**legerkamp** Heerlager *o*, Lager *o*
**legerleider** Heerführer *m*
**legerplaats** Heerlager, Truppenübungsplatz *m*
**leges** Gebühren *mv*
**leggen\*** I *ww* legen; *opzij ~* beiseite legen;

⟨geld⟩ auf die hohe Kante legen; II *o* Legen *o*
**legging** Legging *m*
**legio**: *het aantal is ~* die Zahl ist Legion
**legioen** Legion *v*; *~ van eer* Ehrenlegion *v*
**legionairsziekte** Legionärskrankheit *v*
**legitiem** legitim
**legitimatie** Ausweis *m*, Legitimation *v*
**legitimatiebewijs** Ausweis *m*
**legitimeren**: *zich ~* sich ausweisen, sich legitimieren
**legkast** Wäscheschrank *m*
**legpuzzel** Puzzle(spiel) *o*
**leguaan** Leguan *m*
**1 lei** 1 *o* ⟨gesteente⟩ Schiefer *m*; 2 *v* ⟨schrijfplaat⟩ Schiefertafel *v*; *met een schone ~ beginnen* neu einsetzen
**2 lei** *v* ZN ⟨laan⟩ Allee *v*
**leiband** Gängelband *o*; *aan de ~* am Gängelband
**leiden** führen, leiten; *een blinde ~* einen Blinden führen; *een school, een vergadering ~* eine Schule, eine Versammlung leiten; *~ naar, tot* führen zu; *dat leidt tot niets* das führt zu nichts
**Leiden**: *nu is ~ in last* nun ist Holland in Not
**leidend** leitend, führend; *de ~e partij* die führende Partei; *in ~e positie* in führender Stellung
**leider** 1 ⟨in 't alg.⟩ Leiter *m*; 2 ⟨gids, aanvoerder; ook pol⟩ Führer *m*
**leiderschap** 1 ⟨intellectuele leiding⟩ Leitung *v*; 2 ⟨aanvoerder zijn⟩ Führerschaft *v*
**leiding** 1 ⟨intellectuele leiding⟩ Leitung *v*; 2 ⟨aanvoering⟩ Führung *v*; 3 ⟨buis enz.⟩ Leitung *v*; *de ~* ⟨v. onderneming⟩ die Führungsspitze *v*; *de ~ nemen* sp die Führung übernehmen
**leidinggevend**: *een ~e positie bekleden* eine leitende Stellung bekleiden
**leidingwater** Leitungswasser *o*
**leidraad** Leitfaden *m*
**leidsman** Betreuer *m*, Mentor *m*
**leidster** Leiterin *v*, Führerin *v* (zie: *leider*)
**leien** schiefern, Schiefer-; *een ~ dak* ein Schieferdach *o*; *van een ~ dakje* wie geschmiert, wie am Schnürchen
**leisteen** Schieferstein *m*
**lek** I *bn* leck; *een ~ke band* ein Platter *m*, ⟨v. auto⟩ eine Reifenpanne *v*; *~ worden* scheepv leck werden; *zo ~ als een mandje* durchlöchert wie ein Sieb; *de fietsband is ~* der Fahrradreifen ist undicht; II *o* 1 ⟨in 't alg.⟩ Undichtigkeit *v*; 2 scheepv Leck *o*; *een ~ krijgen* scheepv ein Leck bekommen
**lekenbroeder** Laienbruder *m*
**lekenzuster** Laienschwester *v*
**lekkage** Lecken *o*, Leckage *v*
**lekken** 1 ⟨in 't alg.⟩ lecken, leck sein; 2 ⟨kraan⟩ tropfen; 3 elektr streuen
**lekker** schmackhaft, lecker; *zich niet ~ voelen* sich nicht wohl fühlen; *iem. ~ maken* einem den Mund wässerig machen; *dank je ~!* ich danke bestens!; *ik doe 't ~ niet* ätsch, das mach' ich nicht; *'t is hier ~ warm* es ist hier angenehm warm
**lekkerbek** Leckermaul *o*

**lekkerbekje** frittürtes Schellfischfilet o
**lekkernij** Leckerei v, Leckerbissen m
**lekkers** Süßigkeiten mv, Leckereien mv
**lel** 1 ⟨stukje vlees⟩ Lappen m; 2 ⟨slag⟩ Schlag m
**lelie** Lilie v
**lelietje-van-dalen** Maiglöckchen o
**lelijk** häßlich; *een ~ gezicht* ein häßlicher Anblick v; *~ als de nacht* stockhäßlich; *~ kijken* ein böses Gesicht ziehen; *op ~ van opkijken* da wirst du dich aber sehr wundern; *dat ziet er ~ uit* das sieht bedenklich aus; *~ vallen* unglücklich fallen; *zich ~ vergissen* sich gründlich irren; *er ~ aan toe zijn* übel dran sein
**lelijkerd** häßlicher Mensch m; schertsend Vogelscheuche v; ⟨scheldwoord⟩ Ekel o
**lelijkheid** Häßlichkeit v
**lellebel** Schlampe v
**lemen** lehmig; *~ vloer* Lehmboden m
**lemma** Lemma o
**lemmet** Klinge v
**lemming** Lemming m
**lende** Lende v
**lendendoek** Lendentuch o
**lendenwervel** Lendenwirbel m
**lenen** leihen, borgen; *ik zal mij daar niet toe ~* ich werde mich dazu nicht hergeben; *dit verhaal leent zich niet daarvoor* diese Geschichte eignet sich nicht dazu
**lengen** I *onoverg* sich längen, länger werden; *de dagen ~* die Tagen längen sich; II *overg* verlängern
**lengte** Länge v; *in de ~* der Länge nach; *tot in ~ van dagen* bis ans Ende aller Zeiten; *het moet uit de ~ of uit de breedte komen* es muß doch irgendwo herkommen
**lengteas** Längsachse v
**lengtecirkel** Längenkreis m
**lengtegraad** Längengrad m
**lengtemaat** Längenmaß o
**lenig** biegsam, geschmeidig
**lenigen** lindern
**lening** 1 ⟨geleend bedrag⟩ Darlehen o; 2 ⟨het te leen geven⟩ Leihen o; 3 ⟨kapitaallening⟩ Anleihe v
**1 lens** v ⟨glas en anat⟩ Linse v
**2 lens**: *iem. ~ slaan* jmdn. verwamsen
**lente** Frühling m, plechtig & fig Lenz m
**lentemaand** Frühlingsmonat m
**lepel** Löffel m
**lepelaar** Löffler m, Löffelreiher m
**lepelen** löffeln
**leperd** Schlaukopf m, Pfiffikus m
**lepra** Lepra v, Aussatz m
**lepralijder** Leprakranke(r) m-v
**leraar** 1 ⟨in 't alg.⟩ Lehrer m; 2 ⟨vast aangesteld⟩ Studienrat m; *~ Duits, aardrijkskunde* Deutsch-, Erdkundelehrer m
**lerares** 1 Lehrerin v; 2 ⟨vast aangesteld⟩ Studienrätin v; zie verder: *leraar*
**1 leren** bn ledern, Leder-; *~ band typ* Ledereinband m; *~ handschoen* Lederhandschuh m
**2 leren** overg 1 ⟨onderwijzen⟩ lehren, unterrichten; 2 ⟨studeren⟩ lernen; *iem. iets ~* einen etwas lehren; *~ kennen* kennenlernen; *~ waarderen* schätzen lernen; *ik* *zal je ~!* ich werd's dir zeigen!; *van buiten ~* auswendig lernen; *hij leert voor bankwerker* er lernt Schlosser; *al doende leert men* Übung macht den Meister
**lering** 1 ⟨goede les⟩ Lehre v; 2 ⟨catechisatie⟩ Religionsunterricht m; *tot ~* zur Belehrung und Unterhaltung; *~ uit iets trekken aus* etwas eine Lehre ziehen
**les** Lektion v; *de Duitse ~* die Deutschstunde; *iem. de ~ lezen* jmdm. die Leviten lesen; *~ nemen* Stunden nehmen; *een ~ uit iets trekken* eine Lehre aus etwas ziehen; *onder de ~* während der Stunde
**lesauto** Lehrfahrzeug o
**lesbevoegdheid** Lehrbefähigung v, -berechtigung v, -befugnis v
**lesbienne** Lesbe v, Lesbierin v
**lesbisch** lesbisch
**lesbo** geringsch Lesbe v
**lesgeven** unterrichten
**lesrooster** Stundenplan m
**lessen** 1 ⟨v. dorst, blussen⟩ löschen; 2 ⟨autorijles nemen⟩ Fahrstunden nehmen
**lessenaar** Pult o
**lest** letzt; *ten langen ~e* zuguterletzt; *~ best* das Beste kommt zuletzt
**lesuur** Stunde v
**leswagen** = *lesauto*
**Let** Lette m
**lethargie** Lethargie v
**Letland** Letland o
**Lets** lettisch
**letsel** Verletzung v; Schaden m; *~ krijgen* Schaden nehmen
**letten**: *op iets ~* auf etwas (4) achtgeben; ⟨in aanmerking nemen⟩ etwas berücksichtigen; *wat let je?* was hindert dich daran?
**letter** 1 Buchstabe m; 2 ⟨lettertype⟩ Schrift v; *grote ~* Großbuchstabe m, Majuskel v; *kleine ~* Kleinbuchstabe m, Minuskel v; *naar de ~* buchstäblich; *naar de ~ van de wet* dem Buchstaben des Gesetzes gemäß
**letteren** Literatur v; *de schone ~* die Belletristik; *faculteit der ~* philologische Fakultät v
**lettergreep** Silbe v
**letterkunde** Literatur v, Dichtung v
**letterkundig** literarisch
**letterkundige** 1 ⟨schrijver⟩ Schriftsteller m, Literator m; 2 ⟨kenner⟩ Literaturwissenschaftler m
**letterlijk** buchstäblich, wörtlich; *iets ~ opvatten* etwas wörtlich nehmen
**letterslot** Buchstabenschloß o
**lettertang** Prägegerät o
**letterteken** Schriftzeichen o
**lettertype** Schriftart v
**letterwoord** Buchstabenwort o, Akronym o
**leugen** Lüge v; *~ en bedrog* Lug und Trug; *al is de ~ nog zo snel, de waarheid achterhaalt haar wel* Lügen haben kurze Beine; zie ook: *leugentje*
**leugenaar** Lügner m
**leugenaarster** Lügnerin v
**leugenachtig** lügenhaft, lügnerisch
**leugendetector** Lügendetektor m

**leugentje**: ~ *om bestwil* Notlüge *v*
**leuk 1** ⟨aardig⟩ nett, fein; **2** ⟨kalm⟩ unverfroren; *~!* fein!, nett!; *dat is ~* das ist nett; *een ~ hoedje* ein flottes Hütchen *o*; *een ~e mop* ein guter Witz *m*; *die jurk staat je ~* das Kleid steht dir reizend; *dat kan ~ worden! iron* das kann heiter werden!
**leukemie** Leukämie *v*
**leukerd** komischer Kerl *m*
**leukweg** trocken, unverfroren
**leunen** (sich) lehnen, sich stützen; *tegen de muur ~* an der Wand lehnen
**leuning 1** ⟨v. trap⟩ Geländer *o*; **2** ⟨v. stoel⟩ Lehne *v*
**leunstoel** Lehnstuhl *m*, -sessel *m*
**leuren** hausieren
**leus, leuze** Losung *v*, Parole *v*
**leut 1** ⟨lol⟩ Spaß *m*; **2** ⟨koffie⟩ Tasse Kaffee *v*
**leuteren** quasseln, salbadern, faseln
**leuterpraatje** Geschwätz *o*, Gefasel *o*
**leven I o 1** ⟨bestaan⟩ Leben *o*; **2** ⟨drukte⟩ Gewühl *o*; **3** ⟨lawaai⟩ Lärm *m*; *een nieuw ~ beginnen* ein neues Leben anfangen; *een zittend ~* eine sitzende Lebensweise *v*; *geen ~ hebben* seines Lebens nicht froh werden; *mijn ~ lang* zeit meines Lebens; *vol ~* lebensvoll; *~ in de brouwerij brengen* Leben in die Bude bringen; *bij ~ en welzijn* wenn die Umstände es erlauben; *bij (tijdens) zijn ~* bei (zu) seinen Lebzeiten; *zich door 't ~ slaan* sich durchs Leben schlagen; *in ~ zijn, blijven* am Leben sein, bleiben; *iem. naar het ~ staan* jmdm. nach dem Leben trachten; *om 't ~ brengen* umbringen; *op ~ en dood* auf Tod und Leben; *uit 't ~ gegrepen* aus dem Leben gegriffen; *wel heb ik van mijn ~!* hat man je so etwas gesehen!; *nooit van mijn ~* weer mein Lebtag nicht wieder; *de kans, schrik van zijn ~* die Chance, der Schreck seines Lebens; *voor het ~* auf Lebenszeit; **II** *onoverg* leben; *leve de vrijheid!* es lebe die Freiheit!; *wie dan leeft, die dan zorgt* keine Sorgen vor der Zeit; *er maar op los ~* in den Tag hineinleben; *er goed van ~* sein gutes Auskommen haben
**levend** lebend, lebendig; *~e beelden* lebende Bilder; *in 't wild ~* wildlebend
**levendig** lebhaft, rege
**levendigheid** Lebhaftig-, Regsamkeit *v*
**levenloos** leblos
**levensavond** Lebensabend *m*
**levensbehoefte** Lebensbedürfnis *o*
**levensbelang** Lebensinteresse *o*
**levensbeschouwelijk** weltanschaulich
**levensbeschouwing** Lebensanschauung *v*
**levensbeschrijving** Lebensbeschreibung *v*
**levensdagen** Lebenstage *mv*
**levensduur** Lebensdauer *v*
**levensduurte** ZN Lebenshaltungskosten *mv*
**levensecht** lebensecht
**levenservaring** Lebenserfahrung *v*
**levensgenieter** Lebensgenießer *m*
**levensgevaar** Lebensgefahr *v*; *buiten ~* außer Lebensgefahr
**levensgevaarlijk** lebensgefährlich
**levensgezel** Lebensgefährte *m*

**levensgezellin** Lebensgefährtin *v*
**levensgroot** lebensgroß, in Lebensgröße
**levenshouding** Lebenshaltung *v*
**levenskans** Lebenschance *v*
**levenskunst** Lebenskunst *v*
**levenskunstenaar** Lebenskünstler *m*
**levenslang** lebenslänglich, lebenslang
**levenslicht** Lebenslicht *o*
**levenslied** Chanson *o*
**levensloop** Lebenslauf *m*
**levenslust** Lebenslust *v*
**levenslustig** lebenslustig, -froh
**levensmiddelen** Lebensmittel *mv*
**levensmoe** lebensmüde
**levensonderhoud** Lebensunterhalt *m*
**levenspad** Lebenspfad *m*, -weg *m*
**levensstandaard** Lebensstandard *m*
**levensteken** Lebenszeichen *o*
**levensvatbaar** lebensfähig
**levensverwachting** Lebenserwartung *v*
**levensverzekering** Lebensversicherung *v*
**levensvreugde** Lebensfreude *v*
**levenswandel** Lebenswandel *m*, -führung *v*
**levensweg** Lebensbahn *v*, -weg *m*
**levenswerk** Lebenswerk *o*, -arbeit *v*
**lever** Leber *v*
**leverancier** Lieferant *m*
**leverbaar** lieferbar, zu liefern
**leveren** liefern; *het bewijs ~* den Nachweis erbringen; *iem. iets ~* fig einem einen Streich spielen; *hij zal 'm dat wel ~* er wird das schon schaffen
**levering** Lieferung *v*; *franco ~* freie Lieferung *v*
**leveringstermijn** *zie* levertijd
**leveringsvoorwaarden** Lieferbedingungen *mv*
**leverkwaal** Leberleiden *o*
**leverpastei** Leberpastete *v*
**levertijd** Liefer(ungs)zeit *v*
**levertraan** Lebertran *m*
**leverworst** Leberwurst *v*
**lexicograaf** Lexikograph *m*
**lexicografie** Lexikographie *v*
**lexicologie** Lexikologie *v*
**lexicon** Lexikon *o*
**lezen*** lesen; *dit boek leest makkelijk* dieses Buch liest sich leicht; *aren ~* Ähren lesen
**lezer** Leser *m*; *de welwillende ~* der geneigte Leser
**lezing 1** ⟨het lezen⟩ Lektüre *v*, Lesen *o*; **2** ⟨voordracht⟩ Vortrag *m*; **3** ⟨redactie⟩ Fassung *v*; **4** ⟨interpretatie⟩ Lesart *v*
**liaan** Liane *v*
**libel** ⟨insect⟩ Libelle *v*
**liberaal I** *bn* liberal **II** *m* Liberale(r) *m-v*
**liberaliseren** liberalisieren
**liberalisme** Liberalismus *m*
**libero** *sp* Libero *m*
**libido** Libido *v*
**libretto** Libretto *o*
**licentiaat** ZN **I** *o* ⟨Duitsland⟩ Hauptstudium *o*; ⟨België, Zwitserland⟩ Lizentiat *o*; **II** *m* ⟨Duitsland⟩ Akademiker *m*; ⟨België, Zwitserland⟩ Lizentiat
**licentie** Lizenz *v*

**lichaam** Körper *m*, Leib *m*; *glasachtig ~ anat* Glaskörper *m*; *openbaar, wetgevend ~* öffentliche, gesetzgebende Körperschaft *v*; *naar ~ en ziel* nach Leib und Seele
**lichaamsbeweging** Körperbewegung *v*
**lichaamsbouw** Körperbau *m*
**lichaamsdeel** Körperteil *m*
**lichaamskracht** Körperkraft *v*
**lichaamsoefening** Leibesübung *v*
**lichamelijk** körperlich
**1 licht** *o* Licht *o*; *groot ~ auto* Fernlicht *o*; *hij is geen ~* er ist kein großes Licht; *'t ~ in de ogen niet gunnen* jmdm. das Salz in der Suppe nicht gönnen; *er gaat hem een ~ op* ihm geht ein Licht auf; *ergens zijn ~ opsteken* sich irgendwo Aufschlüsse *mv* holen; *dat werpt een ander ~ op de zaak* das zeigt die Sache in einem andern Licht; *zijn ~ onder de korenmaat zetten* sein Licht unter den Scheffel stellen; *'t ~ zien* ⟨v. boek⟩ erscheinen; *aan 't ~ brengen* zu Tage fördern; *aan 't ~ komen, treden* an den Tag kommen, ans Licht treten; *in 't juiste ~ plaatsen* ins rechte Licht rücken; *in een vals ~ komen te staan* in ein falsches Licht geraten; *met groot ~ auto* mit aufgeblendetem Licht; *tegen 't ~ in* im Gegenlicht
**2 licht I** *bn* **1** ⟨gewicht⟩ leicht; **2** ⟨kleur⟩ hell; *plechtig* licht; *~e industrie* Leichtindustrie *v*; *~e straf* gelinde Strafe *v*; *~e twijfel* leiser Zweifel *m*; *een ~e vrouw* eine Dirne *v*; *zo ~ als een veer* federleicht; **II** *bijw* leicht; *~ verteerbaar* leichtverdaulich; *iets ~ opnemen* etwas leichtnehmen; *ik zal het niet ~ vergeten* das werde ich nicht so leicht vergessen
**lichtbak** Lichtbak *m*
**lichtbeeld** Lichtbild *o*
**lichtblauw** hellblau
**lichtboei** Leuchtboje *v*, -tonne *v*
**lichtbron** Lichtquelle *v*
**lichtbundel** Lichtbündel *v*
**lichtdruk** Lichtdruck *m*
**lichtekooi** Dirne *v*, Freudenmädchen *o*
**lichtelaaie** =*lichterlaaie*
**lichtelijk** einigermaßen
**lichten 1** ⟨licht geven⟩ (be)leuchten; **2** ⟨dagen⟩ tagen; **3** ⟨weerlichten⟩ wetterleuchten; **4** ⟨v. schip⟩ lichten; *het anker ~* den Anker lichten (hieven); *de bus ~* den Briefkasten leeren; *de hoed ~* den Hut lüften
**lichtend**: *een ~ voorbeeld* ein leuchtendes Beispiel *o*
**lichterlaaie**: *in ~ staan* lichterloh brennen
**lichtflits** Lichtblitz *m*
**lichtgelovig** leichtgläubig
**lichtgeraakt** reizbar, empfindlich
**lichtgevend** Leucht-; *~e buis* Leuchtröhre *v*; *~e verf* Leuchtfarbe *v*
**lichtgevoelig** lichtempfindlich
**lichtgewicht** Leichtgewichtler *m*
**lichtgewond** leichtverletzt
**lichting 1** ⟨v. schip⟩ Hebung *v*; **2** ⟨v. brievenbus⟩ Leerung *v*; **3** ⟨v. troepen⟩ Aushebung *v*; *~ 1988* Jahrgang 1988
**lichtinstallatie** Lichtanlage *v*
**lichtjaar** Lichtjahr *o*

**lichtkogel** Leuchtkugel *v*
**lichtkrant** Lichtzeitung *v*
**lichtmast** Lichtmast *m*
**lichtmatroos** Leichtmatrose *m*
**lichtmeter** Lichtmesser *m*
**Lichtmis**: *Maria-~* Mariä Lichtmeß *v*
**lichtnet** Lichtnetz *o*
**lichtpunt** ⟨ook fig⟩ Lichtpunkt *m*
**lichtreclame** Lichtreklame *v*
**lichtrood** hellrot
**lichtschip** Feuerschiff *o*
**lichtschuw** lichtscheu
**lichtstad** Lichterstadt *v*
**lichtsterkte** Lichtstärke *v*
**lichtstraal** Lichtstrahl *m*
**lichtvaardig** leichtfertig
**lichtval** Lichteinfall *m*, -einstrahlung *v*
**lichtvoetig** leichtfüßig
**lichtwedstrijd** Flutlichtspiel *o*
**lichtzinnig** leichtsinnig
**lid 1** ⟨lichaamsdeel⟩ Glied *o*; **2** ⟨gewricht⟩ Gelenk *o*; **3** ⟨deksel⟩ Deckel *m*; **4** ⟨ooglid⟩ Augenlid *o*; **5** ⟨v. vereniging⟩ Mitglied *o*; **6** ⟨v. familie⟩ Angehörige(r) *m-v*; *een ziekte onder de leden hebben* eine Krankheit in den Gliedern stecken haben; *beven over al zijn leden* am ganzen Leibe zittern; *de arm is uit het ~* der Arm ist ausgekugelt
**lidmaat** ⟨v. kerk⟩ Mitglied *o*
**lidmaatschap** Mitgliedschaft *v*
**lidstaat** Mitgliedsland *o*
**lidwoord** Artikel *m*, Geschlechtswort *o*; *(on-)bepaald ~* (un)bestimmter Artikel *m*
**lied** Lied *o*; *het hoogste ~ zingen* fig die größte Klappe haben
**lieden** Leute *mv*
**liederlijk** liederlich
**liedje** Liedchen *o*; *'t is altijd hetzelfde ~* es ist immer dasselbe Lied; *'t oude ~* das gleiche Lied; *het ~ van verlangen zingen* etwas hinauszuzögern versuchen; *het einde van het ~ was dat...* das Ende vom Lied war, daß...
**liedjeszanger** Liedersänger *m*
**lief I** *bn bijw* **1** ⟨in 't alg.⟩ lieb; **2** ⟨aardig⟩ hübsch, reizend; *lieve deugd!* du meine Güte!; *~ voor dieren, kinderen* tier-, kinderlieb; *~ doen* (einem) schön tun; *meer dan u ~ is* mehr als Ihnen lieb ist; *net zo ~ niet* ebensogern nicht;; *iets voor ~ nemen* mit etwas vorliebnehmen; **II** *o* Geliebte(r) *m-v*; Liebchen *o*, Schatz *m*; *~ en leed* Lieb und Leid *o*
**liefdadig** wohl-, mildtätig
**liefdadigheid** Wohltätigkeit *v*
**liefde** Liebe *v*; *met ~ doen* mit Freuden tun
**liefdeleven** Liebesleben *o*
**liefdeloos** lieblos
**liefderijk** liebreich, liebevoll
**liefdesbrief** Liebesbrief *m*
**liefdesgeschiedenis** Liebesgeschichte *v*
**liefdesverdriet** Liebeskummer *m*
**liefdesverklaring** Liebeserklärung *v*
**liefdevol** liebevoll
**liefdewerk** Liebeswerk *o*
**lief(e)lijk** lieblich, anmutig, hold
**liefhebben** liebhaben, lieben
**liefhebber** Liebhaber *m*; *hij is een ~ van*

**liefhebberen**

*tennissen* er spielt gern Tennis
**liefhebberen**: ~ *in* etwas als Liebhaberei (be)treiben
**liefhebberij** Liebhaberei *v; een dure* ~ ein teurer Spaß *m*
**liefhebster** Liebhaberin *v*
**liefje** Liebchen *o*
**liefkozen** liebkosen
**liefkozing** Liebkosung *v*
**liefst** 1 ⟨het liefst⟩ am liebsten; 2 ⟨nota bene⟩ nicht weniger als; *'t* ~ *bleef ik thuis* am liebsten bliebe ich zu Hause; *het tekort was* ~ *500.000 gulden* das Defizit war nicht weniger als 500.000 Gulden
**liefste** Liebste(r) *m-v*
**lieftallig** lieblich, anmutig, liebreizend
**liegbeest** Lügenbold *m*
**liegen*** lügen; *hij liegt of 't gedrukt staat* er lügt wie gedruckt; *erop los* ~ nur drauf loslügen; *dat liegt er niet om* das ist nicht ohne
**lier** 1 muz Leier *v*; 2 ⟨hijswerktuig⟩ Winde *v*; *branden als een* ~ brennen wie Zunder; *de* ~ *aan de wilgen hangen* die Leier aus den Händen legen
**lies** Leiste *v*
**liesbreuk** Leistenbruch *m*
**lieslaars** Schaftstiefel *m*
**lieveheersbeestje** Marien-, Herrgottskäfer *m*
**lieveling** Liebling *m*
**liever** lieber, eher; *ik weet niet wat ik* ~ *deed* ich wüßte nicht, was ich lieber täte
**lieverd** Liebling *m*
**lieverdje** iron sauberes Früchtchen *o*
**lieverkoekjes** ~ *worden hier niet gebakken* man hat es zu nehmen wie es kommt, man darf nicht wählerisch sein
**lieverlede**: *van* ~ allmählich
**lievig** schöntuerisch, katzenfreundlich
**lift** 1 ⟨v. hijstoestel⟩ Fahrstuhl *m*, Aufzug *m*; 2 ⟨per auto⟩ Gefälligkeitsfahrt *v; een* ~ *geven, krijgen* im Auto mitfahren lassen, mitgenommen werden; *in de* ~ *zitten* fig vorwärtskommen
**liftboy** Liftjunge *m*
**liften** trampen, per Anhalter; ~*d naar Parijs* per Anhalter nach Paris
**lifter** Anhalter *m*, Tramper *m*
**liftkoker** Fahrstuhlschacht *m*
**liga** Liga *v*, Union *v*
**ligatuur** Ligatur *v*
**ligbad** Badewanne *v*
**liggeld** ⟨v. schip⟩ Liegegeld *o*
**liggen*** liegen; ~! hinlegen!; *dat ligt mij niet* das liegt mir nicht; *'t feit ligt er nu eenmaal zo* es ist nun einmal nicht anders; *blijven* ~ liegenbleiben; *gaan* ~ sich (hin-) legen; *de wind, storm is gaan* ~ der Wind, Storm hat sich gelegt; *het ligt aan hem* es ist seine Schuld; *daar is mij zeer veel aan gelegen* es liegt mir viel daran; *waar zou dat aan* ~? woran mag das liegen?; *'t regiment ligt in A.* das Regiment steht in A.; *op sterven* ~ mit dem Tode ringen; *ter inzage* ~ ausliegen; *hij ligt er bij ons uit* er ist bei uns unten durch
**ligging** Lage *v*

**ligplaats** Liegeplatz *m*
**ligstoel** Liegestuhl *m*, Strecksessel *m*
**liguster** Liguster *m*
**ligweide** Liegewiese *v*
**lij** scheepv Lee *v*
**lijdelijk** passiv; ~ *verzet* passiver Widerstand *m*
**lijden*** I *ww* leiden, dulden; *iem. wel (niet) mogen* ~ einen wohl (nicht) leiden mögen; *verliezen* ~ Verluste erleiden; *aan griep* ~ an Grippe (3) leiden; *aan grootheidswaanzin, epilepsie, watervrees* ~ größenwahnsinnig, Epileptiker, wasserscheu sein; II *o* Leiden *o*, Schmerz *m; iem., een dier uit zijn* ~ *verlossen* jmdn., ein Tier vom Leiden befreien; *uit zijn* ~ *zijn* ausgelitten haben
**lijdend** gramm passiv; ~*e vorm* Passiv(um) *o*, Leideform *v*
**lijdensweek** Kar-, Passionswoche *v*
**lijdensweg** Leidensweg *m*
**lijder** Patient *m*, Kranke(r) *m-v*
**lijdzaam** ergeben, gelassen, geduldig
**lijdzaamheid** Ergebung *v*, Gelassenheit *v*
**lijf** Leib *m*, Körper *m; 't vege* ~ *redden* das nackte Leben retten; *aan den lijve* am eignen Leibe; *in levenden lijve* leibhaftig; *'t heeft niet veel om 't* ~ es hat nicht viel zu bedeuten; *'t is hem op 't* ~ *geschreven* es ist ihm auf den Leib geschrieben; *iem. te* ~ *gaan* einem auf den Leib rücken; *iem. tegen 't* ~ *lopen* jmdn. in die Arme laufen; *zich iets van 't* ~ *houden* sich etwas vom Leibe halten
**lijfarts** Leibarzt *m*
**lijfblad** Leibblatt *o*
**lijfeigene** Leibeigene(r) *m-v*
**lijfelijk** leiblich, körperlich
**lijfje** Leibchen *o*
**lijfrente** Leibrente *v*
**lijfsbehoud**: *uit* ~ aus Selbsterhaltungstrieb *m*
**lijfspreuk** Wahlspruch *m*
**lijfstraf** Leibes-, Körperstrafe *v*
**lijfwacht** 1 ⟨bewaking⟩ Leibwache *v*; 2 ⟨persoon⟩ Leibwächter *m*
**lijk** Leiche *v*, ⟨van dier⟩ Kadaver *m; als een* ~ *levend* ~ wie eine wandelnde Leiche; *over* ~*en gaan* über Leichen gehen; *over mijn* ~! über meine Leiche!
**lijkauto** Leichenwagen *m*
**lijkbleek** leichenblaß
**lijken*** 1 ⟨gelijken⟩ gleichen; 2 ⟨bevallen⟩ gefallen; *het portret lijkt goed* das Bild ist gut getroffen; *dat lijkt zo* das scheint so; *dat zou mij wel wat* ~ das würde mir gefallen; *'t lijkt mij raadzaam* es erscheint mir ratsam; *sprekend* ~ *op* zum Verwechseln ähnlich sehen (+ 3); *dat lijkt nergens naar (op)* das kannst du wegschmeißen
**lijkengif** Leichengift *o*
**lijkenhuis** Leichenhaus *o*
**lijkenpikker** fig Geier *m*
**lijkkist** Sarg *m*
**lijkrede** Leichenrede *v*
**lijkschennis** Leichenschändung *v*
**lijkschouwer** Leichenbeschauer *m*
**lijkschouwing** Leichenschau *v*, -beschau *v*
**lijkstoet** Leichenzug *m*

**lijkverbranding** Feuerbestattung v, Leichenverbrennung v
**lijkwade** Leichentuch o
**lijkwagen** Leichenwagen m
**lijm** Leim m
**lijmen** leimen, zusammenleimen, (-)kleben; *iem. ~* jmdn. überreden; *zich laten ~* auf den Leim gehen
**lijmpot** Leimtopf m, -tiegel m
**lijn** 1 〈in 't alg.〉 Linie v; 2 〈touw〉 Leine v; 3 telec Leitung v; *dalende, stijgende ~* Abwärts-, Aufwärtskurve v; *evenwijdige, horizontale, verticale ~* Parallele v, Waagerechte v, Senkrechte v; *één ~ trekken* an einem Strang ziehen; *aan de ~ blijven* telec am Apparat bleiben; *aan de ~ doen die schlanke Linie im Auge behalten; dat ligt niet in mijn ~* das liegt mir nicht; *'t ligt in dezelfde ~* es liegt auf derselben Linie; *in neergaande, opgaande, rechte ~* in fallender, steigender, gerader Linie; *op één ~ stellen* auf eine Stufe stellen; zie ook: *lijntje*
**lijnbaan** 〈v. touwslager〉 Seilerbahn v
**lijndienst** Liniendienst m
**lijnen** 〈aan de lijn doen〉 auf seine Linie achten
**lijnkoek** Lein-, Ölkuchen m
**lijnolie** Leinöl o
**lijnrecht** schnurgerade; *er ~ tegenover staan* fig in totalem, völligem Widerspruch sein mit
**lijnrechter** sp Linienrichter m
**lijntje** Linie v; *iem. aan het ~ houden* einen hinhalten
**lijntoestel** Linienflugzeug o
**lijntrekken** sich drücken, trödeln
**lijntrekker** Drückeberger m
**lijnvliegtuig** Linienflugzeug o
**lijnvlucht** Linienflug m
**lijnzaad** Leinsamen m
**lijp** gemeenz blöde, verrückt, spinnert
**lijs**: *lange ~* 〈lang mens〉 lange Latte v
**lijst** 1 〈rand〉 Leiste v; 2 〈voor schilderij enz.〉 Rahmen m; 3 〈register〉 Verzeichnis o; 4 〈ranglijst〉 sp Tabelle v; 5 pol Liste v; *in een ~ zetten* einrahmen
**lijstaanvoerder** 1 〈bij verkiezingen〉 Spitzenkandidat m; 2 sp Tabellenerster m
**lijster** Drossel v; *grote ~* Misteldrossel v
**lijsterbes** 1 〈vrucht〉 Vogelkirsche v; 2 〈boom〉 Vogelbeerbaum m
**lijsttrekker** = *lijstaanvoerder*
**lijvig** dickleibig
**lijzig** schleppend; *~ praten* gedehnt sprechen
**lik** 1 〈met tong〉 Lecken o; 2 〈gevangenis〉 slang Kittchen o; *iem. ~ op stuk* jmdm. Kontra geben
**likdoorn, likdoren** m Hühnerauge o
**likeur** Likör m
**likkebaarden** sich (nach etwas) die Finger lecken
**likken** 1 〈met tong〉 lecken; 2 〈vleien〉 dienern
**likmevestje**: *van ~* gemeenz wertlos, unbedeutend
**lila** I o Lila o; II bn lila

**liliputter** Liliputaner m
**limerick** Limerick m
**limiet** Limit o; *een ~ stellen* ein Limit setzen
**limiteren** limitieren
**limoen** Limone v
**limonade** Limonade v
**limousine** Limousine v
**linde** Linde v
**linea**: *~ recta* schnurgerade, direkt
**lineair** linear
**lingerie** Damenwäsche v, Miederwaren mv
**linguïst** Linguist m
**linguïstiek** Linguistik v
**liniaal** Lineal o
**linie** Linie v; *over de gehele ~* auf der ganzen Linie
**liniëren** liniieren; *gelinieerd papier* Linienpapier o
**1 link** bn 1 〈slim〉 schlau; 2 〈gevaarlijk〉 link; *dat is ~e soep* das ist eine heikle, linke Sache
**2 link** m Verbindung v, Bezug m
**linker**: *zijn ~ buurman* sein linker Nachbar m, sein Nachbar m zur Linken
**linkerarm** linker Arm m
**linkerhand** Linke v
**links** 1 〈aan de linkerkant〉 links; 2 〈linkshandig〉 linkshändig; 3 〈onhandig〉 linkisch; 4 pol linksstehend; *iem. ~ laten liggen* einen links liegen lassen; *~ van iem. lopen* einem zur Linken gehen
**linksaf** nach links
**linksbuiten** sp Linksaußen m
**linkshandig** linkshändig
**linksom** linksum, -herum
**linnen** I o Leinen o; II bn linnen, leinen; *~ band* 〈v. boek〉 Leineneinband m
**linnendroger** ZN 〈Wäsche〉trockner m
**linnengoed** Lein(en)zeug o; Wäsche v
**linnenkast** Wäsche-, Leinenschrank m
**linoleum** Linoleum o
**linoleumsnede** Linolschnitt m
**lint** 1 〈in 't alg.〉 Band o; 2 〈v. schrijfmachine enz.〉 Farbband o
**lintje** 〈ridderorde〉 Orden m
**lintjesregen** schertsend Überschüttung v mit Orden m
**lintmeter** ZN Metermaß o
**lintworm** Bandwurm m
**linze** Linse v
**linzenmoes** bijbel Linsengericht o
**linzensoep** Linsensuppe v
**lip** 1 〈v. mens〉 Lippe v; 2 〈v. dier〉 Lefze v; *aan iems. ~pen hangen* an jemands Lippen hängen; *iem. op zijn lip zitten* 〈erg dichtbij〉 dicht neben jmdm. sitzen; 〈steeds bij iem. in de buurt zijn〉 jmdm. auf der Pelle sitzen; *geen woord over de ~pen krijgen* kein Wort über die Lippen bringen
**lipje** 〈aan blikje enz.〉 Ring m, Lasche v
**liplezen** von den Lippen ablesen
**lippendienst**: *slechts ~ bewijzen aan* nur ein Lippenbekenntnis sein
**lippenstift** Lippenstift m
**liquidatie** 1 handel Liquidation v; 2 〈moord〉 Beseitigung v; *in ~ zijn* sich in Liquidation befinden

**liquide**: ~ *middelen* flüssige Mittel *mv*
**liquideren** liquidieren
**liquiditeit** *handel* Liquidität *v*
**lire** Lira *v*; *100.000* ~ 100.000 Lire
**lis** ⟨plant⟩ Schwertlilie *v*
**lispelen** lispeln
**list** List *v*; ~*en en lagen* List und Tücke
**listig** listig, schlau
**litanie** Litanei *v*
**liter** Liter *o*
**literair** literarisch
**literator** Schriftsteller *m*
**literatuur** Literatur *v*, Dichtung *v*
**literatuurlijst 1** ⟨studiebronnen⟩ Literaturverzeichnis *o*; **2** ⟨te lezen literatuur⟩ Literaturliste *v*
**literatuurwetenschap** Literaturwissenschaft *v*
**literfles** Literflasche *v*
**lithografie** Lithographie *v*
**Litouwen** Litauen *o*
**Litouwer** Litauer *m*
**Litouws** litauisch
**lits-jumeaux** Doppelbett *o*
**litteken** Narbe *v*
**liturgie** Liturgie *v*
**live** live; ~-*uitzending* Live-Sendung *v*, Direktsendung *v*
**livrei** Livree *v*
**Ljubljana** Laibach *o*
**lob** *sp* Lob *m*
**lobbes 1** ⟨goedig persoon⟩ gute Seele *v*, guter Kerl *m*; **2** ⟨grote, goedige hond⟩ gutmütiger Hund *m*
**lobby** Lobby *m*, *v* & *o*
**lobbyen** mit Hilfe einer Lobby (politischen) Druck ausüben
**lobbyist** Lobbyist *m*
**locatie** ⟨film⟩ Drehort *m*; *op* ~ an Ort und Stelle
**loco-burgemeester** stellvertretender Bürgermeister *m*; ⟨v. grote stad⟩ stellvertretender Oberbürgermeister *m*
**locomotief** Lokomotive *v*
**lodderig** schläfrig
**loden 1** ⟨v. metaal⟩ bleiern; **2** ⟨stof⟩ Loden-; ~ *jas* Lodenmantel *m*; ~ *pijp* Bleirohr *o*
**Lodewijk** Ludwig *m*
**loeder** Luder *o*
**loef, loefzijde** Luv *v*, Luvseite *v*
**loeien 1** ⟨wind, sirene, gebrul⟩ heulen; **2** ⟨v. koe⟩ muhen, brüllen
**loeihard 1** ⟨luid⟩ ohrentäubend; **2** ⟨snel⟩ blitzschnell, knallhart
**loempia** Frühlingsrolle *v*
**loens** schielend
**loensen** schielen, N-Duits linsen
**loep** Lupe *v*; *onder de* ~ *nemen* unter die Lupe nehmen
**loepzuiver** lupenrein
**loer**: *iem. een* ~ *draaien* jmdm. einen Strick drehen; *op de* ~ *gaan liggen* sich auf die Lauer legen; *op de* ~ *liggen* auf der Lauer liegen
**loeren 1** lauern; **2** ⟨v.d. politie⟩ fahnden
**1 lof** *m* **1** ⟨in 't alg.⟩ Lob *o*; **2** ⟨loftuiting⟩ Belobigung *v*; *alle* ~ alle Hochachtung; *met* ~ mit Auszeichnung; *iem.* ~ *toezwaaien* einem Lob spenden
**2 lof** *o* Chicorée *v*
**loffelijk** löblich, lobenswert
**lofrede** Lobrede *v*
**loftrompet**: *de* ~ *over iem. steken* ein Loblied auf jmdn. anstimmen
**loftuiting** Lobeserhebung *v*
**lofzang** Lobgesang *m*; Hymne *v*
**1 log** *bn* ⟨plomp⟩ schwerfällig, plump
**2 log** = *logaritme*
**logaritme** Logarithmus *m*
**logboek** Logbuch *o*
**loge** Loge *v*
**logé, logee** Gast *m*, weiblicher Gast *m*
**logeerbed** Gästebett *o*
**logeerkamer** Gäste-, Logierzimmer *o*
**logement** Gasthaus *o*, Gasthof *m*
**logenstraffen**: *iets* ~ etwas Lügen strafen
**logeren** wohnen; *uit* ~ *gaan* auf Logierbesuch gehen
**logger** Logger *m*
**logica** Logik *v*
**logies** Wohnung *v*; ~ *met ontbijt* Wohnung mit Frühstück
**logisch** logisch
**logistiek** Logistik *v*
**logo** Logotype *v*
**logopedie** Logopädie *v*
**logopedist** Logopädist *m*
**loipe** Loipe *v*
**lok** Locke *v*
**1 lokaal** *bn* lokal, örtlich; ~ *gesprek* telec Ortsgespräch *o*; ~ *verkeer* Ortsverkehr *m*
**2 lokaal** *o* Raum *m*
**lokaalvredebreuk** Hausfriedensbruch *m*
**lokaas 1** *eig* Köder *m*; **2** *fig* Lockspeise *v*
**lokaliseren** lokalisieren
**lokaliteit 1** ⟨ruimte⟩ Räumlichkeit *v*, Lokalität *v*; **2** ZN ⟨woonplaats, dorp⟩ Ort *m*, Ortschaft *v*
**lokeend** Lockente *v*
**loket 1** ⟨raampje⟩ Schalter *m*; **2** ⟨van safe⟩ Schließfach *o*
**loketbeambte, lokettist(e)** Schalterbeamte(r) *m*, -beamtin *v*
**lokken 1** ⟨in 't alg.⟩ (heran)locken; **2** ⟨door aas⟩ ködern; *iem. in een valstrik* ~ einem eine Falle stellen
**lokkertje** Lockmittel *o*
**lokmiddel** Lockmittel *o*
**lokroep** Lockruf *m*
**lokvogel** Lockvogel *m*
**lol** Jux *m*, Spaß *m*; *lol maken, trappen* Spaß machen; *doe me een* ~! tu mir einen Gefallen!; *ik doe dat niet voor de* ~ ich mach' das nicht nur so zum Spaß; *voor mij is de* ~ *eraf* ich habe keine Lust mehr
**lolbroek** Spaßvogel *m*, Witzbold *m*
**lolletje** Spaß *m*; *een* ~ *maken* ein Spaß machen; *dat is geen* ~ das ist kein Spaß
**lollig** witzig, lustig
**lolly** Lutschstange *v*; Dauerlutscher *m*
**lommerd** Leihhaus *o*; *naar de* ~ *brengen* versetzen
**1 lomp** *bn* plump; *een* ~ *antwoord* eine plumpe Antwort *v*; *iem.* ~ *behandelen* einen grob behandeln
**2 lomp** *v* ⟨lap⟩ Lumpen *m*

**lomperd 1** ⟨onhandig mens⟩ Tölpel *m*; **2** ⟨onbeschaafd mens⟩ ungehobelter Kerl *m*, Flegel *m*
**lom-school** Sonderschule *v*
**Londen** London *o*
**Londenaar** Londoner *m*
**Londens** Londoner; ~*e (v)* Londonerin *v*
**lonen** (sich) lohnen
**long** Lunge *v*
**longdrink** Longdrink *m*
**longkanker** Lungenkrebs *m*
**longontsteking** Lungenentzündung *v*
**longspecialist** Facharzt *m* für Lungenkrankheiten
**longieter** Klempner *m*
**lonken** ~ *(naar)* äugeln (nach)
**lont** Lunte *v*; ~ *ruiken* fig Lunte riechen
**loochenen** leugnen
**lood** Blei *o*; ~ *om oud ijzer* Maus wie Mutter; *met* ~ *in de schoenen* mit weichen Knien; *uit 't* ~ *geslagen* aus dem Häuschen
**loodgieter** Klempner *m*
**loodje** ⟨ter verzegeling⟩ Plombe *v*; *het* ~ *moeten leggen* den kürzern ziehen
**loodlijn** Lot *o*, Senkrechte *v*
**loodrecht** senk-, lotrecht; ~ *staan* im Lot sein
**1 loods** *m* scheepv Lotse *m*
**2 loods** *v* **1** ⟨gebouw⟩ Schuppen *m*; **2** ⟨groot⟩ Halle *v*
**loodsboot** Lotsenboot *o*
**loodsen** lotsen; *iem. naar binnen* ~ einen hineinlotsen
**loodvergiftiging** Bleivergiftung *v*
**loodvrij** bleifrei
**loodwit** Bleiweiß *o*
**loodzwaar** bleischwer; fig bleiern
**loof** Laub *o*; ⟨v. aardappels e.d.⟩ Kraut *o*
**loofboom** Laubbaum *m*
**loofhout** Laubholz *o*
**Loofhuttenfeest** Laubhüttenfest *o*
**loog** Lauge *v*
**look** Lauch *m*
**loom** träge, matt
**loon** Lohn *m*; ~ *in natura* Naturallohn *m*; *zijn verdiende* ~ *krijgen* seinen gerechten Lohn bekommen; ~ *naar werken* wie die Arbeit, so der Lohn
**loonadministratie** Lohnbuchhaltung *v*
**loonbelasting** Lohnsteuer *v*
**loondienst** Lohndienst *m*; *in* ~ *zijn* in Arbeitsverhältnis stehen
**looneis** Lohnforderung *v*
**loongrens** Verdienstgrenze *v*
**loonkosten** Lohnkosten *mv*
**loonlijst** Lohnliste *v*
**loonpauze** Lohnstopp *m*
**loonpeil** Lohnstand *m*
**loonpolitiek** Lohnpolitik *v*
**loonronde** Lohnwelle *v*
**loonschaal** Lohnskala *v*, -staffel *v*
**loonstop** Lohnstopp *m*
**loonstrookje** Lohnstreifen *m*
**loonsverhoging** Lohnerhöhung *v*
**loonsverlaging** Lohnsenkung *v*
**loontrekker** Lohnarbeiter *m*, -empfänger *m*
**loop 1** ⟨het lopen⟩ Gang *m*; Lauf *m*; **2** ⟨v. kanon⟩ Rohr *o*; **3** ⟨v. rivier⟩ Lauf *m*; **4** ⟨v. kippen⟩ Hühnerlauf *m*; *de* ~ *van zaken* der Gang, Verlauf der Geschäfte; *op de* ~ *gaan* Reißaus nehmen; *er is er bij hem eentje op de* ~ er hat eine Schraube locker; *in de* ~ *van de dag* im Laufe des Tages
**loopbaan** Lebenslauf *m*
**loopbrug 1** ⟨in 't alg.⟩ Fußgängerbrücke *v*; **2** scheepv Landungsbrücke *v*
**loopgraaf** Schützengraben *m*
**loopje 1** ⟨wandelingetje⟩ Spaziergang *m*; **2** muz Lauf *m*; *een* ~ *met iem. nemen* einen verulken, hänseln
**loopjongen** Laufbursche *m*
**loopneus** Triefnase *v*; *met een* ~ triefnasig
**looppas** Laufschritt *m*
**loopplank 1** ⟨plank om over te lopen⟩ Laufbrett *o*; **2** scheepv Landungsbrücke *v*
**loops** brünstig, läufig
**looptijd** Laufzeit *v*, -frist *v*
**loos 1** ⟨onecht⟩ blind; **2** ⟨leeg⟩ taub; ~ *alarm* blinder Alarm *m*; *er is iets* ~ es ist etwas los
**loot** Schoß *m*, Schößling *m*
**lopen\* 1** ⟨in 't alg.⟩ gehen; **2** ⟨v. dieren, water; hardlopen⟩ laufen; **3** ⟨zich uitstrekken⟩ laufen, sich erstrecken; *je weet niet hoe dat* ~ *kan* man weiß nicht, was noch kommt; *dat pad loopt niet verder* der Weg führt nicht weiter; *er* ~ *praatjes* es wird gemunkelt; *de prijzen* ~ *van 5 tot 50 Mark* die Preise staffeln sich von 5 bis 50 Mark; *laat hem maar* ~ laß ihn doch; *geen concert laten* ~ kein Konzert auslassen; *'t kan raar* ~ *in de wereld* in der Welt geht's manchmal sonderbar zu; *erin* ~ hereinfallen; *'t loopt in de duizenden* es geht in die Tausende; *loop naar de hel!* scher dich zum Teufel!; *naar de tachtig* ~ auf die achtzig zugehen; *om iets heen* ~ um etwas herumgehen; *over iets heen* ~ etwas übergehen; *'t op een* ~ *zetten* Reißaus nehmen; ~ *te zingen* singend herumlaufen; *tegen de dertig* ~ in die dreißig kommen; *'t loopt tegen tweeën* es geht gegen zwei
**lopend 1** ⟨in 't alg.⟩ laufend; **2** ⟨v. water⟩ fließend; ~ *buffet* Selbstbedienungsbüfett *o*; ~*e zaken* laufende Geschäfte *mv*
**loper 1** ⟨tapijt, schaakstuk, bode⟩ Läufer *m*; **2** ⟨sleutel⟩ Dietrich *m*
**lor 1** ⟨vod⟩ Lappen *m*, Lumpen *m*; **2** ⟨persoon⟩ Null *v*; **3** ⟨boek⟩ Wisch *m*; *geen* ~ *waard* keinen Deut wert; *er geen* ~ *om geven* darauf pfeifen (husten)
**lorgnet** Kneifer *m*, Lorgnette *v*
**lorgnon** Lorgnon *o*
**lorrie** Lore *v*
**lorum**: *in de* ~ *zijn* betrunken sein; ⟨verward⟩ verwirrt (von Sinnen) sein
**1 los** bn **1** ⟨afzonderlijk⟩ lose; **2** ⟨niet vast⟩ locker; **3** ⟨v. haren⟩ offen; **4** ⟨loszinnig⟩ ausgelassen; ~*se bladen v.e. boek* lose Blätter eines Buches; ~*se bloemen* Schnittblumen *mv*; *een* ~*se tand* ein lockerer Zahn *m*; *met* ~*se teugels* mit verhängtem Zügel; ~ *zand* lockerer Sand; ~ *en vast* beweglich und unbeweglich; *nog* ~ *van de vraag of*... noch abgesehen von der Frage, ob...; *erop* ~*!* drauflos!; *zijn handen zitten* ~ *er*

**los** schlägt schnell

**2 los** m ⟨lynx⟩ Luchs m

**losbandig** zügellos, ausschweifend

**losbarsten 1** ⟨in 't alg.⟩ losplatzen, aufbrechen; **2** ⟨v. onweer⟩ losbrechen; *in een luid gelach ~* in schallendes Gelächter ausbrechen

**losbladig** freiblätt(e)rig; *~ boek* Loseblattbuch *o*; *~e uitgave* Loseblattausgabe *v*

**losbol** Leichtfuß *m*

**losbranden** abfeuern, losbrennen

**losbreken 1** ⟨losrukken⟩ losbrechen ⟨ook v. onweer⟩; **2** ⟨v. gevangene⟩ ausbrechen

**losdraaien** losdrehen

**losgaan** losgehen

**losgeld** Lösegeld *o*

**losgooien** loswerfen

**losjes 1** ⟨niet stevig⟩ lose; **2** fig leicht, leichthin

**loskomen** loskommen

**loskopen** los-, freikaufen

**loskoppelen** techn loskuppeln, ausklinken

**loskrijgen** losbringen, -bekommen

**loslaten 1** ⟨vrijlaten⟩ loslassen; **2** ⟨verf enz.⟩ sich ablösen; *ergens geen woord over ~* kein Wort über etwas verlauten lassen

**loslippig** geschwätzig; *~ zijn* eine lose Zunge haben

**loslopen** frei umhergehen; *dat zal wel ~* das wird sich schon finden; *dat is te gek om los te lopen* da lachen ja die Hühner

**losmaken 1** ⟨in 't alg.⟩ losmachen; **2** ⟨v. grond⟩ lockern; *zich van iem.~* sich von jmdm. lösen

**losprijs** Lösegeld *o*

**losraken 1** ⟨in 't alg.⟩ loskommen; **2** ⟨schip⟩ flott werden

**losrukken, losscheuren** losreißen

**löss** Löß *m*

**lossen 1** ⟨losmaken⟩ lösen, losmachen; **2** ⟨uitladen⟩ löschen; **3** ⟨schot⟩ abfeuern, abgeben

**losweg**: *zomaar ~ gezegd* nur so leichthin gesagt

**losweken** ⟨door weken losmaken⟩ abweichen; *zich ~ van* fig sich lösen von

**loswerken** losarbeiten

**lot 1** ⟨loterijbriefje⟩ Los *o*; **2** ⟨noodlot⟩ Schicksal *o*; *een hard ~* ein schweres Geschick *o* (Schicksal *o*); *een ~ uit de loterij* fig ein Glücksfall *m*; *iem. aan zijn ~ overlaten* einen seinem Schicksal überlassen

**loten** losen

**loterij** Lotterie *v*

**lotgenoot** Schicksalsgenosse *m*

**Lotharingen** Lothringen *o*

**Lotharings** lothringisch

**loting** das Losen; *bij ~* durch das Los

**lotion** Lotion *v*, Haar-, Gesichtswasser *o*

**lotje**: *hij is van ~ getikt* er hat einen Sparren zu viel

**lotto** Lotto *o*

**lotus** Lotos *m*

**lotushouding** Lotussitz *m*

**louche** zwielichtig, anrüchig

**lounge 1** ⟨in hotel⟩ Lounge *v*; **2** ⟨op boot⟩ Gesellschaftsraum *m*

**louter 1** ⟨rein⟩ lauter, pur; **2** ⟨slechts⟩ nur; *~ onzin* reiner Unsinn *m*; *~ uit angst* nur aus Angst

**louteren** läutern

**loutering** Läuterung *v*

**loven** loben; *~ en bieden* markten und feilschen

**lovend** lobend

**lover** Laub *o*, Grün *o*

**loyaal** loyal

**loyaliteit** Loyalität *v*

**lozen 1** ⟨water⟩ abführen; **2** ⟨zich ontdoen van⟩ loswerden; *urine ~* sein Wasser abschlagen

**lozing** ⟨v. water⟩ Abführung *v*; *illegale ~ in zee* illegale Verklappung *v*

**LP** = *elpee*

**LPG** = *Liquefied Petroleum Gas* Autogas *o*

**lucht 1** ⟨atmosfeer⟩ Luft *v*; **2** ⟨hemel⟩ Himmel *m*; **3** ⟨geur⟩ Duft *m*; ⟨vaak onaangenaam⟩ Geruch *m*; *hij is ~ voor mij* er ist Luft für mich; *donkere ~en* dunkle Wolken; *koude ~* Kaltluft *v*; *'t zit in de ~* es liegt (hängt) in der Luft; *in de open ~* im Freien; *uit de ~ gegrepen* aus der Luft gegriffen; *de frisse ~ in gaan* ins Freie gehen; *de ~ van iets krijgen* von etwas Wind kriegen

**luchtaanval** Luftangriff *m*

**luchtafweer** Luftabwehr *v*

**luchtalarm** Fliegeralarm *m*

**luchtballon** Luftballon *m*

**luchtband** Luftreifen *m*; *met ~en* luftbereift

**luchtbed** Luftmatratze *v*

**luchtbel** Luftblase *v*

**luchtbrug** Luftbrücke *v*

**luchtcorridor** Anflugschneise *v*, Luftkorridor *m*

**luchtdicht** luftdicht

**luchtdoelgeschut** Flak(artillerie) *v*

**luchtdruk** Luftdruck *m*; *gebied van hoge ~* Hoch *o*; *gebied van lage ~* Tief *o*

**luchten** lüften; *zijn hart ~* seinem Herzen Luft machen; *iem. niet kunnen ~ of zien* einen nicht ausstehen können

**luchter** Leuchter *m*

**luchtfoto** Luftbild *o*, -aufnahme *v*

**luchtgat** Luft-, Windloch *o*

**luchtgekoeld** luftgekühlt

**luchthartig** leichtherzig

**luchthaven** Flughafen *m*

**luchtig 1** ⟨fris⟩ luftig; **2** ⟨stoffen⟩ leicht; **3** ⟨niet ernstig⟩ leicht; *iets ~ opnemen* etwas leicht nehmen

**luchtje** ⟨onaangenaam⟩ Geruch *m*; ⟨aangenaam⟩ Duft *m*; *er zit een ~ aan* fig die Sache ist anrüchig; *een ~je scheppen* Luft schnappen

**luchtkasteel** Luftschloß *o*

**luchtkoeling** Luftkühlung *v*

**luchtkoker** Luftschacht *m*

**luchtlaag** Luftschicht *v*

**luchtlandingstroepen** Luftlandetruppen *mv*

**luchtledig** luftleer

**luchtmacht** Luftmacht *v*

**luchtoorlog** Luftkrieg *m*

**luchtpijp** Luftröhre *v*

**luchtpost** Luftpost *v*; *per ~* mit Flugpost

**luchtramp** Flugkatastrophe *v*
**luchtreclame** Luftwerbung *v*
**luchtreis** Luftreise *v*
**luchtruim** Luftraum *m*
**luchtschip** Luftschiff *o*
**luchtspiegeling** Luftspiegelung *v*
**luchtstreek** Zone *v*
**luchtvaart** Luftfahrt *v*
**luchtvaartmaatschappij** Luftfahrtgesellschaft *v*
**luchtverdediging** Luftabwehr *v*
**luchtverkeer** Flug-, Luftverkehr *m*
**luchtverkeersleider** Flugleiter *m*, Fluglotse *m*
**luchtverontreiniging** Luftverunreinigung *v*
**luchtverversing** Lüftung *v*
**luchtvochtigheid** Luftfeuchtigkeit *v*
**luchtvracht** Luftfracht *v*
**luchtzak** Luftloch *o*
**luchtziek** luft-, flugkrank
**lucide** klar, hell; ~ *ogenblikken* lichte Momente
**lucifer** Streichholz *o*
**lucratief** lukrativ
**ludiek** spielerisch
**lues** Lues *v*, Syphilis *v*
**luguber** unheimlich, düster
**1 lui** *bn* faul; ~*e stoel* bequemer Stuhl *m*; *door en door* ~ stinkfaul; *liever* ~ *zijn dan moe* das Brett bohren, wo es am dünnsten ist
**2 lui** *mv* Leute *mv*; *de oude* ~ gemeenz die Eltern
**luiaard 1** ⟨lui mens⟩ Faulenzer *m*; **2** ⟨dier⟩ Faultier *o*
**luid** laut, hell
**luiden 1** ⟨behelzen⟩ lauten; **2** ⟨v. klokken⟩ läuten; *deze clausule luidt als volgt* diese Klausel lautet folgendermaßen
**luidkeels** lauthals, aus vollem Halse
**luidruchtig** geräuschvoll, lärmend
**luidspreker** Lautsprecher *m*
**luier** Windel *v*
**luieren** faulenzen
**luifel** Vor-, Schutzdach *o*
**luik 1** ⟨in vloer⟩ Luke *v*; **2** ⟨blind⟩ Fensterladen *m*; **3** ZN ⟨deel v. formulier⟩ Spalte *v*; **4** ZN, pol Aspekt *m*, Seite *v*
**Luik** Lüttich *o*
**luilak** Faulpelz *m*
**luilekkerland** Schlaraffenland *o*
**luim** Laune *v*
**luipaard** Leopard *m*
**luis** Laus *v*
**luister** Glanz *m*, Pracht *v*; ⟨roem⟩ Ruhm *m*
**luisteraar** Zuhörer *m*
**luisterdichtheid** Hörbeteiligung *v*
**luisteren** horchen; *luister eens* hör' mal; *nu moet je goed* ~ nun mußt du gut zuhören; *de zaak luistert nauw* die Sache erfordert große Genauigkeit; *aan de deur* ~ an der Tür horchen; *zijn oor te* ~ *leggen* genau hinhorchen; *naar iem.* ~ auf einen hören, einem zuhören; *naar een naam* ~ auf einen Namen hören; *naar de radio* ~ Radio hören; *met een half oor* ~ mit halbem Ohr zuhören

**luister- en kijkgeld** zie bij *kijkgeld*
**luisterlied** ± Chanson *o*
**luisterrijk** glanzreich, prachtvoll
**luistervink** Horcher *m*, Lauscher *m*
**luit** *muz* Laute *v*
**luitenant** mil scheepv Leutnant *m*; *eerste* ~ Oberleutnant *m*
**luitenant-generaal** Generalleutnant *m*
**luitenant-kolonel** Oberstleutnant *m*
**luiwagen** Schrubber *m*
**luiwammes** Faulenzer *m*, Faulpelz *m*
**luizen** zie: *inluizen*
**luizenbaan** gemeenz einträgliche Stellung *v*
**luizenleven**: *een* ~ *hebben* leben wie Gott in Frankreich
**lukken** gelingen, glücken
**lukraak** aufs Geratewohl, wahllos
**lul** gemeenz **1** ⟨penis⟩ Pimmel *m*, Schwanz *m*; **2** ⟨klootzak⟩ Arschloch *o*; **3** ⟨sukkel⟩ Döskopf *m*; *de* ~ *zijn* der Dumme sein; *voor* ~ *staan* dumm dastehen; *iem. voor* ~ *zetten* jmdn. blamieren *ouwe* ~ Mummelgreis *m*
**lulkoek** gemeenz Quatsch *m*
**lullen** gemeenz quasseln, schwatzen
**lullig** gemeenz schlaff, albern
**lumineus**: *een* ~ *idee* eine glänzende Idee *v*
**lummel** Lümmel *m*, Flegel *m*
**lummelen** herumlungern, -lümmeln
**lummelig** lümmelhaft
**lunapark** Lunapark *m*, Vergnügungsplatz *m*
**lunch** Lunch *m*
**lunchen** lunchen
**lunchpakket** Pausenbrot *o*
**lunchroom** Café *o*
**luren**: *iem. in de* ~ *leggen* einen auf den Leim führen
**lurken** lutschen, schlürfen
**lurven**: *iem. bij z'n* ~ *pakken* einen beim Wickel fassen
**lus 1** ⟨in 't alg.⟩ Schlinge *v*; **2** ⟨aan kleding⟩ Aufhänger *m*; **3** ⟨dubbele bocht⟩ Schleife *v*
**lust** Lust *v*; *een* ~ *voor het oog* eine Augenweide; *'t is zijn* ~ *en zijn leven* es geht ihm nichts darüber; *zij zingt dat 't een* ~ *is* sie singt, daß es eine wahre Lust ist
**lusteloos** lustlos
**lusten** mögen; *dat lust ik graag* das mag ich gern; *ik lust niet meer* ich mag nicht mehr; *hij zal ervan* ~ er soll dafür büßen!; *ik lust hem rauw!* gemeenz er soll nur kommen!
**lusthof** Lustgarten *m*
**lustig** lustig, heiter
**lustmoord** Lustmord *m*
**lustmoordenaar** Lustmörder *m*
**lustoord** Lustort *m*
**lustrum** Jahrfünft *o*; *zesde* ~ 30-Jahr-Feier *v*
**lutheraan** Lutheraner *m*
**luthers** lutherisch
**luttel** klein, gering
**luwen** sich legen, abflauen
**luwte** Windschatten *m*
**luxe** Luxus *m*
**luxeauto** Luxusauto *o*

**luxe-editie** Liebhaber-, Pracht-, Luxusausgabe *v*
**Luxemburg** Luxemburg *o*
**Luxemburger** Luxemburger *m*
**Luxemburgs** luxemburgisch; *een* ~e eine Luxemburgerin *v*
**luxueus** luxuriös
**lyceum** ± Gymnasium *o*
**lychee** Lychee *v*
**lymf, lymfe** Lymphe *v*
**lymf(e)klier** Lymphknoten *m*
**lynchen** lynchen
**lynx** Luchs *m*
**lyriek** Lyrik *v*
**lyrisch** lyrisch; ~ *dichter* Lyriker *m*
**lysol** Lysol *o*

# M

**m** der Buchstabe M, das M
**ma** Mama *v*
**maag** Magen *m*; *daar zit hij erg mee in zijn ~, dat ligt hem zwaar op de ~* das liegt ihm schwer im/auf dem Magen; *iem. iets in zijn ~ splitsen* jmdm. etwas aufschwatzen; *op de nuchtere ~* auf nüchternem Magen
**maagbloeding** Magenblutung *v*
**maagd** Jungfrau *v* (ook astrol)
**maagdelijk** jungfräulich
**Maagdenburg** Magdeburg *o*
**maagdenvlies** Jungfernhäutchen *o*
**maagklachten** Magenbeschwerden *mv*
**maagkwaal** Magenleiden *o*
**maagpijn** Magenschmerz(en) *m(mv)*
**maagsap** Magensaft *m*
**maagstreek** Magengegend *v*
**maagzuur** 1 ⟨substantie⟩ Magensäure *v*; 2 ⟨branderig gevoel⟩ Sodbrennen *o*
**maagzweer** Magengeschwür *o*
**maaien** mähen; ⟨koren⟩ schneiden
**maaier** Mäher *m*
**maaimachine** Mähmaschine *v*
**maaiveld** 1 bouwk Erdoberkante *v*; 2 ⟨hoogte v. grasland⟩ Mähfeld *o*
**maak** Mache *v*, Bearbeitung *v*; *in de ~ zijn* in Arbeit sein
**maakloon** Macherlohn *m*
**maaksel** 1 ⟨product⟩ Produkt *o*; 2 ⟨raar ding⟩ Gebilde *o*
**maakwerk** Machwerk *o*
**1 maal** *o* ⟨maaltijd⟩ Mahl *o*
**2 maal** *v* & *o* ⟨keer⟩ Mal *o*; *te enen male* völlig, durchaus; *voor de eerste, laatste ~* zum ersten, letzten Mal
**maalstroom** Strudel *m* (ook fig)
**maalteken** Malzeichen *o*
**maaltijd** Mahlzeit *v*
**maan** Mond *m*; *nieuwe, volle, halve ~* Neumond, Vollmond *m*, Halbmond *m*; *wassende, afnemende ~* zunehmender, abnehmender Mond *m*; *dat is naar de ~* gemeenz das ist futsch; *je kunt naar de lopen* du kannst mir den Buckel herunterrutschen
**maand** Monat *m*
**maandabonnement** 1 ⟨op krant enz.⟩ Monatsabonnement *o*; 2 ⟨trein, entree enz.⟩ Monatskarte *v*
**maandag** Montag *m*; *op een ~* am Montag *een blauwe ~* kurze Zeit *v*
**maandags** I *bijw* montags II *bn* 1 ⟨op een maandag⟩ montägig; 2 ⟨elke maandag⟩ montäglich
**maandblad** Monatsschrift *v*
**maandelijks** monatlich
**maandgeld** Monatsgeld *o*
**maandsalaris** Monatsgehalt *o*
**maandverband** Damenbinde *v*
**maanlanding** Mondlandung *v*
**maanlicht** Mondlicht *o*
**maanraket** Mondrakete *v*
**maansverduistering** Mondfinsternis *v*
**maanzaad** Mohn(samen) *m*
**maar** I *bijw* ⟨slechts⟩ nur; *vooruit ~!* nur los!; *nee ~!* nein, sowas!; II *voegw* aber; ⟨bij sterke tegenstelling⟩ sondern; *niet dit, ~ dat* nicht dies, sondern das; III *o*: *geen maren hier* gibt es kein Wenn und Aber; *er is een ~ bij* es ist ein Aber bei der Sache
**maarschalk** Marschall *m*
**maart** der März *m*; *~ roert zijn staart* März rührt seinen Sterz; vgl.: *april*
**maarts**: *~e buien* märzliche Schauer *mv*
**maas** Masche *v*; *de mazen van de wet* die Maschen des Gesetzes; *door de mazen glippen* durch die Lappen gehen
**Maas** ⟨rivier⟩ Maas *v*
**1 maat** *m* 1 ⟨kameraad⟩ Kamerad *m*; 2 ⟨in 't spel⟩ Partner *m*
**2 maat** *v* 1 ⟨in 't alg.⟩ Maß *o*; 2 muz Takt *m*; 3 ⟨v. kleding enz.⟩ Größe *v*; *achtste ~* muz Achteltakt *m*; *~ voor vloeibare waren* Flüssigkeitsmaß *o*; *de ~ is vol* das Maß ist voll; *met twee maten meten* mit zweierlei Maß messen; *in, uit de ~* im, aus dem Takt; ⟨lopen⟩ im Gleichschritt; zie ook: *mate*
**maatbeker** Meßbecher *m*
**maatgevend** maßgebend, -geblich
**maatgevoel** muz Taktgefühl *o*
**maatglas** Meßglas *o*
**maatje** ⟨vriend⟩ Kamerad *m*; *met iem. goede ~s zijn* gut Freund mit einem sein; *gemeenz* auf Schmollis stehen mit
**maatjesharing** Matjeshering *m*
**maatkleding** Maßkonfektion *v*
**maatpak** Maßanzug *m*
**maatregel** Maßnahme *v*, -regel *v*; *dat zijn geen halve ~en!* das ist nichts Halbes!; *algemene ~ van bestuur* Durchführungsbestimmung *v*
**maatschap** recht Gesellschaft *v*
**maatschappelijk** gesellschaftlich, sozial; *~ assistent* ZN Sozialarbeiter *m*; *~ werk* Sozialarbeit *v*
**maatschappij** Gesellschaft *v*
**maatschappijleer** Gesellschaftslehre *v*
**maatstaf** Maßstab *m*
**maatstok** 1 ⟨om te meten⟩ Zollstock *m*; 2 muz Taktstock *m*
**maatwerk** Maßarbeit *v* (ook fig)
**macaber** makaber
**macadam** Makadam *m* & *o*
**macaroni** Makkaroni *mv*
**Macedonië** Makedonien *o*, Mazedonien *o*
**Macedoniër** Makedonier *m*, Mazedonier *m*
**Macedonisch** makedonisch, mazedonisch
**machiavellisme** Machiavellismus *m*
**machinaal** maschinell, mechanisch; *~ vervaardigen* mit Maschinenbetrieb herstellen
**machine** Maschine *v*; *helse ~* Höllenmaschine *v*
**machinebankwerker** Maschinenschlosser *m*
**machinegeweer** Maschinengewehr *o*
**machinekamer** Maschinenraum *m*, -haus *o*
**machinepark** Maschinenpark *m*
**machinepistool** Maschinenpistole *v*

**machinerie** Maschinerie v
**machinist** 1 (in 't alg. en scheepv) Maschinist m; 2 (op trein) Lokführer m
**macho** I m Macho m; II bn macho
**macht** 1 (kracht, vermogen, gezag) Macht v, Gewalt v; 2 wisk Potenz v; ouderlijke ~ elterliche Gewalt v; de rechterlijke ~ die Justizbehörde; de ~ der gewoonte die Macht der Gewohnheit; de ~ aan zich trekken die Macht ergreifen; ik ben niet bij ~e ich bin nicht imstande; dat gaat boven mijn ~ das geht über meine Kräfte; boven zijn ~ tillen hochstemmen; iem. in zijn ~ hebben einen in seiner Gewalt haben; uit alle ~ was das Zeug hält
**machteloos** machtlos
**machthebber** Macht-, Gewalthaber m
**machtig** I bn mächtig; de Franse taal ~ zijn die französische Sprache beherrschen; dat is me te ~ das ist mir zu viel; II bijw gewaltig; ~ mooi wunderschön
**machtigen** ermächtigen
**machtiging** Ermächtigung v; ~ tot aankoop Ankaufsermächtigung v; ~ geven Ermächtigung erteilen
**machtsevenwicht** Gleichgewicht o der Mächte
**machtsmiddel** Machtmittel o
**machtsmisbruik** Machtmißbrauch m
**machtspositie** Machtposition v
**machtsstrijd** Machtkampf m
**machtsverheffing** rekenk Potenzierung v
**machtsverhouding** Kräfteverhältnis o
**machtsvertoon** Machtdemonstration v
**machtswellust** Machtbegierde v
**macramé** Makramee v
**macrobiotiek** Makrobiotik v
**macrobiotisch** makrobiotisch
**made** Made v
**madera** Madeira m
**madonna** Madonna v
**madriga(a)l** Madrigal o
**maf** blöde
**maffen** gemeenz pennen
**maffia** Maf(f)ia v
**mafkees, mafketel** Idiot m
**magazijn** 1 (voorraadkamer) Lagerraum m; 2 (van geweer) Magazin o
**magazijnbediende** Lagerist m
**magazijnmeester** Lagermeister m
**mager** 1 (in 't alg.) mager; 2 (pezig) hager; 3 typ petit; ~e Hein der Tod; zo ~ als een lat spindeldürr
**magertjes** 1 (in 't alg.) dürr, mager; 2 (armoedig) kärglich
**maggiblokje, maggitablet** Brühwürfel m
**magie** Magie v
**magiër** Magier m
**magisch** magisch
**magistraal** meisterhaft
**magistraat** Magistrat m
**magistratuur**: staande ~ Staatsanwaltschaft v; zittende ~ Richterschaft v
**magma** Magma o
**magnaat** Magnat m
**magneet** Magnet m
**magneetnaald** Magnetnadel v
**magneetstrip** Magnetstreifen m

**magnesium** Magnesium o
**magnetiseren** magnetisieren
**magnetiseur** Magnetiseur m
**magnetisme** Magnetismus m
**magnetron(oven)** Mikrowellenherd m
**magnifiek** prachtvoll, großartig
**magnolia** Magnolie v
**mahoniehout** Mahagoni(holz) o
**mailing** Werbedrucksachen mv
**maillot** Strumpfhose v; sp Trikot o
**Main** Main m; Frankfurt aan de ~ Frankfurt am Main
**maïs** Mais m
**maïskolf** Maiskolben m
**maisonnette** Maisonnette v
**maîtresse** Geliebte v
**maïzena** Maizena o, Maisstärke v
**majesteit** 1 (titel) Majestät v; 2 fig Hoheit v; Zijne, Hare, Uwe M~ Seine, Ihre, Eure (Ew.) Majestät mv, Eure Hoheit mv
**majesteitsschennis** Majestätsbeleidigung v
**majestueus** majestätisch
**majeur** Dur o; a-~ A-Dur
**majoor** (officier) Major m
**majorette** Majorette v
**mak** zahm; ~ als een lam zahm wie ein Lamm
**makelaar** Makler m; ~ in onroerende goederen Immobilienmakler m
**makelaardij** (vak) Makleramt o
**makelaarsloon** Maklergebühr v, Courtage v
**makelij** 1 (in 't alg.) Machart v; 2 (v. schip enz.) Bauart v
**maken** machen; 't ~ (succes hebben) Erfolg haben; hoe maakt u 't? wie geht es Ihnen?; hij maakt 't goed es geht ihm gut; hij zal 't niet lang meer ~ er wird nicht mehr lange leben; hij kan me niets ~ er kann mir nichts anhaben (wollen); ik heb niets met je te ~ ich habe nichts mit dir zu schaffen; 't ernaar ~ es nicht anders verdienen; dat kun je niet ~ das kannst du nicht machen
**maker** 1 (vervaardiger) Verfertiger m; 2 (v. boek) Verfasser m; 3 (schepper) Schöpfer m
**make-up** Make-up o
**makker** Gefährte m, Kamerad m
**makkie**: dat is een ~ das ist ein Kinderspiel
**makreel** Makrele v
**1 mal** bn (gek) töricht; ben je ~? spinnst du?; doe niet zo ~ tu nicht so närrisch; ik ben niet ~! ich bin doch nicht blöd!
**2 mal** m (model) Schablone v
**malafide** mala fide
**malaise** 1 (v. stemming) Malaise v; 2 handel Depression v; algehele ~ allgemeine Flaute
**malaria** Malaria v
**Maleis** I bn malaiisch; een ~e eine Malaiin v; II o (taal) Malaiisch o
**malen\*** 1 (fijnmalen) mahlen; 2 (zeuren) faseln; 3 (idioot zijn) spinnen; dat maalt hem steeds door 't hoofd das geht ihm fortwährend durch den Kopf; wat maal ik erom! was kümmert's mich; ~ de zijn irrereden; wie 't eerst komt, 't eerst maalt wer zuerst

**maliënkolder** Kettenpanzer *m*
**maling**: *er ~ aan hebben* auf etwas (+ 4) pfeifen; *in de ~ nemen* durch den Kakao ziehen
**mallemoer**: *dat gaat je geen ~ aan ge<u>meen</u>z* das geht dich gar nichts (einen Dreck) an
**mallemolen** Karussell *o*
**malligheid** Unsinn *m*
**malloot** Narr *m*; Närrin *v*
**mals** (van vlees) saftig; *niet ~* (v. oordeel) niederreißend
**maltraiteren** malträtieren
**malversaties** Unterschlagungen *mv*
**mama, mamma** Mama *v*
**mammoet** Mammut *o*
**mammoettanker** Mammut-, Großtanker *m*
**mammon** Mammon *m*
**man** Mann *m*; *de gaande en komende ~* die Gehenden und Kommenden *mv*; *de kleine ~* der kleine Mann *m*; *een ~ van eer* ein Ehrenmann; *een ~ van de klok* ein Mann nach der Uhr; *een ~ van de wereld* ein Weltmann; *aan de ~ brengen* an den Mann bringen; *met ~ en macht* aus allen Kräften; *met ~ en muis vergaan* mit Mann und Maus untergehen; *op de ~ af* geradeheraus, unumwunden; *~ en paard noemen* den Mann mit Namen und Zunamen nennen; *als één ~* wie ein Mann; *een ~ een ~, een woord een woord* ein Mann, ein Wort; zie ook: *mannetje*
**management** Management *o*
**manager** Manager *m*
**manche** (bij bridge) Partie *v*
**manchester** (stof) Man(s)chester *m*
**manchet** Manschette *v*
**manchetknoop** Manschettenknopf *m*
**manco** Manko *o*, Fehlgewicht *o*
**mand** Korb *m*; *door de ~ vallen* umfallen
**mandaat** 1 (opdracht) Mandat *o*; 2 (tot betaling) Zahlungsanweisung *v*; 3 ZN (postwissel, cheque) Postanweisung *v*, Scheck *m*; *~ tot aanhouding* ZN Haftbefehl *m*
**mandarijn** 1 (Chinees) Mandarin *m*; 2 (vrucht) Mandarine *v*
**mandataris** ZN (afgevaardigde) Abgeordnete(r) *m-v*
**mandekking** sp Manndeckung *v*
**mandoline** Mandoline *v*
**mandril** Mandrill *m*
**manege** Manege *v*, Reitschule *v*
**1 manen** *mv* (v. paard) Mähne *v*
**2 manen** *overg* mahnen
**maneschijn** Mondschein *m*
**mangat** Mannloch *o*
**mangel** Mangel *v*; *door de ~ gehaald worden* fig in die Mangel genommen werden
**mangelen** mangeln
**mango** Mango *v*
**manhaftig** mannhaft
**maniak** Monomane *m*, Fanatiker *m*
**maniakaal** manisch
**manicure** 1 (verzorging) Maniküre *v*; 2 (persoon) Maniküre *v*

**manicuren** manikuren
**manie** Manie *v*
**manier** 1 (in 't alg.) Weise *v*; 2 (stijl) Manier *v*; *goede ~en* gute Manieren; *~ van handelen* Handlungsweise *v*; *de ~ waarop het gebeurde* die Art und Weise, wie es geschah; *dat is geen ~ van doen* das gehört sich nicht; *op deze ~* in dieser Weise
**maniërisme** Manierismus *m*
**maniertje** (handigheidje) Trick *m*; *~s hebben* (verbeelding) affektiert tun
**manifest** I *o* Manifest *o*; II *bn* (duidelijk) manifest
**manifestatie** 1 (betoging) Kundgebung *v*; 2 (evenement) Veranstaltung *v*
**manifesteren** manifestieren
**manipulatie** Manipulation *v*; *genetische ~* Gentechnologie *v*
**manipuleren** manipulieren
**manisch** manisch; *~-depressief* manisch-depressiv
**manjaar** Arbeitspensum *o* einer Arbeitskraft pro Jahr; zie ook: *manmaand*
**mank** lahm; *de vergelijking gaat ~* der Vergleich hinkt; *aan hetzelfde euvel ~ gaan* an demselben Übel leiden
**mankement** 1 (fout) Fehler *m*; 2 (lichamelijk) Gebrechen *o*
**mankeren** fehlen; *zonder ~* ohne Fehl; *dat mankeerde er nog net aan* das fehlte gerade!; *wat mankeert hem?* was fehlt ihm?
**mankracht** 1 (kracht) menschliche Arbeitskraft *v*; 2 (personen) Arbeiter *mv*
**manmaand** Mannmonat *o*
**manmoedig** beherzt
**mannelijk** männlich
**mannenafdeling** Männerabteilung *m*
**mannengek** mannstolle Frau *v*
**mannenkoor** Männerchor *m*
**mannentaal** Männersprache *v*
**mannequin** Mannequin *o*
**mannetje** Männlein *o*; (dier) Männchen *o*; *een paar ~s* ein paar Leute; *~ aan ~ staan* Kopf an Kopf stehen; *zijn ~ staan* seinen Mann stehen
**mannetjesputter** Hauptkerl *m*
**manoeuvre** Manöver *o*
**manoeuvreren** manövrieren
**manometer** Manometer *o*
**mans**: *~ genoeg* Manns genug; *heel wat ~ zijn* seinen Mann stehen
**manschappen** Mannschaft(en) *v* (*mv*)
**manshoog** mannshoch
**manspersoon** Mannsbild *o*
**mantel** Mantel *m*; *iem. de ~ uitvegen* jmdm. den Kopf waschen
**mantelpak** Kostüm *o*
**manueel** manuell
**manufacturen** Manufakturwaren *mv*
**manuscript** Manuskript *o*
**manusje**: *~ van alles* Faktotum *o*
**manuur** Arbeitsstunde *v*
**manwijf** Mannweib *o*
**manziek** mannstoll
**maoïsme** Maoismus *m*
**map** Mappe *v*
**maquette** Modell *o*
**marathon** Marathon(lauf) *m*

**marathonloper** Marathonläufer *m*
**marathonzitting** Marathonsitzung *v*
**marchanderen** feilschen
**marcheren** marschieren
**marconist** Funker *m*
**mare** 1 ⟨bericht⟩ Kunde *v*; 2 ⟨gerucht⟩ Gerücht *o*
**marechaussee** I *v* & *m* ⟨organisatie⟩ Militärpolizei *v*; II *m* ⟨persoon⟩ Militärpolizist *m*
**maren** einwenden; *niks te ~* Kein Aber!
**maretak** Mistel *v*
**margarine** Margarine *v*
**marge** 1 ⟨rand⟩ Rand *m*; 2 handel Spanne *v*
**marginaal** marginal; *een ~ geval* ein Marginalfall *m*
**margriet** Margerite *v*
**Maria** Maria
**Maria-Hemelvaart** Mariä Himmelfahrt *v*
**marihuana** Marihuana *o*
**marinade** Marinade *v*
**marine** Marine *v*
**marinebasis** 1 ⟨buitenland⟩ Flottenstützpunkt *m*; 2 ⟨binnenland⟩ Marinestation *v*
**marineren** marinieren
**marinier** Marinesoldat *m*
**marionet** Marionette *v*
**marionettenregering** Marionettenregierung *v*
**maritiem** maritim
**marjolein** Majoran *m*; *wilde ~* Wohlgemut *m*
**mark** ⟨geldeenheid⟩ Mark *v*; *Duitse ~* ⟨ook⟩ D-Mark *v*
**markant** markant
**markeren** markieren
**1 markies** *m* ⟨markgraaf⟩ Marquis *m*
**2 markies** *v* ⟨scherm⟩ Markise *v*
**markiezin** Marquise *v*
**markt** Markt *m*; *de binnenlandse ~* der Binnenmarkt; *de Gemeenschappelijke M~* der Gemeinsame Markt; *de zwarte ~* der Schwarzmarkt; *naar de ~ gaan* markten; *een product op de ~ brengen* ein Produkt auf den Markt bringen; *van alle ~en thuis* in allen Sätteln gerecht
**marktaandeel** Marktanteil *m*
**markten** 1 ⟨verkopen⟩ markten; 2 ⟨kopen⟩ auf den Markt gehen
**marktkoopman** Marktkaufmann *m*
**marktkraam** Marktbude *v*
**marktleider** Marktführer *m*
**marktmechanisme** Marktmechanismus *m*
**marktonderzoek** Marktforschung *v*
**marktwaarde** Marktwert *m*
**marmelade** Marmelade *v*
**marmer** Marmor *m*
**1 marmeren** *overg* marmorieren
**2 marmeren** *bn* marmorn, Marmor-; *een ~ beeld* ein Marmorbild *o*
**marmot** Murmeltier *o*; *slapen als een ~* schlafen wie ein Murmeltier
**1 mars** Marsch *m*
**2 mars** ⟨draagmand⟩ Tragkorb *m*; *heel wat in zijn ~ hebben* Grütze im Kopf haben
**Mars** ⟨god en planeet⟩ Mars *m*
**marsepein** Marzipan *o*
**marskramer** Hausierer *m*
**marsmannetje** Marsmännchen *o*

**marsmuziek** Marschmusik *v*
**martelaar** 1 Märtyrer *m*; 2 ZN ⟨sukkel⟩ armer Tropf *m*
**martelaarschap** Märtyrertum *o*
**marteldood** Marter-, Märtyrertod *m*
**martelen** martern, foltern
**martelgang** Martyrium *o*
**marteling** Marter *v*, Folter *v*
**marter** Marder *m*
**martiaal** martialisch
**marxisme** Marxismus *m*
**marxist** Marxist *m*
**mascara** Mascara *m* & *v*, Wimperntusche *v*
**mascotte** Maskotte *v*
**masker** Maske *v*; *'t ~ laten vallen* die Maske abwerfen
**maskerade** Maskerade *v*, Maskenzug *m*
**maskeren** maskieren, verbergen, verdecken
**masochisme** Masochismus *m*
**masochist** Masochist *m*
**massa** Masse *v*; *in ~'s* massenweise
**massaal** 1 ⟨in menigten⟩ massenhaft; 2 ⟨een geheel vormend⟩ massiv
**massage** Massage *v*
**massagraf** Massengrab *o*
**massahysterie** Massenhysterie *v*
**massamedium** Massen(kommunikations)medium *o*
**massamoord** Massenmord *m*
**massaproductie** Massenerzeugung *v*
**masseren** massieren
**masseur** Masseur *m*
**massief** massiv; *massieve band* Vollgummireifen *m*
**mast** Mast *m*; *grote ~* Großmast *m*
**masturbatie** Masturbation *v*
**masturberen** masturbieren
**1 mat** *v* Matte *v*; *biezen ~* Binsenmatte *v*; zie ook: *matje*
**2 mat** *bn* 1 ⟨moe, dof, zwak⟩ matt; *~ goud* mattes Gold *o*; *~ licht* trübes Licht *o*; *een ~ protest* ein lahmer Protest *m*; 2 ⟨schaakmat⟩ (schach)matt
**matador** Matador *m*
**match** Match *m* & *o*
**mate** Maß *o*; *in hoge ~* in hohem Maße; *in ruime ~* ausreichend; *met ~* in Maßen; *alles met ~* alles mit Maß
**mateloos** maßlos
**materiaal** Material *o*, Materialien *mv*
**materialisme** Materialismus *m*
**materialist** Materialist *m*
**materialistisch** materialistisch
**materie** Materie *v*, Stoff *m*
**materieel** I *o* Material *o*; *rollend ~* Wagenpark *m*; II *bn* materiell
**matglas** Mattglas *o*
**matheid** Mattigkeit *v*
**mathematicus** Mathematiker *m*
**mathematisch** mathematisch
**matig** mäßig
**matigen** mäßigen; *zich ~* sich mäßigen
**matiging** Mäßigung *v*
**matinee** Nachmittagsvorstellung *v*
**matje** Matte *v*; *op het ~ moeten komen* einen Rüffel bekommen; *iem. op het ~ roepen* einen rüffeln

**matras** Matratze *v*
**matriarchaat** Matriarchat *o*
**matrijs** typ Matrize *v*, Mater *v*
**matrix** Matrix *v*
**matrixprinter** Matrixdrucker *m*
**matroos** Matrose *m*
**matse** Matze *v*
**matsen** gemeenz 1 ⟨iem. helpen⟩ begünstigen; 2 ⟨iets regelen⟩ deichseln; *ik zal je ~* ich werde das schon für dich arrangieren
**matten** I 1 gemeenz ⟨vechten⟩ raufen; 2 ⟨stoel⟩ mit Binsen bekleiden; II *bn* aus Binsen
**mattenklopper** Teppichklopfer *m*
**Mattheus** Matthäus *m*
**mausoleum** Mausoleum *o*
**mauve** mauve
**mauwen** mauen
**mavo** = *middelbaar algemeen voortgezet onderwijs* ± Realschule *v*
**maximaal** maximal
**maximaliseren** maximieren
**maximum** Höchstmaß *o*, Maximum *o*
**maximumbedrag** Höchst-, Meistbetrag *m*
**maximumsnelheid** Höchstgeschwindigkeit *v*
**mayonaise** Mayonnaise *v*
**mazelen** Masern *mv*
**mazen** stopfen
**mazout** ZN 1 ⟨stookolie⟩ Heizöl *o*; 2 ⟨diesel⟩ Diesel *m*
**mazzel** Massel *m*; *de ~!* mach's gut!
**mazzelaar** Glückspilz *m*
**mazzelen** gemeenz Massel haben
**mbo** = *middelbaar beroepsonderwijs* Berufsschulunterricht *m*
**me** ⟨3de naamval⟩ mir; ⟨4de naamval⟩ mich
**ME** = *middeleeuwen* MA., Mittelalter *o*; *Mobiele Eenheid* Bereitschaftspolizei *v*
**meao** = *middelbaar economisch en administratief onderwijs* Handelsschulunterricht *m*
**mecanicien** Mechaniker *m*; luchtv Bordmonteur *m*
**mecenaat** Mäzenatentum *o*
**mecenas** Mäzen *m*
**mechanica** Mechanik *v*
**mechaniek** Mechanik *v*
**mechaniseren** mechanisieren
**mechanisme** Mechanismus *m*
**medaille** Medaille *v*
**medaillon** Medaillon *o*
**mede** mit
**mede-** zie ook: *mee-*
**medeaansprakelijk** mitverantwortlich
**medeburger** Mitbürger *m*
**mededeelzaam** mitteilsam
**mededelen** mitteilen
**mededeling** Mitteilung *v*
**mededelingenbord** schwarze Brett *o*
**mededinger** Mitbewerber, Konkurrent *m*
**mededinging** Mitbewerb *m*; *buiten ~* juryfrei
**mededogen** Mitleid *o*
**mede-eigenaar** Miteigentümer *m*
**medeklinker** Mitlaut *m*
**medeleerling** Mitschüler *m*
**medeleven** Anteilnahme *v*, Mitgefühl *o*, Mitempfinden *o*
**medelijden** Mitleid *o*
**medelijdend** mitleidig
**medemens** Mitmensch *m*; ⟨spottend⟩ der liebe Nächste
**medemenselijkheid** Mitmenschlichkeit *v*
**medeplichtig**: *~ aan* mitschuldig an (+ 3)
**medeplichtige** Mitschuldige(r) *m-v*
**medestander** Anhänger *m*
**medewerker** Mitarbeiter *m*
**medewerking** Mitwirkung *v*; *met ~ van* unter Mitwirkung von
**medeweten** Mitwisserschaft *v*; *buiten mijn ~* ohne mein Mitwissen
**medezeggenschap** Mitbestimmung *v*; *~ van het personeel* betriebliche Mitbestimmung *v*
**media** Medien *mv*
**medicament** Medikament *o*
**medicatie** Medikation *v*
**medicijn** Medizin *v*; *~en studeren* Medizin studieren
**medicijnkastje** Arzneikasten *o*
**medicijnman** Medizinmann *m*
**medicinaal** medizinal
**medicus** Mediziner *m* ⟨ook student⟩
**medio** Mitte; *~ september* Mitte September
**medisch** medizinisch; *~e hulp* ärztliche Hilfe *v*; *op ~ advies* auf ärztlichen Rat
**meditatie** Meditation *v*
**mediterraan** mediterran
**medium** Medium *o*
**mee** mit; *gaat u ~?* gehen Sie mit?
**mee-** zie ook: *mede-*
**meebrengen** 1 ⟨in 't alg.⟩ mitbringen; 2 ⟨gevolgen⟩ mit sich bringen
**meedenken** mitdenken
**meedoen** mitmachen, mittun
**meedogend** mitleidig, mitleidsvoll, barmherzig
**meedogenloos** mitleidslos, erbarmungslos
**meedraaien** fig ⟨meedoen⟩ zusammenarbeiten mit
**mee-eter** Mitesser *m* ⟨ook med⟩
**meegaan** mitgehen; *deze kousen gaan nog lang mee* diese Strümpfe halten (sich) noch lange; *met de tijd ~* mit der Zeit gehen
**meegaand** gefügig, fügsam
**meegeven** 1 ⟨geven⟩ mitgeben; 2 ⟨wijken⟩ nachgeben
**meehelpen** mithelfen
**meekomen** mitkommen
**meekrijgen** 1 ⟨ontvangen⟩ mitbekommen; 2 ⟨overtuigen⟩ bewegen zu
**meel** Mehl *o*
**meeldauw** Mehltau *m*
**meeldraad** Staubfaden *m*
**meeleven** mitempfinden, -fühlen
**meelijwekkend** mitleiderregend
**meelokken** mitlocken
**meelopen** mitlaufen
**meeloper** ⟨met partij⟩ Mitläufer *m*
**meelspijs** Mehlspeise *v*
**meelworm** Mehlwurm *m*
**meemaken** mitmachen, erleben
**meenemen** mitnehmen
**meepikken** 1 ⟨stelen⟩ mitgehen lassen; 2

**meepraten** ⟨nog snel even doen, bezoeken⟩ mitnehmen

**meepraten** mitreden; *ervan weten mee te praten* ein Lied davon zu singen wissen

**1 meer** o See *m*; *het M~ van Genève* der Genfer See

**2 meer** *telw, bijw* mehr; *onder ~* unter anderem; *hij is niet ~* er ist dahin; *~ dan genoeg* mehr als genug; *zonder ~* ohne weiteres; *~ dan 100.000 inwoners* über 100.000 Einwohner

**meerdere** Vorgesetzte(r) *m-v*; *iems. ~ zijn* fig einem überlegen sein

**meerderen I** *overg* vermehren; **II** *onoverg* (bij 't breien) zunehmen

**meerderheid 1** ⟨in aantal⟩ Mehrheit *v*; **2** ⟨geestelijk⟩ Überlegenheit *v*; *bij ~ van stemmen* durch Stimmenmehrheit; *er was een ~ van 12 tegen 7* es gab eine Mehrheit von zwölf gegen sieben; *in ~* mehrheitlich

**meerderjarig** volljährig, mündig

**meerekenen** mitrechnen

**meerijden** mitfahren

**meerjarenplan** Mehrjahresplan *m*

**meerkeuzevraag** Multiple-choice-Frage *v*

**meerkoet** Bläßhuhn o

**meerlettergrepig** mehrsilbig

**meermaals, meermalen** mehrmals, öfters

**meermin** Meerjungfrau *v*

**meerstemmig** mehrstimmig

**meerval** Wels *m*

**meervoud** Mehrzahl *v*

**meervoudig 1** mehrfach; **2** gramm pluralisch

**meerwaarde** Mehrwert *m*

**mees** Meise *v*

**meeslepen 1** eig mitschleppen; **2** ⟨v. gevoelens⟩ mitreißen; *iem. in 't ongeluk ~* einen ins Unglück mitreißen; *met zich ~* mit sich herumschleppen

**meeslepend** hinreißend, mitreißend

**meesmuilen** schmunzeln

**meespelen** mitspielen

**meespreken** mitsprechen

**meest I** *telw* meist; **II** *bijw* meistens; *het ~ bezochte museum* das am meisten besuchte Museum; *het ~e water verdampte* das meiste Wasser verdampfte; *hij heeft er het ~e belang bij* er hat das größte Interesse daran ⟨3⟩

**meestal** meistens, meistenteils

**meestbiedende** Meistbietende(r) *m-v*

**meester 1** ⟨baas, kenner⟩ Meister *m*; **2** ⟨schoolmeester⟩ Lehrer *m*; **3** ⟨heer, eigenaar⟩ Herr *m*; *~ in de rechten* Jurist *m*; *een ~ in zijn vak* ein Meister in seinem Fach; *zich van iets ~ maken* sich einer Sache bemächtigen; *iets ~ zijn* eine Sache beherrschen; *het vuur ~ worden* des Feuers Herr werden; *zichzelf niet ~ zijn* seiner selbst nicht mächtig sein

**meesteres** Herrin *v*, Gebieterin *v*

**meestergast** ZN Meister *m*

**meesterkok** Meisterkoch *m*

**meesterlijk** meisterhaft; *~e zet* Meisterzug *m*

**meesterschap** Meisterschaft *v*

**meesterstuk** Meisterstück o

**meesterwerk** Meisterwerk o

**meet** Ziellinie *v*; *van ~ (af) aan* von Anfang an

**meetapparaat** Meßgerät o

**meetbaar** meßbar

**meetellen** mitzählen

**meetkunde** Geometrie *v*; *analytische, beschrijvende ~* analytische, darstellende Geometrie

**meetkundig** geometrisch

**meetlat** Meßlatte *v*

**meetlint** Meßband o

**meetrekken I** *overg* ⟨achter zich aan trekken⟩ mitschleifen; *de moeder trok het kind aan zijn arm mee* die Mutter zog das Kind am Arm mit sich; **II** *onoverg* ⟨op trektocht vergezellen⟩ mitziehen

**meetronen** mitlocken

**meeuw** Möwe *v*

**meevallen** unerwartet gut ausgehen; *die man valt mee* der Mann ist besser als sein Ruf; *och wat, dat valt mee* ach was, das wird nicht so schlimm werden; *het tentamen viel best mee* die Klausur ging eigentlich ganz gut

**meevaller** Glücksfall *m*, unerwarteter Gewinn *m*

**meevoelen** mitempfinden

**meewarig** mitleidig, teilnehmend

**meewerken 1** eig mitarbeiten; **2** fig mitwirken; *'t weer werkt mee* das Wetter ist günstig, hilft mit; *alles werkt mee* alles trägt dazu bei

**meezinger** Schlager *m*

**meezitten**: *het zit hem niet mee* er hat Pech

**megabyte** comput MByte, Megabyte

**megafoon** Megaphon o

**mei** ⟨maand⟩ der Mai *m*; vgl.: *april*

**meid** Mädchen, gemeenz Mädel o; *een mooie ~* ein hübsches Mädchen

**meidoorn** Weißdorn *m*; *rode ~* Rotdorn *m*

**meikers** Maikirsche *v*

**meikever** Maikäfer *m*

**meinedig** meineidig, eidbrüchig

**meineed** Meineid *m*

**meisje 1** ⟨in 't alg.⟩ Mädchen o; **2** ⟨vriendin⟩ Freundin *v*; *~ van plezier* Freudenmädchen o

**meisjesachtig** mädchenhaft

**meisjesnaam** Mädchenname *m*

**mekaar** einander

**mekkeren** meckern ⟨ook fig⟩

**melaats** aussätzig

**melaatsheid** Aussatz *m*

**melancholie** Melancholie *v*

**melancholiek** melancholisch

**melange** Mischung *v*, Melange *v*

**melden 1** ⟨aankondigen⟩ melden; **2** ⟨meedelen, schrijven⟩ Mitteilung machen

**melding** Meldung *v*, Bericht *m*

**meldkamer** Zentrale *v*

**melig 1** ⟨meelachtig⟩ mehlig; **2** ⟨flauw⟩ albern; **3** ⟨saai⟩ öde, langweilig

**melk** Milch *v*; *gecondenseerde ~* Kondensmilch *v*; *volle, magere ~* Voll-, Magermilch *v*; *veel (wat, niets) in de ~ te brok-*

*kelen hebben* viel (etwas, nichts) in die Suppe zu brocken haben
**melkachtig** milchig
**melkboer** Milchmann *m*
**melkchocolade(de)** Milchschokolade *v*
**melken\*** melken
**melkfles** Milchflasche *v*
**melkgebit** Milchgebiß *o*
**melkglas** ⟨stof en voorwerp⟩ Milchglas *o*
**melkkies** Milchzahn *m*
**melkkoe** Milchkuh *v*
**melkmuil** Milchbart *m*, Grünschnabel *m*
**melkpoeder** Trockenmilch *v*, Milchpulver *o*
**melktand** Milchzahn *m*
**melkvee** Milchvieh *o*
**Melkweg** Milchstraße *v*
**melodie** Melodie *v*
**melodieus** melodisch, melodiös
**melodrama** Melodrama *o*
**melodramatisch** melodramatisch
**meloen** Melone *v*
**membraan** Membran(e) *v*
**memo** Notiz *v*
**memoires** Memoiren *mv*
**memorandum 1** ⟨verhandeling, officiële nota⟩ Memorandum *o*; **2** ⟨geschrift⟩ Denkschrift *v*
**memoreren** ⟨vermelden⟩ erwähnen
**memorie 1** ⟨geheugen⟩ Gedächtnis *o*; **2** ⟨verhandeling⟩ Denkschrift *v*; *~ van antwoord* Antwortnote *v*; *~ van toelichting* Begleitschreiben *o*; *kort van ~ zijn* ein schlechtes Gedächtnis haben; *pro ~* pro memoria
**memoriseren** memorieren, auswendig lernen
**men** man
**menagerie** Menagerie *v*
**meneer 1** ⟨in 't alg.⟩ Herr *m*; ⟨in aanspreektitels⟩ Herr Direktor, Herr Doktor enz.; **2** ⟨tegen onbekenden⟩ mein Herr
**menen** meinen, glauben; *'t is ~s* es ist gemeint; *'t eerlijk ~* es redlich meinen; *dat zou ik ~* das will ich glauben; *dat meent u niet!* ist das dein (Ihr) Ernst?
**mengeling** Mischung *v*
**mengelmoes** Mischmasch *m*, Sammelsurium *o*
**mengen** mischen; ⟨minder intensief⟩ mengen; *zich ~* sich mischen; *iem. in iets ~* einen in eine Sache hineinbeziehen; *zich ~ in iets* sich in eine Sache hineinmischen; *gemengde berichten* Vermischte(s) *o*
**mengkleur** Mischfarbe *v*
**mengkraan** Mischhahn *m*
**mengpaneel** Mischpult *o*
**mengsel** Gemisch *o*, Mischung *v*
**mengsmering** Gemischschmierung *v*
**menhir** Menhir *m*
**menie** Mennige *v*
**meniën** mennigen
**menig** manch(er), manche, manch(es)
**menigeen** manche(r)
**menigmaal** öfters, manches Mal
**menigte** Menge *v*
**mening** Meinung *v*, Ansicht *v*; *van ~ zijn* der Meinung (Ansicht) sein; *naar mijn ~* meiner Meinung (Ansicht) nach

**meningsuiting** Meinungsäußerung *v*
**meningsverschil** Meinungsverschiedenheit *v*
**meniscus** Meniskus *m*
**mennen** lenken
**menopauze** Menopause *v*
**mens I** *m* ⟨persoon⟩ Mensch *m*; **II** *o* ⟨minachtend v. vrouw⟩ Person *v*; *'t oude ~* die alte Frau; *geen ~* keine Seele; *daar heb ik mijn ~en voor* dazu habe ich meine Leute; *onder de ~en komen* unter die Leute kommen
**mensa** Mensa *v*
**mensaap** Menschenaffe *m*
**mensdom** Menschheit *v*, Menschengeschlecht *o*
**menselijk** menschlich, Menschen-; *~ lot* Menschengeschick *o*
**menselijkheid** Menschlichkeit *v*
**menseneter** Menschenfresser *m*
**mensenhater** Menschenfeind *m*
**mensenheugenis**: *sinds ~* seit Menschengedenken
**mensenkennis** Menschenkenntnis *v*
**mensenkind** Menschenkind *o*
**mensenleven** Menschenleben *o*
**mensenmassa** Menschenmenge *v*
**mensenoffer** Menschenopfer *o*
**mensenrechten** Menschenrechte *mv*
**mensenschuw** menschenscheu
**mensensmokkel** Menschenschmuggel *m*
**mensenwerk** Menschenwerk *o*
**mensheid** Menschheit *v*
**menslievend** menschenfreundlich
**mensonterend** menschenunwürdig
**menstruatie** Menstruation *v*
**menstruatiepijn** Menstruationsbeschwerden *mv*
**menstrueren** menstruieren
**menswaardig** menschenwürdig
**menswetenschappen** Humanwissenschaften *mv*
**mentaal** mental
**mentaliteit** Mentalität
**menthol** Menthol *o*
**mentor** Mentor *m*
**menu 1** ⟨spijzen⟩ Menü *o*; **2** ⟨spijskaart⟩ Speisekarte *v*; **3** comput Menü *o*
**menuet** Menuett *o*
**menugestuurd** comput menügesteuert
**mep** Schlag *m*
**meppen 1** ⟨slaan⟩ hauen; **2** ⟨v. katten⟩ totschlagen; *iem. ~* einem eins versetzen
**merci** ich danke, danke sehr
**Mercurius** Merkur *m*
**merel** Amsel *v*
**meren** festmachen, vertäuen
**merendeel** Mehrzahl *v*; *voor 't ~* größtenteils
**merendeels** zum größeren Teil
**merg** Mark *o*; *door ~ en been* durch Mark und Bein
**mergel** Mergel *m*
**mergpijp** Markknochen *m*
**meridiaan** Meridian *m*, Mittagslinie *v*, Längenkreis *m*
**merk** Marke *v*
**merkartikel** Markenartikel *m*

**merkbaar** merklich, merkbar; *duidelijk* ~ sichtlich
**merken** 1 ⟨met merk⟩ bezeichnen, markieren; 2 ⟨voelen⟩ merken; 3 ⟨waarnemen⟩ bemerken, gewahr werden; *niets laten* ~ *sich nichts anmerken lassen*
**merknaam** Markenname *m*
**merkteken** Merkzeichen *o*
**merkwaardig** 1 ⟨opmerkelijk⟩ bemerkenswert; 2 ⟨zonderling⟩ seltsam
**merkwaardigheid** Merkwürdigkeit *v*
**merrie** Stute *v*
**mes** Messer *o*; *iem. 't* ~ *op de keel zetten* einem das Messer an die Kehle setzen; *het* ~ *snijdt bij hem van twee kanten* er macht einen doppelten Schnitt
**mespunt** Messerspitze *v*
**mess** Meß *v*
**Messias** Messias *m*
**messing** *o* ⟨metaal⟩ Messing *o*
**messteek** Messerstich *m*
**mest** Dünger *m*, Mist *m*
**mesten** 1 ⟨land⟩ düngen; 2 ⟨dier⟩ mästen
**mesthoop** Misthaufen *m*
**mesties** Mestize *m*
**mestkalf** Mastkalb *o*
**mestkever** Mistkäfer *m*
**mestvaalt** Misthaufen *m*
**mestvee** Mastvieh *o*
**mestvork** Mistgabel *v*
**met** mit; ~ *dat al* trotzdem; ~ *Kerstmis* zu, an Weihnachten; ~ *lepels* löffelweise; ~ *de ogen op de grond gericht* die Augen zu Boden geschlagen; *laat mij* ~ *rust* laß mich in Ruhe; ~ *een stok in de hand* einen Stock in der Hand; ~ *zijn tweeën* zu zweien; ~ *een uur* in einer Stunde; ~ *vakantie gaan* in (die) Ferien gehen; *het huis* ~ *de tuin verkopen* das Haus nebst Garten verkaufen
**metaal** Metall *o*
**metaalachtig** metallartig, metallisch
**metaaldraad** Metalldraht *m*
**metaalindustrie** Metallgewerbe *o*
**metaalmoeheid** Metallermüdung *v*
**metafoor** Metapher *v*
**metafysica** Metaphysik *v*
**metalen** metallen; ~ *voorwerpen* Metallwaren *mv*
**metamorfose** Metamorphose *v*
**metastase** Metastase *v*
**meteen** 1 ⟨dadelijk⟩ sofort, gleich; 2 ⟨tegelijk⟩ zugleich
**meten\*** messen
**meteoor** Meteor *o*
**meteoriet** Meteorit *m*
**meteorologie** Meteorologie *v*
**meteorologisch** meteorologisch; ~ *instituut* Wetterwarte *v*
**meteoroloog** Meteorologe *m*
**1 meter** *m* 1 ⟨iem. die meet⟩ Messer *m*; 2 ⟨maat⟩ Meter *o*; *kubieke* ~ Kubikmeter *o*; *vierkante* ~ Quadratmeter *o*
**2 meter** *v* ⟨peettante⟩ Taufpatin *v*
**meterkast** Zählerkasten *m*
**meteropnemer** Ableser *m*
**meterstand** Zählerstand *m*
**metgezel** Gefährte *m*

**metgezellin** Gefährtin *v*
**methaan** Methan *o*
**methode** Methode *v*
**methodiek** Methodik *v*
**methodisch** planmäßig, methodisch
**metier** Metier *o*
**meting** Messung *v*
**1 metriek**: ~*e stelsel* metrisches System *o*
**2 metriek** *v* ⟨versleer⟩ Metrik *v*
**metrisch** metrisch
**metro** U-Bahn *v*
**metropool** Metropole *v*
**metrostation** U-Bahnhof *m*
**metrum** Metrum *o*
**metselaar** Maurer *m*
**metselen** mauern
**metselkalk** Maurerkalk *m*
**metselwerk** 1 ⟨arbeid⟩ Maurerarbeit *v*; 2 ⟨wat gemetseld is⟩ Maurerwerk *o*
**metten** Metten *mv*; *korte* ~ *maken* kurzen Prozeß machen
**metterdaad** wirklich, tatsächlich
**mettertijd** mit der Zeit
**metworst** Mettwurst *v*
**meubel** Möbel *o*; *gestoffeerde* ~*en* Polstermöbel *mv*; *stalen* ~ Stahlmöbel *o*
**meubelmagazijn** Möbellager *o*
**meubelmaker** Tischler *m*
**meubilair** Möbel *mv*, Mobiliar *o*
**meubileren** möblieren
**meug**: *ieder zijn* ~ jeder nach seinem Geschmack
**meute** Meute *v*
**mevrouw** Frau *v*; ⟨aanspreekvorm⟩ gnädige Frau
**Mexicaan** Mexikaner *m*
**Mexicaans** mexikanisch
**Mexico** Mexiko *o*
**mi** *muz* Mi *o*
**miauw** miau
**miauwen** miauen
**mica** Glimmer *m*
**microbe** Mikrobe *v*
**microfilm** Mikrofilm *m*
**microfoon** Mikrophon *o*
**microkosmos** Mikrokosmos *m*
**micro-organisme** Mikroorganismus *m*
**microscoop** Mikroskop *o*
**microscopisch** mikroskopisch
**middag** 1 ⟨namiddag⟩ Nachmittag *m*; 2 ⟨ongeveer 12 uur⟩ Mittag *m*; *'s* ~*s* nachmittags; *tegen de* ~ gegen Mittag; *tussen de* ~ zur Mittagszeit
**middagdutje** Mittagsschlaf *m*
**middageten, middagmaal** Mittagessen *o*
**middagpauze** Mittagspause *v*
**middel** 1 ⟨hulpmiddel⟩ Mittel *o*; 2 ⟨van 't lichaam⟩ Taille *v*; ~*en* *(mv)* ⟨geld⟩ Einkünfte *mv*; *kalmerend* ~ Beruhigungsmittel *o*; ~ *van bestaan* Erwerbsmittel *o*; *door* ~ *van* mittels (+ 2); *zonder* ~*en* mittellos; *zonder* ~ *van bestaan* erwerbslos
**middelbaar** mittler; *op middelbare leeftijd* in mittleren Jahren; *een vrouw van middelbare leeftijd* eine Frau *v* mittleren Alters; ~ *onderwijs* höherer Unterricht *m*; *middelbare school* weiterführende Schule *v*

**middeleeuwen** Mittelalter o; *de vroege, late* ~ das Früh-, Spätmittelalter; *de bloeitijd der* ~ das Hochmittelalter
**middeleeuws** mittelalterlich
**middelgroot** mittelgroß; *een* ~ *bedrijf* ein mittlerer Betrieb m; *een middelgrote stad* eine Stadt v mittlerer Größe
**Middellands**: *de* ~*e Zee* das Mittelmeer, das Mittelländische Meer
**middellang** von mittlerer Länge
**middellijn** Durchmesser m
**middelmaat** Mittelmaß o; *de gulden* ~ die goldene Mitte
**middelmatig** mittelmäßig
**middelmatigheid** Mittelmäßigkeit v
**middelpunt** Mittelpunkt m
**middelpuntvliedend** zentrifugal; ~*e kracht* Zentrifugal-, Fliehkraft v
**middels** mittels (+2)
**middelste** mittler
**middelvinger** Mittelfinger m
**midden** I o Mitte v; *in 't* ~ *brengen* geltend machen; *in 't* ~ *laten* dahingestellt sein lassen; *'t* ~ *houden tussen* die Mitte halten zwischen; II *bijw* mitten; ~ *zestig* Mitte Sechzig; ~ *in de nacht* mitten in der Nacht; *te* ~ *van de gevaren* inmitten der Gefahren
**middenberm** Mittelstreifen m
**middendoor** mittendurch
**middengolf** radio Mittelwelle v
**middenin** mittendrin, in die (der) Mitte
**middenklasse** 1 ⟨met middelmatige prijs⟩ Mittelklasse v; 2 ⟨maatschappelijke klasse⟩ Mittelstand m, -schicht v; *een auto uit de* ~ Mittelklassewagen m
**middenmoot** Tabellenmitte v
**middenoorontsteking** Mittelohrentzündung v
**middenpad** ⟨in zaal e.d.⟩ Mittelgang m
**middenrif** Zwerchfell o
**middenschip** Mittelschiff o
**middenschool** ± ⟨integrierte⟩ Gesamtschule v
**middenstand** Mittelstand m
**middenstander** Mittelständler m
**middenstandsdiploma** Befähigungsnachweis m für kleinere Unternehmungen
**middenstip** sp Mittelpunkt m
**middenveld** 1 ⟨deel v.h. veld⟩ Mittelfeld o; 2 ⟨spelers⟩ Mittelfeldspieler mv
**middenweg**: *de gulden* ~ der goldene Mittelweg
**middernacht** Mitternacht v
**middernachtelijk** mitternächtlich
**midgetgolf** Minigolf o
**midscheeps** mittschiffs
**midvoor** Mittelstürmer m
**midzomer** Mittsommer m
**mie** m ⟨Chinees gerecht⟩ Glasnudeln mv
**mier** Ameise
**mieren** 1 ⟨knoeien⟩ herumpfuschen; 2 ⟨zeuren⟩ nergeln
**miereneter** Ameisenbär m
**mierenhoop** Ameisenhaufen m
**mierenneuker** Haarspalter m
**mierzoet** honig-, zuckersüß
**mieter**: *iem. op zijn* ~ *geven* jmdm. die Jakke voll hauen
**mieters** gemeenz toll, pfundig
**mietje** Schwuler m; *laten we elkaar geen* ~ *noemen* laß uns die Dinge beim Namen nennen
**miezeren** nieseln
**miezerig** 1 ⟨v. 't weer⟩ trübe; 2 ⟨v. persoon⟩ mickrig
**migraine** Migräne v
**migrant** 1 ⟨immigrant⟩ Einwanderer m, Immigrant m; 2 ⟨emigrant⟩ Auswanderer m, Emigrant m
**migratie** Migration v
**migreren** den Wohnort wechseln
**mihoen** Glasnudeln mv
**mij** ⟨3de naamval⟩ mir; ⟨4de naamval⟩ mich
**mijden*** meiden
**mijl** Meile v; *dat is (een)* ~ *op zeven* das ist ein großer Umweg
**mijlpaal** Meilenstein m; fig Markstein m
**mijmeren** sinnieren; ⟨piekeren⟩ grübeln
**1 mijn** *bez vnw* mein; *dat zijn* ~ *boeken* das sind meine Bücher; ~ *verstand staat stil* der Verstand steht mir still; *daar wil ik 't* ~*e van weten* ich will wissen, woran ich bin; *'t* ~ *en dijn* Mein und Dein
**2 mijn** v 1 ⟨v. delfstoffen⟩ Bergwerk o, Grube v; 2 ⟨explosief⟩ Mine v; ~*en leggen* Minen legen
**mijnbouw** Berg-, Grubenbau m
**mijnenlegger** Minenleger m
**mijnenveger** Minensucher m; ⟨klein⟩ Minenräumboot o
**mijnenveld** Minenfeld o
**mijnerzijds** meinerseits
**mijngas** Grubengas o
**mijnheer** = meneer
**mijnramp** Grubenkatastrophe v
**mijnschacht** Schacht m
**mijnwerker** Grubenarbeiter m
**1 mijt** v ⟨insect⟩ Milbe v
**2 mijt** v ⟨stapel stro, koren⟩ Miete v
**mijter** Mitra v
**mik** ⟨brood⟩ Brot o
**mikken** 1 ⟨richten⟩ zielen; 2 ⟨werpen⟩ schmeißen; *op iem.* ~ auf einen zielen; *op het doel* ~ das Ziel anvisieren; *Ajax mikt op het kampioenschap* Ajax steuert auf die Meisterschaft zu
**mikmak**: *de hele* ~ der ganze Kram
**mikpunt** Zielscheibe v
**Milaan** Mailand o
**mild** 1 ⟨zacht⟩ mild; 2 ⟨vrijgevig⟩ großzügig
**mildheid** 1 ⟨vrijgevigheid⟩ Großzügigkeit v; 2 ⟨zachtheid⟩ Milde v
**milicien** ZN Militärpflichtige(r) m, Soldat m
**milieu** 1 ⟨levenssfeer⟩ Umwelt v; 2 ⟨sociale kring⟩ Milieu o
**milieuactivist** Umweltschützer m
**milieubelasting** Umweltsteuer v
**milieubescherming** Umweltschutz m
**milieubewust** umweltbewußt
**milieuhygiëne** Umwelthygiene v
**milieuramp** Umweltkatastrophe v
**milieuverontreiniging, milieuvervuiling** Umweltverschmutzung v
**milieuvriendelijk** umweltfreundlich
**militair** I *bn* militärisch; ~*e academie*

**militant**

Kriegsakademie v; ~ *oefenterrein* Truppenübungsplatz m; ~*e dienst* Militärdienst m; **II** m Militär m; *de* ~*en* (als geheel) das Militär

**militant I** bn militant; **II** m ZN **1** (actievoerder) militantes Mitglied o; (v. overtuiging) Verfechter m; (bij betoging) Demonstrant m; **2** (knokploeglid) Schläger m

**militarisme** Militarismus m

**militaristisch** militaristisch

**military** paardensport Military v

**militie** Miliz v

**miljard** Milliarde v

**miljardair** Milliardär m

**miljoen** Million v

**miljoenennota** Staatshaushaltsplan m

**miljonair** Millionär m

**mille** Mille o

**millibar** Millibar o

**milligram** Milligramm o

**millimeter** Millimeter o; *vierkante* ~ Quadratmillimeter o; *kubieke* ~ Kubikmillimeter o

**millimeteren** (die Haare) sehr kurz schneiden

**milt** Milz v

**mime** Pantomime v

**mimiek** Mimik v

**mimosa** Mimose v

**1 min** v **1** (liefde) Liebe v; **2** (voedster) Amme v

**2 min** bn bijw **1** (klein) winzig; **2** (laaghartig) niederträchtig; **3** (verminderd met) minus, weniger; ~ *of meer* mehr oder weniger; *10* ~ *7 is 3* 10 weniger (minus) 7 ist (macht) 3

**minachten** geringschätzen

**minachting** Geringschätzung v; *met* ~ *op iem. neerzien* geringschätzig auf einen herabsehen

**minaret** Minarett o

**minder** weniger, geringer; *niemand* ~ *dan* kein Geringerer als; *hij is niet* ~ *dan een ander* er ist nicht schlechter als ein and(e-)rer; *in* ~ *dan geen tijd* im Nu; *des te* ~ um so weniger

**mindere 1** (ondergeschikte) Untergebene(r) m-v; **2** (in bekwaamheid) Unterlegne(r) m; *officieren en* ~*n* Offiziere und Gemeine; *iems.* ~ *zijn* hinter einem zurückstehen

**minderen 1** (in 't alg.) abnehmen; **2** (storm, koorts) nachlassen; **3** (bij 't breien) mindern, abnehmen; *snelheid* ~ Fahrt verringern

**minderhedenbeleid** Minderheitenpolitik v

**minderheid** Minderheit v

**minderheidsregering** Minderheitsregierung v

**mindering** (bij breien) Minderung v; *in* ~ *brengen* in Abzug bringen

**minderjarig** minderjährig

**minderjarigheid** Minderjährigkeit v

**minderwaardig** minderwertig

**minderwaardigheidscomplex** Minderwertigkeitskomplex m

**mineraal I** o Mineral o; **II** bn mineralisch

**mineraalwater** Mineralwasser o

**mineur** muz Molltonart v; *a* ~ a-moll

**miniatuur** Miniatur v

**miniem** minimal

**minigolf** Minigolf o

**mini-jurk** Minikleid o

**minima** Einkommensschwache mv

**minimaal** minimal

**minimaliseren** minimalisieren

**minimum** Mindestmaß o; *sociaal* ~ Lebensmindestbedarf m

**minimumbedrag** Mindestbetrag m

**minimumlijder** gemeenz (iem. met minimuminkomen) Arbeitnehmer m mit Mindesteinkommen

**minimumloon** Mindestlohn m

**minirok** Minirock m

**minister** Minister m; *eerste* ~ Ministerpräsident m; ~ *van binnenlandse zaken, van buitenlandse zaken, van defensie, van economische zaken, van financiën, van justitie, van landbouw, van onderwijs, van oorlog, van sociale zaken, van verkeer en waterstaat* Innen-, Außen-, Verteidigungs-, Wirtschafts-, Finanz-, Justiz-, Landwirtschafts-, Kultus-, Kriegs-, Sozial-, Verkehrsminister; ~ *van staat* Ehrentitel für hochverdienten ehemaligen Minister; ~ *zonder portefeuille* Minister ohne Geschäftsbereich

**ministerie** Ministerium o; (Duitsland) Bundesamt o; Zwits Departement o; *openbaar* ~ Staatsanwaltschaft v

**ministerieel** ministeriell; ~ *besluit* Ministerialerlaß m; *ministeriële verantwoordelijkheid* Ministerverantwortlichkeit v

**minister-president** Ministerpräsident m

**ministerraad** Ministerrat m

**minnaar** Geliebte(r) m, Liebhaber m

**minnekozen** kosen; *het* ~ das Liebkosen

**minnelijk**: ~*e schikking* gütlicher Vergleich m; *bij* ~*e schikking* auf gütlichem Wege

**minnen** lieben

**minnetjes 1** (verachtelijk) verächtlich; **2** (v. zieke) schwach, schwächlich; **3** (erg matig) äußerst mäßig

**minpunt** Minuspunkt m

**minst** wenigst, geringst, mindest; *in 't* ~ *niet* nicht im mindesten; *op zijn* ~ mindestens; *ten* ~*e* wenigstens

**minstens** mindestens, wenigstens

**minstreel** Minstrel m

**minteken** Minuszeichen o

**minus** minus, weniger

**minuscuul** äußerst klein

**minutieus** peinlich genau, minuziös

**minuut 1** (60 seconden) Minute v; **2** (v.e. akte) Urschrift v; ~ *stilte* Gedenkminute v; *tien minuten voor negen* zehn Minuten vor 9; *op de* ~ *af* auf die Minute; *per* ~ pro Minute

**minuutwijzer** Minutenzeiger m

**minzaam** leutselig, freundlich

**miraculeus 1** (wonderbaarlijk) mirakulös, wunderbar; **2** (wonderdoend) wundertätig

**mirakel** Mirakel o, Wunder o

**mirre** Myrrhe *v*

**1 mis** *v* RK Messe *v; naar de* ~ *gaan* in die Messe gehen

**2 mis** *bn* verfehlt; *niet* ~ nicht von Pappe; *'t is weer* ~ es stimmt wieder nicht; *'t is* ~ *met hem* es steht schlecht um ihn; *'t* ~ *hebben* sich irren

**misantroop** Misanthrop *m*

**misbaar** Lärm *m; groot* ~ Heidenlärm *m*

**misbaksel** Mißgeburt *v*

**misbruik** Mißbrauch *m;* ~ *van vertrouwen* Vertrauensmißbrauch *m*

**misbruiken** 1 ⟨verkeerd gebruiken⟩ mißbrauchen; 2 ⟨schenden⟩ vergewaltigen

**misdaad** Verbrechen *o*

**misdadig** verbrecherisch

**misdadiger** Verbrecher *m*

**misdeeld** bedürftig; *door de natuur* ~ von der Natur stiefmütterlich behandelt

**misdienaar** Meßdiener *m*

**misdoen** 1 ⟨verkeerd doen⟩ verkehrt tun; 2 ⟨zondigen⟩ freveln; *wat heeft hij nu weer misdaan?* was hat er nun wieder verbrochen?

**misdragen:** *zich* ~ sich schlecht benehmen

**misdrijf** Verbrechen *o*

**misdrijven** verbrechen

**misdruk** Fehldruck *m*

**mise-en-scène** Inszenierung *v*

**miserabel** 1 ⟨ellendig⟩ elend, miserabel; 2 ⟨verachtelijk⟩ übel

**misère,** ZN **miserie** Elend *o,* Misere *v*

**misgaan** fehlschlagen

**misgooien** fehlwerfen

**misgreep** Fehl-, Mißgriff *m*

**misgrijpen** fehlgreifen

**misgunnen** mißgönnen

**mishagen** I mißfallen; II *o* Mißbehagen *o*

**mishandelen** mißhandeln

**mishandeling** Mißhandlung *v*

**miskennen** verkennen

**miskenning** Verkennung *v*

**miskleun** gemeenz Schnitzer *m*

**miskleunen** gemeenz danebenhauen

**miskoop** Fehlkauf *m*

**miskraam** Fehlgeburt *v*

**misleiden** täuschen, irreführen

**mislopen** 1 ⟨niet krijgen⟩ verpassen; 2 ⟨mislukken⟩ mißlingen; 3 ⟨niet treffen⟩ verfehlen

**mislukkeling** gescheiterte Existenz *v*

**mislukken** mißlingen, fehlschlagen

**mislukking** Fehlschlag *m*

**mismaakt** verkrüppelt

**mismoedig** mißmutig, niedergeschlagen

**misnoegd** mißvergnügt, verstimmt

**misnoegdheid** Verstimmung *v,* Unmut *m*

**misnoegen** Mißvergnügen *o*

**misoogst** Mißernte *v*

**mispel** Mispel *v*

**misplaatst** übel angebracht, unpassend

**misprijzen** 1 ⟨afkeuren⟩ mißbilligen, tadeln; 2 ZN ⟨verachten⟩ verachten

**mispunt** Ekel *o*

**1 mis'rekenen:** *zich* ~ sich verrechnen

**2 'misrekenen** falsch rechnen

**misrekening** Fehlkalkulation *v*

**misschien** vielleicht

**misselijk** 1 ⟨onpasselijk⟩ übel; 2 ⟨weerzinwekkend⟩ widerlich; *iem. is* ~ einem ist übel

**misselijkheid** 1 ⟨onpasselijkheid⟩ Übelkeit *v;* 2 ⟨walgelijkheid⟩ Widerlichkeit *v*

**misselijkmakend** ekelerregend, widerlich

**missen** 1 ⟨bij schieten enz.⟩ fehlen; 2 ⟨niet hebben⟩ entbehren; 3 ⟨kwijt zijn⟩ vermissen; *dat kan niet* ~ das kann nicht fehlen; *ik kan hem* ~ *(als kiespijn)* er kann mir gestohlen bleiben; *we hebben u gisteren gemist* wir haben Sie gestern vermißt; *ik kan dat boek niet* ~ ich kann das Buch nicht entbehren; *zijn doel* ~ sein Ziel verfehlen; *alle grond* ~ ganz unbegründet sein; *hij mist zijn moeder* die Mutter fehlt ihm; *een strafschop* ~ sp einen Elfmeter verschießen; *tanden* ~ zahnlückig sein; *de trein* ~ den Zug verfehlen

**misser** Fehltreffer *m,* -schuß *m*

**missie** 1 ⟨RK en opdracht⟩ Mission *v;* 2 ⟨roeping⟩ Sendung *v*

**missionaris** Missionar *m*

**misslaan** fehlschlagen

**misslag** Fehlgriff *m,* Fehler *m*

**misstaan** 1 ⟨lelijk staan⟩ slecht stehen; 2 ⟨niet betamen⟩ slecht anstehen

**misstand** Mißstand *m*

**misstap** ⟨ook fig⟩ Fehltritt *m*

**misstappen** fehltreten

**mist** Nebel *m; zware* ~ starker Nebel *m; de* ~ *ingaan* mißlingen

**mistasten** fehlgreifen

**mistbank** Nebelbank *v*

**misten:** *'t mist* es ist neb(e)lig

**misthoorn** Nebelhorn *o*

**mistig** neb(e)lig

**mistlamp** Nebelscheinwerfer *m*

**mistroostig** mißmutig, niedergeschlagen

**misvatting** Irrtum *m*

**misverstaan** mißverstehen; *niet mis te verstaan* unmißverständlich

**misverstand** Mißverständnis *o*

**misvormen** fig verbilden; ⟨erg⟩ verunstalten

**misvorming** Mißbildung *v;* ⟨erg⟩ Verunstaltung *v*

**mitella** Mitella *v,* Armschlinge *v*

**mitrailleur** Maschinengewehr *o*

**mits** unter der Bedingung

**mix** Mischung *v*

**mixen** mixen

**mixer** Mixer *m*

**mobiel** mobil, beweglich

**mobilisatie** Mobilmachung *v*

**mobiliseren** mobil machen

**mobilofoon** Funksprechgerät *o*

**modaal** modal; *modale werknemer* durchschnittlicher Arbeitnehmer *m*

**modaliteit** taalk Modalität *v*

**modder** 1 ⟨aarde met water⟩ Schlamm *m;* 2 ⟨vuil⟩ Dreck *m*

**modderen** 1 ⟨baggeren⟩ baggern; 2 ⟨knoeien⟩ pfuschen

**modderfiguur:** *een* ~ *slaan* eine traurige Figur abgeben

**modderig** schlammig

**modderpoel** Schlammpfütze *v*

**moddervet**

**moddervet** kugelrund
**mode** Mode v; *in de ~ zijn* (in) Mode sein; *uit de ~ raken* aus der Mode kommen
**modeartikel** Modeartikel *m*
**modeblad** Modezeitung v
**modegril** Modelaune v
**modehuis** Modehaus o
**model** Modell o; *~ zitten* Modell sitzen
**modelboerderij** Musterfarm v
**modelleren** modellieren
**modelwoning** Modellwohnung v
**modem** Modem *m*
**modeontwerper** Modeschöpfer *m*
**modepop** Modepuppe v
**modern** modern, zeitgemäß; *de ~e talen* die neueren Sprachen; *de ~ tijd* die Neuzeit
**moderniseren** modernisieren
**modeshow** Mode(n)schau v
**modeverschijnsel** Modeerscheinung v
**modewoord** Modewort o
**modezaak** Modegeschäft o
**modieus** modisch
**moduleren** modulieren
**modus** Modus *m*; *~ vivendi* Modus Vivendi *m*
**1 moe** v ⟨moeder⟩ Mutti v; *nou ~* gemeenz na also!
**2 moe** *bn* müde; *~ als een hond* hundsmüde; *~ maken, worden* ermüden; *een zaak ~ zijn* eine(r) Sache müde sein
**moed** Mut *m*; *~ houden* Mut halten; *houd ~ !* Kopf hoch!; *~ vatten* Mut fassen; *de ~ laten zakken* die Flügel hängen lassen; *de ~ niet laten zakken* den Mut nicht sinken lassen; *de ~ zinkt hem in de schoenen* der Mut sinkt ihm; *in arren ~e* unwillig; *met de ~ der wanhoop* mit dem Mut der Verzweiflung; *hij is blij te ~e* ihm ist froh zumute
**moedeloos** mutlos, verzagt
**moeder** Mutter v; *~ de vrouw* meine (deine, die) Alte
**moederdag** Muttertag *m*
**moederhuis 1** ⟨moederklooster⟩ Mutterhaus o; **2** ZN ⟨kraaminrichting⟩ Entbindungsklinik v
**moederkoek** Mutterkuchen *m*
**moederland** Mutterland o
**moederlijk** mütterlich
**moedermaatschappij** Stammgesellschaft v
**moedermelk** Muttermilch v
**moederschap** Mutterschaft v
**moederskindje** Liebling *m* der Mutter, ⟨jongen⟩ Muttersöhnchen o
**moederszijde**: *van ~* mütterlicherseits
**moedertaal** Muttersprache v
**moedervlek** Muttermal o
**moedig** mutig, tapfer
**moedwil** Absicht v, böse Absicht v
**moedwillig** absichtlich, vorsätzlich
**moeheid** Müdigkeit v
**moeien** zie *gemoeid*
**moeilijk 1** ⟨in 't alg.⟩ schwer, schwierig; **2** ⟨lastig⟩ lästig; *een ~e jeugd* eine schwierige Jugend v; *een ~ opvoedbaar kind* ein schwer erziehbares Kind o; *~e tijden* schwere Zeiten; *het iem. ~ maken* es jmdm. schwermachen; *het zich niet ~ maken* sich die Sache leicht machen; *~ vallen* schwer fallen
**moeilijkheid** Schwierigkeit v; *dat is de ~* das ist der Haken
**moeite 1** ⟨in 't alg.⟩ Mühe v; **2** ⟨het zich moeite geven⟩ Bemühung v; *vergeefse ~* verlorene Liebesmühe v; *~ doen* sich bemühen; *de ~ nemen* sich die Mühe geben; *niet de ~ waard* nicht der Mühe wert; *dat gaat in één ~ door* das ist ein Aufwasch; *'t loont de ~* es lohnt (sich) die Mühe; *tegen geen ~ opzien* keine Mühe scheuen; *ik dank u voor uw ~* ich danke Ihnen für Ihre Mühe(waltung)
**moeiteloos** mühelos
**moeizaam** mühsam
**moer 1** gemeenz ⟨moeder⟩ Mutter v; **2** dierk Muttertier o; **3** ⟨bezinksel⟩ Hefe v; **4** ⟨v. schroef⟩ Mutter v; *geen ~* gemeenz gar nichts
**moeras** Sumpf *m*, Morast *m*
**moerassig** sumpfig, morastig; *~e grond* Sumpfland o
**moerbei** Maulbeere v
**moerbeiboom** Maulbeerbaum *m*
**moeren** gemeenz ⟨stukmaken⟩ kaputtmachen
**moersleutel** Schraubenschlüssel *m*
**moerstaal** gemeenz Muttersprache v; *spreek je ~!* sprich doch Deutsch (Holländisch usw.)!
**moes** ⟨brij⟩ Mus o; *iem. tot ~ slaan* einen zu Mus schlagen
**moesappel** Kochapfel *m*
**moesson** Monsun *m*
**moestuin** Gemüse-, Küchengarten *m*
**moeten\* 1** ⟨onvermijdelijk zijn⟩ müssen; **2** ⟨wil v.e. ander; bewering⟩ sollen; *alle mensen ~ sterven* alle Menschen müssen sterben; *moet ik thuiskomen?* soll ich nach Hause kommen?; *hij moet heel rijk zijn* er soll sehr reich sein; *waar moet dat heen?* wo soll das hinführen?; *hoeveel moet ik u?* ZN wieviel schulde ich Ihnen?
**moetje** ⟨huwelijk⟩ Mußehe v
**Moezel** Mosel v
**moezelwijn** Moselwein *m*, gemeenz Mosel *m*
**1 mof** *m* ⟨scheldnaam⟩ Deutsche(r) *m*
**2 mof** v **1** ⟨damesmof⟩ Muff *m*; **2** techn Muffe v
**moffelen** ⟨wegstoppen⟩ heimlich verstecken, stibitzen
**mogelijk 1** ⟨uitvoerbaar, kunnende geschieden⟩ möglich, tunlich; **2** ⟨misschien⟩ möglicherweise; *alle ~e middelen* alle erdenklichen Mittel; *~e prijsverhogingen* etwaige Preiserhöhungen; *de grootst ~e voordelen* die denkbar größten Vorteile; *in de kortst ~e tijd* in kürzester Zeit; *voorzover ~* im Rahmen des Möglichen; *zo groot ~* möglichst groß; *zo spoedig ~* baldmöglichst; *zoveel ~* möglichst viel; *al 't ~e doen* alles mögliche tun; *er zoveel ~ naar streven* sich möglichst bemühen
**mogelijkerwijs** möglicherweise

**mogelijkheid** Möglichkeit v; *ik kan 't met geen ~ doen* ich kann es beim besten Willen nicht tun

**mogen*** 1 ⟨toestemming hebben⟩ dürfen; 2 ⟨mogen lijden⟩ mögen; *mag ik 't zout even?* würden Sie mir das Salz herreichen?; *je mag hier niet roken* du darfst hier nicht rauchen; *mag ik me even voorstellen?* darf ich mich vorstellen?; *ik mag hem niet* ich mag ihn nicht (leiden); *dat mag je van mij aannemen* das kannst du mir glauben; *hij mag wel oppassen!* er mag sich ja in acht nehmen; *mocht het regenen, dan blijven wij thuis* falls es regnen sollte, bleiben wir zu Hause; *het mocht niet baten* es mochte nichts helfen; *het heeft niet zo ~ zijn* es hat nicht sein sollen; *ik mag doodvallen als...* ich will sterben, wenn...

**mogendheid** Macht v; *de grote mogendheden* die Großmächte

**mohair** Mohair o

**mohammedaan** Mohammedaner m

**mohammedaans** mohammedanisch

**Mohikaan** Mohikaner m; *de laatste der Mohikanen* der letzte Mohikaner

**mok** Becher m

**moker** Schmiedehammer m

**mokkel** geméénz Mieze v; *een lekker ~* eine dufte Mieze v

**mokken** schmollen, maulen

**1 mol** ⟨dier⟩ Maulwurf m

**2 mol** v muz das b; ⟨toonaard⟩ Moll o

**molecule** Molekül o

**molen** Mühle v; *een klap van de ~ (gekregen) hebben* einen Hau haben

**molenaar** Müller m

**molensteen** Mühlstein m

**molenwiek** Mühlenflügel m

**molesteren** belästigen, molestieren

**molestverzekering** Kriegsschädenversicherung v

**molière** m Halbschuh m

**mollen** geméénz 1 ⟨stukmaken⟩ kaputtmachen; 2 ⟨doden⟩ slang abmurksen

**mollig** mollig

**molm** 1 ⟨in 't alg.⟩ Mulm m; 2 ⟨v. turf⟩ Mull m

**molotovcocktail** m Molotow-Cocktail m

**molshoop** Maulwurfshügel m

**molsla** Löwenzahn m

**molton** Molton m

**mom**: *onder het ~ van* unter der Maske von

**mombakkes** Maske v, Larve v

**moment** Augenblick m, Moment m; *heeft u een ~je?* einen Moment, Augenblick, bitte?

**momenteel** im Augenblick, augenblicklich

**momentopname** Momentaufnahme v

**mompelen** murmeln

**monarch** Monarch m

**monarchie** Monarchie v

**monarchist** Monarchist m

**mond** 1 ⟨lichaamsdeel⟩ Mund m; 2 ⟨v. kanon⟩ Mündung v; *de ~ v.d. Elbe* die Elbmündung; *een grote ~ hebben* ein großes Maul haben; *zijn ~ houden* seine Zunge hüten; *een grote ~ opzetten* die Klappe aufreißen; *geen ~ opendoen* den Mund nicht aufmachen; *iem. de ~ snoeren* einen mundtot machen; *de kritiek de ~ snoeren* die Kritik drosseln; *zijn ~ staat niet stil* er redet wie ein Wasserfall; *bij ~e van* durch; *iem. iets in de ~ leggen* jmdm. etwas in den Mund legen; *met de ~ vol tanden staan* verlegen schweigen; *met open ~ staan te kijken* mit offenem Mund dastehen; *iem. naar de ~ praten* jmdn. nach dem Mund reden; *iets uit zijn ~ sparen* sich etwas vom Munde absparen; *van ~ tot ~* von Mund zu Mund; *alles wat hem voor de ~ komt* alles, was ihm in den Mund kommt; zie ook: *mondje*

**mondain** mondän

**monddood**: *iem. ~ maken* einen mundtot machen

**mondeling** mündlich

**mond- en klauwzeer** Maul- und Klauenseuche v

**mondharmonica** Mundharmonika v

**mondhoek** Mundwinkel m

**mondholte** Mundhöhle v

**mondhygiëniste** Mundhygienikerin v

**mondiaal** weltweit

**mondig** mündig

**monding** Mündung v; *de ~ v.d. Elbe* die Elbmündung

**mondje** Mündchen o; *~ dicht* Mund gehalten!; *een ~ Duits spreken* ein paar Worte Deutsch sprechen; *niet op zijn ~ gevallen zijn* nicht auf den Mund gefallen sein

**mondjesmaat** gerade genug, abgepaßt

**mond-op-mondbeademing** Mund-zu-Mund-Beatmung v

**mondorgel** = *mondharmonica*

**mondstuk** Mundstück o

**mond-tot-mondreclame** Mundpropaganda v

**mondvol** Mundvoll m

**mondvoorraad** Mundvorrat m

**monetair** monetär

**mongolisme** Mongolismus m

**mongooltje** Mongole m, Mongoloide m

**monitor** Monitor m

**monitrice** ZN Betreuerin v

**monnik** Mönch m; *gelijke ~en, gelijke kappen* gleiche Brüder, gleiche Kappen

**monnikenwerk** Geduldarbeit v

**monocle** Monokel o, Einglas o

**monogaam** monogam

**monogamie** Monogamie v

**monografie** Monographie v

**monogram** Monogramm o

**monoloog** Monolog m, Selbstgespräch o

**monomaan** Monomane(r) m-v

**monopolie** Monopol o

**monorail** Einschienenbahn v

**monotonie** Monotonie v

**monotoon** monoton

**monster** 1 ⟨proef⟩ Probe v; 2 ⟨ondier⟩ Monster o; *~s nemen* Proben nehmen

**monsterachtig** 1 ⟨verschrikkelijk⟩ scheußlich; 2 ⟨groot⟩ ungeheuer

**monsteren** 1 ⟨bekijken⟩ mustern; 2 scheepv anheuern

**monsterlijk** scheußlich, abscheulich

**monsterscore** Rekordergebnis o

**montage** Montage *v*
**montagefoto** Fotomontage *v*
**montagetafel** Montagetisch *m*
**monter** munter
**monteren** 1 ⟨in elkaar zetten⟩ montieren; 2 ⟨toneelstuk⟩ ausstatten
**montessorischool** Montessori-Schule *v*
**monteur** Monteur *m*
**montuur** Fassung *v*; *een bril met zwart ~* eine schwarzgefaßte Brille *v*
**montycoat** Dufflecoat *m*
**monument** Denkmal *o*, Monument *o*
**monumentaal** monumental; *een ~ gebouw* ein Monumentalbau *m*
**monumentenlijst** Verzeichnis *o* der unter Denkmalschutz stehenden Kunst- und Kulturwerke
**monumentenzorg** Denkmal(s)pflege *v*
**mooi** schön; *je bent ook een ~e!* du bist mir der Richtige!; *een ~ sommetje* ein hübsches Sümmchen *o*; *wel, nu nog ~er!* das wäre noch schöner!; *je hebt me ~ beet gehad* du hast mich hübsch angeführt
**mooizitten** ⟨v. hond⟩ schön (Männchen) machen
**moor** ⟨paard⟩ Rappe *m*
**Moor** Maure *m*
**moord** Mord *m*; *~ en brand* Zeter und Mordio; *~ met voorbedachten rade* vorsätzlicher Mord *m*; *de ~ op de houtvester* der Mord am Förster
**moordaanslag** Mordanschlag *m*
**moorddadig** mörderisch
**moorden** morden
**moordenaar** Mörder *m*
**moordend** aufreibend, mörderisch; *een ~e hitte* eine mörderische Hitze
**moordgriet** *gemeenz* Mordsmädel *o*
**moordkuil** Mördergrube *v*; zie ook: *hart*
**moordpartij** Gemetzel *o*
**moordvent** *gemeenz* Mordskerl *m*
**moordwapen** Mordwaffe *v*
**moorkop** ⟨gebakje⟩ Mohrenkopf *m*
**moot** Scheibe *v*, Schnitt *m*
**mop** 1 ⟨steen⟩ Backstein *m*; 2 ⟨koekje⟩ Art rundes Plätzchen *o*; 3 ⟨grap⟩ Witz *m*; *een schuine ~* eine Zote *v*
**moppentapper** Witzbold *m*
**mopperaar** Nörgler *m*, Meckerer *m*
**mopperen** brummen, nörgeln, schimpfen; *gemeenz* meckern
**mopperkont** Nörgler *m*, Meckerer *m*
**moppie** ⟨meisje⟩ Schätzchen *o*, Mieze *v*
**mopsneus** Mopsnase *v*
**moraal** Moral *v*
**moraliseren** moralisieren
**moralist** Moralist *m*
**moratorium** Moratorium *o*
**morbide** morbid
**moreel** I *bn* moralisch; II *o* ⟨v. soldaten e.d.⟩ Moral *v*
**morel** Morelle *v*, Sauerkirsche *v*
**mores**: *iem. ~ leren* einen Mores lehren
**morfine** Morphin *o*, Morphium *o*
**morfologie** Morphologie *v*
**morgen** I *bijw* morgen; *de dag van ~* der morgige Tag; *'s ~s* morgens; II *m* Morgen *m*

**morgenavond** morgen abend
**morgengebed** Morgengebet *o*
**morgenland** Morgenland *o*
**morgenmiddag** morgen nachmittag
**morgenochtend** morgen früh
**morgenrood** Morgenröte *v*
**morgenster** Morgenstern *m*
**morgenstond** Morgenstunde *v*; *de ~ heeft goud in de mond* Morgenstund hat Gold im Mund
**mormel** 1 ⟨lelijk wezen⟩ Scheusal *o*; 2 ⟨hond⟩ Köter *m*
**mormoon** Mormone *m*
**morrelen** 1 ⟨peuteren⟩ nesteln; 2 ⟨aan deur⟩ rütteln; *daaraan valt niet te ~* daran ist nicht zu rütteln
**morren** murren, brummen
**morsdood** mausetot
**morse** Morsezeichen *mv*
**morsealfabet** Morsealphabet *o*
**morsen** 1 ⟨op kleren enz.⟩ kleckern; 2 ⟨knoeien⟩ schmieren; *thee ~* Tee verschütten
**morsig** schmutzig, schlampig
**mortel** Mörtel *m*
**mortier** Mörser *m*
**mortuarium** Leichenhalle *v*, -haus *o*
**mos** Moos *o*
**moskee** Moschee *v*
**moslem, moslim** *m* Moslem *m*, Muslim *m*
**mossel** Muschel *v*
**most** Most *m*
**mosterd** Senf *m*; *dat is ~ na de maaltijd* das ist Soße nach dem Braten
**mosterdgas** Senfgas *o*
**mot** 1 ⟨insect⟩ Motte *v*; 2 ⟨ruzie⟩ Krach *m*; *tegen ~ behandelen* einmotten
**motel** Motel *o*
**motie** Antrag *m*; *~ van afkeuring* Mißbilligungsantrag *m*; *~ van vertrouwen* Vertrauensantrag *m*; *~ van wantrouwen* Mißtrauensantrag *m*; *een ~ indienen, verwerpen* einen Antrag stellen, ablehnen
**motief** Motiv *o*
**motivatie** Motivation *v*
**motiveren** begründen, motivieren
**motivering** Begründung *v*, Motivierung *v*; *~ v.e. vonnis* Urteilsbegründung *v*
**moto** *ZN* Motorrad *o*
**motor** 1 ⟨krachtmachine⟩ Motor *m*; 2 ⟨motorfiets⟩ Motorrad *o*
**motoragent** Motorradpolizist *m*
**motorboot** Motorboot *o*
**motorcross** Moto-Cross *o*
**motorfiets** Motorrad *o*; *~ met zijspan* Seitenwagenmaschine *v*
**motoriek** Motorik *v*
**motorisch** motorisch
**motoriseren** motorisieren, verkraften; *een gemotoriseerde divisie* eine motorisierte Division *v*
**motorkap** Motor-, Kühlerhaube *v*
**motorpech** Motorpech *o*
**motorrace** Motorrennen *o*, Motorradrennen *o*
**motorrijder** Motorradfahrer *m*
**motorrijtuig** Kraftfahrzeug *o*
**motorrijtuigenbelasting** Kraftfahrzeug-

**motorschip** Motorschiff *o*
**motorsport** Kraftfahrsport *m*
**motregen** Nieselregen *m*
**motregenen** nieseln, staubregnen
**mottenbal** Mottenkugel *v*; *in de ~len leggen* einmotten
**mottig** 1 ⟨mistig⟩ neblig; 2 ⟨beschadigd⟩ mottenzerfressen; 3 ⟨pokdalig⟩ pockennarbig; 4 ZN ⟨vuil, lelijk⟩ häßlich; 5 ZN ⟨misselijk⟩ (einem ist) übel
**motto** Leitspruch *m*, Motto *o*
**mountainbike** Mountain-Bike *o*, MTB *o*
**mousseren** moussieren
**mout** Malz *o*
**mouw** Ärmel *m*; *daar is wel een ~ aan te passen* da läßt sich schon etwas machen; *iem. iets op de ~ spelden* jmdm. einen Bären aufbinden; *iets uit de ~ schudden* etwas aus dem Ärmel schütteln; *iem. de ~ vegen* ZN einem schmeicheln
**moven**: *~!* Hau ab!, Verpiß dich!
**mozaïek** Mosaik *o* & *v*
**mts** = *middelbare technische school* ± technische Fachoberschule *v*
**mud** Hektoliter *o*
**muesli, müsli** Müsli *o*, Zwits Müesli *o*
**muf, muffig** muffig, dumpfig, vermieft
**mug** Mücke *v*; *van een ~ een olifant maken* aus einer Mücke einen Elefanten machen
**muggenbeet** Mückenstich *m*
**muggenziften** haarklauben
**muggenzifter** Haarklauber *m*
**1 muil** *m* ⟨bek⟩ Maul *o*
**2 muil** *v* ⟨pantoffel⟩ Pantoffel *m*
**muildier** Maultier *o*
**muilezel** Maulesel *m*
**muilkorf** Maulkorb *m*
**muilkorven** 1 ⟨een hond⟩ den Maulkorb anlegen; 2 *fig* ⟨einem⟩ das Maul stopfen
**muilpeer** Maulschelle *v*
**muis** Maus *v*
**muisje** Mäuschen *o*; *dat ~ zal wel een staartje hebben* das bleibt nicht ohne Folgen
**muisjes** ⟨anijskorrels⟩ Aniszucker *m*
**muisstil** (mucks)mäuschenstill, muckssstill
**muiten** meutern; *aan het ~ slaan* zu meutern anfangen
**muiter** Meuterer *m*
**muiterij** Meuterei *v*
**muizengat, muizenhol** Mäuseloch *o*
**muizenissen** Grillen *mv*; *~ in het hoofd hebben* Grillen fangen
**muizenval** Mausefalle *v*
**mul** ⟨los⟩ locker; *~ zand* lockerer Sand *m*
**mulat** Mulatte *m*
**multicultureel** multikulturell
**multimedia** Multimedia *mv*
**multimiljonair** Multimillionär *m*
**multinational** Multinationale *v*
**multiple sclerose** Multiple Sklerose *v*, MS *v*
**multomap** Ringbuch *o*
**mum**: *in een ~ van tijd* in wenigen Augenblicken
**mummelen** mummeln
**mummie** Mumie *v*
**mummificeren** mumifizieren
**munitie** Munition *v*
**munitiedepot** Munitionslager *o*
**munt** 1 ⟨geldstuk⟩ Münze *v*; 2 ⟨valuta⟩ Währung *v*; 3 ⟨plant⟩ Minze *v*; *klinkende ~* klingende Münze *v*; *~ uit iets slaan* Kapital aus etwas schlagen; *met gelijke ~ betalen* mit gleicher Münze zahlen
**munten** münzen, prägen; *'t op iem. gemunt hebben* es auf einen abgesehen haben; *dat is op mij gemunt* das ist auf mich gemünzt
**muntstuk** Münze *v*
**munttelefoon** Münzfernsprecher *m*
**munttee** Pfefferminztee *m*
**murmelen** murmeln
**murw** mürbe; *iem. ~ maken* einen mürbe machen
**mus** Sperling *m*, Spatz *m*
**museum** Museum *o*
**museumstuk** Museumsstück *o*
**musical** Musical *o*
**musiceren** musizieren
**musicus** Musiker *m*
**musket** Muskete *v*
**musketier** Musketier *m*
**muskiet** Moskito *m*
**muskus** Moschus *m*
**mutatie** 1 ⟨in 't alg.⟩ Mutation *v*; 2 ⟨v. stem⟩ Stimmbruch *m*, -wechsel *m*
**muts** Mütze *v*
**mutualiteit** ZN ⟨ziekenfonds⟩ Krankenkasse *v*
**muur** *m* 1 ⟨in 't alg.⟩ Mauer *v*; 2 ⟨binnenmuur⟩ Wand *v*; *tegen de ~ zetten* ⟨fusilleren⟩ an die Wand stellen; *tussen vier muren* in vier Wänden; *uit de ~ eten* sich etwas aus dem Automaten ziehen; *de muren hebben oren* die Wände haben Ohren
**muurbloem** Goldlack *m*, Mauerblume *v*
**muurbloempje** fig Mauerblümchen *o*
**muurkrant** Wandzeitung *v*
**muurvast** felsen-, bombenfest
**muze** Muse *v*
**muziek** 1 ⟨in 't alg.⟩ Musik *v*; 2 ⟨gedrukte muziek⟩ Musikalien *mv*; 3 ⟨muziek waarnaar men speelt⟩ Noten *mv*; *daar zit ~ in* es liegt Musik darin; *lichte ~* Unterhaltungsmusik *v*
**muziekdoos** Spieldose *v*
**muziekhandel** Musikalienhandlung *v*
**muziekinstrument** Musikinstrument *o*
**muziekkorps** Musikkorps *o*
**muzieknoot** Musiknote *v*
**muziekschool** Musikschule *v*
**muzieksleutel** Notenschlüssel *m*
**muziekstandaard** Notenständer *m*
**muziektent** Musikpavillon *m*
**muzikaal** musikalisch
**muzikant** Musikant *m*
**mysterie** Mysterium *o*
**mysterieus** geheimnisvoll, mysteriös
**mysticus** Mystiker *m*
**mystiek** I *bn* mystisch; II *v* Mystik *v*
**mystificatie** Mystifikation *v*
**mythe** Mythe *v*

**mythisch** mythisch
**mythologie** Mythologie *v*
**mythologisch** mythologisch

**mytylschool** Schule *v* für Körperbehinderte
**myxomatose** Myxomatose *v*

# N

**n** der Buchstabe N, das N

**na** I *voorz* nach (+3); ⟨bij rangorde ook⟩ nächst; ~ *mij* nach mir; *een jaar ~ 't andere* ein Jahr ums andere; *de ene bode ~ de andere kwam* Bote um Bote kam; *twee maanden ~ dato* zwei Monate dato, zwei Monate nach heute; II *bijw* nahe; *op één ~* bis auf einen, eine, eines; *op één ~ de beste (grootste)* der zweitbeste, -größte; *bij lange ~ niet* bei weitem nicht; *iem. ~ staan* einem nahestehen

**naad** Naht *v*; *zich uit de ~ werken* sich abarbeiten, sich abrackern

**naadje** Stricknaht *v*; *'t ~ van de kous willen weten* einem Löcher in den Bauch

**naadloos** nahtlos

**naaf** Nabe *v*

**naaidoos** Nähkasten *m*

**naaien** 1 ⟨in 't alg.⟩ nähen; 2 <u>gemeenz</u> ⟨neuken⟩ ficken, bumsen

**naaimachine** Nähmaschine *v*

**naaister** 1 ⟨in 't alg.⟩ Näh(t)erin *v*; 2 ⟨beroeps⟩ Schneiderin *v*

**naakt** ⟨bloot⟩ nackt; *een ~ <u>schilderk</u>* eine Aktfigur *v*; *de ~e waarheid* die reine (ungeschminkte) Wahrheit

**naaktfoto** Aktfoto *o*, Nacktfoto *o*

**naaktloper** Nacktgänger *m*

**naaktslak** Nacktschnecke *v*

**naaktstrand** FKK-Strand *m* (Freikörperkultur); textilfreier Strand *m*, <u>gemeenz</u> Effi *m*

**naald** Nadel *v*, Nähnadel *v*

**naaldboom** Nadelbaum *m*, Konifere *m*

**naaldbos** Nadelwald *m*

**naaldhdak** Pfennig-, Bleistift-, Nadelabsatz *m*

**naaldhout** Nadelholz *o*

**naam** Name *m*; *de ~ hebben* im Ruf stehen; *'t mag geen ~ hebben* es ist nicht der Rede wert; *een goede (slechte) ~ hebben* einen guten (schlechten) Ruf haben, gut (übel) beleumundet sein; *een klinkende ~* ein Name, der Klang hat; *in ~* dem Namen nach; *in 's hemels ~* um Gottes Willen; *in ~ van de koning* im Namen des Königs; *in ~ van, uit ~ van* namens; *met name* namentlich, vor allem; *met ~ en toenaam* mit Namen und Zunamen; *op ~ van de heer X staan* auf Namen des Herrn X stehen; *uit ~ van allen* im Namen aller; *van ~ kennen* dem Namen nach kennen; *geleerden van ~* namhafte Gelehrte; *zie ook*: name

**naambordje** Namensschild *o*, -tafel *v*

**naamdag** Namenstag *m*, -fest *o*

**naamgenoot** Namensvetter *m*

**naamkaartje** Visiten-, Besuchskarte *v*, Karte *v*

**naamloos** namenlos

**naamval** Fall *m*, Kasus *m*; *de 1ste, 2de, 3de, 4de ~* der erste, zweite, dritte, vierte Fall; Werfall, Wesfall, Wemfall, Wenfall *m*; Nominativ, Genitiv, Dativ, Akkusativ *m*

**naamwoord** Nomen *o*, Nennwort *o*; *bijvoeglijk ~* Adjektiv *o*, Eigenschaftswort *o*; *zelfstandig ~* Substantiv *o*, Haupt-, Nennwort *o*

**naamwoordelijk** nominal; *~ gezegde* Prädikat *o*; *~ deel van het gezegde* Prädikativ *o*

**na-apen** nachäffen (einen), nachahmen

**na-aper** Nachäffer *m*, Nachahmer *m*

**1 naar** *voorz* 1 ⟨richting⟩ nach, in (+4), 〈voor persoonsnamen⟩ zu; 2 ⟨volgens⟩ nach, zufolge (+ 3); *ik ga ~ mijn broer* ich gehe zu meinem Bruder; *~ de bioscoop, een concert gaan* ins Kino, ins Konzert gehen; *~ mijn mening* meiner Meinung nach; *~ het noorden* gegen Norden, nach Norden; *~ de universiteit gaan* auf die Universität gehen; *~ verhouding* verhältnismäßig, nach Verhältnis; ⟨evenredig⟩ proportional; *~ Zwitserland gaan* in die Schweiz gehen; *'t is er ook ~* es ist auch danach, es sieht auch danach aus; *al ~ gelang* je nachdem

**2 naar** *bn* ⟨akelig⟩ widerwärtig; *een nare smaak* ein widerlicher Geschmack *m*; *~ weer* unangenehmes Wetter *o*; *ik word er ~ van* mir wird übel dabei, es ist mir zuwider

**3 naar** *voegw* wie; *~ ik hoor, is hij ziek* wie ich höre, ist er krank

**naargeestig** trübselig

**naargelang** je nachdem; *~ de omstandigheden* je nach den Umständen

**naarling** Ekel *o*, unangenehmer Kerl *m*

**naarmate**: *~ het later werd...* je später es wurde, desto...

**naarstig** emsig, fleißig, eifrig

**naast** I *voorz* 1 ⟨plaats⟩ neben; 2 ⟨behalve⟩ nächst; II *bn bijw* nächst; *de ~e bloedverwanten* die nächsten Verwandten; *de ~e omgeving* die nächste (unmittelbare) Umgebung; *de ~e vrienden* die intimsten Freunde; *er ~ zitten* ⟨zich vergissen⟩ sich irren, auf dem Holzweg sein; *dat is er helemaal ~* das ist ganz daneben (abwegig); *ieder is zichzelf 't ~* jeder ist sich selbst der Nächste

**naaste** Nächste(r) *m-v*, Nebenmensch *m*

**naastenliefde** Nächstenliebe *v*

**naatje**: *het is ~!* <u>gemeenz</u> so ein Mist!

**nabeschouwing** Nachschau *v*, nachträgliche Betrachtung *v*

**nabestaande** Hinterbliebene(r) *m-v*

**nabestellen** nachbestellen

**nabij** in der Nähe (+ 2), nahe bei; *van ~ beschouwen* aus der Nähe betrachten; *het ~e Oosten* der Nahost

**nabijgelegen** in der Nähe liegend, benachbart, angrenzend; *een ~ huis* ein Haus *o* in der Nähe

**nabijheid** Nähe *v*, Nachbarschaft *v*

**nablijven** 1 <u>onderw</u> nachsitzen, -bleiben; 2 ⟨achterblijven⟩ zurückbleiben, etwas länger bleiben

**nablussen**: *het ~* die Nachlöscharbeiten

**nabootsen** nachbilden, -ahmen

**nabootsing** Nachbildung *v*, -ahmung *v*

**naburig** nachbarlich, benachbart, Nachbar-; *~ dorp* Nachbardorf *o*

**nacht** Nacht *v*; *'s ~s* nachts, in der Nacht; *iedere ~* jede Nacht, allnächtlich; *er nog eens een ~je over slapen* über etwas nochmal eine Nacht schlafen; *bij ~ en ontij* bei Nacht und Nebel; *niet over één ~ ijs gaan* sich die Sache erst noch einmal überlegen
**nachtblind** nachtblind
**nachtbraken 1** ⟨uitgaan⟩ nachts herumschwärmen; **2** ⟨werken⟩ nachts arbeiten
**nachtbraker 1** ⟨uitgaander⟩ Nachtschwärmer *m*; **2** ⟨werker⟩ Nachteule *v*, Nachtmensch *m*
**nachtdienst** Nachtdienst *m*
**nachtdier** Nachttier *o*
**nachtegaal** Nachtigall *v*
**nachtelijk** nächtlich, Nacht-; *~ uur* Nachtstunde *v*
**nachtfilm** Nachtfilm *m*
**nachtgoed** Nachtzeug *o*, Schlafanzug *m*
**nachthemd, nachtjapon** Nachthemd *o*
**nachtkaars** Nachtkerze *v*; *het gaat uit als een ~* es geht aus wie das Hornberger Schießen
**nachtkastje** Nachtschränkchen *o*
**nachtkijker** Nachtglas *o*
**nachtleven** Nachtleben *o*
**nachtmens** Nachtmensch *m*, gemeenz Nachteule *v*
**nachtmerrie** Alptraum *m*, Nachtmahr *v*
**nachtmis** Nachtmesse *v*
**nachtploeg** Nachtschicht *v*
**nachtpon** Nachtkleid *o*
**nachtrust** Nachtruhe *v*
**nachtslot** Nachtschloß *o*
**nachttarief** Nachttarif *m*
**nachtuil 1** ⟨vogel⟩ Nachteule *v*; **2** ⟨vlinder⟩ Nachtfalter *m*; **3** ZN ⟨nachtelijk kroegbezoeker⟩ Nachtschwärmer *m*, Nachteule *v*
**nachtvlinder 1** ⟨insect⟩ Nachtfalter *m*; **2** ⟨nachtbraker⟩ Nachtschwärmer *m*, -falter *m*
**nachtvoorstelling** Nachtvorstellung *v*
**nachtvorst** Nacht-, Bodenfrost *m*
**nachtwacht I** *v* ⟨gezamenlijke wachters⟩ Nachtwache *v*; **II** *m* ⟨persoon⟩ Nachtwächter *m*
**nachtwaker** Nachtwächter *m*
**nachtwerk** Nachtarbeit *v*
**nachtzoen** Gutenachtkuß *m*
**nachtzuster** Nachtschwester *v*
**nacompetitie 1** (t.b.v. promotie) Aufstiegsrunde *v*; **2** (t.b.v. degradatie) Abstiegsrunde *v*
**nadagen**: *in zijn ~ zijn* altern; zu Ende gehen
**nadat** nachdem
**nadeel** Nachteil *m*, Schaden *m*; *hij is in zijn ~ veranderd* er ist zum Nachteil verändert; *ten nadele van anderen* zum Schaden anderer, zu Ungunsten anderer; *niets ten nadele van iem. zeggen* nichts gegen einen sagen
**nadelig** nachteilig; *~ saldo* Verlustsaldo *m*
**nadenken** nachdenken, -sinnen (über + 4)
**nadenkend** nachdenklich
**nader 1** ⟨dichterbij⟩ näher; **2** ⟨verder⟩ weiter; *zich ~ verklaren* sich näher aussprechen (äußern)

**naderbij** näher; *~ komen* sich (heran-) nähern, herannahen
**naderen** sich nähern, nahen, herannahen, näher herankommen; *zijn einde nadert* es geht mit ihm zu Ende; *wij ~ 't station* wir nähern uns dem Bahnhof, wir erreichen den Bahnhof
**naderhand** nachher, später
**nadien** sedert; seitdem; *kort ~* kurz nachher
**nadoen** (einen) nachahmen, (etwas) nachmachen; es einem nachtun
**nadorst** Nachdurst *m*
**nadruk** Nachdruck *m*; *met ~* nachdrücklich, mit Betonung; *~ leggen op* betonen, unterstreichen
**nadrukkelijk** nachdrücklich, eindringlich
**nagaan** ⟨nazien⟩ prüfen; *iem. ~* ⟨volgen⟩ einem nachgehen, folgen; ⟨controleren⟩ einen beaufsichtigen; *iets ~* etwas kontrollieren; *als ik alles naga* wenn ich alles richtig überlege; *de verdere loop van iets ~* den weiteren Verlauf einer Sache verfolgen
**nagalm** Nach-, Widerhall *m*
**nageboorte** Nachgeburt *v*
**nagedachtenis** Andenken *o*; *ter ~ van* zum Andenken an (+ 4), zum Gedächtnis (des, der)
**nagel 1** ⟨v. hand en voet; spijker⟩ Nagel *m*; **2** ⟨kruidnagel⟩ Gewürznelke *v*, Näglein *o*; *op zijn ~s bijten* an den Nägeln kauen
**nagelbed** Nagelbett *o*
**nagelbijten** an den Nägeln kauen
**nagelkaas** Gewürznelkenkäse *v*
**nagelknipper** Nagelknipser *m*, Nagelclip *m*
**nagellak** Nagellack *m*
**nagelriem** Nagelhaut *v*, -wall *m*
**nagelschaar** Nagelschere *v*
**nagelvijltje** Nagelfeile *v*
**nagenieten** etwas nachwirken lassen, nachklingen lassen
**nagenoeg** ungefähr, fast, nahezu
**nagerecht** Nachtisch *m*, -speise *v*, Zuspeise *v*
**nageslacht 1** ⟨v. bepaald persoon⟩ Nachkommenschaft *v*, Nachkommen *mv*; **2** ⟨algemeen⟩ Nachwelt *v*, die spätern Geschlechter *mv*
**nageven**: *dat moet men hem ~* das muß man ihm lassen
**naheffing** Nachforderung *v*
**nahouden** ⟨op school⟩ nachsitzen lassen
**naïef** naiv
**naijver** Eifersucht *v*
**najaar** Spätjahr *o*, Herbst *m*
**najagen** nachjagen (+ 3), nachsetzen (+ 3); *een doel ~* (ook) ein Ziel verfolgen
**nakaarten** nachträglich (zu spät) besprechen (beurteilen)
**nakie**: *in zijn ~* nackt, splitterfasernackt
**nakijken I** *ww iemand ~* einem nachsehen, -blicken, -gucken, -schauen, med einen untersuchen; *iets ~* etwas durchsehen; etwas nachsehen; *een motor ~* einen Motor überholen; **II** *o*: *het ~ hebben* das Nachsehen haben

**nakomeling** Nachkomme *m*, Enkel *m*
**nakomen** ⟨later komen⟩ nachkommen; später kommen; *een belofte* ~ einem Versprechen nachkommen, ein Versprechen einhalten; *een plicht* ~ eine Pflicht erfüllen, einer Pflicht Folge (Genüge) leisten
**nakomertje** Spätling *m*, Nachkömmling *m*
**nalaten** 1 ⟨bij sterven⟩ hinterlassen; 2 ⟨verzuimen⟩ unterlassen, versäumen; *ik kan niet* ~ *op te merken* ich kann nicht umhin zu bemerken; *ik verzoek dat lawaai na te laten* ich bitte, mit dem Lärm aufzuhören; ⟨nadrukkelijk⟩ ich verbiete mir den Lärm; *nagelaten werken* Nachlaß *m*, nachgelassene Werke *mv*
**nalatenschap** Hinterlassenschaft *v*; ⟨vooral van kunstenaar⟩ Nachlaß *m*
**nalatig** 1 ⟨onachtzaam⟩ nachlässig; 2 ⟨m.b.t. betaling⟩ säumig
**nalatigheid** 1 ⟨onachtzaamheid⟩ Nachlässigkeit *v*; 2 ⟨m.b.t. betaling⟩ Säumigkeit *v*
**naleven** befolgen (4), nachkommen (3); *een contract* ~ einem Vertrag nachkommen, einen Vertrag erfüllen; *een gebod* ~ ein Gebot beachten, einem Gebot Folge leisten; *een voorschrift* ~ eine Vorschrift befolgen
**naleving** Beachtung *v*, Befolgung *v*, Erfüllung *v*
**nalezen** nachlesen
**nalopen** ⟨achterna lopen⟩ nachlaufen (+ 3), nacheilen (+ 3); *een meisje* ~ einem Mädchen nachlaufen, -stellen, gemeenz nachsteigen; *de zaken* ~ die Geschäfte kontrollieren
**namaak** Nachahmung *v*
**namaken** nachmachen, -bilden
**name**: *bij* ~ *noemen* beim Namen nennen, namentlich nennen; *met* ~ vor allem; namentlich, eigens; *ten* ~ *van* auf den Namen (+ 2)
**namelijk** nämlich
**nameloos** ⟨heel erg⟩ namenlos, unsäglich
**namens**: ~ *de regering* im Namen (namens) der Regierung; ⟨opdracht⟩ im Auftrag der Regierung; ~ *mij* in meinem Namen
**namiddag** Nachmittag *m*; *des* ~*s* nachmittags
**naoorlogs** Nachkriegs-
**nap** Napf *m*
**NAP** = *Normaal Amsterdams Peil* Amsterdamer Pegel *m*
**napalm** Napalm *o*
**Napels** Neapel *o*
**napluizen**: *een zaak* ~ eine Sache haarklein untersuchen, nachforschen
**napraten** 1 ⟨nazeggen⟩ nachreden; 2 ⟨na afloop doorpraten⟩ hinterher noch (darüber) reden
**napret** nachträgliches Vergnügen *o*
**nar** Narr *m*
**narcis** Narzisse *v*
**narcisme** Narzißmus *m*
**narcose** Narkose *v*
**narcoticabrigade** Rauschgiftdezernat *o*
**narcoticum** Narkotikum *o*, Rauschgift *o*
**narcotiseren** narkotisieren
**narcotiseur** Narkotiseur *m*, Narkosearzt *m*

**nareizen** nachreisen (+ 3)
**narekenen** nachrechnen
**narigheid** 1 ⟨ellende⟩ Elend *o*, Jammer *m*; 2 ⟨last⟩ Verdrießlichkeiten *mv*, Quälerei *v*; *in de* ~ *zitten* gemeenz in der Patsche sitzen
**naroepen** nachrufen (+ 3)
**narrig** reizbar, launisch, mürrisch
**nasaal** I *bn* nasal, näselnd; II *v taalk* Nasal(laut) *m*
**nascholing** Erwachsenenbildung *v*
**naschrift** Nachschrift *v*
**naseizoen** Nachsaison *v*
**nasi** Reis *m*; ~ *goreng* Nasi Goreng *o*
**naslaan** ⟨in boeken⟩ nachschlagen
**naslagwerk** Nachschlagewerk *o*, -buch *o*
**nasleep** Folge *v*; *met al de* ~ *daarvan* mit allem, was damit zusammenhängt; *als* ~ *van de revolutie* im Gefolge der Revolution
**nasmaak** Nachgeschmack *m*
**naspel** Nachspiel *o*
**naspelen** nachspielen
**naspeuren** nachforschen (+ 3)
**nasporen** nachforschen, nachsuchen
**nasporing** Nachforschung *v*
**nastaren** nachstarren (+ 3)
**nastreven** nachstreben, -eifern (+ 3); *een ideaal* ~ einem Ideal nachstreben; *iem.* ~ einem nacheifern; *iets onbereikbaars* ~ ⟨ook⟩ nach dem Mond greifen
**nasturen** nachschicken, -senden
**nasynchroniseren** nachsynchronisieren
**nat** I *bn* naß; *maak je borst maar nat!* da kannst du dich frisch machen!; II *o* 1 Naß *o*; 2 ⟨sap⟩ Saft *m*
**natafelen** gemütlich nach dem Essen bei Tische sitzen bleiben
**natekenen** nach-, abzeichnen
**natellen** nachzählen
**natie** Nation *v*; *de Verenigde Naties* die Vereinten Nationen
**nationaal** national, National-; *nationale cultuur* bodenständige (eigenständige) Kultur *v*; ~ *elftal* Ländermannschaft *v*, Nationalelf *v*; *nationale feestdag* Nationalfeiertag *m*
**nationaal-socialisme** Nationalsozialismus *m*
**nationaliseren** nationalisieren
**nationalisme** Nationalismus *m*
**nationalist** Nationalist *m*
**nationalistisch** nationalistisch
**nationaliteit** Nationalität *v*; *personen v. Duitse* ~ deutsche Staatsangehörige; *zonder* ~ staatenlos
**natje**: *op tijd zijn* ~ *en droogje krijgen* rechtzeitig zu essen und zu trinken bekommen
**natrappen** fig ⟨een overwonnene nogmaals treffen⟩ nachtreten, noch einen Tritt geben (versetzen)
**natrekken** nachziehen
**natrium** Natrium *o*
**nattevingerwerk**: *dat is maar* ~ das ist nur über den Daumen gepeilt
**nattig** feucht
**nattigheid** Nässe *v*, Feuchtigkeit *v*; ~ *voe-*

**natura** 222

*len* etwas merken (spüren)
**natura**: *in* ~ in natura; *belasting in* ~ Naturalsteuer *v*, -abgaben *mv*; *betaling in* ~ Naturallöhnung *v*, Bezahlung *v* in Naturalien; *inkomsten in* ~ Naturalbezüge *mv*
**naturalisatie** Einbürgerung *v*, Naturalisierung *v*
**naturaliseren** einbürgern, naturalisieren
**naturalisme** Naturalismus *m*
**naturisme 1** ⟨levensopvatting⟩ Naturalismus *m*; **2** ⟨beweging⟩ Freikörperkultur *v* (afk. FKK), Naturismus *m*
**naturist** Anhänger *m* der Freikörperkultur, FKKler *m*
**natuur** Natur *v*; ⟨v. mens ook⟩ Naturell *o*, Art *v*; *de levende en levenloze* ~ die belebte und unbelebte Natur; *dat is bij hem een tweede* ~ *geworden* das ist bei ihm zur zweiten Natur geworden; *van nature* von Natur aus
**natuurbad** Freiluftbad *o*
**natuurbehoud** Naturschutz *m*
**natuurbescherming** Naturschutz *m*
**natuurgebied** Naturschutzgebiet *o*
**natuurgeneeswijze** Naturheilmethode *v*, -verfahren *o*
**natuurgetrouw** naturgetreu
**natuurkunde** Physik *v*; *proefondervindelijke* ~ Experimentalphysik *v*
**natuurkundig** physikalisch
**natuurkundige** Physiker *m*
**natuurlijk I** *bn* **1** (m.b.t. de natuur) natürlich; **2** ⟨overeenkomstig de natuur⟩ naturgemäß; **3** ⟨buitenechtelijk⟩ unehelich; **II** *bijw* natürlich, selbstverständlich
**natuurmens** Naturmensch *m*
**natuurmonument** Naturdenkmal *o*
**natuurproduct** Naturerzeugnis *o*, -produkt *o*
**natuurreservaat** Naturschutzgebiet *o*
**natuurschoon** Schönheit *v* der Natur, Naturschönheiten *mv*
**natuursteen** Naturstein *m*
**natuurtalent** Naturtalent *o*
**natuurverschijnsel** Naturerscheinung *v*
**natuurwet** Naturgesetz *o*
**nauw I** *bn bijw* eng, enge; ~ *verwant* nahe verwandt; ~*er maken* verengern; ~*er worden* sich verengen; *'t niet zo* ~ *nemen (met iets)* es (mit etwas) nicht so genau nehmen; **II** *o* ⟨zeestraat⟩ Meerenge *v*; *'t N*~ *van Calais* die Straße von Calais; *iem. in 't* ~ *brengen, drijven* einen in die Enge treiben; *in 't* ~ *zitten* in der Klemme (Patsche) sitzen
**nauwelijks** kaum, mit knapper (genauer) Not
**nauwgezet** pünktlich, genau, gewissenhaft
**nauwkeurig** genau
**nauwlettend** genau, aufmerksam
**nauwsluitend** eng anliegend
**navel** Nabel *m*
**navelsinaasappel** Nabelapfelsine *v*
**navelstreng** Nabelschnur *m*, -strang *v*
**navenant** je nachdem, nach Verhältnis
**navertellen** nacherzählen
**navigatie** Navigation *v*
**navigeren** navigieren

**navolgen**: *iem.* ~ einem nachfolgen; ⟨nadoen⟩ einen nachahmen
**navolging** Nachahmung *v*; *in* ~ *van hem* nach seinem Vorgang; ~ *verdienen* nachahmenswert sein
**navordering** (Steuer)nachforderung *v*
**navraag** Nachfrage *v*; ~ *naar iem. doen* sich nach einem erkundigen
**navragen** sich erkundigen
**navrant** bitter, herzzerreißend
**naweeën** ⟨ook fig⟩ Nachwehen *mv*
**nawerken** ⟨v. geneesmiddel enz.⟩ nachwirken
**nawerking** Nachwirkung *v*, Folgen *mv*
**nawijzen** nachweisen
**nawoord** Nachwort *o*
**nawuiven** nachwinken
**nazaat** Nachkomme *m*, -fahr *m*
**nazeggen** nachsagen, nachsprechen (+ 3 & 4)
**nazenden** nachsenden, -schicken
**nazi** Nazi *m*
**nazicht** *ZN* **1** ⟨toezicht⟩ Aufsicht *v*, Überwachung *v*, Kontrolle *v*; **2** ⟨verificatie⟩ Kontrolle *v*, Prüfung *v*; **3** ⟨correctie⟩ Verbesserung *v*, Korrektur *v*; **4** ⟨onderhoud⟩ Wartung *v*
**nazien 1** ⟨controleren⟩ nachsehen, kontrollieren; ⟨v. boekhouding⟩ durchsehen; **2** ⟨in een boek opzoeken⟩ nachschlagen, nachsehen; *een drukproef* ~ eine Korrektur lesen
**naziskin** Nazi-Skinhead *m*
**nazisme** Nazismus *m*
**nazitten**: *iem.* ~ einem nachsetzen
**nazoeken** nachsuchen, untersuchen
**nazomer** Nach-, Spätsommer *m*, Altweibersommer *m*, Vorherbst *m*
**nazorg 1** *med* Nachsorge *v*; **2** ⟨reclassering⟩ Gefangenenfürsorge *v*
**Neanderthaler** Neandertaler *m*
**necrologie** Nekrolog *m*, Nachruf *m*
**nectar** Nektar *m*
**nectarine** Nektarine *v*
**nederig** bescheiden, anspruchslos; *een* ~*e brief* ein demütiges Schreiben *o*; *van* ~*e afkomst* von einfacher Herkunft
**nederigheid** Bescheidenheit *v*, Anspruchslosigkeit *v*, Demut *v*
**nederlaag** Niederlage *v*; *een* ~ *lijden* eine Niederlage erleiden
**Nederland** Holland *o*; ⟨officieel⟩ die Niederlande *mv*
**Nederlander** Holländer *m*; ⟨officieel⟩ Niederländer *m*
**Nederlanderschap** niederländische Staatsangehörigkeit *v*
**Nederlands I** *bn* niederländisch; *de* ~*e Antillen* die niederländischen Antillen; **II** *o* Niederländisch *o*
**Nedersaksen** Niedersachsen *o*
**nederwiet** niederländisches Gras *o*
**nederzetting 1** (in 't alg.) Niederlassung *v*, Siedlung *v*; **2** ⟨v. kolonisten⟩ Ansiedlung *v*
**nee** nein; ~ *maar* nein, sowas; *van* ~ *schudden* (verneinend) den Kopf schütteln
**neef 1** ⟨zoon v. broer, zuster⟩ Neffe *m*; **2** ⟨zoon v. oom, tante⟩ Cousin *m*, Vetter *m*

**neer** nieder, her-, hinunter
**neerbuigend** herablassend
**neerdalen 1** ⟨in 't alg.⟩ niedersinken; **2** ⟨v. ballon⟩ herabsinken
**neerdrukken** niederdrücken, unterdrücken
**neergaan 1** ⟨in 't alg.⟩ hinuntergehen; absteigen; **2** ⟨v. boksers⟩ zu Boden gehen; **3** ⟨verliezen⟩ eine Niederlage erleiden
**neergooien** niederwerfen; gemeenz hinschmeißen
**neerhalen 1** ⟨in 't alg.⟩ herunterholen, niederziehen; **2** ⟨zeil⟩ streichen, einziehen; **3** ⟨afkammen⟩ heruntermachen
**neerkijken** herab-, hinabblicken; zie ook: *neerzien*
**neerknallen** ⟨neerschieten⟩ abknallen
**neerkomen** nieder-, heruntersteigen, -kommen; *met geweld op de grond* ~ hart am Boden aufschlagen; *alles komt op mij neer* ich bin für alles verantwortlich; *op 't zelfde* ~ auf eins (aufs gleiche) hinauskommen, -laufen, herauskommen; *'t komt daarop neer, dat...* es läuft darauf hinaus, daß...; *de inhoud komt op 't volgende neer* der Inhalt ist ungefähr folgender
**neerlandicus** Niederlandist *m*
**neerlandistiek** Niederlandistik *v*
**neerlaten** nieder-, herunterlassen; *een loodlijn* ~ ein Lot fällen
**neerleggen** niederlegen; *naast zich* ~ nicht beachten, unbeachtet lassen; *zich erbij* ~ sich mit etwas zufriedengeben, sich in etwas (+ 4) fügen, etwas hinnehmen
**neerploffen** hinab-, niederplumpsen, hart aufschlagen
**neerschieten 1** ⟨naar beneden⟩ herabschießen; **2** ⟨doden⟩ nieder-, totschießen, erschießen
**neerslaan** niederschlagen, -hauen; *de ogen* ~ die Augen (den Blick) senken
**neerslachtig** niedergeschlagen, gedrückt
**neerslag** muz, chem Niederschlag *m*; ⟨gevolg⟩ Niederschlag *m*; ⟨regen enz.⟩ Niederschläge *mv*
**neersteken** niederstechen
**neerstorten I** ww nieder-, abstürzen; **II** das Niederstürzen, Absturz *m*
**neerstrijken** sich niederlassen, ⟨v. vogel ook⟩ einfallen
**neertellen** hinlegen, (be)zahlen; gemeenz blechen
**neervallen** hinab-, herabfallen
**neervlijen** hinlegen, -strecken; *zich* ~ sich hinschmiegen
**neerwaarts** abwärts, nach unten
**neerzetten** nieder-, hinsetzen
**neerzien**: *op iem.* ~ auf einen herab-, hinunterblicken
**neerzijgen, neerzinken** niedersinken
**neet** Niß *v*, Nisse *v*
**negatief I** bn negativ; **II** o Negativ *o*
**negen I** telw neun; **II** v ⟨het cijfer⟩ Neun *v*; *met z'n* ~en zu neunt
**negende** neunte; *een* ~ ein Neuntel *o* *ten* ~ neuntens
**negenmaal** neunmal
**negentien** neunzehn

**negentig** neunzig; *de jaren* ~ die neunziger Jahre
**negentiger** Neunziger *m*
**negentigste** neunzigste
**negenvoud** Neunfache(s) *o*
**neger** Neger *m*
**ne'geren** negieren; *iem.* ~ einen ignorieren
**negerin** Negerin *v*
**negerzoen** ⟨lekkernij⟩ Negerkuß *m*
**negligé** Morgenkleid *o*, Negligé *o*
**negorij** Nest *o*, Kaff *o*
**negotie** Handel *m*
**negroïde** negroid
**neigen 1** ⟨wenden⟩ neigen, sich neigen, sich senken; **2** fig hinneigen (zu)
**neiging** Neigung *v*; ⟨sterker, ziekelijk⟩ Hang *m*; ⟨instinct⟩ Trieb *m*; ~ *tot braken* Brechreiz *m*
**nek** Nacken *m*, Genick *o*; *stijve* ~ steifer Hals; *zijn* ~ *uitsteken* fig Kopf und Kragen riskieren; *zich de* ~ *breken* sich das Genick brechen (ook fig); *iem. met de* ~ *aankijken* einen über die Achsel ansehen; *over zijn* ~ *gaan* ⟨kotsen⟩ Würfelhusten kriegen, kotzen, reihern müssen
**nek-aan-nekrace** Kopf-an-Kopf-Rennen *o*
**nekken**: *iem.* ~ ⟨doden⟩ einem den Hals brechen, einem den Garaus machen, einen töten; ⟨schaden⟩ zugrunde richten, erledigen; einem das Genick brechen; ⟨dingen⟩ kaputt machen
**nekkramp** Genickstarre *v*
**nekschot** Genick-, Nackenschuß *m*
**nekslag** ⟨ook fig⟩ Schlag *m* ins Genick; jacht Fang *m*; *iem. de* ~ *geven* jmdm. den Rest geben
**nekvel**: *een kat bij zijn* ~ *pakken* eine Katze beim Genick fassen; *iem. in zijn* ~ *grijpen* jmdn. beim Genick fassen
**nemen\*** nehmen; *dat neem ik niet* (= slik ik niet) das lasse ich mir nicht gefallen (bieten); *'t er goed van* ~ es sich wohl sein lassen; *streng* (strikt) *genomen* genau (streng) genommen; *door elkaar genomen* eins in andere gerechnet; *iets op zich* ~ etwas übernehmen (auf sich nehmen); *tot zich* ~ an sich nehmen, sich in den Besitz stellen; *ertussen* ~ hänseln, verulken, zum besten haben, veruzen, durch den Kakao (die Schokolade) ziehen, aufziehen
**neoclassicisme** Neoklassizismus *m*
**neofascisme** Neofaschismus *m*
**neofascist** Neofaschist *m*
**neofiet 1** ⟨pasgedoopte⟩ Neophyt *m*; **2** ZN, sp Neuling *m*, Anfänger *m*
**neogotiek** Neugotik *v*
**neologisme** Neologismus *m*
**neon** Neon *o*
**neonazi** Neonazi *m*
**neonbuis** Neonröhre *v*, -licht *o*
**neonreclame** Leucht-, Lichtreklame *v*
**neonverlichting** Neonbeleuchtung *v*
**nep** Schwindel *m*, Schein *m*, Nepp *m*
**neppen** beschwindeln, prellen, neppen
**Neptunus 1** ⟨god⟩ Neptun *m*; **2** ⟨planeet⟩ der Neptun
**nerf 1** ⟨v. blad⟩ Nerv *m*; **2** ⟨v. leer⟩ Narbe *v*

**nergens** nirgendwo, nirgend(s); ~ *zin in hebben* zu nichts Lust haben; *hij is* ~ *meer gemeenz* er ist erledigt; *dat dient* ~ *toe* das hat keinen Zweck, das dient zu nichts
**nering** Handel *m*, Geschäft *o*; Gewerbe *o*
**neringdoende, neringdoener** ZN Ladenbesitzer *m*
**nerts** *dierk* Nerz *m*
**nerveus** nervös
**nest 1** (in 't alg.) Nest *o*; **2** (v. roofvogel) Horst *m*; **3** (vos, das) Bau *m*; **4** (andere dieren) Lager *o*; **5** *gemeenz* (bed) Klappe *v*; **6** *gemeenz* (meisje) Kröte *v*, schnippisches Ding *o*; *in de ~en zitten gemeenz* in der Patsche (Klemme) sitzen
**nestelen** (vogels) nisten; *zich* ~ sich einnisten
**nesthaar** Nesthaare *mv*
**nestor** Nestor *m*
**1 net** *bn bijw* **1** (knapjes) sauber, ordentlich, schön; **2** (fatsoenlijk) anständig, nett; **3** (precies) genau, gerade, eben; ~ *goed!* es geschieht ihm (dir, usw.) gerade recht; *dat komt* ~ *van pas* das kommt gerade recht; *ik weet 't niet zo* ~ ich weiß es nicht so recht; *in het* ~ *schrijven* ins Reine schreiben
**2 net** *o* Netz *o*, Garn *o*; *achter het* ~ *vissen* das Nachsehen haben, zu spät kommen
**netel** Nessel *v*
**netelig** heikel, kitzlig, mißlich, brenzlig, knifflich; *een* ~ *geval* ein kitzliger Fall *m*; *een ~e positie* eine mißliche Lage *v*; *een ~ probleem* ein derniges Problem *o*
**netelroos** Nesselfieber *o*, -sucht *v*
**netheid 1** (fatsoen) Anständigkeit *v*; **2** (zindelijkheid) Sauberkeit *v*
**netjes 1** (aardig) nett, hübsch; anständig; **2** (schoon) sauber, säuberlich
**netkous** Netzstrumpf *v*
**netnummer** *telec* Vorwählnummer *v*; Orts-(netz)kennzahl *v*
**netspanning** Netzspannung *v*
**netto** netto
**netto-inkomen** Nettoeinkommen *o*
**netvlies** Netzhaut *v*
**netwerk** Netzwerk *o*
**neuken** *gemeenz* ficken, bumsen
**Neurenberg** Nürnberg *o*
**neuriën** summen
**neurologie** Neurologie *v*
**neuroloog** Neurolog(e) *m*
**neuroot** Neurotiker *m*
**neurose** Neurose *v*
**neurotisch** neurotisch
**neus 1** (in 't alg.) Nase *v*; **2** (v. schoen) Vorderkappe *v*; *een wassen* ~ nur Schein; *hij kijkt niet verder dan zijn* ~ *lang is* er sieht nicht über seine Nase hinaus; *de* ~ *snuiten* sich die Nase putzen, sich schneuzen; *dat gaat je* ~ *voorbij* das geht an deiner Nase vorbei; *overal zijn* ~ *in steken* seine Nase in alles stecken; *altijd met de* ~ *in de boeken zitten* immer über den Büchern hocken; *een frisse* ~ *halen* frische Luft schnappen; *een goede* ~ *voor iets hebben gemeenz* einen guten Riecher für etwas haben; *de* ~ *voor iets optrekken* die Nase über etwas (4) rümpfen; *iem. bij de* ~ *hebben, nemen* einen am Narrenseil, an (bei) der Nase herumführen; *langs zijn* ~ *weg* ganz nebenbei, ohne Absicht; *met zijn* ~ *in de boter vallen* großes Glück (Schwein) haben; genau zur rechten Zeit kommen; *iem. iets onder de* ~ *wrijven* einen etwas unter die Nase reiben; *lelijk op zijn* ~ *kijken* ein langes Gesicht machen
**neusbeen** Nasenbein *o*
**neusdruppels** Nasentropfen
**neusgat** Nasenloch *o*; *~en* (v. dier) Nüstern *mv*
**neusholte** Nasenhöhle *v*
**neushoorn** Nashorn *o*
**neusje** Näschen *o*; *'t* ~ *van de zalm* das Beste, das Feinste, das Beste vom Besten
**neusklank** Nasal *m*, Nasal-, Nasenlaut *m*
**neuslengte** Nasenlänge *v*; *met een* ~ *verschil winnen* um eine Nasenlänge gewinnen
**neusvleugel** Nasenflügel *m*
**neut, neutje** *gemeenz* Schnaps *m*
**neutraal** neutral
**neutraliseren** neutralisieren
**neutraliteit** Neutralität *v*
**neutron** Neutron *o*
**neutronenbom** Neutronenbombe *v*
**neutrum** *taalk* Neutrum *o*, sächliches Geschlecht *o*; sächliches Substantiv *o*
**neuzelen 1** (door de neus praten) näseln; **2** (onzin praten) Mist *m* reden
**neuzen** (snuffelen) schnüffeln
**nevel** Nebel *m*; *in ~en gehuld fig* in Rätsel gehüllt
**nevelig** neb(e)lig
**nevelvlek** Nebelfleck *m*
**nevenfunctie** Nebenfunktion *v*
**nevengeschikt** unter-, bei-, nebengeordnet, paratakisch
**neveninkomsten** Nebeneinkünfte *mv*; Zubrot *o*
**nevenschikkend** unter-, neben-, beiordnend, paratakisch
**nicht 1** (broers-, zustersdochter) Nichte *v*; **2** (dochter v. oom of tante) Cousine *v*; *Z-Duits* Base *v*; **3** *gemeenz* (homoseksueel) Tunte *v*, Schwuchtel *v*, Schwuler *m*
**nichterig** tuntig
**nicotine** Nikotin *o*
**niemand** niemand, keine(r); ~ *anders* kein andrer, keiner sonst
**niemandsland** Niemandsland *o*
**niemendal** gar nichts, durchaus nichts; *voor* ~ um nichts und wieder nichts, umsonst
**niemendalletje** Nichts *o*, etwas Unbedeutendes *o*
**nier** Niere *v*
**nierdialyse** Hämodialyse *v*, Dialyse *v*
**niersteen** Nierenstein *m*
**niersteenvergruizer** Nierensteinzertrümmerer *m*; *med* Lithotripter *m*
**niespoeder** Niespulver *o*
**nieszlekte** (bij katten) Katzenschnupfen *m*
**niet I** *bijw* nicht; *volstrekt* ~ gar (durchaus) nicht; **II 1** (niets) Nichts *o*; **2** (lot) Niete *v*; *om* ~ unentgeltlich, umsonst

**niet-aanvalsverdrag** Nichtangriffsvertrag *o*, -pakt *m*
**niet-gebonden**: ~ *staten* bündnisfreie Staaten
**nietig 1** ⟨*recht*⟩ nichtig; **2** ⟨gering⟩ geringfügig, winzig; unbedeutend; ~ *verklaren* für nichtig (ungültig) erklären
**nietigverklaring** Nichtigkeitserklärung *v*
**nietje** Heftklammer *v*
**nietmachine** ⟨Büro⟩heftmaschine *v*
**nietpistool** Tacker *m*
**niet-roker** Nichtraucher *m*
**niets** nichts; *'t* ~ das Nichts; *niet voor* ~ nicht ohne Grund; ~ *dan nichts* als; nur; *voor* ~ umsonst, unentgeltlich, gratis; *ik kan er* ~ *aan doen* ich kann nichts dafür; ~ *voor iets voelen* dafür nicht zu haben sein, dafür nichts übrig haben; *dat is* ~ *gedaan* damit ist es nichts
**nietsdoen**: *zalig* ~ wohliges Nichtstun *o*
**nietsnut** Nichtsnutz *m*, Taugenichts *m*
**nietsontziend** rücksichtslos, skrupellos, schonungslos
**nietsvermoedend** nichtsahnend, ahnungslos
**nietswaardig** nichtswürdig, wertlos, nichtig
**nietszeggend** nichtssagend
**niettegenstaande** ungeachtet (+ 2), trotz (+ 2 of 3); ~ *dat* dessenungeachtet, trotzdem; ~ *dat alles* trotz alledem
**niettemin** nichtsdestoweniger
**nietwaar**: *u bent het toch met me eens,* ~? Sie sind doch meiner Meinung, nicht (wahr)?; *we hadden geen keus,* ~? wir hatten keine Wahl, oder?
**nieuw I** *bn* neu, Neu-; ~*e druk* Neuauflage *v*; ~ *gezet* in Neusatz; ~*e geschiedenis* neuere Geschichte *v*; ~*e maan* Neumond *m*; *de* ~*ere tijd* die Neuzeit; **II** *o*: *het* ~(e) *is eraf* es hat den Reiz des Neuen verloren
**nieuwbakken 1** ⟨vers⟩ frisch gebacken, neu(ge)backen; **2** *fig* neugebacken
**nieuweling** Neuling *m*
**nieuwerwets** neumodisch
**Nieuwgrieks** Neugriechisch *o*
**nieuwigheid** Neuerung *v*, etwas Neues, Novität *v*
**nieuwjaar** Neujahr *o*; *gelukkig* ~! prosit Neujahr!
**nieuwjaarsdag** Neujahrstag *m*
**nieuwjaarskaart** Neujahrskarte *v*
**nieuwkomer** Neuling *m*
**nieuwkuis** ZN Reinigung *v*
**nieuwlichter** *geringsch* Neologe *m*; ⟨in de kunst⟩ Neuerer *m*; ⟨muz ook⟩ Neutöner *m*
**nieuws 1** ⟨wat nieuw is⟩ Neue(s) *o*; **2** ⟨berichten⟩ Nachrichten *mv*; *oud* ~ alte Geschichten *mv*; ~ *in 't kort* Kurznachrichten *mv*; *in het* ~ *zijn* RTV in den Nachrichten erwähnt werden, ⟨krant⟩ in den Schlagzeilen geraten; *er is niets* ~ *onder de zon* es geschieht nichts Neues unter der Sonne; *wat is er voor* ~? was gibt's Neues?
**nieuwsagentschap** Nachrichtenagentur *v*, Pressebüro *o*
**nieuwsbericht** Zeitungsnachricht *v*; ~*en radio* Nachrichten *mv*
**nieuwsblad** Zeitung *v*
**nieuwsdienst** RTV Nachrichten *mv*
**nieuwsgaring** Nachrichtenermittlung *v*; *vrije* ~ Freiheit *v* der Informationsbeschaffung
**nieuwsgierig** neugierig; ~ *naar* neugierig auf (+ 4)
**nieuwsgierigheid** Neugier *v*
**nieuwslezer** RTV Nachrichtensprecher *m*
**nieuwtje 1** ⟨iets nieuws⟩ Neuigkeit *v*; **2** ⟨nouveauté⟩ Neuheit *v*, Novität *v*
**nieuwwaarde**: *verzekering tegen* ~ Versicherung *v* zum Neuwert
**niezen** niesen
**nihil** nichts, nihil; *de winst is* ~ der Gewinn ist gleich Null
**nihilisme** Nihilismus *m*
**nijd** Neid *m*, Abgunst *v*, Mißgunst *v*
**nijdas** Neidhammel *m*, Gnatzkopf *m*, Giftmichel *m*, -nudel *v*
**nijdig** böse, ärgerlich
**nijgen**\* sich verneigen; ⟨van jonge meisjes⟩ knicksen
**nijging** Verneigung *v*; ⟨jonge meisjes⟩ Knicks *m*
**nijlpaard** Nil- *o*, Flußpferd *o*, Hippopotamus *m*
**Nijmegen** Nimwegen *o*
**nijpen**\* **1** ⟨knijpen⟩ kneifen, klemmen, zwicken; **2** *fig* drücken, bedrängen
**nijpend 1** ⟨knellend⟩ schmerzhaft, drückend, kneifend; **2** ⟨probleem⟩ drückend, zwingend; **3** ⟨armoe, kou⟩ bitter; **4** ⟨gebrek⟩ empfindlich; *een* ~ *tekort* ein empfindlicher Mangel
**nijptang** Kneifzange *v*
**nijver** emsig, betriebsam, fleißig
**nijverheid** Gewerbe *o*, Industrie *v*
**nikkel** Nickel *o*
**nikkelen** von, aus Nickel, Nickel-; ~ *munt* Nickelmünze *v*; Nickel *m*
**nikker** *geringsch* ⟨neger⟩ Neger *m*
**niks** gemeenz = *niets*
**niksen** faul sein, nichts tun; *zitten te* ~ untätig herumsitzen, (die) Daumen drehen
**nillens willens** ZN wohl oder übel, nolens volens
**nimf** Nymphe *v*
**nimmer** nie, nimmer
**nippel** Nippel *m*
**nippen** nippen
**nippertje**: *op 't* ~ ⟨op de valreep⟩ im letzten Augenblick, auf den letzten Drücker; gerade vor Torschluß; ⟨ternauwernood⟩ mit knapper Not
**nipt I** *bn* knapp; **II** *bijw* knapp, gerade
**nis** Nische *v*
**nitraat** Nitrat *o*
**nitriet** Nitrit *o*
**niveau** Niveau *o*, Ebene *v*; *op het hoogste* ~ auf höchster Ebene
**nivelleren** nivellieren
**nobel** nobel; *een* ~*e daad* eine großmütige Tat *v*; *de* ~*e weldoener* der hochherzige Wohltäter
**Nobelprijs** Nobelpreis *m*
**noch** noch; ~ *rijk* ~ *mooi* weder reich noch

schön
**nochtans** dennoch
**nocturne** Nocturne *v*, Notturno *o*
**node** ungern, mit Widerwillen; *van ~ hebben* nötig haben; *van ~ zijn* nötig sein
**nodeloos** unnötig
**noden** einladen, bitten
**nodig** nötig, notwendig, erforderlich; *zo ~* nötigenfalls, im Notfall
**nodigen** einladen
**noemen** nennen; (naar iem.) benennen
**noemenswaard(ig)** nennenswert
**noemer** Nenner *m*; *algemene ~* Hauptnenner *m*
**noen** ZN Mittag(s)stunde *v*
**noenmaal** ZN Mittagsmahl *o*, Mittagessen *o*
**noest** emsig, unermüdlich
**nog** noch; *~ iets anders* noch etwas anderes; sonst noch etwas; *honderden en nog eens honderden* Hunderte und aber Hunderte; *~ maar twee uur tijd* nur noch zwei Stunden Zeit
**noga** Nougat *m*, Nugat *m*
**nogal** ziemlich; *~ erg duur* reichlich teuer
**nogmaals** nochmals, abermals
**no-iron** bügelfrei
**nok** (dak) First *m-v*
**nokken** gemeenz (ophouden) Schluß machen, hinhauen; *om 5 uur ~ met werken* um 5 Uhr die Arbeit hinhauen
**nomenclatuur** Nomenklatur *v*
**nominaal** nominell; *nominale waarde* Nenn-, Nominalwert *m*; *zonder nominale waarde* nennwertlos
**nominatie** Kandidatenliste *v*; *op de ~ staan* (ook) vorgeschlagen sein
**nomineren** nominieren, als Kandidaten aufstellen; (benoemen) ernennen
**non** Nonne *v*
**non-actief** inaktiv, z.D. (zur Disposition)
**nonchalance** Nachlässigkeit *v*
**nonchalant** nachlässig
**nonkel** ZN Onkel *m*
**nonsens** Blödsinn *m*, Unsinn *m*
**nood** Not *v*; *~ breekt wet* Not bricht Eisen, Not kennt kein Gebot; *iem. zijn ~ klagen* jmdm. seine Not klagen; *als de ~ aan de man komt* wenn Not am Mann ist; *in de ~ leert men zijn vrienden kennen* in der Not erkennt man den Freund; *van de ~ een deugd maken* aus der Not eine Tugend machen
**noodbrug** Not-, Behelfsbrücke *v*
**nooddeur** Nottür *v*
**nooddruftig** notdürftig
**noodgang** (snelheid) Affenfahrt *v*
**noodgedwongen** notgedrungen
**noodgeval** Notfall *m*
**noodgreep** (noodmaatregel) Notmaßnahme *v*
**noodhulp** 1 ⟨ding⟩ Aushilfe *v*, Notbehelf *m*; 2 ⟨persoon⟩ Aushelfer *m*, Aushilfskraft *v*, Aushilfe *v*;
**noodklok** Not-, Sturmglocke *v*
**noodkreet** Notschrei *m*
**noodlanding** (in 't alg.) Not-, Zwangslandung *v*

**noodlijdend** notleidend, unterstützungsbedürftig; *een ~e* ein(e) Hilfsbedürftige(r) *m-v*; *~ gebied* Notstandsgebiet *o*
**noodlot** Schicksal *o*, Geschick *o*, Verhängnis *o*, Fatum *o*
**noodlottig** verhängnisvoll
**noodmaatregel** Notmaßnahme *v*
**noodoplossing** Notlösung *v*
**noodrantsoen** eiserne Ration *v*
**noodrem** Notbremse *v*; ⟨in de trein ook⟩ Notleine *v*
**noodsprong** fig einziger (letzter) Ausweg *m*
**noodstop** Notbremsung *v*
**noodtoestand** Notlage *v*
**nooduitgang** Notausgang *m*
**noodverband** Notverband *m*
**noodverlichting** Notbeleuchtung *v*
**noodvulling** vorläufige Füllung *v*
**1 noodweer** *v* ⟨verdediging⟩ Notwehr *v*
**2 noodweer** *o* ⟨storm enz.⟩ Unwetter *o*
**noodzaak** Notwendigkeit *v*
**noodzakelijk** notwendig
**noodzakelijkerwijs** notwendigerweise
**noodzaken** zwingen, nötigen
**nooit** niemals, nie; *~ ofte nimmer* nie und nimmer
**Noor** Norweger *m*
**noord** I *v* & *o* Norden *m*; *om de ~* nördlich herum; II *bn* nördlich; *de wind is ~* es ist Nordwind
**Noord-Afrika** Nordafrika *o*
**Noord-Afrikaans** nordafrikanisch
**Noord-Amerika** Nordamerika *o*
**Noord-Amerikaans** nordamerikanisch
**noordelijk** nördlich; *~ van* nördlich (+ 2, von); *~ halfrond* nördliche Halbkugel *v*; *de ~e staten van Amerika* die Nordstaaten *mv*
**noorden** Norden *m*; *naar het ~* gegen Norden; *op 't ~ liggen* nach Norden liegen; *ten ~ van Leiden* nördlich von Leiden; *ten ~ van de stad* nördlich der Stadt
**noordenwind** Nordwind *m*
**noorderbreedte**: *50° ~* 50 Grad nördlicher Breite *v*
**noorderlicht** Nord-, Polarlicht *o*
**noorderling** 1 ⟨Scandinaviër⟩ Nordländer *m*; 2 ⟨uit een noordelijk gebied⟩ Mann *m* aus dem Norden
**noorderzon** Mitternachts-, Nordersonne *v*; *met de ~ vertrekken* sich bei Nacht und Nebel davonmachen
**noordoost, noordoostelijk** nordöstlich
**noordoosten** Nordosten *m*
**noordpool** Nordpol *m*
**noordpoolcirkel** nördlicher Polarkreis *m*
**Noordrijn-Westfalen** Nordrhein-Westfalen *o*
**noords** nordisch
**noordwaarts** nordwärts
**noordwest, noordwestelijk** nordwestlich
**noordwesten** Nordwesten *m*
**Noordzee** Nordsee *v*
**Noorman** Normanne *m*
**Noordzee** *v* Nordsee *v*
**Noors** norwegisch
**Noorwegen** Norwegen *o*

**noot 1** ⟨vrucht⟩ Nuß v; **2** muz Note v, Musiknote v; **3** ⟨opmerking⟩ Fußnote v; *een achtste* ~ muz eine Achtelnote v; *veel noten op zijn zang hebben* viel Wind in der Nase haben, sehr anspruchsvoll sein
**nootmuskaat** Muskatnuß v
**1 nop** v Noppe v
**2 nop** gemeenz = *noppes*
**nopen** nötigen, zwingen, stechen, reizen
**nopjes**: *in zijn* ~ *zijn* guter Dinge (guter Laune) sein; *in zijn* ~ *zijn met iets* sich über etwas (4) freuen
**noppes** gemeenz nix, nichts; *voor* ~ ⟨tevergeefs⟩ umsonst, für die Katz; ⟨gratis⟩ gratis
**nor** gemeenz Loch o, Kittchen o
**noren** ⟨soort schaatsen⟩ Eisschnellaufschuhe mv
**norm** Norm v, Regel v
**normaal I** bn normal, regelrecht; *'t is niet* ~ es ist nicht normal (wie immer); *hij is niet* ~ er ist nicht bei Verstand; ~ *gesproken* normalerweise
**normaalonderwijs** ZN Unterricht m an einer pädagogischen Hochschule
**normaalschool** ZN pädagogische Hochschule v, PH
**normalisatie 1** ⟨het normaal maken⟩ Normalisierung v; **2** ⟨standaardisering⟩ Normung v
**normaliseren 1** ⟨normaal maken⟩ normalisieren; **2** ⟨standaardiseren⟩ normen, normieren, standardisieren; *de betrekkingen zijn weer genormaliseerd* die Verhältnisse haben sich wieder normalisiert
**normaliter** normalerweise, gewöhnlich
**normatief** normativ
**normvervaging** Normverfall m
**nors** unwirsch, mürrisch, grämlich
**nostalgie** Nostalgie v
**nostalgisch** nostalgisch
**nota** Note v; handel Nota v, Rechnung v; ~ *van iets nemen* etwas zur Kenntnis nehmen; etwas beachten
**nota bene 1** ⟨let wel⟩ übrigens, wohlgemerkt, nota bene; **2** ⟨stel je voor⟩ stell dir vor
**notariaat** Notariat o
**notarieel** notariell
**notaris** Notar m
**notatie** ⟨muz, schaak⟩ Notation v, Notierung v
**notenbalk** muz Notenlinien mv, -system o
**notenbar 1** ⟨winkel⟩ Laden m für Knabberzeug; **2** ⟨deel v. winkel⟩ Knabberzeugabteilung v
**notendop** Nußschale v; *in een* ~ in einer Nuß
**notenhout** Nußbaumholz o
**notenkraker** Nußknacker m
**notenschrift** Notenschrift v
**noteren** notieren, aufzeichnen, vormerken; *een bestelling* ~ eine Bestellung vormerken
**notering** Notierung v
**notie 1** ⟨begrip⟩ Begriff m, Vorstellung v; **2** ZN ⟨kennis⟩ meestal: ~s Kentnisse mv; *geen* ~ *hebben* keine Ahnung haben
**notitie** Notiz v, Aufzeichnung v
**notitieblok** Notiz-, Merk-, Abreißblock m
**notoir** notorisch
**notulen** Protokoll o; *de* ~ *opmaken* (das) Protokoll führen
**notuleren** zu Protokoll nehmen, protokollieren
**notulist** Schriftführer m
**nou** nun; *kom* ~ komm doch, komm schon; ⟨ach wat⟩ ach was!; ~ *en?* na und?; ~ *en of!* na, und ob!; *wat moet ik* ~ *doen?* was soll ich bloß machen?
**novelle** Novelle v
**november** der November; vgl.: *april*
**noviciaat** Noviziat o
**novum** Novum o, noch nicht Dagewesenes o
**nozem** Halbstarke(r) m
**nu I** bijw nun, jetzt; ⟨tegenwoordig⟩ heute; ~ *eens..., dan weer...* bald..., bald...; ~ *en dan* ab und zu, dann und wann; mitunter; ~ *of nooit* jetzt oder nie; *tot* ~ *toe* bisher; *van* ~ *af aan* von jetzt an; **II** voegw jetzt, wo (da); ~ *hij dood is* jetzt, wo er tot ist; **III** tsw zie: *nou*; ~, *ga je mee?* nun, gehst du (gehen Sie) mit?
**nuance** Schattierung v, Abtönung v, Nuance v
**nuanceren** abtönen, -stufen, nuancieren, schattieren
**nuanceverschil** feiner, gradueller Unterschied m
**nuchter** ⟨niet dronken; verstandig⟩ nüchtern; *op de* ~*e maag* auf nüchternen Magen m; *een* ~*e beoordeling* eine nüchterne Einschätzung
**nucleair** nuklear
**nudisme** Nudismus m, Nackt-, Freikörperkultur v
**nudist** Nudist m
**nuf** Zierpuppe v, -liese v
**nuffig** zimperlich, geziert, spröde
**nuk** Laune v, Grille v
**nukkig** launisch
**nul** Null v; ⟨mens ook⟩ Niete v; *een grote* (*volslagen*) ~ eine absolute (glatte, große, reine) Null; *in 't jaar* ~ Anno dazumal; *van 't jaar* ~ von Anno Tobak; ~ *en gener waarde* null und nichtig; *10°onder* ~ zehn Grad unter Null; ~ *op 't rekest krijgen* abschlägig beschieden werden
**nulmeridiaan** Nullmeridian m
**nulpunt** Nullpunkt m
**numeriek** zahlenmäßig, numerisch
**numero** Nummer v; ~ *100* Abort m, Toilette v
**numerus clausus, numerus fixus** Numerus clausus m, Numerus fixus m
**nummer** Nummer v; *één onderw* Klassenbeste(r) m-v, -erste(r) m-v; *een mooi* ~! eine feine Nummer! v, ⟨lied⟩ ein schönes Stück o; *een raar* ~ ein sonderbarer Kauz m; *verplicht* ~ Pflichtnummer v; *iem. op zijn* ~ *zetten* einem den Standpunkt klarmachen, einen in die Schranken weisen
**nummerbord** Nummernschild o, Kennzei-

chen *o*
**nummeren** numerieren
**nummering** Numerierung *v*
**nummerplaat** = *nummerbord*
**nummertje**: *een ~ maken* gemeenz eine Nummer machen; *een ~ trekken* (in winkel) eine Nummer ziehen
**nuntius** Nuntius *m*; Oostr ⟨ook⟩ Nunzius *m*
**nurks I** *m* Murrkopf *m*, Griesgram *m*, gemeenz Meckerer *m*; **II** *bn* mürrisch, unwirsch, grämlich, nörgelig
**nut** Nutzen *m*, Brauchbarkeit *v*; *algemeen ~* Gemeinnutz *m*; *ten ~te maken* zunutze machen; *van ~ zijn* nützen, von Nutzen sein; *'t is van geen ~* es hat keinen Zweck (Sinn)
**nutsbedrijf** gemeinnütziger Betrieb *m*, Versorgungsbetrieb *m*
**nutteloos** nutzlos, unnütz, vergeblich; *~ gepraat* müßiges Geschwätz *o*
**nuttig** nützlich; *~ effect* Nutzleistung *v*, -effekt *m*, -wert *m*; *~ gewas* Nutzgewächs *o*
**nuttigen** genießen, einnehmen, zu sich nehmen
**NV** = *Naamloze Vennootschap* ± AG (Aktiengesellschaft)
**nylon I** *m & o* ⟨de stof⟩ Nylon *m*; **II** *v* ⟨kous⟩ Nylonstrumpf *m*
**nymfomane** Nymphomanin *v*

# O

**o I** *v* der Buchstabe O, das O; **II** *tsw* ~!  o!, oh!; ~ *zo!* ach so; ~ *ja*, ~ *nee* ach ja, ach nein; ~ *wee!* o weh!
**o.a.** = *onder andere(n)* u.a., unter ander(e)m, unter ander(e)n
**oase** Oase *v*
**o-benen** O-Beine *mv*
**ober** Ober *m*; ~! Herr Ober!
**object** Objekt *o*
**objectief I** *bn* objektiv; **II** *o* fotogr Objektiv *o*
**objectiviteit** Objektivität *v*
**obligaat** obligatorisch
**obligatie** handel Obligation *v*; *converteerbare* ~ Wandelobligation *v*
**obligatiehouder** Anleihegläubiger *m*
**obligatielening** Anleihe *v*
**obsceen** obszön
**obsceniteit** Obszönität *v*
**obscuur** obskur
**obsederen** bedrücken
**observatie** Beobachtung *v*
**observatiegraad** ZN ± Orientierungsstufe *v*
**observatiepost** Beobachtungsposten *m*
**observatorium** Observatorium *o*
**observeren** beobachten
**obsessie** Obsession *v*
**obstakel** Obstakel *o*, Hindernis *o*
**obstinaat** obstinat, starrsinnig
**obstipatie** Obstipation *v*
**obstructie** Obstruktion *v*
**obus** ZN Schrapnell *o*, Granate *v*
**occasie** ZN ⟨koopje⟩ Gelegenheitskauf *m*
**occasiewagen** ZN Gebrauchtwagen *m*
**occasion** Gelegenheitskauf
**occult** okkult
**occultisme** Okkultismus *m*
**oceaan** Ozean *m*; *Stille O~* Stiller Ozean *m*, Pazifik *m*
**och:** ~! ach!
**ochtend** Morgen *m*; *'s* ~*s* morgens
**ochtendblad** Morgenblatt *o*, Morgenzeitung *v*
**ochtendgloren** Morgenröte *v*
**ochtendgymnastiek** Morgengymnastik *v*
**ochtendhumeur** Morgenmuffligkeit *v*
**ochtendmens** Frühaufsteher *m*
**ochtendspits** morgendlicher Berufsverkehr *m*
**ochtendziekte:** *aan* ~ *lijden* am Vormittag verdrießlich sein
**octaaf** muz Oktave *v*
**octaangetal** Oktanzahl *m*; *met hoger* ~ mit höherer Oktanzahl *v*
**octopus** Oktopode *v*
**octrooi** Patent *o*
**ode** Ode *v*
**Oder** Oder *v*; *Frankfort a.d.* ~ Frankfurt an der Oder (Frankfurt a.d. O.)
**oecumene** Ökumene *v*
**oecumenisch** ökumenisch
**oedeem** Ödem *o*

**oedipuscomplex** Ödipuskomplex *m*
**oef** uff
**oefenen** üben; *geduld* ~ sich in Geduld üben
**oefening** Übung *v*; onderw Übungsaufgabe *v*; *vrije, verplichte* ~*en* Kür-, Pflichtübungen *mv*; ~ *baart kunst* Übung macht den Meister
**oefenmeester** Trainer *m*
**oefenwedstrijd** Probespiel *o*
**oei:** ~! ach!
**oekaze** Ukas *m*
**Oekraïens** ukrainisch
**Oekraïne:** *de* ~ die Ukraine
**Oekraïner** Ukrainer *m*
**oelewapper** gemeenz Einfaltspinsel *m*, Flasche *v*
**oen** Knallkopf *m*, Trottel *m*
**oerknal** Urknall *m*
**oermens** Urmensch *m*
**oeroud** uralt
**oersterk** bärenstark
**oertijd** Urzeit *v*; *van(uit) de* ~ urzeitlich
**oerwoud** Urwald *m*
**OESO** = *Organisatie voor Economische Ontwikkeling en Samenwerking* OECD (Eng: Organization for Economic Cooperation and Development)
**oester** Auster *v*
**oesterbank** Austernbank *v*
**oestrogeen** Ustrogen *o*
**oeuvre** Werk *o*, Gesamtwerk *o*
**oever** Ufer *o*; *buiten z'n* ~*s treden* über die Ufer treten
**oeverloos** uferlos
**of 1** ⟨vragend⟩ ob; **2** ⟨tegenstellend⟩ oder; *ik weet niet* ~ *ik ga* ich weiß nicht, ob ich hingehe; *en* ~! und ob!; *vroeg* ~ *laat* früh oder spät; *of... of* entweder... oder; *nauwelijks was ik thuis,* ~ *hij kwam* kaum war ich zu Hause, da kam er; *ik weet niet beter,* ~ *hij is thuis* so viel ich weiß, ist er zu Hause; *er gaat geen week voorbij,* ~ *hij moet op reis* es vergeht keine Woche, daß er nicht verreisen muß; *een gulden* ~ *vijf* etwa fünf Gulden
**offday** schlechter Tag *m*
**offensief I** *bn* offensiv; **II** *o* Offensive *v*
**offer** Opfer *o*
**offerande** Opfer *o*
**offeren** opfern
**offergave** Opfergabe *v*
**offerte** Angebot *o*, Offerte *v*; *een* ~ *doen* eine Offerte machen, unterbreiten
**offervaardig** opferwillig, -freudig, -bereit
**official** sp Funktionär *m*
**officieel** amtlich, offiziell; *langs officiële weg* auf dem Dienstweg; *van officiële zijde* amtlicherseits; ~ *onderwijs* ZN Unterricht *m* an staatlichen Schulen
**officier** mil Offizier *m*; ~ *van justitie* recht Staatsanwalt *v*; ⟨bij kantongerecht⟩ Amtsanwalt *m-v*
**officieus** inoffiziell
**off line** comput Off-line-
**offreren** anbieten
**offset** Offset *m*
**offshore** Off-Shore-

**off-side** abseits
**ofschoon** obschon, obgleich, obwohl
**oftewel** beziehungsweise, oder
**ofwel** 1 ⟨overeenkomst⟩ oder, beziehungsweise; *dit is een luipaard ~ panter* das ist ein Leopard, beziehungsweise ein Panther; 2 ⟨tegenstelling⟩ entweder, oder; *wij gaan morgen ~ naar de dierentuin, ~ naar de bioscoop* wir gehen morgen entweder in den Zoo oder ins Kino
**ogen** sehen
**ogenblik** Augenblick *m*, Moment *m*; *op dit ~* in diesem Augenblick; *op 't ~* zur Zeit
**ogenblikkelijk** augenblicklich, sofort, gleich, unverzüglich
**ogenschijnlijk** 1 ⟨schijnbaar⟩ scheinbar; 2 ⟨zover te zien is⟩ anscheinend
**ogenschouw**: *in ~ nemen* in Augenschein nehmen
**ohm** Ohm *o*
**oké** O.K., o.k., okay; *~!* okay, geht in Ordnung!
**oker** Ocker *m*
**oksel** Achsel *v*
**oktober** der Oktober *m*; vgl.: *april*
**oldtimer** ⟨antieke auto⟩ Oldtimer *m*
**oleander** Oleander *m*
**olie** Öl *o*; *plantaardige ~* Pflanzenöl *o*; *~ op de golven, op 't vuur gooien* Öl auf die Wogen, ins Feuer gießen; *in de ~ zijn* gemeenz einen sitzen haben
**olieachtig** ölig
**oliebol** Krapfen *m*
**oliebron** Ölquelle *v*
**olieconcern** Ölgesellschaft *v*
**oliedom** stock-, strohdumm
**oliefilter** Ölfilter *m*
**oliejas** Öljacke *v*, -mantel *m*
**oliekachel** Ölofen *m*
**oliën** ölen, einölen; zie ook: *geolied*
**olieraffinaderij** (Erd)ölraffinerie *v*
**oliesel** Ölung *v*; *het laatste ~* die letzte Ölung *v*
**oliespuitje** Öler *m*
**olietanker** Öltanker *m*
**olieveld** Ölfeld *o*
**olieverf** Ölfarbe *v*; *met ~ schilderen* in Öl malen
**olievlek** Ölflecken *m*
**olifant** Elefant *m*
**olifantshuid** Elefantenhaut *v*; *een ~ hebben* ein dickes Fell haben
**oligarchie** Oligarchie *v*
**olijf** I *m* ⟨boom⟩ Oliven-, Ölbaum *m*; II *v* ⟨vrucht⟩ Olive *v*
**olijfboom** Oliven-, Ölbaum *m*
**olijfolie** Olivenöl *o*
**olijftak** Ölzweig *m*
**olijk** schalkhaft; *een ~e vent* ein Scherzbold *m*
**olm** Ulme *v*
**o.l.v.** = *onder leiding van* unter der Leitung von
**olympiade** Olympiade *v*
**Olympisch** Olympisch; *de ~e Spelen* die Olympischen Spiele *mv*
**om** I *voorz* 1 ⟨in 't alg.⟩ um; 2 ⟨wegens⟩ wegen; *~ iets heen* um etwas herum; *de stad is bekend ~ haar mooie ligging* die Stadt ist bekannt wegen ihrer schönen Lage; *~ de vier jaar* alle vier Jahre; *~ de 10 minuten* alle 10 Minuten; *~ de politie roepen* nach der Polizei rufen; *~ deze reden* aus diesem Grund; *klaar ~ te schieten* schießbereit; *~ 't uur* jede Stunde, stündlich; *dat is ~ te lachen* das ist zum Lachen; II *bijw*: *deze weg is ~* dies ist ein Umweg; *de termijn is ~* die Frist ist um; *~ en nabij* nahezu; *~ en ~* der Reihe nach
**oma** Großmama *v*, Großmutter *v*, Oma *v*
**omarmen** um'armen
**omblazen** umblasen
**ombouw** Umbau *m*
**'ombouwen** 'umbauen
**ombrengen** 1 ⟨de tijd⟩ ver-, zubringen; 2 ⟨doden⟩ töten, umbringen
**ombudsman** Ombudsmann *m*
**ombuigen** 1 ⟨verbuigen⟩ umbiegen; 2 ⟨zich buigen⟩ sich biegen; 3 ⟨koers wijzigen⟩ umsteuern
**omcirkelen** um'kreisen
**omdat** da, weil
**omdoen** umtun, umbinden, umlegen; *de sjaal ~* den Schal umlegen
**omdopen** umtaufen
**omdraaien** I *overg* ⟨op een andere zijde draaien⟩ umdrehen; *er zijn hand niet voor ~* etwas mit links machen; II *onoverg* ⟨omkeren en teruggaan⟩ umkehren
**ome** *gemeenz* Onkel *m*; *hoge ~* hohes Tier *o*; *~ Jan* das Leihamt
**omega** Omega *o*
**omelet** Omelett *o*
**omgaan** 1 ⟨rondgaan⟩ herumgehen; 2 ⟨m. vrienden⟩ umgehen, verkehren; 3 ⟨gebeuren⟩ sich ereignen; *een straatje ~* einen kleinen Bummel machen; *er gaan lelijke praatjes over hem om* es sind üble Gerüchte über ihn in Umlauf; *buiten iem. ~* einem fernbleiben; *op de beurs ging weinig om* der Umsatz an der Börse war gering; *wat is in hem omgegaan?* was ist in ihm vorgegangen?; *men kan niet met hem ~* es ist kein Auskommen mit ihm
**omgaande**: *per ~* umgehend, postwendend
**omgang** 1 ⟨processie⟩ Bittgang *m*; 2 ⟨met vrienden⟩ Umgang *m*, Verkehr *m*; *met iem. ~ hebben* mit einem verkehren
**omgangsregeling** Besuchsrecht *o*
**omgangstaal** Umgangssprache *v*
**omgekeerd** umgekehrt; *de ~e wereld* die verkehrte Welt; *~ evenredig* umgekehrt proportional
**omgeven** um'geben
**omgeving** Umgebung *v*
**omgooien** umwerfen
**omhaal** 1 ⟨v. woorden⟩ Weitschweifigkeit *v*; 2 ⟨voetbal⟩ Rückzieher *m*; *zonder ~* ohne Umschweife
**omhakken** umhacken
**1 'omhangen** ⟨draperen⟩ umhängen
**2 om'hangen** ringsum behängen, verhängen
**omheen** herum; *er niet ~ kunnen* um etwas nicht umhin können

**omheinen** um'zäunen
**omheining 1** (in 't alg.) Um'zäunung v; **2** (draad) Drahtzaun m
**omhelzen** um'armen; fig (voorstel enz.) annehmen
**omhelzing** Um'armung v
**omhoog** empor, aufwärts; *hoofd ~!* Kopf hoch!
**omhoogzitten** festsitzen; fig in Nöten sein
**omhullen** um'hüllen
**omhulsel** Hülle v, Um'hüllung v
**omissie** Versäumnis o, Unterlassung v
**omkeer** = *ommekeer*
**omkeerbaar** umkehrbar
**omkeren** umkehren, -drehen
**omkijken** sich umschauen, -sehen; *niet ~ naar* sich nicht umsehen nach; fig sich nicht kümmern um; *geen ~ hebben naar* sich nicht zu kümmern brauchen um
**omkleden** um'kleiden
**omklemmen** um'klammern
**omkomen** umkommen, sterben
**omkoopbaar** bestechlich, käuflich, korrupt
**omkopen** bestechen
**omkoperij, omkoping** Bestechung v
**omlaag** nach unten, hinunter; *naar ~* hinunter, nach unten
**omleggen** (ook: doden) umlegen
**omleiden** (verkeer, rivier) umleiten
**omleiding** Umleitung v
**omliggend** umliegend
**omlijnen 1** (duidelijk aangeven) abgrenzen, um'reißen; **2** (tekenen) konturieren
**omlijsten** einrahmen, um'rahmen
**omlijsting** Um'rahmung v, Einrahmung v
**omloop 1** (in 't alg.) Umlauf m; **2** (v. toren) Umgang m; *in ~ brengen* in Umlauf bringen, setzen; *in ~ zijn* in/im Umlauf sein
**omloopsnelheid** Umlaufgeschwindigkeit v
**omlooptijd** Umlaufzeit v
**omlopen** (her)umlaufen; *een straatje ~* einen kleinen Bummel machen
**ommekeer** Umschwung m, Wende v
**ommetje** Umweg m; kurzer Spaziergang
**ommezien:** *in een ~* im Nu
**ommezijde** Rückseite v; *zie ~* bitte wenden, b.w.
**ommezwaai** Umschwung m, Wende v
**ommuren** um'mauern
**omnibus 1** Omnibus m; **2** ⟨ZN stoptrein⟩ Nahverkehrszug m
**omnium 1** (wedstrijd) Omnium o; **2** ZN (allriskverzekering) Vollkasko(versicherung) v; *~ verzekeren* (voll)kaskoversichern
**omnivoor** Allesfresser m, Omnivore m
**omploegen** umpflügen
**ompraten** über'reden, umstimmen
**omrekenen** umrechnen
**omrijden 1** (een omweg maken) einen Umweg machen; **2** (omver) umfahren
**omringen** um'ringen, -'geben, -'schließen
**omroep 1** (in 't alg.) Rundfunk m; **2** (organisatie) Rundfunkgesellschaft v; *regionale ~* Heimatfunk m
**omroepbestel** Rundfunkwesen o
**omroepbijdrage** Rundfunk- und Fernsehgebühr v

**omroepen 1** hist öffentlich ausrufen; **2** RTV im Rundfunk ansagen, mitteilen, durchsagen
**omroeper 1** hist Ausrufer m; **2** RTV Ansager m
**omroepvereniging** Rundfunkgesellschaft v
**omroeren** umrühren
**omschakelen** umschalten
**omschakeling** Umschaltung v
**omscholen** umschulen
**omscholing** Umschulung v
**omschrijven 1** (bepalen) um'schreiben; **2** (beschrijven) beschreiben; *nader ~* näher beschreiben
**omschrijving** Um'schreibung v, Beschreibung v
**omsingelen 1** (in 't alg.) einkreisen, um'zingeln, einschließen; **2** (huis) um'stellen
**omslaan 1** (omverwerpen) umschlagen; **2** ('t weer) umschlagen; **3** (doek) umwerfen; **4** (broek) umkrempeln; *de hoek ~* um die Ecke biegen; *de kosten hoofdelijk ~* die Kosten umlegen
**omslachtig** umständlich
**omslag 1** (in 't alg) Umschlag m; **2** (belasting) Kopfsteuer v; *zonder veel ~* ohne Umstände
**omslagartikel** Titelgeschichte v
**omslagdoek** Umschlagtuch o
**omsluiten** um'schließen, einschließen
**omsmelten** umschmelzen
**omspannen** um'spannen
**omspelen:** *een tegenstander ~* sp um den Gegner herumdribbeln
**omspitten** umgraben, -stechen
**1 'omspoelen** (reinigen) ausspülen
**2 om'spoelen** (bespoelen) um'spülen, -'strömen
**omspringen** umher-, herumspringen; *~ met* fig umspringen mit, umgehen mit
**omstander** Umstehende(r) m-v
**omstandig** umständlich, ausführlich
**omstandigheid** Umstand m; *bijkomende ~heden* Begleitumstände v; *in de gegeven ~heden* unter den gegebenen Umständen; *in gezegende ~heden* guter Hoffnung; *naar ~heden* verhaltnismäßig; *wegens ~heden* umstandshalber
**omstoten** umstoßen
**omstreden** um'stritten
**omstreeks 1** (ongeveer) ungefähr, etwa; **2** ⟨v. tijd⟩ um (herum); *~ honderd* ungefähr hundert, etwa hundert; *~ 1800* um 1800; *op of ~ 3 februari* um den 3. Februar herum
**omstreken** Umgebung v
**omstrengelen** um'schlingen, -'schlängeln
**omtoveren** verzaubern
**omtrek 1** (omstreken) Umgebung v; **2** (v. cirkel) Umfang m; **3** (v. tekening) Umriß m
**omtrekken** niederreißen, umziehen
**omtrent 1** (ongeveer) etwa, ungefähr; **2** (met betrekking tot) mit Bezug auf
**omvallen** umfallen
**omvang 1** (omtrek) Umfang m; **2** (dimensie) Ausdehnung v
**omvangrijk** umfangreich, umfänglich

**omvaren** umfahren, -schiffen
**omvatten** um'fassen, enthalten
**omver** über den Haufen, zu Boden
**omverpraten** bereden, umstimmen
**omverwerpen** um-, niederwerfen, umstürzen
**omvliegen** ⟨van de tijd⟩ verfliegen
**omvormen** 1 <u>eig</u> umformen; 2 <u>fig</u> umbilden
**omvouwen** umknicken, (um)falten
**omweg** Umweg *m*; *langs een* ~ auf Umwegen; *zonder* ~*en* ohne Umschweife
**omwentelen** (omdraaien) umwälzen, umdrehen
**omwenteling** 1 ⟨in 't alg.⟩ Umwälzung *v* (ook fig); 2 ⟨draaiing⟩ Umdrehung *v*; *het aantal* ~*en* die Drehzahl
**omwentelingstijd** Umlaufzeit *v*
**omwerken** 1 ⟨anders bewerken⟩ umarbeiten, über'arbeiten; 2 ⟨aarde⟩ umschichten
**omwerpen** umwerfen, -stoßen
**omwikkelen** umwickeln
**omwille**: ~ *van* um (einer Person, einer Sache) willen
**omwisselen** 1 ⟨ruilen⟩ umtauschen; 2 ⟨geld⟩ um-, einwechseln
**omwoelen** umwühlen, aufwühlen
**omzeilen** 1 <u>eig</u> um'segeln; 2 <u>fig</u> umgehen
**omzendbrief** <u>ZN</u> Rundbrief *m*; <u>RK</u> Hirtenbrief *m*
**omzet** <u>handel</u> Umsatz *m*
**omzetbelasting** Umsatzsteuer *v*
**omzetsnelheid** Umsatzgeschwindigkeit *v*
**omzetten** 1 ⟨in 't alg.⟩ umstellen; 2 <u>handel</u> umsetzen; 3 ⟨in iets anders⟩ umwandeln
**omzichtig** umsichtig
**omzien** 1 ⟨omkijken⟩ sich umsehen, sich umschauen; 2 ⟨letten op⟩ auf etwas achten; *niet naar iem.* ~ sich nicht um einen kümmern
1 '**omzomen** (een zoom maken in) einsäumen
2 **om'zomen** (een zoom vormen om) um'säumen
**omzwaai** Umschwung *m*
**omzwaaien** 1 ⟨in 't alg.⟩ herumschwenken, umschwingen; 2 ⟨naar andere studie⟩ umsatteln
**omzwerving** Wanderung *v*
**onaandoenlijk** unempfindlich
**onaangedaan** ungerührt
**onaangenaam** unangenehm
**onaangepast** unangepaßt
**onaangeroerd** 1 <u>eig</u> unberührt; 2 ⟨niet besproken⟩ unerwähnt
**onaangetast** 1 ⟨in 't alg.⟩ unangetastet; 2 ⟨ongeschonden⟩ verschont
**onaannemelijk** unglaubwürdig
**onaantastbaar** unantastbar, unangreifbar
**onaantrekkelijk** reizlos
**onaanvaardbaar** unannehmbar
**onaanzienlijk** ⟨m.b.t. hoeveelheid⟩ unbeträchtlich, unansehnlich; ⟨m.b.t. persoon⟩ unscheinbar
**onaardig** unfreundlich; *dat is niet* ~ das ist nicht übel
**onachtzaam** 1 ⟨onoplettend⟩ unachtsam, nachlässig; 2 ⟨gevaarlijk⟩ fahrlässig

**onaf** unfertig
**onafgebroken** unaufhörlich, ununterbrochen
**onafhankelijk** unabhängig
**onafhankelijkheid** Unabhängigkeit *v*
**onafhankelijkheidsoorlog** Unabhängigkeitskrieg *m*
**onafscheidelijk** unzertrennlich
**onafwendbaar** unabwendbar, unvermeidlich
**onafzienbaar** unabsehbar, unüberschaubar
**onaneren** onanieren
**onbaatzuchtig** uneigennützig, selbstlos
**onbarmhartig** unbarmherzig
**onbeantwoord** 1 ⟨brief⟩ unbeantwortet; 2 ⟨liefde, groet⟩ nicht erwidert
**onbedaarlijk** unaufhaltsam, unbezwingbar
**onbedachtzaam** unüberlegt
**onbedorven** unverdorben, unverbildet
**onbedreigd** unbedroht; ~ *winnen* unangefochten siegen
**onbedreven** unerfahren, ungeübt
**onbeduidend** 1 ⟨van weinig belang⟩ unbedeutend; 2 ⟨v. aanzien⟩ unscheinbar
**onbedwingbaar** unbezwingbar, unbezähmbar
**onbegaanbaar** unwegsam, unpassierbar
**onbegonnen** undurchführbar; *dat is* ~ *werk* das ist ein hoffnungsloses Unternehmen
**onbegrensd** unbegrenzt, unbeschränkt
**onbegrepen** 1 ⟨niet begrepen⟩ unverstanden; 2 ⟨miskend⟩ verkannt
**onbegrijpelijk** unbegreiflich
**onbegrip** Verständnislosigkeit *v*
**onbehaaglijk** unbehaglich
**onbehagen** Unbehagen *o*
**onbeheerd** herrenlos
**onbeheerst** unbeherrscht
**onbeholpen** unbeholfen, ungeschickt
**onbehoorlijk** 1 (incorrect) ungehörig; 2 ⟨onbeleefd enz.⟩ ungeziemend
**onbehouwen** ungehobelt, plump
**onbekend** unbekannt; *de* ~*e soldaat* der unbekannte Soldat; ~ *maakt onbemind* unbekannt, unverlangt
**onbekende** <u>wisk</u> Unbekannte *v*
**onbekendheid** Unbekanntheit *v*
**onbekommerd** unbekümmert, unbesorgt
**onbekrompen** 1 ⟨in 't alg⟩ freigebig, reichlich; 2 ⟨geestelijk⟩ freidenkend; großzügig; *een* ~ *onthaal* eine glänzende Bewirtung *v*
**onbekwaam** 1 (incapabel) unfähig; 2 ⟨dronken⟩ betrunken; 3 <u>ZN</u> ⟨arbeidsongeschikt⟩ arbeitsunfähig
**onbelangrijk** unwichtig
**onbelast** 1 ⟨niet belast⟩ unbeschwert; 2 ⟨v. belasting⟩ unbesteuert; 3 ⟨v. huis⟩ unbelastet
**onbeleefd** unhöflich
**onbeleefdheid** Unhöflichkeit *v*
**onbelemmerd** unbehindert
**onbemand** unbemannt
**onbemiddeld** mittellos, unvermögend
**onbemind** unbeliebt

**onbenul** Dummkopf *m*, Tölpel *m*
**onbenullig** unbedeutend, albern
**onbepaald** 1 ⟨niet precies vastgesteld⟩ unbestimmt; 2 ⟨onbegrensd⟩ unbegrenzt; *voor ~e tijd* auf unbestimmte Zeit; *~e wijs* gramm Nennform *v*
**onbeperkt** unbeschränkt; *~ krediet* unbegrenzter Kredit *m*
**onbeproefd** unversucht; *niets ~ laten* nichts unversucht lassen
**onberaden** unbesonnen, unüberlegt
**onbereikbaar** unerreichbar
**onberekenbaar** unberechenbar
**onberispelijk** tadellos, untadelig
**onberoerd** unbewegt, unberührt
**onbeschaafd** 1 ⟨in 't alg.⟩ ungebildet; 2 ⟨volk⟩ unzivilisiert
**onbeschaamd** unverschämt
**onbescheiden** unbescheiden
**onbeschoft** frech, unverschämt
**onbeschreven** unbeschrieben
**onbeschrijf(e)lijk** unbeschreiblich
**onbeslapen** ⟨bed⟩ unbenutzt
**onbeslist** unentschieden; *iets ~ laten* etwas offenlassen
**onbespoten** ungespritzt
**onbesproken** 1 ⟨in 't alg.⟩ unbesprochen; 2 ⟨onberispelijk⟩ unbescholten
**onbestelbaar** 1 ⟨in 't alg.⟩ unbestellbar; 2 ⟨v. brief⟩ unzustellbar; *indien ~, terug aan afzender* falls unbestellbar, zurück an Absender
**onbestemd** unbestimmt, ungewiß
**onbestendig** unbeständig, veränderlich
**onbestorven**: *~ vlees* nicht abgehangenes Fleisch
**onbesuisd** unbesonnen
**onbetaalbaar** unbezahlbar, unerschwinglich; *een ~bare grap* ein köstlicher Witz
**onbetamelijk** ungeziemend, ungebührlich
**onbetekenend** unbedeutend
**onbetrouwbaar** unzuverlässig
**onbetuigd**: *zich niet ~ laten* sich nach Kräften beteiligen
**onbetwist** unbestritten; *een ~e overwinning* ein unangefochtener Sieg
**onbetwistbaar** unanfechtbar
**onbevangen** unbefangen
**onbevlekt** unbefleckt
**onbevoegd** 1 ⟨in 't alg.⟩ unbefugt, inkompetent; 2 ⟨ambtenaar, rechtbank enz.⟩ unzuständig
**onbevooroordeeld** unvoreingenommen
**onbevredigd** unbefriedigt
**onbevreesd** furchtlos, unverzagt
**onbewaakt** unbewacht; *in een ~ ogenblik* in einem unbewachten Augenblick
**onbewogen** 1 ⟨roerloos⟩ unbewegt; 2 ⟨fig ook⟩ ungerührt
**onbewoonbaar** unbewohnbar
**onbewoond** unbewohnt
**onbewust** 1 ⟨onwillekeurig⟩ unbewußt; 2 ⟨onwetend⟩ unwissentlich
**onbezet** unbesetzt
**onbezoldigd** unbesoldet
**onbezonnen** unbesonnen
**onbezorgd** unbekümmert, sorglos
**onbillijk** unangemessen, unredlich

**onbreekbaar** unzerbrechlich
**onbruik**: *in ~* außer Gebrauch; *in ~ raken* nicht mehr Mode sein
**onbruikbaar** unbrauchbar, unverwendbar
**onbuigzaam** 1 ⟨niet te buigen⟩ unbiegsam; 2 fig unbeugsam
**onchristelijk** unchristlich
**oncontroleerbaar** unkontrollierbar
**ondank** Undank *m*; *~ is 's werelds loon* Undank ist der Welt Lohn
**ondankbaar** undankbar
**ondanks** trotz (+ 2 of 3), ungeachtet (+ 2); *mijns ~* gegen meinen Willen
**ondeelbaar** 1 ⟨niet deelbaar⟩ unteilbar; 2 ⟨zeer klein⟩ winzig
**ondefinieerbaar** undefinierbar
**ondemocratisch** undemokratisch
**ondenkbaar** undenkbar, unvorstellbar
**onder** I *voorz* unter; II *bijw* 1 ⟨beneden⟩ unten; 2 ⟨gedurende⟩ während; *~ andere (meer)* unter anderem, unter anderen; *~ iem. staan* einem untergeordnet sein; *~ de grond* (mijnbouw) unter Tag(e); *~ Keulen* unterhalb Köln; *iets ~ ogen krijgen* etwas zu Gesicht bekommen; *~ in 't schip* unter Deck; *regel 10 van ~* Zeile 10 von unten
**onderaan** unten
**onderaannemer** Subunternehmer *m*
**onderaards** unterirdisch
**onderarm** Unterarm *m*
**onderbelicht** fotogr unterbelichtet
**onderbetalen** unterbezahlen
**onderbewust** unterbewußt
**onderbezet** schwach besetzt
**onderbouw** 1 ⟨pijler⟩ Unterbau *m*; 2 ⟨laagste klassen v. school⟩ Unterstufe *v*
**onderbouwen**: *een theorie ~* eine Theorie untermauern
**onderbreken** unter'brechen; *zijn reis ~* irgendwo Station machen
**onderbreking** Unter'brechung *v*
**onderbrengen** unterbringen
**onderbroek** 1 ⟨in 't alg.⟩ Unterhose *v*; 2 ⟨voor dames⟩ Schlüpfer *m*
**onderbroekenlol** schlüpfriger Humor *m*
**onderbuik** Unterleib *m*
**onderdaan** Untertan *m*
**onderdak** Unterkunft *v*, Obdach *o*
**onderdanig** untertänig; *iem. ~ zijn* einem unter'geben sein; *uw ~e dienaar* Ihr ergebener Diener *m*
**onderdeel** 1 ⟨in 't alg.⟩ Teil *m*; 2 ⟨bestanddeel⟩ Bestandteil *m*; 3 ⟨m.b.t. reparaties⟩ Ersatzteil *o*; *~ van een seconde* Bruchteil *m* einer Sekunde; *onderdelen v.e. machine* Zubehörteile einer Maschine
**onderdeur** Untertür *v*
**onderdirecteur** 1 ⟨in 't alg.⟩ Vizedirektor *m*; 2 ⟨aan school⟩ stellvertretender Direktor *m*
**onderdoen** ⟨schaatsen⟩ anschnallen; *voor niemand ~* keinem nachstehen
**onderdompelen** untertauchen
**onderdoor** unten'durch
**onderdoorgang** Unterführung *v*
**onder'drukken** unter'drücken; *zijn lachen ~* sein Lachen unterdrücken; *een opstand ~* einen Aufstand niederwerfen

**onderdrukking** Unter'drückung v
**onderduiken** untertauchen
**onderduiker** Untergetauchte(r) m-v
**onderduims** ZN insgeheim
**ondereen** ZN (bunt) durcheinander
**onderen**: *naar* ~ hin-, herunter; *van* ~ *beginnen* (von) unten anfangen; *van* ~ *tot boven* von oben bis unten
1 **'ondergaan** *onoverg* untergehen
2 **onder'gaan** *overg* (straf, dood) erdulden, erleiden
**ondergang** Untergang m
**ondergeschikt** untergeordnet, subaltern; *de* ~*en* die Unter'gebenen; *van* ~ *belang* Nebensache; *iets* ~ *maken aan* etwas einer anderen Sache unterordnen; *een* ~*e zin* ein untergeordneter Satz
**ondergeschoven** untergeschoben
**ondergetekende** Unter'zeichnete(r) m-v
**ondergoed** Unterwäsche v, Leibwäsche v
**onder'graven** (ondermijnen) unter'graben, unter'wandern
**ondergrond** Untergrund m
**ondergronds** unter'irdisch; ~*e activiteit* Aktivität v im Untergrund m; *het* ~ *verzet* die Untergrundbewegung
1 **'onderhand** v unterer Teil m der Hand
2 **onder'hand** *bijw* inzwischen
**onderhandelaar** Unter'händler m
**onderhandelen** unter'handeln, verhandeln
**onderhandeling** Unter'handlung v
**onderhandelingstafel**: *aan de* ~ *zitten* am Verhandlungstisch sitzen
**onderhands** unterhand, heimlich; ~ *akkoord* gütlicher Vergleich m; ~*e akte* Privaturkunde v; *een* ~*e verkoop* ein Verkauf von privater Hand v
**onderhavig** betreffend; *in 't* ~*e geval* im vorliegenden Fall
**onderhevig**: *aan bederf* ~ leichtverderblich; *aan censuur* ~ zensurunterworfen
**onderhorig** zugehörig, abhängig
**onderhoud** 1 (verzorging) Unterhalt m; 2 (gesprek) Unter'redung v; 3 techn Wartung v; 4 (v. gebouwen) Instandhaltung v; (v. tuin) Pflege v; *een persoonlijk* ~ eine persönliche Aussprache v
1 **'onderhouden** unterhalten
2 **onder'houden** 1 (laten voortduren) unter'halten; 2 (gebouwen enz.) instandhalten; 3 techn warten; *zijn gezin* ~ seine Familie ernähren; *iem. over iets* ~ einen über etwas zur Rede stellen; *goed* ~ gepflegt
**onderhoudend** unter'haltend, -'haltsam
**onderhoudsbeurt** Inspektion v
**onderhoudswerkzaamheden** Wartungsarbeiten mv
**onderhuids** subkutan, unter der Haut
**onderhuren** in Untermiete wohnen
**onderhuur** Untermiete v
**onderhuurder** Untermieter m
**onderin** 1 (rust) unten; 2 (beweging) unten hinein
**onderjurk** Unterkleid o
**onderkaak** Unterkiefer m
**onderkant** Unterseite v
**onderkennen** erkennen, unter'scheiden

**onderkin** Unterkinn o
**onderkleding** Unterwäsche v
**onderkomen** Obdach v
**onderkoning** Vizekönig m
**onderkruiper** 1 handel Preisverderber m; 2 (bij staking) Streikbrecher m
**onderkruipsel** (scheldwoord) Knirps m
**onderlaag** 1 (sociaal) Unterschicht v; 2 (in 't bed) Unterlage v
**onderlangs** unten vorbei, unten entlang
**onderlegd**: *goed* ~ gut bewandert
**onderlegger** 1 (in 't alg.) Unterlage v; 2 (balk) Träger m; 3 (bij schrijven) Schreibunterlage v
**onderliggen** unten liegen, unterlegen sein
**onderlijf** Unterleib m
**onderling** 1 (in 't alg.) gegenseitig; 2 (bij twee partijen) beiderseitig; ~*e overeenkomst* Gegenseitigkeitsvertrag m; *in* ~ *overleg* in gegenseitigem Einverständnis
**onderlip** Unterlippe v
**onderlopen** (land) überschwemmt werden
**ondermaans** irdisch; *'t* ~*e* das Irdische
**ondermaats** 1 (te klein) unter dem Mindestmaß; ~*e vis* untermäßiger Fisch m; 2 (van slechte kwaliteit) minderwertig
**ondermijnen** 1 mil untermi'nieren; 2 fig unter'graben
**ondermijnend**: ~*e activiteiten* subversive Aktivitäten
**ondernemen** unter'nehmen; *een poging* ~ einen Versuch machen
**ondernemend** unter'nehmungslustig
**ondernemer** Unter'nehmer m
**onderneming** 1 (karwei) Unter'nehmung v; 2 (zaak) Unter'nehmen o; *particuliere* ~ Privatunter'nehmen o
**ondernemingsraad** Betriebsrat m
**onderofficier** Unteroffizier m
**onderonsje** vertrauliches Gespräch o
**onderontwikkeld**: ~ *land* Entwicklungsland o
**onderpand** Unterpfand o; *tot* ~ *strekken* das Unterpfand bilden
**onderpastoor** ZN Vikar m
**onderricht** Unterricht m
**onderrichten** unter'richten
**onderschatten** unter'schätzen
**onderscheid** Unterschied m
**onderscheiden** I *overg* unter'scheiden; *zich door moed* ~ sich durch seinen Mut auszeichnen; II *bn* (verschillend) unter'schieden, verschieden
**onderscheiding** 1 (het maken van onderscheid) Unter'scheidung v; 2 (eervol) Auszeichnung v
**onderscheidingsteken** 1 (kenmerk) Unterscheidungsmerkmal v; 2 (voorwerp) Ehrenzeichen m
**onderscheidingsvermogen** Unterscheidungsvermögen o
**onderscheppen** (bericht, brief) abfangen
**onderschikkend** gramm unterordnend
**onderschikking** Unterordnung v (ook gramm)
**onderschrift** Unterschrift v
**onderschrijven** unter'schreiben
**ondershands**: ~ *verkopen* unter der Hand

**ondersneeuwen** 1 verschneien; 2 <u>fig</u> unter den Tisch fallen
**onderspit**: *het ~ delven* unter'liegen
**onderst** unterst, niedrigst; *'t ~e deel* der unterste Teil; *~e verdieping* unterste(r) Stock *m*; *'t ~e uit de kan willen hebben* den Hals nicht voll kriegen können
**onderstaand** I *bn* untenstehend; II *bijw* hierunter, weiter unten
**onderstand** <u>ZN</u> Fürsorge *v*; *~ verlenen* in der Fürsorge tätig sein
**ondersteboven**: *alles ~ gooien, keren* alles auf den Kopf stellen; *zodat men er ~ van is* sodaß man davon bestürzt, erschüttert ist, sodaß man wie vor den Kopf geschlagen ist
**onderstel** 1 ⟨voetstuk⟩ Untergestell *o*; 2 ⟨op wielen⟩ Fahrgestell *o*
**ondersteunen** unter'stützen
**ondersteuning** Unter'stützung *v*
**onderstrepen** unter'streichen (ook <u>fig</u>)
**onderstuk** Unterteil *m*
**ondertekenaar** Unter'zeichner *m-v*
**ondertekenen** unter'zeichnen, unter'schreiben
**ondertekening** 1 ⟨het ondertekenen⟩ Unter'zeichnung *v*; 2 ⟨handtekening⟩ Unterschrift *v*
**ondertitel** Untertitel *m*
**ondertitelen** mit einem Untertitel versehen
**ondertoon** Unterton *m*
**ondertrouw** Aufgebot *o*; *in ~ zijn* das Aufgebot bestellt haben
**ondertussen** inzwischen
**onderuit** unten heraus; *er niet ~ kunnen* nicht umhin können
**onderuitgaan** 1 ⟨in 't alg.⟩ zu Boden gehen; 2 ⟨uitglijden⟩ ausrutschen; 3 ⟨flauwvallen⟩ umkippen
**onderuithalen** 1 <u>sp</u> legen; 2 <u>fig</u> auseinandernehmen
**ondervangen** ausräumen; *bezwaren ~* Bedenken begegnen
**onderverdelen** unter'teilen, -'gliedern
**onderverhuren** untervermieten
**ondervertegenwoordigd** unterrepräsentiert
**ondervinden** erfahren; *moeilijkheden ~* Schwierigkeiten (3) begegnen
**ondervinding** Erfahrung *v*; *door ~* durch Erfahrung *v*
**ondervoed** unterernährt
**ondervoeding** Unterernährung *v*
**ondervragen** 1 ⟨v. verdachte⟩ vernehmen; 2 <u>ZN</u> ⟨overhoren⟩ abfragen, abhören
**ondervraging** 1 ⟨v. verdachte⟩ Vernehmung *v*; 2 <u>ZN</u> ⟨overhoring⟩ Abfragen *o*, Abhören *o*
**onderwaarderen** 'unterbewerten
**onderwatersport** Unterwassersport *m*
**onderweg** unter'wegs
**onderwereld** (ook <u>fig</u>) Unterwelt *v*
**onderwerp** 1 ⟨in 't alg.⟩ Gegenstand *m*, Thema *o*; 2 <u>gramm</u> Subjekt *o*; *~ van gesprek* Gesprächsthema *o*; *~ voor een opstel* Aufsatzthema *o*

**onderwerpen** unter'werfen; *zich ~* sich unterwerfen; *zich aan iets ~* sich einer Sache beugen; *aan een nauwkeurig onderzoek ~* einer genauen Prüfung unter'ziehen
**onderwijl** mittler'weile, unter'dessen
**onderwijs** 1 ⟨onderricht⟩ Unterricht *m*; 2 ⟨instellingen⟩ Unterrichts-, Bildungswesen *o*; *openbaar ~* öffentliches Unterrichtswesen *o*; *bijzonder ~* (<u>ZN</u>: *vrij ~*) konfessioneller Unterricht *m*; *schriftelijk ~* Fernunterricht *m*; *lager ~* Grundschule *v*; *middelbaar ~* Sekundarstufe *o*
**onderwijsbevoegdheid** Lehrbefähigung *v*
**onderwijzen** unter'richten, lehren
**onderwijzer** Lehrer *m*
**onderwijzeres** Lehrerin *v*
**onderwijzersakte** Lehrbefugnis *v* für die Primarstufe
**onderworpen** 1 ⟨ondergeschikt⟩ unter'worfen; 2 ⟨deemoedig⟩ unter'würfig, demütig
**onderzeeboot, onderzeeër** *m* Unterseeboot *o*, U-boot *o*
**onderzeebootjager** U-Bootjäger *m*
**onderzees** unter'seeisch
**onderzetter(tje)** Untersetzer *m*
**onderzoek** 1 ⟨bestudering, navorsing⟩ Unter'suchung *v*; 2 ⟨toetsing⟩ Prüfung *v*; 3 ⟨research⟩ Forschung *v*; *~ ter plaatse* <u>recht</u> Lokaltermin *m*; *~ doen* Untersuchungen anstellen; *wetenschappelijk ~ doen* forschen
**onderzoeken** unter'suchen; *~de blik* prüfender Blick *m*
**onderzoeker** Forscher *m*
**onderzoeksrechter** <u>ZN</u> Untersuchungsrichter *m*
**onderzoeksresultaat** Forschungsergebnis *o*
**ondeugd** I *m-v* ⟨kind⟩ Frechdachs *m*; II *v* ⟨slechte eigenschap⟩ Laster *o*
**ondeugdelijk** untauglich, ungeeignet
**ondeugend** 1 ⟨v. kinderen⟩ frech, ungezogen; 2 ⟨schelms⟩ spitzbübisch; 3 ⟨pikant⟩ pikant
**ondiep** flach, seicht; *het ~e* ⟨in zwembad⟩ das Nichtschwimmerbecken *o*
**ondiepte** Untiefe *v*, seichte Stelle *v*
**ondier** Ungeheuer *o*
**onding** Unding *o*
**ondoelmatig** unzweckmäßig
**ondoenlijk** unmöglich
**ondoordacht** unüberlegt
**ondoorgrondelijk** unergründlich, unerforschlich
**ondoorzichtig** undurchsichtig
**ondraaglijk** unerträglich
**ondubbelzinnig** unzweideutig, eindeutig
**onduidelijk** undeutlich, unklar
**onecht** unecht, falsch; *~ kind* uneheliches Kind *o*
**oneens** uneinig; *wij zijn 't ~* wir sind verschiedener Meinung; *ik ben 't daarmee ~* ich bin damit nicht einverstanden
**oneerbaar** unehrbar, unanständig
**oneerlijk** unehrlich

**oneervol** unehrenhaft
**oneffen** uneben
**oneffenheid** Unebenheit *v*
**oneigenlijk** uneigentlich
**oneindig** unendlich
**oneindigheid** Unendlichkeit *v*
**one-man-show** *m* Ein-Mann-Show *v*
**onenigheid** Uneinigkeit *v*
**onervaren** unerfahren
**onesthetisch** unesthetisch
**oneven** ungerade
**onevenredig** unverhältnismäßig
**onevenwichtig** unausgeglichen
**onfatsoenlijk** unanständig, unverschämt
**onfeilbaar** unfehlbar
**onfortuinlijk** unglücklich
**onfris** unsauber
**ongaarne** ungern
**ongans**: *zich ~ eten* sich überessen
**ongeacht** ungeachtet (+ 2)
**ongebaand** unwegsam, ungebahnt
**ongebonden** ungebunden ⟨ook fig⟩
**ongebondenheid** Ungebundenheit *v*
**ongeboren**: *vrucht* ungeborene Frucht *v*
**ongebreideld** hemmungslos, zügellos
**ongebruikelijk** ungebräuchlich, unüblich
**ongecompliceerd** unkompliziert
**ongedaan**: *~ maken* ungeschehen machen
**ongedeerd** unversehrt, unverletzt
**ongedekt** 1 ⟨zonder hoofddeksel⟩ unbedeckt; 2 ⟨mil, handel & sp⟩ ungedeckt
**ongedierte** Ungeziefer *o*
**ongeduld** Ungeduld *v*
**ongeduldig** ungeduldig
**ongedurig** unruhig, ruhelos
**ongedwongen** ungezwungen
**ongeëvenaard** unerreicht, beispiellos
**ongegeneerd** ungeniert
**ongegrond** grundlos, unbegründet
**ongehinderd** ungestört, ungehemmt
**ongehoord** 1 ⟨in 't alg.⟩ ungehört; 2 ⟨bar⟩ unerhört
**ongehoorzaam** ungehorsam
**ongehoorzaamheid** Ungehorsam *m*
**ongein**: *ik heb genoeg van die ~* ich habe die dummen Witze satt; *...en meer van die ~* ...und lauter so dummes Zeug
**ongekend** I *bn* ⟨nog nooit voorgekomen⟩ ungeahnt; *~e mogelijkheden* ungeahnte Möglichkeiten; II *bijw* ⟨zeer⟩ ungeheuer, außerordentlich; *~ groot, sterk* ungeheuer groß, stark
**ongekuist** ungepflegt
**ongekunsteld** ungekünstelt
**ongeldig** ungültig; *~ verklaren* für ungültig erklären
**ongelegen** ungelegen
**ongeletterd** ungebildet
**1 ongelijk** *bn* 1 ⟨niet gelijk⟩ ungleich; 2 ⟨oneffen⟩ uneben
**2 ongelijk** *o* Unrecht *o*; *~ geven, hebben, krijgen* unrecht geben, haben, bekommen
**ongelijkheid** Ungleichheit *v*
**ongelijkmatig** ungleichmäßig
**ongelijkvloers** niveaufrei
**ongelikt** ungehobelt, ungeschliffen
**ongelofelijk, ongelooflijk** unglaublich
**ongeloof** Unglaube *m*
**ongeloofwaardig** unglaubwürdig
**ongelovig** ungläubig
**ongeluk** 1 ⟨in 't alg.⟩ Unglück *o*; 2 ⟨ongeval⟩ Unfall *m*; *een ~ komt zelden alleen* ein Unglück kommt selten allein; *een ~ zit in een klein hoekje* Unglück kommt über Nacht; *zich een ~ tillen* sich verheben; *zich een ~ werken* sich tot arbeiten; *per ~* aus Versehen; *stuk ~* Stück *o* Malheur
**ongelukkig** I *bn* unglücklich; II *bijw* unglücklicherweise
**ongeluksdag** Unglückstag *m*
**ongeluksgetal** Unglückszahl *v*
**ongeluksvogel** Pechvogel *m*
**ongemak** Beschwerlichkeit *v*; *de ~ken van een reis* die Unbequemlichkeiten einer Reise
**ongemakkelijk** 1 ⟨lastig⟩ lästig; 2 ⟨ongeriefelijk⟩ unbequem; *een ~ heerschap* ein lästiger Kerl *m*
**ongemanierd** unmanierlich
**ongemeen** ungemein; *~ lastig* außerordentlich lästig
**ongemerkt** 1 ⟨zonder merk⟩ ungezeichnet; 2 ⟨stil⟩ unbemerkt, heimlich
**ongemoeid**: *iem. ~ laten* einen ungeschoren lassen
**ongenaakbaar** unzugänglich, unnahbar
**ongenade** Ungnade *v*, Ungunst *v*
**ongenadig** 1 ⟨onbarmhartig⟩ ungnädig, unbarmherzig; 2 ⟨flink⟩ tüchtig
**ongeneeslijk, ongeneselijk** unheilbar
**ongenietbaar** ungenießbar
**ongenoegen** 1 ⟨ontevredenheid⟩ Mißfallen *o*, Unwille *m*; 2 ⟨ruzie⟩ Schererei *v*
**ongeoorloofd** unerlaubt
**ongepast** unpassend, ungeziemend
**ongepastheid** Unanständigkeit *v*
**ongerechtigheid** Ungerechtigkeit *v*; *ongerechtigheden* Unfug *m*
**ongerechtvaardigd** ungerecht
**ongerede**: *in 't ~ raken* schadhaft werden
**ongeregeld** 1 ⟨wanordelijk⟩ unordentlich, ungeregelt; 2 ⟨onregelmatig⟩ unregelmäßig
**ongeregeldheid** Unordnung *v*; *ongeregeldheden* ⟨herrie⟩ Unruhen *mv*, Ruhestörungen *mv*
**ongeremd** fig ungehemmt, fessellos
**ongerept** jungfräulich; *de ~e natuur* die unberührte Natur
**ongerief** Ungemach *o*, Unbequemlichkeit *v*
**ongerijmd** ungereimt, widersinnig
**ongerust** besorgt, aufgeregt; *zich ~ maken* sich Sorgen machen; *iem. ~ maken* einen beunruhigen
**ongerustheid** Unruhe *v*, Besorgnis *v*
**ongeschikt** unfähig, ungeeignet; *op een ~ ogenblik* im ungeeigneten Augenblick
**ongeschonden** unversehrt, unbeschädigt
**ongeschoold** ungeschult, unausgebildet; *een ~ arbeider* ein ungelernter Arbeiter *m*
**ongeschoren** ungeschoren, unrasiert
**ongeslagen** sp unbesiegt, ohne eine Niederlage
**ongesorteerd** nicht sortiert; gemischt

**ongesteld** unpäßlich, unwohl (ook v. vrouwen)
**ongesteldheid** Unwohlsein *o*, Unpäßlichkeit *v*
**ongestoord** ungestört, unbehelligt
**ongestraft 1** eig unbestraft; **2** ⟨zonder onaangename gevolgen⟩ ungestraft, straflos
**ongetekend** nicht unterschrieben, nicht signiert
**ongetwijfeld** unzweifelhaft, zweifelsohne
**ongeval** Unfall *m*
**ongevallenverzekering** Unfallversicherung *v*
**ongeveer** ungefähr, etwa
**ongeveinsd** unverstellt, ungeheuchelt, aufrichtig
**ongevoelig** unempfindlich, gefühllos
**ongevraagd** unaufgefordert, unverlangt
**ongewapend** unbewaffnet
**ongewenst** unerwünscht, ungewollt
**ongewettigd** unberechtigt, unbegründet
**ongewild 1** eig ungewollt; **2** ⟨v. waren⟩ wenig gesucht, nicht gewünscht
**ongewis** ungewiß, unsicher
**ongewisse** das Ungewisse, Ungewißheit *v*; *in 't ~ laten* im Ungewissen lassen
**ongewoon 1** ⟨anders⟩ ungewohnt; **2** ⟨zeldzaam⟩ ungewöhnlich
**ongezeglijk** ungehorsam, unlenksam
**ongezellig** ungemütlich, unbehaglich
**ongezien** ungesehen
**ongezond 1** ⟨ziek⟩ ungesund; **2** ⟨v. belangstelling⟩ krankhaft
**ongezouten** ungesalzen
**ongrijpbaar** ungreifbar
**ongrondwettig** verfassungswidrig
**ongunstig** ungünstig
**onguur 1** ⟨schrikwekkend⟩ garstig; **2** ⟨weer⟩ rauh; *een ongure kerel* ein unheimlicher Kerl *m*
**onhandelbaar 1** ⟨v. zaken⟩ unhandlich; **2** ⟨persoon⟩ widerspenstig
**onhandig 1** ⟨persoon⟩ ungeschickt; **2** ⟨v. dingen⟩ unhandlich
**onhebbelijk** unmanierlich
**onhebbelijkheid** Grobheit *v*, ⟨gewoonte⟩ Unart *v*
**onheil** ⟨ongeluk⟩ Unfall *m*, Unglücksfall *m*; *een ~ keren* ein Unheil abwenden
**onheilspellend** unheilverkündend
**onheilsprofeet** Unglücksprophet *m*
**onherbergzaam** unwirtlich
**onherkenbaar** unkenntlich
**onherroepelijk** unwiderruflich
**onherstelbaar 1** ⟨niet te vervangen⟩ unersetzlich; **2** ⟨niet te repareren⟩ irreparabel
**onheuglijk**: *sinds ~e tijden* seit undenklichen Zeiten
**onheus** unhöflich, unfreundlich
**onhoudbaar** unhaltbar
**onhygiënisch** unhygienisch
**onjuist** unrichtig
**onjuistheid** Unrichtigkeit *v*
**onkies 1** ⟨niet fijngevoelig⟩ nicht feinfühlig; **2** ⟨onzedig⟩ unanständig
**onklaar** unklar; *~ worden* in Unordnung geraten
**onklopbaar** ZN unschlagbar

**onkosten** Unkosten *mv*, Spesen *mv*; *algemene ~* allgemeine Unkosten *mv*
**onkostenvergoeding** Unkostenvergütung *v*
**onkreukbaar** fig integer, unbestechlich
**onkruid** Unkraut *o*; *~ vergaat niet* Unkraut vergeht nicht
**onkunde** Unwissenheit *v*, Unkenntnis *v*
**onkundig** unkundig; *van iets ~ zijn* einer Sache unkundig sein; *iem. ~ laten* einen in Unwissenheit lassen
**onlangs** neulich, kürzlich
**onledig**: *zich ~ houden met* sich beschäftigen mit
**onleesbaar 1** ⟨door 't schrift⟩ unleserlich; **2** ⟨door de inhoud⟩ unlesbar
**on line** comput On-line-
**onlogisch** unlogisch
**onloochenbaar** unleugbar, unstreitig
**onlosmakelijk** unlöslich, unlösbar
**onlust** Unlust *v*; *~en* Unruhen *mv*
**onmacht** Ohnmacht *v*
**onmachtig** unfähig, nicht imstande
**onmatig** unmäßig
**onmens** Unmensch *m*
**onmenselijk** unmenschlich
**onmetelijk** unermeßlich
**onmiddellijk I** *bn* unmittelbar; **II** *bijw* sofort; *in de ~e nabijheid* in unmittelbarer Nähe; *~e betaling* sofortige Zahlung *v*
**onmin** Uneinigkeit *v*; *in ~ raken* sich überwerfen
**onmisbaar** unentbehrlich
**onmiskenbaar** unverkennbar
**onmogelijk** unmöglich
**onmogelijkheid** Unmöglichkeit *v*
**onmondig** unmündig
**onnadenkend** unüberlegt
**onnatuurlijk** unnatürlich
**onnavolgbaar** unnachahmlich
**onneembaar** uneinnehmbar
**onnodig** unnötig
**onnoemelijk** unaussprechlich, unsagbar
**onnozel 1** ⟨dom⟩ einfältig; **2** ⟨onschuldig⟩ unschuldig; *~e hals* Einfaltspinsel *m*
**onnozelaar** ZN **1** ⟨onschuldige⟩ Einfaltspinsel *m*; **2** ⟨sufferd⟩ Idiot *m*
**onomatopee** Onomatopäe *v*
**onomstotelijk** unumstößlich
**onomwonden** unumwunden
**onontbeerlijk** unentbehrlich
**onontkoombaar** unentrinnbar; unvermeidlich
**onooglijk 1** ⟨in 't alg.⟩ unansehnlich; **2** ⟨onbeduidend⟩ unscheinbar
**onopgemerkt** unbemerkt; *iets ~ laten* etwas unbeachtet lassen
**onophoudelijk** unaufhörlich
**onoprecht** unaufrichtig
**onopvallend** unauffällig
**onopzettelijk** unabsichtlich, unvorsätzlich
**onovergankelijk** intransitiv
**onoverkomelijk** unüberwindlich
**onovertroffen** unübertroffen
**onoverzichtelijk** unübersichtlich
**onpartijdig** unparteiisch, unparteilich
**onpas**: *te pas en te ~* passend und unpassend

**onpasselijk**: *hij wordt* ~ ihm wird übel
**onpersoonlijk** unpersönlich
**onplezierig** unerfreulich, unangenehm
**onpraktisch** unpraktisch
**onraad** Gefahr *v*
**onrecht** Unrecht *o*; *ten* ~*e* zu Unrecht
**onrechtmatig** unrechtmäßig, widerrechtlich
**onrechtvaardig** ungerecht
**onredelijk** unbegründet, unangemessen
**onregelmatig** unregelmäßig
**onregelmatigheid** Unregelmäßigkeit *v*
**onrein** unrein
**onrijp** unreif
**onroerend**: ~*e goederen* Immobilien *mv*
**onroerendgoedbelasting** Grundsteuer *v*
**onrust** ⟨rusteloosheid⟩ Unruhe *v*
**onrustbarend** beunruhigend
**onrustig** unruhig
**onruststoker, onrustzaaier** Unruhstifter *m*
**1 ons** *o* ⟨100 gram⟩ Hektogramm *o*
**2 ons I** *pers vnw* uns; **II** *bez vnw* unser; ~ *beider lot* unser beider Los *o*; *uit* ~ *aller naam* in unser aller Namen; *met* ~ *drieën* zu dreit; *wij van onze kant* wir uns(r)erseits; *wij en de onzen* wir und die Unsrigen; *jullie boek en het onze* euer Buch *o* und das unsrige
**onsamenhangend** unzusammenhängend
**onschadelijk** unschädlich; ~ *maken* ⟨bom⟩ entschärfen
**onschatbaar** unschätzbar
**onschendbaar** unverletzlich
**onscherp** unscharf
**onschuld** Unschuld *v*; *de beledigde (vermoorde)* ~ *spelen* die gekränkte Unschuld spielen
**onschuldig 1** ⟨zonder schuld⟩ unschuldig; **2** ⟨geen kwaad bij⟩ harmlos; ~ *gezicht* Unschuldsmiene *v*
**onsmakelijk 1** ⟨niet lekker⟩ unschmackhaft; **2** ⟨walgelijk⟩ unappetitlich
**onsportief** unsportlich
**onstandvastig** unbeständig
**onsterfelijk** unsterblich
**onsterfelijkheid** Unsterblichkeit *v*
**onstilbaar** unstillbar
**onstuimig** ungestüm, stürmisch, heftig
**onstuitbaar** unaufhaltbar, -sam
**ontaard** entartet; *een* ~ *kind* ein ungeratenes Kind *o*; ~*e ouders* Rabeneltern *mv*
**ontaarden** entarten
**ontberen** entbehren
**ontbering** Entbehrung *v*
**ontbieden** herberufen; *iem. bij zich* ~ einen zu sich bestellen
**ontbijt** Frühstück *o*
**ontbijten** frühstücken
**ontbijtkoek** Honigkuchen *m*
**ontbijtspek** Frühstücksspeck *m*
**ontbinden 1** ⟨v. vennootschap, huwelijk, Kamer⟩ auflösen; **2** rekenk ⟨in factoren⟩ zerlegen; **3** chem zersetzen
**ontbinding 1** ⟨huwelijk⟩ Auflösung *v*; **2** rekenk ⟨in factoren⟩ Zerlegung *v*; **3** chem Zersetzung *v*; **4** ⟨v. lijk⟩ Verwesung *v*; ~ *van de Bondsdag* Bundestagsauflösung *v*

**ontbladeren** entblättern, entlauben
**ontbloot** entblößt; *van alle middelen* ~ aller Mittel beraubt
**ontbloten** entblößen
**ontboezeming** intimes Bekenntnis *o*
**ontbossen** entwalden, abholzen
**ontbossing** Entwaldung *v*, Abholzung *v*
**ontbranden** sich entzünden; *doen* ~ entzünden
**ontbreken 1** ⟨niet aanwezig⟩ fehlen; **2** ⟨voelbaar gebrek⟩ mangeln; *'t ontbreekt hem aan middelen* es fehlt ihm an Mitteln; *dat ontbreekt er nog (maar) aan!* das hat gerade noch gefehlt!
**ontcijferen** entziffern
**ontdaan** bestürzt; *geheel* ~ verstört
**ontdekken 1** ⟨vinden⟩ entdecken; **2** ⟨onthullen⟩ enthüllen
**ontdekker** Entdecker *m*
**ontdekking** Entdeckung *v*
**ontdekkingsreis** Entdeckungsreise *v*
**ontdekkingsreiziger** Entdeckungsreisende(r) *m-v*
**ontdoen** befreien; *vis van de graat* ~ Fische entgräten; *zich* ~ *van* sich entledigen von (+ 2); *zich van iem.* ~ sich eines Menschen entledigen
**ontdooien** auftauen
**ontduiken 1** ⟨verbod⟩ umgehen; **2** ⟨belastingen⟩ hinterziehen
**ontduiking** Umgehen *o*
**ontegenzeglijk** unstreitig
**onteigenen** enteignen
**onteigening** Enteignung *v*
**ontelbaar** unzählig
**ontembaar** un(be)zähmbar
**onterecht** unberechtigt
**onteren** entehren, schänden
**onterven** enterben
**ontevreden** unzufrieden
**ontevredenheid** Unzufriedenheit *v*
**ontfermen**: *zich* ~ *over* sich erbarmen (+ 2)
**ontfutselen** abluchsen
**ontgaan** entgehen; *dat is mij* ~ das ist mir entgangen
**ontgelden**: *'t moeten* ~ es entgelten
**ontginnen\* 1** ⟨land⟩ urbar machen; **2** ⟨mijn⟩ abbauen
**ontginning 1** ⟨het ontginnen⟩ Urbarmachung *v*; **2** ⟨het land⟩ urbar gemachtes Land; **3** ⟨v. mijn⟩ Abbau *m*
**ontglippen** entwischen, entschlüpfen
**ontgoochelen** enttäuschen, desillusionieren
**ontgoocheling** Enttäuschung *v*
**ontgroeien** entwachsen
**ontgroenen 1** ⟨algemeen⟩ einweihen; **2** stud einem Fuchs die Fuchstaufe erteilen
**ontgroening** Fuchstaufe *v*
**onthaal** Aufnahme *v*
**onthalen** bewirten
**onthand**: *zeer* ~ *zijn* in großer Verlegenheit sein
**ontharen** enthaaren
**ontheemd 1** ⟨buiten het vaderland⟩ heimatlos; **2** ⟨buiten de vertrouwde omgeving⟩ entwurzelt
**ontheffen** entheben, lossprechen, erlassen;

*iem. van een ambt* ~ einen eines Amtes entheben
**ontheffing** Enthebung *v*, Erlassung *v*
**ontheiligen** entheiligen, entweihen
**onthoofden** enthaupten, köpfen
**onthoofding** Enthauptung *v*
**onthouden** 1 ⟨in geheugen⟩ behalten; 2 ⟨niet geven⟩ vorenthalten; *ik zal 't* ~ ich werde es mir merken; *zich* ~ *(van)* ⟨drank enz.⟩ sich enthalten (+ 2); *zich van stemming* ~ Stimmenthaltung üben
**onthouding** 1 ⟨v. spijs, drank e.d.⟩ Enthaltsamkeit *v*; 2 ⟨van stemming⟩ Stimmenthaltung *v*
**onthullen** enthüllen
**onthulling** Enthüllung *v*
**onthutst** bestürzt, verwirrt
**ontiegelijk** gemeenz außerordentlich, mordsmäßig
**ontij** zie bij: *nacht*
**ontijdig** zur Unzeit, ungelegen
**ontkennen** (ab)leugnen, verneinen
**ontkennend** verneinend
**ontkenning** Verneinung *v*, Leugnung *v*
**ontketenen** entfesseln
**ontkiemen** entkeimen
**ontkleden** entkleiden
**ontknoping** Lösung *v*
**ontkomen** entkommen
**ontkoppelen** 1 ⟨loskoppelen⟩ entkuppeln; 2 ⟨machines enz.⟩ auskuppeln
**ontkoppeling** Ent-, Los-, Auskupplung *v*
**ontkrachten** entkräften
**ontkurken** entkorken
**ontladen** entladen
**ontlading** Entladung *v*
**ontlasten** entlasten
**ontlasting** 1 ⟨verlichting⟩ Entlastung *v*; 2 ⟨stoelgang⟩ Stuhlgang *m*
**ontleden** zergliedern
**ontleding** Zergliederung *v*
**ontleedkunde** Anatomie *v*
**ontlenen** entlehnen; *een recht* ~ *aan* ein Recht daraus ableiten; *aan een schrijver iets* ~ bei einem Schriftsteller Anleie machen
**ontlokken** entlocken; *iem. geheimen* ~ jmdm. ein Geheimnis entlocken
**ontlopen** entlaufen; *elkaar niet veel* ~ nur einen geringen Unterschied aufweisen
**ontluiken** sich öffnen, sich entfalten
**ontluisteren** des Glanzes berauben
**ontmaagden** entjungfern, deflorieren
**ontmannen** entmannen
**ontmantelen** demontieren
**ontmaskeren** entlarven
**ontmoedigen** entmutigen, mutlos machen
**ontmoeten**: *iem.* ~ einem begegnen; *iem. toevallig* ~ einem über den Weg laufen; *elkaar* ~ sich begegnen; *tegenstand* ~ auf Widerstand stoßen
**ontmoeting** Begegnung *v*, Treffen *o* ⟨ook sp⟩
**ontnemen** (ab)nehmen; *iem. het staatsburgerschap* ~ einen ausbürgern; *iem. alle moed* ~ einem allen Mut nehmen; *iem. 't woord* ~ einem das Wort entziehen
**ontnuchteren** ernüchtern

**ontnuchtering** Ernüchterung *v*
**ontoegankelijk** 1 ⟨terrein e.d.⟩ unzugänglich; 2 ⟨v. persoon⟩ unnahbar
**ontoelaatbaar** unzulässig
**ontoereikend** unzureichend, unzulänglich
**ontoerekeningsvatbaar** unzurechnungsfähig; *iem.* ~ *verklaren* einen für unzurechnungsfähig erklären
**ontplofbaar** explodierbar, explosiv
**ontploffen** explodieren
**ontploffing** Explosion *v*
**ontplooien** entfalten
**ontplooiing** Entfaltung *v*; *tot* ~ *komen* zur Entfaltung kommen
**ontpoppen**: *zich* ~ sich entpuppen
**ontraadselen** enträtseln
**ontraden** abraten; *iem. iets* ~ einem etwas, einem von etwas abraten
**ontrafelen** entfasern, ausfransen
**ontreddering** 1 ⟨situaties⟩ Zerrüttung *v*; 2 ⟨schip⟩ Ramponierung *v*
**ontregelen** aus dem Gleichgewicht bringen, durcheinanderbringen
**ontrieven** (einem) Ungelegenheiten bereiten; *als ik u niet ontrief* wenn ich Ihnen keine Ungelegenheiten bereite
**ontroeren** rühren, ergreifen
**ontroering** Rührung *v*, Ergriffenheit *v*
**ontrollen** entrollen, ausrollen
**ontroostbaar** untröstlich
**ontrouw** I *bn* untreu; II *v* Untreue *v*
**ontroven** rauben
**ontruimen** räumen, ausräumen; *de zolder* ~ den Boden entrümpeln
**ontruiming** Räumung *v*
**ontrukken** entreißen
**ontschepen** ausschiffen
**ontschieten** 1 ⟨ontglippen⟩ entfahren; 2 ⟨uit 't geheugen⟩ entfallen
**ontsieren** verunzieren, verunstalten
**ontslaan** entlassen; *iem. op staande voet* ~ einen fristlos entlassen; *iem. uit hechtenis* ~ einen aus der Haft entlassen; *iem. van rechtsvervolging* ~ das Verfahren gegen einen einstellen
**ontslag** Entlassung *v*; ~ *uit hechtenis* Haftentlassung *v*; *zijn* ~ *indienen* seine Entlassung einreichen; ~ *nemen* seine Entlassung nehmen
**ontslagaanvraag** 1 ⟨door werkgever⟩ Antrag *m* auf Kündigung *v*; 2 ⟨door werknemer⟩ Entlassungsgesuch *o*
**ontslagbrief** Kündigungsschreiben *o*; ⟨uit ziekenhuis⟩ Entlassungsschein *m*
**ontslapen** plechtig entschlafen
**ontsluieren** entschleiern; *een geheim* ~ ein Geheimnis lüften
**ontsluiten** aufschließen, erschließen; *een markt* ~ einen Markt erschließen
**ontsluiting** 1 ⟨in 't alg.⟩ Aufschließung *v*, Erschließung *v*, Öffnung *v*; 2 ⟨bij bevalling⟩ Eröffnungsperiode *v*
**ontsmetten** desinfizieren
**ontsmetting** Desinfizierung *v*
**ontsnappen** entschlüpfen, entwischen; *de dief is ontsnapt* der Dieb ist entwischt; *die woorden zijn mij ontsnapt* die Worte sind mir entschlüpft; *aan gevaar* ~ der Gefahr

**ontsnapping** entrinnen
**ontsnapping** 1 (in 't alg.) Entwischen o; 2 ⟨uit gevangenis⟩ Flucht v
**ontsnappingsclausule** Vorbehaltsklausel v
**ontspannen** entspannen; *zich ~* 1 sich erholen; 2 ⟨v. gelaatstrekken⟩ sich lockern
**ontspanning** 1 (in 't alg.) Entspannung v; 2 (in vakantie enz.) Erholung v
**ontspanningspolitiek** Entspannungspolitik v
**ontspinnen**: *zich ~* sich entspinnen
**ontsporen** entgleisen ⟨ook fig⟩
**ontsporing** ⟨ook fig⟩ Entgleisung v
**ontspringen** entspringen
**ontspruiten** sprießen, hervorsprießen
**ontstaan** I entstehen; *de daardoor ontstane schade* der daraus erwachsene Schaden; II o Entstehung v
**ontstaansgeschiedenis** Entstehungsgeschichte v
**ontsteken** 1 ⟨lamp⟩ anzünden; 2 fig (ontvlammen) ergriffen werden; 3 ⟨v. wond⟩ sich entzünden; *een ontstoken wond* eine entzündete Wunde v
**ontsteking** 1 ⟨wond⟩ Entzündung v; 2 ⟨bij motor⟩ Zündung v
**ontstekingsmechanisme** 1 (v.motor) Zündanlage v; 2 ⟨v. bom⟩ Zünder m
**ontsteld** bestürzt, erschrocken
**ontstelen** entwenden, stehlen
**ontstellen** I *onoverg* bestürzt sein; II *overg* bestürzen, aus der Fassung bringen
**ontstellend** entsetzlich
**ontsteltenis** Bestürzung v, Verwirrung v
**ontstemd** verstimmt, unmutig
**ontstemmen** verstimmen, verärgern
**ontstemming** Verstimmung v
**ontstentenis**: *bij ~* in Abwesenheit (+ 2)
**ontstoken** med entzündet
**onttrekken** entziehen; *zich ~* sich entziehen; *zich aan alle verplichtingen ~* sich allen Verpflichtungen entziehen; *zich niet aan de indruk kunnen ~* sich des Eindrucks nicht erwehren können
**onttronen** entthronen
**ontucht** Unzucht v
**ontuchtig** unzüchtig
**ontvallen** 1 ⟨ook v. geheugen⟩ entfallen; 2 ⟨door sterven⟩ entrissen werden; *'t is mij ~* ⟨v. woorden⟩ es ist mir herausgefahren
**ontvangen** empfangen; *vriendelijk ~ worden* freundliche Aufnahme finden; *in dank ~* dankend erhalten
**ontvanger** Empfänger m-v (ook RTV); *~ der directe belastingen* Steuereinnehmer m
**ontvangst** Empfang m; *~en en uitgaven* Einnahmen und Ausgaben; *in ~ nemen* in Empfang nehmen
**ontvangstbewijs** Empfangsschein m
**ontvankelijk** 1 (vatbaar) empfänglich (für); 2 (juridisch) zulässig; *niet ~ recht* unzulässig
**ontveld** aufgeschürft
**ontvetten** entfetten
**ontvlambaar** 1 *eig* entzündbar; 2 *fig* erregbar; *licht ~* leicht entzündlich

**ontvlammen** entflammen
**ontvluchten** entfliehen (+ 3), fliehen (+ 4), entlaufen (+ 3)
**ontvoeren** entführen
**ontvoering** Entführung v
**ontvolken** entvölkern
**ontvolking** Entvölkerung v
**ontvouwen** entfalten
**ontvreemden** entwenden
**ontwaken** erwachen, aufwachen
**ontwapenen** I *overg* entwaffnen; II *onoverg* abrüsten
**ontwapening** ⟨persoon⟩ Entwaffnung v; ⟨staat⟩ Abrüstung v
**ontwaren** gewahr werden
**ontwarren** 1 (in 't alg.) entwirren; 2 fig lösen
**ontwennen** I *onoverg* abgewöhnen; *iets ontwend zijn* etwas nicht mehr gewöhnt sein; II *overg* entwöhnen
**ontwenningskliniek** Entziehungsanstalt v
**ontwenningskuur** Entziehungskur v
**ontwenningsverschijnselen** Entzugserscheinungen mv
**ontwerp** Entwurf m, Plan m
**ontwerpen** entwerfen, planen
**ontwerper, ontwerpster** Entwerfer m, Entwerferin v
**ontwijden** entweihen, entheiligen
**ontwijken** ausweichen; *een moeilijkheid ~* einer Schwierigkeit ausweichen
**ontwikkelaar** fotogr Entwickler m
**ontwikkeld** 1 (lichamelijk) entwickelt; 2 (geestelijk) gebildet
**ontwikkelen** 1 (in 't alg., ook fotogr) entwickeln; 2 (beschaven) bilden; *zich ~* sich entwickeln; *zich verder ~* sich fortbilden
**ontwikkeling** ⟨ook fotogr⟩ Entwicklung v; *algemene ~* Allgemeinbildung v; *geestelijke ~* geistige Bildung v
**ontwikkelingsgebied** Ausbaugebiet o
**ontwikkelingshulp** Entwicklungshilfe v
**ontwikkelingsland** Entwicklungsland o
**ontwikkelingspsychologie** Entwicklungspsychologie v
**ontwikkelingssamenwerking** Entwicklungshilfe v
**ontwikkelingswerk** ⟨ontwikkelingshulp⟩ Entwicklungshilfe v
**ontworstelen** entringen; *zich ~* sich entreißen
**ontwortelen** entwurzeln
**ontwrichten** 1 (ontregelen) zerrütten; 2 med verrenken; *dat ontwricht de handel geheel* das stört den Handel völlig
**ontzag** Achtung v, Respekt m; *~ hebben voor iem.* Achtung vor einem haben
**ontzaglijk** ungeheuer, kolossal
**ontzagwekkend** ehrfurchtgebietend, imponierend
**ontzeggen** verweigern, abschlagen; *iem. 't recht ~* einem das Recht absprechen, recht aberkennen; *zich iets ~* auf etwas (4) verzichten
**ontzenuwen** entkräften
**1 ontzet** o 1 mil Entsatz m; 2 ⟨v. persoon⟩ Befreiung v
**2 ontzet** bn 1 ⟨ontsteld⟩ entsetzt; 2 ⟨techn

deuren bijv.) versetzt
**ontzetten** befreien; *iem. uit een ambt ~* einen absetzen; *iem. uit de ouderlijke macht ~* einem das Sorgerecht entziehen
**ontzettend** entsetzlich
**ontzetting 1** (schrik) Entsetzen *o*; **2** (stad) Befreiung *m*; **3** (uit ambt) Absetzung *v*; *~ uit de ouderlijke macht* Entzug *m* des Sorgerechts
**ontzield** entseelt, leblos
**ontzien** schonen; *zich ~* sich schonen; *iems. gevoelens ~* jemands Gefühle schonen
**onuitputtelijk** unerschöpflich
**onuitroeibaar** unausrottbar
**onuitspreekbaar** unaussprechbar
**onuitsprekelijk** unaussprechlich, unsagbar
**onuitstaanbaar** unausstehlich
**onvast 1** (in 't alg.) instabil, unsicher; **2** (slaap) leicht; **3** (koers) schwankend
**onveilig** unsicher
**onveranderlijk** unveränderlich
**onverantwoord, onverantwoordelijk** unverantwortlich
**onverbeterlijk** unverbesserlich
**onverbiddelijk 1** (onvermurwbaar) unerbittlich; **2** (onvermijdelijk) unweigerlich
**onverbloemd** unverblümt
**onverbrekelijk** unauflöslich, unerschütterlich
**onverbuigbaar** unbeugbar, undeklinierbar
**onverdacht** unverdächtig
**onverdedigbaar** nicht zu verteidigen
**onverdeeld 1** (niet verdeeld) ungeteilt; **2** (eenstemmig) einmütig
**onverdiend** unverdient
**onverdienstelijk**: *niet ~!* nicht übel!
**onverdraaglijk** unerträglich
**onverdraagzaam** unverträglich, intolerant
**onverdroten** unverdrossen; *met ~ ijver* mit unermüdlichem Fleiß
**onverenigbaar** unvereinbar
**onvergankelijk** unvergänglich
**onvergeeflijk, onvergefelijk** unverzeihlich
**onvergetelijk** unvergeßlich
**onverhard**: *een ~e weg* eine unbefestigte Straße *v*
**onverhoeds I** *bijw* unversehens; **II** *bn* unerwartet; *een ~e aanval* ein unerwarteter Angriff *m*
**onverholen** unverhohlen
**onverhoopt** unverhofft
**onverkort** ungekürzt
**onverkwikkelijk** unerquicklich, unerfreulich
**onverlaat** Bösewicht *m*
**onvermeld** unerwähnt
**onvermijdelijk** unvermeidlich
**onverminderd** unvermindert; *deze voorschriften blijven ~ van kracht* diese Vorschriften bleiben unvermindert in Kraft
**onvermoeibaar** unermüdlich
**onvermogen** Unvermögen *o*; *~ tot betaling* Insolvenz *v*
**onvermurwbaar** unerbittlich
**onverricht**: *~er zake* unverrichteterdinge
**onversaagd** unverzagt, furchtlos
**onverschillig** gleichgültig; *'t is mij ~* es ist mir gleichgültig; *~ doen* sich gleichgültig geben
**onverschilligheid** Gleichgültigkeit *v*
**onverschrokken** unerschrocken
**onverschrokkenheid** Unerschrockenheit *v*
**onversneden** unverschnitten
**onverstaanbaar** unverständlich
**onverstandig** unvernünftig
**onverstoorbaar** unbeirrbar, unerschütterlich
**onvertogen** anstößig, ungebührlich
**onvervaard** unverzagt, furchtlos
**onvervalst** unverfälscht
**onvervreemdbaar** unveräußerlich; *~ bezit* unveräußerlicher Besitz
**onvervuld** unerfüllt
**onverwacht(s)** unerwartet
**onverwijld** unverzüglich
**onverwoestbaar** unzerstörbar, unverwüstlich
**onverzadigd** ungesättigt
**onverzettelijk** unerschütterlich, unbeugsam
**onverzoenlijk** unversöhnlich
**onverzorgd** unversorgt, ungepflegt
**onvindbaar** unauffindbar
**onvoldaan 1** (v. rekening) unbezahlt; **2** (onbevredigd) unbefriedigt
**onvoldoende I** *bn* ungenügend; **II** *v & o* (cijfer) Note *v* ungenügend
**onvolgroeid** unausgewachsen
**onvolkomen** unvollkommen
**onvolkomenheid** Unvollkommenheit *v*
**onvolledig** unvollständig
**onvolmaakt** unvollkommen
**onvolprezen** über jedes Lob erhaben
**onvoltooid** unvollendet; *gramm ~ tegenwoordige tijd* unvollendete Gegenwart *v*; *~ verleden tijd* unvollendete Vergangenheit *v*; *~ toekomende tijd* Futur *o*
**onvolwaardig** nicht vollwertig, behindert; *~e arbeidskrachten* erwerbsbeschränkte Arbeitskräfte
**onvoorstelbaar** unvorstellbar
**onvoorwaardelijk** unbedingt, bedingungslos; *~e overgave* bedingungslose Übergabe *v*
**onvoorzichtig** unvorsichtig
**onvoorzichtigheid** Unvorsichtigkeit *v*
**onvoorzien** unvorhergesehen; *~e omstandigheden, uitgaven* unvorhergesehene Umstände, Ausgaben
**onvrede** Unfriede(n) *m*
**onvriendelijk** unfreundlich
**onvruchtbaar** unfruchtbar
**onwaar** unwahr
**onwaarachtig** unwahrhaftig, verlogen
**onwaardig** unwürdig, würdelos
**onwaarheid** Unwahrheit *v*
**onwaarschijnlijk** unwahrscheinlich
**onwankelbaar** unerschütterlich
**onweer** Gewitter *o*, Unwetter *o*
**onweerlegbaar** unwiderlegbar
**onweersbui** Gewitterschauer *m*
**onweerslucht** Gewitterhimmel *m*
**onweerstaanbaar 1** (niet te weerstaan) unwiderstehlich; **2** (niet te stuiten) unaufhaltsam

**onweerswolk**

**onweerswolk** Gewitterwolke v
**onwel** unwohl
**onwelwillend** unfreundlich, ungefällig
**onwennig** nicht heimisch, unbehaglich
**onweren**: *'t onweert* es gewittert
**onwerkbaar**: *een onwerkbare situatie* eine unmögliche Situation v
**onwerkelijk** unwirklich, irreal
**onwetend** unwissend
**onwetendheid** Unwissenheit v, Unkenntnis v
**onwettig** ungesetzlich, gesetzwidrig
**onwezenlijk** unwirklich
**onwijs** I *bn* ⟨gek⟩ verrückt; II *bijw* ⟨zeer⟩ irrsinnig
**onwil** Widerspenstigkeit v
**onwillekeurig** unwillkürlich
**onwillig** widerwillig, unwillig; *een ~ betaler* ein(e) Zahlungsunwillige(r) *m-v*
**onwrikbaar** unerschütterlich, unbeugsam
**onyx** Onyx *m*
**onzacht** unsanft
**onzedelijk** unsittlich, unmoralisch
**onzedig** unsittlich
**onzeker** unsicher, ungewiß; *iem. in 't ~e laten* einen im Ungewissen lassen
**onzekerheid** Ungewißheit v
**onzelieveheersbeestje** Marienkäfer *m*
**onzent**: *te ~* bei uns
**onzerzijds** uns(r)erseits
**onzevader** ⟨gebed⟩ Vaterunser o
**onzichtbaar** unsichtbar
**onzijdig** neutral
**onzin** 1 ⟨nonsens⟩ Un-, Blödsinn *m*; 2 ⟨gekheid⟩ Quatsch *m*; *grote ~* bodenloser Unsinn *m*; *~ verkopen* Unsinn reden
**onzindelijk** unrein, schmutzig
**onzinnig** unsinnig, sinnlos
**onzorgvuldig** unsorgfältig, nachlässig
**onzuiver** 1 ⟨niet schoon⟩ unrein; 2 ⟨v. bedoeling⟩ unlauter
**ooft** Obst *o*
**oog** 1 ⟨in 't alg.⟩ Auge *o*; 2 ⟨v. naald⟩ Öhr *o*, Nadelöhr *o*; 3 ⟨v. haak⟩ Öse v; *ogen op steeltjes* Stielaugen *mv*; *de ogen niet sluiten voor iets* sich einer Tatsache nicht verschließen; *iem. de ogen openen* jmdm. die Augen öffnen; *grote ogen opzetten* große Augen machen; *zijn ogen de kost geven* gut beobachten; *geen ~ dichtdoen* kein Auge schließen; *geen ~ voor iets hebben* keinen Blick für etwas haben; *zijn ogen schoten vol tranen* die Tränen schoßen ihm in die Augen; *door 't ~ van de naald kruipen* mit knapper Not davonkommen; *in mijn ogen* meiner Meinung nach; *in 't ~ houden* im Auge behalten; *in 't ~ krijgen* zu Gesicht bekommen; *in 't ~ lopen* in die Augen fallen; *in 't ~ lopend* auffallend, auffällig; *met 't blote ~* mit bloßem Auge; *met 't ~ op* mit Rücksicht auf (4); *iets met lede ogen aanzien* etwas mit scheelen Augen ansehen; *met eigen ogen* mit durch den Augenschein; *met open ogen* mit offenen Augen; *iets met heel andere ogen bekijken* etwas mit ganz anderen Augen ansehen; *iem. naar de ogen zien* jmdm. alles an den Augen absehen; *~ om ~, tand om tand* Auge um Auge, Zahn um Zahn; *onder vier ogen* unter vier Augen; *'t gevaar onder ogen zien* der Gefahr ins Gesicht blicken; *op 't ~* dem Anschein nach; *iets op 't ~ hebben* etwas beabsichtigen; *uit 't ~, uit 't hart* aus den Augen, aus dem Sinn; *uit het ~ verliezen* aus den Augen verlieren; *iets niet uit het ~ verliezen* etwas nicht außer acht lassen; *voor 't ~ van de wereld* vor den Leuten; *met deze feiten voor ogen* angesichts dieser Tatsachen; *voor ogen houden, stellen* vor Augen halten, führen
**oogappel** Augapfel *m*
**oogarts** Augenarzt *m*
**oogbal, oogbol** *m* Augapfel *m*
**oogdruppels** Augentropfen *mv*
**ooggetuige** Augenzeuge *m*
**ooghoek** Augenwinkel *m*
**ooghoogte**: *op ~* in Augenhöhe v
**oogje** 1 ⟨klein oog⟩ Äuglein *o*; 2 ⟨ring⟩ Öse v; *een ~ op iets hebben* ein Auge auf etwas (+ 4) haben; *een ~ op iem. hebben* einen gern haben; *een ~ dichtknijpen* ein Auge zudrücken; *een ~ in 't zeil houden* ein wachsames Auge auf etwas halten
**oogklep**: *~pen voorhebben* Scheuklappen tragen
**ooglid** Augenlid *o*
**oogluikend**: *~ toelaten* (bei etwas) ein Auge zudrücken
**oogmerk**: *met 't ~* in der Absicht
**oogontsteking** Augenentzündung v
**oogopslag** 1 ⟨manier van kijken⟩ Augenaufschlag *m*; 2 ⟨blik⟩ Augenblick *m*
**oogpunt** Gesichtspunkt *m*, Blickwinkel *m*; *uit financieel ~* in finanzieller Hinsicht v
**oogschaduw** Lidschatten *m*
**oogst** Ernte v
**oogsten** ernten
**oogstmaand** Erntemonat *m*
**oogverblindend** blendend
**oogwenk** 1 ⟨met de ogen⟩ Wink *m*; 2 ⟨tijd⟩ Augenblick *m*; *in een ~* im Nu
**ooi** Mutterschaf v
**ooievaar** Storch *m*
**ooit** jemals; *wel heb je ooit!* wie kann er angehen!
**ook** auch; *hoe heet hij ~ weer?* wie heißt er gleich?; *dat is waar ~* das ist ja wahr; *kunt u mij ~ zeggen...* können Sie mir vielleicht sagen...
**oom** Onkel *m*; *~ Jan* zie: ome
**oomzegger** Neffe *m*, Nichte v
**oor** 1 ⟨gehoororgaan⟩ Ohr *o*; 2 ⟨v. vaatwerk⟩ Ohr *o*, Öse v, Henkel *m*; *een en al ~ zijn* ganz Ohr sein; *daar heb ik wel oren naar* das sagt mir zu; *een open ~ hebben, vinden voor iets* ein offenes Ohr für etwas haben, finden; *iem. de oren van 't hoofd praten* jmdm. ein Loch in den Kopf reden; *iem. de oren wassen* jmdm. den Kopf waschen; *nog niet droog achter de oren zijn* noch nicht trocken hinter den Ohren sein; *'t ene ~ in, het andere uit* zum einen Ohr hinein, zum andern wieder hinaus; *iets in 't ~ knopen* sich etwas hinters Ohr schreiben; *op één ~ liggen* an der Matratze horchen; *'t is op een ~ na gevild* es ist so gut wie ge-

macht; *ter ore komen* zu Ohren kommen; *tot over zijn oren verliefd* bis über beide Ohren verliebt; *tot over zijn oren in het werk zitten* bis zum Hals in Arbeit stecken
**oorarts** Ohrenarzt *m*
**oorbel** Ohrring *m*
**oord** 1 ⟨plek⟩ Ort *m*; 2 ⟨streek⟩ Gegend *v*
**oordeel** 1 ⟨uitspraak⟩ Urteil *o*; 2 ⟨mening⟩ Meinung *v*; *'t Laatste O~* das Jüngste Gericht
**oordelen** urteilen; recht Urteil sprechen
**oordopje** Ohrenstöpsel *m*
**oorkonde** Urkunde *v*
**oorlam** Schnaps *m*
**oorlel** Ohrläppchen *o*
**oorlog** Krieg *m*; *de Koude O~* der kalte Krieg; *op voet van ~ brengen* auf den Kriegsfuß setzen
**oorlogsbodem** Kriegsschiff *o*
**oorlogsinvalide** Kriegsbeschädigte(r) *m-v*
**oorlogsmisdadiger** Kriegsverbrecher *m*
**oorlogsmonument** Kriegerdenkmal *o*
**oorlogspad** Kriegspfad *m*
**oorlogsschip** Kriegsschiff *o*
**oorlogsverklaring** Kriegserklärung *v*
**oorlogszuchtig** kriegerisch gesinnt
**oorlogvoering** Kriegsführung *v*
**oormerk** Ohrmarke *v*
**oorring** Ohrring *m*
**oorsprong** Ursprung *m*; *van Duitse ~* von deutscher Herkunft
**oorspronkelijk** ursprünglich; *~e bewoner* Urbewohner *m*
**oortje**: *hij kijkt alsof hij zijn laatste ~ versnoept heeft* er sieht bedeppert aus
**oorverdovend** (ohren)betäubend
**oorvijg** Ohrfeige *v*; *iem. een ~ geven* jmdm. eine 'runterhauen
**oorwarmer** Ohrenschützer *mv*
**oorworm, oorwurm** Ohrwurm *m*
**oorzaak** Ursache *v*; *~ en gevolg* Ursache und Wirkung; *kleine oorzaken, grote gevolgen* kleine Ursachen, große Wirkungen
**oorzakelijk** ursächlich
**oost** I *v & o* Osten *m*; *van ~ naar west* von Ost nach West; *~ west, thuis best* Ost West, daheim am Best; II *bn*: östlich; *de wind is ~* es ist Ostwind
**Oost-Duitsland** 1 Ost-Deutschland *o*; 2 hist die (ehemalige) Deutsche Demokratische Republik
**Oost-Duits** 1 ⟨in 't alg.⟩ ostdeutsch; 2 hist die (ehemalige) DDR betreffend
**oostelijk** östlich; *~ van Zwitserland* östlich (von) der Schweiz; *~ halfrond* östliche Halbkugel *v*
**oosten** 1 ⟨windrichting⟩ Osten *m*; 2 ⟨morgenland⟩ Orient *m*; *het Nabije O~* der Nahe Osten; *het Verre O~* der Ferne Osten; *naar 't ~* nach Osten; *ten ~ van Leiden* östlich von Leiden; *ten ~ van de stad* östlich der Stadt
**Oostenrijk** Österreich *o*
**Oostenrijker** Österreicher(in) *m(v)*
**Oostenrijks** österreichisch
**oostenwind** Ostwind *m*
**oosterlengte**: *60° ~* 60 Grad östlicher Länge *v*
**oosterling** Orientale *m*
**oosters** orientalisch; *een ~e* eine Orientalin
**Oost-Europa** Osteuropa *o*
**Oost-Europees** osteuropäisch
**oostfront** Ostfront *v*
**Oost-Indisch** hist ostindisch; *~e inkt* (chinesische) Tusche *v*; *~e kers* Kapuzinerkresse *v*; *~ doof zijn* sich schwerhörig stellen
**oostwaarts** ostwärts
**Oostzee** Ostsee *v*
**ootje**: *in 't ~ nemen* hänseln, verulken
**ootmoed** Demut *v*
**ootmoedig** demütig
**op** I *bijw* auf; *kop ~!* Kopf hoch!; *~ en af (neer)* auf und ab (nieder); *de trap ~* die Treppe hinauf; *trap ~, trap af* treppauf, treppab; *~ zijn* 1 ganz erschöpft sein; 2 (niet in bed) auf sein; *mijn geld is ~* mein Geld ist alle; *~ van de zenuwen* völlig mit den Nerven herunter; II *voorz* ⟨+ 3 of 4⟩ auf; *~ het bord schrijven* an die Wandtafel schreiben; *~ zekere dag* eines Tages; *~ die dag* an dem Tag; *~ zijn Frans* auf französisch; *~ goed geluk af* auf Glück; *~ uw gezondheid!* Ihr Wohl!; *op de eerste januari* am 1. Januar; *~ zijn leeftijd* in seinem Alter; *~ papier zetten* zu Papier bringen; *~ die plaats* an jener Stelle; *~ proef* probeweise; *~ school* in der Schule; *~ de tweede verdieping* im zweiten Stock; *~ voorwaarde dat* unter der Bedingung daß; *~ de man af* unumwunden; *~ zijn hoogst* höchstens
**opa** Opa *m*
**opaal** Opal *m*; *van ~* opalen
**opbakken** aufbacken, aufbraten
**opbaren** aufbahren
**opbellen** anrufen
**opbergen** aufräumen; *in 't archief ~* archivieren
**opbeuren** 1 ⟨optillen⟩ hochheben; 2 fig ermutigen
**opbiechten** beichten; *biecht maar eens op* nur heraus mit der Sprache!
**opbieden** steigern; *tegen iem. ~* einen zu überbieten suchen
**opbinden** aufbinden
**opblaasbaar**: *~bare boot* Schlauchboot *o*
**opblaaspop** aufblasbare Puppe *v*
**opblazen** 1 ⟨doen opzwellen⟩ aufblasen; 2 fig aufbauschen; 3 ⟨brug enz.⟩ sprengen; *zich ~* sich brüsten
**opblijven** aufbleiben
**opbloei** Aufschwung *m*
**opbloeien** er-, aufblühen
**opbod** höheres Angebot *o*
**opboksen**: *~ tegen* sich widersetzen ⟨+ 3⟩
**opborrelen** 1 ⟨kokend water⟩ aufbrodeln; 2 ⟨bron⟩ hervorsprudeln
**opbouw** Aufbau *m*
**opbouwen** erbauen
**opbranden** 1 ⟨geheel verbranden⟩ abbrennen; 2 ⟨verbruiken⟩ verbrennen
**opbreken** 1 ⟨openbreken⟩ aufbrechen; 2 ⟨v. kamp, beleg⟩ abbrechen; 3 ⟨weggaan⟩ sich aufmachen; *dat zal hem ~* das wird ihm teuer zu stehen kommen

**opbrengen** 1 ⟨in 't alg.⟩ (her)aufbringen; 2 ⟨in geld⟩ einbringen; *iem. ~ einen auf die Wache bringen; hij kan de hoge belasting niet ~* er kann die hohen Steuern nicht aufbringen; *een hoge prijs ~* einen hohen Preis erzielen; *rente ~* Zinsen tragen; *een schip ~* ein Schiff aufbringen

**opbrengst** 1 ⟨in 't alg.⟩ Ertrag *m*; 2 ⟨in geld⟩ Erlös *m*

**opbrengsteigendom** ZN Miet(s)haus *o*

**opcenten**, ZN **opcentiemen** Zuschlagsteuer *v*

**opdagen** erscheinen, sich zeigen

**opdat** damit

**opdeciemen** ZN = *opcentiemen*

**opdienen** auftragen, servieren

**opdiepen** 1 ⟨uitdiepen⟩ vertiefen; 2 fig ausgraben

**opdirken**: *zich ~* sich aufdonnern

**opdissen** auftischen, servieren

**opdoeken** verschwinden lassen, abschaffen; *'t tijdschrift is opgedoekt* die Zeitschrift ist eingegangen

**opdoemen** auftauchen

**opdoen** 1 ⟨kopen⟩ kaufen; 2 ⟨kennis, ervaring⟩ sammeln; *waar heb je dat opgedaan?* wo hast du das aufgegabelt?; *een goede indruk ~* einen guten Eindruck gewinnen; *een verkoudheid ~* sich einen Schnupfen holen

**opdoffer** Schlag *m*, Hieb *m*

**opdonder** gemeenz Puff *m*

**opdonderen** abzischen; *donder op!* zisch ab!

**opdraaien** ⟨omhoogdraaien⟩ hochdrehen; *voor iets moeten ~* etwas entgelten müssen

**opdracht** 1 ⟨taak⟩ Auftrag *m*; 2 ⟨voor in boek⟩ Widmung *v*, Zueignung *v*

**opdrachtgever** Auftraggeber *m*

**opdragen** 1 ⟨naar boven dragen⟩ hinauftragen; 2 ⟨opdracht geven⟩ beauftragen; 3 ⟨boek⟩ widmen; *de mis ~* RK die Messe zelebrieren; *iem. iets ~* einem etwas auftragen

**opdraven** hinauf-, herauftraben; *komen ~* (eilig) erscheinen; *laten ~* erscheinen lassen

**opdreunen** her-, herunterleiern

**opdrijven** 1 ⟨naar boven⟩ hinauftreiben; 2 ⟨prijzen⟩ hochschrauben; 3 ⟨jagen⟩ aufjagen

**opdringen** 1 ⟨naar boven⟩ (hin)aufdrängen; 2 ⟨naar voren dringen⟩ vordrängen; 3 ⟨aanpraten⟩ aufdrängen; *zich ~* sich aufdrängen

**opdringerig** zu-, aufdringlich

**opdrinken** (aus)trinken

**opdrogen** austrocknen

**opdruk** Aufdruck *m*

**opdrukken** 1 ⟨in 't alg.⟩ aufdrücken; 2 ⟨drukwerk⟩ aufdrucken

**opduikelen** auftreiben, -gabeln

**opduiken** auftauchen

**opduvel** Puff *m*, Schubs *m*

**opduvelen** verduften, abhauen

**opdweilen** aufwischen

**OPEC** = *Organization of Petroleum Exporting Countries* OPEC *v*

**opeen** aufeinander, zusammen

**opeenhopen** aufhäufen

**opeens** auf einmal

**opeenstapelen** aufeinandertürmen

**opeenvolgen** aufeinanderfolgen

**opeenvolging** Aufeinanderfolge *v*

**opeisen** einfordern; *recht* einklagen

**open** offen; *~ zijn* offen sein

**openbaar** öffentlich; *~ maken* öffentlich bekanntmachen; *in het ~* öffentlich

**openbaarheid** Öffentlichkeit *v*; *in de ~ brengen* ans Licht zerren

**openbaren** offenbaren

**openbaring** Offenbarung *v*; *de O~ van Johannes* die Offenbarung Johannes

**openbreken** aufbrechen, erbrechen

**opendoen** aufmachen, öffnen

**openen** öffnen; fig eröffnen; *een rekening ~* ein Konto einrichten; *de vijandelijkheden ~* die Feindseligkeiten eröffnen; *een zaak ~* ein Geschäft eröffnen

**opener** Öffner *m*

**opengaan** aufgehen, sich öffnen

**openhartig** offenherzig

**openheid** Offenheit *v*

**openhouden** offenhalten

**opening** Öffnung *v*, Eröffnung *v*

**openingsbod** Eröffnungsgebot *o*

**openingskoers** Eröffnungskurs *m*

**openingszet** Eröffnungszug *m*

**openlaten** offenlassen

**openleggen** 1 ⟨geopend neerleggen⟩ offen hinlegen; 2 ⟨boek⟩ aufschlagen; 3 kaartsp aufdecken

**openliggen** offen-, bloßliegen

**openlijk** öffentlich

**openluchtklas** ZN: *~sen* Freiluftunterricht *m*

**openluchtmuseum** Freiluftmuseum *o*

**openmaken** öffnen, aufmachen

**openslaan** aufschlagen

**openspringen** aufspringen

**openstaan** 1 ⟨niet dicht zijn⟩ offenstehen; 2 ⟨rekening⟩ unbezahlt sein; *~ voor kritiek* bereit sein Kritik anzunehmen

**openstellen** 1 ⟨openen⟩ öffnen; 2 ⟨voor publiek vrijgeven⟩ freigeben; *voor 't verkeer ~* dem Verkehr übergeben

**openstelling** 1 ⟨opening⟩ Öffnung *v*; 2 ⟨voor publiek⟩ Freigabe *v*

**op-en-top** ganz und gar; *~ een gentleman* ein Herr, wie er im Buche steht

**opentrekken** aufziehen

**openvallen** 1 ⟨zich openen⟩ aufgehen; 2 ⟨betrekking⟩ frei werden

**openzetten** aufmachen; öffnen

**opera** 1 muz Oper *v*; 2 ⟨gebouw⟩ Opernhaus *o*

**operabel** operabel

**operateur** 1 ⟨in studio⟩ Kameramann *m*; 2 ⟨bioscoop⟩ Filmvorführer *m*

**operatie** Operation *v*; *een ~ ondergaan* operiert werden

**operatief** operativ

**operatiekamer** Operationssaal *m*

**operatiezuster** Operationsschwester *v*

**operationeel** gebrauchs-, verwendungsfä-

**opkijken**

hig
**operazanger(es)** Opernsänger *m*, -in *v*
**opereren** operieren
**operette** Operette *v*
**opeten** aufessen
**opfleuren** I *onoverg* aufblühen, sich erholen; II *overg: iem.* ~ einen aufmuntern
**opfokken** 1 ⟨telen⟩ aufziehen; 2 ⟨provoceren⟩ provozieren; *laat je niet* ~*!* Laß dich nicht so auf die Palme bringen!; *zie ook opgefokt*
**opfrissen** 1 ⟨verfrissen⟩ auffrischen; 2 ZN ⟨verbouwen⟩ renovieren; *zich* ~ sich erfrischen
**opgaan** 1 ⟨naar boven gaan⟩ hinaufgehen; 2 ⟨opraken⟩ zu Ende gehen; 3 ⟨kloppen⟩ stimmen; *die veronderstelling gaat niet op* diese Annahme trifft nicht zu; *de eerste ronde ging gelijk op* die erste Runde ging gleich aus; *de trap* ~ die Treppe hinaufgehen; *in zijn werk* ~ sich ganz seiner Arbeit widmen; *voor een examen* ~ ins Examen steigen
**opgang** 1 ⟨zon, trap⟩ Aufgehen *o*; 2 ⟨succes⟩ Erfolg *m*, Anklang *m*; ~ *maken* großen Beifall finden
**opgave** Aufgabe *v*
**opgeblazen** aufgedunsen
**opgefokt** aufgeregt; *zo'n* ~ *type* so ein nervöser Typ *m*
**opgeilen** *gemeenz* aufgeilen
**opgeklopt**: ~*e verhalen* Räubergeschichten
**opgelaten**: *zich* ~ *voelen* sich aufgeschmissen fühlen
**opgeld** Aufgeld *o*; ~ *doen* Beifall finden
**opgelucht** erleichtert; *weer* ~ *kunnen ademhalen* erleichtert aufatmen
**opgeruimd** aufgeräumt, heiter, guter Laune
**opgescheept**: *met iem.* ~ *zitten* einen am Halse haben
**opgeschoten**: ~ *jongens* halbwüchsige Burschen
**opgeschroefd** geschraubt, überspannt
**opgesmukt** aufgeputzt, gekünstelt
**opgetogen** entzückt
**opgeven** 1 ⟨in 't alg.⟩ aufgeben; 2 ⟨aanreiken⟩ hinaufreichen; 3 ⟨teruggeven⟩ hergeben; *het* ~ aufgeben; ⟨uitvallen⟩ schlappmachen; *het niet* ~ nicht locker lassen; *een betrekking* ~ eine Stellung aufgeben; *bloed* ~ Blut auswerfen; *een zieke* ~ einen Kranken aufgeben; *hoog van iets* ~ von einer Sache viel Rühmens machen; *hoog van zichzelf* ~ prahlen
**opgewassen**: *tegen iem.* ~ *zijn* einem gewachsen sein
**opgewekt** lebhaft, munter
**opgewonden** aufgeregt; ⟨innerlijk⟩ erregt
**opgooien** in die Höhe werfen, hinaufwerfen
**opgraven** ausgraben; ⟨lijk ook⟩ exhumieren
**opgraving** Ausgrabung *v*, Grabung *v*
**opgroeien** aufwachsen; ~*de jeugd* heranwachsende Jugend *v*
**ophaalbrug** Zugbrücke *v*
**ophalen** 1 ⟨in 't alg.⟩ aufziehen; 2 ⟨goederen⟩ abholen; *de kaartjes* ~ die Fahrkarten einnehmen; *zijn kennis* ~ seine Kenntnisse auffrischen; *een ladder* ~ ⟨in kous⟩ eine Laufmasche aufnehmen
**ophanden**: ~ *zijn* bevorstehen
**ophangen** 1 ⟨iets⟩ aufhängen; 2 ⟨mens⟩ hängen; *zich* ~ sich erhängen
**ophanging** 1 ⟨v. iets⟩ Aufhängung *v*; 2 ⟨v. persoon⟩ Erhängung *v*
**ophebben** aufhaben; *er niet veel mee* ~ von etwas nicht angetan sein; *veel met iem.* ~ große Stücke auf einen halten; *een slok* ~ einen intus haben; *een hoed* ~ einen Hut tragen
**ophef**: *veel* ~ *v. iets maken* viel Aufhebens von etwas machen
**opheffen** 1 ⟨optillen, beëindigen⟩ aufheben, heben, erheben; 2 ⟨wegnemen⟩ beseitigen; *misstanden* ~ Mißstände beseitigen; *een zaak* ~ ein Geschäft liquidieren
**opheffing** Aufhebung *v*; ~ *van de zaak* Aufgabe *v* des Geschäfts
**opheffingsuitverkoop** Räumungsverkauf *m*
**ophelderen**: *iets* ~ etwas aufklären
**opheldering** Aufklärung *v*, Aufschluß *m*
**ophemelen** herausstreichen
**ophijsen** aufhissen
**ophitsen** aufhetzen
**ophoepelen** sich packen, abziehen; *hoepel op!* scher dich weg!
**ophoesten** aushusten; *cijfers* ~ Zahlen ausspucken
**ophogen** 1 ⟨in 't alg.⟩ erhöhen; 2 ⟨terrein⟩ aufschütten
**ophopen** auf-, anhäufen; *zich* ~ sich anhäufen
**ophouden** 1 ⟨eindigen⟩ aufhören; 2 ⟨even⟩ innehalten; 3 ⟨tegenhouden⟩ aufhalten; 4 ⟨hoog houden⟩ aufrechterhalten; *hou toch op!* höre doch auf!; *dan houdt alles op!* da hört (sich) alles auf; *de firma houdt op te bestaan* die Firma erlischt; *de hand* ~ die Hand aufhalten; *de hoed* ~ den Hut aufbehalten; *de schijn* ~ den Schein wahren; *zijn stand* ~ standesgemäß leben; *zijn hart hield een ogenblik op met kloppen* sein Herzschlag setzte einen Augenblick aus; ~ *te verschijnen* ⟨een tijdschrift⟩ eingehen; ~ *met lesgeven* Schluß machen mit unterrichten; *zich* ~ *met* sich beschäftigen mit; *zich ergens* ~ sich irgendwo aufhalten; *zonder* ~ unaufhörlich
**opiaat** Opiat *o*
**opinie** Meinung *v*; *de publieke* ~ die öffentliche Meinung
**opinieblad** meinungsbildende Zeitschrift *v*
**opinieonderzoek** Meinungsforschung *v*
**opium** Opium *o*; ~ *schuiven* Opium rauchen
**opiumkit** Opiumhöhle *v*
**opjagen** 1 ⟨tot spoed aanzetten⟩ aufjagen; 2 ⟨wild⟩ aufstöbern; 3 ⟨prijs⟩ hinauftreiben; 4 ZN ⟨gewassen⟩ beschleunigen, fördern
**opjuinen, opjutten** aufhetzen, -stacheln
**opkalefateren** aufmöbeln
**opkijken** aufblicken; *vreemd* ~ ein erstauntes Gesicht machen; *daar zul je van* ~*!* da

**opkikkeren** wirst du Augen machen!
**opkikkeren** sich aufrappeln; ⟨anderen⟩ aufmuntern
**opkikkertje** Muntermacher *m*
**oplabped** Klappbett *o*
**opklaren** sich aufklären, sich aufhellen
**opklaring** Aufheiterung *v*
**opklimmen** 1 ⟨naar boven klimmen⟩ heraufsteigen; 2 ⟨klauteren⟩ hinaufklettern; 3 ⟨in rang stijgen⟩ steigen; *tot de rang van generaal* ~ bis zum Range eines Generals emporsteigen; ~*de reeks* steigende Reihe
**opkloppen** ⟨eiwit enz.⟩ schlagen; fig übertreiben; zie ook: *opgeklopt*
**opknapbeurt** Renovierung *v*
**opknappen** 1 ⟨in orde brengen⟩ herrichten; 2 ⟨meubels⟩ aufarbeiten; 3 ⟨zieke⟩ sich erholen; *een zaakje* ~ etwas deichseln; *'t weer is opgeknapt* das Wetter ist besser geworden; *zich* ~ sich fein machen
**opknopen** 1 ⟨met knopen⟩ aufknöpfen; 2 ⟨mens⟩ aufknüpfen
**opkomen** 1 ⟨omhoogkomen⟩ aufkommen; 2 ⟨op 't toneel⟩ auftreten; 3 ⟨v.d. zon⟩ aufgehen; *kom maar op* los! komm; *de rekruten moeten 1 mei* ~ die Rekruten müssen sich am 1. Mai stellen; *de vloed komt op* die Flut steigt; *zoiets zal nooit bij mij* ~ so etwas wird mir nie einfallen; *er kwam twijfel in mij op* mir kamen Zweifel; *voor iem., iets* ~ für einen, etw. eintreten; *voor iemands belangen* ~ jemands Interessen vertreten; *voor een mening* ~ eine Meinung vertreten
**opkomst** 1 ⟨v. zon, maan⟩ Aufgang *m*; 2 ⟨bloei⟩ Aufstieg *m*; 3 ⟨bij een lezing⟩ Besuch *m*; 4 mil Gestellung *v*; 5 ⟨bij verkiezingen⟩ Wahlbeteiligung *v*; *de* ~ *van de derde stand* der Aufstieg des dritten Standes
**opkomstplicht** Wahlpflicht *v*
**opkopen** aufkaufen
**opkoper** Aufkäufer *m*
**opkrabbelen** wieder auf die Beine kommen
**opkrassen** gemeenz abkratzen
**opkrikken** ⟨v. auto⟩ hochwinden
**opkroppen** hinunterschlucken
**oplaaien** auflodern
**opladen** aufladen; *zich* ~ auftanken
**oplage** Auflage *v*
**oplappen** flicken, ausbessern
**oplaten** auflassen; *een vlieger* ~ einen Drachen steigen lassen
**oplawaai, oplazer** *m* gemeenz Schlag *m*; *iem. een* ~ *geven* jmdm. eins auf die Nase geben
**oplazeren** gemeenz verschwinden
**opleggen** (hin)auflegen; *iem. een straf, verplichtingen, 't zwijgen* ~ einem eine Strafe, Verpflichtungen, Stillschweigen auferlegen; *iem. zijn wil* ~ einem seinen Willen aufzwingen; *'t er dik* ~ ⟨etwas⟩ stark auftragen
**oplegger** ⟨achter vrachtauto⟩ Auflieger *m*; *truck met* ~ Sattelzug *m*
**opleiden** 1 ⟨onderrichten⟩ ausbilden; 2 ZN ⟨verdachte⟩ vorführen
**opleiding** Ausbildung *v*

**opleidingscentrum** Ausbildungsstätte *v*
**opleidingsschip** Schulschiff *o*
**oplepelen** 1 ⟨soep⟩ auslöffeln; 2 ⟨verhalen⟩ auftischen
**opletten** achtgeben (auf + 4), aufmerksam sein (auf + 4); *scherp* ~ gemeenz höllisch aufpassen; *opgelet* Achtung!, Obacht!
**oplettend** aufmerksam
**opleven** aufleben, wieder aufleben, sich herausmachen
**opleveren** 1 ⟨winst⟩ (ein)bringen; 2 ⟨gebouw⟩ übergeben; *niets* ~ zu keinem Ergebnis führen; *weinig* ~ wenig abwerfen
**oplevering** Abnahme *v*
**opleving** Aufschwung *m*; ~ *van de conjunctuur* Konjunkturaufstieg *m*
**oplichten** 1 ⟨v. weer⟩ heller werden; 2 ⟨optillen⟩ aufheben; 3 ⟨bedriegen⟩ beschwindeln
**oplichter** Schwindler *m*, Betrüger *m*
**oplichterij** Schwindel *m*, Hochstapelei *v*
**oploop** Auflauf *m*
**oplopen** 1 ⟨prijzen⟩ anziehen; 2 ⟨v. temperatuur⟩ steigen; 3 ⟨snel omhooggaan⟩ emporschnellen; *de straat loopt op* die Straße steigt an; *letsel* ~ zu Schaden kommen; *de straat* ~ auf die Straße gehen; *de trap* ~ die Treppe hinaufgehen; *een verkoudheid* ~ sich einen Schnupfen holen
**oplosbaar** auflösbar
**oplosmiddel** Lösungsmittel *o*
**oplossen** 1 ⟨iets in vloeistof⟩ auflösen; 2 ⟨raadsel⟩ lösen; *zout lost in water op* Salz löst sich in Wasser auf
**oplossing** Lösung *v*
**opluchten** erleichtern; *dat lucht op* das erleichtert; *opgelucht zijn* erleichtert aufatmen
**opluchting** Erleichterung *v*
**opluisteren** schmücken; *een feest* ~ den Glanz eines Festes erhöhen
**opmaak** Aufmachung *v*
**opmaat** muz Auftakt *m*
**opmaken** 1 ⟨in orde brengen⟩ machen; 2 ⟨geheel verbruiken⟩ aufbrauchen; 3 ⟨rekening⟩ machen; 4 ⟨verkwisten⟩ verschwenden; ~ *uit* folgern aus; *zich* ~ ⟨zich voorbereiden⟩ sich aufmachen; ⟨gezicht⟩ sich zurechtmachen; *'t* ~ *van de inventaris* Inventaraufnahme *v*
**opmaker** 1 ⟨verkwister⟩ Vergeuder *m*; 2 ⟨v. zetsel⟩ Metteur *m*
**opmars** Auf-, Vormarsch *m*
**opmerkelijk** auffallend, auffällig
**opmerken** 1 ⟨zeggen⟩ bemerken; 2 ⟨waarnemen⟩ beobachten
**opmerking** Bemerkung *v*
**opmerkingsgave** Beobachtungsgabe *v*
**opmerkzaam** aufmerksam
**opmeten** vermessen
**opmonteren** aufmuntern, aufheitern
**opnaaien** *iem.* ~ gemeenz einen aufstacheln
**opname** Aufnahme *v*
**opnamestudio** Aufnahmestudio *o*
**opnemen** 1 ⟨optillen⟩ aufnehmen; 2 ⟨opmeten⟩ vermessen; 3 ⟨krediet⟩ aufnehmen; 4 ⟨van tegoed op bank⟩ abheben; *de hoorn*

~ telec den Hörer abheben; *een film* ~ *einen Film aufnehmen; een japon* ~ *ein Kleid raffen; een patiënt laten* ~ *einen Patienten einweisen; de stemmen* ~ *die Stimmen auszählen; de wapens* ~ *die Waffen ergreifen; 't met (tegen) iem.* ~ *es mit einem aufnehmen; 't voor iem.* ~ *für einen eintreten; iets gemakkelijk, hoog, zwaar* ~ *etwas leicht, wichtig, schwer nehmen; in de notulen laten* ~ *etwas zu Protokoll geben; op een bandje* ~ *auf Band aufnehmen*

**opneming 1** ⟨het opnemen⟩ Aufnahme *v*; **2** ⟨landmeting⟩ Vermessung *v*; **3** ⟨v. temperatuur⟩ Messung *v*
**opnieuw** aufs neue, von neuem
**opnoemen** nennen, aufzählen
**opoe** gemeenz Oma *v*, Großmama *v*
**opofferen** (auf)opfern
**opoffering** Aufopferung *v*, Opfer *o*
**opofferingsgezind** opferwillig
**oponthoud 1** ⟨verblijf⟩ Aufenthalt *m*; **2** ⟨vertraging⟩ Verzögerung *v*
**oppakken** aufheben; *iem.* ~ einen festnehmen, ergreifen
**oppas** Pfleger(in) *m(v)*, Babysitter(in) *m(v)*
**oppassen** aufpassen; *pas op!* gib acht!
**oppasser** Aufseher *m*; ⟨v. dieren⟩ Wärter *m*; mil Bursche *m*
**opperbest** vortrefflich, vorzüglich
**opperbevel** Oberbefehl *m*, -kommando *o*
**opperbevelhebber** Oberbefehlshaber *m*
**oppercommando** Oberkommando *o*
**opperen** äußern, vorschlagen
**opperhoofd 1** ⟨in 't alg.⟩ Oberhaupt *o*; **2** ⟨van rovers, een stam⟩ Häuptling *m*
**opperhuid** Oberhaut *v*
**oppermacht** Oberherrschaft *v*
**oppermachtig** allmächtig
**opperman** Handlanger *m*
**opperrechter** oberster Richter *m*
**opperst** oberst, höchst
**oppervlak** Oberfläche *v*
**oppervlakkig** oberflächlich
**oppervlakte 1** ⟨bovenste vlakte⟩ Oberfläche *v*; **2** ⟨gebied⟩ Areal *o*, Fläche *v*; *aan de* ~ *liggen* zutage liegen
**Opperwezen** der Allmächtige
**oppeuzelen** verschmausen, verzehren
**oppiepen** ⟨oproepen⟩ anpiepsen
**oppikken 1** ⟨met de snavel opnemen⟩ aufpicken; **2** ⟨meenemen⟩ mitnehmen; *iets uit een gesprek* ~ in einem Gespräch etwas aufschnappen
**oppoetsen** aufpolieren, -frischen
**oppompen** aufpumpen
**opponent** Opponent *m*
**opponeren** opponieren (+ gegen)
**opporren 1** ⟨kachel⟩ schüren; **2** fig anfeuern
**opportunisme** Opportunismus *m*
**opportuun** opportun
**oppositie** Opposition *v*
**oppotten** horten
**oppuntstelling** ZN **1** ⟨uitwerking⟩ Ausarbeitung *v*; **2** ⟨regeling⟩ Regelung *v*; **3** ⟨afstelling⟩ Einstellung *v*
**oprakelen** ⟨vuur⟩ anschüren; *oude dingen* ~ alte Geschichten aufwärmen

**opraken** zu Ende gehen, zur Neige gehen, ausgehen; gemeenz alle werden
**oprapen** aufheben, aufnehmen; *het ligt voor 't* ~ fig es ist in Hülle und Fülle da
**oprecht** aufrichtig
**oprechtheid** Aufrichtigkeit *v*
**oprichten** auf-, emporrichten; fig gründen; *een vereniging, zaak* ~ einen Verein, ein Geschäft gründen
**oprichter** Gründer *m*
**oprichting** Errichtung *v*
**oprijden** ⟨naar boven rijden⟩ hinauf-, herauffahren; ⟨op rijdier⟩ hinauf-, heraufreiten; *tegen iem.* ~ ⟨van achteren⟩ auf einen auffahren; ⟨van voren⟩ gegen einen fahren
**oprijlaan** Auffahrt *v*
**oprijzen 1** ⟨omhoogrijzen⟩ aufragen; **2** ⟨opstaan⟩ sich erheben; **3** ⟨opkomen⟩ erwachen; *hoog* ~*d* hochragend
**oprisping 1** Aufstoßen *o*; **2** ⟨ontboezeming⟩ Auslassung *v*
**oprit 1** ⟨van een garage⟩ Auf-, Zufahrt *v*; **2** ⟨v. snelweg⟩ Auffahrt *v*; **3** ⟨hellend stuk weg⟩ Rampe *v*
**oproep 1** ⟨in 't alg.⟩ Aufruf *m*; **2** ⟨telefoon⟩ Anruf *m*
**oproepcontract** Vertrag *m* für Arbeit auf Abruf
**oproepen 1** ⟨ontbieden⟩ aufrufen; **2** ⟨tot hulp⟩ auffordern; **3** mil einziehen; **4** ⟨voor andere diensten⟩ heranziehen; *getuigen* ~ Zeugen vorladen
**oproepkracht** Zeitkraft *v*
**oproer** Aufruhr *m*; ⟨kleiner⟩ Krawall *m*
**oproerig** aufrührerisch, rebellisch
**oproerkraaier, oproerling** Aufständische(r) *m-v*
**oproerpolitie** Bereitschaftspolizei *v*
**oprollen 1** ⟨in 't alg.⟩ aufrollen; **2** ⟨ineenrollen⟩ zusammenrollen; **3** ⟨omhoog⟩ hinaufrollen; **4** ⟨een bende⟩ hochgehen lassen
**oprotpremie** gemeenz **1** ⟨m.b.t. werknemers⟩ Abfindung *v*; **2** ⟨m.b.t. allochtonen⟩ Rückkehrprämie *v*
**oprotten** abhauen, sich verpissen
**opruien** aufwiegeln, -hetzen
**opruimen 1** ⟨opbergen⟩ auf-, wegräumen; **2** ⟨uitverkopen⟩ räumen, ausverkaufen; **3** ⟨mensen⟩ liquidieren; *de kamer* ~ das Zimmer aufräumen; *opgeruimd staat netjes* Ordnung muß sein; zie ook: *opgeruimd*
**opruiming** Ausverkauf *m*; ~ *houden* aufräumen
**oprukken** mil vorrücken, vorstoßen
**opscharrelen** aufstöbern, -treiben
**opschepen**: *iem. met iets* ~ einem etwas aufhalsen
**opscheppen 1** ⟨met een schop⟩ aufschaufeln; **2** ⟨soep enz.⟩ auffüllen; **3** ⟨pochen⟩ aufschneiden
**opschepper** Angeber *m*
**opschepperig** aufschneiderisch, protzig
**opschepperij** Aufschneiderei *v*
**opschieten 1** ⟨groeien⟩ aufschießen; **2** ⟨voortmaken⟩ voranmachen; *schiet op!* geh zu!; *niet* ~ nicht vom Fleck kommen; *'t werk schiet goed op* die Arbeit geht gut voran; *goed met elkaar* ~ gut mit einan-

**opschik**

der auskommen; zie ook: *opgeschoten*
**opschik** Putz *m*, Schmuck *m*
**opschikken** 1 ⟨sieren⟩ ausstaffieren; 2 ⟨plaatsmaken⟩ auf-, zusammenrücken
**opschorten** 1 ⟨uitstellen⟩ hinausschieben; 2 ⟨straf⟩ aussetzen; *zijn oordeel ~* mit seinem Urteil zurückhalten; *een vonnis ~* ein Urteil aussetzen
**opschrift** 1 ⟨in 't alg.⟩ Auf-, Überschrift *v*; 2 ⟨van munten, gebouwen⟩ Inschrift *v*
**opschrijven** auf-, niederschreiben
**opschrikken** aufschrecken
**opschroeven** aufschrauben
**opschudden** aufschütteln; ⟨met kracht⟩ aufrütteln
**opschudding** 1 ⟨in 't alg.⟩ Aufschüttelung *v*; 2 ⟨met kracht⟩ Aufrüttelung *v*; 3 ⟨tumult⟩ Aufregung *v*; *'t huis in ~ brengen* das Haus auf den Kopf stellen
**opschuiven** 1 ⟨in een richting schuiven⟩ weiter-, aufschieben; 2 ⟨stoel⟩ rücken; 3 ⟨uitstellen⟩ aufschieben; *wat ~* ein bißchen rücken
**opslaan** I *overg* 1 ⟨omhoogslaan⟩ aufschlagen; 2 ⟨in computer⟩ speichern; *de kraag ~* den Kragen hochklappen; II *onoverg* ⟨duurder worden⟩ aufschlagen; *de koffie is opgeslagen* der Kaffee ist teurer geworden; *de huur is opgeslagen* die Miete wurde erhöht
**opslag** 1 ⟨prijs, sp⟩ Aufschlag *m*; 2 ⟨v. loon⟩ Lohnerhöhung *v*; 3 ⟨v. goederen⟩ Lagerung *v*
**opslagplaats** Lager *o*, Lagerraum *m*
**opslokken** verschlucken
**opslorpen** 1 ⟨in 't alg.⟩ (auf)schlürfen; 2 ZN ⟨opkopen⟩ aufkaufen; 3 ⟨bezighouden⟩ in Anspruch nehmen, beanspruchen
**opsluiten** verschließen, einschließen
**opsluiting** Haft *v*; *eenzame ~* Einzelhaft *v*
**opsmuk** Putz *m*, Schmuck *m*
**opsnijden** aufschneiden
**opsnijder** Aufschneider *m*
**opsnorren** gemeenz auftreiben
**opsnuiven** aufschnauben
**opsodemieteren** gemeenz verduften
**opsommen** aufzählen, auflisten
**opsomming** Aufzählung *v*, -stellung *v*
**opsouperen** verjubeln, -juxen
**opsparen** zusammensparen
**opspelen** 1 kaartsp ausspielen; 2 ⟨razen⟩ wettern, loslegen; *mijn maag speelt op* mein Magen macht mir zu schaffen
**opsporen** 1 ⟨vinden⟩ ausfindig machen; 2 ⟨zoeken⟩ fahnden (nach)
**opsporing** Fahndung *v*, Ermittlung *v*
**opsporingsbericht** Suchmeldung *v*
**opsporingsdienst** ⟨v. politie⟩ Fahndung *m*; *fiscale ~* Steuerfahndung *v*
**opspraak**: *in ~ komen, brengen* ins Gerede kommen, bringen
**opspringen** aufspringen; *tegen iem. ~* einen anspringen
**opstaan** 1 ⟨gaan staan⟩ aufstehen; 2 ⟨uit het graf⟩ (auf)erstehen; 3 ⟨in opstand komen⟩ sich empören
**opstalverzekering** Gebäudeversicherung *v*

**opstand** Aufstand *m*; *in ~ komen tegen* sich auflehnen gegen
**opstandeling** Aufständische(r) *m-v*
**opstandig** aufsässig
**opstanding** godsd Auferstehung *v*
**opstapelen** aufschichten; *zich ~* sich türmen
**opstapje**: *denk aan het ~!* Vorsicht, Stufe!
**opstappen** 1 ⟨stappend omhoog gaan⟩ hinaufsteigen; 2 ⟨in tram enz.⟩ einsteigen; 3 ⟨weggaan⟩ weg-, davongehen
**opstarten** starten, in Gang bringen
**opsteken** 1 ⟨haar⟩ aufstecken; 2 ⟨aansteken⟩ anzünden; 3 ⟨wind⟩ sich erheben; *de kop ~* sich erheben; *de paraplu ~* den Regenschirm aufspannen; *een sigaar ~* eine Zigarre anbrennen; *de vinger ~* den Finger heben; *iets ~ van* etwas lernen von
**opsteker** Glücksfall *m*
**opstel** Aufsatz *m*
**opstellen** 1 ⟨plaatsen⟩ aufstellen; 2 ⟨ontwerpen⟩ aufsetzen; *zich ~* sich aufstellen; *zich neutraal ~* sich neutral verhalten
**opstelling** 1 ⟨plaatsing⟩ Aufstellung *v*; 2 ⟨standpunt⟩ Standpunkt *v*; 3 ⟨v. geschrift⟩ Aufsetzen *o*
**opstijgen** aufsteigen
**opstoken** 1 ⟨v. vuur⟩ schüren; 2 ⟨verstoken⟩ verheizen; 3 ⟨ophitsen⟩ aufwiegeln, -hetzen
**opstootje** Krawall *m*
**opstopper** Schlag *m*
**opstopping** ⟨v. verkeer⟩ Stau *m*
**opstrijken** 1 ⟨met strijkijzer⟩ aufbügeln; 2 ⟨geld⟩ einstreichen
**opstropen** hochstreifen, aufkrempeln
**opstropping** ZN Verkehrsstauung *v*
**opsturen** einsenden, -schicken
**optater** gemeenz Hieb *m*, Puff *m*
**optekenen** aufzeichnen
**optellen** addieren, zusammenzählen
**optelling** Zusammenrechnen *o*
**optelsom** Addition *v*
**op'teren** optieren (für)
**opticien** Optiker *m*
**optie** 1 handel Option *v*; 2 ⟨vrije keus⟩ Wahl *v*
**optiebeurs** Optionsbörse *v*
**optiek** Optik *v*
**optillen** auf-, hochheben
**optimaal** optimal
**optimaliseren** optimieren
**optimisme** Optimismus *m*
**optimist** Optimist *m*
**optimistisch** optimistisch
**optioneel** frei, nach Belieben
**optisch** optisch
**optocht** Aufzug *m*
**optornen**: *~ tegen* ankämpfen gegen
**optreden** auftreten; *er treedt een verandering op* eine Veränderung tritt ein; *flink ~* energisch vorgehen; *tegen misbruiken ~* Mißbräuchen entgegentreten
**optrekje** kleine Wohnung *v*
**optrekken** I *ww* 1 ⟨naar boven trekken⟩ (hin)aufziehen; 2 ⟨op mars gaan⟩ wegmarschieren; 3 auto anziehen; *de mist trekt op* der Nebel steigt auf; *de wenkbrauwen ~*

die Brauen hochziehen; *een muur* ~ eine Mauer hochziehen; *met iem.* ~ sich mit einem beschäftigen müssen; *snel* ~ <u>auto</u> schnell anziehen; II o Aufziehen o; <u>auto</u> Anziehen o

**optrommelen** zusammentrommeln
**optuigen 1** (paard) aufzäumen; **2** (schip) auftakeln; **3** (versieren) verzieren
**optutten:** *zich* ~ sich zurechtmachen
**opvallen** auffallen
**opvallend** auffallend, auffällig
**opvang** Aufnahme v
**opvangcentrum 1** (vluchtelingen) Auffanglager o; **2** (anders) Heim o
**opvangen** auffangen
**opvaren** (hin)auffahren
**opvarende 1** (bemanningslid) Mitglied o der Schiffsbesatzung; **2** (passagier) Schiffspassagier m
**opvatten 1** (opnemen) auffassen; **2** (gaan koesteren) empfinden; *dat moet zo opgevat worden* das versteht sich so; *liefde voor iem.* ~ jemand liebgewinnen; *iets ernstig, letterlijk* ~ etwas ernst, wörtlich nehmen; *het leven gemakkelijk* ~ das Leben leicht nehmen
**opvatting** Auffassung v, Meinung v
**opvijzelen** aufwinden; *iets* ~ <u>fig</u> etwas herausstreichen
**opvissen** auffischen
**opvliegen 1** (omhoogvliegen) auffliegen; **2** (v. schrik) auffahren; **3** (in drift) aufbrausen; **4** (de trap) hinaufrasen; *hij kan* ~ <u>gemeenz</u> er soll sich zum Teufel scheren
**opvliegend** jähzornig, aufbrausend; ~ *van aard zijn* einen hitzigen Charakter haben
**opvlieger, opvlieging** <u>med</u> Hitzewallung v
**opvoeden** erziehen
**opvoeder 1** (iem. die opvoedt) Erzieher m; **2** <u>ZN</u> (toezichthouder) Aufsichtsführende(r) m-v
**opvoeding** Erziehung v; *lichamelijke* ~ Leibeserziehung v
**opvoedingsgesticht** Erziehungsanstalt v
**opvoedkunde** Erziehungswissenschaft v
**opvoedkundig** erzieherisch
**opvoeren** hinaufführen; *een motor* ~ einen Motor frisieren; *de prijzen* ~ die Preise hinauftreiben; *'t tempo* ~ an Tempo zulegen; *een toneelstuk* ~ ein Schauspiel aufführen
**opvoering 1** (het verhogen) Steigerung v; **2** (toneel) Aufführung v; *eerste* ~ Uraufführung v
**opvolgen** nachfolgen (+ 3); *een bevel, raad* ~ einen Befehl, einen Rat befolgen
**opvolger** Nachfolger m
**opvouwbaar** zusammenlegbar, -faltbar
**opvouwen** zusammenfalten, -legen
**opvragen 1** (terugvragen) zurückfordern; **2** <u>ZN</u> (overhoren) abfragen, abhören; *geld van een bank* ~ Geld von einer Bank abheben
**opvreten** auffressen
**opvrijen:** *iem.* ~ sich bei einem beliebt machen
**opvrolijken** erheitern, aufmuntern

**opvullen 1** (geheel vullen, volstoppen) füllen; **2** (opgezette dieren) ausstopfen
**opwaaien** aufwehen; aufgeweht werden
**opwaarderen** aufwerten
**opwaarts I** *bijw* aufwärts; II *bn:* ~*e beweging* Aufwärtsbewegung v
**opwachten 1** (wachten op) erwarten, warten auf (+ 4); **2** (op iem. loeren) auflauern
**opwachting** Höflichkeits-, Anstandsbesuch m; *zijn* ~ *maken* seine Aufwartung machen
**opwarmen** aufwärmen
**opwarmertje** Aufwärmung v
**opwegen:** ~ *tegen* aufwiegen (+ 4); *tegen elkaar* ~ sich die Waage halten
**opwekken 1** (wakker maken) aufwecken; **2** (uit de dood) auferwecken; **3** <u>fig</u> ermuntern; **4** (toorn, medelijden) erregen; *de eetlust* ~ den Appetit anregen
**opwekkend 1** <u>eig</u> anregend; **2** (vrolijk) heiter
**opwekking 1** (in 't alg.) Aufweckung v; **2** (uit de dood) Auferweckung v; **3** <u>fig</u> Ermunterung v
**opwellen 1** (bronwater) aufsprudeln; **2** (tranen) quellen; **3** (gevoelens) sich regen, aufwallen
**opwelling** Aufwallung v, Regung v; ~ *van toorn* Zornesausbruch m; *in de eerste* ~ in der ersten Gefühlsregung
**opwerken** hinaufarbeiten; *zich* ~ sich hocharbeiten
**opwerkingsfabriek** Wiederaufarbeitungsanlage v
**opwerpen** emporwerfen; *bezwaren* ~ Einwürfe machen; *een vraag* ~ eine Frage aufwerfen; *stof* ~ Staub aufwirbeln; *zich* ~ *tot* sich aufwerfen zu
**opwinden 1** (in 't alg.) aufdrehen, -ziehen; **2** (horloge) aufziehen; *iem.* ~ einen aufregen; *zich* ~ sich aufregen
**opwindend** aufregend
**opwinding** Aufregung v
**opzadelen** aufsatteln
**opzeggen 1** (v.e. les) aufsagen; **2** (doen ophouden) kündigen; *iem.* ~ einem kündigen; *een krant* ~ eine Zeitung abbestellen
**opzegging 1** (huur enz.) Kündigung v; **2** (krant) Abbestellung v
**1 opzet** *m* (ontwerp) Planung v; *de eerste* ~ *van een boek* der erste Entwurf eines Buches
**2 opzet** *o* (opzettelijkheid) Absicht v; *met* ~ vorsätzlich; *zonder* ~ ohne Absicht
**opzettelijk** absichtlich; <u>recht</u> vorsätzlich
**opzetten 1** (overeind zetten) aufsetzen; **2** (ophitsen) aufhetzen; **3** (oprichten) aufrichten; **4** (zwellen) anschwellen; **5** (dode dieren) ausstopfen; *komen* ~ heranrücken; (in wedstrijd) aufrücken; *'t onweer komt* ~ das Gewitter zieht herauf; *de kraag* ~ den Kragen hochschlagen; *iets groot* ~ etwas groß aufziehen; *een opgezet gezicht* ein aufgedunsenes Gesicht o; *breed opgezet* (plan) großzügig; *zet 'm op!* toi, toi, toi!, Hals- und Beinbruch!
**opzicht** (toezicht) Aufsicht v; *in dit* ~ in die-

**opzichter**

ser Beziehung; *in ieder* ~ in jeder Hinsicht; *ten* ~*e van iets* hinsichtlich
**opzichter** Aufseher *m*
**opzichtig** auffällig
**opzichzelfstaand**: *een* ~ *geval* ein vereinzelter Fall *m*
**opzien I** *ww* **1** (opkijken) aufsehen; **2** (verwondert) erstaunen; *tegen iem.* ~ einen hochschätzen; *tegen iets* ~ vor etwas zurückschrecken; *tegen de kosten* ~ die Kosten scheuen; **II** *o* **1** (het opkijken) Aufblicken *o*; **2** (verbazing) Erstaunen *o*; **3** (angst) Scheu *v*
**opzienbarend** aufsehenerregend
**opzij**: ~ *gaan* zur Seite gehen; ~ *leggen* beiseite legen; (sparen) auf die hohe Kante legen; ~ *zetten* beiseite rücken; *bezwaren* ~ *zetten* sich über Bedenken hinwegsetzen; *zorgen* ~ *zetten* Sorgen abschütteln
**opzitten 1** (in bed, te paard enz.) aufsitzen; **2** ('s nachts) die Nacht aufbleiben; **3** (honden) schön (Männchen) machen; *daar zal wat voor je* ~ du kannst dich auf etwas (4) gefaßt machen; *er zit voor mij niets anders op* es bleibt mir nichts and(e)res übrig
**opzoeken 1** (in 't alg.) aufsuchen, aufspüren; **2** (in een boek) nachschlagen; **3** (persoon) besuchen
**opzouten** einsalzen; *fig* aufbewahren
**opzuigen** aufsaugen
**opzwellen** (an)schwellen
**opzwepen** aufpeitschen
**oraal** oral
**orakel** Orakel *o*; *'t* ~ *van Delphi* das Delphische Orakel
**orangist** Orangist *m*
**orang-oetan(g)** Orang-Utan *m*
**oranje I** *o* Orange *o*; **II** *bn* orange
**Oranje** (das Fürstenhaus) Oranien *o*; *een* ~ ein Oranier *m*, eine Oranierin *v*
**Oranjehuis** das Haus Oranien
**oratie** Rede *v*
**oratorium** Oratorium *o*
**orchidee** Orchidee *v*
**orde** Ordnung *v*; (ridder-, kloosterorde) Orden *m*; *openbare* ~ öffentliche Ordnung *v*; *de Duitse O*~ der Deutschritterorden; ~ *van advocaten* Anwaltskammer *v*; ~ *van grootte* Größenordnung *v*; ~ *scheppen* Ordnung schaffen; ~ *op zaken stellen* seine Angelegenheiten ordnen; *dat is niet aan de* ~ das ist nicht an der Tagesordnung; *in goede* ~ ordnungsmäßig; *dat komt in* ~ das geht in Ordnung *v*; *dat komt vanzelf wel in* ~ das gibt sich von selbst; *tot de* ~ *roepen* zur Ordnung rufen; *tot de* ~ *van de dag overgaan* zur Tagesordnung übergehen; *voor de goede* ~ ordnungshalber
**ordedienst** Ordnungsdienst *m*
**ordelievend** ordnungsliebend
**ordelijk** ordentlich, geordnet
**ordeloos** ungeordnet, unordentlich
**ordenen** ordnen
**ordening** Ordnung *v*; *ruimtelijke* ~ Raumordnung *v*
**ordentelijk** ordentlich, anständig
**order** Order *v*; *een* ~ *geven* einen Auftrag erteilen; *ik ben tot uw* ~*s* ich stehe zu Ihren Diensten; *tot nader* ~ bis auf weiteren Befehl; *wat is er van uw* ~*s?* was wünschen Sie?
**orderportefeuille** Auftragsbestand *m*
**ordeverstoorder 1** *recht* Ruhestörer *m*; **2** (herrieschopper) Rowdy *m*, Hooligan *m*
**ordewoord** ZN Parole *v*
**ordinair** ordinär, unfein; *dat* ~*e mens* diese ordinäre Person
**ordner** Ordner *m*, Aktenordner *m*
**ordonnans** *mil* Ordonnanz *v*, Melder *m*
**oregano** Origano *m*
**oreren 1** *eig* eine akademische Rede halten; **2** (kletsen) schwadronieren
**orgaan** Organ *o*
**organisatie 1** (het organiseren) Organisation *v*; **2** (vakorganisatie) Verband *m*
**organisator** Organisator *m*
**organisatorisch** organisatorisch
**organisch** organisch
**organiseren** organisieren
**organisme 1** (in 't alg.) Organismus *m*; **2** ZN (instelling) Einrichtung *v*, Institution *v*
**organist** Organist *m*
**orgasme** Orgasmus *m*
**orgel 1** (in 't alg.) Orgel *v*; **2** (op straat) Drehorgel *v*
**orgelconcert** Orgelkonzert *o*
**orgeldraaier, orgelman** Leierkastenmann *m*
**orgelpijp** Orgelpfeife *v*
**orgie** Orgie *v*
**oriëntaals** orientalisch
**oriëntatie** Orientierung *v*
**oriëntatiegraad** ZN ± Orientierungsstufe *v*
**oriënteren**: *zich* ~ sich orientieren; *links georiënteerd pol* linksgerichtet
**oriënteringsvermogen** Ortssinn *m*
**originaliteit** Originalität *v*
**origine** Herkunft *v*, Abstammung *v*
**origineel I** *o* Original *o*, Urschrift *v*, *in* ~ im Original, in der Urschrift; **II** *bn* original; *de* ~*nele bewijsstukken* die urkundlichen Beweisstücke; *een* ~ *type* ein Original *o*; ~*nele versie* (v. film bijv.) Originalfassung *v*
**orka** Schwertwal *m*
**orkaan** Orkan *m*
**orkest** Orchester *o*
**ornaat**: *in vol* ~ in vollem Ornat
**ornament** Ornament *o*, Verzierung *v*
**orthodox** orthodox, recht-, strenggläubig
**orthopedist** Orthopädist *m*
**os** Ochse *m*; *jonge* ~ Jungochse *m*; *slapen als een* ~ schlafen wie ein Murmeltier
**OS** = *Olympische Spelen* OS, Olympische Spiele *mv*
**ossenhaas** Rinderlende *v*
**ossenstaartsoep** Ochsenschwanzsuppe *v*
**ostentatief** ostentativ
**otter** Otter *m*
**oubollig** fidel, humorvoll
**oud I** *bn* alt; *hoe* ~*er, hoe gekker* Alter schützt vor Torheit nicht; **II** *o*: ~ *en nieuw vieren* Silvester(abend) feiern
**oudbakken** altbacken

**oude** Alte(r) *m-v*; *de ~n (van dagen)* die Alten; *zo de ~n zongen, piepen de jongen* wie die Alten sungen, so zwitschern die Jungen
**oudedagsvoorziening** Altersversorgung *v*
**oudeheer**: *mijn ~* gemeenz mein Alter *m*
**oudejaar** Silvester *o*
**oudejaarsavond** Silvesterabend *m*
**ouder** Elternteil *o*; *mijn ~s* meine Eltern
**ouderavond** Elternabend *m*
**oudercommissie** Elternbeirat *m*
**ouderdom** Alter *o*
**ouderdomsverschijnsel** Alterserscheinung *v*
**ouderejaars(student)** Student *m* älteren Semesters
**ouderlijk** elterlich; *~ huis* Elternhaus *o*;
**ouderling** 1 ⟨v. kerkenraad⟩ Kirchenälteste(r) *m-v*; 2 ZN ⟨bejaarde⟩ Senior *m*
**ouderschap** Elternschaft *v*
**ouderwets** altertümlich, altmodisch
**oudgediende** Veteran *m*
**Oudgrieks** Altgriechisch *o*
**oudheid** Altertum *o*; *de klassieke ~* die Antike; *Griekse oudheden* griechische Altertümer
**oudheidkamer** Antiquitätenkabinett *o*
**oudheidkunde** Altertumskunde *v*
**oudjaar** Silvester *o*
**oudje** Alte(r) *m-v*
**oudoom** Großonkel *m*
**oudroest** altes Eisen *o*, Schrott *m*
**ouds, oudsher**: *van ~* von jeher, von alters her
**oudste** Älteste(r); *~ in rang* mil Rangälteste(r) *m-v*
**oudtante** Großtante *v*
**oudtestamentisch** alttestamentarisch
**outcast** Outcast *m*
**outillage** Ausrüstung *v*
**ouverture** Ouvertüre *v*
**ouvreuse** Platzanweiserin *v*
**ouwehoer** Schwätzer *m*, Quatschkopf *m*
**ouwehoeren** gemeenz quatschen
**ouwel** Oblate *v*
**ouwelijk** ältlich
**ovaal** I *bn* oval; II *o* Oval *o*
**ovatie** Ovation *v*
**oven** Ofen *m*
**ovenschaal** Auflaufform *v*
**ovenschotel** Auflauf *m*
**over** I *voorz* 1 ⟨in 't alg.⟩ über (+ 4, + 3); 2 ZN ⟨tegenover⟩ gegenüber; *de brug ~ de Maas* die Brücke über die Maas; *hij woont ~ de Maas* er wohnt auf der andern Seite der Maas; *de helft ~ die Hälfte m*; *'t is ~ vieren* es ist nach vier; *kwart ~ negen* ein Viertel nach neun; *~ een jaar* über ein Jahr; *rente ~ drie jaren* Zinsen von drei Jahren; *~ een uur* in einer Stunde; II *bijw* über; *~ en weer* gegenseitig; ⟨bij beweging⟩ hin und her; *te ~* im Überfluß *m*; *~ zijn* ⟨op school⟩ versetzt sein; *de misselijkheid is ~* die Übelkeit ist wieder vorbei; *spreek er niet ~* sprich nicht davon
**overal** überall; *~ heen* überallhin
**overall** Overall *m*
**overbekend** all-, weltberühmt

**overbelasten** über'lasten
**overbelicht** fotogr überbelichtet
**overbemesting** Überdüngung *v*
**overbesteding** Überverausgabung *v*
**overbevolking** Über'völkerung *v*
**overbevolkt** über'völkert
**overbezet** 1 ⟨ziekenhuis⟩ überbelegt; 2 ⟨trein, bus⟩ überbesetzt
**overblijfsel** Rest *m*, Überbleibsel *o*
**overblijven** 1 ⟨in 't alg.⟩ übrigbleiben; 2 ⟨op school⟩ in der Mittagspause dableiben; *~de planten* perennierende Pflanzen
**overbluffen** verblüffen
**overbodig** überflüssig
**overboeken** 1 ⟨in 't alg.⟩ umbuchen; 2 ⟨een bedrag⟩ über'weisen
**overboord** über Bord
**overbrengen** 1 ⟨verplaatsen⟩ über'bringen; 2 ⟨vertalen, overdragen⟩ über'tragen; 3 ⟨klikken⟩ hinter'bringen; 4 ⟨groeten⟩ ausrichten; *berichten ~* Nachrichten über'mitteln
**overbrenging** Über'bringung *v*; techn Über'tragung *v*
**overbrieven** 1 ⟨in 't alg.⟩ brieflich mitteilen; 2 ⟨verklikken⟩ hinter'bringen
**overbruggen** über'brücken; *niet te ~* unüberbrückbar
**overbrugging** Über'brückung *v*
**overbruggingskrediet** Über'brückungskredit *m*
**overbruggingsregeling** Übergangslösung *v*
**overbuur** Gegenüber *o*, Nachbar *m* gegenüber
**overcompleet** überzählig
**overdaad** Übermaß *o*; *~ schaadt* allzuviel ist ungesund
**overdadig** überschwenglich; ⟨eten, drinken⟩ lukullisch
**overdag** tags'über
**overdekken** 1 ⟨geheel bedekken⟩ über'decken; 2 ⟨een dak aanbrengen⟩ über'dachen
**overdenken** über'denken
**overdenking** Über'legung *v*, Betrachtung *v*
**overdoen** 1 ⟨nog eens doen⟩ aufs neue tun, wiederholen, neu bearbeiten; 2 ⟨verkopen⟩ über'lassen; abtreten, über'tragen
**overdonderen** verblüffen
**overdosis** Überdosierung *v*
**overdraagbaar**: *seksueel overdraagbare ziekte* Geschlechtskrankheit *v*
**overdracht** 1 ⟨in 't alg.⟩ Übertragung *v*; 2 ⟨v. hypotheek⟩ Auflassung *v*
**overdrachtelijk** bildlich übertragen
**overdragen** 1 ⟨ergens heen dragen⟩ hinübertragen; 2 ⟨overgeven⟩ über'tragen; 3 ⟨kennis⟩ vermitteln
**overdreven** über'trieben; *~ angstig* überängstlich
**1 over'drijven** *overg & onoverg* über'treiben
**2 overdrijven** *onoverg* 1 ⟨voorbijtrekken⟩ vorübertreiben; 2 ⟨v. onweer⟩ sich verziehen
**overdrijving** Über'treibung *v*

**overdruk**

**overdruk 1** techn Überdruck *m*; **2** ⟨v. artikel⟩ Sonderdruck *m*
**overdrukken 1** ⟨afdrukken⟩ abdrucken; **2** ⟨opnieuw drukken⟩ nachdrucken
**overduidelijk** überdeutlich
**overdwars** quer
**overeenkomen 1** ⟨afspreken⟩ vereinbaren; **2** ⟨gelijken, passen⟩ über'einstimmen; *de overeengekomen prijs* der vereinbarte Preis; *iets mondeling ~* etwas mündlich vereinbaren
**overeenkomst 1** ⟨contract enz.⟩ Vereinbarung *v*; **2** ⟨gelijkheid⟩ Über'einstimmung *v*; *geheime ~* Geheimabkommen *o*
**overeenkomstig 1** ⟨gelijkenis vertonend⟩ über'einstimmend; **2** ⟨volgens⟩ gemäß; *~ de aard* der Art entsprechend; *~e gevallen* ähnliche Fälle
**overeenstemmen** übereinstimmen
**overeenstemming** Übereinstimmung *v*; *in ~ met de wet* im Einklang mit dem Gesetz
**overeind** aufrecht, g(e)rade; *~ houden, staan* aufrecht erhalten, stehen; *~ komen* aufstehen
**overerven 1** ⟨door erfenis op iem. overgaan⟩ sich vererben; **2** ⟨van ouders meekrijgen⟩ erben
**overgaan 1** ⟨over iets heen gaan⟩ gehen über; **2** ⟨voorbijgaan⟩ vorübergehen; **3** ⟨tot iets⟩ übergehen; **4** ⟨v. leerlingen⟩ versetzt werden; *het gaat over* ⟨v. pijn enz.⟩ es geht vorbei; *de brug ~* über die Brücke gehen; *~ naar een andere partij, betrekking* überwechseln
**overgang 1** ⟨in 't alg.⟩ Übergang *m*; **2** ⟨v. geloof⟩ Übertritt *m*; **3** ⟨op school⟩ Versetzung *v*
**overgangsfase** Übergangsphase *v*
**overgangsjaren** Wechseljahre *mv*
**overgangsmaatregel** Übergangsregelung *v*
**overgangsrapport** Versetzungszeugnis *o*
**overgankelijk** gramm transitiv
**overgave 1** ⟨capitulatie⟩ Übergabe *v*; **2** ⟨overdracht⟩ Über'tragung *v*; **3** ⟨toewijding⟩ Hingabe *v*
**overgelukkig** überglücklich
**overgeven 1** ⟨aan iem. anders geven⟩ über'geben; **2** ⟨braken⟩ sich erbrechen; *zich ~* sich ergeben; *zich geheel aan iets ~* sich mit Haut und Haar einer Sache verschreiben
**overgevoelig 1** ⟨abnormaal gevoelig⟩ überempfindlich; **2** ⟨sentimenteel⟩ empfindsam
**overgewicht** Übergewicht *o*
**1 'overgieten** 'übergießen, -schütten
**2 over'gieten** über'gießen
**overgooien 1** ⟨over iets heen gooien⟩ hinüberwerfen; **2** ⟨nog eens gooien⟩ noch einmal werfen
**overgooier** Trägerrock *m*
**overgordijn** Übergardine *v*
**overgrootmoeder, -vader** Urgroßmutter *v*, -vater *m*
**overhaast** über'eilt
**overhaasten** über'stürzen; *zich ~* sich abhetzen

**overhalen 1** ⟨naar de andere kant halen⟩ herüberholen; **2** ⟨met boot⟩ überholen; **3** ⟨bepraten⟩ über'reden; **4** ⟨haan⟩ spannen
**overhand**: *de ~ hebben* über'wiegen; *de ~ krijgen* das Übergewicht erlangen
**overhandigen** aushändigen, über'geben
**overhangen** überhängen
**overheadprojector** Overheadprojektor *m*
**overhebben**: *iets voor een ander ~* etwas für jmdn. übrig haben
**overheen** über... hin; *er niet ~ komen* etwas nicht verwinden können; *er ~ zijn* etwas über'wunden haben
**overheersen** beherrschen
**overheersend**: *de ~e opinie* die (vor)herrschende Meinung
**overheersing** Beherrschung *v*, Gewaltherrschaft *v*; *vreemde ~* Fremdherrschaft *v*
**overheid** Staat *m*, Behörde *v*
**overheidsapparaat** Verwaltungsapparat *m*
**overheidspersoneel** öffentlicher Dienst *m*
**overheidswege**: *van ~* behördlicherseits
**overhellen 1** bouwk überhängen; **2** fig neigen; *tot een andere mening ~* zu einer anderen Ansicht neigen
**overhemd** Oberhemd *o*
**overhevelen 1** ⟨overbrengen⟩ überführen; **2** fig über'bringen
**overhoop** durcheinander; *met iem. ~ liggen* mit einem zerstritten sein
**overhoren** abhören, -fragen
**overhoring**: *mondelinge ~* Abfrage *o*; *schriftelijke ~* Klassenarbeit *v*
**overhouden** übrigbehalten
**overig** übrig; *voor 't ~e* im übrigen; *al 't ~e* alles übrige
**overigens** übrigens
**overijld** über'eilt
**overjas** Überzieher *m*, Mantel *m*
**overkant** gegenüberliegende Seite *v*
**overkapping** Über'dachung *v*
**overkoepelen** über'kuppeln; *een ~de organisatie* Dachorganisation *v*
**overkoken** überkochen
**overkomelijk** überwindbar
**1 'overkomen** onoverg ⟨van elders komen⟩ herüberkommen; *duidelijk ~* verstanden werden
**2 over'komen** overg ⟨gebeuren⟩ geschehen; *dat kan iedereen ~* das kann jmdm. passieren
**1 'overladen** umladen, umschlagen
**2 over'laden** ⟨met werk⟩ über'häufen, -'laden; *met roem ~* ruhmbedeckt
**overlangs** der Länge nach
**overlappen** über'lappen
**overlast** Belästigung *v*; *iem. ~ aandoen* einen belästigen
**overlaten 1** ⟨achterlaten⟩ übriglassen; **2** ⟨naar de andere kant⟩ hinüberlassen; *iets aan iem. ~* einem etwas über'lassen; *iets te wensen ~* etwas zu wünschen übriglassen
**overleden** gestorben; *de ~e* der, die Verstorbene
**overleg 1** ⟨beraad⟩ Über'legung *v*; **2** ⟨met anderen⟩ Beratung *v*; *in ~ met* im Einverständnis mit; *met ~* planvoll; *zonder ~* un-

besonnen

**1 'overleggen 1** ⟨laten zien⟩ vorlegen; **2** ⟨geld⟩ sparen, zurücklegen

**2 over'leggen** ⟨beraadslagen⟩ über'legen, erwägen

**overlegging** Vorlage *v*; *tegen ~ van documenten* gegen Vorlage von Dokumenten

**overlegorgaan** Beratungsgremium *o*

**overleven** über'leben, über'dauern

**overlevende** Über'lebende(r) *m-v*

**overleveren 1** ⟨doorgeven⟩ über'liefern; **2** ⟨iem. aan de politie⟩ über'geben

**overlevering** Über'lieferung *v*

**overlevingspensioen** ZN Witwenrente *v*; ⟨v. ambtenaren⟩ Witwengeld *o*

**overlezen 1** ⟨doorlezen⟩ durchlesen; **2** ⟨nog eens lezen⟩ noch einmal lesen

**overlijden I** sterben; zie ook: *overleden*; **II** *o* Tod *m*, Hinscheiden *o*; *bij ~* im Todesfall

**overlijdensakte** Sterbeurkunde *v*

**overlijdensbericht** Todesnachricht *v*

**overloop 1** ⟨op trap⟩ ⟨Treppen⟩absatz *m*; **2** ⟨gang⟩ Korridor *m*; **3** ⟨overstroming⟩ Überlauf *m*; **4** ⟨migratie⟩ Abwanderung *v*

**overlopen 1** ⟨over iets heen lopen⟩ ⟨hin⟩überlaufen; **2** ⟨vloeistof⟩ überströmen, überfließen; **3** ⟨naar vijand⟩ überlaufen; *de brug ~* über die Brücke gehen; *de straat ~* die Straße über'queren

**overloper** Überläufer *m*

**overmaat** Übermaß *o*; *tot ~ van ramp* zu allem Unglück

**overmacht 1** ⟨in 't alg.⟩ Übermacht *v*; **2** recht höhere Gewalt *v*

**overmaken 1** ⟨opnieuw maken⟩ wieder machen; **2** ZN ⟨zenden⟩ über'senden; **3** ⟨geld overschrijven⟩ über'machen

**overmannen** über'mannen

**overmatig** unmäßig

**overmeesteren** über'wältigen

**overmoed** Übermut *m*

**overmoedig** übermütig

**overmorgen** übermorgen

**overnachten** über'nachten

**overname** Übernahme *v*

**overnemen 1** ⟨op zich nemen⟩ über'nehmen; **2** ⟨door de staat⟩ verstaatlichen; *iets uit een boek ~* etwas einem Buche entnehmen

**overneming** Übernahme *v*

**overpad** Überweg *m*

**overpeinzen** über'denken

**overpeinzing** Betrachtung *v*

**overpennen** abschreiben

**overplaatsen** versetzen

**overplaatsing** Versetzung *v*

**overproductie** Überproduktion *v*

**overreden** über'reden, bereden

**over'rijden** über'fahren

**overrompelen** über'rumpeln

**overrulen** ⟨door bevoegdheid⟩ überrollen

**overschaduwen** über'schatten; *iem. ~* einen in den Schatten stellen

**overschakelen** umschalten

**over'schatten** über'schätzen

**overschieten 1** ⟨nogmaals schieten⟩ noch einmal schießen; **2** ⟨overblijven⟩ übrigbleiben

**overschot 1** ⟨wat te veel is⟩ Überschuß *m*; **2** ⟨rest⟩ Rest *m*; *'t stoffelijk ~* die sterbliche Hülle

**overschreeuwen** über'schreien

**overschrijden 1** ⟨over iets heen gaan⟩ hinüberschreiten; **2** fig über'schreiten; *zijn saldo ~* seinen Kredit über'ziehen

**overschrijven 1** ⟨naschrijven⟩ abschreiben; **2** ⟨nog eens schrijven⟩ umschreiben; **3** ⟨geld overmaken⟩ über'weisen

**overschrijving** Überweisung *v*, Umschreibung *v*

**overseinen** telegraphieren

**overslaan 1** ⟨in 't alg.⟩ über'schlagen; **2** ⟨v. stem⟩ sich über'schlagen; *goederen ~* Güter umschlagen; *een klas ~* eine Klasse über'springen

**overslag 1** ⟨in 't alg.⟩ Umschlag *m*; **2** ⟨v. envelop⟩ Klappe *v*

**overslagbedrijf** Umladebetrieb *m*

**overspannen** über'spannen; *zich ~* sich über'anstrengen; *zij is wat ~* sie ist ein wenig über'reizt

**overspanning 1** ⟨het overmatig inspannen⟩ Über'anstrengung *v*; **2** ⟨overprikkeldheid⟩ Über'reizung *v*; **3** ⟨v. brug⟩ Bogen *m*

**overspel** Ehebruch *m*

**1 'overspelen** noch einmal spielen

**2 over'spelen** sp, theat über'treffen

**overspelig** ehebrecherisch

**overspoelen** über'spülen

**overspringen 1** ⟨over iets heen springen⟩ hinüberspringen; **2** ⟨overslaan⟩ über'schlagen

**overstaan**: *ten ~ van* in Gegenwart (+2)

**over'stag**: *~ gaan* scheepv über Stag gehen; *fig* seine Meinung ändern

**overstappen 1** ⟨over iets heen stappen⟩ gehen über; **2** ⟨spoorreis enz.⟩ umsteigen

**overste I** *m* mil Oberstleutnant *m*; **II** *m-v* **1** ⟨v.e. klooster⟩ Obere(r) *m*, Oberin *v*; **2** ZN ⟨meerdere⟩ Vorgesetzte(r) *m-v*

**oversteek** Überfahrt *v*

**oversteekplaats** Über'querungsstelle *v*

**oversteken 1** ⟨per schip⟩ hinüberfahren; **2** ⟨ruilen⟩ tauschen; **3** ⟨straat⟩ über'queren; *gelijk ~* Zug um Zug

**overstelpen** über'häufen; *de markt is overstelpt* der Markt ist übersättigt

**1 'overstemmen** onoverg ⟨nogmaals in stemming brengen⟩ noch einmal abstimmen

**2 over'stemmen** overg ⟨in geluid overtreffen⟩ über'stimmen

**overstijgen** übersteigen

**1 'overstromen** onoverg ⟨over de rand stromen⟩ 'überlaufen

**2 over'stromen** overg ⟨onder water zetten⟩ über'schwemmen

**overstroming** Über'schwemmung *v*

**overstuur**: *hij is helemaal ~* er ist ganz aus der Fassung; *~ raken* die Fassung verlieren

**1 'overtekenen 1** ⟨opnieuw tekenen⟩ noch einmal zeichnen; **2** ⟨natekenen⟩ nachzeichnen

**2 over'tekenen** handel über'zeichnen

**overtocht** Übergang *m*

**overtollig** überflüssig
**overtreden** über'treten, verletzen
**overtreder** Über'treter *m*
**overtreding** Über'tretung *v*; sp Foul *o*
**overtreffen** über'treffen; *~de trap* Superlativ *m*
**overtrek** Überzug *m*, Bezug *m*
**1 'overtrekken** 1 ⟨over iets heen trekken⟩ hinüberziehen; **2** ⟨met calqueerpapier⟩ durchpausen; **3** ⟨grens enz.⟩ über'schreiten; **4** ⟨onweer⟩ vorüberziehen
**2 over'trekken** 1 ⟨met stof⟩ beziehen; **2** ⟨overdrijven⟩ über'ziehen
**overtroeven** über'trumpfen
**overtuigen** über'zeugen; *een ~d bewijs* ein einwandfreier Beweis *m*
**overtuiging** Über'zeugung *v*
**overtuigingskracht** Über'zeugungskraft *v*
**overuren** Überstunden *mv*
**overval** Überfall *m*
**overvallen** über'fallen
**overvalwagen** Überfallwagen *m*
**1 'overvaren** ⟨rivier⟩ hinüberfahren
**2 over'varen** ⟨over iets heen varen⟩ über'fahren
**oververhitten** über'hitzen
**oververmoeid** über'müdet
**oververtegenwoordigd** überrepräsentiert
**overvleugelen** über'flügeln
**overvliegen** ⟨hin⟩überfliegen
**overvloed** Überfluß *m*; *in ~* in Hülle und Fülle; *in ~ leven* im vollen leben; *ten ~e* zu allem Überfluß
**overvloedig** reichlich, ausgiebig
**overvloeien** überfließen
**overvoeren** 1 ⟨met voedsel⟩ über'füttern; **2** ⟨markt⟩ über'schwemmen
**overvol** über'füllt, übervoll
**overvragen** über'fordern
**overwaaien** 1 ⟨door de wind⟩ ⟨hin⟩überwehen; **2** ⟨voorbijgaan⟩ vorübergehen
**1 over'weg**: *goed met elkaar ~ kunnen* sich sehr gut vertragen
**2 'overweg** *m* Übergang *m*; *onbewaakte ~* unbewachter Bahnübergang *m*; *met halve bomen beveiligde ~* Halbschrankenanlage *v*
**over'wegen** erwägen
**overwegend** über'wiegend; *~e bezwaren hebben* schwerwiegende Bedenken haben
**overweging** Erwägung *v*, Betrachtung *v*; *in ~ nemen* in Erwägung ziehen
**overweldigen** über'wältigen
**overweldigend** über'wältigend
**overwerk** Überstunden *mv*
**1 'overwerken** länger arbeiten, nacharbeiten
**2 over'werken**: *zich ~* sich über'arbeiten
**overwerkt** überarbeitet
**overwicht** Übergewicht *o*
**overwinnaar** Sieger *m*
**overwinnen** 1 ⟨winnen⟩ siegen; **2** ⟨iem.⟩ besiegen; **3** fig über'winden; *de moeilijkheden ~* die Schwierigkeiten über'winden
**overwinning** Sieg *m*; fig Über'windung *v*; *de ~ op de vijanden* der Sieg über die Feinde
**overwinningsroes** Siegestaumel *m*
**overwinst** Mehrgewinn *m*
**overwinteren** über'wintern
**overwoekeren** über'wuchern
**overzees** über'seeisch; *~e gebiedsdelen* Überseegebiete
**overzetten** 1 ⟨verplaatsen⟩ ⟨hin⟩übersetzen; **2** ⟨vertalen⟩ über'setzen
**overzicht** Übersicht *v*
**overzichtelijk** übersichtlich
**1 'overzien** ⟨nakijken⟩ durchsehen
**2 over'zien** ⟨in z'n geheel zien⟩ über'blicken; *te ~* absehbar
**overzwemmen** 1 ⟨zwemmend overtrekken⟩ ⟨hin⟩überschwimmen; **2** ⟨nog eens⟩ noch einmal schwimmen
**OV-jaarkaart** Jahres(netz)karte *v*
**ovulatie** Ovulation *v*
**oxidatie** Oxidation *v*
**oxide** Oxyd *o*
**oxideren** oxydieren
**ozon** Ozon *o*
**ozonlaag** Ozonschicht *v*

# P

**p** der Buchstabe P, das P
**pa** Papa *m*, Vater *m*
**paadje** Pfad *m*
**paaien 1** ⟨met mooie woorden sussen⟩ beschwichtigen; **2** ⟨vis⟩ laichen; *iem. met beloften* ~ einen mit leeren Versprechungen *mv* hinhalten
**paal** Pfahl *m*; ⟨klein ook⟩ Pflock *m*; *dat staat als een* ~ *boven water* das ist bombensicher; ~ *en perk stellen aan iets* etwas Schranken, Grenzen setzen
**paaldorp** Pfahldorf *o*
**paalwoning** Pfahlbau *m*
**paap** ⟨scheldwoord⟩ Pfaffe *m*
**paaps** papistisch, pfäffisch
**paar 1** ⟨tweetal bij elkaar behorende zaken⟩ Paar *o*; **2** ⟨enige⟩ paar; **3** ⟨echtpaar⟩ Ehepaar *o*; *een* ~ *handschoenen* ein Paar Handschuhe; *een* ~ *maal* ein paarmal; *een* ~ *uur* ein paar Stunden; *in een* ~ *woorden* in wenigen Worten
**paard 1** ⟨dier⟩ Pferd *o*; **2** ⟨edeler en Z-Duits⟩ Roß *o*; **3** ⟨knol, boerenpaard⟩ Gaul *m*; **4** ⟨schaakstuk⟩ Springer *m*; **5** ⟨turntoestel⟩ Pferd *o*; *een zwart* ~ ein Rappe *m*; *het beste* ~ *van stal* das beste Pferd im Stall; *'t beste* ~ *struikelt wel eens* das beste Pferd stolpert wohl einmal; *'t* ~ *achter de wagen spannen* das Pferd hinter den Wagen spannen, das Pferd beim Schwanz aufzäumen; *een gegeven* ~ *moet men niet in de bek kijken* geschenktem Gaul schau' nicht ins Maul; *op 't verkeerde* ~ *wedden* aufs falsche Pferd setzen; *over het* ~ *tillen* auf das hohe Roß setzen
**paardebloem** Löwenzahn *m*, Kuhblume *v*
**paardenhoofdstel** Kopfgeschirr *o* eines Pferdes
**paardenkracht** Pferdestärke *v*; *een machine van 100* ~ eine Maschine mit 100 PS
**paardenmiddel** fig Roßkur *v*
**paardenrennen** Pferderennen *m*
**paardensport** Reitsport *m*; ⟨wedstrijd⟩ Pferderennen *o*
**paardensprong 1** ⟨sprong van een paard⟩ Pferdesprung *m*; **2** ⟨bij schaakspel⟩ Rösselsprung *m*
**paardenstaart** Pferdeschwanz *m* ⟨ook haardracht⟩
**paardenvijg** Pferde-, Roßapfel *m*
**paardje** Pferdchen *o*; ~ *rijden* Hoppehoppe-Reiter spielen
**paardrijden** reiten *o*
**paarlemoer(-)** = *parelmoer(-)*
**paars** violett; *het* ~*e kabinet* ± die rot-gelbe Koalition
**paartijd** Paarungszeit *v*
**paasbest**: *op zijn* ~ im besten Staat; in Sonntagskleidern
**paasbloem** ZN Osterglocke *v*, Narzisse *v*
**paasdag** Ostern *mv*, Osterfeiertag *m*
**paasei** Osterei *o*
**paasfeest** Osterfest *o*

**paashaas** Osterhase *m*
**paasmaandag** Ostermontag *m*
**paasvakantie** Osterferien *mv*
**paaszondag** Ostersonntag *m*
**pacemaker** Schrittmacher *m*, Herzschrittmacher *m*
**pacht** Pacht *v*, Pachtzins *m*
**pachten** pachten
**pachter** Pächter *m*
**pachthof** ZN Pachthof *m*, Pachtgut *o*
**pacificatie** Pazifizierung *v*, Befriedung *v*
**pacificeren** pazifizieren, befrieden
**pacifisme** Pazifismus *m*
**pacifist** Pazifist *m*
**pacifistisch** pazifistisch
**pact** Pakt *m*; *Atlantisch P*~ Atlantikpakt *m*
**1 pad** *o* Pfad *m*; *platgetreden* ~*en* ausgetretene Pfade; *op* ~ *zijn* unterwegs sein; *op 't verkeerde* ~ *raken* auf Abwege geraten
**2 pad** *v* ⟨dier⟩ Kröte *v*; N-Duits Pogge *v*
**paddestoel** Pilz *m*
**padvinder** Pfadfinder *m*
**padvinderij** Pfadfinderbewegung *v*
**padvindster** Pfadfinderin *v*
**paf** ⟨knal⟩ Puff *m*, Knall *m*; *ik sta* ~*!* ich bin ganz baff! (paff!), ich bin platt!
**paffen 1** ⟨schieten⟩ knallen; **2** ⟨roken⟩ paffen, schmauchen
**pafferig** aufgeblasen, schwammig
**pagaai** Pagaie *v*, Paddel *v*
**pagadder** ZN **1** ⟨kwajongen⟩ Lausbub *m*, Lausejunge *m*, Lauser *m*; **2** ⟨dreumes⟩ Knirps *m*
**page** Page *m*, Edelknabe *m*, Knappe *m*
**pagina** Seite *v*
**pagineren** paginieren
**pak 1** ⟨verpakking⟩ Paket *o*, Packung *v*, Packen *m*; **2** ⟨kleren⟩ Anzug *m*; **3** ZN ⟨zakje⟩ Päckchen *o*; *een* ~ *ransel, slaag* eine Tracht Prügel; *een* ~ *van 't hart* ein Stein *m* vom Herzen; *een nat* ~ *halen* ins Wasser fallen; *bij de* ~*ken neerzitten* die Hände in den Schoß legen
**pakezel** Packesel *m*
**pakhuis** Lager *o*, Lagerraum *m*, -haus *o*, Speicher *m*
**pakijs** Packeis *o*
**pakje 1** ⟨kleine verpakking⟩ Päckchen *o*, Packung *v*; **2** ⟨kleren⟩ Kostüm *o*; **3** post Briefpäckchen *o*; ~ *boterhammen* Stullenpaket *o*; ~ *sigaretten* Schachtel *v* Zigaretten
**pakkans** Wahrscheinlichkeit *v*, bei einer strafbaren Handlung erwischt zu werden
**pakken 1** ⟨grijpen⟩ fassen, packen; **2** ⟨inpakken⟩ einpacken; **3** ⟨aanpakken⟩ fassen, angreifen; **4** techn haften; **5** ⟨arresteren⟩ verhaften, festnehmen; **6** ⟨zoenen⟩ küssen, abküssen; *een biertje* ~ ein Bierchen kippen; *een borrel* ~ einen Schnaps (Korn) trinken; *zijn portie* ~ *hebben* sein Fett (sein Teil, seinen Lohn) weghaben; *hij heeft 't erg te* ~ ⟨verliefd⟩ es hat ihn schlimm erwischt; *iem. te* ~ *krijgen* einen erwischen, einem beikommen; *iem. te* ~ *nemen* ⟨voor de gek houden⟩ einen hereinlegen, veräppeln, verkohlen; ⟨geweld ge-

**pakkend** 256

bruiken⟩ einen übel zurichten
**pakkend** packend, fesselnd, zugkräftig
**pakkerd** gemeenz ⟨kus⟩ Schmatz *m*, Kuß *m*
**pakket** Paket *o*; ⟨klein⟩ Päckchen *o*
**pakketpost** Paketpost *v*
**pakking 1** ⟨cosmetische crème⟩ Packung *v*; **2** techn Dichtung *v*
**pakpapier** Pack-, Einpackpapier *o*
**pakweg**: ~ *honderd* ungefähr (etwa) hundert
**1 pal** *bijw* fest; ~ *staan* unerschütterlich standhalten, nicht wanken; ~ *daarnaast* unmittelbar daneben
**2 pal** *m* techn Sperrklinke *v*
**paleis** Palast *m*, Schloß *o*; ~ *van justitie* Justizpalast *m*; *het koninklijk* ~ das königliche Schloß
**paleisrevolutie** Palastrevolution *v*
**paleografie** Paläographie *v*
**palet** Palette *v*, Farbenbrett *o*
**palindroom** Palindrom *o*
**paling** Aal *m*; *gerookte* ~ Räucheraal *m*
**palissade** Pfahlzaun *m*, Palisadenzaun *m*
**palisanderhout** Palisanderholz *o*
**paljas** Bajazzo *m*, Hanswurst *m*
**pallet** Palette *v*
**pallieter** ZN Lebenskünstler *m*
**palm 1** ⟨v.d. hand⟩ Handfläche *v*, -teller *m*; **2** ⟨boom⟩ Palme *v*, Palmbaum *m*
**palmares** ZN Verzeichnis *o* der Klassenbesten
**palmboom** Palmbaum *m*, Buchsbaum *m*
**palmolie** Palmöl *o*
**palmpaas** Palmstange *v*, -stock *m*
**palmtak** Palmzweig *m*, -wedel *m*
**Palmzondag** Palmsonntag *m*, Sonntag Palmarum *m*
**pamflet** Pamphlet *o*
**Pampus**: *voor* ~ *liggen* sterbensmüde sein
**pan 1** ⟨plat⟩ Pfanne *v*, Bratpfanne *v*; **2** ⟨groter⟩ Kochtopf *m*; **3** ⟨dakpan⟩ (Dach)ziegel *m*; *'t was een* ~ es war ein großer Spektakel; ⟨gezellig⟩ es war da großer Betrieb *m*; *in de* ~ *hakken* in die Pfanne hauen, niedermachen; *de kosten rijzen de* ~ *uit* gemeenz die Kosten steigen ins Unendliche
**1 pand** *o* **1** ⟨onderpand⟩ Pfand *o*, Unterpfand *o*; **2** ⟨huis⟩ Haus *o*; *in* ~ *geven* zum Pfand geben; *gelden tegen* ~ *opnemen* mit einem Pfand Geld *o* aufnehmen
**2 pand** *m* & *o* ⟨v. jas⟩ Rockschoß *m*
**panda** Panda *m*
**pandbrief** Pfandbrief *m*, -verschreibung *v*
**pandjeshuis** Leih-, Pfandhaus *o*, Pfandleihe *v*
**pandjesjas** Frack *m*
**pandverbeuren** Pfänderspiel *o*
**paneel 1** ⟨in deur e.d.⟩ Füllung *v*, Paneel *o*; **2** ⟨schilderij⟩ Tafelbild *o*; *op* ~ *schilderen* auf Holz malen
**paneermeel** Paniermehl *o*, Semmelbrösel *mv*
**panel** Panel *o*
**paneren** panieren
**panfluit** Panflöte *v*
**paniek** Panik *v*
**paniekerig** panisch, panikartig

**paniekvoetbal 1** ⟨m.b.t. voetbal⟩ Panikfußball *m*; **2** ⟨m.b.t. gedrag⟩ kopfloses Handeln *o*; ~ *spelen* fig in Panik geraten
**panikeren** ZN in Panik geraten
**panisch** panisch
**panklaar** pfannen-, topf-, kochfertig
**panne** Panne *v*
**pannendak** Ziegeldach *o*
**pannenkoek** Pfannkuchen *m*
**pannenlap** Topflappen *m*
**pannenspons** Pfannenreiniger *m*, Topfkratzer *m*
**panorama** Panorama *o*, Rundblick *m*
**pantalon** Hose *v*, Hosen *mv*
**panter** Panther *m*
**pantheïsme** Pantheismus *m*
**pantoffel** Pantoffel *m*, Hausschuh *m*
**pantoffelheld** Pantoffelheld *m*
**pantomime** Pantomime *v*
**pantser** Panzer *m*
**pantseren** panzern; *gepantserde trein, auto* Panzerzug *m*, -wagen *m*
**pantserkruiser** Panzerkreuzer *m*
**pantservoertuig** Panzerfahrzeug *o*
**pantserwagen** Panzerwagen *m*
**panty** Strumpfhose *v*
**pap 1** ⟨voedsel⟩ Brei *m*, Milchsuppe *v*; **2** ⟨van sneeuw enz.⟩ Matsch *m*
**papa** Papa *m*, Vater *m*
**papaja** Papaya *v*
**papaver** plantk Mohn *m*
**papegaai** Papagei *m*
**paperassen** Papiere *mv*, Dokumente *mv*, Briefschaften *mv*
**paperback** Paperback *o*
**paperclip** Büro-, Brief-, Heftklammer *v*
**papier** Papier *o*; ~*en* (paperassen) Papiere *mv*, Dokumente *mv*, Briefschaften *mv*; *goede* ~*en hebben* gute Zeugnisse (Papiere) haben; *'t loopt in de* ~*en* das läuft ins Geld; *op* ~ *zetten* zu Papier bringen
**papieren** papierenen, aus Papier, Papier-; ~ *servetje* Papierserviette *v*
**papiergeld** Papiergeld *o*
**papierklem** ZN Büroklammer *v*
**papier-maché** Pappmaché *o*
**papiermolen** Reißwolf *m*
**papierwinkel 1** eig Papiergeschäft *o*; **2** fig Papierkram *m*
**papillot** (Papier)wickel *m*
**paplepel** Breilöffel *m*; *dat is hem met de* ~ *ingegoten* das hat er mit der Muttermilch eingesogen
**Papoea** Papua *m*
**pappen**: ~ *en nathouden* eine Sache vor sich (3) herschieben
**pappot** Breitopf *m*; *bij moeders* ~ *blijven* bei Muttern hinterm Ofen hocken
**paprika** Paprika *m*
**papzak** gemeenz Dickwanst *m*
**paraaf** Namenszug *m*, Paraphe *v*; ⟨voor gezien⟩ Genehmigungsvermerk *m*
**paraat** bereit, in Bereitschaft, parat
**parabel** Parabel *v*
**parachute** Fallschirm *m*
**parachutespringen** Fallschirmspringen *o*
**parachutist** Fallschirmspringer *m*; mil ⟨ook⟩ Fallschirmjäger *m*

**parade** Parade *v*
**paradepaard** Paradepferd *o* ⟨ook fig⟩
**paraderen** paradieren
**paradigma** Paradigma *o*
**paradijs** Paradies *o*
**paradijsvogel** Paradiesvogel *m*
**paradox** Paradoxon *o*, Paradox *o*
**paradoxaal** paradox(al)
**paraferen** paraphieren
**paraffine** Paraffin *o*
**parafrase** Paraphrase *v*
**parafraseren** paraphrasieren
**paragnost** Paragnost *m*
**paragraaf** Paragraph *m*, Abschnitt *m*
**parallel** I *v* Parallele *v*; II *bn* parallel; ~ *aan* parallel zu, parallel (+ 3)
**parallellogram** Parallelogramm *o*
**paramilitair** paramilitärisch
**paranoïde** paranoid
**paranoot** Paranuß *v*
**paranormaal** paranormal
**paraplu** Schirm *m*, Regenschirm *m*
**parapluebak, paraplustandaard** *m* Schirmständer *m*
**parasiet** Parasit *m*, Schmarotzer *m*
**parasiteren** parasitieren
**parasol** Sonnenschirm *m*
**parastataal** ZN staatlich gefördert, vom Staat unterstützt
**parastatale** ZN staatlich geförderte Einrichtung *v*
**paratroepen** Luftlandetruppen *mv*
**paratyfus** Paratyphus *m*
**parcours** Parcours *m*, (Renn)strecke *v*
**pardoes** gerade(n)wegs, ohne Umstände
**pardon** Pardon *m*; ~! entschuldigen Sie!, verzeihen Sie!, Verzeihung!
**parel** Perle *v*; ~s (paarlen) *voor de zwijnen werpen* Perlen vor die Säue werfen
**parelen** perlen
**parelhoen** Perlhuhn *o*
**parelmoer** Perlmutter *v*
**parelmoeren** perlmuttern, aus Perlmutter, Perlmutter-; ~ *knoop* Perlmuttknopf *m*
**pareloester** Perlenauster *v*
**parelsnoer** Perlenschnur *v*, -kollier *o*
**parelvisser** Perlenfischer *m*
**paren** 1 ⟨een paar vormen⟩ paaren; 2 ⟨v. dieren⟩ sich paaren; sich begatten; zie ook: *gepaard*
**pareren** abwehren, parieren
**parfum** Parfüm *o*
**parfumeren** parfümieren
**parfumerie** Parfümerie *v*
**pari** ⟨ook handel⟩ pari, gegen pari; *a* ~ *aflosbaar* zum Parikurs rückzahlbar
**paria** Paria *m*
**Parijs** I *o* Paris *o*; II *bn* pariserisch
**Parijzenaar** Pariser *m*
**paring** Paarung *v*, Begattung *v*
**Parisienne** Pariserin *v*
**paritair** paritätisch; ~ *comité* ZN paritätischer Ausschuß *m*
**pariteit** ⟨ook handel⟩ Parität *v*
**park** 1 (in 't alg.) Park *m*; 2 ZN ⟨babybox⟩ Laufstall *m*, Laufgitter *o*, Ställchen *o*
**parka** Parka *m*
**parkeerautomaat** Parkscheinautomat *m*
**parkeergarage** Parkhaus *o*
**parkeergelegenheid** Parkplatz *m*
**parkeerhaven** Parkbucht *o*
**parkeerlicht** Standlicht *o*, Parkleuchte *v*
**parkeermeter** Park(zeit)uhr *v*
**parkeerplaats** Parkplatz *m*
**parkeerschijf** Parkscheibe *v*
**parkeerterrein** Parkplatz *m*
**parkeerverbod** Parkverbot *o*
**parkeren** parken; Zwits parkieren; *een geparkeerde auto* ein parkendes Auto *o*
**parket** 1 ⟨parketvloer, zitplaats⟩ Parkett *o*; 2 recht Staatsanwaltschaft *v*; *in een lelijk* ~ *zitten* sich in einer mißlichen Lage befinden
**parketvloer** Parkett(fuß)boden *m*, Parkett *o*
**parkiet** Sittich *m*
**parking** ZN 1 ⟨parkeerplaats⟩ Parkplatz *m*; 2 ⟨tussen twee auto's⟩ Parklücke *v*
**parlement** Parlament *o*
**parlementair** I *bn* parlamentarisch; II *m* ⟨onderhandelaar⟩ Parlamentär *m*
**parlementariër** Parlamentarier *m*
**parlementslid** Parlamentsmitglied *o*
**parlofoon** ZN (Gegen)sprechanlage *v*
**parochiaal** parochial
**parochiaan** Gemeindemitglied *o*
**parochie** Parochie *v*, Pfarrgemeinde *v*
**parodie** Parodie *v*
**parodiëren** parodieren
**parool** Parole *v*, Losung *v*
**part** Teil *m* & *o*, Anteil *m*, Part *m*; *ergens* ~ *noch deel aan hebben* mit etwas gar nichts zu schaffen haben; *iem.* ~*en spelen* jmdm. einen Streich spielen; *voor mijn* ~ meinetwegen; *je kunt voor mijn* ~ *stikken* gemeenz du kannst mir den Buckel herunterrutschen
**parterre** Parterre *o*, Erdgeschoß *o*
**participeren** partizipieren
**particulier** I *m* Privatmann *m*, -person *v*, Privatier *m*, Einzelperson *v*; II *bn* privat, Privat-
**partieel** partiell, teilweise, zum Teil; *partiële leerplicht* ZN partielle Schulpflicht *v*
**partij** 1 ⟨politiek⟩ Partei *v*; 2 ⟨spel⟩ Partie *v*; 3 ⟨feestavond⟩ Gesellschaft *v*; 4 ⟨hoeveelheid⟩ Partie *v*; 5 ⟨muziek⟩ Part *m*, Partie *v*; *linkse, rechtse* ~ pol Links-, Rechtspartei *v*; *een* ~ *schaak, bridge* eine Schach-, Bridgepartie *v*; *iem.* ~ *bieden* jmdm. Widerpart bieten; ~ *kiezen* Partei nehmen; ~ *kiezen voor iem.* Partei ergreifen für jemand, jemands Partei ergreifen; *ik ben ook van de* ~ ich bin auch dabei
**partijbons** Parteibonze *m*
**partijdig** parteiisch, parteilich
**partijganger** Parteigänger *m*
**partijgenoot** Parteigenosse *m*
**partijleider** Parteiführer *m*
**partijleiding** Parteileitung *v*
**partijpolitiek** I *v* Parteipolitik *v*; II *bn* parteipolitisch
**partijtje** 1 pol kleine Partei *v*; 2 ⟨feest⟩ kleine Gesellschaft *v*; *een* ~ *bridge* eine Partie Bridge, eine Bridgepartie *v*
**partijtop** Parteispitze *v*

**partituur** Partitur *v*
**partizaan** Partisan *m*
**partner** Partner *m*, Partnerin *v*
**partnerruil** Partnertausch *m*
**parttime** stundenweise
**parvenu** Parvenü *m*, Emporkömmling *m*
**1 pas** *m* **1** ⟨schrede⟩ Schritt *m*; **2** ⟨paspoort, bergpas⟩ Paß *m*; *iem. de ~ afsnijden* jmdm. den Weg verlegen; *de ~ inhouden* den Schritt verhalten; *in de ~* im Gleichschritt; *in de ~ blijven met* Schritt halten mit (ook fig); *in de ~ gaan lopen* Tritt fassen
**2 pas** *o*: *dat geeft geen ~* das schickt sich nicht; *te ~ en te onpas* passend und unpassend; *eraan te ~ komen* eingeschaltet werden, mithelfen müssen; *dat komt in zijn kraam te ~* das paßt in seinen Kram; *van ~ komen* eben recht kommen
**3 pas** *bijw* eben, soeben, kaum, erst; *ik heb hem ~ nog gezien* ich habe ihn soeben (vorhin, vor kurzem) noch gesehen; *~ geschoren, geverfd* frisch rasiert, gestrichen
**pascontrole** Paßkontrolle *v*
**Pasen** Ostern *mv*
**pasfoto** Paßbild *o*
**pasgeboren** neugeboren
**paskamer** Ankleidekabine *v*
**pasklaar** zur Anprobe fertig
**pasmunt** Kleingeld *o*
**paspoort** Paß *m*
**paspop** Mode-, Schneiderpuppe *v*
**pass** sp Paß *m*, Abspiel *o*; *een ~ geven* passen, den Ball weitergeben
**passaat** Passat *m*
**passaatwind** Passatwind *m*
**passage 1** ⟨doorgang⟩ Durchgang *m*, -fahrt *v*, Passage *v*; **2** ⟨in boek⟩ Stelle *v*, Passus *m*; **3** ⟨winkelgalerij⟩ Galerie *v*
**passagier 1** ⟨op schip⟩ Fahrgast *m*, Passagier *m*; **2** ⟨in vliegtuig⟩ Fluggast *m*
**passagieren** scheepv einen Landgang machen
**passagiersvliegtuig** Passagierflugzeug *o*
**passant** Passant *m*, Durchreisende(r) *m-v*; *en ~* beiläufig
**passé** passé, vorbei, überholt
**1 passen I** *onoverg* **1** ⟨schikken⟩ passen, gelegen kommen; **2** ⟨behoren⟩ sich geziemen; **3** ⟨bij spelletjes⟩ passen; *'t past niet* es paßt nicht; *'t pak past mij* der Anzug paßt mir; *ik pas ervoor dat te doen* ich bedanke mich dafür (das zu tun); *een jurk ~* ein Kleid anprobieren; *~ bij* passen zu; *bij elkaar ~* zusammenpassen; *op 't huis ~* das Haus hüten; *op een kind ~* auf ein Kind (auf-)passen; **II** *o*: *'t ~* ⟨van kleren⟩ die Anprobe, das Anprobieren
**2 passen** sp den Ball weitergeben, passen (zu)
**passend** passend; *~ bij* passend zu
**passe-partout 1** ⟨lijst⟩ Passepartout *o*, Wechselrahmen *m*; **2** ⟨doorlopende kaart ook⟩ Dauerkarte *v*
**passer** Zirkel *m*
**passerdoos** Zirkelkasten *m*
**passeren 1** ⟨voorbijgaan⟩ passieren, vorbeikommen; **2** ⟨gebeuren⟩ passieren, sich ereignen; *'t schip is Kaap Lizard gepasseerd* das Schiff hat Kap Lizard passiert; *de vijftig gepasseerd zijn* über fünfzig Jahre alt sein; *iem. bij een benoeming ~* einen bei einer Ernennung übergehen; *de tijd ~* die Zeit zubringen (verbringen); *iets laten ~* etwas hingehen lassen; *een fout laten ~* einen Fehler durchgehen lassen
**passie 1** ⟨lijden⟩ Passion *v*; **2** ⟨hartstocht⟩ Passion *v*, Leidenschaft *v*
**passiebloem** Passionsblume *v*
**passief I** *bn* passiv; *passieve vorm* gramm Passiv *o*, Passivum *o*; **II** *o* handel Passiva *mv*, Passiven *mv*, Schuldmasse *v*
**passiespel** Passionsspiel *o*
**passievrucht** Passionsfrucht *v*, Maracuja *v*
**passiva** Passiva *mv*, Passiven *mv*
**password** Paßwort *o*
**pasta** Pasta *v*, Paste *v*
**pastei** Pastete *v*
**pastel 1** ⟨kleurkrijt⟩ Pastell *m*; **2** ⟨tekening⟩ Pastell *o*
**pasteltint** Pastellfarbe *v*, Pastellton *m*
**pasteuriseren** pasteurisieren
**pastille** Pastille *v*
**pastoor** Pastor, Pfarrer *m*; *waarnemend ~* Pfarr(amts)verweser *m*
**pastor** Pastor *m*, Pfarrer *m*
**pastoraal** pastoral
**pastorie** Pfarrhaus *o*, Pfarrei *v*
**pasvorm** Paßform *v*
**paswerker** ZN Justierer *m*
**pat** ⟨bij schaken⟩ patt
**patat** ⟨aardappel⟩ ZN Kartoffel *v*; *~es frites* Pommes frites *mv*
**patatkraam** Pommesbude *v*
**pâté** Pastete *v*
**patent I** *o* Patent *o*; **II** *bn* patent, ausgezeichnet, vorzüglich, famos
**patenteren** patentieren; *gepatenteerd* patentamtlich geschützt
**pater** Pater *m*
**paternalisme** Paternalismus *m*, Bevormundung *v*
**paternalistisch** paternalistisch, bevormundend
**paternoster I** *m* Rosenkranz *m*; **II** *o* ⟨gebed⟩ Paternoster *o*, Vaterunser *o*
**pathetisch** pathetisch
**pathologie** Pathologie *v*
**pathologisch** pathologisch
**patholoog** Pathologe *m*
**patholoog-anatoom** pathologischer Anatom
**pathos** Pathos *o*
**patience** Patience *v*, Patiencespiel *o*
**patiënt** Patient *m*, Patientin *v*
**patio** Patio *m*, Innenhof *m*
**patisserie** ZN **1** ⟨banketbakkerij⟩ Konditorei *v*; **2** ⟨gebakjes⟩ Feingebäck *o*
**patjepeeër** gemeenz Banause *m*, Prolet *m*
**patriarch** Patriarch *m*
**patriarchaat** Patriarchat *o*
**patriciër** Patrizier *m*
**patrijs** Rebhuhn *o*
**patrijspoort** Bullauge *o*
**patriot** Patriot *m*
**patriottisch** vaterlandsliebend, patriotisch
**patriottisme** Patriotismus *m*

**patronaat** ZN ⟨werkgeversorganisatie⟩ Arbeitgeberschaft *v*, Unternehmertum *o*
**1 patroon** *m* **1** RK Patron *m*, Schutzheilige(r) *m*; **2** ⟨chef⟩ Chef *m*, Prinzipal *m*, Meister *m*
**2 patroon** *v* ⟨in vuurwapen⟩ Patrone *v*
**3 patroon** *o* **1** ⟨model⟩ Muster *o*, Schnittmuster *o*; **2** ⟨algemener⟩ Modell *o*
**patrouille** Streife *v*
**patrouilleren** mit patrouillieren, auf Streife gehen
**patrouillevaartuig** Patrouillenboot *o*
**pats** Klaps *m*, Schlag *m*; ~! klatsch!
**patser** Protz *m*
**patserig** protzig, patzig
**patstelling** Patt *o* ⟨ook fig⟩
**pauk** Pauke *v*
**paukenist** Paukenschläger *m*, Pauker *m*
**pauper** Arme(r) *m-v*
**pauperisme** Pauperismus *m*, Verelendung *v*
**paus** Papst *m*
**pauselijk** päpstlich
**pausschap** Papsttum *o*, päpstliche Würde *v*
**pauw** Pfau *m*
**pauze** Pause *v*
**pauzefilmpje** Pausenspot *m*
**pauzeren** pausieren, eine Pause machen
**paviljoen** Pavillon *m*, Gartenhaus *o*
**pavoiseren** beflaggen
**pc** PC *m*
**pech** Pech *o*; ~ *hebben* Pech haben
**pechvogel** Pechvogel *m*, Unglückswurm *m*
**pedaal** Pedal *o*
**pedaalemmer** Treteimer *m*
**pedagogie, pedagogiek** Pädagogik *v*
**pedagogisch** pädagogisch, erzieherisch; ~*e academie* pädagogische Hochschule
**pedagoog** Pädagoge *m*
**pedant** I *m* Pedant *m*; II *bn* pedantisch
**pedanterie** Pedanterie *v*
**peddel** Paddel *o*
**peddelen 1** ⟨fietsen⟩ radeln; **2** ⟨roeien⟩ paddeln
**pedel** Pedell *m*
**pediatrie** Pädiatrie *v*
**pedicure 1** ⟨voetverzorging⟩ Pediküre *v*; **2** ⟨verzorg(st)er⟩ Pediküre *m(v)*, Fußpfleger(in) *m-v*
**pedofiel** I *m-v* Pädophile(r) *m-v* II *bn* pädophil
**pedofilie** Pädophilie *v*
**pee**: *de* ~ *in hebben* übelgelaunt sein
**peen** Möhre *v*, Mohrrübe *v*
**peer 1** ⟨vrucht⟩ Birne *v*; **2** ⟨gloeilamp⟩ Glühbirne *v*; *met de gebakken peren zitten* die Bescherung haben, in der Tinte sitzen
**pees 1** ⟨deel van een spier⟩ Sehne *v*; **2** ⟨v.e. boog⟩ Sehne *v*
**peetmoeder** Patin *v*
**peetoom** Pate *m*, Patenonkel *m*
**peettante** Patin *v*, Patentante *v*
**peetvader** Pate *m*
**pegel** Eiszapfen *m*
**peignoir** Schlafrock *m*
**peil 1** ⟨normale stand⟩ Pegel *m*; **2** fig Niveau *o*; **3** ⟨in vat enz.⟩ Stand *m*; *'t* ~ *te boven gaan* das Maß überschreiten; ~ *op iem. kunnen trekken* sich auf einen verlassen können; *onder, boven Amsterdams* ~ unter, über Amsterdamer Niveau *o*, Pegel; *op* ~ *houden* auf demselben Niveau erhalten
**peildatum** Stichtag *m*
**peilen 1** ⟨diepte⟩ loten; **2** RTV peilen; **3** ⟨vat⟩ eichen, visieren; **4** ⟨onderzoek⟩ prüfen
**peilglas** Wasserstandsanzeiger *m*
**peiling 1** ⟨v. diepte⟩ Lotung *v*; **2** ⟨radio⟩ Peilung *v*; **3** ⟨v. vat⟩ Sondierung *v*, Visierung *v*
**peillood** Senk-, Grundblei *o*
**peilloos**: ~ *diep* unergründlich tief
**peilstok** Eich-, Visierstab *m*, Peilstock *m*
**peinzen** sinnen, nachdenken, grübeln
**pek** Pech *o*
**pekel** Pökel *m*; Salzlake *v*
**pekelen** (ein)pökeln
**pekelvlees** Pökelfleisch *o*
**pekinees** ⟨hond⟩ Pekinese *m*
**Pekinees** ⟨iem. uit Peking⟩ Pekinger *m*
**pekingeend** Pekingente *v*
**pelgrim** Pilger *m*
**pelgrimage** Pilgerfahrt *v*, Wallfahrt *v*
**pelgrimsstaf** Pilgerstab *m*
**pelikaan** Pelikan *m*
**pellen 1** ⟨vruchten⟩ schälen, enthülsen; **2** ZN ⟨aardappelen⟩ schälen
**peloton 1** mil Zug *m*; **2** sp Peloton *o*, Feld *o*
**pels 1** ⟨bont⟩ Pelz *m*; **2** ZN ⟨bontjas⟩ Pelzmantel *m*
**pelsdier** Pelztier *o*
**pelsjager** Pelzjäger *m*
**peluw** Keilkissen *o*, Kopfkissen *o*
**pen 1** ⟨schrijfinstrument⟩ Feder *v*, Schreibfeder *v*, Stift *m*; **2** ⟨pin⟩ Pflock *m*, Nagel *m*, Zwecke *v*; *een scherpe* ~ *hebben* eine spitze Feder führen; *'t zit in de* ~ es wird vorbereitet; *in de* ~ *klimmen* zur Feder greifen; *van de* ~ *leven* von seiner Feder leben
**penalty** Elfmeter *m*
**penaltystip** Elfmeterpunkt *m*
**penarie**: *in de* ~ *zitten* gemeenz in der Klemme (Patsche) sitzen
**pendant** Pendant *o*, Gegenstück *o*
**pendel 1** ⟨slinger⟩ Pendel *o*; **2** ZN ⟨wichelroede⟩ Wünschelrute *v*
**pendelaar 1** ⟨forens⟩ Pendler *m*; **2** ZN ⟨wichelroedeloper⟩ Wünschelrutegänger *m*
**pendeldienst** Pendeldienst *m*
**pendelen 1** ⟨heen- en weerreizen⟩ pendeln; **2** ZN ⟨met een wichelroede⟩ mit der Wünschelrute suchen
**pendule** Stutz-, Penduluhr *v*
**penetrant** penetrant
**penetratie** Penetration *v*, Einbruch *m*
**penetreren** pol penetrieren, unterwandern
**penibel** peinlich
**penicilline** Penicillin, -zillin *o*
**penis** Penis *m*
**penisnijd** Penisneid *m*
**penitentiair**: ~*e inrichting* Strafanstalt *v*
**penitentie** Buße *v*
**pennen** schreiben
**pennenlikker** Federfuchser *m*
**pennenstreek** Federstrich *m*, -zug *m*
**pennenstrijd** Federkrieg *m*, Polemik *v*

**pennenvrucht** schriftstellerische Arbeit *v*
**pennenzak** ZN Feder-, Schreibmäppchen
**penning 1** ⟨oude munt⟩ Pfennig *m*; **2** ⟨medaille⟩ Medaille *v*, Gedenkmünze *v*; **3** ⟨voor hond, automaat enz.⟩ Marke *v*; *op de ~ zijn* auf den Pfennig sehen; *tot op de laatste ~ betalen* auf Heller *m* und Pfennig *m* bezahlen
**penningmeester** Kassenführer *m*, Schatzmeister *m*
**penoze** Barg Unterwelt *v*
**pens 1** ⟨v. dieren⟩ Pansen *m*; **2** ⟨dikke buik⟩ Wanst *m*; **3** ZN ⟨worst⟩ (Weiß)wurst *v*; **4** ZN ⟨bloedworst⟩ Blutwurst *v*
**penseel** Pinsel *m*
**pensioen** Pension *v*, Ruhegehalt *o*, -geld *o*; *met ~ gaan* in Pension gehen
**pensioenbreuk** Unterbrechung *v* der Rentenversicherungsbeitragszahlungen
**pensioenfonds** Rentenversicherungsanstalt *v*
**pensioengerechtigd** pensionsberechtigt, rentenberechtigt; *~e leeftijd* Rentenalter *o*
**pension** Pension *v*; ⟨huis ook⟩ Fremdenheim *o*; *in ~ doen* in Pension geben; *half ~* Halbpension *v*; *volledig ~* Vollpension *v*
**pensioneren** in den Ruhestand versetzen, pensionieren
**pensiongast** Pensionsgast *m*
**pensionhouder** Pensionsinhaber *m*
**pep** Energie *v*; ⟨ook⟩ = *pepmiddel*
**peper** Pfeffer *m*; *Spaanse ~* spanischer Pfeffer *m*; *~ en zout* ⟨kleur⟩ Pfeffer und Salz
**peperbus** Pfefferstreuer *m*
**peperduur** gesalzen
**peperen** pfeffern; *een gepeperde rekening* eine gesalzene Rechnung *v*
**peperkoek 1** ⟨gekruide koek⟩ Pfefferkuchen *m*, Printe *v*; **2** ZN ⟨ontbijtkoek⟩ Honigkuchen *m*
**peperkorrel** Pfefferkorn *o*
**pepermolen** Pfeffermühle *v*
**pepermunt** ⟨plant⟩ Pfefferminze *v*
**pepermuntje** Pfefferminzplätzchen *o*
**pepernoot** Pfeffernuß *v*
**pepmiddel** Aufputschmittel *o*, Wekamine *v*
**peppil** Aufputschtablette *v*, Wekamine *v*
**per** per; *~ jaar* jährlich; *zes personen ~ keer* jedesmal sechs Personen; *25 Mark ~ les* 25 Mark die Stunde; *~ maand* monatlich; *1000 projectielen ~ minuut* 1000 Geschosse je Minute; *3 Mark ~ persoon* 3 Mark die (pro) Person; *~ seconde* pro Sekunde *v*; *boeken tegen 5 Mark ~ stuk* Bücher zu je 5 Mark (5 Mark pro Stück); *~ uur* pro Stunde, in der Stunde; *~ 1 mei* ab dem 1. Mai, am 1. Mai; *~ trein reizen* mit der Bahn fahren
**perceel 1** ⟨grond⟩ Parzelle *v*; **2** ⟨gebouw⟩ Haus *o*
**percent** Prozent *o*; zie ook: *procent*
**percentage** Prozentsatz *m*
**perceptie** Perzeption *v*
**percolator 1** techn Perkolator *m*; **2** ⟨voor koffie⟩ Kaffeemaschine *v*
**perenboom** Birnbaum *m*

**perfect** vollkommen, perfekt
**perfectie** Vollkommenheit *v*, Perfektion *v*
**perfectioneren** perfektionieren, vervollkommnen
**perfectionist** Perfektionist *m*
**perfide** treulos, perfid(e)
**perforator** Perforator *m*, Locher *m*
**perforeren** lochen, perforieren
**perifeer** peripher
**periferie 1** ⟨omtrek⟩ Peripherie *v*; **2** ZN ⟨buitenwijken⟩ Vorstadtviertel *mv*
**periode** Zeitabschnitt *m*, Periode *v*; *wisk* Periode *v*
**periodiek I** *bn* periodisch; **II** *v* & *o* ⟨tijdschrift⟩ Zeitschrift *v*
**perk 1** ⟨grens⟩ Grenze *v*, Schranke *v*; **2** ⟨bloemperk⟩ Blumenbeet *o*; *alle ~en te buiten gaan* alle Schranken durchbrechen; *binnen de ~en blijven* sich in Grenzen halten; *binnen de ~en houden* in die Schranken verweisen
**perkament** Pergament *o*
**permanent I** *bn* ständig; **II** *m* ⟨kapsel⟩ Dauerwelle *v*
**permanenten**: *zich laten ~* sich Dauerwellen machen lassen
**permissie** Erlaubnis *v*; *met uw ~* mit Ihrer Erlaubnis *v*; wenn Sie gestatten
**permitteren** erlauben, gestatten
**perpetuum mobile** Perpetuum mobile *o*
**perplex** perplex, verblüfft; gemeenz platt
**perron** Bahnsteig *m*
**pers** Presse *v*; *ter ~e zijn* im Druck sein
**persagentschap** Presseagentur *v*
**persbericht** Pressemeldung *v*
**persbureau** Pressebüro *o*; *officieel* Pressestelle *v*
**perschef** Pressechef *m*
**persconferentie** Pressekonferenz *v*
**per se** an sich, bestimmt
**persen** pressen, auspressen
**persfotograaf** Pressephotograph *m*
**persiflage** Persiflage *v*
**perskaart** Pressekarte *v*
**persklaar** druckfertig
**persmuskiet** geringsch Zeitungsfritze *m*
**personage** Person *v*; *geziene ~s* angesehene Persönlichkeiten *mv*
**personal computer** Personal Computer *m*
**personalia** Personalien *mv*
**personaliseerbaar** ZN personalisierbar
**personaliseren** ZN personalisieren
**personeel I** *o* Personal *o*; ⟨moderner⟩ die Angestellten *mv*, Belegschaft *v*; *onderwijzend ~* Lehrerschaft *v*, Lehrkörper *m*; **II** *bn* persönlich; *~nele belasting* Personalsteuer *v*
**personeelsadvertentie** Stellenanzeige *v*
**personeelsbezetting** Belegschaftsstärke *v*
**personeelschef** Personalchef *m*
**personeelslid** Betriebsangehörige(r) *m-v*
**personeelsstop** Einstellungsstopp *m*
**personenauto** Personen(kraft)wagen *m*
**personenlift** Personenaufzug *m*
**personentrein** Personenzug *m*
**personificatie** Personifizierung *v*
**personifiëren** personifizieren
**persoon** Person *v*; *in eigen ~* in eigner Per-

son; *de ~ in kwestie* der Betreffende
**persoonlijk** persönlich, in Person; *strikt ~* streng persönlich; *het ~ voornaamwoord* das persönliche Fürwort, Personalpronomen
**persoonlijkheid** Persönlichkeit *v*
**persoonsbewijs** Personalausweis *m*
**persoonsverheerlijking** Personenkult *m*
**perspectief** Perspektive *v*
**perspectivisch** perspektivisch
**perssinaasappel** Saftorange *v*
**persvrijheid** Pressefreiheit *v*
**perte totale** *zijn auto is ~* ZN sein Wagen hat Totalschaden
**pertinent** bestimmt, entschieden
**pervers** pervers, widernatürlich
**perversiteit** Perversität *v*
**perzik** Pfirsich *m*
**peseta** Pesete *v*
**pessarium** Pessar *o*
**pessimisme** Pessimismus *m*
**pessimist** Pessimist *m*
**pessimistisch** pessimistisch
**pest** Pest *v*; *de ~ hebben aan iem.* gemeenz jmdn. wie die Pest hassen; *de ~ aan iets hebben* einen Widerwillen gegen etwas haben; *de ~ in hebben* gemeenz übellaunt
**pestbui** Stinklaune *v*; *hij is in een ~* er hat eine Stinklaune
**pesten** piesacken, triezen, zwiebeln
**pesterij** Piesacken *o*, Triezen *o*
**pesticide** Pestizid *o*
**pestkop** elender Kerl *m*, Aas *o*, Ekel *o*
**pestweer** widerliches Wetter *o*
**pet** Mütze *v*, Kappe *v*; *ergens met de ~ naar gooien* etwas flüchtig erledigen; *dat gaat boven mijn ~* das geht über meinen Horizont
**petekind** Patenkind *o*
**peter** Pate *m*, Taufpate *m*
**peterselie** Petersilie *v*
**petieterig** winzig
**petitie** Gesuch *o*, Petition *v*
**petrochemie** Petrochemie *v*
**petroleum** 1 ⟨brandstof⟩ Petroleum *o*; 2 ⟨aardolie⟩ Erdöl *o*
**petto**: *in ~ hebben* in petto haben
**peukje** Stummel *m*; gemeenz Kippe *v*
**peul** plantk Schote *v*, Hülse *v*; *lust je nog ~tjes?* gemeenz hast du Worte?
**peulenschil** 1 *eig* Hülse *v*, Schale *v*; 2 ⟨kleinigheid⟩ Kleinigkeit *v*; *dat is maar een ~* das ist nur ein Pappenstiel
**peultjes** Zuckererbsen *mv*
**peulvrucht** Hülsenfrucht *v*
**peut** Terpentin *o*
**peuter** ⟨klein kind⟩ Knirps *m*
**peuteren** herumstochern, fummeln; *in de neus ~* popeln, in der Nase bohren
**peuterig** 1 ⟨in 't alg.⟩ kleinlich; 2 ⟨v. schrift⟩ kritzlig
**peuterleidster** Kindergärtnerin *v*, Erzieherin *v*
**peuterspeelzaal** Kindertagesstätte *v*
**peuzelen** schmausen, knabbern
**pezen** 1 gemeenz ⟨hard rijden⟩ pesen, rasen; 2 ⟨hard werken⟩ schuften
**pezig** sehnig; drahtig

**pianist** Pianist *m*, Klavierspieler *m*
**piano** Piano *o*, Klavier *o*
**pianoconcert** 1 ⟨stuk⟩ Klavierkonzert *o*; 2 ⟨v. pianist ook⟩ Klavierabend *m*
**pianola** Pianola *o*
**pianoles** 1 ⟨gegeven les⟩ Klavierstunde *v*; 2 ⟨onderwijsvak⟩ Klavierunterricht *m*
**pianostemmer** Klavierstimmer *m*
**pias** Hanswurst *m*
**piccolo** 1 ⟨jongen⟩ Pikkolo *m*, Page *m*; 2 ⟨fluit⟩ Pikkoloflöte *v*, Pikkolo *o*
**picknick** Picknick *o*
**pick-up** Tonabnehmer *m*, Plattenspieler *m*
**picture**: *in de ~ zijn* im Mittelpunkt des Interesses stehen; *in de ~ komen* ins Blickfeld geraten
**pied-à-terre** 1 ⟨buitenhuisje⟩ Wochenendhaus *o*; 2 ⟨tijdelijk verblijf⟩ Unterkunft *v*
**piëdestal** Piedestal *o*
**piek** 1 mil Pike *v*; 2 ⟨bergtop⟩ Spitze *v*, Zacken *m*; 3 gemeenz *m* ⟨gulden⟩ Gulden *m*
**pieken** 1 ⟨puntig uitsteken⟩ hervorstechen, stachelig, spitzig sein; *dat haar piekt alle kanten op* die Haare stehen in allen vier Windrichtungen vom Kopf ab; 2 sp ⟨de topvorm bereiken⟩ in Topform sein
**piekeraar** Grübler *m*
**piekeren** grübeln; brüten (über + 3); *over iets ~* ⟨ook⟩ sich Gedanken über etwas machen
**piekfijn** piekfein
**piekuur** Berufs-, Stoßverkehr *o*, Spitzenzeiten *mv*
**piemel** gemeenz Pimmel *m*
**piemelnaakt** gemeenz splitterfasernackt
**pienter** hell, gescheit, klug; *zeer ~* ⟨ook⟩ blitzgescheit
**piepen** 1 ⟨vogels⟩ piepsen; 2 ⟨krijsen⟩ quieken, quietschen; 3 ZN ⟨loeren⟩ belauern, heimlich beobachten
**pieper** 1 ⟨vogel⟩ Pieper *m*; 2 gemeenz ⟨aardappel⟩ Kartoffel *v*
**piepjong** blutjung
**piepklein** klitzeklein, winzig
**piepkuiken** Küken *o*
**piepschuim** Styropor *o*
**piepzak**: *in de ~ zitten* es mit der Angst haben; *stud* Schiß haben
**pier** 1 ⟨worm⟩ Regenwurm *m*; 2 ⟨havendam⟩ Mole *v*, Pier *m*; *een dooie ~* ein hölzerner Klotz *m*
**piercing** Piercing *o*
**pierement** Drehorgel *v*
**pierenbad** Plansch-, Nichtschwimmerbecken *o*
**pierewaaien** 1 ⟨aan de zwier gaan⟩ bummeln; 2 ⟨losbandig leven⟩ sich herumtreiben
**pierewaaier** gemeenz Herumtreiber *m*
**piesen** = *pissen*
**Piet** Peter *m*; *'t is een hele p~* er ist ein ganzer Kerl, eine große Kanone; *een hoge ~* ein hohes Tier *o*; *een saaie p~* ein öder Kerl *m*; *zwarte ~* 1 kaartsp schwarzer Peter *m*; 2 ⟨v. Sinterklaas⟩ Knecht *m* Ruprecht; *iets voor ~ Snot doen* etwas für die Katz tun

**piëteit** Pietät *v*
**pietepeuterig 1** ⟨mensen⟩ tüftelig; etepetete; **2** ⟨v. schrift⟩ kritzlig
**piëtisme** Pietismus *m*
**pietlut** Kleinigkeitskrämer *m*, Pedant *m*
**pietluttig** kleinlich, pedantisch
**pigment** Pigment *o*
**pigmentatie** Pigmentierung *v*
**pij** Kutte *v*
**pijl** Pfeil *m*; *als een ~ uit de boog* wie ein Pfeil vom Bogen; *meer ~en op zijn boog hebben* noch andere Pfeile im Köcher haben
**pijler 1** *eig* Pfeiler *m*; **2** *fig* Säule *v*, Stütze *v*
**pijlkruid** Pfeilkraut *o*
**pijlsnel** pfeilschnell
**pijn** Schmerz *m*, Schmerzen *mv*; *helse ~* Höllenpein *v*; *~ doen* weh tun, schmerzen; *zijn hele lichaam doet ~* ⟨ook⟩ ihm tun alle Knochen im Leibe weh; *~ lijden* Schmerz leiden
**pijnappel** Kiefernzapfen *m*
**pijnappelklier** Zirbeldrüse *v*
**pijnbank** Folterbank *v*; *iem. op de ~ leggen* ⟨ook *fig*⟩ einen auf die Folter spannen
**pijnbestrijding** Schmerzbekämpfung *v*
**pijnboom** Kiefer *v*, Föhre *v*
**pijnigen** peinigen, martern, quälen
**pijnlijk 1** ⟨lichamelijk⟩ schmerzhaft; **2** ⟨verdrietig⟩ schmerzlich; **3** ⟨gevoelig⟩ empfindlich; **4** ⟨penibel, vervelend⟩ peinlich; *~e ledematen* schmerzende Glieder
**pijnloos** schmerzlos
**pijnstillend** schmerzlindernd
**pijnstiller** Schmerzmittel *o*
**pijp 1** ⟨rookgerei⟩ Pfeife *v*, Tabakspfeife *v*; **2** ⟨regenpijp⟩ Röhre *v*, Rohr *o*; **3** ⟨lak, drop⟩ Stange *v*; **4** ⟨v. broek⟩ Hosenbein *m*; *~ kaneel* Zimtstange *v*; *de ~ uitgaan* gemeenz ins Gras beißen
**pijpen I** gemeenz ⟨afzuigen⟩ blasen; *iem. ~* einem einen abkauen, blasen; **II**: *naar iems. ~ dansen* nach jemands Pfeife tanzen
**pijpenkrul** Ringel-, Korkzieherlocke *v*
**pijpenla** ⟨lang, smal vertrek⟩ Schlauch *m*
**pijpensteel** Pfeifenrohr *o*; *het regent pijpenstelen* es regnet Bindfäden
**pijpleiding** Rohrleitung *v*
**pijptabak** Pfeifentabak *m*
**1 pik** *o & m* ⟨pek⟩ Pech *o*
**2 pik 1** ⟨penis⟩ Schwanz *m*; **2** ⟨vent⟩ Kerl *m*; *de ~ op iem. hebben* einen Pik auf einen haben
**pikant** pikant
**pikdonker** stockfinster
**piket** *mil* Pikett *o*, Bereitschaft *v*
**pikeur** Pikör *m*
**pikhouweel** Spitzhacke *v*, Pickel *m*
**pikkedonker** stockfinster
**pikken 1** ⟨vogels⟩ picken, hacken; **2** ⟨stelen⟩ klauen; gemeenz stibitzen; *'t niet ~* gemeenz es nicht dulden
**pikzwart** pechschwarz
**pil 1** ⟨geneesmiddel⟩ Pille *v*; **2** ⟨dik boek⟩ Wälzer *m*; *de ~* ⟨anticonceptiemiddel⟩ die Pille; *een bittere ~* eine bittere Pille; *de ~ vergulden* die bittere Pille versüßen
**pilaar** Pfeiler *m*

**pili-pili** *ZN* Pili-Pili *o*
**piloot** Flugzeugführer *m*, Pilot *m*; *automatische ~* Selbststeuerer *m*, Autopilot *m*
**pils**: Pils *o*, Pils(e)ner *o*
**piment** Piment *m & o*
**pimpelaar** Säufer *m*, Pichler *m*, Zechbruder *m*, Zecher *m*
**pimpelen** picheln, saufen, zechen
**pimpelmees** Blaumeise *v*
**pimpelpaars** dunkelviolett; *fig* kunterbunt
**pin 1** ⟨klein staafje⟩ Nagel *m*, Pinne *v*; Bolz(en) *m*; ⟨v. hout⟩ Pflock *m*; **2** *ZN* ⟨gierigaard⟩ Geizhals *m*, Geizkragen *m*; *iem. de ~ op de neus zetten* jmdm. den Daumen aufs Auge drücken
**pincet** Pinzette *v*
**pincode** PIN-Code *m*, PIN-Zahl *v*
**pinda** Erdnuß *v*
**pindakaas** Erdnußbutter *v*
**pineut**: *de ~ zijn* gemeenz der Dumme sein
**pingelaar 1** ⟨afdinger⟩ Feilscher *m*; **2** ⟨voetbal⟩ Fummler *m*
**pingelen 1** ⟨afdingen⟩ feilschen, schachern; **2** ⟨voetbal⟩ fummeln
**pingpong** Pingpong *o*
**pink 1** ⟨vinger⟩ der kleine Finger; **2** *landb* ⟨vaars⟩ Färse *v*, Sterke *v*; *bij de ~en zijn* gewandt (gescheit) sein; *nog bij de ~en zijn* ⟨v. oude mensen⟩ noch gut beieinander sein
**pinken 1** *ZN* ⟨van sterren⟩ funkeln; **2** *ZN* ⟨knipogen⟩ zwinkern; **3** *ZN* ⟨richting wijzen⟩ blinken; *een traan uit de ogen ~* eine Träne aus den Augen wischen
**Pinksterbeweging** Pfingstbewegung *v*
**pinksterbloem** Wiesenschaumkraut *o*
**pinksterdag** Pfingstfeiertag *m*
**Pinksteren** Pfingsten *mv*
**pinkstervakantie** Pfingstferien *mv*
**1 pinnen** ⟨vastmaken⟩ pflocken
**2 pinnen** ⟨uit geldautomaat⟩ Geld ziehen
**pinnig** ⟨onvriendelijk⟩ bissig, barsch; herrisch; *een ~e dame* eine scharfzüngige Dame *v*
**pinpas** Geldkarte *v*
**pint** *ZN* ⟨glas bier⟩ ein (Glas) Bier *o*; *een ~je pakken* ein Bier trinken gehen
**pintelieren, pinten** *ZN* von Kneipe zu Kneipe ziehen, eine Kneipentour machen, zechen
**pin-up-girl** Pin-up-Girl *o*
**pioen(roos)** Päonie *v*, Pfingstrose *v*
**pion 1** ⟨schaakspel⟩ Bauer *m*; **2** ⟨stroman⟩ Werkzeug *o*
**pionier** Pionier *m*
**pionieren** Pionierarbeit verrichten
**pionierswerk** *fig* Pionierarbeit *v*
**piot** *ZN* **1** ⟨soldaat⟩ Infanterist *m*; **2** *fig* Mitläufer *m*
**pipet** Pipette *v*
**pips**: *er ~ uitzien* blaß (angegriffen) aussehen
**piraat** Pirat *m*, Seeräuber *m*
**piramide** Pyramide *v*
**piranha** Piranha *m*
**piratenzender** Piratensender *m*
**pirouette** Pirouette *v*
**pis** Urin *m*, Harn *m*

**pisang** Banane *v*; *de ~ zijn* der Dumme sein
**pisbak** gemeenz **1** ⟨aan de muur⟩ Pinkel-, Pißbecken *o*; **2** ⟨openbaar⟩ Pissoir *o*
**pisbloem** ZN Löwenzahn *m*
**pisbuis** Harnröhre *v*, -leiter *m*
**pisnijdig** gemeenz zornig, fuchsig, fuchsteufelswild
**pispot** Nachttopf *m*
**pissebed** dierk Assel *v*, Kellerassel *v*
**pissen** gemeenz pinkeln, pissen, schiffen
**pissig** gemeenz bissig, giftig
**pissijn** ZN, gemeenz Pissoir *m*
**pistache** plantk Pistazie *v*, Pimpernuß *v*
**piste** Piste *v*, Manege *v*
**pistolet** ⟨broodje⟩ Brötchen *o*
**piston** muz **1** ⟨ventiel⟩ Piston *o*; **2** ⟨blaasinstrument⟩ Kornett *o*, Piston *v*; **3** ZN ⟨kruiwagen bij sollicitaties⟩ Protektion *v*
**pistool** Pistole *v*
**pit 1** ⟨v. kaars⟩ Docht *m*; **2** ⟨v. vrucht⟩ Kern *m*; **3** ⟨gaspit⟩ Gasflamme *v*; *er zit ~ in* es hat Gehalt (Mark); *er zit ~ in hem* er hat Mumm in den Knochen; *op een zacht ~je zetten* ruhig gedeihen lassen
**pitbull(terrier)** Pitbullterrier *m*
**pitriet** Peddigrohr *o*
**pitten** gemeenz ⟨slapen⟩ pennen
**pittig 1** ⟨energiek⟩ rassig, kernig; **2** ⟨v. boek⟩ gehaltvoll; **3** ⟨pikant⟩ würzig
**pittoresk** malerisch
**pizza** Pizza *v*
**pizzeria** Pizzeria *v*
**plaag 1** ⟨onheil⟩ Plage *v*, Qual *v*; ⟨niet erg⟩ Verdruß *m*; **2** ⟨plaaggeest⟩ Quälgeist *m*
**plaaggeest** Quälgeist *m*
**plaagstoot 1** boksen Scheinfaustschlag *m*; **2** fig Seitenhieb *m*
**plaagziek 1** ⟨treiterend⟩ quälerisch; **2** ⟨spelend⟩ neckisch
**plaaster** ZN Gips *o*
**plaasteren** ZN ⟨stukadoren⟩ verputzen, vergipsen; **2** ⟨in 't gips zetten⟩ Gipsen
**plaat 1** ⟨prent⟩ Bild *o*; **2** ⟨ijzer enz.⟩ Platte *v*, Blech *o*; ⟨zand~⟩ Platte *v*, Sandbank *v*; **3** ⟨grammofoon~⟩ Platte *v*; *metalen ~* Metallplatte *v*; *de ~ poetsen* gemeenz die Platte putzen
**plaatje 1** ⟨kleine plaat⟩ Plättchen *o*; **2** ⟨naamplaatje bijv.⟩ Schild *o*; **3** ⟨prent⟩ Bild *o*, Abbildung *v*
**plaats 1** ⟨punt⟩ Ort *m*, Stelle *v* ⟨ook betrekking⟩; **2** ⟨dorp ook⟩ Ortschaft *v*; **3** ⟨plek⟩ Stelle *v*, **4** ⟨plaats, waar iets behoort te zijn⟩ Platz *m*, Statt *v*; **5** ⟨binnenplaats⟩ Hof *m*; **6** ZN ⟨dorpsplein⟩ Dorfplatz *m*; **7** ZN ⟨bergruimte⟩ Platz *m*, Unterbringungsmöglichkeit *v*; **8** ZN ⟨kamer⟩ Zimmer *o ~ en dag van overlijden* Ort und Tag des Todes; *~ v. bestemming* Bestimmungsort *m*; *~ van de brand* Feuerstätte *v*; *~ van 't misdrijf* Tatort *m*; *~ van 't ongeluk (ongeval)* Unglücksstelle *v*, Unfallort *m*; *in ~ van* (an-)statt (+ 2); *in (op) de eerste ~* an erster Stelle, in erster Linie; *in uw ~* an Ihrer Stelle; *op de ~ rust!* mil stillgestanden!; *hij is er op zijn ~* er paßt dahin; *dat is hier niet op zijn ~* das ist hier fehl am Ort; *ter ~e* an Ort und Stelle; *spoedig ter ~e zijn* bald zur Stelle sein; *hier ter ~e, te dezer ~e* am hiesigen Ort; *ter ~e bekend* ortskundig; *ter ~e wonend* ortsansässig
**plaatsbepaling** Ortsbestimmung *v*
**plaatsbespreking** Platzreservierung *v*
**plaatsbewijs 1** ⟨toegangskaartje⟩ Eintrittskarte *v*; **2** ⟨genummerde plaats⟩ Platzkarte *v*; **3** ⟨in trein enz.⟩ Fahrkarte *v*
**plaatselijk** örtlich, lokal, Orts-; *~ bestuur, ~e overheid* Lokalbehörden *mv*; *~ gebruik* lokaler Brauch *m*; *~ net* ⟨bijv. van tram⟩ Ortsnetz *o*
**plaatsen 1** ⟨een plaats geven aan⟩ setzen, stellen; **2** ⟨betrekking⟩ anstellen; **3** ⟨bal⟩ plazieren; **4** ⟨geld⟩ anlegen; *een advertentie ~* eine Anzeige aufgeben, einrücken (lassen); *een artikel ~* ⟨door tijdschrift, krant⟩ einen Artikel bringen; *een machine ~* eine Maschine montieren; *een order ~* einen Auftrag vergeben; *zich ~* sp sich plazieren
**plaatsgebrek** Raum-, Platzmangel *m*
**plaatshebben** stattfinden
**plaatsing 1** ⟨op de juiste plaats zetten⟩ Hinlegen *o*, Hinstellen *v*; **2** ⟨in betrekking⟩ Anstellung *v*, Unterbringung *v*; **3** ⟨van advertentie⟩ Einrückung *v*
**plaatskaartje** Fahrkarte *v*; ⟨voor besproken plaats⟩ Platzkarte *v*
**plaatsmaken** Platz machen
**plaatsnaam** Ortsname *m*
**plaatsnemen** Platz nehmen
**plaatsruimte** Raum *m*
**plaatsvervangend** stellvertretend
**plaatsvervanger** Stellvertreter *m*
**plaatsvinden** stattfinden, erfolgen
**plaatwerk** Tafelwerk *o*
**placebo** Placebo *o*
**placemat** Set *o*
**placenta** Plazenta *v*
**pladijs** ZN Scholle *v*
**plafond 1** ⟨v. vertrek⟩ Decke *v*, Plafond *m*; **2** ⟨v. lonen enz.⟩ Höchstsatz *m*, Maximum *o*
**plafonneren** ZN ⟨stukadoren⟩ verputzen, vergipsen
**plafonnière** Deckenlampe *v*, -leuchte *v*
**plag** Sode *v*; N-Duits Plagge *v*
**plagen** ⟨uit de grap⟩ necken; ⟨erger⟩ plagen, quälen; gemeenz piesacken; *mag ik u even ~?* darf ich Sie einen Augenblick stören (belästigen)?
**plagerig** neckisch
**plagerij** Necken *o*; ⟨erger⟩ Quälerei *v*
**plaggenhut** Plaggenhütte *v*
**plagiaat** Plagiat *o*
**plaid** Reisedecke *v*
**plak** ⟨brood, worst enz.⟩ Scheibe *v*, Schnitte *v*; *~ chocola* Schokoladentafel *v*; *onder de ~* unter der Fuchtel, unter dem Pantoffel
**plakband** Klebeband *o*, Klebstreifen *m*
**plakboek** Buch *o* zum Einkleben
**plakkaat** Plakat *o*
**plakkaatverf** Plakatfarbe *v*
**plakken 1** ⟨kleven⟩ kleben, aufkleben; **2** ⟨lijmen⟩ zusammenleimen; **3** ⟨bij bezoek⟩ hängen bleiben; *een fietsband ~* einen

**plakker**

Radschlauch kleben
**plakker** 1 ⟨aanplakker⟩ Plakatkleber *m*; 2 ⟨sticker⟩ Aufkleber *m*; 3 ⟨iem. die lang blijft⟩ seßhafter Gast *m*
**plakkerig** klebrig
**plaksel** Kleister *m*, Klebstoff *m*
**plakstift** Klebestift *m*
**plamuren** glätten, spachteln
**plamuur** 1 ⟨stof⟩ Grundiermasse *v*; 2 ⟨op muur⟩ Grundierschicht *v*
**plamuurmes** Spachtel *m-v*
**plan** 1 ⟨ontwerp⟩ Plan *m*, Vorhaben *o*; 2 ⟨voornemen⟩ Plan *m*, Absicht *v*; 3 ZN ⟨plattegrond⟩ Grundriß *m*; *van ~ zijn* die Absicht haben; *volgens een vast ~* planmäßig
**planbureau** Planungsstelle *v*
**plan de campagne** Schlachtplan *m*
**planeet** Planet *m*
**planetarium** Planetarium *o*
**plank** 1 ⟨plat stuk hout⟩ Brett *o*; 2 ⟨dik⟩ Bohle *v*, Diele *v*; 3 ⟨loopplank⟩ Planke *v*; 4 ⟨om iets op te zetten⟩ Brett *o*; *de ~en* ⟨toneel⟩ die Bretter, die Bühne; *op de ~en brengen* auf die Bühne bringen; *van de bovenste ~* vortrefflich, vorzüglich
**planken** brettern, Bretter-; *~ beschot* Bretterverschlag *m*
**plankenkoorts** Lampenfieber *o*
**plankgas** Vollgas *o*; *~ rijden* mit Vollgas fahren
**plankier** 1 ⟨in 't alg.⟩ Bretterboden *m*, Plattform *v*; 2 ⟨bij show⟩ Laufsteg *m*
**plankton** Plankton *o*
**plankzeilen** surfen
**planmatig** planmäßig
**plannen** planen
**planning** Planung *v*
**planologie** Planologie *v*, Raumordnung *v*
**planologisch** planologisch; *~e dienst* Planungsdienst *m*
**planoloog** Stadtplaner *m*
**plant** Pflanze *v*
**plantaardig** pflanzlich; *~e olie* Pflanzenöl *o*; *~ vet* Pflanzenfett *o*
**plantage** Pflanzung *v*, Plantage *v*
**planten** 1 ⟨poten⟩ pflanzen; 2 ⟨plaatsen⟩ aufstellen, aufstecken, aufsetzen
**planteneter** dierk Pflanzenfresser *m*
**plantengroei** Pflanzenwuchs *m*
**plantenrijk** Pflanzenreich *o*
**plantentuin** botanischer Garten *m*
**planter** Pflanzer *m*
**plantkunde** Pflanzenkunde *v*, -lehre *v*
**plantrekker** ZN 1 ⟨opportunist⟩ Stehaufmännchen *o*, Schlaukopf *m*, Schlitzohr *o*; 2 ⟨lijntrekker⟩ Drückeberger *m*
**plantsoen** ⟨Grün-, Park⟩anlagen *mv*
**plas** 1 ⟨poel⟩ Tümpel *m*; 2 ⟨op straat⟩ Pfütze *v*, Lache *v*; 3 ⟨bloed, water enz.⟩ Lache *v*; *een ~ doen* gemeenz pinkeln, Pipi machen
**plaspil** harntreibendes Mittel *o*
**plassen** 1 ⟨regenen⟩ plätschern; ⟨hard⟩ gießen; N-Duits pladdern; 2 ⟨urineren⟩ gemeenz schiffen, pinkeln; *met water ~* mit Wasser planschen
**plastic** I *o* & *m* Plastik *o* & *m*; II *bn* plastik-; *~ zakje* Plastikbeutel *m*

**plastiek** I *o* & *v* ⟨plastic⟩ Plastik *v*; II *bn* ZN ⟨v. plastic⟩ Plastik-, Kunststoff-; *aus Plastik, aus Kunststoff*
**plastificeren** plastifizieren
**plastisch** plastisch
**plat** I *bn* 1 ⟨ondiep, vlak⟩ platt, flach; 2 ⟨gemeen⟩ platt, niedrig, gemein; *het ~te vlak* die ebene Fläche; *'t werk ligt ~* es wird gestreikt; *~ Rotterdams* Rotterdamer Platt *o*; *~ praten* Platt sprechen; II *o* 1 ⟨plateau⟩ Plattform *v*; 2 ⟨dakterras⟩ Terrasse *v*, Dachterrasse *v*; *het continentaal ~* Festland-, Kontinentalsockel *m*
**plataan** *m* Platane *v*
**platbodemd, platboomd** flach(bodig)
**platbranden** niederbrennen
**plateau** 1 ⟨hoogvlakte⟩ Hochfläche *v*, Plateau *o*; 2 ⟨presenteerblad⟩ Plateau *o*
**plateauzool** Plateausohle *v*
**platenbon** Gutschein *m* für Schallplatten
**platenmaatschappij** (Schall)plattenfirma *v*
**platenzaak** (Schall)plattengeschäft *o*
**platform** Plattform *v*
**platgooien** 1 ⟨door staking stilleggen⟩ lahmlegen; 2 ⟨bombarderen⟩ dem Erdboden gleichmachen
**platheid** ⟨het vlak zijn⟩ Flachheit *v*
**platina** Platin *o*; *~ bruiloft* Gnadenhochzeit *v*
**platinablond** platinblond
**platitude** Platitüde *v*
**platje** 1 ⟨klein plat dak⟩ Plattform *v*; 2 gemeenz ⟨luis⟩ Filzlaus *v*
**platleggen** 1 ⟨vlak neerleggen⟩ flach legen; 2 ⟨staking⟩ bestreiken
**platliggen** 1 ⟨ziek in bed liggen⟩ im Bett liegen; 2 ⟨staking⟩ bestreikt werden
**platlopen**: *de deur bij iem. ~* einem die Tür einrennen
**platonisch** platonisch
**platslaan** platt schlagen
**platspuiten**: *iem. ~* gemeenz jmdm. starke Beruhigungsmittel spritzen
**plattegrond** 1 ⟨kaart⟩ Grundriß *m*, Plan *m*; 2 ⟨van de klas⟩ Klassenspiegel *m*
**plattekaas** ZN Quark *m*, Weißkäse *m*
**platteland** das Land, die Provinz
**platvis** Plattfisch *m*
**platvloers** abgeschmackt, banal, seicht
**platvoet** Plattfuß *m*
**platzak**: *~ zijn* abgebrannt sein
**plausibel** plausibel
**plaveien** pflastern
**plaveisel** Pflaster *o*, Pflasterung *v*
**plavuis** Fliese *v*
**playback** Playback *o*
**playbacken** Playback singen
**plebejer** Plebejer *m*
**plebs** 1 ⟨gepeupel⟩ Plebs *m*; 2 hist Plebs *v*
**plecht** scheepv Plicht *v*
**plechtig** feierlich
**plechtigheid** Feierlichkeit *v*, Feier *v*
**plechtstatig** feierlich
**plee** gemeenz Klo *o*, Lokus *m*
**pleeggezin** Pflegefamilie *v*
**pleegkind** Pflege-, Ziehkind *o*
**plegen\*** 1 ⟨misdrijf⟩ verüben, begehen; 2

**pluis**

⟨gewoon zijn⟩ pflegen, gewohnt sein; *een aanslag, een diefstal* ~ ein Attentat, einen Diebstahl verüben; *geweld* ~ Gewalt anwenden; *ontucht, roofbouw* ~ Unzucht, Raubbau treiben; *overspel* ~ Ehebruch begehen; *verraad* ~ Verrat üben; *zelfmoord* ~ Selbstmord begehen
**pleidooi** Verteidigungsrede *v*, Plädoyer *o*
**plein** Platz *m*
**pleinvrees** Platzangst *v*
**1 pleister** *v* ⟨op wond⟩ Pflaster *o*; *een* ~ *op de wonde* ein Pflaster auf die Wunde
**2 pleister** *o* 1 ⟨gips⟩ Gips *m*; 2 ⟨aan muren⟩ Putz *m*
**pleisteren** 1 ⟨met gips bestrijken⟩ mit Gips überziehen; 2 ⟨muur⟩ verputzen, kalken; 3 ⟨rusten⟩ Halt (Station) machen
**pleisterplaats** Raststätte, -platz *m*
**pleisterwerk** Stukkatur-, Gips-, Stuckarbeit *v*
**pleit** Rechtsstreit *m*, Prozeß *m*; *'t* ~ *winnen* siegen
**pleitbezorger** *fig* Anwalt *m*, Sachwalter *m*
**pleite** *gemeenz* I *bn: mijn fiets is* ~ mein (Fahr)rad ist futsch (futschikato); II *bijw:* ~ *gaan* sich verpissen, abhauen
**pleiten** *recht* als Verteidiger auftreten, verteidigen; ~ *voor* plädieren für, befürworten, das Wort reden (+ 3); *dat pleit voor hem* das spricht für ihn
**pleiter** Verteidiger *m*
**plek** 1 ⟨vlek⟩ Flecken *m*, Klecks *m*; 2 ⟨plaats⟩ Ort *m*, Platz *m*, Stelle *v*; *een blauwe* ~ ein blauer Fleck *m*
**plenair:** ~*e vergadering, zitting* Vollversammlung *v*, Plenarsitzung *v*
**plengen** 1 ⟨wijn⟩ opfern; 2 ⟨tranen⟩ vergießen
**plens** Wasserstrahl *m*
**plensbui** Platzregen *m*
**plenzen:** *het plenst* es gießt
**pleonasme** Pleonasmus *m*
**pletten** zerquetschen; *ijzer* ~ *slaan* Eisen walzen
**pletter:** *te* ~ *slaan*, zerschmettern
**pleuris, pleuritis** *med* Pleuritis *v*
**plexiglas** Plexiglas *o*
**plezier** Freude *v*; *iem. een* ~ *doen* einem eine Freude machen (einen Gefallen tun); *dat doet mij* ~ das freut mich; ~ *hebben in sport* Freude an Sport haben; ~ *maken* Spaß machen; *met* ~ mit Vergnügen; *veel* ~ *hebben van iets* viel Freude an etwas haben; *voor zijn* ~ zu seinem Vergnügen *veel* ~*!* (na dann,) viel Spaß!
**plezieren:** *om iem. te* ~ um einem eine Freude zu machen (einen Gefallen zu tun)
**plezierig** vergnüglich, angenehm
**plezierjacht** *scheepv* Vergnügungsjacht *v*
**pleziervaartuig** Vergnügungsboot *o*
**plicht** Pflicht *v*, Schuldigkeit *v*; *niet meer dan mijn* ~ meine Pflicht und Schuldigkeit
**plichtmatig** pflichtmäßig, pflichtgemäß
**plichtpleging** Förmlichkeit *v*, Höflichkeit *v*; ~*en maken* Umstände machen
**plichtsbesef** Pflichtgefühl *o*, -bewußtsein *o*
**plichtsbetrachting** Pflichterfüllung *v*
**plichtsgetrouw** pflicht(ge)treu

**plint** Wand-, Fußleiste *v*
**plissé** Plissee *o*
**plisseren** plissieren, fälteln; *een geplisseerde rok* ein Faltenrock *m*
**PLO** = *Palestine Liberation Organization* PLO *v*
**1 ploeg** *m* & *v* ⟨landbouwwerktuig⟩ Pflug *m*
**2 ploeg** *v* 1 ⟨arbeiders⟩ Schicht *v*; 2 ⟨groep⟩ Gruppe *v*; 3 *sp* Mannschaft *v*; *in verschillende* ~*en werken* mit Schichtwechsel arbeiten
**ploegbaas** Kolonnen-, Werkführer *m*
**ploegen** pflügen
**ploegendienst** Schichtarbeit *v*
**ploegenstelsel** Schichtarbeitssystem *o*
**ploegentijdrit** *sp* Mannschaftszeitfahren *o*
**ploegverband:** *in* ~ in Teamarbeit; *sp* als Mannschaft
**ploert** ⟨schoft⟩ Schuft *m*, Lump *m*, Schurke *m*
**ploertendoder** Totschläger *m*
**ploertenstreek** Schurkenstreich *m*
**ploeteren** 1 ⟨rondspetteren⟩ planschen; 2 ⟨hard werken⟩ sich plagen
**plof** Plumps *m*; ~*!* plumps!
**ploffen** 1 ⟨vallen⟩ plumpsen; 2 ⟨exploderen⟩ explodieren
**plomberen** *v.tand* plombieren, füllen
**1 plomp** *m* 1 ⟨geluid⟩ Plumps *m*; 2 ⟨sloot⟩ Graben *m*
**2 plomp** *bn* plump, ungeschlacht
**plompverloren** plötzlich, mir nichts dir nichts
**plons** I *m* Plumps *m*; II: ~*!* plumps!, klatsch!
**plonsbad** ZN Planschbecken *o*
**plonzen** plumpsen
**plooi** 1 ⟨in textiel⟩ Falte *v*; 2 ⟨rimpel⟩ Runzel *v*; *het gezicht in de* ~ *zetten* die Stirn in Falten legen
**plooibaar** 1 ⟨buigbaar⟩ biegsam; 2 *fig* gefügig, geschmeidig; 3 ZN ⟨opvouwbaar⟩ faltbar, zusammenlegbar; 4 ZN ⟨buigzaam⟩ biegsam, elastisch, flexibel
**plooien** 1 ⟨in 't alg.⟩ falten, runzeln; 2 ZN ⟨v. papier⟩ falten; 3 ZN ⟨buigen⟩ biegen
**plooirok** Faltenrock *m*
**plot** Plot *m*
**plotseling, plotsklaps** plötzlich
**plotter** *comput* Plotter *m*
**pluche** I *o* & *m* Plüsch *m*; II *bn* aus Plüsch, Plüsch-; ~ *meubelen* Plüschmöbel *mv*
**plug** Zapfen *m*, Dübel *m*
**pluggen** für etwas werben
**pluim** 1 ⟨grote veer⟩ Feder *v*; 2 ⟨op helm⟩ Federbusch *m*; 3 ⟨v. bloemen⟩ Rispe *v*
**pluimage** Gefieder *o*, Federn *mv*
**pluimen** ZN I *overg* 1 ⟨plukken⟩ rupfen; 2 ⟨bedriegen⟩ ausnehmen, schröpfen; II *bn* ⟨veren⟩ federn
**pluimgewicht** ZN Federgewicht *o*
**pluimpje** ⟨lof⟩ Belobigung *v*, Lob *o*; *iem. een* ~ *geven* jmdm. Lob spenden, jmdm. ein Lob erteilen
**pluimstrijker** Schmeichler *m*
**pluimvee** Geflügel *o*, Federvieh *o*
**pluimveehouder** Geflügelzüchter *m*
**1 pluis** *v* & *o* ⟨geplozen touw⟩ Werg *o*

**pluis**

**2 pluis**: *het is daar niet* ~ es ist dort nicht geheuer; es geht dort nicht mit rechten Dingen zu; *die zaak is niet* ~ die Sache ist verdächtig

**pluizen\*** 1 ⟨pluizen afgeven⟩ fusseln; 2 ⟨tot pluizen trekken⟩ zerrupfen

**pluizig** fusselig

**pluk** 1 ⟨het plukken⟩ das Pflücken, Ernte *v*; 2 ⟨v. druiven⟩ Weinlese *v*; *een* ~ *haar* ein Flaus (Flausch) Haare

**plukken** 1 ⟨v. bloemen⟩ pflücken; 2 ⟨uitrukken⟩ trupfen; 3 ⟨beroven⟩ rupfen, ausnehmen

**plumeau** Flederbesen *m*

**plunderaar** Plünderer *m*

**plunderen** plündern

**plundering** Plünderung *v*

**plunje** Klamotten *mv*

**plunjezak** Kleider-, Seesack *m*

**plus** I *voorz* plus, und; *drie* ~ *vier is zeven* drei und (plus) vier ist sieben; II *o & m* 1 rekenk Pluszeichen *o*; 2 ⟨voordeel enz.⟩ Plus *o*

**plusfour** Knickerbocker *m*, Überfallhose *v*

**plusminus** etwa, ungefähr

**pluspunt** Pluspunkt *m*

**plusteken** Pluszeichen *o*

**pneumatisch** pneumatisch

**po** Nachttopf *m*

**pochen** aufschneiden, prahlen

**pocheren** pochieren

**pochet** Zier-, Einstecktuch *o*

**pocketboek** Taschenbuch *o*

**pocketcamera** Pocketkamera *v*

**podium** Podium *o*

**poedel** Pudel *m*

**poedelen** 1 ⟨bij kegelen⟩ einen Pudel schießen; 2 ⟨plassen⟩ planschen; *zich* ~ sich baden

**poedelnaakt** pudelnackt

**poedelprijs** Trostpreis *m*

**poeder** 1 ⟨gruis⟩ Pulver *o*; 2 ⟨toilet~⟩ Puder *m*; 3 ZN ⟨buskruit⟩ Pulver *o*

**poederdoos** Puderdose *v*

**poederen** pudern

**poederkoffie** Pulverkaffee *m*

**poedermelk** Milchpulver *o*

**poedersneeuw** Pulverschnee *m*

**poedersuiker** Puderzucker *m*

**poëet** Poet *m*, Dichter *m*

**poef** *m* ⟨kussen⟩ Puff *m*

**poeha** Lärm *m*, Tamtam *o*; *veel* ~ *over iets maken* viel Aufhebens von etwas machen

**poel** Pfuhl *m*; ⟨plas⟩ Tümpel *m*, Wasserloch *o*; ~ *van verderf* Lasterhöhle *v*

**poelet** Suppenfleisch *o*

**poelier** Geflügelhändler *m*

**poema** Puma *m*

**poen** slang ⟨geld⟩ Zaster *mv*, Kies *m*

**poenig** protzig; aufgeblasen

**poep** gemeenz 1 ⟨uitwerpselen⟩ Kot *m*, Haufen *m*, Scheiße *v*; 2 ZN ⟨achterwerk⟩ Po(po) *m*

**poepen** gemeenz 1 ⟨zich ontlasten⟩ einen Haufen machen, scheißen, kacken; ⟨kindertaal⟩ Aa machen; 2 ZN ⟨geslachtsgemeenschap hebben⟩ bumsen

**poes** 1 ⟨kat⟩ Katze *v*; ⟨roepnaam voor kat⟩ Mieze *v*; 2 ⟨knap meisje⟩ Mieze *v*; *mis* ~! denkste!; *dat is niet voor de* ~ das ist kein Pappenstiel, das ist nicht ohne; *hij is niet voor de* ~ er läßt nicht mit sich spaßen

**poesje** 1 ⟨jonge kat⟩ Kätzchen *o*, Mieze *v*; 2 ⟨troetelnaam⟩ Häschen *o*, Mäuschen *o*, Schatz *m*; 3 ⟨vagina⟩ Pussi *v*, Mäuschen *o*; 4 ZN ⟨poppenkast⟩ Kasperle-, Puppentheater *o*

**poeslief** katzenfreundlich, scheißfreundlich

**poespas** Theater *o*

**poesta** Pußta *v*

**poet** slang Beute *v*, Diebsbeute *v*

**poëtisch** poetisch, dichterisch

**poets**: *iem. een* ~ *bakken* jmdm. einen Streich spielen

**poetsdoek** Putztuch *o*

**poetsen** putzen

**poetskatoen** Putzwolle *v*

**poëzie** Poesie *v*, Dichtung *v*

**poëziealbum** Poesiealbum *o*

**pof**: *op de* ~ auf Pump

**pofbroek** Pumphose *v*

**poffen** 1 ⟨op de pof kopen⟩ auf Pump kaufen; 2 ⟨op een plaat braden⟩ braten

**poffertje** 'Poffertje' *o* (sehr kleiner Eierkuchen)

**pofmouw** Puffärmel *m*, gebauschter Ärmel *m*

**pogen** (ver)suchen, trachten

**poging** Versuch *m*; *een* ~ *doen* einen Versuch machen (anstellen); *mislukte* ~ Fehlversuch *m*; ~ *tot afpersing* Erpressungsversuch *m*; ~ *tot misdrijf* versuchtes Verbrechen *o*

**pogrom** Pogrom *o & m*

**pointe** Pointe *v*, Spitze *v*

**pok** Pocke *v*, Blatter *v*

**pokdalig** pockennarbig

**poken**: *in 't vuur* ~ das Feuer schüren

**poker** Poker *o*; ~ *spelen* pokern

**pokeren** pokern

**pokken** Pocken *mv*, Blattern *mv*

**pol** ⟨gras⟩ Büschel *m & o*

**polair** polar

**polarisatie** Polarisation *v*

**polariseren** polarisieren

**polariteit** Polarität *v*

**polder** Polder *m*, ⟨zeepolder⟩ Koog *m*

**polemiek** Polemik *v*

**polemisch** polemisch

**polemiseren** polemisieren

**polemologie** Polemologie *v*

**Polen** Polen *o*

**poliep** ⟨dier en uitwas⟩ Polyp *m*

**polijsten** polieren, glätten

**polikliniek** Poliklinik *v*, Ambulatorium *o*

**poliklinisch** ambulant

**polio** Polio(myelitis) *v*

**polis** Versicherungsschein *m*, Police *v*; *doorlopende* ~ General-, Pauschalpolice *v*

**politicologie** Politologie *v*

**politicoloog** Politologe *m*

**politicus** Politiker *m*

**politie** Polizei *v*; slang Polente *v*; *militaire* ~ Militärpolizei *v*

**politieagent** Polizist *m*; gemeenz Schutz-

**mann** *m*, Schupo *m*
**politieauto** Polizeiwagen *m*, Streifenwagen *m*; Funkstreifenwagen *m*
**politiebericht** Polizeibericht *m*
**politiebureau** Polizeiwache *v*, Polizeirevier *o*
**politiek** I *v* Politik *v*; *binnenlandse* ~ innere Politik, Innenpolitik *v*; *buitenlandse* ~ Außenpolitik *v*; II *bn* politisch
**politieker** ZN Politiker *m*
**politiemacht 1** ⟨in 't alg.⟩ Polizeigewalt *v*; **2** ⟨afdeling politie⟩ Polizeiaufgebot *o*
**politieman** Polizist *m*
**politierechter** Polizeirichter *m*
**politiestaat** Polizeistaat *m*
**politieverordening** Polizeiverordnung *v*
**politiseren** politisieren
**polka** Polka *v*
**poll** ⟨opinieonderzoek⟩ Meinungsumfrage *v*
**pollen** biol Pollen *m*
**pollepel** Kochlöffel *m*
**pollutie** ZN Umweltverschmutzung *v*
**polo** Polo *o*
**polonaise** Polonaise *v*, Polonäse *v*
**pols** Puls *m*; ⟨polsgewricht⟩ Handgelenk *o*; ⟨stok⟩ Sprungstab *m*; *een zwakke* ~ ein schwacher Puls; *iets uit de losse* ~ *doen* etwas aus dem Handgelenk schütteln; *iem. de* ~ *voelen* jmdm. den Puls fühlen
**polsen**: *iem.* ~ bei jmdm. vorfühlen
**polsgewricht** Pulsgelenk *o*
**polshorloge** Armbanduhr *v*
**polsslag** Pulsschlag *m*
**polsstok** Stab *m*, Sprungstab *m*
**polsstokhoogspringen** Stabhochsprung *m*
**polyester** Polyester *m*
**polyfoon** polyphon, vielstimmig
**polygamie** Polygamie *v*, Vielweiberei *v*
**polytheïsme** Polytheismus *m*
**pommade** Pomade *v*
**pomp** Pumpe *v*
**pompbediende** Tankwart *m*
**pompelmoes** Pampelmuse *v*
**pompen** pumpen
**pompeus** pompös
**pompier** ZN ⟨brandweerman⟩ Feuerwehrmann *m*
**pompoen** Kürbis *m*
**pompon** Pompon *m*
**pompstation 1** ⟨v. leidingwater⟩ Pumpstation *v*; **2** ⟨benzinepomp⟩ Tankstelle *v*
**pon** Nachthemd *o*
**pond** Pfund *o*; *het Engelse* ~ das englische Pfund; *het volle* ~ *moeten betalen* die volle Summe zahlen müssen
**ponem** = *porem*
**poneren** annehmen; *een stelling* ~ eine These aufstellen
**ponsen** stanzen, ⟨v. metaal⟩ punzen
**ponskaart** Lochkarte *v*
**pont** Fähre *v*, Fährboot *o*
**pontifikaal** pontifikal; ~*cale mis* Pontifikalamt *o*, -messe *v*
**ponton** Ponton *m*, Brückenschiff *o*
**pony 1** ⟨paardje⟩ Pony *o*; **2** ⟨v. haar⟩ Pony *m*
**pooier** slang Zuhälter *m*

**pook 1** ⟨in 't alg.⟩ Schüreisen *o*; **2** auto Schalt-, Kupplungshebel *m*
**1 pool** *v nat* Pol *m*
**2 pool** *m* ⟨groep⟩ Pool *m*
**Pool** Pole *m*
**poolcirkel** Polarkreis *m*
**poolhond** Polarhund *m*
**Pools** polnisch
**poolshoogte** Polhöhe *v*; ~ *nemen* fig sich erkundigen, auf den Busch klopfen
**poolster** Polarstern *m*
**poolzee** Polarmeer *o*
**poon** Knurrhahn *m*
**poort** Tor *o*; ⟨kleiner⟩ Pforte *v*
**poorter** Bürger *m*
**poos** Weile *v*, kurze Zeit *v*; *een hele* ~ eine Zeitlang *v*
**poot 1** ⟨v. kleine dieren⟩ Pfote *v*; ⟨v. grotere dieren⟩ Fuß *m*, Bein *o*; **2** ⟨wild⟩ Lauf *m*; **3** ⟨meubels⟩ Bein *o*; *iem. een* ~ *uitdraaien* gemeenz einen ausquetschen (wie eine Zitrone); *geen* ~ *aan de grond krijgen* keinen Schritt weiter kommen; *op hoge poten* fig mit geschwollenem Kamm; *op zijn achterste poten gaan staan* sich gleich auf die Hinterbeine stellen; *iets op poten zetten* etwas organisieren, veranstalten; *een brief op poten* ein gepfefferter, geharnischter Brief *m*; *de* ~ *stijf houden* nicht nachgeben, hartnäckig Widerstand leisten
**pootje** Pfötchen *o*; *opzitten en* ~*s geven* unterwürfig sein *v*; *met hangende* ~*s komen* zu Kreuze kriechen
**pootjebaden** im Wasser plan(t)schen
**1 pop** *v* ⟨speelgoed; v. insect⟩ Puppe *v*; *daar had je de* ~*pen aan het dansen* da ging der Spektakel los, da haben wir die Bescherung
**2 pop** *m* muz Pop *m*
**popconcert** Popkonzert *o*
**popelen** zittern, beben; *zitten, staan te* ~ *(van ongeduld)* vor Ungeduld brennen
**popgroep** muz Popgruppe *v*
**popmuziek** Popmusik *v*
**poppenkast 1** eig Kasperletheater *o*; **2** ⟨vertoon⟩ Theater *o*
**poppenspel** Puppen-, Marionettenspiel *o*
**poppenspeler** Puppenspieler *m*
**popperig** puppenhaft
**popster** Popstar *m*
**populair 1** ⟨geliefd⟩ beliebt, populär; **2** ⟨onder het volk gebruikelijk⟩ volkstümlich; **3** ⟨begrijpelijk, eenvoudig⟩ (all)gemeinverständlich
**populariseren** popularisieren
**populariteit** Beliebtheit *v*, Popularität *v*
**populatie** Volk *o*, Bestand *m*
**populier** Pappel *v*; *zwarte* ~ Schwarzpappel *v*
**popzender** Popsender *m*
**por** Stoß *m*; ~ *in de ribben* Rippenstoß *m*
**porem** gemeenz Visage *v*, Fresse *v*; *dat is geen* ~ das sieht ja fürchterlich (scheußlich) aus
**poreus** porös
**porie** Pore *v*
**porno** Porno *m*, Pornographie *v*
**pornofilm** Pornofilm *m*

**pornografie** Pornographie v
**pornografisch** pornographisch, unflätig
**porren** ⟨v. vuur⟩ stochern; *iem. wakker porren* jmdn. wachrütteln
**porselein** Porzellan o
**porseleinen** aus Porzellan, porzellanen, Porzellan-; *een ~ schotel* eine Porzellanschüssel v
**porseleinkast** Porzellanschrank m
**1 port** m ⟨wijn⟩ Portwein m
**2 port** o & m ⟨post⟩ (Brief)porto o, Postgebühr v, -geld o
**portaal 1** ⟨vestibule⟩ Flur m, Vestibül o; **2** ⟨v. trap⟩ Treppenabsatz m; **3** ⟨ingang v. groot gebouw, vooral kerk⟩ Portal o
**portable I** bn tragbar; **II** m tragbarer Apparat m
**portee** Trag-, Reichweite v
**portefeuille** Brieftasche v, Portefeuille o; ⟨voor akten of platen⟩ Mappe v; *ministeriële ~* Ministerportefeuille o
**portemonnee** m Börse v, Portemonnaie v
**portie** Portion v, Teil m & o, Part m; *iem. zijn ~ geven* fig jmdm. sein Teil geben; einen verhauen; *zijn ~ krijgen* sein Teil (seinen Lohn) bekommen; *geef mijn ~ maar aan Fikkie!* gemeenz ich verzichte!
**portiek** Haustürnische v
**1 portier** m ⟨in 't alg.⟩ Portier m; ⟨v. fabriek enz. ook⟩ Torwärter m, Pförtner m; ⟨v. woonhuis⟩ Hauswart m
**2 portier** o ⟨v. auto enz.⟩ Wagenschlag m, Wagentür v
**1 porto** o & m (Brief-)porto o; Postgebühr v, -geld o; *porti* Portospesen mv
**2 porto** m ZN ⟨portwijn⟩ Port(wein) m
**portofoon** Walkie-talkie o
**portret 1** ⟨in 't alg.⟩ Porträt o; **2** ⟨geschilderd⟩ Bildnis o, Porträt o, Bild o; *een vervelend ~* ein unausstehlicher Kerl m
**portretschilder** Porträtmaler m, Porträtist m
**portrettengalerij** Bilder-, Ahnengalerie v
**portretteren** porträtieren
**Portugal** Portugal o
**Portugees I** m Portugiese m; **II** bn portugiesisch
**portvrij** porto-, postfrei
**pose** Pose v, Haltung v
**poseren** posieren, Modell sitzen (stehen); *voor een schilder ~* einem Maler sitzen
**positie 1** ⟨betrekking⟩ Stellung v, Position v; **2** ⟨toestand⟩ Lage v; ⟨bij vioolspel enz.⟩ Lage v; scheepv luchtv Standort m; *maatschappelijke ~* soziale Stellung v; *vaste ~* Dauerstellung v; *~ kiezen* (Auf-)stellung nehmen
**positief I** bn positiv; ⟨standpunt⟩ bejahend; **II** o fotogr Positiv o, Abzug m; zie ook: *positieven*
**positieven**: *niet bij zijn ~ zijn* das Bewußtsein verloren haben; *weer tot zijn ~ komen* wieder zu Bewußtsein (zu sich) kommen
**positivisme** Positivismus m
**1 post** m **1** ⟨v. deur⟩ Pfosten m; **2** ⟨boekhouden⟩ Posten m, Rechnungsposten m; **3** ⟨wachtpost⟩ Posten m; **4** ⟨betrekking⟩ Amt o, Stellung v; *iem. op zijn ~ laten* einen auf seinem Posten belassen; *op ~ staan* mil Posten stehen; *~ vatten* Posto fassen, Stellung nehmen
**2 post** v ⟨PTT⟩ Post v; *de binnenkomende/uitgaande ~* der Posteingang/-ausgang; *met de eerste ~* mit der ersten Post (der Frühpost); *op de ~ doen* zur Post bringen; *per ~* durch die Post, mit der Post; *per kerende ~* postwendend
**postadres** Postadresse v
**postagentschap** Poststelle v
**postbeambte** Postbamte(r) m, -beamtin v
**postbestelling, postbezorging** Postzustellung v
**postbode** Briefträger m, Postbote m
**postbus** Postfach o, Postschließfach o
**postcheque** Postscheck m; *~-en-girodienst* Postscheckamt o
**postcode** Postleitzahl v
**postduif** Brieftaube v
**postelein** Portulak m
**posten** ⟨bij staking⟩ Streikposten stehen; ⟨op wacht staan⟩ Posten stehen; *een brief ~* einen Brief auf die Post tragen
**1 poster** m ⟨affiche⟩ Plakat o, Poster m
**2 poster** m ⟨bij staking⟩ Streikposten m
**posteren** postieren, hinstellen; *zich ~* sich hinstellen
**poste restante** postlagernd
**posterijen** Postwesen o, Post v
**postgiro** Postscheckverkehr m
**postkaart** ZN Postkarte v
**postkamer** Poststelle v
**postkantoor** Postamt o, Post v
**postkoets** Postkutsche v
**postmandaat** ZN Postanweisung v
**postmerk** Poststempel m
**postmodern** postmodern
**postmodernisme** Postmodernismus m
**postorderbedrijf** Versandhaus o, -geschäft o
**postpakket** Postpaket o
**postpapier** Briefpapier o
**postscriptum** Nachschrift v, Postskriptum o (PS), Postskript o
**poststempel** Poststempel m
**poststuk** Postsache v; *ingekomen ~ken* Posteingang m; *uitgegane ~ken* Postausgang
**postuleren** postulieren
**postuum** postum; *een ~ werk* ein nachgelassenes Werk o
**postuur** Gestalt v, Figur v, Wuchs m; *flink van ~* von stattlichem Wuchs; *zich in ~ stellen* sich in Positur setzen (stellen, werfen)
**postvak** Postfach o
**postvatten** Posto fassen, Stellung nehmen
**postwissel** Postanweisung v; *per ~* durch Postanweisung
**postzegel** Briefmarke v; offic Postwertzeichen o
**postzegelverzamelaar** Briefmarkensammler m
**pot I** m **1** ⟨in 't alg.⟩ Topf m; ⟨voor bier⟩ Krug m; **2** ⟨inzet⟩ Pot m, Spielkasse v, Einsatz m; ⟨om te verteren⟩ Vergnügungskas-

**se** v; **3** ZN ⟨kookpan⟩ Kochtopf m; *dat is één ~ nat* das ist gehüpft wie gesprungen, ⟨m.b.t. personen⟩ das ist alles eine Wichse; *hier wordt gegeten wat de ~ schaft* hier wird gegessen, was auf den Tisch kommt; *naast de ~ piesen* gemeenz ⟨overspel plegen⟩ fremd gehen; *hij kan de ~ op (hij kan barsten)* er kann mich mal gerne haben; *de gebroken ~ten betalen* ZN für den Schaden aufkommen; **II** v gemeenz ⟨lesbienne⟩ Lesbe v

**potdicht** ganz verschlossen
**potdoof** stocktaub
**poten** pflanzen
**potenrammer** ± Schwulenschläger m
**potent** potent
**potentaat** Potentat m
**potentie** Potenz v
**potentieel** potentiell; *het ~* das Potential
**potgrond** Blumenerde v
**potig** handfest, stämmig
**potje** Töpfchen o; *bij iem. een ~ kunnen breken* bei jmdm. einen Stein im Brett haben; *een ~ schaken* eine Partie Schach (spielen)
**potjeslatijn** Küchenlatein o
**potkachel** Kanonenofen m
**potlood** Bleistift m; *rood ~* Rotstift m; *gekleurd ~* Farbstift m
**potloodventer** schertsend Exhibitionist m
**potplant** Topfpflanze v
**potpourri** Potpourri o
**potsierlijk** possierlich, komisch, drollig
**potten 1** ⟨sparen⟩ Geld zurücklegen, auf die hohe Kante legen; **2** ⟨v. planten⟩ eintopfen
**pottenbakken** töpfern
**pottenbakker** Töpfer m
**pottenbakkerij** Töpferei v
**pottenkijker** Topfgucker m
**potverdomme, potverdorie** gemeenz zum Kuckuck noch mal!, zum Donnerwetter!
**potverteren** sein Geld durchbringen
**potvis** Pottwal m
**poule** ⟨groep⟩ Gruppe v
**pover** ärmlich, dürftig
**praal** Pracht v, Prunk m, Gepränge o
**praalgraf** Prunkgrab o
**praalwagen** Prunkwagen m
**praam** Prahm m
**praat**: Gerede o; *iem. aan de ~ houden* einen plaudernd abhalten; *aan de ~ raken* ins Plaudern kommen; *een motor aan de ~ krijgen* einen Motor in Gang bekommen
**praatgraag** redefreudig, redselig
**praatgroep 1** ⟨in 't alg.⟩ Gesprächsgruppe v; **2** ⟨v. patiënten e.d.⟩ Selbsthilfegruppe v
**praatje 1** ⟨gerucht⟩ Gerücht o, Gerede o; **2** ⟨babbeltje⟩ Plausch m, Schwatz m, Plauderei v; *~s hebben* o; *veel ~s hebben* ein großes Maul haben; *een ~ maken* plaudern; *~s vullen geen gaatjes* große Worte machen den Kohl nicht fett; *~s verkopen* Flausen machen, angeben
**praatjesmaker** Großmaul o, Schaumschläger m, Mauldrescher m
**praatpaal** Notruf-, Rufsäule v

**praatprogramma** Talkshow v
**praatziek** schwatzhaft, geschwätzig
**pracht** Pracht v, Glanz m
**prachtexemplaar** Prachtexemplar o, -stück o
**prachtig** wundervoll, prächtig, prachtvoll
**practicum** Praktikum o, Übungen mv
**prairie** Prärie v
**prak** Brei m, Mus o; *in de ~* kaputt
**prakken** zerstampfen, zermanschen
**prakkiseren 1** ⟨peinzen⟩ grübeln, sinnieren; **2** ⟨uitdenken⟩ ersinnen, sich ausdenken; *zich suf ~* sich den Kopf (den Schädel) zerbrechen
**praktijk 1** ⟨toepassing⟩ Praxis v, Ausübung v; **2** med Ordination v; *kwade ~en* böse Praktiken mv; *iets in ~ brengen* etwas praktisch anwenden
**praktisch** praktisch
**praktiseren** praktizieren, ausüben; *~d geneesheer* praktischer Arzt
**pralen** prahlen, prunken, angeben
**praline** Praline v
**pramen** ZN anspornen
**prat**: *~ gaan op* stolz sein auf (+ 4)
**praten** reden; ⟨babbelen⟩ plaudern, schwatzen; Z-Duits plauschen; *honderduit ~* ein langes und breites über etwas reden; *hij praat als Brugman* er redet wie ein Buch; *je hebt mooi ~* du hast gut reden; *in zichzelf ~* mit sich selbst sprechen; *langs elkaar heen ~* an einander vorbeireden; *zich eruit ~* sich ausreden; *lang en breed over iets ~* ausführlich über etwas reden; *gemeenz einen langen Senf machen*; *over iets anders gaan ~* das Thema wechseln; *ergens omheen ~* um die Sache herumreden; *iem. iets uit het hoofd ~* jmdm. etwas ausreden; *zich eruit ~* sich ausreden; *iem. aan 't ~ krijgen* jmdn. zum Reden bringen, einem die Zunge lösen; zie ook: spreken
**prater** Plauderer m
**preambule** Präambel v, Vorspruch m
**precair** prekär, heikel; ⟨v.e. patiënt⟩ *zijn toestand is ~* sein Zustand ist bedenklich
**precedent** Präzedenzfall m
**precies** genau; ⟨v. tijd⟩ pünktlich; ⟨nauwkeurig⟩ präzis(e); *overdreven ~* pedantisch
**precieus** preziös
**preciseren** präzisieren
**predestinatie** Prädestination v
**predikaat** Prädikat o; ⟨taalk ook⟩ Satzaussage v
**predikant** Pfarrer m, Pastor m
**prediken** = preken
**preek** Predigt v
**preekstoel** Kanzel v
**prefabriceren** vorfabrizieren, -fertigen; *een geprefabriceerd huis* ein Fertighaus o
**prefect 1** ⟨in 't alg.⟩ Präfekt m; **2** ZN ⟨surveillant⟩ Aufsichtsführende(r) m-v
**preferent** bevorzugt
**prefereren** vorziehen, bevorzugen
**pregnant** prägnant
**prehistorie** Vorgeschichte v
**prehistorisch** prähistorisch, vorgeschichtlich
**prei** Porree m, Lauch m

**preken** predigen
**prelaat** Prälat *m*
**prematuur** prämatur, verfrüht
**premie** Prämie *v*
**premiekoopwoning** Haus *o*, Eigentumswohnung *v*, das (die) mit einem Staatsdarlehen erworben wurden
**premielening** Prämienanleihe *v*
**premier** Premier *m*, Premierminister *m*
**première** Premiere *v*, Uraufführung *v*; Erstaufführung *v*; *in* ~ *gaan* Premiere haben
**premisse** Voraussetzung *v*, Prämisse *v*
**prenataal** pränatal
**prent** 1 (afbeelding) Bild *o*; 2 (gravure) Stich *m*, Kupferstich *m*
**prentbriefkaart** Ansichtskarte *v*
**prenten**: *zich iets in het geheugen* ~ sich etwas einprägen (merken)
**prentenboek** Bilderbuch *o*
**preparaat** Präparat *o*
**prepareren** präparieren; *zich* ~ ⟨ook⟩ sich vorbereiten
**preselectie** ZN Programmplatz *m*
**present** anwesend, gegenwärtig; ~*!* hier!
**presentabel** präsentabel
**presentatie** 1 (in 't alg.) Vorstellung *v*; 2 RTV Moderation *v*
**presentator, presentatrice** 1 RTV Moderator *m*, Moderatorin *v*; 2 (bij een show) Präsentator *m*
**presenteerblaadje** Tablett *o*; (kleiner) Präsentierteller *m*; *iets op een* ~ *krijgen* etwas nachgeworfen bekommen
**presenteren** 1 (aanbieden) präsentieren, anbieten; 2 (voorstellen) vorstellen; *de nieuwe collectie* ~ die neue Kollektion vorführen
**presentexemplaar** Freiexemplar *o*
**presentie** Anwesenheit *v*, Präsenz *v*
**presentielijst** Anwesenheits-, Präsenzliste *v*
**presentje** Geschenk *o*
**preservatief** Präservativ *o*, Kondom *o*
**preses** Präsident *m*, Vorsitzende(r) *m*-*v*, Vorsitzer *m*
**president** Vorsitzende(r) *m*-*v*, Vorsitzer *m*, Präsident *m*
**presidentschap** Präsidentschaft *v*; (van vergadering) Präsidium *o*, Vorsitz *m*
**presidentsverkiezing** 1 (v.e. staat) Präsidentenwahl *v*; 2 (v. vergadering, vereniging) Wahl *v* eines Vorsitzenden
**presideren** präsidieren, das Präsidium führen; *een vergadering* ~ einer Versammlung (3) vorsitzen, präsidieren
**pressen** pressen
**presse-papier** Briefbeschwerer *m*
**pressie** Druck *m*, Zwang *m*
**pressiegroep** Pressure-group *v*
**prestatie** Leistung *v*
**presteren** leisten, prästieren; *'t* ~ *om weg te blijven* imstande sein (es fertig bringen) wegzubleiben
**prestige** Prestige *o*
**prestigieus** vornehm, beeindruckend
**pret** Spaß *m*, Freude *v*, Vergnügen *o*; *we hadden dolle* ~ wir hatten einen Heidenspaß; ~ *maken* sich amüsieren, Spaß machen
**pretendent** Prätendent *m*, Anwärter *m*
**pretenderen** 1 (eisen) prätendieren, beanspruchen; 2 (beweren) behaupten
**pretentie** Anspruch *m*, Prätention *v*; *veel* ~*s hebben* große Ansprüche machen
**pretentieus** anspruchsvoll, prätentiös
**pretje** Vergnügen *o*, Spaß *m*
**pretpakket** onderw Kombination *v* beliebter und einfacher Fächer
**pretpark** Vergnügungspark *m*
**prettig** angenehm; ~*e feestdagen* frohes Fest, frohe Ostern, Weihnachten u.s.w.; ~ *weekend!* schönes Wochenende!; ~ *kennis met u te maken!* sehr erfreut!; *zich niet* ~ *voelen* sich nicht wohl fühlen
**preuts** zimperlich, prüde; ~ *meisje* ⟨ook⟩ Zimperliese *v*
**prevaleren** prävalieren, überwiegen
**prevelen** murmeln
**preventie** Vorbeugung *v*, Prävention *v*
**preventief** vorbeugend, präventiv; ~*tieve hechtenis* Untersuchungshaft *v*; *een* ~ *onderzoek* med eine Vorsorgeuntersuchung *v*
**prieel** Laube *v*, Gartenlaube *v*
**priegelen** 1 ⟨m.b.t. naaien⟩ feine Stiche machen; 2 ⟨m.b.t. schrijven⟩ winzig schreiben
**priegelig** pusselig, pußlig; ~ *werk* pusselige Arbeit, Pusselarbeit *v*; *een* ~ *handschrift* eine kleine (enge) Handschrift *v*
**priem** 1 (van de schoenmaker) Pfriem *m*, Ahle *v*; 2 ZN (breinaald) Stricknadel *v*
**priemen** stechen
**priemgetal** Primzahl *v*
**priester** Priester *m*
**priesterschap** Priesteramt *o*
**priesterwijding** Priesterweihe *v*
**prietpraat** Geschwätz *o*, Unsinn *m*
**prijken** prangen
**prijs** 1 (in 't alg.) Preis *m*; 2 (beloning ook:) Belohnung *v*; ~ *per stuk* Einzelpreis *m*; *de gestelde* ~ der angesetzte Preis; *de prijzen zijn stijgende* die Preise steigen, sind im Steigen *o*; *een goede* ~ *maken* einen guten Preis erzielen; *(hoge)* ~ *op iets stellen* (großen) Wert auf etwas (4) legen; *op ieder vijfde lot valt een* ~ jedes fünfte Los gewinnt; *iets ver beneden de* ~ *verkopen* etwas zu Schleuderpreisen verkaufen; *in* ~ *verlaagd* herabgesetzt; *tegen de* ~ *van* zum Preis von; *tegen vaste prijzen* zu festen Preisen; *tot de* ~ um jeden Preis; *voor geen* ~ um keinen Preis
**prijsbeleid** Preispolitik *v*
**prijsbewust** preisbewußt
**prijscompensatie** Inflationsausgleich *m*
**prijsgeven** preisgeben
**prijskaartje** Preisschild *o*
**prijskamp** ZN Preisausschreiben *o*
**prijsklasse** Preislage *v*
**prijslijst** Preisliste *v*, -verzeichnis *o*
**prijsmaatregel** Preismaßnahme *v*
**prijsopdrijving** Preistreiberei *v*
**prijsopgave** Preisangabe *v*
**prijspeil** Preisniveau *o*
**prijsschieten** Preisschießen *o*
**prijsstop** Preisstopp *m*

**prijsuitreiking** Preisverleihung v, -verteilung v
**prijsverhoging** Preiserhöhung v, -steigerung v
**prijsverlaging, prijsvermindering** Preisermäßigung v, -senkung v
**prijsvraag** Preisausschreiben o
**1 prijzen*** ⟨loven⟩ loben, rühmen; *men moet de dag niet voor de avond ~* man soll den Tag nicht vor dem Abend loben; *zich gelukkig ~* sich glücklich schätzen
**2 prijzen** ⟨van een prijs voorzien⟩ den Preis angeben, bewerten
**prijzenslag** Preisschleuderei v
**prijzenswaardig** lobenswert, -würdig
**prijzig** teuer
**prik 1** ⟨steek⟩ Stich m; **2** ⟨injectie⟩ Spritze v; **3** ⟨limonade⟩ Brause(limonade) v; *mineraalwater met ~* Mineralwasser mit Kohlensäure; *iets voor een ~je kopen* etwas für ein Spottgeld kaufen
**prikactie** ⟨staking⟩ Schwerpunktstreik m
**prikbord** schwarze(s) Brett o; Pinnwand v
**prikkel 1** ⟨werking⟩ Pfriem m; **2** ⟨stekel⟩ Stachel m; **3** ⟨prikkeling⟩ Prickeln o; **4** fig & med Reiz m; **5** ⟨tot handelen⟩ (An)sporn m
**prikkelbaar** reizbar, empfindlich
**prikkeldraad** Stacheldraht m
**prikkelen 1** ⟨op de huid e.d.⟩ prickeln; **2** ⟨irriteren⟩ reizen; irritieren; **3** ⟨v. lectuur e.d.⟩ aufreizen, aufstacheln; *iems. nieuwsgierigheid ~* jmds. Neugier wecken
**prikkeling** das Prickeln, fig Reizen o; *~ der zinnen* Sinnenreiz m
**prikken 1** ⟨steken⟩ stechen; **2** ⟨vaststeken⟩ heften; **3** ⟨injectie geven⟩ spritzen, eine Spritze geven; *een datum ~* ein Datum festlegen
**prikklok** Stechuhr v
**priklimonade** Brauselimonade v
**prikpil** Einmonatsspritze v
**pril** früh; *in de ~le jeugd* in frühester Jugend
**prima** prima
**1 primaat** m dierk Primat m, Herrentier o; RK Primas m
**2 primaat** o ⟨hoogste plaats⟩ Primat o, Vorrangsstellung v
**prima donna** Primadonna v
**primair I** bn **1** ⟨in 't alg.⟩ primär; **2** ZN ⟨bekrompen⟩ engstirnig, beschränkt, spießbürgerlich; *de ~e behoeften* die lebensnotwendigen Bedürfnisse; *~e functie* Primärfunktion v; *~e kleur* Grundfarbe v; **II** m-v ZN ⟨onderontwikkeld persoon⟩ Primitivling m, Ungebildete(r) m-v
**primitief** primitiv, urtümlich; *de ~tieven* schilderk die Primitiven
**primula** Primel v
**primus** Primuskocher m
**principe** Prinzip o, Grundsatz m; *in ~* grundsätzlich
**principieel** grundsätzlich, prinzipiell; *een ~piële kwestie* eine Prinzipienfrage
**prins** Prinz m; Fürst m; *van de ~ geen kwaad weten* ganz ahnungslos sein
**prinselijk** prinzlich, fürstlich
**prinses** Prinzessin v

**prins-gemaal** Prinzgemahl m
**prinsheerlijk** herrlich; ohne weiteres, ohne Umstände
**prinsjesdag** Eröffnungstag m des niederländischen Parlaments
**print 1** comput Ausdruck m; **2** fotogr Abzug m
**printen** comput ausdrucken
**printer** Drucker m
**prior** Prior m
**prioriteit** Priorität v
**prioriteitsaandeel** Vorzugs-, Prioritätsaktie v
**prisma** Prisma o
**privaat I** o ⟨wc⟩ Toilette v, WC; **II** bn privat; *een ~ persoon* eine Privatperson v
**privaatrecht** Privatrecht o
**privacy** persönliche Lebenssphäre v, privater Bereich m
**privatiseren** privatisieren
**privé** privat
**privé-les** Privatunterricht m, -stunde v
**privé-leven** Privatleben o
**privé-secretaresse** Privatsekretärin v
**privilege** Privileg o, Vorrecht o
**pro** pro; *'t ~ en contra* das Pro und Kontra
**probaat** erprobt, bewährt, probat
**probeersel** Versuch m
**proberen** versuchen, probieren
**probleem** Problem o
**probleemloos** problemlos
**problematiek** Problematik v
**problematisch** problematisch, fragwürdig
**procederen** prozessieren, einen Prozeß anstrengen
**procedure 1** ⟨methode⟩ Prozedur v, Verfahren o; **2** ⟨proces⟩ Verfahren o; *civiele ~* Zivilprozeß m
**procent** Prozent o; *voor 100 ~ tevreden* hundertprozentig zufrieden
**procentueel** prozentual
**proces 1** ⟨in 't alg.⟩ Prozeß m; **2** ⟨procedure⟩ Gerichtsverhandlung v, -verfahren o; *iemand een ~ aandoen* einen Prozeß gegen jmdn. anstrengen, gegen jmdn. prozessieren
**proceskosten** Prozeß-, Gerichtskosten mv
**processie** Prozession v, Umgang m, Umzug m
**processor** Prozessor m
**proces-verbaal 1** ⟨schriftelijk verslag⟩ Protokoll o; **2** ⟨bekeuring⟩ Strafanzeige v; *~ opmaken* (ein) Protokoll aufnehmen
**proclamatie** Ausrufung v, Proklamation v
**proclameren** proklamieren, ausrufen
**procuratie** Prokura v, Vollmacht v
**procuratiehouder** Prokurist m
**procureur** Prozeßbevollmächtigte(r) m-v; *~ des Konings* ZN Staatsanwalt m
**procureur-generaal** Oberstaatsanwalt m
**pro Deo** gratis, kostenlos, unentgeltlich; *een ~-advocaat* ein Armenanwalt m
**producent** Produzent m, Erzeuger m, Hersteller m
**producer** ⟨film⟩ Producer m, Produzent m
**produceren** produzieren, erzeugen, herstellen
**product** Produkt o; ⟨v. nijverheid ook⟩ Er-

**productie**

zeugnis *o*
**productie** Produktion *v*, Erzeugung *v*; *in volle ~ zijn* in vollem Betrieb sein
**productieapparaat** Produktionsapparat *m*
**productief** produktiv; *een uitvinding ~ maken* eine Erfindung verwerten
**productiemiddelen** Produktionsmittel *mv*
**productiviteit** Produktivität *v*
**proef 1** ⟨in 't alg.⟩ Probe *v*; **2** ⟨in natuurkunde enz.⟩ Versuch *m*, Experiment *o*; **3** ⟨kleine hoeveelheid⟩ Probe *v*, Muster *o*; **4** ⟨drukproef⟩ Korrekturfahne *v*, -bogen *m*; *de ~ op de som* die Probe auf das Exempel; *proeven nemen* Versuche (Experimente) anstellen (nehmen); *op ~, als ~* probe-, versuchsweise; *op ~ kopen* auf (nach) Probe kaufen; *op ~ spelen, zingen* probespielen, -singen; *op de ~ stellen* auf die Probe stellen
**proefabonnement** Probeabo *o*
**proefballon** Versuchsballon *m*; *een ~ oplaten* fig einen Versuchsballon steigen lassen
**proefboring** Bohrversuch *m*
**proefdier** Versuchstier *o*
**proefdraaien 1** ⟨in 't alg.⟩ probelaufen (lassen); **2** ⟨bij film⟩ Probeaufnahmen machen; *het ~ van machines* Probelaufen *o*
**proefdruk** Probeabzug *m*, -druck *m*
**proefkonijn** Versuchskaninchen *o*, gemeenz Versuchskarnickel *o*
**proeflokaal** Ausschank *m*, Probierstube *v*
**proefneming** Versuch *m*, Experiment *o*
**proefnummer** Probenummer *v*
**proefondervindelijk** erfahrungsmäßig, experimentell; ~*e natuurkunde* Experimentalphysik *v*
**proefpersoon** Versuchsperson *v*
**proefrit** Probefahrt *v*
**proefschrift** Dissertation *v*, Doktorschrift *v*, -arbeit *v*
**proefstation** Versuchsstation *v*, -anstalt *v*
**proeftijd 1** Probezeit *v*, -frist *v*; **2** ⟨voor voorwaardelijk gestraften⟩ Bewährungsfrist *v*
**proefverlof**: *~ krijgen* ⟨v. gevangenis⟩ Freigänger *m*, Hafturlaub bekommen; ⟨v. psychiatrische inrichting⟩ auf Probe entlassen werden
**proefvlucht** Probe-, Werkstätten-, Testflug *m*
**proefwerk** Klassenarbeit *v*, Arbeit *v*
**proesten** prusten; ⟨niezen⟩ niesen
**proeve 1** ⟨proef⟩ Probe *v*; **2** ⟨poging⟩ Versuch *m*
**proeven** kosten, versuchen
**prof** sp Profi *m*
**profaan** profan, weltlich
**profclub** sp Profiklub *m*
**profeet** Prophet *m*; ⟨ziener⟩ Seher *m*
**professie 1** ⟨beroep⟩ Beruf *m*, Fach *o*, Oostr Profession *v*; **2** RK Profeß *v*
**professional** sp Berufsspieler *m*, -sportler *m*; gemeenz Profi *m*
**professioneel** professionell
**professor** Professor *m*, Universitätsprofessor *m*; *~ in de medicijnen* Professor der Medizin
**profetie** Prophezeihung *v*, Weissagung *v*
**profetisch** prophetisch

**proficiat**: *~!* herzlichen Glückwunsch!
**profiel 1** ⟨in 't alg.⟩ Profil *o*, Seitenansicht *v*; **2** fig Charakteristik *v* einer Person
**profielschets** Bewerberprofil *o*
**profielzool** Profilsohle *v*
**profijt** Profit *m*, Vorteil *m*, Gewinn *m*
**profijtbeginsel** Kostendeckungsprinzip *o*
**profijtelijk** vorteilhaft
**profileren** profilieren
**profiteren** profitieren, Nutzen ziehen; *van de gelegenheid ~* die Gelegenheit ausnutzen
**profiteur** Profitierer *m*, Nutznießer *m*
**prognose 1** ⟨in 't alg.⟩ Vorschau *v*, Prognose *v*; **2** med Prognose *v*; *~ voor (het jaar) 2000* Vorschau auf 2000
**program, programma** Programm *o*; ⟨v. uitvoering ook⟩ Programmheft *o*; ⟨v. muziek ook⟩ Musikfolge *v*; ⟨v. partij⟩ Programmschrift *v*
**programmamaker** RTV Programmgestalter *m*
**programmeertaal** comput Programmiersprache *v*
**programmeren** programmieren
**programmeur** Programmierer *m*
**progressie** Staffelung *v*; Steigerung *v*, Progression *v*
**progressief** progressiv; *progressieve belasting* Progressivsteuer *v*, gestaffelte Steuer *v*
**project** Entwurf *m*, Projekt *o*, Planung *v*
**projecteren 1** ⟨vooruitwerpen⟩ projizieren; **2** ⟨ontwerpen⟩ entwerfen, planen, projektieren
**projectie** Projektion *v*
**projectiel** Geschoß *o*, Projektil *o*; *geleid ~* Fernlenkgeschoß *o*
**projectontwikkelaar** Projektingenieur *m*
**proleet** Prolet *m*
**proletariaat** Proletariat *o*
**proletariër** Proletarier *m*
**proletarisch** proletarisch
**proliferatie** Proliferation *v*
**prolongatie** Prolongation *v*
**prolongeren** verlängern
**proloog** Prolog *m*, Vorspruch *m*
**promenade** Promenade *v*
**promenadeconcert** Promenadenkonzert *o*
**promenadedek** Promenadendeck *o*
**promesse** Promesse *v*
**promillage** Promillesatz *m*
**promille** Promille *o*
**prominent** prominent
**promiscue** promiskuitiv; sexuell freizügig
**promiscuïteit** Promiskuität *v*
**promoten** Werbung machen für
**promotie 1** ⟨tot doctor⟩ Promotion *v*; **2** ⟨rangverhoging⟩ Beförderung *v*; *~ maken* befördert werden; *sociale ~* ZN sozialer Aufstieg *m*
**promotor 1** handel Promotor *m*; **2** ⟨begunstiger⟩ Förderer *m*; **3** ⟨hoogleraar⟩ Doktorvater *m*
**promovendus** Doktorand *m*
**promoveren I** *onoverg* **1** ⟨v. werknemer e.d.; tot doctor⟩ promovieren; **2** ⟨van sport-

**vereniging)** aufsteigen; **II** *overg* ⟨v. werknemer enz.⟩ befördern; ~*de ploeg* sp Aufsteiger *m*

**prompt** prompt, pünktlich

**pronken** prunken, prangen; ~ *met andermans veren* sich mit fremden Federn schmücken

**pronkkamer** Staatszimmer *o*, Prunkgemach *o*

**pronkstuk 1** ⟨in 't alg.⟩ Pracht-, Glanzstück *o*; **2** ⟨bijv. v.e. museum⟩ Prunkstück *o*

**pronostikeren** ZN prognostizieren, voraussagen

**prooi** Raub *m*, Beute *v*; *ten* ~ *vallen aan...* eine Beute... (+ 2) werden

**1 proost** *m* **1** RK Propst *m*; **2** ZN ⟨v. e. vereniging⟩ Vereinsgeistliche(r) *m*

**2 proost:** ~*!* prosit!, zum Wohl!

**proosten:** *op iem., iets* ~ einen Toast auf einen, etwas ausbringen

**prop** Pfropfen *m*; *ik heb een* ~ *in de keel* die Kehle ist mir wie zugeschnürt; *met een voorstel op de* ~*pen komen* mit einem Vorschlag herausrücken

**propaangas** Propan *o*

**propaganda** Propaganda *v*

**propageren** propagieren

**propedeuse** Propädeutik *v*

**propeller** Propeller *m*

**proper** sauber, reinlich

**proportie** Verhältnis *o*; Proportion *v*

**proportioneel** proportional

**proppen** (voll)pfropfen, hineinstopfen; *zijn eten naar binnen* ~ sein Essen herunterschlingen

**propvol** gedrängt (gepfropft, gesteckt, gestrichen, gerammelt) voll

**prospectus** Prospekt *m*

**prostaat** Vorsteherdrüse *v*, Prostata *v*

**prostituee** Prostituierte *v*, Dirne *v*

**prostitueren** prostituieren

**prostitutie** Prostitution *v*

**protectie 1** ⟨in 't alg.⟩ Schutz *m*; **2** ⟨beschermende rechten⟩ Schutzzollsystem *o*; **3** ⟨van persoon⟩ Protektion *v*, Gönnerschaft *v*

**protectionisme** Protektionismus *m*

**protectoraat** Protektorat *o*

**protégé, protégee** Schützling *m*

**proteïne** Protein *o*

**protest** Protest *m*; ~ *aantekenen tegen* Einspruch, Protest erheben (einlegen) gegen; *onder* ~ unter Protest

**protestactie** Protestaktion *v*

**protestant I** *m* Protestant *m*; **II** *bn* protestantisch, evangelisch

**protestantisme** Protestantismus *m*

**protestants** protestantisch; ⟨in Duitsland meest⟩ evangelisch

**protestdemonstratie** Protestkundgebung *v*

**protesteren** protestieren

**protestnota** Protestnote *v*

**prothese** Prothese *v*, Körperersatzstück *o*

**protocol** Protokoll *o*

**protocollair** protokollarisch

**proton** Proton *o*

**prototype** Prototyp *m*

**protserig** protzig

**proviand** Proviant *m*

**provinciaal I** *bn* provinziell; ⟨met enige geringschatting⟩ provinzlerisch; **II** *m* Provinzler *m-v*, Provinziale(r) *m*

**provincie** Provinz *v*

**provincieraad** ZN Provinzialrat *m*

**provinciestad** Provinz-, Landstadt *v*

**provisie** Provision *v*; ⟨voorraad ook⟩ Vorrat *m*

**provisiekast** Speiseschrank *m*

**provisorisch** provisorisch, vorläufig, behelfsmäßig

**provo** Provo *m*

**provocateur** Provokateur *m*

**provocatie** Provokation *v*, Herausforderung *v*

**provoceren** provozieren, herausfordern; ~*d* provokativ

**proza** Prosa *v*

**prozaïst** Prosaschriftsteller *m*, Prosaiker *m*

**pruik 1** ⟨vals haar⟩ Perücke *v*; **2** ⟨verward hoofdhaar⟩ Strubbelkopf *m*, Wuschelkopf *m*

**pruikentijd** Zopfzeit *v*

**pruilen** schmollen, maulen, eine Schippe machen

**pruillip** Schippe *v*, Flunsch *m*; *een* ~ *trekken* einen Flunsch ziehen, eine Schippe machen, ziehen

**pruim 1** ⟨vrucht⟩ Pflaume *v*; **2** ⟨tabak⟩ Priem *m*; **3** ⟨vrouwelijk schaamdeel⟩ Pflaume *v*

**pruimen 1** ⟨tabak⟩ priemen, Tabak kauen; **2** ⟨eten⟩ schmausen; *dat is moeilijk te* ~ gemeenz das ist schwer zu verdauen (ertragen)

**pruimenmondje** Schmollmund *m*; *een* ~ *trekken* die Lippen kräuseln, schürzen

**pruimtabak** Kau-, Priemtabak *m*

**Pruis** Preuße *m*

**Pruisen** Preußen *o*

**Pruisisch** preußisch

**prul 1** ⟨voorwerp⟩ wertloses Ding *o*, Plunder *m*, Firlefanz *m*; **2** ⟨waardeloos geschrift⟩ Wisch *m*; *een* ~ *van een vent* eine Flasche *v*, eine Pflaume *v*

**prullaria** Kram *m*, Klimbim *m*

**prulroman** Schmarren *m*

**prulschrijver** Skribent *m*

**prut 1** ⟨koffiedik⟩ Kaffeesatz *m*; **2** ⟨modder⟩ Schlamm *m*, Morast *m*, Dreck *m*; **3** ⟨brij⟩ Matsch *m*, Brei *m*

**prutsen** herumstümpern, -doktern, -flicken, -pfuschen (an einem Ding)

**prutser** Pfuscher *m*, Stümper *m*

**prutswerk** Pfuscherei *v*, Flickwerk *o*

**pruttelen 1** ⟨in de pan⟩ brutzeln; ⟨koffie, enz.⟩ brodeln, brudeln; **2** ⟨mopperen⟩ murren, brummen, gemeenz meckern

**psalm** Psalm *m*

**pseudoniem** Pseudonym *o*, Deckname *m*

**psoriasis** Psoriasis *v*, Schuppenflechte *v*

**pst** pst, bst

**psyche** Psyche *v*

**psychedelisch** psychedelisch

**psychiater** Psychiater *m*

**psychiatrie** Psychiatrie *v*

**psychiatrisch** psychiatrisch

## psychisch

**psychisch** psychisch, seelisch
**psychoot** Psychotiker *m*
**psychose** Psychose *v*
**psychosomatisch** psychosomatisch
**psychotherapeut** Psychotherapeut *m*
**psychotherapie** Psychotherapie *v*
**psychotisch** psychotisch
**PTT**: *de* ~ die niederländische Postverwaltung
**puber** Jugendliche(r) *m-v* (in der pubertären Phase)
**puberaal** pubertär
**puberteit** Pubertät *v*
**publicatie** 1 (in 't alg.) Bekanntmachung *v*; 2 ⟨van boek⟩ Veröffentlichung *v*
**publiceren** veröffentlichen, publizieren
**publicist** Publizist *m*
**publiciteit** Publizität *v*
**publiek** I *bn* öffentlich, publik; ~*e verkoping* öffentliche Versteigerung *v*; *een ~e vrouw* ein Straßenmädchen *o*, eine Dirne; ~*e werken* Bauamt *o*; II *o* Publikum *o*; *het grote* ~ das breite Publikum; *op 't* ~ *spelen* für die Galerie spielen; *voor 't* ~ *treden* an die Öffentlichkeit treten
**publiekelijk** publik, öffentlich
**publieksfilm** publikumswirksamer Film *m*
**pudding** Pudding *m*
**puddingbroodje** mit Vanillepudding gefülltes Brötchen *o*
**puf** ⟨lust⟩ Lust *v*; *ik heb er geen* ~ *in* ich habe keine Lust dazu
**puffen** 1 (in 't alg.) schnaufen; 2 ⟨v.d. warmte⟩ keuchen, blasen; 3 ⟨v. locomotief⟩ keuchen
**pui** Fassade *v*, Front *v*
**puik** ausgezeichnet, prima, vortrefflich; *een* ~ *jaar* ⟨v. wijn⟩ ein Spitzenjahrgang *m*
**puikje** das Allerbeste
**puilen** (her)vorquellen
**puin** 1 ⟨afbraak⟩ Schutt *m*; 2 ⟨ruïne⟩ Trümmer *mv*; 3 ⟨voor wegen⟩ Schotter *m*; *in* ~ *leggen* in Trümmer legen
**puinhoop** Schutt-, Trümmerhaufen *m*
**puist** 1 ⟨pukkel⟩ Pustel *v*; 2 ⟨harde huidzwelling⟩ Geschwür *o*
**puistje** Pustel *v*; ⟨in gezicht⟩ Blütchen *o*
**puit**: *een* ~ *in de keel hebben* ZN einen Kloß im Hals haben
**pukkel** Pustel *v*
**pul** Vase *v*
**pulken** klauben, polken; *in de neus* ~ in der Nase bohren, popeln
**pulp** ⟨v. vruchten⟩ Pulpe *v*
**pulseren** pulsieren (ook elektr)
**pummel** Lümmel *m*, Flegel *m*, Kaffer *m*
**pump** Pumps *m*
**punaise** Heftzwecke *v*, Reiß(brett)stift *m*
**punch** Punsch *m*
**punctie** Punktion *v*, Einstich *m*
**punctueel** pünktlich, genau
**punk** I *m* ⟨muziek⟩ Punkrock *m*; ⟨levenshouding⟩ Punk *m*; II *m-v* = **punker**
**punker** Punk *m*; Punker *m*, Punkrocker *m*
**punkhaar, punkkapsel** Punkfrisur *v*
**1 punt** *m* ⟨spits⟩ Spitze *v*
**2 punt** *v & o* 1 ⟨stip; punt in 't spel⟩ Punkt *m*; 2 ⟨einde⟩ Zipfel *m*; 3 ⟨plek⟩ Stelle *v*; ~ *uit!* punktum!; *het dode* ~ der tote Punkt; *dubbele* ~ Doppelpunkt *m*; *hoogste* ~ Gipfelpunkt *m*; *laagste* ~ Tiefpunkt *m*; *het* ~ *in kwestie* der strittige Punkt; *op dit* ~ in diesem Punkt, in dieser Hinsicht; *op* ~*en winnen* ⟨boksen⟩ nach Punkten siegen; *op het* ~ *staan* im Begriff sein, sich anschicken
**puntbaard(je)** Spitzbart *m*
**puntdicht** Sinngedicht *o*, Epigramm *o*
**punten** spitzen, zuspitzen, schärfen
**puntenslijper** Bleistift(an)spitzer *m*
**puntgaaf** ⟨gänzlich⟩ unbeschädigt
**punthoofd** Spitzkopf *m*; *ergens een* ~ *van krijgen* von etwas verrückt werden
**puntig** spitz; *een* ~ *gezegde* ein geistreiches Wort *o*, ein Witzwort *o*
**puntje** 1 ⟨spits⟩ Spitze *v*; 2 ⟨stip, plek⟩ Pünktchen *o*; ~ *op de i* I-Tüpfelchen *o*; *als* ~ *bij paaltje komt* wenn es darauf ankommt; *tot in de* ~*s aus dem Effeff* (FF), bis aufs I-Tüpfelchen genau; *de* ~*s op de i zetten* das Tüpfelchen (Pünktchen) auf das i setzen; *een* ~ *kunnen zuigen aan* sich ein Beispiel nehmen an
**puntkomma** Strichpunkt *m*, Semikolon *o*
**puntmuts** Zipfelmütze *v*
**pup, puppy** Welpe *m*
**pupil** I *v* ⟨v. oog⟩ Pupille *w*, Augenstern *m*; II *m & v* 1 ⟨leerling⟩ Schüler *m*; 2 ⟨v.e. voogd⟩ Mündel *m & o*
**puree** Püree *o*, Kartoffelbrei *m*; *in de* ~ *zitten gemeenz* in der Klemme sitzen
**purgeermiddel** Purgier-, Abführmittel *o*
**purisme** Purismus *m*, Sprachreinigung *v*; ⟨woord⟩ puristische Wortbildung *v*
**purist** Purist *m*, Sprachreiniger *m*
**puritein** Puritaner *m*
**puriteins** puritanisch
**purper** Purpur *m*, Purpurfarbe *v*
**purperen** purpurn, aus Purpur, Purpur-; purpurfarbig; *een* ~ *mantel* ein Purpurmantel
**purperrood** purpurrot
**purser** 1 *scheepv* Zahlmeister *m*; 2 luchtv Steward *m*
**pus** Eiter *m*
**pushen** 1 ⟨opporren⟩ anspornen; 2 ⟨promoten⟩ puschen, in Schwung bringen; 3 ⟨v. drugs⟩ pushen
**pusher** ⟨v. drugs⟩ Pusher *m*
**push-up** Liegestütz *m*
**put** 1 ⟨voor water⟩ Brunnen *m*; 2 ZN ⟨mijn⟩ Grube *v*; *in de* ~ *zitten* ganz niedergeschlagen (zerschmettert) sein
**putsch** Putsch *m*
**putten** schöpfen; *moed* ~ Mut schöpfen
**puur** 1 ⟨zuiver⟩ rein, lauter; 2 ⟨enkel⟩ lediglich, pur, lauter
**puzzel** Puzzle *o*; ⟨m.b.t. denksport⟩ Rätsel *o*
**puzzelaar** Puzzler *m*; ⟨m.b.t. denksport⟩ Rätselfreund *m*
**puzzelen** puzzeln
**puzzelrit** Rally *o*, Rallye *o*
**pvc** = *polyvinylchloride* PVC *o* (Polyvinylchlorid)
**pygmee** Pygmäe *m*
**pyjama** Schlafanzug *m*, Pyjama *m*

**Pyreneeën** Pyrenäen *mv*
**pyromaan** Pyromane *m*

**Pyrrusoverwinning** Pyrrhussieg *m*

# Q

**q** der Buchstabe Q, das Q
**qua** qua, was... betrifft; ~ *inhoud* inhaltlich; ~ *karakter* charakterlich
**quadrofonie** Quadrophonie *v*
**quarantaine** Quarantäne *v*; *in* ~ *plaatsen* unter Quarantäne stellen
**quartair** quartär; *het Q*~ geol das Quartär *o*
**quasar** Quasar *m*
**quasi** 1 ⟨zogenaamd⟩ quasi, pseudo-, sozusagen; 2 ZN ⟨bijna⟩ Pseudo-, pseudo-; scheinbar
**quatre-mains** muz vierhändiges Klavierstück *o*; ~ *spelen* vierhändig spielen
**quatsch** Quatsch *m*
**querulant** Querulant *m*
**queue** ⟨rij⟩ Schlange *v*
**quitte**: ~ *zijn, staan* quitt sein, wett sein
**qui-vive**: *op zijn* ~ *zijn* auf der Hut sein
**quiz** Quiz *o*
**quorum** Quorum *o*
**quota** Anteil *m*, Quote *v*
**quotatie** ZN ⟨notering⟩ Bewertung *v*
**quoteren** ZN ⟨beoordelen⟩ bewerten
**quotering** 1 ZN ⟨prijsnotering⟩ Quotierung *v*; 2 ZN ⟨beoordeling⟩ Bewertung *v*
**quotiënt** Quotient *m*
**quotum** Anteil *m*, Quote *v*

# R

**r** der Buchstabe R; das R
**ra** Rah v, Rahe v
**raad** 1 ⟨advies, besturend lichaam⟩ Rat m; 2 ⟨gemeenteraad⟩ Gemeinde-, Stadtrat m; *de Hoge R~* der Oberste Gerichtshof; ⟨in Duitsland⟩ der Bundesgerichtshof; *~ van bestuur* Verwaltungsrat m; *~ van beroep* Berufungsrat m; *~ v. commissarissen* Aufsichtsrat m; *R~ van Europa* Europarat m; *R~ van State* niederländischer Staatsrat m; *~ van toezicht* Aufsichtsrat m; *iem. ~ geven* jmdm. raten, jmdm. einen Rat geben (erteilen); *zich geen ~ weten* sich keinen Rat, sich nicht zu raten wissen; *iem. om ~ vragen* jmdn. um Rat fragen; *ten einde ~ zijn* sich keinen Rat mehr wissen; *hier is goede ~ duur* hier ist guter Rat teuer; *met ~ en daad* mit Rat und Tat
**raadhuis** Rathaus o
**raadplegen** zu Rate ziehen; *iem. ~* jmdn. befragen; *een dokter ~* einen Arzt konsultieren
**raadpleging** 1 ⟨in 't alg.⟩ Beratung v; 2 ⟨v. boek⟩ Nachschlagen o; 3 ZN ⟨spreekuur⟩ Sprechstunde v; *ter ~* zur Einsichtnahme v
**raadsbesluit** Ratsbeschluß m
**raadsel** Rätsel o
**raadselachtig** rätselhaft
**raadsheer** 1 vero Ratsherr m; 2 ⟨lid v.e. raad⟩ Mitglied des Rates; 3 ⟨schaken⟩ Läufer m
**raadslid** Gemeinderat m, Stadtrat m
**raadsman** 1 ⟨in 't alg.⟩ Ratgeber m; 2 ⟨officieel adviseur⟩ Berater m; 3 ⟨advocaat⟩ Rechtsanwalt m
**raadsverkiezing** Gemeinderatswahlen mv, Kommunalwahl v
**raadsvrouw** 1 ⟨advocate⟩ (Rechts)anwältin v; 2 ⟨adviseuse⟩ Beraterin v, Ratgeberin v
**raadzaal** Ratssaal m
**raadzaam** ratsam, anzuraten, empfehlenswert
**raaf** Rabe m; *witte ~* fig weißer Rabe
**raak**: getroffen; *~ gooien* treffen; *maar praten* ins Blaue hineinreden; *een ~ antwoord* eine treffende Antwort v; *een rake opmerking* eine zutreffende Bemerkung v
**raaklijn** Berührungslinie v; wisk Tangente v
**raakpunt** Berührungspunkt m
**raakvlak** Berührungspunkt m; wisk Tangentialebene v
**raam** 1 ⟨venster⟩ Fenster o; 2 ⟨borduurraam⟩ Stickrahmen m; *dubbel ~* Doppelfenster o; *'t geld 't ~ uitgooien* das Geld zum Fenster hinausschmeißen
**raamadvertentie** Fensterreklame v
**raamkozijn** Fensterrahmen m
**raamvertelling** Rahmenerzählung v
**raamwet** Rahmen-, Mantelgesetz o
**raap** 1 ⟨plantk & gemeenz kop⟩ Rübe v; 2 ⟨koolraap⟩ Kohlrübe v, Steckrübe v
**raapstelen** Rübstielchen mv; N-Duits Stielmus o
**raar** 1 ⟨zonderling⟩ seltsam, merkwürdig, sonderbar; 2 ZN ⟨zeldzaam⟩ seltsam; 3 ZN ⟨zelden⟩ selten; *een rare* ein sonderbarer Kauz m, ein verschrobener Kerl m
**raaskallen** Unsinn m reden, faseln, quatschen
**raat** Honigwabe v
**rabarber** Rhabarber m
**rabat** Rabatt m, Preisnachlaß m, Skonto m & o
**rabbi** Rabbi m
**rabbijn** Rabbiner m
**rabies** Tollwut v
**race** Rennen o
**raceauto** Rennwagen m
**racebaan** Rennbahn v
**racefiets** Rennrad o
**racen** rennen, flitzen
**racewagen** Rennwagen m
**rachitis** englische Krankheit v, Rachitis v
**raciaal** rassisch
**racisme** Rassismus m
**racist** Rassist m
**racistisch** rassistisch
**racket** Schläger m, Racket o
**1 rad** o Rad o; *het ~ van avontuur* das Glücksrad; *'t vijfde ~ aan de wagen* das fünfte Rad am Wagen; *iem. een ~ voor de ogen draaien* jmdm. einen blauen Dunst vormachen
**2 rad** bn schnell, behende; *~ van tong* zungenfertig
**radar** Radar m
**radarscherm** Radarschirm m
**radbraken** 1 hist radebrechen, rädern; 2 fig radebrechen; *geradbraakt zijn* fig zerschlagen, wie gerädert sein
**raddraaier** Rädelsführer m
**radeloos** ratlos, verzweifelt
**radeloosheid** Ratlosigkeit v, Verzweiflung v
**raden*** 1 ⟨raad geven⟩ raten, Rat erteilen; 2 ⟨gissen⟩ raten, erraten; *iemand iets ~* einem etwas raten, einem zu etwas raten
**raderboot** Raddampfer m
**ra'deren** radieren, ätzen
**raderwerk** Räderwerk o, Getriebe o
**radiateur** ⟨van auto⟩ Kühler m
**radicaal** I bn radikal; II m ⟨politiek⟩ Radikale(r) m-v; III o chem, wisk Radikal o
**radicalisme** Radikalismus m
**radijs** Radieschen o
**radio** Radio o, Rundfunk m
**radioactief** radioaktiv
**radioactiviteit** Radioaktivität v
**radiocassetterecorder** Kassettenrecorder m mit Radio
**radiografie** Radiographie v, Röntgenographie v
**radiografisch**: *~ bestuurd* ferngelenkt, ferngesteuert
**radionieuwsdienst** Nachrichtensendung v
**radio-omroep** Rundfunk m; Zwits Rundspruch m
**radiopiraat** 1 ⟨station⟩ Piratensender m; 2 ⟨persoon⟩ Rundfunkpirat m

**radioprogramma** Radio-, Rundfunkprogramm o, Sendefolge v
**radioscopie** Röntgenoscopie v, Röntgenuntersuchung v
**radiostation** Radio-, Rundfunkstation v, Sender m
**radiotoestel** Radio-, Rundfunkgerät o
**radio-uitzending** Radio-, Rundfunksendung v
**radiowekker** Radiowecker m
**radiozender** Radio-, Rundfunksender m
**radium** Radium o
**radius** Radius m
**radslag** Rad o; *een ~ maken* radschlagen
**rafel** Faser v
**rafelen** fasern, ausfasern, ausfransen
**rafelig** faserig, ausgefranst
**raffia** Bast m, Raphia v, Raphiabast m
**raffinaderij** Raffinerie v
**raffinement** Raffinement o
**raffineren** raffinieren
**rag** Spinngewebe o
**rage** Rage v
**ragebol** Staubwedel m; ⟨v. haar⟩ Strubbelkopf m
**ragfijn** sehr fein, hauchfein
**ragout** Ragout o
**rail 1** ⟨spoorstaaf; richel⟩ Schiene v; **2** ⟨spoor⟩ Gleis o; *metalen ~* Metallschiene v
**rakelings** hart, dicht, ganz nahe; *~ voorbijgaan* fast streifen
**raken 1** ⟨aanraken⟩ berühren; **2** ⟨treffen⟩ treffen; **3** ⟨worden⟩ geraten, werden; *dat raakt me niet* das berührt mich nicht; *gewond ~* verwundet werden; *opgewonden ~* in Aufregung geraten (versetzt werden)
**raket 1** ⟨projectiel⟩ Rakete v; **2** ⟨plant⟩ Rauke v
**raketbasis** Raketenbasis v
**rakker** Racker m, Schlingel m, Bengel m, Lausebengel m
**rally** Rallye v
**ram 1** ⟨mannelijk schaap⟩ Schafbock m, Widder m; **2** ⟨sterrenbeeld⟩ Widder m; **3** ⟨stormram⟩ Sturmbock m
**RAM** = *Random-Access Memory*, comput RAM o
**ramadan** Ramadan m
**ramen** veranschlagen, schätzen (auf + 4)
**raming** Schätzung v; *voorlopige ~* Voranschlag m
**rammel**: *een pak ~* eine Tracht Prügel
**rammelaar 1** ⟨mannelijk dier⟩ Rammler m; **2** ⟨speelgoed⟩ Kinderklapper v, -rassel v
**rammelen 1** ⟨rijtuig⟩ rumpeln, rattern; **2** ⟨sabel, geld⟩ klirren; **3** ⟨aan de deur⟩ rütteln; **4** ⟨vensters enz.⟩ klappern; *ik rammel van de honger* ich habe einen mordsmäßigen Hunger, mein Magen knurrt
**rammelkast** geringsch **1** ⟨piano⟩ Klimperkasten m; **2** ⟨auto⟩ Klapperkiste v
**rammen** rammen
**rammenas** Rettich m, Z-Duits gemeenz Radi m
**ramp** Katastrophe v
**rampenplan** Katastrophenplan m
**rampgebied** Katastrophengebiet o
**rampspoed** Unglück o, Katastrophe v, Elend o
**ramptoerisme** Katastrophentourismus m
**rampzalig** unheilvoll, unglückselig, katastrophal
**ramsj** Ramsch m, Ausschuß m, Restposten m
**rancune** Groll m, alter Haß m
**rancuneus** nachtragend, rachsüchtig
**rand 1** ⟨in 't alg.⟩ Rand m; **2** ⟨sierrand⟩ Borte v
**randapparatuur** comput Peripheriegeräte mv
**randfiguur** Randfigur v
**randgemeente** Randgemeinde v
**randgroep** Randgruppe v
**randgroepjongere** Jugendliche(r) m-v aus einer Randgruppe, Aussteiger m
**randje**: *op 't ~* mit knapper Not, gerade noch
**randschrift** ⟨v. munt⟩ Umschrift v
**Randstad**: *de ~* das Ballungsgebiet im Westen der Niederlande
**randstoring** Randstörung v
**randweg** Tangente v
**rang 1** ⟨in 't alg.⟩ Rang m; **2** ⟨v. ambtenaar⟩ Dienstgrad m; **3** ZN ⟨rij⟩ Reihe v; *van gelijke ~* gleichrangig
**rangeerder** Rangierer m
**rangeerterrein** Rangiergelände o, -bahnhof m
**rangeren** rangieren, verschieben
**ranglijst** Rangliste v
**rangnummer** Rangnummer v
**rangorde** Rangordnung v, Reihenfolge v
**rangschikken** (an)ordnen, klassifizieren
**rangschikking** Ordnung v, Anordnung v, Klassifikation v
**rangtelwoord** Ordnungszahl v
**1 rank** bn ⟨slank⟩ schlank
**2 rank** v ⟨stengel⟩ Ranke v
**ranonkel** Ranunkel v
**ransel 1** ⟨tas⟩ Ranzen m; **2** mil Tornister m; *een pak ~* ⟨slaag⟩ eine Tracht Prügel
**ranselen** prügeln
**rantsoen** Ration v
**rantsoeneren** rationieren
**ranzig** ranzig
**1 rap** bn bijw **1** ⟨vlug⟩ behende, flink, rasch; **2** ⟨v. tong⟩ zungenfertig; *~ van tong zijn* ein flinkes (lockeres) Mundwerk haben
**2 rap** m muz Rap m
**rapen** aufheben, sammeln; ⟨haastig⟩ raffen
**rappen** rappen
**rapport 1** ⟨in 't alg.⟩ Bericht m; **2** ⟨deskundig⟩ Gutachten o; **3** ⟨op school⟩ Zeugnis o; **4** mil Meldung v
**rapportcijfer** ⟨Zeugnis⟩note v, Zensur v
**rapporteren** melden, berichten
**rapsodie** Rhapsodie v
**rara** Rate mal; *~, wie is daar?* dreimal darfst du raten, wer!
**rariteit** Seltenheit v, Rarität v
**rariteitenkabinet** Raritätenkabinett o
**1 ras** o Rasse v; *van zuiver ~* rasserein, reinrassig
**2 ras** bn bijw ⟨snel⟩ rasch, schnell, Z-Duits geschwind
**rasecht** rasserein, reinrassig; *'n ~e Hollan-*

*der* ein waschechter Holländer *m*
**rashond** Rassehund *m*
**rasp 1** ⟨vijl⟩ Raspel *v*; **2** ⟨in de keuken⟩ Reibe *v*
**raspaard** Rassepferd *o*
**raspen 1** ⟨hout⟩ raspeln; **2** ⟨in keuken⟩ reiben
**rassendiscriminatie** Rassendiskriminierung *v*
**rassenhaat** Rassenhaß *m*
**rassenrellen** Rassenunruhen *mv*
**raster 1** ⟨netwerk⟩ Raster *m*; **2** ⟨lat⟩ Latte *v*
**rasterwerk** Gitterumzäunung *v*
**raszuiver** rasserein, reinrassig
**rat** Ratte *v*; *bruine* ~ Wanderratte *v*
**rataplan**: *de hele* ~ gemeenz der ganze Kram (Plunder)
**ratel 1** ⟨instrument⟩ Rassel *v*, Ratsche *v*, Knarre *v*; **2** ⟨babbel⟩ Plappermaul *o*
**ratelen 1** ⟨geluid maken⟩ rasseln; ⟨v. wagen ook⟩ rattern; **2** ⟨praten⟩ plappern
**ratelslang** Klapperschlange *v*
**ratificatie** Ratifizierung *v*
**ratificeren** ratifizieren
**ratio** Ratio *v*, Vernunft *v*
**rationaliseren** rationalisieren
**rationalisme** Rationalismus *m*, Aufklärung *v*
**rationalistisch** rationalistisch
**rationeel 1** ⟨wisk en verstandelijk⟩ rational; **2** ⟨praktisch⟩ rationell
**ratjetoe** Mischmasch *m*
**rato**: *naar* ~ nach Verhältnis
**rats** mil Soldatenkost *v*; *in de* ~ *zitten* in der Tinte sitzen; in der Patsche stecken
**rattenkruit** Rattengift *o*, Arsenik *o*
**rattenvanger** Rattenfänger *m*
**rauw 1** ⟨niet toebereid⟩ roh; **2** ⟨hard, onaangenaam⟩ rauh, grob, derb; **3** ⟨ontveld⟩ wund
**rauwkost** Rohkost *v*
**ravage 1** ⟨bende⟩ Durcheinander *o*; **2** ⟨verwoesting⟩ Verwüstung *v*
**ravijn** Schlucht *v*
**ravotten** sich balgen, sich tummeln, herumtollen
**1 rayon** *o* & *m* ⟨kunststof⟩ Reyon *m*
**2 rayon** *o* Bezirk *m*, Arbeitsgebiet *o*
**razen** rasen, toben, wüten; ⟨water⟩ singen
**razend** rasend, wütend, wahnsinnig, toll
**razendsnel I** *bn* blitzschnell, außerordentlich schnell; **II** *bijw* im Eil(zug)tempo
**razernij** Raserei *v*, Tobsucht *v*, Wut *v*
**razzia** Razzia *v*
**reactie** Reaktion *v*
**reactievermogen** Reaktionsvermögen *o*
**reactionair I** *bn* reaktionär, rückschrittlich; **II** *m* Reaktionär *m*
**reactor** Reaktor *m*
**reageerbuisbaby** Retortenbaby *o*
**reageerbuisbevruchting** Reagenzglasbefruchtung *v*
**reageren** reagieren
**realisatie 1** Realisierung *v*, Verwirklichung *v*; **2** ZN ⟨film⟩ Filmproduktion *v*
**realiseren** realisieren, verwirklichen
**realisme** Realismus *m*
**realist** Realist *m*

**realistisch** realistisch, wirklichkeitsnah
**realiteit** Wirklichkeit *v*, Realität *v*
**reanimatie** Reanimation *v*, Wiederbelebung *v*
**reanimeren** reanimieren, wiederbeleben
**rebel** Rebell *m*
**rebelleren** rebellieren
**rebellie** Rebellion *v*, Aufstand *m*
**rebels** rebellisch, aufrührerisch
**rebus** Rebus *m* & *o*, Bilderrätsel *o*
**recalcitrant** widerspenstig, trotzig
**recapituleren** rekapitulieren, zusammenfassen
**recensent** Rezensent *m*, Kritiker *m*
**recenseren** rezensieren
**recensie** Rezension *v*, Kritik *v*
**recensie-exemplaar** Rezensionsexemplar *o*, -stück *o*
**recent 1** ⟨in 't alg.⟩ rezent, jüngern Datums, kürzlich geschehen; **2** ⟨boek⟩ eben erschienen; *het* ~*e incident* der neuerliche Zwischenfall
**recentelijk** vor kurzem, neulich, kürzlich
**recept** Rezept *o*
**receptie 1** ⟨in 't alg.⟩ Empfang *m*; **2** ⟨ontvangstbalie⟩ Rezeption *v*; *staande* ~ Stehempfang *m*
**receptionist** Empfangsschef *m*
**reces** Parlamentsferien *mv*; *op* ~ *gaan* in (die) Ferien gehen
**recessie** Konjunkturrückgang *m*, Rezession *v*
**recette** Einnahmen *mv*
**recherche 1** ⟨onderzoek⟩ Nachforschung *v*, Ermittlung *v*, Fahndung *v*; **2** ⟨politie⟩ Kriminalpolizei *v*, -amt *o*, Kripo *v*
**rechercheur** Kriminalbeamte(r) *m-v*, Ermittlungsbeamte(r) *m-v*; Fahndungsbeamte(r) *m-v*; *gemeenz* Kriminaler *m*
**1 recht** *bn* **1** ⟨niet krom⟩ gerade; **2** ⟨goed⟩ recht, richtig; ~ *evenredig wisk* direkt proportional, verhältnisgleich; ~ *door zee* offen, aufrichtig; ~ *door zee gaan* den geraden Weg gehen; ~*e hoek* rechter Winkel *m*; ~*e lijn* gerade Linie *v*, Gerade *v*; ~ *van lijf en leden* gut (gerade) gewachsen; von geradem Wuchs
**2 recht** *o* **1** Recht *o*; **2** ⟨bij in- of uitvoer⟩ Zoll *m*; **3** ⟨belasting⟩ Steuer *v*; **4** ⟨aanspraak⟩ Anrecht *o*, Anspruch *m*; *burgerlijk* ~ Zivilrecht *o*; ~ *op vrije doortocht* Durchzugsrecht *o*; ~*en op de invoer* Einfuhrzoll *m*; ~*en op de uitvoer* Ausfuhrzoll *m*; ~ *op pensioen* Pensionsberechtigung *v*; ~*en van de mens* Menschenrechte; *'t* ~ *in eigen handen nemen* zur Selbstjustiz greifen; *hij is in zijn* ~ er ist im Recht; *op zijn* ~ *staan* auf seinem Recht bestehen; *tot zijn* ~ *komen* sich geltend machen; *zie ook:* rechten
**rechtbank** Gericht *o*
**rechtdoor** geradeaus
**rechteloos** rechtlos
**rechten 1** ⟨rechtswetenschap⟩ Rechte *mv*, Jura *mv*; **2** ⟨invoerrecht⟩ Zoll *m*; **3** ⟨zegelrecht enz.⟩ Steuern *mv*; ~ *studeren* Jura studieren
**rechtens** rechtlich
**1 rechter** *m* Richter *m*; ~ *van instructie* Un-

tersuchungsrichter m; *iem. voor de ~ slepen* schertsend einen vor den Kadi schleppen
**2 rechter** *bn* recht
**rechterarm** rechter Arm m
**rechter-commissaris** Untersuchungsrichter m
**rechterhand** rechte Hand v (ook fig), Rechte v
**rechterkant** rechte Seite v
**rechterlijk** richterlich, gerichtlich; *~e macht* richterliche Gewalt v; (justitie) Justizbehörde v
**rechtervleugel** rechter Flügel m
**rechtgeaard** rechtschaffen, echt, richtig
**rechthebbende** Berechtigte(r) m-v
**rechthoek** Rechteck o
**rechthoekig** rechtwink(e)lig
**rechtlijnig** g(e)radlinig
**rechtmatig** rechtmäßig
**rechtop** aufrecht, gerade; *~ houden* geradehalten; *~ lopen* geradegehen
**rechtopstaand** aufrechtstehend; (kraag) hochstehend
**rechts** rechts; *één ~, één averechts* eins rechts, eins links; eins glatt, eins verkehrt
**rechtsachter, rechtsback** *sp* rechter Verteidiger m
**rechtsaf** nach rechts, rechts
**rechtsbeginsel** Rechtsgrundsatz m
**rechtsbijstand** Rechtshilfe v
**rechtsbuiten** *sp* Rechtsaußen m, rechter Flügelstürmer m
**rechtschapen** redlich, bieder
**rechtsextremist** Rechtsextremist m
**rechtsgang** Rechtsgang m
**rechtsgebied** Rechtsgebiet o; Gerichtsbezirk o
**rechtsgeding** Gerichtsverfahren o; (proces) Prozeß m
**rechtsgeldig** rechtsgültig, -kräftig, -wirksam
**rechtsgeleerde** Rechtsgelehrte(r) m-v, Jurist m
**rechtsgeleerdheid** Rechtswissenschaft v
**rechtsgelijkheid** Gleichberechtigung v
**rechtsgevoel** Rechtsgefühl o, -empfinden o
**rechtsgrond** Rechtsgrund m, -titel m
**rechtshandig** rechtshändig
**rechtskracht** Rechtskraft v
**rechtskundig** rechtskundig; *~ adviseur* Rechtsberater m
**rechtsom** rechtsherum
**rechtsomkeert** rechtsumkehrt!
**rechtsorde** Rechtsordnung v
**rechtspersoon** juristische Person v, Rechtsperson v
**rechtspersoonlijkheid** Rechtsfähigkeit v
**rechtspleging** Rechtspflege v, Gerichtsbarkeit v, Gerichtsverfahren o
**rechtspositie** Rechtslage v
**rechtspraak** Rechtspflege v, Rechtsprechung v
**rechtspreken** Recht sprechen
**rechtsstaat** Rechtsstaat m
**rechtsstelsel** Rechtssystem o
**rechtstaan** ZN aufstehen

**rechtstandig** senkrecht
**rechtstreeks** direkt, unmittelbar; *~ telefoneren* durchwählen
**rechtsvervolging** gerichtliche Verfolgung v
**rechtsvordering** Rechtsforderung v; Klage v
**rechtswege**: *van ~* von Rechts wegen
**rechtswetenschap** Rechtswissenschaft v
**rechtswinkel** Rechtsberatungsstelle v
**rechtszaak** Rechtssache v, Prozeß m
**rechtszaal** Gerichtssaal m
**rechtszekerheid** Rechtssicherheit v
**rechtszitting** Gerichtsverhandlung v, -termin m
**rechttoe rechtaan** immer geradeaus
**rechtuit** g(e)radeaus
**rechtvaardig** gerecht
**rechtvaardigen** rechtfertigen
**rechtvaardigheid** Gerechtigkeit v
**rechtzetten** richtigstellen, berichtigen
**rechtzinnig** rechtgläubig, orthodox
**recidive** Rezidiv o
**recidivist** Rezidivist m
**recipiëren** empfangen
**reciteren** vortragen, rezitieren
**reclame 1** (aanprijzing) Werbung v, Reklame v; **2** (protest) Reklamation v, Beschwerde v; *in de ~ zijn* im Sonderangebot sein
**reclameblok** Werbeblock m
**reclamebureau** Werbe-, Reklamebüro o, Werbeagentur v
**reclamecampagne** Werbekampagne v, Werbefeldzug m
**reclamefilm** Werbefilm m
**reclameren** reklamieren, Einspruch erheben, sich beschweren; (opvragen) zurückfordern
**reclamespot** Werbespot m
**reclamezuil** Litfaß-, Plakatsäule v
**reclasseren** resozialisieren
**reclassering** Resozialisierung v, Gefangenenfürsorge v
**reclasseringsambtenaar** Bewärungshelfer m
**reconstructie** Rekonstruktion v
**reconstrueren** rekonstruieren
**record** Rekord m, Höchst-, Bestleistung v
**recordhouder** Rekordhalter m
**recordtijd** Best-, Rekordzeit v
**recreant** Erholungssuchende(r) m-v, Urlauber m
**recreatie** Erholung v
**recreatief** erholsam
**recreatiegebied** Erholungsgebiet o
**recreatiezaal** Erholungsraum m
**rectificatie** Richtigstellung v, Berichtigung v, Rektifikation v
**rectificeren** berichtigen, richtigstellen, rektifizieren
**rector** Direktor m, (v. gymnasium) Gymnasialdirektor m, (v. klooster) Rektor m; *~ v.e. universiteit* Rektor m; *de ~ magnificus* die Magnifizenz, der Rektor magnificus
**reçu 1** (in 't alg.) Empfangsschein m; **2** (v. bagage) Gepäckschein v
**recupereren** *med* sich (wieder) erholen; (terugwinnen) wiederverwenden, -ver-

werten
**recyclage** ZN Recycling o, Wiederverwertung v
**recyclen** wiederverwerten, recyceln
**recycling** Recycling o, Wiederverwendung, -verwertung v
**redacteur** 1 ⟨v. krant, tijdschrift⟩ Redakteur m; 2 ⟨v. boek⟩ Redaktor m, Herausgeber m
**redactie** Redaktion v
**redactioneel** redaktionell
**redactrice** Redakteurin v
**reddeloos** rettungslos, unrettbar
**redden** retten; *zich goed kunnen* ~ ⟨financieel⟩ gut auskommen; *hij zal zich wel* ~ er wird sich zu helfen wissen; *zich eruit* ~ sich aus der Affäre ziehen
**redder** Retter m
**redderen** ordnen; aufräumen
**redding** Rettung v
**reddingswerk** Rettungsarbeit v
**1 rede** 1 ⟨menselijke rede⟩ Vernunft v; 2 ⟨redevoering, toespraak⟩ Rede v; Ansprache v; *inaugurele* ~ Antrittsrede v; *iem. in de* ~ *vallen* einem ins Wort (in die Rede) fallen; *iem. tot* ~ *brengen* einen zur Vernunft bringen
**2 rede** scheepv Reede v
**redelijk** 1 ⟨verstandig⟩ vernünftig; 2 ⟨behoorlijk, flink⟩ anständig; 3 ⟨tamelijk⟩ ziemlich; *een* ~ *wezen* ein vernunftbegabtes Geschöpf o; *een* ~*e vergoeding* eine angemessene Vergütung v; *een* ~ *voorstel* ein akzeptabler Vorschlag m
**redelijkheid** Vernünftigkeit v
**redeloos** unvernünftig, sinnlos
**reden** Grund m, Ursache v, Anlaß m; *daar is alle* ~ *voor* das hat so seine Gründe; ~ *tot bezorgdheid* Grund m zur Sorge (Besorgnis); ~ *tot echtscheiding* Scheidungsgrund m; ~ *van bestaan* Existenzberechtigung v; *gegronde* ~*en tot klagen* triftige Gründe sich zu beklagen; *met* ~*en omkleden* mit Gründen versehen, hinreichend begründen; *niet zonder* ~ nicht ohne Grund, nicht umsonst; *zonder* ~ ohne Anlaß
**redenaar** Redner m
**redenatie** Argumentation v; geringsch Gerede o
**redeneren** argumentieren; *logisch* ~ logisch folgern
**redenering** Argumentation v, Darlegung v, Gedankengang m
**reder** Reeder m
**rederij** Reederei v
**rederijker** hist Rhetoriker m; Meistersinger m
**redetwisten** sich streiten, disputieren
**redevoering** Rede v
**redigeren** redigieren
**redmiddel** Rettungs-, Hilfsmittel o
**reduceren** herabsetzen, reduzieren
**reductie** Reduktion v
**1 ree** v & o ⟨dier⟩ Reh o
**2 ree** v scheepv Reede v
**reebruin** rehbraun
**reeds** schon, bereits

**reëel** reell; wirklich, tatsächlich; ~ *inkomen* Realeinkommen o
**reeks** 1 ⟨rij⟩ Reihe v, Folge v; 2 ZN ⟨tv-serie⟩ ⟨Fernseh⟩serie v; *een opklimmende, dalende* ~ wisk ein steigende, fallende Reihe v; *een rekenkundige, meetkundige* ~ wisk eine arithmetische, geometrische Reihe v
**reep** 1 ⟨papier, textiel⟩ Streifen m; 2 ⟨touw⟩ Reep o, Seil o; *een* ~ *chocola* eine Tafel v Schokolade, ein Riegel m Schokolade
**reet** 1 ⟨spleet⟩ Ritze v, Ritz m, Spalte v; 2 ⟨aars⟩ gemeenz Arsch m
**referaat** Referat o
**referendaris** Ministerialrat m
**referendum** Referendum o; ⟨van 't hele volk⟩ Volksentscheid m
**referent** ⟨iem. die een referaat houdt⟩ Referent m, Vortragende(r) m
**referentie** Referenz v
**referentiekader** Bezug(s)system o, -rahmen o
**refereren** referieren; ~ *aan* beziehen auf (+ 4)
**reflectant** Bewerber m, Interessent m
**reflecteren** reflektieren; ~ *op* reagieren auf (+ 4)
**reflectie** 1 ⟨v. licht e.d.⟩ Reflexion v; 2 ⟨fig ook⟩ Betrachtung v
**reflector** Reflektor m; ⟨v. fiets⟩ Rückstrahler m
**reflex** Reflex m
**reflexbeweging** Reflexbewegung v
**reflexief** gramm reflexiv, rückbezüglich
**Reformatie** godsd Reformation v
**reformatorisch** reformatorisch
**reformwinkel** Reformhaus o
**refrein** Kehrreim m, Refrain m
**refter** 1 ⟨in een klooster⟩ Refektorium o, Rem(p)ter m; 2 ZN Kantine v
**regel** 1 ⟨gewoonte, gramm⟩ Regel v; 2 ⟨druk⟩ Zeile v; 3 ZN ⟨lat⟩ ⟨schmale⟩ Latte v; *volgens de* ~*en der kunst* regel-, kunstgerecht; ~ *voor* ~ zeilenweise
**regelaar** 1 techn Regler m; 2 ⟨persoon⟩ Organisator m
**regelafstand** Zeilenabstand m
**regelbaar** regulierbar, verstellbar
**regelen** 1 ⟨in orde brengen⟩ regeln, ordnen, regulieren; 2 ⟨voorschrijven⟩ bestimmen, anordnen
**regelgeving** 1 ⟨het regelen⟩ Regelung v, Anordnung v; 2 ⟨de gegeven regels⟩ Vorschrift v, Bestimmung v
**regeling** Reg(e)lung v; *een* ~ *treffen* ⟨geeignete⟩ Maßnahmen treffen, ergreifen
**regelkamer** Schaltzentrale v, Kontrollzentrum o
**regelmaat** Regelmäßigkeit v
**regelmatig** regelmäßig
**regelneef** geringsch Person v, die immer alles organisieren will; Z-Duits Geschaftlhuber m
**regelrecht** gerade(n)wegs, direkt
**regen** Regen m; *aanhoudende (langdurige)* ~ Dauerregen m, anhaltende Regenfälle mv; *na* ~ *komt zonneschijn* auf Regen folgt Sonnenschein
**regenachtig** regnerisch

**regenboog** Regenbogen *m*
**regenbui** Regenschauer *m*
**regenen** regnen; *'t regent dat 't giet* es regnet in Strömen, wie aus Eimern
**regenjas** Regenmantel *m*; Regenjacke *v*
**regenpak** regendichter Anzug *m*
**regenpijp** Regenrohr *o*
**regent** ⟨staatsbestuurder⟩ Regent *m*
**regentaat** ± Ausbildung *v* zum Realschuler
**regentes** Regentin *v*
**regentijd** Regenzeit *v*
**regenton** Regentonne *v*
**regentschap** Regentschaft *v*
**regenval** Regenfall *m*
**regenvlaag** Regenbö *v*
**regenwater** Regenwasser *o*
**regenworm** Regenwurm *m*
**regenwoud** Regenwald *m*
**regeren** regieren
**regering** Regierung *v*
**regeringsleider** Regierungschef *m*
**regeringspartij** Regierungspartei *v*
**regeringsverklaring** Regierungserklärung *v*
**regeringswege**: *van* ~ amtlich, seitens der Regierung
**reggae** Reggae *m*
**regie** 1 ⟨film e.d.⟩ Spielleitung *v*, Regie *v*; 2 ZN ⟨openbare werken⟩ Stadtwerke *mv*
**regime** Regime *o*
**regiment** Regiment *o*
**regio** Region *v*, Raum *m*, Bezirk *m*
**regionaal** regional
**regionen** Regionen *mv*
**regisseren** die Regie führen (über)
**regisseur** Spielleiter *m*, Regisseur *m*
**register** Register *o*; Verzeichnis *o*; *alle* ~*s opentrekken* alle Register ziehen
**registratie** Registratur *v*
**registreren** registrieren, eintragen
**reglement** Reglement *o*; Satzungen *mv*
**reglementair** ordnungsgemäß, vorschriftsmäßig, regulär
**reglementeren** reglementieren
**reguleren** regulieren
**regulier** regelmäßig, regulär
**rehabilitatie** Rehabilitation *v*, Rehabilitation *v*
**rehabiliteren** rehabilitieren
**rei** ⟨reidans⟩ Reigen *m*, Reigentanz *m*
**reiger** Reiher *m*; *blauwe* ~ Fischreiher *m*
**reiken** reichen
**reikhalzen** sehnsüchtig Ausschau halten; *naar iets* ~ etwas herbeisehnen
**reikwijdte** Reichweite *v* (ook fig)
**reilen**: *het* ~ *en zeilen* der Handel und Wandel
**rein** rein; *in het* ~*e brengen* ins Reine bringen
**reïncarnatie** Reinkarnation *v*
**reinigen** reinigen
**reinigingsdienst** Reinigungsdienst *m*
**reinigingsmiddel** Reinigungsmittel *o*
**reis** Reise *v*; *enkele* ~ einfach; *goede* ~ gute (glückliche) Reise; *op* ~ *gaan* auf Reisen gehen; *op* ~ *zijn* verreist sein
**reisapotheek** Reiseapotheke *v*
**reisbenodigdheden** Reisebedürfnisse *mv*, -bedarf *m*, -utensilien *mv*
**reisbeschrijving** Reisebeschreibung *v*
**reisbeurs** Reisestipendium *o*
**reisbureau** Reisebüro *o*
**reischeque** Reisescheck *m*
**reisgenoot** Reisegefährte *m*
**reisgezelschap** Reisegesellschaft *v*
**reisgids** Führer *m*, Reiseführer *m*
**reiskosten** Reisekosten *mv*; ⟨onkosten⟩ Reisespesen *mv*
**reiskostenvergoeding** Reisekostenentschädigung *v*; ⟨vast bedrag⟩ Reisekostenpauschale *v*
**reisleider** Reiseleiter *m*
**reistijd** Reisezeit *v*
**reisvaardig** reisefertig
**reisverzekering** Reiseversicherung *v*
**reiswekker** Reisewecker *m*
**reiswieg** Reisewiege *v*
**reizen** 1 (in 't alg.) reisen; 2 ⟨voetreis⟩ wandern; 3 ⟨vliegreis⟩ fliegen; ~ *en trekken* reisen und wandern
**reiziger** 1 (in 't alg.) Reisende(r) *m*-*v*; 2 ⟨handelsreiziger⟩ Vertreter *m*
**1 rek** *m* Elastizität *v*; *de* ~ *is eruit* (der Stoff usw.) dehnt sich nicht mehr
**2 rek** *o* 1 ⟨rekstok⟩ Reck *o*, Reckstange *v*; 2 ⟨voor was enz.⟩ Gestell *o*; 3 ⟨fietsenrek⟩ Ständer *m*; 4 ⟨boekenrek⟩ Regal *o*
**rekbaar** dehnbar
**rekel** 1 ⟨mannetjesvos⟩ Fuchsrüde *m*; 2 ⟨kwajongen⟩ Rüpel *m*, Flegel *m*
**rekenaar** Rechner *m*
**rekencentrum** Rechenzentrum *o*
**rekeneenheid** Rechnungseinheit *v*
**rekenen** rechnen; *reken maar!* sei davon überzeugt!, und ob!; *wij* ~ *het ons tot een eer* wir rechnen es uns zur Ehre; *daarop kun je* ~*!* darauf kannst du dich verlassen!; *uit het hoofd* ~ im Kopf rechnen, kopfrechnen
**rekenfout** Rechenfehler *m*
**Rekenhof** ZN Rechnungshof *m*, -kammer *v*
**rekening** 1 ⟨nota⟩ Rechnung *v*; 2 ⟨bij de bank⟩ Konto *o*; *gefingeerde* ~ Scheinrechnung *v*; ~ *houden met* rechnen mit, Rücksicht nehmen auf (+ 4), berücksichtigen; *in* ~ *brengen* in Rechnung stellen; fig in Anschlag bringen; *'t komt voor uw* ~ fig es geht auf Ihr Konto; *voor zijn* ~ *nemen* übernehmen, auf sich nehmen
**rekening-courant** laufende Rechnung *v*, Kontokorrent *o*
**rekeninghouder** Kontoinhaber *m*
**rekeningrijden** Telemaut *v*
**rekenkamer** Rechnungshof *m*, -amt *o*; ⟨in Duitsland⟩ Bundesrechnungshof *m*
**rekenkunde** Arithmetik *v*
**rekenkundig** arithmetisch
**rekenliniaal** Rechenschieber *m*
**rekenmachine** Rechenmaschine *v*; Rechner *m*
**rekenmunt** Rechnungsmünze *v*
**rekenschap** Rechenschaft *v*; *zich* ~ *geven van iets* sich über etwas klar (im klaren) sein
**rekensom** Rechenaufgabe *v*, -exempel *o*
**rekenwonder** Rechenkünstler *m*

**rekest** Gesuch *o*, Bittgesuch *o*, Eingabe *v*
**rekken I** *overg* **1** ⟨uitrekken⟩ dehnen, rekken, strecken, hin(aus)ziehen; **2** ⟨verblijf⟩ in die Länge ziehen; *zich ~* sich dehnen; *spieren ~* Muskeln strecken; *zijn leven ~* sein Dasein fristen; **II** *onoverg* sich dehnen, sich strecken
**rekruteren** rekrutieren; mil einberufen, einziehen
**rekruut** Rekrut *m*
**rekstok** Reck *o*, Reckstange *v*
**rekverband** Streckverband *o*
**rekwisiet** Requisit *o*, Zubehör *o*
**rel** Tumult *m*; Krawall *m*; *~len* Unruhen
**relaas** Bericht *m*
**relais** Relais *o*
**relateren**: *~ aan* beziehen auf
**relatie 1** ⟨verbinding⟩ Verbindung *v*, Beziehung *v*; **2** ⟨bekende⟩ Bekannte(r) *m-v*, Freund *m*; handel Geschäftsfreund *m*; **3** ⟨liefdesrelatie⟩ Verhältnis *o*; *uitgebreide ~s* ausgedehnte Verbindungen; *veel ~s hebben* gute Beziehungen haben
**relatief** verhältnismäßig, relativ
**relatiegeschenk** Werbegeschenk *o*
**relativeren** relativieren
**relativiteit** Relativität *v*
**relativiteitstheorie** Relativitätstheorie *v*
**relaxen** sich entspannen, relaxen
**relevant** relevant, bedeutsam, wichtig
**relict** Relikt *o*
**reliëf** Relief *o*
**religie** Religion *v*
**religieus** religiös
**relikwie** Reliquie *v*
**reling** Reling *v*
**rem** Bremse *v*
**remblok** Bremsklotz *m*
**rembours** Nachnahme *v*; *onder, tegen ~* per Nachnahme
**remedie** Heilmittel *o*, Remedium *o*
**remgeld** ZN Selbstbeteiligung *v* (des Versicherten)
**remigrant** Remigrant *m*
**remigratie** Remigration *v*
**remigreren** remigrieren
**1 remise** *v* **1** ⟨voor trams⟩ Wagenhalle *v*; **2** sp Remise *v*, Remis *o*
**2 remise** *bn* sp remis; unentschieden
**remkabel** Bremskabel *o*
**remlicht** Bremslicht *o*
**remmen** bremsen
**remming** psych Hemmung *v*
**remonstrant** Remonstrant *m*
**remraket** Bremsrakete *v*
**remschijf** Bremsscheibe *v*
**remspoor** Bremsspur *v*
**remweg** Bremsweg *m*
**1 ren** *m* ⟨snelle loop⟩ Rennen *o*
**2 ren** *v* ⟨voor kippen⟩ (Hühner)auslauf *m*
**renaissance** Renaissance *v*
**renbaan** Rennbahn *v*, -strecke *v*
**rendabel** rentabel, einträglich
**rendement 1** ⟨handel⟩ Rendite *v*, Ertrag *m*, Verzinsung *v*; **2** ⟨v. machines⟩ Nutzeffekt *m*; **3** ⟨nuttig effect⟩ Wirkungsgrad *m*
**renderen** sich rentieren, sich lohnen
**rendez-vous 1** Rendez-vous *o*, Verabredung *v*
**rendier** Ren *o*, Rentier *o*
**renegaat** Renegat *m*
**rennen** rennen, laufen
**renner** Rennfahrer *m*
**renovatie** Renovierung *v*
**renoveren** renovieren
**renpaard** Rennpferd *o*
**rensport** Rennsport *m*
**renstal** Rennstall *m*
**rente 1** handel Zins *m*, Zinsen *mv*; **2** ⟨lijfrente enz.⟩ Rente *v*; *~ op ~* Zinseszins
**rentegevend** verzinsbar, rentabel
**renteloos** zinslos, unverzinslich; *~ voorschot* zinsfreies Darlehen
**rentenier** Privatmann *m*, Rentner *m*
**rentenieren 1** von seinen Zinsen (seiner Rente) leben; **2** ⟨niets doen⟩ auf der faulen Haut liegen
**rentestand** Zinssatz *m*, -fuß *m*
**rentevergoeding** Verzinsung *v*
**rentevoet** Zinsfuß *m*, -satz *m*
**rentmeester** Verwalter *m*; Gutsverwalter *m*
**rentree 1** ⟨in 't alg.⟩ Wieder-, Rückkehr *v*; **2** theat Comeback *o*
**reorganisatie** Neugestaltung *v*, -ordnung *v*, Reorganisation *v*
**reorganiseren** reorganisieren, neugestalten, neuordnen
**rep**: *in ~ en roer brengen* in Aufregung (Aufruhr) versetzen
**reparateur** Mechaniker *m*
**reparatie** Reparatur *v*, Ausbesserung *v*; *in ~ zijn* repariert werden
**repareren** reparieren, ausbessern
**repatriëren I** *onoverg* in die Heimat zurückkehren; **II** *overg* repatriieren, rücksiedeln
**repatriëring** Repatriierung *v*, Rücksiedlung *v*
**repercussie** Gegenmaßnahme *v*
**repertoire** Spielplan *m*, Repertoire *o*
**repeteergeweer** Repetiergewehr *o*
**repeteerwekker** Repetitionswecker *m*
**repeteren 1** ⟨herhalen⟩ repetieren, wiederholen; **2** theat proben; *~de breuken* periodische Brüche
**repetitie 1** ⟨herhaling⟩ Wiederholung *v*; **2** ⟨op school⟩ Klassenarbeit *v*, Probearbeit *v*; **3** theat Probe *v*; *generale ~* Generalprobe *v*
**repetitor** Repetitor *m*, Repetent *m*
**replica** Replikat *o*; ⟨door kunstenaar zelf gemaakt⟩ Replik *v*
**repliceren** replizieren, erwidern
**repliek** Erwiderung *v*, Gegenrede *v*, Replik *v*; *iem. van ~ dienen* jmdm. Bescheid geben
**reportage** Reportage *v*, Bericht *m*, Berichterstattung *v*
**reportagewagen** Übertragungswagen *m*
**reporter** Berichterstatter *m*, Reporter *m*
**reppen**: *zich ~* sich beeilen; *van iets ~* etwas erwähnen
**represaille, represaillemaatregel** *m* Vergeltungsmaßnahme *v*, Repressalie *v*

**representant** Vertreter *m*, Repräsentant *m*
**representatie** Repräsentation *v*, Darstellung *v*
**representatief** repräsentativ
**representeren** vertreten, repräsentieren
**repressie** Repression *v*, Unterdrückung *v*
**repressief** repressiv, unterdrückend
**reprimande** Verweis *m*, Tadel *m*, Rüge *v*
**reprise** theat Reprise *v*
**reproduceren** reproduzieren, vervielfältigen, vervielfachen
**reproductie** Reproduktion *v*, Wiedergabe *v*
**reptiel** Reptil *o*
**republiek** Republik *v*
**republikein** Republikaner *m*
**republikeins** republikanisch
**reputatie** (guter) Ruf *m*, Leumund *m*; *de ~ hebben...* im Ruf stehen...
**requiem** Requiem *o*, Seelen-, Totenmesse *v*
**requisitoir** Strafantrag *m* (des Staatsanwalts)
**research** (wissenschaftliche) Forschung *v*
**reservaat** Reservat *o*, (Natur)schutzgebiet *o*
**reserve** 1 mil Reserve *v*; 2 handel Rücklagen *mv*; 3 sp Ersatz-, Reservespieler *m*; *zonder enige ~* rückhaltlos, ohne Vorbehalt
**reserveband** Ersatzreifen *m*
**reservebank** Ersatz-, Reservebank *v*
**reserveonderdeel** Ersatzteil *o*
**reserveren** 1 (opzij zetten) reservieren, bereithalten; 2 (v. plaatsen ook) belegen lassen; vorbestellen; *een gereserveerde houding* eine reservierte Haltung *v*
**reservering** Reservierung *v*
**reservespeler** Ersatz-, Reservespieler *m*
**reservewiel** Reserverad *o*
**reservoir** Behälter *m*, Reservoir *o*
**residentie** 1 (hofstad) Residenz *v*; 2 ZN (villa) Villa *v*; 3 ZN (luxe flatgebouw) luxuriöses Appartmentgebäude *o*
**residentieel**: *residentiële buurt* ZN Villenviertel *o*, Nobelviertel *o*
**resideren** residieren
**residu** Rest *m*, Rückstand *m*, Residuum *o*
**resistent**: *~ tegen* resistent gegen
**resistentie** Resistenz *v*
**resolutie** Resolution *v*; *bij ~* auf Beschluß *m*
**resoluut** entschlossen, resolut
**resonantie** Resonanz *v*
**resoneren** resonieren
**respect** Respekt *m*, Achtung *v*
**respectabel** 1 (achtenswaardig) respektabel, angesehen; 2 (v. aantal) ansehnlich
**respecteren** respektieren, achten; *zichzelf ~* etwas auf sich geben
**respectievelijk** beziehungsweise, respektive
**respijt** Aufschub *m*, Frist *v*
**respons** Respons *m*, Reaktion *v*
**ressentiment** Ressentiment *o*
**ressort** Bereich *m*, Fachgebiet *o*, (ambtsgebied) Ressort *o*
**ressorteren**: *onder iemand ~* unter jmdn. ressortieren, jmdm. unterstehen
**rest** Rest *m*, Überbleibsel *o*; *de stoffelijke ~en* die sterblichen Überreste; *voor de ~* übrigens, im übrigen, an sonsten
**restant** 1 (in 't alg.) Rest *m*; 2 (waren) Restbestand *m*, -posten *m*; 3 (schuld) Rückstand *m*
**restaurant** Restaurant *o*, Gaststätte *v*
**restaurateur** 1 (restauranthouder) Wirt *m*, Gaststätteninhaber *m*; 2 (v. kunstwerken) Restaurator *m*
**restauratie** 1 (herstel) Restauration *v*, Instandsetzung *v*; 2 (restaurant) Gaststätte *v*, Restaurant *o*; 3 (in trein) Speisewagen *m*
**restaureren** wiederherstellen, restaurieren
**resten** übrigbleiben; *er rest mij nog...* es bleibt mir noch (übrig)...
**restitueren** erstatten, wieder-, rückerstatten, restituieren
**restitutie** Rückerstattung *v*
**restrictie** Einschränkung *v*, Restriktion *v*; *zonder ~* ohne Vorbehalt *m*
**restwaarde** Restwert *m*
**restzetel** (na zetelverdeling) übriggebliebener Sitz *m*
**resultaat** Resultat *o*, Ergebnis *o*; *een schitterend ~* ein glänzendes Resultat *o*, ein glänzendes Ergebnis *o*; *zonder enig ~* erfolglos
**resultaatvoetbal** Defensiv-, Ergebnisfußball *m*
**resulteren** resultieren, sich ergeben, hervorgehen
**resumé** Zusammenfassung *v*, Resümee *o*
**resumeren** zusammenfassen, resümieren
**resusfactor** Rhesusfaktor *m*
**retorisch** rhetorisch
**Retoromaans** Rätoromanisch *o*
**retort** Retorte *v*
**retoucheren** retuschieren
**retour** zurück; *~ tweede klas Den Haag* Rückfahrt zweiter Klasse Haag; *hij is op zijn ~* es geht mit ihm abwärts
**retourbiljet** Rückfahrkarte *v*
**retourneren** zurückschicken, -senden, retournieren
**retourtje** Rückfahrkarte *v*
**retourvlucht** Rückflug *m*
**retourvracht** Rückfracht *v*
**retraite** 1 (afzondering) Absonderung *v*; 2 RK Exerzitien *mv*; prot Freizeit *v*
**retrospectief** retrospektiv, rückschauend
**rettich** Meerrettich *m*
**reu** (hond) Rüde *m*; (vos) Fuchsrüde *m*
**reuk** 1 (in 't alg.) Geruch *m*; 2 (geur) Duft *m*; 3 (reukzin) Geruchssinn *m*; *in een slechte ~ staan* in üblem Geruch (Ruf) stehen
**reukorgaan** Geruchs-, Riechorgan *o*
**reukwater** Duftwasser *o*, Riechwasser *o*, Parfüm *o*
**reukzin** Geruchssinn *m*
**reuma, reumatiek** Rheuma *o*, Rheumatismus *m*
**reumatisch** rheumatisch
**reünie** Reunion *v*, Ehemaligentreffen *o*
**reus** Riese *m*, Hüne *m*
**reusachtig** riesig, riesenhaft; *een ~e gestalte* eine Hünengestalt *v*; *~e honger* Rie-

senhunger *m*
**reut**: *de hele* ~ der ganze Trupp
**reutelen** röcheln
**reuze** gemeenz super, klasse, irrsinnig, toll, großartig
**reuzel** Schweineschmalz *o*, Schmalz *o*
**reuzengroei** Riesenwuchs *m*
**reuzenpanda** Riesenpanda *m*
**reuzenrad** Riesenrad *o*
**reuzenslalom** Riesenslalom *m*
**reuzin** Riesin *v*
**revalidatie** Rehabilitation *v*
**revalorisatie** Aufwertung *v*, Revalvation *v*
**revaloriseren** aufwerten, revalvieren
**revaluatie** = *revalorisatie*
**revalueren** = *revaloriseren*
**revanche** Revanche *v*
**revancheren**: *zich* ~ sich revanchieren
**reveil** Erweckung *v*, Aufleben *o*
**reven** scheepv reffen
**revers** ⟨v. jas⟩ Jacken-, Mantel-, Rockaufschlag *m*, Revers *m*; ⟨v. smoking⟩ Spiegel *m*
**reviseren** revidieren; *een motor* ~ einen Motor überholen
**revisie** 1 ⟨vonnis⟩ Revision *v*; 2 ⟨proces⟩ Wiederaufnahme *v* des Verfahrens; 3 ⟨drukproef⟩ Revision *v*
**revisionisme** Revisionismus *m*
**revisor** Revisor *m*
**revolte** Revolte *v*, Aufstand *m*
**revolutie** Revolution *v*, Umwälzung *v*, Umsturz *m*
**revolutionair** I *m* Revolutionär *m*; II *bn* revolutionär, umstürzlerisch
**revolver** Revolver *m*
**revue** 1 ⟨show⟩ Revue *v*; 2 ⟨tijdschrift⟩ Revue *v*, Rundschau *v*; 3 mil Parade *v*, Heer-, Truppenschau *v*; *iets de* ~ *laten passeren* etwas Revue passieren lassen
**RIAGG** = *Regionaal Instituut voor Ambulante Geestelijke Gezondheidszorg* regionale Einrichtung *v* für ambulante Psychiatrie
**riant** reizend, reizvoll; ⟨villa⟩ großzügig
**rib** 1 ⟨in 't alg.⟩ Rippe *v*; 2 wisk Kante *v*; *dat is een* ~ *uit je lijf* das reißt ein Loch in den Beutel
**ribbel** Riffel *v*
**ribbenkast** Brustkorb *m*
**ribfluweel** Rippen-, Kordsamt *m*
**riblap** Rippe *v*, Rippenstück *o*
**richel** Randleiste *v*, Gesims *o*
**richten** richten; *zich naar de orders* ~ nach den Instruktionen, den Anweisungen verfahren; *op iets* ~ auf etwas zielen, ⟨ook⟩ etwas anpeilen; *op de toekomst gericht* zukunftsgerichtet, -orientiert
**richter** bijbel Richter *m*
**richting** Richtung *v*; *politieke* ~ politische Richtung *v*; *in alle* ~*en* in alle vier Winde *mv*; *enkele* ~ ZN Einbahnstraße *v*
**richtingaanwijzer** Blinkleuchte *v*, Blinker *m*
**richtinggevoel** Orientierungssinn *m*
**richtlijn** Richtlinie *v*
**richtprijs** Richtpreis *m*
**richtsnoer** Richtschnur *v*; *fig* Richtlinie *v*, -schnur *v*
**ridder** Ritter *m*; *een dolende* ~ ein fahrender Ritter *m*
**ridderen** in den Ritterstand erheben; *geridderd worden* einen Orden bekommen
**ridderlijk** ritterlich
**ridderorde** Ritterorden *m*
**ridderroman** Ritterroman *m*, höfischer Roman *m*
**ridderslag** Ritterschlag *m*
**ridderspoor** ⟨ook plantk⟩ Rittersporn *m*
**riddertijd** Ritterzeit *v*
**ridderzaal** Rittersaal *m*
**ridicuul** lächerlich, ridikül
**riedel** Melodie *v*, Tonfolge *v*
**riek** ⟨mestvork⟩ Mistgabel *v*
**rieken\*** riechen; zie ook: *ruiken*
**riem** 1 ⟨in 't alg.⟩ Riemen *m*, Gürtel *m*; ⟨gordel ook⟩ Gurt *m*; 2 ⟨roeiriem⟩ Ruder *o*, Riemen *m*; 3 ⟨bij hond⟩ Leine *v*; *een* ~ *papier* ⟨20 boek⟩ ein Ries *o* Papier; *roeien met de* ~*en die men heeft* sich nach der Decke strecken
**riet** Rohr *o*, Schilf(rohr) *o*, Ried *o*; *Spaans* ~ spanisches Rohr *o*; *beven als een* ~ zittern wie Espenlaub
**rietdekker** Rohr-, Strohdachdecker *m*
**rieten** aus Rohr, Rohr-; ~ *dak* Ried-, Schilfdach *o*; ~ *meubelen* Korbmöbel *mv*
**rietje** 1 ⟨stok⟩ Rohrstock *m*; 2 ⟨voor limonade⟩ Strohhalm *m*, Trinkhalm *m*; 3 muz ⟨voor blaasinstrument⟩ Rohrblatt *o*
**rietsuiker** Rohrzucker *m*
**rif** 1 ⟨rots⟩ Felsenriff *o*; 2 ⟨in 't zeil⟩ Reff *o*
**rigide** rigid, starr, unnachgiebig
**rigoureus** streng, rigoros
**rij** Reihe *v*; *in de* ~ *staan* Schlange stehen, anstehen; *in de* ~ *gaan staan* sich anstellen; *de vierde overwinning op* ~ der vierte Sieg in Serie, in Folge
**rijbaan** Fahrbahn *v*; ~ *voor langzaam verkeer* Kriechspur *v*
**rijbevoegdheid** Fahrerlaubnis *v*, Führerschein *m*; *ontzegging van de* ~ Führerscheinentzug *m*
**rijbewijs** Führerschein *m*
**rijden\*** 1 ⟨op fiets, in auto enz.⟩ fahren; 2 ⟨op rijdier⟩ reiten
**rijder** 1 ⟨v. auto e.d.⟩ Fahrer *m*; 2 ⟨ruiter⟩ Reiter *m*; 3 ⟨op schaatsen⟩ Schlittschuhläufer *m*
**rijdier** Reittier *o*
**rijexamen** Fahrprüfung *v*
**rijgedrag** ⟨v. auto of v. chauffeur⟩ Fahrverhalten *o*
**rijgen\*** 1 ⟨in 't alg.⟩ reihen; 2 ⟨schoen enz.⟩ schnüren; 3 ⟨op draad⟩ aufreihen, auffädeln
**rijglaars** Schnürstiefel *m*
**rij-instructeur** Fahrlehrer *m*
**1 rijk** *bn* reich; ~ *van inhoud* inhaltsreich
**2 rijk** *o* Reich *o*; Staat *m*; *het Duitse R*~ das Deutsche Reich
**rijkaard** Reiche(r) *m-v*
**rijkdom** Reichtum *m*
**rijkelijk** reichlich
**rijkelui** reiche Leute *mv*
**rijkeluiskind** Kind *o* reicher Eltern
**rijksambtenaar** Staatsbeamte(r) *m-v*
**rijksbegroting** 1 ⟨in 't alg.⟩ Staatshaus-

**rijksdaalder**

halt *m*; **2** ⟨ontwerpwet⟩ Staatshaushaltsplan *m*
**rijksdaalder** 2½ Gulden; Zweieinhalbguldenstück *o*
**rijksdag** Reichstag *m*
**rijksdeel** Teil *m* des Reichs
**rijksdienst 1** ⟨dienstverband⟩ Staatsdienst *m*, öffentlicher Dienst *m*; **2** ⟨instelling⟩ öffentliche Dienstleistungsbetrieb *m*, Staatsbehörde *v*, ⟨in Duitsland, Zwitserland en Oostenrijk⟩ Bundesbehörde *v*
**rijksgenoot** Landsmann *m*
**rijksluchtvaartdienst** ± Luftfahrtbundesamt *o*
**rijksmuseum** staatliches Museum *o*
**rijkspolitie** staatliche Polizei *v*
**rijkswacht** ZN **1** ⟨politie⟩ Polizei *v*; **2** ⟨politiepost⟩ Polizeiwache *v*
**rijkswachter** ZN Polizist *m*
**rijksweg** Bundesstraße *v*
**rijkswege**: *van* ~ von Staats wegen
**rijkunst** Reitkunst *v*
**rijlaars** Reitstiefel *m*
**rijles 1** ⟨auto⟩ Fahrunterricht *m*, -stunde *v*; **2** ⟨paard⟩ Reitstunde *v*
**rijm** Reim *m*; *op* ~ gereimt; *op* ~ *zetten* in Reime setzen, in Versform bringen
**rijmelaar** Reimer *m*, Reimschmied *m*
**rijmelarij** Reimerei *v*
**rijmen** I *overg* reimen; II *onoverg* sich reimen; *hoe valt dat te* ~? wie reimt sich das zusammen?
**Rijn** *m* Rhein *m*; *de* ~ *af* rheinab(wärts); *de* ~ *op* rheinauf(wärts)
**rijnaak** Rheinkahn *m*
**Rijnland-Palts** Rheinland-Pfalz *o*
**rijnwijn** Rheinwein *m*
**1 rijp** *m* ⟨bevroren dauw⟩ Reif *m*
**2 rijp** *bn* reif; ~ *worden* reifen; *langzaam* ~ *worden* heranreifen; ~ *voor de sloop* abbruchreif; *na* ~ *beraad* nach reiflicher Erwägung
**rijpaard** Reitpferd *o*
**rijpen** (ook v. ijzel) reifen
**rijpheid** Reife *v*; *tot* ~ *brengen* zeitigen (ook fig)
**rijrichting** Fahrtrichtung *v*
**rijs** Reis *o*
**rijschool 1** ⟨voor autorijden⟩ Fahrschule *v*; **2** ⟨voor paardrijden⟩ Reitschule *v*, -bahn *v*
**rijshout** Reisig *o*
**rijst** Reis *m*; *(on)gepelde* ~ (un)geschälter Reis *m*; *gepofte* ~ Puffreis *m*
**rijstbouw, rijstcultuur** Reisbau *m*, -kultur *v*
**rijstebrij** Reisbrei *m*, Milchreis *m*
**rijstijl** (m.b.t. autorijden) Fahrstil *m*, Fahrverhalten *o*
**rijstrook** Fahrspur *v*; *met twee rijstroken* doppelspurig
**rijsttafel** Reistafel *v*
**rijstveld** Reisfeld *o*
**rijten\*** reißen, zerreißen
**rijtijd 1** ⟨trein, auto, fiets enz.⟩ Fahrzeit *v*; **2** ⟨rijdier⟩ Reitzeit *v*
**rijtjeshuis** Reihenhaus *o*
**rijtoer 1** ⟨in 't alg.⟩ Spazierfahrt *v*; **2** ⟨te paard⟩ Ausritt *m*

**rijtuig** Wagen *m*, ⟨koets⟩ Kutsche *v*
**rijvaardigheid** Fahrtüchtigkeit *v*
**rijverbod** Fahrverbot *o*
**rijweg** Fahrbahn *v*
**rijwiel** Fahrrad *o*
**rijwielhandel** Fahrrad- und Mopedgeschäft *o*
**rijwielpad** Radfahrweg *m*
**rijwielstalling** Fahrradabstellplatz *m*
**rijzen\* 1** (v. zon) aufgehen, steigen; **2** ⟨v. deeg⟩ aufgehen; **3** ⟨v. prijs⟩ steigen, in die Höhe gehen; **4** ⟨v. water⟩ steigen; *er* ~ *bezwaren* es werden Bedenken laut, es kommen Beschwerden auf; *de vraag rijst* die Frage erhebt sich, es fragt sich
**rijzig** hochgewachsen
**rijzweep** Reitpeitsche *v*, -gerte *v*
**rikketik**: *mijn hartje gaat van* ~ ich habe Herzklopfen
**rillen** ⟨van koude⟩ frieren, frösteln; ⟨v. angst⟩ schaudern; ⟨trillen⟩ zittern, beben
**rillerig** fröstelnd; *ik ben* ~ mich fröstelt
**rilling** Schauder *m*, Zittern *o*, Schauer *m*; ⟨v. kou⟩ Frösteln *o*; *koude* ~ ⟨v. koorts⟩ Schüttelfrost *m*
**rimboe** Busch *m*, Dschungel *m*
**rimpel** Falte *v*, Runzel *v*; ~*s in 't water* Gekräusel *o* des Wassers
**rimpelen 1** ⟨in stof enz.⟩ runzeln, falten; **2** ⟨water⟩ sich kräuseln
**rimpelig** faltig, runz(e)lig; ⟨water⟩ gekräuselt
**rimpeling** Faltigwerden *o*, Runzeln *o*; ⟨water⟩ Kräuseln *o*
**rimpelloos** reibungslos, glatt
**ring 1** ⟨in 't alg.⟩ Ring *m*; **2** ⟨vingerring ook⟩ Reif *m*; **3** ⟨kerkelijk⟩ Kreis *m*; **4** ⟨om maan⟩ Hof *m*
**ringbaard** Kranzbart *m*, Bartkrause *v*
**ringband** Ringbuch *o*
**ringdijk** Ringdeich *m*
**ringeloren** kujonieren, schikanieren
**ringen** ⟨v. vogels⟩ beringen
**ringetje** Ringlein *o*; *om door een* ~ *te halen* wie aus dem Ei gepellt
**ringlijn** Ringbahn *v*
**ringslang** Ringelnatter *v*
**ringsteken** Ring-, Ringelstechen *o*
**ringvaart** Ringgraben *m*, -kanal *m*
**ringvinger** Ringfinger *m*
**ringweg** Ringstraße *v*
**ringwerpen** Werfen *o* mit Ringen
**ringworm 1** *med* Hautflechte *v*; **2** *dierk* Ringelwurm *m*
**rinkelen 1** ⟨glas⟩ klirren; **2** ⟨telefoon, bel⟩ klingeln
**rinoceros** Rhinozeros *o*, Nashorn *o*
**rins** (v. wijn enz.) herb
**riolering** Kanalisation *v*
**riool** Kanal *m*
**riooljournalistiek** Schmutzpresse *v*, Journaille *v*
**rioolwater** Abwasser *o*, Abwässer *mv*
**ris 1** ⟨uien⟩ Schnur *v*; **2** ⟨bessen⟩ Zweig *m*; **3** ⟨veel⟩ Menge *v*
**risee** Gegenstand *m* des Spottes
**risico** Risiko *o*; *eigen* ~ Selbstbeteiligung *v*; *op eigen* ~ auf eigene Gefahr *v*

**risicodragend:** ~ *kapitaal* Risikokapital o
**risicogroep** Risikogruppe v
**riskant** riskant
**riskeren** riskieren, wagen; *zijn leven, zijn bestaan* ~ Kopf und Kragen riskieren
**rist** = ris
**rit 1** ⟨met voertuig⟩ Fahrt v; **2** ⟨te paard⟩ Ritt m
**rite** Ritus m
**ritme** Rhythmus m
**ritmebox** Rhythm-Box v
**ritmeester** Rittmeister m
**ritmisch** rhythmisch
**rits, ritssluiting** Reißverschluß m
**ritselen 1** (in 't alg.) rascheln; **2** ⟨wind⟩ säuseln; **3** ⟨v. zijde⟩ knistern, rauschen; **4** ⟨v. papier⟩ knistern; **5** ⟨op de kop tikken⟩ <u>gemeenz</u> aufgabeln; **6** ⟨tot stand brengen⟩ <u>gemeenz</u> deichseln
**ritueel I** bn rituell; **II** o Ritual o
**ritus** Ritus m
**rivaal** Rivale m
**rivaliseren** rivalisieren
**rivaliteit** Rivalität v
**rivier** Fluß m, Strom m
**riviermond** Flußmündung v
**rivierpolitie** Flußpolizei v
**rob** Robbe v, Seehund m
**robbedoes** Wildfang m
**robbertje:** *een ~ vechten* sich raufen
**robe** Robe v; ⟨toga ook⟩ Talar m
**robijn** Rubin m
**robot** Roboter m
**robuust** robust, kräftig, stabil
**rochel** Schleim m
**rochelen** ⟨v. stervende⟩ röcheln
**rock** muz Rock m; ~ *'n roll* Rock and Roll m
**rococo** Rokoko o
**roddel** Klatsch m, Tratsch m
**roddelaar** Lästerer m, Klatschmaul o
**roddelblad** Klatsch-, Brüllblatt o
**roddelen** lästern, klatschen
**roddelpers** Sensations-, Regenbogenpresse v
**roddelpraat** Geklatsch o, Gerüchtemacherei v
**rodehond** Röteln mv
**rodekool** Rotkohl m, -kraut o
**Rode Kruis** Rotes Kreuz
**rododendron** Rhododendron o & m
**roebel** Rubel m
**roede 1** ⟨v. takken⟩ Rute v; **2** ⟨tak⟩ Gerte v; **3** ⟨stang⟩ Stange v; **4** ⟨penis⟩ Rute v
**roedel** ⟨herten⟩ Rudel o
**roef** Roof m & o
**roeiboot** Ruderboot o, Kahn m
**roeien** rudern
**roeier** Ruderer m
**roeiriem, roeispaan** Ruder o; ⟨voor twee handen⟩ Riemen m
**roeiwedstrijd** Wettrudern o, Ruderregatta v
**roek** Saatkrähe v
**roekeloos 1** ⟨onbezonnen⟩ leichtsinnig; **2** ⟨driest⟩ tollkühn, verwegen; ~ *rijden* ⟨ook⟩ rücksichtslos fahren
**roem 1** ⟨eer⟩ Ruhm m; **2** kaartsp Sequenz; *eigen ~ stinkt* Eigenlob stinkt

**Roemeen** Rumäne m
**Roemeens** rumänisch
**roemen** rühmen, preisen, loben; *op iets ~* sich einer Sache rühmen
**Roemenië** Rumänien o
**roemer** ⟨glas⟩ Römer m
**roemloos** ruhmlos
**roemrijk** ruhmreich, -voll, rühmlich
**roemrucht** berühmt
**roep** Ruf m, Schrei m
**roepen\*** rufen, schreien; *wakker ~* wachrufen; *als ge~ komen* wie gerufen kommen; *zich tot iets ge~ voelen* sich zu etwas berufen fühlen
**roepia** Rupie v, Rupiah v
**roeping** Berufung v
**roepnaam** Rufname m
**roepstem** Stimme v, Ruf m
**roer** Ruder o, Steuerruder o; *het ~ in handen hebben* das Ruder in Händen haben; *'t ~ omgooien* ⟨ook fig⟩ das Ruder herumwerfen
**Roer** ⟨rivier in Roergebied⟩ Ruhr v; ⟨rivier waaraan Roermond ligt⟩ Rur v
**roerdomp** ⟨große⟩ Rohrdommel v
**roeren** rühren; *zijn mond ~* nicht auf den Mund gefallen sein; *zich ~* sich rühren
**roerend** ⟨treffend⟩ rührend; *~e en on~e goederen* Mobilien und Immobilien mv
**roerganger** Rudergänger m, -gast m
**roerig** rührig, lebhaft, unruhig, beweglich
**roerloos** bewegungslos, reglos, steif, starr
**roersel** Regung v; *geheime ~en* verborgene Beweggründe mv
**roes** ⟨bedwelming⟩ Rausch m
**roest 1** ⟨op metaal⟩ Rost m; **2** ⟨v. kippen⟩ Hühnerstange v
**roestbruin** rostbraun
**roesten 1** ⟨roest vormen⟩ rosten; **2** ⟨v. vogels⟩ schlafen; *gaan ~* Rost ansetzen; *oude liefde roest niet* alte Liebe rostet nicht
**roestig** rostig
**roestvrij** rostfrei, -sicher, -beständig
**roet** Ruß m; ~ *in 't eten gooien* jmdm. die Suppe versalzen
**roetsjbaan** Rutschbahn v
**roetsjen** rutschen, schlittern
**roetzwart** kohl(raben)schwarz
**roezemoezig** ausgelassen, unbändig, lärmend
**roffel 1** ⟨v. trommel⟩ Wirbel m; **2** ⟨standje⟩ Rüffel m
**roffelen 1** ⟨schaven⟩ rauh abhobeln; **2** ⟨snel afmaken⟩ pfuschen; **3** ⟨op de trommel⟩ wirbeln, einen Wirbel schlagen
**rog** Rochen m
**rogge** Roggen m
**roggebrood** Roggen-, Schwarzbrot o
**rok 1** ⟨voor vrouwen⟩ Rock m; **2** ⟨voor heren⟩ Frack m; **3** ⟨v. mantelpak⟩ Kostümrock m
**rokade** Rochade v
**roken 1** (in 't alg.) rauchen; **2** ⟨vlees en vis⟩ räuchern; *de kachel rookt* der Ofen raucht; *niet ~ coupé* Nichtraucherabteil o; *gerookt spek* Rauchspek m, geräucherter Speck m; Z-Duits Selchspeck m
**roker** Raucher m
**rokeren** ⟨schaken⟩ rochieren

**rokerig**

**rokerig** 1 ⟨vol rook⟩ rauchig, qualmig; 2 ⟨bruin door rook⟩ räucherig
**rokershoest** Raucherhusten *m*
**rokertje** etwas zum Rauchen
**rokkenjager** Schürzenjäger *m*
**rokkostuum** Frack *m*
**rol** 1 *theat* Rolle *v*; 2 *recht* Terminliste *v*; 3 ⟨om te rollen⟩ Rolle *v*, Walze *v*; 4 ⟨van karton⟩ Papprohr *o*, -rolle *v*, Pappzylinder *m*; *de ~len omdraaien, omkeren* den Spieß umdrehen, die Rollen vertauschen; *uit zijn ~ vallen* aus der Rolle fallen
**rolberoerte** Kollaps *m*; *hij kreeg een ~* gemeenz ihn traf der Schlag
**rolbevestigend** dem Rollenbild entsprechend
**rolconflict** Rollenkonflikt *m*
**rolgordijn** Rollo *o*, Rouleau *o*
**rollade** Rollbraten *m*
**rollebollen** 1 ⟨buitelen⟩ kullern, rollen; 2 ⟨vrijen⟩ gemeenz es wild miteinander treiben
**rollen** 1 ⟨in 't alg.⟩ rollen; 2 ⟨stelen⟩ aus der Tasche stehlen; 3 ⟨donder⟩ grollen; *met de ogen ~* die (mit den) Augen rollen
**rollenspel** Rollenspiel *o*
**rollerskate** Rollerskate *m*
**rolletje** Röllchen *o*; *alles gaat (loopt) op ~s* alles geht wie geschmiert
**rolluik** Rolladen *m*
**rolmaat** Bandmaß *o*
**rolmops** Rollmops *m*
**rolpatroon** Rollenverhalten *o*, -bild *o*
**rolprent** Bildstreifen *m*, Film *m*
**rolschaats** Rollschuh *m*
**rolschaatsbaan** Rollschuhbahn *v*
**rolschaatsen** Rollschuh laufen
**rolstoel** Rollstuhl *m*
**roltrap** Rolltreppe *v*
**rolverdeling** Rollenverteilung *v*
**ROM** = *Read-Only Memory*, comput ROM *o*
**Romaans** romanisch
**roman** Roman *m*
**romance** Romanze *v*
**romancier** Romanschriftsteller *m*
**romanist** Romanist *m*
**romanschrijver** Romanschriftsteller *m*
**romanticus** Romantiker *m*
**romantiek** Romantik *v*
**romantisch** romantisch
**Rome** Rom *o*
**romein** typ Antiqua *v*, Lateinschrift *v*
**Romein** Römer *m*
**Romeins** römisch; *~e letter* Antiqua *v*; *het ~e recht* das römische Recht
**romig** sahnig
**rommel** 1 ⟨rotzooi⟩ Gerümpel *o*, Plunder *m*, Kram *m*; 2 ⟨prullen⟩ Schund *m*, Ramschware *v*, Trödelkram *m*
**rommelen** 1 ⟨zoeken⟩ stöbern, kramen; 2 ⟨v. donder⟩ grollen; 3 ⟨in de maag⟩ knurren
**rommelig** unordentlich; unübersichtlich
**rommelkamer** Rumpelkammer *v*, Abstellraum *m*
**rommelmarkt** Trödelmarkt *m*
**rommelzolder** Abstell-, Rumpelboden *m*
**romp** Rumpf *m*
**rompertje** Hemdhose *v* (für Babys)

**rompslomp** Scherereien *mv*, Kram *m*
**rond** I *o* Runde *v*; *in 't ~ liggen* herumliegen; II *bn & bijw* 1 *eig* rund; 2 ⟨oprecht⟩ ehrlich, aufrichtig, offenherzig; 3 ⟨ronduit⟩ unumwunden, geradezu; *~ voor iets uitkomen* etwas offen gestehen; *de zaak is ~* die Sache ist rund; *~ de tafel zitten* rings um den Tisch sitzen
**rondbazuinen** aus-, herumposaunen
**rondborstig** offenherzig, aufrichtig, freimütig
**rondbrengen** 1 ⟨in 't alg.⟩ herumtragen, -bringen; 2 ⟨brieven enz.⟩ austragen
**rondbrieven** herumtragen, ausplaudern
**ronddelen** austeilen
**ronddolen** herum-, umherirren
**ronddraaien** I *overg* herumdrehen; II *onoverg* sich (herum)drehen
**ronddwalen** umherirren, herumstreifen
**ronde** Runde *v*; *de ~ doen mil* die Runde machen; ⟨gerucht⟩ zirkulieren, umlaufen; *het verhaal doet de ~* es wird gesagt
**rondedans** Rundtanz *m*, Reigen *m*
**ronden** runden; *een kaap ~* scheepv ein Kap runden
**rondetafelconferentie** Konferenz *v* am runden Tisch
**rondgaan** herumgehen, die Runde machen; *het praatje gaat rond* es geht die Rede
**rondgang** Rundgang *m*, Runde *v*
**rondhangen** 1 ⟨in 't alg.⟩ herumlungern; 2 ⟨in kamer, café⟩ herumsitzen
**rondhout** Rundholz *o*
**ronding** Rundung *v*
**rondje** Runde *v*; *een ~ geven* eine Runde geben, gemeenz eine Lage spendieren
**rondkijken** sich umsehen, sich umschauen, umherblicken, -schauen
**rondkomen** auskommen
**rondleiden** 1 ⟨in 't alg.⟩ herum-, umherführen; 2 ⟨in museum door gids⟩ führen
**rondleiding** ⟨in museum enz.⟩ Führung *v*
**rondlopen** herumlaufen; *met plannen ~* sich mit Plänen tragen
**rondneuzen** herumstöbern
**rondo** Rondo *o*
**rondom** rundum, ringsum; *~ de tafel* um den Tisch herum
**rondpunt** ZN Kreisverkehr *m*, Kreisel *m*
**rondreis** Rundreise *v*
**rondrijden** 1 ⟨auto, fiets enz.⟩ herum-, umherfahren; 2 ⟨op rijdier⟩ herum-, umherreiten
**rondrit** 1 ⟨in voertuig⟩ Rundfahrt; 2 ⟨te paard⟩ Umritt *m*
**rondscharrelen** (herum)wirtschaften, herumhantieren; ⟨lopen⟩ herumbummeln; ⟨zoeken⟩ herumstöbern, -kramen
**rondschrijven** Rundschreiben *o*, -brief *m*
**rondsluipen** umher-, herumschleichen
**rondsnuffelen** (herum)schnüffeln, herumkramen, -stöbern
**rondspelen**: *de bal ~* den Ball in den eigenen Reihen halten
**rondte** Kreis *m*, Runde *v*
**rondtrekken** herum-, umherziehen
**ronduit** frei-, rund-, gerade-, gradheraus,

schlichtweg
**rondvaart** Rundfahrt *v*
**rondvaartboot** Rundfahrtboot *o*
**rondvertellen** weitererzählen; gemeenz ausplaudern
**rondvliegen** umher-, herumfliegen
**rondvlucht** Rundflug *m*
**rondvraag** Umfrage *v*
**rondwaren** spuken, geistern, umhergeistern
**1 rondweg** *m* Umgehungsstraße *v*
**2 rondweg** *bijw* rund-, g(e)rad(e)heraus
**rondzwerven** umherstreifen, sich herumtreiben
**ronken** 1 (snurken) schnarchen; 2 (v. motor) rattern, brüllen
**ronselaar** Werber *m*
**ronselen** 1 (in 't alg.) werben; 2 (v. matrozen) s(c)hanghaien
**röntgenfoto** Röntgenbild *o*, Röntgenaufnahme *v*
**röntgenstralen** Röntgenstrahlen *mv*
**rood** I *bn* rot; *rode wijn* Rotwein *m*; *zo ~ als een kreeft* krebsrot; *~ van kwaadheid* zornrötet; II *o* 1 (in 't alg.) Rot *o*; 2 (blos) Röte *v*; 3 (rouge) Rot *o*
**roodbont** rotbunt
**roodborstje** Rotkehlchen *o*
**roodbruin** rotbraun
**roodgloeiend** rotglühend
**roodharig** rot-, fuchsig
**roodhuid** Rothaut *v*
**Roodkapje** Rotkäppchen *o*
**roodkoper** (reines) Kupfer *o*
**roodvonk** Scharlach *m*
**1 roof** *m* (diefstal) Raub *m*
**2 roof** *v* (op wond) Schorf *m*
**roofbouw** Raubbau *m*
**roofdier** Raubtier *o*
**roofdruk** Raubdruck *m*
**roofing** ZN Material *o* zum Dachdecken
**roofmoord** Raubmord *m*
**roofoverval** Raubüberfall *m*
**roofridder** Raubritter *m*
**rooftocht** Raubzug *m*
**roofvis** Raubfisch *m*
**roofvogel** Greif-, Raubvogel *m*
**rooien** 1 (bomen) roden; 2 (aardappels) ausbuddeln; *'t wel ~* es schaffen, es fertigbringen
**rooilijn** Flucht *v*; *de huizen staan binnen de ~* die Häuser stehen innerhalb der Flucht
**rook** Rauch *m*; *in ~ opgaan* in Rauch aufgehen
**rookcoupé** Raucherabteil *o*
**rookglas** Rauchglas *o*
**rookgordijn** 1 (dichte nevel) Rauchschwaden *mv*; 2 mil künstlicher Nebel *m*
**rookpluim** Rauchfahne *v*
**rooksignaal** Rauchsignal *o*
**rookverbod** Rauchverbot *o*
**rookvlees** Rauchfleisch *o*
**rookwolk** Rauchwolke *v*
**rookworst** Rauchwurst *v*
**room** Rahm *m*, Sahne *v*
**roomboter** Butter *v*
**roomijs** Sahneeis *o*
**roomkaas** Rahm-, Sahne-, Butterkäse *m*
**roomklopper** Schneebesen *m*
**rooms** katholisch
**rooms-katholiek** römisch-katholisch
**roomsoes** Windbeutel *m*
**roos** 1 (plant) Rose *v*; 2 (huidziekte) Rose *v*; 3 (v. hoofdhuid) Schuppen *mv*; 4 (op schietschijf) Schwarze *o*; *wilde ~* Heideröschen *o*; *slapen als een ~* schlafen wie ein Murmeltier, einen Bärenschlaf haben; *zijn weg gaat niet over rozen* er ist nicht auf Rosen gebettet
**rooskleurig** rosig; *iets ~ voorstellen* etwas in rosigem Lichte zeigen
**rooster** 1 techn Rost *m*; 2 (hekwerk, elektr) Gitter *o*; 3 (schema) Plan *m*; 4 (lesrooster) Stundenplan *m*; *~ van werkzaamheden* (agenda) Tagesordnung *v*
**roosteren** rösten, (brood ook) toasten
**1 ros** *o* (paard) Roß *o*, Pferd *o*
**2 ros** *bn* rötlich, rot; *de ~se buurt* der Strich
**rosarium** Rosarium *o*, Rosengarten *m*
**rosbief** Roastbeef *o*
**rosé** Rosé *m*, Roséwein *m*
**roskammen** (paarden) striegeln
**rossig** rötlich
**1 rot** *v*: *een ouwe ~ (in het vak)* gemeenz ein alter Hase *m*
**2 rot** *o* 1 (bederf) Fäule *v*; 2 mil Rotte *v*; *een ~ geweren* eine Gewehrpyramide; *in ~ten* rottenweise
**3 rot** *bn* faul, verdorben; *enigszins ~* angefault; *zich ~ lachen* sich totlachen
**rotan** Rotang *m*
**rotatiepers** Rotationsmaschine *v*, -presse *v*
**roteren** rotieren
**rotgang**: *met een ~* mit (vollem) Karacho
**rotgans** Ringelgans *v*
**rotje** (vuurwerk) Knallerbse *v*, Schwärmer *m*
**rotjongen, rotjoch** Lausejunge *m*, Rotznase *v*, Frechdachs *m*
**rotonde** 1 (gebouw) Rotunde *v*, Rundbau *m*; 2 (verkeer) Kreisel *m*, Verteiler(kreis) *m*
**rots** Felsen *m*, Fels *m*
**rotsachtig** felsig
**rotsblok** Felsblock *m*
**rotspartij** Felsgruppe *v*; (in tuin) Steingarten *m*
**rotsschildering** Felsmalerei *v*
**rotstreek** gemeenz Gemeinheit *v*
**rotstuin** Steingarten *m*
**rotsvast** felsenfest
**rotswand** Felswand *v*
**rotten** 1 (verrotten) verfaulen, faulen, verwesen; 2 (v. hout) modern, vermodern
**rottig** faulig, angefault, modrig; fig gemeenz lästig, blöd, gemein, mies
**rottigheid** Unannehmlichkeiten *mv*, Scherereien *mv*, Ärger *m*
**1 rotting** *m* (riet) spanisches Rohr *o*, Rohrstock *m*
**2 rotting** *v* (verrotting) Verfaulung *v*, Verwesung *v*, Fäulnis *v*
**rotzak** gemeenz Scheißkerl *m*, Schweinehund *m*
**rotzooi** gemeenz Mistkram *m*, -zeug *o*, Dreckzeug *o*, Scheiße *v*

**rotzooien**

**rotzooien 1** ⟨rommelig spelen, werken⟩ schludern, schludrig arbeiten; **2** ⟨seksuele spelletjes spelen⟩ sich befummeln, es mit einander treiben
**rouge** Rouge o; ~ *opdoen* Rot auflegen
**rouleren** umlaufen, zirkulieren
**roulette** Roulette v
**route** Weg m, Reiseweg m
**routebeschrijving** Streckenbeschreibung v
**routine** Routine v, Übung v
**routinier** Routinier m, alter Hase m
**1 rouw** m Trauer v; *in de* ~ *zijn* in Schwarz gehen
**2 rouw** bn ⟨ruw⟩ rauh
**rouwband** Trauerbinde v, -flor m
**rouwbeklag** Beileid o, Beileidsbezeigung v
**rouwbrief** Trauerbrief m
**rouwcentrum** Trauerhalle v
**rouwdienst** Trauerfeier v, Trauergottesdienst m; **Zwits** Abdankung v
**rouwen** ⟨rouw dragen⟩ Trauer tragen, in Schwarz gehen; ~ *om* trauern um
**rouwig** traurig, betrübt; *ik ben er niet* ~ *om* das bedaure ich nicht
**rouwrand** ⟨ook aan nagels⟩ Trauerrand m
**rouwstoet** Trauergefolge o, -geleit o, -zug m
**roven** rauben
**rover** Räuber m
**rovershol** Räuberhöhle v
**rovertje**: ~ *spelen* Räuber und Gendarm spielen
**royaal** großzügig, freigebig; *een* ~ *gebaar* eine großzügige Geste v
**royalist** Royalist m
**royalistisch** royalistisch
**royalty** Royalty o
**royeren 1** ⟨leden⟩ ausschließen; **2** ⟨order⟩ annullieren
**roze** rosa; *pol* rötlich
**rozemarijn** Rosmarin m
**rozenbottel** Hagebutte v
**rozengeur** Rosenduft m; *'t is niet alles* ~ *en maneschijn* es ist nicht alles eitel Sonnenschein
**rozenkrans** Rosenkranz m
**rozet** Rosette v
**rozig** rosig; ⟨v. haar⟩ schuppig
**rozijn** Rosine v
**rubber** Gummi m & o
**rubberboot** Schlauchboot o
**rubberplantage** Kautschukplantage v
**rubriceren** rubrizieren
**rubriek** Rubrik v
**ruchtbaar** bekannt, ruchbar
**ruchtbaarheid** Ruchbarkeit v; ~ *aan iets geven* bekannt werden lassen; verlautbaren
**rudimentair** rudimentär
**rug** Rücken m, gemeenz Buckel m; ~ *van hoge luchtdruk* Hochdruckrücken; *een brede* ~ *hebben* fig einen breiten Buckel haben; *iem. de* ~ *toekeren* jmdm. den Rücken zuwenden; *achter iems.* ~ hinter jemands Rücken; *het ergste is achter de* ~ das Schlimmste ist überstanden
**rugby** Rugby o

**rugbyen** Rugby spielen
**rugdekking** mil en fig Rückendeckung v; *iemand* ~ *geven*, mil einem Rückendeckung geben
**ruggelings** rücklings
**ruggengraat** Rückgrat o
**ruggenmerg** Rückenmark o
**ruggenprik** Rückenmark(s)punktion v
**ruggensteun** Stütze v, Rückhalt m
**ruggenwervel** Rückenwirbel m
**ruggespraak** Rücksprache v; ~ *houden met* Rücksprache nehmen mit
**rugklachten** Rückenschmerzen mv
**rugleuning** Rückenlehne v
**rugnummer** Rückennummer v
**rugslag** ⟨zwemmen⟩ Rückenschwimmen o
**rugtitel** Rückentitel m
**rugwervel** Rückenwirbel m
**rugzak** Rucksack m
**rui 1** ⟨v. vogels⟩ Mauser v, Mauserung v; **2** ⟨v. zoogdieren⟩ Haarwechsel m; **3 ZN** ⟨stadsgracht⟩ (Stadt)kanal m, Gracht v; *in de* ~ *zijn* = *ruien*
**ruien 1** ⟨v. vogels⟩ mausern; **2** ⟨v. zoogdieren⟩ sich haaren
**ruif** Raufe v, Heuraufe v, Krippe v, Futterkrippe v
**ruig** rauh, zottig; *een* ~*e baard* ein struppiger Bart m; ~*e wenkbrauwen* buschige Augenbrauen m
**ruiken\* 1** ⟨in 't alg.⟩ riechen; **2** ⟨speurhond⟩ wittern; **3** fig wittern, merken; ~ *naar* riechen nach
**ruiker** Strauß m, Blumenstrauß m
**ruil** Tausch m; Austausch m; *in* ~ *voor* im Tausch gegen (für)
**ruilbeurs** Veranstaltung v für Tauschgeschäfte v
**ruilen 1** ⟨in 't alg.⟩ tauschen; **2** ⟨in winkel⟩ umtauschen (gegen); **3** ⟨wederzijds⟩ austauschen
**ruilhandel** Tauschhandel m
**ruilhart** Spenderherz o, med Herztransplantat o
**ruilmiddel** Tauschmittel o
**ruilverkaveling** Flurbereinigung v
**ruilwaarde** Tauschwert o
**1 ruim I** bn geräumig; ~ *van opvatting* weitherzig, großzügig, verständnisvoll; *een* ~*e beurs hebben* es üppig haben; *een* ~ *geweten* ein weites Gewissen o; *een* ~*e keuze* eine reiche Auswahl v; *een* ~ *vertrek* ein geräumiges Zimmer o; ~ *denken* großzügig (vorurteilslos) denken; *in* ~*e mate* in reichlichem Maße; **II** bijw: *deze jas zit mij wat* ~ dieser Mantel ist mir etwas zu weit; ~*er ademhalen* aufatmen; *het niet* ~ *hebben* sich sehr einschränken müssen, nur knapp auskommen; ~ *gemeten* reichlich, gut gemessen; *het is* ~ *een uur van hier* es ist eine gute Stunde von hier
**2 ruim** o scheepv Raum m, Schiffsraum m
**ruimdenkend** großzügig, tolerant
**ruimen** räumen, ausräumen; *de wind begint te* ~ der Wind fängt zu raumen (aufzuräumen) an
**ruimhartig** großzügig, weitherzig
**ruimschoots** reichlich, im Überfluß; ~

*voldoende* reichlich genügend
**ruimte** Raum *m*, ~ *maken* Platz machen; *iem. de* ~ *geven* jmdn. gewähren lassen
**ruimtecapsule** (Welt)raumkapsel *v*
**ruimtedekking** sp Raumdeckung *v*
**ruimtelijk** räumlich; ~*e ordening* Raumordnung *v*, -planung *v*
**ruimteonderzoek** Weltraumforschung *v*
**ruimteschip** Raumschiff *o*, Weltraumschiff *o*
**ruimtevaarder** Raumfahrer *m*, Weltraumfahrer *m*, Astronaut *m*, Kosmonaut *v*
**ruimtevaart** Raumfahrt *v*, Weltraumfahrt *v*, Astronautik *v*
**ruimteveer** Raumfähre *v*, -transporter *m*
**ruimtevrees** Platzangst *v*
**ruin** Wallach *m*
**ruïne** Ruine *v*
**ruïneren** ruinieren, zugrunde richten
**ruis** Geräusch *o*, Rauschen *o*
**ruisen** rauschen, ⟨sterk⟩ brausen; ⟨in de oren⟩ sausen
**ruit** 1 ⟨vensterruit⟩ Scheibe *v*, Fensterscheibe *v*; 2 ⟨op bord⟩ Feld *o*; 3 wisk Raute *v*; 4 ⟨geruite stof⟩ Karo *o*; *Schotse* ~ Schottenkaro *o*
**ruiten** kaartsp Karo *o*
**ruitensproeier** Scheibenwascher *m*
**ruitenwisser** Scheibenwischer *m*
**ruiter** 1 ⟨in 't alg.⟩ Reiter *m*; 2 mil Reiter *m*, Kavallerist *m*
**ruiterij** mil Reiterei *v*, Kavallerie *v*
**ruiterlijk** unumwunden, offen, offenherzig, unverhüllt
**ruiterpad** Reitweg *m*
**ruiterstandbeeld** Reiterstandbild, -statue *v*
**ruitijd** Mauserzeit *v*
**ruk** Ruck *m*; *in één* ~ mit einem Ruck
**rukken** 1 ⟨trekken⟩ ziehen, zerren; 2 ⟨met geweld⟩ reißen; 3 ⟨masturberen⟩ wichsen
**rukwind** Windstoß *m*, Bö *v*
**rul** ⟨van zand⟩ locker
**rum** Rum *m*
**rumba** Rumba *m*
**rumoer** Lärm *m*, Krach *m*, Getöse *o*
**rumoerig** lärmend, tobend
**run** 1 ⟨grote toeloop⟩ Ansturm *m*, Run *m*; 2 sp Lauf *m*
**rund** 1 ⟨vee⟩ Rind *o*; 2 ⟨stommeling⟩ Rindvieh *o*, Blödmann *m*; *bloeden als een* ~ bluten wie ein Schwein
**rundergehakt** Rindergehackte(s) *o*
**rundvee** Rindvieh *o*
**rundvlees** Rindfleisch *o*; *stuk gebraden* ~ Rinderbraten *m*
**rune** Rune *v*
**rups** Raupe *v*
**rupsband** Raupenkette *v*
**Rus** Russe *m*
**Rusland** Rußland *o*
**Russin** Russin *v*
**Russisch** russisch
**rust** 1 ⟨in 't alg.⟩ Ruhe *v*; 2 ⟨pauze⟩ Rast *v*; 3 muz Pause *v*; 4 ⟨bij spel⟩ Spielpause *v*; ~ *roest* wer rastet, der rostet; ~ *noch duur hebben* weder Rast noch Ruhe (Ruhe noch Rast) haben; *de eeuwige* ~ *vinden* in den ewigen Frieden eingehen; *iemand met* ~ *laten* jmdn. in Ruhe, in Frieden lassen
**rustbank** Couch *v*, Liegesofa *v*
**rustdag** Ruhetag *m*
**rusteloos** 1 ⟨zonder ophouden⟩ rastlos; 2 ⟨ongedurig⟩ ruhelos; *een* ~ *kind* ein unruhiges Kind *o*; *een* ~ *leven* ein unstetes Leben *o*
**rusten** 1 ⟨in 't alg.⟩ ruhen; 2 ⟨pauzeren⟩ rasten; 3 ⟨toerusten⟩ rüsten; *rust zacht* ruhe sanft; *we willen dat laten* ~ wir wollen das auf sich beruhen lassen
**rustgevend** beruhigend
**rusthuis** Erholungsheim *o*
**rustiek** ländlich, rustikal
**rustig** ruhig; *zich* ~ *houden* sich ruhig verhalten
**rustoord** Erholungs-, Genesungsheim *o*, Sanatorium *o*
**rustplaats** 1 ⟨in 't alg.⟩ Ruheplatz *m*, -stätte *v*; 2 ⟨onderbreking van reis⟩ Rastplatz *m*; *de laatste* ~ die letzte Ruhestätte
**rustpunt** Ruhepunkt *m*
**ruststand** Ruhelage *v*, Ruhestellung *v*
**rustverstoorder** Ruhestörer *m*
**rut** gemeenz ⟨blut⟩ klamm, abgebrannt
**ruw** 1 ⟨uitwendig, uiterlijk⟩ rauh; 2 ⟨innerlijk ruw⟩ roh, ungeschliffen, grob; ~*e diamant* Rohdiamant *m*; ~*e kerel* Rohling *m*; ~*e olie* Rohöl *o*; ~ *weer* rauhes Wetter *o*; ~*e zee* stürmische ~ (schwere, hohe) See
**ruwweg** ungefähr, über den Daumen gepeilt
**ruzie** Streit *m*, Zank *m*; ~ *hebben* sich streiten; ~ *krijgen* Streit bekommen, sich verstreiten, sich verzanken; gemeenz Krach kriegen
**ruzieachtig** streitsüchtig, zänkisch
**ruziemaker** Zänker *m*; gemeenz Streithammel *m*, Krakeeler *m*
**ruziën** sich streiten

# S

**s** der Buchstabe S, das S
**S** = *sint*
**saai** langweilig, öde, fade
**saamhorig** zusammengehörig, solidarisch
**saamhorigheid** Zusammengehörigkeit *v*
**sabbat** Sabbat *m*
**sabbelen** ⟨zuigen⟩ lutschen
**sabel** ⟨wapen⟩ Säbel *m*
**sabelbont** Zobelpelz *m*
**sabeldier** Zobel *m*
**sabotage** Sabotage *v*
**saboteren** sabotieren
**saboteur** Saboteur *m*
**sacharine** Saccharin *o*
**sacrament** Sakrament *o*; *de laatste ~en* RK die Sterbesakramente
**sacristie** Sakristei *v*
**sadisme** Sadismus *m*
**sadist** Sadist *m*
**sadistisch** sadistisch
**sadomasochisme** Sadomasochismus *m*
**sadomasochist** Sadomasochist *m*
**sadomasochistisch** sadomasochistisch
**safari** Safari *v*
**safaripark** Safaripark *m*
**safe** Tresor *m*, Safe *m*, Stahlkammer *v*
**saffie** gemeenz Glimmstengel *m*
**saffier 1** ⟨edelsteen⟩ Saphir *m*; **2** ⟨kleur⟩ Saphirblau
**saffraan** Safran *m*
**sage** Sage *v*
**sago** Sago *m*
**saillant 1** ⟨vooruitstekend⟩ vorspringend, hervortretend; **2** ⟨opvallend⟩ auffällig, markant, augenfällig
**sakkeren** ZN schimpfen, zetern, wettern (gegen)
**Saks** Sachse *m*
**Saksen** Sachsen *o*
**Saksisch** sächsisch
**salade** Salat *m*
**salamander 1** ⟨dier⟩ Salamander *m*, Molch *m*; **2** ZN ⟨groepsdronk⟩ stud Salamander *m*; *een ~ doen* ZN stud den Salamander reiben
**salami** Salami *v*
**salariëren** besolden
**salaris** Gehalt *o*, Besoldung *v*
**salarisrekening** Gehaltskonto *o*
**salarisstrookje** Lohnzettel *m*
**saldo** Saldo *m*; *batig ~* Gewinnsaldo *m*, Überschuß *m*; *nadelig ~* Verlustsaldo *m*; *per ~* per Saldo
**salie** Salbei *v*
**salmiak** Salmiak *m*
**Salomonsoordeel** salomonisches Urteil *o*
**salon 1** ⟨kamer⟩ Salon *m*; **2** ZN ⟨meubels⟩ Wohnzimmer *o*; **3** ZN ⟨beurs⟩ Messe *v*
**salpeter** Salpeter *m*
**salpeterzuur** Salpetersäure *v*
**salto** Salto *m*, Überschlag *m*; *~ mortale* Salto mortale *m*
**salueren** grüßen, salutieren

**saluut** Gruß *m*; mil Salut *m*
**saluut:** *~!* auf Wiedersehen!, adieu!
**saluutschot** Salutschuß *m*
**salvo** Salve *v*
**Samaritaan** Samariter *m*; *de barmhartige ~* der barmherzige Samariter
**samba** Samba *m*
**sambal** Sambals *mv*
**samen** zusammen; ⟨rust ook⟩ beisammen
**samengaan** zusammengehen; *deze dingen gaan niet samen* diese Dinge lassen sich schlecht verbinden (vereinigen)
**samengesteld** zusammengesetzt; kompliziert
**samenhang** Zusammenhang *m*
**samenhangen** zusammenhängen
**samenhangend** zusammenhängend
**samenkomen** zusammenkommen
**samenkomst** Zusammenkunft *v*, Treffen *o*, Versammlung *v*
**samenleven** zusammenleben; ⟨vreedzaam⟩ koexistieren
**samenleving 1** ⟨maatschappij⟩ Gesellschaft *v*; **2** ⟨het samenleven⟩ Zusammenleben *o*
**samenlevingscontract** Partnerschaftsvertrag *m*
**samenloop:** *~ van omstandigheden* Verkettung *v* ⟨Zusammentreffen *o*⟩ von Umständen
**samenpakken** zusammenpacken; *zich ~* sich zusammenballen; ⟨onweer⟩ heraufziehen
**samenraapsel** Sammelsurium *o*; *~ van leugens* Lügengespinst *o*
**samenroepen** zusammenrufen; ⟨de Kamers⟩ einberufen
**samenscholen** sich zusammenrotten
**samenscholing** Zusammenrottung *v*, Ansammlung *v*
**samensmelten 1** eig zusammenschmelzen; **2** fig verschmelzen
**samenspannen** sich verschwören
**samenspel** Zusammenspiel *o*
**samenspraak** Unterredung *v*, Zwiegespräch *o*, Dialog *m*
**samenstel** Gefüge *o*; ⟨geheel⟩ Komplex *m*
**samenstellen 1** ⟨tot een geheel vormen⟩ zusammensetzen; **2** ⟨schrijven⟩ verfassen
**samensteller** Hersteller *m*; ⟨schrijver⟩ Verfasser *m*
**samenstelling** Zusammensetzung *v*
**samenstromen** zusammenströmen, -fließen
**samentrekken** zusammenziehen
**samenvatten** zusammenfassen
**samenvatting** Zusammenfassung *v*, Resümee *o*
**samenvoegen** zusammenfügen
**samenwerken 1** ⟨personen⟩ zusammenarbeiten; **2** fig zusammenwirken; *dit alles werkte samen* alles dies trug dazu bei
**samenwerking** Zusammenarbeit *v*, gemeinsame Arbeit *v*
**samenwerkingsverband** Zusammenschluß *m*, Arbeitsgemeinschaft *v*
**samenwonen** zusammenwohnen
**samenzang** gemeinsamer Gesang *m*

**samenzijn** Beisammen-, Zusammensein *o*
**samenzweerder** Verschworene(r) *m-v*, Verschwörer *m*
**samenzweren** sich verschwören
**samenzwering** Verschwörung *v*
**samplen** ⟨geluidstechniek⟩ samplen
**samsam**: ~ *doen* halbe-halbe machen
**sanatorium** Sanatorium *o*
**sanctie** Sanktion *v*
**sanctioneren** sanktionieren
**sandaal** Sandale *v*
**sandelhout** Sandelholz *o*
**sandwich** Sandwich *o*
**saneren** sanieren, bereinigen
**sanering** Sanierung *v*
**1 sanitair** *o* sanitäre Einrichtungen *mv*
**2 sanitair** *bn* sanitär; ~*e artikelen* Sanitätsartikel *mv*; ~*e stop* Pinkelpause *v*
**sansevieria** Bogenhanf *m*, Sansevieria *v*
**Sanskriet** Sanskrit *o*
**santé** prosit, gemeenz prost!
**sap** Saft *m*
**sapje** Saft *m*
**sappelen** gemeenz schuften
**sappig** saftig
**sarcasme** Sarkasmus *m*
**sarcastisch** sarkastisch
**sarcofaag** Sarkophag *m*
**sardien, sardine** Sardine *v*
**sarren** quälen, triezen, reizen, piesacken
**sas**: *in z'n* ~ *zijn* guter Laune sein
**satan** Satan *m*, Teufel *m*
**satanisch** satanisch, teuflisch
**satanisme** Satanismus *m*, Satanskult *m*
**saté** Sate *o*
**satelliet** Satellit *m*
**satellietfoto** Satellitenfoto *o*
**satellietstaat** Satellitenstaat *m*
**satellietstad** Satelliten-, Trabantenstadt *v*
**sater** Satyr *m*
**satijn** Atlas *m*, Satin *m*
**satire** Satire *v*
**satirisch** satirisch
**Saturnus** Saturn
**saucijs** Würstchen *o*
**saucijzenbroodje** Wurstbrötchen *o*
**sauna** Sauna *v*
**saus** Soße *v*, Tunke *v*
**sausen** 1 ⟨v. muren⟩ tünchen; 2 ⟨v. tabak⟩ soßen, saucieren
**saven** *comput* saven
**savooiekool** Wirsing *m*
**saxofonist** Saxophonist *m*
**saxofoon** Saxophon *m*
**scabreus** frivol
**scalp** Skalp *m*
**scalpel** Skalpell *o*
**scalperen** skalpieren
**scanderen** skandieren
**Scandinavië** Skandinavier *m*, Skandinave *m*
**Scandinavisch** skandinavisch
**scannen** 1 ⟨in 't alg.⟩ (mit einem Scanner) abtasten; 2 *med* mit einem Röntgenscanner untersuchen
**scanner** 1 ⟨in 't alg.⟩ Scanner *m*; 2 ⟨radarantenne⟩ Abtastvorrichtung *v*
**scenario** Drehbuch *o*, Szenarium *o*

**scenarioschrijver** Drehbuchautor *m*
**scène** 1 ⟨film, opstootje⟩ Szene *v*; 2 ⟨op 't toneel meest⟩ Auftritt *m*; *in* ~ *brengen* in Szene setzen
**scepsis** Skepsis *v*
**scepter** Zepter *o*
**scepticisme** Skeptizismus *m*
**scepticus** Skeptiker *m*
**sceptisch** skeptisch
**schaaf** Hobel *m*
**schaafwond** Schürfwunde *v*, Abschürfung *v*
**schaak I** *o* Schach *o*; ~ *staan* im Schach stehen; ~ *zetten* Schach bieten; **II** *tsw* ⟨in 't schaakspel⟩ schach
**schaakbord** Schachbrett *o*
**schaakcomputer** Schachcomputer *m*
**schaakkampioen** Schachmeister *m*
**schaakmat** schachmatt
**schaakmeester** Schachmeister *m*
**schaakstuk** Schachfigur *v*
**schaal** 1 ⟨dop⟩ Schale *v*; 2 ⟨voor eten⟩ Schüssel *v*; 3 ⟨graadverdeling⟩ Skala *v*; 4 ⟨v. oesters, eieren⟩ Schale *v*; 5 ⟨v. kaart enz.⟩ Maßstab *m*; 6 *fig* Umfang *m*; *op* ~ maßstabgerecht, -getreu; *op verkleinde* ~ ⟨kaart⟩ in verkleinertem Maßstab *m*; *op een* ~ *van 1 op 1000* im Maßstab 1 zu 1000
**schaaldier** Schaltier *o*
**schaalverdeling** Skala-, Gradeinteilung *v*, Graduierung *v*
**schaalvergroting** maßstabsgetreue Vergrößerung *v*
**schaambeen** Schambein *o*
**schaamdelen** Geschlechtsteile *mv*
**schaamlippen** Schamlippen *mv*
**schaamluis** Filzlaus *v*
**schaamrood** Schamröte *v*
**schaamstreek** Schamgegend *v*
**schaamte** Scham *v*; *valse* ~ falsche Scham
**schaamtegevoel** Schamgefühl *o*
**schaamteloos** schamlos
**schaap** Schaf *o*; *fig* Schaf *o*, Einfaltspinsel *m*, Schafskopf *m*; *het zwarte* ~ das schwarze Schaf; *als er één* ~ *over de dam is, volgen er meer* ein Schaf folgt dem andern
**schaapachtig** blöde, schafig, einfältig
**schaapherder** Schäfer *m*, Schafhirt *m*
**schaapje** Schäfchen *o*, Schäflein *o*; *zijn* ~*s op het droge hebben* sein(e) Schäfchen im Trocknen haben
**schaapskooi** Schafstall *m*
**schaar** 1 ⟨v. knippen⟩ Schere *v*; 2 ⟨aan ploeg⟩ Schar *v*; 3 ⟨menigte⟩ Schar *v*, Menge *v*
**schaars I** *bijw* ⟨nauwelijks⟩ kaum; **II** *bn* ⟨nauwelijks genoeg⟩ knapp, spärlich
**schaarste** ⟨krapheid⟩ Knappheit *v*
**schaats** Schlittschuh *m*; *een scheve* ~ *rijden* sich daneben benehmen
**schaatsbaan** 1 ⟨rolschaatsbaan⟩ Rollschuhbahn *v*; 2 ⟨ijsbaan⟩ Schlittschuhbahn *v*
**schaatsen, schaatsenrijden** Schlittschuh laufen
**schacht** *v* 1 ⟨v. laars⟩ Schaft *m*; 2 ⟨mijn⟩ Schacht *m*; 3 *ZN* ⟨rekruut, groen⟩ Fuchs *m*
**schade** Schaden *m*; *materiële* ~ Sachschaden *m*; ~ *doen aan* schaden (+ 3); ~ *lijden*

**schadeformulier**

Schaden erleiden (nehmen), zu Schaden kommen; *door ~ en schande wordt men wijs* durch Schaden wird man klug

**schadeformulier** Schadensanzeige *v*

**schadelijk** schädlich; (nadelig ook) nachteilig; *~ insect* Schädling *m*, Schadinsekt *m*; *~ voor de gezondheid* gesundheitsschädlich

**schadeloos** unbesehrt, unbeschädigt, schadlos

**schadeloosstellen** entschädigen

**schadeloosstelling** Entschädigung *v*, Schadloshaltung *v*

**schaden** schaden (+ 3), schädigen (+ 4); *iem. ~* einem schaden, einen schädigen; *'t schaadt de gezondheid* es schadet der Gesundheit

**schadepost** Verlustposten *m*

**schadevergoeding** Schadenersatz *m*; *~ geven* Schadenersatz leisten

**schadevrij**: *~ rijden* unfallfrei fahren

**schaduw** Schatten *m*; *iem. als een ~ volgen* sich an jemands Sohlen heften; *niet in iemands ~ kunnen staan* jmdm. nicht das Wasser reichen können; *in de ~ stellen* ⟨ook fig⟩ in den Schatten stellen

**schaduwbeeld** Schattenriß *m*

**schaduwen** ⟨door politie enz.⟩ beschatten; schildern schattieren

**schaduwkabinet** Schattenkabinett *o*

**schaduwrijk** schattenreich, schattig

**schaduwzijde** Schattenseite *v* ⟨ook fig⟩

**schaften** 1 ⟨eten⟩ essen; 2 ⟨pauzeren om te eten⟩ Pause machen; *niets met iem. te willen hebben* nichts mit jmdm. zu tun haben wollen

**schafttijd** Mittagspause *v*

**schakel** 1 ⟨v. ketting⟩ Kettenglied *o*; 2 ⟨verbinding⟩ Verbindungsglied *o*

**schakelaar** Schalter *m*, Schaltknopf *m*

**schakelarmband** Ketten-, Gliederarmband *o*

**schakelbord** Schaltbrett *o*, -tafel *v*

**schakelen** 1 ⟨verbinden⟩ aneinanderreihen, ketten, verketten; 2 auto, elektr, techn schalten

**schakeling** 1 elektr & techn Schaltung *v*; 2 ⟨auto ook⟩ Gangschaltung *v*

**schakelkast** Schaltkasten *m*

**schakelklas** Förder-, Orientierungsstufe *v*

**schaken** 1 ⟨ontvoeren⟩ entführen; 2 ⟨schaakspelen⟩ Schach spielen

**schaker** 1 ⟨ontvoerder⟩ Entführer *m*; 2 ⟨schaakspel⟩ Schachspieler *m*

**schakeren** (ab)schattieren, abstufen, abtönen

**schakering** 1 ⟨kleurschikking⟩ Schattierung *v*, Abtönung *v*; 2 muz Klangformung *v*

**schaking** Entführung *v*

**schalks** schalkhaft, schelmisch

**schallen** schallen, tönen, klingen

**schamel** dürftig, ärmlich

**schamen**: *zich ~ voor* sich schämen vor (+3)

**schampen** streifen

**schamper** höhnisch, scharf, bitter, beißend

**schamperen** spotten, höhnen

**schampschot** Streifschuß *m*

**schandaal** Skandal *m*

**schandaalpers** Sensations-, Revolverpresse *v*

**schandalig** schändlich, skandalös, unerhört; *~ duur* sündhaft teuer; *een ~ laag loon* ein Hungerlohn *m*; *een ~ hoog loon* ein unerhört hohes Gehalt *o*

**schanddaad** Schandtat *v*

**schande** Schande *v*; *~ van iets spreken* etwas schändlich finden; *te ~ maken* zuschanden machen

**schandelijk** = *schandalig*

**schandknaap** Strichjunge *m*

**schandmerk** Schandmal *o*

**schandpaal** Schandpfahl *m*, Pranger *m*; *iem. aan de ~ nagelen* jmdn. an den Pranger stellen

**schandvlek** Schandfleck *m*

**schans** *sp*, mil Schanze *v*

**schansspringen** Skispringen *o*

**schap** 1 ⟨plank⟩ Schrankbrett *o*, Regal *o*; 2 ZN ⟨vensterbank⟩ Fensterbank *v*, -brett *o*; 3 ZN ⟨kast⟩ Schrank *m* mit Fächern, Wäscheschrank *m*

**schapenbout** Hammelkeule *v*

**schapenfokkerij** Schafzucht *v*

**schapenscheerder** Schafscherer *m*

**schapenvacht** Schaffell *o*

**schapenvlees** Lamm-, Hammelfleisch *o*

**schapenwol** Schafwolle *v*

**schappelijk** glimpflich; ⟨prijs⟩ billig

**schar** Flunder *v*

**schare** Schar *v*, Menge *v*

**scharen** ordnen; *zich ~* sich scharen

**scharlaken** I *o* Scharlach *m*; II *bn* scharlachrot

**scharminkel** Hopfenstange *v*, langes Laster *o*, Gerippe *o*, Skelett *o*, halbe Portion *v*

**scharnier** Scharnier *o*

**scharnieren**: *~ om* sich um ein Scharnier drehen

**scharrel**: *aan de ~ zijn* flirten

**scharrelaar** 1 ⟨handelaar⟩ Schacherer *m*; 2 ⟨in de liefde⟩ Schürzenjäger *m*

**scharrelei** Ei *o* ⟨von freilaufenden Hühnern⟩

**scharrelen** 1 ⟨zoeken⟩ stöbern, wühlen, kramen; 2 ⟨v. kippen⟩ scharren; 3 ⟨handelen⟩ schachern; 4 ⟨met meisjes⟩ poussieren; *hij scharrelt in huizen* er treibt Häuserschacher

**scharrelkip** Freilandhuhn *o*

**schat** ⟨ook fig⟩ Schatz *m*

**schateren** ⟨van 't lachen⟩ aus vollem Halse lachen

**schaterlach** schallendes Gelächter *o*

**schatgraver** Schatzgräber *m*

**schatkamer** Schatzkammer *v*

**schatkist** 1 ⟨staatskas⟩ Staatskasse *v*; 2 ⟨geldkist⟩ Schatztruhe *v*

**schatkistpromesse** unverzinsliche Schatzanweisung *v*

**schatplichtig** steuer-, tributpflichtig

**schatrijk** schwer-, steinreich

**schattebout** Liebling *m*, Herzblatt *o*

**schatten** ⟨taxeren⟩ (ab)schätzen; *geschatte prijs* Schätzpreis *m*; *iets te laag, te hoog ~* etwas unter-, überbewerten; *iets naar*

*waarde* ~ etwas zu schätzen wissen
**schattig** niedlich, herzig, süß
**schatting 1** ⟨in 't alg.⟩ Schätzung *v*, Wertung *v*, Einschätzung *v*; **2** ⟨cijns⟩ Tribut *m*; *naar* ~ schätzungsweise
**schaven 1** ⟨gladmaken⟩ hobeln; **2** ⟨verwonden⟩ ritzen, schürfen
**schavot** Schafott *o*
**schavotje** ⟨v. winnaars⟩ Siegerpodest *o*
**schavuit** Schurke *m*, Schuft *m*
**schede** Scheide *v*
**schedel** Schädel *m*
**schedelbasisfractuur** Schädelbasisbruch *m*
**schedelbreuk** Schädelbruch *m*
**scheef** schief
**scheel** schielend; *schele hoofdpijn* stechender Kopfschmerz *m*; *iemand met schele ogen aanzien* einen schief ansehen
**scheelzien** schielen
**scheen** Schiene *v*
**scheenbeen** Schienbein *o*
**scheenbeschermer** Schienbeinschoner *m*, Schienbeinschützer *m*
**scheep**: ~ *gaan* sich einschiffen
**scheepsarts** Schiffsarzt *m*
**scheepsbeschuit** Schiffszwieback *m*
**scheepsbouw** Schiffbau *m*
**scheepshelling** Werft *v*
**scheepsjongen** Schiffsjunge *m*
**scheepsjournaal** Bordbuch *o*, Schiffstagebuch *o*
**scheepslading** Schiffsladung *v*
**scheepsrecht**: *driemaal is* ~ aller guten Dinge sind drei
**scheepstimmerman** Schiffszimmermann *m*
**scheepswerf** Schiffswerft *v*
**scheepvaart** Schiffahrt *v*
**scheepvaartmaatschappij** Schiffahrtsgesellschaft *v*
**scheerapparaat** Rasierapparat *m*; *elektrisch* ~ Elektrorasierer *m*
**scheercrème** Rasiercreme *v*
**scheerkop** ⟨aan scheerapparaat⟩ Scherkopf *m*
**scheerkwast** Rasierpinsel *m*
**scheerlijn** scheepv Trosse *v*
**scheermes** Rasiermesser *o*
**scheermesje** Rasierklinge *v*
**scheervlucht** luchtv Tiefflug *m*
**scheerwol** Schurwolle *v*
**scheerzeep** Rasierseife *v*
**scheet** gemeenz Furz *m*
**scheidbaar** trennbar
**scheiden\* 1** ⟨afzonderen⟩ trennen; **2** ⟨van een huwelijk scheiden⟩; *het haar* ~ die Haare scheiteln
**scheiding 1** ⟨afzondering⟩ Trennung *v*; **2** ⟨huwelijk⟩ (Ehe)scheidung *v*; **3** ⟨in haar⟩ (Haar)scheitel *m*; ~ *van tafel en bed* Trennung *v* von Tisch und Bett
**scheidingslijn** Trennungsstrich *m*, -linie *v*; Scheide-, Grenzlinie *v*
**scheids** gemeenz Schiedsrichter *m*, Unparteiische *m*
**scheidsmuur** Trennwand *v*; fig Barriere *v*
**scheidsrechter** Schiedsrichter *m*

**scheidsrechterlijk** schiedsrichterlich
**scheikunde** Chemie *v*
**scheikundig** chemisch; ~ *ingenieur* Chemieingenieur *m*
**scheikundige** Chemiker *m*
**1 schel** *v* Schelle *v*, Klingel *v*; *de ~len vallen hem van de ogen* es fällt ihm wie Schuppen von den Augen
**2 schel** *bn* **1** ⟨licht, kleur⟩ grell; **2** ⟨geluid⟩ schrill
**Schelde** Schelde *v*
**schelden\*** schimpfen, schelten; *op iem.* ~ einen schelten, auf einen schelten (schimpfen)
**scheldkanonnade** = *scheldpartij*
**scheldnaam** Schimpfname *m*
**scheldpartij** Schimpferei *v*, Schimpfkanonade *v*
**scheldwoord** Schimpfwort *o*
**schele** Schieler *m*
**schelen** ⟨verschillen⟩ verschieden sein; *wat scheelt u?* was fehlt Ihnen?; *'t kan mij niets (geen barst, donder, zier)* ~ gemeenz es interessiert mich nicht im geringsten, gemeenz es ist mir egal (schnuppe, wurscht); *het scheelde weinig (een haartje) of 't was gelukt* es fehlte wenig, so wäre es gelungen; um ein Haar wäre es gelungen; *dat scheelt veel* das macht einen großen Unterschied; *zij schelen veel in leeftijd* sie haben ein sehr unterschiedliches Alter
**schellinkje** Olymp *m*, Paradies *o*
**schelm** Schelm *m*; ⟨boef ook⟩ Schurke *m*
**schelmenroman** Schelmenroman *m*
**schelp** Muschel *v*, Muschelschale *v*
**schelpdier** Schalentier *o*
**schelvis** Schellfisch *m*
**schema** Schema *o*
**schematisch** schematisch
**schemer** Dämmerung *v*, Zwielicht *o*
**schemerachtig** dämmernd, dämmerig
**schemerdonker I** *o* Zwielicht *o*, Halbdunkel *o*; **II** *bn* dämmerig
**schemeren** dämmern; *het schemert mij voor de ogen* es flimmert mir vor den Augen
**schemerig** dämmerig
**schemering** Dämmerung *v*, Zwielicht *o*
**schemerlamp** Schirm-, Stehlampe *v*
**schemerlicht** Dämmerlicht *o*
**schemertoestand** med Dämmerzustand
**schenden\* 1** ⟨onteren⟩ schänden, entehren; **2** ⟨ontwijden⟩ entweihen, entheiligen; **3** ⟨misvormen⟩ beschädigen; **4** ⟨v. luchtruim enz.⟩ verletzen; *een geschonden exemplaar* ein schadhaftes Exemplar *o*
**schending** Schändung *v*, Entehrung *v*; ⟨v. luchtruim enz.⟩ Verletzung *v*; ~ *van geheimhouding* Geheimnisverrat *m*; ~ *van de grondwet* Verfassungsbruch *m*; ~ *van vertrouwen* Vertrauensbruch *m*
**schenkbord** ZN Tablett *o*
**schenkel** Schenkel *m*; ⟨v. slachtvee⟩ Keule; Z-Duits Haxe *v*
**schenken\*** schenken; *aandacht* ~ *aan* Aufmerksamkeit widmen (schenken) (+ 3); *thee* ~ Tee einschenken; *vergiffenis* ~ Vergebung gewähren

**schenker** 1 hist Mundschenk *m*; 2 ⟨gever⟩ Spender *m*, Stifter *m*

**schenking** 1 ⟨het geven⟩ Schenkung *v*, Verleihung *v*; 2 ⟨gift⟩ Spende *v*, Stiftung *v*

**schenkingsrecht** ⟨belasting⟩ Schenkungssteuer *v*

**schennis** Schändung *v*, Entehrung *v*

**schep** 1 ⟨schop⟩ Schippe *v*, Schaufel *v*; 2 ⟨hoeveelheid⟩ Löffel *m*, Portion *v*; *een ~ geld* ein Heidengeld, ein Haufen *m* Geld

**schepen** 1 hist Schöffe *m*; N-Duits Schöppe *m*; 2 thans, ZN ⟨wethouder⟩ gewählter Gemeindebeamter *m*, Beigeordnete(r) *m-v*

**schepencollege** ZN ± Magistrat *m*

**schepje** kleiner Löffel *m*; ⟨hoeveelheid⟩ Löffelchen *o*, einen Löffel voll; *er een ~ bovenop doen, leggen* dick auftragen, ausschmücken

**schepnet** Käscher *m*

**1 scheppen\*** 1 ⟨creëren⟩ schaffen (schuf, geschaffen); ⟨plechtiger⟩ erschaffen; hervorbringen; 2 ⟨zorgen voor⟩ schaffen (schaffte, geschafft)

**2 scheppen\*** 1 ⟨met schop⟩ schaufeln; 2 ⟨v. water, lucht⟩ schöpfen; *iemand ~* ⟨in verkeer⟩ einen umfahren

**schepper** Schöpfer *m*

**schepping** Schöpfung *v*

**scheppingsverhaal** Schöpfungsgeschichte *v*

**scheprad** Schaufelrad *o*

**schepsel** Geschöpf *o*, Kreatur *v*

**1 scheren\*** I *overg* ⟨v. baard e.d.⟩ rasieren; ⟨van dieren⟩ scheren; II *onoverg* 1 ⟨rakelings over iets heen gaan⟩ streifen (+4); 2 ZN ⟨schuiven⟩ rutschen; *scheer je weg!* pack dich, scher' dich weg!; *een lijn ~* scheepv eine Leine scheren

**2 scheren** *o* 1 ⟨v. baard e.d.⟩ Rasieren *o*, Rasur *v*; *elektrisch ~* Elektrorasur *v*; 2 ⟨v. dieren⟩ scheren

**scherf** 1 ⟨v. servies e.d.⟩ Scherbe *v*; 2 ⟨v. granaat⟩ Splitter *m*

**schering** ⟨bij wevers⟩ Kette *v*; *dat is daar ~ en inslag* das ist da gang und gäbe

**scherm** 1 ⟨ter bescherming, v. computer & tv⟩ Schirm *m*; 2 ⟨in bioscoop e.d.⟩ Leinwand *m*; *achter de ~ kijken* hinter die Kulissen blicken

**schermbloemigen** Doldengewächse *mv*, -blütler *mv*

**schermen** I fechten; stud pauken; *met zijn connecties ~* mit seinen Beziehungen angeben; *met woorden ~* mit Worten streiten; II *o* Fechten *o*, Fechtkunst *v*

**schermutseling** ⟨ook fig⟩ Scharmützel *o*; Geplänkel *o*

**scherp** 1 ⟨mes⟩ scharf; 2 ⟨kou⟩ beißend; 3 ⟨vloeistof⟩ ätzend; *een ~e geest* ein spitzer Geist; *een ~e hoek* eine scharfe Ecke; *wisk* ein spitzer Winkel; *~e patronen* scharfe Patronen; *een ~ verstand* ein scharfer Verstand; II *o* 1 ⟨snede⟩ Schneide *v*; 2 ⟨kogels⟩ scharfe Munition *v*; *op ~ stellen* schärfen, scharf stellen

**scherpen** 1 ⟨slijpen⟩ schärfen, anschärfen; 2 ⟨messen⟩ wetzen

**scherprechter** Scharfrichter *m*, Henker *m*

**scherpschutter** Scharfschütze *m*

**scherpte** 1 ⟨scherpheid⟩ Schärfe *v*; 2 ⟨bitterheid⟩ Herbheit *v*

**scherptediepte** Schärfentiefe *v*

**scherpzinnig** scharfsinnig

**scherts** Scherz *m*, Spaß *m*

**schertsen** scherzen, Spaß *m* machen

**schertsend** scherzend, im Scherz, zum Scherz

**schertsfiguur** lächerliche Figur *v*, Witzfigur *v*

**schets** Skizze *v*

**schetsboek** Skizzenbuch *o*

**schetsen** 1 ⟨tekenen⟩ skizzieren; 2 ⟨beschrijven⟩ schildern, beschreiben

**schetsmatig** skizzenhaft

**schetteren** ⟨v. trompetten⟩ schmettern

**scheur** Riß *m*; ⟨smaller⟩ Spalte *v*

**scheurbuik** Skorbut *m*

**scheuren** 1 ⟨stuktrekken⟩ reißen, zerreißen; 2 ⟨rukken⟩ reißen, zerren; 3 ⟨inscheuren⟩ anreißen

**scheuring** 1 ⟨schisma⟩ Spaltung *v*; 2 ⟨grond⟩ Umbrechung *v*, Umbruch *m*

**scheurkalender** Abreißkalender *m*

**scheut** 1 plantk Sproß *m*, Sprößling *m*, Schößling *m*; 2 ⟨pijn⟩ Stich *m*, Stechen *o*; 3 ⟨water enz.⟩ Schuß *m*

**scheutig** freigebig, großzügig

**schicht** ⟨v. bliksem⟩ (Blitz)strahl *m*

**schichtig** scheu, furchtsam, schreckhaft

**schielijk** schnell, schleunig, eilig, hastig

**schier** ⟨bijna⟩ beinahe, fast

**schiereiland** Halbinsel *v*

**schietbaan** Schießstand *m*, Schießplatz *m*

**schieten\*** I *ww* schießen; *met scherp ~* scharf schießen; *te binnen ~* einfallen; II *o* Schießen *o*, Schießerei *v*

**schietgat** Schießscharte *v*

**schietgraag** schußfreudig, schießwütig

**schietlood** Richt-, Senkblei *o*

**schietpartij** Schießerei *v*

**schietschijf** Schießscheibe *v*

**schietstoel** Schleuder-, Katapultsitz *m*

**schiettent** Schießbude *v*

**schiften** 1 ⟨sorteren⟩ sichten, aussondern, auslesen; 2 ⟨melk⟩ gerinnen; 3 ZN, sp an einem Ausscheidungskampf teilnehmen

**schifting** 1 ⟨het sorteren⟩ Sichtung *v*, Auslese *v*; 2 ⟨v. melk⟩ Gerinnung *v*, Flockung *v*

**schijf** 1 ⟨in 't alg.⟩ Scheibe *v*; 2 techn Scheibe *v*, Rad *o*; 3 ⟨damspel⟩ Stein *m*; 4 ZN ⟨trekking v. e. loterij⟩ Ziehung *v*; *harde ~* comput Festplatte *v*

**schijfgeheugen** Speicherplatz *m*

**schijfrem** Scheibenbremse *v*

**schijn** Schein *m*, Anschein *m*; *~ bedriegt* der (Augen)schein trügt; *de ~ bewaren* den Schein wahren; *hij heeft geen ~ van kans* er hat nicht die geringste Aussicht auf Erfolg; *in ~* dem Schein nach, scheinbar; *voor de ~* zum Schein

**schijnbaar** scheinbar

**schijnbeweging** Scheinmanöver *o*

**schijndood** I *bn* scheintot; *schijndode* Scheintote(r) *m-v*, Scheintote *v*; II *m* Scheintod *m*

**schijnen\*** 1 ⟨lijken⟩ scheinen, den Anschein

**schijngestalte** Erscheinungsform v; ~ *van de maan* Mondphase v
**schijngevecht** Scheingefecht o
**schijnheilig** scheinheilig
**schijnhuwelijk** Scheinehe v
**schijnproces** Schein-, Schauprozeß m
**schijnsel** Schein m, Glanz m, Schimmer m
**schijntje**: *voor een* ~ (geld) ganz billig
**schijnvertoning** Scheinmanöver o; gemeenz Theater o
**schijnwereld** Scheinwelt v
**schijnwerper 1** ⟨voor toneel en auto⟩ Scheinwerfer m; **2** ⟨lamp⟩ Strahler m
**schijnzwangerschap** Scheinschwangerschaft v
**schijt** gemeenz Scheiße v; ~ *hebben aan* scheißen auf (+ 4)
**schijten*** gemeenz scheißen
**schijterig** gemeenz feig
**schijthuis** gemeenz **1** ⟨toilet⟩ Klo o, Scheißhaus o; **2** ⟨lafaard⟩ Scheißer m, Feigling m
**schijtlaars** gemeenz Scheißer m, Feigling m
**schijventarief** ± Steuerprogression v
**schik** Vergnügen o; *in zijn* ~ *zijn* guter Dinge (Laune) sein; *met iets in zijn* ~ *zijn* über etwas (4) sehr erfreut sein; *hij heeft er geen* ~ *in* es gefällt ihm nicht
**schikgodinnen** Schicksalsgöttinnen *mv*
**schikken** anordnen, ordnen, in Ordnung bringen; *bloemen* ~ Blumen arrangieren; *het schikt nog al* es geht so ziemlich; *iets* ~ eine Sache ins reine bringen; *zich* ~ sich fügen; *zich in iets* ~ sich in etwas (4) geben; *zich in zijn lot* ~ sich in sein Schicksal ergeben; *zich* ~ *naar* sich richten nach
**schikking** Ordnung v, Anordnung v; *minnelijke* ~ Vergleichsverfahren o
**schil** Schale v
**schild 1** ⟨wapen⟩ Schild m; **2** ⟨v. schildpad⟩ Panzer m; *iets in zijn* ~ *voeren* etwas im Schilde führen
**schilder 1** ⟨huisschilder⟩ Maler m, Anstreicher m; **2** ⟨kunstschilder⟩ Maler m
**schilderachtig** malerisch
**schilderen 1** ⟨v. kunstenaar en vakman⟩ malen; **2** ⟨verven⟩ anstreichen; **3** ⟨beschrijven⟩ schildern
**schilderij** Gemälde o
**schilderijententoonstelling** Gemäldeausstellung v
**schildering** Schilderung v, Darstellung v
**schilderkunst** Malerei v
**schildersezel** Staffelei v
**schildersmodel** Modell o
**schilderwerk 1** ⟨kunstwerk⟩ Malerei v; **2** ⟨v. gebouw e.d.⟩ Malerarbeiten *mv*
**schildje** ⟨anticonceptie⟩ Intrauterinpessar o, IUP
**schildklier** Schilddrüse v
**schildknaap** Schildträger m, Knappe m
**schildpad** Schildkröte v
**schildpadsoep** Schildkrötensuppe v
**schildwacht** Schildwache v
**schilfer 1** ⟨v.d. huid⟩ Schuppe v; **2** ⟨v. kalk⟩ Abblätterung v
**schilferen 1** ⟨v. huid⟩ sich schuppen, sich schälen; **2** ⟨v. muur⟩ abblättern
**schilferig** schuppig
**schillen** schälen
**schim 1** ⟨schaduwbeeld⟩ Schatten m; **2** ⟨vage figuur⟩ Schemen m
**schimmel** ⟨paard en zwam⟩ Schimmel m
**schimmelen** schimmeln, schimm(e)lig werden
**schimmelig** schimm(e)lig
**schimmelkaas** ⟨met laagje schimmel⟩ Edelpilzkäse m; ⟨dooraderd⟩ Blauschimmelkäse m
**schimmenrijk** Schattenreich o
**schimmenspel** Schattenspiel o
**schimmig** schatten-, schemenhaft
**schimp** Schimpf m, Hohn m, Beschimpfung v
**schimpdicht** Spottgedicht o
**schimpen** schimpfen, schmähen
**schimpscheut** Stichelei v, Seitenhieb m
**schip** ⟨ook v. kerk⟩ Schiff o; ~ *der woestijn* Wüstenschiff o; *een* ~ *op het strand, een baken in zee* anderer Fehler sind gute Lehrer; *schoon* ~ *maken* reinen Tisch machen; scheepv klar Schiff machen; *alle schepen achter zich verbranden* alle Schiffe hinter sich verbrennen; *per* ~ zu Schiff
**schipbreuk** Schiffbruch m; ~ *lijden* Schiffbruch erleiden; ⟨fig ook⟩ scheitern
**schipbreukeling** Schiffbrüchige(r) *m-v*
**schipper** Schiffer m, (Schiffs)kapitän m
**schipperen** einen Kompromiß suchen, taktieren
**schipperskind** Schifferkind o
**schisma** Schisma o, Spaltung v
**schitteren** glänzen, leuchten
**schitterend** glänzend; gemeenz blendend
**schittering** Glanz m
**schizofreen** schizophren
**schizofrenie** Schizophrenie v
**schlager** Schlager m
**schlemiel** Pechvogel m, Schwächling m
**schmink** Schminke v
**schminken**: schminken
**schnabbelaar** jmd. der nebenberuflich arbeitet
**schnabbelen** nebenberuflich arbeiten
**schnitzel** paniertes Schnitzel o
**schobbejak** Schuft m, Halunke m
**schoeien** beschuhen
**schoeisel** Schuhwerk o
**schoen** Schuh m; *de stoute* ~*en aantrekken* sich ein Herz fassen; *daar wringt de* ~ *da* drückt ihn der Schuh; *stevig in zijn* ~*en staan* seiner Sache gewiß sein; *ik zou niet graag in zijn* ~*en staan* ich möchte nicht in seiner Haut stecken; *iem. iets in de* ~*en schuiven* jmdm. etwas in die Schuhe schieben
**schoenborstel** Schuhbürste v
**schoenenwinkel** Schuhladen m
**schoener** Schoner m
**schoenlepel** Schuhlöffel m
**schoenmaker** Schuhmacher m; ⟨eenvoudiger, schoenlapper⟩ Schuster m
**schoenpoetser** Schuhputzer m
**schoensmeer** Schuhcreme v
**schoenveter** (Schnür)senkel m, Schuhbän-

**schoenwinkel**

del o
**schoenwinkel** Schuhladen m, -geschäft o
**schoep** techn Schöpfbrett o, Schaufel v
**schoffel** Schaufel v; ⟨op 't land⟩ Spaten m
**schoffelen** schaufeln
**schofferen** grob (wie den letzten Dreck) behandeln
**schoffie** Rüpel m
**1 schoft** m ⟨ploert⟩ Schuft m, Halunke m
**2 schoft** v ⟨v. dieren⟩ Widerrist m
**schofterig** schurkisch
**schofthoogte** (Wider)risthöhe v
**schok 1** ⟨stoot⟩ Stoß m; Erschütterung v; **2** med Schock m; *elektrische* ~ elektrischer Schlag m, Elektroschock m
**schokbeton** Rüttelbeton m
**schokbreker** Stoßdämpfer m
**schokeffect** Schockeffekt m
**schokken 1** ⟨in 't alg.⟩ erschüttern; **2** ⟨v. voertuig⟩ stoßen, rütteln; **3** ⟨choqueren⟩ schokieren
**schokschouderen** die Achseln zucken
**schoktherapie** Schocktherapie v
**1 schol** m ⟨vis⟩ Scholle v
**2 schol** v **1** ⟨aardkluit⟩ Erdscholle v; **2** ⟨ijsschol⟩ Eisscholle v
**scholen** schulen
**scholengemeenschap** Gesamtschule v
**scholier** Schüler m
**scholing** Schulung v, Ausbildung v
**schommel 1** ⟨speelgoed⟩ Schaukel v; **2** schertsend ⟨dikke vrouw⟩ Watschelente v
**schommelen 1** ⟨op schommel⟩ schaukeln; **2** ⟨v. slinger⟩ pendeln, schwingen; **3** ⟨bij 't lopen⟩ watscheln; **4** ⟨temperatuur; prijs⟩ schwanken
**schommeling 1** ⟨v. slinger⟩ Pendeln o, Schwingung v; **2** ⟨v. prijzen⟩ Schwankung v; ~ *in de temperatuur* Temperaturschwankung v
**schommelstoel** Schaukelstuhl m
**schonkig** grobknochig, grobgliederig
**schoof** ⟨graan⟩ Garbe v
**schooien** betteln
**schooier 1** ⟨bedelaar⟩ Bettler m; **2** ⟨scheldwoord⟩ Lump m, Halunke m
**school 1** onderw Schule v; **2** ⟨vissen⟩ Fischschwarm m; **3** ⟨v. haringen ook⟩ Zug m; *bijzondere* ~ nichtstaatliche Schule v; *middelbare* ~ weiterführende Schule v; *openbare* ~ öffentliche Schule v; *technische* ~ technische Fachschule v; ~ *voor BLO* Sonderschule; ~ *maken* Schule machen; *naar* ~ *gaan* in die Schule (zur Schule) gehen; *uit de* ~ *klappen* aus der Schule schwatzen, plaudern
**schoolagenda** Aufgabenheft o
**schoolarts** Schularzt m
**schoolbank** Schulbank v
**schoolblijven** nachsitzen
**schoolboek** Schulbuch o
**schoolbord** Wandtafel v, Tafel v
**schoolbus** Schulbus m
**schoolgeld** Schulgeld o
**schoolhoofd** Schulleiter m, Direktor m
**schooljaar** Schuljahr o
**schooljeugd** Schuljugend v
**schooljuffrouw** Lehrerin v

**schoolkrant** Schülerzeitung v
**schoollokaal** Klassenzimmer o
**schoolmeester 1** ⟨onderwijzer⟩ Lehrer m; **2** ⟨pedant⟩ Schulmeister m
**schoolmeesterachtig** schulmeisterlich, pedantisch
**schoolonderzoek** Vorexamen o (von der Schule zusammengestellt)
**schoolpact** ZN Schulabkommen o
**schoolplein** Schulhof m
**schoolreisje** Schulausflug m, Klassenfahrt v
**schools** schulmäßig, schulisch
**schoolschrift** Schulheft o
**schoolslag** ⟨zwemmen⟩ Brustschwimmen o
**schooltas** Schulmappe v, -tasche v
**schooltelevisie** Schulfernsehen o
**schoolverlater** Schulabgänger m
**schoolvoorbeeld** Schulbeispiel o
**schoolziek** schulkrank
**schoon I** bn **1** ⟨mooi⟩ schön; **2** ⟨gewassen, netjes⟩ rein, sauber; ~ *goed* reine Wäsche; **II** o Schönheit v
**schoondochter** Schwiegertochter v
**schoonfamilie** amgeheiratete Verwandte mv
**schoonheid** ⟨ook vrouw⟩ Schönheit v
**schoonheidswedstrijd** Schönheitswettbewerb m, -konkurrenz v
**schoonhouden** rein (sauber) halten
**schoonmaak** Rein(e)machen o, Hausputz m; *grote* ~ Großrein(e)machen o
**schoonmaakbedrijf** Reinigungsbetrieb m
**schoonmaakster** Zugeh-, Putzfrau v
**schoonmaakwoede**: *last hebben van* ~ einen Putzfimmel m haben
**schoonmaken** saubermachen, putzen, säubern
**schoonmaker 1** ⟨in 't alg.⟩ Putzer m; **2** ⟨v. gebouwen⟩ Gebäudereiniger m
**schoonmoeder** Schwiegermutter v
**schoonouders** Schwiegereltern mv
**schoonschrift** Schönschrift v
**schoonspringen** Kunstspringen o
**schoonvader** Schwiegervater m
**schoonzoon** Schwiegersohn m
**schoonzuster** Schwägerin v
**schoonzwemmen** Kunstschwimmen o
**schoorsteen 1** ⟨in 't alg.⟩ Schornstein m, Kamin m; **2** ⟨v. smederij ook⟩ Esse v; **3** ⟨v. fabriek⟩ Schlot m, Schornstein m; *daar kan de* ~ *niet van roken* das macht den Kohl nicht fett
**schoorsteenmantel** Kaminsims m
**schoorsteenveger** Schornsteinfeger m
**schoorvoetend** zögernd, widerwillig
**schoot 1** ⟨in 't alg.⟩ Schoß m; **2** scheepv ⟨touw⟩ Schote v; *de handen in de* ~ *leggen* die Hände in den Schoß legen; *niet met de handen in de* ~ *zitten* nicht müßig bleiben
**schootcomputer** Schoßcomputer m, Laptop m
**schoothondje** Schoßhündchen o
**schootsafstand** Schußweite v
**schootsveld** Schußfeld o
**1 schop** m **1** ⟨met voet⟩ Fußtritt m; **2** ⟨tegen bal⟩ Stoß m; *vrije* ~ Freistoß m
**2 schop** v ⟨gereedschap⟩ Spaten m, Schau-

fel v
**1 schoppen** overg 1 ⟨met de voet⟩ treten; 2 ⟨bij voetbal⟩ stoßen
**2 schoppen** v kaartsp Pik o
**schopstoel**: op de ~ zitten einen ungesicherten Arbeitsplatz haben, auf der Kippe stehen
**schor** heiser, rauh
**schorem** Lumpenpack o, Gesindel o
**schoren** stützen
**schorpioen** Skorpion m (ook astrol)
**schorriemorrie** Gesindel o, Pöbel m
**schors** Rinde v; ⟨buitenste laag⟩ Borke v
**schorsen** 1 ⟨zitting⟩ unterbrechen; 2 ⟨ambtenaar⟩ vom Amt suspendieren, des Dienstes entheben; een zaak ~ recht ein Verfahren einstellen
**schorsing** 1 ⟨v. zitting⟩ Unterbrechung v; 2 ⟨v. ambtenaar⟩ Dienstenthebung v, Suspendierung v; 3 recht Einstellung v eines Verfahrens
**schort** Schürze v
**schorten** mangeln, hapern; wat schort eraan? was fehlt dir (Ihnen)?
**schot** 1 ⟨v. vuurwapen & sp⟩ Schuß m; 2 ⟨v. planken⟩ Verschlag m, Bretterverschlag m; er zit geen ~ in 't werk die Arbeit rückt nicht vorwärts; ~ in eigen doel sp Eigentor o; ~ voor de boeg ⟨ook fig⟩ Schuß m vor den Bug, Warnschuß m; buiten ~ außer Schußweite v; onder ~ im Schußfeld o
**Schot** Schotte m
**schotel** 1 ⟨schaal⟩ Schüssel v; 2 ⟨bij kopje⟩ Untertasse v; 3 ⟨gerecht⟩ Gericht m; vliegende ~ fliegende Untertasse v
**schotelantenne** Parabolantenne v
**Schotland** Schottland o
**1 schots** v ⟨ijs⟩ Eisscholle v
**2 schots**: ~ en scheef kreuz und quer
**Schots** schottisch, Schotten-; ~e rok Schottenrock m; stof met een ~e ruit Stoff mit Schottenkaro o
**schotschrift** Schmähschrift v, Pamphlet o
**schotwond** Schußwunde v
**schouder** Schulter v; de ~s ophalen die Achseln zucken; ergens de ~s onder zetten sich für etwas einsetzen
**schouderband** anat Schulterriemen m
**schouderblad** Schulterblatt o
**schoudermantel** Pelerine v, Umhang m
**schouderophalen** Schulter-, Achselzucken o
**schoudertas** Schulter-, Umhängetasche v
**schoudervulling** Schulterpolster o
**schout** hist Schulze m
**schout-bij-nacht** Konteradmiral m
**schouw** Kamin m
**schouwburg** Theater o, Schauspielhaus o; naar de ~ gaan ins Theater gehen
**schouwen** schauen; dijken ~ Deiche inspizieren; troepen ~ Truppen besichtigen
**schouwspel** Schauspiel o
**schraag** Gestänge m, Sägebock m
**schraal** 1 ⟨mager⟩ mager, dürr, hager; 2 ⟨armoedig⟩ dürftig, ärmlich; 3 ⟨v. bodem⟩ unfruchtbar; 4 ⟨v. wind⟩ rauh, scheepv schral; een schrale troost ein magerer (leerer) Trost m

**schraalhans** Schmalhans m, Geizhals m; ~ is daar keukenmeester Schmalhans ist da Küchenmeister
**schraapijzer** Kratzer m, Schaber m
**schraapzucht** Habsucht v, Raffgier v
**schragen** 1 ⟨steunen⟩ stützen; 2 fig unterstützen
**schram** 1 ⟨in 't alg.⟩ Schramme v, Kratzer m, Ritz m; 2 ⟨v.d. huid ook⟩ Schürfwunde v
**schrammen** schrammen, ritzen
**schrander** klug, einsichtsvoll
**schranderheid** Klug-, Aufgewecktheit v
**schransen, schranzen** schmausen
**schranspartij** Schlemmerei v
**1 schrap**: zich ~ zetten sich in Position setzen
**2 schrap** v Strich m
**schrapen** 1 ⟨schrappen⟩ scharren, kratzen; 2 ⟨geld⟩ zusammenscharren; 3 techn schaben, kratzen, schrapen, de keel ~ sich räuspern
**schraper** 1 ⟨persoon⟩ Geizhals m, Knicker m, Knauser m; 2 techn Schaber m
**schraperig** habsüchtig, geizig
**schrappen** 1 ⟨doorhalen⟩ streichen; 2 ⟨wortelen⟩ schaben; uit de boeken ~ löschen
**schrede** Schritt m
**schreef** Strich m, Linie v; je gaat over de ~ du gehst zu weit
**schreeuw** Schrei m
**schreeuwen** schreien, kreischen
**schreeuwend** schreiend; ~e kleuren schreiende Farben
**schreeuwerig** 1 ⟨in 't alg.⟩ schreiend; 2 ⟨kleur⟩ grell; 3 ⟨opscheppend⟩ aufschneiderisch; ~e reclame marktschreierische Reklame
**schreeuwlelijk** Schreihals m
**schreien** plechtig weinen
**schriel** knauserig
**schrift** 1 ⟨handschrift⟩ Schrift v, Handschrift v; 2 ⟨schrijfboek⟩ Heft o, Schreibheft o; fonetisch ~ Lautschrift v; iets op ~ geven etwas schriftlich geben; op ~ stellen aufzeichnen, aufs Papier werfen
**Schrift**: de ~ die (Heilige) Schrift
**schriftelijk** schriftlich; ~ onderwijs Fernunterricht m
**schriftgeleerde** Schriftgelehrte(r) m
**schrijden*** schreiten
**schrijfblok** Schreibblock m
**schrijffout** Schreibfehler m
**schrijfkramp** Schreibkrampf m
**schrijfmachine** Schreibmaschine v
**schrijfpapier** Schreibpapier o
**schrijfster** 1 ⟨in 't alg.⟩ Schreiberin v; 2 ⟨letterkundig⟩ Schriftstellerin v; 3 ⟨v. bepaald boek⟩ Verfasserin v, Autorin v
**schrijftaal** Schriftsprache v
**schrijfvaardigheid** Schreibfertigkeit v
**schrijfwerk** Schreibarbeit(en) v (mv)
**schrijfwijze** Schreibweise v, Schreibung v
**schrijlings** rittlings
**schrijn** Schrein m
**schrijnen** einen brennenden Schmerz verursachen; ~d verletzend, peinlich; ~d leed bitteres Leid o; een ~d tekort ein empfind-

**schrijnwerker** 300

**schrijnwerker** 1 ⟨meubelmaker⟩ Tischler *m*, Schreiner *m*; 2 ZN ⟨timmerman⟩ Zimmermann *m*, Bauschreiner *m*, -tischler *m*
**schrijnwerkerij** ZN 1 ⟨houtwerk⟩ Tischlerei *v*, Tischlerhandwerk *o*; 2 ⟨meubelmakers-, timmerwerk⟩ Schreiner-, Tischlerarbeit *v*; 3 Kunsttischlerei *v*, -tischlerarbeit *v*; 4 ⟨werkplaats⟩ (Kunst)tischlerei *v*
**schrijven** I *ww* schreiben; II *o* Schreiben *o*, Zuschrift *v*, Brief *m*; *uw ~ van gisteren* Ihr gestriges Schreiben *o*
**schrijver** 1 ⟨op kantoor enz.⟩ Schreiber *m*; 2 ⟨letterkundige⟩ Schriftsteller *m*, Autor *m*; 3 ⟨van bepaald werk⟩ Verfasser *m*, Autor *m*, Dichter *m*
**schrik** Schrecken *m*, Schreck *m*; *met de ~ vrijkomen* mit dem Schrecken davonkommen; *iem. ~ aanjagen* einem einen Schrecken einjagen; *de ~ zat me nog in de benen* der Schrecken saß mir noch in den Knochen; *iem. de ~ op 't lijf jagen* einen zu Tode erschrecken; *tot mijn ~* zu meinem Schrecken
**schrikachtig** schreckhaft, furchtsam
**schrikbarend** schreckenerregend, erschreckend; (prijs ook) horrend
**schrikbeeld** Schreckgespenst *o*
**schrikbewind** Terror *m*, Schreckensherrschaft *v*
**schrikdraad** Elektro(weide)zaun *m*
**schrikkeldag** Schalttag *m*
**schrikkeljaar** Schaltjahr *o*
**schrikkelmaand** (februari) Monat *m*, in dem ein Schalttag vorkommt
**schrikken*** erschrecken; *ik ben geschrokken* ich bin erschrocken, ich erschrak; *hij deed mij ~* er erschreckte mich; *het paard schrok* das Pferd scheute; *een ei laten ~* ein Ei abschrecken
**schril** ⟨v. stem⟩ schrill; ⟨v. kleur⟩ grell
**schrobben** schrubben
**schrobber** Schrubber *m*, Scheuerbesen *m*
**schrobbering** Rüffel *m*
**schroef** Schraube *v*; *op losse schroeven staan* in der Luft schweben, ungewiß sein; *op losse schroeven zetten* in Frage stellen
**schroefas** *scheepv* Schraubenwelle *v*
**schroefdeksel, schroefdop** *m* Schraubdeckel *m*
**schroefdraad** Schraubengewinde *o*, -gang *m*
**schroeien** sengen, an-, versengen
**schroeven** schrauben
**schroevendraaier** Schraubenzieher *m*
**schrokken** schlingen, fressen
**schrokker** Fresser *m*, Vielfraß *m*
**schromelijk** arg, fürchterlich; *~e overdrijving* maßlose Übertreibung *v*
**schromen** sich scheuen
**schrompelen** zusammenschrumpfen
**schroom** Schüchternheit *v*, Verzagtheit *v*; *zonder ~* ohne Scheu
**schroomvallig** scheu, schüchtern
**1 schroot** *m* ⟨reep hout⟩ Schalbrett *o*
**2 schroot** ⟨oud ijzer⟩ Schrott *m*
**schroothoop** Schrotthaufen *m*

**schrootjeswand** mit Holz verkleidete Wand *v*, holzgetäfelte Wand *v*
**schub** Schuppe *v*
**schuchter** schüchtern
**schudden** schütteln; ⟨met kracht⟩ rütteln; *je kunt het wel ~* ⟨je kansen zijn verkeken⟩ das kannst du vergessen; *~ van 't lachen* sich (aus)schütten vor Lachen *o*; *de kaarten ~* die Karten mischen; *iemand wakker ~* einen wachrütteln
**schuier** Bürste *v*
**schuieren** bürsten, abbürsten
**schuif** 1 ⟨in 't alg.⟩ Schieber *m*; 2 ⟨grendel⟩ Riegel *m*; 3 ZN ⟨lade⟩ Schublade *v*; *een ~ geld* ein Haufen Geld
**schuifdak** *auto* Schiebedach *o*
**schuifdeur** Schiebetür *v*
**schuifelen** schlürfen, latschen
**schuifladder** Ausziehleiter *v*
**schuifmaat** Schublehre *v*, Meßschieber *m*
**schuifpui** verglaste Schiebetür *v*
**schuifraam** Schiebefenster *o*
**schuiftrompet** Zugposaune *v*, Posaune *v*
**schuiladres** Deckadresse *v*
**schuilen*** 1 ⟨zich verbergen⟩ sich verstecken; 2 ⟨voor regen enz.⟩ sich unterstellen, Schutz suchen
**schuilgaan** sich verstecken
**schuilhouden**: *zich ~* sich versteckt halten
**schuilkelder** Luftschutzkeller *m*, -raum *m*
**schuilnaam** Deckname *m*, Pseudonym *o*
**schuilplaats** 1 ⟨plaats om zich te verbergen⟩ Versteck *o*, Unterschlupf *m*; 2 ⟨bij luchtgevaar⟩ Luftschutzraum *m*
**schuim** 1 ⟨in 't alg.⟩ Schaum *m*; 2 ⟨zee⟩ Gischt *v*; 3 ⟨gepeupel⟩ Abschaum *m*, die Hefe *v*; 4 ⟨v. eiwit⟩ Schnee *m*
**schuimbad** Schaumbad *o*
**schuimbekken** schäumen vor Wut
**schuimblusser** Schaumlöscher *m*
**schuimen** schäumen
**schuimgebakje** Baiser *m*, Meringe *v*
**schuimig** schaumig, schäumend
**schuimkop** ⟨v. golf⟩ Schaumkrone *v*
**schuimkraag** Schaumkrone *v*
**schuimpje** Baiser *o*, Meringe *v*
**schuimplastic** Schaumplastik *v*
**schuimrubber** Schaumgummi *m & o*
**schuimspaan** Schaumlöffel *m*, -kelle *v*
**schuimwijn** ZN Schaumwein *m*, Sekt *m*
**schuin** 1 ⟨scheef⟩ schräg; schief; 2 ⟨obsceen⟩ schlüpfrig; 3 ⟨hellend⟩ abschüssig; *~ dak* schräges Dach *o*; *~e mop* Zote *v*; *een ~ vlak* eine schiefe Ebene *v*; *iem. ~ aankijken* einen schief ansehen
**schuins** 1 ⟨scheef⟩ schräg; schief; 2 ⟨helling⟩ abschüssig
**schuinschrift** Schrägschrift *v*
**schuinsmarcheerder** Schürzenjäger *m*
**schuinte** 1 ⟨schuine richting⟩ Schräge *v*; 2 ⟨scheefheid⟩ Schiefe *v*; 3 ⟨helling⟩ Abschüssigkeit *v*
**schuit** Kahn *m*, Boot *o*
**schuitje** 1 ⟨kleine boot⟩ Kahn *m*; 2 ⟨van ballon⟩ Gondel *v*; *in 't zelfde ~ zitten* im selben Boot *o* sitzen
**schuiven*** 1 ⟨in 't alg.⟩ schieben, fortschieben; 2 ⟨damspel⟩ ziehen; *iets (iemand) van*

*zich af* ~ sich etwas (einen) vom Halse schaffen; *laat hem maar* ~! laß ihn nur machen, er schafft es schon!
**schuiver 1** ⟨bij voetbal⟩ Roller *m*; **2** ⟨'t uitglijden⟩ Rutscher *m*
**schuld** Schuld *v*; *iem. de* ~ *geven* jmdm. die Schuld geben; *de* ~ *op iem. schuiven* jmdm. die Schuld zuschieben; *dood door* ~ fahrlässige Tötung; *in de* ~*en steken* in Schulden stecken
**schuldbekentenis 1** ⟨geld⟩ Schuldschein *m*; **2** ⟨moreel⟩ Schuldbekenntnis *o*
**schuldbesef** Schuldbewußtsein *o*
**schuldbewust** schuldbewußt
**schuldeiser** Gläubiger *m*
**schuldeloos** schuldlos
**schuldenaar** Schuldner *m*
**schuldenlast** Schuldenlast *v*
**schuldgevoel** Schuldgefühl *o*
**schuldig** schuldig; *iem. iets* ~ *zijn* jmdm. etwas schuldig sein, schulden; *het antwoord* ~ *blijven* die Antwort schuldig bleiben; *zich aan een nalatigheid* ~ *maken* sich eine Nachlässigkeit zuschulden kommen lassen
**schuldvordering** Schuldforderung *v*
**schuldvraag** Schuldfrage *v*
**schulp** ⟨schelp⟩ Muschel *v*; *in zijn* ~ *kruipen* klein beigeben, sich ducken
**schunnig 1** ⟨schuin⟩ schäbig, schofel, ärmlich; **2** ⟨gemeen⟩ lausig, schändlich, niederträchtig
**schuren 1** ⟨langs iets wrijven⟩ reiben, scheuern; **2** ⟨met schuurpapier⟩ schmirgeln; **3** ⟨stevig schoonmaken⟩ scheuern; *de stoel schuurt langs de muur* der Stuhl scheuert an der Mauer entlang
**schurft** Krätze *v*; ⟨bij dieren meest⟩ Räude *v*
**schurftig 1** ⟨bij mensen⟩ skabiös; **2** ⟨bij dieren⟩ räudig
**schurk** Schurke *m*, Schuft *m*
**schurkachtig** niederträchtig, schuftig
**schurken**: *zich* ~ sich scheuern, sich jucken
**schurkenstreek** Schurkenstreich *m*
**schut**: *voor* ~ *lopen* sich eine Blöße geben, sich lächerlich machen, sich blamieren; *voor* ~ *staan* dem Spott ausgesetzt sein, sich blamieren; *iem. voor* ~ *zetten* jmdm. lächerlich machen, blamieren
**schutblad 1** ⟨v. boek⟩ Vorsatzblatt *o*; **2** plantk Deck-, Kelchblatt *o*
**schutkleur** Schutzfärbung *v*, Tarnfarbe *v*
**schutsluis** Kammerschleuse *v*
**schutspatroon** Schutzpatron *m*
**schutsvrouw** Schutzfrau *v*, -patronin *v*
**schutten 1** ⟨vee⟩ einsperren; **2** scheepv hurchschleusen
**schutter** Schütze *m*; ⟨v.d. schutterij⟩ hist Bürgerwehrsoldat *m*
**schutteren** ⟨knoeien⟩ herumstümpern
**schutterig** ungeschickt, tapsig
**schutterij 1** ⟨schietvereniging⟩ Schützenverein; **2** hist Bürgerwehr *v*, -miliz *v*
**schutting 1** ⟨in tuin⟩ Bretterzaun *m*, Zaun *m*; **2** ⟨bij bouwwerk⟩ Bauzaun *m*
**schuttingtaal** obszöne Sprache *v*
**schuttingwoord** schmutziges Wort *o*

**schuur** Scheune *v*, Schuppen *m*
**schuurmachine** Schleifmaschine *v*
**schuurmiddel** Scheuermittel *o*
**schuurpapier** Schmirgel-, Sandpapier *o*
**schuurspons** Topfkratzer *m*
**schuw** scheu, schüchtern
**schuwen** scheuen
**schuwheid** Schüchternheit *v*, Scheu *v*
**sciencefiction** Science-fiktion *v*
**sclerose** Sklerose *v*
**scooter** Motorroller *m*, Roller *m*
**score** sp **1** ⟨aantal punten⟩ Spielstand *m*; **2** ⟨eindstand⟩ Ergebnis *o*
**scorebord** Anzeigetafel *v*
**scoren** sp erzielen, ein Tor machen
**scout 1** ⟨lid v. jeugdorganisatie⟩ Scout, Pfadfinder *m*; **2** ⟨talentenjager⟩ Talentejäger *m*
**scoutisme** ZN Pfadfinderbewegung *v*
**scratchen** scratchen
**screenen** überprüfen, durchleuchten
**scribent** Skribent *m*, Schreiberling *m*
**scriptgirl** Skriptgirl *n*
**scriptie** Referat *o*
**scrotum** Skrotum *o*, Hodensack *m*
**scrupule** Skrupel *m*, Bedenken *o*; *zonder* ~*s* ohne Bedenken, skrupellos; ⟨onbarmhartig⟩ rucksichtslos
**scrupuleus** gewissenhaft
**seance** Sitzung *v*, ⟨v. spiritisten⟩ Séance *v*
**sec 1** ⟨v. wijn⟩ herb; **2** ⟨precies⟩ genau
**secondair** = *secundair*
**secondant** ⟨bij duel⟩ Sekundant *m*
**seconde** Sekunde *v*
**secondewijzer** Sekundenzeiger *m*
**secretaire** Sekretär *m*
**secretaresse** Sekretärin *v*; ⟨v. vereniging ook⟩ Schriftführerin *v*; *medisch* ~ ZN MTA *v* (medizinisch-technische Assistentin)
**secretariaat** Sekretariat *o*; ⟨v. vereniging, bond enz.⟩ Geschäftsstelle *v*
**secretarie** ⟨v. stad⟩ Stadtverwaltung *v*, Bürgermeisteramt *o*
**secretaris** Sekretär *m*; ⟨v. vereniging⟩ Schriftführer *m*
**secretaris-generaal** Generalsekretär *m*; ⟨ambt⟩ ± Ministerialdirigent *m*
**sectie 1** ⟨v. lijk⟩ Obduktion *v*, Sektion *v*; **2** mil Zug *m*; **3** ⟨afdeling⟩ Sektion *v*, Abteilung *v*; ~ *verrichten* med obduzieren
**sector 1** ⟨in 't alg.⟩ Sektor *m*; **2** ⟨v. bol⟩ Kugelausschnitt *m*; **3** ⟨v. cirkel⟩ Sektor *m*, Kreisausschnitt *m*; **4** mil ⟨van 't front⟩ (Front)abschnitt *m*
**seculair** säkular; ~ *geestelijke* Weltgeistliche(r) *m-v*
**secundair** sekundär, Sekundär-; ~*e functie* Sekundärfunktion *v*; ~*e weg* Straße *v* zweiter Ordnung; ~ *onderwijs* ZN weiterführende Schule *v*, *Vernieuwd S*~ *Onderwijs* ZN reformierte Unterrichtsform an weiterführenden Schulen
**secuur 1** ⟨zeker⟩ gewiß, sicher; **2** ⟨nauwkeurig⟩ gewissenhaft
**sedert** = *sinds*
**sedertdien** seitdem, -her
**sediment** Sediment *o*
**segment 1** ⟨in 't alg.⟩ Segment *o*; **2** ⟨v. bol⟩ Kugelausschnitt *m*; **3** ⟨v. cirkel⟩ Kreisab-

**segregatie** 

schnitt *m*
**segregatie** Segregation *v*
**sein** Signal *o*
**seinen 1** ⟨in 't alg.⟩ signalisieren; **2** ⟨met licht⟩ blinken; **3** ⟨radio⟩ funken; *in morse ~* morsen
**seinpaal** Signalmast *m*
**seinwachter** Signalwärter *m*
**seismisch** seismologisch
**seismograaf** Seismograph *m*
**seizoen** Jahreszeit *v*, Saison *v*
**seizoenarbeid** Saisonbeschäftigung *v*
**seizoenarbeider** Saisonarbeiter *m*
**seizoenopruiming** Schlußverkauf *m* am Ende einer Saison
**seizoenwerkloosheid** saisonale Arbeitslosigkeit *v*
**seks** Sex *m*
**seksblad** Sexmagazin *o*
**seksbom** Sexbombe *v*
**sekse** Geschlecht *o*
**seksfilm** Sexfilm *m*
**seksisme** Sexismus *m*
**seksist** Sexist *m*
**seksistisch** sexistisch
**seksmaniak** Sexfanatiker *m*, -besessene(r) *m-v*
**seksualiteit** Sexualität *v*, Geschlechtlichkeit *v*
**sekseel** sexuell, geschlechtlich
**seksuologie** Sexualforschung *v*, Sexologie *v*
**seksuoloog** Sexualforscher *m*, Sexologe *m*
**sektarisch** sektiererisch
**sektarisme** Sektierertum *o*
**sekte** Sekte *v*
**selderiesalade** Selleriesalat *m*
**selecteren** selektieren
**selectie** Auslese *v*, Auswahl *v*, Selektion *v*
**selectief** selektiv
**selectiewedstrijd** Qualifikationswettkampf *m*; ⟨voorronde⟩ Vorrunde *v*
**semantiek** Semantik *v*
**semester** Semester *o*, Halbjahr *o*
**seminarie** RK Priesterseminar *o*
**seminarium** Seminar *o*
**semi-prof** semiprofessioneller Spieler *m*
**Semitisch** semitisch
**senaat** Senat *m*
**senator** Senator *m*
**seniel** senil
**senior** I *bn* senior; *Mulder ~* Mulder senior; II *m* ⟨ook *sp*⟩ Senior *m*
**sensatie** Sensation *v*; ⟨opzien⟩ Aufsehen *o*
**sensatieblad** Skandalblatt *o*
**sensatiepers** Sensationspresse *v*
**sensationeel** sensationell, aufsehenerregend
**sensibiliseren** ZN ⟨gevoelig maken⟩ sensibilisieren
**sensualiteit** Sensualität *v*
**sensueel** sensuell
**sentiment** Empfindung *v*
**sentimentaliteit** Sentimentalität *v*, Empfindsamkeit *v*, Rührseligkeit *v*
**sentimenteel** sentimental, empfindsam, rührselig
**separaat** einzeln, separat

**separatisme** Separatismus *m*
**seponeren** recht niederschlagen; *de zaak ~* das Verfahren einstellen
**september** der September *m*; vgl.: *april*
**septet** Septett *o*
**serenade** Serenade *v*
**sergeant** Unteroffizier *m*, Sergeant *m*
**sergeant-majoor** Feldwebel *m*
**serie 1** ⟨in 't alg.⟩ Serie *v*; **2** ⟨v. boeken, foto's⟩ Reihe *v*, Folge *v*; **3** ⟨op tv⟩ Fernsehserie *v*, Fernsehreihe *v*; **4** ⟨postzegels⟩ Satz *m*; *~ concerten* Konzertfolge *v*
**seriemoordenaar** Serienmörder *m*
**serienummer** Seriennummer *v*
**serieus** ernsthaft, seriös
**serieverkrachter** Serienvergewaltiger *m*
**seriewedstrijd** Vorentscheidung *v*
**sering** Flieder *m*; Fliederstrauch *m*
**seropositief** I *bn* HIV-infiziert; II *m-v* HIV-Infizierte(r) *m-v*
**serpent 1** ⟨slang⟩ Schlange *v*; **2** ⟨vrouw⟩ Giftkröte *v*
**serpentine** Luft-, Papierschlange *v*
**serre 1** ⟨veranda⟩ Glasveranda *v*; **2** ⟨groot⟩ Wintergarten *m*; **3** ⟨kas⟩ Treibhaus *o*
**serum** Serum *o*
**serveerster 1** ⟨in restaurant e.d.⟩ Kellnerin *v*, Bedienung *v*; **2** *sp* Aufschlägerin *v*
**serveren 1** *sp* aufschlagen; **2** ⟨diner⟩ servieren, auftragen
**servet** Serviette *v*
**servetring** Serviettenring *m*
**service 1** handel Kundendienst *m*, Dienst *m* am Kunden; **2** *sp* Aufschlag *m*
**servicebeurt** auto Wartungsdienst *m*
**serviceflat 1** ⟨gebouw⟩ Seniorenheim *o*; **2** ⟨appartement⟩ Seniorenwohnung *v*
**servicekosten** Nebenkosten *v*
**Servië** Serbien *o*
**Serviër** Serbe *m*
**servies** Tafelgeschirr *o*, Service *o*
**Servisch** serbisch
**sesam** Sesam *m*
**set** ⟨stel; tennis⟩ Satz *m*
**sex-appeal** Sex-Appeal *m*, erotische Anziehungskraft *v*
**sextant** Sextant *m*
**sextet** Sextett *o*
**sexy** sexy
**SF** = *sciencefiction* Science-fiction *v*
**sfeer 1** ⟨gebied⟩ Sphäre *v*; **2** ⟨stemming, atmosfeer⟩ Atmosphäre *v*; *in de ~ van het toneel* in der Bühnensphäre; *in hogere sferen* ⟨ook⟩ in höhern Regionen
**sfeerloos** kahl, trostlos, ohne Athmosphäre
**sfeervol** stimmungsvoll, angenehm
**sfinx** Sphinx *v* (als beeld ook *m*)
**shag** Shag *m*, Feinschnitt *m*
**shampoo** Schampoo *o*, Schampon *o*
**sherry** Sherry *m*
**shift** ZN Schicht *v*
**shilling** Schilling *m*
**shirt 1** ⟨overhemd⟩ Shirt *o*, Freizeithemd *o*; **2** *sp* Trikot *o*
**shirtreclame** Trikotwerbung *v*
**shit** gemeenz Scheiße!
**shoarma** geröstetes Schaffleisch *o*
**shock** Schock *m*

**shorts** Shorts *mv*, Kurzhose *v*
**shot 1** ⟨foto⟩ Aufnahme *v*; **2** ⟨injectie⟩ Schuß *m*; *een ~ nemen* sich einen Schuß setzen
**show** Schau *v*, Show *v*
**shuttle** ⟨badminton⟩ Badminton-, Federball *m*
**siamees** ⟨kat⟩ Siamkatze *v*
**Siamees I** *m* ⟨Thai⟩ Siamese *m*; **II** *bn* siamesisch
**Siberië** Sibirien *o*
**Siberisch** sibirisch; *dat laat mij ~ das* läßt mich (eis)kalt, das ist mir völlig egal
**Siciliaan** Sizilianer *m*
**Siciliaans** sizilianisch
**Sicilië** Sizilien *o*
**sidderen** zittern, beben
**sier** Zierde *v*, Schmuck *m*; *goede ~ maken* in Saus und Braus leben
**sieraad** Zierat *m*, Schmuck *m*, Schmuckstück *o*; Zierde *v* ⟨ook fig⟩
**sieren** schmücken, zieren
**sierheester** Zierstrauch *m*
**sierlijk** zierlich, elegant
**sierplant** Zierpflanze *v*
**sierstrip** auto Zierleiste *v*
**siësta** Siesta *v*
**sifon** Siphon *m*
**sigaar** Zigarre *v*; *hij is de ~* gemeenz er ist der Dumme
**sigarenbandje** Bauchbinde *v*
**sigarenboer** Tabakhändler *m*
**sigarenwinkel** Zigarrengeschäft *o*, Tabakladen *m*
**sigaret** Zigarette *v*
**sigarettenaansteker** Feuerzeug *o*
**sigarettenautomaat** Zigarettenautomat *m*
**sigarettenpeukje** Zigarettenstummel *m*, gemeenz Kippe *v*
**sigarettenpijpje** Zigarettenspitze *v*
**signaal** Signal *o*, Zeichen *o*
**signalement** Personenbeschreibung *v*
**signaleren** signalisieren; aufmerksam machen auf (+ 4), konstatieren
**signalisatie** ZN Markierung *v*
**signatuur** Signatur *v*
**significant** signifikant, bezeichnend, wichtig
**sijpelen** sickern, tröpfeln
**sijs, sijsje** ⟨vogel⟩ Zeisig *m*
**sijsjeslijmer** gemeenz Waschlappen *m*
**sik 1** ⟨baardje⟩ Spitzbärtchen *o*; **2** ⟨geit⟩ Ziege *v*
**sikkel** ⟨zeis⟩ Sichel *v*
**sikkeneurig** verdrießlich
**silhouet** Schattenriß *m*, Silhouette *v*; ⟨geknipt⟩ Scherenschnitt *m*
**silicium** Silicium *o*
**siliconen** Silikone *mv*
**silo** Silo *m*, Großspeicher *m*
**simili, similileer** ZN Kunstleder *o*, Skai *o*
**simpel 1** ⟨gewoon⟩ einfach; **2** ⟨idioot⟩ einfältig, albern
**simpelweg** schlichtweg, ganz einfach
**simplistisch** simplifizierend
**simulant** Simulant *m*
**simulatie** Verstellung *v*, Simulation *v*

**simulator** Simulator *m*
**simuleren** sich verstellen, simulieren
**simultaan** simultan, gleichzeitig
**sinaasappel** Apfelsine *v*, Orange *v*
**sinaasappelsap** Apfelsinensaft *m*, Orangensaft *m*
**sinas** Orangeade *v*, Orangenlimo *v & o*
**sinds I** *voorz* seit (+ 3); **II** *voegw* seit(dem); *~ een jaar* seit einem Jahr; *~ kort* seit kurzem
**sindsdien** seitdem, seither
**sinecure** Sinekure *v*
**singel 1** ⟨v. stad⟩ Ringwall *m*, Ring *m*; Stadtgraben *m*; **2** ⟨paardetuig⟩ Sattelgurt *m*, Gurt *m*
**single 1** ⟨tennis⟩ Einzel(spiel) *o*, Single *o*; **2** ⟨grammofoonplaat⟩ Single *v*
**single 1** ⟨grammofoonplaat⟩ Single *v*; **2** sp Einzel(spiel) *o*
**sinister** unheilvoll; ⟨v. blik, uiterlijk⟩ düster, finster
**sint** sankt; *de ~* Sankt Nikolaus *m*; ⟨in Oostenrijk⟩ Nikolo *m*
**sint-bernardshond** Bernhardiner *m*
**sintel** Sinter *m*, Metallschlacke *v*
**sintelbaan** Aschenbahn *v*
**Sinterklaas** Sankt Nikolaus *m*; ⟨in Oostenrijk⟩ Nikolo *m*
**sint-juttemis**: *met ~* wenn Ostern und Pfingsten auf einen Tag fallen, zu Pfingsten auf dem Eise, am Sankt Nimmerleinstag
**Sint-Maarten** Sankt Martin *m*; ⟨feest⟩ Martinsfest *o*, Martini
**Sint-Nicolaas** = *Sinterklaas*
**Sint-Petersburg** Sankt Petersburg *o*
**sip**: *~ kijken* ein bestürztes Gesicht machen
**sirene 1** ⟨ook alarmtoestel⟩ Sirene *v*; **2** ⟨op politieauto⟩ Martinshorn *o*
**siroop 1** ⟨(hoest)drank⟩ Sirup *m*; **2** ZN ⟨stroop⟩ Zuckerrübensirup *m*
**sissen** zischen
**sisser**: *met een ~ aflopen* glimpflich ablaufen
**situatie** Lage *v*, Situation *v*
**situeren** situieren; *goed gesitueerd* gut situiert
**sjaal** Schal *m*; ⟨hoofddoek⟩ Kopftuch *o*
**sjablone, sjabloon** Schablone *v*
**sjacheraar** Schacherer *m*
**sjacheren** schachern
**sjah** Schah *m*
**sjalot, sjalotje** Schalotte *v*
**sjansen** gemeenz poussieren, flirten
**sjees** Chaise *v*
**sjeik** Scheich *m*
**sjekkie** Selbstgedrehte *v*; *een ~ draaien* eine Zigarette *v* drehen
**sjerp 1** ⟨band⟩ Schärpe *v*, mil Feldbinde *v*; **2** ZN ⟨das⟩ Schal *m*, Halstuch *o*
**sjezen 1** ⟨hard lopen⟩ schnell laufen; **2** ⟨zakken⟩ durchfallen; *een gesjeesd student* ein verkrachter Student *m*
**sjilpen** zwitschern, zirpen
**sjoege**: *geen ~ geven* gemeenz nicht reagieren; nicht antworten; *geen ~ van iets hebben* keine Ahnung von etwas haben
**sjoelbak** Spiel *o* mit runden Scheiben, die

**sjoelen** in vier verschiedene Öffnungen geschoben werden müssen
**sjoelen** mit dem 'sjoelbak' spielen
**sjoemelen** pfuschen, betrügen
**sjofel** schofel, schäbig
**sjokken** trotten, trampeln, zuckeln; *sjok, sjok!* klatsch, klatsch!
**sjorren** zurren
**sjouwen** 1 ⟨lopen⟩ tippeln; 2 ⟨zwaar werk doen⟩ sich abrackern; 3 ⟨torsen⟩ schleppen
**sjouwer** ⟨die zware dingen draagt⟩ Schlepper *m*, Lastträger *m*
**skai** Skai *o*, Kunstleder *o*
**skateboard** Skateboard *o*
**skateboarden** Skateboard *o* fahren
**skelet** Skelett *o*, Gerippe *o*
**skelter** Go-Kart *m*
**ski** Ski *m*; *op* ~*'s* auf Skiern
**skiën** skilaufen, skifahren
**skiër** Skiläufer *m*, -fahrer *m*
**skiff** Skiff *o*, Einer *m*
**skileraar** Skilehrer *m*
**skilift** Skilift *m*
**skinhead** Skinhead *m*
**skipak** Skianzug *m*, gemeenz Skikluft *v*
**skipiste** Skipiste *v*
**skischans** Sprungschanze *v*
**skispringen** Skispringen *o*
**sla** Salat *m*
**slaaf** Sklave *m*
**Slaaf** ⟨volk⟩ Slawe *m*
**slaafs** sklavisch
**slaag** Schläge *mv*, Prügel *mv*, Hiebe *mv*, gemeenz Keile *mv*; *iem. een flink pak* ~ *geven* einen tüchtig verhauen
**slaags**: ~ *raken met* handgemein werden
**slaan\*** schlagen; *de klok slaat negen* es schlägt neun(e); *de bal in een hole* ~ ⟨golf⟩ den Ball einlochen; *munten* ~ Münzen prägen; *erop los* ~ darauf losschlagen; *zich erdoor* ~ sich durchschlagen; *in elkaar* ~ zusammenschlagen; *met de deuren* ~ mit den Türen schlagen; *dat slaat op mij* das geht auf mich; *dat slaat nergens op* das ist kompletter Unsinn
**slaand**: ~*e ruzie* Riesenkrach *m*
**slaap** 1 ⟨het slapen, slaperigheid⟩ Schlaf *m*; 2 ⟨aan het hoofd⟩ Schläfe *v*; ~ *krijgen* schläfrig werden; *in* ~ *vallen* in Schlaf fallen
**slaapbank** Bettcouch *v*, Liege *v*
**slaapcoupé** Schlafwagenabteil *o*
**slaapdrank** Schlaftrunk *m*
**slaapdronken** schlaftrunken
**slaapkamer** Schlafzimmer *o*
**slaapkop** Schlafmütze *v*
**slaapliedje** Schlaflied *o*
**slaapmiddel** Schlafmittel *o*
**slaapmutsje** ⟨drank⟩ Schlaftrunk *m*
**slaappil** Schlafpille *v*
**slaapplaats** Schlafstätte *v*
**slaapverwekkend** einschläfernd
**slaapwandelaar** Schlafwandler *m*
**slaapwandelen** schlafwandeln
**slaapzaal** Schlafsaal *m*
**slaapzak** Schlafsack *m*
**slaapziekte** Schlafkrankheit *v*
**slaatje** kleine Salatplatte *v*; *ergens een* ~ *uit slaan* seinen Schnitt bei etwas machen
**slab** Latz *m*, Lätzchen *o*
**slaboon** Prinzeß-, Brechbohne *v*
**slacht** Schlachten *o*, Schlachtung *v*
**slachtbank** Schlachtbank *v*; *naar de* ~ *leiden* zur Schlachtbank führen
**slachten** 1 ⟨in 't alg.⟩ schlachten; 2 ⟨varken⟩ stechen; 3 ⟨hoenders⟩ abstechen
**slachter** Schlachter *m*
**slachthuis** Schlachthaus *o*
**slachting** 1 ⟨het slachten⟩ Schlachtung *v*; 2 ⟨moordpartij⟩ Gemetzel *o*, Blutbad *o*
**slachtoffer** Opfer *o*
**slachtpartij** Blutbad *o*, Gemetzel *o*
**slachtvee** Schlachtvieh *o*
**sladood**: *lange* ~ gemeenz lange Latte *v*; ⟨vrouw⟩ Hopfenstange *v*
**1 slag** *m* 1 ⟨klap⟩ Schlag *m*, Hieb *m*; 2 ⟨knal⟩ Knall *m*; 3 ⟨v. motor⟩ Hub *m*; 4 mil Schlacht *v*; 5 ⟨v. zweeptouw⟩ Schmitze *v*; 6 ⟨met sabel⟩ Hieb *m*; 7 ⟨v. hart⟩ Herzschlag *m*; 8 kaartsp Stich *m*; *vrije* ~ ⟨zwemmen⟩ Freistil *m*; ⟨hockey⟩ Freischlag *m*; *een* ~ *in 't gezicht* fig ein Schlag ins Gesicht; *een* ~ *in de lucht* ein Schlag ins Wasser; *ergens een* ~ *naar slaan* etwas über den Daumen peilen; *een* ~ *onder de gordel* ein Schlag *m* unter die Gürtellinie; *de* ~ *te pakken hebben* (etwas) im Griff haben; *zijn* ~ *slaan* seinen Schnitt machen, die Gelegenheit ausnutzen; *een grote* ~ *slaan* einen großen Coup landen; *een* ~ *om de arm houden* sich ein Hintertürchen offen halten; *aan de* ~ *gaan* anfangen, sich dranmachen; *met één* ~ mit einem Schlag; *iets met de Franse* ~ *doen* etwas nicht so genau nehmen; *op* ~ *dood* auf der Stelle tot; *van* ~ *zijn* ⟨klok⟩ verkehrt schlagen; fig verwirrt (durcheinander) sein; *zonder* ~ *of stoot* ohne Schwertstreich, widerstandslos
**2 slag** *o* ⟨soort⟩ Schlag *m*, Art *v*, Weise *v*; *een raar* ~ *mensen* ein wunderlicher Menschenschlag; *van hetzelfde* ~ vom selben Schlage
**slagader** Schlagader *v*, Arterie *v*
**slagbal** Schlagball *m*
**slagbeurt** sp Am-Spiel-Sein *o*, Angabe *v*
**slagboom** Schlagbaum *m*, Barriere *v*
**slagen** gelingen, glücken; *ik kon niet* ~ es wollte mir nicht glücken; *ik ben in mijn onderneming geslaagd* das Unternehmen ist mir gelungen; *voor een examen* ~ ein Examen bestehen, durchkommen
**slager** Fleischer *m*, Metzger *m*
**slagerij** Fleischer-, Metzgerladen *m*
**slaggitaar** Rhytmusgitarre *v*
**slaghoedje** Zündhütchen *o*, Sprengkapsel *v*
**slaginstrument** Schlaginstrument *o*
**slaglinie** Schlachtlinie *v*
**slagman** ⟨bij honkbal⟩ Schlagmann *m*, Batter *m*
**slagorde** Schlachtordnung *v*
**slagpartij** sp Schlagpartei *v*
**slagregen** Platzregen *m*
**slagroom** Schlagsahne *v*, Oostr Schlagobers *o*
**slagschip** Schlachtschiff *o*

**slagtand** Hauer *m*, Stoßzahn *m*, Reißzahn *m*
**slagvaardig** ⟨antwoord⟩ schlagfertig
**slagveld** Schlachtfeld *o*
**slagwerk** 1 ⟨v. klok⟩ Schlagwerk *o*; 2 muz Schlagzeug *o*
**slagwerker** Schlagzeuger *m*
**slagzij** Schlagseite *v*
**slagzin** Schlagzeile *v*
**slak** 1 ⟨dier⟩ Schnecke *v*; 2 ⟨metaal⟩ (Metall-)schlacke *v*; *naakte* ~ Nacktschnecke *v*; *op alle* ~*ken zout leggen* jede Kleinigkeit rügen (beanstanden)
**slaken**: *een gil* ~ aufschreien; *een zucht* ~ aufseufzen, einen Seufzer ausstoßen
**slakkengang** Schneckentempo *o*
**slakkenhuis** 1 ⟨schaal v. slak⟩ Schneckenhaus *o*; 2 ⟨in oor⟩ Schnecke *v*
**slalom** Slalom *m*
**slampamper** Nichtsnutz *m*
**1 slang** 1 ⟨reptiel⟩ Schlange *v*; 2 ⟨buis⟩ Schlauch *m*
**2 slang** *o* ⟨jargon⟩ Slang *m*
**slangenbezweerder** Schlangenbeschwörer *m*
**slangenleer** Schlangenleder *o*
**slangenmens** Schlangenmensch *m*
**slangentong** 1 ⟨ook fig⟩ Zunge *v* einer Schlange; 2 ⟨plant⟩ Pfeilkraut *o*
**slank** schlank
**slankheid** Schlankheit *v*
**slaolie** Salat-, Speiseöl *o*
**slap** schlaff, schlapp, lax; ~*pe benen* lahme Beine *mv*; ~*pe boord* weicher Kragen *m*; *het* ~*pe koord* das schlaffe Seil; ~*pe thee* dünner Tee *m*; ~*pe tijd* stille, geschäftslose Zeit; *zich* ~ *lachen* sich krank (schief) lachen; *zich* ~ *voelen* sich abgespannt fühlen
**slapeloos** schlaflos
**slapeloosheid** Schlaflosigkeit *v*
**slapen*** schlafen; *mijn voet slaapt* der Fuß schläft mir ein; *gaan* ~ schlafen gehen
**slaper** 1 ⟨iem. die slaapt⟩ Schläfer *m*; 2 ⟨dijk⟩ Schlafdeich *m*
**slaperig** schläfrig
**slapie** gemeenz Kumpan *m*
**slapjanus, slappeling** Schlappschwanz *m*
**slapstick** Slapstick *m*, Klamauk *m*
**slapte** 1 ⟨krachteloosheid⟩ Schlaff-, Schlappheit *v*; 2 handel Geschäftstille *v*, Flaute *v*
**slasaus** Salatsoße *v*
**slavenarbeid** Sklavenarbeit *v*
**slavendrijver** Sklaventreiber *m*
**slavenhandel** Sklavenhandel *m*
**slavernij** Sklaverei *v*
**slavin** Sklavin *v*
**Slavisch** slawisch
**slavist** Slawist *m*
**slecht** schlecht, böse, schlimm; *door en door* ~ grundschlecht; ~ *gehumeurd* schlechtgelaunt; ~*e gewoonte* Unsitte *v*; ~*e waar* Schundware *v*, Ramsch *m*; *wij waren er* ~ *aan toe* wir waren übel dran; *er* ~ *afkomen* übel dabei wegkommen; ~*er worden* ⟨weer⟩ sich verschlechtern
**slechten** 1 ⟨muur⟩ abtragen; 2 ⟨twist⟩ schlichten

**slechterik** Bösewicht *m*
**slechtheid** Schlechtigkeit *v*, Niederträchtigkeit *v*
**slechthorend** schwerhörig
**slechts** nur, bloß, lediglich
**slechtziend** sehbehindert
**slede** ⟨ook techn⟩ Schlitten *m*;
**slee** ⟨ook grote auto⟩ Schlitten *m*; *een* ~ *van een auto* ⟨ook⟩ ein Straßenkreuzer
**sleedoorn** Schleh-, Schwarzdorn *m*
**sleeën** Schlitten fahren
**sleep** 1 ⟨v. japon⟩ Schleppe *v*; 2 ⟨schepen⟩ Schleppzug *m*
**sleepboot** Schlepper *m*, Schleppdampfer *m*
**sleepdienst** scheepv Schleppdienst *m*
**sleepkabel** 1 auto Abschleppseil *o*; 2 luchtv Schleppleine *v*; 3 scheepv Schleppkabel *o*
**sleepnet** Schlepp-, Zugnetz *o*
**sleeptouw** 1 luchtv Schlepptau *o*; 2 auto Abschleppseil *o*; *op* ~ *nemen* scheepv & fig ins Schlepptau nehmen, mitschleppen
**sleepvaart** Schleppschiffahrt *v*
**Sleeswijk-Holstein** Schleswig-Holstein *o*
**sleets** verschlissen, abgenutzt
**slem** kaartsp Schlemm *m*; *klein* ~ Kleinschlemm *m*; *groot* ~ Großschlemm *m*
**slempen** schlemmen
**slemppartij** Schlemmerei *v*, Gelage *o*
**slenk** Priel *m*
**slenteren** schlendern
**slentergang** Schlendergang *m*
**slepen** 1 ⟨in 't alg.⟩ schleppen; 2 ⟨sleuren⟩ schleifen; 3 ⟨goederen⟩ verrollen; 4 scheepv schleppen, bugsieren; *iem. erdoor* ~ einen durchbringen; *een* ~*de ziekte* eine schleichende Krankheit
**sleper** scheepv = *sleepboot*
**slet** ⟨scheldwoord⟩ Dirne *v*, Nutte *v*
**sleuf** Rinne *v*, Grube *v*, Einschnitt *m*
**sleur** Schlendrian *m*, Alltagstrott *m*
**sleuren** schleifen, zerren
**sleurwerk** Stumpfsinnige Arbeit *v*
**sleutel** Schlüssel *m*; *Engelse* ~ Engländer *m*; *valse* ~ Dietrich *m*; *de* ~ *uit 't slot halen* den Schlüssel abziehen
**sleutelbeen** Schlüsselbein *o*
**sleutelbloem** Schlüsselblume *v*, Himmel(s)schlüssel *m*
**sleutelbos** Schlüsselbund *m*
**sleutelen** herumhantieren, -doktern
**sleutelgat** Schlüsselloch *o*
**sleutelgeld** Baukostenzuschuß *m*
**sleutelhanger** Schlüsselanhänger *m*
**sleutelpositie** Schlüsselstellung *v*
**sleutelring** Schlüsselring *m*
**sleutelroman** Schlüsselroman *m*
**sleutelwoord** Schlüsselwort *o*
**slib** Schlamm *m*
**slibberig** schlüpfrig, glitschig
**sliding** 1 ⟨balsport⟩ Sliding-tackling *o*; 2 ⟨van roeiboot⟩ Rollsitz *m*
**slieren** 1 ⟨glijden⟩ gleiten, schlittern; 2 ⟨zwerven⟩ sich herumtreiben
**sliert** Reihe *v*, Kette *v*
**slijk** 1 ⟨modder⟩ Schlamm *m*; 2 ⟨vuil⟩ Dreck *m*; *het aardse* ~ das schnöde Geld, der Mammon

**slijm**

**slijm** Schleim *m*
**slijmbal, slijmerd** gemeenz Schleimer *m*
**slijmen** schleimen
**slijmerig** schleimig (ook fig)
**slijmjurk** = *slijmbal*
**slijmvlies** Schleimhaut *v*
**slijpen\*** ⟨glas, mes⟩ schleifen
**slijpsel 1** ⟨product⟩ Schliff *m*; **2** ⟨afval⟩ Schleifstaub *m*
**slijtage** Abnutzung *v*, Verschleiß *m*
**slijtageslag** Abnutzungsschlacht *v*
**slijten\* 1** ⟨in 't alg.⟩ abnutzen, verschleißen; **2** ⟨verkopen⟩ verkaufen; **3** ⟨v. tijd⟩ zu-, verbringen
**slijter** Spirituosenhändler *m*
**slijterij** Spirituosenhandlung *v*
**slik 1** ⟨modder⟩ Schlick *m*, Schlamm *m*; **2** ⟨slikgrond⟩ Schlickboden *m*
**slikken** schlucken, verschlucken, (ver-)schlingen; *een belediging ~* eine Beleidigung herunterschlucken; *heel wat moeten ~* vieles einstecken müssen
**slim 1** ⟨in 't alg.⟩ schlau, klug; **2** ⟨ongunstig⟩ listig, verschlagen, pfiffig; *hij was mij te ~ af* er war mir zu schlau
**slimheid** Klugheit *v*, Schlauheit *v*, Pfiffigkeit *v*
**slimmerd** Schlauberger *m*, -meier *m*
**slimmerik 1** ⟨uitgekookt iem.⟩ Schlauberger *m*, -meier *m*; **2 ZN** ⟨verstandig iem.⟩ kluger Kopf *m*
**slimmigheid** Schlauheit *v*
**slinger 1** ⟨werptuig⟩ Schleuder *m*; **2** ⟨in klok⟩ Pendel *o*; **3** ⟨bloemen⟩ Gewinde *o*, Girlande *v*
**slingeraap** Klammeraffe *m*
**slingeren 1** ⟨zwaaien⟩ schwingen, pendeln; **2** ⟨gooien⟩ schleudern; **3** ⟨pad⟩ sich schlängeln; **4** ⟨met de benen⟩ schlenkern; **5** ⟨v. voertuigen⟩ schleudern; **6** scheepv schlingern, dümpeln; *boeken laten ~* Bücher herumliegen lassen
**slingerplant** Schlingpflanze *v*
**slingeruurwerk** Penduhr *v*
**slinken\* 1** ⟨in 't alg.⟩ einschrumpfen, dünner werden; **2** ⟨voorraden⟩ abnehmen, schwinden
**slinks** falsch, listig, trügerisch, tückisch
**1 slip** *v* **1** ⟨punt⟩ Zipfel *m*; **2** ⟨v. jas⟩ Zipfel *m*, (Rock)schoß *m*
**2 slip** *m*: *in een ~ raken* ins Rutschen (Schleudern) geraten
**slipgevaar** Schleuder-, Rutschgefahr *v*
**slipje** Slip *m*
**slipover** Pullunder *m*
**slippen 1** ⟨wegglijden⟩ ausrutschen, ausgleiten; **2** ⟨auto⟩ rutschen, ins Schleudern kommen; **3** ⟨ongemerkt binnenwippen⟩ schlüpfen; *iets laten ~* etwas fahren lassen
**slipper** Slipper *m*
**slippertje** ⟨echtbreuk⟩ Seitensprung *m*
**slissen** lispeln
**slobberen** schlabbern; ⟨kleren⟩ schlottern
**slobbertrui** weiter Pullover *m*
**sloddervos** Schlampe *v*
**sloeber**: *een arme ~* ein armer Schlucker
**sloep** Schaluppe *v*
**sloerie** Schlampe *v*

**slof** ⟨pantoffel⟩ Latsche *v* Pantoffel *m*, Hausschuh *m*; *een ~ sigaretten* eine Stange *v* Zigaretten; *uit zijn ~ schieten* in die Luft gehen
**sloffen 1** ⟨lopen⟩ latschen, schlürfen; **2** ⟨traag zijn⟩ säumig, träge sein
**slogan** Slogan *m*, Schlagwort *o*, Losung *v*
**slok** Schluck *m*; *het scheelt een ~ op een borrel* gemeenz es macht einen großen Unterschied
**slokdarm** Speiseröhre *v*, Schlund *m*
**slokken** schlucken
**slokop** Vielfraß *m*, Fresser *m*
**slome** Schlappschwanz *m*
**slons** Schlampe *v*, schlampige Frau *v*
**slonzig** schlampig, lotterhaft
**sloof** ⟨vrouw⟩ abgerackerte Frau *v*
**sloom** träge, dösig
**1 sloop** *m* ⟨afbraak⟩ Abbruch *m*
**2 sloop** *v & o* Kissenbezug *m*, -überzug *m*
**slooppand** abbruchreifes Gebäude *o*
**sloot** Graben *m*; *~ langs de weg* Straßengraben *m*; *niet in zeven sloten tegelijk lopen* auf sich selbst aufpassen können
**slootjespringen** über Gräben springen
**slootwater 1** eig Wasser *o* aus einem Graben; **2** ⟨vieze koffie enz.⟩ Brühe *v*
**slop** Sackgasse *v*, blinde Gasse *v*
**slopen 1** ⟨muur, vesting⟩ schleifen; **2** ⟨huis⟩ niederreißen, abbrechen; **3** ⟨oude schepen en auto's⟩ abwracken, verschrotten
**slopend** ⟨v. ziekte⟩ auszehrend, schleichend
**sloper 1** ⟨aannemer⟩ Abbruchunternehmer *m*; **2** ⟨arbeider⟩ Abbrucharbeiter; **3** ⟨autosloper⟩ Schrotthändler *m*
**sloperij 1** = *autosloperij*; **2** scheepv Abwrackwerft *v*, -platz *m*
**sloppenwijk** Slums *mv*, Elendsviertel *o*
**slordig** nachlässig, schlampig, schludrig; *een ~e duizend gulden* etwa tausend Gulden und darüber
**slorpen** schlürfen
**slot 1** ⟨kasteel; afsluiting⟩ Schloß *o*; **2** ⟨einde⟩ Schluß *m*, Ende *o*; *achter ~ en grendel* hinter Schloß und Riegel; *per ~ van rekening* zuletzt, zuguterletzt, am Ende; *ten ~te* zum Schluß, schließlich, letzten Endes
**slotakkoord 1** muz Schlußakkord *m*; **2** ⟨overeenkomst⟩ Schlußabkommen *o*
**slotgracht** Burggraben *m*
**slotnotering** Schlußnotierung *v*
**slotopmerking** Schlußbemerkung *v*
**slotsom** Schlußfolgerung *v*
**slotwoord** Schlußwort *o*
**Sloveen** Slowene *m*
**Sloveens** slowenisch
**sloven** sich abrackern, sich abquälen
**Slovenië** Slowenien *o*
**Slowaak** Slowake *m*
**Slowaaks** slowakisch
**Slowakije** die Slowakei
**slow motion** Zeitlupe *v*
**sluier** Schleier *m*
**sluieren** verschleiern, verhüllen; *gesluierde foto's* unscharfe Bilder
**sluik**: *~ haar* glattes Haar *o*
**sluikhandel** Schwarzhandel *m*
**sluikreclame** Schleichwerbung *v*

**sluikstorten** ZN illegal Schutt (Müll) abladen
**sluimeren** schlummern
**sluimering** Schlummer *m*
**sluipen*** schleichen
**sluipmoord** Meuchelmord *m*
**sluipmoordenaar** Meuchelmörder *m*
**sluiproute** Schleichweg *m*
**sluipschutter** Heckenschütze *m*
**sluipweg** Schleichweg *m*
**sluis** Schleuse *v*
**sluisdeur** Schleusentor *o*
**sluiswachter** Schleusenwärter *m*
**sluiten*** 1 ⟨dichtmaken⟩ schließen, abschließen; 2 ⟨afsluiten⟩ sperren, absperren; 3 ⟨beëindigen⟩ abschließen, beenden; *een akkoord ~* eine Vereinbarung treffen; *met iem. een contract ~* mit einem einen Vertrag schließen; *een lening ~* eine Anleihe machen (aufnehmen); *een overeenkomst ~* eine Vereinbarung treffen; *de rij ~* den Reigen schließen; *een verdrag ~* einen Vertrag abschließen; *vrede ~* Frieden schließen, machen
**sluitend**: *een ~ bewijs* ein schlüssiger Beweis; *de balans ~ maken* die Bilanz ausgleichen
**sluiter** fotogr Verschluß *m*
**sluiting** 1 ⟨v. deur⟩ Schließung *v*; 2 ⟨einde⟩ Schluß *m*, Beendigung *v*; *~ van de grenzen* Schließung *v* der Grenzen; *~ van de loketten* Schalterschluß *m*
**sluitingstijd** 1 ⟨v. winkel⟩ Geschäftsschluß *m*; 2 ⟨cafés enz.⟩ Polizei-, Sperrstunde *v*; 3 ⟨v. kantoor⟩ Büroschluß *m*
**sluitspier** Schließmuskel *m*
**sluitstuk** End-, Schlußstück *o*
**slungel** schlaksiger Junge *m*; *een lange ~* gemeenz ein langer Lulatsch
**slungelig** ⟨lummelachtig⟩ lümmelhaft
**slurf** 1 ⟨v. olifant⟩ Rüssel *m*; 2 ⟨op vliegveld⟩ Fluggastbrücke *v*
**slurpen** schlürfen
**sluw** verschlagen, gerissen, pfiffig
**smaad** Schmach *v*, Schmähung *v*
**smaak** Geschmack *m*; *smaken verschillen, over ~ valt niet te twisten* gemeenz die Geschmäcker sind verschieden, über Geschmack läßt sich nicht streiten; *de ~ te pakken hebben* Blut geleckt haben; *in de ~ vallen* gefallen, gut aufgenommen werden; *met ~* geschmackvoll; *met ~ eten* mit Appetit essen; *naar mijn ~* für meinen Geschmack; *naar de laatste ~ gekleed* nach der neuesten Mode gekleidet
**smaakje** Beigeschmack *m*, Stich *m*
**smaakloos** geschmacklos, fad(e)
**smaakmaker** 1 ⟨toevoegsel⟩ Aroma *o*, Aromastoff *m*; 2 ⟨persoon⟩ Trendsetter *m*
**smaakstof** Geschmacksstoff *m*
**smaakvol** geschmackvoll
**smachten** lechzen, schmachten, sich sehnen
**smachtend** schmachtend
**smadelijk** schmählich; *~ lachen* höhnisch (verächtlich) lachen
**smak** 1 ⟨bons⟩ Schlag *m*; 2 ⟨val⟩ schwerer Fall *m*

**smakelijk** schmackhaft, lecker, appetitlich; *~ eten!* Mahlzeit!, guten Appetit!; *~ lachen* herzlich lachen
**smakeloos** ⟨zonder goede smaak⟩ geschmacklos; ⟨erger⟩ abgeschmackt
**smaken** schmecken, munden; *smaakt 't u?* schmeckt es Ihnen?; *dat smaakt naar meer* das schmeckt nach mehr
**smakken** 1 ⟨smijten⟩ werfen, schmeißen; 2 ⟨bij het eten⟩ schmatzen
**smakker** gemeenz ⟨zoen⟩ Schmatz(er) *m*, lauter Kuß *m*; *een lelijke ~ maken* ⟨val⟩ schwer stürzen
**smal** schmal
**smaldeel** Geschwader *o*
**smalen** höhnen
**smalend** höhnisch, verächtlich
**smalfilm** Schmalfilm *m*
**smalspoor** Schmalspur *v*
**smaragd** Smaragd *m*
**smart** 1 ⟨pijn⟩ Schmerz *m*; 2 ⟨verdriet⟩ Kummer *m*; *gedeelde ~ is halve ~* geteiltes Leid ist halbes Leid
**smartelijk** 1 ⟨tragisch⟩ schmerzlich; 2 ⟨pijnlijk⟩ schmerzhaft
**smartengeld** Schmerzensgeld *o*
**smartlap** Schmachtfetzen *m*
**smashen** schmettern
**smeden** schmieden; *een complot ~* ein Komplott schmieden; *een samenzwering ~* eine Verschwörung anzetteln
**smederij** Schmiede *v*
**smeedijzer** Schmiedeeisen *o*
**smeedkunst** Schmiedekunst *v*
**smeekbede** Flehen *o*, inständige Bitte *v*
**smeer** 1 ⟨smeersel⟩ Schmiere *v*; 2 ⟨talk⟩ Fett *o*, Unschlitt *o*, Talg *m*; 3 ⟨vuil⟩ Schmutz *m*
**smeerboel** 1 ⟨viezigheid⟩ Schweinerei *v*; 2 ⟨geklad⟩ Schmiererei *v*
**smeergeld** Schmiergeld *o*, Bestechungsgeld *o*
**smeerkaas** Streich-, Schmelzkäse *m*
**smeerlap** 1 ⟨vuil⟩ Schmierfink *m*, Schweinigel *m*; 2 ⟨gemeen⟩ Lump *m*
**smeerlapperij** Schweinerei *v*, Sauerei *v*
**smeermiddel** Schmiermittel *o*
**smeerolie** Schmieröl *o*
**smeerpijp** 1 ⟨afvoerleiding⟩ Abwasserleitung *v*; 2 ⟨viezerik⟩ Schmutz-, Schmierfink *m*
**smeersel** Schmiermittel *o*
**smeerworst** Streichwurst *v*
**smeken** flehen, anflehen; *~ en bidden* bitten und flehen; *om hulp ~d* hilfeflehend
**smelten*** I ww 1 ⟨vloeibaar maken of worden⟩ schmelzen; 2 ⟨wegsmelten⟩ zerschmelzen; II o ⟨smelten⟩ Schmelzen *o*, Schmelzung *v*, Schmelze *v*; *het ~ van de sneeuw* die Schneeschmelze
**smeltkroes** Schmelztiegel *m*, -kessel *m*
**smeltpunt** Schmelzpunkt *m*
**smeltwater** Schmelzwasser *o*
**smeren** schmieren; ⟨machinedelen ook⟩ ölen; *een boterham ~* ein Butterbrot streichen; *'m ~* gemeenz türmen, verduften; *het gaat gesmeerd* es geht wie geschmiert
**smerig** 1 ⟨vuil⟩ schmutzig, schmierig; 2 ⟨ge-

**smeris**

meen) schmutzig, unflätig, gemein; *een ~ zaakje* eine faule Geschichte

**smeris** gemeenz Bulle *m*, Polyp *m*

**smet** (vlek) Fleck(en) *m*; 2 fig Makel *m*

**smetteloos** 1 eig tadellos; 2 fig makellos

**smetvrees** Mysophobie *v*, Beschmutzungsfurcht *v*

**smeuïg** seimig, zähflüssig; *iets ~ vertellen* etwas anschaulich, plastisch erzählen

**smeulen** schwelen

**smid** Schmied *m*

**smidse** Schmiede *v*

**smiecht** Schuft *m*, Halunke *m*

**smiezen**: *iets in de ~ hebben* etwas wittern; *iets in de ~ krijgen* Witterung von etwas bekommen

**smijten*** schmeißen, schleudern, werfen

**smikkelen** schmausen, schlemmen

**smoel** gemeenz Maul *o*, Fresse *v*, Schnauze *v*; *hou je ~!* halt's Maul!, halt die Klappe!; *iem. op zijn ~ slaan* gemeenz jmdm. in die Fresse schlagen

**smoesje** Ausflucht *v*, leere Ausrede *v*; ⟨meest *mv*⟩ Flausen; *~s verkopen* faule Ausreden ersinnen

**smoezelig** schmuddelig

**smoezen** tuscheln

**smog** Smog *m*

**smoking** Smoking *m*

**smokkelaar** Schmuggler *m*, Schmugglerin *v*; ⟨bij spel, op school⟩ Mogler *m*

**smokkelarij** Schmuggeln *o*, Schmuggel *m*

**smokkelen** 1 ⟨smokkelhandel drijven⟩ schmuggeln; 2 ⟨bij spel e.d.⟩ mogeln; *erdoor ~* durchschmuggeln

**smokkelhandel** Schwarzhandel *m*

**smokkelwaar** Schmuggelware *v*, heiße Ware *v*

**smoor**: *de ~ in hebben* verärgert sein

**smoorheet** brütend heiß

**smoorverliefd** verschossen, verknallt; *~ op iem. worden* sich in jmdn. verknallen

**smoren** 1 ⟨stikken⟩ ersticken; 2 ⟨vlees⟩ schmoren, dämpfen; 3 ZN ⟨roken⟩ rauchen; *met gesmoord stem* mit halberstickter Stimme

**smoutbol, smoutebol** ZN Schmalzgebackenes *o*

**smullen** schlemmen, schmausen

**smulpartij** Schmaus *m*, Schlemmerei *v*

**smurf** Schlumpf *m*

**smurrie** gemeenz Schweinerei *v*, Dreck *m*

**snaaien** gemeenz stibitzen; naschen

**snaak** Spaßvogel *m*, Possenreißer *m*

**snaaks** schelmisch, schalkhaft, drollig

**snaar** 1 muz Saite *v*; 2 techn Seil *o*; *een gevoelige ~ raken* eine empfindliche Saite berühren; *met vier snaren* viersaitig

**snaarinstrument** Saiteninstrument *o*

**snack** Snack *m*, Imbiß *m*

**snackbar** Snackbar *m*, Imbißstube *v*

**snakken**: *~ naar iets* ⟨ook⟩ etwas herbeisehnen; *naar lucht ~* nach Luft schnappen

**snappen** 1 ⟨betrappen⟩ schnappen, erwischen; 2 ⟨begrijpen⟩ verstehen, kapieren

**snapshot** Schnappschuß *m*

**snars**: *geen ~* kein bißchen, nicht die Bohne

**snater**: *hou je ~* halte den Schnabel (die Klappe)

**snateren** schnattern

**snauw** Anschnauzer *m*

**snauwen** (an)schnauzen, anfahren

**snavel** ⟨ook mond⟩ Schnabel *m*

**snede** 1 ⟨in 't alg.⟩ Schnitt *m*, Einschnitt *m*; 2 ⟨v. mes⟩ Schneide *v*, Schärfe *v*; 3 ⟨brood⟩ Schnitte *v*, Scheibe *v*; *de gulden ~* der goldene Schnitt

**snedig** schlagfertig, witzig, gewandt

**snee** = *snede*

**sneer** höhnische Bemerkung *v*

**sneeuw** Schnee *m*; *eeuwige ~* ewiger Schnee *m*; *natte ~* Naßschnee *m*; *als ~ voor de zon* wie Butter an der Sonne

**sneeuwbal** ⟨ook plant⟩ Schneeball *m*

**sneeuwbaleffect** Schneeballeffekt *m*

**sneeuwblind** schneeblind

**sneeuwbril** Schneebrille *v*

**sneeuwbui** Schneebö *v*, -treiben *o*

**sneeuwen** schneien

**sneeuwgrens** Schneegrenze *v*

**sneeuwjacht** Schneegestöber *o*, -treiben *o*

**sneeuwketting** Auto Schneekette *v*

**sneeuwklas, sneeuwschool** ZN Skilager *o*

**sneeuwklokje** Schneeglöckchen *o*

**sneeuwman** Schneemann *m*

**sneeuwpop** Schneemann *m*

**sneeuwruimer** 1 ⟨machine⟩ Schneepflug *m*, -fräse *v*; 2 ⟨persoon⟩ Schneeschaufler *m*

**sneeuwstorm** Schneesturm *m*

**sneeuwval** Schneefall *m*

**sneeuwvlok** Schneeflocke *v*

**sneeuwwit** schneeweiß; ⟨v. haren ook⟩ schlohweiß

**Sneeuwwitje** 1 ⟨sprookje⟩ Schneewittchen *o*; 2 *s~* ⟨drank⟩ Alsterwasser *o*

**snel** schnell, hurtig, geschwind, rasch

**snelbinder** Gepäckträgerspannband *o*

**snelbuffet** Schnellimbiß *m*

**snelfilter** Schnellfilter *m*

**snelfiltermaling** Filterkaffee *m*

**snelheid** Geschwindigkeit *v*, Schnelligkeit *v*; *maximum ~* Höchstgeschwindigkeit *v*

**snelheidsbeperking** Geschwindigkeitsbeschränkung *v*, Tempobegrenzung *v*

**snelheidscontrole** Geschwindigkeitskontrolle *v*

**snelkoker** Schnellkocher *m*

**snelkookpan** Dampf-, Schnellkochtopf *m*

**snellen** eilen

**snelrecht** Schnellverfahren *o*

**sneltrein** Schnellzug *m*, Intercity *m*

**snelverkeer** Schnellverkehr *m*

**snelwandelaar** Geher *m*

**snelwandelen** sp Gehen *o*

**snelweg** Autobahn *v*

**sneren** höhnen, spotten (über)

**snerpen** schneiden; *een ~d geluid* ein schriller Laut

**snert** 1 ⟨erwtensoep⟩ Erbsensuppe *v*; 2 ⟨rommel⟩ Mist *m*

**sneu** schade, peinlich, traurig

**sneuvelen** 1 mil fallen; 2 schertsend ⟨breken⟩ zerbrechen

**snibbig** schnippisch, spitz

**snijboon** Schnittbohne *v*; *een rare* ~ ein sonderbarer Kauz *m*
**snijbrander** techn Schneidbrenner *m*
**snijden\*** 1 ⟨in 't alg.⟩ schneiden; 2 ⟨auto⟩ schneiden; *elkaar* ~ 1 (v. wegen) sich kreuzen; 2 (v. lijnen) sich schneiden
**snijlijn** Schnittlinie *v*, Sekante *v*
**snijpunt** Schnittpunkt *m*
**snijtafel** 1 med Seziertisch *m*; 2 ⟨voor stoffen⟩ Zuschneidetisch *m*
**snijtand** Schneidezahn *m*
**snijvlak** Schnittfläche *v*
**snijwerk** (in hout) Schnitzerei *v*
**snijwond** Schnittwunde *v*
**1 snik** *m* Schluchzer *m*; *de laatste* ~ der letzte Seufzer
**2 snik** *bn: niet goed* ~ *zijn* übergeschnappt, nicht recht gescheit sein
**snikheet** glühend heiß
**snikken** schluchzen
**snip** Schnepfe *v*
**snipper** Schnipsel *m*
**snipperdag** einzelner Urlaubstag *m*
**snipperen** schnippeln, schnitzeln, zerstückeln
**snipverkouden**: ~ *zijn* einen schlimmen Schnupfen haben, schwer erkältet sein
**snit** Schnitt *m*, Fasson *v*; ~ *en naad* ZN Schnitt und Naht (Unterrichtsfach)
**snob** Snob *m*
**snobisme** Snobismus *m*
**snoeien** beschneiden; ⟨bomen⟩ stutzen
**snoeimes** Gartenmesser *o*
**snoek** Hecht *m*
**snoekbaars** Zander *m*
**snoekduik** Hechtsprung *m*
**snoep** Süßigkeiten *mv*
**snoepen** naschen
**snoeper** Nascher *m*; *een oude* ~ ein alter Don Juan (Genießer) *m*
**snoepgoed** Süßigkeiten *mv*
**snoepje** Süssigkeit *v*, etwas Süsses *o*
**snoeplust** Naschlust *v*
**snoepreisje** kleine Vergnügungsreise *v*
**snoer** 1 ⟨in 't alg.⟩ Schnur *v*; 2 techn ⟨ook⟩ Leitungsschnur *v*; *een* ~ *parels* eine Perlenkette *v*
**snoeren** schnüren
**snoes** Liebling *m*, Püppchen *o*
**snoeshaan**: *een rare* ~ ein wunderlicher Kauz *m*
**snoet** Schnauze *v*
**snoetje** Frätzchen *o*
**snoeven** prahlen
**snoever** Prahler *m*, Angeber *m*
**snoezig** niedlich, reizend, entzückend
**snol** gemeenz Nutte *v*, Flittchen *o*
**snood** niederträchtig, verrucht
**1 snor** *v* 1 ⟨v. mens⟩ Schnurr-, Schnauzbart *m*; 2 ⟨bij dier⟩ Bart *m*; *met een snor* schnurrbärtig
**2 snor**: *dat zit wel* ~ das geht in Ordnung
**snorhaar** ⟨v. kat enz.⟩ Schnurrhaar *o*
**snorkel** Schnorchel *m*
**snorkelen** schnorcheln
**snorren** 1 ⟨v. spinnewiel e.d.⟩ surren, schnurren; 2 ⟨v. pijl e.d.⟩ schwirren; 3 ⟨taxi⟩ unerlaubterweise Fahrgäste aufnehmen

**snot** Rotz *m*
**snotaap, snotjongen** Rotzlöffel *m*, Rotznase *v*
**snotneus** ⟨ook fig⟩ Rotznase *v*
**snotteren** 1 ⟨de neus snuiten⟩ rotzen; 2 ⟨huilen⟩ flennen
**snuffelaar** Schnüffler *m*
**snuffelen** 1 ⟨dieren⟩ schnüffeln, schnuppern; 2 ⟨zoeken⟩ schnüffeln, stöbern; *in boeken zitten te* ~ schmökern
**snuffelpaal** Sensor *m*
**snufferd** gemeenz ⟨neus⟩ Rüssel *m*; 2 ⟨gezicht⟩ Fresse *v*; *op zijn* ~ *vallen* auf die Schnauze fallen
**snufje** Neuheit *v*, Modeneuheit *v*; *het laatste* ~ der letzte Schrei; *een* ~ *zout* eine Prise *v* (Spur *v*, Idee *v*) Salz
**snugger** klug, gescheit, aufgeweckt
**snuif** Schnupftabak *m*
**snuifje** Prise *v*; *een* ~ *zout* eine Prise *v* (Spur *v*, Idee *v*) Salz
**snuit** 1 ⟨in 't alg.⟩ Schnauze *v*; 2 ⟨olifant, wild zwijn, kevers⟩ Rüssel *m*
**snuiten\*** schneuzen
**snuiter**: *een rare* ~ ein wunderlicher Kauz *m*
**snuiven\*** 1 ⟨v. dieren⟩ schnauben; 2 ⟨genotmiddelen⟩ schnupfen; 3 ⟨snuffelen⟩ schnuppern; *cocaïne* ~ ⟨ook⟩ koksen
**snurken** schnarchen
**sober** (eenvoudig) schlicht, einfach; *een* ~ *bestaan* ein knappes (notdürftiges) Auskommen *o*
**sociaal** sozial; *sociale doeleinden* Wohlfahrtszwecke *mv*, soziale Zwecke *mv*; ~ *assistent* ZN Sozialarbeiter *m*; *sociale school* ZN Fachhochschule *v* für Sozialwesen
**sociaal-democraat** Sozialdemokrat *m*
**sociaal-democratie** Sozialdemokratie *v*
**socialisatie** Sozialisierung *v*, Vergesellschaftung *v*, Entprivatisierung *v*
**socialiseren** sozialisieren, vergesellschaften, entprivatisieren
**socialisme** Sozialismus *m*
**socialist** Sozialist *m*
**socialistisch** sozialistisch
**sociëteit** 1 ⟨club⟩ Klub *m*; 2 ⟨v. officieren⟩ Kasino *o*; 3 ⟨v. ouden v. dagen⟩ Altenklub *m*; 4 stud Verbindungshaus *o*; 5 ⟨genootschap⟩ Gesellschaft *v*
**society** (feine) Gesellschaft *v*, vornehme Kreise *mv*, gemeenz Schickeria *v*
**sociologie** Soziologie *v*
**socioloog** Soziologe *m*
**soda** Soda *v*
**sodawater** Sodawasser *o*
**sodemieter** gemeenz: *op zijn* ~ *krijgen* die Hucke voll kriegen; *op zijn* ~ *geven* die Hucke voll hauen; *als de* ~ wie ein geölter Blitz, sofort; *geen* ~ keinen Dreck
**sodemieteren** gemeenz 1 ⟨gooien⟩ schmeißen, donnern; 2 ⟨vallen⟩ stürzen
**sodomie** Sodomie *v*
**soebatten** betteln, flehen
**soelaas** Erleichterung *v* Linderung *v*
**soenniet** Sunnit *m*
**soep** Suppe *v*; *het is niet veel* ~*s* es hat nicht viel auf sich

**soepballetje** Suppenklößchen o, Suppenkloß m
**soepbord** Suppenteller m
**soepel** geschmeidig, biegsam, gelenk, elastisch; *een ~ lichaam* ein gelenkiger Körper m
**soepgroente** Suppengrün o
**soepjurk** gemeenz Sackkleid o
**soepkip** Suppenhuhn o
**soepkom** Suppennapf m, Suppenschüssel v
**soeplepel** 1 ⟨opscheplepel⟩ Suppenlöffel m; 2 ZN ⟨eetlepel⟩ Eßlöffel m
**soepstengel** Suppenstange v
**soera** Sure v
**soes** ⟨gebak⟩ Windbeutel m
**soesa** Umstände mv, Scherereien mv
**soeverein I** m Souverän m, Landesherr m; **II** bn souverän; *~ gebied* Hoheitsgebiet o
**soevereiniteit** Souveränität v, Landeshoheit v, Hoheitsgewalt v, Gebietshoheit v
**soezen** dösen, duseln, träumen
**soezerig** dösig, duselig
**sof** gemeenz Pleite v, Fiasko o
**sofa** Sofa o
**SOFI-nummer** kombinierte Sozialversicherungs- und Steuernummer v
**soft** soft, weich, sanft; ⟨mannen⟩ weichlich, schwächlich
**softbal** Softball m
**softdrugs** weiche Drogen
**softporno** Softporno m
**software** Software v
**softwarepakket** Softwarepacket o
**soigneren** pflegen; *gesoigneerd* gepflegt
**soigneur** 1 ⟨in 't alg.⟩ Helfer m, Betreuer m, Coach m; 2 ⟨wielrennen⟩ Masseur m; 3 ⟨boksen⟩ Sekundant m
**soja** Soja v
**sojaboon** Sojabohne v
**sok** Socke v; *een ouwe ~* gemeenz ein alter Trottel m; *er de ~ken inzetten* gemeenz sich auf die Socken machen; *iem. van de ~ken rijden* jmdn. über den Haufen fahren
**sokkel** Sockel m
**solarium** Solarium o
**soldaat** Soldat m; *iets ~ maken* etwas aufessen, austrinken
**solde** ZN 1 ⟨restant⟩ Restposten m, Reststück o; 2 ~s ⟨uitverkoop⟩ Ausverkauf m, Schlußverkauf m
**soldeer** Lot o, Lötmetall o
**soldeerbout** Lötkolben m
**soldeersel** Lot o, Lötmetall o
**1 solderen** techn löten
**2 solderen** ZN ⟨uitverkopen⟩ ausverkaufen
**soldij** Löhnung v, Sold m
**soleren** Solo spielen (singen, tanzen)
**solidair** solidarisch
**solidariteit** Solidarität v, Zusammenhalt m
**solide** 1 ⟨in zaken⟩ solid(e), reell; 2 ⟨v. karakter⟩ gediegen, gefestigt; 3 ⟨v. voorwerpen⟩ solide, unverwüstlich
**solist** Solist m
**solitair I** m dierk Einzelgänger m; **II** bn solitär, einzeln lebend
**sollen**: *met iemand ~* fig einen hänseln; *niet met zich laten ~* nicht mit sich spielen lassen
**sollicitant** Bewerber m
**sollicitatie** Bewerbung v
**sollicitatiebrief** Bewerbungsschreiben o
**sollicitatiegesprek** Bewerbungsgespräch o
**solliciteren**: *~ (naar)* sich bewerben (um)
**solo** ⟨muz & kaartsp⟩ Solo o
**solovlucht** Alleinflug m
**solutie** Gummilösung v
**solvabel** zahlungsfähig, solvent
**solvabiliteit** handel Solvenz v
**som** 1 ⟨bedrag⟩ Summe v, Betrag m; 2 ⟨rekensom⟩ Aufgabe v; *~ ineens* 1 ⟨voor reis⟩ Pauschalsumme v; 2 ⟨als schadeloosstelling⟩ Abfindungssumme v; *~ van de cijfers van een getal* Quersumme v
**somber** 1 ⟨donker⟩ düster; 2 ⟨van blik ook⟩ finster
**sommeren** 1 ⟨aanmanen⟩ auffordern; 2 ⟨v.d. rechtbank⟩ zitieren, gerichtlich vorladen
**sommige** manche, ⟨nog minder⟩ gewisse; *~ mensen menen dat...* gewisse Leute meinen, daß...
**soms** 1 ⟨zo nu en dan⟩ bisweilen, zuweilen, dann und wann, manchmal; 2 ⟨mogelijk⟩ vielleicht, etwa; *weet u dat ~?* wissen Sie das vielleicht?
**sonar** Sonar m
**sonate** Sonate v
**sonde** 1 ⟨peilstift⟩ Sonde v; 2 scheepv Senkblei o
**songfestival** Songfestival o
**songtekst** Song-, Liedtext m
**sonnet** Sonett o
**sonoor** sonor
**soort** 1 ⟨categorie⟩ Gattung v, Art v; 2 ⟨waren⟩ Sorte v; *~ bij ~* Sorte zu Sorte; *~ zoekt ~* gleich und gleich gesellt sich gern
**soortelijk** spezifisch; *~ gewicht* spezifisches Gewicht o
**soortgelijk** derartig; *iets ~s* ⟨ook⟩ etwas Ähnliches
**soortgenoot** Artgenosse m
**soortnaam** Gattungsname m
**soos** gemeenz Klub m
**sop** 1 ⟨nat⟩ Saft m, Brühe v, Soße v; 2 ⟨zeepsop⟩ Seifenwasser o; *het ~ is de kool niet waard* die Sache ist ihr Geld nicht wert, lohnt sich nicht; *'t ruime ~ kiezen* in See stechen; *iem. in zijn eigen ~ gaar laten koken* einen im eigenen Saft schmoren lassen
**soppen** eintunken
**sopraan** Sopran m; Sopranistin v
**sorbet** Sorbett o
**sorry**: *~!* Entschuldigung!, Verzeihung!, pardon!
**sorteren** sortieren; *goed gesorteerd* handel wohlassortiert, eine reiche Auswahl bietend
**sortering** 1 ⟨het sorteren⟩ Sortierung v; 2 ⟨voorraad ook⟩ Auswahl v, Sortiment o
**souffleren** vorsagen, einsagen, soufflieren
**souffleur** Souffleur m
**soul** Soul m
**souper** Abendessen o, Souper o
**souperen** zu Abend essen, soupieren

**souplesse 1** ⟨buigzaamheid⟩ Elastizität v, Geschmeidigkeit v; **2** ⟨aanpassingsvermogen⟩ Gefügigkeit v, Fügsamkeit v
**souteneur** Zuhälter m
**souterrain** Souterrain o, Kellergeschoß o
**souvenir** Andenken o, Souvenir o
**Sovjet-Unie** Sowjetunion v
**sowieso** sowieso
**spaak** Speiche v; ~ *lopen* schiefgehen; *een* ~ *in 't wiel steken* jmdn. Steine in den Weg legen
**spaan 1** ⟨spaander⟩ Span m, Holzspan m; **2** ⟨roeispaan⟩ Ruder o; *geen* ~ *van iets heel laten* kein gutes Haar an etwas lassen
**spaander** Span m, Holzspan m; *waar gehakt wordt, vallen* ~s wo man hobelt, da fallen Späne
**spaanplaat** Spanplatte v
**Spaans** spanisch; *een S~e* eine Spanierin v
**spaarbank** Sparkasse v
**spaarbankboekje** Sparkassenbuch o
**spaarbrander** Sparbrenner m
**spaarbrief** Sparbrief m
**spaarder** Sparer m
**spaargeld** Spargeld o, Ersparnisse mv
**spaarkas** ZN ⟨spaarbank⟩ Sparkasse v
**spaarlamp** ⟨Energie-, Strom⟩sparlampe v
**spaarpot** Sparbüchse v
**spaarvarken** Sparschwein o
**spaarzaam** sparsam
**spaarzegel** Rabattmarke v
**spaceshuttle** Raumfähre v, -transporter m
**spade** Spaten m
**spaghetti** Spaghetti mv
**spaghettivreter** scheldwoord ⟨Italiaan⟩ Spaghettifresser m
**spalk** Schiene v, Bruchschiene v
**spalken** schienen
**span 1** ⟨paarden enz.⟩ Gespann o; **2** ⟨ossen⟩ Joch o, Ochsengespann o
**spandoek** Spruchband o, Transparent o
**spaniël** Spaniel m
**Spanjaard** Spanier m
**Spanje** Spanien o
**Spanjool** scheldwoord Spanier m
**spankracht** Spannkraft v
**spannen\*** spannen; *het zal erom* ~ es wird hart hergehen; *snaren* ~ Saiten spannen, aufziehen
**spannend** spannend
**spanning 1** ⟨druk⟩ Spannung v; **2** ⟨v. brug ook⟩ Spannweite v
**spanningzoeker** Spannungssucher m, -prüfer m
**spant 1** scheepv Spant o; **2** ⟨v. dak⟩ Sparren m
**spanwijdte** Spannweite v
**spar** ⟨boom⟩ Tanne v
**sparappel** Tannenzapfen m
**sparen 1** ⟨bewaren⟩ sparen; **2** ⟨opsparen⟩ ersparen; **3** ⟨ontzien⟩ schonen
**Spartaan** Spartaner m
**Spartaans** spartanisch; *een* ~e eine Spartanerin v
**spartelen** zappeln
**spastisch** spastisch
**spat 1** ⟨spetter⟩ Spritzer m; **2** ⟨inkt enz.⟩ Klecks m

**spatader** Krampfader v
**spatbord** Schutzblech o, Kotflügel m
**spatel** Spatel m, Spachtel m
**spatie** Zwischenraum m
**spatiebalk** Leertaste v
**spatje** ⟨druppeltje⟩ kleiner Spritzer m; *geen* ~ *medeleven* keinen Funken Mitgefühl
**spatlap** Schmutzfänger m
**spatten** spritzen; *vonken* ~ Funken sprühen
**specht** Specht m
**speciaal I** bn speziell, besonder, Sonder-; **II** bw besonders; *speciale commissie* Sonderausschuß m; ~ *nummer* ⟨v. tijdschrift⟩ Sonderheft o, -nummer v; *speciale studie* Spezialstudium o
**speciaalzaak** Fachgeschäft o, Fachhandel m
**specialisatie, specialisering** Spezialisierung v
**specialisme** Spezialgebiet o; med fachärztliche Praxis v
**specialist** Spezialist m; med ⟨ook⟩ Facharzt m
**specialistisch** Spezial-, Spezialisten-
**specialiteit** Spezialität v
**specie 1** ⟨munten⟩ Bar-, Hartgeld o; **2** ⟨kalk⟩ Mörtel m
**specificatie** Spezifizierung v, Einzelaufstellung v; *overeenkomstig onderstaande* ~ gemäß Aufstellung, ⟨laut⟩ untenstehender Spezifizierung ⟨Aufstellung⟩; ~ *v. kosten* Kostenaufstellung v
**specificeren** spezifizieren, einzeln aufführen
**specifiek** spezifisch
**specimen** Probestück o, Muster o
**spectaculair** spektakulär
**spectrum** Spektrum o
**speculaas** Spekulatius m
**speculant** Spekulant m
**speculatie** Spekulation v
**speculatief** spekulativ
**speculeren** ⟨ook handel⟩ spekulieren; *op iets* ~ auf etwas spekulieren
**speech** Rede v, Trinkspruch m
**speedboot** Rennboot o
**speeksel** Speichel m
**speelautomaat** Spielautomat m
**speelbal** eig en fig Spielball m; *iem. als* ~ *gebruiken* sein Spiel mit jmdm. treiben
**speelbank** Spielbank v
**speeldoos** Spieldose v, -uhr v
**speelfilm** Spielfilm m
**speelgoed** Spielzeug o; ⟨artikelen⟩ Spielwaren mv
**speelhal** Spielhalle v
**speelhelft 1** ⟨speelduur⟩ Halbzeit v; **2** ⟨veld⟩ Spielfeldhälfte v
**speelkameraad** Spielkamerad m
**speelkwartier** Pause v
**speelplaats** Spielplatz m; ⟨op school⟩ Schulhof m
**speelruimte** Spielraum m
**speels** spielerisch, verspielt
**speelschuld** Spielschuld v
**speelterrein** Spielfläche v, Spielfeld o
**speeltje** Spielzeug o

**speeltuin** Spielplatz *m*
**speelzaal** Spielsaal *m*
**1 speen** *v* ⟨fopspeen⟩ Schnuller *m*
**2 speen** *o* ZN ⟨aambeien⟩ Hämorrhoiden *mv*
**speenkruid** Feigwurz *v*
**speenvarken** Spanferkel *o*; *gillen als een* ~ schreien wie am Spieß *m*
**speer** Speer *m*
**speerpunt 1** ⟨punt v. speer⟩ Speerspitze *v*; **2** fig Schwerpunkt *m*
**speerwerpen** Speerwerfen *o*
**spek** Speck *m*; ⟨gerookt (gezouten)⟩ ~ geräucherter (gesalzener) Speck *m*; *voor* ~ *en bonen* zum Schein, für nichts und wieder nichts
**spekken** spicken
**spekkoek** Speckkuchen *m*
**speklap** Speckscheibe *v*
**spekpannenkoek** Speckpfannkuchen *m*
**spektakel** Spektakel *m*
**spektakelstuk** Spektakelstück *o*
**spekvet** Speck-, Schweinefett *o*
**spekzool** Kreppsohle *v*
**spel** Spiel *o*; *vrij* ~ freies Spiel *o*; *gevaarlijk* ~ *spelen* gewagtes Spiel treiben; *in 't* ~ *zijn* im Spiel sein; *op 't* ~ *staan* auf dem Spiel stehen; *alles op het* ~ *zetten* alles aufs Spiel *o* setzen
**spelbederf** unsportliches Verhalten *o*
**spelbreker** Spielverderber *m*
**speld** Stecknadel *v*; *men kan een* ~ *horen vallen* es ist mäuschenstill; *een* ~ *in een hooiberg zoeken* eine (Steck)nadel in einem Heuhaufen suchen; *geen* ~ *ertussen krijgen* nichts dagegen einwenden können, kein Wort dazwischen werfen
**spelden** feststecken, mit Stecknadeln befestigen
**speldenknop** Stecknadelkopf *m*
**speldenkussen** Nadelkissen *o*
**speldenprik** Nadelstich *m*
**speldje 1** ⟨in 't alg.⟩ Stecknadel *v*; **2** ⟨bij collecte⟩ Anstecknadel *v*; **3** ⟨van vereniging⟩ Vereinsabzeichen *o*; **4** ⟨button⟩ Button *m*
**spelen** spielen; *grof* ~ hoch spielen
**spelenderwijs** spielend
**speler** Spieler *m*
**spelevaren** Kahn fahren, herumgondeln
**spelfout** orthographischer Fehler *m*, Rechtschreibfehler *m*
**speling 1** ⟨ruimte⟩ Spielraum *m*; **2** techn Spiel *o*; *een* ~ *der natuur* ein Spiel *o* der Natur
**spelleider** Spielleiter *m*
**spellen** buchstabieren; *de krant* ~ sich in die Zeitung vertiefen
**spelletje 1** ⟨spel⟩ Spielchen *o*; **2** ⟨geen ernst⟩ Spielerei *v*; *een* ~ *met iem. spelen* ein Spiel mit jmdm. treiben
**spelling** Rechtschreibung *v*, Orthographie *v*
**spellingchecker** comput Rechtschreibprogramm *o*
**spelonk** Spelunke *v*, Höhle *v*
**spelregel 1** ⟨v. spel⟩ Spielregel *v*; **2** ⟨v. spelling⟩ orthographische Regel *v*, Rechtschreibregel *v*; *zich aan de* ~*s houden* die Spielregeln einhalten

**spenderen** spenden; ⟨vooral tracteren⟩ spendieren
**spenen** ⟨v. zuigeling⟩ entwöhnen, abstillen; *gespeend zijn van* ohne sein, entbehren (+ 2)
**sperma** Sperma *o*
**spermabank** Samen-, Spermabank *v*
**spertijd** Sperrstunde *v*
**spervuur** Sperrfeuer *o*
**sperwer** Sperber *m*
**sperzieboon** Prinzeßbohne *v*
**spetteren** ⟨v. water⟩ heftig spritzen
**speurder** Detektiv *m*
**speuren** spüren, wittern
**speurhond** Spürhund *m*
**speurneus** Spürnase *v*
**speurtocht** Erkundungszug *m*
**speurwerk 1** ⟨research⟩ Forschungsarbeit *v*; **2** ⟨van politie⟩ Fahndungsarbeit *v*
**speurzin** Spürsinn *m*
**spichtig** hager, schmächtig
**spie 1** ⟨wig⟩ Pflock *m*, Bolzen *m*; **2** techn Keil *m*
**spieden** spähen
**spiegel** Spiegel *m*; ⟨v. schip ook⟩ Heck *o*
**spiegelbeeld** Spiegelbild *o*
**spiegelei** ⟨ei⟩ Spiegelei *o*; Zwits Stierenauge *o*
**spiegelen**: *zich* ~ *aan* **1** ⟨zich bekijken⟩ sich spiegeln an (+ 3); **2** ⟨een voorbeeld nemen⟩ sich zum Vorbild nehmen
**spiegelgevecht** Spiegelfechterei *v*
**spiegelglad** spiegelglatt
**spiegelglas** Spiegelglas *o*
**spiegeling** Spiegelung *v*
**spiegelreflexcamera** Spiegelreflexkamera *v*
**spiegelruit** Spiegelscheibe *v*
**spiegelschrift** Spiegelschrift *v*
**spieken** spicken, mogeln
**spier** Muskel *m*; *geen* ~ *vertrekken* keine Miene verziehen
**spierbal** Muskelbündel *o*
**spiering** Stint *m*
**spierkracht** Muskelkraft *v*
**spiernaakt** splitternackt
**spierpijn** Muskelschmerzen *mv*, Muskelkater *m*
**spierweefsel** Muskelgewebe *o*
**spierwit 1** ⟨door en door wit⟩ schneeweiß; **2** ⟨v. gezicht⟩ kreideweiß; **3** ⟨v. haar ook⟩ schlohweiß
**spies** Spieß *m*
**spijbelaar** Schulschwänzer *m*, Schwänzer *m*
**spijbelen** die Schule schwänzen
**spijker** Nagel *m*; *de* ~ *op de kop slaan* den Nagel auf den Kopf treffen; ~*s op laag water zoeken* Kleinigkeiten bekritteln ⟨beanstanden, bemängeln⟩; ~*s met koppen slaan* Nägel mit Köpfen machen
**spijkerbroek** Bluejeans *mv*, Jeans *mv*, Nietenhose *v*
**spijkeren** Nägel einschlagen, nageln
**spijkerjasje** Jeansjacke *v*
**spijkerschrift** Keilschrift *v*
**spijkerstof** Jeansstoff *m*
**spijl 1** ⟨v. hek⟩ Stab *m*; **2** ⟨v. raam⟩ Sprosse *v*

**spijs** 1 ⟨voedsel⟩ Speise *v*; 2 ⟨amandelspijs⟩ Mandelmasse *v*; ~ *en drank* Speis und Trank, Essen und Trinken
**spijskaart** Speisekarte *v*
**spijsolie** Speiseöl *o*
**spijsvertering** Verdauung *v*
**spijsverteringskanaal** Verdauungskanal *m*
**1 spijt** *v* Leidwesen *o*, Bedauern *o*; ~ *van iets hebben* etwas bedauern; *tot mijn* ~ zu meinem Bedauern
**2 spijt** *vz* ZN ⟨ondanks⟩ trotz
**spijten*** : *het spijt mij* es tut mir leid, ich bedaure (es)
**spijtig** bedauerlich
**spijzigen** speisen
**spikes** Spikes *mv*
**spikkel** Tupfen *m*, Sprenkel *m*
**spiksplinternieuw** (funkel)nagelneu
**spil** 1 ⟨as⟩ Achse *v*; 2 ⟨v. spinnewiel, wenteltrap enz.⟩ Spindel *v*; 3 *sp* Mittelläufer *m*, Mittelfeldspieler *m*
**spilkoers** Durchschnittskurs *m*
**spillebeen** I *o* ⟨been⟩ spindeldürres Bein *o*, Storchenbein *o*; II *m* & *v* ⟨persoon⟩ spindeldürre Person *v*
**spilziek** verschwenderisch
**1 spin** *v* ⟨dier⟩ Spinne *v*
**2 spin** *m* ⟨draaiing⟩ Spin *m*; *sp* Effet *m*
**spinazie** Spinat *m*
**spinet** Spinett *o*
**spinnen*** 1 ⟨v. wol⟩ spinnen; 2 ⟨v. rad, kat⟩ schnurren
**spinnenkop** Spinne *v*
**spinnenweb** Spinn(en)gewebe *o*, Spinnennetz *o*
**spinnerij** Spinnerei *v*
**spinnewiel** Spinnrad *o*
**spinnijdig** spinnefeind; fuchs(teufels)wild; ~ *op* spinnefeind (+ 3)
**spinrag** Spinnengewebe *o*, Spinnennetz *o*
**spint** 1 ⟨hout⟩ Splint *m*, Splintholz *o*; 2 ⟨spinsel v. mijt⟩ Gespinst *o*
**spinzen**: *op iets* ~ auf etwas scharf sein
**spion** Spion *m*; ⟨v. politie⟩ Spitzel *m*
**spionage** Spionage *v*; ⟨door politiespion⟩ Bespitzelung *v*
**spioneren** spionieren
**spionnetje** ⟨spiegeltje⟩ Spion *m*
**spiraal** Spirale *v*, Schneckenlinie *v*
**spiraalmatras** Federkernmatratze *v*
**spiritisme** Spiritismus *o*
**spirituaiiën** Spirituosen *mv*
**spiritueel** spirituell; vergeistigt
**spiritus** Spiritus *m*, Sprit *m*
**spiritusbrander** Spirituskocher *m*
**spit** 1 ⟨braadspit⟩ Spieß *m*, Bratspieß *m*; 2 *med* Hexenschuß *m*
**spitant** ZN lebhaft, überschäumend, sprühend
**1 spits** *v* 1 ⟨piek⟩ Spitze *v*; 2 ⟨top⟩ Gipfel *m*; 3 *mil* Spitze *v*; 4 *sp* Spitze *v*; 5 = *spitsuur*; *op de* ~ *drijven* auf die Spitze treiben
**2 spits** *bn* spitz; *fig* bissig; ~ *toelopen* in eine Spitze auslaufen; ⟨v. toren⟩ sich verjüngen
**3 spits**: *'t (de)* ~ *afbijten* den Reigen eröffnen

**spitsboog** Spitzbogen *m*
**spitsen** ⟨scherpen⟩ anspitzen, schärfen; *de oren* ~ die Ohren spitzen; *fig* aufhorchen
**spitskool** Spitzkohl *m*
**spitsmuis** Spitzmaus *v*
**spitsuur** Hauptverkehrszeit *v*, Stoßzeit *v*, Spitzenzeit *v*, Verkehrsspitze *v*
**spitsvondig** spitzfindig
**spitten** graben, stechen
**spleet** 1 ⟨kier⟩ Spalte *v*, Spalt *m*; 2 ⟨kleiner⟩ Riß *m*; 3 ⟨v. oog, brievenbus⟩ Schlitz *m*
**spleetoog** scheldwoord Schlitzauge *o*
**splijtbaar** spaltbar
**splijten*** spalten
**splijtstof** Spaltmaterial *o*
**splijtzwam** Spaltpilz *m*
**splinter** Splitter *m*
**splinteren** (zer)splittern
**splintergroepering** Splittergruppe *v*
**splinternieuw** (funkel)nagelneu; fabrikneu
**splinterpartij** Splitterpartei *v*
**split** Schlitz *m*
**spliterwten** Spliß-, Splitterbsen *mv*
**splitpen** *techn* Splint *m*
**splitsen** 1 ⟨v. touw⟩ spleißen; 2 ⟨scheiden⟩ trennen; *zich* ~ sich spalten; *de weg splitst zich* der Weg teilt (verzweigt, gabelt) sich
**splitsing** 1 ⟨het splijten⟩ Spaltung *v*, Aufspaltung *v*; 2 ⟨v. weg⟩ Gabelung *v*
**spoed** Eile *v*, Geschwindigkeit *v*; *(grote)* ~*!* eilt (sehr)!; *met* ~ eilig, schleunig; *met de meeste* ~ in größter Eile, eiligst, schleunigst; *haastige* ~ *is zelden goed* zu große Hast hat 's oft verpaßt, Eile mit Weile
**spoedbestelling** Eilbestellung *v*; ⟨bezorging⟩ Eilzustellung *v*
**spoedcursus** Schnellkurs *m*
**spoedeisend** dringlich, dringend
**spoeden**: *zich* ~ eilen, sich beeilen
**spoedgeval** eiliger Fall *m*; *bij* ~*len* ⟨ook⟩ wenn dringend
**spoedig** bald, schleunig; *ten* ~*ste, zo* ~ *mogelijk* möglichst bald, schleunigst
**spoedopname** Notaufnahme *v*
**spoel** Spule *v*
**spoelen** 1 ⟨reinigen⟩ spülen, abspülen; 2 ⟨garen⟩ spulen; 3 ⟨anders⟩ wässern
**spoeling** ⟨het reinigen⟩ Aus-, Abspülung *v*
**spoelwater** Spülwasser *o*
**spoken** 1 ⟨dolen als spook⟩ spuken; 2 ⟨rondlopen⟩ geistern; *'t spookt hier* es spukt hier, es (ein Gespenst) geht hier um; *het spookt (op zee)* es ist böses Wetter
**sponde** plechtig Bett *o*
**sponning** Fuge *v*, Falz *m*
**spons** Schwamm *m*
**sponsen** mit einem Schwamm reinigen
**sponsor** Sponsor *m*
**sponsoren** sponsern
**spontaan** spontan
**spontaniteit** Spontaneität *v*
**spook** 1 ⟨geest⟩ Gespenst *o*; 2 ⟨meisje⟩ Schreckschraube *v*
**spookachtig** gespenstisch, geister-, gespensterhaft
**spookbeeld** Spuk *m*, Gespenst *o*, gespenstische Vorstellung *v*

**spookhuis** Spukhaus o
**spookrijder** Falsch-, Geisterfahrer m
**spookschip** Gespenster-, Geisterschiff o
**spookstad** Geisterstadt v
**spookverschijning** Gespenster-, Geistererscheinung v
**1 spoor** o 1 (afdruk in de grond) Spur v; 2 (v. wild) Fährte v; 3 (stel rails) Gleis o, Geleise o; 4 (spoorweg) Eisenbahn v, Bahn v; Bahnhof m; *dood* ~ toter Strang m; *dubbel* ~ Doppelgleis o, -spur v; *met enkel* ~ eingleisig; *smal* ~ Schmalspur(bahn) v; *de trein naar München vertrekt van* ~ *3* der Zug nach München fährt ab von Gleis 3; *'t* ~ *bijster raken* die Spur verlieren, entgleisen (ook fig); *geen* ~ *van angst* keine Spur von Angst; *op een dood (vals)* ~ *komen* auf ein totes (falsches) Gleis geraten; *iemand op het* ~ *komen* einem auf die Spur kommen; *iem. op het* ~ *zijn* einem auf der Spur sein; *per* ~ auf Schiene, per Bahn v
**2 spoor** v 1 (v. ruiters) Sporn m; 2 (v. planten) Spore v; *zijn sporen verdienen* sich die (ersten) Sporen verdienen
**spoorbaan** Schienenweg m
**spoorboekje** Kursbuch o
**spoorboom** (Eisenbahn)schranke v, Bahnschranke v
**spoorlijn** Eisenbahn-, Bahnlinie v
**spoorloos** spurlos; ~ *verdwenen* spurlos verschwunden
**spoorslags** spornstreichs
**spoorstudent** Student m, der mit der Bahn zwischen Wohnort und Universitätsstadt pendelt
**spoortrein** Zug m
**spoorweg** Eisenbahn v, Bahn v, Schienenweg m
**spoorwegmaatschappij** Eisenbahngesellschaft v
**spoorwegnet** Schienennetz o
**spoorwegovergang** (Eisen)bahnübergang m; *(on)bewaakte* ~ (un)beschränkter Bahnübergang m
**spoorzoeken** 1 (in 't alg.) Spuren suchen; 2 (als spel) Schnitzeljagd spielen
**sporadisch** vereinzelt, sporadisch
**spore** Spore v
**sporen** (met trein) mit der Bahn fahren, fahren
**sport** 1 (v. ladder) Sprosse v; 2 (lichaamsoefening) Sport m; *aan* ~ *doen* Sport treiben
**sportbond** Sportverband m, Sportbund m
**sportclub** Sportverein m, Sportklub m
**sporter** Sportler m
**sportfiets** Sportrad o
**sporthal** Sporthalle v
**sportief** 1 (in 't alg.) sportlich; 2 (dol op sport) sportfreudig
**sportiviteit** Sportlichkeit v
**sportjournalist** Sportjournalist m
**sportman** Sportler m
**sportpark** Sportanlage v, Sportstätte v
**sportschoen** Sportschuh m
**sportschool** (v. vecht- en krachtsport) Schule v für Kampfsportarten
**sportveld** Sportplatz m
**sportvisser** Sportangler m
**sportvliegtuig** Sportflugzeug o
**sportwagen** Sportwagen m
**1 spot** (scherts) Spott m, Spötterei v; *de* ~ *met iets drijven* seinen (ihren) Spott mit etwas treiben
**2 spot** (reclame; lamp) Spot m
**spotgoedkoop** spottbillig
**spotnaam** Spitz-, Neckname m
**spotprent** Karikatur v
**spotprijs** Spott-, Schleuderpreis m
**spotten** spotten; (een beetje) spötteln; *niet met zich laten* ~ nicht mit sich spaßen lassen
**spottend** spöttisch
**spotter** Spötter m
**spouwmuur** Hohlmauer v
**spraak** Sprache v; zie ook: *sprake*.
**spraakgebrek** Sprachfehler m
**spraakgebruik** Sprachgebrauch m
**spraakkunst** Sprachlehre v, Grammatik v
**spraakleraar** Logopäde m
**spraakles** Sprachunterricht m
**spraakstoornis** Sprachstörung v
**spraakverwarring** Sprachverwirrung v
**spraakzaam** gesprächig, redselig
**sprake**: *daarvan kan geen* ~ *zijn* davon kann nicht die Rede sein, das kommt gar nicht in Frage; *geen* ~ *van!* kommt (überhaupt) nicht in Frage!; *ter* ~ *brengen (komen)* zur Sprache (aufs Tapet) bringen (kommen)
**sprakeloos** sprachlos, stumm; *daar ben ik* ~ *van* da bleibt mir der Atem, die Sprache (gemeenz die Spucke) weg; mir wird die Sprache verschlagen
**sprankelen** sprühen, funkeln
**sprankje**: *een* ~ *hoop* ein Funke m Hoffnung, ein Hoffnungsschimmer m
**spreadsheet** comput Spreadsheet o, Daten-, Rechenblatt o, Kalkulationstabelle v
**spreekbeurt** Vortrag m; (op school) Referat o
**spreekbuis** Sprachrohr v
**spreekgestoelte** 1 (vergadering) Rednerbühne v, Tribüne v; 2 (collegezaal) Katheder o; 3 (in kerk) Kanzel v
**spreekkamer** Sprechzimmer o; (v. arts ook) Ordinationszimmer o
**spreekkoor** Sprechchor m
**spreektaal** gesprochene Sprache v, Umgangssprache v
**spreekuur** Sprechstunde v
**spreekvaardigheid** Sprechfertigkeit v
**spreekwoord** Sprichwort o
**spreekwoordelijk** sprichwörtlich
**spreeuw** Star m; Noordd, Rijns Sprehe v
**sprei** Bett-, Zudecke v
**spreiden** ausbreiten, über etwas hinbreiten; *de benen* ~ die Beine grätschen; *de vakanties* ~ die Ferien streuen
**spreiding** Streuung v; ~ *van orders* Streuung v von Aufträgen
**spreidsprong** Grätsche v
**spreidstand** Spreize v, Grätsche v, Grätschstellung v
**spreken\*** I *ww* sprechen; *ik moet je nog even* ~ (onvriendelijk) ich habe mit dir noch ein Wörtchen zu reden; *ik zou graag*

*meneer A. even willen* ~ ich möchte Herrn A. einen Augenblick sprechen; *slecht te* ~ *zijn* schlechtgelaunt, schlechter Laune v sein, schlecht aufgelegt sein; *(niet) goed over iem. te* ~ *zijn* (nicht) gut auf einen zu sprechen sein; *in zichzelf* ~ vor sich hin reden; *u spreekt met B.* telec hier B.; *u spreekt met het huis van dr. B.* telec hier bei Dr. B; *met wie spreek ik?* telec mit wem bin ich verbunden?; *om met Wittgenstein te* ~ um es in Wittgensteins Worten zu sagen; *dat spreekt vanzelf* das versteht sich (am Rande) von selbst, das ist selbstverständlich, das spricht für sich; II o Sprechen o

**sprekend** sprechend; *Duits* ~ deutschsprachig; ~ *op iem. lijken* einem aus dem Gesicht geschnitten sein

**spreker** 1 ⟨in 't alg.⟩ Sprecher m; 2 ⟨rede, voordracht⟩ Redner m

**sprenkelen** 1 ⟨bevochtigen⟩ besprengen, bespritzen, benetzen; 2 ⟨vlekken⟩ sprenkeln

**spreuk** Spruch m, Sentenz v; *de* ~*en van Salomo* die Sprüche Salomonis

**spriet** 1 scheepv Spriet o, Bugspriet o; 2 ⟨gras⟩ Halm m; 3 ⟨v. insecten⟩ Fühler m

**sprietenplant** Chlorophytum o, Grünlilie v

**springbak** sp Sprunggrube v

**springbok** Springbock m

**springconcours** Springtournier o

**springen*** 1 ⟨in 't alg.⟩ springen (ook v. glas, snaar); 2 ⟨huppen⟩ hüpfen; 3 ⟨te paard ook⟩ setzen; 4 ⟨waterleiding, fietsband⟩ platzen; 5 ⟨bom⟩ sprengen; 6 ⟨v. bank⟩ Bankrott machen; *op* ~ *staan* zu platzen drohen; *over een sloot* ~ über einen Graben springen (setzen); *gesprongen handen, lippen* rissige Hände, Lippen

**springlevend** quicklebendig, kerngesund

**springmatras** Sprungfedermatratze v, Federkernmatratze v

**springnet** (bij brand) Sprungtuch o

**springplank** 1 fig Sprungbrett o; 2 ⟨in zwembad⟩ Federbrett o, Sprungbrett o

**springschans** Sprungschanze v

**springstof** Sprengstoff m

**springstok** Sprungstab m

**springtij** Springflut v

**springtouw** Sprungseil o

**springtuig** ZN Sprengstoff m

**springveer** Sprungfeder v

**springvloed** Springflut v

**sprinkhaan** Heuschrecke v

**sprinklerinstallatie** Sprinkleranlage v

**sprint** Sprint m, Kurzstreckenlauf m

**sprinter** Sprinter m, Kurzstreckler m

**sprits** Spritzkuchen m

**sproeien** 1 ⟨uitgieten over⟩ sprengen; 2 ⟨gieten⟩ gießen, begießen

**sproeier** 1 ⟨kleine sproeidop⟩ Düse v; ⟨groot⟩ Brause v; 2 ⟨voor de tuin⟩ Sprenger m, Sprinkler m; 3 ⟨verstuiver⟩ Zerstäuber m; 4 techn, auto Vergaserdüse v

**sproeiwagen** Sprengwagen m

**sproet** Sommersprosse v

**sprokkelen** Holz o sammeln

**sprokkelhout** Reisig o, Fallholz o

**sprong** Sprung m, Satz m; *een* ~ *in 't duister* ein Sprung m ins Dunkel

**sprongsgewijs** sprungweise, -haft

**sprookje** Märchen o

**sprookjesachtig** märchenhaft

**sprot** Sprotte v

**spruit** Sproß m, Sprößling m

**spruiten*** 1 ⟨uitlopers krijgen⟩ sprießen, emporschießen; 2 ⟨afstammen⟩ stammen

**spruitjes** Rosenkohl; Oostr Sprossenkohl m

**spugen*** speien, spucken

**spuien** 1 ⟨lozen⟩ entwässern; 2 ⟨luchten⟩ ventilieren

**spuigat** Speigatt o; *dat loopt de* ~*en uit* das geht zu weit, das ist ausschlaggebend

**spuit** Spritze v

**spuitbus** Spray-, Sprühdose v

**spuiten*** 1 ⟨met een spuit toedienen⟩ spritzen; 2 ⟨sproeien⟩ sprengen; *het water spuit eruit* das Wasser schießt heraus

**spuiter** 1 ⟨drugsgebruiker⟩ Fixer m; 2 ⟨oliebron⟩ eine Öl verspritzende Ölquelle

**spuitfles** Siphon m, Spritzflasche v

**spuitgast** Feuerwehrmann m

**spuitje** ⟨ook med⟩ Spritze v; *iem. een* ~*je geven* jmdm. eine Spritze geben, einen spritzen

**spuitwater** Mineral-, Soda-, Selterswasser o, Sprudel m

**spul** 1 ⟨goed⟩ Zeug o; 2 ⟨last⟩ Mühe v; 3 ⟨ruzie⟩ Händel mv; *waar zijn je* ~*len?* wo sind deine Sachen?; gemeenz wo ist dein Zeug?, wo sind deine Klamotten mv? ⟨v. kleren⟩

**spurt** Spurt m

**spurten** spurten

**sputteren** 1 ⟨spatten⟩ spritzen; 2 ⟨gebraad⟩ brutzeln; 3 ⟨mopperen⟩ meckern, brummen

**spuug** Speichel m

**spuuglelijk** häßlich wie die Nacht

**spuugzat** *iets* ~ *zijn* gemeenz die Nase gestrichen voll haben von etwas

**spuwen** 1 ⟨v. speeksel⟩ speien, spucken; 2 ⟨overgeven⟩ sich übergeben, sich erbrechen; *zijn gal* ~ giften, Gift und Galle speien

**squadron** Staffel v

**squash** Squash o

**squashen** Squash spielen

**staaf** 1 ⟨stang⟩ Stab m; 2 ⟨edel metaal⟩ Barren m; ~ *goud* Goldbarren m

**staak** Stange v, Stecken m

**staakt-het-vuren** Feuereinstellung v

**staal** 1 ⟨in 't alg.⟩ Stahl m; 2 ⟨monster⟩ Probe v, Muster o; *ruw* ~ Rohstahl m

**staalblauw** stahlblau

**staalborstel** Drahtbürste v

**staaldraad** Stahldraht m

**staalhard** stahlhart, hart wie Stahl

**staalkaart** Musterkarte v

**staalkabel** Stahlkabel o

**staalpil** Eisentablette v

**staaltje** 1 ⟨monster⟩ Warenprobe v, Probe v, Muster o; 2 ⟨voorbeeld⟩ Beispiel o

**staalwol** Stahlwolle v

**staan*** stehen; *gaan* ~ aufstehen; *zij* ~ *te praten* sie unterhalten sich; *bij de deur*

**staand**

*gaan staan* sich bei der Tür (auf)stellen; *hiermee staat of valt alles* damit steht und fällt alles; *hoe staat 't ermee?* wie steht es um die Sache?; *zoals de zaken nu* ~ so wie die Dinge jetzt liegen; *deze week gaat 't niet, laat* ~ *vandaag* diese Woche geht es nicht, geschweige denn heute; *er financieel goed voor* ~ sich finanziell gut stehen; *dat komt je duur te* ~ das kommt dir teuer zu stehen; *die jas staat u goed* der Mantel kleidet Sie (steht Ihnen) gut; *dat staat u vrij* das steht Ihnen frei, das ist Ihnen freigestellt; *boven iem.* ~ über einem stehen; jemands Vorgesetzter sein; *zeggen waar het op staat* sagen, um was es sich handelt; ⟨onvriendelijk⟩ gemeenz zeigen, was eine Harke ist; *erop staan dat...* darauf bestehen, daß...; *op moord staat levenslang* auf Mord steht lebenslange Gefängnisstrafe; **2** *staat tot 3 als 4 staat tot 6* 2 verhält sich zu 3 wie 4 zu 6

**staand** stehend; ~*e wat eten* im Stehen etwas essen; ~*e de vergadering* während der Versammlung; *iem.* ~*e houden* einen stellen; *iets* ~*e houden* etwas aufrechterhalten, dabei bleiben; *zich* ~*e houden* sich aufrechterhalten; fig sich behaupten

**staanplaats 1** ⟨plaats waar men moet staan⟩ Stehplatz *m*; **2** ⟨v. kramen e.d.⟩ Standplatz *m*

**staantribune** Stehtribüne *v*

**staar** med Star *m*; *grauwe* ~ grauer Star *m*

**staart** Schwanz *m*; *met de* ~ *tussen de benen* mit eingekniffenem Schwanz

**staartbeen** Steißbein *o*

**staartstuk 1** ⟨stuk vlees⟩ Schwanzstück *o*; **2** ⟨v. strijkinstrument⟩ Saitenhalter *m*

**staartvin** Schwanzflosse *v*

**staat 1** ⟨rijk⟩ Staat *m*; **2** ⟨toestand⟩ Zustand *m*, Beschaffenheit *v*, Lage *v*; **3** ⟨tabel⟩ Verzeichnis *o*; **4** ⟨staatsie⟩ Pracht *v*, Pomp *m*, Staat *m*; *de gehuwde* ~ der Stand der Ehe; *de ongehuwde* ~ der ledige Stand; ~ *van beleg* Belagerungszustand *m*; ~ *van beschuldiging* Anklagezustand *m*; *hij heeft een mooie* ~ *van dienst* er hat sein Amt in löblicher Weise *v* bekleidet; sein Qualifikationsbericht sieht gut aus; ~ *van oorlog* Kriegszustand *m*; ~ *op iem. maken* sich auf einen verlassen; *in* ~ *zijn tot...* imstande (in der Lage) sein zu...; ...fähig sein; *in* ~ *tot werken* arbeitsfähig; *in goede* ~ = in gutem Zustand; *in kennelijke* ~ ⟨offensichtlich⟩ betrunken; *in verregaande* ~ *van ontbinding* in stark verwestem Zustand; *in alle staten zijn* ⟨overstuur⟩ ganz aus dem Häuschen sein; *iem. in* ~ *stellen* jmdm. die Gelegenheit verschaffen, bieten; *in* ~ *van beschuldiging stellen* unter Anklage stellen

**staatkunde** Politik *v*; Staatskunst *v*
**staatkundig** staatsmännisch, politisch
**staatsbedrijf** Staatsbetrieb *m*, staatlicher Betrieb *m*, staatliches Unternehmen *o*
**staatsbestel** Staatsgefüge *o*
**staatsbezoek** Staatsbesuch *m*
**staatsblad** Staatsanzeiger *m*
**staatsbosbeheer** staatliche Forstverwaltung *v*
**staatsburger** Staatsbürger *m*, -angehörige(r) *m-v*
**staatscourant** Staatsanzeiger *m*
**staatseigendom** Staatseigentum *o*
**staatsexamen** staatliche Prüfung *v*
**staatsgeheim** Staatsgeheimnis *o*
**staatsgevaarlijk** staatsgefährdend
**staatsgreep** Staatsstreich *m*, Putsch *m*
**staatshoofd** Staatsoberhaupt *o*
**staatsie** Staat *m*, Pracht *v*, Pomp *m*
**staatsiefoto** offizielles Foto *o*
**staatsinrichting 1** ⟨staatsbestuur⟩ staatliche Einrichtung *v*, staatliche Ordnung *v*; **2** ⟨schoolvak⟩ Gemeinschaftskunde *v*, Sozialkunde *v*
**staatskas** Staatskasse *v*
**staatskerk** Staats-, Landeskirche *v*
**staatslening** Staatsanleihe *v*, Bundesanleihe *v*
**staatsloterij** Staatslotterie *v*
**staatsman** Staatsmann *m*
**staatsminister** ZN Staatsminister *m*
**staatsrecht** Staatsrecht *o*
**staatsrechtelijk** staatsrechtlich
**staatsschuld** Staatsverschuldung *v*
**staatssecretaris** Staatssekretär *m*
**staatsvijand** Staatsfeind *m*
**staatsvorm** Staatsform *v*
**staatswaarborg** ZN Staatsbürgschaft *v*
**staatswege**: *van* ~ von Staats wegen, staatlicherseits
**staatswetenschappen** Staatswissenschaften *mv*
**stabiel** stabil
**stabilisatie** Stabilisierung *v*
**stabiliseren** stabilisieren
**stabiliteit** Stabilität *v*
**stacaravan** Caravan *m*, Wohnwagen *m* mit festem Standplatz
**stad** Stadt *v*
**stadgenoot** Mitbürger *m*
**stadhouder** Statthalter *m*
**stadhuis** Rathaus *o*
**stadion** Stadion *o*
**stadium** Stadium *o*, Entwicklungsstufe *v*
**stads** städtisch
**stadsbeeld** Stadtbild *o*
**stadsbestuur** Stadtverwaltung *v*
**stadsbus** städtischer Autobus *m*, Stadtbus *m*
**stadsdeel** Stadtteil *m*
**stadsgenoot** = *stadgenoot*
**stadsgezicht** Stadtansicht *v*
**stadskern** Stadtkern *m*, Stadtinneres *o*
**stadskledij, stadskleding** ZN Tages-, Straßenanzug *m*
**stadslicht** auto Stadtlicht *o*
**stadsmensen** Städter *mv*
**stadsreiniging** Stadtreinigung *v*
**stadsschouwburg** Stadttheater *o*
**stadsuitbreiding** Stadterweiterung *v*
**stadsvernieuwing** Stadtsanierung *v*
**stadswapen** Stadtwappen *o*
**stadswijk** Stadtviertel *o*
**staf** ⟨ook mil⟩ Stab *m*; *de generale* ~ der Generalstab *m*; *de wetenschappelijke* ~ die wissenschaftlichen Mitarbeiter

**stafchef** Stabschef *m*
**stafhouder** ZN Vorsitzende(r) *m-v* der Anwaltskammer
**stafkaart** mil Generalstabskarte *v*
**staflid** Mitglied *o* des Führungsstabes *m*
**stage** Praktikum *o*, Probezeit *v*
**stagiair** Praktikant *m*
**stagnatie** Stockung *v*, Stagnation *v*
**stagneren** stagnieren, stocken
**sta-in-de-weg** Hindernis *o*
**staken** 1 (mit etwas) aufhören, etwas einstellen; 2 ('t werk neerleggen) streiken, die Arbeit einstellen; *de stemmen staakten* die Abstimmung ergab Stimmengleichheit; *'t vuren ~* das Feuer einstellen
**staker** Streikende(r) *m-v*
**staketsel** Pfahlzaun *m*
**staking** 1 (als actiemiddel) Streik *m*; 2 (v. betaling e.d.) Einstellung *v*; *algemene ~* Generalstreik *m*; *wilde ~* wilder Streik *m*; *bij ~ stemmen* bei Stimmengleichheit *v*; *in ~ gaan* in den Ausstand (Streik) treten
**stakingbreker** Streikbrecher *m*
**stakingscomité** Streikkomitee *o*
**stakingsgolf** Streikwelle *v*
**stakingsrecht** Streikrecht *o*
**stakker(d)** armer Schlucker *m*; *die ~* der (die) Ärmste!
**stal** 1 (v. dieren) Stall *m*; 2 (slordig vertrek) Saustall *m*; *(de) ~ ruiken* den Stall wittern
**1 stalen** *bn* stählern; plechtig ehern; *~ balk* Stahlträger *m*
**2 stalen** *overg* stählen, abhärten
**stalinisme** Stalinismus *m*
**stalinist** Stalinist *m*
**stalknecht** Stallknecht *m*
**stallen** in den Stall bringen, einstellen; *een fiets ~* ein Fahrrad unterstellen; (buiten) abstellen
**stalles** Sperrsitz *m*
**stalletje** (kraam) Verkaufsstand *m*, Stand *m*
**stalling** 1 (voor paarden) Stallung *v*; 2 (voor fietsen enz.) Unter-, Abstellraum *m*
**stam** Stamm *m*
**stamboek** 1 (v. familie) Stammbuch *o*; 2 (v. paarden) Gestüt-, Stutbuch *o*
**stamboekvee** Vieh *o* mit Zuchtbuch *o*
**stamboom** Stammbaum *m*
**stamcafé** Stammkneipe *v*, -lokal *o*
**stamelen** 1 (in 't alg.) stammeln; 2 (stotteren) stottern; 3 (eerste spreken v.e. kind) lallen
**stamgast** Stammgast *m*
**stamgenoot** Stammesgenosse *m*
**stamhoofd** Häuptling *m*
**stamhouder** Stammhalter *m*
**stamkaart** Stammkarte *v*
**stamkroeg** Stammkneipe *v*
**stammen** stammen
**stampen** 1 (stampvoeten) stampfen; 2 (ook techn) (stuk-) zerstampfen, -malmen, stoßen; 3 (met voeten) aufstampfen
**stamper** 1 (instrument) Stampfer *m*; 2 (v. vijzel) Stößel *m*; 3 (v. bloem) Stempel *m*, Pistill *o*
**stampij** gemeenz 1 (drukte) Tamtam *m*, Radau *m*; 2 (ruzie) Krach *m*

**stamppot** Eintopfgericht *o*, Eintopf *m*
**stampvoeten** mit den Füßen stampfen, aufstampfen
**stampvol** gedrängt voll
**stamtafel** Stammtisch *m*
**stamvader** Stammvater *m*
**stamverwant** stammesverwandt
**1 stand** 1 (in 't alg.) Stand *m* (ook sp, status); 2 (ligging) Lage *v*; 3 (v. maan, schakelaar e.d. ook:) Stellung *v*; *de burgerlijke ~* der Personenstand; (kantoor) Standesamt *o*; *~ v.d. maan* Mondphase *v*; *de ~ van zaken* Sachlage *v*; *beneden zijn ~* unter seinem Stand; *boven zijn ~* über seine Verhältnisse; *een winkel op drukke, op goede ~* ein Laden in belebter, in bester Lage *v*; *iets tot ~ brengen* etwas zustande bringen; *tot ~ komen* zustande kommen
**2 stand** Stand *m*
**standaard** 1 (norm) Standard *m*, Norm *v*; 2 (vlag) Standarte *v*; 3 (op auto) Standarte *v*; 4 (v. geld) Standard *m*; *de gouden ~* die Goldwährung, der Goldstandard
**standaardiseren** standardisieren
**standaardwerk** Standardwerk *o*
**standbeeld** Statue *v*; Standbild *o*
**standhouden** sich behaupten, standhalten, sich halten; *deze hoge noteringen zullen niet ~* handel diese hohen Notierungen werden nicht standhalten
**standhouder** Standinhaber *m*, Messeaussteller *m*
**standing** Ansehen *o*; *een man van ~* ein Mann von Stand *m*, ein angesehener Herr *m*
**standje** (uitbrander) Rüffel *m*, Rüge *v*, Schelte *v*; *een opgewonden ~* ein Hitzkopf *m*; *iem. een ~ geven* einem eine Standpauke halten, einem den Kopf waschen; *een ~je krijgen* einen Tadel einstecken
**standplaats** 1 (in 't alg.) Standort *m*; 2 (v. ambtenaar) Amtssitz *m*; *~ voor taxi's* Taxistand *m*
**standpunt** Standpunkt *m*; *vanuit 't ~ van* vom Standpunkt (+ 2), aus der Sicht (+ 2)
**standrecht** Standrecht *o*
**standrechtelijk** standrechtlich
**standvastig** standhaft, beharrlich
**standwerker** Marktschreier *m*
**stang** Stange *v*; *op ~ jagen* in Wut (auf die Palme) bringen (jagen)
**stangen** gemeenz sticheln, frotzeln, ärgern
**stank** Gestank *m*; *~ voor dank krijgen* Hohn für Lohn bekommen
**stanleymes** Universalschneider *m*
**stansen** stanzen
**stap** Schritt *m* (ook fig); *~ voor ~* Schritt für Schritt; *gerechtelijke ~pen tegen iem. ondernemen* Rechtsmittel *mv* gegen einen anwenden; *op ~ gaan* (weggaan) sich auf den Weg machen; (aan de zwier) auf den Bummel gehen
**1 stapel** *m* 1 (opgestapelde hoeveelheid) Haufen *m*; 2 (op scheepswerf) Stapel *m*; *een ~ boeken* ein Stoß Bücher; *op ~ staan* scheepv auf Stapel liegen; fig ins Haus stehen; *te hard van ~ lopen* etwas übers Knie

**stapel** 318

brechen
**2 stapel** *bn* total verrückt
**stapelbed** Etagen-, Stockbett *o*
**stapelen** ⟨bijv. kisten⟩ aufhäufen, aufschichten, stapeln; *de ene fout op de andere* ~ einen Fehler nach dem anderen machen
**stapelgek** total verrückt
**stapelplaats 1** hist Stapelplatz *m*; **2** ZN ⟨opslagplaats⟩ Depot *m*, Lager *o*, Magazin *o*
**stapelwolk** Haufenwolke *v*, Kumulus *m*
**stappen 1** ⟨lopen⟩ schreiten, treten, marschieren; ⟨zwaar⟩ stapfen; **2** ⟨feestvieren⟩ bummeln; **3** ZN ⟨marcheren⟩ wandern; *aan land (wal)* ~ ans Land steigen; *uit de auto ('t bed)* ~ aus dem Auto (dem Bett) steigen
**stapvoets** im Schritt; ~ *rijden!* Schritt fahren!
**star** starr, fest
**staren 1** ⟨turen⟩ starren, starr ansehen; **2** ⟨als verdwaasd⟩ staren
**start** Start *m*; ⟨luchtv ook⟩ Abflug *m*; *valse* ~ Fehlstart *m*; *vliegende* ~ fliegender Start *m*
**startbaan** Startbahn *v*, Rollbahn *v*
**startblok** Startblock *m*
**starten** ⟨beginnen, spec. bij wedstrijd⟩ starten; *de motor* ~ den Motor anlassen; ⟨bij boot ook⟩ den Motor anreißen; *de motor wil niet* ~ der Motor zündet nicht
**starter 1** auto Anlasser *m*; **2** ⟨persoon⟩ Starter *m*
**startgeld** Startgeld *o*
**startklaar** startbereit, -klar
**startnummer** Startnummer *v*
**startschot** Startschuß *m*
**startsignaal** Startzeichen *o*, Startsignal *o*
**stateloos** staatenlos
**Statenbijbel** Staatenbibel *v*
**statenbond** Staatenbund *m*
**Staten-Generaal** Generalstaaten *mv*
**statie 1** ⟨v. kruisweg⟩ Station *v*; **2** ZN ⟨station⟩ Bahnhof *m*
**statief** Stativ *o*
**statiegeld 1** ⟨in 't alg.⟩ Pfand *m*; **2** ⟨voor fles⟩ Flaschenpfand *o*
**statig** feierlich, würdig, würdevoll
**station 1** ⟨spoorweggebouw⟩ Bahnhof *m*; **2** ⟨halte⟩ Station *v*; *meteorologisch* ~ Wetterstation *v*; *naar 't* ~ *gaan* zur Bahn gehen
**stationair** stationär, unveränderlich; ~ *lopen* im Stand laufen
**stationcar** Kombi(wagen) *m*, Caravan *m*
**stationeerverbod** ZN Parkverbot *o*
**stationeren 1** ⟨plaatsen⟩ stationieren; **2** ZN ⟨parkeren⟩ parken
**stationschef** Bahnhofsvorsteher *m*
**stationshal** Bahnhofshalle *v*
**stationsplein** Bahnhofsplatz *m*
**stationsrestauratie** Bahnhofsgaststätte *v*
**statisch** statisch
**statistiek** Statistik *v*
**status 1** ⟨standing⟩ Status *m*; **2** med Krankenblatt *o*
**statussymbool** Statussymbol *o*
**statutair** satzungsgemäß, statutarisch
**statuut 1** ⟨v. vereniging enz.⟩ Statut *o*, Satzung *v*; **2** ⟨v. vennootschap⟩ Gesellschaftsvertrag *m*
**stavast**: *een man van* ~ ein Mann *m* von Charakter
**staven 1** ⟨bekrachtigen⟩ bekräftigen, bestätigen; **2** ⟨motiveren⟩ begründen, motivieren, erhärten
**stayer 1** ⟨wielrennen⟩ Steher *m*; **2** ⟨langeafstandsloper⟩ Langstreckenläufer *m*
**steak** Steak *o*
**stedelijk** städtisch
**stedeling** Städter *m*, Stadtbewohner *m*
**stedenbouw** Städtebau *m*
**steeds I** *bijw* ⟨voortdurend⟩ immer, stets; ~ *weer* immer wieder; **II** *bn* ⟨v.e. stad⟩ städtisch
**steeg** Gasse *v*; *blinde* ~ Sackgasse *v*
**steek 1** ⟨prik⟩ Stich *m*; **2** ⟨bij 't breien⟩ Masche *v*; **3** ⟨hoed⟩ Drei-, Zweispitz *m*; *een* ~ *onder water* ein Seitenhieb *m*; *geen* ~ *kunnen zien* nicht die Hand vor den Augen sehen können; *er geen* ~ *van begrijpen* gar nichts davon verstehen; *geen* ~ *uitvoeren* keinen Schlag arbeiten; *een* ~ *laten vallen* eine Masche fallen lassen; *ik heb een* ~ *laten vallen* fig mir ist ein Fehler unterlaufen; *in de* ~ *laten* im Stich lassen; zie ook: *steekje*
**steekhoudend** stichhaltig
**steekje**: *aan haar (hem) is een* ~ *los* sie (er) hat einen Stich
**steekpartij** Messerstecherei *v*
**steekproef** Stichprobe *v*
**steeksleutel** Dietrich *m*, Universalschlüssel *m*
**steekspel** Turnier *o*
**steekvlam** Stichflamme *v*
**steekvlieg** Stechfliege *v*
**steekwagen** Stech-, Sackkarre *v*, Stech-, Sackkarren *m*
**steekwapen** Stichwaffe *v*
**steekwond** Stichwunde *v*
**steel 1** ⟨in 't alg.⟩ Stiel *m*; **2** ⟨v. bloem⟩ Stengel *m*
**steelband** Steelband *v*
**steelpan** Stielpfanne *v*
**steels** verstohlen, heimlich
**steen 1** ⟨in 't alg.⟩ Stein *m*; **2** ⟨in vruchten⟩ Kern *m*; *van* ~ aus Stein, steinern; *een* ~ *des aanstoots* ein Stein *m* des Anstoßes; *de eerste* ~ *leggen* den Grundstein legen; ~ *en been klagen* laut (jämmerlich) über etwas klagen
**steenarend** Steinadler *m*
**steenbok** Steinbock *m* ⟨ook astrol⟩
**1 steengoed** *o* Steingut
**2 steengoed** *bn* ausgezeichnet, vorzüglich, gemeenz, toll, cool
**steenhard** steinhart
**steenhouwer** Steinmetz *m*
**steenkool** Steinkohle *v*
**steenkoud 1** ⟨heel koud⟩ eiskalt; **2** ⟨ongevoelig⟩ hartherzig, kalt wie Stein
**steenpuist** Furunkel *m* & *o*
**steenslag 1** ⟨op straat⟩ Schotter *m*, Rollsplitt *m*; **2** ⟨in de bergen⟩ Steinschlag *m*
**steentijd, steentijdperk** Steinzeit *v*
**steentje** Steinchen *o*; *zijn* ~ *bijdragen* sein

Scherflein beitragen
**steenuil** Steineule *v*, -kauz *m*
**steenworp** Steinwurf *m*
**steevast** regelmäßig, todsicher
**steg** zie: heg
**steiger** 1 ⟨v.e. bouwwerk⟩ Baugerüst *o*; 2 ⟨aan 't water⟩ Landungsbrücke *v*, -steg *m*; 3 ⟨kaai⟩ Kai *m*; *in de ~s staan* in Arbeit sein
**steigeren** sich bäumen, steigen, hochsteigen
**steil** 1 ⟨in 't alg.⟩ steil; 2 ⟨ontoegankelijk⟩ schroff; 3 ⟨naar beneden⟩ jäh, abschüssig; 4 ⟨star⟩ starr; *~e helling* Steilhang *m*; *~e kust* Steilküste *v*
**steilschrift** Steilschrift *v*
**steilte** 1 ⟨mate van steil-zijn⟩ Steilheit *v*; 2 ⟨schuin naar beneden⟩ Abschüssigkeit *v*; 3 ⟨helling⟩ steiler Abhang *m*
**stek** 1 plantk Setzling *m*, Ableger *m*, Steckling *m*; 2 ⟨plek⟩ (Lieblings)platz *m*
**stekeblind** stockblind
**stekel** Stachel *m*, Dorn *m*
**stekelbaars** Stichling *m*
**stekelig** 1 eig stach(e)lig, scharf; 2 ⟨v. woorden⟩ anzüglich, gehässig, beißend
**stekelvarken** Stachelschwein *o*
**steken*** 1 ⟨met puntig voorwerp doorboren, verwonden⟩ stechen; 2 ⟨opbergen, zich bevinden, plaatsen⟩ stecken; *blijven ~* stecken bleiben; *geld in iets ~* Geld in (+ 4) etwas hineinstecken; *er steekt iets achter* es steckt etwas dahinter; *bij zich ~* zu sich stecken; *zich in 't nieuw ~* neue Kleidung anschaffen
**stekken** Stecklinge abschneiden und pflanzen; durch Stecklinge vermehren
**stekker** Stecker *m*
**stel** 1 ⟨set⟩ Satz *m*, Garnitur *v*; 2 ⟨mensenpaar⟩ Paar *o*; 3 ⟨enkele⟩ einige; *een ~ gewichten* ein Satz *m* Gewichte; *op ~ en sprong* Knall und Fall, auf der Stelle, augenblicklich
**stelen*** stehlen; *om te ~* ⟨allerliefst⟩ zum Stehlen, niedlich, entzückend; *dat kan me gestolen worden* das kann mir gestohlen bleiben
**stellage** 1 ⟨steiger⟩ Baugerüst *o*, Gerüst *o*; 2 ⟨frame⟩ Gestell *o*; 3 ⟨tribune⟩ Bühne *v*, Podest *o*
**stellen** stellen; ⟨schrijven⟩ schreiben; *heel wat met iem. te ~ hebben* viel mit einem zu schaffen haben
**stellig** gewiß, sicher(lich), bestimmt; *~ juist* bestimmt richtig; *ten ~ste* aufs bestimmteste
**stelligheid** Bestimmtheit *v*
**stelling** 1 mil Stellung *v*; 2 ⟨steiger⟩ Gerüst *o*; 3 ⟨stellage⟩ Gestell *o*; 4 ⟨positie⟩ Stellung *v*, Lage *v*, Position *v*; 5 ⟨bewering⟩ Behauptung *v*; 6 wisk Satz *m*, Lehrsatz *m*; *de ~ van Pythagoras* der pythagoreische Lehrsatz; *~ nemen* Stellung nehmen
**stellingname** Stellungnahme *v*
**stelpen** ⟨bloed⟩ stillen
**stelplaats** ZN (Straßenbahn-, Bus)depot *o*
**stelregel** Grundsatz *m*, Prinzip *o*
**stelschroef** Justier-, Stellschraube *v*
**stelsel** System *o*; *het continentaal ~* die Kontinentalsperre
**stelselmatig** systematisch, planmäßig
**stelt** Stelze *v*; *de boel op ~en zetten* alles auf den Kopf stellen; gemeenz Rabatz *m* machen
**steltloper** 1 ⟨persoon⟩ Stelzenläufer *m*; 2 ⟨vogel⟩ Stelzfüßler *m*, -vogel *m*
**stem** Stimme *v* ⟨ook bij verkiezingen⟩; *één ~ tegen* eine Gegenstimme *v*; *zijn ~ verheffen* seine Stimme erheben; *goed bij ~* gut bei Stimme; *met algemene ~men* einstimmig; *een ~ in 't kapittel hebben* ein Wort mitzureden haben
**stemband** Stimmband *o*
**stembiljet, stembriefje** Stimmzettel *m*
**stembuiging** Stimm-, Tongebung *v*
**stembureau** 1 ⟨stemlokaal⟩ Wahllokal *o*; 2 ⟨personen⟩ Wahlausschuß *m*
**stembus** Wahlurne *v*
**stemgeluid** Stimme *v*; Klang *m* der Stimme
**stemgerechtigd** stimmberechtigt, wahlberechtigt; *~ burger* wahlberechtigte Bürger *m*; Zwits Stimmbürger *m*
**stemhebbend** taalk stimmhaft
**stemhokje** Wahlkabine *v*, -zelle *v*
**stemlokaal** Wahllokal *o*, Abstimmungslokal *o*
**stemloos** taalk stimmlos
**stemmen** 1 muz stimmen; 2 ⟨bij verkiezing⟩ abstimmen; 3 ZN ⟨aannemen⟩ stimmen für, annehmen; *dat stemt mij vrolijk* das stimmt mich heiter (froh); *op iem. ~* einen wählen
**stemmer** 1 ⟨kiezer⟩ Wähler *m*; 2 muz Stimmer *m*
**stemmig** *~ gekleed* schlicht, dezent gekleidet
**stemming** 1 ⟨sfeer; gezindheid⟩ Stimmung *v*; 2 ⟨verkiezing⟩ Abstimmung *v*; 3 ⟨aan beurs ook⟩ Tendenz *v*, Haltung *v*; *hoofdelijke ~* namentliche Abstimmung; *bij de eerste ~* im ersten Wahlgang; *in ~ brengen* pol zur Abstimmung bringen; *in de ~ zijn* in Stimmung sein; *niet in de ~ voor studeren* nicht zum Studieren aufgelegt; *tot ~ overgaan* zur Abstimmung schreiten
**stemmingmakerij** Stimmungsmache *v*
**stemonthouding** Stimmenthaltung *v*
**stempel** 1 ⟨werktuig en afdruk⟩ Stempel *m*, Prägung *v*; 2 ⟨cachet en fig⟩ Gepräge *o*; 3 ⟨naamstempel⟩ Petschaft *o*; 4 plantk Stempel *m*; *van de oude ~* von altem Schrot und Korn
**stempelautomaat** ⟨openbaar vervoer⟩ Entwerter *m*
**stempelen** 1 ⟨stempel drukken op; ook fig⟩ stempeln; 2 ⟨voor ondersteuning bij werkloosheid⟩ vroeger & ZN stempelen (munten) prägen
**stempelkussen** Stempelkissen *o*
**stemplicht** Wahlpflicht *v*
**stemrecht** Stimm-, Wahlrecht *o*
**stemvee** Stimmvieh *o*
**stemverheffing** *met ~* mit erhobener Stimme
**stemvork** Stimmgabel *v*
**stencil** 1 ⟨moedervel⟩ (Wachs)matrize *v*; 2

**stencilen**

⟨afdruk⟩ Schablone v, Abzug m
**stencilen** vervielfältigen, abziehen
**stenen** steinern, aus Stein, Stein-; ~ *bijl* Steinaxt v; ~ *gedenkteken* Denkmal o aus Stein; ~ *hart* steinernes Herz
**stengel** Stengel m; *zoute* ~ Salzstange v
**stengun** Maschinenpistole v
**stenigen** steinigen
**steniging** Steinigung v
**stenodactylo** ZN 1 ⟨stenotypist⟩ Stenotypist m; 2 ⟨stenotypie⟩ Stenotypie v
**stenodactylografie** ZN Stenotypie v
**stenograferen** stenographieren, in Kurzschrift schreiben
**stenografie** Stenographie v, Kurzschrift v
**stenografisch** stenographisch, in Kurzschrift
**step** ⟨autoped⟩ Roller m, Kinderroller m
**steppe** Steppe v
**ster** 1 ⟨hemellichaam⟩ Stern m, Gestirn o; 2 ⟨beroemdheid⟩ Star m; *een vallende* ~ eine Sternschnuppe; *zie ook: sterretje*
**stereo I** m 1 ⟨stereofonie⟩ Stereo o; 2 ⟨stereometrie⟩ Stereometrie v; 3 ⟨geluidsinstallatie⟩ Stereoanlage v; **II** *bn* stereo
**stereofonisch** stereophon(isch)
**stereo-installatie** Stereoanlage v
**stereotiep** stereotyp(isch)
**stereotoren** Stereoturm m
**stereotype** Stereotyp o
**sterfbed** Sterbebett o, -lager o
**sterfdag** Todestag m
**sterfelijk** sterblich
**sterfgeval** Todesfall m
**sterfhuis** Sterbe-, Trauerhaus o
**sterfput** ZN Senkgrube v
**sterfte** 1 ⟨het sterven⟩ Sterben o; 2 ⟨sterftecijfer⟩ Mortalität v, Sterblichkeit v; 3 ⟨bij bepaalde ziekte⟩ Letalität v
**sterftecijfer** Sterblichkeitsziffer v, -rate v, Mortalität v
**steriel** steril
**sterilisatie** Sterilisierung v, Sterilisation v
**steriliseren** sterilisieren
**steriliteit** Sterilität v, Unfruchtbarkeit v
**sterk** 1 ⟨in 't alg.⟩ stark, kräftig; 2 ⟨v. boter⟩ ranzig; 3 ⟨geur⟩ streng; 4 ⟨aanzienlijk⟩ stark, beträchtlich; *vier man* ~ vier Mann hoch; *zich* ~ *maken om iets te doen* sich dafür stark machen, etwas zu tun; *ik maak me* ~ *dat ik 't kan* das traue ich mir zu; *dat is* ~! was für ein Zufall!; *een* ~ *verhaal* eine unglaubliche Geschichte v; *hij is niet* ~ *in rekenen* Rechnen ist nicht seine starke Seite
**sterken** stärken, kräftigen, festigen
**sterkers** ⟨plant⟩ Gartenkresse v
**sterkte** 1 ⟨kracht⟩ Stärke v, Kraft v; 2 ⟨aantal⟩ Anzahl v; 3 ⟨v. geur⟩ Strenge v
**sterrenbeeld** Sternbild o
**sterrenhemel** Sternenhimmel m
**sterrenkunde** Astronomie v, Sternkunde v
**sterrenkundige** Astronom m, Sternkundige(r) m-v
**sterrenregen** Sternschnuppenschwarm m
**sterrenwacht** Sternwarte v
**sterrenwichelaar** Sterndeuter m
**sterrenwichelarij** Sterndeuterei v

**sterretje** 1 ⟨kleine ster; asterisk⟩ Sternchen o; 2 ⟨vuurwerk⟩ Wunderkerze v; 3 ⟨bij film enz.⟩ Starlet o, Sternchen o; *ik zie* ~*s* es flimmert mir vor den Augen
**sterveling** Sterbliche(r) m-v; *geen* ~ keine Seele
**sterven\*** I *ww* sterben; ~ *aan* sterben an (+ 3); ~ *van* sterben vor (+ 3); II o Sterben o, Tod m; *op* ~ *liggen* im Sterben o liegen
**stervensbegeleiding** Sterbebegleitung v
**stethoscoop** Stethoskop o, Hörrohr o
**steun** 1 ⟨stut⟩ Stütze v; 2 ⟨het steunen⟩ Unterstützung v; ⟨v. werklozen⟩ Arbeitslosenunterstützung v; 3 ⟨hulp⟩ Förderung v; ~ *trekken* Unterstützung empfangen; *hij is de* ~ *van zijn ouders* er ist die Stütze seiner Eltern
**steuncomité** Hilfskomitee o, Wohlfahrtsausschuß m
**steunen** 1 ⟨stutten⟩ stützen; sich stützen, sich lehnen; 2 ⟨kreunen⟩ stöhnen, ächzen; *een motie* ~ einen Antrag unterstützen; *een zaak* ~ einer Sache Vorschub leisten
**steunfonds** Unterstützungsfonds m
**steunfraude** Sozialhilfebetrug m
**steunpilaar** Stützpfeiler m, Stütze v, Grundsäule v; ⟨fig ook⟩ Säule v; *de steunpilaren van de maatschappij* die Stützen der Gesellschaft
**steunpunt** 1 *eig* Stützpunkt m; 2 fig Anhaltspunkt m
**steuntrekker** Unterstützungs-, Fürsorgeempfänger m
**steunzender** RTV Hilfssender m
**steunzool** Einlage v
**steur** Stör m
**steven** Steven m
**stevenen** *scheepv* schiffen, segeln
**stevig** 1 ⟨sterk⟩ dauerhaft, fest, kräftig, solid; 2 ⟨flink⟩ derb, kräftig, tüchtig; *een* ~*e borrel* ein handfester Schnaps; *een* ~*e bries* eine steife Brise; *een* ~ *glas drinken* ein gutes Glas trinken; *een* ~*e kerel* ein stämmiger Kerl; *een* ~ *pak slaag* eine tüchtige Tracht Prügel
**steward** Steward m
**stewardess** Stewardeß v
**stichtelijk** fromm, erbaulich; *een* ~*e preek* eine erbauliche Predigt v
**stichten** 1 ⟨oprichten⟩ gründen; 2 ⟨teweegbrengen⟩ stiften; *brand* ~ Feuer (an)legen, (einen) Brand stiften; *onheil* ~ Unheil stiften
**stichter** Stifter m, Gründer m, Urheber m
**stichting** 1 ⟨oprichting⟩ Stiftung v, Gründung v; 2 ⟨voor cultureel doel⟩ Stiftung v
**stick** *sp* Schläger m
**sticker** Aufkleber m, Sticker m
**stickie** Joint m
**stief**: *het is nog een* ~ *endje lopen* es ist noch ziemlich/ganz schön ein gutes Ende weit
**stiefdochter** Stieftochter v
**stiefkind** Stiefkind o
**stiefmoeder** Stiefmutter v
**stiefmoederlijk** stiefmütterlich
**stiefvader** Stiefvater m
**stiefzoon** Stiefsohn m

**stiekem** heimlich; ⟨v. persoon⟩ hinterhältig; *een ~e streek* ein heimtückischer Streich
**stiekemerd** Schleicher *m*, Leisetreter *m*
**stiel** ZN ⟨beroep⟩ Handwerk *o*
**stielkennis** ZN fachmännisches Können *o*
**stielman** ZN Fachmann *m*
**stier** Stier *m* ⟨ook astrol⟩; ⟨fokstier⟩ Bulle *m*
**stierengevecht** Stierkampf *m*
**stierennek** Stiernacken *m*
**stierenvechter** Stierkämpfer *m*
**stierlijk**: *zich ~ vervelen* sich furchtbar langweilen
**Stiermarken** Steiermark *v*
**stift** 1 ⟨puntig voorwerp; viltstift⟩ Stift *m*; 2 ⟨graveerstift⟩ Grabstichel *m*, Stichel *m*
**stiftbal** sp Heber *m*
**stiften** sp heben
**stifttand** Stiftzahn *m*
**stigma** Stigma *o*
**stigmatiseren** stigmatisieren
**stijf** 1 ⟨in 't alg.⟩ steif; 2 ⟨verstijfd⟩ starr; 3 ⟨stijfhoofdig⟩ starrköpfig; 4 ⟨houterig⟩ steif, steifleinen; 5 ⟨vormelijk⟩ steif, formell; 6 ⟨preuts⟩ steif; *zo ~ als een plank* steif wie ein Pfahl; *een stijve bries* eine steife Brise *v*; *~ lopen* staksen, schertsend gehen, wie der Storch im Salat; *~ staan van 't vuil* starren vor Schmutz
**stijfkop** Starr-, Dickkopf *m*, Dickschädel *m*
**stijfsel** 1 ⟨naaien⟩ stärke *v*; 2 ⟨aangemaakt⟩ Kleister *m*, Stärkekleister *m*
**stijgbeugel** Steigbügel *m* ⟨ook in 't oor⟩
**stijgen\*** 1 ⟨omhooglopen⟩ steigen; 2 ⟨vermeerderen⟩ wachsen, zunehmen; *~de lijn* aufsteigende Linie *v*
**stijging** Steigung *v*, das Steigen; *~ v.d. rentevoet* ⟨ook⟩ Zinsauftrieb *m*
**stijl** 1 ⟨in 't alg.⟩ Stil *m*; 2 plankt Griffel *m*; 3 ⟨van deur⟩ Türpfosten *m*; *barokke ~* Barockstil *m*; *in ~* stilvoll
**stijlbloempje** Stilblüte *v*
**stijldansen** Standardtanz *m*
**stijlfiguur** Redefigur *v*
**stijlkamer** in einem bestimmten Stil eingerichtetes Zimmer *o*
**stijlloos** stillos
**stijlvol** stil-, geschmackvoll
**stijven\*** 1 ⟨kleding⟩ stärken, steifen; 2 fig bestärken, befestigen; *de kas ~* die Kasse aufbessern; *iem. in zijn mening ~* einen in seiner Meinung bestärken
**stikdonker** stockfinster, stockdunkel
**stikken** 1 ⟨naaien⟩ steppen; 2 ⟨sterven⟩ ersticken; *stik!* hol dich der Teufel!; *iem. laten ~* einen sitzenlassen; *~ van 't lachen* vor Lachen bersten, sich vor Lachen ausschütten; *'t was om te ~* es war zum Ersticken *o*
**stiksel** Stickerei *v*
**stikstof** Stickstoff *m*
**stil** still, ruhig; *~le reserves* stille Rücklagen *mv*; *waarom ben je zo ~?* warum bist du so schweigsam?
**stilaan** allmählig, langsam
**stileren** stilisieren
**stiletto** Schnappmesser *o*
**stilhouden** anhalten, ⟨auto enz.⟩ halten
**stilist** Stilist *m*

**stilistisch** stilistisch
**stilleggen** stillegen
**stillen** 1 ⟨dorst⟩ stillen, löschen; 2 ⟨verlangen⟩ befriedigen
**stilletjes** 1 ⟨met weinig gerucht⟩ leise, still; 2 ⟨heimelijk⟩ heimlich
**stilleven** Stilleben *o*
**stilliggen** stilliegen, ruhen
**stilstaan** stillstehen; fig stocken; *blijven ~* stehen bleiben; *lang bij iets ~* lange bei etwas verweilen
**stilstand** Stillstand *m*, Stockung *v*, Stagnierung *v*
**stilte** 1 ⟨in 't alg.⟩ Stille *v*; 2 ⟨zwijgen⟩ Schweigen *o*; *~!* Ruhe!; *doodse ~* Totenstille *v*; *in alle ~* in aller Stille; *in ~ getrouwd* heimlich verheiratet
**stilzetten** 1 ⟨machine, klok⟩ abstellen; 2 ⟨fabriek⟩ stillegen
**stilzitten** stillsitzen
**stilzwijgen** Stillschweigen *o*; ⟨discretie⟩ Verschwiegenheit *v*; *zich in ~ hullen* sich in Schweigen hüllen
**stilzwijgend** stillschweigend; ⟨zwijgzaam⟩ verschwiegen
**stimulans** Stimulans *o*
**stimuleren** stimulieren, anregen; *~d middel* Aufputschmittel *o*
**stinkbom** Stinkbombe *v*
**stinkdier** Stinktier *o*, Skunk *m*
**stinken\*** stinken
**stinkend** stinkend, stinkig, stink-; *~ rijk* stinkreich
**stinker** Stinker *m*; *een rijke ~* gemeenz ein reicher Kerl *m*
**stip** 1 ⟨in 't alg.⟩ Punkt *m*; 2 ⟨op jurk bijv.⟩ Tupfen *m*; *met ~pen* gepunktet
**stippel** Punkt *m*, Tupfen *m*
**stippelen** 1 ⟨v. lijnen⟩ punktieren, stricheln; 2 ⟨stoffen⟩ tüpfeln
**stippellijn** punktierte (gestrichelte) Linie *v*, Punktlinie *v*
**stipt** pünktlich; *~ op tijd* pünktlich
**stiptheidsactie**, ZN **stiptheidsstaking** Dienst *m* nach Vorschrift *v*, Bummelstreik *m*
**stock** ZN 1 ⟨kapitaal v.e. NV⟩ Grundkapital *o*; ⟨v.e. BV⟩ Stammkapital *o*; 2 ⟨goederenvoorraad⟩ Stock *m*, Warenlager *o*, -vorrat *m*
**stoefen** ZN angeben, prahlen, aufschneiden
**stoefer** ZN Angeber *m*, Aufschneider *m*
**stoeien** 1 ⟨dartel spelen⟩ ⟨herum⟩tollen; 2 ⟨speels vechten⟩ sich balgen, sich tummeln; 3 ⟨vrijen⟩ herumspielen
**stoeipoes** Betthäschen *o*
**stoel** 1 ⟨in 't alg.⟩ Stuhl *m*; 2 ⟨leerstoel⟩ Lehrstuhl *m*; 3 ⟨kansel⟩ Kanzel *v*; *de elektrische ~* der elektrische Stuhl; *een luie ~* ein Sessel *m*, ein Lehnstuhl *m*; *iets niet onder ~en of banken steken* etwas nicht unter den Teppich kehren, kein Hehl aus einer Sache machen
**stoelen**: *~ op* wurzeln in
**stoelendans** Reise *v* nach Jerusalem *o*
**stoelgang** Stuhlgang *m*
**stoeltjeslift** Sessellift *m*

**stoep 1** ⟨voor de huisdeur⟩ Tritt *m*; **2** ⟨trottoir⟩ Bürger-, Gehsteig *m*; *bij iem. op de ~ staan* bei jmdm. vor der Tür stehen
**stoeprand** Bordkante *v*
**stoer** stämmig, kräftig; *een ~e Fries* ein stämmiger Friese *m*; *een ~e gestalte* eine kräftige Gestalt
**stoet** Zug *m*
**stoeterij** Gestüt *o*
**stoethaspel** Tölpel *m*, Tolpatsch *m*, ungeschickter Mensch *m*
**1 stof** *o* Staub *m*; *~ afnemen* Staub wischen; *in 't ~ bijten* ins Gras beißen; *onder 't ~* verstaubt
**2 stof** *v* **1** ⟨goed⟩ Stoff *m*; **2** ⟨materie⟩ Materie *v*; *bedrukte ~* Druckstoff *m*; *de ~ voor een boek* der Stoff für ein Buch
**stofbril** Staub-, Schutzbrille *v*
**stofdoek** Staubtuch *o*, -lappen *m*, Wischtuch *o*
**stoffeerder 1** ⟨v. stoelen enz.⟩ Polsterer *m*; **2** ⟨v. vloerbedekking⟩ Bodenleger *m*
**stoffelijk** materiell, stofflich
**1 stoffen** *bn* aus Stoff
**2 stoffen** *overg* staubwischen
**stoffer** Handfeger *m*, -besen *m*
**stofferen 1** ⟨inrichten⟩ ausstatten; **2** ⟨bekleden⟩ polstern
**stoffering 1** ⟨v. stoel⟩ Polsterung *v*; **2** ⟨v. kamers⟩ Ausstattung *v*
**stoffig** staubig
**stofgoud** Goldstaub *m*
**stofjas** Kittel *m*, Arbeitsmantel *m*
**stoflong** Staublunge *v*
**stofnest** Staub-, Schmutzfänger *m*
**stofwisseling** Stoffwechsel *m*
**stofwolk** Staubwolke *v*
**stofzuigen** staubsaugen
**stofzuiger** Staubsauger *m*
**stoïcijn** Stoiker *m*
**stoïcijns** stoisch
**stok 1** ⟨staaf⟩ Stock *m*; **2** ⟨in kippenhok⟩ Stange *v*; **3** *kaartsp* Kartenstamm *m*; *de ~ achter de deur* der Knüppel hinter der Tür; *'t aan de ~ krijgen met* zusammengeraten (zu tun bekommen) mit, es anlegen mit; *met een ~ lopen* am Stocke gehen; *met de kippen op ~* mit den Hühnern zu Bett
**stokbrood** Baguette *v* & *o*, Stangenweißbrot *o*; *Zwits* Pariser Brot *o*
**stokdoof** stocktaub
**stoken I** *overg* **1** ⟨verwarmen⟩ heizen; **2** ⟨de tanden⟩ stochern; **3** ⟨ruzie⟩ aufwiegeln, Streit anfachen; *brandewijn ~* Branntwein *m* brennen; *met gas gestookt* mit Gas geheizt; **II** *o* **1** ⟨het verwarmen⟩ Heizen *o*; ⟨v. gas⟩ Gasfeuerung *v*; **2** ⟨het opstoken⟩ Hetzerei *v*, Aufwieglung *v*
**stoker 1** ⟨v. vuren⟩ Heizer *m*; **2** ⟨jenever⟩ Destillateur *m*; **3** ⟨stokebrand⟩ Aufwiegler *m*, Unruhstifter *m*, Hetzer *m*
**stokerij** Brennerei *v*
**stokje** Stöckchen *o*; *ergens een ~ voor steken* einer Sache einen Riegel vorschieben; *van zijn ~ gaan* ohnmächtig werden, in Ohnmacht fallen
**stokken** stocken, stecken bleiben; *zijn stem stokte* die Stimme versagte ihm

**stokoud** steinalt
**stokpaardje** Steckenpferd *o* ⟨ook *fig*⟩; *zijn ~ berijden* seinem Steckenpferd nachgehen
**stokstijf** stocksteif
**stokvis** Stockfisch *m*
**stola** Stola *v*
**stollen** gerinnen, stocken
**stolp** Glocke *v*; *glazen ~* Glasglocke *v*
**stolsel** Gerinnsel *o*
**stom 1** ⟨zonder spraak⟩ stumm; **2** ⟨dom⟩ dumm; **3** ⟨klank⟩ stimmlos, *~me film* Stummfilm *m*; *~ geluk* reines Glück *o*; *~ toeval* blinder Zufall *m*
**stoma** Stoma *o*
**stomdronken** sinnlos betrunken, volltrunken; sternhagelvoll, veilchenblau
**stomen 1** ⟨damp afgeven; varen⟩ dampfen; **2** ⟨reinigen⟩ chemisch reinigen
**stomerij** Reinigung *v*, Reinigungsanstalt *v*
**stomheid 1** ⟨het niet kunnen spreken⟩ Stummheit *v*; **2** ⟨domheid⟩ Dummheit *v*; *met ~ geslagen* mit Stummheit geschlagen
**stommelen** poltern, lärmen, rumoren
**stommeling, stommerik** *m* Dummkopf *m*
**stommetje**: *~ spelen* den Mund nicht aufmachen, keinen Ton hören lassen
**stommiteit** Dummheit *v*, Eselei *v*; *een ~ begaan* eine Dummheit machen
**1 stomp** *bn* ⟨niet scherp⟩ stumpf
**2 stomp** *m* **1** ⟨v.e. afgehouwen boom⟩ Stumpf *m*; **2** ⟨v. been enz.⟩ Stumpf *m*, Stummel *m*
**3 stomp** *m* ⟨stoot⟩ Stoß *m*, Faustschlag *m*, Puff *m*; *~ in de zij* Rippenstoß *m*
**stompen** stoßen, stupsen, puffen
**stompje** Stummel *m*; *~ kaars* Kerzenstummel *m*
**stompzinnig** stumpfsinnig
**stomverbaasd** äußerst verwundert; *ik ben ~!* ich bin baff (starr)!
**stomvervelend** mords-, stinklangweilig
**stoned** *gemeenz* high, stoned, bashed
**stoof 1** ⟨voetverwarming⟩ Fußwärmer *m*, Stövchen *o*; **2** *ZN* ⟨kachel⟩ Ofen *m*
**stoofpeer** Kochbirne *v*
**stoofschotel** Eintopf *m*, Eintopfgericht *o*
**stoofvlees** *ZN* Schmorfleisch *o*
**stookolie** Heizöl *o*
**stoom** Dampf *m*; *~ afblazen* ⟨ook *fig*⟩ Dampf ablassen
**stoombad** Dampfbad *o*
**stoomboot** Dampfschiff *o*, Dampfer *m*
**stoomcursus** Schnellkurs *m*, Intensivkurs *m*
**stoomketel** Dampfkessel *m*
**stoommachine** Dampfmaschine *v*
**stoomschip** Dampfschiff *o*, Dampfer *m*
**stoomstrijkijzer** Dampfbügeleisen *o*
**stoop** *ZN* ⟨kan⟩ Kanne *v*, Krug *m*
**stoornis** Störung *v*
**stoorzender** *RTV* Störsender *m*
**stoot** Stoß *m*; ⟨stomp ook⟩ Puff *m*; *de eerste ~ tot iets geven* den Anstoß zu etwas geben, etwas in die Wege leiten
**stootblok** ⟨op stationsterrein⟩ Prellbock *m*
**stootje** kleiner Stoß *m*; *tegen een ~ kun-*

*nen* einen Puff vertragen können
**stootkussen** Stoßpolster *o*
**1 stop** 1 ⟨kurk⟩ Stöpsel *m*; 2 ⟨van gummi⟩ Gummistopfen *m*; 3 ⟨in kleren⟩ gestopfte Stelle *v*; 4 ⟨v. vat⟩ Spund *m*, Zapfen *m*; 5 ⟨zekering⟩ Sicherung *v*
**2 stop** ⟨het stoppen⟩ Stopp *m*
**3 stop**: ~! halt!
**stopbord** Stoppschild *o*
**stopcontact** Steckdose *v*
**stopfles** Stöpselflasche *v*
**stoplap** Stopflappen *m*; fig Lückenbüßer *m*
**stoplicht** ⟨verkeerslicht⟩ Verkehrsampel *v*, Ampel *v*
**stopnaald** Stopfnadel *v*
**stoppel** Stoppel *v*
**stoppelbaard** Stoppelbart *m*
**stoppen** 1 ⟨halthouden⟩ halten, stoppen; 2 ⟨ergens plaatsen⟩ stecken; 3 ⟨repareren⟩ stopfen; 4 ⟨pijp⟩ stopfen; 5 med stopfen; *de machine stopt* die Maschine stoppt; *de trein stopt* der Zug hält; *een gat* ~ ein Loch stopfen; ⟨fig ook⟩ Schulden tilgen; *in de gevangenis* ~ ins Gefängnis stecken, einlochen; *in bed* ~ ins Bett stecken
**stopplaats** Haltestelle *v*
**stopsein, stopteken** Stoppsignal *o*, Haltesignal *o*
**stoptrein** Nahverkehrs-, Bummelzug *m*
**stopverbod** Halteverbot *o*
**stopverf** Glaser-, Fensterkitt *m*
**stopwatch** Stoppuhr *v*
**stopwoord** Flickwort *o*
**stopzetten** 1 ⟨machine⟩ abstellen, stoppen, zum Stehen bringen; 2 ⟨staken⟩ einstellen; 3 ⟨fabriek⟩ stillegen; 4 ⟨verkeer⟩ lahmlegen; *het bedrijf (bouwen)* ~ den Betrieb (Bau) einstellen; *een fabriek* ~ eine Fabrik stillegen
**storen** stören, hindern; *zich* ~ *aan* sich kehren an (+ 4), sich kümmern um; ~*d* störend
**storing** Störung *v*; RTV Sendestörung *v*
**storingsdienst** Störungsdienst *m*
**storm** Sturm *m*; *een* ~ *in een glas water* ein Sturm *m* im Wasserglas
**stormachtig** ⟨weer, bijval enz.⟩ stürmisch
**stormbaan** mil Hindernisbahn *v*
**stormen** stürmen
**stormenderhand** im Sturm; ~ *veroveren* erstürmen; ⟨ook fig⟩ im Sturm erobern
**stormklok** Sturmglocke *v*
**stormkracht** Sturmstärke *v*
**stormloop** 1 ⟨het stormlopen⟩ Sturmlauf *m*, Sturm *m*; 2 ⟨run⟩ Ansturm *m*
**stormlopen** Sturm laufen; *'t loopt daar storm* es ist da ein gewaltiger Andrang
**stormram** Sturmbock *m*, Rammbock *m*
**stormvogel**: *Noordse* ~ Eissturmvogel *m*
**stormvogeltje** Sturmschwalbe *v*
**stormweer** Sturmwetter *o*
**stort** ZN ⟨stortplaats⟩ Müllkippe *v*, Schutt-(ablade)platz *m*
**stortbak** Spülkasten *m*
**stortbui** Regenschauer *m*, Platzregen *m*
**storten** 1 ⟨met geweld vallen⟩ stürzen; 2 ⟨tranen⟩ vergießen; 3 ⟨puin⟩ abladen, schütten; 4 ⟨geld⟩ einzahlen; *beton* ~ Beton schütten; *een waarborg* ~ Kaution

zahlen; *in het ongeluk (verderf)* ~ ins Unglück (Verderben) stürzen
**storting** 1 ⟨puin enz.⟩ Schüttung *v*; 2 ⟨geld⟩ Einzahlung *v*
**stortingsbewijs** Einzahlungsbeleg *m*
**stortingsformulier** Einzahlungsbeleg *m*
**stortkoker** Müllschlucker *m*
**stortplaats** Schuttabladeplatz *m*, Müllkippe *v*
**stortregen** Platzregen *m*
**stortregenen**: *het stortregent* es gießt, es regnet Bindfäden *mv*, in Strömen *mv*
**stortvloed** Sturzflut *v*, Flut *v*; ~ *van woorden* Wortschwall *m*
**stoten*** 1 ⟨in 't alg.⟩ stoßen; 2 scheepv stampfen; *zich aan iets* ~ fig Anstoß *m* an etw. (3) nehmen
**stotteraar** Stotterer *m*
**stotteren** stottern
**1 stout** *bn* 1 ⟨stoutmoedig⟩ kühn, keck, vermessen; 2 ⟨ondeugend⟩ unartig, ungezogen; *Karel de S~e* Karl der Kühne
**2 stout** *m & o* ⟨bier⟩ Stout *m*
**stouterd** unartiges Kind *o*
**stoutmoedig** kühn
**stoven** schmoren, dämpfen
**stoverij** ZN Schmortopf *m*
**1 straal** *m & v* 1 ⟨v. licht⟩ Strahl *m*; 2 ⟨v. cirkel⟩ Halbmesser *m*, Radius *m*
**2 straal** *bijw* ⟨vokomen⟩ völlig, total; ~ *bezopen* gemeenz sternhagelvoll; *iem.* ~ *voorbijlopen* einen geflissentlich schneiden
**straaljager** Düsenjäger *m*
**straalmotor** Düsenmotor *m*; *met vier* ~*en* ⟨ook⟩ vierstrahlig
**straalvliegtuig** Düsenflugzeug *o*
**straat** Straße *v*; ⟨zee ook⟩ Meerenge *v*; ~ *met éénrichtingverkeer* Einbahnstraße *v*; *op* ~ auf der Straße; *op* ~ *staan* auf der Straße stehen; vor die Tür gesetzt sein; *op* ~ *zetten* auf die Straße setzen
**straatarm** bettelarm
**straatbeeld** Straßenbild *o*
**straatgevecht** Straßenkampf *m*
**straathond** Straßenhund *m*, Köter *m*
**straatje** Gasse *v*; *een* ~ *om* gaan um den Block gehen; *dat komt in zijn* ~ *te pas, dat past in zijn* ~ das ist ein gefundenes Fressen für ihn, das ist das Richtige für ihn
**straatjongen** Straßenjunge *m*
**straatlantaarn** Straßenlaterne *v*
**straatmuzikant** Straßenmusikant *m*
**straatorgel** Leierkasten *m*
**straatprostitutie** Straßenprostitution *v*
**Straatsburg** Straßburg *o*
**straatschenderij** öffentlicher (grober) Unfug *m*
**straatsteen** Pflasterstein *m*
**straatveger** Straßenkehrer *m*
**straatventer** Straßenhändler *m*; ⟨deur aan deur⟩ Hausierer *m*
**straatverbod** gerichtliche Verfügung *v*, die den Aufenthalt in einem bestimmten Straßenbereich verbietet
**straatverlichting** Straßenbeleuchtung *v*
**straatvrees** Agoraphobie *v*, Platzangst *v*

**straatvuil** Straßenschmutz *m*

**straatweg** Straße *v*, Landstraße *v*, Chaussee *v*

**1 straf** *v* Strafe *v*; *op ~fe des doods* bei Todesstrafe; *voor ~* als (zur) Strafe *v*

**2 straf** *bn* ⟨streng, hevig⟩ straff, streng

**strafbaar** strafbar; sträflich; *~ stellen* unter Strafe stellen

**strafbal** ⟨hockey⟩ Strafstoß *m*, Penalty *m*

**strafbepaling** Strafbestimmung *v*

**strafblad** Strafregister *o*, Vorstrafenregister *o*; *geen ~ hebben* nicht vorbestraft sein

**strafcorner** ⟨hockey⟩ Strafecke *v*

**strafexpeditie** Strafexpedition *v*

**straffeloos** straflos, ungestraft

**straffen** strafen, bestrafen

**strafgevangenis** Strafgefängnis *o*

**strafinrichting** Strafanstalt *v*

**strafkolonie** Strafkolonie *v*

**strafmaat** Strafmaß *o*

**strafmaatregel** Strafmaßnahme *v*; ⟨politiek⟩ Sanktion *v*

**strafport** Nach-, Strafporto *o*

**strafpunt** *sp* Strafpunkt *m*

**strafrecht** Strafrecht *o*

**strafrechter** Strafrichter *m*

**strafregister** ⟨bij de griffie⟩ Strafregister *o*

**strafschop** Elfmeter *m*

**strafschopgebied** Straf-, Elfmeterraum *m*

**strafvervolging** Strafverfolgung *v*

**strafwerk** Strafarbeit(en) *v*(*mv*)

**strafworp** *sp* Freiwurf *m*

**strafzaak** Strafsache *v*

**strak 1** ⟨in 't alg.⟩ straff; **2** ⟨gespannen⟩ stramm; **3** ⟨gespannen en glad⟩ prall; *de ~ke lijn* die strenge Linie; *een ~ gezicht zetten* eine undurchdringliche Miene machen; *iem. ~ aankijken* einen starr (unverwandt, stur) anblicken

**strakblauw** strahlend blau

**straks** bald, gleich, nachher; *tot ~* bis nachher

**stralen 1** ⟨licht⟩ strahlen; **2** ⟨examen⟩ durchfallen; *~ van vreugde* vor Freude strahlen

**stralenkrans** Strahlenkranz *m*, Aureole *v*

**straling** Strahlung *v*

**stralingsziekte** Strahlungskrankheit *v*

**stram** starr, steif; *oud en ~* alt und steif; *~me ledematen* steife Glieder *mv*

**stramien** Stramin *m*

**strand** Strand *m*

**stranden** stranden, auf Grund laufen

**strandjutter** Strandräuber *m*

**strandstoel** Strandkorb *m*

**strapless** ⟨van japon⟩ trägerlos

**strateeg** Stratege *m*

**strategie** Strategie *v*

**strategisch** strategisch

**stratenmaker** Pflasterer *m*, Straßenarbeiter *m*

**stratosfeer** Stratosphäre *v*

**streefcijfer** anzustrebende Zahl *v*

**streefdatum** angestrebter Zeitpunkt *m*

**1 streek** *m* & *v* ⟨list⟩ Streich *m*; *een gemene ~* ein gemeiner Streich; *goed op ~ zijn* recht im Zuge *m* sein; *hij is van ~* er ist ganz verwirrt; *van ~ raken* die Fassung verlieren, aus der Fassung kommen; *mijn maag is van ~* mein Magen ist verstimmt, streikt

**2 streek** *v* ⟨oord⟩ Gegend *v*

**streekroman** Heimatroman *m*

**streekvervoer** Regionalverkehr *m*, Nahverkehr *m*

**streektaal** Mundart *v*, Dialekt *m*

**streep 1** ⟨met inkt enz.⟩ Strich *m*; **2** ⟨licht⟩ Streif *m*, Streifen *m*; *schuine ~* Schrägstrich *m*; *een ~ door de rekening* ein Strich durch die Rechnung; *een ~ zetten onder een* ⟨dikken⟩ Strich ziehen unter

**streepje** Strichelchen *o*; *met een grijs ~* graugestreift; *bij iem. een ~ voor hebben* bei einem einen Stein im Brett haben

**streepjescode** Strichcode *m*, EAN-Code *m*

**strekken 1** ⟨rekken⟩ strecken, dehnen; **2** ⟨dienen⟩ dienen; *100 Mark per ~de meter* hundert Mark das laufende Meter; *de daartoe ~de opdracht* der dahingehende Auftrag

**strekking 1** ⟨het strekken⟩ das Strecken; **2** ⟨bedoeling⟩ Absicht *v*, Tendenz *v*; *dezelfde ~ hebben* ⟨ook⟩ demselben Zweck dienen

**strelen** streicheln, liebkosen; *fig* schmeicheln; *het gehemelte ~* den Gaumen kitzeln ⟨reizen⟩; *dat streelt zijn ijdelheid* das schmeichelt seiner Eitelkeit

**streling** Liebkosung *v*, Schmeichelei *v*; ⟨van gehemelte⟩ Reiz *m*

**stremmen** gerinnen, dick werden, stocken; *de melk stremt* die Milch gerinnt; *het verkeer is gestremd* der Verkehr ist lahmgelegt

**stremming** Lahmlegung *v*; Stockung *v*

**stremsel** Lab *o*, Labferment *o*

**1 streng** *bn* ⟨hard; stipt⟩ streng; *ten ~ste* aufs strengste, strengstens

**2 streng** *v* **1** ⟨bundel draden⟩ Strang *m*; **2** ⟨haar⟩ Strähne *v*; *een ~ katoen* ein Strang *m* Baumwolle

**strengheid** Strenge *v*, Härte *v*

**strepen** Striche machen; *gestreept* ⟨van stoffen⟩ gestreift

**stress** Streß *m*

**stretch** ⟨elastisch weefsel⟩ Stretch *m*

**stretchen** *sp* stretchen

**streven I** streben, trachten, sich bemühen; *wij ~ ernaar u te helpen* wir sind bestrebt (bemüht), Ihnen zu helfen; **II o** Bestreben *o*, Bestrebung *v*; *~ naar bezit* Besitzstreben *o*, Erwerbssinn *m*

**striem** Strieme *v*, Striemen *m*

**striemen** peitschen, Striemen verursachen; *~de woorden* beißende, verletzende Worte *mv*

**strijd** Kampf *m*; Streit *m*; ⟨met woorden⟩ Widerspruch *m*; *de ~ om het bestaan* der Kampf ums Dasein *o*, der Daseinskampf *m*; *~ om de voorrang* Streit *m* um den Vorrang; *in ~ met* im Widerspruch mit, -widrig; *dat is in ~ met de wet* das ist im Widerspruch mit dem Gesetz *o*, das ist gesetzwidrig; *in ~ komen met* in Widerspruch *m* geraten mit; *om ~* um die Wette

**strijdbaar** ⟨strijdlustig⟩ kämpferisch, streitbar

**strijdbijl** Streitaxt *v*; Kriegsbeil *o*; *de ~ be-*

**graven** das Kriegsbeil (die Streitaxt) begraben

**strijden*** kämpfen; streiten; ⟨met woorden⟩ streiten; *'t strijdt tegen mijn gevoel* es widerstrebt meinem Gefühl

**strijder** Kämpfer *m*

**strijdgewoel** Kampfgetümmel *o*, Kampfgewühl *o*

**strijdig** streitig, entgegengesetzt; *~ zijn met* widersprechen (+ 3), im Widerspruch sein mit; *~e belangen* entgegengesetzte Interessen *mv*

**strijdkrachten** Streitkräfte *mv*

**strijdkreet** Schlachtruf *m*

**strijdlust** Kampflust *v*, Kampfgeist *m*

**strijdlustig** kampflustig, -begierig

**strijdperk** Kampfplatz *m*; *in 't ~ treden* einen Streit austragen

**strijdvaardig** kampfbereit, kämpferisch

**strijk-en-zet** Schlag auf Schlag

**strijkbout** Bügeleisen *o*

**strijken*** 1 (in 't alg.) streichen; 2 ⟨wasgoed⟩ plätten, bügeln; *de vlag, de zeilen ~* die Fahne (Flagge), die Segel einholen

**strijkijzer** Bügeleisen *o*

**strijkinstrument** Streichinstrument *o*

**strijkje** Ensemble *o*

**strijkkwartet** Streichquartett *o*

**strijkorkest** Streichorchester *o*

**strijkplank** Bügelbrett *o*

**strijkstok** *muz* Bogen *m*; *er blijft veel aan de ~ hangen* unterwegs bleibt viel hängen, unterwegs wird viel abgeramt

**strik** 1 ⟨valstrik⟩ Schlinge *v*; 2 ⟨v. vogels ook⟩ Dohne *v*; 3 *fig* Falle *v*; 4 ⟨lint⟩ Schleife *v*, Band *o*; 5 ⟨das⟩ Binde *v*, Krawatte *v*

**strikje** Schleife *v*, Fliege *v*

**strikken** 1 (tot een strik binden) zusammenknoten, eine Schleife machen; ⟨v. das⟩ binden; 2 ⟨vangen⟩ (mit der Schlinge) fangen; *iem. voor iets ~* einen für etwas auf listige Weise gewinnen

**strikt** strikt, genau, pünktlich; *~ bevel* strikter Befehl *m*; *~ genomen* streng (genau) genommen

**strikvraag** Fangfrage *v*

**stringent** stringent; zwingend

**strip** 1 (in 't alg.) Streifen *m*; 2 ⟨landingsstrip⟩ Landestreifen *m*; 3 ⟨beeldroman⟩ Comic Strip *m*, Comic *m*, Bildergeschichte *v*

**stripfiguur** Comicfigur *v*

**strippenkaart** Streifenkarte *v*

**striptease** Strip-tease *o*

**stripteasedanseres** Stripteasetänzerin *v*

**striptekenaar** Comiczeichner *m*

**stripverhaal** Bildergeschichte *v*, Comic Strip *m*, Comic *m*

**stro** Stroh *o*; *van ~* aus Stroh

**strobloem** Strohblume *v*

**strobreed**: *iem. geen ~ in de weg leggen* einem keine Steine in den Weg legen

**stroef** 1 ⟨v. oppervlak⟩ rauh; 2 ⟨onvriendelijk⟩ störrisch, zurückhaltend; *'t gaat ~* es geht schwer (zäh); *een stroeve stijl* ein schwerfälliger Stil *m*

**strofe** Strophe *v*

**strohalm** Strohhalm *m* (ook fig)

**strokarton** Strohpappe *v*

**stroken**: *~ met* entsprechen (+3), stimmen; *dat strookt niet met mijn belangen* das läuft meinen Interessen zuwider; *dat strookt niet met de feiten* das entspricht nicht den Tatsachen

**stroman** Strohmann *m* (ook fig)

**stromen** strömen, fließen; *met ~d water* mit fließendem Wasser *o*

**stroming** Strömung *v*

**strompelen** stolpern

**stronk** 1 ⟨v. boom⟩ Stumpf *m*; 2 ⟨v. kool⟩ Strunk *m*

**stront** gemeenz 1 ⟨uitwerpselen⟩ Scheiße *v*, Kacke *v*, Scheißdreck *m*; 2 ⟨ruzie⟩ Stunk *m*

**strontje** gemeenz (op 't oog) Gerstenkorn *o*

**1 strooien** *bn* ⟨van stro⟩ strohern, aus Stroh; *een ~ hoed* ein Strohhut *m*

**2 strooien** *overg* streuen, ausstreuen

**strooisel** Streu *v*

**strook** 1 ⟨smal gedeelte⟩ Streifen *m*; 2 ⟨aan japon⟩ Besatz *m*; ⟨breder⟩ Falbel *v*; 3 ⟨aan formulier⟩ Abschnitt *m*; *een ~ land* ein Streifen *m* Land

**stroom** 1 ⟨rivier⟩ Strom *m*, Fluß *m*; 2 ⟨woorden, tranen⟩ Flut *v*; 3 elektr Strom *m*; *een ~ van mensen* ein Menschenstrom *m*; *in stromen* in Strömen *mv*; *tegen de ~ op zwemmen* wider den Strom schwimmen; *tegen de ~ (in)* (ook fig) gegen den Strom

**stroomafwaarts** stromabwärts

**stroomgebied** ⟨v. rivier⟩ Stromgebiet *o*

**stroomlijnen** in Stromlinienform bauen

**stroomopwaarts** stromaufwärts, -an; *~ varen* den Fluß hinauf fahren; *~ van Keulen* oberhalb Köln(s)

**stroomsterkte** Stromstärke *v*

**stroomverbruik** Stromverbrauch *m*

**stroomversnelling** Stromschnelle *v*

**stroop** Sirup *m*

**strooplikken** fuchsschwänzeln, speichellecken

**strooplikker, stroopsmeerder** Schmeichler *m*, Radfahrer *m*

**strooptocht** Streifzug *m*

**stroopwafel** Sirupwafel *v*

**strootje** Strohhalm *m*; *~ trekken* Strohhälmchen ziehen

**strop** 1 ⟨lus; ook m.b.t. doodstraf⟩ Schlinge *v*, plechtig Strang *m*; 2 ⟨tegenvaller⟩ Aufsitzer *m*; 3 ⟨miskoop⟩ Fehlkauf *m*; *een ~ hebben* einen Reinfall erleben, aufgeschmissen sein

**stropdas** Schlips *m*, Krawatte *v*, Binder *m*

**stropen** 1 ⟨huid⟩ abstreifen, abziehen; 2 ⟨zwerven⟩ streifen; 3 ⟨wild⟩ wildern; 4 ⟨strooptocht ondernemen⟩ plündern

**stroper** Wilddieb *m*, Wilderer *m*

**stroperig** sirupartig; ⟨dikvloeibaar⟩ zähflüssig

**stroperij** 1 ⟨v. wild⟩ Jagdfrevel *m*, Wilddieberei *v*, Wilderei *v*; 2 ⟨veldvruchten⟩ Felddiebstahl *m*

**stropop** Strohpuppe *v*

**strot** Gurgel *v*, Kehle *v*

**strottenhoofd** Kehlkopf *m*

**strubbeling** Scherereien *v*, Zank *m*

**structuralisme** Strukturalismus *m*
**structureel** strukturell
**structureren** strukturieren
**structuur** Struktur *v*, Gefüge *o*, Bau *m*
**structuurverf** Strukturfarbe *v*
**struif** Eimasse *v*
**struik** Strauch *m*, Busch *m*
**struikelblok** Hindernis *o*
**struikelen** straucheln, stolpern; ~ *over* fig 1 ⟨aanstoot nemen⟩ Anstoß nehmen an (+ 3); 2 ⟨moreel⟩ straucheln, einen Fehltritt tun, sich versündigen
**struikgewas** Gesträuch *o*, Gestrüpp *o*
**struikrover** Straßenräuber *m*, Wegelagerer *m*
**struis** kräftig, stattlich
**struisvogel** Strauß *m*
**struisvogelpolitiek** Vogel-Strauß-Politik *v*
**struma** Struma *v*
**strychnine** Strychnin *o*
**stuc** Stuck *m*
**stucwerk** Stuckarbeit *v*, Stukkatur *v*
**studeerkamer** Studierzimmer *o*
**student** Student *m*
**studente** Studentin *v*
**studentencorps** Studentenverbindung *v*
**studentenhaver** Studentenfutter *o*
**studentenhuis** Studentenheim *o*
**studentenstop** Studentenstopp *m*
**studententijd** Studienzeit *v*, Studentenjahre *mv*
**studentikoos** studentisch, studentenhaft
**studeren** studieren; ⟨op piano enz.⟩ üben; *piano* ~ Klavier üben; *voor ingenieur* ~ (auf) Ingenieur studieren; *een gestudeerd man* ein studierter Mann *m*, ein gebildeter Mann *m*
**studie** 1 ⟨het studeren⟩ Studium *o*; 2 ⟨opstel, onderzoek⟩ Studie *v*; 3 ZN ⟨studeerkamer⟩ Studierzimmer *o*, Arbeitszimmer *o*; 4 ZN ⟨studiezaal⟩ Arbeitssaal *o*; 5 ZN ⟨notariskantoor⟩ (Notariats)kanzlei *v*, Notariat *o*; ~ *van iets maken* etwas studieren
**studiebeurs** Stipendium *o*, Studienbeihilfe *v*
**studieboek** Lehrbuch *o*
**studiegids** Studienführer
**studiemeester** ZN Studienaufseher *m*
**studieprefect** ZN Studienaufseher *m*
**studiereis** Studienreise *v*, -fahrt *v*
**studierichting** Studienfach *o*, Studienrichtung *v*
**studietoelage** Ausbildungsbeihilfe *v*, Ausbildungsförderung *v*
**studieverlof** Bildungsurlaub *m*, Beurlaubung *v* für Studienzwecke
**studio** 1 ⟨opnameruimte⟩ Studio *o*, Sende-, Aufnahmeraum *m*; 2 ⟨werkruimte v. kunstenaar⟩ Studio *o*, Atelier *o*; 3 ZN ⟨eenkamerflat⟩ Einzimmerappartment *o*, -wohnung *v*, Studio *o*; 4 ZN ⟨studeerkamer⟩ Arbeits-, Studierzimmer *o*
**stuff** gemeenz Shit *m* & *o*
**stug** störrisch, stur, spröde; ~ *haar* sprödes Haar *o*; *een* ~ *karakter* ein spröder Charakter; ~*ge tegenstand* sturer Widerstand *m*
**stuifmeel** Blütenstaub *m*
**stuifsneeuw** Schneegestöber *o*
**stuifzand** Flugsand *m*
**stuiken** ZN ⟨neerstorten, -vallen⟩ hinfallen, stürzen
**stuip** Zuckung *v*, Krampf *m*; ~*en* med Konvulsion *v*
**stuiptrekking** Zuckung *v*, Konvulsion *v*
**stuit** 1 ⟨v. mens⟩ Steiß *m*; 2 ⟨v. vogels⟩ Bürzel *m*
**stuitbeen** Steißbein *o*
**stuiten** hemmen, aufhalten, zum Stehen bringen; *niet te* ~ unaufhaltsam; *het kwaad* ~ dem Übel Einhalt gebieten; ~ *op* stoßen auf (+ 4); scheitern an (3)
**stuitend** 1 ⟨weerzinwekkend⟩ empörend, widerlich; 2 ⟨onzedelijk⟩ anstößig
**stuiter** Murmel *v*; Z-Duits Schusser *m*
**stuiteren** 1 ⟨knikkeren⟩ mit Murmeln (Z-Duits Schussern) spielen, Z-Duits schussern; 2 ⟨v. bal⟩ (auf)prallen lassen
**stuitligging** Steißlage *v*
**stuiven\*** 1 ⟨waaien⟩ stäuben, stieben; 2 ⟨vliegen⟩ sausen, rasen
**stuiver** 1 eig Fünfcentsmünze *v*; 2 ⟨klein bedrag⟩ Groschen *m*; *een aardige* ~ *verdienen* eine schöne Stange Geld verdienen
**stuivertjewisselen** (elkaars plaats innemen) die Rollen tauschen
**1 stuk** *o* 1 ⟨deel⟩ Stück *o*, Teil *m*; 2 ⟨officieel document⟩ Urkunde *v*, Schriftstück *o*; 3 ⟨toneelstuk⟩ Theaterstück *o*; 4 ⟨artikel, opstel⟩ Artikel *m*, Aufsatz *m*; 5 ⟨schaakspel⟩ Figur *v*; 6 (effect) Wertpapier *o*, Papier *o*, gemeenz Stück *o*; *20* ~*s* 20 Stück; *een* ~ *of tien* etwa zehn Stück; ~ *grond* Grundstück *o*; ~ *in de krant* Zeitungsartikel *m*; *een* ~ *in zijn kraag hebben* beschwipst sein, einen in der Krone haben; *wat een* ~! ⟨mooie vrouw, man⟩ die (der) sieht ja gut aus!; *aan één* ~ in einem Zug, in einem fort; *aan* ~*ken scheuren* in Stücke reißen; *in* ~*ken snijden* in Stücke schneiden, zerstückeln; *op geen* ~*ken na klaar* bei weitem nicht fertig; *op zijn* ~ *staan* auf seinem Standpunkt beharren, auf seinem Willen bestehen; *iets per* ~ *verkopen* etwas stückweise verkaufen; *drie boeken tegen 30 Mark per* ~ drei Bücher zu je 30 Mark *v*; *een man uit één* ~ ein Mann aus einem Guß *m*; *iem. van zijn* ~ *brengen* einen aus der Fassung, aus dem Konzept bringen; *van zijn* ~ *raken* aus dem Konzept kommen; ~ *voor* ~ einzeln, Stück für Stück; ~*ken* ZN ⟨onderdelen⟩ Ersatzteile; ~*ken van mensen* ⟨kosten, vragen e.d.⟩ ZN ein Vermögen; *vechten, slaan e.d., dat de* ~*ken er(van) afvliegen* ZN streiten, daß die Fetzen fliegen, daß es nur so raucht
**2 stuk** *bn* ⟨kapot⟩ entzwei, kaputt, schadhaft
**stukadoor** Stuckarbeiter *m*, Stukkateur *m*
**stuken** mit Stuck verkleiden, verputzen
**stukgaan** kaputt-, entzweigehen
**stukgoederen** Stückgut *o*
**stukgooien** kaputtwerfen
**stukje** Stückchen *o*, Stück *o*; ~ *in de krant* Zeitungsartikel *m*; *bij* ~*s en beetjes* nach und nach, allmählich; stückweise

**stukloon** Stück-, Akkordlohn *m*
**stukscheuren** zerreißen
**stukslaan** kaputtschlagen, zerschlagen
**stukwerk** Akkordarbeit *v*
**stulp** ⟨hut⟩ Hütte *v*
**stulpen** stülpen
**stumper(d)** armer Schlucker *m*; *die ~!* der (die) Ärmste!
**stunt** Bravourstückchen *o*
**stuntel** Stümper *m*, Pfuscher *m*
**stuntelen** stümpern, pfuschen
**stuntelig** tapsig
**stunten** Kunststücke, Tricks vorführen
**stuntman** Stuntman *m*
**stupide** stupid(e)
**sturen** 1 ⟨voertuigen e.d.⟩ steuern, lenken; 2 ⟨zenden⟩ senden, schicken; *hij is voorgoed van school gestuurd* er ist relegiert worden, <u>gemeenz</u> ist von der Schule geflogen
**stut** 1 ⟨steun⟩ Stütze *v*; 2 <u>bouwk</u> Stützbalken *m*, Stutzpfosten *m*
**stutten** stützen, abstützen
**stuur** 1 <u>luchtv</u>, <u>scheepv</u> Steuer *o*, Steuerruder *o*; 2 <u>auto</u> Steuer *o*, Lenkrad *o*; 3 ⟨v.e. fiets⟩ Lenkstange *v*
**stuurbekrachtiging** Servolenkung *v*
**stuurboord** Steuerbord *o*
**stuurgroep** Beirat *m*
**stuurhut** 1 <u>scheepv</u> Ruderhaus *o*; 2 <u>luchtv</u> Kabine *v*; 3 <u>ZN</u> ⟨v. vrachtwagen⟩ Fahrerkabine *v*, -haus *o*
**stuurknuppel** Steuerknüppel *m*
**stuurloos** steuerlos
**stuurman** Steuermann *m*; *de beste stuurlui staan aan wal* tadeln können zwar die Toren, aber besser machen nicht
**stuurs** mürrisch, störrisch, unwirsch
**stuurslot** Lenkradschloß *o*
**stuurstang** Lenkstange *v*
**stuurwiel** Lenkrad *o*
**stuw** Wehr *o*; ⟨stuwdam⟩ Staudamm *m*
**stuwadoor** Stauer *m*
**stuwbekken** Stausee *m*, Staubecken *o*
**stuwdam** Staudamm *m*; Stauwehr *v*; ⟨zeer groot⟩ Talsperre *v*
**stuwen** stauen; *de ~de kracht* die treibende Kraft
**stuwing** Stauung *v*, Stauen *o*
**stuwkracht** Antriebs-, Schubkraft *v*
**stuwmeer** Stausee *m*
**stuwraket** Start-, Trägerrakete *v*
**subcommissie** Unterausschuß *m*
**subcultuur** Subkultur *v*
**subiet** plötzlich; sofort
**subject** 1 <u>gramm</u> Subjekt *o*, Satzgegenstand *m*; 2 ⟨persoon⟩ Person *v*, Subjekt *o*
**subjectief** subjektiv
**subliem** erhaben, sublim
**sublimeren** sublimieren
**subsidiair** ersatzweise
**subsidie** 1 ⟨in 't alg.⟩ Zuschuß *m*, Beihilfe *v*; 2 ⟨v.d. staat⟩ Unterstützung *v*, Subvention *v*
**subsidiëren** subventionieren, unterstützen
**substantie** Substanz *v*
**substantieel** substantiell
**substantief** Substantiv *o*, Hauptwort *o*

**substituut** 1 ⟨persoon⟩ Stellvertreter *m*; 2 ⟨zaak⟩ Substitut *o*
**substituut-procureur** <u>ZN</u> stellvertretender Staatsanwalt *m*
**subtiel** subtil
**subtropisch** subtropisch
**subversief** subversiv
**succes** Erfolg *m*; *~ hebben* Erfolg haben, erfolgreich sein; ⟨in zaken ook⟩ sein Glück machen
**succesnummer** Schlager *m*, Reißer *m*, Hit *m*
**successie** Erbfolge *v*, Nachfolge *v*; *in ~* in Reihenfolge
**successierechten** Erbschaftssteuer *v*
**successievelijk** sukzessiv(e); ⟨langzamerhand⟩ nach und nach
**sudderen** schmoren
**sudderlap** Schmorbraten *m*
**suf** 1 ⟨duf⟩ benommen, dösig, duselig; 2 ⟨onnadenkend⟩ dämlich
**suffen** dösen, duseln; *zitten te ~* vor sich hindösen
**sufferd** Döskopf *m*, Dussel *m*
**suggereren** 1 ⟨aanpraten⟩ suggerieren; 2 ⟨voorstellen⟩ anregen
**suggestie** 1 ⟨inbeelding⟩ Suggestion *v*; 2 ⟨voorstel⟩ Anregung *v*
**suggestief** suggestiv; *een ~tieve vraag* eine Suggestivfrage *v*
**suiker** Zucker *m*
**suikerbeest** Zuckerfigur *v*
**suikerbiet** Zuckerrübe *v*
**suikerbrood** Zuckerbrot *o*
**suikergoed** Süßigkeiten *mv*
**suikerklontje** Zuckerwürfel *m*
**suikeroom** Erbonkel *m*
**suikerpatiënt** Diabetiker *m*
**suikerpot** Zuckerdose *v*
**suikerraffinaderij** Zuckerraffinerie *v*
**suikerriet** Zuckerrohr *o*
**suikerspin** Zuckerwatte *v*
**suikertante** Erbtante *v*
**suikerzakje** Zuckerbeutel *m*
**suikerziek** zuckerkrank
**suikerziekte** Zuckerkrankheit *v* Diabetes *m*
**suite** 1 ⟨kamers⟩ Suite *v*; 2 <u>ZN</u> ⟨stoet⟩ Suite *v*, Gefolge *o*; 3 <u>muz</u> Suite *v*
**suizebollen** taumeln, schwindelig werden
**suizen** 1 ⟨suizelen⟩ säuseln; ⟨hard⟩ rauschen; 2 ⟨in het oor⟩ sausen
**sujet** 1 ⟨persoon⟩ Subjekt *o*; Individuum *o*; 2 ⟨onderwerp⟩ Gegenstand *m*, Sujet *o*
**sukade** Sukkade *v*
**sukkel** 1 ⟨knoeier⟩ Stümper *m*; 2 ⟨onnozele hals⟩ Tropf *m*
**sukkelaar** 1 kränklicher Mensch *m*; 2 ⟨knoeier⟩ Stümper *m*; 3 <u>ZN</u> ⟨stakker⟩ armer Tropf *m*
**sukkeldraf(je)** Trott *m*
**sukkelen** 1 ⟨ziek zijn⟩ kränkeln; 2 ⟨sjokken⟩ trotten; *verder ~* mühsam weitergehen, <u>gemeenz</u> weiterwursteln
**sukkelgangetje**: *op een ~* im Schneckengang *m*
**sul** Tropf *m*, Einfaltspinsel *m*, Trottel *m*
**sullig** 1 ⟨simpel⟩ einfältig; 2 ⟨goedig⟩ gut-

**sultan**

mütig
**sultan** Sultan *m*
**summier** kurzgefaßt, bündig, summarisch
**summum** Gipfelpunkt *m*, Gipfel *m*; *dat is 't ~!* 1 das ist das höchste der Gefühle!; 2 (negatief) das ist die Höhe!
**super** I *v* Super *m*; II *bn* (uitstekend) super, erstklassig, prima
**superbenzine** Superbenzin *o*, Super *m*
**supergeleider** Supraleiter *m*
**supergeleiding** Supraleitfähigkeit *v*, -leitung *v*
**superheffing** Superabgabe *v*
**superieur** I *m* Vorgesetzte(r) *m-v*; II *bn* 1 (het best) (vor)trefflich, vorzüglich, hervorragend; 2 (hooghartig) überlegen
**superioriteit** Superiorität *v*; Überlegenheit *v*
**superlatief** gramm Superlativ *m*
**supermacht** Supermacht *v*
**supermarkt** Supermarkt *m*
**supermens** Übermensch *m*; Supermann *m*, Superfrau *v*
**supersonisch** supersonisch, Überschall-; *~e snelheid* Überschallgeschwindigkeit *v*
**supervisie** Oberaufsicht *v*
**superwinst** Supergewinn *m*
**supplement** Supplement *o*, Ergänzung *v*, Nachtrag *m*
**suppoost** Saalwärter *m*
**supporter** sp Anhänger *m*
**suprematie** Supremat *o*, Vorherrschaft *v*
**surfen** 1 (zonder zeil) surfen, wellenreiten, Surfriding betreiben; 2 (met zeil) (wind-)surfen
**surfer** 1 (zonder zeil) Surfer *m*, Wellenreiter *m*; 2 (met zeil) Surfer *m*
**surfpak** Surfanzug *m*
**surfplank** 1 (zonder zeil) Surfbrett *o*, Brett *o* zum Wellenreiten; 2 (met zeil) Surfbrett *o*
**surplus** Überschuß *m*
**surprise** Überraschung *v*
**surrealisme** Surrealismus *m*
**surrogaat** Ersatz *m*, Surrogat *o*
**surseance**: *~ van betaling* Moratorium *o*, Zahlungsaufschub *m*

**surveillance** Aufsicht *v*, Beaufsichtigung *v*
**surveillant** Aufseher *m*; (op school) aufsichtführender Lehrer *m*
**surveilleren** überwachen, beaufsichtigen
**sussen** beruhigen, besänftigen; *in slaap ~* einlullen, -schläfern; *het geweten in slaap ~* das Gewissen beschwichtigen
**swingen** swingen
**syfilis** Syphilis *v*
**syllabe** Silbe *v*
**syllabus** Syllabus *m*
**symboliek** Symbolik *v*
**symbolisch** symbolisch, symbolhaft
**symboliseren** symbolisieren
**symbool** Symbol *o*
**symfonie** Sinfonie *v*
**symfonisch** sinfonisch, symphonisch
**symmetrie** Symmetrie *v*
**symmetrisch** symmetrisch
**sympathie** Sympathie *v*, Mitgefühl *o*
**sympathiek** sympathisch
**sympathisant** Sympathisant *m*, Anhänger *m*
**sympathiseren** sympathisieren
**symptomatisch** symptomatisch
**symptoom** Symptom *o*
**synagoge** Synagoge *v*
**synchroniseren** synchronisieren
**synchroon** synchron, zeitgleich
**syndicaat** 1 handel Syndikat *o*; 2 (vakvereniging) Gewerkschaft *v*
**synode** Synode *v*
**synoniem** I *o* Synonym *o*; II synonym, sinngleich
**syntaxis** Syntax *v*
**synthese** Synthese *v*
**synthetisch** synthetisch; *~e stof* synthetischer Stoff *m*, Kunststoff *m*
**systeem** System *o*; *economisch ~* Wirtschaftssystem *o*
**systeemanalist** Systemanalytiker *m*
**systeembouw** Montagebau *m*
**systeemkaart** Karteikarte *v*
**systeemloos** plan-, systemlos
**systeemontwerper** Systemanalytiker *m*
**systematiek** Systematik *v*
**systematisch** planmäßig, systematisch

# T

**t** der Buchstabe T, das T
**'t** ⟨verkorting v. *het*⟩ **I** *lidw* das, der, die; **II** *pers vnw* es; *'t is al laat* es ist schon spät; *'t eten is klaar* das Essen ist fertig
**taai 1** ⟨in 't alg.⟩ zäh; **2** ⟨vervelend⟩ öde; *hou je ~!* bleib gesund (und munter)!, halt die Ohren steif!
**taaiheid 1** ⟨in v. *het*⟩ **1** *lidw* das, der, die; **2** ⟨vervelend zijn⟩ Langweiligkeit *v*
**taaitaai** Lebkuchen *m*
**taak 1** ⟨in 't alg.⟩ Aufgabe *v*; **2** ZN ⟨huiswerk⟩ Hausaufgaben *mv*
**taakleraar** ZN Nachhilfelehrer *m*
**taakomschrijving** Beschreibung des Aufgabenbereichs *v*
**taakverdeling** Aufgabenteilung *v*
**taal** Sprache *v*; *de moderne, oude talen* die neueren, alten Sprachen; *duidelijke ~ spreken* sich klar und deutlich ausdrücken; *~ noch teken* kein Lebenszeichen o; *dat is andere ~* das klingt schon besser
**taalachterstand** Sprachrückstand *m*, -defizit o
**taalarmoede** sprachliche Unterentwicklung *v*
**taalbeheersing** Sprachbeherrschung *v*
**taaleigen** Idiom o
**taalfout** sprachlicher Fehler *m*
**taalgebied** Sprachraum *m*
**taalgebruik** Sprachgebrauch *m*
**taalgevoel** Sprachgefühl o
**taalkunde** Sprachwissenschaft *v*
**taalkundig 1** ⟨in 't alg.⟩ sprachwissenschaftlich; **2** *gramm* grammatisch
**taalkundige** Linguist *m*
**taalkwestie** ZN *pol* sprachpolitische Angelegenheit *v*
**taalonderwijs** Sprachunterricht *m*
**taalpolitiek** Sprachpolitik *v*
**taalrol** ZN Sprachenverzeichnis o
**taalstrijd** Sprachenkampf *m*
**taalvaardigheid** Sprachfertigkeit *v*
**taalwetenschap** Sprachwissenschaft *v*
**taalzuiveraar** Sprachpfleger *m*, Purist *m*
**taart 1** ⟨gebak⟩ Torte *v*; **2** ⟨scheldnaam⟩ Schachtel
**taartpunt** Tortenstück o
**tabak** Tabak *m*; ~ *van iets hebben* gemeenz etwas satt haben
**tabaksbouw, tabakscultuur** Tabakbau *m*
**tabaksdoos** Tabaksdose *v*
**tabaksplant** Tabakpflanze *v*
**tabaksplantage** Tabakpflanzung *v*
**tabee**: *~!* tschüs!
**tabel** Tabelle *v*
**tabernakel 1** *bijbel* Stiftshütte *v*; **2** RK Tabernakel *m*
**tableau** Tableau o; *~vivant* lebendes Bild o
**tablet 1** ⟨pil⟩ Tablette *v*; **2** ⟨plak⟩ Tafel *v*; ~ *chocolade* Tafel v Schokolade
**taboe I** *bn* tabu; **II** o & *m* Tabu o
**tachograaf** Tachograph *m*
**tachtig** achtzig; *zij is voor in de ~* sie ist Anfang Achtzig; *hij is achter in de ~* er ist Ende Achtzig; *de jaren ~* die achtziger Jahre
**tachtiger** Achtziger *m*
**tachtigste** achtzigste
**tackelen** *sp* angreifen
**tact** Takt *m*
**tacticus** Taktiker *m*, taktvoller Mensch *m*
**tactiek** Taktik *v*
**tactisch** taktisch
**tactloos** taktlos
**tactvol** taktvoll, umsichtig
**tafel 1** ⟨meubel⟩ Tisch *m*; **2** ⟨tabel⟩ Tabelle *v*; *Ronde T~* Tafelrunde *v*; *de ~ van vermenigvuldiging* das Einmaleins; *de ~ van 3* die Dreiherreihe des Einmaleins; *de ~en der wet* die Gesetzestafeln; *~ dekken* den Tisch decken; *aan de ~* am Tisch; *aan ~ gaan* zu Tisch gehen; *aan ~ zitten* bei Tisch sitzen; *ter ~ brengen* aufs Tapet bringen; *gescheiden van ~ en bed* getrennt von Tisch und Bett
**tafelberg** Tafelberg *m*
**tafelblad** Tischplatte *v*
**tafeldame** Tischdame *v*
**tafelen** tafeln
**tafelheer** Tischherr *m*
**tafelkleed, tafellaken** Tischdecke *v*, Tischtuch o
**tafellinnen** Tischwäsche *v*
**tafelmanieren**: *goede ~* gute Tischmanieren
**tafelpoot** Tischbein o
**tafelronde** Tafelrunde *v*
**tafelschikking** Tischordnung *v*
**tafelschuimer** Schmarotzer *m*
**tafeltennis** Tischtennis o
**tafeltennissen** Tischtennis spielen
**tafeltje-dek-je 1** ⟨in sprookje⟩ Tischleindeckdich o; **2** ⟨organisatie die maaltijden aan huis brengt⟩ Essen auf Rädern
**tafelvoetbal** Tischfußball *m*
**tafelwijn** Tischwein *m*, Tafelwein *m*
**tafelzilver** Tafelsilber o
**tafereel** Bild o, Szene *v*; *een gruwelijk ~* eine Schauderszene *v*
**tahoe** Tofu o
**taille** Taille *v*
**tailleren** taillieren
**tak 1** ⟨in 't alg.⟩ Zweig *m*; **2** ⟨dikke tak⟩ Ast *m*; ~ *van nijverheid* Industriezweig *m*
**takel** Takel o, Flaschenzug *m*
**takelen** takeln, winden
**takelwagen** Kranwagen *m*
**takenpakket** Aufgabenbereich *m*
**takkenbos** Reisigbündel o, Holzbündel o
**1 taks** *m* & *v* **1** ⟨hoeveelheid⟩ Quantum o, Portion *v*; **2** ZN ⟨belasting⟩ Gebühr *v*; **3** ⟨strafport⟩ Strafporto o; **4** ZN ⟨kijk- en luistergeld⟩ Rundfunk- und Fernsehgebühren *mv*; **5** ZN ⟨telef. gesprekskosten⟩ Fernsprechgebühren *mv*; **6** ZN ⟨tol⟩ Straßenbenutzungsgebühr *v*
**2 taks** *m* ⟨hond⟩ Dackel *m*
**tal** Zahl *v*, Menge *v*
**talen**: *niet naar iets ~* nichts (mehr) auf etwas (4) geben
**talenkennis** Sprachkenntnisse *mv*
**talenknobbel** Sprachbegabung *v*

**talenpracticum** Sprachlabor o
**talent** Talent o
**talentenjacht** Talentsuche v
**talentvol** talentvoll
**talenwonder** Sprachgenie o
**talg** Talg m
**talisman** Talisman m
**talk** Talk m
**talkpoeder** Talkpuder m
**talkshow** Talkshow v
**talloos** zahllos
**talmen** 1 ⟨dralen⟩ zaudern; 2 ⟨twijfelen⟩ zögern
**talon** Talon m
**talrijk** zahlreich
**talud** Böschung v
**tam** zahm; ~ *maken* zähmen, zahm machen
**tamboer** Trommler m, Trommelschläger m
**tamboerijn** Tamburin o, Schellentrommel v
**tamelijk** ziemlich, leidlich
**tampon** Tampon m
**tamponziekte** Giftschocksyndrom o
**tamtam** Tamtam o; *veel* ~ *maken* viel Aufhebens machen
**tand** 1 ⟨v. gebit, v. werktuig⟩ Zahn m; 2 ⟨v. kam, vork⟩ Zinke v; *de* ~ *des tijds* der Zahn der Zeit; ~*en krijgen* zahnen; *de* ~*en op elkaar zetten* die Zähne zusammenbeißen; *iem. de* ~*en laten zien* jmdm. die Zähne zeigen; *iem. aan de* ~ *voelen* jmdm. auf den Zahn fühlen; *met lange* ~*en eten* die Zähne heben; *tot de* ~*en gewapend* bis an die Zähne bewaffnet
**tandarts** Zahnarzt m
**tandartsassistente** Zahnarzthelferin v
**tandbederf** Zahnfäule v
**tandeloos** zahnlos
**tandenborstel** Zahnbürste v
**tandenstoker** Zahnstocher m
**tandheelkunde** Zahnheilkunde v, Zahnmedizin v
**tandheelkundig** zahnärztlich; ~*e praktijk* Zahnarztpraxis v
**tandheelkundige** Zahnarzt m, Dentist m
**tandpasta** Zahnpaste v, Zahncreme v
**tandplak** Zahnbelag m, Plaque v
**tandrad** Zahnrad o
**tandsteen** Zahnstein m
**tandtechnicus** Zahntechniker m
**tandverzorging** Zahnpflege v
**tandvlees** Zahnfleisch o
**tandwiel** Zahnrad o
**tandwortel** Zahnwurzel v
**tanen** 1 ⟨looien⟩ gerben; 2 ⟨roem⟩ verblassen
**tang** 1 (in 't alg.) Zange v; 2 ⟨scheldwoord⟩ Schreckschraube v; *'t slaat als een* ~ *op een varken* es paßt wie die Faust aufs Auge
**tangaslipje** Tangaslip m
**tangens** Tangens m
**tango** Tango m
**tangverlossing** Zangengeburt v
**tanig** gegerbt
**tank** 1 ⟨houder v. gassen en vloeistoffen⟩ Tank m; 2 mil Panzer m
**tanken** (auf)tanken

**tanker** Tanker m
**tankstation** Tankstelle v
**tankvliegtuig** Tankerflugzeug o
**tankwagen** Tankwagen m
**tantaluskwelling** Tantalusqualen mv
**tante** Tante v
**tantième** Tantieme v
**tap** 1 ⟨stop⟩ Zapfen m; 2 ⟨kraan⟩ Zapfhahn m; 3 ⟨tapkast⟩ Theke v
**tapdansen** steppen
**tapdanser** Steptänzer m
**tape** 1 ⟨magneetband⟩ Tonband o; 2 ⟨plakband⟩ Klebeband o
**tapijt** Teppich m; *geknoopt* ~ Knüpfteppich m
**tapir** Tapir m
**tapkast** Theke v, Schanktisch m
**tappen** (ab)zapfen; *moppen* ~ Witze reißen; *hij is daar niet getapt* er ist da ungern gesehen
**tapperij** Schankwirtschaft v
**taps** zapfen-, kegelförmig
**taptoe** Zapfenstreich m
**tapvergunning** Schankkonzession v
**tarbot** Steinbutt m
**tarief** 1 (in 't alg.) Tarif m; 2 ⟨voor dienstverlening⟩ Gebühr v; *speciaal* ~ Vorzugstarif m
**tarra** Tara v
**tartaar** Tatar(beefsteak) o
**Tartaar** Tatar m
**tarten** 1 ⟨trotseren⟩ trotzen; 2 ⟨tergen⟩ ärgern; 3 ⟨uitdagen⟩ provozieren; 4 ⟨overtreffen⟩ spotten; *dat tart iedere beschrijving* das spottet jeder Beschreibung
**tarwe** Weizen m
**tarwebloem** Auszugsmehl o
**tarwebrood** Weizenbrot o
**1 tas** v ⟨voor boodschappen enz.⟩ Tasche v; *leren* ~ Ledertasche v
**2 tas** m ⟨stapel⟩ Haufen
**3 tas** v ZN ⟨kopje⟩ Tasse v
**tast**: *op de* ~ tastend
**tastbaar** greifbar; ~*bare resultaten* greifbare Ergebnisse
**tasten** (be)tasten, anfassen; *flink in zijn beurs* ~ ordentlich in den Beutel greifen
**tastzin** Tastsinn m
**tatoeage** Tätowierung v
**tatoeëren** tätowieren
**taugé** ± Sojasprossen mv
**taxateur** Taxator m; *beëdigd* ~ beeidigter Taxator m
**taxatie** Taxation v, Schätzung v
**taxatiewaarde** Tax-, Schätzwert m
**taxeren** taxieren, einschätzen; *te laag* ~, *te hoog* ~ unterbewerten, überbewerten
**taxfree** steuer-, zollfrei
**taxi** Taxi o, Taxe v
**taxicentrale** Taxizentrale v
**taxichauffeur** Taxifahrer m
**taxiën** ⟨v. vliegtuig⟩ rollen
**taximeter** Taxameter m, Fahrpreisanzeiger m
**taxistandplaats** Taxistand m
**taxistop** ZN Mitfahrerzentrale v
**taxonomie** Taxonomie v
**T-balk** T-Träger m

**tbc** = *tuberculose* Tb, Tbc
**T-biljet** Lohnsteuerjahresausgleichskarte *v*
**tbs** *recht* = *terbeschikkingstelling* Sicherungsverwahrung *v*
**t.b.v.** = *ten behoeve van* zugunsten (+ 2)
**1 te** *voorz* zu; ~ *koop*, ~ *huur* zu verkaufen, zu vermieten; ~ *Parijs* in Paris; ~ *weten* nämlich
**2 te** *bijw* zu; ~ *hoog* zu hoch; *des* ~ *minder* um so weniger
**teakhout** Teakholz *o*
**team 1** *sp* Mannschaft *v*; **2** ⟨werk⟩ Team *o*
**teamgeest** Mannschaftsgeist *m*, Teamgeist *m*
**teamverband:** *in* ~ im Team, als Team
**teamwork** Teamwork *o*
**tearoom** Teestube *v*, Tea-Room *m*
**techneut** *schertsend* Technikfreak *m*
**technicus** Techniker *m*
**techniek** Technik *v*
**technisch** technisch
**technocraat** Technokrat *m*
**technocratie** Technokratie *v*
**technologie** Technologie *v*
**technologisch** technologisch
**teckel** Dackel *m*
**tectyleren** ein Rostschutzmittel auftragen
**teder** zärtlich; ~ *bemind* zärtlich geliebt
**tederheid** Zärtlichkeit *v*
**teef** Hündin *v*
**teek** Zecke *v*
**teelaarde** Humus *m*, Ackerkrume *v*
**teelbal** Hoden *m*, Hode *m*
**teelt** Zucht *v*; *eigen* ~ eigener Anbau *m*
**1 teen** *v* 1 ⟨v. voet⟩ Zehe *v*, Zeh *m*; **2** ⟨deel van een sok⟩ Spitze *v*; *lange tenen hebben* leicht eingeschnappt sein; *iem. op de tenen trappen* fig jmdm. auf die Zehen treten
**2 teen** *v* ⟨tak⟩ Weidenrute *v*, -gerte *v*
**teenager** Teenager
**teenslippers** Sandale *v* mit Zehenriemchen
**teentje** kleine Zehe *v*; *een* ~ *knoflook* eine Knoblauchzehe *v*; *gauw op de* ~*s getrapt zijn* sich gleich auf den Schlips getreten fühlen
**1 teer** *m* & *o* Teer *m*
**2 teer** *bn* ⟨broos⟩ zart; *een* ~ *punt* ein heikler Punkt *m*
**teergevoelig** zartfühlend, empfindlich
**teerling** *ZN* Würfel *m*; *de* ~ *is geworpen* der Würfel ist gefallen
**tegel 1** ⟨geglazuurd; muurtegel⟩ Kachel *v*; **2** ⟨vloer-, muurtegel⟩ Fliese *v*; **3** ⟨stoeptegel⟩ Gehwegplatte *v*; *marmeren* ~ Marmorfliese *v*
**tegelijk, tegelijkertijd** zugleich, gleichzeitig
**tegelvloer** Fliesen(fuß)boden *m*
**tegelzetter** Fliesenleger *m*
**tegemoetgaan** entgegengehen (+ 3)
**tegemoetkomen** entgegenkommen (+ 3); *aan iemands wensen* ~ jemands Wünschen entgegenkommen; *aan bezwaren* ~ Einwände berücksichtigen
**tegemoetzien** entgegensehen(+ 3)
**tegen** gegen; wider; ~ *achten* gegen acht Uhr; ~ *de avond* gegen Abend; *een zonde* ~ *de Heilige Geest* eine Sünde wider den Heiligen Geist; ~ 6% zu sechs Prozent; ~ *de stroom op zwemmen* gegen den Strom schwimmen; *iem.* ~ *de vijftig* jemand an die fünfzig; ~ *de wet* gesetzwidrig; ~ *beter weten in* wider besseres Wissen; *er is niets* ~ es spricht nichts dagegen; *een pak, dat overal* ~ *kan* ein strapazierfähiger Anzug *m*; *ik kan er niet* ~ *fig* ich vertrage es nicht
**tegenaan:** *(toevallig) ergens* ~ *lopen* (zufällig) auf etwas (+ 4) stoßen
**tegenaanval** Gegenangriff *m*
**tegenargument** Gegenargument *o*
**tegenbeeld** Gegenstück *o*
**tegenbericht** gegenteilige Nachricht *v*; *behoudens* ~ ohne Nachricht Ihrerseits
**tegenbewijs** Gegenbeweis *m*
**tegenbezoek** Gegenbesuch *m*
**tegendeel** Gegenteil *o*
**tegendoelpunt** Gegentor *o*
**tegendraads** ⟨tegen de algemene mening in⟩ eigenwillig, nonkonformistisch
**tegendruk** Gegendruck *m*
**tegengaan** entgegentreten, sich widersetzen (gegen *of* + 3), steuern (3); *een misbruik* ~ einem Mißbrauch Einhalt gebieten
**tegengas:** ~ *geven* sich gegen etwas sperren
**tegengesteld** entgegengesetzt
**tegengif** Gegengift *o*
**tegenhanger** Gegenstück *o*, Gegenteil *o*
**tegenhouden 1** ⟨beletten verder te gaan⟩ aufhalten; **2** ⟨verhoeden⟩ verhüten
**tegenin:** *ergens* ~ *gaan* gegen etwas angehen
**tegenkandidaat** Gegenkandidat *m*
**tegenkomen** begegnen (+ 3), stoßen auf (+ 4)
**tegenlicht** Gegenlicht *o*
**tegenlichtopname** Gegenlichtaufnahme *v*
**tegenligger 1** *auto* entgegenkommendes Auto *o*; **2** ⟨trein⟩ Gegenzug *m*; ~*s auto* Gegenverkehr *m*
**tegenlopen:** *alles is mij tegengelopen* mir ist alles schiefgegangen
**tegenmaatregel** Gegenmaßnahme *v*
**tegennatuurlijk** widernatürlich
**tegenoffensief** Gegenoffensive *v*
**tegenop:** *er niet* ~ *kunnen* etwas nicht ertragen können; *ergens* ~ *rijden* gegen etwas fahren; *er* ~ *zien* sich scheuen vor (+ 3)
**tegenover** gegenüber
**tegenovergesteld** entgegengesetzt
**tegenoverstellen 1** *eig* gegenüberstellen (+ 3); **2** *fig* vergleichen
**tegenpartij** Gegenpartei *v*, Gegenseite *v*
**tegenpool** Gegenpol *m*
**tegenprestatie** Gegenleistung *v*
**tegenpruttelen** murren, aufmucksen
**tegenslag** Mißgeschick *o*, Pech *o*
**tegenspartelen** sich (gegen etwas) sträuben
**tegenspel** Widerspiel *m*, Kontra *o*; ~ *bieden* Kontra geben
**tegenspeler** Gegenspieler *m*

**tegenspoed** Mißgeschick o
**tegenspraak** Widerspruch m; *geen ~ dulden* keine Widerrede dulden; *in ~ zijn met* im Gegensatz stehen zu
**tegenspreken 1** ⟨in 't alg.⟩ widersprechen (+ 3); **2** ⟨ontkennen⟩ bestreiten
**tegensputteren** (auf)mucken, murren
**tegenstaan** zuwider sein (+ 3)
**tegenstand** Widerstand m; *~ bieden* Widerstand leisten
**tegenstander** Gegner m; *een verklaard ~* ein erklärter Gegner
**tegenstelling** Gegensatz m; *in ~ met* im Gegensatz zu
**tegenstem** Gegenstimme v
**tegenstrever** ZN Gegner m
**tegenstribbelen** mucken
**tegenstrijdig 1** (elkaar tegensprekend) widersprüchlich; **2** (tegengesteld) gegensätzlich; *~e belangen* gegensätzliche Interessen; *~e berichten* sich einander widersprechende Nachrichten; *~e gevoelens* zwiespältige Gefühl
**tegenstrijdigheid** Widerspruch m
**tegenvallen** enttäuschen
**tegenvaller** Enttäuschung v
**tegenvoeter** Antipode m
**tegenvoorbeeld** Gegenbeispiel o
**tegenvoorstel** Gegenvorschlag m
**tegenwaarde** Gegenwert m
**tegenwerken** entgegenarbeiten
**tegenwerking** Widerstand m
**tegenwerpen** einwenden, entgegenhalten
**tegenwerping** Einwand m, Einwendung v
**tegenwicht** Gegengewicht o
**tegenwind 1** *eig* Gegenwind m; **2** *fig* Mißgeschick o
**tegenwoordig I** *bn* **1** (aanwezig) anwesend; **2** (van nu) heutig; *~ deelwoord* erstes Partizip o; *de ~e jeugd* die heutige Jugend; *~ tijd* heutige Zeit v; *gramm* Gegenwart v; *voltooid ~e tijd* Perfekt o; *bij iets ~ zijn* bei etwas zugegen sein; **II** *bijw* heute
**tegenwoordigheid** Anwesenheit v, Gegenwart v; *~ van geest* Geistesgegenwart v; *in ~ van* in Gegenwart (+2)
**tegenzet** Gegenzug m
**tegenzin** Abneigung v; *met ~* widerwillig
**tegenzitten**: *'t zit mij tegen* nichts gelingt mir
**tegoed** Guthaben o; *~ bij de bank* Bankguthaben o
**tegoedbon** Gutschein m
**tehuis** Heim o; *~ voor daklozen* Obdachlosenheim o; *~ voor ongehuwde moeders* Mütterheim o; *~ voor moeilijk opvoedbare kinderen* Erziehungsheim o
**teil** Kübel m, Wanne v
**teint** Teint m
**teisteren** heimsuchen
**tekeergaan** toben, wüten
**teken** Zeichen o; *~ van de dierenriem* Tierkreiszeichen o; *~ van leven* Lebenszeichen o; *~ tot vertrek* (trein) Abfahrtssignal o; *in het ~ van* im Zeichen (+2)
**tekenaap** Pantograph m, Storchschnabel m

**tekenaar** Zeichner m
**tekenblok** Zeichenblock m
**tekendoos** Kästchen o für Schreibgeräte
**tekenen** zeichnen; *uit de hand ~* aus freier Hand zeichnen
**tekenfilm** Zeichen(trick)film m
**tekening 1** ⟨in 't alg.⟩ Zeichnung v; **2** ⟨bouwplan⟩ Riß m; *schematische ~* techn Gerippskizze v
**tekenleraar** Zeichenlehrer m
**tekenpapier** Zeichenpapier o
**tekort 1** (financieel) Fehlbetrag m, Defizit o; **2** (v. hoeveelheid) Mangel m; *~ op de handelsbalans* Außenhandelsdefizit o
**tekortdoen**: *iem. ~* einen schädigen, einem zu nahe treten
**tekortkoming** Unzulänglichkeit v
**tekst** Text m; *~ en uitleg geven* (uitleggen) etwas (genau) erklären; (zich verantwoorden) (jmdm.) Rede und Antwort stehen
**tekstdichter** Textdichter m
**tekstschrijver 1** ⟨in 't alg.⟩ Textdichter m; **2** (reclame, film) Texter m
**tekstverklaring 1** ⟨in 't alg.⟩ Texterklärung v; **2** bijbel Texterläuterung v
**tekstverwerker** Textverarbeitungsanlage v
**tekstverwerking** Textverarbeitung v
**tekstverwerkingsprogramma** Textverarbeitungsprogramm o
**tel 1** ('t tellen) Zählen o; **2** (ogenblik) Sekunde v; *het duurt maar een paar ~len* es dauert nur wenige Sekunden; *de ~ kwijtraken* sich verzählen; *zeer in ~ zijn* in hohem Ansehen stehen; *niet in ~ zijn* nicht mitzählen; *op zijn ~len passen* sich vorsehen
**telecommunicatie** Telekommunikation v
**telefax** = fax
**telefoneren** telefonieren (+ 3)
**telefonisch** telefonisch, fernmündlich
**telefonist, telefoniste** Telefonist m, -in v
**telefoon** Fernsprecher m, Telefon o; *er is ~ voor u* Sie werden am Telefon verlangt; *de ~ opnemen* den Hörer abheben
**telefoonaansluiting** Fernsprechanschluß m
**telefoonbeantwoorder** Anrufbeantworter m
**telefoonboek** Telefon-, Fernsprechbuch o
**telefooncel** Telefonzelle v
**telefooncentrale** Telefonzentrale v
**telefoongesprek** Telefongespräch o; *buitenlands ~* Auslandsgespräch o; *interlokaal ~* Ferngespräch o
**telefoongids** = telefoonboek
**telefoonkaart** Telefonkarte v
**telefoonnet** Telefonnetz o
**telefoonnummer** Telefonnummer v
**telefoontje** Anruf m, Telefonat o
**telefoontoestel** Telefonapparat m
**telegraaf** Telegraf m
**telegraferen** telegrafieren
**telegrafie** Telegrafie v
**telegrafisch** telegraphisch
**telegram** Telegramm o, Drahtnachricht v
**telegramstijl** Telegrammstil m
**telelens** Teleobjektiv o
**telen** züchten; *zelf geteeld* selbstgezogen

**telepathie** Telepathie v
**telepathisch** telepathisch
**telescoop** Teleskop o
**teletekst** Videotext m
**teleurstellen** enttäuschen; *teleurgesteld in* enttäuscht über (+ 4), von (+ 3)
**teleurstelling** Enttäuschung v
**televisie** Fernsehen o, Fernsehgerät o; *commerciële* ~ Privatfernsehen o
**televisiedominee** Fernsehgeistliche(r) m-v
**televisiekijker** Fernsehzuschauer m
**televisienet** Netz o von Fernsehsendern; *op het eerste* ~ im ersten Programm
**televisieopname** Fernsehaufzeichnung v
**televisieprogramma** Fernsehprogramm o
**televisiereclame** Fernsehwerbung v
**televisieserie** Fernsehserie v
**televisiespel** Fernsehspiel o
**televisiestation** Fernsehstation v
**televisietoestel** Fernsehapparat m
**televisie-uitzending** Fernsehsendung v
**telex** Telex o, Fernschreiber m
**telfout** Rechenfehler m
**telg** Sproß m
**telkenmale** allemal, immerfort
**telkens** jedesmal; ~ *wanneer* jedesmal wenn; ~ *weer* immer wieder
**tellen** zählen; *niet tot tien kunnen* ~ nicht bis drei zählen können; *iem. onder zijn vrienden* ~ einen zu seinen Freunden zählen; *dat telt niet!* das gilt nicht!; *hij telt voor twee* er zählt für zwei
**teller** Zähler m
**telling** Zählung v
**telmachine** 1 ⟨rekenmachine⟩ Rechenmaschine v; 2 ⟨telapparaat⟩ Zählapparat m
**teloorgaan** verlorengehen
**teloorgang** Verlust m, Einbuße v
**telraam** Rechenmaschine v
**telwoord** Zahlwort o
**temeer** um so mehr
**temeier** gemeenz Nutte v, Strichmädchen o
**temen** 1 ⟨lijmerig spreken⟩ schleppend sprechen; 2 ⟨zeuren⟩ salbadern
**temmen** zähmen
**tempel** Tempel m
**tempelier** Templer m; *zuipen als een* ~ saufen wie ein Faß
**tempen** gemeenz Fieber messen
**temperament** Temperament o; *met veel* ~ temperamentvoll
**temperaturen** die Temperatur messen
**temperatuur** Temperatur v
**temperen** 1 ⟨pijn⟩ mäßigen; 2 ⟨licht⟩ dämpfen
**tempo** Tempo o; *in razend* ~ in rasendem Tempo
**temporiseren** 1 sp verzögern; 2 ⟨uitstellen⟩ hinhalten
**ten** zu, zum, zur; ~ *eerste* erstens, zum ersten; ~ *gevolge hebben* zur Folge haben; ~ *hemel varen* gen Himmel fahren; ~ *noorden van Keulen* nördlich Kölns
**tendens** Tendenz v
**tendentieus** tendenziös
**teneinde** um...zu; damit
**teneur** Tenor m

**tengel** 1 ⟨lat⟩ Latte v; 2 gemeenz ⟨vinger, hand⟩ Pfote v
**tenger** schmächtig
**tenietdoen** zunichte machen
**tenietgaan** zunichte werden
**tenlastelegging** recht Anklage v
**tenminste** 1 (in 't alg.) wenigstens; 2 ⟨op z'n minst⟩ zumindest; *als hij* ~ *iets gezegd heeft* wenn er überhaupt etwas gesagt hat
**tennis** Tennis o
**tennisarm** Tennisarm m
**tennisbaan** Tennisplatz m; *overdekte* ~ Tennishalle v
**tennisbal** Tennisball m
**tennissen** Tennis spielen
**tenor** Tenor m
**tenslotte** 1 ⟨immers⟩ doch; 2 ⟨uiteindelijk⟩ schließlich
**tent** 1 ⟨kampeertent e.d.⟩ Zelt o; 2 ⟨kroeg⟩ Kneipe v; *een chique* ~ gemeenz ein schicker Laden m; *zijn ~en ergens opslaan* seine Zelte irgendwo aufschlagen; *uit zijn* ~ *lokken* aus seiner Reserve herauslocken
**tentakel** Tentakel m
**tentamen** Tentamen o
**tentamineren** einer Vorprüfung unterziehen
**tentdoek** Zeltbahn v
**tentenkamp** Zeltlager o
**tentharing** Zelthering m
**tentoonspreiden** zur Schau tragen
**tentoonstellen** 1 ⟨op expositie⟩ ausstellen; 2 ⟨te kijk stellen⟩ zur Schau stellen
**tentoonstelling** 1 ⟨expositie⟩ Ausstellung v; 2 ⟨tekijkstelling⟩ Zurschaustellung v
**tentstok** Zeltstange v
**tentzeil** Zeltplane v
**tenue** Uniform v, Anzug m
**tenuitvoerbrenging** Vollzug m, -streckung v
**tenzij** es sei denn (daß), es wäre denn (daß)
**tepel** Brustwarze v, Zitze v
**ter** zu, zur, zum
**teraardebestelling** Beerdigung v
**terbeschikkingstelling** Sicherungsverwahrung v
**terdege** tüchtig
**terecht** mit Recht, richtig
**terechtbrengen** ausfindig machen, aufspüren, zurückbringen; *hij brengt er niets van terecht* er bringt nichts zustande
**terechtkomen**: *weer* ~ sich wieder finden; *dat zal wel* ~ das wird sich schon finden; *daarvan komt niets terecht* daraus wird nichts; ~ *in* landen in (+ 3); *op zijn pootjes* ~ fig wieder auf die Beine kommen
**terechtstaan** vor Gericht stehen
**terechtstellen** hinrichten
**terechtstelling** Hinrichtung v
**terechtwijzen** zurechtweisen
**terechtwijzing** Zurechtweisung v
**teren** 1 ⟨met teer⟩ teeren; 2: ~ *op* zehren von
**tergen** reizen, quälen; ~*d langzaam* quälend langsam
**tering** vero ⟨tbc⟩ Schwindsucht v; *vliegende* ~ galoppierende Schwindsucht v; *de* ~

**terloops**

*naar de nering zetten* sich nach der Decke strecken
**terloops** beiläufig
**term** 1 ⟨benaming⟩ Ausdruck *m*; 2 wisk Term *m*; *technische ~* technischer Ausdruck *m*; *daarvoor zijn geen ~en aanwezig* dafür gibt es keinen Anlaß, ⟨juridisch⟩ keinen Rechtsgrund; *in bedekte ~en* durch die Blume
**termiet** Termite *v*
**termijn** 1 ⟨tijdpunt⟩ Termin *m*; 2 ⟨tijdruimte⟩ Frist *v*; 3 ⟨afbetaling⟩ Rate *v*; *binnen de gestelde ~* termingerecht; *in ~en betalen* in Raten zahlen; *op korte ~* kurzfristig
**termijnhandel** Termin-, Zeitgeschäft *o*
**terminaal** terminal
**terminal** 1 ⟨luchthaven⟩ Terminal *m* & *o*; 2 comput Terminal *o*
**terminologie** Terminologie *v*
**terminus** ZN 1 ⟨eindpunt⟩ Endstation *v*; 2 ⟨eindstation⟩ Endbahnhof *m*
**ternauwernood** mit knapper Not
**terneer** danieder
**terneergeslagen** fig niedergeschlagen
**terneerslaan** niederdrücken
**terp** Wurte *v*, Warf(t) *v*
**terpentijn, terpentine** Terpentin *o*
**terracotta** I *v* & *o* Terrakotta *v*; II *bn* terrakotta(farben)
**terras** Terrasse *v*
**terrein** 1 ⟨stuk grond⟩ Gelände *o*; 2 fig ⟨gebied⟩ Gebiet *o*; *~ verliezen* Terrain verlieren
**terreinknecht** Platzwart *m*
**terreinwinst**: *~ boeken* einen Erfolg verbuchen können
**terreur** Terror *m*
**terriër** Terrier *m*
**territoriaal** territorial; *~riale wateren* Hoheitsgewässer *mv*
**territorium** Territorium *o*
**territoriumdrift** Reviertrieb *m*
**terroriseren** terrorisieren
**terrorisme** Terrorismus *m*
**terrorist** Terrorist *m*
**terroristisch**: *~e actie* Terrorakt *m*
**tersluiks** heimlich, verstohlen
**terstond** sofort, gleich
**tertiair** tertiär
**Tertiair** Tertiär *o*
**terts** Terz *v*; *grote, kleine ~* große, kleine Terz
**terug** zurück; *de reis ~* die Rückreise; *ik krijg nog een mark ~* ich bekomme noch eine Mark heraus; *twee eeuwen ~* vor zwei Jahrhunderten
**terugbellen** zurückrufen
**terugbetalen** zurückzahlen, -erstatten
**terugblik** Rückblick *m*
**terugblikken** (zu)rückblicken
**terugbrengen**: *~ tot* zurückbringen auf
**terugdeinzen** zurückfahren; *nergens voor ~* vor nichts haltmachen, zurückschrecken; *voor geen offer ~* vor keinem Opfer zurückschrecken
**terugdraaien** zurückdrehen
**terugdrijven** zurücktreiben
**terugdringen** zurückdrängen

**terugfluiten** 1 sp abpfeifen; 2 fig zurückpfeifen
**teruggaan** zurückgehen
**teruggang** Rückgang *m*, Rückkehr *v*
**teruggave** 1 ⟨in 't alg.⟩ Rückgabe *v*; 2 ⟨bij 't betalen⟩ Herausgabe *v*
**teruggetrokken** zurückgezogen
**teruggooien** zurückwerfen
**teruggrijpen**: *~ op* zurückgreifen auf (+ 4)
**terughalen** zurückholen
**terughoudend** 1 ⟨gereserveerd⟩ zurückhaltend; 2 ⟨gesloten⟩ zugeknöpft
**terughoudendheid** Zurückhaltung *v*
**terugkaatsen** 1 ⟨bal⟩ zurückprallen; 2 ⟨licht⟩ reflektieren; 3 ⟨geluid⟩ widerhallen
**terugkeer** Rückkehr *v*
**terugkeren** zurückkehren; *om weer tot ons onderwerp terug te keren* um wieder auf besagtes Thema zu kommen
**terugkijken** zurückblicken
**terugkomen** zurückkommen; *op een besluit ~* einen Beschluß rückgängig machen
**terugkomst** Rückkehr *v*
**terugkoppelen**: *~ naar* fig Rücksprache halten über
**terugkrabbelen** sich zurückziehen
**terugkrijgen** wieder-, zurückbekommen
**terugleggen** 1 ⟨weer op zijn plaats leggen⟩ zurücklegen; 2 sp zurückgeben
**teruglopen** zurücklaufen
**terugnemen** zurücknehmen; *gas ~* das Gas zurücknehmen
**terugreis** Rückreise *v*, -fahrt *v*
**terugroepen** 1 ⟨in 't alg.⟩ zurückrufen; 2 ⟨gezant⟩ abberufen
**terugschakelen** auto zurückschalten
**terugschieten** I *overg* 1 ⟨met (vuur-)wapens⟩ zurückschießen; 2 sp zurückgeben; II *onoverg* ⟨snel terugbewegen⟩ 1 ⟨veer⟩ zurückschnellen; 2 ⟨bal⟩ zurückprallen
**terugschrikken** zurückschrecken
**terugschroeven** 1 ⟨ongedaan maken⟩ rückgängig machen; 2 ⟨op een lager niveau brengen⟩ reduzieren, zurückschrauben
**terugslaan** 1 eig zurückschlagen; 2 fig sich beziehen
**terugslag** Rückschlag *m*
**terugspeelbal** sp Rückgabe *v*
**terugspelen** sp zurückspielen
**terugspoelen** zurückspulen
**terugtocht** 1 mil Rückzug *m*; 2 ⟨tocht terug⟩ Rückfahrt *v*
**terugtraprem** Rücktrittbremse *v*
**terugtreden** zurücktreten
**terugtrekken** zurückziehen; *zich bij een examen ~* sich vom Examen zurückziehen; *zie ook: teruggetrokken*
**terugval** Rückfall *m*
**terugvallen** zurückfallen
**terugverdienen** wieder hereinbringen
**terugverlangen** 1 ⟨naar 't vaderland e.d.⟩ sich zurücksehnen; 2 ⟨terugeisen⟩ zurückverlangen
**terugvinden** zurückfinden
**terugvoeren** zurückführen
**terugvorderen** zurückfordern
**terugweg** Rückweg *m*

**terugwerkend**: met ~e kracht rückwirkend
**terugwinnen** zurückgewinnen
**terugzakken** zurückfallen
**terugzeggen** entgegnen, erwidern
**terugzien I** overg ⟨weerzien⟩ wiedersehen; **II** onoverg zurückblicken; ~ op auf (+ 4)
**terwijl** während
**terzake** zie: zake
**terzijde**: ~ laten etwas unberücksichtigt lassen; ~ leggen beiseite legen; ~ staan beistehen; dit ~ dies nur nebenbei
**test** ⟨proefneming⟩ Test m
**testament** Testament o; het Nieuwe, het Oude T~ das Neue, das Alte Testament; een ~ opmaken ein Testament aufsetzen
**testamentair** testamentarisch; ~e beschikking letztwillige Verfügung v
**testbeeld** Testbild o
**testen** testen
**testikel** Testikel m
**testimonium** Testat o
**tetanus** Tetanus m
**tête-à-tête** Tête-à-tête o
**tetteren 1** ⟨op blaasinstrument⟩ schmettern; **2** ⟨hard praten⟩ schnattern; **3** ⟨drinken⟩ bechern
**teug** Zug m; in één ~ auf einen Zug; met volle ~en in vollen Zügen
**teugel** Zügel m; iem. de vrije ~ laten jmdm. freie Hand lassen; de ~s vieren die Zügel lockern; met losse ~ mit verhängtem Zügel
**teunisbloem** Nachtkerze v
**1 teut** m & v Trödler m, Trödlerin v
**2 teut** bn gemeenz besoffen, blau
**teuten** trödeln, bummeln
**teveel** Zuviel o, Übermaß o
**tevens** zugleich, gleichzeitig
**tevergeefs** vergebens, vergeblich
**tevoorschijn**: ~ halen zum Vorschein holen, hervorziehen; ~ komen zum Vorschein kommen, hervorkommen
**tevoren** zuvor, vorher; de dag ~ tags zuvor; van ~ vorher
**tevreden** zufrieden; ~ met, over zufrieden mit
**tevredenheid** Zufriedenheit v
**tewaterlating** Stapellauf m
**teweegbrengen** verursachen, hervorrufen
**tewerkstellen** beschäftigen
**tewerkstelling** Einstellung v
**textiel** Textilien mv
**tezamen** zusammen; ~ komen zusammenkommen; ~ zijn beisammensein
**TGV** = train à grande vitesse TGV, Hochgeschwindigkeitszug m
**thans** jetzt, heutzutage
**theater** Theater o
**theatraal** theatralisch
**thee** Tee m; op de ~ vragen zum Tee einladen
**theeblad 1** ⟨v. theestruik⟩ Teeblatt o; **2** ⟨dienblad⟩ Teebrett o, Tablett o
**theedoek** Geschirrtuch o
**thee-ei** Tee-Ei o
**theekopje** Teetasse v
**theelepel** Teelöffel m

**theelichtje** Teelicht o
**Theems** Themse v
**theemuts** Teewärmer m
**theepot** Teekanne v
**theeservies** Teeservice o, -geschirr o
**theevisite** Teevisite v
**theewater** Teewasser o; boven zijn ~ zijn beschwipst sein
**theezakje** Teebeutel m
**theezeefje** Teesieb o
**thema I** v ⟨ter vertaling⟩ Übersetzungsübung v; **II** o ⟨onderwerp, muz⟩ Thema o
**themanummer** Sonderheft o
**thematiek** Thematik v
**thematisch** thematisch
**theocratie** Theokratie v
**theologie** Theologie v
**theologisch** theologisch
**theoloog** Theologe m
**theoreticus** Theoretiker m
**theoretisch** theoretisch
**theoretiseren** theoretisieren
**theorie** Theorie v; in ~ theoretisch
**theosofie** Theosophie v
**therapeut** Therapeut m
**therapeutisch** therapeutisch
**therapie** Therapie v
**thermiek** Thermik v
**thermometer** Thermometer o
**thermosfles** Thermosflasche v
**thermostaat** Thermostat m
**thesaurus** Thesaurus m
**these** These v, Behauptung v
**thesis 1** ⟨stelling⟩ These v; **2** ⟨versleer⟩ Thesis v; **3** ZN ⟨doctoraalscriptie⟩ Diplomarbeit v; **4** ZN ⟨proefschrift⟩ Doktorarbeit v
**Thomas**: een ongelovige ~ ein ungläubiger Thomas
**thuis I** o Heim o, Zuhause o; geen ~ meer hebben kein Zuhause mehr haben; **II** bijw: ik ben ~ ich bin zu Hause; ik kom ~ ich komme heim; zich ergens (goed) ~ voelen sich irgendwo heimisch fühlen; ~ zijn zu Hause sein; ergens in ~ zijn auf einem Gebiet bewandert sein; niet ~ geven sich verleugnen lassen
**thuisbankier** Telebanker m
**thuisbankieren I** ww Telebanking machen; **II** o Telebanking o
**thuisblijven** zu Hause bleiben
**thuisbrengen 1** eig nach Hause bringen; **2** ⟨weten wie, wat het is⟩ unterbringen
**thuisclub** Heimmannschaft v, Gastgeber m
**thuisfluiter** parteiischer Schiedsrichter m, der die Heimmannschaft begünstigt
**thuisfront 1** mil Heimatfront v; **2** ⟨aanhangers⟩ Zuhause o
**thuishaven** Heimathafen m
**thuishoren 1** ⟨zijn plaats hebben⟩ hingehören; **2** ⟨afkomstig zijn van⟩ kommen, stammen aus
**thuiskomen** heimkommen, nach Hause kommen
**thuiskomst** Heimkehr v
**thuisland 1** ⟨vroeger in Zuid-Afrika⟩ Homeland o; **2** ⟨vaderland⟩ Heimatland o
**thuislaten** zu Hause, daheim lassen
**thuisloos** obdachlos

**thuisreis** Heimreise v
**thuisvoelen**: *zich* ~ sich heimisch fühlen
**thuiswedstrijd** Heimspiel o
**thuiswerker** Heimarbeiter m
**thuiszorg** Hauspflege v
**tiara** Tiara v
**tic 1** ⟨zenuwtrek⟩ Tick m; **2** ⟨scheutje alcohol⟩ Schuß m; *een cola* ~ eine Cola v mit Schuß
**tien I** *telw* zehn; **II** v ⟨het cijfer⟩ Zehn v; ⟨op rapport⟩ Einser m; *met z'n* ~*en* zu zehnt
**tiende** zehnte; *een* ~ ein Zehntel o; *ten* ~ zehntens
**tiendelig** zehnteilig; ~*e breuk* Zehnerbruch m
**tiener** Teenager m
**tienjarig** zehnjährig
**tienkamp** Zehnkampf m
**tienmaal** zehnmal
**tiental 1** ⟨groep van 10⟩ ⟨etwa⟩ zehn; **2** *wisk* Zehner m; *enige* ~*len klanten* Dutzende von Kunden
**tientallig**: ~ *stelsel* Dezimal-, Zehnersystem o
**tientje 1** ⟨bedrag⟩ zehn Gulden mv; **2** ⟨biljet⟩ Zehnguldenschein m; *gouden* ~ Zehnguldenstück o
**tienvoud** Zehnfache(s) o
**tierelantijn(tje)** Firlefanz m, Flause v
**tieren 1** ⟨gedijen⟩ üppig wachsen, gedeihen; **2** ⟨lawaai maken⟩ lärmen, toben
**tierig 1** ⟨welig⟩ üppig; **2** ⟨levendig⟩ lebhaft
**tiet** *gemeenz* Titte v
**tig** *schertsend* zig
**tij** Gezeiten mv
**tijd** Zeit v; *plaatselijke* ~ Ortszeit v; *tegenwoordige* ~ gramm Gegenwart v; *toekomende* ~ Futur o; *verleden* ~ Präteritum o; *voltooid (onvoltooid) tegenwoordige* ~ vollendete (unvollendete) Gegenwart v; ~ *van nood* Notzeit v; ~ *van oorlog* Kriegszeit v; *hij heeft zijn langste* ~ *gehad* er ist die längste Zeit dagewesen; *komt* ~ *komt raad* kommt Zeit, kommt Rat; *de* ~ *nemen voor* sich die Zeit nehmen für; ~ *opnemen* sp Zeit nehmen; *het is* ~ es ist an der Zeit; *het is hoog* ~ es ist höchste Zeit; *ik heb de* ~ ich habe Zeit; *dat heeft nog de* ~ das hat noch Zeit; *bij* ~ *en wijle* ab und zu; *binnen afzienbare* ~ in absehbarer Zeit; *in de kortst mogelijke* ~ in kürzester Zeit; *in de laatste* ~ in letzterer Zeit; *iem. in geen* ~*en gezien hebben* einen ewig nicht gesehen haben; *op* ~ rechtzeitig; *alles op z'n* ~ alles zu seiner Zeit; *zij is over* ~ ⟨menstruatie⟩ ihre Regel ist noch nicht gekommen; *te allen* ~*e* jederzeit; *te zijner* ~ zur gegebenen Zeit; *ten* ~*e van* zur Zeit (+ 2); *terzelfder* ~ gleichzeitig; *dat is uit de* ~ das ist nicht mehr zeitgemäß; *dat is een kwestie van* ~ das ist eine Frage der Zeit; *van* ~ *tot* ~ von Zeit zu Zeit; *voor korte* ~ auf kurze Zeit
**tijdaffaire** Zeit-, Termingeschäft o
**tijdbesparend** zeitsparend
**tijdbom** Zeitbombe v
**tijdelijk 1** ⟨niet voor altijd⟩ zeitweilig; **2** ⟨vergankelijk⟩ zeitlich; *een* ~*e maatregel* eine vorläufige Maßnahme v; *'t* ~*e met 't eeuwige verwisselen* das Zeitliche segnen
**tijdens** während (+ 2 of 3); ~ *de oorlog* während des Krieges
**tijdgebrek** Zeitmangel m
**tijdgeest** Zeitgeist m
**tijdgenoot** Zeitgenosse m
**tijdig** rechtzeitig
**tijding** Nachricht v
**tijdklok** Zeitschalter m
**tijdmelding** Zeitansage v
**tijdnood** Zeitnot v, Termindruck m
**tijdopname 1** fotogr Zeitaufnahme v; **2** sp Zeitnahme v
**tijdperk** Zeitalter o, Periode v; *'t bronzen, stenen* ~ die Bronzezeit, die Steinzeit
**tijdrekening** Zeitrechnung v
**tijdrekken** sp auf Zeit spielen
**tijdrijden** Zeitfahren o
**tijdrit** Zeitfahren o
**tijdrovend** zeitraubend
**tijdsbeeld** Zeitbild o, Zeitverhältnisse mv
**tijdsbestek** Zeitraum m
**tijdschakelaar** Zeitschalter m
**tijdschema** Termin-, Zeitplan m
**tijdschrift** Zeitschrift v
**tijdsdruk** Zeitdruck m
**tijdsduur** Zeitdauer v
**tijdsein** Zeitzeichen o
**tijdslimiet** zeitliches Limit o
**tijdstip** Zeitpunkt m; *op dit* ~ zu diesem Zeitpunkt
**tijdsverloop** Zeitraum m, Zeitspanne v
**tijdsverschil** Zeitunterschied m
**tijdvak** Periode v, Epoche v
**tijdverdrijf** Zeitvertreib m
**tijdverlies** Zeitverlust m
**tijdverspilling** Zeitverschwendung v
**tijdwaarnemer** Zeitnehmer m
**tijdwinst** Zeitgewinn m
**tijgen*** ziehen; sich begeben; *aan 't werk* ~ sich an die Arbeit machen
**tijger** Tiger m; *papieren* ~ Papiertiger m
**tijgeren** mil robben
**tijgerin** Tigerin v
**tijgervel** Tigerfell o
**tijm** Thymian m
**tik** Klaps m
**tikfout** Tippfehler m
**tikje** ⟨beetje⟩ Spur v; *dit woord is een* ~ *hatelijk* dieses Wort hat einen Stich ins Gehässige
**tikkeltje**: *een* ~ ein bißchen
**tikken 1** ⟨kloppen⟩ klopfen; **2** ⟨v. uurwerk⟩ tikken; **3** ⟨typen⟩ tippen; zie ook: *getikt*
**tikkertje** Fangen o
**1 til** v ⟨duiventil⟩ Taubenschlag m
**2 til**: *er is iets op* ~ es steht etwas ins Haus
**tilde** Tilde v
**tillen** heben
**tilt**: *op* ~ *staan, slaan* eig & fig ausflippen
**timbre** Timbre o
**timen** timen; *goed getimed* gut getimt
**timide** schüchtern
**timing** Timing o
**timmeren 1** ⟨slaan⟩ hauen; **2** ⟨bouwen⟩ zimmern; *flink aan de weg* ~ deutlich auf sich aufmerksam machen; *erop* ~ drauf losschlagen

**timmerhout** Bauholz o
**timmerman** Zimmermann m
**tin** Zinn o
**tinctuur** Tinktur v
**tinnef** slang Tinnef m, Plunder m
**tint** 1 ⟨in 't alg.⟩ Ton m; 2 ⟨v. gelaat⟩ Teint m
**tintelen** 1 ⟨glinsteren⟩ funkeln; 2 ⟨v. kou⟩ prickeln; 3 fig sprühen; ~ van levenslust vor Lebenslust sprühen
**tinten** tönen
**1 tip** ⟨punt⟩ Zipfel m, Ecke v
**2 tip** 1 ⟨informatie⟩ Tip m; 2 ⟨fooi⟩ Trinkgeld o
**tipgever** Tipgeber m, Informant m
**tippelaarster** Strichmädchen o
**tippelen** 1 ⟨wandelen⟩ tippeln, spazieren; 2 ⟨v. prostituee⟩ auf den Strich gehen
**tippelzone** Strich m
**tippen** 1 ⟨aanraken⟩ antippen; 2 ⟨informatie geven⟩ einen Tip geben; 3 ⟨fooi geven⟩ ein Trinkgeld geben; er niet aan kunnen ~ nicht daran tippen können
**tiptoets** Sensortaste v
**tiptop**: ~ in orde tipptopp in Ordnung
**tirade** Tirade v
**tiran** Tyrann m
**tirannie** Tyrannei v
**tiranniek** tyrannisch
**tiranniseren** tyrannisieren
**tissue** Papiertaschentuch o
**titanenstrijd** titanischer Kampf m
**titel** Titel m; ten ~ van ZN auf die Art; ten definitieven ~ ZN endgültig; ten kostelozen ~ ZN kostenlos; ten voorlopigen ~ ZN vorläufig
**titelblad** Titelblatt o
**titelgevecht** Titelkampf m
**titelhouder** Titelhalter m
**titelrol** Titelrolle v
**titelverdediger** Titelverteidiger m
**tittel**: geen ~ of jota nicht im geringsten
**titularis** 1 ⟨in 't alg.⟩ Titelträger m; 2 ZN ⟨leraar⟩ Klassenlehrer m
**titulatuur** Titulatur v
**tjalk** Tjalk v, Tjalkschiff o
**tjap tjoy** Chop Suey o
**tjilpen** zwitschern, (t)schilpen
**tjokvol** gedrängt (gepropft) voll, brechend voll, proppenvoll
**TL-buis** Leuchtstoffröhre v
**1 toast** ⟨heildronk⟩ Trinkspruch m
**2 toast** ⟨brood⟩ Toast m
**toasten** einen Trinkspruch ausbringen
**toastje** Toast m
**tobbe** Bottich m, Wanne v
**tobben** 1 ⟨zwoegen⟩ sich abquälen; 2 ⟨piekeren⟩ grübeln; met zijn gezondheid ~ kränkeln
**tobber** 1 ⟨sukkel⟩ armer Tropf m; 2 ⟨peinzer⟩ Grübler m
**toch** 1 ⟨desondanks⟩ trotzdem; 2 ⟨inderdaad, eigenlijk⟩ doch; 3 ⟨immers⟩ ja; en ~ beweegt zij und sie bewegt sich doch; 't is ~ waar ist es wahr; kom ~ hier komm doch her; 't is ~ al te laat es ist ohnehin zu spät
**tocht** 1 ⟨reis⟩ Tour v, Zug m; 2 ⟨het tochten⟩ Zug m; ~en maken ⟨te voet⟩ wandern; op de ~

staan fig gefährdet sein; op de ~ zitten im Zug sitzen
**tochtband** Dichtungsband o
**tochtdeur** Windfangtür v
**tochten** ziehen; 't tocht hier vreselijk es zieht wie Hechtsuppe
**tochtig** ⟨winderig⟩ zugig; ~ zijn ⟨v. dier⟩ brünstig sein
**tochtlat** ⟨raamlat⟩ Dichtungsleiste v; ~ten schertsend ⟨bakkebaarden⟩ Koteletten mv
**tochtstrip** Dichtungsband o
**toe** I bijw zu; de deur is ~ die Tür ist zu; iets naar zich ~ trekken etwas an sich reißen; hij is er slecht aan ~ er ist übel dran; tot nu ~ ⟨bijwoordelijke bepaling⟩ bisher; ⟨bijvoeglijke bepaling⟩ bisherig; tot de laatste plaats ~ bis auf den letzten Platz m; II tsw: ~, ga mee! du, geh mit!; ~ maar nur zu; ⟨welja!⟩ nicht doch!
**toe-** zu; ⟨voor samenstellingen met toe- vgl. ook die met dicht-⟩
**toebedelen** zuteilen, zuweisen
**toebehoren** I ww ⟨eigendom zijn⟩ gehören (+ 3); II o Zubehör o
**toebereiden** zubereiten
**toebereidselen** Vorbereitungen mv
**toebrengen** beibringen, versetzen; iemand schade ~ einem Schaden zufügen
**toedekken** zudecken
**toedichten**: iem. iets ~ einem etwas andichten
**toedienen** verabreichen, geben; iem. de laatste sacramenten ~ RK einen mit den Sterbesakramenten versehen; 't vormsel ~ RK firmen
**toediening** Verabreichung ; ~ der sacramenten Sakramentenspendung v
**toedoen** I ww ⟨sluiten⟩ zumachen, zutun; dat doet er niet toe das tut nichts zur Sache; II o Zutun o; buiten mijn ~ ohne mein Zutun
**toedracht** Hergang m; de ware ~ der Tatbestand
**toedragen** fig entgegenbringen; iem. een goed (kwaad) hart ~ einem gut (übel) gesinnt sein
**toe-eigenen**: zich iets ~ sich etwas aneignen
**toefje** winziger Strauß m
**toegaan** 1 ⟨dichtgaan⟩ sich schließen; 2 ⟨gebeuren⟩ zugehen; het gaat er wild aan toe es geht da bunt her (zu)
**toegang** Zugang m, Zutritt m; ~ verboden Zutritt verboten
**toegangsnummer**: internationaal ~ telec internationale Vorwahlnummer v, Kennzahl v, Vorwahl v
**toegangsprijs** Eintrittspreis m
**toegangsweg** Zugangsweg m
**toegankelijk** zugänglich; ~ voor alle leeftijden ⟨film⟩ jugendfrei
**toegedaan** zugetan, ergeben (+ 3)
**toegeeflijk** 1 ⟨meegaand⟩ nachgiebig; 2 ⟨niet streng⟩ nachsichtig
**toegenegen** ergeben, gewogen; uw ~ Ihr ergebener
**toegepast** angewandt
**toegeven** zugeben, nachgeben; iets niet

**toegevend**

*willen* ~ etwas nicht wahrhaben wollen; *aan een gedachte* ~ einem Gedanken Raum geben; *de verstandigste geeft toe* der Klügste gibt nach; *aan eisen* ~ Forderungen bewilligen; *in alles* ~ in allem nachgeben

**toegevend** einräumend
**toegevoegd** zusätzlich, ergänzend
**toegewijd** ergeben, hingebungsvoll
**toegift** Zugabe *v*
**toehappen** 1 eig zuschnappen; 2 fig anbeißen
**toehoorder** 1 ⟨luisteraar⟩ Zuhörer *m*; 2 ⟨op college⟩ Gasthörer *m*
**toejuichen** 1 ⟨toejubelen⟩ (einem) zujubeln (+ 3) 2 ⟨goedkeuren⟩ begrüßen; *dat zal iedereen* ~ das wird jedermann freudig begrüßen
**toejuiching** Beifall *m*
**toekan** Tukan *m*, Pfefferfresser *m*
**toekennen** zuerkennen, zusprechen; *aan iets betekenis* ~ einer Sache Bedeutung beimessen; *iem. een pensioen* ~ einem eine Pension bewilligen
**toekijken** zuschauen, zusehen
**toeknikken** zunicken
**toekomen** 1 ⟨toesturen⟩ zukommen; 2 ⟨behoren bij⟩ zustehen (+ 3); 3 ⟨rondkomen⟩ auskommen mit; *dat komt mij van rechtswege toe* das steht mir von Rechts wegen zu; *iemand iets doen* ~ einem etwas übermitteln; *aan iets* ~ zu etwas kommen
**toekomend** (zu)künftig; ~*e tijd* gramm Futur(um) *o*, Zukunft *v*
**toekomst** Zukunft *v*
**toekomstig** zukünftig
**toekomstmuziek** Zukunftsmusik *v*
**toekomstplan** Zukunftsplan *m*
**toekunnen** auskommen; *met f 25* ~ mit *f* 25 auskommen
**toelaatbaar** zulässig, gestattet
**toelachen** anlachen; *dat lacht me toe* das lockt mich
**toelage** Zulage *v*, -schuß *m*
**toelaten** 1 ⟨goedvinden⟩ zulassen, erlauben, gestatten; 2 ⟨binnenlaten⟩ zulassen; 3 ZN ⟨mogelijk maken⟩ ermöglichen; *iets oogluikend* ~ bei etwas ein Auge zudrücken; *als de omstandigheden het* ~ wenn die Umstände es gestatten
**toelating** Zulassung *v*
**toelatingsexamen** Aufnahmeprüfung *v*
**toeleggen** 1 ⟨erop toegeven⟩ zusetzen; 2 ⟨zijn best doen⟩ anlegen auf (+ 4); *zich op de studie* ~ sich auf das Studium verlegen; *geld op iets* ~ Geld (bei etwas) zusetzen
**toelichten** erläutern
**toelichting** Erläuterung *v*
**toeloop** Zulauf *m*
**toelopen**: *spits* ~ spitz zulaufen
**toen** I voegw als; II bijw 1 ⟨toentertijd⟩ damals; 2 ⟨daarop⟩ dann, danach; ~ *hij kwam, was het al te laat* als er kam, war es schon zu spät; ~ *was hij al ziek* damals war er schon krank; ...*en* ~ *gingen we weg* ...und dann (darauf) gingen wir fort
**toenadering** Annäherung *v*; ~ *tot* Annäherung zu

**toenaderingspoging** Annäherungsversuch *m*
**toename** Zunahme *v*
**toenemen** zunehmen, wachsen; *in* ~*de mate* in steigendem Maße
**toenmaals** damals
**toenmalig** damalig
**toentertijd** damals
**toepasselijk** passend, geeignet
**toepassen** anwenden; *toegepast worden* zur Anwendung kommen
**toepassing** Anwendung *v*; *van* ~ *zijn* Anwendung finden; *niet van* ~ nicht zutreffend
**toer** 1 ⟨reis⟩ Tour *v*; 2 ⟨kunst⟩ Kunststück *o*; *dat zal een hele* ~ *zijn* das wird eine lästige Aufgabe sein; *op* ~*en komen* auf Touren kommen; *op de progressieve* ~ *zijn* sich progressiv geben; *op volle* ~*en draaien* auf vollen Touren laufen; *over zijn* ~*en zijn* durchgedreht sein
**toerbeurt**: *bij* ~ turnusgemäß, abwechselnd, im Turnus
**toereikend** hinreichend, genügend; ~ *zijn* nicht ausreichend sein, nicht ausreichen
**toerekenbaar**, **toerekeningsvatbaar** schuldfähig; *verminderd* ~ teilweise zurechnungsfähig
**toeren** touren
**toerental** ⟨v. motor⟩ Dreh-, Tourenzahl *v*; *met een zeer hoog* ~ höchsttourig
**toerfiets** Tourenrad *o*
**toerisme** Fremdenverkehr *m*, Tourismus *m*
**toerist** Tourist *m*
**toeristenbelasting** Kurtaxe *v*
**toeristenkaart** 1 ⟨reisdocument⟩ Reisepaß *m*; 2 ⟨topografische kaart⟩ Reisekarte *v*
**toeristenklasse** Touristenklasse *v*
**toeristenmenu** Touristenmenü *o*
**toeristenverkeer** Fremdenverkehr *m*
**toeristisch** touristisch
**toernooi** Turnier *o*
**toeroepen** zurufen (+ 3)
**toerusten** ausrüsten
**toeschietelijk** entgegenkommend, gefällig
**toeschieten** zuschießen; ~ *op* zuschießen auf (+ 4)
**toeschijnen** (er)scheinen, vorkommen; *het wil mij* ~ es will mir scheinen
**toeschouwer** Zuschauer *m*
**toeschrijven** zuschreiben; *dat is daaraan toe te schrijven dat*... das ist dem Umstande zuzuschreiben, darauf zurückzuführen, daß...
**toeslaan** zuschlagen
**toeslag** 1 ⟨bij koop⟩ Zuschlag *m*; 2 ⟨loon, uitkering⟩ Zulage *v*; *met verplichte* ~ ⟨trein⟩ zuschlagpflichtig
**toeslagbiljet** Zuschlagkarte *v*
**toesnellen** herbeieilen, -stürzen
**toespelen**: *iem. de bal* ~ einem den Ball zuspielen (ook fig); *'t* ~ sp Abgabe *v*, Abgeben *o*
**toespeling** Anspielung *v*, Andeutung *v*
**toespitsen** zuspitzen; *zich* ~ *op* sich konzentrieren auf

**toespraak** Ansprache *v*, Rede *v*
**toespreken** zureden, zusprechen
**toestaan 1** ⟨goedkeuren⟩ erlauben, gestatten; **2** ⟨verlenen⟩ gewähren, bewilligen
**toestand 1** ⟨gesteldheid⟩ Zustand *m*; **2** ⟨algemene situatie⟩ Lage *v*
**toesteken** zustechen, zustoßen; *iemand de hand ~* einem die Hand hinhalten
**toestel 1** ⟨in 't alg.⟩ Gerät *o*; **2** luchtv Maschine *o*; *blijft u aan 't ~* telec bleiben Sie am Apparat
**toestemmen** bewilligen; *in iets ~* in etwas (4) einwilligen
**toestemming** Einwilligung *v*, Zustimmung *v*
**toestoppen** ⟨dichtstoppen⟩ zustopfen; *iem. iets ~* einem etwas zustecken
**toestromen** zu-, herbeiströmen
**toesturen** ⟨zu⟩senden, ⟨zu⟩schicken
**toet** gemeenz Gesicht *o*
**toetakelen**: *zich ~* aufdonnern, auftakeln; *iemand lelijk ~* einen übel zurichten
**toetasten** zugreifen; *tast toe!* greifen Sie zu!
**toeten**: *van ~ noch blazen weten* von Tuten und Blasen keine Ahnung haben
**toeter 1** ⟨blaasinstrument⟩ Tute *v*, Tuthorn *o*; **2** ⟨v. auto⟩ Hupe *v*
**toeteren 1** ⟨op toeter blazen⟩ tuten; **2** ⟨v. auto⟩ hupen
**toetje** Nachspeise *v*, Nachtisch *m*
**toetreden** zutreten, zugehen; *~ tot een vereniging* einem Verein beitreten
**toets 1** ⟨v. piano⟩ Taste *v*; **2** ⟨op strijkinstrument⟩ Griffbrett *o*; **3** ⟨proef(werk)⟩ Probe *v*; **4** ⟨streek⟩ Pinselstrich *m*; *de ~ niet kunnen doorstaan* die Probe nicht bestehen können
**toetsen** prüfen; *~ aan* vergleichen mit, prüfen an
**toetsenbord 1** ⟨v. schrijfmachine e.d.⟩ Tastatur *v*; **2** ⟨v. toetsinstrument⟩ Klaviatur *v*
**toetsenist** Tastenspieler *m*
**toetsinstrument** Tasteninstrument *o*
**toetssteen** Prüf-, Probierstein *m*
**toeval 1** ⟨onverwacht feit⟩ Zufall *m*; **2** ⟨v. epilepticus⟩ epileptischer Anfall *m*; *puur ~* ein reiner Zufall
**toevallen** zufallen
**toevallig** zufällig, zufälligerweise
**toevalstreffer** Zufallstreffer *m*
**toeven** verweilen, zaudern
**toeverlaat** Zuversicht *v*, Stütze *v*
**toevertrouwen** anvertrauen
**toevloed** Andrang *m*, Zustrom *m*
**toevlucht** Zuflucht *v*; *zijn ~ nemen tot* seine Zuflucht zu etwas nehmen
**toevluchtsoord** Zufluchtsort *m*
**toevoegen 1** ⟨bijvoegen⟩ beifügen, beigeben, hinzufügen; **2** ⟨woorden⟩ zufügen; *alcohol ~* Alkohol zusetzen
**toevoeging 1** ⟨v. woorden⟩ Zufügung *v*; **2** ⟨bijvoeging⟩ Bei-, Hinzufügung *v*; *zonder ~ van alcohol* ohne Zusatz von Alkohol
**toevoer** Zufuhr *v*
**toevoeren** zuführen, zuleiten (+ 3)
**toewensen**: *iem. iets ~* einem etwas wünschen

**toewijding** Hingabe *v*, Hingebung *v*
**toewijzen** zuweisen, zuteilen; *een eis ~ recht* einem Antrag stattgeben; *iem. een kind ~* ⟨bij echtscheiding⟩ einem ein Kind zusprechen; *iem. een verdediger ~* ⟨door rechtbank⟩ einem einen Verteidiger beiordnen (zuteilen)
**toewijzing 1** ⟨in 't alg.⟩ Zuweisung *v*; **2** ⟨kind bij echtscheiding⟩ Zusprechung *v*
**toewuiven** zuwinken (+ 3)
**toezeggen** zusagen, zusichern
**toezegging** Zusage *v*, Zusicherung *v*
**toezenden** zuschicken, -senden
**toezicht** Aufsicht *v*, Beaufsichtigung *v*; *~ houden op* überwachen; *onder ~ stellen recht* unter Aufsicht stellen
**toezien** zusehen, zuschauen; *op iets ~* auf etw. (4) achtgeben
**tof** stark, super toll, spitze
**toffee** Toffee *o*
**toga 1** ⟨v. Romein⟩ Toga *v*; **2** ⟨v. advocaat enz.⟩ Talar *m*
**toilet** Toilette *v*; *~ maken* Toilette machen
**toiletpapier** Toilettenpapier *o*
**toiletpot** Klosettbecken *o*
**toilettafel** Frisier-, Toilettentisch *m*
**toiletzeep** Toilettenseife *v*
**tokkelen** zupfen, spielen
**tokkelinstrument** Zupfinstrument *o*
**toko** indonesisches Geschäft *o*
**tol 1** ⟨heffing van geld⟩ Zoll *m*; Oostr Maut *v*; **2** ⟨voor wegen⟩ Straßenbenutzungsgebühr *v*; **3** ⟨speelgoed⟩ Kreisel *m*; **4** fig Tribut *m*; *~ betalen* eine Gebühr zahlen; *ergens ~ voor moeten betalen* für etwas Tribut zahlen müssen
**tolerant** duldsam, tolerant
**tolerantie** Duldsamkeit *v*, Toleranz *v*
**tolereren** dulden, zulassen
**tolgeld** zie *tol*
**tolheffing** Erhebung *v* einer Straßenbenutzungsgebühr
**tolhuis** Zollstelle *v*
**tolk 1** eig Dolmetscher *m*; **2** fig Dolmetsch *m*; *hij was de ~ van vele aanwezigen* er war der Dolmetscher vieler Anwesenden
**tolken** dolmetschen
**tolk-vertaler** Dolmetscher *m* und Übersetzer *m*
**tollen 1** ⟨met een tol spelen⟩ kreiseln; **2** ⟨duizelen⟩ taumeln, torkeln; **3** ⟨snel ronddraaien⟩ kreisen, wirbeln
**toltunnel** gebührenpflichtiger Tunnel *m*
**tolueen** chem Toluol *o*
**tolvrij** zollfrei
**tolweg** zollpflichtige Straße *v*
**tomaat** Tomate *v*
**tomatenpuree** Tomatenmark *o*
**tomatensap** Tomatensaft *m*
**tomatensaus** Tomatensauce, -soße *v*
**tomatensoep** Tomatensuppe *v*
**tombola** Tombola *v*
**tomeloos** zügellos, unbezähmbar
**tompoes** Krem-Blätterteigschnitte *v*
**ton 1** ⟨in 't alg.⟩ Tonne *v*; **2** ⟨geld⟩ 100.000 Gulden
**tondeuse** Haarschneidemaschine *v*

**toneel**

**toneel 1** ⟨podium⟩ Bühne *v*; **2** ⟨toneelwezen⟩ Theater *o*; **3** ⟨v. oorlog enz.⟩ Schauplatz *m*; **4** fig ⟨komedie⟩ Schauspielerei *v*; *bij 't ~ gaan* zur Bühne gehen; *op 't ~ verschijnen* auf der Bildfläche erscheinen; *van 't ~ verdwijnen* von der Bühne abtreten
**toneelbewerking** Bühnenbearbeitung *v*, -fassung *v*
**toneelgezelschap** Schauspieltruppe *v*; *reizend ~* Wandertruppe *v*
**toneelkijker** Opernglas *o*, Theaterglas *o*
**toneelknecht** Bühnenarbeiter *m*
**toneelschool** Schauspielschule *v*
**toneelschrijver** Bühnenautor *m*
**toneelspel** Bühnen-, Theaterstück *o*; Schauspiel *o*; ⟨aanstellerij⟩ Schauspielerei *v*
**toneelspeler 1** ⟨acteur⟩ Schauspieler *m*; **2** ⟨aansteller⟩ Komödiant *m*
**toneelstuk** Schauspiel *o*, Bühnenstück *o*; *~ in vijf bedrijven* fünfaktiges Schauspiel *o*
**toneelvoorstelling** Theatervorstellung *v*
**tonen 1** (in 't alg.) zeigen; **2** ⟨kaart, pas⟩ vorzeigen; **3** ⟨blijken⟩ sich erweisen; *begrip ~ voor* Verständnis aufbringen für; *belangstelling ~ voor* Interesse zeigen für; *zich dankbaar ~* sich dankbar erzeigen
**tong 1** ⟨lichaamsdeel⟩ Zunge *v*; **2** ⟨vis⟩ Seezunge *v*, Zunge *v*; *boze ~en beweren dat...* böse Zungen behaupten, daß...; *over de ~ gaan* in aller Munde sein
**tongriem**: *goed van de ~ gesneden zijn* zungenfertig sein
**tongval 1** ⟨accent⟩ Akzent *m*; **2** ⟨dialect⟩ Mundart *v*
**tongzoen** Zungenkuß *m*, französcher Kuß *m*
**tonic** Tonic *o*
**tonicum** Tonikum *o*
**tonijn** Thunfisch *m*
**tonnage** Tonnengehalt *m*, Tonnage *v*
**tonsuur** Tonsur *v*
**toog** ⟨toonbank, tapkast⟩ Theke *v*
**tooi** Schmuck *m*
**tooien** schmücken, aufputzen
**toom** Zaum *m*, Zaumzeug *o*; *iem. in ~ houden* einen im Zaum halten
**toon** Ton *m*; *halve ~* Halbton *m*; *de ~ aangeven* muz, fig den Ton angeben; *de juiste ~ treffen* den richtigen Ton treffen; *een ~tje lager zingen* gelindere Saiten aufziehen, klein beigeben; *op hoge ~* gebieterisch
**toonaangevend** tonangebend
**toonaard** Tonart *v*
**toonbaar** vorzeigbar
**toonbank** Ladentisch *m*, Theke *v*; *onder de ~ verkopen* unter dem Ladentisch verkaufen
**toonbeeld** Muster *o*; *een ~ van deugd* schertsend ein Tugendbold *m*; *een ~ van ellende* ein Inbegriff *m* des Elends; *een ~ van vlijt* ein Muster *o* des Fleißes
**toonder** Inhaber *m*; *cheque aan ~* Inhaberscheck *m*
**toonhoogte** Tonhöhe *v*
**toonkunst** Tonkunst *v*
**toonkunstenaar** Tonkünstler *m*
**toonladder** Tonleiter *v*

**toonloos** tonlos; *toonloze lettergrepen* unbetonte Silben
**toonsoort** Tonart *v*
**toontje** zie: *toon*
**toonzaal** Ausstellungsraum *m*
**toorn** Zorn *m*; *in ~ ontsteken* in Wut geraten
**toorts** Fackel *v*
**toost** Toast *m*
**1 top *m* 1** (in 't alg.) Gipfel *m*; **2** ⟨van boom⟩ Wipfel *m*; **3** ⟨uiterste puntje⟩ Spitze *v*; *ten ~ stijgen* den Gipfel erreichen; *van ~ tot teen* vom Scheitel bis zur Sohle, von Kopf bis Fuß
**2 top** *tsw*: *~!* topp!
**topaas** Topas *m*
**topconferentie** Gipfelkonferenz *v*, -treffen *o*
**topfunctie** Spitzenposition *v*
**tophit** Tophit *m*, Spitzenschlager *m*
**topjaar** Spitzenjahr *o*, Erfolgsjahr *o*
**topje 1** ⟨kledingstuk⟩ Top *o*; **2** ⟨kleine top⟩ Spitze *v*; *het ~ van de ijsberg* die Spitze des Eisbergs
**topless** oben ohne
**topman** Spitzenkraft *v*, Topmanager *m*
**topografie** Topographie *v*
**topografisch** topographisch
**topoverleg** Gipfelgespräch *o*
**topper 1** ⟨lied, plaat, boek⟩ Schlager *m*; **2** ⟨hoogtepunt⟩ Glanzpunkt *m*; **3** ⟨wedstrijd⟩ Spitzenspiel *o*; **4** ⟨artikel⟩ Renner *m*; **5** ⟨topman⟩ Spitzenkraft *v*
**topprestatie** Höchst-, Spitzenleistung *v*
**toppunt** Gipfel-, Höhepunkt *m*; *dat is het ~!* das ist die Höhe!
**topsnelheid** Höchstgeschwindigkeit *v*
**topsport** Spitzensport *m*
**topvorm** sp Top-, Höchst-, Bestform *v*; *in ~ zijn* blendend in Form sein
**topzwaar** ober-, topplastig
**tor** Käfer *m*
**toren** Turm *m*; *de ivoren ~* der Elfenbeinturm; *hoog van de ~ blazen* forsch auftreten
**torenflat** Hochhaus *o*
**torenhoog** turmhoch
**torenklok 1** ⟨voor tijdsaanduiding⟩ Turmuhr *v*; **2** ⟨om te luiden⟩ Turmglocke *v*
**torenspits** Turmspitze *v*
**torenspringen** sp Turmspringen *o*
**torenvalk** Turmfalke *m*
**tornado** Tornado *m*
**tornen** auftrennen; *~ aan* rütteln an (+ 3)
**torpederen** torpedieren
**torpedo** Torpedo *m*
**torpedoboot** Torpedoboot *o*
**tors** Torso *m*, Rumpf *m*
**torsen** schleppen
**torsie** Torsion *v*
**torso** = *tors*
**tortilla** Tortilla *v*
**toss** Seitenwahl *v*
**tossen** die Seitenwahl vornehmen
**tosti** Käsetoast *m* mit Schinken
**tosti-ijzer** Sandwichtoaster *m*
**tot 1** ⟨naar, tegen⟩ zu; **2** ⟨tot aan⟩ bis; *~ en met* bis einschließlich; *~ nog toe* bis jetzt;

~ *nu toe* bisher; ~ *de brug* bis zur Brücke; ~ *hier* bis hierher; ~ *morgen* bis morgen; ~ *de ochtend* bis zum Morgen; ~ *straks* bis nachher; ~ *de volgende week, maand* bis nächste Woche, bis nächsten Monat; ~ *op een dag nauwkeurig* auf den Tag genau; *iem.* ~ *majoor bevorderen* einen zum Major befördern

**totaal** I *bn* total, völlig; *het totale bedrag* der Gesamtbetrag; ~ *anders* grundverschieden; ~ *gek* völlig verrückt; *iets* ~ *vergeten* etwas gänzlich vergessen; II *o* 1 (in 't alg.) Ganze(s) *o*; 2 (bedrag) Gesamtbetrag *m*; *in* ~ insgesamt

**totaalweigeraar** Wehr- und Zivildienstverweigerer *m*
**totalisator** Totalisator *m*
**totalitair** totalitär
**totaliteit** Ganzheit *v*, Totalität *v*
**total loss** Totalschaden *m*
**totdat** bis
**totempaal** Totempfahl *m*
**toto** Toto *m*
**toucheren** 1 (aanraken) berühren; 2 (geld) erhalten
**touperen** toupieren
**toupet** Toupet *o*
**touringcar** Reisebus *m*
**tournedos** Tournedos *o*
**tournee** 1 (in 't alg.) Tournee *v*; 2 (v. artiest) Gastspielreise *v*
**tourniquet** Drehkreuz *o*
**touroperator** Reiseveranstalter *m*
**touw** 1 (kabel-, scheepstouw) Tau *o*; 2 (stevig touw, springtouw) Seil *o*; 3 (dun touwtje) Bindfaden *m*; *er geen* ~ *aan kunnen vastknopen* nicht daraus klug werden können; *in* ~ *zijn* beschäftigt sein; *iets op* ~ *zetten* etwas veranstalten
**touwklimmen** Tau klettern *o*
**touwladder** Strickleiter *v*
**touwtje** Schnur *v*, Bindfaden *m*; *de ~s in handen krijgen, nemen* die Fäden in die Hand bekommen
**touwtjespringen** seilhüpfen
**touwtrekken** Tauziehen *o*
**t.o.v.** = *ten opzichte van* in bezug (Hinsicht) auf (+ 4); *ten overstaan van* im Beisein
**tovenaar** Zauberer *m*
**tovenarij** Zauberei *v*
**toverbal** kugelförmiger Bonbon *m* mit mehreren Farbschichten
**toverdrank** Zaubertrank *m*
**toveren** zaubern, hexen; *niet kunnen* ~ fig nicht hexen können
**toverfluit** Zauberflöte *v*
**toverformule** Zauberformel *v*
**toverheks** Zauberin *v*, Hexe *v*
**toverij** Zauberei *v*, Hexerei *v*
**toverkracht** Zauberkraft *v*
**toverkunst** Zauberkunst *v*
**toverlantaarn** Zauberlaterne *v*
**toverslag**: *als bij* ~ wie durch Zauberhand
**toverspreuk** Zauberspruch *m*
**toxicologie** Toxikologie *v*
**tra** Feuerschneise *v*
**traag** träge, langsam; ~ *van begrip zijn* schwer von Begriff sein

**traagheid** Trägheit *v*
**1 traan** *m & v* (oogvocht) Träne *v*; *tranen met tuiten huilen* Rotz und Wasser heulen; *er geen* ~ *om laten* deswegen keine Tränen vergießen; *geen* ~ *om iem. laten* jmdm. keine Träne nachweinen; *zijn tranen de vrije loop laten* seinen Tränen freien Lauf lassen; *tot tranen (toe) bewogen* zu Tränen gerührt
**2 traan** *m* (visolie) Tran *m*
**traanbuis** Tränengang *m*
**traangas** Tränengas *o*
**traanklier** Tränendrüse *v*
**traceren** trassieren
**trachten** 1 (proberen) versuchen; 2 (streven naar) trachten (nach); *iets* ~ *te vergeten* etwas zu vergessen suchen
**tractor** Schlepper *m*, Traktor *m*
**traditie** Tradition *v*
**traditiegetrouw** traditionsgemäß
**traditioneel** traditionell
**tragedie** Tragödie *v*
**tragiek** Tragik *v*
**tragikomedie** Tragikomödie *v*
**tragikomisch** tragikomisch
**tragisch** tragisch
**trainen** trainieren
**trainer** Trainer *m*
**traineren** I *onoverg* sich in die Länge ziehen; II *overg* hinziehen; *de zaak traineert* die Sache zieht sich in die Länge
**training** Training *o*
**trainingsbroek** Trainingshose *v*
**trainingspak** Trainingsanzug *m*
**traiteur** Traiteur *m*
**traject** Strecke *v*
**traktaat** Vertrag *m*, Traktat *o*
**traktatie** Bewirtung *v*
**trakteren** bewirten (mit etwas); (behandelen) traktieren; *op een rondje* ~ einen ausgeben
**tralie** Gitter *o*; *achter de ~s zitten* hinter Gittern sitzen
**traliehek** 1 (omheining) Gitterzaun *m*; 2 (deur) Gittertür *v*
**tram** Straßenbahn *v*
**trambaan** Straßenbahnschienen *mv*; *vrije* ~ freie Bahnstrecke *v*
**tramhalte** (Straßenbahn)haltestelle *v*
**tramhuisje** Wartehäuschen *o*
**tramlijn** Straßenbahnlinie *v*
**trammelant** Scherererei *v*, Stunk *m*
**trampoline** Trampolin *o*
**trampolinespringen** Trampolinspringen *o*
**trance** Trance *v*
**tranen** tränen
**tranendal** Jammertal *o*
**tranquillizer** Tranquilizer *m*
**trans** Umgang *m*, Rundgang *m*
**transactie** Geschäft *o*, Transaktion *v*
**transatlantisch** transatlantisch
**transcendent** transzendent; *~e meditatie* transzendentale Meditation *v*
**transcriptie** Transkription *v*, Umschrift *v*
**transferbedrag** Transfersumme *v*
**transformatie** Transformation *v*
**transformator** Transformator *m*
**transformeren** transformieren

**transfusie** Transfusion v
**transistorradio** Transistorradio o
**transito** Transit m
**transitvisum** Durchreisevisum o
**transmissie** Transmission v
**transparant** transparent
**transpiratie** 1 ⟨zweet⟩ Schweiß m; 2 ⟨het zweten⟩ Transpiration v
**transpireren** schwitzen, transpirieren
**transplantatie** Transplantation v
**transplanteren** transplantieren
**transport** Transport m, Beförderung v; op ~ stellen auf den Transport schicken
**transportband** Förder-, Transportband o
**transportbedrijf** Transportunternehmen o
**transporteren** 1 ⟨in 't alg.⟩ transportieren, befördern; 2 ⟨boekhouden⟩ übertragen
**transportvliegtuig** Transportflugzeug o
**transseksueel** I bn transsexuell; II m-v Transsexuelle(r) m-v
**trant** Art v, Stil m; in de ~ van in der Art von, im Stile von
**trap** 1 ⟨gezamenlijke treden⟩ Treppe v; 2 ⟨trede, graad, muz⟩ Stufe v; 3 ⟨schop⟩ Fußtritt m; ⟨tegen bal⟩ Stoß m; ~pen lopen Treppen steigen; iem. een ~ nageven jmdm. einen Eselstritt geben; de ~pen van vergelijking die Steigerungsstufen; de stellende, vergrotende, overtreffende ~ der Positiv, der Komparativ, der Superlativ
**trapauto** Tretauto o
**trapeze** Trapez o
**trapezium** Trapez o
**trapgat** Treppenloch o
**trapgevel** Treppengiebel m
**trapleuning** Treppengeländer o
**traploper** Treppenläufer m
**trappelen** 1 ⟨in 't alg.⟩ trampeln; 2 ⟨spartelen⟩ strampeln; 3 ⟨v. paard⟩ stampfen
**trappelzak** Strampelsack m
**trappen** 1 ⟨in 't alg.⟩ treten; 2 sp schießen; ergens in ~ fig auf etwas hereinfallen
**trappenhuis** Treppenhaus o
**trapper** Pedal o
**trappist** Trappist m
**trapportaal** Treppenabsatz m
**trapzaal** ZN Treppenhaus o
**trauma** Trauma o
**traumatisch** traumatisch
**traveller's cheque** Travellerscheck m
**traverse** Traverse v
**travestierol** Hosenrolle v
**travestiet** Transvestit m
**trawant** Trabant m, Kumpan m
**trechter** Trichter m
**tred** Tritt m, Schritt m
**trede** Stufe v
**treden*** treten; op de achter-, voorgrond ~ in den Hinter-, Vordergrund treten
**tredmolen** Tretmühle v
**treeplank** Trittbrett o
**treffen*** I ww 1 ⟨raken⟩ treffen; 2 ⟨betreffen⟩ betreffen; 3 ⟨ontmoeten⟩ (an)treffen, vorfinden; door iets getroffen worden ⟨ook⟩ von etwas angenehm berührt werden; iem. gevoelig ~ jmdn. in seinem empfindlichen Punkt treffen; dat treft goed das trifft sich gut; u treft 't! Sie haben Glück!; doel ~ wirken; maatregelen ~ Maßnahmen treffen; voorbereidingen ~ Vorbereitungen treffen; II o mil Treffen o
**treffend** 1 ⟨raak⟩ treffend; 2 ⟨ontroerend⟩ bewegend; een ~ voorbeeld ein schlagendes Beispiel o
**treffer** Treffer m
**trefpunt** Treffpunkt m
**trefwoord** Stichwort o
**trefzeker** treffsicher
**trein** Zug m; de ~ van 9 uur der Neunuhrzug; dat loopt als een ~ das geht wie am Schnürchen
**treinconducteur** Zugschaffner m
**treinkaartje** Zugfahrkarte v
**treinstel** Zug m, Zuggarnitur v
**treintaxi** Taxi o von und zu einem Bahnhof zu reduziertem Tarif
**treinverbinding** Zugverbindung v
**treiteren** quälen
**treiterig** boshaft, bösartig, gemein
**trek** 1 ⟨in 't alg.⟩ Zug m; 2 ⟨eetlust⟩ Appetit m; ik heb er geen ~ in ich habe keine Lust dazu; zijn ~ken thuis krijgen seinen Lohn kriegen; aan zijn ~ken komen auf seine Rechnung kommen; in ~ zijn gefragt sein; in grote ~ken in großen Zügen
**trekdier** Zugtier o
**trekhaak** Zughaken m
**trekharmonica** Ziehharmonika v
**trekken*** 1 ⟨naar zich toe halen, reizen⟩ ziehen; 2 ⟨voetreis maken⟩ wandern; 3 ⟨tochten⟩ ziehen; de thee trekt der Tee zieht; de aandacht ~ die Aufmerksamkeit (auf sich) ziehen; conclusies ~ Folgerungen ziehen
**trekker** 1 ⟨in 't alg.⟩ Zieher m; 2 ⟨v. wapen⟩ Abzug m; 3 ⟨v. voettocht⟩ Wanderer m; 4 ⟨tractor⟩ Trecker m
**trekking** 1 ⟨v. loterij⟩ Ziehung v; 2 ⟨zenuwen⟩ Zuckung v
**trekkracht** Zugkraft v
**trekpleister** 1 eig Zugpflaster o; 2 fig Attraktion v
**trekpop** Hampelmann m
**trekschuit** Treckschute v
**trektocht** Tour v, Fahrt v; op ~ gaan auf Fahrt (Tour) gehen
**trekvogel** Zugvogel m
**trema** Trema o
**trend** Trend m
**trendgevoelig** trènd-, modebewußt
**trendsetter** Trendsetter m
**trendy** modisch
**treurdicht** Klagelied o, Elegie v
**treuren** trauern, betrübt sein
**treurig** traurig, betrübt
**treurmuziek** Trauermusik v
**treurspel** Tragödie v
**treurwilg** Trauer-, Hängeweide v
**treuzel, treuzelaar** Trödler m
**treuzelen** trödeln, bummeln
**triangel** Triangel m
**triatlon** Triathlon o
**tribunaal** Gerichtsverhandlung v
**tribune** Tribüne v
**tricot** I o ⟨stof⟩ Trikot m; II m & o ⟨kledingstuk⟩ Trikot o
**triest** traurig, trübe

**triktrak** Tricktrack-, Puffspiel o
**triljard** Trillarde v
**triljoen** Trillion v
**trillen** 1 ⟨in 't alg.⟩ zittern; 2 muz vibrieren
**triller** Triller m
**trilling** 1 nat Schwingung v; 2 ⟨beven⟩ Zittern o; 3 ⟨v. stem⟩ Vibration v
**trilogie** Trilogie v
**trimbaan** Trimm-dich-Pfad m
**trimester** Trimester o
**trimmen** trimmen
**trio** Trio o
**triomf** Triumph m
**triomfantelijk** triumphal; ⟨ongunstig⟩ triumphierend
**triomfboog** Triumphbogen m
**triomferen** triumphieren
**triomftocht** Triumphzug m
**trip** Trip m
**triplexhout** Sperrholz o
**triplo**: in ~ dreifach, in dreifacher Ausfertigung
**trippelen** trippeln
**trippen** slang einen Trip (ein)werfen
**triptiek** Triptychon o
**triviaal** trivial
**troebel** trübe
**troebelen** Wirren mv, Unruhen mv
**troef** kaartsp Trumpf m; daar is armoe ~ da herrscht Armut; alle troeven in handen hebben alle Karten in der Hand haben
**troefaas** Trumpfas o
**troel** Schnepfe v
**troep** 1 ⟨groep⟩ Haufen m; 2 ⟨rommel⟩ Zeug o; 3 mil Truppe v; een ~ maken alles durcheinanderbringen; een rondreizende ~ ⟨toneelspelers⟩ eine Wandertruppe
**troepenmacht** Streitmacht v
**troeteldier** Kuscheltier o
**troetelkind** Hätschel-, Herzenskind o
**troetelnaam** Kosename m
**troeven** kaartsp Trumpf spielen
**trofee** Trophäe v
**troffel** Kelle v
**trog** 1 ⟨voerbak⟩ Trog m; 2 ⟨kuil⟩ Backmulde v
**Trojaans** trojanisch; de ~e Oorlog der Trojanische Krieg; ~e held Trojanerheld m
**Troje** Troja o
**trol** Troll m
**trolleybus** Obus m
**trom** Trommel v; de (grote) ~ roeren, op de grote ~ slaan die (große) Trommel rühren (schlagen); met stille ~ vertrekken sang- und klanglos davongehen
**trombone** Posaune v
**trombonist** Posaunist m
**trombose** Thrombose v
**tromgeroffel** Trommelwirbel m
**trommel** 1 muz Trommel v; 2 ⟨voor koekjes⟩ Dose v; blikken ~ Blechdose v
**trommelaar** Trommler m
**trommelen** trommeln
**trommelrem** Trommelbremse v
**trommelvlies** Trommelfell o
**trompet** Trompete v; de ~ steken die Trompete blasen
**trompetten, trompetteren** trompeten

**tronen** thronen
**tronie** Visage v, Fratze v
**troon** Thron m
**troonopvolger** Thronfolger m, -erbe m
**troonopvolging** Thronfolge v
**troonrede** Thronrede v
**troonsafstand** Thronentsagung v
**troonsbestijging** Thronbesteigung v
**troonzaal** Thronsaal m
**troost** Trost m; schrale ~ schwacher Trost m; een bakje ~ gemeenz eine Tasse v Kaffee
**troosteloos** trostlos
**troosten** trösten
**troostprijs** Trostpreis m
**trooststrijk** trostreich
**tropen** Tropen mv
**tropenhelm** Tropenhelm m
**tropenkolder** Tropenkoller m
**tropenrooster** onderw Stundenplan m für heiße Tage
**tropisch** tropisch; ~ klimaat Tropenklima o; ~e ziekte Tropenkrankheit v
**tros** 1 scheepv Trosse v; 2 ⟨bloeiwijze, vruchten⟩ Traube v
**trots** I m Stolz m; de ~ van de familie der Stolz der Familie; II bn stolz; ~ als een pauw stolz wie ein Pfau
**trotseren** trotzen (+ 3)
**trotskisme** Trotzkismus m
**trottoir** Bürger-, Gehsteig m
**troubadour** Troubadour m
**trouw** I bn treu; ~ aan treu (+ 3); ~e bezoeker regelmäßiger Besucher m; II v Treue v; te goeder ~ in gutem Glauben; te kwader ~ wider Treu und Glauben; in böser Absicht
**trouwakte** Trauschein m
**trouwboekje** Familienstammbuch o
**trouwbreuk** Treubruch m
**trouwdag** Hochzeitstag m
**trouweloos** treulos
**trouwen** 1 ⟨huwen⟩ ⟨einen⟩ heiraten, sich ⟨mit einem⟩ verheiraten; 2 ⟨in de echt verbinden⟩ trauen; hij is allang getrouwd er ist längst verheiratet; op 't stadhuis ~ standesamtlich getraut werden
**trouwens** freilich, übrigens
**trouwerij** 1 ⟨huwelijkssluiting⟩ Eheschließung v; 2 ⟨feest⟩ Hochzeitsfest o
**trouwfoto** Hochzeitsbild o
**trouwhartig** treu, aufrichtig
**trouwjurk** Hochzeitskleid o
**trouwkleed** ZN Hochzeitskleid o
**trouwpak** Hochzeitsanzug m
**trouwplechtigheid** Trauung v
**trouwring** Trau-, Ehering m
**trouwzaal** Hochzeitssaal m
**truc** Trick m, Kniff m; de ~ doorhebben den Bogen heraushaben
**trucage** Tricks mv
**truck** Lastauto o
**trucker** Lastwagenfahrer m, LKW-Fahrer m; ⟨grote afstanden⟩ Fernfahrer m
**truffel** Trüffel v
**trui** Pullover m; de gele ~ sp das gelbe Trikot; wollen ~ Wollpullover m
**trukendoos** Trickkiste v; de ~ opentrekken

**trust**

in die Trickkiste greifen
**trust** Trust *m*, Treuhand *v*
**trustgebied** Trustgebiet *o*
**trut** gemeenz **1** ⟨slome vrouw⟩ Transuse *v*, Trine *v*; **2** ⟨vagina⟩ Pflaume *v*, Pussi *v*, Fotze *v*; *stomme* ~ blöde Ziege *v*
**truttig** gemeenz zickig
**try-out** theat Voraufführung *v*
**tsaar** Zar *m*
**T-shirt** T-Shirt *m*
**Tsjech** Tscheche *m*
**Tsjechië** Tschechien *o*, die Tschechei
**Tsjechisch** I *bn* tschechisch; II *o* Tschechisch *o*
**Tsjechoslowakije** Tschechoslowakei *v*
**tsjilpen** tschilpen
**tuba** Tuba *v*
**tube** Tube *v*
**tuberculeus** tuberkulös
**tuberculose** Tuberkulose *v*
**tuberkelbacil** Tuberkelbazillus *m*, -bakterium *o*
**tucht** Zucht *v*, Disziplin *v*
**tuchthuis** Zuchthaus *o*
**tuchtigen** züchtigen
**tuchtrecht** Disziplinatrecht *o*
**tuchtschool** Jugendstrafanstalt *v*
**tuffen** tuckern
**tufsteen** Tuffstein *m*
**tuig 1** ⟨gereedschap⟩ Zeug *o*; **2** ⟨van paarden⟩ Geschirr *o*; **3** ⟨gespuis⟩ Pack *o*
**tuigje** Kinder(sicherheits)gurt *m*
**tuil** Strauß *m*
**tuimelaar** ⟨dolfijn⟩ Tümmler *m*
**tuimelen** purzeln
**tuimeling 1** ⟨buiteling⟩ Purzelbaum *m*; **2** ⟨val⟩ Sturz *m*
**tuimelraam** Klapp-, Kippfenster *o*
**tuin** Garten *m*; *om de* ~ *leiden* hinters Licht führen
**tuinaarde** Gartenerde *v*
**tuinarchitect** Gartenarchitekt *m*
**tuinboon** Puffbohne *v*
**tuinbouw** Gartenbau *m*
**tuinbouwschool** Gartenbauschule *v*
**tuinbroek** Latzhose *v*
**tuinder** Gärtner *m*
**tuinderij** Gärtnerei *v*, Gartenbaubetrieb *m*
**tuindorp** Gartenstadt *v*
**tuinen**: *erin* ~ reinfallen
**tuinfeest** Gartenfest *o*
**tuinhek 1** ⟨omheining⟩ Gartenzaun *m*; **2** ⟨toegang⟩ Gartentor *o*
**tuinier** Gärtner *m*, Gartenfreund *m*
**tuinieren** gärtnern
**tuinkabouter** Gartenzwerg *m*
**tuinkers** Gartenkresse *v*
**tuinkruiden** Gartenkräuter *mv*
**tuinman** Gärtner *m*
**tuinmeubelen** Gartenmöbel *mv*
**tuinslang** ⟨om te spuiten⟩ Gartenschlauch *m*
**tuit** Tülle *v*, Schnabel *m*
**tuiten** spitzen; *mijn oren* ~ die Ohren klingen mir
**tuk**: ~ *op iets zijn* erpicht auf etwas (4) sein
**tukje**: *een* ~ *doen* ein Nickerchen machen
**tulband 1** ⟨hoofddeksel⟩ Turban *m*; **2** ⟨gebak⟩ Topf-, Napfkuchen *m*
**tule** Tüll *m*
**tulp** Tulpe *v*
**tulpenbol** Tulpenzwiebel *v*
**tumor** Tumor *m*
**tumult** Tumult *m*
**tumultueus** tumultuös, -tuarisch
**tune** Erkennungsmelodie *v*
**tuner** Tuner *m*
**tuner-versterker** Receiver *m*
**tuniek 1** mil Waffenrock *m*; **2** ⟨dameskleding⟩ Tunika *v*
**tunnel** Tunnel *m*
**turbine** Turbine *v*
**turbo** Turbo-
**turbulent** turbulent, stürmisch
**turbulentie** Turbulenz
**tureluur** Rotschenkel *m*
**tureluurs** verrückt, toll
**turen 1** ⟨ingespannen kijken⟩ spähen; **2** ⟨staren⟩ starren
**turf 1** ⟨stuk veen⟩ Torf *m*; **2** ⟨dik boek⟩ Wälzer *m*; *toen hij nog drie turven hoog was* als er noch ein Dreikäsehoch war
**turfmolm** Torfmull *m*
**Turk** Türke *m*
**Turkije** die Türkei
**turkoois** Türkis *m*
**Turks** I *bn* türkisch; II *o* Türkisch
**turnen** turnen
**turnles** ZN ⟨gymles⟩ Turnstunde *v*
**turnpakje** Gymnastikanzug *m*
**turnzaal** ZN ⟨gymzaal⟩ Turnsaal *m*
**turven 1** ⟨turf maken⟩ Torf stechen; **2** ⟨tellen⟩ mit Strichen zählen
**tussen** zwischen (+ 3 of 4); *er van* ~ *gaan* auskneifen, abhauen
**tussenbalans** Zwischenbilanz *v*
**tussenbeide**: ~ *komen* einschreiten, eingreifen
**tussendek** Zwischendeck *v*
**tussendeur** Zwischentür *v*
**tussendoor** zwischendurch; *dat klusje doe ik er wel even* ~ diese Kleinigkeit erledige ich nebenbei
**tussendoortje** Zwischenmahlzeit *v*
**tussenhandel** Zwischenhandel *m*
**tussenhandelaar** Zwischenhändler *m*
**tussenin 1** ⟨stilstand⟩ zwischendrin; **2** ⟨beweging⟩ zwischendrein
**tussenkomst 1** ⟨bemiddeling⟩ Vermittlung *v*; **2** ⟨ingrijpen⟩ Eingreifen *o*; **3** ⟨inmenging⟩ Einmischung *v*
**tussenlanding** Zwischenlandung *v*; *een* ~ *maken* zwischenlanden
**tussenmaat** Zwischengröße *v*
**tussenmuur** Zwischenwand *v*
**tussenpaus 1** ⟨paus⟩ Übergangspapst *m*; **2** fig Übergangsfigur *v*
**tussenpersoon** Mittelsperson *v*, Vermittler *m*
**tussenpoos** Zwischenpause *v*
**tussenruimte** Zwischenraum *m*
**tussenschot** Scheidewand *v*
**tussensprint** Zwischenspurt *m*
**tussenstand** Zwischenstand *m*
**tussenstation** Zwischenstation *v*
**tussentijd** Zwischenzeit *v*

**tussentijds I** *bijw* in der Zwischenzeit; **II** *bn*: ~e *balans* Zwischenbilanz *v*; ~e *verkiezing* Ersatzwahl *v*
**tussenuit**: *iets ergens* ~ *nemen* etwas irgendwo mittenheraus nehmen; *er* ~ *gaan* auskneifen
**tussenuur 1** ⟨in 't alg.⟩ Mußestunde *v*; **2** ⟨op school⟩ Zwischenstunde *v*
**tussenvoegen** einfügen, -schalten
**tussenvorm** Zwischenform *v*
**tussenwand** = *tussenmuur*
**tussenweg** Mittelweg *m*
**tussenwerpsel** Interjektion *v*
**tut, tuthola** gemeenz Ziege *v*; zie ook *trut*
**tut**: ~!, ~! sachte, sachte!
**tutoyeren** duzen; *elkaar* ~ auf du und du stehen
**tutten** gemeenz (herum)trödeln
**tuttig** gemeenz zickig
**tv** = *televisie*
**twaalf I** *telw* zwölf; **II** *v* ⟨het cijfer⟩ Zwölf *v*; *met zijn twaalven* zu zwölft
**twaalfde** zwölfte; *een* ~ ein Zwölftel *o*
**twaalfjarig** zwölfjährig
**twaalftal** Dutzend *o*
**twaalfuurtje 1** ⟨broodmaaltijd⟩ Mittagbrot *o*; **2** ⟨warm⟩ Imbiß *m*
**twaalfvingerig**: ~e *darm* Zwölffingerdarm *m*
**twee I** *telw* zwei; ⟨ook⟩ zwo; **II** *v* ⟨het cijfer⟩ Zwei *v*; *een* ~ ⟨op rapport⟩ ein Zweier *m*; ~ *aan* ~ je zwei und zwei; *in tweeën* ⟨in twee delen⟩ in zwei Stücken; ⟨stuk⟩ entzwei; *met zijn tweeën* zu zweit
**tweebaansweg** zweibahnige Straße *v*
**tweed** Tweed *m*
**tweede** zweite; ~ *auto* Zweitwagen *m*; *ten* ~ *zweitens*; *a tot de* ~ *(a²)* a hoch zwei
**tweedehands**: ~ *auto* Gebrauchtwagen *m*; ~ *boeken* antiquarische Bücher; ~ *waar* Gebrauchtware *v*
**tweedejaars**: *een* ~ *student* ein Student *m* im dritten (vierten) Semester
**tweedelig** zweiteilig
**tweederangs** zweitrangig, zweitklassig
**tweedracht** Uneinigkeit *v*; ~ *zaaien* Zwietracht säen
**tweedrank** Zwei-Früchte-Saft *m*
**twee-eiig** zweieiig
**tweeërlei** zweierlei
**tweegevecht** Zweikampf *m*
**tweeklank** taalk Zwielaut *m*
**tweeledig 1** ⟨uit twee leden bestaand⟩ zweigliedrig; **2** ⟨in twee betekenissen⟩ doppel-, zweideutig
**tweeling** Zwillinge *mv* ⟨ook astrol⟩; *een van een* ~ Zwilling *m*
**tweelingbroer** Zwillingsbruder *m*
**tweelingzuster** Zwillingsschwester *v*
**tweemaal** zweimal, doppelt
**tweemaster** Zweimaster *m*
**tweepersoonsbed** Doppelbett *o*
**tweeregelig** zweizeilig
**tweeslachtig 1** ⟨mannelijk en vrouwelijk⟩ zwitterhaft; **2** plantk zweigeschlechtig; **3** fig zwiespältig; *een* ~e *houding* eine zweideutige Haltung
**tweespalt** Zwiespalt *m*
**tweesprong** Weggabelung *v*
**tweestemmig** zweistimmig
**tweestrijd 1** ⟨gevecht⟩ Zweikampf *m*; **2** ⟨innerlijk⟩ (innerer) Zwiespalt *m*
**tweetal 1** ⟨twee dingen⟩ zwei; **2** ⟨bij elkaar horende dingen⟩ Paar *o*
**tweetalig** zweisprachig
**tweetallig**: ~ *stelsel* Binär-, Dualsystem *o*
**tweeverdieners** Doppelverdiener *mv*
**tweevoud 1** ⟨dubbel⟩ Zweifache(s) *o*; **2** ⟨door twee deelbaar⟩ Vielfache(s) von zwei *o*; *in* ~ in doppelter Ausfertigung
**tweewoonst** ZN Zweifamilienhaus *o*
**tweezijdig** zweiseitig
**twijfel** Zweifel *m*; *'t lijdt geen* ~ es unterliegt keinem Zweifel; *in* ~ *trekken* in Zweifel (Frage) ziehen; *zonder* ~ zweifelsohne
**twijfelaar 1** ⟨persoon⟩ Zweifler *m*; **2** ⟨bed⟩ französisches Bett *o*
**twijfelachtig** zweifelhaft
**twijfelen** zweifeln; ~ *aan* zweifeln an (+ 3)
**twijfelgeval** Zweifelsfall *m*
**twijfeling** Zweifel *m*
**twijg** Zweig *m*
**twinkelen 1** ⟨in 't alg.⟩ glänzen; **2** ⟨v. ster⟩ funkeln
**twintig** zwanzig; *met zijn* ~*en* zu zwanzig; *de jaren* ~ die zwanziger Jahre; *zij is voor in de* ~ sie ist Anfang Zwanzig; *hij is achter in de* ~ er ist Ende Zwanzig
**twintiger** Zwanziger *m*
**twintigste** zwanzigst; *een* ~ ein Zwanzigstel *o*
**twist 1** ⟨ruzie⟩ Zwist *m*; **2** ⟨dans⟩ Twist *m*
**twistappel** Zankapfel *m*
**twisten 1** ⟨ruziën⟩ sich streiten; **2** ⟨dansen⟩ twisten; *daarover kan men* ~ darüber läßt sich streiten
**twistgesprek** Streitgespräch *o*
**twistpunt** Streitpunkt *m*
**tyfoon** Taifun *m*
**tyfus** Typhus *m*
**type** ⟨persoon⟩ Typus *m*, Typ *m*; *hij is mijn* ~ *niet* er ist nicht mein Typ
**typefout** Tippfehler *m*
**typemachine** Schreibmaschine *v*
**typen** maschineschreiben
**typeren** charakterisieren
**typewerk** Schreib(maschinen)arbeit *v*
**typisch 1** ⟨als type⟩ typisch; **2** ⟨karakteristiek⟩ charakteristisch; **3** ⟨zonderling⟩ merkwürdig; *een* ~ *Nederlands stadje* ein typisch niederländisches Städtchen *o*
**typografie** Typographie *v*
**typografisch** typographisch
**tyrannosaurus** Tyrannosaurus *m*

# U

**1 u** *v* der Buchstabe U, das U
**2 u** *pers vnw* Sie; Ihnen; ⟨3de naamval⟩ ⟨tegen bloedverwanten⟩ du, dir, dich; *mv*: ihr, euch
**UFO** = *Unidentified Flying Object*, Ufo *o*
**ui** Zwiebel *v*
**uiensoep** Zwiebelsuppe *v*
**uier** Euter *o*
**uil 1** ⟨vogel⟩ Eule *v*, Kauz *m*; **2** ⟨domkop⟩ Dummkopf *m*; *elk meent zijn ~ een valk te zijn* jede Mutter lobt ihre Butter
**uilskuiken** Dummkopf *m*, Schafskopf *m*
**uiltje 1** ⟨vogel⟩ kleine Eule; **2** ⟨vlinder⟩ Nachtfalter *m*; *een ~ knappen* ein Nickerchen machen
**uit I** *voorz* aus; *~ de grap* zum Scherz; *~ de hoogte* von oben herab; *de stad ~* verreist; *nu is het ~!* jetzt ist Schluß!; *het raam ~* zum Fenster hinaus; *het is ~ tussen ons* es ist Schluß zwischen uns; *op iets ~ zijn* auf etwas aus sein; *~ (de mode)* aus der Mode; *een dagje ~* ein Tagesausflug *m*; *~ en thuis* hin und zurück
**uitademen** ausatmen
**uitbal** *sp* Ausball *m*
**uitbalanceren** ausbalancieren
**uitbannen** verbannen; *de duivel ~* den Teufel austreiben
**uitbarsten** ausbrechen; *in een schaterend gelach ~* in schallendes Gelächter ausbrechen; *in snikken ~* aufschluchzen, in schluchzen ausbrechen
**uitbarsting** Ausbruch *m*; *~ van vrolijkheid* Heiterkeitsausbruch *m*; *~ van woede* Wutausbruch *m*
**uitbaten** ZN betreiben
**uitbater** ZN **1** ⟨eigenaar⟩ Inhaber *m*; **2** ⟨zaakvoerder⟩ Geschäftsführer *m*
**uitbating** ZN Geschäftsführung *v*
**uitbeelden** darstellen
**uitbenen** den Knochen herausnehmen
**uitbesteden 1** ⟨werk⟩ verdingen; **2** ⟨kind⟩ unterbringen
**uitbetalen** auszahlen, -bezahlen
**uitbijten 1** ⟨door bijten wegnemen⟩ ausbeißen; **2** ⟨met bijtende stof⟩ herausätzen
**uitblazen 1** ⟨kaars enz.⟩ ausblasen; **2** ⟨uitrusten⟩ (sich) verschnaufen
**uitblijven** ausbleiben; auf sich warten lassen; *'t kon niet ~* es konnte ja nicht ausbleiben, es mußte so kommen
**uitblinken** glänzen
**uitblinker** Könner *m*; *sp* As *o*
**uitbloeien** ausblühen, verblühen, abblühen
**uitbotten** ausschlagen, -sprossen, treiben
**uitbouw** Ausbau *m*
**uitbouwen** ausbauen
**uitbraak** Ausbruch *m*
**uitbraken 1** *eig* ausspeien; **2** ⟨scheldwoorden⟩ ausstoßen
**uitbranden** ausbrennen
**uitbrander** Verweis *m*, Rüffel *m*

**uitbreiden** ausbreiten; *zich ~* sich ausdehnen; *de brand breidde zich snel uit* das Feuer griff rasch um sich; *de stad is sterk aan 't ~* die Stadt wächst rasch; *zie ook: uitgebreid*
**uitbreiding** Ausdehnung *v*, -breitung *v*; *~ van een stad* Erweiterung *v* einer Stadt
**uitbreidingsplan** Ausdehnungs-, Erweiterungsplan *m*
**uitbreken** aus-, losbrechen; *'t ~ van brand* Feuerausbruch *m*; *'t ~ van oorlog* Kriegsausbruch *m*
**uitbrengen 1** ⟨naar buiten⟩ (hin)ausbringen; **2** ⟨kenbaar maken⟩ abgeben; ⟨v. verslag enz.⟩ erstatten; *een advies (preadvies) ~* ein Gutachten abgeben; *een film ~* einen Film herausbringen; *rapport ~* Bericht erstatten; *zijn stem ~* seine Stimme abgeben; *geen woord kunnen ~* kein Wort herausbringen können
**uitbroeden 1** ⟨eieren⟩ ausbrüten; **2** *fig* aushecken
**uitbuiten** ausbeuten, -nutzen, -nützen
**uitbuiter** Ausbeuter *m*
**uitbuiting** Ausbeutung *v*, Ausnutzung *v*
**uitbundig** überschwenglich; *~e vreugde* überquellende Freude *v*; *~ lachen* unbändig lachen
**uitdagen 1** ⟨tot strijd⟩ herausfordern; **2** ⟨tarten⟩ in die Schranken fordern
**uitdager** Herausforderer *m*
**uitdaging** Herausforderung *v*
**uitdelen** austeilen, verteilen
**uitdenken** ausdenken
**uitdeuken** ausbeulen
**uitdienen** aus-, abdienen
**uitdiepen** vertiefen
**uitdijen** anschwellen
**uitdoen 1** ⟨in 't alg.⟩ ausmachen; **2** ⟨kleren⟩ ausziehen; **3** ⟨licht enz.⟩ löschen, ausschalten
**uitdokteren** austüfteln
**uitdossen** (aus)schmücken
**uitdoven I** *onoverg* erlöschen; **II** *overg* löschen
**uitdraai** *comput* Ausdruck *m*
**uitdraaien** ausdrehen; *op iets ~* auf etwas (4) hinauslaufen; *op niets ~* zu nichts führen
**uitdragen** (hin)austragen; *ideeën ~* Ideen verkünden
**uitdrager** Trödler *m*, Altwarenhändler *m*
**uitdragerij** Trödler(laden) *m*
**uitdrijven** austreiben; *de duivel ~* den Teufel austreiben
**uitdrinken** austrinken
**uitdrogen 1** ⟨in 't alg.⟩ austrocknen, -dörren; **2** *fig* versiegen
**uitdrukkelijk** drücklich
**uitdrukken** ausdrücken; *zich ~* sich ausdrücken; *zacht uitgedrukt* gelinde gesagt
**uitdrukking 1** ⟨uiting⟩ Auspressung *v*; **2** ⟨zegswijze⟩ Ausdruck *m*
**uitduiden** erklären
**uitdunnen** auslichten, -holzen
**uiteen** auseinander
**uiteengaan** auseinandergehen
**uiteenjagen** auseinanderjagen; *de menig-*

*te* ~ die Menge auseinandersprengen
**uiteenlopen** auseinandergehen
**uiteenspatten** 1 ⟨ontploffen⟩ zerplatzen; 2 ⟨v. staten⟩ zerfallen
**uiteenzetten** darlegen, erörtern
**uiteinde** Ende *o*; *een zalig* ~ ein besinnlicher Jahreswechsel *m*
**uiteindelijk**: *de ~e reden* der eigentliche Grund; ~ *is het zijn schuld* letzten Endes ist es seine Schuld
**uiten** äußern; *zijn waardering* ~ seine Anerkennung aussprechen; *zich* ~ sich äußern
**uitentreuren** immer wieder, endlos
**uiteraard** selbstverständlich
**uiterlijk** I *bn* ⟨v. buiten⟩ äußer; *de ~e schijn* der äußere Schein; II *bijw* ⟨op zijn laatst⟩ spätestens; ~ *kalm* äußerlich ruhig; *hij blijft* ~ *een dag of acht* er bleibt höchstens etwa acht Tage; III *o* Äußere(s) *o*
**uitermate** ungemein
**uiterst** äußerst; *zijn ~e best doen* sein Möglichstes tun; ~ *fatsoenlijk* hochanständig; ~ *voldaan* außerordentlich zufrieden; *in 't ~e geval* im äußersten Fall
**uiterste** Äußerste(s) *o*; *de ~n raken elkaar* die Extreme berühren sich; *van het ene* ~ *in het andere* von einem Extrem ins andre
**uiterwaard** Vorland *o*
**uitflappen**: *er alles* ~ alles herausplappern
**uitfluiten** auspfeifen
**uitfoeteren** (einen) zusammenschimpfen
**uitgaaf** = *uitgave*
**uitgaan** ausgehen; *er voor een weekend op* ~ ins Wochenende fahren; ~ *op* ⟨eindigen op⟩ enden, ausgehen auf; ~ *op verkenning* ~ auf Kundschaft ausgehen; ~ *van* ausgehen von; *hiervan ~de* dies vorausgesetzt
**uitgaanscentrum** Vergnügungsviertel *o*
**uitgaansleven** Nachtleben *o*
**uitgaansverbod** 1 ⟨in 't alg.⟩ Ausgehverbot *o*; 2 *mil* Ausgangssperre *v*
**uitgang** 1 ⟨v. gebouw e.d.⟩ Ausgang *m*; 2 *gramm* Endung *v*
**uitgangspunt** Ausgangspunkt *m*
**uitgave** 1 ⟨geld; boek⟩ Ausgabe *v*; 2 ⟨voor bepaalde dienst of doel⟩ Aufwendung *v*; 3 ⟨wetenschappelijke bewerking⟩ Herausgabe *v*; *losbladige* ~ Loseblattausgabe *v*
**uitgebreid** ausführlich, -gedehnt, umfassend
**uitgebreidheid** Ausdehnung *v*, Umfang *m*, Ausführlichkeit *v*
**uitgehongerd** ausgehungert
**uitgekiend** ausgeknobelt, ausgetüftelt
**uitgekookt** ausgekocht
**uitgelaten**: ~ *van vreugde* außer sich vor Freude; ~ *zijn* seinem Affen Zucker geben
**uitgeleefd** abgelebt
**uitgeleide** Geleit *o*; *iem.* ~ *doen* einem das Geleit geben, einen (ein Stück) begleiten
**uitgelezen** erlesen, ausgezeichnet; *een* ~ *publiek* ein auserlesenes Publikum
**uitgeluld**: ~ *zijn gemeenz* ausgequatscht haben
**uitgemaakt** ausgemacht; *het is een ~e zaak* es ist eine ausgemachte Sache
**uitgemergeld** ausgemergelt

**uitgeput** 1 ⟨moe⟩ erschöpft; 2 ⟨v. mijn⟩ abgebaut; ~ *raken* ⟨voorraad⟩ sich erschöpfen; ⟨bron⟩ versiegen; *mijn geduld is* ~ meine Geduld ist erschöpft; *geheel* ~ *zijn* völlig erschöpft sein
**uitgerekend** ausgerechnet
**uitgeslapen** gerieben, gerissen, ausgekocht
**uitgesleten** ausgetreten
**uitgesloten** ausgeschlossen
**uitgesproken** ausgesprochen
**uitgestorven** ausgestorben
**uitgestreken**: *met een* ~ *gezicht* mit unbewegter Miene
**uitgestrekt** ausgedehnt; ~ *op de grond liggen* der Länge nach am Boden liegen
**uitgestrektheid** Ausdehnung *v*
**uitgeteerd** ab-, ausgezehrt
**uitgeteld** erschöpft
**uitgeven** 1 ⟨in 't alg.⟩ ausgeben; 2 ⟨werk⟩ veröffentlichen; 3 ⟨wetenschappelijke uitgave⟩ herausgeben; *aandelen* ~ Aktien ausgeben; *zich* ~ *voor* sich ausgeben für
**uitgever** 1 ⟨in 't alg.⟩ Verleger *m*; 2 ⟨wetenschappelijk bewerker⟩ Herausgeber *m*
**uitgeverij** 1 ⟨onderneming⟩ Verlag *m*; 2 ⟨het uitgeven in 't alg.⟩ Verlagswesen *o*
**uitgewoond** ⟨v. huis⟩ verwohnt
**uitgezocht** ausgesucht, auserlesen
**uitgezonderd** ausgenommen
**uitgifte** Ausgabe *v*
**uitgillen**: *het* ~ *van angst* laut aufschreien vor Angst
**uitglijden** ausgleiten, -rutschen
**uitgooien** auswerfen
**uitgraven** ausgraben
**uitgroeien**: ~ *tot* (sich) auswachsen zu
**uitgummen** aus-, wegradieren
**uithaal** 1 ⟨v. toon⟩ lange angehaltener Ton *m*; 2 *sp* ⟨hard schot⟩ Bombenschuß *m*
**uithalen** 1 ⟨uitnemen⟩ ausnehmen; 2 ⟨baten⟩ nützen; 3 ⟨uitspoken⟩ anstellen; 4 ⟨v. breiwerk⟩ aufräufeln; 5 ⟨met arm of been⟩ ausholen; *dat haalt niets uit* das führt zu nichts; *het heeft niets uitgehaald* es hat nichts bewirkt; *dwaasheden* ~ Dummheiten machen; *grappen* ~ Possen reißen; *kattenkwaad* ~ Unfug treiben; *nesten* ~ Nester ausnehmen; *naar links* ~ nach links ausscheren
**uithangbord** Aushängeschild *o*
**uithangen** 1 ⟨buitenhangen⟩ aushängen; 2 ⟨doen alsof⟩ mimen, spielen, sich ausspielen als; *ergens* ~ irgendwo herumhängen; *de brave huisvader* ~ den braven Hausvater spielen; *de schoolmeester* ~ den Schulmeister machen, schulmeistern
**uithebben** 1 ⟨in 't alg.⟩ aushaben; 2 ⟨v. kleren⟩ ausgezogen haben
**uitheems** ausländisch
**uithoek** abgelegener Ort *m*
**uithollen** ⟨hol maken, ook fig⟩ aushöhlen
**uithongeren** aushungern
**uithoren** ausfragen, -horchen
**uithouden** aushalten; *het niet langer* ~ es nicht länger aushalten; *'t is niet om uit te houden* es ist nicht zum Aushalten
**uithoudingsvermogen** Ausdauer *v*

**uithuilen** sich ausweinen, -heulen
**uithuizig** 1 ⟨graag van huis zijnde⟩ aushäusig; 2 ⟨niet thuis⟩ außer Haus
**uithuwelijken** verheiraten, vermählen
**uiting** Äußerung v; *een ~ van vreugde* ein Ausdruck m der Freude; *tot ~ komen* ⟨ook⟩ sich niederschlagen, sich äußern (in) (+ 3)
1 **uitje** ⟨kleine ui⟩ kleine Zwiebel
2 **uitje** ⟨uitstapje⟩ Ausflug m
**uitjouwen** ausbuhen
**uitkafferen** gemeenz ausschimpfen
**uitkammen** aus-, durchkämmen
**uitkeren** ausbezahlen; *een dividend ~* eine Dividende ausschütten
**uitkering** 1 ⟨betaling⟩ Auszahlung v; 2 ⟨ter ondersteuning⟩ Unterstützung; 3 ⟨bijstand⟩ Sozialhilfe v; *van een ~ leven* von einer Unterstützung, der Sozialhilfe leben
**uitkeringsgerechtigd** unterstützungsberechtigt
**uitkeringsgerechtigde, uitkeringstrekker** 1 ⟨in 't alg.⟩ Unterstützungsempfänger m; 2 ⟨v. bijstand⟩ Sozialhilfeempfänger m
**uitkienen** gemeenz ausknobeln
**uitkiezen** aus(er)wählen, auslesen
**uitkijk** 1 ⟨uitzicht⟩ Aussicht v, Ausblick m; 2 scheepv Ausguck m; *op de ~ staan* Schmiere stehen
**uitkijken** ausehen, -gucken; *kijk uit!* paß auf!, Vorsicht!; *ik keek mijn ogen uit!* ich wußte nicht, was ich sah!; *~ op* ⟨uitzicht hebben op⟩ sehen auf (+4)
**uitkijkpost** Aussichtsposten m
**uitkijktoren** Aussichtsturm m
**uitklaren** abfertigen, scheepv ausklarieren
**uitkleden** 1 ⟨v. kleding ontdoen⟩ auskleiden; 2 ⟨arm maken⟩ ausrauben; *tot op 't hemd ~* bis aufs Hemd ausziehen
**uitkloppen** ausklopfen; *een stofdoek ~* ein Staubtuch ausstauben
**uitknijpen** auspressen
**uitknippen** ausschneiden
**uitkomen** 1 ⟨in 't alg.⟩ aus-, herauskommen; 2 kaartsp herauskommen; 3 ⟨uit het ei⟩ aus dem Ei schlüpfen; 4 ⟨v. plant⟩ hervorsprießen; *dat komt goed uit* das trifft sich gut; ⟨som⟩ das stimmt; ⟨is duidelijk zichtbaar⟩ das tritt deutlich hervor; *zoals het toevallig uitkwam* wie es gerade kam; *met troef ~* kaartsp Trumpf ausspielen; *de deur komt op de straat uit* die Tür geht auf die Straße; *~ tegen* sich scharf abheben von, sich abzeichnen gegen (von); sp *ins Feld treten gegen; ergens voor ~* etwas offen gestehen; *voor zijn mening durven ~* den Mut seiner Meinung haben
**uitkomst** 1 Ergebnis o; 2 ⟨hulp⟩ Ausweg m, Hilfe v, Rettung v
**uitkopen** loskaufen, auslösen
**uitkramen** verzapfen; *onzin ~* dummes Zeug reden
**uitkristalliseren** herauskristallisieren
**uitlaat** 1 ⟨v. vloeistof⟩ Auslaß m; 2 auto Auspuff m
**uitlaatgas** Auspuff-, Abgas o
**uitlaatklep** techn Auslaßventil o; *zij is mijn ~ bei ihr kann ich mich so richtig ausheulen*
**uitlachen** auslachen, verlachen; *iem. in zijn gezicht ~* einem ins Gesicht lachen
**uitladen** ausladen
**uitlaten** auslassen; *zich ~* sich äußern; *een gast ~* einen Gast hinausbegleiten; *de hond ~* mit dem Hund Gassi gehen, spazieren gehen; zie ook: *uitgelaten*
**uitlating** Äußerung v
**uitleenbibliotheek** Leihbibliothek v
**uitleg** 1 ⟨verklaring⟩ Erklärung v; 2 ⟨vergroting⟩ Erweiterung v
**uitleggen** 1 ⟨uitspreiden⟩ herauslegen; 2 ⟨verklaren⟩ erklären, auslegen; ⟨v. dromen⟩ deuten; 3 ⟨v. japon⟩ auslassen
**uitlekken** 1 ⟨v. vloeistof⟩ auslecken; 2 ⟨bekend worden⟩ bekannt werden, durchsickern; *niets laten ~* nichts verlauten lassen
**uitlenen** ausleihen
**uitleven:** *zich ~* sich ausleben
**uitleveren** ausliefern
**uitlevering** Auslieferung v
**uitleveringsverdrag** Auslieferungsvertrag m
**uitlezen** auslesen; zie ook: *uitgelezen*
**uitlokken** 1 ⟨provocatie⟩ provozieren; 2 ⟨twist⟩ herbeiführen; 3 ⟨prikkelen⟩ herausfordern
**uitlokking** 1 ⟨provocatie⟩ Provozierung v; 2 ⟨van misdrijf⟩ Anstiftung v
**uitloop** Auslauf m
**uitlopen** 1 ⟨in 't alg.⟩ auslaufen; 2 ⟨v. plant⟩ Knospen treiben; 3 ⟨schoenen⟩ austreten; 4 ⟨v. verf, kleur⟩ auslaufen; ⟨v. make up⟩ zerlaufen; 5 sp ⟨de voorsprong vergroten⟩ den Vorsprung vergrößern; *de straat ~* die Straße hinuntergehen; *de vergadering loopt uit* die Besprechung dauert länger; *heel Neurenberg liep uit om het spektakel te zien* ganz Nürnberg war unterwegs, um das Spektakel zu sehen; *dat loopt op een faillissement uit* das endet noch mit einem Konkurs; *dat loopt op niets uit* dabei kommt nichts heraus
**uitloper** Ausläufer m
**uitloten** auslosen
**uitloting** Auslosung v
**uitloven** aussetzen, -schreiben
**uitluiden** ausläuten
**uitmaken** ausmachen; *een verloving ~* eine Verlobung rückgängig machen; *het ~* ⟨met een vriendin⟩ Schluß machen; *iem. voor ezel ~* einen einen Esel schimpfen; *dat maakt niets uit* das macht nichts (aus); *wat maakt dat nu uit?* was verschlägt das schon?; *deel ~ van* gehören zu; *het maakt 10% van het totaal uit* es bildet 10% des Ganzen; zie ook: *uitgemaakt*
**uitmelken** ausmelken
**uitmesten** ausmisten, entmisten
**uitmeten** 1 ⟨meten⟩ ausmessen; 2 ⟨vertellen⟩ ausmalen; *iets breed ~* von etwas viel Aufhebens machen
**uitmonden** 1 ⟨rivier e.d.⟩ ausmünden, münden; 2 fig ⟨ook⟩ führen zu
**uitmonsteren** ausmustern
**uitmonstering** 1 ⟨uitdossing⟩ Aufma-

chung v, Kleidung v 2 ⟨uitrusting⟩ Ausrüstung v, Ausstattung v
**uitmoorden** ausmorden
**uitmunten** hervorragen
**uitmuntend** hervorragend, vortrefflich, vorzüglich, ausgezeichnet
**uitnemend** vorzüglich, vortrefflich
**uitnemendheid** Vorzüglichkeit v; *hij is de pedagoog bij ~* er ist das Ideal eines Pädagogen; *bij ~ geschikt* wie kein and(e)rer geeignet
**uitnodigen** 1 ⟨voor bezoek e.d.⟩ einladen; 2 ⟨om iets te doen⟩ auffordern
**uitnodiging** 1 ⟨voor bezoek e.d.⟩ Einladung v; 2 ⟨om iets te doen⟩ Aufforderung v
**uitoefenen** ausüben; *een ambacht ~* ein Handwerk (Gewerbe) treiben; *druk op iem. ~* einen unter Druck setzen; *grote invloed ~* großen Einfluß ausüben; *kritiek ~ op* Kritik üben an (+ 3)
**uitpakken** 1 ⟨koffers, pakjes e.d.⟩ auspacken; 2 *fig* loslegen; *'t pakte anders uit* es kam anders
**uitpersen** 1 ⟨in 't alg.⟩ auspressen; 2 ⟨wijn⟩ auskeltern
**uitpluizen** 1 *eig* auszupfen; 2 ⟨onderzoeken⟩ austüfteln
**uitpraten** ausreden; *ik ben uitgepraat* ich habe ausgeredet; *een zaak ~* eine Sache ausdiskutieren; *zich ergens ~* sich irgendwo herausreden
**uitproberen** ausprobieren
**uitpuffen** (sich) verschnaufen
**uitpuilen** ⟨ogen⟩ hervorquellen; *~de zakken* ausgebeulte Taschen *mv*
**uitputten** 1 ⟨in 't alg.⟩ ausschöpfen; 2 ⟨vermoeien⟩ erschöpfen; zie ook: *uitgeput*
**uitputting** Erschöpfung v; *tot ~ van (de) voorraad* ZN solange der Vorrat reicht
**uitputtingsslag** 1 *eig* Zermürbungsschlacht v; 2 *fig* Marathon o, Marathonsitzung v, -veranstaltung v
**uitrangeren** ausrangieren
**uitreiken** austeilen, verteilen; *een pas ~* einen Paß aushändigen; *prijzen ~* Preise überreichen
**uitreisvisum** Ausreisevisum o
**uitrekenen** ausrechnen; *zij is begin september uitgerekend* sie hat ihren Termin Anfang September
**uitrekken** ausrecken, dehnen; *zich ~* sich ausrecken
**uitrichten** ausrichten
**uitrijden** 1 ⟨in 't alg.⟩ (hin)ausfahren; 2 ⟨met rijdier⟩ (hin)ausreiten
**uitrijstrook** Ausfahrtspur v, -streifen m; Verzögerungsstreifen m, -spur v
**uitrit** Ausfahrt v (ook weg)
**uitroeien** ausrotten; *met wortel en tak ~* mit Stumpf und Stiel ausrotten
**uitroeiing** Ausrottung v
**uitroep** Ausruf m
**uitroepen** ausrufen
**uitroepteken** Ausrufungszeichen o
**uitroken** ausräuchern
**uitrukken** I *overg* ausreißen, ausziehen; II *onoverg* ⟨troepen⟩ ausrücken, -marschieren
**uitrusten** I *onoverg* ⟨rusten⟩ (sich) ausruhen; II *overg* ⟨met hulpmiddelen⟩ ausrüsten
**uitrusting** Ausrüstung v, -stattung v
**uitschakelen** ausschalten
**uitscheiden\*** I *onoverg* ⟨ophouden⟩ aufhören; *~ met werken* zu arbeiten aufhören; II *overg* ⟨afzonderen⟩ ausscheiden
**uitscheiding** 1 ⟨in 't alg.⟩ Ausscheidung v; 2 ZN ⟨opheffing⟩ Einstellen o
**uitschelden** ausschimpfen; *iem. voor ezel ~* einen einen Esel schimpfen (schelten)
**uitscheuren** ausreißen
**uitschieten** 1 ⟨wegschieten⟩ ausschießen; 2 ⟨uitglijden⟩ ausrutschen
**uitschieter** ⟨prestatie⟩ Gipfelleistung v
**uitschijnen**: *laten, doen ~* ZN durchblicken lassen, zu verstehen geben
**uitschot** 1 ⟨rommel⟩ Schund m; 2 ⟨tuig⟩ Abschaum m
**uitschrijven** ausschreiben; *een prijsvraag ~* ein Preisausschreiben erlassen
**uitschudden** 1 *eig* ausschütteln; 2 ⟨beroven⟩ ausplündern, ausrauben
**uitschuifbaar** ausziehbar
**uitschuiven** ausschieben
**uitslaan** ausschlagen; ⟨muur ook⟩ schwitzen; *vuile taal ~* sich in gemeinen Redensarten ergehen
**uitslaand**: *~e brand* Großfeuer o
**uitslag** 1 ⟨op huid, muur⟩ Ausschlag m; 2 ⟨afloop⟩ Ausgang m; 3 ⟨resultaat⟩ Erfolg m, Resultat o, Ergebnis o
**uitslapen** ausschlafen; zie ook: *uitgeslapen*
**uitsloven**: *zich ~* 1 ⟨zijn best doen⟩ sich abquälen, sich abmühen; 2 ⟨slijmen⟩ arschkriechen, schleimen
**uitslover** 1 ⟨vleier⟩ Speichellecker m; 2 ⟨aandachttrekker⟩ Streber m
**uitsluiten** ausschließen; *het een sluit het ander niet uit* das eine schließt das andere nicht aus; *totaal uitgesloten* ganz ausgeschlossen
**uitsluitend** I *bn* ausschließlich; II *bijw* ausschließlich
**uitsluiting** Ausschluß m, Ausschließung v; *met ~ van* mit Ausschluß (des, der)
**uitsluitsel**: *~ geven* Aufschluß geben
**uitsmeren** ausschmieren; *een verhaal ~* eine Erzählung auswalzen
**uitsmijter** 1 ⟨gerecht⟩ strammer Max m; 2 ⟨portier⟩ Rausschmeißer m; 3 ⟨slotnummer⟩ letzte Nummer v
**uitsnijden** 1 ⟨in 't alg.⟩ ausschneiden; 2 ⟨in hout⟩ ausschnitzen
**uitspannen** 1 ⟨strak spannen⟩ ausspannen; 2 ⟨paarden⟩ ausschirren
**uitspanning** ⟨pleisterplaats⟩ Gartenwirtschaft v
**uitspansel** Firmament o
**uitsparen** aus-, absparen
**uitsparing** 1 ⟨in 't alg.⟩ Aussparung v; 2 ⟨tijd, geld⟩ Ersparung v
**uitspatting** Ausschweifung v, Exzeß m; *zich te buiten gaan aan ~en* sich Ausschweifungen hingeben
**uitspelen** ausspielen; *twee personen tegen*

**uitspoken**

elkaar ~ zwei Personen gegen einander ausspielen

**uitspoken** ausführen

**uitspraak** 1 (oordeel) Entscheidung v; 2 (v. taal enz.) Aussprache v; 3 recht Urteilsverkündung v; scheidsrechterlijke ~ Schiedsspruch m; een ~ van Goethe ein Ausspruch m Goethes

**uitspreiden** ausbreiten

**uitspreken** aussprechen; het faillissement ~ den Konkurs verhängen; een oordeel ~ (ook) ein Urteil abgeben; een veto ~ ein Veto einlegen; een vonnis ~ ein Urteil verkünden; zie ook: uitgesproken

**uitspringen** (her)ausspringen

**uitspugen** ausspeien, ausspucken; zijn gal ~ Gift und Galle speien

**uitstaan** ausstehen, ertragen; de jurk staat wijd uit das Kleid bauscht sich; duizend angsten ~ in tausend Ängsten schweben; ik heb niets met je uit te staan ich habe nichts mit dir zu schaffen; ik kan hem niet ~ ich kann ihn nicht ausstehen; ik kan het niet langer ~ es ist nicht zum Aushalten; tegen 7 procent ~ zu 7 Prozent ausstehen

**uitstaans**: geen ~ hebben met ZN nichts mit etwas zu tun haben; dat heeft er geen ~ mee ZN das hat nichts damit zu tun

**uitstalkast** Schaukasten m

**uitstallen** 1 eig zur Schau ausstellen; 2 fig zur Schau tragen

**uitstalling** Auslage v

**uitstalraam** ZN Schaufenster o

**uitstapje** 1 (in 't alg.) Ausflug m; 2 (op een grotere reis) Abstecher m

**uitstappen** aussteigen

**uitsteeksel** Vorsprung m

**uitstek**: bij ~ vorzüglich, ganz besonders; schlechthin; bij ~ geschikt wie kein and(e)rer geeignet

**uitsteken** 1 (naar buiten steken) herausragen; 2 (door stoken verwijderen) ausstechen; 3 (uitstrekken) ausstrecken; geen hand (vinger) ~ keinen Finger rühren; de tong ~ die Zunge herausstrecken; ver boven de anderen ~ weit über die andern hinausragen

**uitstekend** vorzüglich, ausgezeichnet, hervorragend

**uitstel** Aufschub m; ~ is geen afstel aufgeschoben ist nicht aufgehoben; ~ van betaling Zahlungsaufschub m; ~ van executie Gnadenfrist v; geen ~ lijden (sich) nicht aufschieben lassen; keinen Aufschub leiden; zonder ~ ohne Verzug

**uitstellen** auf-, hinausschieben

**uitsterven** aussterben

**uitstijgen** aussteigen; ~ boven sich erheben über

**uitstippelen** vorzeichnen

**uitstoot** Ausstoß m

**uitstorten** ausgießen; zijn hart ~ sein Herz ausschütten

**uitstoten** 1 (in 't alg.) aus-, hinausstoßen; 2 (v. woorden) hervorstoßen

**uitstralen** ausstrahlen

**uitstraling** Ausstrahlung v

**uitstrekken** ausstrecken, ausdehnen; handen en voeten ~ alle viere von sich strecken; zich ~ sich ausdehnen; zie ook: uitgestrekt

**uitstrijken** glätten; zie ook: uitgestreken

**uitstrijkje** med Ab-, Ausstrich m

**uitstrooien** ausstreuen

**uitstulping** Ausstülpung v

**uitsturen** hinausschicken, -senden

**uittekenen** (einen) zeichnen

**uittikken** tippen

**uittocht** Ab-, Auszug m

**uittrap** (voetbal) Abstoß m

**uittrappen** 1 (naar buiten trappen) austreten; 2 (voetbal) abstoßen

**uittreden** austreten; uit het klooster ~ aus dem Kloster austreten

**uittreding** 1 (v. priesters, monniken enz.) Austritt m; 2 (uit dienstbetrekking) Ausscheiden o; 3 (uit het lichaam) Abgang m

**uittrekken** (her)ausziehen; een bedrag op de begroting ~ einen Betrag im Etat (Haushalt) auswerfen (zuweisen); erop ~ eine Wanderung (Ferienreise) machen (unternehmen)

**uittreksel** Auszug m, Exzerpt o

**uittypen** tippen

**uitvaagsel** Abschaum m, Auswurf m

**uitvaardigen** (verbod enz.) erlassen; een uitvoerverbod (sancties) ~ eine Sperre (Sanktionen) verhängen

**uitvaart** Beerdigung v, Beisetzung v

**uitvaartcentrum** Leichenhalle v

**uitvaartstoet** Leichenzug m

**uitval** Ausfall m

**uitvallen** 1 (wegvallen) ausfallen; 2 (in wedstrijd) ausscheiden; 3 (v. motor) aussetzen; goed, slecht ~ gut, schlecht geraten; 't raam ~ aus dem Fenster stürzen; tegen iem. ~ einen anfahren

**uitvaller** sp Ausgeschiedene(r) m-v

**uitvaren** ausfahren; tegen iem. ~ einen anschnauzen

**uitvechten** auskämpfen; iets met iem. ~ sich mit einem etwas streiten

**uitvegen** 1 (schoonvegen) ausfegen; 2 (uitwissen) auswischen

**uitverdedigen** sp kontern

**uitvergroten** (teilweise) vergrößern

**uitverkiezing** Erwählung v

**uitverkocht** 1 (in 't alg.) ausverkauft; 2 (boek) vergriffen

**uitverkoop** Ausverkauf m; totale ~ vollständiger, totaler Ausverkauf m, Räumungsausverkauf m; ~ wegens liquidatie Liquidationsausverkauf m

**uitverkoren** auserwählt, erwählt

**uitvinden** 1 (nieuw bedenken) erfinden; 2 (opsporen) ausfindig machen, ermitteln

**uitvinder** Erfinder m

**uitvinding** Erfindung v; een ~ doen eine Erfindung machen

**uitvissen** ausbaldowern

**uitvlakken** ausradieren; dat moet je niet ~ das ist nicht ohne

**uitvloeisel** Folge v

**uitvlucht** Ausflucht v, Ausrede v

**uitvoegstrook** Ausfäd(e)lungsspur v

**uitvoer** Ausfuhr v; ten ~ brengen zur Aus-

führung bringen
**uitvoerbaar** ausführbar; recht vollstreckbar
**uitvoerder** 1 handel Exporteur *m*; 2 ⟨van bouwwerk⟩ Bauführer *m*
**uitvoeren** 1 ⟨goederen; betalingen⟩ ausführen; 2 ⟨toneelstuk⟩ aufführen; 3 ⟨plannen; bepalingen⟩ durchführen; *wat voer je daar uit?* was machst du da?; *wat heeft hij nu weer (voor kwaads) uitgevoerd?* was hat er nun wieder angestellt, ausgeheckt?; *orders ~* Aufträge erledigen
**uitvoerig** ausführlich
**uitvoering** 1 ⟨in 't alg.⟩ Ausführung *v*, Vollziehung *v*, Erledigung *v*; 2 ⟨v. bepalingen⟩ Durchführung *v*; *~ geven aan* aus-, durchführen; *werk in ~!* Achtung Baustelle!
**uitvoerrechten** Ausfuhrzoll *m*
**uitvoervergunning** Ausfuhrbewilligung *v*
**uitvouwen** ausfalten
**uitvragen** ausfragen, -horchen
**uitvreten** ausfressen
**uitwaaien** 1 ⟨v. kaars⟩ ausweben; 2 ⟨op strand enz.⟩ frische Luft schnappen, sich die Lungen durchpusten lassen
**uitwas** Auswuchs *m*
**uitwasemen** aus-, abdünsten
**uitwassen** auswaschen
**uitwatering** Entwässerung *v*
**uitwedstrijd** Auswärtsspiel *o*
**uitweg** Ausweg *m*
**uitweiden** *~ over* sich ausführlich äußern, sich verbreiten über (+ 4)
**uitweiding** weitläufige Erörterung *v*, Exkurs *m*
**uitwendig** äußerlich; *voor ~ gebruik* für den äußerlichen Gebrauch; *het ~e oor* das äußere Ohr
**uitwerken** 1 ⟨breder bewerken⟩ ausarbeiten; 2 ⟨uitwerking hebben⟩ auswirken; *een plan ~* einen Plan ausarbeiten
**uitwerking** 1 ⟨gevolg⟩ Wirkung *v*; 2 ⟨het uitwerken⟩ Ausarbeitung *v*
**uitwerpselen** Kot *m*, Exkremente *mv*, ⟨v. wild⟩ Losung *v*
**uitwijken** 1 ⟨opzij gaan⟩ ausweichen; 2 ⟨naar het buitenland⟩ nach dem Ausland fliehen
**uitwijkmogelijkheid** 1 eig Ausweichmöglichkeit *v*; 2 fig Alternative *v*, Alternativmöglichkeit *v*
**uitwijzen** ausweisen
**uitwijzing** Ausweisung *v*
**uitwisselen** austauschen
**uitwisseling** Austausch *m*; *culturele ~* Kulturaustausch *m*; *~ van gevangenen* Gefangenenaustausch *m*
**uitwisselingsprogramma** Austausch *m*
**uitwissen** 1 ⟨wegwissen⟩ auswischen; 2 ⟨video enz.⟩ löschen
**uitwonen**: *een huis ~* ein Haus abwohnen
**uitwonend** extern
**uitworp** 1 ⟨in 't alg.⟩ Ausstoß *m*; 2 sp Abwurf *m*
**uitwrijven** aus-, abreiben
**uitwringen** ausringen
**uitwuiven**: *iem. ~* jmdm. nachwinken
**uitzaaien** aussäen; med Metastasen *mv* bilden, metastasieren
**uitzaaiing** Aussäen *o*; med Metastasenbildung *v*
**uitzakken** sich senken
**uitzendbureau** ± Vermittlungsbüro *o* für zeitweilige Arbeit *v*
**uitzenden** 1 ⟨in 't alg.⟩ aussenden; 2 RTV senden
**uitzending** RTV Sendung *v*; *rechtstreekse ~* Direktübertragung *v*
**uitzet** Ausstattung *v*
**uitzetten** I *onoverg* ⟨groter worden⟩ sich ausdehnen; II *overg* ⟨radio, tv⟩ ausmachen; *iem. de deur ~* einen zur Tür hinauswerfen; *iem. het land ~* einen ausweisen; *netten ~* Netze stellen; *een weg ~* einen Weg markieren
**uitzetting** 1 ⟨vergroting⟩ Ausdehnung *v*; 2 ⟨verdrijving⟩ Ausweisung *v*
**uitzicht** Aussicht *v*
**uitzichtloos** aussichtslos
**uitzieken** sich langsam von einer Krankheit erholen
**uitzien** aussehen; *er aardig ~* gut aussehen; *dat ziet er goed uit* das sieht gut aus; *'t ziet er somber uit* es sieht schwarz aus; *er weer toonbaar ~* sich wieder sehen lassen können; *naar een betrekking ~* sich nach einer Stelle umsehen
**uitzingen** aussingen; *'t lang kunnen ~* es lange aushalten können
**uitzinnig** wahnsinnig
**uitzitten** aussitzen; *zijn straf ~* seine Strafe absitzen, verbüßen
**uitzoeken** aussuchen
**uitzonderen** ausnehmen; *enkelen uitgezonderd* einige ausgenommen
**uitzondering** Ausnahme *v*; *een ~ op de regel* eine Ausnahme *v* von der Regel; *bij (hoge) ~* (ganz) ausnahmsweise; *zonder ~* ausnahmslos
**uitzonderingstoestand** Ausnahmezustand *m*
**uitzonderlijk** außerordentlich
**uitzoomen** aufziehen, (mit Hilfe eines Zooms) weiter wegrücken
**uitzuigen** 1 eig aussaugen; 2 ⟨uitbuiten⟩ ausbeuten
**uitzuiger** Ausbeuter *m*, Schinder *m*
**uitzwaaien** nachwinken
**uitzwermen** ausschwärmen
**uitzweten** ausschwitzen
**uk(kie), ukkepuk** *m* Knirps *m*, Dreikäsehoch *m*
**ulevel** Karamelbonbon *o*
**ultiem** (aller)letzt
**ultimatum** Ultimatum *o*
**ultimo** Ultimo *m*; *~ juli* Ende Juli
**ultra** I *bijw* ultra; II *m-v* Ultra *m*
**unaniem** unanim
**underdog** Underdog *m*
**underground** Underground *m*
**understatement** Understatement *o*
**unfair** unfair
**unicum** Unikum *o*
**unie** Union *v*; *personele ~* Personalunion *v*; *West-Europese U~* Westeuropäische Union *v*

**uniek** einzig (in seiner Art), einzelartig, einmalig
**uniform** I *o* & *v* Uniform *v*; II *bn* uniform
**uniseks** Unisex-, einheitlich für beide Geschlechter
**universeel** universell, universal
**universitair** I *bn* Universitäts-; II *m-v* <u>ZN</u> ⟨academicus⟩ Akademiker *m*
**universiteit** Universität *v*; <u>gemeenz</u> Uni *v*
**universum** Universum *o*
**uppie**: *in zijn* ~ solo
**up-to-date** up to date
**uranium** Uran *o*
**urbanisatie** Urbanisierung *v*
**urenlang** stundenlang
**urgent** dringend, vordringlich, urgent
**urgentie** Dringlichkeit *v*, Urgenz *v*
**urgentieverklaring** Dringlichkeitserklärung *v*
**urine** Urin *m*, Harn *m*
**urineleider** Harnleiter *m*
**urineren** harnen, urinieren
**urinewegen** Harnwege *mv*
**urinoir** Pissoir *o*
**urn** Urne *v*
**utiliteitsbouw** Zweck-, Nutzbau *m*
**utopie** Utopie *v*
**utopisch** utopisch
**uur 1** ⟨60 minuten⟩ Stunde *v*; **2** ⟨tijdstip⟩ Uhr *v*; *een ~ gaans* eine Wegstunde; *het is tien ~* es ist zehn Uhr; *een half ~* eine halbe Stunde *v*; *binnen een ~* innerhalb einer Stunde; *om het (halve) ~* (halb-)stündlich; *om de twee ~* zweistündlich; *op dit ~* zu dieser Stunde; *per ~* pro Stunde; *te elfder ure* in zwölfter Stunde, in letzter Stunde; *een rit van twee ~* eine zweistündige Fahrt *v*; zie ook: *uurtje*
**uurloon** Stundenlohn *m*
**uurrecord** Stundenrekord-, Stundenbestzeit *v*
**uurtje** Stündchen *o*, -lein *o*; *zijn laatste ~ heeft geslagen* seine letzte Stunde hat geschlagen; *tot in de kleine ~s* bis in die frühen Morgenstunden
**uurwerk 1** ⟨klok, horloge⟩ Uhr *v*; **2** ⟨raderwerk⟩ Triebwerk *o*
**uurwijzer** Stundenzeiger *m*
**uw** Ihr; ⟨tegen bloedverwanten⟩ dein; *mv* euer; *de uwen* die Deinigen, die Eurigen, die Ihrigen; *geheel de ~e* ganz der Ihrige, Deinige
**uwerzijds** Ihrer-, deiner-, eu(r)erseits

# V

**v** der Buchstabe V, das V
**vaag** vag(e), unbestimmt, verschwommen; ⟨v. licht ook⟩ trüb(e); *vage herinnering* blasse Erinnerung *v*
**vaak** *bijw* oft, öfters, häufig
**vaal** fahl
**vaalbleek** fahl, graublaß
**vaandel** Fahne *v*; *met vliegend* ~ mit fliegenden Fahnen
**vaandeldrager** Fahnenträger *m*
**vaandrig** Fähnrich *m*
**vaantje** 1 ⟨vlaggetje, ook v. sportclub⟩; Wimpel *m*, Fähnchen *o* 2 ⟨windwijzer⟩ Wetterfahne *v*, Windfahne *v*
**vaarboom** Staken *m*
**vaardig** geschickt, behend, gewandt
**vaardigheid** Geschick *o*, Fertigkeit *v*, Gewandheit *v*
**vaargeul** Fahrrinne *v*
**vaars** Färse *v*
**vaart** 1 ⟨kanaal⟩ Kanal *m*; 2 ⟨snelheid⟩ Geschwindigkeit *v*; 3 ⟨tocht⟩ Fahrt *v*; *behouden* ~ glückliche Fahrt *v*; *binnenlandse* ~ Binnenfahrt *v*; *grote* ~ große Fahrt *v*; *kleine* ~ Küstenfahrt *v*; *er zit* ~ *in 't verhaal* die Erzählung wurde mit Schwung geschrieben; *'t zal zo'n* ~ *niet lopen* es wird nicht so schlimm werden; *in volle* ~ in vollem Lauf; *scheepv* in voller Fahrt
**vaartuig** Fahrzeug *o*, Schiff *o*
**vaarwater** Fahrwasser *o*; *iemand in 't* ~ *zitten* einem in die Quere kommen
**vaarwel I** *tsw* lebewohl, leben Sie wohl!; **II** *o* Lebewohl *o*
**vaas** Vase *v*
**vaat** Aufwasch *m*; *de* ~ *doen* (Geschirr) spülen
**vaatbundel** plantk Gefäßbündel *o*
**vaatdoek** Abwaschlappen *m*
**vaatje** Fäßchen *o*; *uit een ander* ~ *tappen* andere Saiten aufziehen, einen anderen Ton anschlagen
**vaatverwijdend** gefäßerweiternd
**vaatwasmachine, vaatwasser** *m* Geschirrspülmaschine *v*
**vaatwerk** 1 ⟨tonnen⟩ Gefäße *mv*; 2 ⟨borden enz.⟩ Geschirr *o*
**vaatziekte** Gefäßkrankheit *v*
**vacant** frei, vakant, offen, ledig; *de ~e betrekking* die freie (offene) Stelle, die Vakanz
**vacature** Vakanz *v*, offene Stelle *v*, vakante Stelle *v*
**vacaturebank** Arbeits-, Stellennachweis *m*
**vacaturestop** Einstellungsstopp *m*
**vaccin** Vakzin *o*, Impfstoff *m*
**vaccinatie** Impfung *v*, Vakzination *v*
**vaccine** Vakzin *o*, Impfstoff *m*
**vaccineren** impfen, vakzinieren
**vacht** Pelz *m*, Fell *o*
**vacuüm** Vakuum *o*
**vacuümverpakking** Vakuumpackung *v*
**vadem** scheepv (1,88 m) Faden *m*

**vader** Vater *m*; *geestelijk* ~ Urheber *m*
**vaderfiguur** Vaterfigur *v*, -gestalt *v*
**vaderland** Heimat *v*, Vaterland *o*
**vaderlands** vaterländisch, heimatlich; *het* ~ *lied* ZN Nationalhymne *v*
**vaderlandslievend** vaterlandsliebend, vaterländisch
**vaderlijk** väterlich; *de ~e macht* die väterliche Gewalt
**vaderschap** Vaterschaft *v*
**vadsig** träge
**vagebond** Vagabund *m*
**vagelijk** vage
**vagevuur** Fegefeuer *o*, Purgatorium *o*
**vagina** Vagina *v*
**vaginaal** vaginal
**vak** 1 ⟨ruimte; beroep⟩ Fach *o*; 2 ⟨handel⟩ Branche *v*; *verwant* ~ Nachbardisziplin *v*; *hij verstaat zijn* ~ er versteht sich auf sein Fach
**vakantie** ⟨in 't alg.⟩ Urlaub *o*; 2 ⟨v. school, ook⟩ Ferien *mv*; *grote* ~ Sommerferien *mv*; *met* ~ *gaan* Urlaub machen
**vakantieadres** Ferienadresse *v*; -anschrift *v*
**vakantiecursus** Ferienkurs *m*
**vakantieganger** Urlauber *m*, Feriengast *m*
**vakantiegeld** Urlaubsgeld *o*
**vakantiehuisje** Ferienhaus *o*
**vakantieoord** Ferienort *m*
**vakantiespreiding** Ferienstreuung *v*
**vakbekwaam** fachkundig
**vakbeurs** Fachmesse *v*
**vakbeweging** Gewerkschaftsbewegung *v*
**vakblad** Fachblatt *o*
**vakbond** Gewerkschaft *v*, Fachverband *m*
**vakcentrale** Gewerkschaftsbund *m*
**vakdiploma** Facharbeiterzeugnis *o*, -brief *m*
**vakgebied** Fachbereich
**vakgenoot** Fach-, Berufsgenosse *m*, Kollege *m*
**vakgroep** Fachschaft *v*
**vakidioot** Fachidiot *m*
**vakjargon** Fachjargon *m*
**vakkennis** Fachkenntnisse *mv*
**vakkundig** fachkundig, -männisch, -gerecht
**vakliteratuur** Fachliteratur *v*
**vakman** Fachmann *m*
**vakonderwijs** Fachunterricht *m*
**vakopleiding** fachliche Ausbildung *v*, Fachausbildung *v*
**vakorganisatie** Gewerk-, Fachschaft *v*
**vaktaal** Fachsprache *v*, Berufssprache *v*
**vakterm** Fachausdruck *m*, technischer Ausdruck *m*
**vakverbond** Gewerkschaftsbund *m*
**vakvereniging** Gewerkschaft *v*
**vakwerk** 1 ⟨v. vakman⟩ fachmännische Arbeit *v*; 2 ⟨bep. type bouw⟩ Fachwerk *o*
**1 val** *m* 1 ⟨'t alg. in 't alg.⟩ Fall *m*, Sturz *m*; 2 ⟨v. minister⟩ Sturz *m*; *de* ~ *van de koning* der Sturz des Königs; *de* ~ *van Constantinopel* der Fall Konstantinopels; *de* ~ *van het Romeinse Rijk* der Untergang des Römischen Reiches; *ten* ~ *brengen* zu Fall bringen, ⟨fig ook⟩ stürzen

**2 val** v ⟨om te vangen⟩ Falle v; *in de ~ lopen* in die Falle gehen
**valabel** ZN ⟨verdienstelijk⟩ wertvoll
**valbijl** Fallbeil o, Guillotine v
**valeriaan** I v ⟨plant⟩ Baldrian m; II v & o ⟨zenuwstillend middel⟩ Baldrian(tinktur) m(v)
**valhelm** Sturzhelm m
**valide** 1 ⟨gezond⟩ gesund, leistungsfähig; 2 recht rechtsgültig
**valies** Reisetasche v, Tasche v; *zijn ~ pakken* ZN seine Koffer packen, abreisen; *iem. in de ~ zetten, doen* ZN einen betrügen
**valium** Valium o
**valk** Falke m
**valkenier** Falkner m, Falkenier m
**valkenjacht** Falkenjagd v, -beize v
**valkuil** Fallgrube v
**vallei** Tal o, Niederung v
**vallen\*** I ww fallen, stürzen; *de avond valt* der Abend bricht an (herein), sinkt (herab); *de duisternis valt* die Dunkelheit bricht (her)ein, fällt ein; *er ~ klappen (slagen)* es setzt Hiebe (Schläge); *daarover valt te praten* darüber läßt sich reden; *met hem valt niet te spotten* er läßt nicht mit sich spaßen; *voor deze verklaring valt veel te zeggen* diese Erklärung hat viel für sich; *komen te ~* hinstürzen; *een woord laten ~* ein Wort fallen lassen; *dat valt mij zwaar* das wird mir schwer (sauer); *de trap (af) ~* von der Treppe stürzen, die Treppe hinunterstürzen; *onder een andere afdeling ~* in eine andere Abteilung gehören; *dat valt niet onder mijn competentie* das untersteht nicht meiner Kompetenz; *op iem. ~* sich in jmdn. verlieben; *over iets ~* über etwas fallen; fig an etwas (3) Anstoß nehmen; *iets van de prijs laten ~* etwas vom Preise ablassen; II o Sturz m, Fall m; *het ~ van de duisternis, nacht, schemering* der Einbruch (Eintritt) der Dunkelheit, der Nacht, der Dämmerung; *bij het ~ van de nacht* (ook) bei (her)einbrechender Nacht
**vallend**: *~e ster* Sternschnuppe v; *~e ziekte* Fallsucht v, fallende Sucht v
**valling** ZN ⟨verkoudheid⟩ Schnupfen m, Erkältung v
**valluik** Falltür v
**valpartij** (Massen)sturz m
**valreep**: *op de ~* im letzten Augenblick, kurz vor Toresschluß; *een glaasje op de ~* ein Gläschen o zum Abschied
**vals** 1 ⟨onecht⟩ falsch; 2 ⟨kwaad⟩ böse, zornig; 3 ⟨gemeen⟩ tückisch; *een ~ bericht* eine Falschmeldung v; *een ~e eed* ein Meineid m; ⟨niet-opzettelijk⟩ Falscheid m; *~ gebit* künstliches Gebiß o, Prothese v; *~ geld* falsches Geld o, Falschgeld o; *een ~e handtekening* eine gefälschte Unterschrift v; *een ~e profeet* ein Afterprophet m
**valsaard** falscher Mensch m, Verräter m
**valscherm** Fallschirm m
**valselijk** fälschlich; fälschlicherweise
**valsemunter** Falschmünzer m, Münzfälscher m
**valsheid** Falschheit v, Heuchelei v; *~ in geschrifte* Urkundenfälschung v
**valsspeler** Falschspieler m

**valstrik** Fallstrick m
**valuta** Valuta v, Währung v; *harde ~* Hartwährung v; *vreemde ~* ausländische Valuta v
**valutahandel** Devisenhandel m
**vamp** Vamp m
**vampier** Vampir m
**van** 1 ⟨in 't alg.⟩ von; 2 ⟨vanwege⟩ vor; *het beroep ~ dokter, het ambt ~ notaris* der Beruf eines Arztes, das Amt eines Notars; *~ oudsher* von jeher; *~ schrik* vor Schrecken; *ik geloof ~ wel* ich glaube ja; *rillen ~ de kou* zittern vor Kälte; *ik weet ervan* ich weiß darum, ich weiß Bescheid; *er niets ~ weten* von nichts wissen
**vanaf**: *~ heden* ab heute, von heute an
**vanavond** heute abend; Z-Duits heute nacht
**vandaag** heute
**vandaal** m Vandale m, Wandale m
**vandaan** woher; *~ halen* ⟨ook fig⟩ herhaben, -kriegen; *waar komt hij ~?* woher kommt er, wo kommt er her?
**vandaar** daher
**vandalisme** Van-, Wandalismus m
**vandoen**: *met iets niet ~ hebben* mit etwas nichts zu schaffen haben
**vandoor** zie: *ervandoor*
**vangarm** Fangarm m
**vangbal** sp Fangball m
**vangen\*** 1 ⟨in 't alg.⟩ fangen; 2 ⟨in de loop grijpen⟩ erhaschen
**vangnet** 1 ⟨voor vissen⟩ Fangnetz o; 2 ⟨in circus⟩ Schutz-, Sprungnetz o
**vangrail** Leitplanke v
**vangst** Fang m, Beute v
**vangstbeperking** Fangbegrenzung v
**vangzeil** Sprungtuch o
**vanille** Vanille v
**vanille-ijs** Vanilleneis o
**vanillestokje** Vanillenschote v
**vanillevla** ⟨dünner⟩ Vanillenpudding m
**vanmiddag** heute nachmittag, diesen Nachmittag
**vanmorgen** heute morgen (vormittag), diesen Morgen
**vannacht** heute nacht, diese Nacht
**vanochtend** heute morgen, diesen Morgen
**vanouds** von alters her
**vanuit**: *~ het bos* aus dem Walde, von dem Walde aus
**vanwaar** 1 ⟨waarvandaan⟩ woher; 2 ⟨waarom⟩ weshalb
**vanwege** wegen; *~ de kou* wegen der Kälte, der Kälte wegen; *~ de staat* seitens des Staates
**vanzelf** von selbst; *dat spreekt ~* das versteht sich (von selbst)
**vanzelfsprekend** I bn selbstverständlich, klar; II bijw selbstverständlich, natürlich, Z-Duits freilich
**1 varen\*** overg & onoverg fahren, schiffen; *hij vaart er wel bij* er steht sich gut dabei; *zijn aanspraken laten ~* seine Ansprüche fahrenlassen (aufgeben)
**2 varen** v ⟨plant⟩ Farn m, Farnkraut o
**varia** 1 ⟨in 't alg.⟩ Verschiedene(s) o, Allerlei o; 2 ZN ⟨rondvraag⟩ Rundfrage v

**variabel** variabel; ~*e werktijden* Gleitzeit *v*, gleitende Arbeitszeit *v*
**variabele** Variable *v*
**variant** Variante *v*, Lesart *v*
**variatie** Variation *v*, Abwechslung *v*; ~*s op* Variationen zu
**variëren** ⟨ook v. prijzen⟩ wechseln
**variété** Variété *o*
**variëteit** Abart *v*, Spielart *v*, Varietät *v*
**varken** 1 ⟨dier⟩ Schwein *o*; 2 ⟨viezerik⟩ Dreckschwein *o*; *wij zullen dat* ~*tje wel wassen* wir werden das Kind (die Sache) schon schaukeln
**varkenskotelet** Schweinskotelett *o*
**varkenspest** Schweinepest *v*
**varkensvlees** Schweinefleisch *o*
**varkensvoer** Schweinefutter *o*
**vaseline** Vaselin *o*
**vast** I *bn* 1 ⟨in 't alg.⟩ fest; 2 ⟨permanent⟩ ständig; 3 ⟨v. machine⟩ ortsfest; 4 ⟨v. scheikundige verbindingen⟩ beständig; ~ *van karakter* charakterfest; ~ *bedrag* Fixum *o*; ~*e clientèle* Stammkundschaft *v*; *een* ~*e hand hebben* eine sichere Hand haben; ~*e klant* Stammkunde *m*; ~*e vloerbedekking* Spannteppich *m*; ~*e kosten* feste Kosten *mv*, fixe Kosten *mv*; ~*e leverancier* Dauerlieferant *m*; ~*e ligplaats scheepv* Stammliegeplatz *m*; *in* ~*e dienst* in ständigem Dienstverhältnis; ~ *personeel* Stammpersonal *o*; ~*e plant* Staude *v*; ~*e positie* sichere Stellung *v*; ~ *punt* Fixpunkt *m*; ~*e wastafel* eingebauter Waschtisch *m*; ~ *werk* ständige (feste) Arbeit *v*; *de markt wordt* ~*er* der Markt zieht an; II *bijw* 1 ⟨alvast, intussen⟩ vorläufig, mittlerweile; 2 ⟨zeker⟩ gewiß, sicher; *voor* ~ für dauernd; ~ *en zeker* todsicher; *hij komt* ~ *en zeker* er kommt ganz gewiß; ~ *aangesteld* fest angestellt; ~ *rekenen op* bestimmt rechnen auf (4); ~ *op iem. vertrouwen* ⟨ook⟩ Häuser auf einen bauen
**vastberaden** entschlossen
**vastbesloten** fest entschlossen
**vastbijten** festbeißen; *zich* ~ *in* sich festbeißen in (+ 3)
**vastbinden** festbinden
**vasteland** Festland *o*
**vastelander** Bewohner *m* des Festlandes
**vasten** I *m* Fastenzeit *v*; II *ww* fasten
**vastenavond** Fastnacht *v*
**vastenmaand** 1 ⟨in 't alg.⟩ Fastenmonat *m*; 2 ⟨in de islam⟩ Ramadan *m*
**vastentijd** Fastenzeit *v*
**vastgoed** Immobilien *mv*
**vastgrijpen** festgreifen
**vasthaken** festhaken
**vasthechten** befestigen; anheften
**vastheid** Festigkeit *v*, Gewißheit *v*, Halt *m*
**vasthouden** festhalten; *zich* ~ *aan* sich festhalten an (+ 3); *aan een eis* ~ auf einer Forderung bestehen
**vasthoudend** zäh(e), beharrsam, konservativ; *hij is erg* ~ er läßt nicht locker; *schertsend* er ist von Anhalt
**vastigheid** 1 ⟨houvast⟩ Sicherheit *v*, Anhalt *m*, Halt *m*; 2 ⟨v. grond⟩ Festigkeit *v*
**vastklampen**: *zich* ~ *aan* sich festklammern an (+ 3)
**vastknopen** 1 ⟨knoop en knoopsgat⟩ zu-, festknöpfen; 2 ⟨verbinden⟩ anknüpfen
**vastleggen** 1 ⟨in 't alg.⟩ festlegen; 2 ⟨hond⟩ an die Kette legen; 3 *scheepv* anlegen; *schriftelijk* ~ schriftlich fixieren; *in de wet* ~ gesetzlich verankern
**vastlijmen** festleimen, -kitten
**vastlopen** 1 ⟨in 't alg.⟩ sich festlaufen; 2 *scheepv* auflaufen, festfahren; 3 ⟨in redenering⟩ sich verrennen, stecken bleiben; ~ *in* ⟨ook⟩ sich in eine Sackgasse verrennen; *de zaak is vastgelopen* die Sache ist verfahren
**vastmaken** festmachen, befestigen
**vastomlijnd** festumrissen
**vastpraten**: *zich* ~ sich festreden
**vastrecht** Grundgebühr *v*, -preis *m*, -taxe *v*
**vastroesten** an-, einrosten; *vastgeroest zijn fig* verknöchert sein
**vastschroeven** festschrauben
**vaststaan** feststehen; *dat staat niet vast* das steht nicht fest; das ist nicht gesichert
**vaststaand** ⟨v. feiten e.d.⟩ feststehend, unbestreitbar
**vaststellen** 1 ⟨constateren⟩ feststellen; 2 ⟨door nasporing⟩ ermitteln; 3 ⟨bepalen⟩ festsetzen, bestimmen; 4 ⟨termijn⟩ ansetzen, anberaumen; *'t resultaat* ~ ⟨ook⟩ das Fazit ziehen
**vasttapijt** *ZN* Teppichboden *m*
**vastzetten** 1 ⟨in 't alg.⟩ festsetzen; 2 ⟨bevestigen⟩ befestigen; *geld* ~ Geld festlegen
**vastzitten** festsitzen; *aan iets* ~ *eig* an etwas (3) festsitzen; *fig* etwas auf dem Halse haben

**1 vat** *o* 1 ⟨ton⟩ Faß *o*; 2 ⟨algemeen voor vaatwerk⟩ Gefäß *o*; *capillair* ~ Kapillargefäß *o*; *communicerende* ~*en* kommunizierende Röhren *mv*; *holle* ~ *en klinken 't hardst* leere Fässer klingen hohl; leere Tonnen, großer Schall; *wat in 't* ~ *zit, verzuurt niet* was gut verwahrt ist, verdirbt nicht; aufgeschoben ist nicht aufgehoben
**2 vat** *m* ⟨houvast⟩ Griff *m*, Handhabe *v*; *geen* ~ *op iem. krijgen* jmdm. nicht beikommen können, ins Leere greifen; ~ *op iets krijgen* etwas in den Griff bekommen
**vatbaar** 1 ⟨voor kou enz.⟩ empfindlich (gegen); 2 ⟨voor ziekten⟩ anfällig; 3 ⟨ontvankelijk⟩ empfänglich (zugänglich) (für); *voor verkeerde interpretatie* ~ mißdeutbar; *voor (geen) rede* ~ *zijn* (keine) Vernunft annehmen; *voor wijziging* ~ abänderbar
**Vaticaan** Vatikan *o*
**vatten** 1 ⟨pakken⟩ fassen; 2 ⟨snappen⟩ verstehen, begreifen, kapieren; 3 ⟨dief⟩ ergreifen, festnehmen; *vat je?* kapiert?, verstanden?
**vazal** Vasall *m*; ⟨hist ook⟩ Lehnsmann *m*
**vbo** = *voorbereidend beroepsonderwijs* ± Berufsfachschule *v*
**vechten\*** kämpfen; *om iets* ~ ⟨ook⟩ sich um etwas reißen
**vechter** Kämpfer *m*
**vechtersbaas, vechtjas** Raufbold *m*, Kampfhahn *m*

**vechtlust** Kampflust *v*
**vechtpartij** Schlägerei *v*, Rauferei *v*, Keilerei *v*, Balgerei *v*
**vechtsport** Kampfsport *m*
**vedergewicht** Federgewicht *o*
**vederlicht** federleicht
**vedette** Star *m*
**vee** Vieh *o*
**veearts** Tier-, Veterinärarzt *m*
**veeartsenijkunde** Tierarzneikunde *v*
**1 veeg** *m & v* **1** (in 't alg.) Strich *m*; **2** (slag) Hieb *m*, Ohrfeige *v*; *~ uit de pan* gehässige Bemerkung *v*
**2 veeg** *bn*: *dat is een ~ teken* das ist ein schlimmes Zeichen; *het vege lijf redden* das nackte Leben retten
**veehouder** Viehhalter *m*
**veel** viel
**veelal** meistens, häufig
**veelbelovend** vielversprechend, hoffnungsvoll
**veelbesproken** vielerörtert, -besprochen
**veelbetekenend** vielsagend, bedeutungsvoll; *elkaar ~ aanzien* einander verständnisvoll anblicken
**veelbewogen** sehr bewegt, ereignisreich, erlebnisreich
**veeleer** vielmehr
**veeleisend** anspruchsvoll
**veelheid** Vielheit *v*
**veelhoek** Vieleck *o*
**veelkleurig** vielfarbig
**veelomvattend 1** (in 't alg.) vielumfassend; **2** (plannen) weitausgreifend
**veelschrijver** Vielschreiber *m*
**veelstemmig** vielstimmig
**veelvlak** Vielflach *o*, Vielflächner *m*
**veelvormig** vielgestaltig
**veelvoud** Vielfache(s) *o*; *een ~* ein Vielfaches; *het kleinste gemene ~* das kleinste gemeinsame Vielfache
**veelvoudig** vielfach, -fältig
**veelvraat** Vielfraß *m*
**veelvuldig 1** (veel voorkomend) vielfach, wiederholt; **2** (dikwijls) häufig
**veelzeggend** viel(be)sagend
**veelzijdig** vielseitig
**veem** (opslagplaats) Lagerhaus *o*
**veemarkt** Viehmarkt *m*
**veen** Moor *o*, Torfmoor *o*; N-Duits Fehn *o*
**veenbes** Moosbeere *v*
**veengrond** Torf-, Moorboden *m*, Torferde *v*
**veenkolonie** Moor-, Fehn-, Torfkolonie *v*
**1 veer** *v* (v. vogel & springveer) Feder *v*; *een ~ laten* fig Haare lassen; *de veren opzetten* sich aufplustern; *met andermans veren pronken* sich mit fremden Federn schmücken
**2 veer** *o* (veerboot) Fähre *v*
**veerboot** Fähre *v*, Fährdampfer *m*, -schiff *o*
**veerdam** Landungsbrücke *v* einer Fähre
**veerdienst** Fährdienst *m*
**veerkracht 1** *eig* Elastizität *v*; **2** *fig* Spann-, Schwungkraft *v*
**veerkrachtig** elastisch
**veerman** Fährmann *m*
**veerpont** Fähre *v*, Fährschiff *o*

**veertien** vierzehn
**veertiende** vierzehnte; *een ~* ein Vierzehntel *o*
**veertig** vierzig; *zij is voor in de ~* sie ist Anfang Vierzig; *hij is achter in de ~* er ist Ende Vierzig; *de jaren ~* die vierziger Jahre
**veertiger** Vierziger *m*
**veertigste** vierzigste; *een ~* ein Vierzigstel *o*
**veestapel** Viehstand *m*, -bestand *m*
**veeteelt** Viehzucht *v*
**veewagen** Viehwagen *m*
**veganisme** strenger Vegetarismus *m*
**vegen** fegen, kehren, auskehren; *de voeten ~* die Füße abtreten; *iets van de tafel ~* fig etwas beiseite schieben
**veger 1** (persoon) Feger *m*; **2** (voorwerp) Besen *m*, (Hand)feger *m*
**vegetariër** Vegetarier *m*, Vegetarianer *m*
**vegetarisch** vegetarisch
**vegetatie** Pflanzenwuchs *m*, Vegetation *v*
**vegeteren** vegetieren
**vehikel** Gefährt *o*
**veilen** versteigern, verauktionieren
**veilig** sicher; *~ voor diefstal* diebstahlsicher
**veiligheid** Sicherheit *v*; *de openbare ~* das Sicherheitswesen; *in ~ brengen* in Sicherheit bringen, auf die Seite schaffen
**veiligheidsdienst** Sicherheitsdienst *m*; *Binnenlandse V~* (in Duitsland) Bundesnachrichtendienst *m*
**veiligheidsglas** Sicherheits-, Verbundglas *o*
**veiligheidsgordel** Sicherheitsgurt *m*
**veiligheidshalve** sicherheitshalber
**veiligheidsklep** Sicherheitsventil *o*
**veiligheidsmarge** Sicherheitsspanne *v*
**Veiligheidsraad** Sicherheitsrat *m*
**veiligheidsspeld** Sicherheitsnadel *v*
**veiling** Versteigerung *v*, Auktion *v*; *op een ~ kopen* ersteigern
**veilingmeester** Auktionator *m*, Versteigerer *m*
**veinzen I** *onoverg* sich verstellen, heucheln; **II** *overg* vorschürzen, simulieren
**vel 1** (v. mens e.d.) Fell *o*, Haut *v*; **2** (afgestroopt) Balg *m*; **3** (v. worst) Pelle *v*, Schale *v*; **4** (papier) Bogen *m*; **5** (op gekookte melk) Haut *v*; *~ over been* nur noch Haut und Knochen, bis auf die Knochen abgemagert; *iem. 't ~ over de oren halen* jmdm. das Fell über die Ohren ziehen; *uit zijn ~ springen* aus der Haut fahren
**veld** Feld *o*; *magnetisch ~* Magnetfeld, magnetisches Feld *o*; *het ~ van eer* das Feld der Ehre; *'t ~ ruimen* das Feld räumen; *op eigen ~* sp auf eigenem Platz; *te ~e trekken tegen* zu Felde ziehen gegen; *uit 't ~ slaan* aus dem Felde schlagen; *uit 't ~ sturen* vom Platz verweisen
**veldbed** Feldbett *o*
**veldboeket** Feldblumenstrauß *m*
**veldfles** Feldflasche *v*
**veldheer** Feldherr *m*
**veldhospitaal** mil Feldlazarett *o*
**veldkijker** Feldstecher *m*
**veldloop** Geländelauf *m*
**veldmaarschalk** Feldmarschall *m*

**veldmuis** Feldmaus *v*
**veldpartij** Feldmannschaft *v*
**veldrijden** *sp* Querfeldeinrennen *o*
**veldsla** Feldsalat *m*, Rapunzel *v*
**veldslag** Schlacht *v*
**veldtocht** Feldzug *m*
**veldwerk** ⟨praktijkwerk⟩ Feldarbeit *v*
**velen** ertragen; ⟨lichamelijk⟩ vertragen; *iem. niet kunnen ~* einen nicht ausstehen können
**velerlei** vielerlei, mancherlei
**velg** Felge *v*, Radfelge *v*
**velgrem** Felgenbremse *v*
**vellen** 1 ⟨bomen, vonnis⟩ fällen; 2 ⟨doden⟩ erschlagen, töten; *geveld door de griep* an Grippe erkrankt
**velletje** ⟨papier⟩ Zettel *m*
**velodroom** ZN Velodrom *o*, Radrennbahn *v*
**velours** Velours *m*
**ven** Moor-, Heidesee *m*
**venerisch** venerisch
**Venetiaan** Venezianer *m*, Venediger *m*
**Venetiaans** venezianisch
**Venetië** 1 ⟨stad⟩ Venedig *o*; 2 ⟨hist. gebied⟩ Venetien *o*
**venijn** Gift *o*
**venijnig** giftig; ⟨fig ook⟩ boshaft
**venkel** Fenchel *m*
**vennoot** Teilhaber *m*, Gesellschafter *m*, Sozius *m*; *beherend ~* geschäftsführender Teilhaber, Komplementär *m*; *commanditair (stille) ~* Kommanditär *m*, Kommanditist *m*, stiller Teilhaber *m*
**vennootschap** Handelsgesellschaft *v*; *besloten ~* geschlossene Handelsgesellschaft *v*; *commanditaire ~* Kommanditgesellschaft *v*; *naamloze ~* Aktiengesellschaft *v*; *met beperkte aansprakelijkheid* Gesellschaft mit beschränkter Haftung (G.m.b.H.); *~ onder firma* offene Handelsgesellschaft *v*
**vennootschapsbelasting** Körperschaftssteuer *v*
**venster** Fenster *o*
**vensterbank** Fensterbank *v*, -brett *o*
**vensterenvelop** Fensterbriefumschlag *m*
**vensterglas** Fensterglas *o*
**vent** Kerl *m*, Mensch *m*; *een aardige ~* ein netter Typ *m*; *een gekke ~* ein närrischer Kauz *m*; *een ~ van niets* eine Null *v*, ein Jammerlappen *m*
**venten** hausieren; *met waren ~* mit Waren hausieren gehen, Waren feilbieten
**venter** Hausierer *m*; Oostr Pfragner *m*
**ventiel** 1 ⟨v. luchtband e.d.⟩ Ventil *o*; 2 ⟨klep⟩ Luftklappe *v*
**ventieldop** Ventilkappe *v*
**ventilatie** Lüftung *v*, Entlüftung *v*, Ventilation *v*
**ventilator** (Ent)lüfter *m*, Ventilator *m*
**ventileren** ventilieren, lüften, entlüften; *een kwestie ~* eine Frage ventilieren
**ventweg** Fahrbahn *v* für Anlieger, parallel zur Hauptstraße
**venusheuvel** Venusberg *m*
**ver** 1 ⟨in 't alg.⟩ weit; 2 ⟨verafgelegen⟩ fern, weit-, abgelegen; *~re bloedverwanten* weitläufige Verwandte; *~re landen* ferne Länder *mv*; *een ~re reis* eine weite Reise *v*; *in de ~ste verte niet* nicht im Traum; *niet ~ van het huis* unweit des Hauses (vom Hause); *het is nog ~ te zoeken* das liegt noch in weiter Ferne; *dat gaat te ~* das geht zu weit; zie ook: *verre*
**veraangenamen** verschönern
**verabsoluteren** verabsolutieren
**verachtelijk** verächtlich
**verachten** verachten
**verachting** Verachtung *v*
**verademing** ⟨opluchting⟩ Erleichterung *v*
**veraf** weit entfernt, weit weg, entlegen
**verafgelegen** entlegen
**verafgoden** vergöttern; *iem. ~* fig ⟨ook⟩ Kult mit einem treiben
**verafschuwen** verabscheuen
**veralgemenen** verallgemeinern, generalisieren
**veranda** Veranda *v*
**veranderen** I *overg* 1 ⟨in 't alg.⟩ verändern; ändern; 2 ⟨ten dele⟩ abändern, umändern; 3 ⟨totaal⟩ verwandeln; II *onoverg* sich verändern (verwandeln); *de rups verandert in een vlinder* die Raupe verwandelt sich in einen Schmetterling; *in zijn voordeel ~* sich zu seinen Gunsten verändern; *van betrekking ~* die Stelle wechseln; *van gedaante ~* sich verwandeln; *van gedachte ~* seine Meinung ändern; *van kleur ~* die Farbe wechseln ⟨ook *pol*⟩; *van onderwerp ~* den Gegenstand (das Thema) wechseln
**verandering** 1 ⟨in 't alg.⟩ Veränderung *v*, Änderung *v*; 2 ⟨gedeeltelijk⟩ Abänderung *v*; 3 ⟨gehele wijziging⟩ Verwandlung *v*; *~ van betrekking* Stellungswechsel *m*; *~ van woning* Wohnungswechsel *m*; *tijd van diepgaande ~en* ⟨sociaal en politiek⟩ Zeit *v* des Umbruchs; *~ ondergaan* Veränderung erfahren
**veranderlijk** veränderlich, unbeständig, unstet
**verantwoord** 1 ⟨beslissing⟩ vertretbar, wohlüberlegt; 2 ⟨plan⟩ wohldurchdacht, -überlegt; *niet ~* unverantwortlich, nicht zu verantworten
**verantwoordelijk** verantwortlich; *~ stellen* verantwortlich machen; *~ zijn voor* ⟨ook⟩ haften für
**verantwoordelijkheid** Verantwortung *v*
**verantwoordelijkheidsbesef** Verantwortungsbewußtsein *o*
**verantwoordelijkheidsgevoel** Verantwortungsgefühl *o*
**verantwoorden** verantworten; *zich (over iets) ~* sich verantworten (wegen einer Sache), sich rechtfertigen; *zich tegenover iemand ~* vor einem Rechenschaft ablegen; *verantwoorde reclame* vertretbare Werbung *v*
**verantwoording** Verantwortung *v*, Rechenschaft *v*; *ter ~ roepen* zur Rechenschaft ziehen, zur Rede stellen; *voor zijn ~ nemen* auf seinen Buckel nehmen
**verarmen** 1 ⟨v. personen⟩ verarmen; 2 ⟨v. grond⟩ erschöpft werden
**verassen** einäschern

**verassing** Einäscherung *v*
**verbaal** verbal
**verbaasd** erstaunt, verwundert; ~ *staan (zijn)* erstaunt sein; ⟨opkijken, schrikken⟩ stutzen; *je zult nog ~ staan* ⟨ook⟩ da wirst du noch staunen
**verbaliseren**: *iem. ~ einem ein Strafmandat ausstellen;* gemeenz *einen aufschreiben; geverbaliseerd worden ein Protokoll bekommen*
**verband** 1 ⟨med, ook steen-, hout-⟩ Verband *m*; 2 ⟨samenhang⟩ Verbindung *v*, Zusammenhang *m*; *oorzakelijk* ~ Kausalzusammenhang *m*, Kausalnexus *m*; *een* ~ *leggen om* verbinden, bandagieren; *in dit* ~ *in diesem Zusammenhang; in* ~ *met uw brief* mit Rücksicht auf Ihr Schreiben; *met iets in* ~ *staan* mit etwas zusammenhängen
**verbanddoos** Verband(s)kasten *m*
**verbandgaas** Mull *m*
**verbandtrommel** Verband(s)kasten *m*
**verbannen** hist verbannen, ausweisen; *iets uit z'n gedachten verbannen* fig sich etwas aus dem Kopf schlagen, verdrängen
**verbanning** 1 eig Verbannung *v*; 2 fig Verdrängung *v*
**verbasteren** entarten, aus der Art schlagen
**verbastering** Entartung *v*
**verbazen** erstaunen, in Erstaunen (ver-)setzen; *dat verbaast mij* das wundert (erstaunt) mich, ich staune (wundre mich) darüber; *zich* ~ staunen, sich wundern
**verbazend** erstaunlich
**verbazing** Erstaunen *o*, Verwunderung *v*
**verbazingwekkend** staunenerregend, staunenswert; *het is* ~ ⟨ook⟩ es ist zum Staunen
**verbedden** umbetten
**verbeelden** 1 ⟨voorstellen⟩ vorstellen; 2 ⟨uitbeelden⟩ darstellen; *zich* ~ sich einbilden, sich vorstellen; *verbeeld u eens* denken Sie sich einmal
**verbeelding** 1 ⟨voorstelling⟩ bildliche Darstellung *v*; 2 ⟨fantasie⟩ Einbildung *v*, Einbildungskraft *v*; 3 ⟨verwaandheid⟩ Dünkel *m*
**verbeeldingskracht** Einbildungskraft *v*
**verbergen** 1 ⟨verstoppen⟩ verstecken; 2 ⟨niet laten blijken⟩ verbergen; *iets voor iem.* ~ etwas vor einem geheim halten, verbergen
**verbeten** verbissen
**verbeteren** I *overg* 1 ⟨in 't alg.⟩ verbessern; 2 ⟨salarissen⟩ aufbessern; II *onoverg* sich bessern; *een record* ~ einen Rekord brechen, überbieten, verbessern
**verbetering** Verbesserung *v*, Besserung *v*; ~ *van positie* Besserstellung *v*; *voor* ~ *vatbaar* korrekturbedürftig
**verbeurdverklaren** mit Beschlag belegen, konfiszieren, einziehen, beschlagnahmen
**verbeurdverklaring** Beschlagnahme *v*, Konfiskation *v*, Einziehung *v*
**verbeuren** einbüßen, verwirken
**verbeuzelen** vertändeln
**verbieden** verbieten, untersagen; *verboden toegang* Eintritt verboten; *verboden zone* mil Sperrzone *v*; *voor auto's verbo-*
*den* autofrei; *inrijden verboden* keine Einfahrt
**verbijsterd** bestürzt, außer Fassung
**verbijsteren** bestürzen
**verbijstering** Bestürzung *v*
**verbijten** verbeißen; *zich van woede* ~ seine Wut verbeißen
**verbijzonderen** als Einzelsache behandeln
**verbinden** ⟨ook v. wonden⟩ verbinden; *aan de universiteit verbonden* an der Universität tätig; *er zijn onkosten aan verbonden* ⟨ook⟩ es sind Unkosten damit verknüpft; *zich* ~ sich verpflichten
**verbinding** Verbindung *v*; *zich in* ~ *stellen met* sich in Verbindung setzen mit
**verbindingsdienst** Nachrichtentruppe *v*
**verbindingslijn** Verbindungslinie *v*
**verbindingsteken** Bindestrich *m*
**verbindingstroepen** Fernmelde-, Nachrichtentruppe *v*
**verbindingsweg** Verbindungsweg *m*, -straße *v*
**verbintenis** 1 ⟨persoonlijke band⟩ Verbindung *v*; 2 ⟨verplichting⟩ Verbindlichkeit *v*; *een schriftelijke* ~ ein schriftlicher Vertrag *m*
**verbitterd** 1 ⟨bitter geworden⟩ verbittert; 2 ⟨boos geworden⟩ erbittert
**verbitteren** 1 ⟨bitter maken⟩ verbittern; 2 ⟨boos maken⟩ erbittern; 3 ⟨ergeren⟩ ärgern; *een verbitterde strijd* eine erbitterter Kampf *m*
**verbleken** 1 ⟨in 't alg.⟩ erbleichen, erblassen; 2 ⟨kleuren enz.⟩ verblassen
**verblijden** erfreuen; *zich* ~ sich freuen
**verblijf** Aufenthalt *m*; ~ *houden* sich aufhalten, wohnen
**verblijfkosten** Aufenthaltskosten *mv*
**verblijfplaats** Wohnsitz *m*, Wohn-, Aufenthaltsort *m*
**verblijfsvergunning** Aufenthaltsgenehmigung *v*
**verblijven** sich aufhalten, wohnen
**verblinden** 1 ⟨door licht⟩ blenden; 2 fig verblenden, betören
**verbloemen** beschönigen, bemänteln; *iets niet* ~ etwas nicht verhehlen
**verbod** Verbot *o*
**verboden** verboten, zie: *verbieden*
**verbodsbord** Verbotstafel *v*; ⟨klein⟩ Verbotsschild *o*
**verbolgen** ergrimmt, zornig
**verbond** 1 ⟨v. verenigingen⟩ Verband *m*; 2 ⟨v. staten⟩ Bund *m*, Bündnis *o*; 3 ⟨bijbels⟩ Bund *m*; *verdedigend* ~ Defensivbündnis *o*
**verbondenheid** Verbundenheit *v*, Solidarität *v*
**verborgen** verborgen, heimlich, versteckt
**verbouw** Bau *m*, Anbau *m*; ~ *van vlas* Flachsbau *m*, Anbau *m* von Flachs
**verbouwen** 1 ⟨huis⟩ umbauen; 2 ⟨producten⟩ bauen, anbauen
**verbouwereerd** verwirrt, bestürzt, verdutzt
**verbouwing** Umbau *m*
**verbranden** 1 ⟨met vuur, van huid⟩ verbrennen; 2 ⟨met stoom, hete vloeistof⟩ verbrü-

hen
**verbranding** Verbrennung v
**verbrandingsmotor** Verbrennungsmotor m
**verbrassen** verprassen
**verbreden** verbreitern, breiter machen, ausbreiten
**verbreiden** verbreiten; *zich* ~ sich ausbreiten
**verbreken** 1 ⟨in 't alg.⟩ brechen; 2 ⟨slot, zegel⟩ erbrechen; 3 elektr unterbrechen; 4 ⟨relaties⟩ abbrechen; *een overeenkomst* ~ einen Vertrag brechen; *de verbinding* ~ telec die Verbindung trennen (unterbrechen)
**verbreking** 1 ⟨slot, zegel⟩ Erbrechung v, Verletzung v; 2 ⟨v. belofte⟩ Bruch m; 3 elektr Unterbrechung v; 4 ZN ⟨cassatie⟩ Kassation v, Aufhebung v (einer gerichtlichen Entscheidung); ~ *van de verbinding* telec Trennung v
**Verbrekingshof** ZN Kassationshof m
**verbrijzelen** 1 ⟨stukslaan⟩ zerschmettern; 2 ⟨vernielen⟩ zertrümmern, kaputtmachen; 3 ⟨fijn maken⟩ zermalmen; 4 ⟨v. lichaamsdelen⟩ zerquetschen, zersplittern
**verbroederen:** *zich* ~ sich verbrüdern, fraternisieren
**verbrokkelen** zerstückeln, zerbröckeln
**verbruien:** *hij heeft 't bij ons verbruid* er hat es mit uns verdorben
**verbruik** Verbrauch m, Konsum m, Verzehr m; ~ *per persoon* Pro-Kopf-Verbrauch m
**verbruiken** verbrauchen
**verbruiksartikel** Verbrauchsartikel m
**verbruiksbelasting** Verbrauchs-, Konsumsteuer v
**verbruiksgoederen** Verbrauchsgüter mv
**verbruikzaal** ZN Speisesaal m
**verbuigen** 1 ⟨ombuigen⟩ verbiegen; 2 gramm beugen, konjugieren, deklinieren, flektieren
**verbuiging** 1 ⟨ombuiging⟩ Verbiegung v; 2 gramm Beugung v, Deklination v, Flexion v
**verchromen** verchromen
**verdacht** verdächtig; *van diefstal* ~ des Diebstahls verdächtig; ~ *van inbraak* einbruchverdächtig; *op iets* ~ *zijn* auf etw. (4) bedacht sein; *eer ik erop* ~ *was* ehe ich mich's versah
**verdachte** 1 ⟨vóór de aanklacht⟩ (Tat)verdächtige(r) m-v, Beschuldigte(r); 2 ⟨na officiële aanklacht⟩ Angeschuldigte(r); 3 ⟨na begin van de openbare behandeling⟩ Angeklagte(r)
**verdachtmaking** Verdächtigung v
**verdagen** vertagen
**verdampen** 1 ⟨door hitte⟩ verdampfen, verdunsten; 2 chem verflüchtigen
**verdamping** ⟨door hitte⟩ Verdampfung v, Verdunstung v
**verdedigbaar** zu verteidigen, haltbar, vertretbar
**verdedigen** 1 ⟨in 't alg.⟩ verteidigen; 2 ⟨opvattingen⟩ vertreten, verfechten; 3 ⟨mening, standpunt ook⟩ vertreten; *zich* ~ sich verteidigen, sich seiner Haut wehren
**verdediger** Verteidiger m; (sp ook) Abwehrspieler m; ~ *van een mening* Vertreter m einer Meinung
**verdediging** Verteidigung v, Defensive v
**verdeeldheid** Uneinigkeit v
**verdeelsleutel** Verteiler-, Verteilungsschlüssel m
**verdekt** verdeckt
**verdelen** 1 ⟨in 't alg.⟩ verteilen, teilen; 2 ⟨indelen⟩ einteilen; 3 ⟨uitdelen⟩ verteilen; *onderling* ~ sich teilen in (+ 4)
**verdelgen** vertilgen
**verdeling** Verteilung v; *de* ~ *van de failliete boedel* die Ausschüttung der Masse; *de* ~ *van de winst* die Verteilung des Gewinnes; ~ *in drieën* Dreiteilung v
**verdenken:** *iemand* ~ einen im Verdacht haben; *hij wordt van (de) diefstal verdacht* er ist des Diebstahls verdächtig
**verdenking** Verdacht m
**verder** weiter, ferner; *ga* ~ erzähl weiter!, fahren Sie fort; *geruchten* ~ *vertellen* Gerüchte weitertragen
**verderf** Verderben o; *iem. in 't* ~ *storten* einen ins Verderben stürzen
**verderfelijk** verderblich
**verderop** weiter (hinauf)
**verderven\*** verderben
**verdichten** 1 ⟨bedenken⟩ erdichten, ersinnen; 2 nat verdichten, kondensieren
**verdichting** 1 ⟨fantasie⟩ Phantasie v; 2 nat Verdichtung v, Kondensierung v
**verdichtsel** Erfindung v; *'t is alles* ~ es ist alles erdichtet, erfunden
**verdienen** verdienen; *erbij* ~ (da)zuverdienen; *niet beter* ~ es nicht besser verdienen
**verdienste** 1 ⟨loon⟩ Verdienst m, Lohn m; 2 ⟨m.b.t. waardering⟩ Verdienst o; *naar* ~ nach (seinem) Verdienst, verdientermaßen
**verdienstelijk** verdienstlich, verdienstvoll; *zich* ~ *maken jegens iemand, voor iets* sich um einen, um etwas verdient machen
**verdiepen** austiefen; *zich* ~ *in iets* sich in eine Sache vertiefen
**verdieping** 1 ⟨het verdiepen⟩ Vertiefung v; 2 ⟨etage⟩ Stock m, Stockwerk o; ⟨vooral bouwkundig⟩ Geschoß o; *eerste* ~ erster Stock m; *het huis is vijf* ~*en hoog* das Haus ist fünf Stock hoch; *er een* ~ *op zetten* aufstocken; *op de tweede* ~ im zweiten Stock; *een huis van één* ~ ein einstöckiges Haus o
**verdierlijken** vertieren
**verdikking** Verdickung v
**verdoemen** verdammen
**verdoemenis** Verdammnis v
**verdoen** vertun, verschwenden, verschleudern
**verdoezelen** vertuschen
**verdomd** verdammt; ~! gemeenz Scheiße!, verflucht noch mal!, verdammt!
**verdomhoekje:** *in 't* ~ *zitten* es den Menschen nicht recht machen können; gemeenz es gefressen haben, nicht akzeptiert werden
**verdommen:** *'t* ~ gemeenz sich weigern, es zu tun; *ik verdom 't!* ich danke!

**verdonkeremanen** unterschlagen, veruntreuen

**verdorie**: ~! Scheiße!, Teufel noch einmal!, Donner und Doria!

**verdorren** verdorren

**verdorven** ⟨zedelijk⟩ verderbt; *een ~ individu* ein verdorbener, ein lasterhafter Kerl *m*

**verdoven** betäuben; *plaatselijk ~* örtlich betäuben; *~d middel* 1 med betäubendes Mittel *o*; 2 ⟨genotmiddel⟩ Rauschgift *o*

**verdoving** 1 ⟨in 't alg.⟩ Betäubung *v*; 2 ⟨door kou⟩ Erstarrung *v*; 3 ⟨v. glans⟩ das Erlöschen; *plaatselijke ~* örtliche Betäubung *v*

**verdovingsmiddel** 1 med betäubendes Mittel *o*; 2 ⟨genotmiddel⟩ Rauschgift *o*

**verdraagzaam** 1 ⟨tolerant⟩ duldsam, tolerant; 2 ⟨vriendelijk⟩ verträglich

**verdraagzaamheid** Duldsamkeit *v*, Toleranz *v*

**verdraaid** verdreht; *een ~e geschiedenis* eine verflixte Geschichte *v*; *wel ~!* zum Henker!, Teufel noch einmal!

**verdraaien** 1 eig verdrehen; 2 ⟨waarheid⟩ entstellen; *de feiten ~* die Tatsachen auf den Kopf stellen; *iems. woorden ~* jemands Worte verdrehen (entstellen)

**verdraaiing** 1 eig Verdrehung *v*; 2 ⟨waarheid⟩ Entstellung *v*

**verdrag** Vertrag *m*; *cultureel ~* Kulturabkommen *o*

**verdragen** 1 ⟨v.d. maag⟩ vertragen; 2 ⟨uitstaan, dulden⟩ ertragen, dulden; *elkaar kunnen ~* sich vertragen

**verdriet** Kummer *m*, Gram *m*

**verdrieten*** verdrießen; *het verdriet mij* es verdrießt mich

**verdrietig** traurig, betrübt

**verdrijven** vertreiben

**verdringen** verdrängen ⟨ook psych⟩; *elkaar (zich) ~* sich drängen

**verdringing** ⟨ook psych⟩ Verdrängung *v*

**verdrinken** I overg ⟨zijn geld⟩ vertrinken, verzechen; ⟨v. levende wezens⟩ ertränken; II onoverg ertrinken; *zich ~* sich ertränken

**verdrogen** ver-, austrocknen

**verdrukking** ⟨onderdrukking⟩ Unterdrückung *v*; *in de ~ raken* in Unterdrückung geraten, unterdrückt werden; *tegen de ~ in* trotz aller Hindernisse

**verdubbelen** verdoppeln

**verduidelijken** verdeutlichen

**verduisteren** verdunkeln; *geld ~* Geld veruntreuen, unterschlagen

**verduistering** 1 ⟨het donker maken⟩ Verdunklung *v*, Abdunklung *v*; 2 astron Finsternis *v*; 3 ⟨geld⟩ Unterschlagung *v*, Veruntreuung *v*

**verdunnen** verdünnen

**verduren** ertragen, erdulden, leiden; *het zwaar te ~ hebben* einen schweren Stand haben

**verduurzamen** konservieren; *verduurzaamde waren* Dauerwaren *mv*

**verdwaald** verirrt

**verdwaasd** betört, verblendet

**verdwalen** sich verirren, sich verlaufen

**verdwijnen*** verschwinden; *dat verdwijnt daarbij in 't niet* das verschwindet dagegen

**verdwijnpunt** schilderk Fluchtpunkt *m*

**veredelen** ⟨ook van planten⟩ veredeln

**vereenvoudigen** vereinfachen

**vereenzamen** vereinsamen, einsam werden

**vereenzelvigen** identifizieren

**vereeuwigen** verewigen

**vereffenen** ausgleichen, begleichen

**vereisen** erfordern; *de vereiste kundigheden* die erforderlichen Kenntnisse

**vereiste** Erfordernis *o*

**1 veren** *bn* Feder-; *~ kussen* Federkissen *o*

**2 veren** *onoverg* federn

**verenigbaar** vereinbar

**verenigen** vereinen, vereinigen; *zich met iets kunnen ~* mit etwas einiggehen (einverstanden sein); *het verenigde Duitsland* das vereinte Deutschland; *Verenigde Arabische Emiraten* Vereinigte Arabische Emirate; *Verenigd Koninkrijk* Vereinigtes Königreich; *de Verenigde Naties* die Vereinten Nationen; *de Verenigde Staten* die Vereinigten Staaten

**vereniging** 1 ⟨het verenigen⟩ Vereinigung *v*; 2 ⟨club⟩ Verein *m*; 3 stud Verbindung *v*

**verenigingsleven** Vereinsleben *o*

**vereren** 1 ⟨in 't alg.⟩ verehren, hochachten; 2 ⟨met bezoek⟩ beehren

**verergeren** I overg verschlimmern; schlimmer machen; II onoverg schlimmer werden

**verering** Verehrung *v*

**vereuropesen** europäisieren

**verf** Farbe *v*; *uit de ~ komen* nicht im Technischen stecken bleiben; *niet goed uit de ~ komen* fig nicht gut ausgearbeitet werden

**verfbom** Farbbeutel *m*

**verfdoos** Farb-, Farben-, Malkasten *m*

**verfijnen** verfeinern

**verfijning** Verfeinerung *v*

**verfilmen** verfilmen

**verfilming** Verfilmung *v*

**verfkwast** Malerpinsel *m*

**verflauwen** 1 ⟨in 't alg.⟩ flau werden; 2 ⟨v. wind⟩ abflauen; 3 ⟨verslappen⟩ nachlassen

**verflucht** Geruch *m* nach Farbe

**verfoeien** verabscheuen

**verfoeilijk** verabscheuenswert, -würdig

**verfomfaaien** zerknittern, -knüllen

**verfraaien** verschönern

**verfrissen** erfrischen, erquicken

**verfrissing** 1 ⟨verkwikking⟩ Erfrischung *v*, Erquickung *v*; 2 ⟨drank⟩ Erfrischung *v*

**verfrommelen** zerknittern, -knüllen

**verfspuit** Spritzpistole *v*

**verfstof** Farbstoff *m*

**vergaan** 1 ⟨in 't alg.⟩ vergehen; 2 ⟨v. schip⟩ untergehen; 3 ⟨tot stof⟩ vermodern, verfaulen; *de lust (lol) vergaat hem* ihm vergeht der Spaß; *het is hem slecht ~* es ist ihm übel ergangen; *hij vergaat van de dorst* er kommt vor Durst um; *vergane glorie* vergangener Glanz *m*

**vergaand** = verregaand

**vergaarbak** Sammelbecken *o* ⟨ook fig⟩
**vergaderen** sich versammeln, tagen
**vergadering** 1 ⟨bijeenkomst⟩ Versammlung *v*; 2 ⟨congres⟩ Tagung *v*
**vergaderzaal** Versammlungssaal *m*
**vergallen** vergällen; *iem. de vreugde ~ einem die Freude* (den Spaß, das Vergnügen) verderben, versalzen, vergällen
**vergalopperen**: *zich ~* sich vergaloppieren; ⟨door praten⟩ sich verplappern
**vergankelijk** vergänglich
**vergapen** vergaffen; *zich aan iets ~* sich in eine Sache vergaffen
**vergaren** sammeln; *moed ~* Mut fassen
**vergassen** vergasen
**vergasten**: *iem. op iets ~* einen mit etwas bewirten (regalieren)
**vergeeflijk** verzeihlich, entschuldbar
**vergeefs** I *bijw* vergebens, umsonst; II *bn* vergeblich, nutzlos; *~e moeite* vergebliche (verlorene) Mühe *v*, verlorene Liebesmüh(e) *v*
**vergeetachtig** vergeßlich
**vergeetboek**: *in het ~ raken* in Vergessenheit geraten
**vergeet-mij-niet(je)** Vergißmeinnicht(chen) *o*
**vergelden** vergelten; *goed met kwaad ~* Gutes mit Bösem vergelten
**vergelding** Vergeltung *v*
**vergeldingsmaatregel** Vergeltungsmaßnahme *v*
**vergelen** vergilben
**vergelijk** Vergleich *m*, Abmachung *v*; *tot een ~ komen* einen Vergleich treffen
**vergelijkbaar** vergleichbar
**vergelijken** vergleichen
**vergelijking** 1 ⟨het vergelijken⟩ Vergleichung *v*; Vergleich *m*; 2 wisk Gleichung *v*; *een ~ maken* einen Vergleich anstellen; *in ~ met* im Vergleich zu
**vergemakkelijken** erleichtern
**vergen** fordern, verlangen, begehren; *iets van iemand ~* ⟨ook⟩ einem etwas zumuten; *veel van zijn zenuwen ~* seine Nerven strapazieren
**vergenoegd** vergnügt, zufrieden, munter
**vergenoegen**: *zich met iets ~* sich mit etwas begnügen
**vergetelheid** Vergessenheit *v*; *aan de ~ ten prooi vallen* dem Vergessen anheimfallen (+ 3); *in ~ raken* in Vergessenheit geraten
**vergeten\*** vergessen; *ik ben ~ waar hij woont* ich habe vergessen, wo er wohnt; *ik ben zijn naam ~* ich habe seinen Namen vergessen, mir ist sein Name entfallen
**vergeven** 1 ⟨vergiffenis schenken⟩ verzeihen, vergeben; 2 ⟨vergiftigen⟩ vergiften
**vergevensgezind** versöhnlich gestimmt
**vergeving** Verzeihung *v*, Vergebung *v*
**vergevorderd** vorgeschritten; *op ~e leeftijd* in vorgerücktem Alter
**vergewissen**: *zich ~ van* sich vergewissern (+2)
**vergezellen** begleiten
**vergezicht** Fernsicht *v*, -blick *m*, Aussicht *v*
**vergezocht** weithergeholt

**vergiet** Durchschlag *m*, -guß *m*
**vergieten** 1 ⟨uitgieten⟩ vergießen; 2 ⟨vermorsen⟩ verschütten
**vergif** Gift *o*
**vergiffenis** Verzeihung *v*, Vergebung *v*
**vergiftig** giftig; *niet ~* ungiftig
**vergiftigen** vergiften
**vergiftiging** Vergiftung *v*
**vergissen**: *zich ~* (sich) irren; ⟨beleefder⟩ sich täuschen, sich versehen
**vergissing** Irrtum *m*, Versehen *o*; *een ernstige ~* ein grober Irrtum *m*; *bij ~* aus Versehen
**vergoddelijken** vergotten, -göttlichen
**vergoeden** vergüten, ersetzen; *de kosten ~* die Kosten erstatten
**vergoeding** 1 ⟨in 't alg.⟩ Vergütung *v*, Entschädigung *v*, Kosten-, Rückerstattung *v*; 2 ⟨betaling⟩ Entgelt *m*
**vergoelijken** verharmlosen, bemänteln, beschönigen
**vergokken** verspielen
**vergooien** 1 ⟨weggooien⟩ wegwerfen, -schmeißen; 2 ⟨bederven⟩ verderben; 3 ⟨verkwisten⟩ vergeuden, verplempern; *zijn geluk ~* sein Glück verscherzen; *zich ~* wegwerfen (an + 4), gemeenz sich verplempern
**vergrendelen** zu-, verriegeln
**vergrijp** Vergehen *o*; *~ tegen de vorm* Formverletzung *v*; *~ tegen de zeden* Sittlichkeitsverbrechen *o*; ⟨minder erg⟩ Sittlichkeitsvergehen *o*
**vergrijpen**: *zich ~ (aan)* sich vergreifen (an + 3)
**vergrijzen** ergrauen; *in de dienst vergrijsd* im Dienst ergraut, altgedient
**vergrijzing** Überalterung *v*
**vergroeien** verwachsen
**vergrootglas** Vergrößerungsglas *o*
**vergroten** 1 ⟨in 't alg.⟩ vergrößern; 2 ⟨van gebied⟩ erweitern; *het kapitaal ~* das Kapital erhöhen
**vergroting** ⟨ook fotogr⟩ Vergrößerung *v*; *~ van het kapitaal* Erhöhung *v* des Kapitals; *~ van gebied* Gebietserweiterung *v*
**vergruizen** zermalmen
**verguizen** wegwerfend urteilen über (+ 4), schmähen
**verguld** 1 ⟨met goud bekleed⟩ vergoldet; 2 fig erfreut; *erg ~ zijn met* ⟨blij⟩ sehr erfreut sein über (4)
**vergulden** vergolden
**vergunnen** vergönnen, erlauben
**vergunning** 1 ⟨in 't alg.⟩ Gewährung *v*, Erlaubnis *v*; 2 ⟨officieel⟩ Genehmigung *v*; *bijzondere ~* Sonder-, Spezialgenehmigung *v*; *café met ~* Kaffeehaus mit Schankkonzession
**verhaal** 1 ⟨geschiedenis⟩ Geschichte *v*; 2 ⟨precies verslag⟩ Bericht *m*; 3 ⟨meer literair⟩ Erzählung *v*; 4 ⟨v. schade⟩ Entschädigung *v*, Erholung *v*; 5 ZN, recht Ersatz-, Regreßanspruch *m*; *'t ~ gaat dat...* es wird erzählt, daß...; *man erzählt sich, daß...*; *~ op iemand hebben* sich an einem schadlos halten (können), sich auf einen erholen; *weer op ~ komen* sich erholen; wieder zu Kräf-

**verhakkeld** ZN 1 ⟨gescheurd⟩ zerrissen; 2 ⟨gewond⟩ verletzt, verwundet; 3 ⟨verkreukeld⟩ zerknittert, zerdrückt; 4 sp ⟨verzwakt⟩ geschwächt

**verhalen** ⟨vertellen⟩ erzählen, berichten; *de geleden schade op iemand ~* sich für den erlittenen Schaden an einen halten (an einem schadlos halten), sich auf einen erholen

**verhandelen** verhandeln, verkaufen

**verhandeling** 1 ⟨koop en verkoop⟩ Verhandlung *v*; Verkauf *m*; 2 ⟨opstel⟩ Abhandlung *v*; 3 ZN ⟨scriptie⟩ Abhandlung *v*, schriftliche (wissenschaftliche) Arbeit *v*

**verhangen** anders (anderswohin) hängen; *zich ~* sich erhängen

**verhapstukken** *iets met iem. te ~ hebben* mit jmdm. ein Hühnchen zu rupfen haben

**verhard** 1 ⟨in 't alg.⟩ verhärtet; 2 ⟨v. ziel⟩ verstockt, verhärtet; *een ~e weg* ein befestigter Weg *m*

**verharden** I *overg* 1 *eig* verhärten, hart machen; 2 *fig* verhärten, verstocken; II *onoverg* hart werden

**verharen** sich haaren

**verhaspelen** verhaspeln

**verheerlijken** verherrlichen, verhimmeln

**verheffen** erheben; *zich ~* sich erheben

**verheffing** ⟨heuvel en abstract⟩ Erhebung *v*

**verhelderen** I *overg* 1 ⟨in 't alg.⟩ aufklären; 2 ⟨v. kleur⟩ aufhellen; 3 ⟨toelichten⟩ erläutern; II *onoverg* sich aufhellen, -heitern, -klären

**verhelen** verhehlen, verheimlichen

**verhelpen** abhelfen (+3); *een euvel ~* ein Übel abstellen

**verhemelte** Gaumen *m*

**verheugd** froh, erfreut (über eine Sache)

**verheugen** freuen, erfreuen; *zich ~ (op)* sich freuen (auf +4); *zich in een goede gezondheid ~* sich einer guten Gesundheit erfreuen

**verheugend** erfreulich

**verheven** 1 ⟨in 't alg.⟩ erhaben; 2 ⟨stijl⟩ gehoben; *boven iets ~ zijn* über etwas (4) erhaben sein

**verhevenheid** 1 *eig* Erhebung *v*, Erhöhung *v*; 2 *fig* Erhabenheit *v*; 3 ⟨v. stijl⟩ Gehobenheit *v*

**verhinderen** verhindern

**verhindering** Verhinderung *v*, Hindernis *o*

**verhip**: *~!* Mensch (Meier)!, Ach Gott, Mensch!

**verhitten** erhitzen; *verhitte fantasie* blühende Phantasie *v*; *het verhitte voorhoofd* die heiße Stirn

**verhoeden** verhüten; *dat verhoede God!* Gott bewahre!, da sei Gott vor!

**verhogen** 1 ⟨in 't alg.⟩ erhöhen, steigern; 2 ⟨moed enz.⟩ heben; *in verhoogde mate* in gesteigertem Maße

**verhoging** 1 ⟨in 't alg.⟩ Erhöhung *v*, Steigerung *v*; 2 ⟨v. salaris⟩ Gehaltserhöhung *v*, -aufbesserung *v*; 3 ⟨van prijzen⟩ Preissteigerung *v*; 4 ⟨opstapje, bankje⟩ Podest *o*, Fußbank *v*, Auftritt *m*; 5 ⟨koorts⟩ erhöhte Temperatur *v*

**verholen** verhohlen, verborgen, geheim

**verhongeren** verhungern

**verhoog** ZN 1 ⟨podium⟩ Podium *o*; 2 ⟨tribune⟩ Tribüne *v*

**verhoogd** erhöht, gesteigert, gewachsen; *een ~e belangstelling voor milieuvraagstukken* ein gewachsenes Interesse *o* an Umweltprobleme

**verhoor** Verhör *o*, Vernehmung *v*; Z-Duits, Zwits Einvernahme *v*; *een ~ afnemen* ein Verhör anstellen; *een ~ ondergaan* verhört (vernommen) werden

**verhoren** verhören, vernehmen; *een bede ~* ein Gebet erhören

**verhouden**: *zich ~* sich verhalten

**verhouding** 1 ⟨in 't alg.⟩ Verhältnis *o*, Proportion *v*; 2 ⟨liefdesbetrekking⟩ Liebesverhältnis *o*, Verhältnis *o*; *in ~ tot* im Verhältnis zu; *naar ~* verhältnismäßig, proportional

**verhoudingsgewijs** verhältnismäßig, vergleichsweise, relativ

**verhuis** ZN Umzug *m*

**verhuiskosten** Umzugskosten *mv*

**verhuiswagen** Möbelwagen *m*

**verhuizen** 1 ⟨in 't alg.⟩ umziehen; 2 ⟨naar ander land⟩ übersiedeln

**verhuizer** Möbelpacker *m*, -räumer *m*, -trager *m*

**verhuizing** 1 ⟨in 't alg.⟩ Umzug *m*; 2 ⟨naar ander land⟩ Übersiedlung *v*

**verhullen** verhüllen

**verhuren** 1 ⟨in 't alg.⟩ vermieten; 2 ⟨film⟩ verleihen; *zich ~* sich verdingen

**verhuur** 1 ⟨in 't alg.⟩ Vermietung *v*; 2 ⟨v. films⟩ Verleih *m*

**verhuurbedrijf** Verleih *m*, Leasing-Gesellschaft *v*

**verhuurder** 1 ⟨in 't alg.⟩ Vermieter *m*; 2 ⟨v. films⟩ Verleiher *m*

**verificatie** Prüfung *v*, Verifikation *v*

**verifiëren** nachprüfen, verifizieren

**verijdelen** vereiteln

**vering** Federung *v*

**verjaardag** 1 ⟨v. personen⟩ Geburtstag *m*; 2 ⟨v. zaken⟩ Jahrestag *m*

**verjaardagskalender** Geburtstagsverzeichnis *o*, -kalender *m*

**verjagen** verjagen, verscheuchen

**verjaren** 1 ⟨in rechten⟩ verjähren; 2 ⟨jarig zijn⟩ Geburtstag haben

**verjaringstermijn** Verjährungstermin *m*

**verjongen** verjüngen

**verkalken** verkalken

**verkapt** verkappt, getarnt

**verkassen** gemeenz umziehen

**verkavelen** 1 ⟨grond⟩ parzellieren; 2 ⟨partij tabak enz.⟩ kaveln, in Lose teilen

**verkeer** 1 ⟨vervoersmiddelen⟩ Verkehr *m*; 2 ⟨omgang⟩ Umgang *m*, ⟨ook⟩ Verkehr *m*; *achteropkomend ~* Nachfahrer, -folger *mv*; *lokaal ~* Ortsverkehr *m*; *met huiselijk ~* mit Familienanschluß

**verkeerd** verkehrt, falsch, unrichtig; *koffie ~* Milchkaffee *m*; *~ verbonden* telec falsch verbunden; *dat loopt ~ af* das nimmt ein schlimmes Ende; *iets ~ doen* etwas falsch

machen; ~ gaan schiefgehen
**verkeersagent** Verkehrspolizist *m*
**verkeersbord** Verkehrsschild *o*, -tafel *v*
**verkeersdichtheid** Verkehrsdichte *v*
**verkeersdrempel** Bodenschwelle *v*
**verkeersdrukte** Verkehrstrubel *m*
**verkeersknooppunt** 1 (in 't alg.) Verkehrsknotenpunkt *m*; 2 (v. snelwegen) Autobahnkreuz *o*
**verkeersleider** (op vliegveld) Flugsicherer, -leiter, -lotse *m*
**verkeersleiding** luchtv Flugsicherung *v*
**verkeerslicht** Ampel *v*, Verkehrssignal *o*
**verkeersopstopping** Verkehrsstauung *v*, Stau *m*
**verkeersovertreding** Verkehrsdelikt *o*, -vergehen *o*
**verkeersplein** Rund-, Kreisverkehr *m*
**verkeerspolitie** Verkehrspolizei *v*
**verkeersregel** Verkehrsregel *v*
**verkeersslachtoffer** Verkehrsverletzte(r) *m-v*
**verkeerstoren** luchtv Kontrollturm *m*
**verkeersvliegtuig** Verkehrsflugzeug *o*
**verkeersweg** Verkehrsstraße *v*
**verkeerswezen** Verkehrswesen *o*; minister van ~ ZN Verkehrsminister *m*
**verkeerswisselaar** ZN (Autobahn)kleeblatt *o*
**verkeerszuil** Leuchtsäule *v*
**verkennen** 1 mil erkunden, aufklären, rekognoszieren; 2 fig vorfühlen
**verkenning** 1 (in 't alg.) Aufklärung *v*, Kundschaft *v*; 2 mil Erkundung *v*, Aufklärung *v*; ~ per vliegtuig Lufterkundung *v*, -aufklärung *v*
**verkenningsvliegtuig** Erkundungs-, Aufklärungsflugzeug *o*
**verkeren** 1 (omgaan) verkehren, umgehen; 2 (veranderen) sich wenden, umdrehen, wechseln; 't kan ~ das Blättchen kann sich wenden; in de mening ~ der Meinung (Ansicht) sein; in nood ~ in Not sein, sich in Not befinden
**verkering**: vaste ~ hebben einen festen Freund (eine feste Freundin) haben
**verketteren** verketzern
**verkiesbaar** wählbar
**verkiezen** 1 (kiezen) wählen; 2 (de voorkeur geven aan) vorziehen, den Vorzug geben (+ 3); ik verkies niet gestoord te worden ich wünsche nicht gestört zu werden; zoals je verkiest wie du willst
**verkiezing** Wahl *v*; algemene ~ Hauptwahl *v*; tussentijdse ~ vorgezogene Wahlen *mv*
**verkiezingscampagne** Wahlkampagne *v*
**verkiezingsoverwinning** Wahlsieg *m*
**verkiezingsstrijd** Wahlkampf *m*, -schlacht *v*
**verkiezingstournee** Wahlkampagne *v*
**verkiezingsuitslag** Wahlergebnis *o*
**verkijken**: de kans is verkeken der Zug ist abgefahren; de Gelegenheit ist verpaßt
**verkikkerd**: ~ op verknallt, verschossen in (+ 4)
**verklaarbaar** erklärlich
**verklappen** ausschwatzen, -plaudern, -petzen; iemand iets ~ einem etwas verraten
**verklaren** 1 (uitleggen) erklären; 2 recht aussagen; bindend ~ für verbindlich erklären; iem. gezond ~ einen für gesund erklären; (officieel door arts) einen gesundschreiben; zich nader ~ seinen Standpunkt verdeutlichen; nietig ~ für nichtig (ungültig) erklären; niet-ontvankelijk ~ recht als unstatthaft (unzulässig) verwerfen, zurückweisen
**verklaring** 1 (in 't alg.) Erklärung *v*; 2 (v. getuige) Aussage *v*; 3 recht (ook) Einlassung *v*; 4 (attest) Bescheinigung *v*; een ~ onder ede eine beeidigte Aussage *v*
**verkleden** verkleiden; zich ~ sich umkleiden (umziehen); (vermommen) sich vermummen
**verkleinen** 1 (in 't alg.) verkleinern; 2 (roem enz.) schmälern
**verkleinwoord** Verkleinerungswort *o*, Diminutiv(um) *o*
**verkleumd** erstarrt vor Kälte, verfroren, durchfroren; ~e vingers erstarrte Finger
**verkleuren** sich verfärben; (van stoffen) verschießen
**verklikken** angeben, denunzieren; gemeenz einen verpfeifen; (op school) verpetzen
**verklikker** Angeber *m*, Denunziant *m*; (op school) Petzer *m*
**verknallen** verpfuschen, -derben
**verkneukelen**: zich ~ sich heimlich freuen
**verknippen** 1 (stof) verschneiden; 2 (in snippers) zerschneiden
**verknipt** (m.b.t. personen) gemeenz bekloppt, bescheuert, behämmert
**verknoeien** 1 (bederven) verderben, verpfuschen, gemeenz schmeißen, verhauen; 2 (slechter maken in plaats van beter) verballhornen, verschlimmbessern
**verkoelen** I overg (ab)kühlen; II onoverg 1 eig erkalten; 2 (geestdrift) erkalten, abnehmen, nachlassen
**verkolen** verkohlen
**verkommen** verkommen, verkümmern
**verkondigen** verkündigen
**verkoop** *m* 1 (in 't alg.) Verkauf *m*; 2 ZN (veiling) Versteigerung *v*, Auktion *v*; onderhandse ~ Handverkauf *m*; ~ bij afslag Verkauf im Abstreich; ~ bij opbod Versteigerung *v*, Verkauf *m* im Aufstreich
**verkoopapparaat** Verkaufsapparat *m*
**verkoopbaar** verkäuflich
**verkoopcijfers** Verkaufszahlen *mv*
**verkoopleider** Verkaufsleiter *m*
**verkoop(s)prijs** Verkaufspreis *m*
**verkoopster** Verkäuferin *v*
**verkopen** verkaufen; onderhands ~ freihändig, aus freier Hand verkaufen; aardigheden, grappen, moppen ~ Witze machen (reißen); iem. een klap ~ einem eine herunterhauen; nee moeten ~ nicht liefern können, nicht vorrätig haben; in 't groot (in 't klein) ~ im großen, en gros (im kleinen, en détail) verkaufen
**verkoper** Verkäufer *m*
**verkoping** Verkauf *m*; (bij opbod) Versteigerung *v*, Auktion *v*; bij openbare ~ durch

**verkorten**

öffentliche Versteigerung

**verkouden** (ver)kürzen, abkürzen; *verkorte uitgave* gekürzte Ausgabe *v*

**verkouden** erkältet; ⟨neusverkoudheid⟩ verschnupft; ~ *worden* sich erkälten

**verkoudheid** Erkältung *v*; ⟨neusverkoudheid⟩ Schnupfen *m*

**verkrachten** 1 ⟨v. personen⟩ vergewaltigen, notzüchtigen; 2 ⟨v. recht e.d.⟩ verletzen

**verkrachting** Notzucht *v*, Vergewaltigung *v*, Notzüchtigung *v*; ~ *van de wet* Verletzung *v* des Gesetzes

**verkrampt** verkrampft, krampfig

**verkreukelen, verkreuken** zerknittern, zerknüllen

**verkrijgbaar** erhältlich, zu haben; *alleen op recept* ~ rezeptpflichtig

**verkrijgen** erwerben, erlangen; *iets niet over zich (zijn hart) kunnen* ~ etwas nicht übers Herz bringen

**verkroppen** verdrängen; *iets niet kunnen* ~ ⟨ook⟩ über etwas nicht hinwegkönnen

**verkrotten** verfallen, verkommen, verslumen

**verkruimelen** zerkrümeln

**verkwanselen** verschachern, -scherbeln

**verkwikken** erquicken

**verkwisten** verschwenden, vergeuden

**verkwistend** verschwenderisch

**verlagen** 1 *eig* niedriger machen; 2 *fig* erniedrigen, herabwürdigen; 3 ⟨laten zakken⟩ senken; *zich* ~ sich erniedrigen; *het niveau* ~ das Niveau senken; *de prijs* ~ den Preis herabsetzen, senken; *in prijs verlaagd* reduziert, preisermäßigt

**verlakken:** *iem.* ~ jmdn. hereinlegen, verarschen, lackmeiern

**verlakkerij** ⟨bedrog⟩ Lackmeierei *v*

**verlamd** gelähmt

**verlammen** I *overg* lähmen, lahmlegen, paralysieren; II *onoverg* lahm werden, erlahmen; *de handel* ~ den Handel lahmlegen

**verlamming** 1 *med* Lähmung *v*; 2 ⟨v.d. handel⟩ Lahmlegung *v*

**verlangen** I *overg* 1 ⟨wensen⟩ verlangen, wünschen; 2 ⟨eisen⟩ fordern; 3 ⟨reikhalzend⟩ sich sehnen (nach); II *o* Verlangen *o*; ⟨smartelijk⟩ Sehnsucht *v*

**verlanglijst** Wunschzettel *m*, -liste *v*

**verlanterfanten** verbummeln, vertrödeln

**1 verlaten** *overg* 1 ⟨heengaan, in de steek laten⟩ verlassen; 2 ⟨betrekking⟩ aufgeben; *zich* ~ *op* sich verlassen auf (+ 4)

**2 verlaten** *wederk: zich* ~ sich verspäten

**3 verlaten** *bn* verlassen, öde, menschenleer

**verlatenheid** Verlassenheit *v*, Öde *v*

**verleden** I *bn* vergangen, vorig; ~ *jaar* Pasen Ostern letzten Jahres; ~ *week* vorige (vergangene) Woche *v*; II *o* Vergangenheit *v*; *in 't grijze* ~ in grauer Vorzeit

**verlegen** 1 ⟨bedorven⟩ verlegen; 2 ⟨timide⟩ verlegen, schüchtern, befangen; *om iets* ~ *zitten* um etwas verlegen sein

**verleggen** verlegen

**verleidelijk** verführerisch

**verleiden** verführen; versuchen; ⟨minder ernstig⟩ verleiten

**verleiding** Verführung *v*, Versuchung *v*

**verlekkerd:** ~ *zijn op iets* auf etwas (4) versessen sein, verrückt sein auf (nach) etwas

**verlenen** verleihen, gewähren; *assistentie* ~ Beistand (Hilfe) leisten; *bescherming* ~ Schutz gewähren; *een vergunning* ~ eine Genehmigung erteilen

**verlengde** Verlängerung *v*; *in het* ~ *liggen van eig* die Fortsetzung sein von; *fig* sich ergeben aus, folgen aus; *in elkaars* ~ *liggen* in einer Linie (auf der gleichen Längenachse) liegen

**verlengen** 1 ⟨in 't alg.⟩ verlängern, ausdehnen; 2 ⟨paspoort⟩ erneuern

**verlenging** 1 ⟨in 't alg.⟩ Verlängerung *v*; 2 *sp* Nachspiel *o*

**verlengsnoer** Verlängerungsschnur *v*

**verlengstuk** Ansatz-, Verlängerungsstück *o*

**verleppen** 1 ⟨v. bloemen⟩ verwelken; 2 *fig* verblühen, welken

**verlept** welk, verblüht

**verleren** verlernen; aus der Übung kommen

**verlet** Aufschub *m*; Verhinderung *v*

**verlevendigen** neu beleben, ermuntern

**verlicht** 1 ⟨door lampen⟩ be-, erleuchtet; 2 ⟨v. geest⟩ erleuchtet; *een* ~ *despoot* ein aufgeklärter Despot *m*

**verlichten** 1 ⟨kamer e.d.⟩ erleuchten, erhellen; 2 ⟨beschijnen⟩ beleuchten; 3 ⟨v.d. geest⟩ erleuchten; 4 ⟨lichter in gewicht, ook fig⟩ erleichtern; 5 ⟨verzachten⟩ lindern

**verlichting** 1 ⟨straat⟩ Beleuchtung *v*; 2 ⟨voor feest⟩ Illumination *v*; 3 ⟨van de geest⟩ Erleuchtung *v*; 4 ⟨verzachting⟩ Linderung *v*; *de V*~ *hist* die Aufklärung; ~ *van belasting* steuerliche Entlastung *v*

**verliefd** verliebt; ~ *paar* Liebespaar *o*; ~ *op verliebt in* (+ 4); ~ *worden op* sich verlieben in (+ 4), sich vergucken in (+ 4)

**verliefdheid** Verliebtheit *v*

**verlies** Verlust *m*; *niet tegen zijn* ~ *kunnen* ein schlechter Verlierer sein

**verliesgevend, verliesljdend** verlustbringend, defizitär; ~*e zaak* ⟨ook⟩ Verlustgeschäft *o*

**verlieslatend** *ZN* mit Verlust

**verliespost** Verlustposten *m*

**verliezen**\* 1 ⟨in 't alg.⟩ verlieren; 2 *sp* unterliegen

**verliezer** Verlierer *m*

**verliggen:** *gaan* ~ ⟨anders gaan liggen⟩ sich anders legen

**verlijden:** *een akte* ~ eine Urkunde aufnehmen

**verlinken** *slang* verraten

**verloederen** verludern, -lumpen

**verloedering** Verfall *m*, Verslumung *m*

**verlof** 1 ⟨in 't alg.⟩ Erlaubnis *v*; 2 *mil* Ausgang *m*, Urlaub *m*; 3 ⟨tot schenken⟩ Schankgerechtigkeit *v*; 4 *ZN* ⟨vakantie⟩ Urlaub *m*; *met* ~ *gaan* in den Urlaub gehen, beurlaubt werden

**verlofdag** Urlaubstag *m*

**verlokkelijk** reizend, verführerisch

**verlokken** verlocken, verführen

**verloochenen** ver-, ableugnen

**verloofde** I *m* Verlobte(r) *m*, Bräutigam *m*;

**II** v Verlobte v, Braut v
**verloop 1** ⟨ontwikkeling⟩ Verlauf m; **2** ⟨vermindering⟩ Verfall m, Abnahme v, Verminderung v; na ~ van enige maanden nach Verlauf einiger Monate
**verloopstekker** Zwischenstecker m
**verlopen I** ww **1** ⟨zijn beloop nemen⟩ verlaufen; **2** ⟨v. tijd ook⟩ verfließen; **3** ⟨v. kaartje, pas⟩ ablaufen; enige jaren zijn ~ einige Jahre sind vorbeigegangen; **II** bn: een ~ individu (type) ein verlotterter (verluderter) Kerl m; een ~ student ein verkommener (heruntergekommener) Student m
**verloren** verloren; ~ gaan, raken verloren gehen, in Verlust geraten
**verloskamer** Entbindungsraum m, Kreißsaal m
**verloskunde** Obstetrik v, Geburtshilfe v
**verloskundige** Geburtshelfer(in) m(v)
**verlossen 1** ⟨bevrijden⟩ befreien, erlösen; **2** godsd erlösen; **3** ⟨van een kind⟩ entbinden; van een kind verlost worden von einem Kind entbunden werden
**verlosser 1** ⟨bevrijder⟩ Befreier m, Erretter m; **2** godsd Erlöser m, Heiland m
**verlossing 1** ⟨redding⟩ Erlösung v, Rettung v; **2** godsd Erlösung v; **3** ⟨geboorte⟩ Entbindung v, Niederkunft v
**verloten** verlosen, ausspielen
**verloven**: zich ~ sich verloben; ze zijn verloofd sie sind verlobt
**verloving** Verlobung v
**verlovingsring** Verlobungsring m
**verluchten 1** ⟨boek⟩ illuminieren; **2** ZN ⟨ventileren⟩ lüften
**verluchting** ZN ⟨ventilatie⟩ Lüftung v
**verluiden**: naar verluidt dem Vernehmen nach
**verlullen** gemeenz **I** overg ⟨de tijd pratend verdoen⟩ verquasseln; **II** wederk: zich ~ ⟨zijn mond voorbijpraten⟩ sich verplappern, versprechen
**verlummelen** vertändeln, verbummeln, verlungern
**vermaak** Vergnügen o, Belustigung v; tot ~ van de jeugd zur Belustigung der Jugend
**vermaard** berühmt, namhaft, renommiert
**vermageren** abmagern
**vermageringskuur** Schlankheits-, Abmagerungskur v
**vermakelijk** ergötzlich, amüsant
**vermakelijkheid** Ergötzlichkeit v; publieke ~ öffentliche Lustbarkeit v
**vermaken 1** ⟨veranderen⟩ ver-, umändern; **2** ⟨legateren⟩ vermachen; **3** ⟨amuseren⟩ amüsieren; zich ~ sich amüsieren, sich ergötzen (an + 3)
**vermalen** zermahlen
**vermanen** ermahnen
**vermaning** Ermahnung v
**vermannen**: zich ~ sich ermannen, sich zusammennehmen
**vermeend 1** ⟨vermoedelijk⟩ angeblich, mutmaßlich; **2** ⟨gewaand⟩ vermeintlich
**vermeerderen** vermehren, steigern, vergrößern; snelheid ~ Fahrt erhöhen; vermeerderd met vermehrt um
**vermelden** erwähnen, melden

**vermelding** Erwähnung v, Meldung v; eervolle ~ ehrenvolle (löbliche) Erwähnung v, Anerkennung v
**vermengen 1** ⟨in 't alg.⟩ vermischen, vermengen; **2** ⟨chem, vloeistoffen⟩ versetzen
**vermenigvuldigen 1** ⟨in 't alg.⟩ vervielfältigen, -vielfachen; **2** rekenk multiplizieren, malnehmen
**vermenigvuldiger** Multiplikator m
**vermenigvuldiging 1** ⟨in 't alg.⟩ Vervielfältigung v, Vervielfachung v; **2** rekenk Multiplikation v
**vermetel** vermessen, verwegen
**vermeten**: zich ~ sich vermessen
**vermicelli** Nudeln mv, Fadennudeln mv
**vermijden** vermeiden, verhüten
**vermiljoen** Zinnober m
**verminderen I** overg **1** ⟨in 't alg.⟩ vermindern, verringern; **2** ⟨v. kosten⟩ senken; **3** ZN ⟨verkorten⟩ verkürzen; snelheid ~ Fahrt verringern; **II** onoverg **1** ⟨in 't alg.⟩ sich vermindern, abnehmen, geringer werden; **2** ⟨storm, geestdrift⟩ nachlassen; **3** ⟨van kosten, onkosten⟩ sinken, sich senken
**vermindering 1** ⟨in 't alg.⟩ Verringerung v, Rückgang m; **2** ⟨verlaging⟩ Senkung v; **3** ZN ⟨korting⟩ Ermäßigung v, Rabatt m, (Preis-)nachlaß m; ~ van straf Strafnachlaß m
**verminken** verstümmeln
**verminking** Verstümmelung v
**verminkt** verstümmelt; ~e m-v Krüppel m; in de oorlog ~ kriegsversehrt, -beschädigt
**vermissen** vermissen
**vermissing** Vermissen o
**vermits** ZN da, weil
**vermoedelijk** vermutlich, voraussichtlich; mutmaßlich
**vermoeden I** overg **1** ⟨in 't alg.⟩ vermuten, mutmaßen; **2** ⟨intuïtief⟩ ahnen; **II** o **1** ⟨in 't alg.⟩ Vermutung v; **2** ⟨in strafzaak⟩ Verdachtsgrund m; **3** ⟨intuïtief⟩ Ahnung v; geen flauw ~ van iets hebben nicht die leiseste Ahnung von etwas haben
**vermoeid** müde, ermüdet
**vermoeidheid** Müdigkeit v, Ermüdung v
**vermoeien** ermüden
**vermoeienis** Ermüdung v; ~sen van een reis Strapazen mv einer Reise
**vermogen I** o **1** ⟨kapitaal⟩ Vermögen o; **2** techn Leistung v; **3** ⟨macht⟩ Kraft v, Macht v; verstandelijke ~s Geisteskräfte mv; alles doen wat in zijn ~ ligt sein Möglichstes tun; naar ~, zoveel in mijn ~ ligt nach Kräften; **II** onoverg vermögen
**vermogend** vermögend, begütert
**vermogensaanwasdeling** Vermögenszuwachsteilung v
**vermogensbeheer** Vermögensverwaltung v
**vermogensbelasting** Vermögenssteuer v
**vermolmen** vermodern, vermorschen
**vermommen** vermummen, verkleiden; zich ~ sich vermummen
**vermomming** Vermummung v
**vermoorden** ermorden; ⟨hogere stijl⟩ morden
**vermorzelen** zerschmettern, zermalmen
**vermurwen** herumkriegen, erweichen; hij

**vernauwen**

*was niet te ~* er war nicht (he)rumzukriegen

**vernauwen** I *overg* verenge(r)n, enger machen; II *onoverg* enger werden; *zich ~* sich verenge(r)n, enger werden

**vernederen** erniedrigen, herabsetzen, demütigen

**vernedering** Erniedrigung *v*, Demütigung *v*

**vernederlandsen** I niederländisch machen; II niederländisch werden

**vernemen** 1 ⟨te weten komen⟩ vernehmen, erfahren; 2 ⟨informeren⟩ sich erkundigen; *naar men verneemt* dem Vernehmen nach

**vernielen** zerstören

**vernieling** Zerstörung *v*; *in de ~* gemeenz kaputt

**vernielziek** zerstörungssüchtig

**vernielzucht** Zerstörungswut *v*

**vernietigen** vernichten; *een vonnis ~* ein Urteil aufheben, annullieren

**vernietigend** vernichtend

**vernietiging** Vernichtung *v*

**vernietigingskamp** Vernichtungslager *o*

**vernieuwen** 1 ⟨in 't alg.⟩ erneuern; 2 ⟨onderdelen⟩ auswechseln

**vernieuwing** 1 ⟨in 't alg.⟩ Erneuerung *v*; 2 ⟨v. onderdelen⟩ Auswechslung *v*

**vernikkelen** *eig* vernickeln; *~ van de kou* gemeenz frieren wie ein junger Hund (ein Schneider)

**vernis** Firnis *m*

**vernissage** Vernissage *v*

**vernissen** firnissen

**vernoemen**: *een kind naar een oom ~* ein Kind nach einem Onkel benennen

**vernuft** 1 ⟨intelligentie⟩ Geist *m*, Scharfsinn *m*, Intelligenz *v*; 2 ⟨persoon⟩ Geist *m*, genialer Kopf *m*

**vernuftig** 1 ⟨toestel⟩ sinnreich, ingeniös; 2 ⟨persoon⟩ erfinderisch, ingeniös

**veronaangenamen** unangenehm machen

**veronachtzamen** vernachlässigen, außer acht lassen

**veronderstellen** voraussetzen, annehmen

**veronderstelling** Voraussetzung *v*, Annahme *v*

**verongelijkt** zurückgesetzt; beleidigt, gekränkt; *met een ~ gezicht* mit einem beleidigten Gesichtsausdruck

**verongelukken** 1 ⟨omkomen⟩ verunglücken, umkommen; 2 ⟨v. auto, vliegtuig e.d.⟩ verunglücken

**verontreinigen** verunreinigen, beschmutzen

**verontreiniging** Verunreinigung *v*, Beschmutzung *v*

**verontrusten** beunruhigen

**verontschuldigen**: *zich ~* sich entschuldigen; *dat is te ~* das ist entschuldbar

**verontschuldiging** Entschuldigung *v*

**verontwaardigd** entrüstet

**verontwaardigen** entrüsten, empören

**verontwaardiging** Entrüstung *v*

**veroordeelde** Verurteilte(r) *m-v*

**veroordelen** verurteilen; ⟨fig ook⟩ (entschieden, aufs strengste) mißbilligen; *iemands houding ~* jemands Haltung verurteilen (mißbilligen); *in de kosten ~* kostenfällig (kostenpflichtig) verurteilen; *ter dood ~* zum Tode verurteilen

**veroordeling** 1 ⟨vonnis⟩ Verurteilung *v*; 2 ⟨afkeuring⟩ Mißbilligung *v*

**veroorloven** erlauben, bewilligen; *dat kan ik mij ~* ⟨financieel⟩ das kann ich mir erlauben (leisten)

**veroorzaken** verursachen

**veropenbaren** ZN I *overg* ⟨openbaren⟩ offenbaren, enthüllen; II *wederk: zich ~* sich zeigen, sich äußern

**verorberen** aufessen, verspeisen, verzehren

**verordenen** verordnen, anordnen

**verordening** Verordnung *v*

**verordonneren** verordnen, anordnen, befehlen

**verouderen** I *onoverg* 1 ⟨v. personen⟩ altern; 2 ⟨v. zaken⟩ veralten; II *overg* älter machen; *een verouderd standpunt* ein überwundener Standpunkt *m*

**veroveraar** Eroberer *m*

**veroveren** erobern; *~ op* erobern von

**verovering** Eroberung *v*

**verpachten** verpachten

**verpakken** verpacken, einpacken, emballieren; *in balen ~* einballen, -ballieren

**verpakking** 1 ⟨het verpakken⟩ Verpakkung *v*; 2 ⟨doosje enz.⟩ Packung *v*; 3 techn Liderung *v*, Dichtung *v*; *originele ~* Original-(ver)packung *v*; *warmte-isolerende ~* Warmhaltepackung *v*

**verpanden** 1 ⟨in 't alg.⟩ verpfänden; 2 ⟨in bank v. lening⟩ versetzen

**verpatsen** gemeenz verkloppen, verscherbeln, verjuxen

**verpauperen** pauperisieren, verelenden

**verpesten** verpesten, verseuchen

**verpinken** ZN ⟨knipperen⟩ zwinkern, blinzeln; *zonder ~* ohne mit der Wimper zu zucken, unbewegt

**verplaatsen** ⟨in 't alg.⟩ versetzen, verlegen; *troepen ~* Truppen verschieben; *water ~* ⟨door schip⟩ Wasser verdrängen; *zich in iemands toestand ~* sich in die Lage eines andern versetzen

**verplaatsing** 1 ⟨in 't alg.⟩ Verlegung *v*; 2 ⟨v. ambtenaren⟩ Versetzung *v*; 3 ⟨v. water⟩ Verdrängung *v*; 4 ⟨v. troepen⟩ Verschiebung *v*; *op ~ spelen* ZN, sp ein Auswärts-, Gastspiel austragen

**verplanten** verpflanzen

**verpleegdag** Pflegetag *m*

**verpleeginrichting** Pflegeheim *o*

**verpleegster** Krankenschwester *v*, Schwester *v*, Krankenpflegerin *v*

**verplegen** pflegen; *~d personeel* Pflegekräfte *mv*

**verpleger** Krankenpfleger *m*

**verpleging** (Kranken)pflege *v*

**verpletteren** zer-, niederschmettern, zermalmen; *een ~de nederlaag* eine vernichtende Niederlage *v*

**verplichten** verpflichten

**verplichting** Verpflichtung *v*, Verbindlichkeit *v*

**verpoppen**: *zich ~* sich verpuppen

**verpoten** ver-, umpflanzen
**verpotten** umtopfen
**verpozen**: *zich ~* sich erholen, gemeenz verschnaufen
**verpraten** verplaudern
**verprutsen 1** ⟨verknoeien⟩ verpfuschen, verkorksen; **2** ⟨tijd⟩ vertun
**verpulveren** verpulvern
**verraad** Verrat *m*
**verraden** verraten
**verrader** Verräter *m*
**verraderlijk 1** ⟨als een verrader⟩ verräterisch; **2** ⟨geniepig⟩ heimtückisch
**verrassen 1** ⟨in 't alg.⟩ überraschen; **2** mil überrumpeln; **3** ⟨snappen⟩ ertappen; *de dood heeft hem verrast* der Tod hat ihn ereilt
**verrassing 1** ⟨in 't alg.⟩ Überraschung *v*; **2** mil Überrumpelung *v*
**verrassingsaanval** Überraschungsangriff *m*
**verre**: *~ houden* fernhalten; *van ~* von weitem; *~ van gemakkelijk* bei weitem nicht leicht
**verregaand** weitgehend; maßlos, grob; *een ~e onbeschaamdheid* eine Unverschämtheit *v* ohnegleichen
**verregenen** verregnen
**verreikend** weitreichend, -ausgreifend; *een ~ doel* ein weitgestecktes Ziel *o*; *~e gevolgen* weittragende Folgen
**verreisd** müde von der Reise, nach einer Reise
**verrekenen** verrechnen; *zich ~* sich verrechnen
**verrekijker** Fernrohr *o*, Fernglas *o*
**verrekken 1** gemeenz ⟨sterven⟩ verrecken, krepieren; **2** med dislozieren; *hij kan ~* gemeenz er kann mir den Buckel herunterrutschen; *verrek!* gemeenz Teufel nochmal!; ⟨verbazing⟩ Herrjeh!, Donnerwetter!; *zich ~* sich verrenken
**verreweg** bei weitem, weitaus, mit Abstand
**verrichten** verrichten, vornehmen
**verrichting** Verrichtung *v*
**verrijden** verfahren; *een wedstrijd ~* ein Rennen ausfahren
**verrijken** chem anreichern; *zich ~* sich bereichern; *verrijkt* angereichert
**verrijzen 1** ⟨oprijzen⟩ sich erheben; **2** ⟨uit de dood⟩ auferstehen
**verrijzenis** Auferstehung *v*
**verroeren** bewegen; *zich ~* sich rühren; *zich niet kunnen ~* sich nicht bewegen können
**verroesten** verrosten; *verroest!* gemeenz ⟨verwenst⟩ verdammt!; *een verroeste spijker* ein rostiger Nagel *m*
**verrot** verfault, faul, vermodert; *~!* gemeenz verflucht
**verrotten** verfaulen, verwesen, vermodern
**verruilen 1** ⟨inwisselen⟩ umtauschen; **2** ⟨bij vergissing⟩ vertauschen
**verruimen** erweitern, ausweiten
**verrukkelijk** herrlich, hinreißend, entzückend
**verrukken** ⟨geestdrift⟩ entzücken; *verrukt* entzückt
**verruwen** verrohen
**1 vers** *o* **1** ⟨gedicht⟩ Gedicht *o*; **2** ⟨regel⟩ Vers *m*
**2 vers** *bn* frisch, Frisch-; *~ ei* Frischei *o*; *~ water* frisches Wasser *o*; *~ houden* frischhalten; *~ van de pers* druckfrisch
**versagen** verzagen
**versbouw** Versbau *m*
**verschaffen** verschaffen, besorgen; *hulp ~* Abhilfe (Hilfe) schaffen; ⟨concreet ook⟩ Hilfe verschaffen, herbeischaffen
**verschalen** schal werden
**verschalken** überlisten, hintergehen; ⟨iets⟩ fangen; *een glaasje ~* einen hinter die Binde gießen
**verschansen** verschanzen
**verschansing 1** mil Verschanzung *v*, Schanze; **2** scheepv Reling *v*
**1 verscheiden** *telw*: *~e* mehrere
**2 verscheiden** *onoverg* plechtig ⟨sterven⟩ ver-, hinscheiden
**verscheidenheid** Mannigfaltigkeit *v*, Vielfalt *v*
**verschepen 1** ⟨verzenden⟩ verschiffen; **2** ⟨overladen⟩ verladen
**verscherpen** verschärfen
**verscheuren 1** ⟨in 't alg.⟩ zerreißen; **2** ⟨aan flarden⟩ zerfetzen
**verschiet** Ferne *v*, Perspektive *v*, Hintergrund *m*; *iets in 't ~ hebben* etwas in Aussicht, vor sich haben
**verschieten 1** ⟨projectiel, kleur⟩ verschießen; **2** ⟨v. schrik⟩ sich verfärben, die Farbe wechseln; **3** ZN ⟨(ver)schrikken⟩ erschrecken; **4** ZN ⟨zich verbazen⟩ sich wundern, staunen
**verschijndag** recht Vorladungstermin *m*
**verschijnen** erscheinen, zum Vorschein kommen, in (die) Erscheinung treten; *plotseling ~* ⟨ook⟩ vom Himmel fallen
**verschijning** Erscheinung *v*
**verschijnsel** Erscheinung *v*, Phänomen *o*; *begeleidend ~* Begleiterscheinung *v*
**verschikken** umstellen, verschieben
**verschil 1** ⟨onderscheid⟩ Unterschied *m*, Differenz *v*; **2** rekenk Differenz *v*; *een ~ van dag en nacht* ein Unterschied wie Tag und Nacht; *~ van mening* Meinungsverschiedenheit *v*
**verschillen** verschieden sein, differieren; *de meningen ~* die Meinungen gehen auseinander; *van elkaar ~* verschieden von einander sein; *in leeftijd ~* Jahre auseinander sein; *van mening ~* and(e)rer Meinung sein (+ 2)
**verschillend 1** ⟨afwijkend⟩ verschieden, unterschiedlich; **2** ⟨menige⟩ mehrere; *hemelsbreed ~* himmelweit verschieden; *~e keren* mehrere Male *mv*, mehrmals; *totaal ~* grundverschieden; *van ~e lengte* unterschiedlicher Länge
**verscholen** versteckt, verborgen
**verschonen 1** ⟨verontschuldigen⟩ entschuldigen, verzeihen; **2** ⟨v. kind⟩ trockenlegen; *zich ~* ⟨kleding⟩ reine Wäsche anziehen; fig sich entschuldigen; recht die Aussage verweigern; *iem. ~ van* einen verschonen

**verschoning** mit

**verschoning** 1 ⟨v. ondergoed⟩ reine Wäsche v; das Anziehen der reinen Wäsche; 2 ⟨vergeving⟩ Entschuldigung v, Verzeihung v; 3 recht Zeugnisverweigerung v

**verschoningsrecht** ⟨v. getuigen⟩ Zeugnisverweigerungsrecht o

**verschoppeling(e)** Ausgestoßene(r) m-v, Verstoßene(r) m-v

**verschralen** 1 ⟨v. weer⟩ rauh werden; 2 ⟨v. wind⟩ abnehmen; 3 ⟨v. aanbod⟩ sich verknappen

**verschrijven**: zich ~ sich verschreiben

**verschrikkelijk** schrecklich, fürchterlich, erschreckend

**verschrikking** Schrecken m, Erschrecken o

**verschroeien** versengen; verschroeide aarde verbrannte Erde v

**verschrompelen** verschrumpeln

**verschuilen** verbergen, verstecken; zich ~ sich verbergen (verstecken)

**verschuiven** I overg 1 ⟨in 't alg.⟩ verschieben; 2 ⟨uitstellen ook⟩ aufschieben; 3 ⟨stoelen enz.⟩ verrücken; 4 ⟨zwaartepunt⟩ verlagern; II onoverg sich verschieben

**verschuiving** 1 ⟨in 't alg.⟩ Verschiebung v; 2 ⟨v. stoelen⟩ Verrücken o; 3 ⟨v. zwaartepunt⟩ Verlagerung v

**verschuldigd** schuldig; iem. iets ~ zijn ⟨ook⟩ in jemandes Schuld stehen; iem. veel ~ zijn fig einem viel verdanken, einem sehr zu Dank verpflichtet sein; iem. geld ~ zijn ⟨ook⟩ einem Geld schulden

**verschut** = voor schut, zie bij: schut

**versieren** 1 ⟨mooi maken⟩ (aus)schmücken, verzieren; 2 gemeenz ⟨tot stand brengen⟩ deichseln; een vrouw ~ gemeenz eine Frau aufreißen; met veel krullen versierd verschnörkelt

**versiering** Verzierung v, Schmuck m; ⟨algemener⟩ Ausschmückung v, Ausstattung v, Dekoration v

**versiertoer**: op de ~ zijn auf Freiersfüßen gehen

**versjacheren** verschachern, -scherbeln

**versjouwen** verschleppen

**verslaafd** süchtig, abhängig; aan de drank ~ alkoholabhängig, dem Trunk ergeben, verfallen; aan drugs ~ (rauschgift)süchtig, süchtig, suchtkrank; aan heroïne ~ heroinsüchtig; aan 't gokken ~ dem Spiel ergeben

**verslaafde** Süchtige(r) m-v

**verslaan** 1 ⟨een tegenstander⟩ schlagen, besiegen; 2 ⟨verslag uitbrengen⟩ berichten über (+4)

**verslag** 1 ⟨in 't alg.⟩ Bericht m; 2 ⟨van vergadering⟩ Protokoll o, Niederschrift v; ~ doen (geven, uitbrengen) Bericht erstatten

**verslagen** bestürzt, niedergeschlagen; mil geschlagen

**verslagenheid** Bestürzung v, Niedergeschlagenheit v

**verslaggever** Berichterstatter m

**verslaggeving** Berichterstattung v

**verslagjaar** Berichtsjahr o

**verslapen** verschlafen; zich ~ sich verschlafen

**verslappen** erschlaffen

**verslavend**: deze geneesmiddelen werken ~ diese Medikamente machen süchtig

**verslaving** Sucht v, Abhängigkeit v

**verslechteren** verschlechtern, verschlimmern

**versleer** Verslehre v

**verslepen** 1 ⟨in 't alg.⟩ verschleppen; 2 ⟨per sleperswagen⟩ verrollen

**versleten** abgenutzt, abgetragen, verschlissen, abgeschabt

**verslijten** verbrauchen, abnutzen

**verslikken**: zich ~ sich verschlucken

**verslinden*** verschlingen

**verslingerd**: ~ zijn aan in krankhafter Weise ergeben sein (+ 3), vernarrt sein in (+ 4)

**versloffen**: iets laten ~ etwas vernachlässigen, verkommen lassen

**verslonzen** verwahrlosen, verlottern, verschlampen

**versmachten** I onoverg 1 ⟨v. dorst⟩ verschmachten; 2 ZN ⟨stikken⟩ ersticken; van dorst ~ vor Durst verschmachten, verdursten; II ZN ⟨verstikken⟩ ersticken

**versmaden** verschmähen

**versmallen** verschmälern

**versmelten** I overg verschmelzen, umschmelzen; II onoverg sich verschmelzen

**versnapering** Leckerbissen m, Imbiß m

**versnellen** I overg beschleunigen; ⟨v. productie⟩ steigern; II onoverg schneller werden; met versnelde pas mil im Laufschritt

**versnelling** 1 ⟨van tempo; in de mechanica⟩ Beschleunigung v; 2 ⟨v. auto e.d.⟩ Gang m; 3 ⟨schakelinrichting⟩ Gangschaltung v

**versnellingsbak** auto Getriebegehäuse o, Wechselgetriebe o

**versnijden** ⟨ook v. wijn⟩ verschneiden

**versnipperen** 1 ⟨papier e.d.⟩ verschnippeln, zerschneiden; 2 ⟨krachten⟩ zersplittern; 3 ⟨tijd⟩ sich verzetteln

**versoberen** I overg vereinfachen; II onoverg sparsamer wirtschaften (leben)

**versoepelen** lockern

**verspelen** verspielen, vertändeln, verscherzen; zijn geluk ~ sein Glück verscherzen

**verspenen** 1 ⟨zaaiplanten⟩ pikieren; 2 ⟨bosbouw⟩ verschulen

**versperren** versperren

**versperring** 1 ⟨in 't alg.⟩ Sperre v; 2 ⟨met prikkeldraad⟩ Drahtverhau m

**verspillen** verschwenden, vergeuden; de tijd ~ die Zeit verschwenden (vertun)

**verspilling** Verschwendung v, Vergeudung v

**versplinteren** zersplittern

**verspreid** zerstreut, verstreut

**verspreiden** 1 ⟨over een gebied verdelen⟩ verbreiten; 2 ⟨uiteen doen gaan⟩ zerstreuen; geruchten ~ Gerüchte verbreiten, in Umlauf bringen; zich ~ ⟨gerucht⟩ sich verbreiten; ⟨menigte⟩ sich verlaufen

**verspreiding** Verbreitung v; ~ van geruchten Ausstreuung v von Gerüchten

**verspreken**: zich ~ sich versprechen

**verspreking** Versprecher m

**1 ver'springen** ⟨opschuiven⟩ (vor)rücken; dit feest verspringt een dag dieses Fest ist

einen Tag später; *een regel* ~ eine Zeile weiterrücken
**2 'verspringen** weitspringen; *het* ~ Weitsprung *m*
**verspringer** Weitspringer *m*
**verstaan** verstehen; *iemand iets te* ~ *geven* einem etwas zu verstehen geben, einem etwas beibringen (gemeenz beibiegen); *wel te* ~ wohlgemerkt; *zijn vak* ~ sich auf sein Fach verstehen; *zich met iemand* ~ sich mit einem verständigen
**verstaanbaar** verständlich, vernehmbar
**verstaander** Hörer *m*; *een goed* ~ *heeft maar een half woord nodig* Gelehrten ist gut predigen
**verstand** Verstand *m*; *gezond* ~ gesunder Menschenverstand *m*; *een goed* ~ *hebben* intelligent sein, Köpfchen haben; ~ *van iets hebben* mit etwas Bescheid wissen, sich verstehen auf (+ 4); *daar heb ik geen* ~ *van* davon verstehe ich nichts; *dat gaat mijn* ~ *te boven* das geht über meinen Verstand; *iem. iets aan 't* ~ *brengen* jmdm. etwas klar machen, beibringen; gemeenz beibiegen; *goed bij zijn* ~ *zijn* den Verstand (seine fünf Sinne) beisammen haben; *bij vollem Verstande sein; met dien* ~*e dat...* in dem Sinne (unter der Bedingung), daß...; ⟨officiële stijl⟩ mit der Maßgabe, daß...
**verstandelijk** intellektuell, geistig
**verstandhouding** Einvernehmen *o*; *goede* ~ *tussen de volkeren* Völkerverständigung *v*; *een blik van* ~ *wisselen* einen Blick des Einverständnisses austauschen
**verstandig 1** ⟨in 't alg.⟩ vernünftig, verständig; **2** ⟨van nature⟩ vernünftig; *dat lijkt me niet zo* ~ das scheint mir keine gute Idee
**verstandshuwelijk** Vernunftehe *v*
**verstandskies** Weisheitszahn *m*
**verstandsverbijstering** Geistesverwirrung *v*, -zerrüttung *v*
**verstappen**: *zich* ~ einen falschen Schritt machen
**verstek** recht Versäumnis *v*; ~ *laten gaan* im Termin wegbleiben; ⟨algemener⟩ nicht erscheinen; *iemand bij* ~ *veroordelen* einen in Abwesenheit verurteilen
**verstekeling** blinder Passagier *m*
**versteld**: ~ *staan* bestürzt (äußerst verwundert) sein
**verstellen 1** techn verstellen; **2** ⟨kleren⟩ flicken, ausbessern
**verstelwerk** Flickarbeit(en) *v (mv)*
**verstenen** versteinern
**versterken 1** ⟨sterk maken⟩ verstärken, kräftigen; **2** ⟨v. een stad⟩ befestigen; *door stutten* ~ verstreben; ~*d middel* stärkendes Mittel *o*
**versterker** elektr fotogr Verstärker *m*
**versterking 1** ⟨het sterk maken⟩ Verstärkung *v*; **2** ⟨v. fort enz.⟩ Befestigung *v*
**verstevigen** festigen, konsolidieren, verstärken
**verstijven I** *overg* **1** ⟨in 't alg.⟩ steif machen; **2** techn versteifen; **II** *onoverg* steif werden, erstarren
**verstikken** ersticken

**verstild** verträumt, weltfern
**verstillen** still werden, verstummen
**1 verstoken** *overg* ⟨opbranden⟩ verbrennen, verfeuern
**2 verstoken** *bn*: *van iets* ~ *zijn* etwas entbehren müssen, von etwas entblößt sein
**verstokt** verstockt
**verstommen** verstummen; *hij staat verstomd* er ist sprachlos; *dat deed hem* ~ das machte ihn verstummen
**verstoord** ungehalten, unwillig
**verstoppen 1** ⟨dicht doen raken⟩ verstopfen; **2** ⟨verbergen⟩ verstecken
**verstoppertje** Versteckspiel *o*; ~ *spelen* Verstecken spielen
**verstopping** Verstopfung *v*; ⟨med ook⟩ Hartleibigkeit *v*
**verstopt 1** ⟨dicht geraakt⟩ verstopft; **2** ⟨in 't hoofd⟩ verschnupft; **3** ⟨verborgen⟩ versteckt
**verstoren 1** ⟨verhinderen, verbreken⟩ stören; **2** ⟨boos maken⟩ erzürnen; *verstoorde illusies* zerstörte Illusionen
**verstoten** verstoßen
**verstouwen** scheepv auto verstauen; *iets niet kunnen* ~ über etwas nicht hinweg kommen können
**verstrakken** ⟨v. gezicht⟩ erstarren
**verstrekken** liefern, verschaffen, verabreichen; *geld* ~ Geld geben; *inlichtingen* ~ Auskunft erteilen; *een lening, voorschot* ~ eine Anleihe, einen Vorschuß gewähren
**verstrekkend**: ~*e gevolgen* weitreichende Konsequenzen; *van* ~*e betekenis* von weitreichender (einschneidender) Bedeutung
**verstrekking 1** ⟨in 't alg.⟩ Hergabe *v*; **2** ⟨bijv. v. fonds⟩ Leistung *v*; *vrije* ~ *van heroïne* Freigabe *v* von Heroin
**verstrijken** verstreichen
**verstrikken** verstricken
**verstrooid 1** ⟨v. gedachten⟩ zerstreut, verträumt; **2** ⟨los, verdwaald⟩ versprengt
**verstrooien** zerstreuen
**verstrooiing 1** ⟨in 't alg.⟩ Zerstreuung *v*; **2** ⟨v. volkeren⟩ Zerstreuung *v*, Diaspora *v*
**verstuiken** verstauchen
**verstuiven I** *onoverg* zerstieben; **II** *overg* ⟨v. vloeistoffen⟩ zer-, verstäuben, vernebeln
**verstuiver** Zerstäuber *m*
**versturen** versenden, schicken
**versuft** ⟨suffig⟩ dösig, duselig
**versukkeling**: *in de* ~ *raken* heruntergekommen, in Verfall geraten
**versus** gegen, gegenüber
**versvoet** Versfuß *m*
**vertaalbureau** Übersetzungsbüro *o*
**vertaalwoordenboek** ⟨tweetalig⟩ zweisprachiges Wörterbuch *o*
**vertakken**: *zich* ~ sich verzweigen, sich verästeln; ⟨in twee takken⟩ sich gabeln
**vertalen** übersetzen, übertragen; *in het Duits* ~ ⟨ook⟩ verdeutschen; *in het Frans* ~ ins Französische übersetzen
**vertaler** Übersetzer *m*
**vertaling** Übersetzung *v*; ~ *in de vreemde taal* Hinübersetzung *v*; ~ *uit de vreemde taal* Herübersetzung *v*

**verte** Ferne *v*; *in de verste ~ niet* im entferntesten nicht; *in de ~ verwant* entfernt (weitläufig, gemeenz um die Ecke) verwandt; *uit de ~* von weitem

**vertederen** erweichen, rühren, besänftigen

**vertedering** Erweichung *v*, Rührung *v*

**verteerbaar** verdaulich; *licht ~* leichtverdaulich

**vertegenwoordigen 1** (optreden namens) vertreten; **2** ⟨fig ook⟩ darstellen; *~d lichaam* Vertretungskörperschaft *v*

**vertegenwoordiger** Vertreter *m*

**vertegenwoordiging** Vertretung *v*

**vertekenen** verzeichnen

**vertellen I** *overg* ⟨verhalen⟩ erzählen; berichten; *verder ~* weitersagen; **II** *wederk*: *zich ~* ⟨verkeerd tellen⟩ sich verzählen

**verteller** Erzähler *m*

**vertelling** Erzählung *v*

**verteren 1** ⟨geld⟩ verzehren; **2** ⟨voedsel⟩ verdauen; **3** ⟨tot stof vergaan⟩ verwesen; **4** ⟨hout⟩ verfaulen; *hij heeft veel geld verteerd* ⟨ook⟩ er hat viel Geld draufgehen lassen

**vertering 1** ⟨v. geld⟩ Verzehrung *v*; **2** ⟨in café⟩ Zeche *v*; **3** ⟨van spijzen⟩ Verdauung *v*

**verticaal** vertikal, senkrecht; *verticale doorsnede* Vertikalschnitt *m*; *verticale lijn* Vertikale *v*, Senkrechte *v*

**vertier** Abwechslung *v*, Unterhaltung *v*

**vertikken**: *'t ~* sich weigern, etwas zu tun; *ik vertik 't!* ich denke nicht daran!

**vertillen**: *zich ~* sich verheben, sich überheben

**vertimmeren** umbauen

**vertoeven** sich aufhalten, verweilen

**vertolken** wiedergeben, interpretieren

**vertolking** Wiedergabe *v*, Interpretation *v*

**vertonen 1** ⟨kaartje enz.⟩ vorzeigen; **2** ⟨opvoeren⟩ darstellen, aufführen; *zich ~* sich zeigen

**vertoning** Aufführung *v*

**vertoon** Aufwand *m*, Prunk *m*; *~ van geleerdheid* Aufwand von Gelehrsamkeit; *op ~ van* gegen (bei) Vorzeigen von

**vertragen 1** ⟨in 't alg.⟩ verzögern; **2** ⟨v. trein enz⟩ verspäten

**vertraging 1** ⟨in 't alg.⟩ Verzögerung *v*; **2** ⟨v. trein enz.⟩ Verspätung *v*

**vertrappen** zertreten

**vertreden** zertreten; *zich ~* ⟨wandelen⟩ sich die Beine (Füße) vertreten

**vertrek 1** ⟨kamer⟩ Zimmer *o*, Raum *m*; ⟨deftig⟩ Gemach *o*; **2** ⟨afreis⟩ Abreise *v*, Aufbruch *m*; **3** ⟨v. trein, boot, auto⟩ Abfahrt *v*; **4** luchtv Abflug *m*

**vertrekhal** luchtv Abflughalle *v*

**vertrekken I** *onoverg* **1** ⟨weggaan, v. persoon⟩ abreisen; **2** ⟨v. voertuig⟩ abfahren; **II** *overg*: *geen spier ~* zie bij *spier*

**vertreksein** Abfahrt(s)signal *o*, -zeichen *o*

**vertrektijd 1** ⟨in 't alg.⟩ Abfahrtszeit *v*; **2** luchtv Abflugzeit *v*, Startzeit *v*

**vertroebelen** trüben

**vertroetelen** verzärteln, verhätscheln

**vertroosting** Tröstung *v*, Trost *m*

**vertrouwd** vertraut; *een ~ persoon* ein Vertraute(r) *m-v*; *met iets ~ raken* mit etwas vertraut werden

**vertrouwdheid** Vertrautheit *v*

**vertrouwelijk** vertraulich

**vertrouweling** Vertraute(r) *m-v*, Vertrauensperson *v*

**vertrouwen I** *overg* ⟨einem⟩ (ver)trauen, auf einen vertrauen; *de zaak niet ~* dem Braten (dem Frieden, dem Landfrieden, der Sache) nicht trauen; *iem. voor geen cent ~* einem nicht über den Weg (die Ecke) trauen; **II** *o* Vertrauen *o*, Zutrauen *o*; *vol ~* vertrauensvoll; *~ in iem. stellen* Vertrauen in einen setzen; *in goed ~* in gutem Glauben

**vertrouwensarts** Vertrauensarzt *m*

**vertrouwenskwestie** Vertrauensfrage *v*

**vertrouwensman** ⟨in 't alg.⟩ Vertrauensmann *m*, Konfident *m*; **2** ⟨v. geheime dienst⟩ V-Mann *m*

**vertrouwenspositie** Vertrauensstellung *v*

**vertrutting** gemeenz Verblödung *v*

**vertwijfeld** verzweifelt

**vertwijfeling** Verzweiflung *v*

**veruit**: *~ de beste* weitaus der Beste

**vervaard**: *voor geen kleintje ~ zijn* sich nicht einschüchtern lassen

**vervaardigen** an-, verfertigen, herstellen

**vervaarlijk** entsetzlich, schrecklich

**vervagen** verschwimmen, verdämmern

**verval 1** ⟨achteruitgang⟩ Verfall *m*, Ruin *m*; **2** ⟨rivier⟩ Gefälle *o*; *~ van krachten* Kräfteverfall *m*; *in ~ raken* verfallen, baufällig werden

**vervaldag** Zahlungs-, Fälligkeits-, Verfallstag *m*

**1 vervallen** *bn* **1** ⟨v. gebouw⟩ baufällig; **2** ⟨v. vordering⟩ fällig; **3** ⟨verjaard⟩ verjährt, abgelaufen

**2 vervallen** *onoverg* **1** ⟨verminderen⟩ verfallen, verkümmern; **2** ⟨v. vordering⟩ fällig sein (werden); **3** ⟨wegvallen⟩ wegfallen; *in een fout ~* in einen Fehler verfallen; *in herhaling ~* sich (immer) wiederholen, ins Wiederholen geraten; *tot armoede ~* in Armut verfallen

**vervalsen** fälschen; ⟨ten dele⟩ verfälschen

**vervalser** Fälscher *m*; ⟨ten dele⟩ Verfälscher *m*

**vervalsing** Fälschung *v*; ⟨ten dele⟩ Verfälschung *v*

**vervangen 1** ⟨in 't alg.⟩ ersetzen; **2** ⟨door reservestukken en sp⟩ auswechseln; *Matthäus verving Brehme* Matthäus ging für Brehme ins Spiel

**vervanger 1** ⟨in 't alg.⟩ Vertreter *m*, Stellvertreter *m*; **2** sp Ersatzspieler *m*

**vervanging 1** ⟨in 't alg.⟩ Ersatz *m* ⟨ook sp⟩; **2** ⟨plaatsvervanging⟩ (Stell)vertretung *v*

**verve** Schwung *m*, Verve *v*, Begeisterung *v*, Enthusiasmus *m*

**verveeld** gelangweilt; *~ zitten, zijn met iets* ZN etwas unangenehm finden

**vervelen** langweilen; *zich ~* sich langweilen; *tot ~s toe* bis zum Überdruß

**vervelend 1** ⟨saai⟩ langweilig; **2** ⟨onaangenaam⟩ unangenehm, häßlich, gemeenz bescheuert

**verveling** Langeweile v
**vervellen** 1 ⟨v. slangen e.d.⟩ sich häuten; 2 ⟨v. mensen na ziekte⟩ sich schuppen
**verveloos** farblos, unfärbt
**verven** 1 ⟨beschilderen⟩ anstreichen, streichen; 2 ⟨v. stoffen⟩ färben; *pas geverfd* frisch gestrichen
**verversen** er-, auffrischen; *olie ~* Öl wechseln
**verversing** Erfrischung v ⟨ook concreet⟩
**vervilten** verfilzen
**vervlaamsen** I *overg* flämisch machen; II *onoverg* flämisch werden
**vervlakken** verflachen
**vervliegen** 1 ⟨v. vloeistof⟩ verdunsten, verdampfen; 2 ⟨v. hoop⟩ verfliegen
**vervloeken** verfluchen
**vervluchtigen** sich verflüchtigen
**vervoegen** gramm konjugieren, flektieren, abwandeln; *zich ~* sich verfügen
**vervoeging** Konjugation v, Flexion v, Abwandlung v
**vervoer** Transport m, Beförderung v; *openbaar ~* öffentliche Verkehrsbetriebe mv, -mittel mv
**vervoerbaar** transportierbar, transportfähig
**vervoerbewijs** Fahrschein m
**vervoeren** 1 ⟨transporteren⟩ transportieren, befördern; 2 ⟨tot geestdrift⟩ mit-, hinreißen
**vervoering** Verzückung v, Extase v; *in ~* verzückt
**vervoermiddel** Transportmittel o
**vervolg** Fortsetzung v; *in het ~* in Zukunft, künftig, fortan
**vervolgen** 1 ⟨achtervolgen⟩ verfolgen (+ 4), nachsetzen (+ 3); 2 ⟨voortzetten⟩ fortsetzen; *iemand gerechtelijk ~* gerichtlich verfolgen; *wordt vervolgd* Fortsetzung folgt
**vervolgens** darauf, ferner, sodann
**vervolging** Verfolgung v
**vervolgingswaanzin** Verfolgungswahn(sinn) m
**vervolgonderwijs** Fortbildungsunterricht m
**vervolgopleiding** Fortbildungs-, Weiterbildungskurs m
**vervolmaken** vervollkommnen
**vervormen** 1 ⟨andere vorm geven⟩ verformen, ⟨v. geluid⟩ verzerren; 2 ⟨andere vorm aannemen⟩ sich verformen, ⟨v. geluid⟩ sich verzerren
**vervreemdbaar** veräußerlich, an Dritte übertragbar
**vervreemden** 1 ⟨verkopen⟩ veräußern; 2: *~ van iem.* ⟨geestelijk⟩ sich (von) einem entfremden; *van zijn familie vervreemd* seinen Verwandten entfremdet
**vervreemding** 1 ⟨geestelijk⟩ Entfremdung v; Verfremdung v; 2 ⟨verkoop⟩ Veräußerung v
**vervroegen** vorverlegen, beschleunigen, früher ansetzen
**vervuilen** verschmutzen, verunreinigen
**vervuiler** (Umwelt)verschmutzer m
**vervullen** erfüllen; *van afgrijzen vervuld* von Grauen erfüllt

**vervulling** Erfüllung v, Verwirklichung v; *in ~ gaan* Wirklichkeit werden, sich erfüllen
**verwaand** hochmütig, eingebildet
**verwaardigen** würdigen (+ 2), wert achten; *zich ~* sich herab-, herbeilassen; geruhen; *iem. met geen blik ~* einen keines Blickes würdigen
**verwaarlozen** vernachlässigen, ⟨erger⟩ verwahrlosen, verlottern; *het verschil is te ~* der Unterschied ist zu vernachlässigen, ist unwesentlich
**verwachten** erwarten; *dat kan men van hem ~* das sieht ihm ähnlich; *dat had ik niet van hem verwacht* ⟨ook⟩ das hätte ich ihm nicht zugetraut
**verwachting** Erwartung v, Hoffnung v; *hooggespannen ~en* hochgespannte Erwartungen; *boven alle ~ goed* über alles Erwarten gut; *in (blijde) ~ zijn* schwanger sein, guter Hoffnung sein, Mutterfreuden entgegensehen; *tegen de ~ (in)* wider Erwarten; *volgens de ~* erwartungsgemäß
**verwant** I *bn* verwandt; *nauw (van nabij) ~* nah verwandt; *een ~ vak* eine Nachbardisziplin v; II *m* Verwandte(r) m-v
**verwantschap** Verwandtschaft v
**verward** 1 ⟨in 't alg.⟩ verwirrt; ⟨erger, blijvend⟩ verworren; 2 ⟨v. haar⟩ verwirrt, zerzaust, in Unordnung; *~ van geest* verstört; *~ raken* sich verwirren
**verwarmen** erwärmen; *een huis ~* ein Haus (be)heizen
**verwarming** Erwärmung v; Heizung v; *centrale ~* Zentralheizung v
**verwarmingsbuis** Heizrohr o; ⟨dunner⟩ Heizröhre v
**verwarmingsketel** Heizungskessel m
**verwarren** 1 ⟨in de war brengen⟩ verwirren; 2 ⟨verwisselen⟩ verwechseln
**verwarring** 1 ⟨in 't alg.⟩ Verwirrung v, Unordnung v; 2 ⟨v. geest⟩ Verstörtheit v; 3 ⟨verwisseling⟩ Verwechslung v
**verwateren** verwässern
**verwedden** verwetten, wetten um; *ik verwed er mijn hoofd onder dat...* ich wette meinen Kopf, daß...
**verweer** 1 ⟨verdediging⟩ Verteidigung v; 2 ⟨geschrift⟩ Verteidigungs-, Gegenschrift v
**verweerd** verwittert
**verweerschrift** Verteidigungs-, Gegenschrift v
**verwekken** 1 ⟨in 't alg.⟩ erzeugen; 2 ⟨v. ziekten, schrik, onrust⟩ erregen; *stroom ~* Strom erregen; *een kind ~* ein Kind zeugen
**verwekker** 1 ⟨in 't alg.⟩ Erzeuger m ⟨ook v. kind⟩; 2 ⟨v. ziekten⟩ Erreger m; *~ van stroom ~* Stromerreger m
**verwelken** verwelken, welken, hinwelken ⟨eig & fig⟩
**verwelkomen** bewillkommnen, willkommen heißen
**verwennen** 1 ⟨vertroetelen, v. zieke e.d.⟩ verwöhnen; 2 ⟨bederven door toegeeflijkheid ook⟩ verziehen, verzärteln
**verwennerij** Verwöhnung v
**verwensen** verwünschen
**verwensing** Verwünschung v

**1 verweren**: *wederk*: *zich ~* Widerstand leisten, sich wehren, sich verteidigen

**2 verweren** *onoverg* ⟨aangetast worden⟩ verwittern

**verwerkelijken** verwirklichen

**verwerkelijking** Verwirklichung *v*

**verwerken** verarbeiten; *materiaal ~* ⟨ook⟩ Material verwerten; *iets (geestelijk) niet kunnen ~* etwas geistig nicht verarbeiten (bewältigen) können; *de stroom van bezoekers niet kunnen ~* dem Andrang von Besuchern nicht gewachsen sein; *een teleurstelling ~* eine Enttäuschung verwinden; *tot schroot ~* verschrotten

**verwerpelijk** verwerflich

**verwerpen** verwerfen, zurückweisen, ablehnen; *opvattingen ~* Auffassungen ablehnen

**verwerven** erwerben, erlangen

**verweven** ⟨garen enz.⟩ verweben; *nauw ~ met* eng verwoben (verknüpft) mit

**verwezenlijken** verwirklichen

**verwijden 1** ⟨in 't alg.⟩ erweitern, weiter machen; **2** ⟨kleren⟩ ausweiten

**verwijderd** entfernt, fern

**verwijderen** entfernen

**verwijdering 1** ⟨het verwijderen⟩ Entfernung *v*; **2** ⟨vervreemding⟩ Entfremdung *v*

**verwijfd** weibisch, verweichlicht; *een ~ man* ⟨ook⟩ ein Weich-, Zärtling *m*

**verwijsbriefje, verwijskaart 1** ⟨voor een specialist⟩ Überweisungsschein *m*, Überweisung *v*; **2** ⟨in een kaartsysteem⟩ Verweis *m*; Karteizettel *m*

**verwijt** Vorwurf *m*; ⟨standje⟩ Verweis *m*; *iemand een ~ van iets maken* einem etwas vorwerfen, einem einen Vorwurf aus etwas machen; *vol ~* vorwurfsvoll; *met ~en overstelpen* mit Vorwürfen überschütten

**verwijten** vorwerfen, vorhalten; *de pot verwijt de ketel dat hij zwart is* ein Esel schilt (schimpft) den andern Langohr

**verwijzen** verweisen; *iem. ~ naar* einen verweisen auf (+ 4)

**verwijzing** Verweisung *v*; *onder ~ naar...* Bezug nehmend auf (+ 4)

**verwikkelen** verwickeln

**verwikkeling 1** ⟨in 't alg.⟩ Verwicklung *v*, Komplikation *v*; **2** ZN ⟨bij een ziekte⟩ Komplikation *v* *~en* ⟨ook⟩ Schwierigkeiten *mv*

**verwilderen** verwildern; *verwilderde trekken* verstörter Gesichtsausdruck

**verwisselbaar 1** ⟨in 't alg.⟩ umtauschbar; **2** ⟨v. machinedelen⟩ auswechselbar

**verwisselen 1** ⟨in 't alg.⟩ aus-, umtauschen; **2** ⟨v. machinedelen⟩ auswechseln; **3** ⟨bij vergissing⟩ verwechseln

**verwittigen 1** ⟨berichten⟩ benachrichtigen, in Kenntnis setzen; **2** ZN ⟨waarschuwen⟩ warnen; *iem. van een plan ~* einen von einem Vorhaben in Kenntnis setzen

**verwittiging 1** ⟨mededeling⟩ Benachrichtigung *v*; **2** ZN ⟨waarschuwing⟩ Warnung *v*

**verwoed** ⟨heftig⟩ wütend, heftig; *een ~ gokker* ein leidenschaftlicher Spieler *m*

**verwoesten 1** ⟨in 't alg.⟩ zerstören; **2** ⟨streek⟩ verwüsten; ⟨sterker⟩ verheeren

**verwonden** verwunden, verletzen

**verwonderen** wundern; *zich ~* sich wundern

**verwondering** Verwunderung *v*, Erstaunen *o*

**verwonderlijk** wunderlich, seltsam

**verwonding** Verwundung *v*, Verletzung *v*

**verwoorden** in Worte fassen, kleiden

**verworden 1** ⟨anders worden⟩ werden zu; **2** ⟨ontaarden⟩ entarten

**verworvenheid** Errungenschaft *v*

**verwringen 1** ⟨gelaat, toon⟩ verzerren; **2** ⟨betekenis⟩ verdrehen, entstellen

**verzachten I** *overg* mildern, abmildern; ⟨pijn⟩ lindern; **II** *onoverg* milder werden; *~d middel* Linderungsmittel *o*; *~de omstandigheden* recht mildernde Umstände

**verzadigen** sättigen; *een verzadigde oplossing* chem eine gesättigte Lösung *v*

**verzaken**: *zijn geloof ~* seinen Glauben verleugnen; *zijn plicht ~* seine Pflicht versäumen, verletzen, vergessen; *~ aan* ZN verzichten auf, absehen von

**verzakken 1** ⟨in 't alg.⟩ einsinken, sich senken; **2** ⟨v. maag⟩ sich senken; **3** ⟨v. baarmoeder⟩ vorfallen

**verzamelaar** Sammler *m*

**verzamelen 1** ⟨dingen⟩ sammeln; **2** ⟨personen⟩ versammeln; *~! mil* sammeln!; *zijn krachten ~* seine Kräfte sammeln, sich aufraffen

**verzameling** Sammlung *v*

**verzamelingenleer** Mengenlehre *v*

**verzamelnaam** Sammel-, Kollektivname *m*

**verzamelplaats** Sammelstelle *v*, -platz *m*

**verzamelwoede** Sammelwut *v*

**verzanden** versanden

**verzegelen** siegeln, versiegeln

**verzeilen**: *men weet niet waar hij verzeild is* man weiß nicht, wohin er verschlagen (wo er hingeraten) ist

**verzekeraar** Versicherer *m*, Versicherungsgeber *m*

**verzekerd** versichert; *het ~ bedrag* die Versicherungssumme

**verzekeren 1** ⟨zekerheid geven⟩ versichern; **2** ⟨tegen brand enz.⟩ versichern; **3** ⟨beveiligen⟩ sichern; *iem. iets ~* einem etwas versichern; *zich tegen iets ~* sich gegen etwas versichern; *zich van een plaats ~* sich einen Platz sichern

**verzekering 1** ⟨verklaring⟩ Versicherung *v*, Bekräftigung *v*; **2** ⟨beveiliging⟩ Sicherung *v*; **3** ⟨assurantie⟩ Versicherung *v*, Assekuranz *v*; *verplichte ~* Zwangs-, Pflichtversicherung *v*; *sociale ~* Sozialversicherung *v*; *~ tegen inbraak* Einbruchsversicherung *v*; *~ tegen ongevallen* Unfallversicherung *v*

**verzekeringsadviseur** Versicherungsberater *m*

**verzekeringsagent** Versicherungsvertreter *m*

**verzekeringsmaatschappij** Versicherungsgesellschaft *v*

**verzekeringspolis** Versicherungsschein *m*, -police *v*

**verzekeringspremie** Versicherungsprä-

mie *v*
**verzelfstandiging** Emanzipation *v*, Selbständigwerden *o*
**verzenden** versenden, absenden; befördern, spedieren
**verzendhuis** Versandgeschäft *o*, -haus *o*
**verzending** Ver-, Absendung *v*, Beförderung *v*; Versand *m*
**verzengen** versengen
**verzet** 1 ⟨in 't alg.⟩ Widerstand *m*; 2 recht Einspruch *m*; *in ~ komen (tegen)* sich auflehnen (gegen); recht (gegen ein Urteil) Einspruch erheben
**verzetje** Zerstreuung *v*, Erholung *v*
**verzetsbeweging** Widerstandsbewegung *v*
**verzetshaard** Zentrum *o* des Widerstands; mil Widerstandsnest *o*
**verzetten** 1 ⟨ergens anders zetten⟩ versetzen, umsetzen, umstellen; 2 ⟨stoel⟩ verschieben; *zijn zinnen ~* Zerstreuung suchen; *zich tegen iets ~* sich einer Sache widersetzen; *het feest is naar zondag verzet* das Fest ist auf Sonntag verlegt worden
**verzieken** ⟨bederven⟩ verseuchen, vergiften; *de sfeer ~* die Atmosphäre verpesten
**verziend** weitsichtig
**verzilveren** ⟨ook v. waardepapieren⟩ versilbern
1 **verzinken** *onoverg* ⟨wegzinken⟩ versinken; *verzonken* techn versenkt; *in gedachten (gepeins) verzonken* in Gedanken (4) versunken
2 **verzinken** *overg* ⟨met zink⟩ verzinken
**verzinnen** ersinnen, erdenken, erfinden
**verzinsel** Erfindung *v*, Erdichtung *v*
**verzitten** 1 ⟨zittend doorbrengen⟩ versitzen; 2 ⟨ergens anders gaan zitten⟩ den Platz wechseln
**verzoek** 1 ⟨in 't alg.⟩ Bitte *v*, Aufforderung *v*; 2 ⟨officieel⟩ Ersuchen *o*; 3 ⟨bij autoriteiten⟩ Antrag *m*; *ik heb een ~ aan u* ich habe eine Bitte an Sie; *op zijn ~* auf seine Bitte
**verzoeken** 1 ⟨in 't alg.⟩ bitten; 2 ⟨officieel⟩ ersuchen (+ 4 + um), nachsuchen (bei + um); 3 ⟨om iets te doen⟩ auffordern; 4 ⟨uitnodigen⟩ einladen; 5 ⟨bij autoriteiten, rechtbank ook⟩ Anträge stellen, beantragen; 6 ⟨verleiden⟩ versuchen, verführen
**verzoeking**: *in ~ brengen* in Versuchung führen
**verzoekprogramma** Wunschprogramm *o*
**verzoekschrift** Bittschrift *v*, Eingabe *v*; ⟨officieel⟩ Antrag *m*
**Verzoendag**: *Grote ~* Großer Versöhnungstag *m*, Versöhnungsfest *o*
**verzoenen** versöhnen, aussöhnen; *standpunten ~* Standpunkte in Einklang bringen; *zich met een denkbeeld ~* sich in einen Gedanken finden
**verzoening** Versöhnung *v*
**verzoeningsgezind** versöhnungsgesinnt
**verzoeten** versüßen
**verzolen** versohlen
**verzonken** techn versenkt; *~ land* ertrunkenes Land *o*
**verzorgen** 1 ⟨in 't alg.⟩ versorgen; 2 ⟨v. kinderen e.d.⟩ betreuen; 3 ⟨v. zieken⟩ pflegen; 4 ⟨v. kapsel, toilet enz.⟩ pflegen, Sorgfalt verwenden auf (+ 4)
**verzorger** 1 ⟨in 't alg.⟩ Versorger *m*, Ernährer *m*, Betreuer *m*, Pfleger *m*; 2 ⟨v. dieren⟩ Pfleger *m*, Wärter *m*
**verzorging** Versorgung *v*, Betreuung *v*, Pflege *v*; ⟨met eten en drinken⟩ Ernährung *v*, Verpflegung *v*
**verzorgingsflat** Wohnung *v* in einem Altenpflegeheim
**verzorgingsstaat** Sozialstaat *m*
**verzorgingstehuis** Pflegeheim *o*
**verzot** versessen, erpicht, gemeenz geil (auf + 4)
**verzuchten** schwer seufzen
**verzuchting** Seufzer *m*, Stoßseufzer *m*
**verzuiling** Gliederung *v* der Bevölkerung nach weltanschaulichen Gesichtspunkten
**verzuim** 1 ⟨het niet-aanwezig zijn⟩ Versäumnis *v*, Abwesenheit; 2 ⟨nalatigheid⟩ Unterlassung *v*, Versäumnis *v*
**verzuimen** versäumen, unterlassen
**verzuipen** gemeenz I *onoverg* ersaufen; II *overg* 1 ⟨levende wezens⟩ ersäufen; 2 ⟨geld⟩ versaufen; *de motor ~* den Motor absaufen lassen
**verzuren** I *onoverg* 1 eig sauer werden; 2 fig versauern; II *overg* 1 eig säuern, sauer machen; 2 fig versäuern
**verzuring** Versauern *m*
**verzwakken** I *onoverg* schwach werden; II *overg* 1 ⟨in 't alg.⟩ schwächen; 2 fotogr abschwächen
**verzwakking** 1 ⟨in 't alg.⟩ Schwächung *v*, Entkräftung *v*; 2 fotogr Abschwächung *v*
**verzwaren** erschweren; schwerer machen
**verzwelgen** verschlingen
**verzwijgen** verschweigen
**verzwikken** verrenken
**verzwinden*** ZN verschwinden
**vesper** Vesper *v*
**vest** 1 ⟨gebreid jasje, mouwloos jasje⟩ Weste *v*; 2 ZN ⟨colbert⟩ Jackett *o*, Sakko *m*; 3 ZN ⟨v. e. mantelpak⟩ Kostümjacke *v*; 4 ZN ⟨overjas⟩ (Herren)mantel *m*, Überzieher *m*
**veste** befestigte Stadt *v*; Stadtgraben *m*
**vestiaire** Garderobe *v*
**vestibule** Flur *m*, Diele *v*, Eingangshalle *v*
**vestigen** 1 ⟨oprichten⟩ gründen, errichten; 2 ⟨blik, oog⟩ heften, richten, lenken; *zich ~* sich niederlassen, sich seßhaft machen, seinen Wohnsitz nehmen; ⟨kolonie⟩ sich ansiedeln; *de aandacht op iets ~* die Aufmerksamkeit auf etwas (4) lenken; *een record ~* einen Rekord aufstellen; *een zaak ~* ein Geschäft gründen; *gevestigd zijn* ⟨v. mensen⟩ ansässig, wohnhaft sein; ⟨v. bedrijven⟩ seinen Sitz haben
**vestiging** 1 ⟨het zich vestigen⟩ Gründung *v*, Errichtung *v*; 2 ⟨kolonie⟩ Siedlung *v*, Niederlassung *v*
**vestigingsvergunning** Niederlassungsgenehmigung *v*
**vesting** Festung *v*
**vestinggracht** Festungsgraben *m*
**vestingstad** Festungsstadt *v*
**vet** I *o* Fett *o*; *dierlijke ~ten* tierische Fette

**vetarm**

*mv; plantaardig* ~ Pflanzenfett *o; in het* ~ *zetten* einfetten; **II** *bn* **1** ⟨v. voedsel e.d.⟩ fett, feist; **2** ⟨vuil⟩ fettig, schmierig; ~*te kop* (in krant) Schlagzeile *v*

**vetarm** fettarm

**vete** Feindschaft *v*; Fehde *v*

**veter 1** ⟨v. schoen⟩ Senkel *m*, Schuh-, Schnürsenkel *m*; **2** ⟨v. korset e.d.⟩ Schnur *v*, Nestel *v*

**veteraan** Veteran *m*

**veteranenziekte** Legionärskrankheit *v*

**veterinair I** *bn* tierärztlich; **II** *m* Tierarzt *m*

**vetkuif** Schmalztolle *v*, -locke *v*

**vetmesten** mästen

**veto** Veto *o*

**vetorecht** Vetorecht *o*

**vetplant** Fettpflanze *v*

**vetpot** Fettopf *m*; *het is daar geen* ~ dort wird man nicht reich, da ist nicht viel zu holen

**vetpuistje** Aknepickel *m*, Hautfinnen *mv*

**vetrand** (aan vlees) Schwarte *v*; Fett *o*

**vetsin** Vetsin *o*

**vettig** fettig

**vettigheid** Fettigkeit *v*

**vetvlek** Fettfleck *m*, -flecken *m*

**vetvrij** fettfrei

**vetweefsel** Fettgewebe *o*

**vetzak** scheldwoord Fettsack *m*, -kloß *m*

**vetzucht** Fettsucht *v*

**vetzuur** Fettsäure *v*

**veulen** Füllen *o*, Fohlen *o*

**vezel** Faser *v*; *natuurlijke* ~ Naturfaser *v*

**vezelachtig** faserig

**vezelstof** Faserstoff *m*

**V-hals** V-Ausschnitt *m*

**via** via, (auf dem Wege) über (4), per

**viaduct** Viadukt *m*, Überführung *v*

**vibrafoon** Vibraphon *v*

**vibratie** Vibration *v*, Vibrieren *o*

**vibrator** Vibrator *m*

**vibreren** schwingen, vibrieren

**vicaris** Vikar *m*

**vice-president, vice-voorzitter** *m* zweiter Vorsitzender *m*, Vizepräsident *m*

**vicieus** fehlerhaft, bösartig; *vicieuze cirkel* **1** ⟨noodlottige kringloop⟩ Teufelskreis *m*; **2** ⟨cirkelredenering⟩ Zirkelschluß *m*

**victorie** Viktoria *v*, Sieg *m*; ~ *kraaien* Viktoria rufen

**video 1** ⟨techniek⟩ Video *o*; **2** ⟨toestel⟩ Video(rekorder) *m*

**videocamera** Videokamera *v*

**videocassette** Videokassette *v*

**videoclip** Videoclip *m*

**videorecorder** Videorecorder *m*

**videospel** Video-, Telespiel *o*

**videotheek** (voor verhuur) Videothek *v*

**vief** lebhaft, aufgeweckt, vif

**vier I** *telw* vier; **II** *v* ⟨het cijfer⟩ Vier *v*; *met z'n* ~*en* zu viert

**vierbaansweg** Vierspurige Straße *v*

**vierdaags** viertägig

**vierde** vierte(r); *een* ~ ein Viertel *o*; *ten* ~ viertens; *a tot de* ~ (*a⁴*) *a* hoch vier

**vieren 1** ⟨touw⟩ fieren, abfieren; **2** ⟨feest⟩ feiern, begehen; **3** *vooral* ZN ⟨huldigen⟩ ehren; **4** ZN ⟨herdenken⟩ gedenken; *een verjaardag* ~ einen Geburtstag feiern; *een gevierde schoonheid* eine gefeierte Schönheit *v*

**vierendelen** vierteilen

**vierhoek** Viereck *o*

**viering** Feier *v*

**vierkant I** *o* Quadrat *o*; **II** *bn bijw* **1** eig quadratisch, Quadrat-; **2** ⟨ronduit⟩ rundheraus; **3**⟨fors⟩vierschrötig;~*e(kilo)meter*Quadrat-(kilo)meter *o*; ~ *weigeren* rundweg abschlagen; *iem.* ~ *de waarheid zeggen* einem unverblümt die Wahrheit (ins Gesicht) sagen

**vierkantsvergelijking** quadratische Gleichung *v*

**vierkantswortel** Quadratwurzel *v*

**vierklauwens** ZN **1** ⟨van dieren⟩ im Galopp; **2** ⟨haastig⟩ im Galopp, im Eil(zug)tempo

**vierkwartsmaat** Viervierteltakt *m*

**vierling** Vierlinge *mv*

**viermaal** viermal

**vierspan** Viergespann *o*, Viererzug *m*

**viersprong** Kreuzweg *m*

**viertaktmotor** Viertakter *m*, Viertaktmotor *m*

**viertal** vier, Gruppe von vier

**viervoeter** Vierfüßer *m*

**viervoud** Vierfache(s) *o*; *in* ~ in vierfacher Ausfertigung

**Vierwoudstedenmeer** Vierwaldstätter See *m*

**vies 1** ⟨vuil⟩ schmutzig, unsauber, dreckig; **2** ⟨obsceen⟩ unflätig; **3** ⟨afschuwwekkend⟩ widrig, ekelhaft; **4** ⟨kieskeurig⟩ wählerisch; *een vieze lucht* ein Gestank *m*; ~ *van iets zijn* sich vor etwas (3) ekeln

**viespeuk** Schmutzfink *m*

**vieux** Vieux *m* (holländischer Weinbrand)

**viezerik** = *viespeuk*

**viezigheid 1** ⟨viesheid⟩ Schmutzigkeit *v*; **2** ⟨het vuil⟩ Schmutz *m*, Unflat *m*

**vignet** Vignette *v*

**vijand** Feind *m*

**vijandelijk** feindlich; ~*e mogendheid* Feindmacht *v*; ~*e staat* Feindstaat *m*

**vijandig 1** ⟨in 't alg.⟩ feindlich; **2** ⟨v. stemming⟩ feindselig; *iem.* ~ *gezind zijn* (einem) feindlich gesinnt sein

**vijandigheid** Feindseligkeit *v*

**vijandschap** Feindschaft *v*

**vijf I** *telw* fünf; **II** *v* ⟨het cijfer⟩ Fünf *v*; *ze alle* ~ *op een rij hebben* alle Tassen im Schrank haben; *met z'n vijven* zu fünft

**vijfdagenweek** ZN Fünftagewoche *v*

**vijfde** fünfte(r); *een* ~ ein Fünftel *o*; *ten* ~ fünftens; ~ *deel* Fünftel *o*

**vijfenzestigplusser** Senior(in) *m(v)*

**vijfhoek** Fünfeck *o*

**vijfjarenplan** Fünfjahresplan *m*

**vijfje 1** (in Nederland) Fünfguldenstück *o*; **2** (in Duitsland, 5 mark) Fünfmarkstück *o*; ⟨5 pfennig⟩ Fünfpfennigstück *o*, Fünfer *m*

**vijfkamp** Fünfkampf *m*

**vijfling** Fünflinge *mv*

**vijfmaal** fünfmal

**vijftal** fünf; Gruppe von fünf; ~ *jaren* Jahrfünft *o*

**vijftien** fünfzehn

**vijftiende** fünfzehnte; *een ~* ein Fünfzehntel *o*
**vijftig** fünfzig; *de jaren ~* die fünfziger Jahre; *zij is voor in de ~* sie ist Anfang fünfzig; *hij is achter in de ~* er ist Ende Fünfzig
**vijftiger** Fünfziger *m*
**vijftigste** fünfzigste; *een ~* ein Fünfzigstel *o*
**vijfvoud** Fünffache(s) *o*
**vijg** Feige *v*; *~en na Pasen* ZN viel zu spät
**vijgenboom** Feigenbaum *m*
**vijl** Feile *v*
**vijlen** feilen
**vijlsel** Feilstaub *m*, Feilsel *o*
**vijs** ZN Schraube *v*
**vijver** Teich *m*, Weiher *m*
**1 vijzel** *m* (stampvat) Mörser *m*
**2 vijzel** *v* (hefwerktuig) Schraubenwinde *v*
**vijzelen** aufschrauben, in die Höhe schrauben
**viking** Wiking(er) *m*
**vilder** Schinder *m*, Abdecker *m*
**villa** Villa *v*
**villapark, villawijk** Villengegend *v*, -viertel *o*
**villen** ab-, enthäuten; (v. dier ook) abdecken, schinden
**vilt** Filz *m*
**vilten** filzen, aus Filz
**viltje** = *bierviltje*
**viltstift** Filzstift *m*
**vin** Flosse *v*, Floßfeder *v*; *geen ~ verroeren* kein Glied rühren
**vinden\*** finden; *aanleiding ~* Veranlassung nehmen; *iets jammer ~* etwas schade finden, bedauern; *het met elkaar kunnen ~* sich vertragen, gut mit einander auskommen; *daarvoor was hij niet te ~* dafür war er nicht zu haben
**vinding** (uitvinding, bedenksel) Erfindung *v*
**vindingrijk** findig; (sterker) erfinderisch, ingeniös
**vindplaats 1** *eig* Fundort *m*, -stelle *v*, -stätte *v*; **2** *fig* Fundgrube *v*; *~ van olie* Erdölvorkommen *o*
**vinger** Finger *m*; *lange ~s hebben fig* lange (klebrige) Finger haben (machen); *iets door de ~s zien* ein Auge zudrücken, jmdm. etwas nachsehen; *zich (lelijk) in de ~s snijden fig* sich (gewaltig) in den Finger schneiden; *iem. met de ~ nawijzen* mit Fingern auf einen zeigen; *iem. om de ~ winden* einen um den (kleinen) Finger wickeln; *iem. op de ~s kijken* jmdm. auf die Finger schauen (sehen); *iets op de ~s kunnen natellen* etwas an den fünf Fingern ab-, herzählen können; *gemeenz* sich etwas abklavieren können; *iem. op de ~s tikken* jmdm. auf die Finger klopfen
**vingerafdruk** Fingerabdruck *m*
**vingerdoekje** Fingertuch *o*
**vingeren** *gemeenz* fingern
**vingerhoed** Fingerhut *m*
**vingerhoedskruid** Fingerhut(kraut) *m* (*o*)
**vingerkootje** Fingerglied *o*; *anat* Fingerknöchel *m*, -knochen *m*
**vingeroefening** Fingerübung *v*
**vingerplant** (Zimmer)aralie *v*
**vingertop** Fingerspitze *v*, -kuppe *v*
**vingerverf** Fingerfarbe *v*
**vingervlug** fingerfertig
**vingerwijzing** Fingerzeig *m*
**vingerzetting** Fingersatz *m*, Applikatur *v*
**vink 1** (vogel) Fink *m*, Buchfink *m*; **2** (V-vormig teken) Häkchen *o*; *blinde ~* (vlees) Kalbsroulade *v*, Kalbsröllchen *o*
**vinkenslag**: *op ~ zitten* ZN wie auf (glühenden) Kohlen sitzen
**vinkentouw**: *op het ~ zitten* auf der Lauer liegen, auf dem Sprung stehen (sein)
**vinnig 1** (met woorden) giftig, bissig, heftig; **2** (in 't handelen) energisch, scharf; **3** ZN (snel) schnell, flink, beweglich
**vinyl** Vinyl *o*
**violet** violett, veilchenfarbig
**violist** Geiger *m*, Geigenspieler *m*, Violinist *m*; *eerste ~* Primgeiger *m*
**viool** Geige *v*, Violine *v*; *de eerste ~ spelen* (ook *fig*) die erste Geige spielen
**vioolconcert** Violin-, Geigenkonzert *o*
**vioolkist** Geigen-, Violinkasten *m*
**vioolles** Geigenstunde *v*
**vioolsleutel** Violinschlüssel *m*
**viooltje** (plant) Veilchen *o*
**viriel** viril
**virtueel** virtuell
**virtuoos I** *m* Virtuose *m*; **II** *bn* virtuos
**virtuositeit** Virtuosität *v*
**virus** Virus
**vis** Fisch *m*; *Vissen astrol* Fische *mv*
**visafslag** Fischversteigerung *v*
**visagist** Visagist *m*, Visagistin *v*
**visakte** Angelschein *m*
**visboer** Fischhändler *m*
**visgraat** Fischgräte *v*
**vishaak** Fischangel *v*, -haken *m*
**vishengel** Angelrute *v*
**visie 1** (kijk) Ansicht *v*, Meinung *v*, Beurteilung *v*, Sicht *v*, Sichtweise *v*; **2** (inzage) Ein-, Durchsicht *v*; **3** (literair) Schau *v*, Sicht *v*; *mijn ~ op de dingen* meine Sicht der Dinge
**visioen** Vision *v*, Gesicht *o*
**visionair** visionär
**visitatie** Durchsuchung *v*, Visitation *v*, Leibesvisitation *v*
**visite** Besuch *m*; *op ~* zu Besuch, auf Besuch
**visitekaartje** Besuchs-, Visitenkarte *v*
**visiteren** visitieren
**viskom** Fischglas *o*
**visschotel 1** (aardewerk) Fischschüssel *v*; **2** (gerecht) Fischgericht *o*
**vissen 1** (in 't alg.) fischen; **2** (hengelen) angeln; *op paling ~* aalen
**visser** Fischer *m*
**visserij** Fischerei *v*; (economisch) Fischwirtschaft *v*
**vissersboot** Fischerboot *o*, -kahn *m*
**vissersslatijn** Anglerlatein *o*
**vissersvloot** Fischerflotte *v*
**vismaak** Fischgeschmack *m*
**visstand** Fischbestand *m*
**visstick** Fischstäbchen *o*
**vistuig** Fisch(er)gerät *o*, -zeug *o*
**visueel** visuell

**visum** Paß-, Sichtvermerk *m*, Visum *o*
**visumplicht** Visumzwang *m*
**visvijver** Fischteich *m*
**visvrouw** Fischhändlerin *v*
**viswater** Fischwasser *o*
**viswijf** ⟨ordinaire vrouw⟩ (alte) Keifzange *v*; *schelden als een ~* schimpfen wie ein Rohrspatz
**vitaal** vital, lebenswichtig
**vitaliteit** Vitalität *v*, Lebenskraft *v*
**vitamine** Vitamin *o*
**vitrage 1** ⟨stof⟩ Tüll *m*; **2** ⟨gordijn⟩ Tüllgardine *v*
**vitrine** Schaukasten *m*, Vitrine *v*
**vitriool** Vitriol
**vitten** krittelen, mäkeln; ~ *op* mäkeln an (+ 3)
**vitter** Nörgler *m*, Krittler *m*, Mäkler *m*
**vitterij** Krittelei *v*, Bekrittelung *v*
**vivisectie** Vivisektion *v*
**1 vizier o 1** ⟨aan geweer⟩ Visier *o*, Zielkorn *o*, Gewehrsaufsatz *m*; **2** ⟨v. helm⟩ Visier *o*, Helmsturz *m*, -gitter *o*; *in 't ~ krijgen* zu Gesicht bekommen, (einer Sache) ansichtig werden; *met open ~ strijden* mit offenem Visier kämpfen
**2 vizier** *m* ⟨oosters staatsman⟩ Wesir *m*
**vla** Vla *m*, Pudding *m*
**vlaag 1** ⟨v. wind⟩ Windstoß *m*; **2** ⟨v. regen⟩ Schauer *m*; **3** ⟨v. koorts, woede⟩ Anfall *m*
**vlaai** ± Limburger Obstkuchen *m*
**Vlaams I** *bn* flämisch, flandrisch; **II** *o* Flämisch *o*
**Vlaamse** Flämin *v*, Flamin *v*
**Vlaanderen** Flandern *o*
**vlaflip** Vlaflip *m*
**vlag** Fahne *v*; ⟨vooral scheepv⟩ Flagge *v*; *dat staat als een ~ op een modderschuit* das paßt wie die Faust aufs Auge, das ist wie eine Orchidee im Küchengarten; *de ~ uitsteken* die Fahne (Flagge) aushängen; *de ~ dekt de lading* die Flagge deckt die Ladung; *met ~ en wimpel* in ehrenvoller Weise
**vlaggen** flaggen
**vlaggenmast** Fahnenstange *v*, -mast *m*
**vlaggenschip** Flaggschiff *o*
**vlaggenstok 1** (in 't alg.) Fahnenstange *v*; **2** scheepv Flaggenmast *m*, -stange *v*
**vlagsignaal** Flaggensignal *o*
**vlagvertoon** Flaggenkundgebung *v*, -demonstration *v*
**1 vlak I** *bn* flach; **II** *bijw* g(e)rade, hart; *~ aan de weg* direkt am Wege; *~ voor mij* kurz vor mir
**2 vlak** *o* Fläche *v*, Ebene *v*
**vlakbij** in der Nähe, nahebei, ganz nahe
**vlakdruk** Flachdruck(verfahren) *m* (*o*)
**vlakgom** Radiergummi
**vlakte** Ebene *v*; *zich op de ~ houden* sich nicht aussprechen, niemands Partei ergreifen; *tegen de ~ gaan* zu Boden gehen
**vlaktemaat** Flächenmaß *o*
**vlam 1** ⟨vuur⟩ Flamme *v*; **2** ⟨in steen⟩ Maser *v*; **3** ⟨beminde⟩ Flamme *v*; *~ vatten* aufflammen; *in ~men opgaan* in Flammen aufgehen
**Vlaming** Flame *m*

**vlammenwerper** Flammenwerfer *m*
**vlammenzee** Flammenmeer *o*
**vlas** Flachs *m*, Lein *m*
**vlasblond** flachsblond, strohblond
**vlashaar** Flachshaar *o*
**1 vlassen**: *op iets ~* sich auf etwas (4) spitzen
**2 vlassen** *bn* flächse(r)n, Flachs-
**vlecht** Zopf *m*, Haarzopf *m*, Flechte *v*
**vlechten\*** flechten
**vlechtwerk** Flechtarbeit *v*, Geflecht *o*
**vleermuis** Fledermaus *v*
**vlees** Fleisch *o*; *mijn eigen ~ en bloed* mein eigen Fleisch und Blut; *~ in blik* Fleischkonserven *mv*; *~ noch vis* nicht Fisch, nicht Fleisch; *ik weet wat voor ~ ik in de kuip heb* ich weiß, mit wem ich es zu tun habe (wen ich vor mir habe)
**vleesboom** Fleischgewächs *o*
**vleesetend 1** ⟨mensen, volkeren⟩ fleischessend; **2** ⟨dieren, planten⟩ fleischfressend
**vleeseter 1** ⟨m.b.t. dieren⟩ Fleischfresser *m*; **2** ⟨iem. die graag vlees eet⟩ Fleisch(fr)esser *m*
**vleesgerecht** Fleischgericht *o*
**vleeskleurig** fleischfarbig, -farben
**vleesmes** Fleischmesser *o*
**vleesmolen** Fleischwolf *m*
**vleestomaat** Fleischtomate *v*
**vleesvlieg** Fleischfliege *v*
**vleeswaren** Fleischwaren *mv*
**vleeswond** Fleischwunde *v*
**vleet**: *zij heeft boeken bij de ~* sie hat Bücher in Hülle und Fülle; sie hat jede Menge Bücher
**vlegel 1** ⟨dorsvlegel⟩ Flegel *m*, Dreschflegel *m*; **2** ⟨kwajongen⟩ Flegel *m*
**vlegelachtig** flegelhaft
**vleien** schmeicheln (+ 3); *zich met de hoop ~* sich der Hoffnung hingeben
**vleiend 1** ⟨vleierig⟩ schmeichlerisch; **2** ⟨strelend⟩ schmeichelhaft
**vleier** Schmeichler *m*
**vleierij** Schmeichelei *v*
**1 vlek** *v* **1** ⟨vuile plek⟩ Fleck(en) *m*; **2** ⟨met inkt⟩ Klecks *m*
**2 vlek** *o* ⟨dorp⟩ Flecken *m*
**vlekkeloos** makellos
**vlekken** flecken, Flecke machen; ⟨met inkt⟩ klecksen, Klecks machen
**vlekkenwater** Fleckenwasser *o*
**vlektyfus** Flecktyphus *m*
**vlerk I** *v* ⟨vleugel⟩ Flügel *m*; **II** *m* ⟨vlegel⟩ Flegel *m*, Rüpel *m*
**vleselijk** ⟨zinnelijk⟩ fleischlich, sinnlich; *~e gemeenschap* Geschlechtsgemeinschaft *v*
**vleug** Anflug *m*, Schimmer *m*
**vleugel 1** ⟨v. vogel, sp, pol⟩ Flügel *m*, Schwinge *v*; **2** ⟨v. gebouw⟩ Seitenflügel *m*, Flügel *m*, Trakt *m*; **3** muz Flügel *m*
**vleugellam** flügellahm
**vleugelmoer** Flügelmutter *v*
**vleugelspeler** Flügelspieler *m*
**vleugje 1** ⟨wind⟩ Hauch *m*, Windhauch *v*; **2** fig Schimmer *m*
**vlezig** fleischig
**vlieg** Fliege *v*; *geen ~ kwaad doen* keiner Fliege etwas tun; *twee ~en in één klap*

**vliegangst** Flugangst *v*
**vliegas** Flugasche *v*
**vliegbasis** Fliegerhorst *m*
**vliegbrevet** Pilotenzeugnis *o*, -schein *m*, Flugzeugführerschein *m*
**vliegdekschip** Flugzeugträger *m*
**vliegen\*** 1 ⟨door de lucht⟩ fliegen; 2 ⟨snellen⟩ stürzen; *hij ziet ze ~ gemeenz* er hat einen kleinen Hau; *erin ~* hereinfallen, -segeln; *iem. erin laten ~* einen (he-)reinlegen; *in brand ~* Feuer fangen; *een kamer uit ~* aus einem Zimmer hinausstürzen
**vliegend** fliegend; *~e schotel* fliegende Untertasse *v*, UFO *o*; *~e tering* galoppierende Schwindsucht *v*
**vliegenier** Flieger *m*
**vliegenmepper** *m* Fliegenklappe *v*, -klatsche *v*
**vliegenraam** *ZN* Fliegenfenster *o*, Fliegengitter *o*
**vliegensvlug** eilends, in fliegender Eile; *de tijd is ~ voorbijgegaan* die Zeit ist im Fluge vergangen
**vlieger** 1 ⟨piloot⟩ Flieger *m*; 2 ⟨speelgoed⟩ Drachen *m*, Papierdrachen *m*
**vliegeren** einen Drachen steigen lassen; *'t ~* das Drachensteigen
**vliegramp** Flugkatastrophe *v*
**vliegtuig** Flugzeug *o*; *per ~* auf dem Luftwege
**vliegtuigbouw** Flugzeugbau *m*
**vliegtuigkaper** Flugzeugentführer *m*
**vliegtuigkaping** Flugzeugentführung *v*
**vliegveld** Flughafen *m*, -platz *m*
**vliegverbod** 1 ⟨vliegtuig⟩ Startverbot *o*; 2 ⟨piloot⟩ Flugverbot *o*, Sperren *o*; 3 ⟨bep. gebieden⟩ Luftsperre *v*; *een ~ instellen boven Bosnië* über Bosnien eine Luftsperre verhängen
**vliegverkeer** Flugverkehr *m*
**vliegwiel** Schwungrad *o*
**vlier** Holunder *m*
**vlierbes** Holunderbeere *v*
**vliering** Dachboden *m*
**vlies** Haut *v*, Häutchen *o*
**vliet** Bach *m*
**vlijen** (auf)schichten, ordnen; *zich ~* sich hinlegen, sich anschmiegen
**vlijmscherp** 1 ⟨mes⟩ haarscharf; 2 *fig* schneidend scharf, messerscharf
**vlijt** Fleiß *m*
**vlijtig** fleißig, emsig
**vlinder** Schmetterling *m*, Falter *m*
**vlinderdas** Fliege *v*, Schleife *v*
**vlindernetje** Schmetterlingsnetz *o*
**vlinderslag** Schmetterlingsschlag *m*, -stil *m*
**vlo** Floh *m*
**vloed** 1 ⟨getij⟩ Flut *v*, Flutzeit *v*; 2 ⟨grote rivier⟩ breiter Fluß *m*; *een ~ van woorden* ein Wortschwall *m*; *witte ~ med* Weißfluß *m*
**vloedgolf** Flutwelle *v*
**vloedlijn** Strandlinie *v*
**vloei** (voor inkt enz.) Lösch-, Fließpapier *o*
**vloeibaar** flüssig; *dik ~* zähflüssig; *~ maken* verflüssigen; *~ worden* flüssig werden
**vloeiblad** Löschblatt *o*
**vloeien** 1 ⟨stromen⟩ fließen; 2 ⟨met vloeipapier⟩ löschen
**vloeiend** fließend; *~ Frans spreken* fließend (flüssig) Französisch sprechen; *een ~e stijl* ein flüssiger Stil
**vloeipapier** (vloeiblad) Löschpapier *o*
**vloeistof** Flüssigkeit *v*
**vloeitje** (voor sigaret) Zigarettenpapier *o*
**vloek** Fluch *m*; *in een ~ en een zucht* im Handumdrehen
**vloeken** 1 ⟨met woorden⟩ fluchen (+ 3), verfluchen (+ 4); 2 ⟨v. kleuren⟩ sich beißen; *~ als een ketter* fluchen wie ein Landsknecht
**vloer** Fußboden *m*; *altijd bij ons over de ~ zijn* viel bei uns verkehren, bei uns aus und ein gehen
**vloerbedekking** Auslegeware *v*, Teppich *m*, (Fuß)bodenbelag *m*
**vloeren**: *iem. ~* einen zu Boden gehen lassen
**vloerkleed** Teppich *m*, Läufer *m*, Brücke *v*
**vloerwas** Bohnerwachs *o*
**vlok** Flocke *v*
**vlokkig** flockig, flockenartig
**vlonder** Steg *m*
**vlooien** (een dier) flöhen
**vlooienband** Flohhalsband *o*
**vlooienmarkt** Flohmarkt *m*
**vlooienpoeder** Flohpulver *o*
**vloot** 1 ⟨in 't alg.⟩ Flotte *v*; 2 ⟨v. bep. maatschappij⟩ Schiffspark *m*
**vlootbasis** Flottenbasis *v*, -stützpunkt *m*
**vlootparade** Flottenparade *v*, -schau *v*
**vlootschouw** Flottenparade *v*, -schau *v*
**1 vlot** *bn* flott; *een ~te meid* ein kesses Mädel *o*; *een ~e pen hebben* eine flotte (flüssige, gewandte) Feder führen; *iets gaat ~* etwas hat einen flotten Verlauf; *'t gaat ~ van de hand* es geht flott von der Hand; *~ krijgen scheepv* flottmachen, abarbeiten; *een taal ~ spreken* eine Sprache fließend sprechen
**2 vlot** *o* Floß *m*
**vlotten** 1 ⟨hout⟩ Holz flößen, triften; 2 ⟨opschieten⟩ flecken, gut von statten gehen; 3 ⟨gesprek, onderhandelingen⟩ in Fluß kommen
**vlotter** *techn* Schwimmer *m*
**vlotweg** flott-, schlankweg
**vlucht** 1 ⟨het vliegen⟩ Flug *m*; 2 ⟨het vluchten⟩ Flucht *v*; 3 ⟨troep⟩ Kette *v*, Volk *o*; 4 ⟨vleugelwijdte⟩ Flügelweite *v*; *~ over de Atlantische Oceaan* Transatlantikflug *m*; *~ zonder tussenlanding* Direktflug *m*; *~ patrijzen* Kette *v* Rebhühner, Rebhuhnkette *v*; *een hoge ~ nemen* einen mächtigen Aufschwung nehmen; *op de ~ gaan, slaan* die Flucht (schertsend das Hasenpanier) ergreifen
**vluchteling** Flüchtling *m*
**vluchtelingenkamp** Flüchtlingslager *o*
**vluchten** fliehen, sich flüchten
**vluchthaven** Not-, Schutzhafen *m*
**vluchtheuvel** Verkehrs-, Schutzinsel *v*; *~ met tramhalte* Haltestelleninsel *v*
**vluchtig** flüchtig
**vluchtleider** Fluchtleiter *m*

**vluchtleiding** Flugleitung *v*
**vluchtmisdrijf** ZN Fahrerflucht *v*
**vluchtnabootser** Flugsimulator *m*
**vluchtstrook** Rand-, Haltestreifen *m*
**vlug** 1 ⟨snel⟩ schnell, geschwind, rasch, flink, fix; 2 ⟨handig⟩ gewandt; ~ *wat!* geschwind! gemeenz dalli!, fix!; ~ *van begrip (verstand) zijn* eine rasche Auffassungsgabe besitzen
**vluggertje** 1 ⟨bij schaken, dammen⟩ Partie *v* Blitzschach, Blitzdame; 2 ⟨seks⟩ eine schnelle Nummer *v*, einer auf die Schnelle
**vlugschrift** Flugschrift *v*
**vlugzout** Riechsalz *o*
**VN** = *Verenigde Naties* Vereinte Nationen
**vocaal** I *v* ⟨klinken⟩ Vokal *m*, Selbstlaut *m*; II *bn* stimmlich; *vocale muziek* Vokalmusik *v*
**vocabulaire** Vokabular *o*
**vocalist** Vokalist *m*
**vocht** 1 ⟨vochtigheid⟩ Feuchtigkeit *v*; 2 ⟨vloeistof⟩ Flüssigkeit *v*, Naß *o*
**vochtig** feucht
**vochtigheid** Feuchtigkeit *v*
**vochtigheidsgraad** Feuchtigkeitsgrad *m*
**vochtigheidsmeter** Feuchtigkeitsmesser *m*, Hygrometer *m*
**vochtvrij** 1 ⟨in 't alg.⟩ trocken; 2 ⟨vochtwerend⟩ feuchtigkeitsbeständig, naßfest
**vod** ⟨lor⟩ Lumpen *m*, Fetzen *m*; 2 ZN ⟨doek⟩ (Staub)lappen *m*, (Staub)tuch *o*
**voddenbaal** schlampiger Mensch *m*
**voddenboer, voddenman** *m* Lumpenhändler, Trödler *m*
**vodje** ⟨lap⟩ Läppchen *o*, Fetzen *m*; *een ~ papier* ein Fetzen Papier
**voeden** 1 ⟨in 't alg.⟩ nähren; 2 techn speisen; *de hoop ~* die Hoffnung hegen; *zich met aardappels ~* sich von Kartoffeln ernähren
**voeder** Futter *o*
**voederen** füttern
**voedertijd** Futterzeit *v*
**voeding** 1 ⟨het voeden⟩ Ernährung *v*, Verpflegung *v*; 2 ⟨voedsel⟩ Nahrung *v*; 3 ⟨kost⟩ Beköstigung *v*; 4 ⟨v. machine⟩ Speisung *v*
**voedingsbodem** Nährboden *m*
**voedingsleer** Ernährungslehre *v*
**voedingsmiddel** Nahrungs-, Nährmittel *o*
**voedingsstof** Nährstoff *m*
**voedingswaarde** Nährwert *m*
**voedsel** Nahrung *v*; *voedsel ~ aan* fig nähren; *geestelijk ~* geistige Kost *v*; *plantaardig ~* Pflanzenkost *v*
**voedselhulp** Lebensmittelhilfe *v*
**voedselpakket** Lebensmittelpaket *o*
**voedselvergiftiging** Nahrungsmittelvergiftung *v*
**voedselvoorraad** Nahrungsmittelvorrat *m*
**voedselvoorziening** Lebensmittelversorgung *v*
**voedster** Amme *v*
**voedzaam** nahrhaft
**voeg** 1 ⟨in 't alg.⟩ Fuge *v*; 2 ⟨tussen rails⟩ Stoß *m*; *in ~e zijn* ZN im Schwang(e) sein, üblich sein
**voegen** 1 ⟨bij iets doen⟩ (aneinander) fügen; 2 ⟨muur⟩ fugen; ~ *bij* fügen zu; *zich bij iem. ~* sich einem anschließen, sich zu einem gesellen; *zich ~ in* sich fügen in (+ 4)
**voegwoord** Bindewort *o*, Konjunktion *v*
**voelbaar** 1 eig fühlbar; 2 ⟨duidelijk⟩ deutlich, klar
**voelen** fühlen, empfinden, spüren; *geen aanvechting ~* keine Neigung verspüren; *narigheid ~* Unannehmlichkeiten (Widerwärtigkeiten) ahnen (erwarten); *daar voel ik niets voor* das interessiert mich nicht; ⟨niet mee willen doen⟩ dafür bin ich nicht zu haben; *zich beter ~* sich besser fühlen; *diep gevoeld* tiefempfunden
**voeling** Fühlung *v*
**voelspriet** ⟨van insect⟩ Fühler *m*, Taster *m*
**voer** Futter *o*
**voerbak** Futtertrog *m*
**voeren** 1 ⟨leiden⟩ führen; 2 ⟨voer geven⟩ füttern; 3 ⟨v. voering voorzien⟩ füttern, ausfüttern; *oorlog ~* Krieg führen; *oppositie ~* Opposition machen; *'t woord ~* das Wort führen; *ten tonele ~* auf die Bühne bringen, vorbringen
**voering** Futter *o*
**voerman** Fuhrmann *m*
**voertaal** 1 ⟨in 't alg.⟩ Gemein-, Unterrichts-, Lehrsprache *v*; 2 ⟨v. congres⟩ Verhandlungssprache *v*
**voertuig** Fuhrwerk *o*, Fahrzeug *o*
**voet** 1 ⟨lichaamsdeel & lengtemaat⟩ Fuß *m*; 2 ⟨v. kous⟩ Füßling *m*; *dat zal veel ~en in de aarde hebben* das wird viel Mühe kosten, das wird schwer halten; *iem. de ~ dwars zetten* einem in den Weg treten, einem Hindernisse in den Weg legen, einem hinderlich sein; *geen ~ verzetten* keinen Schritt tun; *geen ~ kunnen verzetten* sich nicht von der Stelle rühren können; *vaste ~ krijgen* festen Fuß fassen; *geen ~ aan de grond krijgen* nicht die geringste Aussicht auf Erfolg haben; *~ aan wal zetten* den Fuß ans Land setzen; *~ bij stuk houden* bei der Stange bleiben; *iets met ~en treden* etwas mit Füßen treten; *onder de ~ lopen* überrennen; *op dezelfde ~* in derselben Weise; *met iem. op gespannen ~ staan* mit jmdm. auf gespanntem Fuß stehen, zu jmdm. ein schlechtes Verhältnis haben; *op grote ~ leven* auf großem Fuß leben; *op de oude ~* auf der, in der alten Weise; *op staande ~ ontslaan* fristlos entlassen; *op vrije ~en stellen* auf freien Fuß setzen; *op ~ van gelijkheid* von gleich zu gleich, auf gleich und gleich; *op ~ van oorlog* im Kriegszustand, auf (dem) Kriegsfuß, kriegsmäßig; *te ~ gaan* zu Fuß gehen; *ten ~en uit* in ganzer Figur; *zich uit de ~en maken* sich aus dem Staube machen; *niet uit de ~en kunnen* sich nicht entfernen können, keinen Ausweg wissen; *iem. iets voor de ~en gooien* jmdm. etwas vorwerfen; *iem. voor de ~en lopen* jmdm. über (vor) die Füße laufen; zie ook: *voetje*
**voetangel** Fußangel *v*, -eisen *o*; *hier liggen ~s en klemmen* hier liegen Fußangeln und Selbstschüsse
**voetbad** Fußbad *o*

**voetbal** I *m* ⟨voorwerp⟩ Fußball *m*; II *o* ⟨sport⟩ Fußball(sport) *m*
**voetbalbond** Fußballverband *m*
**voetbalclub** Fußballklub *m*
**voetbalelftal** (Fußball)mannschaft *v*, Elf *v*
**voetbalknie** Fußballknie *o*
**voetballen** Fußball spielen, fußballen
**voetballer** Fußballspieler *m*, Fußballer *m*
**voetbalmatch** Fußballspiel *o*, -wettkampf *m*
**voetbalpool** (Fußball)toto *m*
**voetbalschoen** Fußballstiefel *m*, -schuh *m*
**voetbalsupporter** Schlachtenbummler *m*
**voetbalvandaal** Fußballvandale *m*
**voetbalvandalisme** Fußballvandalismus *m*
**voetbalveld** Fußballfeld *o*
**voetganger** Fußgänger *m*
**voetgangerslicht** Fußgängerampel *v*
**voetgangersoversteekplaats** Fußgängerüberweg *m*
**voetje** Füßchen *o*; ~ *voor* ~ Schritt für Schritt; *een wit* ~ *bij iem. halen* sich lieb Kind bei jmdm. machen
**voetjevrijen** fußeln
**voetlicht** Rampe *v*, Rampenlicht *o*, -beleuchtung *v*; *voor 't* ~ *brengen* aufführen; *voor 't* ~ *treden* auftreten, ins Rampenlicht treten
**voetnoot** Fußnote *v*
**voetpad** Fußweg *m*, -steig *m*, -pfad *m*
**voetreis** Fußtour *v*, -reise *v*, Wanderfahrt *v*
**voetspoor** Fußspur *v*, Spur *v*
**voetstap** 1 ⟨stap⟩ Schritt *m*; 2 ⟨spoor⟩ Fußspur *v*, -stapfe *v*; *in iems.* ~*pen treden* in jemands Fuß(s)tapfen treten
**voetstoots** ⟨dadelijk⟩ ohne weiteres, sofort
**voetstuk** ⟨v. standbeeld⟩ Sockel *m*, Postament *o*
**voettocht** Fußtour *v*, Wanderfahrt *v*
**voetveeg** *iems.* ~ *zijn* von einem miserabel behandelt werden
**voetveer** Fähre *v* für Fußgänger
**voetvolk** mit Fußvolk *o*, Infanterie *v*
**voetzoeker** Schwärmer *m*, Knallfrosch *m*
**voetzool** Fußsohle *v*
**vogel** Vogel *m*; *een slimme* ~ ein schlauer Fuchs *m*, ein Schlaukopf *m*; *de* ~ *is gevlogen* der Vogel ist ausgeflogen; *beter één* ~ *in de hand dan tien in de lucht* lieber einen Sperling in der Hand als zehn auf dem Dache; zie ook: *vogeltje*
**vogelaar** (Amateur)ornithologe *m*
**vogelbekdier** Schnabeltier *o*
**vogelkooi** Vogelkäfig *m*, (Vogel)bauer *m*
**vogelkunde** Vogelkunde *v*, Ornithologie *v*
**vogelnest** 1 ⟨in 't alg.⟩ Vogelnest *o*; 2 ⟨v. roofvogels⟩ Horst *m*
**vogelpik** ZN 1 ⟨spel⟩ Darts *o*, Dartspiel *o*; 2 ⟨schijf⟩ Zielscheibe *v*; 3 ⟨club⟩ Dartsklub *m*
**vogelspin** Vogelspinne *v*
**vogeltje** Vogel *m*, Vögelchen *o*; *ieder* ~ *zingt zoals 't gebekt is* jeder Vogel singt, wie ihm der Schnabel gewachsen ist
**vogelverschrikker** Vogelscheuche *v*
**vogelvlucht** eig Vogelflug *m*; 2 ⟨rechte lijn⟩ Luftlinie *v*; *in* ~ aus der Vogelperspektive; fig im Überblick

**vogelvrij** vogelfrei; ~ *verklaren* ächten
**vogelvrijverklaarde** Friedlose(r) *m-v*, Geächtete(r) *m-v*
**vol** voll; *(met iets) de handen* ~ *hebben* alle Hände voll zu tun haben; ~ *vlekken* verkleckst, verfleckt; ~*le broers* leibliche Brüder; ~ *gas* Vollgas *o*; *de* ~ *grond* das Freiland; ~*le maan* Vollmond *m*; ~*le melk* Vollmilch *v*; ~*le neef* richtiger Vetter; *een* ~ *uur* eine volle (geschlagene) Stunde *v*; *in* ~*le zee* auf hoher (offener) See; *met* ~*le kracht* mit Volldampf; *ten* ~*le gerechtigd* vollberechtigt; *hij is ten* ~*le voor zijn taak berekend* er ist seiner Aufgabe vollkommen gewachsen
**volautomatisch** vollautomatisch
**volbloed** Vollblut *o*, Vollblüter *m*
**volbrengen** vollbringen, -enden; *zijn taak* ~ seine Aufgabe erledigen
**voldaan** 1 ⟨tevreden⟩ zufrieden, befriedigt; 2 ⟨op rekening⟩ Betrag (dankend) erhalten
**voldoen** 1 ⟨tevredenstellen⟩ befriedigen; 2 ⟨rekening⟩ bezahlen, begleichen; *uitstekend* ~ sich (ausgezeichnet) bewähren; *aan de behoefte* ~ dem Bedarf genügen; *aan de eisen* ~ den Anforderungen entsprechen, genügen; *aan zijn verplichtingen* ~ handel seinen Verbindlichkeiten nachkommen; *aan een verzoek* ~ eine Bitte gewähren
**voldoende** I *bn* ausreichend, hinreichend; II *bijw* genügend, ausreichend; ⟨toereikend⟩ hinlänglich; ~ *zijn* genügen (+ 3); III *v & o* ausreichende Note *v*
**voldoening** 1 ⟨genoegdoening⟩ Genugtuung *v*; 2 ⟨v. rekening⟩ Bezahlung *v*, Begleichung *v*
**voldongen**: *een* ~ *feit* eine vollendete Tatsache *v*
**voldragen** ausgetragen
**volgauto** Trauerwagen *m*
**volgeboekt** ausgebucht
**volgeling** 1 ⟨aanhanger⟩ Anhänger *m*, Gefolgsmann *m*; 2 ⟨in de kunst⟩ Jünger *m*, Schüler *m*
**volgen** folgen (+ 3); *daaruit volgt* daraus folgt, daraus ergibt sich; *de berichten over iets* ~ die Nachrichten über etwas verfolgen; *een college* ~ eine Vorlesung hören; *een politiek* ~ eine Politik verfolgen
**volgend** folgend; *de* ~*e dag* am nächsten Tag, tags darauf; *een* ~*e keer* ein nächstes Mal *o*; *wij delen u het* ~*e mee* wir teilen Ihnen folgendes mit
**volgens** zufolge (+ 3), nach, laut (+ 3 & 2); entsprechend (+3); ⟨offic. stijl⟩ gemäß, nach Maßgabe (+ 2); ~ *afspraak* wie verabredet, verabredetermaßen; ~ *art. 3* gemäß Paragraph 3; ~ *uw brief* Ihrem Briefe zufolge; ~ *contract* kontrakt-, vertragsmäßig, vertraglich; ~ *mijn mening* meiner Meinung nach; ~ *opdracht* auftragsgemäß; ~ *uw order* Ihrem Auftrag entsprechend; ~ *de statuten* satzungsgemäß; ~ *uw wens* Ihrem Wunsche entsprechend; ~ *zijn woorden* seinen Worten nach
**volgnummer** fortlaufende Nummer *v*
**volgooien** 1 ⟨in 't alg.⟩ vollwerfen; 2 ⟨gat⟩

**volgorde** zuwerfen, vollschütten
**volgorde** Reihenfolge v; *in* ~ *der Reihe nach*
**volgrijtuig** ⟨bij begrafenis⟩ Trauerkutsche v
**volgroeid** ausgewachsen
**volgzaam** folgsam
**volharden** ausharren, beharren
**volharding** Ausdauer v, Beharren o
**volheid** Fülle v
**volhouden** durchhalten; ⟨meer passief⟩ aushalten; *de concurrentie* ~ die Konkurrenz aushalten; *consequent* ~ folgerichtig ausharren; *een streng volgehouden stijl* ein streng durchgeführter Stil m; *hij hield vol dat het zo was* er beharrte dabei, daß es so war
**volière** Voliere v, Vogelhaus o
**volk** ⟨ook bijen⟩ Volk o; ~! ⟨in winkel⟩ Kundschaft!; ⟨in café⟩ Wirtschaft!; *er was veel* ~ es waren viele Leute da
**Volkenbond** Völkerbund m
**volkenkunde** Völkerkunde v, Ethnologie v
**volkenmoord** Völkermord m
**volkenrecht** Völkerrecht o
**volkenrechtelijk** völkerrechtlich
**volkomen** vollkommen; völlig, vollständig; ~ *bevredigd* restlos befriedigt
**volkorenbrood** Vollkornbrot o
**volks 1** ⟨in 't alg.⟩ volkstümlich; **2** geringsch plebejisch; **3** nat-soc völkisch
**volksbeweging** Volksbewegung v
**volksbuurt** Arbeiterviertel o
**volksdans** Volkstanz m
**volksdansen** Volkstanz m
**volksetymologie** Volksetymologie v
**volksfeest** Volksfest o
**volksfront** Volksfront v
**volksgebruik** Volkssitte v, -brauch m
**volksgeloof** Volksglaube m
**volksgezondheid** Volksgesundheit v
**volkshuisvesting** öffentliches Wohnungswesen o
**volkskunde** Volkskunde v
**volkslied 1** ⟨nationaal lied⟩ Volks-, Nationalhymne v; **2** ⟨traditioneel lied⟩ Volkslied o
**volksmenner** Agitator m, Demagoge m
**volksmond** Volksmund m
**volksmuziek** Volksmusik v
**volkspartij** Volkspartei v
**volksrepubliek** Volksrepublik v
**volksstam** Volksstamm m
**volksstemming** Volksabstimmung v
**volkstaal** Volkssprache v
**volkstelling** Volkszählung v
**volkstoneel** Volkstheater o
**volkstuintje** Schrebergärten m; *complex van* ~*s* Laubenkolonie v
**volksuniversiteit** Volkshochschule v
**volksverhuizing** Völkerwanderung v
**volksverlakkerij** Volksverdummung v
**volksvermaak** Volksbelustigung v
**volksvertegenwoordiger** Volksvertreter m
**volksvertegenwoordiging** Volksvertretung v
**volksverzekering** Volksversicherung v

**volksvijand** Volksfeind m
**volksziekte** Volkskrankheit v
**volledig** vollständig, voll, Voll-; ~*e betrekking* Vollstelle v; ~ *pension* Vollpension v; ~*e uitgave* Gesamtausgabe v; ~*e werkgelegenheid* Vollbeschäftigung v; ~ *bij zijn verstand* im Vollbesitz seines Verstandes, bei vollem Verstand
**volledigheidshalve** der Vollständigkeit halber
**volleerd** ausgelernt, perfekt
**vollemaan** Vollmond m
**volley** ⟨bij tennis⟩ Flugball m
**volleybal** Volleyball m
**volleyballen** Volleyball spielen
**vollopen** vollaufen, sich füllen
**volmaakt** vollkommen, vollendet; völlig
**volmaaktheid** Vollkommenheit v
**volmacht** Vollmacht v; *bij* ~ per Prokura
**volmondig** offenherzig; *een* ~ *ja* ein volles Ja o
**volop** vollauf, reichlich; ~ *werk hebben* vollauf (alle Hände voll) zu tun haben; ~ *genieten* vollauf genießen
**volpension** Vollpension v
**volproppen** vollpfropfen; *zich* ~ sich den Bauch vollschlagen
**volslagen** völlig, total; ~ *waanzin* blanker, heller Wahnsinn m
**volslank** vollschlank
**volstaan** genügen, hinreichen; *daarmee kan ik* ~ das genügt
**volstrekt 1** ⟨absoluut⟩ absolut, unbedingt; **2** ⟨met nadruk⟩ ausdrücklich; **3** ⟨onbeperkt⟩ unbeschränkt; ~*e macht* unbeschränkte Macht v; ~ *niet* durchaus nicht, keineswegs
**volt** Volt o; *van 1000* ~ tausendvoltig
**voltage** Voltzahl v, Spannung v
**voltallig** vollzählig, in voller Zahl
**voltapijt** ZN Teppichboden m
**voltooid** vollendet; ~ *tegenwoordige tijd* Perfekt o; ~ *verleden tijd* Plusquamperfekt o; ~ *toekomende tijd* vollendete Zukunft v, zweites Futur(um) o
**voltooien** vollenden, beenden, fertigstellen
**voltooiing** Vollendung v, Fertigstellung v
**voltreffer** Volltreffer m
**voltrekken** vollziehen, -strecken
**voltrekking** Vollziehung v, -streckung v, -zug m; *de* ~ *van een vonnis* die Urteilsvollstreckung
**voluit** ganz, vollständig; in Worten; ~ *geschreven* ausgeschrieben
**volume** Volumen o, Umfang m, Rauminhalt m
**volumeknop** Lautstärkeregler m
**volumineus** voluminös
**volvet** vollfett
**volvoeren** vollziehen, -bringen, ausführen
**volwaardig** vollwertig
**volwassen 1** ⟨v. personen⟩ erwachsen; **2** ⟨volgroeid⟩ ausgewachsen
**volwassene** Erwachsene(r)
**volzin** Satz m
**vondeling** Findling m, Findelkind o; *kinderen te* ~ *leggen* Kinder aussetzen

**vondst** Fund *m*
**vonk** Funke(n) *m*
**vonken** funken
**vonnis** Urteil *o*, Urteilsspruch *m*
**vonnissen** verurteilen, richten
**voodoo** Wodu *m*, Voodoo *m*
**voogd** Vormund *m*; *toeziende ~* Gegenvormund *m*
**voogdes** Vormünderin *v*
**voogdij** Vormundschaft *v*
**voogdijraad** Vormundschaftsgericht *o*
**1 voor I** *voorz* 1 (v. plaats en tijd) vor (of 3 & + 4); 2 (toekomstige tijd) für (+ 4); 3 (ten behoeve van) für (+ 4); *ik sta ~ het raam* ich stehe vor dem Fenster; *tot ~ de deur* bis vor die Tür; *het is nog ~ twaalven* es ist noch vor zwölf; *kwart ~ twaalf* viertel vor zwölf; *~ de helft* zur Hälfte; *~ de eerste keer* zum ersten Mal; *één ~ één* einer nach dem andern; *~ altijd* auf (für) immer, endgültig, definitiv; *~ eeuwig* auf ewig; *het ~ elkaar krijgen* es schon schaffen; *~ geen geld ter wereld* nicht um alles in der Welt; *ik ~ mij* ich für meine Person; *dat is niets ~ mij* das ist nicht mein Ding *o*; *prijs van vóór de oorlog* Vorkriegspreis *m*; **II** *voegw* ehe, bevor; *hij gaat voor ik kom er* geht, bevor (ehe) ich komme; **III** *bijw* vorn; *~ in de klas* vorn in der Klasse; *~ en na* nach wie vor; **IV** *o*: *het ~ en tegen* das Für und das Wider
**2 voor** (v. ploegsnede) Furche *v*; *voren maken* furchen
**vooraan** vorn, vorn(e)weg; *~ gaan, lopen* vorangehen; *hij is altijd met de neus ~* er ist immer vorn(e)weg
**vooraanstaand** prominent, führend
**vooraanzicht** Voderansicht *v*
**vooraf I** *bijw* vorher, zuvor; **II** *bn* vorherig; *waarschuwing ~* vorherige Warnung *v*; (officieel) Vorerinnerung *v*
**voorafgaan**: *~ aan* vorhergehen (+ 3)
**voorafgaand** vorhergehend, vorherig; vorig; *~e censuur* Vorzensur *v*
**voorafje** Vorspeise *v*
**vooral** besonders; *doe 't ~ niet* tue es ja nicht
**vooralsnog** vorerst, zunächst, fürs erste
**voorarrest** Untersuchungshaft *v*
**voorravond** Vorabend *m*
**voorbaat**: *bij ~* im voraus
**voorbarig** voreilig, -schnell, -laut
**voorbedachtheid** ZN Vorbedacht *m*, Vorsatz *m*, Absicht *v*
**voorbeeld** 1 (in 't alg.) Beispiel *o*, Exempel *o*; 2 (toonbeeld) Muster *o*; 3 (om na te schrijven) Muster *o*, Vorlegeblatt *o*; 4 (ideaal voorbeeld) Vorbild *o*; *een ~ stellen* ein Exempel statuieren; *'t goede ~ geven* das gute Beispiel geben, mit gutem Beispiel vorangehen; *als ~ nemen* zum Exempel nehmen; *iem. tot ~ stellen* einen als Vorbild hinstellen; *tot ~ strekken* als Beispiel (Vorbild) dienen
**voorbeeldig** musterhaft, exemplarisch
**voorbehoedmiddel** Verhütungsmittel *o*
**voorbehoud** Vorbehalt *m*; *zonder ~* vorbehaltlos

**voorbehouden** 1 (aan zich houden) vorbehalten; 2 (reserveren) reservieren
**voorbereiden** vorbereiten; *zich ~* sich vorbereiten; *op het ergste voorbereid* auf das Schlimmste gefaßt; *~de werkzaamheden* Vorarbeiten *mv*
**voorbereiding** Vorbereitung *v*; *~ voor een examen* Examensvorbereitung *v*
**voorbericht** 1 (in boek) Vorwort *o*; 2 telec Voranmeldung *v*
**voorbeschikken** 1 (in 't alg.) vorherbestimmen; 2 godsd prädestinieren
**voorbeschouwing** 1 (film) Vorschau *v*; 2 (boek, film, toneel) Vorbesprechung *v*
**voorbestemmen** vorbestimmen
**voorbij** vorüber, vorbei
**voorbijgaan** vorbei-, vorübergehen; *een huis ~* an einem Hause vorüber-, vorbeigehen; *(aan) iets met stilzwijgen ~* etwas mit Stillschweigen übergehen; *in het ~* im Vorbeigehen; (terloops) beiläufig, nebenbei
**voorbijganger** Passant *m*, Vorübergehende(r) *m-v*
**voorbijpraten**: *z'n mond ~* sich verplappern, sich den Mund verbrennen, sich verplaudern
**voorbijrijden** vorbei-, vorüberfahren
**voorbijstreven** zu übertreffen suchen, überholen
**voorbode** Vorbote *m*, -zeichen *o*
**voordat** ehe, bevor
**voordeel** Vorteil *m*, Nutzen *m*, Vorzug *m*; *deze werkmethode heeft grote voordelen* dieses Verfahren hat große Vorzüge; *~ trekken van* Vorteil ziehen aus; *in het ~ van de verkopers* zugunsten der Verkäufer
**voordeelregel** Vorteilregel *v*
**voordelig** vorteilhaft, einträglich, preiswert
**voordeur** Haus-, Vordertür *v*
**voordeurdelers** Gemeinschaftshaushalt *m*
**voordien** früher, vorher, vordem
**voordoen** 1 (v. servet enz.) vortun, -binden; 2 (laten zien) vormachen; *er doet zich een gelegenheid voor* es bietet sich eine Gelegenheit (dar); *als het geval zich voordoet* eintretenden-, gegebenenfalls, eventuell; *de vraag doet zich voor* die Frage erhebt sich; *zich ~ als* sich ausgeben für, spielen (+ 4); *zich goed ~* sich anständig benehmen, gute Manieren haben
**voordracht** 1 (lezing) Vortrag *m*; 2 (kandidatenlijst) Kandidaten-, Vorschlagsliste *v*; *~ uit eigen werk* Dichterlesung *v*; *op ~ van de minister* auf Vorschlag des Ministers
**voordrachtskunstenaar** Vortragskünstler *m*
**voordragen** 1 (declameren) vortragen; 2 (voor benoeming) vorschlagen, empfehlen
**voordringen** sich vordränge(l)n
**vooreerst** zunächst, fürs erste, vorerst
**voorfilm** Vorfilm *m*
**voorgaan** vorangehen, vorgehen; *een dame laten ~* einer Dame den Vortritt (eine Dame vorangehen) lassen; *in gebed ~* vorbeten
**voorganger** 1 (in 't alg.) Vorgänger *m*; 2 (in

**voorgeleiden**

ambt⟩ Amtsvorgänger *m*; **3** godsd ± Pfarrer *m*
**voorgeleiden** recht (zwangsweise) vorführen
**voorgerecht** Vorgericht *o*, -speise *v*
**voorgeschiedenis** Vorgeschichte *v*
**voorgeslacht** Vorfahren *mv*; Ahnen *mv*
**voorgevel** Fassade *v*
**voorgeven** vorgeben, -wenden, -schützen
**voorgevoel** Ahnung *v*; *een ~ hebben* eine Ahnung haben
**voorgift** Vorgabe *v*
**voorgoed** auf (für) immer; endgültig, definitiv
**voorgrond** Vordergrund *m*; *op de ~ plaatsen* in den Vordergrund rücken
**voorhamer** Vorschlag-, Vorhammer *m*
**voorhand 1** (deel v. hand) Vorderhand *v*; **2** kaartsp Vorhand *v*; *op ~* im voraus; *aan de ~ zitten* kaartsp als Erste(r) 'dran sein
**voorhanden** vorhanden, vorrätig
**voorhebben** ⟨van plan zijn⟩ vorhaben; *iets op iem. ~* einem voraus sein; *de verkeerde ~* sich in der Person irren; *het goed met iem. ~* es gut mit einem meinen
**voorhechtenis** ZN U-haft *v*, Untersuchungshaft *v*
**voorheen** ehemals, ehedem, sonst, früher
**voorhistorisch** vorgeschichtlich, prähistorisch
**voorhoede 1** mil Vorhut *v*; ⟨cavalerie⟩ Vortrab *m*; **2** sp Sturm *m*, Angriffsreihe *v*
**voorhoedespeler** Stürmer *m*
**voorhoofd** Stirn *v*; *met gefronst ~* mit gerunzelter Stirn, stirnrunzelnd
**voorhoofdsholteontsteking** Stirnhöhlenkatarrh *m*, -vereiterung *v*
**voorhouden 1** eig vor-, hinhalten; **2** fig vor Augen halten
**voorhuid** Vorhaut *v*
**voorin** vorn, vorne
**vooringenomen** voreingenommen, befangen
**voorjaar** Frühjahr *o*
**voorjaarsmoeheid** Frühjahrsmüdigkeit *v*
**voorkamer** Vorderzimmer *o*
**voorkant** Vorderseite *v*; *aan de ~* ⟨ook⟩ vorn heraus
**voorkauwen** vorkauen
**voorkennis** Vorwissen(schaft) *o (v)*
**voorkeur** Vorliebe *v*; Vorzug *m*; *de ~ geven aan* vorziehen, den Vorzug geben (+ 3); *bij ~* vorzugsweise
**voorkeursbehandeling** Vorzugsbehandlung *v*
**voorkeurspelling** bevorzugte Rechtschreibung *v*
**voorkeurstem** Vorzugsstimme *v*
**voorkeuzetoets** Vorwahltaste *v*
**1 voor'komen** overg ⟨beletten⟩ zuvorkommen (+ 3), vorbeugen (+ 3); verhindern; *een bankroet ~* einen Konkurs vermeiden; *~ is beter dan genezen* der kluge Mann baut vor; *'t ~ van ongelukken* Unfallverhütung *v*
**2 'voorkomen I** onoverg ⟨voorsprong nemen; bestaan⟩ vorkommen; *iem. ~* ⟨voorsprong op iem. nemen⟩ einen überholen;

*de zaak komt morgen voor* ⟨'t gerecht⟩ morgen ist Termin, die Sache steht morgen zur Verhandlung; **II** *o* **1** ⟨aanwezigheid⟩ Vorkommen *o*; **2** ⟨schijn⟩ Anschein *m*; **3** ⟨uiterlijk⟩ Äußere(s) *o*
**1 'voorkomend**: *bij ~e gelegenheid* vorkommendenfalls, im Vorkommensfall
**2 voor'komend** ⟨vriendelijk⟩ zuvorkommend, verbindlich
**voorlaatst** zweitletzt; *de ~e week* die (vorvorige) vorletzte Woche
**voorlader 1** ⟨wasmachine, cassettedeck⟩ Frontlader *m*; **2** ⟨vuurwapen⟩ Vorderlader *m*
**voorlangs** vor jmdm./etwas entlang; *hij schoot de bal ~* er schoß den Ball vor dem Tor entlang
**voorleggen** vorlegen; ⟨ambtelijk⟩ unterbreiten
**voorleiden** recht zwangsweise vorführen
**voorlezen** vorlesen; ⟨ambtelijk⟩ verlesen
**voorlichten 1** (in 't alg.) belehren, aufklären; **2** ⟨seksueel⟩ aufklären
**voorlichter 1** (in 't alg.) Sprecher *m*, Wortführer *m*; **2** (voor de pers) Pressesprecher *m*; **3** ⟨ambtenaar⟩ Auskunftsbeamte(r) *m-v*
**voorlichting** Aufklärung *v*, Belehrung *v*; *seksuele ~* sexuelle Aufklärung *v*; *~ bij beroepskeuze* Berufsberatung *v*
**voorlichtingsdienst** Presseamt *o*; -stelle *v*
**voorliefde** Vorliebe *v*
**voorliegen**: *iem. ~* einen anlügen, einem vorlügen
**voorlijk** ⟨geestelijk⟩ frühreif
**voorlopen** vorlaufen
**voorloper** Vorläufer *m*
**voormalig** ehemalig, früher
**voorman 1** mil Vordermann *m*; **2** (in fabriek) Vorarbeiter *m*; **3** (leider) Führer *m*; *sociaal ~* Betriebsobmann *m*
**voormiddag** Vormittag *m*
**voorn** Plötze *v*
**1 'voornaam** *m* Vorname *m*
**2 voor'naam** *bn* vornehm
**voornaamwoord** Fürwort *o*, Pronomen *o*
**voornamelijk** namentlich, hauptsächlich
**voornemen**: **I** *ww*: *zich iets ~* sich etw. vornehmen; **II** *o* Vorhaben *o*, Absicht *v*, Vorsatz *m*; *het ~ hebben* die Absicht haben, beabsichtigen
**voornoemd** obengenannt, -erwähnt
**vooronder** Vorunter *o*
**vooronderstellen** voraussetzen, annehmen
**vooronderstelling** Voraussetzung *v*, Annahme *v*
**vooronderzoek** recht Voruntersuchung *v*
**voorontwerp** Vorentwurf *m*
**vooroordeel** Vorurteil *o*
**vooroorlogs** Vorkriegs-
**voorop 1** ⟨aan de voorzijde⟩ vorn, vorn drauf; voran, vorauf; **2** fig an erster Stelle
**vooropleiding** Vorbildung *v*
**vooropstellen** voraussetzen, -schicken, annehmen; *een vooropgestelde mening* eine vorgefaßte Meinung *v*
**vooropzeg** ZN Kündigungsfrist *v*

**voorouders** Vorfahren *mv*, -eltern *mv*; Ahnen *mv*

**voorover** vornüber

**vooroverbuigen**: *zich ~* sich vorbeugen, -neigen, sich nach vorn beugen

**voorovervallen** vornüber stürzen

**voorpagina** Titelblatt *o*; -seite *v*

**voorpoot** Vorderfuß *m*, -bein *o*

**voorportaal** Vorhalle *v*, Vestibül *o*

**voorpost** mit Vorposten *m*

**voorpret** Vorfreude *v*, -genuß *m*

**voorproefje** Probe *v*, Kostprobe *v*; ⟨fig ook⟩ Vorgeschmack *m*

**voorprogramma** Vorprogramm *o*

**voorraad** 1 ⟨in 't alg.⟩ Vorrat *m*; 2 ⟨in pakhuis e.d.⟩ Bestand *m*; *zolang de ~ strekt* solange der Vorrat reicht; *iets in ~ houden* etwas vorrätig (auf Lager) halten

**voorradig** vorrätig; *~ hebben* vorrätig haben; ⟨in zaak⟩ auf Lager haben

**voorrang** 1 ⟨in 't alg.⟩ Vorrang *m*; 2 ⟨in 't verkeer⟩ Vorfahrt *v*; *~ hebben* ⟨verkeer⟩ Vorfahrtsrecht *o* haben; *iets met ~ behandelen* etwas vorrangig (bevorzugt) behandeln

**voorrangskruising** Vorfahrtskreuzung *v*

**voorrangsweg** Vorfahrtsstraße *v*

**voorrecht** Vorrecht *o*, Privilegium *o*

**voorrijden** vorreiten; ⟨voertuig⟩ vorfahren

**voorrijkosten** Anfahrtskosten *mv*

**voorronde** Vorrunde *v*

**voorruit** Windschutzscheibe *v*

**voorschieten** vorschießen, auslegen

**voorschot** Vorschuß *m*, Vorschußzahlung *v*

**voorschotelen** auftischen; vorsetzen

**voorschrift** Vorschrift *v*; *niet-bindend ~* Kannvorschrift *v*; *volgens ~* vorschriftsmäßig

**voorschrijven** 1 ⟨in 't alg.⟩ vorschreiben; 2 ⟨medicijnen⟩ verordnen, verschreiben

**voorseizoen** Vorsaison *v*

**voorsnijden** vorschneiden

**voorsorteren** ⟨in het verkeer⟩ einordnen

**voorspel** Vorspiel *o*

**voorspelen** muz vorspielen

**voor'spellen** voraus-, vorhersagen

**voorspelling** 1 ⟨in 't alg.⟩ Voraus-, Vorhersage *v*; 2 ⟨v. weer e.d.⟩ Voraussage *v*

**voorspiegelen** vorspiegeln, -täuschen

**voorspoed** 1 ⟨geluk⟩ Glück *o*; 2 ⟨voorspoedige ontwikkeling⟩ Gedeihen *o*; 3 ⟨welstand⟩ Wohlstand *m*; *in voor- en tegenspoed* in Glück und im Unglück

**voorspoedig** glücklich, gedeihlich, erfolgreich

**voorspraak** Fürsprache *v*, -bitte *v*; *iems. ~ zijn* ein gutes Wort für einen einlegen

**voorsprong** Vorsprung *m*

**voorstaan** ⟨verdedigen⟩ verteidigen, verfechten, befürworten; *er staat mij nog iets van voor* es schwebt mir etwas davon vor; *zich op iets laten ~* prahlen mit, sich brüsten mit etwas

**voorstad** Vorstadt *v*; ⟨klein⟩ Vorort *m*

**voorstander** Befürworter *m*, Verfechter *m*, Vertreter *m*, Anhänger *m*, Freund *m* (von)

**voorste** vorderst; ⟨van twee⟩ vorder

**voorstel** Vorschlag *m*; ⟨in vergadering, offic⟩ Antrag *m*; *een ~ doen* einen Vorschlag machen; offic einen Antrag stellen; *een ~ indienen* einen Vorschlag *m* einbringen

**voorstellen** 1 ⟨iemand⟩ vorstellen; 2 ⟨iets⟩ vorschlagen, in Vorschlag bringen; 3 ⟨uitbeelden⟩ darstellen; *iem. ~ aan* ⟨introduceren⟩ einen bekannt machen mit ; *zich ~* sich vorstellen; *dat kunt u zich ~* das können Sie sich denken; *stel je voor!* denke dir!, stell dir vor!; ⟨wel ja⟩ sieh an!, na sowas!

**voorstelling** 1 ⟨in 't alg.⟩ Vorstellung *v*; 2 ⟨v. toneel enz. ook⟩ Aufführung *v*; 3 ⟨uitbeelding⟩ Darstellung *v*; *~ van zaken* Darstellung *v*

**voorstellingsvermogen** Vorstellungsvermögen *o*

**voorsteven** Vordersteven *m*

**voorstudie** 1 ⟨voor schilderij, geschrift⟩ Vorstudie *v*; 2 ⟨'t studeren⟩ vorbereitendes Studium *o*, Vorstudium *o*

**voorstuk** Vorderstück *o*, -teil *m*

**voort** fort, vorwärts; *zegt het ~* bitte weitersagen

**voortaan** in Zukunft, fortan, künftig(hin), hinfort, fernerhin

**voortand** Vorderzahn *m*

**voortbestaan** I fortbestehen; II *o* Fortbestand *m*

**voortbewegen** fort-, vorwärtsbewegen

**voortborduren**: *op een gedachte ~* einen Gedanken weiterspinnen

**voortbouwen**: *~ op* weiterbauen auf (+ 3)

**voortbrengen** erzeugen, produzieren

**voortbrengsel** Erzeugnis *o*, Produkt *o*

**voortdrijven** I *overg* ⟨voor zich uit jagen⟩ vorwärts treiben, antreiben; II *onoverg* ⟨op water⟩ fortschwimmen, -treiben

**voortduren** fortdauern

**voortdurend** fortwährend, andauernd

**voorteken** Vorzeichen *o* ⟨ook muz⟩; *wanneer de ~en niet bedriegen* wenn nicht alle Zeichen trügen

**voortgaan** fortfahren

**voortgang** Fortgang *m*; *snelle ~ met iets maken* etwas schleunigst betreiben

**voortgezet** fortgesetzt; *~ onderwijs* Fort-, Weiterbildungsunterricht *m*

**voortijdig** verfrüht, zu früh

**voortkomen** ⟨ontstaan⟩ entstehen, erwachsen, hervorgehen; *hij komt voort uit een adellijke familie* er entstammt einer adligen Familie; *uit dit huwelijk zijn vier kinderen voortgekomen* aus dieser Ehe sind vier Kinder hervorgegangen; *dit gedrag komt voort uit onbegrip* dieses Verhalten ist auf Unverständnis zurückzuführen

**voortleven** weiter-, dahinleben

**voortmaken** sich beeilen; *maak voort!* machen Sie schnell!, mach schnell!

**voortouw**: *het ~ nemen* die Initiative ergreifen, eine Sache (selbst) in die Hand nehmen

**voortoveren** vorzaubern

**voortplanten**: *zich ~* sich fortpflanzen

**voortplanting** Fortpflanzung *v*

**voortreffelijk** vortrefflich, trefflich, vor-

**voortrekken** züglich
**voortrekken**: *iem.* ~ einen vorziehen, einem den Vorzug geben
**voortrekker 1** ⟨pionier⟩ Pionier *m*; Wegbereiter *m*; **2** ⟨bij scouting⟩ Rover *m*
**voorts** ferner, weiter
**voortschrijden** weiter-, dahinschreiten
**voortslepen 1** eig weiterschleppen; **2** ⟨sleuren⟩ weiterschleifen
**voortspruiten** entsprießen, hervorgehen, erwachsen
**voortstuwen 1** ⟨in 't alg.⟩ antreiben; **2** ⟨door golven, mensenmassa⟩ weiter-, fortwälzen
**voortsukkelen 1** ⟨door ziekte⟩ fort-, hinkränkeln; **2** ⟨langzaam gaan⟩ weiterschlendern; **3** ⟨in 't werk⟩ weiterwursteln, -trödeln
**voortuin** Vorgarten *m*
**voortvarend** energisch, eifrig, tätig
**voortvloeien 1** ⟨verder stromen⟩ weiterfließen, -strömen; **2** fig hervorgehen, erwachsen
**voortvluchtig** flüchtig, landesflüchtig
**voortwoekeren** weiterwuchern
**voortzeggen**: *zegt het voort* bitte weitersagen
**voortzetten** fortsetzen, fort-, weiterführen
**voortzetting** Fortsetzung *v*, -führung *v*
**vooruit 1** ⟨naar voren⟩ voraus; **2** ⟨vooraf⟩ zuvor; **3** ⟨bij voorbaat⟩ im voraus; ~! vorwärts!; ⟨opschieten⟩ Tempo! Tempo!; ~ *maar!*, ~ *ermee!* nur los, nur zu!; *zijn tijd* ~ *zijn* seiner Zeit voraus sein; *iem.* ~ *zijn* einem voraus sein; *iem. ver* ~ *zijn* ⟨ook⟩ einem weit überlegen sein
**vooruitbetalen** vorausbezahlen
**vooruitgaan** ⟨vooropgaan⟩ vorangehen; *de leerling gaat vooruit* der Schüler macht Fortschritte; *het werk gaat goed vooruit* die Arbeit geht gut von statten, mit der Arbeit geht es gut vorwärts; *de zieke gaat vooruit* es geht mit dem Kranken vorwärts
**1 voor'uitgang 1** ⟨in 't alg.⟩ Fortschritt *m*; **2** ⟨v. zieke⟩ Besserung *v*; **3** ⟨in betrekking⟩ Vorwärtskommen *o*
**2 'vooruitgang** Vorderausgang *m*, vorderer Ausgang *m*
**vooruitkomen** vorwärtskommen; ⟨in betrekking ook⟩ fortkommen, seinen Weg machen
**vooruitlopen** voran-, vorausgehen; ~ *op* vorgreifen (+ 3), vorwegnehmen
**vooruitrijden** ⟨met voertuig⟩ vorausfahren, vorfahren
**vooruitstrevend** fortschrittlich gesinnt, progressiv; *een* ~ *man* ⟨ook⟩ ein Fortschrittler *m*; ~*e partij* Fortschrittspartei *v*
**vooruitzicht** Aussicht *v*, Voraussicht *v*, Erwartung *v*; *in 't* ~ *stellen* in Aussicht stellen
**vooruitzien** vorausschauen, -sehen
**vooruitziend** vorausschauend, -sehend; *met* ~*e blik* mit weitsichtigem (voraussehendem) Blick, in weiser Voraussicht
**voorval** Vorfall *m*; ⟨van belang⟩ Ereignis *o*
**voorvallen** vorfallen, sich ereignen
**voorvechter** Vorkämpfer *m*

**voorverpakt** vorverpackt, in Fertigpackung *v*
**voorverwarmen** vorwärmen
**voorvoegsel** Vorsilbe *v*, Präfix *o*
**voorvoelen** ahnen, ein Vorgefühl haben von
**voorwaarde 1** ⟨in 't alg.⟩ Bedingung *v*; **2** ⟨uitgangspunt⟩ Voraussetzung *v*; ~*n stellen* Bedingungen stellen; *op* ~ *unter der Bedingung*; *op huwelijkse* ~*n getrouwd zijn* in Gütertrennung leben; *op voordelige* ~*n* zu vorteilhaften Bedingungen
**voorwaardelijk** bedingt; ~*e bijzin* Konditional-, Bedingungssatz *m*; ~*e veroordeling* bedingter Straferlaß *m*, Strafaussetzung *v* zur Bewährung
**voorwaarts I** bn: ~*e beweging* Vorwärtsbewegung *v*; **II** bijw vorwärts; ~ *mars!* im Gleichschritt marsch!
**voorwas** Vorwäsche *v*
**voorwedstrijd** Vorspiel *o*; ⟨ronde⟩ Vorrunde *v*
**voorwenden** vorgeben, -schützen, -täuschen
**voorwendsel** Vorwand *m*
**voorwereldlijk** vorweltlich
**voorwerk 1** ⟨voorbereidend werk⟩ Vorarbeit *v*; **2** ⟨v. boek⟩ Titel *m* und Vorwort *o*, Titelei *v*
**voorwerp 1** ⟨ding⟩ Ding *o*, Gegenstand *m*; **2** gramm Objekt *o*; *gevonden* ~*en* Fundsachen *mv*; *lijdend* ~ Akkusativobjekt *o*; *meewerkend* ~ Dativobjekt *o*
**voorwetenschap** Vorwissenschaft *v*
**voorwiel** Vorderrad *o*
**voorwielaandrijving** Frontantrieb *m*, Vorderradantrieb *m*; *auto met* ~ Frontlenker *m*
**voorwoord** Vorwort *o*
**voorzaat** ZN Ahn *m*, Vorfahre *m*
**voorzeggen** ⟨op school⟩ ein-, vorsagen, einblasen
**voorzet 1** ⟨voetbal e.d.⟩ Vorlage *v*; ⟨naar 't midden⟩ Flanke *v*; **2** ⟨schaken, dammen⟩ erster Zug *m*
**voorzetsel** Präposition *v*, Verhältniswort *o*
**voorzetten 1** ⟨voor iem. neerzetten⟩ vorsetzen; **2** sp den Ball vorlegen
**voorzichtig** vorsichtig, behutsam; ~ *zijn* ⟨ook⟩ Vorsicht walten lassen; *wees* ~*!* sei vorsichtig!
**voorzichtigheid** Vorsicht *v*
**voorzichtigheidshalve** vorsichtshalber
**voorzien 1** ⟨van tevoren zien⟩ voraus-, vorhersehen; **2** ⟨verschaffen⟩ versehen; **3** ⟨regelen⟩ vorsehen; *ik heb dat allang* ~ ⟨ook⟩ ich habe das längst kommen sehen; *dat was te* ~ das war vorauszusehen; *zoals te* ~ *is* vorausichtlich; *er zal in worden* ~ dem wird abgeholfen werden; *er is in alles* ~ für alles ist gesorgt; *in een behoefte* ~ einem Bedürfnis abhelfen; *in zijn eigen (levens)onderhoud* ~ sich ernähren; *in de vacature is* ~ die (vakante) Stelle ist besetzt; *(zich) van iets* ~ (sich) mit etwas versehen
**voorzienigheid** Vorsehung *v*
**voorziening** Versorgung; *sociale* ~*en* Sozi-

**alfürsorge** v
**voorzijde** Vorder-, Stirnseite v
**voorzingen** vorsingen
**voorzitten:** *een vergadering* ~ einer Versammlung vorsitzen, präsidieren (+ 3)
**voorzitter** Vorsitzende(r) m-v, Vorsitzer m, Präsident m
**voorzitterschap** Vorsitz m, Präsidium o
**voorzorg** Vorsorge v; *uit* ~ (ook) vorsorglich
**voorzorgsmaatregel** Vorsichts-, Vorsorgemaßnahme, -maßregel v, Vorkehrung v; ~*en nemen* Vorkehrungen treffen, Vorsorge tragen
**voos** 1 (slap) mürbe; 2 (karakter) verdorben
**vorderen I** *overg* 1 (eisen) fordern; 2 (van zaken, nodig maken) erfordern; 3 (door de overheid) anfordern, aufrufen, heranziehen; **II** *onoverg* (opschieten) Fortschritte machen; vorwärts (voran) gehen
**vordering** 1 (eis) Forderung v; 2 (rekwisitie) Anforderung v; 3 (op school) Fortschritt m; *flinke* ~*en maken* gute Fortschritte machen
**1 voren** m (vis) Plötze v
**2 voren** *bijw* vorn, vorne; *iets* ~ *voren brengen* etwas aufs Tapet bringen, etwas vorbringen; *naar* ~ *komen* nach vorn(e) kommen; (zichtbaar worden) hervortreten; *van* ~ vorn, vorne; *van* ~ *af aan* von vorn(e), wieder vom Anfang an; *van* ~ *gezien* von vorn gesehen
**vorig** vorig, vorhergehend; *het* ~*e jaar* das vorige Jahr, das Vorjahr; *de* ~*e spreker* der Vorredner; ~*e winter, zomer* (ook) Vorwinter m, -sommer m
**vork** 1 (bestek en v. fiets) Gabel v; 2 (hooivork) Heugabel v, Forke v; *weten hoe de* ~ *in de steel zit* wissen, wie der Hase läuft
**vorkheftruck** Gabelstapler m
**vorm** Form v; *lijdende* ~ *gramm* Leideform v, Passiv o; *concrete* ~ *krijgen* fig Körper gewinnen; ~ *aan iets geven* etwas gestalten (formen); *in* (*goede*) ~ *zijn* sp in Form sein; *naar de* ~ *juist* formell richtig; *voor de* ~ der Form halber; *zonder* ~ *van proces* ohne weiteres
**vormelijk** förmlich, formell
**vormen** 1 (ontwikkelen) bilden; 2 (v. klei enz.) formen; (knoppen) ~ Knospen treiben
**vormfout** Formfehler m
**vormgeving** Gestaltung v, Formgebung v; *industriële* ~ Industrial Design o
**vorming** Bildung v
**vormingscentrum** (m.b.t. partiële leerplicht) ± Berufsschulzentrum o
**vormingswerk** (m.b.t. partiële leerplicht) Arbeit v im Berufsschulsektor
**vormleer** Formenlehre v
**vormsel** RK Firmung v; *'t* ~ *toedienen* firmen
**vorsen** forschen; *met* ~*de blik* mit forschendem Blick, mit Forscherblick m
**1 vorst** (kou) Frost m; *strenge* ~ strenger Frost
**2 vorst** (heerser) Fürst m
**vorstelijk** fürstlich; *een* ~*e beloning* eine fürstliche Belohnung v

**vorstendom** Fürstentum o
**vorstenhuis** Fürstenhaus o
**vorstin** Fürstin v
**vorstperiode** Frostperiode v
**vorstverlet** Arbeitsausfall m durch Frostwetter
**vorstvrij** frostfrei, -sicher
**vos** (roofdier en paard) Fuchs m; *een* ~ *verliest wel zijn haren, maar niet zijn streken* der Fuchs ändert wohl den Balg, behält aber den Schalk
**vossenjacht** Fuchsjagd v
**vouw** 1 (in 't alg.) Falte v; 2 (in broek) Bügelfalte v
**vouwblad** Faltblatt o
**vouwcaravan** Klapp-, Faltwohnwagen m
**vouwen\*** 1 (in 't alg.) falten; 2 (machinaal) falzen
**vouwfiets** Klapprad o
**vouwmeter** ZN (zusammenklappbares) Metermaß o
**vouwstoel** Klappstuhl m, -sitz m, Faltstuhl m
**voyeur** Voyeur m, Spanner m
**vozen** (vrijen) bumsen
**vraag** 1 (naar informatie) Frage v; 2 (verzoek) Bitte v; 3 (in parlement) Anfrage v; ~ *en aanbod* Angebot o und Nachfrage v; *dat is nog maar de* ~ das ist noch fraglich, sei noch dahingestellt; *er is veel* ~ *naar dit artikel* dieser Artikel ist stark gefragt; *iem. een* ~ *stellen* jmdm. eine Frage stellen; *met vragen overstelpen* mit Fragen überhäufen, -schütten; gemeenz durch die Mangel drehen
**vraagbaak** 1 (boek) Nachschlagebuch o, Vademekum o; 2 (persoon) Orakel o
**vraaggesprek** Pressegespräch o, Unterredung v, Interview o
**vraagprijs** geforderter Preis m
**vraagstelling** Fragestellung v
**vraagstuk** wisk Aufgabe v, Problem o; *sociale* ~*ken* soziale Probleme mv
**vraagteken** Fragezeichen o; ~*s bij iets zetten* etwas anzweifeln, bezweifeln (ob)
**vraatzucht** Gefräßigkeit v, Freßgier v
**vraatzuchtig** gefräßig
**vracht** 1 (vrachtprijs) Fracht v; 2 (wagenvol) Fuhre v; 3 (last) Bürde v; 4 (lading) Fracht v, Ladung v; *een hele* ~ *werk* ein ganzer Haufen m Arbeit
**vrachtauto** Lastkraftwagen m, -auto o, LKW m, Laster m
**vrachtbrief** Frachtbrief m
**vrachtgoed** Frachtgut o
**vrachtje** 1 (lading) Fuhre v; 2 (last) Bürde v, Last v; 3 schertsend (v. taxi enz.) Fahrgast m
**vrachtloon** Frachtlohn m, -preis m, -geld o
**vrachtrijder** Frachtführer m
**vrachtschip** Frachtschiff o, Frachter m
**vrachtvaart** Frachtfahrt v
**vrachtvervoer** (Fracht)güterbeförderung v
**vrachtwagen** = *vrachtauto*
**vrachtwagenchauffeur** LKW-Fahrer m, Lastwagenfahrer m; (lange afstand) Fernfahrer m
**vragen\*** 1 (om te weten) fragen; 2 (om te

**vragenlijst** 386

krijgen) bitten; 3 ⟨om te doen⟩ auffordern, bitten; *hij vraagt mij hoe laat het is* er fragt mich, wie spät es ist; *vragen naar* fragen nach; ~ *om* bitten um; *dit artikel wordt veel gevraagd* dieser Artikel wird oft verlangt, ist stark gefragt; *correspondent gevraagd* Korrespondent gesucht; *een hoge prijs* ~ einen hohen Preis fordern; *om raad, vergunning* ~ um Rat, Erlaubnis fragen; *dat is te veel gevraagd* da bin ich überfragt; *fig* das ist zuviel verlangt; *iem. te eten* ~ einen zu Tisch bitten; *Irene ten huwelijk* ~ anhalten um die Hand von Irene
**vragenlijst** Fragebogen *m*
**vrank** ZN 1 ⟨frank⟩ freimütig, aufrichtig, frank; ~ *en vrij* frank und frei; 2 ⟨openhartig⟩ offenherzig, offen; 3 ⟨grof⟩ unverschämt
**vrede** Friede(n) *m*; *de* ~ *van Munster, van Versailles* der Westfälische, der Versailler Friede; *ik heb er* ~ *mee* das lasse ich mir gefallen; mir ist es recht
**vredegerecht** ZN Friedensgericht *o*
**vredelievend** friedfertig, -liebend
**vrederechter** ZN Friedensrichter *m*
**vredesmacht** Friedensmacht *v*, -truppe *v*
**vredesnaam**: *in* ~ ⟨biddend⟩ ums Himmels willen; ⟨toegevend⟩ in Gottes Namen, na ja, also gut, wenn's denn sein muß
**vredesonderhandelingen** Friedensunterhandlungen, -verhandlungen *mv*
**vredespijp** Friedenspfeife *v*
**vredestichter** Friedensstifter *m*
**vredestijd** Friedenszeit *v*
**vredesverdrag** Friedensvertrag *m*
**vredig** friedlich
**vreedzaam** 1 ⟨rustig⟩ friedlich; 2 ⟨v. personen⟩ friedfertig
**vreemd** 1 ⟨zonderling⟩ seltsam, sonderbar, merkwürdig; 2 ⟨buitenlands, onbekend, ander⟩ fremd; *een* ~*e in*(*e*) Fremde(r) *m-v*; ~ *lichaam* Fremdkörper *m*; *een* ~*e taal* eine Fremdsprache *v*; *teksten in een* ~*e taal* fremdsprachige Texte; *een* ~ *woord* ein Fremdwort *o*; *het* ~*e van de zaak* das Merkwürdige, Sonderbare an der Sache; *dat komt mij* ~ *voor* das kommt mir sonderbar vor; *ik ben hier geheel* ~ ich kenne mich hier überhaupt nicht aus; *die gedachte is mij* ~ dieser Gedanke liegt mir fern
**vreemde I** *o*: *in den* ~ *zijn* in der Fremde sein; **II** *m-v* ⟨vreemdeling⟩ Fremde(r) *m-v*
**vreemdeling** Fremde(r) *m-v*; *een* ~ *in Jeruzalem* ein Fremdling *m* in Jerusalem
**vreemdelingendienst** Fremdenpolizei *v*, -amt *o*
**vreemdelingenhaat** Fremdenhaß *m*, Ausländerhaß *m*
**vreemdelingenlegioen** Fremdenlegion *v*
**vreemdelingenpolitie** Fremdenpolizei *v*
**vreemdelingenverkeer** Fremdenverkehr *m*
**vreemdgaan** fremdgehen
**vreemdsoortig** fremdartig
**vrees** Furcht *v*, Schrecken *m*; ~ *voor de dood* Todesfurcht *v*; *uit* ~ *voor dieven* aus Furcht vor Dieben; *zonder* ~ *of blaam* ohne Furcht und Tadel
**vreesachtig** furchtsam
**vreetzak** gemeenz Freßsack *m*
**vrek** Geizhals *m*, Filz *m*
**vrekkig** geizig, filzig
**vreselijk** fürchterlich, furchtbar, entsetzlich, schrecklich; ~ *gezellig* unheimlich gemütlich, urgemütlich
**vreten\*** fressen
**vreugde** Freude *v*; ⟨hogere stijl⟩ Wonne *v*; ~ *der wet* godsd Gesetzesfreude *v*
**vreugdeloos** freudlos, freudenlos, freudenleer
**vreugdevuur** Freudenfeuer *o*
**vrezen** 1 ⟨in zorg zijn⟩ fürchten (für), sich sorgen (um), befürchten (daß); 2 ⟨bang zijn⟩ fürchten (+ 4), sich fürchten (vor + 3); *ik vrees hem niet* ich fürchte ihn nicht, fürchte mich nicht vor ihm; *men vreest voor onlusten* man befürchtet Unruhen
**vriend** Freund *m*; ~ *en vijand* Freund und Feind; *intieme* ~ ⟨ook⟩ Intimus *m*; ~*en worden* Freunde werden, sich anfreunden; *iem. te* ~ *houden* sich jemands Freundschaft erhalten, gute Freunde mit jmdm. bleiben; *beide partijen te* ~ *houden* es mit beiden Parteien halten
**vriendelijk** 1 ⟨in 't alg.⟩ freundlich; 2 ⟨beleefd⟩ verbindlich; 3 ⟨minzaam⟩ liebenswürdig, leutselig
**vriendelijkheid** 1 ⟨in 't alg.⟩ Freundlichkeit *v*; 2 ⟨beleefdheid⟩ Verbindlichkeit *v*; 3 ⟨minzaamheid⟩ Leutseligkeit *v*
**vriendendienst** Freundschaftsdienst *m*
**vriendenkring** Freundeskreis *m*
**vriendenpaar** Freundespaar *o*
**vriendenprijsje** Freundschaftspreis *m*
**vriendin** Freundin *v*
**vriendje** Freund *m*
**vriendjespolitiek** Vetternwirtschaft *v*; gemeenz Filzokratie *v*
**vriendschap** Freundschaft *v*
**vriendschappelijk** freundschaftlich; ~*e ontmoeting* sp Freundschaftsspiel *o*, -treffen *o*
**vriendschapsband** Freundschaftsbande *mv*
**vrieskast** Gefrierkasten *m*
**vrieskist** Tiefkühl-, Gefriertruhe *v*
**vrieskou** Frost *m*
**vriespunt** Gefrierpunkt *m*
**vriezen\*** frieren; *'t vriest hard* es friert stark; *het vriest dat het kraakt* es friert Stein und Bein; *'t kan* ~ *of dooien* alles ist möglich, es kann gut oder schlecht ausgehen
**vrij I** *bn* frei; ~*e schop* ⟨voetbal⟩ Freistoß *m*; *ik ben zo* ~ ich bin so frei, ich erlaube mir; ~ *hebben* Urlaub (frei) haben; onderw (schul)frei haben; **II** *bijw* ziemlich; ~ *laat* ziemlich spät; *lange tijd* längere Zeit *v*; *een* ~ *oude heer* ein älterer Herr *m*
**vrijaf**: ~ *hebben* frei, schulfrei haben
**vrijage** Liebschaft *v*, Liebelei *v*
**vrijblijvend** freibleibend, unverbindlich
**vrijbrief** Freibrief *m*
**vrijbuiter** Freibeuter *m*
**vrijdag** Freitag *m*; *op een* ~ am Freitag;

*Goede* ~ Karfreitag *m*
**vrijdags** I *bijw* freitags; II *bn* **1** ⟨op een vrijdag⟩ freitägig; **2** ⟨elke vrijdag⟩ freitäglich
**vrijdenker** Freidenker *m*
**vrijelijk** frei, ungehindert
**vrijen\*** **1** ⟨kussen e.d.⟩ schmusen, sich küssen, Zärtlichkeiten austauschen; ⟨heftiger⟩ knutschen; **2** ⟨neuken⟩ miteinander schlafen, ins Bett gehen (mit)
**vrijer** Liebste(r) *m*, Schatz *m*; gemeenz Kerl *m*
**vrijersvoeten**: *op* ~ *gaan* auf Freiersfüßen gehen
**vrijetijdsbesteding** Freizeitbeschäftigung *v*, -gestaltung *v*
**vrijetijdskleding** Freizeitkleidung *v*
**vrijgeleide** freies Geleit *o*
**vrijgeven** freigeben
**vrijgevig** freigebig, großzügig
**vrijgevochten** ⟨v. personen⟩ unkonventionell; *'t is daar een* ~ *boel* es herrschen da freie Auffassungen
**vrijgezel** Junggeselle *m*; ledige(r) Herr *m*; *verstokte* ~ schertsend eingefleischter Junggeselle
**vrijgezellenavond** **1** ⟨avond voor alleenstaanden⟩ Party *v* für Singles; **2** ⟨voorafgaande aan huwelijksdag⟩ Polterabend *m*
**vrijhandel** Freihandel *m*
**vrijhandelszone** Freihandelszone *v*
**vrijhaven** Freihafen *m*
**vrijheid** Freiheit *v*, Unabhängigkeit *v*; ~ *blijheid!* Freiheit über alles!; ~, *gelijkheid en broederschap* Freiheit, Gleichheit und Brüderlichkeit; ~ *van drukpers* Pressefreiheit *v*; ~ *van handelen* Handlungsfreiheit *v*; ~ *van meningsuiting* Meinungsfreiheit *v*
**vrijheidlievend** freiheitsliebend
**vrijheidsberoving** Freiheitsberaubung *v*, -entzug *m*
**vrijheidsoorlog** Freiheitskrieg *m*; *Amerikaanse V*~ Unabhängigkeitskrieg *m*
**vrijheidsstraf** Freiheitsstrafe *v*
**vrijheidsstrijder** Freiheits-, Befreiungskämpfer *m*
**vrijhouden** freihalten
**vrijkaart** Freikarte *v*
**vrijkomen** freikommen; ⟨chem; betrekking⟩ freiwerden
**vrijlaten** freilassen
**vrijmaken** freimachen, befreien, erlösen; *arbeiders* ~ ⟨voor ander werk⟩ Arbeiter freisetzen
**vrijmetselaar** Freimaurer *m*
**vrijmetselarij** Freimaurerei *v*
**vrijmoedig** freimütig, keck
**vrijpartij** **1** ⟨kussen e.d.⟩ Geknutsche *o*, Knutscherei *v*; **2** ⟨neuken⟩ Bumsen *o*, Nummer *v*
**vrijpleiten** freisprechen; *zich* ~ sich rechtfertigen
**vrijpostig** frech, unverschämt, dreist
**vrijspraak** Freisprechung *v*, -spruch *m*
**vrijspreken** freisprechen
**vrijstaan** freistehen; *dat staat u vrij* das steht Ihnen frei, ist Ihnen freigestellt

**vrijstaand** freistehend
**vrijstaat** Freistaat *m*
**vrijstellen** freistellen, befreien; ⟨v. betaling⟩ erlassen (+3)
**vrijstelling** Befreiung *v*, Freistellung *v*; Dispens *m*; ⟨v. betaling⟩ Erlaß *m*
**vrijster**: *oude* ~ alte Jungfer *v*
**vrijuit**: ~ *gaan* schuldlos sein, ein reines Gewissen haben; ~ *spreken* freiheraus sprechen
**vrijwaren** sicherstellen, sichern (vor + 3); *zich tegen verliezen* ~ sich vor Verlusten sichern
**vrijwel** nahezu; ~ *gelijk* nahezu gleich
**vrijwillig** freiwillig; ~*e dood* Freitod *m*
**vrijwilliger** Freiwillige(r) *m-v*
**vrijwilligersleger** Freikorps *n*
**vrijwilligerswerk** ehrenamtliche Beschäftigung *v*
**vrijzinnig** freisinnig, liberal, undogmatisch
**vroedvrouw** Hebamme *v*
**vroeg** früh; *de* ~*e Middeleeuwen* das Frühmittelalter; ~*e trein* Frühzug *m*; ~ *in de morgen* früh am Morgen; ~ *of laat* früh(er) oder spät(er), über kurz oder lang; *van* ~ *tot laat* von früh bis spät
**vroeger** I *bijw* früher, ehemals, sonst; II *bn* früher, einstig
**vroegrijp** frühreif
**vroegte** Frühe *v*; *in de* ~ in der Frühe, frühmorgens
**vroegtijdig** frühzeitig
**vrolijk** froh, fröhlich, lustig, heiter, munter; *in* ~*e stemming* in heiterer Stimmung; ⟨aangeschoten⟩ angeheitert; *zich over iem.* ~ *maken* sich über einen lustig machen
**vrolijkheid** Fröhlichkeit *v*, Lustigkeit *v*, Heiterkeit *v*, Munterkeit *v*
**vroom** fromm
**vroomheid** Frömmigkeit *v*
**vrouw** **1** ⟨vrouwelijk persoon⟩ Frau *v*; ⟨edeler en ouderwets ook⟩ Weib *o*; ⟨minachtend⟩ Frauenzimmer *o*, Frauensperson *v*, Weib *o*; **2** ⟨echtgenote⟩ Frau *v*, Gattin *v*, Gemahlin *v*; **3** *kaartsp* Dame *v*; *de* ~ *des huizes* die Frau des Hauses; ~ *van de wereld* Dame *v* von Welt; ⟨ongunstiger⟩ Lebedame *v*; *tot* ~ *nemen* zur Frau nehmen
**vrouwelijk** **1** ⟨in 't alg.⟩ weiblich; **2** ⟨typisch voor een vrouw⟩ frauenhaft, fraulich
**vrouwenarts** Frauenarzt *m*
**vrouwenbeweging** Frauenbewegung *v*
**vrouwenblad** Frauenzeitschrift *v*
**vrouwenemancipatie** Frauenemanzipation *v*
**vrouwenhuis** Frauenhaus *o*
**vrouwenjager** Schürzenjäger *m*
**vrouwenkiesrecht** Frauenwahlrecht *o*, -stimmrecht *o*
**vrouwenkwaal** Frauenleiden *o*
**vrouwenstudie** Frauenstudium *o*
**vrouwmens, vrouwspersoon** Frauenzimmer *o*; ⟨ongunstiger⟩ Weibsbild *o*, Person *v*
**vrouwtje** **1** ⟨kleine vrouw⟩ Frau *v*, Frauchen *o*, kleine Frau *v*; **2** ⟨v. dier⟩ Weibchen *o*
**vrouwvolk** Weibervolk *o*, Frauensleute *mv*

**vrouwvriendelijk** frauenfreundlich
**vrucht** Frucht v
**vruchtafdrijving** Fruchtabtreibung v
**vruchtbaar** fruchtbar
**vruchtbaarheid** Fruchtbarkeit v
**vruchtbeginsel** Fruchtknoten m
**vruchtboom** Obstbaum m
**vruchtdragend** fruchttragend, -bringend
**vruchteloos** I *bn* frucht-, ergebnislos, vergeblich; II *bijw* umsonst, vergebens
**vruchtensap** Fruchtsaft m
**vruchtentaart** Obstkuchen m
**vruchtenwijn** Obstwein m
**vruchtgebruik** ⟨van kapitaal enz.⟩ Nießbrauch m, Nießnutz m
**vruchtvlees** 1 ⟨in 't alg.⟩ Fruchtfleisch o; 2 ⟨bewerkt⟩ Pulpe v
**vruchtwater** Fruchtwasser o
**vruchtwaterpunctie** Fruchtwasserpunktion v
**V-snaar** Keilriemen m
**V-teken** V-Zeichen o
**vuig** gemein, niederträchtig; ~e *laster* niederträchtige Verleumdung v
**vuil** I *bn* 1 ⟨vies, niet schoon⟩ schmutzig, dreckig, unsauber; 2 ⟨obsceen⟩ schlüpfrig; ~e *praat* unflätige Reden mv; *de* ~ *was* die schmutzige Wäsche; ~ *spelen* unsauber (unehrlich) spielen; II o Schmutz m, Dreck m
**vuilak** 1 ⟨vies mens⟩ Schmutzfink m, Ferkel o; 2 ⟨onbehoorlijk mens⟩ Schwein o, Drecksack m
**vuiligheid** Schmutz m, Dreck m
**vuilmaken** schmutzig machen, beschmutzen; *geen woorden aan (over) iets* ~ keine Worte über etwas verlieren
**vuilnis** Müll m, Abfall m
**vuilnisbak** Mülleimer m
**vuilnisbakkenras** ⟨hond⟩ Promenadenmischung v
**vuilnisbelt** Müllabladeplatz m
**vuilnisemmer** Mülleimer m
**vuilnisman** Müllmann m
**vuilniswagen** Müllwagen m
**vuilniszak** Müllsack m, -beutel m
**vuilspuiter** Dreckschleuder v
**vuilspuiterij** Schlammschlacht v, Verunglimpfung v, Rufmord m
**vuilstortplaats** Müllkippe v
**vuiltje** ⟨in 't oog⟩ Stäubchen o; *geen* ~ *aan de lucht* kein Wölkchen am Himmel
**vuilverbranding** Müllverbrennung v
**vuist** Faust v; *met iem. op de* ~ *gaan* sich mit einem raufen; *voor de* ~ *(weg)* aus dem Stegreif, unvorbereitet
**vuistgevecht** Faustkampf m
**vuistje** Fäustchen o; *in zijn* ~ *lachen* schmunzeln, sich ins Fäustchen lachen
**vuistregel** Faustregel v
**vulgair** vulgär, gemein; ~ *Latijn* Vulgärlatein o
**vulkaan** Vulkan m
**vulkanisch** vulkanisch
**vullen** 1 ⟨in 't alg.⟩ füllen; 2 ⟨volmaken⟩ anfüllen; *een tand* ~ einen Zahn plombieren, füllen; *de voegen* ~ die Fugen ausfüllen
**vulling** 1 ⟨in 't alg.⟩ Füllung v; 2 ⟨v. kies⟩ Plombe v; 3 ⟨voor pasteitjes⟩ Farce v
**vulpen** Füll(feder)halter m, Füller m
**vulpotlood** Füll-, Drehbleistift m, Füll-, Drehstift m
**vulsel** Füllsel o, Füllung v
**vuns, vunzig** muffig, dumpfig, modrig
**vuren** feuern, schießen
**vurenhout** Fichtenholz o
**vurig** 1 ⟨hartstochtelijk⟩ feurig, leidenschaftlich, inbrünstig; 2 ⟨ontstoken⟩ entzündet; *een* ~e *wens* ein heißer Wunsch m
**VUT** = *vervroegde uittreding* Vorruhestand m; *met (in) de* ~ *gaan* in den Vorruhestand gehen
**vuur** 1 *eig* Feuer o; 2 *fig* Feuer o, Hitze v, Eifer m; *Bengaals* ~ bengalisches Feuer o; *koud* ~ med kalter Brand m; *vol* ~ mit Schwung, eifrig; *iem. het* ~ *na aan de schenen leggen* einem die Hölle heiß machen; *zich 't* ~ *uit de sloffen lopen* sich die Sohlen wund laufen, sich die Beine ablaufen; *in* ~ *en vlam zijn* Feuer und Flamme sein; *onder* ~ *nemen* unter Feuer nehmen; *te* ~ *en te zwaard* mit Feuer und Schwert; *tussen twee vuren raken* zwischen zwei Feuer geraten; *voor hetere vuren hebben gestaan* schon Schwereres durchgemacht haben
**vuurbol** Feuerball m, -kugel v
**vuurdoop** Feuertaufe v
**vuurgevaarlijk** feuergefährlich
**vuurgevecht** Feuergefecht o, -wechsel m
**vuurhaard** Herd m, Feuerherd m
**vuurlijn, vuurlinie** Feuerlinie v
**vuurmond** Geschütz o
**vuurpeloton** Exekutionskommando o
**vuurpijl** Rakete v
**vuurproef** Feuerprobe v
**vuurrood** feuerrot
**vuurspuwend** feuerspeiend
**vuursteen** Feuerstein m
**vuurtje** Feuer o, kleines Feuer; *iem. een* ~ *geven* jmdm. Feuer geben; *als een lopend* ~ wie ein Lauffeuer; *een* ~ *stoken* ein Feuer machen, zündeln
**vuurtoren** Leuchtturm m
**vuurvast** feuerfest, -beständig; ~ *schoteltje* Auflaufform v; ~e *steen* feuerfester Stein m, Schamottestein m
**vuurvlieg** Feuerfliege v
**vuurvreter** 1 ⟨artiest⟩ Feuerschlucker m; 2 ⟨gehard soldaat⟩ Haudegen m
**vuurwapen** Feuerwaffe v
**vuurwerk** Feuerwerk o; *stuk* ~ Feuerwerkskörper m
**vuurzee** Feuermeer o
**VVV** = *Vereniging voor Vreemdelingenverkeer* (Fremden)verkehrsverein v, (Fremden)verkehrsamt o
**vwo** = *voorbereidend wetenschappelijk onderwijs* ± Gymnasium o

# W

**w** der Buchstabe W, das W
**W** = *watt*
**WA** = *wettelijke aansprakelijkheid* Haftpflicht
**waadvogel** Watvogel *m*
**waag I** *v* ⟨weeginrichting⟩ Waage *v*; **II** *m* ⟨waagstuk⟩ Wagnis *o*
**waaghals** Draufgänger *m*, waghalsiger Mensch *m*
**waagschaal** Waagschale *v*; *in de ~ stellen* auf die Waagschale legen; ⟨leven⟩ aufs Spiel setzen
**waagstuk** Wagnis *o*, Wag(e)stück *o*
**waaien*** wehen; *hij laat alles maar ~* er kümmert sich um nichts
**waaier** Fächer *m*
**waaiervormig** fächerförmig
**waakhond** Wachhund *m*
**waaks** wachsam
**waakvlam** Zündflamme *v*
**waakzaam** wachsam
**waakzaamheid** Wachsamkeit *v*
**Waal** (Franstalige Belg) Wallone *m*; *een ~se* eine Wallonin *v*
**Waals** wallonisch
**waan** Wahn *m*
**waandenkbeeld, waanidee** Wahnidee *v*
**waanvoorstelling** Wahnvorstellung *v*, Wahnbild *o*
**waanwijs** überheblich, eingebildet
**waanzin** Wahnsinn *m*
**waanzinnig** wahn-, irrsinnig
**1 waar** *vragend vnw* wo; *~ woon je?* wo wohnst du?; *~ ga je heen?* wohin gehst du, wo gehst du hin?; *~ denk je aan?* woran denkst du?, an was denkst du?
**2 waar** *bn* ⟨echt, juist⟩ wahr; *zo ~ als ik leef* so wahr ich lebe; *daar is geen woord van ~* daran ist kein wahres Wort
**3 waar** *v* ⟨koopmansgoed⟩ Ware *v*; *~ voor zijn geld krijgen* auf seine Kosten kommen
**waaraan** woran, an was; *~ denk je?* woran, an was denkst du?; *~ heeft hij dat te danken?* welchem Umstande hat er das zu verdanken?; *de aanbeveling ~ hij dat te danken heeft* die Empfehlung, der er das verdankt
**waarachter** wohinter, hinter dem (der); *~?* wohinter?
**waarachtig** wahrhaft, wahrhaftig; *'t is ~ onmogelijk* es ist wirklich unmöglich
**waarbij 1** ⟨zijn⟩ wobei; **2** ⟨komen⟩ wozu
**waarbinnen** worin
**waarborg** Kaution *v*, Garantie *v*
**waarborgen** verbürgen, garantieren
**waarborgfonds** Sicherheitsfonds *m*
**waarborgsom** Kaution(ssumme) *v*
**1 waard** *bn* ⟨waarde hebbend⟩ wert; *~e heer geachter Herr m*; *~e vriend* lieber Freund *m*; *'t aankijken ~* das Ansehen wert; *geen cent ~* keinen Pfennig wert; *geen greintje (knip voor de neus, zier) ~* keinen Pfifferling wert; *'t vertrouwen ~* vertrauenswürdig
**2 waard** *m* Wirt *m*; Enterich *m*; *zoals de ~ is, vertrouwt hij zijn gasten* wie der Wirt, so die Gäste; *buiten de ~ rekenen* die Rechnung ohne den Wirt machen
**waarde** Wert *m*; *ter ~ van* im Werte von; *van nul en generlei ~* null und nichtig; *van geringe ~* von geringem Wert, geringwertig; *~ aan iets hechten* Wert auf etwas legen; *in ~ stijgen* an Wert gewinnen, in Wert steigen; *in ~ verminderen* an Wert verlieren
**waardebon** Gutschein *m*
**waardeloos** wertlos
**waardeoordeel** Werturteil *o*
**waardepapieren** Wertpapiere *mv*
**waardepunt** Wertmarke *v*
**waarderen 1** ⟨taxeren⟩ einschätzen, taxieren; **2** ⟨op prijs stellen⟩ anerkennen, schätzen, würdigen
**waardering 1** ⟨waardebepaling⟩ (Be)wertung *v*; **2** ⟨tevredenheid⟩ Anerkennung *v*
**waarderingscijfer** Bewertungsziffer *v*
**waardevast** wertbeständig
**waardevermindering** Wertverringerung *v*, Wertminderung *v*, Wertverlust *m*; *de ~ van de gulden* ⟨gewild⟩ die Abwertung, ⟨ongewild⟩ die Entwertung des Guldens
**waardevol** wertvoll
**waardevrij** wertfrei
**waardig** würdig
**waardigheid** Würde *v*; *keizerlijke ~* Kaiserwürde *v*; *menselijke ~* Menschenwürde *v*; *beneden zijn ~* unter seiner Würde
**waardin** Wirtin *v*
**waardoor 1** ⟨vragend⟩ wodurch; **2** ⟨betrekkelijk⟩ durch den (die, das)
**waarheen** wohin
**waarheid** Wahrheit *v*; *een ~ als een koe* eine Binsenwahrheit *v*; *naar ~ verklaren* wahrheitsgemäß erklären; *iem. ongezouten de ~ zeggen* jmdm. die ungeschminkte Wahrheit sagen
**waarheidlievend** wahrheitsliebend
**waarheidsgetrouw** wahrheitsgemäß, -getreu
**waarin** worin, in dem, in der, in denen; ⟨richting⟩ wohinein, in den, in das, in die; *de huizen ~ wij woonden* die Häuser, worin (in denen) wir wohnten
**waarlangs** wo entlang, ⟨voorbij⟩ wo vorbei; *het gebouw ~ wij kwamen* das Gebäude, an dem wir vorbeikamen; *het kanaal ~ wij liepen* der Kanal, an dem wir entlang gingen; *de weg ~ wij kwamen* der Weg, auf dem wir kamen
**waarlijk** wahrlich
**waarmaken** beweisen; *zich ~* sich bewähren
**waarmee** womit; mit dem, mit der, mit denen
**waarmerk** Stempel *m*
**waarmerken 1** (in 't alg.) beglaubigen, paraphieren; **2** ⟨goud, zilver⟩ stempeln
**waarna** wonach, worauf
**waarnaar** wonach; nach dem, der, denen; *het huis ~ hij vroeg* das Haus, nach dem

**waarneembaar**

(wonach) er fragte
**waarneembaar** wahrnehmbar
**waarnemen** 1 ⟨in 't alg.⟩ wahrnehmen; 2 ⟨nauwkeurig, wetenschappelijk⟩ beobachten; 3 ⟨ambt⟩ versehen, bekleiden; *iems. dienst ~* einen vertreten; *de gelegenheid (kans) ~* die Gelegenheit nutzen (beim Schopfe fassen), seine Chance wahrnehmen; *zijn zaken ~* seinen Geschäften nachgehen
**waarnemend** stellvertretend
**waarnemer** 1 ⟨bekijker⟩ Beobachter *m*; 2 ⟨voor een ander⟩ Stellvertreter *m*
**waarneming** 1 ⟨in 't alg.⟩ Wahrnehmung *v*; 2 ⟨nauwkeurig, wetenschappelijk⟩ Beobachtung *v*; 3 ⟨v. betrekking⟩ Vertretung *v*
**waarom** 1 ⟨vragend⟩ warum; weshalb, -wegen; 2 ⟨betrekkelijk⟩ um was, worum; ⟨na een zelfstandig naamwoord⟩ um das; *~ hebt u dat gedaan?* warum haben Sie das getan?; *het boek ~ wij verzochten* das Buch, um das wir baten, worum wir baten
**waaronder** worunter; unter den (dem), unter die (der), unter das (dem)
**waarop** worauf; auf dem, der, denen; *de dag ~...* der Tag, an dem...; *het paard ~ hij reed* das Pferd, auf dem er ritt; *de manier ~* die Art, wie
**waarover** worüber; über den, die, das
**waarschijnlijk** wahrscheinlich
**waarschijnlijkheid** Wahrscheinlichkeit *v*
**waarschijnlijkheidsrekening** Wahrscheinlichkeitsrechnung *v*
**waarschuwen** 1 ⟨op gevaar wijzen⟩ warnen; 2 ⟨herinneren⟩ ansagen, melden, sagen; 3 ⟨vermanen⟩ verwarnen; 4 ⟨inlichten⟩ benachrichtigen; *ik zal u ~, als het zover is* ich werde Sie benachrichtigen, (ihnen) Bescheid sagen, wenn es soweit ist; *iem. ~ de politie ~* die Polizei verständigen; *voor een gevaar ~* vor einer Gefahr warnen; *je bent gewaarschuwd!* ich warne dich!, hüte dich!
**waarschuwing** 1 ⟨voor gevaar⟩ Warnung *v*; ⟨officieel⟩ Verwarnung *v*; 2 ⟨mededeling⟩ Ansage *v*
**waarschuwingsbord** ⟨in 't alg.⟩ Warntafel *v*, -schild *o*
**waartegen** 1 ⟨vragend⟩ wogegen, gegen was; 2 ⟨betrekkelijk⟩ gegen den, die, das
**waartoe** 1 ⟨vragend⟩ wozu, zu was; 2 ⟨betrekkelijk⟩ wozu, zu dem, zu der, zu denen
**waartussen** wozwischen, zwischen denen, zwischen die
**waaruit** 1 ⟨vragend⟩ woraus, aus was; 2 ⟨betrekkelijk⟩ woraus, aus dem, aus der, aus denen
**waarvan** wovon; *~ leeft hij?* wovon lebt er?; *een boom (plant) ~ de bladeren al geel waren* ein Baum, dessen Blätter, eine Pflanze, deren Blätter schon gelb waren
**waarvoor** 1 ⟨vragend⟩ wofür, für was; 2 ⟨betrekkelijk⟩ wofür, für den, für die, ⟨plaats, tijd⟩ wovor; vor dem (den), der (die), dem (das), denen (die); *het adres ~ dat bestemd is* die Adresse, wofür (für die) das bestimmt ist; *het gevaar ~ ik waar-* schuwde die Gefahr wovor, vor der ich warnte
**waarzeggen** wahrsagen
**waarzeggerij** Wahrsagerei *v*
**waarzo** gemeenz wo
**waas** Hauch *m*, Schleier *m*; ⟨dichter⟩ Nebel *m*
**wacht** 1 ⟨het wachthouden⟩ Wache *v*; 2 ⟨schildwacht⟩ Posten *m*; *in de ~ slepen* ergattern, einheimsen; *op ~ staan* Wache (Posten) stehen
**wachten** warten; plechtig harren; *hem wacht succes* ihm winkt Erfolg; *ons staat nog heel wat te ~* uns steht noch viel bevor; *zich ~ (voor)* sich in acht nehmen, sich hüten ⟨vor + 3⟩; *wacht u voor namaak, zakkenrollers* vor Nachahmung, Taschendieben wird gewarnt; *hij kan ~ tot hij een ons weegt* er kann warten, bis er schwarz sieht
**wachter** Wächter *m*
**wachtgeld** Wartegeld *o*, -gehalt *o*; *iemand op ~ zetten* einen in den Wartestand versetzen
**wachthokje** Wartehäuschen *o*
**wachthuisje** 1 ⟨openbaar vervoer⟩ Wartehäuschen *o*; 2 mil Schilderhaus *o*
**wachtkamer** 1 ⟨van arts e.d.⟩ Wartezimmer *o*; 2 ⟨station⟩ Wartesaal *m*
**wachtlijst** Warteliste *v*
**wachtmeester** Wachtmeister *m*
**wachtpost** Wachtposten *m*
**wachttijd** 1 ⟨in 't alg.⟩ Wartezeit *v*; 2 ⟨bij verzekering⟩ Karenzzeit *v*
**wachttoren** Wach(t)turm *m*
**wachtwoord** Losung *v*, Kennwort *o*
**wad** Furt *v*; *~den mv* Watten
**waddeneiland** Watteninsel *v*
**waden** waten; *ergens doorheen ~* durch etwas hindurchwaten, etwas durchwaten
**wadlopen** durchs Watt wandern
**waf:** *~ (~)!* wau wau!
**wafel** Waffel *v*
**wafelijzer** Waffeleisen *o*
**waffel:** *hou je ~!* halts Maul!
**1 wagen** *m* 1 ⟨kar, auto en astron⟩ Wagen *m*; 2 ⟨lading⟩ Fuhre *v*; *krakende ~s duren 't langst* knarrende Räder halten am längsten
**2 wagen** *overg* wagen, sich unterstehen, sich getrauen; *waag 't eens!* untersteh dich (bloß); *die niet waagt, die niet wint* wer nicht wagt, gewinnt nicht; *een kans(je) ~* sein Glück versuchen; *er alles aan ~* alles daransetzen; *zich aan iets ~* etwas riskieren; *zich naar buiten ~* sich hinaustrauen
**wagenpark** Wagen-, Fuhrpark *m*
**wagenwijd** sperrangelweit
**wagenziek** reisekrank
**waggelen** 1 ⟨wankelen⟩ wackeln, schwanken; 2 ⟨v. gans⟩ watscheln
**wagon** (Eisenbahn)wagen *m*, Waggon *m*
**wak** Wake *v*, Eisloch *o*
**wake** Wache *v*
**waken** wachen; *~ over iets* etwas überwachen; *ervoor ~ dat...* aufpassen, daß...; *een ~d oog hebben, houden op iem.* ein wachsames Auge auf einen haben
**waker** Wächter *m*

**wakker** 1 ⟨niet in slaap⟩ wach; 2 ⟨flink⟩ kräftig, wacker; *iem. ~ houden* einen wachhalten; *iem. ~ maken* einen (auf)wecken; *~ worden* aufwachen, erwachen
**wal** 1 ⟨ophoging v. aarde⟩ Wall *m*; 2 ⟨oever⟩ Küste *v*; Ufer *o*, Land *o*; 3 ⟨onder ogen⟩ Wulst, Ring *m*; *aan ~ brengen*, *gaan* an Land bringen, gehen; *aan lager ~ raken* herunterkommen, verkommen; *van ~ steken* fig loslegen, -schießen; *iem. van de ~ in de sloot helpen* jmdm. einen Bärendienst erweisen; *van twee ~letjes eten* es mit beiden Parteien halten
**waldhoorn** Waldhorn *o*
**Wales** Wales *o*
**walgelijk** ekelhaft, widerlich
**walgen** sich ekeln, Ekel empfinden; *ik walg ervan* mich ekelt davor
**walging** Ekel *m*, Abscheu *m*
**walkie-talkie** Walkie-talkie *o*
**walkman** Walkman *m*
**wallingant** ZN Wallone, der für die Autonomie Walloniens eintritt
**walm** Qualm *m*
**walmen** qualmen, dunsten
**walnoot** Walnuß *v*
**walrus** Walroß *o*
**wals** 1 ⟨dans⟩ Walzer *m*; 2 ⟨petrol⟩ Walze *v*
**walsen** 1 ⟨pletten⟩ walzen; 2 ⟨dansen⟩ Walzer tanzen; *gewalst ijzer* Walzeisen *o*
**walserij** Walzwerk *o*
**walvis** Wal *m*, Walfisch *m*
**walvisjager** Walfänger *m*
**walvisvaarder** Walfänger *m*, -fangschiff *o*
**wanbegrip** Mißverstehen *o*
**wanbeheer** Mißwirtschaft *v*
**wanbeleid** Mißwirtschaft *v*
**wanbestuur** schlechte (mangelhafte) Führung *v* (Verwaltung *v*)
**wanbetaler** schlechter (säumiger) Zahler *m*
**wanbetaling** Nichtzahlung *v*
**wand** Wand *v*
**wandaad** Untat *v*
**wandel**: *aan de ~ zijn* einen Spaziergang machen
**wandelaar** 1 ⟨in 't alg.⟩ Spaziergänger *m*; 2 ⟨grotere afstand⟩ Wanderer *m*
**wandelen** spazieren; ⟨bijbels⟩ wandeln; *gaan ~* spazierengehen, einen Spaziergang machen; gemeenz einen Bummel machen; *met de hond gaan ~* den Hund spazieren führen
**wandelgang** Wandelhalle *v*
**wandeling** Spaziergang *m*; gemeenz Bummel *m*; *in de ~ zo genoemd* gewöhnlich so genannt
**wandelkaart** 1 ⟨plattegrond⟩ Wanderkarte *v*; 2 ⟨v. toegang⟩ Eintrittskarte *v*
**wandelpad** Fußweg *m*, Spazierweg *m*
**wandelsport** Wandersport *m*
**wandelstok** Spazierstock *m*
**wandeltocht** Wanderung *v*
**wandelwagen** Sportwagen *m*
**wandkaart** Wandkarte *v*
**wandkleed** Wandteppich *m*, -behang *m*
**wandluis** Bettwanze *v*, Wanze *v*
**wandmeubel** Schrankwand *v*

**wandrek** Sprossenwand *v*
**wanen** wähnen, meinen, glauben; *verloren ~* verloren glauben
**wang** Backe *v*; Wange *v*; *met rode ~en* rotbackig, -bäckig
**wangedrag** schlechte Führung *v*, schlechtes Benehmen *o*
**wangedrocht** Ungeheuer *o*, Ungetüm *o*, Scheusal *o*
**wanhoop** Verzweiflung *v*
**wanhoopsdaad** Verzweiflungstat *v*
**wanhopen**: *~ aan* verzweifeln an (+ 3)
**wanhopig** verzweifelt, hoffnungslos; *'t is om ~ te worden* es ist zum Verzweifeln
**wankel** wack(e)lig, schwankend; *~ evenwicht* labiles Gleichgewicht *o*
**wankelen** 1 eig wanken; 2 ⟨weifelen⟩ schwanken; *aan het ~ brengen* ins Wanken bringen; *het vertrouwen aan het ~ brengen* das Vertrauen erschüttern; *gaan ~* ins Wanken geraten
**wankelmoedig** wankelmütig
**wanklank** Mißklang *m*, -ton *m*
**wanneer** I bijw wann; *~ kom je?* wann kommst du?; II voegw wenn; *ik kom direct, ~ dat nodig is* wenn nötig, komme ich sofort
**wanorde** Unordnung *v*, Durcheinander *o*
**wanordelijk** unordentlich, verwirrt
**wanprestatie** Nichterfüllung *v*
**wansmaak** Geschmacklosigkeit *v*
**wanstaltig** 1 ⟨van nature⟩ mißgestalt; 2 ⟨door mensenhand⟩ mißgestaltet, monströs
**1 want** voegw denn
**2 want** *v* ⟨handschoen⟩ Fäustling *m*, Fausthandschuh *m*
**3 want** *o* 1 ⟨netten⟩ Netze *mv*; 2 ⟨zeilen, touwwerk⟩ Tauwerk *o*, Want *v*
**wanten**: *van ~ weten* ⟨weten wat er gedaan moet worden⟩ Bescheid wissen, den Rummel verstehen, in allen Sätteln gerecht sein; ⟨flink aanpakken⟩ tüchtig zupacken
**wantoestand** Mißstand *m*
**wantrouwen** I *o* Mißtrauen *o*, Argwohn *m*; II mißtrauen (+ 3)
**wanverhouding** Mißverhältnis *o*
**WAO** = *Wet op de Arbeidsongeschiktheidsverzekering* (niederländisches Gesetz, das die gesetzlichen Bestimmungen im Falle der Arbeitsunfähigkeiten enthält), ± Invalidenrente *v*
**wapen** 1 ⟨strijdmiddel⟩ Waffe *v*; 2 herald Wappen *o*; *geleid ~* Lenkwaffe *v*; *de ~s neerleggen* die Waffen niederlegen (strecken); *onder de ~en zijn* im Wehrdienst stehen, einberufen sein; *onder de ~en roepen* einberufen, ⟨heel leger⟩ mobilisieren; *te ~!* zu den Waffen!
**wapenbeheersing** Rüstungskontrolle *v*
**wapenbezit** Waffenbesitz *m*
**wapenbroeder** Waffenbruder *m*, Kampfgefährte *m*
**wapendepot** Waffenlager *o*
**wapendracht** ZN Bewaffnung *v*
**wapenembargo** Waffenembargo *o*
**wapenen** bewaffnen; wappnen; *zich ~* fig sich wappnen; ⟨land⟩ sich rüsten; techn be-

**wapenfeit** Kriegshandlung v, Heldentat v
**wapengeweld** Waffengewalt v
**wapenhandel** Waffenhandel m
**wapenleverantie** Waffenlieferung v
**wapenrusting** Rüstung v, Wehr v
**wapensmokkel** Waffenschmuggel m
**wapenspreuk** Wappenspruch m
**wapenstilstand** Waffenstillstand m
**wapenstok** Gummiknüppel m
**wapentuig** Kriegsgerät o
**wapenwedloop** Rüstungswettlauf m, Wettrüsten o
**wapperen** flattern, wehen
**war**: *in de ~ zijn* verwirrt sein, durcheinander sein; *zijn maag is in de ~* sein Magen ist verstimmt; *zijn zaken zijn in de ~* seine Geschäfte sind in Unordnung; *iem. in de ~ brengen* einen verwirren, in Verwirrung (aus dem Konzept) bringen; *in de ~ raken* in Verwirrung geraten (kommen); *iems. plannen in de ~ sturen* jemands Pläne durchkreuzen, vereiteln; gemeenz jmdm. die Suppe versalzen
**warboel** Wirrwarr m, Durcheinander o
**warempel** wahrhaftig
**waren** 1 (in 't alg.) schweifen; 2 (v. spoken) umgehen
**warenhuis** Warenhaus o
**warenwet** Lebensmittelgesetz o
**warhoofd** Wirrkopf m
**warm** warm, heiß; *een ~ bad* ein heißes Bad o; *~e kas* Treib-, Warmhaus o; *een ~ ontvangst* ein herzlicher Empfang m; *een ~ voorstander* ein eifriger Befürworter m; *ik heb 't ~* mir ist warm; *ik krijg 't ~* mir wird warm
**warmbloedig** warmblütig; *een ~ dier* ein Warmblüter m
**warmen** (er)wärmen
**warming-up** sp (Sich)aufwärmen o
**warmlopen** techn sich heißlaufen; *voor iem. (iets) ~* sich für einen (etwas) erwärmen; sich begeistern für
**warmpjes** warm; *er ~ bij zitten* das nötige Kleingeld haben
**warmte** Wärme v; *verloren (onbenutte) ~* Abwärme v
**warmtebron** Wärmequelle v
**warmtegeleider** Wärmeleiter m
**warmteleer** Wärmelehre v
**warmwaterkraan** Warmwasserhahn m
**warrelen** wirbeln, schwirren
**warrig** verwirrt; (blijvend) verworren
**wars**: *~ van iets zijn* einer Sache (3) abhold, abgeneigt sein
**wartaal** verworrene(s) (konfuse(s)) Zeug o
**wartel** (onder meubels) Lenkrolle, Rolle v
**warwinkel** Wirrwarr m, Durcheinander o
**1 was** m ('t wassen; wasgoed) Wäsche v; *fijne ~* Feinwäsche v; *vuile ~* schmutzige Wäsche v, Schmutzwäsche v; *de ~ doen* die Wäsche waschen
**2 was** m & o (vette stof) Wachs o; *als ~ in iems. handen* wie Wachs in jemands Händen

**wasautomaat** Waschautomat m
**wasbak** Waschbecken o
**wasbeer** Waschbär m
**wasbenzine** Waschbenzin o
**wasdom** Wachstum o
**wasecht** waschfest, waschecht
**wasem** Dunst m, Dampf m
**wasemen** dunsten, dampfen
**wasgelegenheid** Waschgelegenheit v
**wasgoed** Wäsche v
**washandje** Waschlappen m, -handschuh m
**wasinrichting** Waschanstalt v, Wäscherei v
**waskaars** Wachskerze v, -licht o
**wasketel** Waschkessel m
**wasknijper** Wäscheklammer v
**waslijn** Wäscheleine v
**waslijst** Liste v, Auflistung v; *een ~ van klachten* eine Litanei v von Klagen
**wasmachine** Waschmaschine v, -(voll)automat m
**wasmand** Wäschekorb m
**wasmiddel** Waschmittel o
**waspoeder** Waschpulver o
**1 wassen**\* overg (reinigen) waschen; *zich schoon ~* sich sauber waschen; fig sich reinwaschen
**2 wassen**\* onoverg (groeien) wachsen; *~d water* steigendes (anlaufendes) Wasser o; *bij ~de maan* bei zunehmendem Mond m
**3 wassen** overg (in de was zetten, met was bestrijken) (ein)wachsen, mit Wachs bestreichen
**4 wassen** bn wächsern, aus Wachs; *~ beeld* Wachsfigur v; *~ model* Wachsmodell o
**wassenbeeldenmuseum** Wachsfigurenkabinett o
**wasserette** Waschsalon m
**wasserij** Wäscherei v
**wastafel** Waschtisch m; *vaste ~* Waschbecken o
**wastobbe** Waschzuber m, Waschtrog m
**wasverzachter** Weichspülmittel o
**wasvoorschrift** Waschanleitung v
**wat** was; *(iets) etwas, ein wenig; ~ zegt u?* was sagen Sie?; *wat zijn de maanden van 't jaar?* welche sind die Monate des Jahres?; *hier heb je ~ geld* hier hast du ein wenig Geld; *~ is 't koud!* wie kalt es ist!; *~ een mensen!* was für eine Menge Leute!; *~ een spektakel!* welch ein Lärm!; *en ~ dan nog?* und wenn schon?; *men hoort heel ~* man hört eine Menge; *heel ~ moois* viel Schönes; *~ voor jurk wilt u kopen?* was für ein Kleid möchten Sie kaufen?
**watblief?** ZN bitte?, wie meinen Sie? wie?
**water** Wasser o; *~en* Gewässer mv; *brak ~* Brackwasser o; *hard, zacht ~* hartes, weiches Wasser o; *hoog ~* Hochwasser o; *laag ~* Niedrigwasser, niedriges Wasser o; *sterk ~* Alkohol m; *zoet ~* Süßwasser o; *zout ~* Salzwasser o; *vlug als ~* flink wie ein Wiesel, wieselflink; *stille ~s hebben diepe gronden* stille Wasser sind tief; *~ in de wijn doen* Wasser in den Wein gießen; fig (ook) gelindere Saiten aufziehen; *~ maken* Wasser machen (nehmen); *~ naar de zee dragen* Wasser in den Rhein, Eulen nach

Athen, Holz in den Wald tragen; *'t ~ stijgt hem tot de lippen* das Wasser steht ihm bis zum Hals m; *boven ~ komen* über Wasser kommen; fig wieder zum Vorschein kommen; *in 't ~ vallen* ins Wasser fallen (ook fig); fig sich zerschlagen; *op ~ en brood vissen* im Trüben fischen; *op sterk ~ zetten* in Spiritus legen (setzen); *te ~ laten* ablaufen (vom Stapel) lassen; *van 't zuiverste ~* reinster Prägung

**waterafstotend** wasserabstoßend, -abweisend
**waterballet** Wasserballett *o*
**waterbed** Wasserbett *o*
**waterbouwkunde** Wasserbau *m*
**waterdamp** Wasserdampf *m*
**waterdicht** (ook fig) wasserdicht
**waterdrager** Wasserträger *m*
**waterdruk** techn Wasserdruck *m*
**waterdruppel** Wassertropfen *m*
**wateren** (urineren) urinieren, sein Wasser lassen
**waterfiets** Tretboot *o*
**watergekoeld** wassergekühlt
**waterglas** Wasserglas *o*
**watergolf** 1 (v. water) Wasserwelle *v*; (groot) Woge *v*; 2 (v. haar) Welle *v*
**waterhoen** Teichhuhn *o*
**waterhoofd** Wasserkopf *m*
**waterhoos** Wasserhose *v*
**waterhuishouding** Wasserhaushalt *m*, -wirtschaft *v*
**waterig** wässerig, wäßrig; *~ blauw* wasserblau
**waterijsje** ± Fruchteis *o* am Stiel
**waterjuffer** (libel) Wasserjungfer *v*
**waterkanon** Wasserwerfer *o*
**waterkans** ZN geringe Chance *v*
**waterkant** Ufer *o*
**waterkering** Wehr *o*
**waterkers** Brunnenkresse *v*
**waterkoeling** Wasserkühlung *v*; *met ~* wassergekühlt
**waterkraan** Wasserhahn *m*
**waterkracht** Wasserkraft *v*
**waterkrachtcentrale** Wasserkraftwerk *o*
**waterleiding** Wasserleitung *v*
**waterlelie** See-, Wasserrose *v*
**waterlijn** Wasserlinie *v*
**waterlinie** mil Wasserlinie *v*
**Waterman** astron Wassermann *m*
**watermeloen** Wassermelone *v*
**watermerk** Wasserzeichen *o*
**watermolen** Wassermühle *v*
**waternood** Wassermangel *m*
**waterpas** I *bn* waagerecht, horizontal; II *o* Wasser-, Richtwaage *v*, Libellenwaage *v*
**waterpeil** Wasserpegel *m*, -stand *m*
**waterpistool** Wasserpistole *v*
**waterplant** Wasserpflanze *v*
**waterplas** 1 (op straat) Wassertümpel *m*; 2 (meer) See *m*
**waterpokken** Wasser-, Windpocken *mv*
**waterpolitie** Wasserschutzpolizei *v*
**waterpolo** Wasserball *m*
**waterpomptang** Rohrzange *v*
**waterproef, waterproof** wasserdicht

**waterput** Brunnen *m*, Zisterne *v*
**waterrat** Wasserratte *v* (ook persoon)
**waterschade** Wasserschaden *m*
**waterschap** niederländische Wasserbehörde *v*
**waterskiën** Wasserski laufen
**waterslang** 1 (v. spuit) Wasserschlauch *m*; 2 (reptiel) Wasserschlange *v*
**watersnip** Bekassine *v*
**watersnood** Überschwemmungskatastrophe *v*
**waterspiegel** Wasserspiegel *m*
**watersport** Wassersport *m*
**waterstaat** Wasserwirtschaft *v*
**waterstand** Wasserstand *m*
**waterstof** Wasserstoff *m*
**waterstofbom** Wasserstoffbombe *v*
**waterstofperoxide** Wasserstoffperoxyd *o*
**watertanden**: *ik sta te ~* der Mund wird mir wässerig
**watertoren** Wasserturm *m*
**watertrappen** Wasser treten
**waterval** Wasserfall *m*
**waterverf** Wasserfarbe *v*
**watervliegtuig** Wasserflugzeug *o*
**watervogel** Wasservogel *m*
**watervoorziening** Wasserversorgung *v*
**watervrees** Wasserscheu *v*; *aan ~ lijden* wasserscheu sein
**waterweg** Wasserstraße *v*
**waterwerk** Wasserbauwerk; *de ~en* (bouwwerken) die Wasserbauten; (fonteinen) Wasserkunst *v*
**waterzooi** ZN Hühnerbrühe mit Gemüse- und Geflügeleinlage
**watje** 1 (propje waten) Wattebausch *m*; 2 (slap persoon) Schwächling *m*
**watt** Watt *o*
**watten** Watte *v*
**wattenstaafje** Wattestäbchen *o*
**watteren** wattieren
**wauwelen** schwatzen, faseln, schwafeln
**wave** Welle *v*
**WA-verzekering** Haftpflichtversicherung *v*
**waxinelichtje** Teelicht *o*
**wazig** 1 (nevelig) dunstig, neblig; 2 (vaag) verschwommen; *een ~e foto* ein verschwommenes Photo *o*
**wc** Toilette *v*, WC *o*; *naar de ~ gaan* auf die, in die, zur Toilette gehen
**wc-bril** Klo(sett)brille *v*
**wc-papier** Toiletten-, Klo(sett)papier *o*
**we** wir
**web** Gewebe *o*
**wecken** einwecken, einmachen
**weckfles** Einmachglas, Einweckglas *o*
**wedde** 1 (v. ambtenaren) Gehalt *o*, Besoldung *v*; 2 ZN (loon) Lohn *m*
**wedden** wetten; *ik wed dat we winnen* ich wette, daß wir siegen
**weddenschap** Wette *v*
**weder(-)** zie ook: *weer(-)*
**wederdienst** Gegendienst *m*, -leistung *v*
**wederdoper** Wiedertäufer *m*
**wedergeboorte** Wiedergeburt *v*
**wederhelft** Ehehälfte *v*; *zijn ~* seine bessere Hälfte *v*
**wederkerend** rückbezüglich; taalk reflexiv;

**wederkerig**

*het ~ voornaamwoord* das rückbezügliche Fürwort, das Reflexivpronomen

**wederkerig** gegenseitig, reziprok; *het ~ voornaamwoord taalk* das wechselbezügliche Fürwort, das Reziprokpronomen

**wederom** abermals, wieder(um)

**wederopbouw** Wiederaufbau *m*

**wederopstanding** Auferstehung *v*

**wederrechtelijk** I *bn* widerrechtlich, rechtswidrig; II *bijw* unrechtmäßigerweise

**wedersamenstelling** ZN Wiederherstellung *v*

**wedervaren** widerfahren; *aan een zaak recht doen (laten) ~* einer Sache gerecht werden; *iem. recht laten ~* einem Gerechtigkeit widerfahren (zuteil werden) lassen

**wederverkoper** Wiederverkäufer *m*

**wedervraag** Gegenfrage *v*

**wederwaardigheid** Widerwärtigkeit *v*

**wederzijds** gegenseitig; *het is ons ~ belang* es ist in unserm gegenseitigen Interesse

**wedijver** Wetteifer *m*

**wedijveren** wetteifern

**wedloop** Wettlauf *m*

**wedren** Wettrennen *o*, Rennen *o*

**wedstrijd** Wettkampf *m*, Spiel *o*, ⟨race⟩ Rennen *o*; *internationale ~* Länderkampf *m*; *een ~ houden* einen Wettkampf halten; *een goede ~ spelen* ein gutes Spiel machen

**weduwe** Witwe *v*; *onbestorven ~* Strohwitwe *v*

**weduwenpensioen** Witwenrente *v*, -geld *o*

**weduwnaar** Witwer *m*; *onbestorven ~* Strohwitwer *m*

**1 wee** *o* & *v* 1 ⟨barenswee⟩ Wehe *v*; 2 ⟨smart⟩ Weh *o*, Schmerz *m*

**2 wee** *bn: ik ben zo ~* mir ist schlecht, übel; *een wee smaak* ein fader Geschmack *m*

**3 wee:** *~ je gebeente* wehe (dir)

**weed** *slang* Heu *o*, Gras *o*

**weefgetouw** Webstuhl *m*

**weefsel** Gewebe *o*

**weefselleer** Gewebelehre *v*

**weegs:** *zijns ~ gaan* seiner Wege gehen; *een eind ~* eine Strecke, ein Stück Weges

**weegschaal** Waage *v* ⟨ook astrol⟩, Waagschale *v*

**weeïg** übel, ekelerregend, widerlich

**1 week** *v* ⟨7 dagen⟩ Woche *v*; *vorige ~* ⟨die⟩ vorige Woche; *door (in) de ~* wochentags; *van de vorige ~* vorwöchig

**2 week** *v* ⟨het weken⟩ Weiche *v*; *in de ~ zetten* einweichen

**3 week** *bn* ⟨zacht⟩ weich; *weke delen* Weichteile *mv*

**weekblad** Wochenblatt *o*

**weekdier** Weichtier *o*, Molluske *v*

**weekeinde, weekend** Wochenende *o*, Weekend *o*

**weekendhuisje** Wochenendhäuschen *o*, -haus *o*

**weekendtas** Reisetasche *v*

**weekhartig** weichherzig

**weeklagen** wehklagen, klagen

**weekloon** Wochenlohn *m*

**weekoverzicht** Wochenschau *v*

**weelde** 1 ⟨luxe⟩ Luxus *m*, Überfluß *m*, Üppigkeit *v*; 2 ⟨geluk⟩ Wonne *v*; *zich in ~ baden* sich im Überfluß wälzen

**weelderig** 1 ⟨luxueus⟩ luxuriös, üppig; 2 ⟨v. groei⟩ üppig

**weemoed** Wehmut *v*

**weemoedig** wehmütig

**Weens** Wiener, wienerisch

**1 weer** *o* 1 ⟨toestand v.d. atmosfeer⟩ Wetter *o*; 2 ⟨weersgesteldheid⟩ Witterung *v*; *'t ~ zit in de spiegel* der Spiegel ist blind; *~ of geen ~, we gaan uit* wir gehen aus, wie das Wetter auch ist; *in ~ en wind* bei Wind und Wetter; *mooi ~ spelen* bei jmdm. gut Wetter machen; *van andermans geld mooi ~ spelen* flott leben vom Geld anderer Leute

**2 weer:** *druk in de ~ zijn* sehr beschäftigt sein; *vroeg in de ~ zijn* früh auf den Beinen sein; *zich te ~ stellen* sich zur Wehr setzen

**3 weer** *bijw* ⟨nog eens⟩ wieder; *telkens ~* immer wieder, wieder und wieder

**weer-** zie ook: *weder-*

**weerbaar** wehrhaft

**weerbarstig** widerspenstig

**weerbericht** Wetterbericht *m*, -vorhersage *v*

**weerga:** *zonder ~* ohnegleichen

**weergalmen** widerhallen

**weergaloos** unvergleichlich, beispiellos; *een ~ schouwspel* ⟨ook⟩ ein Schauspiel ohnegleichen

**weergave** Wiedergabe *v*

**weergeven** wiedergeben

**weerhaak(je)** Widerhaken *m*

**weerhaan** Wetterhahn *m*

**weerhouden** zurück-, abhalten

**weerkaart** Wetterkarte *v*

**weerkaatsen** 1 ⟨in 't alg.⟩ zurückstrahlen, -werfen; 2 ⟨weerklinken⟩ widerhallen

**weerkeren** zurückkehren

**weerklank** Widerhall *m*; *~ vinden* Anklang finden; *geen ~ vinden* kein Echo finden

**weerklinken** (wider)hallen; erklingen

**weerkunde** Wetterkunde *v*, Meteorologie *v*

**weerleggen** widerlegen

**weerlegging** Widerlegung *v*

**weerlicht** Wetterleuchten *o*; *als de ~!* wie der geölte Blitz!

**weerlichten** wetterleuchten

**weerloos** wehrlos

**weermacht** Wehrmacht *v*

**weerman** Präsentator *m* der Wettervorhersage *v*

**weeromstuit:** *van de ~ zei hij ook niets* er sagte seinerseits auch nichts

**weeroverzicht, weerpraatje** Wetterbericht *m*

**weerschijn** Widerschein *m*, Abglanz *m*

**weersgesteldheid** Witterung *v*, Wetterlage *v*

**weerskanten** = *weerszijden*

**weerslag** Rückschlag *m*, Rückwirkung *v*

**weersomstandigheden** Witterungsverhältnisse *mv*

**weerspannig** widerspenstig, aufsässig
**weerspiegelen** widerspiegeln
**weerspreken** (einem) widersprechen
**weerstaan** widerstehen (+ 3)
**weerstand** Widerstand *m*; ~ *bieden* Widerstand leisten
**weerstander** ZN Widerstandskämpfer *m*
**weerstandsvermogen** Widerstandsfähigkeit *v*
**weersverwachting** Wetteraussicht *v*
**weerszijden**: *aan* ~ auf beiden Seiten, beidseits (+ 2); *van* ~ beiderseits; beiderseitig
**weerwerk** Reaktion *v*; ~ *bieden, geven* reagieren
**weerwil** *in* ~ *van* trotz (+ 2 of 3)
**weerwolf** Werwolf *m*
**weerwoord** Entgegnung *v*
**weerzien** Wiedersehen *o*; *tot* ~*s* auf Wiedersehen
**weerzin** Widerwille *m*
**weerzinwekkend** widerlich, widerwärtig
**wees** Waise *v*; *halve* ~ Halbwaise
**weesgegroetje** Ave-Maria *o*
**weeshuis** Waisenhaus *o*
**weeskind** Waisenkind *o*
**weet** Wissen *o*; *ergens (geen)* ~ *van hebben* (keine) Ahnung von etwas haben; *iets aan de* ~ *komen* etwas erfahren; *'t is maar een* ~ wenn man es nur weiß
**weetal** Alleswisser *m*
**weetgierig** wißbegierig
**weetje**: *hij weet zijn* ~ *wel* er weiß gut Bescheid; *allerlei* ~*s* allerhand Wissenswertes
**1 weg** *m* Weg *m*, Straße *v*; *openbare* ~ öffentliche Straße *v*; *de* ~ *naar huis* der Heimweg; ~ *van en naar school* Schulweg *m*; ~ *van de minste weerstand* Weg des geringsten Widerstandes; *zijn eigen* ~ *kiezen* seiner Wege gehen; *zijn* ~ *vinden* seinen Weg machen; *de* ~ *weten* sich auskennen; *fig* Bescheid wissen; *geen* ~ *met iets weten* mit etwas (3) nichts anzufangen wissen; *flink aan de* ~ *timmeren* deutlich auf sich aufmerksam machen; *iem. in de* ~ *lopen* jmdm. vor den Füßen laufen; *langs deze* ~ auf diesem Wege; *langs administratieve* ~ auf dem Verwaltungsweg; *langs gerechtelijke* ~ auf dem Rechtswege; *langs wettelijke* ~ auf gesetzlichem Wege; *op* ~ *gaan* sich auf den Weg machen; *goed op* ~ *zijn* auf dem besten Wege sein; *iem. op* ~ *helpen* jmdm. auf die Sprünge helfen; *op de ingeslagen* ~ *voortgaan* in derselben Weise fortfahren; *dat ligt niet op mijn* ~ das ist nicht meine Sache; *op de verkeerde* ~ *raken* auf den falschen Weg geraten; *moeilijkheden uit de* ~ *ruimen* Schwierigkeiten beseitigen; *iem., iets uit de* ~ *gaan* jmdm., einer Sache aus dem Weg gehen; *iem. uit de* ~ *ruimen* jmdn. aus dem Wege räumen
**2 weg** *bijw* weg, fort; *de trein was al* ~ der Zug war schon fort; ~ *is* ~ hin ist hin; ~ *ermee* fort damit; ~ *met* ...*!* nieder mit ...!; ~ *zijn* ⟨v. persoon⟩ abwesend sein; ⟨v. zaak⟩ weg sein; ⟨bewusteloos⟩ weg sein; ~ *zijn van iets* von etwas begeistert sein; ~ *zijn van iem.* weg sein von jmdm.; *in 't wilde* ~ *praten* ins Blaue hineinreden; *in 't wilde* ~ *schieten* ins Blaue schießen

**wegbereider** Wegbereiter *m*
**wegbergen** wegräumen; *iets in een la* ~ etwas in eine Lade räumen
**wegblijven** wegbleiben
**wegbonjouren** hinauskomplimentieren, abwimmeln
**wegbranden** wegbrennen
**wegbrengen** 1 ⟨in 't alg.⟩ wegbringen; 2 ⟨vergezellen⟩ begleiten; *een brief* ~ einen Brief in den Kasten werfen, auf die Post tragen
**wegcijferen**: *het laat zich niet* ~ es läßt sich nicht verleugnen; *zichzelf helemaal* ~ seine eigenen Interessen zurückstellen
**wegcode** ZN Straßenverkehrsordnung *v* ⟨*afk*: StVO⟩
**wegdek** Straßen-, Fahrbahndecke *v*
**wegdenken** weg-, fortdenken
**wegdoen** wegtun, weglegen
**wegdoezelen** einnicken
**wegdraaien** ⟨draaiend ergens vandaan bewegen⟩ wegdrehen, abwenden; *het geluid* ~ den Ton ausblenden
**wegdragen** wegtragen
**wegduiken** sich ducken
**wegduwen** wegstoßen, wegdrängen
**wegen*** 1 *eig* wiegen; 2 *fig* wägen; *zwaar* ~ *fig* ins Gewicht fallen; *de laatste loodjes* ~ *'t zwaarst* das dicke Ende kommt nach; *gewogen maar te licht bevonden* gewogen und zu leicht befunden
**wegenaanleg** Straßenbau *m*
**wegenbelasting** Kraftfahrzeugsteuer *v*
**wegenhulp** ZN Pannendienst *m*; Straßenwacht *v*
**wegenkaart** Straßenkarte *v*
**wegennet** Straßennetz *o*
**wegens** wegen (+2); ~ *het slechte weer* wegen des schlechten Wetters; ~ *zijn gezondheid* gesundheitshalber
**wegenwacht** Straßenwacht *v* ⟨ook persoon⟩; ⟨dienst⟩ Pannendienst *m*
**weggaan** weg-, fortgehen
**weggebruiker** Verkehrsteilnehmer *m*
**weggeven** weggeben, verschenken
**weggooien** wegwerfen, -schmeißen
**weghalen** wegholen
**weghebben**: *veel van iemand* ~ einem sehr ähnlich sehen
**weghelft** Straßenseite *v*, (Fahr)spur *v*; *op de verkeerde* ~ *komen* auf die Gegenfahrbahn geraten
**wegjagen** wegjagen, fortjagen
**wegkampioenschap** ⟨wielrennen⟩ Straßenmeisterschaft *v*
**wegkapen** stibitzen, mitgehen lassen
**wegkomen** wegkommen; *maak dat je wegkomt* pack dich, scher dich weg
**wegkruipen** sich verkriechen, wegkriechen
**wegkwijnen** 1 ⟨door ziekte⟩ dahinkränkeln; 2 ⟨van verlangen⟩ schmachten; 3 ⟨planten enz.⟩ verkümmern; *van verdriet* ~ sich abhärmen
**weglaten** weg-, auslassen
**weglating** Weg-, Auslassung *v*

**wegleggen**

**wegleggen 1** ⟨elders neerleggen⟩ weglegen; **2** ⟨bewaren⟩ aufbewahren; *dat is niet voor iedereen weggelegd* das ist nicht jedem beschieden
**wegligging** Straßenlage *v*
**weglokken** weglocken; handel ⟨personen ook⟩ abwerben
**weglopen** fort-, weg-, davonlaufen; ~ *met iets* von etwas begeistert sein, für etwas schwärmen; ~ *met iemand* große Stücke auf einen halten
**wegmaken 1** ⟨kwijt maken⟩ verlegen, entfernen; **2** ⟨onder narcose⟩ betäuben, narkotisieren
**wegmoffelen** ⟨heimlich⟩ verschwinden lassen
**wegnemen** weg-, fortnehmen; *dat neemt niet weg dat hij moet betalen* dies verhindert nicht, daß er zahlen muß; *alle twijfel is nu weggenomen* alle Zweifel sind nun beseitigt
**wegomlegging** Umleitung *v*
**wegpesten** vergraulen, wegekeln
**wegpiraat** Verkehrsrowdy *m*
**wegpromoveren** wegbefördern
**wegraken 1** ⟨zoek⟩ abhanden kommen; **2** ⟨bewusteloos⟩ in Ohnmacht fallen, ohnmächtig werden
**wegrenner** Straßenfahrer *m*
**wegrestaurant 1** ⟨langs snelweg⟩ Autobahnraststätte *v*; **2** ⟨langs andere weg⟩ Rasthaus, Rasthof
**wegrijden 1** ⟨auto, fiets⟩ weg-, davonfahren; **2** ⟨op rijdier⟩ weg-, fortreiten
**wegroepen** weg-, abrufen
**wegrotten** weg-, abfaulen
**wegscheren 1** ⟨v. haar⟩ wegrasieren; **2**: *scheer je weg!* scher dich weg!
**wegschrijven** comput speichern
**wegslepen 1** ⟨in 't alg.⟩ wegschleppen; **2** ⟨sleuren⟩ wegschleifen; **3** auto abschleppen
**wegsmelten** wegschmelzen
**wegsplitsing** Weggabelung *v*
**wegspoelen 1** ⟨door spoelen verwijderen⟩ hinunterspülen; **2** ⟨door de stroom weggevoerd worden⟩ weggespült werden
**wegsterven** verklingen
**wegstoppen** wegstecken, verstecken
**wegsturen** wegschicken
**wegteren** dahinsiechen
**wegtrekken 1** ⟨in 't alg.⟩ wegziehen; **2** ⟨v. onweer⟩ sich verziehen; **3** ⟨met rukken⟩ wegzerren
**wegvagen** ⟨hin⟩wegfegen; *de stad werd weggevaagd* ⟨door bomaanval⟩ die Stadt wurde ausradiert
**wegvallen** wegfallen, ausfallen
**wegverkeer** Straßenverkehr *m*
**wegversmalling** Fahrbahnverengung *v*
**wegversperring** Straßensperre *v*
**wegvervoer** Straßentransport *m*
**wegvliegen 1** ⟨v. vogels⟩ wegfliegen; **2** ⟨rennen⟩ davoneilen; **3** ⟨bij verkoop⟩ reißenden Absatz finden; **4** ⟨ontsnappen⟩ entfliegen
**wegvoeren** wegführen
**wegvreten 1** ⟨door dieren⟩ zerfressen; **2** chem wegbeizen
**wegwaaien** weg-, fortwehen
**wegwedstrijd** ⟨wielrennen⟩ Straßenrennen *o*
**wegwerken 1** ⟨in 't alg.⟩ wegschaffen; **2** ⟨v. persoon⟩ abschießen
**wegwerker** Strecken-, Straßenarbeiter *m*
**wegwerpaansteker** Wegwerffeuerzeug *o*
**wegwerpartikel** Wegwerf-, Einwegartikel *m*
**wegwerpen** weg-, fortwerfen
**wegwerpfles** Wegwerf-, Einwegflasche *v*
**wegwerpverpakking** Wegwerf-, Einwegverpackung *v*
**wegwezen** verschwinden, abhauen
**wegwijs**: ~ *maken (in iets)* (in etwas) einführen
**wegwijzer** Wegweiser *m*
**wegwuiven 1** eig beiseite schieben; **2** ⟨bezwaren⟩ bagatellisieren
**wegzakken** wegsinken
**wegzetten** wegsetzen, weg-, fortstellen
**1 wei, weide 1** ⟨voor vee⟩ Weide *v*; **2** ⟨hooiland⟩ Wiese *v*
**2 wei 1** ⟨v. melk⟩ Molke *v*; **2** ⟨v. bloed⟩ Serum *o*
**weidegrond** Weideland *o*
**weiden** weiden
**weids** stattlich, glänzend, pompös; ~ *gebaar* ausladende Geste *v*
**weifelaar** Zauderer *m*
**weifelachtig** unschlüssig, schwankend
**weifelen** schwanken; *de markt was ~d* der Markt war in schwankender Haltung
**weifeling** Schwanken *o*
**weifelmoedig** wankelmütig, schwankend
**weigerachtig** abschlägig, ablehnend; ~ *zijn om te betalen* die Zahlung verweigern
**weigeren 1** ⟨hulp, toestemming enz.⟩ verweigern; ⟨verzoek⟩ ablehnen; **2** ⟨iets niet willen doen⟩ sich weigern; **3** ⟨v. geweer, toestel⟩ versagen; ~ *te getuigen* die Aussage verweigern
**weigerig** ZN widerspenstig; negativ, ablehnend
**weigering** Verweigerung *v*, Weigerung *v*, Ablehnung *v*; Versagen *o*
**weiland 1** ⟨in 't alg.⟩ Weideland *o*; **2** ⟨hooiland⟩ Wiesenland *o*
**weinig** wenig
**wekelijks** wöchentlich; ~ *overzicht* Wochenschau *v*; *~e termijn* Wochenrate *v*
**weken** weichen, einweichen
**wekken 1** ⟨wakker maken⟩ wecken, aufwecken; **2** ⟨gevoelens⟩ erregen, wachrufen; *de indruk* ~ den Eindruck erwecken
**wekker** Wecker *m*, Weckuhr *v*
**wekkerradio** Radiowecker *m*
**1 wel** *bn bijw* **1** ⟨goed⟩ gut, wohl; **2** ⟨weliswaar⟩ zwar; *~!, ~!* ei, ei!; *'t is* ~ *mooi, maar te duur* es ist zwar schön, aber zu teuer; *deze week en* ~ *morgen* diese Woche und zwar morgen; *wat denkt u ~?* wo denken Sie hin?; *je bent* ~ *vriendelijk* iron du bist sehr freundlich; *als ik het* ~ *heb* wenn ich (mich) nicht irre; *ik geloof van* ~ ich glaube ja; *ik geloof 't niet. Ik ~!* ich glaube es nicht. Aber ich!, ich schon!; ~ *thuis!*

kommen Sie gut nach Hause!
**2 wel**: *het ~ en wee* das Wohlergehen *o*
**3 wel** *v* ⟨bron⟩ Quelle *v*
**welbehagen** Wohlbehagen *o*, -gefallen *o*
**welbekend** wohlbekannt, allgemein bekannt
**welbeschouwd**: *alles ~* alles in allem genommen
**welbespraakt** beredt, sprach-, redegewandt
**welbesteed** gut benützt, gut angewandt
**welbewust** wissentlich, ganz bewußt
**weldaad** Wohltat *v*
**weldadig** wohltuend
**weldenkend** rechtschaffen
**weldoen** wohltun; *doe wel en zie niet om* tu recht und scheue niemand
**weldoener** Wohltäter *m*
**weldoorvoed** wohlgenährt
**weldra** bald
**weledel, weledelgestreng**: *de ~e Heer B.* Herrn B.; *~e heer* ⟨als briefbegin⟩ Sehr geehrter Herr
**weleer** ehedem, einst, vormals, vorzeiten
**weleerwaard**: *~e heer* Hochwürden *m*
**welgelegen** schön gelegen
**welgemanierd** anständig, wohlerzogen
**welgemeend** wohlgemeint
**welgemoed** wohlgemut
**welgeschapen** wohlgestaltet
**welgesteld** wohlhabend
**welgeteld** genau gezählt; *~ tien* zehn an der Zahl
**1 welgevallen**: *zich iets niet laten ~* sich etwas nicht gefallen lassen
**2 welgevallen** *o* Wohlgefallen *o*; *naar ~* nach Belieben
**welgevallig** angenehm
**welgezind** wohlgesinnt (+ 3); *iem ~ zijn* ⟨ook⟩ jmdm. gewogen sein
**welhaast 1** ⟨binnenkort⟩ bald, alsbald; **2** ⟨bijna⟩ fast
**welig** üppig; *~ gras* üppiges Gras
**welingelicht** wohlunterrichtet
**weliswaar** zwar, freilich, allerdings
**welk** welcher, welche, welches; *~ huis?* welches Haus?
**welkom** willkommen
**welkomstgroet** Willkommengruß *m*
**welkomstwoord** Begrüßungswort *o*
**wellen 1** ⟨water⟩ quellen, sprudeln; **2** ⟨ijzer⟩ schweißen
**welles** gemeenz doch!
**welletjes**: *het is ~* laß es genug sein
**wellevend** anständig, höflich
**wellicht** vielleicht, möglicherweise
**welluidend** wohllautend, -klingend
**wellust** Wollust *v*
**wellustig** wollüstig
**welnee**: *ach ~* nein!, nicht doch!
**welnemen**: *met uw ~* mit Ihrer Erlaubnis
**welnu** wohlan!, nun denn!
**welopgevoed** wohlerzogen
**weloverwogen** wohlüberlegt, -erwogen
**welp I** *m & o* ⟨jong dier⟩ Welp(e) *m*; **II** *m* ⟨scouting⟩ Wölfling *m*
**Welsh** walisisch
**welsprekend** beredt

**welsprekendheid** Beredsamkeit *v*
**welstand 1** ⟨voorspoed⟩ Wohlstand *m*; **2** ⟨gezondheid⟩ Wohlbefinden *o*; Gesundheit *v*
**welstandsgrens** Beitragsbemessungsgrenze *v*
**welste**: *een lawaai van je ~* ein Heidenlärm *m*; *een onweer van je ~* ein schreckliches Gewitter
**weltergewicht** Weltergewicht *o*
**welterusten** Gute Nacht!, schlaf gut!
**welvaart** Wohlstand *m*; *de materiële ~* das materielle Wohl
**welvaartsmaatschappij** Wohlstandsgesellschaft *v*
**welvaren I** *onoverg* **1** (in 't alg.) gesund und wohlauf sein; **2** ⟨handel enz.⟩ blühen; **II** *o* ⟨gezondheid⟩ Gesundheit *v*, Wohlbefinden *o*; *er uitzien als Hollands ~* vor Gesundheit strotzen
**welvarend** wohlhabend; *een ~ dorp* ein blühendes Dorf *o*
**welven** sich wölben
**welverdiend** wohlverdient
**welving** Wölbung *v*
**welwillend** wohlwollend
**welwillendheid** Wohlwollen *o*
**welzijn** Wohl *o*; *het algemeen ~* das Gemeinwohl; *op uw ~* auf Ihr Wohl
**welzijnssector** Sozialwesen *o*
**welzijnswerk** Sozialarbeit *v*
**welzijnswerker** Sozialarbeiter *m*
**wemelen** wimmeln
**wendbaar** wendig, leicht lenkbar
**wenden** wenden; *zich tot iemand ~* sich an einen wenden; *voor inlichtingen wende men zich tot...* Auskunft erteilet...; Näheres bei...
**wending** Wendung *v*; *een gunstige ~ nemen* eine günstige Wendung nehmen, sich in günstigem Sinne entwickeln
**wenen** *plechtig* weinen
**Wenen** Wien *o*
**Wenen** Wien *o*
**Wener I** *m* Wiener *m*; **II** *bn* Wiener; *het ~ Woud* der Wienerwald
**wenk** Wink *m*; *een stille ~* ein heimlicher Wink; *iem. op zijn ~en bedienen* jmdm. auf den Wink gehorchen
**wenkbrauw** Augenbraue *v*
**wenken** winken (+ 3)
**wennen** (sich) gewöhnen (an + 4)
**wens** Wunsch *m*; *vrome ~en* fromme Wünsche; *het gaat naar ~* es geht nach Wunsch
**wenselijk** wünschenswert, erwünscht
**wensen 1** ⟨verlangen; toewensen⟩ wünschen; **2** ⟨willen⟩ mögen; *alles zoals men 't maar ~ kan* alles ganz nach Wunsch; *alle gewenste inlichtingen* jede erwünschte Auskunft *v*; *voorzichtigheid is hier gewenst* Vorsicht ist hier am Platze; *hij wenste het niet te doen* er war nicht bereit es zu tun
**wentelen** wälzen; *zich ~* sich wälzen
**wentelteefjes** arme Ritter *mv*
**wenteltrap** Wendeltreppe *v*
**wereld** Welt *v*; *de andere ~* das Jenseits; *de oude, de derde, de nieuwe ~* die Alte, Drit-

**wereldbeeld**

te, Neue Welt; *weten wat er in de ~ te koop is* seine Welt kennen; *iem. naar de andere ~ helpen, zenden* einen ins Jenseits befördern; *voor niets ter ~* nicht um alles in der Welt; *waar ter ~* wo in aller Welt; *ter ~ komen* auf die Welt kommen; *dat is uit de ~* das ist erledigt; *iets uit de ~ helpen* etwas aus der Welt schaffen

**wereldbeeld** Weltbild *o*
**wereldbeker** Weltpokal *m*, -cup *m*
**wereldberoemd** weltberühmt
**wereldbeschouwing** Weltanschauung *v*
**wereldbol** Welt-, Erdkugel *v*
**wereldburger** Weltbürger *m*
**werelddeel** Erdteil *o*
**wereldgeschiedenis** Weltgeschichte *v*
**wereldhandelscentrum** Welthandelszentrum *o*
**wereldje** Welt *v*, Kreis *m*; *tot het ~ van tv-sterren behoren* zur Szene der Fernsehstars gehören
**wereldkampioen** Weltmeister *m*
**wereldkampioenschap** Weltmeisterschaft *v*
**wereldkundig** weltkundig, ruchbar
**wereldlijk** weltlich
**wereldmacht** Weltmacht *v*
**wereldnaam** Weltruf *m*
**Wereldnatuurfonds** World Wildlife Fund *m*, WWF
**wereldnieuws** Nachrichten *mv* aus aller Welt
**wereldomroep** 1 (in Nederland) Weltfunk *m*; 2 (in Duitsland) Deutsche Welle *v*
**wereldontvanger** Weltempfänger *m*
**wereldoorlog** Weltkrieg *m*
**wereldpremière** Weltpremiere *v*
**wereldrecord** Weltrekord *m*
**wereldreis** Weltreise *v*
**wereldreiziger** Weltreisende(r) *m-v*
**wereldrijk** Weltreich *o*
**werelds** 1 (aards) weltlich; 2 (mondain) mondän; *~e goederen* irdische Güter *mv*
**wereldschokkend** welterschütternd, -bewegend
**wereldstad** Weltstadt *v*
**wereldtaal** Weltsprache *v*
**wereldtentoonstelling** Weltausstellung *v*
**wereldtitel** Weltmeistertitel *m*
**wereldvrede** Weltfriede *m*
**wereldvreemd** weltfremd
**wereldwijd** weltweit
**wereldwijs** welterfahren, -klug
**wereldwinkel** Dritte-Welt-Laden *m*
**wereldwonder** Weltwunder *o*
**wereldzee** Weltmeer *o*
**weren** (tegenhouden) abwehren; *vreemdelingen ~* Fremde nicht zulassen; *zich ~* sich wehren
**werf** 1 scheepv Werft *v*; 2 ZN (bouwterrein) Baustelle *v*
**werk** 1 (in 't alg.) Arbeit *v*; 2 (kunstwerk) Werk *o*; 3 ZN (werkterrein) Baustelle *v*; *besmet ~* (bij staking) indirekte Streikarbeit *v*; *los ~* Gelegenheitsarbeit *v*; *nagelaten ~en* hinterlassene Werke *mv*; *publieke ~en* die Stadtwerke *mv*; *sociaal ~* Sozialarbeit *v*; *tijdelijk ~* Zeitarbeit *v*; *zwart ~* Schwarzarbeit *v*; *er is ~ aan de winkel* es ist allerhand zu tun; *~ aan de lopende band* Fließbandarbeit *v*; *~ geven aan* beschäftigen; *veel ~ maken van* sich viel Mühe geben um (für); *aan het ~ zijn* arbeiten; *alles in het ~ stellen* alles aufbieten, nichts unversucht lassen; *naar zijn ~ gaan* zur Arbeit gehen; *te ~ gaan* zu Werke gehen; *voor zijn ~ leven* seiner Arbeit leben; ZN *~!* (waarschuwing op weg) Vorsicht, Bauarbeiten!; Vorsicht, Baustelle!
**werkbank** Werkbank *v*
**werkbezoek** Arbeitsbesuch *m*
**werkbij** Arbeitsbiene *v*
**werkbriefje** Laufzettel *m*
**werkcollege** Seminar *o*
**werkdag** 1 (dag waarop men werkt) Arbeitstag *m*; 2 (weekdag) Wochentag *m*; *op ~en* werktags
**werkelijk** wirklich; *~e belastingopbrengst* Ist-Aufkommen *o*; *~e ontvangst, voorraad* Ist-Einnahme *v*, -Bestand *m*
**werkelijkheid** Wirklichkeit *v*; *dicht bij de ~ staand* wirklichkeitsnah; *~ worden* sich verwirklichen
**werken** 1 (arbeiden) arbeiten, schaffen; 2 (uitwerking hebben) wirken; 3 (v. bier) gären; 4 (v. hout) arbeiten, sich verziehen; *aanstekelijk ~* ansteckend wirken; *hard ~* schwer arbeiten; *naar binnen ~* (brood bijv.) hinunterwürgen; *uit ~ gaan* auf Arbeit gehen; *op iems. gemoed ~* einem ins Gewissen reden
**werker** Arbeiter *m*; *sociaal ~* Sozialarbeiter *m*; *hij is een echte ~* er arbeitet tüchtig
**werkezel** Arbeitstier *o*
**werkgeheugen** RAM *o* (Random Access Memory)
**werkgelegenheid** Arbeitsmöglichkeit *v*; *volledige ~* Vollbeschäftigung *v*
**werkgever** Arbeitgeber *m*
**werkgeversaandeel**, **werkgeversbijdrage** Arbeitgeberanteil *m*
**werkgroep** Arbeitsgruppe *v*
**werking** Wirkung *v*, Funktionieren *o*; *buiten ~ stellen* außer Kraft setzen; *in ~ stellen* in Betrieb setzen; *in ~ treden* in Kraft treten
**werkkamer** Arbeitszimmer *o*
**werkkamp** Arbeitslager *o*
**werkklimaat** Arbeitsklima *o*
**werkkracht** Arbeitskraft *v*
**werkkring** Arbeitsstelle *v*, Arbeitsplatz *m*
**werkloos** 1 (nietsdoend) untätig, müßig; 2 (zonder baan) arbeits-, erwerbslos
**werkloosheid** Arbeits-, Erwerbslosigkeit *v*
**werkloosheidscijfer** Arbeitslosenziffer *v*
**werkloosheidsuitkering** Arbeitslosengeld *o*
**werkloze** Arbeitslose(r) *m-v*
**werklust** Arbeitslust *v*
**werkman** Arbeiter *m*; *los ~* Gelegenheitsarbeiter *m*
**werkmanswoning** ZN Arbeiterwohnung *v*
**werknemer** Arbeitnehmer *m*
**werknemersaandeel**, **werknemersbijdrage** Arbeitnehmeranteil *m*

**werkonbekwaam** ZN arbeitsunfähig
**werkonderbreking** Arbeitsunterbrechung v
**werkplaats** Werkstätte v, -statt v
**werkplek** Arbeitsplatz m; *op de* ~ am Arbeitsplatz
**werkschuw** arbeitsscheu
**werkster 1** ⟨arbeidster⟩ Arbeiterin v; **2** ⟨hulp in de huishouding⟩ Putzfrau v; *sociaal* ~ Sozialarbeiterin v
**werkstudent** Werkstudent m
**werkstuk** Arbeit v
**werktafel** Arbeitstisch m
**werktekening** Arbeitsvorlage v
**werkterrein** Arbeitsgebiet o
**werktijd** Arbeitszeit v; *flexibele (variabele) ~en* gleitende Arbeitszeiten
**werktuig** Werkzeug o, Gerät o
**werktuigbouwkunde** Maschinenbau m
**werktuigbouwkundige** Maschinenbauer m
**werktuigkunde** Maschinenkunde v
**werktuiglijk** mechanisch, automatisch
**werkvergunning** Arbeitserlaubnis v
**werkverschaffing 1** ⟨in 't alg.⟩ Arbeitsbeschaffung v; **2** ⟨voor werklozen⟩ Notstandsarbeiten mv
**werkvloer** Arbeitsplatz m
**werkvrouw** ZN ⟨schoonmaakster⟩ Putzfrau v
**werkweek** Arbeitswoche v; *vijfdaagse* ~ Fünftagewoche v
**werkwijze** Arbeitsweise v
**werkwillige** Arbeitswillige(r) m-v
**werkwoord** Zeitwort o, Verb(um) o; *onpersoonlijk* ~ unpersönliches Verb o; *overgankelijk* ~ zielendes Verb o; *onovergankelijk* ~ nichtzielendes Verb o
**werkzaam 1** ⟨vlijtig⟩ arbeitsam; **2** ⟨bezig⟩ tätig; *in de huishouding* ~ im Haushalt tätig
**werkzoekende** Arbeitssuchende(r) m-v
**werpen\* I** *ww* werfen ⟨ook: baren⟩; *bommen* ~ Bomben abwerfen; *een smet* ~ *op iem.* einem einen Makel anhaften; **II** *o* Werfen o; *het* ~ *van bommen* der Abwurf von Bomben
**werper** Werfer m
**werphengel** Angel v
**werpheuvel** Wurfmal o
**wervel** Wirbel m
**wervelen** wirbeln
**wervelkolom** Wirbelsäule v
**wervelstorm** Wirbelsturm m
**wervelwind** Wirbelwind m
**werven\*** werben, anwerben
**wervingsreserve** ZN Einstellungsreserve v
**wesp** Wespe v
**wespennest** Wespennest o
**wespentaille** Wespentaille v
**west** westlich; ⟨naar het westen⟩ nach Westen; ⟨uit het westen⟩ von West; *de wind is* ~ der Wind ist westlich
**West**: *de* ~ Westindien o
**West-Duitsland** Westdeutschland o
**westelijk** westlich; ~ *front* Westfront v; ~ *van Bonn* westlich von Bonn
**westen** Westen m; ⟨in cultuurgeschiedenis vaak⟩ Abendland o; *buiten* ~ ohnmächtig; *naar 't* ~ nach Westen; *ten* ~ *van Bonn* westlich von Bonn
**westenwind** Westwind m
**westerlengte** westliche Länge v; *op 20°* ~ *(WL)* auf 20 Grad westlicher Länge (w.L.)
**westerling 1** ⟨in 't alg.⟩ jemand aus dem Westen; **2** ⟨iem. uit een westers land⟩ Abendländer m
**western** Western m
**westers** abendländisch
**West-Europees** westeuropäisch
**West-Indisch** westindisch
**westkust** Westküste v
**westwaarts** westwärts
**wet** Gesetz o; *W~ Persoonsregistratie* Datenschutzgesetz o; *de ~ van Newton* das Newtonsche Gesetz; ~ *van de zwaartekracht* Gravitationsgesetz o; *de* ~ *ontduiken* das Gesetz umgehen; *iem. de* ~ *voorschrijven* jmdm. Vorschriften machen; *zich aan de* ~ *houden* sich an das Gesetz halten; *bij de* ~ durch das Gesetz, gesetzlich
**wetboek** Gesetzbuch o; *burgerlijk* ~ Bürgerliches Gesetzbuch, BGB; ~ *van strafrecht* Strafgesetzbuch o, StGB
**weten\* I** *ww* wissen; *te* ~ nämlich; *ik weet van niets* gemeenz mein Name is Hase, *ich weiß von nichts; voorzover ik weet* soviel ich weiß; *wat niet weet, wat niet deert* was einer nicht weiß, macht einen nicht heiß; *het niet willen* ~ es nicht wahrhaben wollen; *geen mens wil van haar* ~ kein Mensch will von ihr wissen; *weet ik veel hoe hij er uitziet* was weiß ich, wie er aussieht; *er geen bal (klap, flikker) van* ~ gemeenz keine (blasse) Ahnung haben von; **II** *o* das Wissen; *bij mijn* ~ soviel ich weiß; *buiten mijn* ~ ohne mein Wissen; *tegen beter* ~ in wider besseres Wissen; *volgens mijn beste* ~ nach bestem Wissen
**wetenschap** Wissenschaft v; *in de* ~ *dat...* in dem Bewußtsein, daß...
**wetenschappelijk** wissenschaftlich
**wetenschapper**, **wetenschapsman** Wissenschaftler m
**wetenschapsfilosofie** Wissenschaftsphilosophie v
**wetenswaardig** wissenswert
**wetenswaardigheid** Wissenswerte(s) o; *alle ~heden* alles Wissenswerte
**wetering** Wassergraben m, Bach m
**wetgevend** gesetzgebend; ~ *lichaam* gesetzgebende Versammlung v; Legislative v; *de ~e macht* die gesetzgebende Gewalt; *~e verkiezingen* ZN Parlamentswahlen
**wetgever** Gesetzgeber m
**wetgeving** Gesetzgebung v, Legislatur v; *sociale* ~ Sozialgesetzgebung v
**wethouder** Beigeordnete(r) m-v
**wetmatig** gesetzmäßig
**wetmatigheid** Gesetzmäßigkeit v
**wetsartikel** Artikel m eines Gesetzes
**wetsbepaling** gesetzliche Bestimmung v
**wetsdokter** ZN Gerichtsarzt m
**wetsontwerp** Gesetzentwurf m; ⟨ingediend⟩ Gesetzesvorlage v; *een* ~ *indienen* einen Gesetzentwurf zur Beratung vorle-

**wetsovertreding** Gesetzesübertretung v
**wetsuit** 1 ⟨voor duikers⟩ Taucheranzug m; 2 ⟨voor surfers⟩ Surfanzug m
**wetsvoorstel** = *wetsontwerp*
**wetswijziging** Gesetz(es)änderung v
**wettelijk** gesetzlich; *langs ~e weg* auf gesetzlichem Wege
**wetten** wetzen
**wettig** gesetzmäßig, gesetzlich; zie ook: *deponeren*
**wettigen** 1 ⟨kind⟩ legitimieren; 2 ⟨rechtvaardigen⟩ rechtfertigen; *dat wettigt de hoop...* das berechtigt zur Hoffnung...
**wettigheid** Gesetzmäßigkeit v
**wettisch** übertrieben auf den Buchstaben des Gesetzes orientiert, formalistisch
**weven\*** weben; *geweven stoffen* Webstoffe
**wever** Weber m
**weverij** 1 ⟨bep. bedrijf⟩ Weberei v; 2 ⟨'t weven⟩ Weben o
**wezel** Wiesel o
**wezen\*** I *ww* sein; *kritiek moet er ~* Kritik muß sein; *hij mag er ~* er kann sich sehen lassen; II o 1 ⟨essentie⟩ Wesen o; 2 ⟨individu⟩ Geschöpf o; *levende ~s* Lebewesen *mv*; *in ~* im Grunde, im Kern
**wezenlijk** wirklich
**wezenloos** geistesabwesend, entgeistert; *zich ~ schrikken* sich zu Tode erschrecken
**whiplash** Schleudertrauma o
**whirlpool** Whirlpool m
**whisky** Whisky m
**wichelroede** Wünschelrute v
**wicht** ⟨meisje⟩ (kleines) Ding o
**wie** wer; *~ is die heer, die dame?* wer ist der Herr, die Dame?; *~ zijn daar?* wer ist da?; *~ zijn die heren?* wer sind diese Herren?
**wiebelen** wackeln, wippen; *met de stoel ~* mit dem Stuhl schaukeln
**wieden** jäten
**wiedes**: *nogal ~!* gemeenz klar!
**wieg** Wiege v; *van de ~ tot 't graf* von der Wiege bis zur Bahre; *in de ~ gelegd zijn voor* wie geschaffen sein für
**wiegelied** Wiegenlied o
**wiegen** wiegen; *iem. in slaap ~* einen einschläfern
**wiegendood** Krippentod m
**wiek** Flügel m; *in zijn ~ geschoten zijn* sich verletzt fühlen; *op eigen ~en drijven* auf eigenen Füßen stehen
**wiel** Rad o; *iem. in de ~en rijden* jmdm. einen Knüppel zwischen die Beine werfen
**wieldop** Radkappe v
**wielerbaan** Radrennbahn v
**wielerbroek** Radlerhose v
**wielersport** Radsport m
**wielewaal** Pirol m
**wielklem** Parkkralle v
**wielophanging** Radaufhängung v
**wielrennen** I *ww* Radrennen fahren; II o Radrennen o
**wielrenner** Radrennfahrer m
**wielrijden** radfahren, radeln
**wielrijder** Radfahrer m, Radler m
**wier** 1 ⟨waterplant⟩ Algen *mv*; 2 ⟨zeegras⟩ Seegras o
**wierook** Weihrauch m
**wiet** gemeenz Gras o
**wig** Keil m
**wigwam** Wigwam m
**wij** wir; *~ van onze kant* wir uns(r)erseits; *~ en de onzen* wir und die Unsrigen
**wijd** weit; *de ~e wereld* die weite Welt; *~ en zijd* weit und breit
**wijdbeens** breitbeinig
**wijden** 1 ⟨in 't alg.⟩ widmen; 2 godsd weihen; *zich aan de studie ~* sich dem Studium widmen; *tot priester ~* zum Priester weihen
**wijding** Weihe v
**wijdlopig** weitschweifig, weitläufig
**wijdte** Weite v
**wijdvertakt** weitverzweigt
**wijf** gemeenz Weib o
**wijfje** ⟨van dier⟩ Weibchen o
**1 wijk** 1 ⟨stadswijk⟩ Viertel o; 2 ⟨voor postbestelling⟩ Zustellbezirk m; 3 ⟨politie e.d.⟩ Revier o
**2 wijk**: *de ~ nemen* die Flucht ergreifen
**wijkagent** Streifenpolizist m
**wijkcentrum** Gemeindezentrum o, -haus o
**wijken\*** 1 ⟨opzij gaan⟩ weichen; 2 ⟨vluchten⟩ entweichen; *een ~d voorhoofd* eine weichende Stirn v *het gevaar is geweken* die Gefahr ist gewichen
**wijkgebouw** Gemeindezentrum o
**wijkplaats** Zufluchtsort o
**wijlen** selig; verstorben; *~ de notaris* der verstorbene Notar
**wijn** Wein m; *rode, witte ~* Rot-, Weißwein m; *mousserende ~* Schaumwein m; *~ op fust* Faßwein m; *goede ~ behoeft geen krans* gute Ware lobt sich selbst; *iem. klare ~ schenken* jmdm. reinen Wein einschenken
**wijnazijn** Weinessig m
**wijnbouw** Weinbau m
**wijnbouwer** Winzer m, Weinbauer m
**wijngaard** Weingarten m
**wijnglas** Weinglas o
**wijnhandel** 1 ⟨het handelen⟩ Weinhandel m; 2 ⟨zaak⟩ Weinhandlung v
**wijnhuis** Weinstube v, -lokal o
**wijnjaar** Weinjahr o
**wijnkaart** Weinkarte v
**wijnkelder** Weinkeller m
**wijnkenner** Weinkenner m
**wijnkoeler** Weinkühler m
**wijnoogst** Weinlese v
**wijnpers** (wijn)kelter v, Weinpresse v
**wijnpokken** ZN Windpocken *mv*
**wijnrank** Weinranke v
**wijnrood** weinrot
**wijnstok** Weinstock m, Rebe v
**wijnstreek** Weingegend v
**wijntje**: *een lekker ~* ein guter Tropfen m; *~ en trijntje* Wein, Weib und Gesang
**wijnvlek** 1 ⟨op kleding e.d.⟩ Weinfleck m; 2 med Feuermal o
**1 wijs** v 1 muz Melodie v; 2 gramm Modus m; 3: *'s lands ~, 's lands eer* ländlich, sittlich; *op deze ~* muz nach dieser Melodie; *van de ~ raken* aus dem Konzept ge-

raten; *iem. van de ~ brengen* jmdn. aus dem Takt bringen
**2 wijs** *bn* weise; ⟨praktisch, verstandig⟩ klug, gescheit; *ik kan er niet ~ uit worden* ich kann nicht schlau daraus werden; *hij is niet (goed) ~* er ist nicht ganz bei Trost; *wijzer van iets worden gemeenz* an einer Sache verdienen; *er niet veel wijzer van worden* nicht viel über etwas erfahren
**wijsbegeerte** Philosophie *v*
**wijselijk** wohlweislich, klugerweise
**wijsgeer** Philosoph *m*
**wijsgerig** philosophisch
**wijsheid** Weisheit *v*; *de ~ in pacht hebben* die Weisheit gepachtet haben
**wijsheidstand** ZN Weißheitszahn *m*
**wijsje** *muz* Melodie *v*
**wijsmaken**: *iem. iets ~* einem etwas weismachen; *maak dat je grootje, de kat wijs* das kannst du deiner Großmutter erzählen
**wijsneus** Naseweis *m*
**wijsvinger** Zeigefinger *m*
**wijten\*** zuschreiben; *aan hem is het niet te ~* ihm ist die Schuld nicht zuzuschreiben; *het aan zichzelf te ~ hebben* es selbst verschuldet haben
**wijting** Wittling *m*, Merlan *m*
**wijwater** Weihwasser *o*
**1 wijze** *m* ⟨persoon⟩ Weise(r) *m*
**2 wijze** *v* **1** ⟨manier⟩ Weise *v*, Art *v*; **2** *gramm* Modus *m*; *bij ~ van grap* spaßeshalber; *bij ~ van proef* probeweise; *bij ~ van spreken* sozusagen; *bij ~ van straf* strafweise; *bij ~ van voorbeeld* beispielshalber; *bij ~ van voorschrift* vorschußweise; *op deze ~* auf diese (in dieser) Weise; *op dezelfde ~* in gleicher Weise; *op generlei ~* in keiner Weise
**wijzen\*** weisen, zeigen; *alles wijst erop* alles weist darauf hin; *een arrest, vonnis ~* ein Urteil sprechen; *naar iem. ~* auf einen zeigen
**wijzer** Zeiger *m*; *de grote, de kleine ~* der Minuten-, der Stundenzeiger; *met de ~s van de klok mee* im Uhrzeigersinn; *tegen de ~s van de klok in* gegen den Uhrzeigersinn
**wijzerplaat** Zifferblatt *o*
**wijzigen** ändern; ⟨gering⟩ abändern, modifizieren; *geheel ~* völlig umgestalten, umwandeln
**wijziging** Änderung *v*, Veränderung *v*; *algehele ~* Verwandlung *v*; *daarin is een ~ gekomen* das hat eine Veränderung erfahren
**wikkel** Wickel *m*
**wikkelen** wickeln, einwickeln
**wikken** wägen, erwägen; *~ en wegen* hin und her überlegen, reiflich erwägen; *de mens wikt, God beschikt* der Mensch denkt, Gott lenkt; *zijn woorden ~ en wegen* seine Worte auf die Waagschale legen
**wil** Wille *m*; *uiterste ~* Letzter Wille *m*; ⟨testament⟩ letztwillige Verfügung *v*; *met de beste ~ van de wereld* beim besten Willen; *om Gods ~* um Gottes willen; *tegen ~ en dank* wider Willen; *van goede ~ zijn* guten Willens sein

**1 wild** *bn* wild; *~e eend* Wildente *v*; *~e jongen, ~ meisje* Wildfang *m*; *~e kat* Wildkatze *v*; *~e staking* wilder Streik *m*; *~e vaart* Trampfahrt *v*; *~ vlees* wildes Fleisch *o*; *~ op iets zijn* wild auf etwas (4) sein; *'t ging er ~ aan toe* es ging wüst her
**2 wild** *o* **1** ⟨dieren⟩ Wild *o*; **2** ⟨wildbraad⟩ Wildbret *o*; *groot ~* Hochwild *o*; *klein ~* Niederwild *o*; *rood ~* Rot-, Edelwild *o*; *zwart ~* Schwarzwild *o*; *in 't ~ groeien* wild wachsen; *in het ~ opgroeien* ohne Erziehung aufwachsen
**wildbaan** Wildbahn *v*
**wildbraad** Wildbret *o*
**wilde** Wilde(r) *m-v*
**wildebras** Wildfang *m*
**wildernis** Wildnis *v*
**wildgroei 1** ⟨onbelemmerde groei⟩ Wildwuchs *m*; **2** *fig* ⟨overmatige, onwenselijke toeneming⟩ Wildwuchs *m*, Wucherung *v*; *de ~ van regels en voorschriften* die ungezügelte Ausbreitung von Bestimmungen und Vorschriften
**wildpark** Wildpark *m*, -gehege *o*
**wildreservaat** Wildreservat *o*
**wildrooster** ⟨op pad liggend⟩ Wildrost *m*
**wildschade** Wildfraß *m*, -schaden *m*
**wildstand** Wildbestand *m*, Wildstand *m*
**wildvreemd** wildfremd
**wildwestfilm** Wildwestfilm *m*
**wilg** Weide *v*, Weidenbaum *m*
**wille**: *ter ~ van zijn broer, de lieve vrede* um seines Bruders, des lieben Friedens willen; *ter ~ van 't fatsoen* anstandshalber; *iem. ter ~ zijn* einem zu Willen sein
**willekeur 1** ⟨goeddunken⟩ Belieben *o*; **2** ⟨eigenaardigheid⟩ Willkür *v*; *naar ~* nach Belieben
**willekeurig** willkürlich, beliebig; *een ~ getal* eine beliebige Zahl *v*
**Willem** Wilhelm *m*
**willen\*** wollen; *dat wil er bij mij niet in* das will mir nicht einleuchten; *wil ik dat doen?* soll ich das tun?; *dat zou ik wel eens ~ weten* das möchte ich gern wissen
**willens**: *~ en wetens* wissentlich
**willig** willig; *~e beurs* feste Börse *v*
**willoos** willenlos
**wils**: *elk wat ~* jedem nach seinem Geschmack
**wilsbeschikking**: *uiterste ~* letztwillige Verfügung *v*, Letzter Wille *m*
**wilskracht** Willenskraft *v*
**wimpel** Wimpel *m*
**wimper** Wimper *v*
**wind** Wind *m*; ⟨scheet ook⟩ Furz *m*; *er de ~ onder hebben* Disziplin halten; *een ~ laten pupsen; wie ~ zaait, zal storm oogsten* wer Wind sät, wird Sturm ernten; *de ~ tegen hebben* Gegenwind haben; *iem. de ~ uit de zeilen nemen* jmdm. das Wasser abgraben; *de ~ van voren krijgen* den Wind vorn erhalten; *iem. de ~ van voren geven* jmdm. sein Fett geben; *boven, onder de ~* über, unter dem Winde; *in de ~ slaan* in den Wind schlagen; *met alle ~en meewaaien* wetterwendisch sein; *tegen de ~ zeilen* ⟨ook fig⟩ gegen den Wind segeln;

*komt de ~ uit die hoek?* pfeift der Wind daher?; *'t gaat hem voor de ~* es geht ihm gut; *voor de ~ zeilen* vor dem Winde segeln
**windbuil** Aufschneider *m*, Windbeutel *m*
**windbuks** Windbüchse *v*
**windei**: *dat zal hem geen ~eren leggen* er wird kein schlechtes Geschäft dabei machen
**winden\*** winden, aufwinden, aufwickeln
**windenergie** Windenergie *v*
**winderig** windig
**windhandel** Spekulationsgeschäft *o*
**windhond** Windhund *m*
**windhoos** Windhose *v*
**windjak** Windjacke *v*
**windje** 1 (zuchtje wind) Lüftchen *o*, Windhauch *m*; 2 (scheet) Wind *m*, Furz *m*
**windkracht** Windstärke *v*
**windmolen** Windmühle *v*; *vechten tegen ~s* kämpfen mit Windmühlen
**windrichting** Windrichtung *v*
**windroos** Windrose *v*
**windscherm** Windschutz *m*
**windstil** windstill
**windstilte** Windstille *v*
**windstoot** Windstoß *m*
**windstreek** 1 (op kompas) Himmelsrichtung *v*; 2 (luchtstreek) Himmelsgegend *v*
**windsurfen** I *ww* surfen; II *o* Surfen *o*
**windtunnel** Windkanal *m*
**windvaan** Wind-, Wetterfahne *v*
**windvlaag** Windstoß *m*, Bö *v*
**windwijzer** Wind-, Wetterfahne *v*
**wingerd** (wijnstok) Weinstock *m*, -rebe *v*; *wilde ~* Wilder Wein *m*
**wingewest** eroberte Provinz *v*
**winkel** Laden *m*; *zo uit de ~* ladenneu
**winkelbediende** Ladenangestellte(r) *m-v*
**winkelcentrum** Einkaufszentrum *o*
**winkeldief** Ladendieb *m*
**winkeldiefstal** Ladendiebstahl *m*
**winkelen** Einkäufe (Besorgungen) machen; *gaan ~* einkaufen gehen
**winkelgalerij** Ladenpassage *v*
**winkelhaak** 1 (v. timmerman) Winkelmaß *o*; 2 (scheur) Winkel *m*
**winkelier** Ladenbesitzer *m*
**winkeljuffrouw** Verkäuferin *v*
**winkelpersoneel** Ladenpersonal *o*
**winkelprijs** Ladenpreis *m*
**winkelstraat** Geschäftsstraße *v*; *belangrijkste ~* Hauptgeschäftsstraße *v*
**winkelwagentje** Einkaufswagen *m*
**winnaar** 1 (in 't alg.) Gewinner *m*; 2 (overwinnaar) Sieger *m*
**winnen\*** gewinnen; *inlichtingen ~* Auskunft einholen; *kolen ~* Kohlen gewinnen; *terrein, veld, tijd ~* Boden, Terrain, Zeit gewinnen; *trachten iem. te ~* um einen werben; *het van iem. ~* einen überlegen sein; *zo gewonnen, zo geronnen* wie gewonnen, so zerronnen
**winning** Gewinnung *v*
**winning mood**: *in de ~ zijn* in Siegesstimmung sein
**winst** Gewinn *m*; *~ op punten* Punktgewinn *m*; *op ~ staan* auf der Gewinnerstra-
ße sein
**winstbejag** Gewinnsucht *v*, Profitgier *v*
**winstdeling** Gewinnbeteiligung *v*
**winstderving** Gewinnausfall *m*
**winst- en verliesrekening** Gewinn- und Verlustrechnung *v*
**winstgevend** einträglich, gewinnbringend; *zonder ~ doel* ZN ohne Gewinnzweck
**winstmarge** Gewinn-, Verdienstspanne *v*
**winstoogmerk** Gewinnstreben *o*; *een organisatie zonder ~* eine gemeinnützige Organisation *v*
**winstpunt** Gewinn *m*
**winstuitkering** Gewinnausschüttung *v*
**winter** Winter *m*
**winteren** wintern
**winterhanden** Frostbeulen *mv* an den Händen
**winterhard** winter-, frosthart
**winterjas** Wintermantel *m*
**winterkleren** Winterkleider *mv*
**winterkoninkje** Zaunkönig *m*
**winterlandschap** Winterlandschaft *v*
**winterpeen** Wintermöhre *v*
**winters** winterlich; *'s ~* im Winter
**winterslaap** Winterschlaf *m*
**wintersport** Wintersport *m*; *naar de ~ gaan* in den Wintersport fahren
**wintersportplaats** Wintersportort *m*
**winterstop** *sp* Winterpause *v*
**wintertenen** Frostbeulen *mv* an den Zehen
**wintervoeten** Frostbeulen *mv* an den Füßen
**winterwortel** Wintermöhre *v*
**1 wip** *v* 1 (speeltuig) Wippe *v*; 2 (seksueel) Nummer *v*; 3 ZN (vogelmast) Stange *v*; *op de ~ zitten* das Zünglein an der Waage sein; *een ~ maken* gemeenz (seksueel) eine Nummer schieben
**2 wip** *m* (sprongetje) Satz *m*; *in (met) een ~* im Handumdrehen
**wipneus** Stupsnase *v*
**wippen** 1 (spel) wippen, schaukeln; 2 (huppelen) hüpfen; 3 (uitschakelen) auswerfen, absetzen; 4 (neuken) bumsen; *iem. ~ pol* jmdn. stürzen
**wirwar** Gewirr *o*, Wirrwarr *m*
**wis** gewiß, bestimmt
**wisent** Wisent *m*
**wishful thinking** Wunschdenken *o*
**wiskunde** Mathematik *v*
**wiskundeknobbel** mathematische Begabung *v*
**wiskundig** mathematisch
**wispelturig** wetterwendisch, launisch
**wissel** 1 (v. rails) Weiche *v*; 2 handel Wechsel *m*; 3 (wildpaadje) Wechsel *m*; 4 *sp* (speler) Ersatzspieler *m*
**wisselautomaat** (Geld)wechselautomat *m*
**wisselbaden** Wechselbäder *mv*
**wisselbeker** Wanderpokal *m*
**wisselbouw** Wechselwirtschaft *v*
**wisselen** wechseln; *blikken ~* Blicke tauschen; *woorden ~* Worte wechseln; *het van doel ~ sp* Seitenwechsel *m*; *van plaats ~* den Platz wechseln
**wisselgeld** Wechselgeld *o*, Kleingeld *o*

**wisseling** Wechsel *m*
**wisselkantoor** Wechselstube *v*
**wisselkoers** Wechselkurs *m*
**wisselmarkt** Wechselmarkt *m*
**wisselslag** sp Lagen *mv*
**wisselspeler** sp Reserve-, Ersatzspieler *m*
**wisselstroom** Wechselstrom *m*
**wisselstuk** ZN Ersatzstück *o*, Ersatzteil *o*
**wisseltruc** betrügerische Trick *m* beim Geldwechsel
**wisselvallig** unbeständig, wechselhaft
**wisselwerking** Wechselwirkung *v*
**wisselwoning** Übergangswohnung *v*
**wissen** (ab)wischen
**wisser** Wischer *m*
**wissewasje** Kleinigkeit *v*, Lappalie *v*
**wit** I *bn* weiß; 't ~te doek die Leinwand; *Witte Donderdag* Gründonnerstag *m*; ~*te pomp* freie Tankstelle *v*; *zo* ~ *als een doek (als krijt)* kreideweiß, -bleich; II *o* Weiße *o*; *in* 't ~ *gekleed* in Weiß gekleidet
**witgoed** 1 ⟨weefsel⟩ Weißwäsche *v*; 2 ⟨huishoudelijke apparaten⟩ Haushaltsgeräte *mv*
**witheet** 1 ⟨zeer heet⟩ weißglühend; 2 ⟨zeer kwaad⟩ wutentbrannt
**witjes** bläßlich; *er* ~ *uitzien* bläßlich aussehen
**witkalk** Tünche *v*
**witkiel** Träger *m*, Gepäckträger *m*
**witlof** Chicorée *v*
**Wit-Rus** Weißrusse *m*
**Wit-Rusland** Weißrußland *o*
**Wit-Russisch** weißrussisch
**witteboordencriminaliteit** White-collar-Kriminalität *v*, Weiße-Kragen-Kriminalität *v*
**wittebrood** Weißbrot *o*
**wittebroodsweken** Flitterwochen *mv*
**wittekool** Weißkohl *m*
**witten** weißen, tünchen
**witvis** Weißfisch *m*
**witwassen** I *overg* ⟨Geld⟩ waschen; II *o*: *het* ~ Geldwäsche *v*
**WK** = *Wereldkampioenschap(pen)* WM, Weltmeisterschaft *v*
**wodka** Wodka *m*
**woede** Wut *v*, Zorn *m*; *zijn* ~ *op iem. koelen* seine Wut, seinen Zorn an jmdm. kühlen; *zijn* ~ *verkroppen* die Wut in sich hineinfressen; *in* ~ *ontsteken* in Wut geraten; *stikken van* ~ fast ersticken vor Wut
**woedeaanval** Wutanfall *m*
**woeden** wüten, rasen, toben
**woedend** wütend
**woef**: ~! wau wau!
**woeker** Wucher *m*
**woekeraar** Wucherer *m*
**woekeren** wuchern; *met zijn talent* ~ mit seinem Pfunde wuchern; *met zijn tijd* ~ mit seiner Zeit haushalten
**woekering** Wucherung *v*
**woekerprijs** Wucherpreis *m*
**woekerrente** Wucherzinsen *mv*
**woekerwinst** durch Wucher erzielter Gewinn *m*
**woelen** wühlen
**woelig** unruhig; ⟨v. kind⟩ zappelig
**woelwater** unruhiger Mensch *m*; ⟨kind⟩ Zappelphilipp *m*
**woensdag** Mittwoch *m*; *op* ~ am Mittwoch
**woensdags** I *bijw* mittwochs, am Mittwoch; II *bn* Mittwoch-; *de* ~*e lessen* die Mittwochstunden
**woerd** Enterich *m*, Erpel *m*
**woest** 1 ⟨in 't alg.⟩ wüst; 2 ⟨woedend⟩ wütend; ~*e golven* tosende Wellen *mv*; ~*e grond* Ödland *o*; *een* ~*e streek* eine wilde Gegend *v*
**woesteling** Rohling *m*; Wüterich *m*
**woestenij** Wüstenei *v*, Einöde *v*
**woestijn** Wüste *v*
**wok** Wok *m*
**wol** Wolle *v*; *door de* ~ *geverfd* fig mit allen Wassern gewaschen; *onder de* ~ *kruipen* unter die Decke kriechen
**wolf** 1 ⟨dier⟩ Wolf *m*; 2 ⟨tandziekte⟩ Zahnfäule *v*; ~ *in schaapskleren* Wolf im Schafspelz
**wolfshond** Wolfshund *m*
**wolfskers** Tollkirsche *v*
**wolfsklauw** 1 ⟨klauw van een wolf⟩ Wolfsklaue *v*; 2 ⟨plant⟩ Bärlapp *m*
**wolk** Wolke *v*; *een* ~ *van een baby* ein prächtiges Baby *o*; *hij is in de* ~*en* er ist im siebenten Himmel
**wolkbreuk** Wolkenbruch *m*
**wolkeloos** wolkenlos
**wolkendek** Wolkendecke *v*
**wolkenkrabber** Wolkenkratzer *m*
**wolkenveld** Wolkenfeld *o*
**wolkje** Wölkchen *o*
**wollig** wollig
**wolmerk** Wollsiegel *o*
**wolvin** Wölfin *v*
**wond** I *v* Wunde *v*; II *bn*: *de* ~*e plek* die wunde Stelle
**wonden** verletzen
**wonder** Wunder *o*; *geen* ~ *dat...* kein Wunder, daß...; *de* ~*en zijn de wereld nog niet uit* es geschehen noch Zeichen und Wunder; *was het een* ~? konnte es wundernehmen?
**wonderbaar, wonderbaarlijk** wunderbar, erstaunlich
**wonderdokter** Wunderdoktor *m*
**wonderkind** Wunderkind *o*
**wonderlijk** wunderlich, sonderbar, seltsam
**wondermiddel** Wundermittel *o*
**wonderolie** Rizinusöl *o*
**wonderschoon** wunderschön
**wonderteam** Starmannschaft *v*
**wonderwel**: ~ *geslaagd* vortrefflich gelungen
**wondkoorts** Wundfieber *o*
**wonen** wohnen; *in een huurhuis* ~ zur Miete wohnen; *op kamers* ~ möbliert wohnen; *op een zolderkamer* ~ unterm Dach wohnen; *hij is in mijn buurt komen* ~ er ist in meine Nachbarschaft gezogen
**woning** Wohnung *v*; *particuliere* ~ Privatwohnung *v*
**woningbouw** Wohnungsbau *m*
**woningbouwvereniging** Baugenossenschaft *v*
**woninginrichting** Wohnungseinrichtung *v*

**woningnood** Wohnungsnot *v*
**woningruil** Wohnungstausch *m*
**woningwet** Wohnungsbaugesetz *o*
**woningzoekende** Wohnungssuchende(r) *m-v*
**woonachtig** wohnhaft
**woonark, woonboot** Wohnschiff *o*
**woonerf** verkehrsberuhigte Zone *v*
**woongemeenschap** Wohngemeinschaft (WG) *v*
**woonhuis** Wohnhaus *o*
**woonkamer** Wohnzimmer *o*
**woonkazerne** Mietskaserne *v*
**woonkeuken** Wohnküche *v*
**woonlaag** Wohngeschoß *o*, Geschoß *o*
**woonlasten** Wohnkosten *mv*
**woonplaats** Wohnort *m*, -sitz *m*
**woonruimte** Wohnraum *m*
**woonvergunning** Wohnberechtigung *v*
**woonwagen** Wohnwagen *m*
**woonwagenkamp** Wohnwagenlager *o*
**woon-werkverkeer** Pendelverkehr *m*
**woonwijk** Wohnviertel *o*
**woord** Wort *o*; *het hoge* ~ das große Wort; *gevleugelde* ~*e* geflügelte Worte; *'t hoge* ~ *moet eruit* das große Wort muß gesprochen werden; *een goed* ~*je voor iem. doen* ein gutes Wort für einen einlegen; ~*en met iem. hebben* Streit mit einem haben; *'t hoogste* ~ *hebben* das große Wort führen; *'t* ~ *nemen* das Wort ergreifen; *'t ene* ~ *haalt 't andere uit* ein Wort gibt das andere; *geen stom* ~ *zeggen* kein Sterbenswörtchen sagen; *iem. de* ~*en uit de mond nemen* jmdm. das Wort aus dem Mund nehmen; *aan 't* ~ *zijn* das Wort führen; *iem. niet aan 't* ~ *laten komen* einen nicht zu Worte kommen lassen; *iem. aan zijn* ~ *houden* einen beim Worte nehmen; *zich aan zijn* ~ *houden* zu seinem Worte stehen; *in één* ~ mit einem Wort; *in* ~ *en geschrift* in Wort und Schrift; *met andere woorden* mit andern Worten; *met een enkel* ~ mit wenigen Worten; *onder* ~*en brengen* in Worte fassen; *op mijn* ~ auf mein Wort; *op zijn* ~*en passen* vorsichtig sein in der Wahl seiner Worte; *iem. te* ~ *staan* einem Rede und Antwort stehen; ~ *voor* ~ Wort für Wort
**woordbeeld** Wortbild *o*
**woordblind** wortblind
**woordbreuk** Wortbruch *m*
**woordelijk** wörtlich; *de* ~*e inhoud* der Wortlaut
**woordenboek** Wörterbuch *o*
**woordenlijst** Wörterverzeichnis *o*
**woordenschat** Wortschatz *m*
**woordenspel** Wortspiel *o*
**woordenstrijd** Wortstreit *m*, -gefecht *o*
**woordenvloed** Wortschwall *m*
**woordenwisseling** Wortwechsel *m*
**woordje 1** ⟨klein woord⟩ Wörtchen *o*; **2** ⟨op school⟩ Vokabel *v*; *een* ~ *mogen meespreken* ein Wörtchen mitzureden haben
**woordkeus** Wortwahl *v*
**woordsoort** Wortart *v*
**woordspeling** Wortspiel *o*
**woordvoerder 1** ⟨v. regering enz.⟩ Sprecher *m*; **2** ⟨verdediger⟩ Wortführer *m*
**worden\*** werden; *hij is officier geworden* er ist Offizier geworden; *hij is onlangs benoemd (geworden)* er ist neulich ernannt worden; *er wordt gebeld* es wird geklingelt, es läutet; *de nood wordt groter* die Not nimmt zu; *de sleutel moet* ~ *gevonden* der Schlüssel muß gefunden werden; *wat moet er van hem* ~? was soll aus ihm werden?
**wording** Werden *o*; *in* ~ *zijn* im Werden (Entstehen) sein
**wordingsgeschiedenis** Entstehungsgeschichte *v*, Werdegang *m*
**wordprocessor** comput **1** ⟨hardware⟩ Textverarbeitungsanlage *v*; **2** ⟨software⟩ Textverarbeitungsprogramm *o*
**workaholic** Workaholic *m*
**workshop** Workshop *m*
**worm** Wurm *m*
**wormstekig** wurmstichig
**wormvormig** wurmförmig
**worp** Wurf *m*
**worst** Wurst *v*; *dat zal mij* ~ *wezen, mij een* ~*! das ist mir Wurs(ch)t!
**worstelaar** Ringkämpfer *m*
**worstelen** ringen; ⟨Zwits volksgebruik⟩ schwingen
**worsteling** Ringen *o*, Ringkampf *m*
**wortel 1** ⟨v. boom, plant e.d.; wisk⟩ Wurzel *v*; **2** ⟨peen⟩ Mohrrübe *v*; ~ *schieten* Wurzeln schlagen; *met* ~ *en tak* mit Stumpf und Stiel
**wortelen** wurzeln
**wortelteken** Wurzelzeichen *o*
**worteltrekken** die Wurzel ziehen
**woud** Wald *m*
**woudloper** Waldläufer *m*
**woudreus** Waldriese *m*
**wouw** Milan *m*; *zwarte, rode* ~ Schwarz-, Rotmilan *m*
**wraak** Rache *v*; ~ *nemen* Rache üben
**wraakactie** Racheakt *m*
**wraakgevoelens** Rachegefühl *o*
**wraakneming, wraakoefening** Racheakt *m*, Rache *v*
**wraakzuchtig** rachsüchtig
**wrak I** *bn* **1** ⟨zwak in 't alg.⟩ schwach; **2** ⟨v. meubels enz.⟩ wack(e)lig, klapp(e)rig; *een* ~*ke gezondheid* eine schwache Gesundheit *v*; **II** *o* ⟨v. schip; mens⟩ Wrack *o*; ~ *van een vliegtuig* Flugzeugtrümmer *mv*
**wraken** ablehnen
**wrakhout** Treibholz *o*
**wrakkig** baufällig, wacklig, klapprig
**wrakstukken** Trümmer *mv*
**wrang** herb; ~*e vruchten* bittere Früchte
**wrat** Warze *v*
**wreed** grausam
**wreedaard** grausamer Mensch *m*
**wreedheid** Grausamkeit *v*
**wreef** Spann *m*, Rist *m*
**wreken\*** rächen; *dat wreekt zich later* das rächt sich später; *zich op iem.* ~ sich an einem rächen
**wreker** Rächer *m*
**wrevel** Unmut *m*, Ärger *m*
**wrevelig** unmutig, ärgerlich, mißmutig

**wriemelen** kribbeln, wimmeln; ⟨aan iets⟩ herumfummeln
**wrijfwas** Bohn(er)wachs *o*
**wrijven*** 1 ⟨in 't alg.⟩ reiben; 2 ⟨meubels en vloer⟩ bohne(r)n, polieren
**wrijving** Reibung *v*; *zonder de minste* ~ reibungslos
**wrikken** rütteln
**wringen*** ringen, winden; *zich* ~ sich krümmen; zie ook: *gewrongen*
**wringer** Wäschewringer *m*, Wringmaschine *v*
**wroeging** Reue *v*, Gewissensbisse *mv*
**wroeten** 1 ⟨in 't alg.⟩ wühlen; 2 ZN ⟨zwoegen⟩ schuften, sich abrackern
**wroeter** 1 ⟨in 't alg.⟩ Wühler *m*; 2 ZN ⟨zwoeger⟩ Arbeitstier *o*
**wrok** Groll *m*
**wrokken**: *tegen iem.* ~ einem grollen
**wrokkig** nachtragend, nachträgerisch
**wrong** Knoten *m*, Wulst
**wrongel** Käsebruch *m*
**wuft** frivol, flatterhaft, leichtfertig
**wuiven*** winken; *naar iem.* ~ einem zuwinken
**wulp** Brachvogel *m*
**wulps** sinnlich, wollüstig
**wurgen** erwürgen, erdrosseln
**wurgstokje** Würgholz *o*
**wurm** I *m* ⟨dier⟩ Wurm *m*; II *o* ⟨kind⟩ Wurm *o*
**wurmen** sich quälen (schinden, abmühen)
**WW** 1 = *Werkloosheidwet o* (niederländisches Arbeitslosenversicherungsgesetz); *in de* ~ *lopen, zitten* Arbeitslosenunterstützung beziehen; gemeenz stempeln gehen; 2 = *Wegenwacht v* (niederländische Straßenwacht)

# X

**x** der Buchstabe X, das X
**x-as** x-Achse, Abszissenachse *v*, Abszisse *v*
**x-benen** X-Beine *mv*
**xenofobie** Xenophobie *v*, Fremdenfeindlichkeit *v*
**xylofoon** Xylophon *o*

# Y

**y** der Buchstabe Y, das Ypsilon
**y-as** y-Achse *v*, Ordinatenachse *v*, Ordinate *v*
**yell** Schlachtruf *m*
**yen** Yen *m*
**yoga** Joga *o*, Yoga *o*
**yoghurt** Joghurt *m & o*
**yogi** Jogi *m*, Yogi *m*
**yuppie** = *young urban professional* Yuppie *m*

# Z

**z** der Buchstabe Z, das Z
**zaad** Samen *m*; ~ *schieten* Samen bilden; *op zwart* ~ *zitten* auf dem Trocknen sitzen, abgebrannt sein
**zaadcel** Samenzelle *v*
**zaaddodend** Samen, Spermien abtötend; ~*e pasta* Spermizid *o*
**zaaddoos** plantk Samenkapsel *v*
**zaadlob** plantk Samenlappen *m*
**zaadlozing** Samenerguß *m*
**zaag** Säge *v*
**zaagmolen** Sägemühle *v*
**zaagsel** Sägemehl *o*, -späne *mv*
**zaagvis** Sägefisch *m*
**zaaien** säen; *wat men zaait, zal men oogsten* wie die Saat, so die Ernte
**zaaigoed** Saatgut *o*
**zaaitijd** Saat-, Säzeit *v*
**zaak** 1 (in 't alg.) Sache *v*, Ding *o*; 2 (abstract ook) Angelegenheit *v*; 3 (handelszaak) Geschäft *o*; 4 (rechtszaak) Sache *v*; ~ *van vertrouwen* Vertrauenssache *v*; *de* ~ *in kwestie* die in Frage stehende Angelegenheit; *het is* ~ *dat te doen* es ist ratsam (es empfiehlt sich), das zu tun; *dat is niet veel* ~*s* das hat nicht viel auf sich; *zaken zijn zaken* Geschäft ist Geschäft; *onverrichter zake* unverrichteterdinge, -sache; *zaken doen* Geschäfte machen; *hoe staan de zaken?* wie geht's?; *gemene* ~ *maken met* gemeinsame Sache machen mit; (ongunstig ook) paktieren, unter einer Decke stekken mit; *gedane zaken nemen geen keer* geschehen ist geschehen, Geschehenes läßt sich nicht ändern; *tot zaken komen* ins Geschäft kommen; *zie ook: zake*
**zaakgelastigde** Bevollmächtigte(r) *m-v*; (van land) Geschäftsträger *m*
**zaakpapieren** ZN Geschäftspapiere *mv*
**zaakregister** Sachverzeichnis *o*
**zaakvoerder** ZN (bedrijfsleider) Betriebsleiter *m*
**zaakwaarnemer** Sachwalter *m*
**zaal** 1 (in 't alg.) Saal *m*; 2 (in schouwburg) Zuschauerraum *m*; 3 (ziekenhuis) (Kranken)zimmer *o*; 4 (museum) Ausstellungs-, Besichtigungsraum *m*; 5 sp Sporthalle *v*
**zaalsport** Hallensport *m*
**zaalvoetbal** Hallenfußball *m*
**zaalwachter** Saalwärter *m*
**zacht** 1 (voor 't gevoel) weich; 2 (v. gemoed) sanft, sanftmütig; 3 (voor 't gehoor) leise, sanft; 4 (v. klimaat) mild(e); 5 (v. straf, behandeling enz.) mild, gelinde; ~ *als fluweel* samtweich; *een* ~*e dood* ein sanfter Tod *m*; *een* ~ *kussen* ein weiches Kissen *o*; *een* ~*e valuta* eine weiche Währung *v*; *een* ~ *weer* mildes Wetter *o*; *iem.* ~ *behandelen* gelinde mit einem verfahren; ~ *gezegd, uitgedrukt* gelinde gesagt; ~ *lopen* leise gehen
**zachtaardig** mild(e), sanft, sanftmütig
**zachtboard** Weichholzfaserplatte *v*
**zachtjes** 1 (v. geluid) leise; 2 (langzaam) langsam; 3 (v. aanraking) sanft, zart; ~ *praten* leise, sanft reden; ~*!* leise!
**zachtmoedig** sanftmütig
**zachtzinnig** sanftmütig, sanft
**zadel** Sattel *m*; *iem. in 't* ~ *helpen* jmdm. den Steigbügel halten, fig jmdm. auf die Strümpfe helfen; *vast in 't* ~ *zitten* fest im Sattel sitzen
**zadeldak** Satteldach *o*
**zadelen** satteln
**zadelpijn** Gesäßschmerzen *m* vom Fahrradfahren
**zadeltas** Satteltasche *v*
**zagen** 1 eig sägen; 2 (op viool) kratzen; 3 (zeuren) faseln, klönen
**zagerij** 1 (bep. bedrijf) Sägewerk *o*; 2 ('t zagen) Sägerei *v*
**zak** 1 (in 't alg.) Sack *m* (ook onder 't oog); 2 (in kleren) Tasche *v*; 3 (papier) Tüte *v*; *in* ~ *en as* in Sack und Asche; *iets in zijn* ~ *steken* etwas in die Tasche stecken; *dat kun je in je* ~ *steken* fig das kannst du einstecken; *op de* ~ *van* aus der Tasche (+ 2); *geen geld op* ~ *hebben* kein Geld bei sich haben
**zakagenda** Notiz-, Merkbuch *o*, Taschenkalender *m*
**zakboekje** Taschen-, Notizbuch *o*
**zakcentje** Taschengeld *o*
**zakdoek** Taschen-, Schnupftuch *o*; ~*je leggen* der Plumpsack geht (he)rum spielen
**zake**: *ter* ~*!* zur Sache!; *dat doet niets ter* ~ das tut nichts zur Sache, das gehört nicht hierher
**zakelijk** 1 (onpersoonlijk) sachlich; 2 handel geschäftlich; ~*e kritiek* sachliche Kritik *v*
**zakelijkheid** Sachlichkeit *v*
**zakendoen** Geschäfte machen
**zakenkabinet** geschäftsführende Regierung *v*, Geschäftskabinett *o*
**zakenleven** Geschäftsleben *o*; *het* ~ *ingaan* Geschäftsmann werden
**zakenlunch** Geschäftsessen *o*; Lunch *m* mit Geschäftsfreunden
**zakenman** Geschäftsmann *m*
**zakenreis** Geschäftsreise *v*
**zakenrelatie** 1 (zakelijke betrekking) Geschäftsbeziehung *v*, -verbindung *v*; 2 (persoon) Geschäftspartner *m*
**zakenwereld** Geschäftswelt *v*
**zakformaat** Taschenformat *o*
**zakgeld** Taschengeld *o*
**zakjapanner** schertsend (zakrekenmachine) Taschenrechner *m*
**zakken** 1 (naar beneden gaan) sinken; 2 (lager worden) sich senken; *de barometer zakt* das Barometer fällt; *de koersen* ~ die Kurse bröckeln ab; *de brug laten* ~ die Brücke senken; *de moed laten* ~ den Mut sinken lassen; *door 't ijs* ~ (auf dem Eise) einbrechen; *(als een bakster) voor een examen* ~ (mit Pauken und Trompeten) durchfallen
**zakkenroller** Taschendieb *m*
**zakkenvuller** Profitmacher *m*, -jäger *m*
**zaklantaarn** Taschenlampe *v*
**zaklopen** Sacklaufen *o*, -hüpfen *o*

**zakmes** Taschenmesser o; ⟨opvouwbaar⟩ Klappmesser o
**zakrekenmachine** Taschenrechner m
**zalf** Salbe v
**zalig 1** godsd selig; **2** ⟨heerlijk⟩ göttlich, himmlisch, herrlich; ~ *nieuwjaar!* glückliches Neujahr!
**zaliger** selig, verstorben; *mijn vader* ~ mein seliger Vater, mein Vater selig; ~ *nagedachtenis* seligen Andenkens
**zaligheid 1** godsd Seligkeit v; **2** ⟨geluk⟩ Glückseligkeit v, Wonne v
**zaligmakend** seligmachend; beseligend
**zalm** Lachs m, Salm m; *gerookte* ~ geräucherter Lachs m
**zalmforel** Saibling m
**zalmkleurig** lachsfarbig, -farben
**zalven** salben
**zalvend** salbungsvoll
**zand** Sand m; ~ *erover!* Schwamm d(a)rüber!; ~ *schuurt de maag* Sand reinigt den Magen; *iem.* ~ *in de ogen strooien* jmdm. Sand in die Augen streuen
**zandbak** Sandkasten m
**zandbank** Sandbank v, Platte v
**zanderig** sandig
**zanderij** Sandgrube v
**zandgebak** Sandgebäck o
**zandgrond** Sandboden m
**zandkoekje** Krümelkeks m
**zandloper** Sanduhr v, Stundenglas o
**zandplaat** Sandplatte v
**zandsteen** Sandstein m
**zandstorm** Sandsturm m
**zandstralen** sandstrahlen
**zandstrand** Sandstrand m
**zandweg** Sandweg m
**zandzuiger** Sandsauger m
**zang** Gesang m
**zanger** Sänger m
**zangeres** Sängerin v
**zangerig** melodisch
**zangkoor** Chor m, Sängerchor m
**zangles** Gesang(s)stunde v; Gesang(s-)unterricht o
**zanglijster** Singdrossel v
**zangstem** Singstimme v, Gesangsstimme v
**zangvereniging** Gesang(s)verein m
**zangvogel** Singvogel m
**zangzaad** Singsamen m
**zanik** Nörgler m, Nörglerin v, Quengler m, Quenglerin v
**zaniken 1** ⟨zeuren⟩ nörgeln, quengeln; **2** ⟨mopperen⟩ meckern
**zappen** zappen
**zat 1** ⟨verzadigd⟩ satt; **2** gemeenz ⟨dronken⟩ betrunken, beschwipst; *der dagen* ~ des Lebens überdrüssig; *ik ben het* ~ ich habe es satt; *hij heeft geld* ~ er hat Geld genug, Geld hat er massenhaft
**zaterdag** Samstag m; N-Duits Sonnabend m; *op* ~ am Samstag, am Sonnabend; ~ *voor Pasen* Karsamstag m
**zaterdags I** bijw samstags; N-Duits sonnabends; *ik ben het* ~ ich habe II bn samstäglich; N-Duits sonnabendlich
**zatladder, zatlap** Trunkenbold m
**ze** sie; ~ *komen, ik zie ze* sie kommen, ich sehe sie kommen; *ze zegt* sie sagt; ~ *zeggen* ⟨= men zegt⟩ man sagt
**zebra** Zebra o
**zebrapad** Zebrastreifen m, Zebra o
**zede** Sitte v, Brauch m; ~*n en gebruiken* Sitten und Gebräuche
**zedelijk** sittlich, moralisch
**zedelijkheid** Sittlichkeit v, Moralität v
**zedeloos** sittenlos
**zedenbederf** Sittenverderbnis v
**zedendelict** Sittlichkeitsdelikt o, -verbrechen o
**zedenleer** Sitten-, Morallehre v
**zedenmeester** Sittenrichter m, -lehrer m
**zedenmisdrijf** Sittlichkeitsverbrechen o
**zedenpolitie** Sittenpolizei v
**zedenprediker** Sittenprediger m; ⟨schertsend & ongunstig⟩ Moralfex m
**zedenpreek** Sittenpredigt v; gemeenz Moralpauke v
**zedenwet** Sittengesetz o
**zedig** sittsam
**zee** Meer o; N-Duits See v; *een* ~ *van licht, tranen* ein Meer o von Licht, Tränen; *een* ~ *van ruimte* besonders viel Platz; ~ *kiezen* in See stechen; *recht door* ~ offen und ehrlich, unentwegt; *naar* ~ *gaan* zur See gehen; *ter* ~ zur See
**zeeanemoon** Seeanemone v
**zeearend** Seeadler m
**zeebaars** Umber m
**zeebanket** ⟨haring⟩ Hering m
**zeebenen** Seebeine mv
**zeebeving** Seebeben o
**zeebodem** Meeresboden m, -grund m
**zeebonk** Seebär m, Teerjacke v
**zeedier** See-, Meerestier o
**zeedijk** Seedeich m
**zee-egel** Seeigel m
**zee-engte** Meerenge v, Meeresenge v
**zeef** Sieb o; ⟨voor vloeistoffen ook⟩ Seiher m
**zeefdruk** Siebdruck m
**zeegat** (Fluß)mündung v; *het* ~ *uitgaan* in See stecken
**zeegevecht** Seetreffen o, -schlacht v
**zeegezicht** Seestück o
**zeegroen** meergrün
**zeehaven** Seehafen m
**zeehond** Seehund m
**zeekaart** Seekarte v
**zeeklimaat** See-, Meeresklima o
**zeekoe** Seekuh v, Sirene v, Seejungfer v
**zeekreeft** Hummer m, Seekrebs m
**zeeleeuw** Seelöwe m
**zeelieden** Seeleute mv
**zeelucht** See-, Meeresluft v
**zeem** Fensterleder o, Lederlappen m
**zeemacht** Marine v
**zeeman** Seemann m; *Sindbad de Z*~ Sindbad der Seefahrer
**zeemanschap** seemännische Tüchtigkeit v
**zeemanshuis** Seemannsheim o
**zeemeermin** Seejungfrau v, Nixe v
**zeemeeuw** Möwe v
**zeemijl** Seemeile v ⟨afgekort: sm⟩
**zeemijn** Seemine v
**zeemlap** Fensterleder o, Lederlappen m

**zeemleer** Sämischleder o
**zeemogendheid** Seemacht v
**zeen** Sehne v, Flechse v
**zeeoorlog** Seekrieg m
**zeep** I o Seife v; *groene* ~ grüne Seife v, Schmierseife v; *iem. om* ~ *helpen* einem den Garaus machen; *iets om* ~ *helpen* etwas verknallen
**zeepaardje** Seepferdchen o
**zeepbakje** Seifendose v, -napf m, -schale v
**zeepbel** Seifenblase v
**zeepost** Seepost v
**zeeppoeder** Seifenpulver o
**zeepsop** Seifenlauge v
**zeer** I o Leiden o, Übel o; *oud* ~ ein alter Schaden m, ein altes Übel o; ~ *doen* weh tun; II bn bijw 1 (pijnlijk) schmerzhaft, wund, verletzt; 2 (erg) sehr; *een zere plek* fig ein wunder Punkt m, eine schmerzhafte Stelle v; *een zere vinger* ein schlimmer Finger m; *zere voeten* wunde Füße; ~ *modern* hochmodern; ~ *wel mogelijk* durchaus möglich; *al te* ~ gar zu sehr
**zeeramp** Seekatastrophe v
**zeerecht** Seerecht o
**zeereis** Seereise v
**zeergeleerd** hochgelehrt
**zeerob** 1 (zeehond) Robbe v; 2 = *zeerot*
**zeerot** Seebär m
**zeerover** Seeräuber m, Pirat m
**zeerst**: *ten* ~*e* aufs höchste; *ik dank u ten* ~*e* ich danke ergebenst, danke bestens; *ik ben u ten* ~*e verplicht* ich bin Ihnen außerordentlich verbunden
**zeeschip** Seeschiff o
**zeeschuimer** Seeräuber m, Pirat m
**zeeslag** Seeschlacht v
**zeeslang** Seeschlange v
**zeesleper** Hochseeschlepper m
**zeespiegel** Meeresspiegel m; *boven, onder de* ~ über, unter dem Meeresspiegel
**zeester** Seestern m
**zeestraat** Meer(es)enge v
**zeestroming** Meeresströmung v
**Zeeuw** Seeländer m
**zeevaarder** Seefahrer m
**zeevaart** Seeschiffahrt v, Seefahrt v
**zeevaartkunde** Schiffahrtskunde v, Nautik v
**zeevaartschool** Seefahrtsschule v
**zeevarend** seefahrend; ~*en* Seefahrer mv; ~*e naties* seefahrende Völker
**zeeverkenner** 1 mil Seeaufklärer m; 2 (waterscout) Seepfadfinder m
**zeevis** Seefisch m
**zeevisserij** Seefischerei v
**zeewaardig** meer-, seetüchtig, -fähig
**zeewaarts** seewärts
**zeewater** Meer-, Seewasser o
**zeeweg** Seeweg m
**zeewering** Seedeich m
**zeewier** Seetang m, Tang m
**zeewind** Seewind m
**zeeziek** seekrank
**zeeziekte** Seekrankheit v
**zeezout** Meersalz o
**zege** Sieg m, Triumph m
**1 zegel** m 1 (in 't alg.) Marke v; 2 (postzegel) Briefmarke v; 3 (spaarzegel) Rabattmarke v
**2 zegel** o (ter verzegeling) Siegel o; *het* ~ *verbreken* das Siegel aufbrechen; *de* ~*s leggen* ZN versiegeln; *de* ~*s lichten* ZN entsiegeln
**zegelen** versiegeln, siegeln
**zegellak** Siegellack m
**zegelrecht** Stempelsteuer v, -abgabe v
**zegelring** Siegelring m
**1 zegen** m (zegening, heil) Segen m
**2 zegen** v (net) Zugnetz o
**zegenen** segnen; *in gezegende omstandigheden zijn* (zwanger) gesegneten Leibes sein
**zegening** Segnung v
**zegenrijk** segensreich, -voll
**zegepalm** Siegespalme v
**zegepraal** Triumph m, Sieg m
**zegeteken** Siegeszeichen o
**zegetocht** Siegeszug m, Triumphzug m
**zegevieren** siegen, triumphieren; *de waarheid doen* ~ der Wahrheit zum Sieg verhelfen
**zegevierend** siegreich, triumphierend
**zegge**: ~ *tweehonderd gulden* in Worten zweihundert Gulden; ~ *en schrijve één uur* sage und schreibe eine Stunde
**zeggen*** I ww sagen; ~ *en doen is twee* Sagen und Tun ist zweierlei; *ik heb gezegd* (na rede) ich habe gesprochen; *wat zegt u?* wie bitte?; *wat zeg je daarvan?* was sagst du dazu?; *niets* ~ nichts (keinen Mucks) sagen; *men zou* ~ *dat...* man möchte sagen (sollte meinen), daß...; *dat wil* ~ das heißt; *dat zegt veel* das besagt viel, das will viel heißen; *dat wil wel wat zeggen!* das will schon etwas heißen!; *laten we zeggen...* sagen wir...; *iem. de waarheid* ~, *iem.* ~ *waar 't op staat* einem die Wahrheit sagen, einem den Standpunkt klar machen, einem Bescheid sagen; *om de waarheid te* ~ der Wahrheit die Ehre zu geben; *gemakkelijker gezegd dan gedaan* leichter gesagt als getan; *iets ronduit (vrijuit)* ~ etwas freiheraus sagen; *zegt die naam u iets?* ist der Name Ihnen ein Begriff?; *zo gezegd, zo gedaan* gesagt, getan; *om zo te* ~ sozusagen; *onder ons gezegd (en gezwegen)* unter uns gesagt; *op alles iets te* ~ *hebben* an allem etwas auszusetzen haben; *voor deze verklaring valt veel te* ~ diese Erklärung hat viel für sich; *wie A zegt moet ook B zeggen* wer A sagt, muß auch B sagen; II o: *volgens zijn* ~ wie er sagt; *'t voor 't* ~ *hebben* nur zu befehlen brauchen
**zeggenschap** Verfügungsrecht o
**zeggingskracht** Beredsamkeit v
**zegje**: *zijn* ~ *doen* mitreden, seine Meinung sagen
**zegsman** Gewährsmann m
**zegswijze** Redensart v
**zeik** gemeenz Pisse v; *iem. in de* ~ *nemen* einen verscheißern/verarschen
**zeiken*** gemeenz pissen, schiffen; Z-Duits sechen; *lig niet zo te* ~*!* mecker nicht so 'rum!
**zeikerd** gemeenz Meckerfritze m, Nörg-

**zeikerig** ler *m*, Meckerer *m*
**zeikerig** *gemeenz* nörgelig
**zeiknat** *gemeenz* patsch-, klatschnaß
**zeil 1** ⟨scheepv⟩ Segel *o*; **2** ⟨om toe te dekken⟩ Decke *v*, Tuch *o*; **3** ⟨huif⟩ Plane *v*; **4** ⟨vloerbedekking⟩ Linoleum *o*; *alle ~en bijzetten* alle Segel aufspannen; *fig* alles aufbieten; *bolle ~en* gebauschte Segel; *met opgestreken ~* mit geschwollenem Kamm; *onder ~ gaan eig* unter Segel gehen; ⟨inslapen⟩ einschlafen, -nicken
**zeilboot** Segelboot *o*
**zeildoek** Segeltuch *o*, -leinwand *v*
**zeilen** segeln
**zeiler** Segler *m*
**zeilkamp** Seglerlager *o*
**zeilplank** Surfbrett *o*
**zeilschip** Segelschiff *o*
**zeilsport** Segelsport *m*
**zeilwedstrijd** Segelrennen *o*, -regatta *v*
**zeis** Sense *v*
**zeker 1** ⟨gerust⟩ sicher, gewiß; **2** ⟨betrouwbaar⟩ sicher, zuverlässig; **3** ⟨bepaald⟩ gewiß; *een ~e heer* ein gewisser Herr; *op ~e dag* eines (schönen) Tages; *zoveel is ~* soviel ist gewiß; *~ van de overwinning* siegesgewiß, -froh, -bewußt; *~ van zichzelf* selbstsicher; *~ van zijn zaak zijn* seiner Sache sicher (gewiß) sein; *weet u dat wel ~?* wissen Sie das ganz sicher?; *'t ~e voor 't onzekere nemen* das Gewisse fürs Ungewisse nehmen; *zijn leven niet ~ zijn* seines Lebens nicht sicher sein
**zekerheid** Sicherheit *v*, Gewißheit *v*; *~ krijgen* Gewißheit erlangen; *met aan ~ grenzende waarschijnlijkheid* mit an Sicherheit grenzender, mit höchster Wahrscheinlichkeit
**zekerheidshalve** sicherheitshalber
**zekering** *elektr* Sicherung *v*
**zelden** selten; *~ of nooit* kaum je
**zeldzaam** selten; *~ mooi* selten schön
**zeldzaamheid** Seltenheit *v*
**zelf I** *vnw* selbst, selber; *hij was de beleefdheid ~* er war die Höflichkeit selbst; *dat is niet van hem ~* das stammt nicht von ihm; **II** *o* Selbst *o*
**zelfbediening** Selbstbedienung *v*
**zelfbedieningsrestaurant** Selbstbedienungsrestaurant *o*
**zelfbedieningswinkel** Selbstbedienungsladen *m*, -geschäft *o*
**zelfbedrog** Selbstbetrug *m*, -täuschung *v*
**zelfbeheersing** Selbstbeherrschung *v*, -zucht *v*
**zelfbehoud** Selbsterhaltung *v*
**zelfbeklag** Selbstbemitleidung *v*
**zelfbestuiving** Selbstbestäubung *v*
**zelfbestuur** Selbstverwaltung *v*
**zelfbevrediging** Selbstbefriedigung *v*, Masturbation *v*
**zelfbewust** selbstbewußt, -sicher
**zelfde** selb; ⟨overeenkomstig⟩ gleich, ähnlich; *deze ~ man* dieser selbe Mann; *een ~ moeilijkheid* eine gleiche (ähnliche) Schwierigkeit *v*; *zie ook: dezelfde, hetzelfde*
**zelfdiscipline** Selbstdisziplin *v*

**zelfdoding** Freitod *m*, Selbsttötung *v*
**zelfgemaakt** selbstgemacht
**zelfgenoegzaam 1** ⟨tevreden⟩ selbstgenügsam, -zufrieden; **2** ⟨zelfingenomen⟩ selbstgefällig, süffisant
**zelfingenomen** selbstgefällig
**zelfkant** ⟨van geweven stoffen⟩ Salband *o*, Webekante *v*; *de ~ van de samenleving* die Peripherie der Gesellschaft
**zelfkennis** Selbsterkenntnis *v*
**zelfklevend** selbstklebend
**zelfkritiek** Selbstkritik *v*; *met ~* selbstkritisch
**zelfmoord** Selbstmord *m*; *~ plegen* Selbstmord begehen
**zelfmoordenaar** Selbstmörder *m*
**zelfmoordpoging** Selbstmordversuch *m*
**zelfontplooiing** Selbstentfaltung *v*
**zelfontspanner** *fotogr* Selbstauslöser *m*
**zelfopoffering** Selbstaufopferung *v*
**zelfoverschatting** Selbstüberschätzung *v*
**zelfoverwinning** Selbstüberwindung *v*
**zelfportret** Selbstbildnis *o*
**zelfrespect** Selbstachtung *v*
**zelfrijzend**: *~ bakmeel* mit Backpulver durchsetztes Mehl *o*
**zelfs** selbst, sogar; gar; *of ~...* oder gar...
**zelfspot** Selbstspott *m*
**zelfstandig** selbständig
**zelfstandige**: *kleine ~* Kleinunternehmer *m*
**zelfstandigheid** Selbständigkeit *v*, Unabhängigkeit *v*
**zelfstudie** Selbststudium *o*
**zelfverdediging** Selbstverteidigung *v*, -schutz *m*
**zelfverheerlijking** Selbstverherrlichung *v*
**zelfverloochening** Selbstverleugnung *v*
**zelfvertrouwen** Selbstvertrauen *o*
**zelfverwijt** Selbstvorwurf *m*, Gewissensbisse *mv*
**zelfverzekerd** selbstsicher
**zelfvoldaan** selbstzufrieden
**zelfwerkzaamheid** Selbsttätigkeit *v*
**zelfzucht** Selbstsucht *v*
**zelfzuchtig** selbstsüchtig
**1 zemelen** *mv* Kleie *v*
**2 zemelen** *onoverg* ⟨zeuren⟩ nölen, salbadern
**1 zemen** *overg*: *de ruiten ~* die Fenster putzen
**2 zemen** *bn* sämischledern; *~ lap* Lederlappen *m*, Fensterleder *o*
**zendamateur** Funkamateur *m*
**zendapparatuur** Sendegerät *o*
**zendeling** Missionar *m*, *Oostr* Missionär *m*
**zenden\* 1** ⟨sturen⟩ senden, schicken; **2** RTV senden
**zender 1** ⟨persoon⟩ Absender *m*; **2** ⟨zendstation⟩ Sender *m*; **3** ⟨zendapparaat⟩ Sendegerät *o*; *geheime ~* Geheimsender *m*, Schwarzsender *m*
**zendgemachtigde** zum Senden berechtigte Gesellschaft oder Behörde
**zending 1** ⟨het zenden; het gezondene⟩ Sendung *v*; **2** *godsd* Mission *v*
**zendingswerk** Missionsarbeit *v*
**zendinstallatie** Funk-, Sendeanlage *v*

**zendmast** Funk-, Sendemast *m*, -turm *m*
**zendstation** Sendestation *v*
**zendtijd** Sendezeit *v*
**zendvergunning** Sendeerlaubnis *o*
**zengen** sengen, versengen
**zenit** Zenit *m*
**zenuw** Nerv *m*; *stalen ~en hebben* Nerven haben wie Drahtseile (Stricke); *'t op de ~en krijgen* die Nerven verlieren; *op de ~en werken* auf die Nerven gehen; *op zijn van de ~en* völlig mit den Nerven fertig, herunter, am Ende sein
**zenuwaandoening** Nervenleiden *o*
**zenuwachtig** nervös
**zenuwarts** Nervenarzt *m*
**zenuwbehandeling** Wurzelbehandlung *v*
**zenuwcel** Nervenzelle *v*
**zenuwcentrum** Nervenzentrum *o*
**zenuwenoorlog** Nervenkrieg *m*
**zenuwgas** Nervengas *o*
**zenuwgestel** Nervensystem *o*
**zenuwinrichting** Nervenheilanstalt *v*
**zenuwinzinking** Nervenzusammenbruch *m*
**zenuwlijder** 1 ⟨zenuwpatiënt⟩ Nervenkranke(r) *m-v*, -patient *m*; 2 ⟨zenuwachtig mens⟩ Nervenbündel *o*, -säge *v*
**zenuwontsteking** Nervenentzündung *v*
**zenuwoorlog** = *zenuwenoorlog*
**zenuwpatiënt** Nervenpatient *m*, -kranke(r) *m-v*
**zenuwpees** fig Nervenbündel *o*, -säge *v*
**zenuwslopend** nervenaufreibend, -zermürbend, nervtötend
**zenuwstelsel** Nervensystem *o*; *centraal ~* Zentralnervensystem *o*
**zenuwtablet, zenuwpil** Beruhigungsmittel *o*, -tablette *v*
**zenuwtoeval** Nervenschock *m*
**zenuwziek** nervenkrank
**zenuwziekte** Nervenleiden *o*, -krankheit *v*
**zepen** seifen
**zeppelin** Zeppelin *m*
**zerk** Grab-, Leichenstein *m*
**zes** I *telw* sechs; II *v* ⟨het cijfer⟩ Sechs *v*; *met z'n ~sen* zu sechst
**zesdaagse** sechstägig; *de ~* ⟨wielrennen⟩ das Sechstagerennen
**zesde** sechste; *een ~* ein Sechstel *o*; *ten ~* sechstens
**zeshoek** Sechseck *o*
**zesmaal** sechsmal
**zestal** sechs
**zestien** sechzehn
**zestiende** sechzehnte; *een ~* ein Sechzehntel *o*
**zestig** sechzig; *de jaren ~* die sechziger Jahre; *zij is voor in de ~* sie ist Anfang Sechzig; *hij is achter in de ~* er ist Ende Sechzig
**zestiger** Sechziger *m*
**zestigste** sechzigste; *een ~* ein Sechzigstel *o*
**zesvoud** Sechsfache(s) *o*
**zet** 1 ⟨bij spel⟩ Zug *m*; 2 ⟨duw⟩ Stoß *m*; *de eerste ~ doen* anziehen; *dat was een goede ~* ⟨schaak⟩ das war ein feiner Zug; fig *das hast du ihm gut gegeben; aan ~ zijn* ⟨schaak enz.⟩ am Zuge sein

**zetbaas** ⟨ongunstig⟩ Strohmann *m*
**zetel** Sessel *m*; *de ~ der regering* der Sitz der Regierung
**zetelen** 1 ⟨gevestigd zijn⟩ seinen (ihren) Sitz haben, residieren; 2 ⟨tronen⟩ thronen; 3 ZN ⟨v. e. commissie⟩ tagen
**zetelverlies** Mandatsverlust *m*
**zetelwinst** Mandatszuwachs *m*, Gewinn *m* an Abgeordnetensitzen
**zetfout** Setzfehler *m*
**zetmachine** Setzmaschine *v*
**zetmeel** Stärkemehl *o*, Stärke *v*
**zetpil** Zäpfchen *o*
**zetsel** Satz *m*
**zetspiegel** Satzspiegel *m*
**zetten** I setzen, stellen; *ik kan hem niet ~* ich kann ihn nicht ausstehen; *een arm (in 't lid) ~* einen Arm einrenken; *een gebroken been ~* ein gebrochenes Bein einrichten; *in elkaar ~* zusammensetzen; *de wekker op zeven uur ~* den Wecker auf sieben stellen; *er gang achter ~* (ein bißchen) Druck dahintermachen; *iem. iets betaald ~* einem etwas heimzahlen, eintränken; *zich ~* ZN ⟨v. persoon⟩ sich setzen; *zich schrap ~* sich stemmen, sich in Positur setzen; fig *sich scharf ins Geschirr (Zeug) legen*; *'t op een lopen ~* Reißaus nehmen; *op muziek ~* in Musik setzen, vertonen; *op rente ~* auf Zinsen anlegen, verzinsen; *op rijm ~* in Reim bringen; *opzij ~* eig beiseite (auf die Seite) rücken; ⟨bezwaren⟩ sich über Bedenken hinwegsetzen; ⟨zorgen⟩ abschütteln; II *o* Satzlegung *v*
**zetter** typ Schriftsetzer *m*; Setzer *m*
**zetterij** Setzerei *v*
**zetting** 1 ⟨in 't alg.⟩ Setzen *o*; 2 ⟨juwelen; muz⟩ Fassung *v*
**zetwerk** Setzarbeit *v*; ⟨'t resultaat⟩ Satz *m*
**zeug** Sau *v*, Mutterschwein *o*
**zeulen** schleppen
**zeur** = *zeurkous*
**zeurderig** nörgelig; ⟨m.b.t. kind⟩ quengelig; *een ~e pijn* ein nagender Schmerz *m*
**zeuren** 1 ⟨treuzelen⟩ zögern; 2 ⟨zaniken⟩ nölen, quengeln; *iem. altijd aan het hoofd ~* einem die Ohren voll leiern, einem immer (beständig) in den Ohren liegen
**zeurkous, zeurpiet** Nörgler *m*, Nörglerin *v*, Quengler *m*, Quenglerin *v*
**1 zeven** *overg* sieben
**2 zeven** I *telw* sieben; II *v* ⟨het cijfer⟩ Sieben *v*; *met z'n ~en* zu siebt
**zevende** sieb(en)te; *een ~* ein Siebtel *o*; *ten ~* siebentens, siebtens
**zevenmaal** siebenmal
**zevenmijlslaarzen** Siebenmeilenstiefel *mv*
**zevental** sieben
**zeventien** siebzehn
**zeventiende** siebzehnte; *een ~* ein Siebzehntel *o*
**zeventig** siebzig; *de jaren ~* die siebziger Jahre; *zij is voor in de ~* sie ist Anfang Siebzig; *hij is achter in de ~* er ist Ende Siebzig
**zeventigste** siebzigste; *een ~* ein Siebzigstel *o*
**zevenvoud** Siebenfache(s) *o*

**zich** sich; zie ook: *zichzelf*
**zicht** ⟨het zien⟩ Sicht v, Sichtbereich m; *slecht ~* schlechte Sicht v, Sichtbehinderung v; *in 't ~ van de haven stranden* fig in letzter Minute scheitern; *boeken op ~ zenden* Bücher zur Ansicht senden
**zichtbaar** sichtbar; *wanneer is de flat ~?* ⟨te bezichtigen⟩ ZN wann ist die wohnung zu besichtigen
**zichzelf** sich selbst; *buiten ~ van woede* außer sich vor Wut; *op ~* an (und für) sich; *ieder geval op ~ beoordelen* jeden Fall einzeln beurteilen; *dat is een probleem op ~* das ist eine Frage für sich; *op ~ beschouwd* an und für sich; *uit ~* von selbst
**ziedaar** sieh, sehen Sie; bitte!
**zieden*** sieden; *~ van woede* kochen vor Wut
**ziedend** ⟨woedend⟩ wutschäumend, -entbrannt
**ziehier** sieh, sehen Sie, hören Sie
**ziek** krank; *~ als een hond* hundekrank; *een ~e* ein Kranker, ein Patient; eine Kranke, eine Patientin; *~ worden* krank werden, erkranken
**ziekbed** Krankenbett o, -lager o
**ziekelijk 1** ⟨telkens ziek⟩ kränklich; **2** ⟨pathologisch⟩ krankhaft; *~e neiging* krankhafte Neigung v, Sucht v; *~e neiging tot stelen* Hang m zum Stehlen; *~ zijn* kränkeln
**zieken** gemeenz ⟨vervelend doen⟩ herumstänkern
**ziekenauto** Krankenwagen m, Ambulanz v
**ziekenbezoek** Krankenbesuch m
**ziekenboeg** Krankenkajüte v
**ziekenboekje** ZN ± Krankenversicherungsheft o
**ziekendrager** Krankenträger m
**ziekenfonds** Krankenkasse v
**ziekenfondsbril** Kassenbrille v
**ziekenfondspatiënt** Kassenpatient m
**ziekenhuis** Krankenhaus o; *in 't ~ opnemen* im Krankenhaus aufnehmen
**ziekenkas** ZN Krankenkasse v
**ziekenverpleger, ziekenverzorger** Krankenpfleger m
**ziekenwagen** = *ziekenauto*
**ziekmelding** Krankmeldung v
**ziekte** Krankheit v; *langdurige (slepende) ~* Siechtum o, schleichende Krankheit v; *~ van Parkinson* Parkinsonsche Krankheit v; *~ van Weil* Weilsche Krankheit v; *wegens ~* krankheitshalber
**ziektebeeld** Krankheitsbild o
**ziektekiem** Krankheitskeim m
**ziektekosten** Krankheitskosten mv
**ziektekostenverzekering** Krankenversicherung v
**ziekteleer** Pathologie v, Krankheitslehre v
**ziekteverlof** Kranken-, Erholungsurlaub m
**ziekteverschijnsel** Krankheitserscheinung v, -symptom o
**ziekteverwekkend** krankheitserregend
**ziekteverzuim** Abwesenheit v wegen Krankheit
**ziektewet** Krankenversicherungsgesetz o; *in de ~ lopen* Krankengeld beziehen

**ziel** Seele v; *5000 ~en* 5000 Seelen, Einwohner; *een goede ~* eine ehrliche Seele v (Haut v); *geen levende ~* keine lebende Seele; *hoe meer ~en, hoe meer vreugd* je größer die Gesellschaft, umso größer die Freude; *twee ~en, één gedachte* zwei Seelen und ein Gedanke; *dat snijdt mij door de ~* das tut mir in der Seele weh; *met zijn ~ onder de arm lopen* nicht wissen, was mit sich anzufangen, sich langweilen; *iem. op zijn ~ geven* jmdm. einen Rüffel erteilen; *iem. op zijn ~ trappen* jmdm. in die Seele schneiden; *ter ~e zijn* gestorben sein; zie ook: *zieltje*
**zielenheil** Seelenheil o
**zielenpiet, zielenpoot** Jammergestalt v, Jammerhaufen m
**zielenrust** Seelenruhe v
**zielig** kläglich, jämmerlich, bemitleidenswert; *een ~ geval* ⟨ook⟩ ein Härtefall m; *een ~e kerel* ein bedauernswerter Mensch m; *wat ~!* wie traurig!
**zielloos** seelenlos
**zielsbedroefd** tiefbetrübt
**zielsblij** seelenfroh
**zielsgelukkig** selig, überglücklich
**zielsveel** sehr viel; *~ houden van* innig lieben
**zielsverrukking** Seelenfreude v
**zieltje**: *~s winnen* auf den Seelenfang gehen
**zieltogen** mit dem Tode ringen, im Sterben liegen
**zien*** I ww **1** ⟨in 't alg.⟩ sehen; ⟨Z-Duits en plechtig⟩ schauen; **2** ⟨in 't oog krijgen⟩ erblicken; **3** ⟨opvatten⟩ sehen, auffassen; *iets ~ komen* etwas kommen sehen; *'t niet meer ~ zitten* nicht mehr daran glauben, nicht mehr weiter wissen; *'t anders ~* die Sache anders sehen; *bleek ~* blaß aussehen; *'t is duidelijk te ~* es ist offensichtlich; *iets laten ~* etwas zeigen; *we zullen wel ~* wir werden schon sehen, wir wollen mal sehen; *zich genoodzaakt ~* sich zu etwas genötigt (gezwungen, veranlaßt) sehen; *iets verkeerd ~* etwas schief (falsch) sehen; *iem. te ~ krijgen* einen zu Gesicht bekommen; *gezien de moeilijkheden* mit Rücksicht auf die Schwierigkeiten, angesichts der Schwierigkeiten; *tot ~s* auf Wiedersehen, -schauen; zie ook: *gezien*; **II** o Sehen o, Erblicken o; Anblick m; *bij 't ~ van* beim Anblick (des, der), angesichts (des, der)
**zienderogen** zusehends
**ziener** Seher m, Prophet m
**zienswijze** Ansicht v
**zier**: *geen ~ beter* um kein Haar (keinen Deut) besser; *'t kan me geen ~ schelen* es ist mir absolut gleichgültig
**ziezo**: *~!* so!
**zigeuner** Zigeuner m
**zigzag** Zickzack m; *~ lopen* im Zickzack laufen, zickzack laufen
**zigzaggen** zickzacken
**1 zij, ze** *pers vnw* sie ⟨enk & mv⟩
**2 zij** v ⟨kant⟩ Seite v; *~ spek* Speckseite v; *~ aan ~* Seite an Seite

**3 zij** v ⟨stof⟩ = ²zijde
**zijaanzicht** Seitenansicht v
**zijbeuk** ⟨v. kerk⟩ Seitenschiff o
**1 zijde** ⟨zijkant⟩ Seite v; *van de ~ van* seitens (+ 2); *van goed ingelichte ~ vernemen* von unterrichteter Seite vernehmen; *van officiële ~* von amtlicher Seite
**2 zijde** ⟨stof⟩ Seide v; *ruwe ~* Rohseide v
**zijdeglans** Seidenglanz m
**zijdelings I** *bijw* indirekt, auf indirektem Wege; *iem. ~ aanzien* einen von der Seite anblicken; **II** *bn* indirekt; *een ~e blik* ein Seitenblick m; *een ~e toespeling* eine indirekte Anspielung v
**zijden** seiden, aus Seide, Seiden-; *~ draad* Seidenfaden m; *~ stoffen* Seidenstoffe mv; *aan een ~ draadje hangen* an einem dünnen/seidenen Faden hängen
**zijderups** Seidenraupe v
**zijdeteelt** Seiden(raupen)zucht v, Seidenbau m
**zijdeur** Seitentür v; *door de ~ afgaan* ⟨beschaamd weggaan⟩ wie ein begossener Pudel abziehen
**zijgang** Seitengang m
**zijgen*** (hin)sinken
**zij-ingang** Seiten-, Nebeneingang m
**zijkamer** Seitenzimmer o
**zijkant** Seite v, Seitenfläche v
**zijlijn 1** ⟨in 't alg.⟩ Seitenlinie v; **2** ⟨spoor ook⟩ Zweigbahn v
**zijlinie** Seitenlinie v
**1 zijn\* I** *ww* sein; *~ of niet ~* Sein oder Nichtsein; *een villa die er ~ mag* eine Villa, die sich sehen lassen kann; *er was eens* es war einmal; *wat is er? was gibt's?* was ist los?; *er ~ mensen die...* es gibt Menschen, die...; *hier zijn enige mensen die...* hier sind einige Leute, die...; *jij bent 'm!* du bist dran!; *die is er geweest* der ist hin; *dat is zo so ist;* dem ist so; *'t is nu aan hem (om te spreken)* er ist an der Reihe; *('t moet van hem uitgaan)* es liegt bei ihm; **II** o Sein o
**2 zijn** *bez vnw* sein, seine; *Zijne Koninklijke Hoogheid* Seine Königliche Hoheit v; *met ~ tweeën* zu zweit; *het ~e doen* das Seinige tun; *~ geduld verliezen* die Geduld verlieren
**zijnet** *sp* Seitennetz o
**zijpad** Seiten-, Nebenpfad m, -weg m
**zijrivier** Nebenfluß m
**zijspan, zijspanwagen** Seiten-, Beiwagen m
**zijspiegel** Außenspiegel m
**zijspoor** Nebengleis o, -geleise o, Zweiggleis o
**zijsprong** Seitensprung m
**zijstraat** Seitenstraße v; *ik noem maar een ~* nur mal ein Beispiel
**zijtak** Nebenzweig m, ⟨fig ook⟩ -linie v
**zijwaarts** seitwärts; *~e druk* seitlicher Schub m
**zijweg** Seitenweg m
**zijwieltjes** Stützräder mv
**zijwind** Seitenwind m
**zilt** salzig
**zilver** Silber o; *fijn ~* Feinsilber o
**zilverachtig** silberartig, silbrig
**zilveren** silbern, aus Silber, Silber-; *de ~ bruiloft* die silberne Hochzeit v, die Silberhochzeit v; *een ~ lepel* ein silberner Löffel m, Silberlöffel m
**zilvergeld** Silbergeld o
**zilvermeeuw** Silbermöwe v
**zilverpapier** Stanniol-, Silberpapier o
**zilverpopulier** Silberpappel v
**zilverreiger**: *grote ~* Silberreiher m; *kleine ~* Seidenreiher m
**zilversmid** Silberschmied m
**zilverspar** Weiß-, Edeltanne v
**zilvervliesrijst** ungeschälter Reis m
**zilvervos** Silberfuchs m
**zilverwerk** Silberwaren mv, -zeug o
**zin 1** ⟨verstand⟩ Sinn m, Verstand m; **2** ⟨betekenis⟩ Sinn, Bedeutung v; **3** ⟨lust⟩ Lust v, Neigung v; **4** ⟨volzin⟩ Satz m; *dat heeft geen ~* das hat keinen Zweck; *in die ~* dahingehend; *in zekere ~* in gewissem Sinne; *ik heb er geen ~ in (om te doen)* ich habe keine Lust dazu; ⟨om te eten⟩ ich habe keine Lust darauf; *veel ~ hebben in* nicht übel Lust haben zu (auf); *ik heb geen ~ in muziek* mir ist nicht nach Musik zumute; *zijn ~ doordrijven* seinen Willen durchsetzen; *zijn eigen ~ doen* seinem eigenen Kopf folgen; *iem. zijn ~ geven* jmdm. seinen Willen lassen; *zijn ~nen op iets zetten* seinen Sinn auf etwas (sich etwas in den Kopf) setzen; *wat slechts in de ~ hebben* etwas Böses im Schilde führen; *het iem. naar de ~ maken* es jmdm. recht machen; *is het naar uw ~?* sind Sie zufrieden? *in de ware ~ van het woord* im wahrsten Sinne des Wortes; *tegen zijn ~* widerwillig
**zindelijk 1** ⟨schoon⟩ reinlich, sauber; **2** ⟨v. baby's⟩ sauber; **3** ⟨v. hond⟩ stubenrein
**zinderen** ZN **1** ⟨tintelen⟩ glitzern, funkeln; **2** ZN ⟨trillen⟩ zittern, beben
**zinderend**: *een ~de hitte* eine flimmernde Hitze; *een ~de spanning* eine knisternde Spannung v
**zingen\*** singen; *in koor ~* im Chor singen; *het water zingt al* das Wasser summt, singt schon
**zink** Zink o
**1 zinken** *bn* zinken, aus Zink, Zink-; *~ plaat* Zinkblech o
**2 zinken\*** *onoverg* sinken, untergehen; *een schip laten ~* ein Schiff versenken
**zinklood** Senkblei o
**zinkput 1** ⟨in 't alg.⟩ Sickergrube v; **2** ⟨v. riool⟩ Sinkkasten m
**zinloos** sinnlos, unsinnig
**zinnebeeld** Sinnbild o, Symbol o
**zinnebeeldig** sinnbildlich, symbolisch
**zinnelijk** sinnlich
**zinneloos** sinnlos; wahnsinnig
**1 zinnen\*** ⟨peinzen⟩ sinnen, nachdenken; *op middelen, op wraak ~* auf Mittel, auf Rache (4) sinnen
**2 zinnen** ⟨bevallen⟩ gefallen; *het zint hem niet* es gefällt ihm nicht
**zinnenprikkelend** aufreizend, erregend
**zinsbedrog, zinsbegoocheling** Sinnestäuschung v

**zinsbouw, zinsconstructie** Satzbau *m*, Satzkonstruktion *v*
**zinsdeel** Satzteil *m*
**zinsnede** Satz *m*; Passus *m*
**zinsontleding** Satzanalyse *v*
**zinspelen**: ~ *op* anspielen (auf + 4)
**zinspreuk** ⟨devies⟩ Wahlspruch *m*, Devise *v*
**zinsverband** Kontext *m*, Zusammenhang *m*
**zinsverbijstering** Geistesverwirrung *v*, geistige Umnachtung *v*
**zinsverrukking zinsvervoering** Ekstase *v*, Verzückung *v*
**zinswending** Redewendung *v*, Ausdruck *m*
**zintuig** Sinnesorgan *o*
**zintuiglijk** sinnlich; ~ *waarneembaar* sinnlich wahrnehmbar
**zinverwant** sinnverwandt
**zinvol** sinnvoll
**zionisme** Zionismus *m*
**zit** Sitz *m*; *het is een hele zit* es dauert lange
**zitbad** Sitzbad *o*, -badewanne *v*
**zitbank** Sitzbank *v*
**zitblijf** Sitzbleibt
**zitje** 1 ⟨tafeltje en stoelen⟩ Sitzgelegenheit *v*; 2 ⟨achterop een fiets⟩ Kindersitz *m*
**zitkamer** Wohnzimmer *o*
**zitplaats** Sitz *m*, Sitzplatz *m*; *met vier ~en* viersitzig
**zitten\*** 1 ⟨in 't alg.⟩ sitzen; 2 ⟨in gevangenis⟩ (ein)sitzen; *waar zit hij?* wo steckt er?; *daar zit de moeilijkheid* da liegt der Hase im Pfeffer; *gebakken (gebeiteld) ~* gemeenz sich in günstiger Lage befinden; *goed ~* ⟨v. pak ook⟩ einen guten Sitz haben; *dat zit wel goed* das geht schon klar; *er goed (dik, warmpjes) bij ~* warm in der Wolle sitzen, wohlhabend sein, Moneten (Pinke) haben; *krap ~* knapp bei Kasse sein; *altijd thuis ~* immer zu Hause (hinterm Ofen) hocken; *blijven ~* sitzen bleiben; (op school) sitzenbleiben; *ze bleven met hun kamers ~* sie saßen mit ihren Zimmern da; *gaan ~* sich setzen, sich hinsetzen; *'t zit er wel aan* ⟨geldelijk⟩ wir können uns das leisten, wir haben's ja; *'t zit er (niet) wel aan* wir können uns das (nicht) leisten; *in de bajes (bak) ~* im Loch (im Kittchen) sitzen, Knast schieben; *dat zit erin* das ist zu erwarten; *dat zit goed in elkaar* das hat Hand und Fuß; *in de klem (de knoei, 't nauw, de nesten, de puree) ~* in der Klemme (der Patsche, der Tinte, der Brühe) sitzen; *in de misère (penarie) ~* gemeenz im Dreck stecken; *in hetzelfde schuitje ~* im selben, in einem Boot sitzen; *iem. met iets laten ~* einen mit etwas sitzen lassen; *er zit niets anders op* es bleibt nichts anderes übrig; *dat zit erop!* das wäre geschafft!; *dat laat ik niet op mij ~* das lasse ich nicht auf mir sitzen (mir nicht bieten, gefallen); *niets op zich laten ~* einem nichts schuldig bleiben
**zittenblijver** ⟨op school⟩ Wiederholer *m*, Sitzenbleiber *m*
**zittend** sitzend; ~ *leven* sitzende Lebensweise *v*; ~ *werk* Sitzarbeit *v*
**zitting** 1 ⟨v. stoel⟩ Sitz *m*; 2 ⟨v. vergadering⟩ Sitzung *v*; 3 ⟨v. Kamer, congres⟩ Sitzung *v*, Tagung *v*; *een ~ met gesloten deuren* eine Sitzung bei verschlossenen Türen, unter Ausschluß der Öffentlichkeit; ~ *houden* eine Sitzung (ab)halten; tagen; ~ *nemen in* einen Sitz erhalten in (+ 3)
**zittingsdag** Sitzungstag *m*
**zittingsperiode** Sitzungsperiode *v*, Legislaturperiode *v*
**zitvlak** Gesäß *o*; gemeenz Hintern *m*, Popo *m*, die vier Buchstaben, Allerwertester *m*
**zitvlees** Sitzfleisch *o*; *geen ~ hebben* kein Sitzfleisch (-leder) haben
**zitzak** Sitzsack *m*
**zo** I *bijw* 1 ⟨in 't alg.⟩ so; 2 ⟨straks⟩ gleich, sofort; *'t is ~* es ist richtig, es ist die Wahrheit; ~ *dikwijls* sooft; ~ *groot als* (eben) so groß wie; ~ *en ~ breed* soundso breit; ~ *ja* wenn ja; ~ *neen* wenn nein (nicht); ~ *mogelijk* womöglich; ~ *nodig* wenn es notwendig ist, nötigenfalls; ~ *spoedig mogelijk* möglichst bald; *om ~ te zeggen* sozusagen; ~ *uit 't vat* frisch vom Faß; II *voegw* ⟨voorwaardelijk⟩ wenn; ~ *hij komt* wenn (kommt); ~ *men zegt* wie man sagt; *dat is ~!* ⟨uitstekend⟩ hervorragend!; *of ~* oder so; *al ~* vaak schon so oft
**ZO** = *zuidoost(en)*
**zoal** unter anderem; *wat heeft hij ~ meegebracht?* was hat er denn so alles mitgebracht?
**zoals** wie; ~ *gezegd* wie gesagt
**zodanig** derartig, solche(r); *het beroep als ~* der Beruf als solcher
**zodat** so daß
**zode** Gras-, Rasenscholle *v*, Rasenstück *o*; *dat zet geen ~n aan de dijk* das macht den Kohl (das Kraut) nicht fett, das bringt nichts ein
**zodoende** in dieser Weise, auf diese Weise
**zodra** sobald
**zoek** 1 ⟨weg⟩ verschwunden; abhanden gekommen, nicht mehr da, verlorengegangen; 2 ⟨v. persoon ook⟩ vermißt; *hier is alle logica ~* hier fehlt alle Logik, das entbehrt jeder Logik; ~ *raken* verlorengehen, verschwinden, abhanden kommen; *op ~ gaan* auf die Suche gehen
**zoekactie** Suchaktion *v*
**zoekbrengen** vertun, verschwenden, verbringen
**zoeken\*** suchen; *zijn fortuin ~* sein Glück suchen; *een goed heenkomen, zijn heil in de vlucht ~* sein Heil in der Flucht suchen, sich aus dem Staube machen, das Weite suchen; *ruzie (twist) ~* Streit suchen; *wie zoekt, die vindt* wer suchet, der findet; *werk ~* auf die Arbeitssuche gehen; *'t is ver te ~* das liegt noch in weiter Ferne; *dat had ik niet achter hem gezocht* das hätte ich ihm nicht zugetraut (nicht von ihm erwartet)
**zoeker** fotogr Sucher *m*
**zoeklicht** Scheinwerfer *m*
**zoekmaken** verlegen, verkramen
**zoekplaatje** Vexierbild *o*, Suchbild *o*
**zoel** schwül
**Zoeloe** Zulu *m*

**zoemen** summen
**zoemer** ⟨ook telec⟩ Summer m
**zoemtoon** Summerzeichen o, -ton m
**zoen 1** ⟨kus⟩ Kuß m; **2** vero ⟨verzoening⟩ Sühne v
**zoenen** küssen; om te ~ zum Anbeißen, niedlich
**zoenoffer** Sühneopfer o
**zoet I** bn **1** ⟨v. smaak⟩ süß; **2** ⟨kind⟩ brav, artig; ~ water Süßwasser o; **II** o **1** eig Süße o; **2** ⟨genot⟩ Wonne v, Süßigkeit v
**zoetekauw** Lecker-, Süßmaul o
**zoethoudertje** ± Beschwichtigungsmittel o
**zoethout** Süßholz o
**zoetigheid** Süßigkeit v
**zoetje** ⟨tabletje⟩ Süßstofftablette v
**zoetmiddel** Süßstoff m
**zoetsappig** süßlich; ~ mens Leisetreter m
**zoetstof** Süßstoff m
**zoetzuur I** o Süßsauer o; **II** bn süßsauer
**zoeven** rauschen
**zo-even** soeben, eben, vorhin
**zog 1** ⟨moedermelk⟩ Muttermilch v; **2** ⟨v. schip⟩ Kielwasser o, Sog m
**zogen** säugen
**zogenaamd 1** ⟨zo genoemd⟩ sogenannt; **2** ⟨zich uitgevend voor⟩ angeblich
**zogezegd** sozusagen
**zoiets** so (et)was; ~ moois so (et)was schönes; ... of zoiets ...oder so etwas ähnliches
**zojuist** soeben, eben, vorhin
**zolang I** voegw solange; **II** bijw inzwischen
**zolder** ⟨v. woonhuis⟩ Boden m, Dachboden m
**zoldering** Zimmerdecke v, Decke v
**zolderkamer** Bodenkammer v, Dachstube v, Mansardenzimmer o
**zolderluik** Bodenluke v
**zoldertrap** Bodentreppe v
**zolderverdieping** Boden-, Dachgeschoß o
**zomaar** nur so, einfach (so), ohne weiteres; (waarom doe je dat?) och, ~! nur so!; kan dat ~? ⟨retorisch⟩ geht das einfach so?; hij begon me ~ ineens te slaan er fing einfach an, mich zu schlagen
**zombie** Zombie m
**zomen** säumen
**zomer** Sommer m; 's ~s im Sommer
**zomerhuisje** Sommerhäuschen o
**zomerjurk** Sommerkleid o
**zomers I** bn sommerlich; een ~e dag ein sommerlicher Tag m, ein Tag m wie im Sommer; **II** bijw im Sommer
**zomersproeten** Sommersprossen mv
**zomertijd** (in alle bet.) Sommerzeit v
**zomervakantie** Sommerferien mv
**zomin**: net ~ als so wenig wie
**zon** Sonne v; er is niets nieuws onder de ~ es gibt nichts Neues unter der Sonne voor niets gaat de ~ op umsonst ist nur der Tod (und der kostet das Leben)
**zo'n** so ein(e), solch ein(e); ~ vent solch ein Kerl; ~ honderd stuk ungefähr hundert Stück
**zonaanbidder** Sonnenanbeter m, -anbeterin v
**zondaar** Sünder m

**zondag** Sonntag m; op ~ am Sonntag
**zondags I** bijw sonntags; **II** bn **1** ⟨elke zondag⟩ sonntäglich; **2** ⟨op een zondag⟩ sonntägig; in zijn ~e kleren, op zijn ~ gekleed im Sonntagsstaat, in der Sonntagskluft
**zondagskind** Sonntagskind o
**zondagsrijder** Sonntagsfahrer m
**zondagsschilder** Sonntagsmaler m
**zondagsschool** Sonntagsschule v
**zonde** Sünde v; het is ~ van de tijd, van mijn jurk es ist schade um die Zeit, um mein Kleid; wat ~! wie schade!
**zondebok** Sündenbock m, Prügelknabe m, -junge m; hij is altijd de ~ immer er muß den Sündenbock spielen
**zonder** ohne; ~ begrip verständnislos; ~ bezwaar leichten Herzens; ~ gebreken fehlerfrei; ~ meer ohne weiteres; koffie ~ melk schwarzer Kaffee m, Kaffee schwarz; ~ voorbehoud vorbehaltlos
**zonderling I** bn sonderbar, merkwürdig, seltsam; een ~ type ein seltsamer Kauz m; **II** m Sonderling m
**zondeval** Sündenfall m
**zondig** sünd-, lasterhaft
**zondigen** sündigen
**zondvloed** Sintflut v
**zone** Zone v; verboden ~ Sperrzone v
**zonlicht** Sonnenlicht o
**zonnebad** Sonnenbad o
**zonnebaden** sich sonnen
**zonnebank** Sonnenbank v
**zonnebloem** Sonnenblume v
**zonnebrandolie** Sonnen(brand)öl o
**zonnebril** Sonnenbrille v
**zonnecel** Sonnen-, Solarzelle v
**zonnecollector** Sonnen-, Solarkollektor m
**zonne-energie** Sonnen-, Solarenergie v
**zonnehoed** Sonnenhut m
**zonneklaar** sonnenklar
**zonneklep** Sonnenblende v
**zonneklopper** ZN **1** ⟨zonaanbidder⟩ Sonnenanbeter m; **2** ⟨nietsnut⟩ Taugenichts m, Nichtsnutz m
**zonnen** sonnen
**zonnepaneel** Sonnen-, Solarzellenplatte v
**zonnescherm** Sonnenschirm m
**zonneschijn** Sonnenschein m
**zonneslag** ZN Hitzschlag m
**zonnesteek** Sonnenstich m, Hitzschlag m
**zonnestelsel** Sonnensystem o
**zonnestraal** Sonnenstrahl m
**zonnetent 1** ⟨tent⟩ Sonnenzelt o; **2** ZN ⟨zonnescherm⟩ Markise v
**zonnetje** Sonne v; ⟨vuurwerk⟩ Feuerrädchen o; een lekker ~ ein angenehmer (behaglicher) Sonnenschein m; dat kind is het ~ in huis das Kind ist der Sonnenschein des Hauses; iem. in 't ~ zetten das volle Licht auf einen fallen lassen
**zonnevlek** Sonnenfleck m
**zonnewijzer** Sonnenuhr v, -zeiger m
**zonnig** sonnig
**zonovergoten** sonnenbeschienen, sonnenüberflutet
**zonsondergang** Sonnenuntergang m
**zonsopgang** Sonnenaufgang m
**zonsverduistering** Sonnenfinsternis v

**zonwering** Sonnenschutz *m*
**zonzijde** Sonnenseite *v*
**zoogdier** Säugetier *o*, Säuger *m*; *klein ~* Kleinsäuger *m*
**zooi** Haufen *m*, Menge *v*; *de hele ~* der ganze Krempel, Kram *m*; *een ~ kinderen* ein Haufen *m* Kinder; zie ook: *zootje*
**zool** Sohle *v*
**zoolganger** Sohlengänger *m*
**zoom** Saum *m*, Rand *m*; ⟨oever ook⟩ Ufer *o*; *~ van 't bos* Waldrand *m*, -saum *m*
**zoon** Sohn *m*
**zootje** 1 ⟨troep⟩ Bande *v*; 2 ⟨rommeltje⟩ Siebensachen *mv*; *dat is me een ~!* das ist mir eine Bande, eine Schwefelbande; *'t hele ~* der ganze Krempel *m*, Kram *m*, Scheiß *m*; zie ook: *zooi*
**zorg** 1 ⟨in 't alg.⟩ Sorge *v*; 2 ⟨officiële verzorging⟩ Fürsorge *v*; 3 ⟨zorgvuldigheid⟩ Sorgfalt *v*; *dat is mij een ~!* gemeenz iron das ist mir piepe, piepegal!; *hij heeft genoeg ~en* er hat viele Sorgen, er hat sein Bündel zu tragen; *zich ~ maken* sich Sorgen machen; *sociale ~* Wohlfahrtspflege *v*, Sozialfürsorge *v*; *~ voor de volksgezondheid* Volksgesundheitspflege *v*; *~ dragen voor* sorgen für, Fürsorge treffen für; *~en hebben over* Sorge haben um, besorgt sein um; *de ~ voor iem. op zich nemen* einen in Pflege nehmen; *met ~* mit Sorgfalt, sorgfältig
**zorgelijk** bedenklich, gefährlich; sorgenvoll
**zorgeloos** sorglos
**zorgen** sorgen; *zorg ervoor dat...* sorge dafür, daß...; *voor de kinderen ~* auf die Kinder achten; *voor een plaatsvervanger ~* einen Stellvertreter stellen; *samen ~ voor* ⟨ook⟩ sich teilen in die Sorge für; *voor het nodige ~* das Weitere (Nötige) veranlassen; *voor verandering ~* Wandel schaffen; *voor vervanging ~* Ersatz beschaffen; ⟨v. persoon⟩ für einen (Stell)vertreter sorgen
**zorgenkind** eig & fig Sorgenkind *o*
**zorgvuldig** sorgfältig
**zorgwekkend** besorgniserregend
**zorgzaam** sorgsam, fürsorglich
**zot** I *bn* ⟨dwaas⟩ närrisch, albern; töricht; 2 ZN ⟨krankzinnig⟩ verrückt, geisteskrank, irr(e); 3 ZN ⟨bespottelijk⟩ lächerlich, verrückt; *een ~te inval* ein verrückter Einfall *m*; gemeenz eine Schnapsidee *v*; *een ~te prijs* ZN ein verrückter Preis *m*; II *m* 1 ⟨dwaas⟩ Tor *m*, Narr *m*; 2 ZN ⟨krankzinnige⟩ Irre(r) *m-v*, Geistesgestörte(r) *m-v*; 3 ZN ⟨gek⟩ Narr *m*, Verrückte(r) *m-v*, Idiot *m*; 4 ZN kaartsp Bube *m*
**zotheid** Tor-, Narr-, Albernheit *v*
**zothuis** ZN Irrenanstalt *v*, gemeenz Klappsmühle *v*
**zout** I *o* Salz *o*; *~ in de wonden wrijven* ⟨strooien⟩ Salz auf die (in die) Wunde streuen; zie ook: *korreltje*; II *bn* salzig, gesalzen; *~e haring* Salzhering *m* *~e stengel* Salzstange *v*; *~ water* Salzwasser *o*
**zoutarm** salzarm
**zouteloos** ⟨flauw, geesteloos⟩ fade; *~loze grappen* fade Witze *mv*
**zouten*** 1 ⟨met zout bestrooien⟩ salzen; 2 ⟨pekelen⟩ pökeln
**zoutloos** salzlos; *~ dieet* salzlose Kost *v*
**zoutmeer** Salzsee *m*
**zoutvaatje** Salzfaß *o*, -näpfchen *o*
**zoutzak** 1 eig Salzsack *m*; 2 ⟨slap persoon⟩ Schlappschwanz *m*, Waschlappen *m*
**zoutzuur** Salzsäure *v*
**zoveel** soviel; *twee keer ~* doppelt soviel
**zoveelste** sovielte, soundsovielte; *een auto uit de ~ hand gekocht* ein aus xter Hand gekauftes Auto
**zover** soweit, so weit; *nu is 't ~* jetzt ist es so weit; *voor ~ ik weet* soviel ich weiß, soweit mir bekannt ist; *voor ~ dat mogelijk is* insoweit das möglich ist; *hij ging ~ te beweren* er verstieg sich zu der Behauptung
**zowaar** wirklich, in der Tat
**zowat** etwa, ungefähr
**zowel** sowohl; *~ dit, als ook dat* sowohl dies, als (wie) auch das; *~ 't een als 't ander* eins wie das andere
**z.o.z.** = *zie ommezijde* b.w., bitte wenden
**zozeer** so sehr, dermaßen
**zozo** soso; *het is ~ met hem* es ist soso mit ihm; *~, lala* leidlich; passabel
**1 zucht** *m* ⟨'t zuchten⟩ Seufzer *m*; *een diepe ~* ⟨ook⟩ ein Stoßseufzer *m*
**2 zucht** *v*: *~ naar* ⟨neiging tot⟩ Neigung zu; ⟨sterker⟩ Hang *m* zu; ⟨ongunstig⟩ Sucht *v* nach
**zuchten** seufzen
**zuchtje** ⟨koeltje⟩ Lüftchen *o*, Hauch *m*, Windhauch *m*
**zuid** I *v* Süden *m*; II *bn* südlich; *de wind is ~* es ist Südwind
**Zuid-Afrika** Südafrika *o*
**Zuid-Afrikaan** Südafrikaner *m*
**Zuid-Afrikaans** I *bn* südafrikanisch; II *o* ⟨taal⟩ Afrikaans(ch) *o*
**Zuid-Amerika** Südamerika *o*
**Zuid-Amerikaans** südamerikanisch
**zuidelijk** südlich; *~ van* südlich (+2, von); *de ~e staten van Amerika* die Südstaaten *mv*; *~ halfrond* südliche Halbkugel *v*
**zuiden** Süden *m*; *naar het ~* nach Süden; *op het ~ liggen* nach Süden liegen; *ten ~ van de stad* südlich der Stadt
**zuidenwind** Südwind *m*
**zuiderbreedte**: *10 graden ~* 10 Grad südlicher Breite *v* (südl. Br.)
**zuiderling** Südländer *m*, Mann *m* aus dem Süden
**Zuid-Nederlands** südniederländisch
**zuidoost, zuidoostelijk** südöstlich
**zuidoosten** Südosten *m*
**zuidpool** Südpol *m*
**zuidpoolcirkel** südlicher Polarkreis *m*
**zuidvruchten** Südfrüchte *mv*
**zuidwaarts** südwärts
**zuidwest, zuidwestelijk** südwestlich
**zuidwesten** Südwesten *m*
**zuidwester** ⟨hoed⟩ Südwester *m*
**zuigeling** Säugling *m*
**zuigelingensterfte** Säuglingssterblichkeit *v*
**zuigelingenzorg** Säuglingsfürsorge *v*; *bureau voor ~* Mütterberatungsstelle *v*

**zuigen\*** 1 ⟨in 't alg.⟩ saugen; 2 ⟨op de vingers⟩ lutschen; 3 ⟨treiteren⟩ ärgern
**zuiger** techn Kolben *m*
**zuigfles** Schnullerflasche *v*
**zuigkracht** Anziehungs-, Zugkraft *v*
**zuil** 1 ⟨pilaar⟩ Säule *v*; 2 ⟨groepering⟩ ± eine der Gruppierungen in der niederländischen Gesellschaft auf grund von verschiedenen Weltanschauungen
**zuilengalerij** Säulengang *m*
**zuinig** 1 ⟨spaarzaam⟩ sparsam; 2 ⟨machine, regeling enz.⟩ wirtschaftlich, ökonomisch; ~ *zijn* auf den Pfennig achten; ~ *zijn met het geld* mit dem Gelde sparen; ~ *zijn met zijn tijd* mit seiner Zeit geizen; ~ *zijn op zijn kleren* seine Kleider schonen; ~ *kijken* verdrießlich dreinschauen
**zuinigheid** 1 ⟨spaarzaamheid⟩ Sparsamkeit *v*; 2 ⟨v. machine, organisatie enz.⟩ Wirtschaftlichkeit *v*; 3 ⟨bezuiniging⟩ Ersparung *v*
**zuipen\*** saufen
**zuiplap** Säufer *m*, Trunkenbold *m*
**zuippartij** Saufgelage *o*, Besäufnis *v*
**zuivel** Molkerei-, Milchprodukte *mv*
**zuivelfabriek** Molkerei *v*
**zuivelindustrie** Milchwirtschaft *v*
**zuivelproduct** Molkereiprodukt *o*
**zuiver** rein; *een* ~ *geweten* ein reines Gewissen *o*; ~ *inkomen* Nettoeinkommen *o*; ~ *water* reines Wasser *o*; *de -e winst* der Reingewinn; ~*e wol* reine Wolle *v*; ~ *klinken* rein klingen; ~ *zingen* rein singen; ~ *van ras* reinrassig; rasserein; ~ *van stijl* stilrein; *dat is geen* ~*e koffie* an der Sache ist etwas faul, die Sache ist mir nicht geheuer
**zuiveren** 1 ⟨in 't alg.⟩ reinigen, säubern; 2 ⟨markt, toestanden⟩ bereinigen; 3 ⟨politiek⟩ säubern; *van ongedierte* ~ ⟨ook⟩ entwesen
**zuivering** 1 ⟨in 't alg.⟩ Reinigung *v*; 2 ⟨politiek⟩ Säuberung *v*
**zuiveringsinstallatie** Kläranlage *v*
**zuiveringszout** Speisesoda *v*, doppelkohlensaures Natron *o*
**zulk** solch; solcher, solche, solches, so ein(e); ~ *weer* solches, so ein Wetter *o*
**zulks** solches, so etwas, das
**zullen\*** 1 ⟨toekomst⟩ werden; 2 ⟨bevel⟩ sollen; *de zon zal morgen om 5 uur opgaan* die Sonne wird morgen um 5 Uhr aufgehen; *hij wil niet komen? hij zal!* er will nicht kommen? er wird kommen!; *hij zal wel komen* er wird schon kommen; *gij zult niet stelen* du sollst nicht stehlen; *hij zou zijn vaderland niet meer terugzien* er sollte sein Vaterland nicht mehr wiedersehen; *hij had het* ~ *doen* er hätte es tun sollen; *hij beloofde te* ~ *komen* er versprach zu kommen
**zult** Sülze *v*
**zurig** säuerlich
**zuring** ⟨plant⟩ Ampfer *m*
**1 zus** *v* Schwester *v*
**2 zus** *bijw* so, derartig, auf diese Weise; ~ *of zo* so oder so
**zuster** Schwester *v* ⟨ook verpleegster⟩
**zusterhuis** Schwesternhaus *o*
**zusterlijk** schwesterlich
**zuur** I *bn* 1 ⟨in 't alg.⟩ sauer; 2 fig säuerlich; *die is* ~! der ist geliefert!; *een* ~ *gezicht* eine saure Miene *v*, ein saures Gesicht *o*; *zure melk* saure Milch *v*, Sauermilch *v*; *zure regen* saurer Regen *m*; *zure wijn* saurer Wein *m*; gemeenz Krätzer *m*; ~ *kijken* sauer dreinschauen; *iem. het leven* ~ *maken* einem das Leben sauer (schwer) machen, einem das Leben verbittern; ~ *verdiend geld* sauer verdientes Geld *o*; II *o* 1 ⟨zure vloeistof e.d.⟩ Saure(s) *o*; 2 chem Säure *v*; *'t* ~ *hebben* med Sodbrennen haben; *augurken in 't* ~ Gurken in Essig, Essiggurken *mv*
**zuurdeeg, zuurdesem** Sauerteig *m*
**zuurgraad** Säuregrad *m*
**zuurkool** Sauerkraut *o*
**zuurpruim** Sauertopf *m*
**zuurstof** Sauerstoff *m*
**zuurstofgebrek** Sauerstoffmangel *m*
**zuurstofmasker** Sauerstoffmaske *v*
**zuurstok** Zuckerstange *v*
**zuurverdiend** sauer (mühsam) verdient
**zuurzoet** sauersüß, süßsauer
**zwaai** 1 ⟨in 't alg.⟩ Schwung *m*; 2 ⟨v. hoed⟩ Schwenken *o*; 3 ⟨aan de weg⟩ Welle *v*, Felge *v*
**zwaaien** 1 ⟨in 't alg.⟩ schwingen; 2 ⟨wuiven⟩ winken; 3 ⟨wankelen⟩ schwanken, taumeln, torkeln; 4 scheepv sich wenden, schwoien, schwojen; *knots* ~, *vaandel* ~ Keulen, Fahnen schwenken; *de scepter* ~ das Zepter führen; fig ⟨ook⟩ das Zepter schwingen; *er zwaait wat!* es wird etwas setzen!
**zwaailicht** Rundumlicht *o*; *blauw* ~ Blaulicht *o*
**zwaan** Schwan *m*; *mannelijke* ~ Schwänerich *m*; *vrouwelijke* ~ Schwänin *v*; *wilde* ~ Singschwan *m*
**zwaantje** 1 eig kleiner Schwan; 2 turnen Nesthang *m*; 3 ZN ⟨motoragent⟩ Motorradpolizist *m*
**zwaar** schwer; *te* ~ ⟨van persoon⟩ übergewichtig; ~ *geschut* schweres Geschütz *o*; *zware industrie* Schwerindustrie *v*; *zware stem* tiefe Stimme *v*; ~ *weer* böses, stürmisches Wetter *o*; *een* ~ *werk* eine schwere (saure) Arbeit *v*; ~ *op de hand* schwerfällig, -blütig; pessimistisch, alles schwer nehmend; ~ *op de maag* schwer im Magen; ~ *beschadigd* schwerbeschädigt; ~ *ziek* schwer krank; *ik heb er een* ~ *hoofd in* ich glaube nicht so daran, die Sache scheint mir bedenklich; *het zal hem* ~ *vallen* es wird ihm schwer fallen (sauer werden)
**zwaarbeladen** schwerbeladen
**zwaarbewapend** schwerbewaffnet
**zwaard** ⟨ook scheepv⟩ Schwert *o*; *het ontblote* ~ das nackte Schwert; *het* ~ *van Damocles* das Damoklesschwert, das Schwert des Damokles
**zwaardvechter** Gladiator *m*, Schwertkämpfer *m*
**zwaardvis** Schwertfisch *m*
**zwaargebouwd** stämmig, vierschrötig

**zwaargewicht** I o ⟨gewichtsklasse⟩ Schwergewicht o; II m ⟨bokser, judoka enz.⟩ Schwergewichtler m
**zwaargewond** schwerverletzt
**zwaarlijvig** korpulent, stark, beleibt
**zwaarmoedig** schwermütig
**zwaarte** Schwere v, Gewicht o
**zwaartekracht** Schwerkraft v, Gravitation v
**zwaartelijn** wisk Schwer-, Mittellinie v, Seitenhalbierende v
**zwaartepunt** Schwerpunkt m
**zwaartillend** bedenklich, ängstlich, bedächtig
**zwaarwegend** ⟨ook fig⟩ schwerwiegend
**zwaarwichtig** wichtigtuerisch
**zwabber** Mop m
**zwabberen** 1 ⟨schoonmaken⟩ moppen; 2 ⟨v. voertuig⟩ schlingern, schleudern
**zwachtel** 1 ⟨in 't alg.⟩ Bandage v, Wickel m; 2 ⟨van verbandgaas⟩ Wickel-, Mullbinde v
**zwachtelen** einwickeln, verbinden
**zwager** Schwager m
**zwak** I bn bijw schwach; *lichamelijk ~* körperlich schwach; *~ van gestel zijn* eine schwache Konstitution haben; *er ~ voor staan* schwach stehen, geringe Aussichten haben; II o Schwäche v, schwache Seite v; *een ~ voor iets hebben* eine Schwäche, ein Faible v, eine Vorliebe für etwas haben
**zwakbegaafd** schwachbegabt
**zwakheid** Schwäche v, Schwachheit v
**zwakkeling** Schwächling m; schertsend Schwachmatikus m, Waschlappen m
**zwakstroom** Schwachstrom m
**zwakte** Schwäche v
**zwaktebod** fig Zugeständnis o (aus Schwäche)
**zwakzinnig** schwachsinnig, idiotisch
**zwakzinnigenzorg** Pflege v geistig Behinderter
**zwalken** sich herumtreiben
**zwaluw** Schwalbe v
**zwaluwstaart** Schwalbenschwanz m
**zwam** plantk 1 ⟨in 't alg.⟩ Schwamm m; 2 ⟨paddestoel⟩ Pilz m
**zwammen** quatschen, faseln, klönen
**zwamneus** Quatschkopf m
**zwanenhals** Schwanenhals m ⟨ook: buis⟩
**zwanenzang** Schwanengesang m
**zwang** Schwang m; *in ~ brengen* aufbringen; *in ~ komen* in die Mode kommen; *in ~ zijn* im Schwange sein; gang und gäbe sein
**zwanger** schwanger
**zwangerschap** Schwangerschaft v
**zwangerschapsonderbreking** Schwangerschaftsunterbrechung v
**zwangerschapstest** Schwangerschaftstest m
**zwangerschapsverlof** Mutterschaftsurlaub m
**zwart** I bn schwarz; *~ als roet* pech-, kohl-, rabenschwarz; *het zag er ~ van de mensen* es wimmelte da von Menschen; *de ~e doos* luchtv der Flug(daten)schreiber; *~e handel* Schwarzhandel m; *~e kunst* Schwarzkunst v; *de ~e lijst* die schwarze Liste; *de ~e markt* der schwarze Markt, Schwarzmarkt m; *het ~e schaap* das schwarze Schaf; *iets ~ op wit hebben* etwas schwarz auf weiß haben; *het Z~e Woud* der Schwarzwald; *de Z~e Zee* das Schwarze Meer; zie ook: *Piet*; II o Schwarz o; *in 't ~ gekleed* in Schwarz, schwarz gekleidet
**zwartboek** Schwarzbuch o
**zwarte** Schwarze(r)
**zwartepiet** zie: *Piet*; *iem. de ~ toespelen* jmdm. den Schwarzen Peter zuschieben (zuspielen)
**zwartgallig** pessimistisch, melancholisch, griesgrämig
**zwarthandelaar** Schwarzhändler m
**zwartkijker** Schwarzseher m, Pessimist m
**zwartmaken**: *iem. ~* einen (bei anderen) anschwärzen
**zwartrijden** 1 ⟨m.b.t. openbaar vervoer⟩ schwarzfahren; 2 ⟨m.b.t. wegenbelasting⟩ ohne Zulassung fahren
**zwartrijder** Schwarzfahrer m
**zwartwerken** schwarzarbeiten
**zwartwerker** Schwarzarbeiter m
**zwart-wit** schwarzweiß
**zwavel** Schwefel m
**zwaveldamp** Schwefeldampf m, -rauch m
**Zweden** Schweden o
**Zweed** Schwede m
**Zweeds** schwedisch
**zweefduik** Hechtsprung m
**zweefmolen** ⟨op kermis⟩ Kettenkarussell o
**zweefvliegen** Segelfliegen o
**zweefvliegtuig** Segelflugzeug o
**zweem** Anstrich m, Anflug m, Hauch m, Schimmer m; *geen ~ van berouw* keine Spur von Reue
**zweep** Peitsche v; *'t klappen van de ~ kennen* den Rummel verstehen, den Zauber (den Pfiff) kennen, Bescheid wissen, im Bilde sein
**zweepslag** 1 eig Peitschenhieb m; 2 med Muskelzerrung v
**zweer** Geschwür o
**zweet** Schweiß m; *het koude ~* der kalte Schweiß; *badend in 't ~* in Schweiß gebadet; *ze hebben zich flink in het ~ moeten werken* die Arbeit hat ihn viel Schweiß gekostet; *in het ~ uws aanschijns* bijbel im Schweiße deines Angesichts
**zweetbad** Schwitzbad o
**zweetband** Schweißband o
**zweetdruppel** m Schweißtropfen m
**zweetklier** Schweißdrüse v
**zweetlucht** Schweißgeruch m
**zweetvoeten** Schweißfüße mv
**zwelgen*** 1 ⟨veel hebben van iets⟩ schwelgen; 2 ⟨brassen⟩ prassen, schlemmen; 3 ⟨gulzig eten⟩ schlingen
**zwellen*** 1 ⟨in 't alg.⟩ schwellen; 2 ⟨door vocht⟩ (ver)quellen
**zwelling** Anschwellung v, Schwellung v
**zwembad** Schwimmbad o; *overdekt ~* Hallenbad o, Schwimmhalle v
**zwembroek** Schwimm-, Badehose v
**zwemdiploma** ⟨diploma A⟩ Freischwimmerzeugnis o, gemeenz Freischwimmer m; ⟨diploma B⟩ Fahrtenschwimmer-

zeugnis *o*
**zwemen**: *naar rood* ~ ins Rote schimmern (fallen)
**zwemmen\*** schwimmen; *in 't geld* ~ im Geld schwimmen
**zwempak** Schwimm-, Badeanzug *m*
**zwemsport** Schwimmsport *m*
**zwemvest** Schwimmweste *v*
**zwemvlies** Schwimmhaut *v*
**zwendel** Schwindel *m*
**zwendelaar** Schwindler *m*; ⟨gentleman-oplichter⟩ Hochstapler *m*
**zwendelarij** Schwindel *m*, Schwindelei *v*, Betrug *m*
**zwendelen** schwindeln, betrügen
**zwengel** Schwengel *m*, Kurbel *v*
**zwenken** schwenken, drehen
**zwepen** peitschen
**1 zweren\*** ⟨v. eed⟩ schwören; *bij hoog en laag* ~ hoch und heilig (Stein und Bein) schwören; *Hochstapler hij zweert bij deze methode* er schwört auf dieses Verfahren
**2 zweren\*** ⟨v. wond⟩ eitern, schwären
**zwerfkat** herrenlose, streunende Katze *v*
**zwerftocht** Streifzug *m*, Wanderung *v*
**zwerfvuil** ± Straßenabfall *m*
**zwerm 1** ⟨vogels, insecten⟩ Schwarm *m*; **2** ⟨mensen⟩ Schwarm *m*, Trupp *m*, Menge *v*; ~ *bijen* Bienenschwarm *m*
**zwermen** schwärmen
**zwerven\* 1** ⟨doelloos rondtrekken⟩ umherstreichen, -streifen, -irren; **2** ⟨trekken⟩ wandern; **3** ⟨v. spullen, ordeloos liggen⟩ herumliegen, herumfliegen
**zwerver 1** ⟨thuisloze, landloper⟩ Vagabund *m*, Landstreicher *m*, Herumtreiber *m*; **2** ⟨iem. die rondtrekt⟩ Wanderer *m*
**zweten** schwitzen
**zweterig** verschwitzt, schweißig
**zwetsen** aufschneiden, prahlen, angeben
**zweven** schweben; *er zweeft hem een gevaar boven 't hoofd* ihm droht eine Gefahr; *het zweeft mij voor de geest* es schwebt mir vor; *~de kiezer* schwankender Wähler *m*; *~de koersen* flottierende Kurse; *~de valuta* fließende Währung *v*
**zweverig** ⟨vaag⟩ vage, verschwommen; *een* ~ *betoog* eine vage, undeutliche Darlegung *v*; *zich* ~ *voelen* sich benommen fühlen
**zwezerik** Kalbsmilch *v*, -bries *o*, Bröschen *o*
**zwichten** ⟨toegeven⟩ nachgeben; *voor de bezwaren* ~ den Bedenken nachgeben; ~ *voor de overmacht* der Übermacht weichen, erliegen

**zwiepen** schwingen, schwippen, peitschen
**zwier** Schwung *m*, Grazie *v*, Eleganz *v*; *aan de* ~ *zijn* bummeln
**zwieren** schwärmen, schwiemeln, sumpfen
**zwierig** modisch, schwungvoll, kavaliermäßig; ~ *gekleed* elegant gekleidet; ~*e stijl* schwungvoller Stil *m*
**zwijgen\* I** *ww* schweigen; *wie zwijgt, stemt toe* wer schweigt, willigt ein; ~ *als het graf* schweigen wie ein Grab, sich ausschweigen; *in alle talen* ~ in sieben Sprachen schweigen; *hij weet te* ~ er ist ein verschwiegener Mensch; *om maar te* ~ *van* ganz zu schweigen von; *tot* ~ *brengen* zum Schweigen bringen, mundtot machen; **II** *o* Schweigen *o*; *er het* ~ *toe doen* zu etwas schweigen, sich in Schweigen hüllen
**zwijgend** schweigend; *de* ~*e meerderheid* die schweigende Mehrheit; ~*e rol* Statistenrolle *v*
**zwijger** Schweiger *m*, Schweigsame(r) *m-v*; *Willem de Z*~ Wilhelm der Schweiger (Schweigsame, Verschwiegene)
**zwijggeld** Schweigegeld *o*
**zwijgplicht** Schweigepflicht *v*
**zwijgzaam** schweigsam, verschwiegen
**zwijm**: *in* ~ *vallen* ohnmächtig werden
**zwijmelen 1** ⟨in een roes verkeren⟩ berauscht sein, schwärmen; **2** ⟨duizelen⟩ taumeln, schwanken; **3** ZN ⟨wankelen⟩ wanken, schwanken; *ik zwijmel bij de gedachte* mir wird schwindlig bei dem Gedanken
**zwijn** ⟨dier & fig⟩ Schwein *o*; *wild* ~ Wildschwein *o*
**zwijnen** gemeenz Schwein, Schweineglück haben
**zwijnenstal 1** eig Schweinestall *m*; **2** ⟨fig meest⟩ Saustall *m*
**zwijnerij** Schweinerei *v*
**zwik** ⟨v. vat⟩ Zapfen *m*; *de hele* ~ gemeenz der ganze Kram, Krempel, Scheiß; mit die ganze Ausrüstung
**zwikken** ⟨voet⟩ sich den Fuß verrenken
**Zwitser** Schweizer *m*
**Zwitserland** die Schweiz
**Zwitsers** Schweizer, schweizerisch; ~*e kaas* Schweizerkäse *m*; ~*e Jura* Schweizer Jura *m*
**zwoegen** ⟨zwaar werken⟩ schuften, sich abmühen, sich abrackern, sich quälen, sich plagen; *onder een last* ~ unter einer Last keuchen
**zwoel** schwül; ⟨weer ook⟩ drückend
**zwoerd** (Speck)schwarte *v*

# BIJLAGEN

# DUITSE ONREGELMATIGE WERKWOORDEN
## DEUTSCHE UNREGELMÄSSIGE VERBEN

(De met een * aangeduide werkwoorden komen ook zwak verbogen voor)

| ONBEP. WIJS | O.T.T AANTONENDE WIJS | O.V.T. AANTONENDE WIJS | O.V.T. VAN DE KONJUNKTIV | GEBIEDENDE WIJS | VOLT. DEELW.[1] |
|---|---|---|---|---|---|
| **backen*** | ich backe, du bäckst, er bäckt | backte, buk | büke | back(e) | h. gebacken |
| **befehlen** | ich befehle, du befiehlst, er befiehlt | befahl | beföhle | befiehl | h. befohlen |
| **befleißen (sich)** | ich befleiße, du befleiß(es)t, er befleißt | befliß | beflisse | befleiß(e) | h. beflissen |
| **beginnen** | ich beginne, du beginnst, er beginnt | begann | begönne (begänne) | beginn(e) | h. begonnen |
| **beißen** | ich beiße, du beißest (beißt), er beißt | biß | bisse | beiß(e) | h. gebissen |
| **bergen** | ich berge, du birgst, er birgt | barg | bürge (bärge) | birg | h. geborgen |
| **bersten** | ich berste, du birst (berstest), er birst (berstet) | barst (borst) | börste (bärste) | birst | i. geborsten |
| **besinnen** | ich besinne, du besinnst, er besinnt | besann | besänne (besönne) | besinn(e) | h. besonnen |
| **besitzen** | ich besitze, du besitz(es)t, er besitzt | besaß | besäße | besitz(e) | h. besessen |
| **betrügen** | ich betrüge, du betrügst, er betrügt | betrog | betröge | betrüg(e) | h. betrogen |
| **bewegen*** | ich bewege, du bewegst, er bewegt | bewog | bewöge | beweg(e) | h. bewogen |
| **biegen** | ich biege, du biegst, er biegt | bog | böge | bieg(e) | h. gebogen |
| **bieten** | ich biete, du bietest, er bietet (vero beutst, beut) | bot | böte | biet(e) | h. geboten |
| **binden** | ich binde, du bindest, er bindet | band | bände | bind(e) | h. gebunden |
| **bitten** | ich bitte, du bittest, er bittet | bat | bäte | bitte | h. gebeten |
| **blasen** | ich blase, du bläs(est)t, er bläst | blies | bliese | blas(e) | h. geblasen |

[1] h. = hulpwerkwoord *haben*; i. = hulpwerkwoord *sein*

# DUITSE ONREGELMATIGE WERKWOORDEN

| ONBEP. WIJS | O.T.T AANTONENDE WIJS | O.V.T. AANTONENDE WIJS | O.V.T. VAN DE KONJUNKTIV | GEBIEDENDE WIJS | VOLT. DEELW.[1] |
|---|---|---|---|---|---|
| **bleiben** | ich bleibe, du bleibst, er bleibt | blieb | bliebe | bleib(e) | i. geblieben |
| **braten** | ich brate, du brätst, er brät | briet | briete | brat(e) | h. gebraten |
| **brechen** | ich breche, du brichst, er bricht | brach | bräche | brich | h. gebrochen |
| **brennen** | ich brenne, du brennst, er brennt | brannte | brennte | brenn(e) | h. gebrannt |
| **bringen** | ich bringe, du bringst, er bringt | brachte | brächte | bring(e) | h. gebracht |
| **denken** | ich denke, du denkst, er denkt | dachte | dächte | denk(e) | h. gedacht |
| **dreschen** | ich dresche, du drisch(e)st, er drischt | drasch (drosch) | drösche (dräsche) | drisch | h. gedroschen |
| **dringen** | ich dringe, du dringst, er dringt | drang | dränge | dring(e) | h. gedrungen |
| **dürfen** | ich darf, du darfst, er darf | durfte | dürfte | - | h. gedurft |
| **empfangen** | ich empfange, du empfängst, er empfängt | empfing | empfinge | empfang(e) | h. empfangen |
| **empfehlen** | ich empfehle, du empfiehlst, er empfiehlt | empfahl | empföhle | empfiehl | h. empfohlen |
| **empfinden** | ich empfinde, du empfindest, er empfindet | empfand | empfände | empfind(e) | h. empfunden |
| **erbleichen** | ich erbleiche, du erbleichst, er erbleicht | erblich | erbliche | erbleich(e) | i. erblichen |
| **erlöschen** | ich erlösche, du erlisch(e)st, er erlischt | erlosch | erlösche | erlisch | i. erloschen |
| **erschallen** | ich erschalle, du erschallst, er erschallt | erscholl | erschölle | erschall(e) | h. erschollen |
| **erschrecken** | ich erschrecke, du erschrickst, er erschrickt | erschrak | erschräke | erschrick | h. erschrocken |
| **erwägen** | ich erwäge, du erwägst, er erwägt | erwog | erwöge | erwäg(e) | h. erwogen |
| **essen** | ich esse, du ißt, er ißt | aß | äße | iß | h. gegessen |

[1] h. = hulpwerkwoord *haben*; i. = hulpwerkwoord *sein*

# DUITSE ONREGELMATIGE WERKWOORDEN

| ONBEP. WIJS | O.T.T AANTONENDE WIJS | O.V.T. AANTONENDE WIJS | O.V.T. VAN DE KONJUNKTIV | GEBIEDENDE WIJS | VOLT. DEELW.[1] |
|---|---|---|---|---|---|
| **fahren** | ich fahre, du fährst, er fährt | fuhr | führe | fahr(e) | i. gefahren |
| **fallen** | ich falle, du fällst, er fällt | fiel | fiele | fall(e) | i. gefallen |
| **fangen** | ich fange, du fängst, er fängt | fing | finge | fang(e) | h. gefangen |
| **fechten** | ich fechte, du fichst, er ficht | focht | föchte | ficht | h. gefochten |
| **finden** | ich finde, du findest, er findet | fand | fände | find(e) | h. gefunden |
| **flechten** | ich flechte, du flichtst, er flicht | flocht | flöchte | flicht | h. geflochten |
| **fliegen** | ich fliege, du fliegst, er fliegt (<u>vero</u> fleug(s)t) | flog | flöge | flieg(e) | h., i. geflogen |
| **fliehen** | ich fliehe, du fliehst, er flieht | floh | flöhe | flieh(e) | i. geflohen |
| **fließen** | ich fließe, du fließ(es)t, er fließt (<u>vero</u> fleußt) | floß | flösse | fließ(e) | i. geflossen |
| **fressen** | ich fresse, du frißt, er frißt | fraß | fräße | friß | h. gefressen |
| **frieren** | ich friere, du frierst, er friert | fror | fröre | frier(e) | h. gefroren |
| **gären** | es gärt | gor | göre | gär(e) | h. gegoren |
| **gebären** | ich gebäre, du gebierst, sie gebiert | gebar | gebäre | gebier | h. geboren |
| **geben** | ich gebe, du gibst, er gibt | gab | gäbe | gib | h. gegeben |
| **gedeihen** | ich gedeihe, du gedeihst, er gedeiht | gedieh | gediehe | gedeih(e) | h. gediehen |
| **gehen** | ich gehe, du gehst, er geht | ging | ginge | geh(e) | i. gegangen |
| **gelingen** | ich gelinge, du gelingst, er gelingt | gelang | gelänge | - | i. gelungen |
| **gelten** | ich gelte, du giltst, er gilt | galt | gölte (gälte) | gilt | h. gegolten |
| **genesen** | ich genese, du genes(es)t, er genest | genas | genäse | genese | i. genesen |
| **genießen** | ich genieße, du genieß(es)t, er genießt | genoß | genösse | genieß(e) | h. genossen |
| **geschehen** | es geschieht | es geschah | geschähe | - | i. geschehen |
| **gewinnen** | ich gewinne, du gewinnst, er gewinnt | gewann | gewönne (gewänne) | gewinn(e) | h. gewonnen |

[1] h. = hulpwerkwoord *haben*; i. = hulpwerkwoord *sein*

# DUITSE ONREGELMATIGE WERKWOORDEN

| ONBEP. WIJS | O.T.T AANTONENDE WIJS | O.V.T. AAN-TONENDE WIJS | O.V.T. VAN DE KONJUNKTIV | GEBIEDENDE WIJS | VOLT. DEELW.[1] |
|---|---|---|---|---|---|
| gießen | ich gieße, du gieß(es)t, er gießt | goß | gösse | gieß(e) | h. gegossen |
| gleichen | ich gleiche, du gleichst, er gleicht | glich | gliche | gleich(e) | h. geglichen |
| gleiten | ich gleite, du gleitest, er gleitet | glitt | glitte | gleit(e) | i. geglitten |
| glimmen* | ich glimme, du glimmst, er glimmt | glomm | glömme | glimm(e) | h. geglommen |
| graben | ich grabe, du gräbst, er gräbt | grub | grübe | grab(e) | h. gegraben |
| greifen | ich greife, du greifst, er greift | griff | griffe | greif(e) | h. gegriffen |
| haben | ich habe, du hast, er hat | hatte | hätte | hab(e) | h. gehabt |
| halten | ich halte, du hältst, er hält | hielt | hielte | halt(e) | h. gehalten |
| hangen | ich hange, du hängst, er hängt | hing | hinge | hang(e) | h. gehangen |
| hauen* | ich haue, du haust, er haut | hieb | hiebe | hau(e) | h. gehauen |
| heben | ich hebe, du hebst, er hebt | hob | höbe | heb(e) | h. gehoben |
| heißen | ich heiße, du heiß(es)t, er heißt | hieß | hieße | heiß(e) | h. geheißen |
| helfen | ich helfe, du hilfst, er hilft | half | hülfe | hilf | h. geholfen |
| kennen | ich kenne, du kennst, er kennt | kannte | kennte | kenn(e) | h. gekannt |
| klimmen* | ich klimme, du klimmst, er klimmt | klomm | klömme | klimm(e) | i. geklommen |
| klingen | ich klinge, du klingst, er klingt | klang | klänge | kling(e) | h. geklungen |
| kneifen | ich kneife, du kneifst, er kneift | kniff | kniffe | kneif(e) | h. gekniffen |
| kommen | ich komme, du kommst, er kommt | kam | käme | komm(e) | i. gekommen |
| können | ich kann, du kannst, er kann | konnte | könnte | - | h. gekonnt |

[1] h. = hulpwerkwoord *haben*; i. = hulpwerkwoord *sein*

# DUITSE ONREGELMATIGE WERKWOORDEN

| ONBEP. WIJS | O.T.T AANTONENDE WIJS | O.V.T. AAN-TONENDE WIJS | O.V.T. VAN DE KONJUNKTIV | GEBIEDENDE WIJS | VOLT. DEELW.[1] |
|---|---|---|---|---|---|
| **kriechen** | ich krieche, du kriechst, er kriecht (<u>vero</u> kreuch(s)t) | kroch | kröche | kriech(e) | i. gekrochen |
| **laden** | ich lade, du lädst, er lädt | lud | lüde | lad(e) | h. geladen |
| **lassen** | ich lasse, du läßt, er läßt | ließ | ließe | lass(e) | h. gelassen |
| **laufen** | ich laufe, du läufst, er läuft | lief | liefe | lauf(e) | i. gelaufen |
| **leiden** | ich leide, du leidest, er leidet | litt | litte | leid(e) | h. gelitten |
| **leihen** | ich leihe, du leihst, er leiht | lieh | liehe | leih(e) | h. geliehen |
| **lesen** | ich lese, du liest, er liest | las | läse | lies | h. gelesen |
| **liegen** | ich liege, du liegst, er liegt | lag | läge | lieg(e) | h., i. gelegen |
| **lügen** | ich lüge, du lügst, er lügt | log | löge | lüg(e) | h. gelogen |
| **mahlen** | ich mahle, du mahlst, er mahlt | mahlte | mahlte | mahl(e) | h. gemahlen |
| **meiden** | ich meide, du meidest, er meidet | mied | miede | meid(e) | h. gemieden |
| **messen** | ich messe, du mißt, er mißt | maß | mäße | miß | h. gemessen |
| **mögen** | ich mag, du magst, er mag | mochte | möchte | - | h. gemocht |
| **müssen** | ich muß, du mußt, er muß | mußte | müßte | - | h. gemußt |
| **nehmen** | ich nehme, du nimmst, er nimmt | nahm | nähme | nimm | h. genommen |
| **nennen** | ich nenne, du nennst, er nennt | nannte | nennte | nenn(e) | h. genannt |
| **pfeifen** | ich pfeife, du pfeifst, er pfeift | pfiff | pfiffe | pfeif(e) | h. gepfiffen |
| **pflegen*** | ich pflege, du pflegst, er pflegt | pflog | pflöge | pfleg(e) | h. gepflogen |
| **preisen** | ich preise, du preis(es)t, er preist | pries | priese | preis(e) | h. gepriesen |
| **quellen*** | ich quelle, du quillst, er quillt | quoll | quölle | quill | h. gequollen |
| **raten** | ich rate, du rätst, er rät | riet | riete | rat(e) | h. geraten |
| **reiben** | ich reibe, du reibst, er reibt | rieb | riebe | reib(e) | h. gerieben |

[1] h. = hulpwerkwoord *haben*; i. = hulpwerkwoord *sein*

# DUITSE ONREGELMATIGE WERKWOORDEN

| ONBEP. WIJS | O.T.T AANTONENDE WIJS | O.V.T. AANTONENDE WIJS | O.V.T. VAN DE KONJUNKTIV | GEBIEDENDE WIJS | VOLT. DEELW.[1] |
|---|---|---|---|---|---|
| **reißen** | ich reiße, du reiß(es)t, er reißt | riß | risse | reiß(e) | h. gerissen |
| **reiten** | ich reite, du reitest, er reitet | ritt | ritte | reit(e) | h. geritten |
| **rennen** | ich renne, du rennst, er rennt | rannte | rennte | renn(e) | i. gerannt |
| **riechen** | ich rieche, du riechst, er riecht | roch | röche | riech(e) | h. gerochen |
| **ringen** | ich ringe, du ringst, er ringt | rang | ränge | ring(e) | h. gerungen |
| **rinnen** | ich rinne, du rinnst, er rinnt | rann | rönne (ränne) | rinn(e) | i. geronnen |
| **rufen** | ich rufe, du rufst, er ruft | rief | riefe | ruf(e) | h. gerufen |
| **salzen\*** | ich salze, du salz(es)t, er salzt | salzte | salzte | salz(e) | h. gesalzen |
| **saufen** | ich saufe, du säufst, er säuft | soff | söffe | sauf(e) | h. gesoffen |
| **saugen\*** | ich sauge, du saugst, er saugt | sog | söge | saug(e) | h. gesogen |
| **schaffen\*** | ich schaffe, du schaffst, er schafft | schuf | schüfe | schaff(e) | h. geschaffen |
| **scheiden** | ich scheide, du scheidest, er scheidet | schied | schiede | scheid(e) | i. geschieden |
| **scheinen** | ich scheine, du scheinst, er scheint | schien | schiene | schein(e) | h. geschienen |
| **schelten** | ich schelte, du schiltst, er schilt | schalt | schölte (schälte) | schilt | h. gescholten |
| **scheren\*** | ich schere, du scherst, er schert | schor | schöre | scher(e) | h. geschoren |
| **schieben** | ich schiebe, du schiebst, er schiebt | schob | schöbe | schieb(e) | h. geschoben |
| **schießen** | ich schieße, du schieß(es)t, er schießt | schoß | schösse | schieß(e) | h. geschossen |
| **schinden** | ich schinde, du schindest, er schindet | schund | schünde | schind(e) | h. geschunden |
| **schlafen** | ich schlafe, du schläfst, er schläft | schlief | schliefe | schlaf(e) | h. geschlafen |
| **schlagen** | ich schlage, du schlägst, er schlägt | schlug | schlüge | schlag(e) | h. geschlagen |

[1] h. = hulpwerkwoord *haben*; i. = hulpwerkwoord *sein*

# DUITSE ONREGELMATIGE WERKWOORDEN

| ONBEP. WIJS | O.T.T AANTONENDE WIJS | O.V.T. AANTONENDE WIJS | O.V.T. VAN DE KONJUNKTIV | GEBIEDENDE WIJS | VOLT. DEELW.[1] |
|---|---|---|---|---|---|
| **schleichen** | ich schleiche, du schleichst, er schleicht | schlich | schliche | schleich(e) | i. geschlichen |
| **schleifen\*** | ich schleife, du schleifst, er schleift | schliff | schliffe | schleif(e) | h. geschliffen |
| **schließen** | ich schließe, du schließ(es)t, er schließt | schloß | schlösse | schließ(e) | h. geschlossen |
| **schlingen** | ich schlinge, du schlingst, er schlingt | schlang | schlänge | schling(e) | h. geschlungen |
| **schmeißen** | ich schmeiße, du schmeiß(es)t, er schmeißt | schmiß | schmisse | schmeiß(e) | h. geschmissen |
| **schmelzen\*** | ich schmelze, du schmilzt, er schmilzt | schmolz | schmölze | schmilz | i. geschmolzen |
| **schneiden** | ich schneide, du schneidest, er schneidet | schnitt | schnitte | schneid(e) | h. geschnitten |
| **schreiben** | ich schreibe, du schreibst, er schreibt | schrieb | schriebe | schreib(e) | h. geschrieben |
| **schreien** | ich schreie, du schreist, er schreit | schrie | schriee | schrei(e) | h. geschrie(e)n |
| **schreiten** | ich schreite, du schreitest, er schreitet | schritt | schritte | schreit(e) | i. geschritten |
| **schwären** | ich schwäre, du schwärst, er schwärt | schwor | schwöre | schwär(e) | h. geschworen |
| **schweigen** | ich schweige, du schweigst, er schweigt | schwieg | schwiege | schweig(e) | h. geschwiegen |
| **schwellen\*** | ich schwelle, du schwillst, er schwillt | schwoll | schwölle | schwill | h. geschwollen |
| **schwimmen** | ich schwimme, du schwimmst, er schwimmt | schwamm | schwömme (schwämme) | schwimm(e) | h., i. geschwommen |
| **schwinden** | ich schwinde, du schwindest, er schwindet | schwand | schwände | schwind(e) | i. geschwunden |
| **schwingen** | ich schwinge, du schwingst, er schwingt | schwang | schwänge | schwing(e) | h. geschwungen |
| **schwören** | ich schwöre, du schwörst, er schwört | schwur (schwor) | schwüre (schwöre) | schwör(e) | h. geschworen |

[1] h. = hulpwerkwoord *haben*; i. = hulpwerkwoord *sein*

# DUITSE ONREGELMATIGE WERKWOORDEN

| ONBEP. WIJS | O.T.T AANTONENDE WIJS | O.V.T. AANTONENDE WIJS | O.V.T. VAN DE KONJUNKTIV | GEBIEDENDE WIJS | VOLT. DEELW.[1] |
|---|---|---|---|---|---|
| **sehen** | ich sehe, du siehst, er sieht | sah | sähe | sieh(e) | h. gesehen |
| **sein** | ich bin du bist, er ist, wir sind, ihr seid, sie sind | war | wäre | sei | i. gewesen |
| **senden** | ich sende, du sendest, er sendet | sandte (sendete) | sendete | send(e) | h. gesandt (gesendet) |
| **sieden** | ich siede, du siedest, er siedet | sott | sötte | sied(e) | h. gesotten |
| **singen** | ich sing, du singst, er singt | sang | sänge | sing(e) | h. gesungen |
| **sinken** | ich sinke, du sinkst, er sinkt | sank | sänke | sink(e) | i. gesunken |
| **sinnen** | ich sinne, du sinnst, er sinnt | sann | sönne (sänne) | sinn(e) | h. gesonnen |
| **sitzen** | ich sitze, du sitz(es)t, er sitzt | saß | säße | sitz(e) | h. gesessen |
| **sollen** | ich soll, du sollst, er soll | sollte | sollte | - | h. gesollt |
| **spalten** | ich spalte, du spaltest, er spaltet | spaltete | spaltete | spalt(e) | h. gespalten |
| **speien** | ich speie, du speist, er speit | spie | spiee | spei(e) | h. gespie(e)n |
| **spinnen** | ich spinne, du spinnst, er spinnt | spann | spönne | spinn(e) | h. gesponnen |
| **sprechen** | ich spreche, du sprichst, er spricht | sprach | spräche | sprich | h. gesprochen |
| **sprießen** | ich sprieße, du sprieß(es)t, er sprießt | sproß | sprösse | sprieß(e) | i. gesprossen |
| **springen** | ich springe, du springst, er springt | sprang | spränge | spring(e) | i. gesprungen |
| **stechen** | ich steche, du stichst, er sticht | stach | stäche | stich | h. gestochen |
| **stehen** | ich stehe, du stehst, er steht | stand | stünde (stände) | steh(e) | h. gestanden |
| **stehlen** | ich stehle, du stiehlst, er stiehlt | stahl | stöhle (stähle) | stiehl | h. gestohlen |
| **steigen** | ich steige, du steigst, er steigt | stieg | stiege | steig(e) | i. gestiegen |
| **sterben** | ich sterbe, du stirbst, er stirbt | starb | stürbe | stirb | i. gestorben |
| **stieben** | ich stiebe, du stiebst, er stiebt | stob | stöbe | stieb(e) | i. gestoben |

[1] h. = hulpwerkwoord *haben*; i. = hulpwerkwoord *sein*

# DUITSE ONREGELMATIGE WERKWOORDEN

| ONBEP. WIJS | O.T.T AANTONENDE WIJS | O.V.T. AANTONENDE WIJS | O.V.T. VAN DE KONJUNKTIV | GEBIEDENDE WIJS | VOLT. DEELW.[1] |
|---|---|---|---|---|---|
| **stinken** | ich stinke, du stinkst, er stinkt | stank | stänke | stink(e) | h. gestunken |
| **stoßen** | ich stoße, du stöß(es)t, er stößt | stieß | stieße | stoß(e) | h. gestoßen |
| **streichen** | ich streiche, du streichst, er streicht | strich | striche | streich(e) | h. gestrichen |
| **streiten** | ich streite, du streitest, er streitet | stritt | stritte | streit(e) | h. gestritten |
| **tragen** | ich trage, du trägst, er trägt | trug | trüge | trag(e) | h. getragen |
| **treffen** | ich treffe, du triffst, er trifft | traf | träfe | triff | h. getroffen |
| **treiben** | ich treibe, du treibst, er treibt | trieb | triebe | treib(e) | h. getrieben |
| **treten** | ich trete, du trittst, er tritt | trat | träte | tritt | h., i. getreten |
| **triefen*** | ich triefe, du triefst, er trieft | troff | tröffe | trief(e) | h. getroffen |
| **trinken** | ich trinke, du trinkst, er trinkt | trank | tränke | trink(e) | h. getrunken |
| **trügen** | ich trüge, du trügst, er trügt | trog | tröge | trüg(e) | h. getrogen |
| **tun** | ich tue, du tust, er tut | tat | täte | tu(e) | h. getan |
| **verderben** | ich verderbe, du verdirbst, er verdirbt | verdarb | verdürbe | verdirb | h. verdorben |
| **verdrießen** | ich verdrieße, du verdrieß(es)t, er verdrießt | verdroß | verdrösse | verdrieß(e) | h. verdrossen |
| **vergessen** | ich vergesse, du vergißt, er vergißt | vergaß | vergäße | vergiß | h. vergessen |
| **vergleichen** | ich vergleiche, du vergleichst, er vergleicht | verglich | vergliche | vergleich(e) | h. verglichen |
| **verlieren** | ich verliere, du verlierst, er verliert | verlor | verlöre | verlier(e) | h. verloren |
| **wachsen** | ich wachse, du wächs(es)t, er wächst | wuchs | wüchse | wachs(e) | i. gewachsen |
| **wägen** | ich wäge, du wägst, er wägt | wog | wöge | wäg(e) | h. gewogen |
| **waschen** | ich wasche, du wäsch(e)st, er wäscht | wusch | wüsche | wasch(e) | h. gewaschen |
| **weben*** | ich webe, du webst, er webt | wob | wöbe | web(e) | h. gewoben |

[1]) h. = hulpwerkwoord *haben*; i. = hulpwerkwoord *sein*

# DUITSE ONREGELMATIGE WERKWOORDEN

| ONBEP. WIJS | O.T.T AANTONENDE WIJS | O.V.T. AANTONENDE WIJS | O.V.T. VAN DE KONJUNKTIV | GEBIEDENDE WIJS | VOLT. DEELW.[1] |
|---|---|---|---|---|---|
| **weichen** | ich weiche, du weichst, er weicht | wich | wiche | weich(e) | i. gewichen |
| **weisen** | ich weise, du weis(es)t, er weist | wies | wiese | weis(e) | h. gewiesen |
| **wenden** | ich wende, du wendest, er wendet | wandte (wendete) | wendete | wend(e) | h. gewandt (gewendet) |
| **werben** | ich werbe, du wirbst, er wirbt | warb | würbe | wirb | h. geworben |
| **werden** | ich werde, du wirst, er wird | wurde (ward) | würde | werd(e) | i. (ge)worden |
| **werfen** | ich werfe, du wirfst, er wirft | warf | würfe | wirf | h. geworfen |
| **wiegen** | ich wiege, du wiegst, er wiegt | wog | wöge | wieg(e) | h. gewogen |
| **winden** | ich winde, du windest, er windet | wand | wände | wind(e) | h. gewunden |
| **wissen** | ich weiß, du weißt, er weiß | wußte | wüßte | wisse | h. gewußt |
| **wollen** | ich will, du willst, er will | wollte | wollte | wolle | h. gewollt |
| **ziehen** | ich ziehe, du ziehst, er zieht | zog | zöge | zieh(e) | h. gezogen |
| **zwingen** | ich zwinge, du zwingst, er zwingt | zwang | zwänge | zwing(e) | h. gezwungen |

[1] h. = hulpwerkwoord *haben*; i. = hulpwerkwoord *sein*

# NEDERLANDSE ONREGELMATIGE WERKWOORDEN
## NIEDERLÄNDISCHE UNREGELMÄßIGE VERBEN

| ONBEP. WIJS | ONVOLT. VERL. TIJD | VOLT. DEELW. |
|---|---|---|
| **bakken** | bakte (bakten) | h. gebakken |
| **bannen** | bande (banden) | h. gebannen |
| **barsten** | barstte (barstten) | is gebarsten |
| **bederven** | bedierf (bedierven) | *overg* h., *onoverg* is bedorven |
| **bedriegen** | bedroog (bedrogen) | h. bedrogen |
| **beginnen** | begon (begonnen) | is begonnen |
| **bergen** | borg (borgen) | h. geborgen |
| **bevelen** | beval (bevalen) | h. bevolen |
| **bevriezen** | bevroor, bevroos (bevroren, bevrozen) | *overg* h., *onoverg* is bevroren, |
| **bezwijken** | bezweek (bezweken) | is bezweken |
| **bidden** | bad (baden) | h. gebeden |
| **bieden** | bood (boden) | h. geboden |
| **bijten** | beet (beten) | h. gebeten |
| **binden** | bond (bonden) | h. gebonden |
| **blazen** | blies (bliezen) | h. geblazen |
| **blijken** | (het) bleek | is gebleken |
| **blijven** | bleef (bleven) | is gebleven |
| **blinken** | blonk (blonken) | h. geblonken |
| **braden** | braadde (braadden) | h. gebraden |
| **breken** | brak (braken) | *overg* h., *onoverg* is gebroken |
| **brengen** | bracht (brachten) | h. gebracht |
| **brouwen** (*brauen*) | brouwde (brouwden) | h. gebrouwen |
| **brouwen** (*schnarren*) | brouwde (brouwden) | h. gebrouwd |
| **buigen** | boog (bogen) | *overg* h., *onoverg* is gebogen |
| **delven** | dolf, delfde (dolven, delfden) | h. gedolven |
| **denken** | dacht (dachten) | h. gedacht |
| **dingen** | dong (dongen) | h. gedongen |
| **doen** | deed (deden) | h. gedaan |
| **dragen** | droeg (droegen) | h. gedragen |
| **drijven** | dreef (dreven) | *overg* h., *onoverg* is gedreven |
| **dringen** | drong (drongen) | h. en is gedrongen |
| **drinken** | dronk (dronken) | h. gedronken |
| **druipen** | droop (dropen) | h. en is gedropen |
| **duiken** | dook (doken) | h. en is gedoken |
| **durven** | durfde, dorst (durfden, dorsten) | h. gedurfd |
| **dwingen** | dwong (dwongen) | h. gedwongen |
| **ervaren** | ervaarde, ervoer (ervaarden, ervoeren) | h. ervaren |
| **eten** | at (aten) | h. gegeten |
| **fluiten** | floot (floten) | h. gefloten |
| **gaan** | ging (gingen) | is gegaan |
| **gelden** | gold (golden) | h. gegolden |
| **genezen** | genas (genazen) | *overg* h., *onoverg* is genezen |

# NEDERLANDSE ONREGELMATIGE WERKWOORDEN

| ONBEP. WIJS | ONVOLT. VERL. TIJD | VOLT. DEELW. |
|---|---|---|
| **genieten** | genoot (genoten) | h. genoten |
| **geven** | gaf (gaven) | h. gegeven |
| **gieten** | goot (goten) | h. gegoten |
| **glijden** | gleed (gleden) | h. en is gegleden |
| **glimmen** | glom (glommen) | h. geglommen |
| **graven** | groef (groeven) | h. gegraven |
| **grijpen** | greep (grepen) | h. gegrepen |
| **hangen** | hing (hingen) | h. gehangen |
| **hebben** | had (hadden) | h. gehad |
| **heffen** | hief (hieven) | h. geheven |
| **helpen** | hielp (hielpen) | h. geholpen |
| **heten** | heette (heetten) | h. geheten |
| **hijsen** | hees (hesen) | h. gehesen |
| **hoeven** | hoefde (hoefden) | h. gehoefd, gehoeven |
| **houden** | hield (hielden) | h. gehouden |
| **houwen** | hieuw (hieuwen) | h. gehouwen |
| **jagen** | joeg, jaagde (joegen, jaagden) | h. gejaagd |
| **kerven** | kerfde, korf (kerfden, korven) | overg h., onoverg is gekerfd, gekorven |
| **kiezen** | koos (kozen) | h. gekozen |
| **kijken** | keek (keken) | h. gekeken |
| **kijven** | keef (keven) | h. gekeven |
| **klieven** | kliefde, ZN kloof (kliefden, kloven) | h. gekliefd, ZN gekloven |
| **klimmen** | klom (klommen) | h. en is geklommen |
| **klinken** | klonk (klonken) | h. geklonken |
| **kluiven** | kloof (kloven) | h. gekloven |
| **knijpen** | kneep (knepen) | h. geknepen |
| **komen** | kwam (kwamen) | is gekomen |
| **kopen** | kocht (kochten) | h. gekocht |
| **krijgen** | kreeg (kregen) | h. gekregen |
| **krijten** | kreet (kreten) | h. gekreten |
| **krimpen** | kromp (krompen) | overg h., onoverg is gekrompen |
| **kruipen** | kroop (kropen) | h. en is gekropen |
| **kunnen** | kon (konden) | h. gekund |
| **kwijten** | kweet (kweten) | h. gekweten |
| **lachen** | lachte (lachten) | h. gelachen |
| **laden** | laadde (laadden) | h. geladen |
| **laten** | liet (lieten) | h. gelaten |
| **leggen** | legde, lei (legden, leien) | h. gelegd |
| **lezen** | las (lazen) | h. gelezen |
| **liegen** | loog (logen) | h. gelogen |
| **liggen** | lag (lagen) | h. gelegen |
| **lijden** | leed (leden) | h. geleden |
| **lijken** | leek (leken) | h. geleken |
| **lopen** | liep (liepen) | h. en is gelopen |
| **malen** (*mahlen*) | maalde (maalden) | h. gemalen |
| **malen** (*spinnen*) | maalde (maalden) | h. gemaald |
| **melken** | molk, melkte (molken, melkten) | h. gemolken |
| **meten** | mat (maten) | h. gemeten |
| **mijden** | meed (meden) | h. gemeden |
| **moeten** | moest (moesten) | h. gemoeten |
| **mogen** | mocht (mochten) | h. gemogen |

## NEDERLANDSE ONREGELMATIGE WERKWOORDEN

| ONBEP. WIJS | ONVOLT. VERL. TIJD | VOLT. DEELW. |
|---|---|---|
| **nemen** | nam (namen) | h. genomen |
| **nijgen** | neeg (negen) | h. genegen |
| **nijpen** | neep (nepen) | h. genepen |
| **ontginnen** | ontgon (ontgonnen) | h. ontgonnen |
| **plegen** (*pflegen*) | placht (plachten) | |
| **plegen** (*verüben*) | pleegde (pleegden) | h. gepleegd |
| **pluizen** | ploos (plozen) | h. geplozen |
| **prijzen** (*loben*) | prees (prezen) | h. geprezen |
| **prijzen** (*den Preis angeben*) | prijsde (prijsden) | h. geprijsd |
| **raden** | raadde, ried (raadden, rieden) | h. geraden |
| **rieken** | rook (roken) | h. geroken |
| **rijden** | reed (reden) | h. en is gereden |
| **rijgen** | reeg (regen) | h. geregen |
| **rijten** | reet (reten) | *overg* h., *onoverg* is gereten |
| **rijzen** | rees (rezen) | is gerezen |
| **roepen** | riep (riepen) | h. geroepen |
| **ruiken** | rook (roken) | h. geroken |
| **scheiden** | scheidde (scheidden) | *overg* h., *onoverg* is gescheiden |
| **schelden** | schold (scholden) | h. gescholden |
| **schenden** | schond (schonden) | h. geschonden |
| **schenken** | schonk (schonken) | h. geschonken |
| **scheppen** (*schaffen*) | schiep (schiepen) | h. geschapen |
| **scheppen** (*schaufeln*) | schepte (schepten) | h. geschept |
| **scheren** (*rasieren*) | schoor (schoren) | h. geschoren |
| **scheren** (*streifen*) | scheerde (scheerden) | h. gescheerd |
| **schieten** | schoot (schoten) | h. en is geschoten |
| **schijnen** | scheen (schenen) | h. geschenen |
| **schijten** | scheet (scheten) | h. gescheten |
| **schrijden** | schreed (schreden) | h. en is geschreden |
| **schrijven** | schreef (schreven) | h. geschreven |
| **schrikken** | schrok (schrokken) | is geschrokken |
| **schuilen** | school, schuilde (scholen, schuilden) | h. gescholen, geschuild |
| **schuiven** | schoof (schoven) | h. en is geschoven |
| **slaan** | sloeg (sloegen) | h. en is geslagen |
| **slapen** | sliep (sliepen) | h. geslapen |
| **slijpen** | sleep (slepen) | h. geslepen |
| **slijten** | sleet (sleten) | *overg* h., *onoverg* is gesleten |
| **slinken** | slonk (slonken) | is geslonken |
| **sluipen** | sloop (slopen) | h. en is geslopen |
| **sluiten** | sloot (sloten) | h. gesloten |
| **smelten** | smolt (smolten) | *overg* h., *onoverg* is gesmolten |
| **smijten** | smeet (smeten) | h. gesmeten |
| **snijden** | sneed (sneden) | h. gesneden |
| **snuiten** | snoot (snoten) | h. gesnoten |
| **snuiven** (*schnauben*) | snoof (snoven) | h. gesnoven |
| **snuiven** (*Kokain*) | snuifde, snoof (snuifden, snoven) | h. gesnuifd |
| **spannen** | spande (spanden) | h. gespannen |
| **spijten** | (het) speet | h. gespeten |

## NEDERLANDSE ONREGELMATIGE WERKWOORDEN

| ONBEP. WIJS | ONVOLT. VERL. TIJD | VOLT. DEELW. |
|---|---|---|
| **spinnen** | spon (sponnen) | h. gesponnen |
| **splijten** | spleet (spleten) | overg h., onoverg is gespleten |
| **spreken** | sprak (spraken) | h. gesproken |
| **springen** | sprong (sprongen) | h. en is gesprongen |
| **spruiten** | sproot (sproten) | is gesproten |
| **spugen** | spuugde, spoog (spuugden, spogen) | h. gespuugd, gespogen |
| **spuiten** | spoot (spoten) | h. en is gespoten |
| **staan** | stond (stonden) | h. gestaan |
| **steken** | stak (staken) | h. gestoken |
| **stelen** | stal (stalen) | h. gestolen |
| **sterven** | stierf (stierven) | is gestorven |
| **stijgen** | steeg (stegen) | is gestegen |
| **stijven** (*stärken*) | steef (steven) | h. gesteven |
| **stijven** (*bestärken*) | stijfde (stijfden) | h. gestijfd |
| **stinken** | stonk (stonken) | h. gestonken |
| **stoten** | stootte, stiet (stootten, stieten) | h. gestoten |
| **strijden** | streed (streden) | h. gestreden |
| **strijken** | streek (streken) | h. gestreken |
| **stuiven** | stoof (stoven) | h. en is gestoven |
| **tijgen** | toog (togen) | is getogen |
| **treden** | trad (traden) | h. en is getreden |
| **treffen** | trof (troffen) | h. getroffen |
| **trekken** | trok (trokken) | h. en is getrokken |
| **uitscheiden** (*aufhören*) | scheidde, schee(d) uit (scheidden, scheden uit) | is uitgescheiden, uitgescheden |
| **uitscheiden** (*ausscheiden*) | scheidde uit (scheidden uit) | h. uitgescheiden |
| **vallen** | viel (vielen) | is gevallen |
| **vangen** | ving (vingen) | h. gevangen |
| **varen** | voer (voeren) | h. en is gevaren |
| **vechten** | vocht (vochten) | h. gevochten |
| **verderven** | verdierf (verdierven) | h. en is verdorven |
| **verdrieten** | verdroot (verdroten) | h. verdroten |
| **verdwijnen** | verdween (verdwenen) | is verdwenen |
| **vergeten** | vergat (vergaten) | h. en is vergeten |
| **verliezen** | verloor (verloren) | h. en is verloren |
| **verslinden** | verslond (verslonden) | h. verslonden |
| **verzwinden** | verzwond (verzwonden) | is verzwonden |
| **vinden** | vond (vonden) | h. gevonden |
| **vlechten** | vlocht (vlochten) | h. gevlochten |
| **vliegen** | vloog (vlogen) | h. en is gevlogen |
| **vouwen** | vouwde (vouwden) | h. gevouwen |
| **vragen** | vroeg, vraagde (vroegen, vraagden) | h. gevraagd |
| **vreten** | vrat (vraten) | h. gevreten |
| **vriezen** | vroor (vroren) | h. en is gevroren |
| **vrijen** | vrijde, vree (vrijden, vreeën) | h. gevrijd, gevreeën |
| **waaien** | waaide, woei (waaiden, woeien) | h. en is gewaaid |
| **wassen** (*wachsen*) | wies (wiesen) | is gewassen |
| **wassen** (*waschen*) | waste, wies (wasten, wiesen) | h. gewassen |

# NEDERLANDSE ONREGELMATIGE WERKWOORDEN

| ONBEP. WIJS | ONVOLT. VERL. TIJD | VOLT. DEELW. |
|---|---|---|
| **wassen** (*mit Wachs bestreichen*) | waste (wasten) | h. gewast |
| **wegen** | woog (wogen) | h. gewogen |
| **werpen** | wierp (wierpen) | h. geworpen |
| **werven** | wierf (wierven) | h. geworven |
| **weten** | wist (wisten) | h. geweten |
| **weven** | weefde (weefden) | h. geweven |
| **wezen** | was (waren) | is geweest |
| **wijken** | week (weken) | is geweken |
| **wijten** | weet (weten) | h. geweten |
| **wijzen** | wees (wezen) | h. gewezen |
| **willen** | wou, wilde (wouen, wilden) | h. gewild |
| **winden** | wond (wonden) | h. gewonden |
| **winnen** | won (wonnen) | h. gewonnen |
| **worden** | werd (werden) | is geworden |
| **wreken** | wreekte (wreekten) | h. gewroken |
| **wrijven** | wreef (wreven) | h. gewreven |
| **wringen** | wrong (wrongen) | h. gewrongen |
| **wuiven** | wuifde, woof (wuifden, woven) | h. gewuifd, gewoven |
| **zeggen** | zei, zegde (zeiden, zegden) | h. gezegd |
| **zeiken** | zeikte, zeek (zeikten, zeken) | h. gezeikt, gezeken |
| **zenden** | zond (zonden) | h. gezonden |
| **zieden** | ziedde (ziedden) | h. gezoden |
| **zien** | zag (zagen) | h. gezien |
| **zijgen** | zeeg (zegen) | *overg* h., *onoverg* is gezegen |
| **zijn** (ik ben, wij zijn) | was (waren) | is geweest |
| **zingen** | zong (zongen) | h. gezongen |
| **zinken** | zonk (zonken) | is gezonken |
| **zinnen** (*sinnen*) | zon (zonnen) | h. gezonnen |
| **zinnen** (*gefallen*) | zinde (zinden) | h. gezind |
| **zitten** | zat (zaten) | h. gezeten |
| **zoeken** | zocht (zochten) | h. gezocht |
| **zouten** | zoutte (zoutten) | h. gezouten |
| **zuigen** | zoog (zogen) | h. gezogen |
| **zuipen** | zoop (zopen) | h. gezopen |
| **zullen** (zal) | zou (zouden) | |
| **zwelgen** | zwelgde, zwolg (zwelgden, zwolgen) | h. gezwolgen |
| **zwellen** | zwol (zwollen) | is gezwollen |
| **zwemmen** | zwom (zwommen) | h. en is gezwommen |
| **zweren** (*schwören*) | zwoer (zwoeren) | h. gezworen |
| **zweren** (*eitern*) | zweerde, zwoor (zweerden, zworen) | h. gezweerd, gezworen |
| **zwerven** | zwierf (zwierven) | h. gezworven |
| **zwijgen** | zweeg (zwegen) | h. gezwegen |

# DUITSE GRAMMATICA

**Inhoudsopgave**

| | |
|---|---|
| 1 | Naamvallen |
| 2 | Het lidwoord |
| 2.1 | Het bepaald lidwoord |
| 2.2 | Het onbepaald lidwoord |
| 2.3 | Andere bepalende woorden |
| 2.4 | Het geslacht |
| 2.4.1 | Mannelijke woorden |
| 2.4.2 | Vrouwelijke woorden |
| 2.4.3 | Onzijdige woorden |
| 3 | Zelfstandige naamwoorden |
| 3.1 | De verbuiging |
| 3.1.1 | Sterke zelfstandige naamwoorden |
| 3.1.2 | Zwakke zelfstandige naamwoorden |
| 3.2 | De meervoudsvorming |
| 3.2.1 | Mannelijke zelfstandige naamwoorden |
| 3.2.2 | Vrouwelijke zelfstandige naamwoorden |
| 3.2.3 | Onzijdige zelfstandige naamwoorden |
| 3.3 | Zelfstandige naamwoorden met *-s* als meervoudsvorm |
| 3.4 | De vorming van verkleinwoorden |
| 4 | Voorzetsels |
| 4.1 | Voorzetsels met 2$^e$ naamval |
| 4.2 | Voorzetsels met 3$^e$ naamval |
| 4.3 | Voorzetsels met 4$^e$ naamval |
| 4.4 | Voorzetsels met 3$^e$ of 4$^e$ naamval |
| 5 | Bijvoeglijke naamwoorden |
| 5.1 | Verbuiging na een bepaald lidwoord of ander bepalend woord |
| 5.2 | Verbuiging na een onbepaald lidwoord |
| 5.3 | Verbuiging zonder lidwoord of ander bepalend woord |
| 5.4 | Zelfstandig gebruikte bijvoeglijke naamwoorden |
| 5.5 | De trappen van vergelijking |
| 6 | Telwoorden |
| 6.1 | Hoofdtelwoorden |
| 6.2 | Rangtelwoorden |
| 6.3 | Breuken |
| 7 | Persoonlijke voornaamwoorden |
| 8 | Aanwijzende voornaamwoorden |
| 9 | Betrekkelijke voornaamwoorden |
| 10 | Vragende voornaamwoorden |
| 11 | Wederkerende voornaamwoorden |
| 12 | Bezittelijke voornaamwoorden |
| 13 | Werkwoordsvervoeging |
| 13.1 | De onvoltooid tegenwoordige tijd (o.t.t.) |
| 13.1.1 | De *e-i*-wechsel |
| 13.1.2 | De Umlaut |
| 13.2 | De onvoltooid verleden tijd (o.v.t.) |
| 13.2.1 | Zwakke werkwoorden |
| 13.2.2 | Sterke werkwoorden |
| 13.3 | Het deelwoord |
| 13.4 | Hulpwerkwoorden |
| 13.5 | V.t.t. en v.v.t.: vervoegen met *haben* of met *sein*? |
| 13.6 | Het werkwoord *werden* |
| 13.6.1 | De lijdende vorm |
| 13.7 | Modale hulpwerkwoorden en *wissen* |

# DUITSE GRAMMATICA

- 13.8 Gebiedende wijs
- 13.9 De conjunctief (aanvoegende wijs)
- 14 Wederkerende werkwoorden
- 15 Scheidbare en niet-scheidbare werkwoorden
- 16 Werkwoorden met een vaste naamval
- 16.1 Werkwoorden met de 4ᵉ naamval
- 16.2 Werkwoorden met de 3ᵉ naamval
- 16.3 Werkwoorden met de 2ᵉ naamval
- 17 Werkwoordcombinaties
- 17.1 *gehen* + infinitief
- 17.2 *kommen* + deelwoord
- 17.3 *kommen* + infinitief
- 17.4 'doen' + infinitief
- 17.5 'liggen te', 'staan te', 'zitten te' + infinitief
- 17.6 *bleiben* + infinitief
- 18 Woordvolgorde
- 19 Hoofdletters, kleine letters
- 20 De Duitse spellingwijziging

# 1 NAAMVALLEN

Hoewel het Nederlands en het Duits nauw verwante talen zijn, verschillen zij op grammaticaal gebied nogal van elkaar. Het meest opvallend daarbij is het naamvalssysteem.

De naamval geeft de functie aan die een woord in een zin heeft. Een woord in een bepaalde naamval is vaak herkenbaar door een achtervoegsel (bijv. *Kindes, Manne*). In het Nederlands zijn de naamvallen grotendeels verdwenen. Ze bestaan nog in de persoonlijke voornaamwoorden (ik-mij, jij-jou) en in vaste uitdrukkingen (ter inzage, ten onder gaan, 's morgens).
Het Duits kent vier naamvallen:

### 1ᵉ Naamval (nominatief)

Het **onderwerp** en het **naamwoordelijk deel van het gezegde** staan in de 1ᵉ naamval:

*Der Lehrer* geht nach Hause. (De leraar gaat naar huis.)
*Die Lehrerin ist eine nette Frau.* (De lerares is een aardige vrouw.)

Voor de 2ᵉ, 3ᵉ en 4ᵉ naamval geldt dat ze bij bepaalde voorzetsels (zie §4) of werkwoorden (zie §16) staan. Verder komen deze naamvallen in de volgende functies voor:

### 2ᵉ Naamval (genitief)

Deze naamval geeft een relatie aan (bezit, ergens bijhoren, familierelatie e.d.). De 2ᵉ naamval kan dan ook vaak worden vertaald met *van de, van het* of *van een*:

*die Mutter des Kindes* (de moeder van het kind)
*das Dach eines Hauses* (het dak van een huis)

In de schrijftaal wordt de 2ᵉ naamval nog veel gebruikt, in de spreektaal wordt de vorm echter vaak vervangen door *von*.

### 3ᵉ Naamval (datief)

Het **meewerkend voorwerp** staat in de 3ᵉ naamval:

*Ich gebe meiner Oma Kuchen und Wein.* (Ik geef cake en wijn aan mijn oma.)
*Ich schicke dem Manne einen Brief.* (Ik stuur de man een brief.)

### 4ᵉ Naamval (accusatief)

Het **lijdend voorwerp** en **tijdsbepalingen zonder voorzetsel** staan in de 4ᵉ naamval:

*Ich liebe meine Schwester.* (Ik hou van mijn zus.)
*Sie kommt jeden Tag.* (Ze komt elke dag.)

## 2 HET LIDWOORD

### 2.1 Het bepaald lidwoord

Het bepaald lidwoord kent in het Duits een groot aantal vormen, afhankelijk van naamval, geslacht (zie §2.4) en getal (enkelvoud of meervoud):

| nv | mannelijk | vrouwelijk | onzijdig | meervoud |
|----|-----------|------------|----------|----------|
| 1  | der       | die        | das      | die      |
| 2  | des       | der        | des      | der      |
| 3  | dem       | der        | dem      | den      |
| 4  | den       | die        | das      | die      |

Bepaalde lidwoorden worden gebruikt:

1. bij een aantal landennamen:

   *die BRD, die USA, die Vereinigten Staaten, die Niederlande, die Türkei, die Schweiz*

2. bij de namen van de maanden:

   ***Der** Mai ist **der** schönste Monat **des** Jahres.* (Mei is de mooiste maand van het jaar.)
   ***Im*** (= in dem) *Juli sind Ferien.* (In juli is het vakantie.)

**Uitzondering**: na *Anfang, Mitte, Ende* komt geen lidwoord:

*Ende September gilt der neue Fahrplan.* (Vanaf eind september geldt de nieuwe dienstregeling.)

3. ter vervanging van een zelfstandig naamwoord:

   *Magst du diesen Kaffee? Ja **der** schmeckt gut.* (Lust je deze koffie? Ja, die smaakt lekker.)

4. (in zuidelijk Duitsland) bij woorden die een familiebetrekking aangeven (*Oma, Vater, Onkel* e.d.) en bij eigennamen van vrienden en kennissen en van bekende persoonlijkheden:

   *Hast du **der** Oma geschrieben?* (Heb je aan oma geschreven?)
   ***Der** Frank kommt nicht mit in die Disco.* (Frank komt niet mee naar de disco.)
   ***Der** Becker hat schon wieder gewonnen.* (Becker heeft alweer gewonnen.)
   ***Der** Kohl regiert schon so lange.* (Kohl regeert al zo lang.)

**Let op:**
Met een aantal voorzetsels wordt het bepaald lidwoord vaak tot één woord verbonden, bijv.:

*zu der* wordt *zur*       *an dem* wordt *am*
*an das* wordt *ans*       *in dem* wordt *im*

### 2.2 Het onbepaald lidwoord

Ook dit lidwoord kent veel vormen, afhankelijk van naamval en geslacht. Aangezien *ein* (uiteraard) geen meervoud heeft, zijn in het onderstaande overzicht onder het kopje 'meervoud' de naamvalsvormen van *kein* vermeld (de enkelvoudsvormen van *kein* zijn analoog aan die van *ein*).

| nv | mannelijk | vrouwelijk | onzijdig | meervoud |
|---|---|---|---|---|
| 1 | ein | eine | ein | keine |
| 2 | eines | einer | eines | keiner |
| 3 | einem | einer | einem | keinen |
| 4 | einen | eine | ein | keine |

**Het gebruik** van het onbepaalde lidwoord verschilt nauwelijks van het Nederlands. Let echter op het volgende: *ein* en *kein* kunnen zelfstandig, zonder zelfstandig naamwoord, voorkomen. In de 1[e] naamval gebruikt men dan de vormen *einer* (iemand) en *keiner* (niemand); deze vormen kunnen niet voor een zelfstandig naamwoord worden geplaatst:

*Einer muß es doch getan haben.*
Iemand moet het toch hebben gedaan.

*Keiner hat es gesehen.*
Niemand heeft het gezien.

## 2.3 Andere bepalende woorden

De volgende woorden, die alle als bepaling bij zelfstandige naamwoorden kunnen optreden, worden op dezelfde wijze verbogen als *der, die, das*. In het onderstaande schema zijn de vormen van de 1[e] naamval weergegeven:

| mannelijk | vrouwelijk | onzijdig | meervoud | |
|---|---|---|---|---|
| jener | jene | jenes | jene | (die) |
| jeder | jede | jedes | - | (elk) |
| mancher | manche | manches | manche | (sommige) |
| solcher | solche | solches | solche | (zulke) |
| welcher | welche | welches | welche | (welke) |
| dieser | diese | dieses | diese | (deze; zie ook §8) |

## 2.4 Het geslacht

Het Duits kent drie verschillende geslachten:

mannelijk **der** Mann
vrouwelijk **die** Frau
onzijdig **das** Kind

Het grammaticaal geslacht van woorden die personen en dieren aanduiden, komt overeen met het biologische geslacht van die personen en dieren. Bijvoorbeeld:

***der** Bruder* (de broer), ***die** Stute* (de merrie), ***der** Stier* (de stier), ***der** Onkel* (de oom), ***die** Tante* (de tante)

**Uitzonderingen:** ***das** Weib* (de vrouw) en ***das** Mädchen* (het meisje).

Hieronder volgen enkele regels voor de bepaling van het geslacht van een aantal andere zelfstandige naamwoorden. Voor het merendeel van de zelfstandige naamwoorden zijn echter geen regels te geven. Het verdient derhalve aanbeveling om elk zelfstandig naamwoord samen met het geslacht te leren.

## 2.4.1 Mannelijke woorden:

- woorden eindigend op *-er* en *-el*:
  *der Lehrer* (de leraar), *der Schwimmer* (de zwemmer), *der Fernseher* (de tv), *der Löffel* (de lepel)
- woorden eindigend op *-ing*, *-ling* en *-ich*:
  *der Hering* (de haring), *der Liebling* (de lieveling), *der Teppich* (het tapijt)
- woorden eindigend op *-or* en *-graph* (*-graf*):
  *der Motor* (de motor), *der Fotograf* (de fotograaf)
- namen van dagen, maanden, jaargetijden:
  *der Montag* (de maandag), *der Juni* (juni), *der Herbst* (de herfst)
- woorden die een windrichting of een weersgesteldheid aanduiden:
  *der Norden* (het noorden), *der Regen* (de regen), *der Schnee* (de sneeuw)
- zelfstandige naamwoorden die van de stam van werkwoorden zijn afgeleid:
  *der Lauf* (de loop), *der Sitz* (de zitting), *der Traum* (de droom)

**Uitzonderingen:** *das Grab* (het graf), *das Schloß* (het kasteel), *die Rückkehr* (de terugkeer)

## 2.4.2 Vrouwelijke woorden:

- woorden eindigend op *-heit*, *-keit*, *-ung* en *-schaft*:
  *die Freiheit* (de vrijheid), *die Gemütlichkeit* (de gezelligheid), *die Leitung* (de leiding), *die Freundschaft* (de vriendschap)
- abstracte woorden op *-t* (vaak zijn het afgeleide woorden van een stam van een werkwoord):
  *die Angst* (de angst), *die Antwort* (het antwoord)
- namen van personen op *-in*:
  *die Studentin* (de studente), *die Politikerin* (de politica)
  **Let op!** Anders dan in Nederland worden de vrouwelijke vormen (*-in*) in Duitsland heel consequent gebruikt.
- vreemde woorden eindigend op *-ion*, *-tät*, *-thek*, *-ur*, *-ik*, *-in* en *-i*:
  *die Diskussion* (de discussie), *die Universität* (de universiteit), *die Chemie* (de chemie), *die Videothek* (de videotheek), *die Musik* (de muziek)
- de namen van cijfers:
  *die Neun* (de negen), *die Eins* (de één – in Duitsland het hoogste cijfer op school)
- de meeste woorden op *-e*, zoals:
  *die Erde* (de aarde), *die Schule* (de school), *die Sache* (de zaak), *die Fahne* (de vlag). Hierop zijn echter veel uitzonderingen zoals: *der Käse* (de kaas), *der Buchstabe* (de letter), *das Auge* (het oog), *das Ende* (het eind).

## 2.4.3 Onzijdige woorden:

- verkleinwoorden eindigend op *-chen* en *-lein*:
  *das Häuschen* (het huisje), *das Fräulein* (de juffrouw)
- infinitieven van werkwoorden die als zelfstandig naamwoord worden gebruikt:
  *das Schreiben* (het schrijven), *das Wandern* (het wandelen)
- namen van letters en van muzieknoten:
  *das A, das hohe E*

## 3 ZELFSTANDIGE NAAMWOORDEN

### 3.1 De verbuiging

Afhankelijk van de naamval waarin zij voorkomen, worden zelfstandige naamwoorden verbogen. Er zijn twee verbuigingscategorieën: een grote groep van *sterke zelfstandige naamwoorden* en een kleine groep van *zwakke zelfstandige naamwoorden*.

# DUITSE GRAMMATICA

## 3.1.1 Sterke zelfstandige naamwoorden

Bijna alle zelfstandige naamwoorden zijn sterk en worden als volgt verbogen:.

| nv | mannelijk | vrouwelijk | onzijdig | meervoud |
|---|---|---|---|---|
| 1 | der Mann (de man) | die Frau (de vrouw) | das Kind (het kind) | die Leute (de mensen) |
| 2 | des Mann**es** | der Frau | des Kind**es** | der Leute |
| 3 | dem Mann**(e)** | der Frau | dem Kind**(e)** | den Leute**n** |
| 4 | den Mann | die Frau | das Kind | die Leute |

Als het mannelijk of onzijdig zelfstandig naamwoord meer dan één lettergreep heeft, vervalt meestal de e in de 2$^e$ en 3$^e$ naamval, vooral als de laatste lettergreep geen klemtoon heeft:

*der Vater* (de vader)     2$^e$ nv: *des Vaters*
*das Mittel* (het middel)    3$^e$ nv: *dem Mittel*

## 3.1.2 Zwakke zelfstandige naamwoorden

Deze zelfstandige naamwoorden zijn alle mannelijk en het betreft de volgende groepen woorden:
- persoons- en dierennamen op een toonloze -e, zoals:
  *der Knabe* (de jongen), *der Löwe* (de leeuw)
- persoonsnamen van vreemde herkomst, zoals:
  *der Soldat* (de soldaat), *der Student* (de student), *der Musikant* (de muzikant)
- zaaknamen van vreemde herkomst, zoals:
  *der Automat* (de automaat), *der Komet* (de komeet), *der Planet* (de planeet), *der Diamant* (de diamant), *der Paragraph* (de paragraaf)
- de woorden:
  *der Ahn* (de voorvader), *der Bär* (de beer), *der Bauer* (de boer), *der Christ* (de christen), *der Fürst* (de vorst), *der Graf* (de graaf), *der Held* (de held), *der Herr* (de heer), *der Mensch* (de mens), *der Prinz* (de prins), *der Tor* (de poort)

Deze zelfstandige naamwoorden krijgen in alle naamvallen, met uitzondering van de 1$^e$, **de uitgang -(e)n**:

| nv | enkelvoud | meervoud |
|---|---|---|
| 1 | der Student | die Student**en** |
| 2 | des Student**en** | der Student**en** |
| 3 | dem Student**en** | den Student**en** |
| 4 | den Student**en** | die Student**en** |

Zie voor de verbuiging van zelfstandig gebruikte bijvoeglijke naamwoorden (die op dezelfde wijze als de zwakke zelfstandige naamwoorden worden verbogen) §5.4.

## 3.2 De meervoudsvorming

Voor elk geslacht is er een hoofdregel. Er zijn echter diverse uitzonderingen. Daarom is het noodzakelijk om elke meervoudsvorm bij het zelfstandige naamwoord uit het hoofd te leren of in het woordenboek op te zoeken.

### 3.2.1 Mannelijke zelfstandige naamwoorden

**Hoofdregel: -e + Umlaut**
Aan de enkelvoudsvorm wordt een -e toegevoegd, bovendien krijgen de klinkers *a, o, u* en de tweeklank *au* een Umlaut:

*der Topf* (de pot) – *die Töpfe*
*der Baum* (de boom) – *die Bäume*

**Uitzonderingen:**

1. Een aantal woorden krijgt alleen **-e** (geen Umlaut), zoals:

   | | | | |
   |---|---|---|---|
   | *Abend* | avond | *Mord* | moord |
   | *Arm* | arm | *Ort* | plaats |
   | *Beruf* | beroep | *Pfad* | pad, weg |
   | *Besuch* | bezoek | *Punkt* | punt |
   | *Bus* | bus | *Schuh* | schoen |
   | *Grad* | graad | *Star* | spreeuw |
   | *Hund* | hond | *Stoff* | stof |
   | *Laut* | geluid | *Tag* | dag |
   | *Monat* | maand | | |

   *der Abend – die Abende*

2. Een aantal woorden eindigend op *-en*, *-el* of *-en*, krijgt alleen **Umlaut** (geen -e) zoals:

   | | | | |
   |---|---|---|---|
   | *Graben* | sloot | *Garten* | tuin |
   | *Hafen* | haven | *Hammer* | hamer |
   | *Acker* | akker | *Laden* | winkel |
   | *Apfel* | appel | *Schwager* | zwager |
   | *Bruder* | broer | *Vater* | vader |

   N.B.: deze krijgen in de 3ᵉ naamval meervoud wel -n:

   *der Acker – die Äcker*; 3ᵉ naamval: *den Äckern*

3. Veel andere woorden op *-el*, *-er* en *-en* blijven onveranderd, zoals:

   | | | | |
   |---|---|---|---|
   | *Arbeiter* | arbeider | *Teller* | bord |
   | *Esel* | ezel | *Wagen* | wagen |
   | *Keller* | kelder | | |

   N.B.: ook deze krijgen in de 3ᵉ naamval meervoud wel -n:

   *der Arbeiter – die Arbeiter*; 3ᵉ naamval: *den Arbeitern*

4. Een aantal woorden krijgt **-er + Umlaut**, zoals:

   | | | | |
   |---|---|---|---|
   | *Geist* | geest | *Reichtum* | rijkdom |
   | *Gott* | god | *Ski* | ski |
   | *Irrtum* | vergissing | *Strauch* | struik |
   | *Mann* | man | *Wald* | bos |
   | *Rand* | rand | | |

   *der Gott – die Götter*
   *der Ski – die Skier*

**5.** Een aantal woorden krijgt **-(e)n**, zoals:

| | | | |
|---|---|---|---|
| *Muskel* | spier | *Staat* | staat |
| *Nachbar* | buurman | *Stachel* | stekel/doorn |
| *Nerv* | zenuw | *Strahl* | straal |
| *See* | meer | *Vetter* | neef |

*der Muskel – die Muskeln*
*der See – die Seen*
*der Nachbar – die Nachbarn*
*der Nerv – die Nerven*

### 3.2.2 Vrouwelijke zelfstandige naamwoorden:

**Hoofdregel: -n of -en**
De meeste vrouwelijke zelfstandige naamwoorden krijgen in het meervoud *-(e)n*:

*die Frau* (de vrouw) – *die Frauen*
*die Tante* (de tante) – *die Tanten*

**Uitzonderingen:**

**1.** Een aantal woorden krijgt **-e + Umlaut**, zoals:

| | | | |
|---|---|---|---|
| *Angst* | angst | *Kunst* | kunst |
| *Bank* | zitbank | *Macht* | macht |
| *Braut* | bruid | *Maus* | muis |
| *Faust* | vuist | *Nacht* | nacht |
| *Frucht* | vrucht | *Nuß* | noot |
| *Gans* | gans | *Stadt* | stad |
| *Hand* | hand | *Wand* | muur |
| *Kraft* | kracht | *Wurst* | worst |
| *Kuh* | koe | | |

*die Gans – die Gänse*

**2.** Woorden op *-nis* krijgen **-se**:

*die Kenntnis* (de kennis) – *die Kenntnisse*

**3.** *Mutter* (moeder) en *Tochter* (dochter) krijgen alleen Umlaut:

*die Mutter – die Mütter*
*die Tochter – die Töchter*

### 3.2.3 Onzijdige zelfstandige naamwoorden:

**Hoofdregel: -e**
De meeste onzijdige zelfstandige naamwoorden krijgen in het meervoud -e:

*das Jahr* (het jaar) – *die Jahre*
*das Flugzeug* (het vliegtuig) – *die Flugzeuge*

**Uitzonderingen:**

**1.** Een aantal woorden blijft onveranderd:
- woorden op **-el, -en, -er**, zoals:
  *Fenster* (raam), *Bedenken* (bezwaar), *Mittel* (middel)

- de verkleinwoorden op **-chen, -lein**, zoals:
  *Mädchen* (meisje), *Fräulein* (juffrouw)
- woorden die met **Ge-** beginnen en op **-e** eindigen, zoals:
  *Gebäude* (gebouw), *Gemälde* (schilderij):

*das Fenster – die Fenster*
*das Mädchen – die Mädchen*
*das Gebäude – die Gebäude*

2. Een aantal woorden krijgt **-(e)n**, zoals:

| | | | |
|---|---|---|---|
| *Aug* | oog | *Insekt* | insect |
| *Bett* | bed | *Juwel* | juweel |
| *Ende* | einde | *Ohr* | oor |
| *Hemd* | hemd | *Verb* | werkwoord |
| *Herz* | hart | | |

*das Auge – die Augen*
*das Herz – die Herzen*

3. Bij uit het Latijn afkomstige woorden die eindigen op **-eum, -ium, -ion, -um** wordt in het meervoud de uitgang *-um* of *-on* vervangen door **-en**:

*das Museum* (het museum) – *die Museen*
*das Datum* (de datum) – *die Daten*

4. Een aantal woorden krijgt **-er + Umlaut**, zoals:

| | | | |
|---|---|---|---|
| *Amt* | ambt | *Kalb* | kalf |
| *Bad* | bad | *Kind* | kind |
| *Band* | band | *Kleid* | jurk |
| *Bild* | beeld | *Kraut* | kruid |
| *Blatt* | blad | *Lamm* | lam |
| *Brett* | plank | *Land* | land |
| *Buch* | boek | *Licht* | licht |
| *Dach* | dak | *Lied* | lied |
| *Dorf* | dorp | *Loch* | gat |
| *Ei* | ei | *Nest* | nest |
| *Fach* | vak | *Rad* | wiel |
| *Faß* | vat | *Rind* | rund |
| *Feld* | veld | *Schild* | bord |
| *Geld* | geld | *Schloß* | slot |
| *Glas* | glas | *Tal* | dal |
| *Glied* | lid | *Tuch* | doek |
| *Grab* | graf | *Volk* | volk |
| *Haupt* | hoofd | *Weib* | vrouw |
| *Haus* | huis | *Wort* | woord |
| *Huhn* | kip | | |

*das Buch – die Bücher*

**Let op:** *Wort* is alleen onregelmatig in de betekenis van 'losstaand woord': *Die Wörter im Wörterbuch*. 'Samenhangende woorden' hebben een regelmatig meervoud: *Die Worte des Redners* (de woorden van de redenaar).

## 3.3 Zelfstandige naamwoorden met -s als meervoudsvorm

Dit meervoud komt voor bij een aantal bastaard- en vreemde woorden, vooral als deze eindigen op een klinker, zoals:

*Auto* auto *Chef* chef
*Taxi* taxi *Foto* foto
*Kino* bioscoop

*das Auto – die Autos*

## 3.4 De vorming van verkleinwoorden

**Umlaut + -chen** of **-lein** (*-lein* komt vooral in Zuid-Duitsland voor):

*die Wurst* (de worst) – *das Würstchen, das Würstlein*
*das Bett* (het bed) – *das Bettchen, das Bettlein*
*das Buch* (het boek) – *das Büchlein* (alleen deze vorm)

## 4 VOORZETSELS

*Sie redet **mit den** Leuten.* (Zij praat met de mensen.)

Doordat in deze zin het voorzetsel *mit* optreedt, staat *den Leuten* in de 3$^e$ naamval. In het Duits regeert elk voorzetsel één of meer naamvallen. Dit betekent dat het zelfstandig naamwoord met het bijbehorende lidwoord en/of bijvoeglijk naamwoord moet worden verbogen in de betreffende naamval.

### 4.1 Voorzetsels met de 2$^e$ naamval

De volgende voorzetsels regeren de 2$^e$ naamval:

| | | | |
|---|---|---|---|
| *außerhalb* | buiten | *trotz* | ondanks |
| *innerhalb* | binnen | *während* | tijdens |
| *statt* | in plaats van | *wegen* | wegens |

*Während **der Ferien** lerne ich nicht.*
Tijdens de vakantie studeer ik niet.

De 2$^e$ naamval wordt bij de veelvoorkomende voorzetsels (*wegen, trotz*) in de spreektaal vaak vervangen door de 3$^e$ naamval.
Bij plaats- en tijdsbepalingen zonder lidwoord wordt er in plaats van de 2$^e$ naamval *von* gebruikt:

*drei kilometer außerhalb von Amsterdam*
drie kilometer buiten Amsterdam

*innerhalb von sechs Wochen*
binnen zes weken

## 4.2 Voorzetsels met de 3ᵉ naamval

De volgende voorzetsels regeren de 3ᵉ naamval:

| | | | |
|---|---|---|---|
| *mit* | met | *zu* | naar, bij, te |
| *nach* | na, naar, volgens | *außer* | behalve |
| *bei* | bij | *aus* | uit |
| *seit* | sinds | *gegenüber* | tegenover |
| *von* | van, door | *entgegen* | tegemoet, tegen |

*Mit **den** Kindern spiele ich am liebsten.*
Met die kinderen speel ik het liefst.

*Gegenüber* en *entgegen* worden meestal achter het zelfstandig naamwoord geplaatst:

***Dem** Schüler gegenüber ist es nicht gerecht.*
Tegenover de leerling is het niet rechtvaardig

## 4.3 Voorzetsels met de 4ᵉ naamval

De volgende voorzetsels regeren de 4ᵉ naamval:

| | | | |
|---|---|---|---|
| *durch* | door | *bis* | tot |
| *für* | voor | *gegen* | tegen |
| *ohne* | zonder | *entlang* | langs |
| *um* | om | | |

*Ohne **diesen** Mann schaffen wir es nicht.*
Zonder deze man redden we het niet.

**Let op**: *entlang* staat achter het zelfstandig naamwoord:

*Sie fahren immer diese Straße entlang.*
U rijdt deze straat helemaal uit.

**Let op**: als *entlang* voorkomt in combinatie met *an*, regeert dit de 3ᵉ naamval:

*Wir spazierten an **der** Donau entlang.*
We wandelden langs de Donau.

## 4.4 Voorzetsels met de 3ᵉ of 4ᵉ naamval

De volgende voorzetsels regeren de 3ᵉ of de 4ᵉ naamval:

| | | | |
|---|---|---|---|
| *an* | aan, naar | *über* | over, boven |
| *auf* | op, naar | *unter* | onder, beneden |
| *hinter* | achter | *vor* | voor |
| *neben* | naast | *zwischen* | tussen |
| *in* | in, naar | | |

Na deze voorzetsels volgt de **3ᵉ naamval** als er sprake is van een toestand, een 'zich-bevinden':

*Ich sitze auf **dem** Balkon.* (3ᵉ naamval, vraag: *Wo?*)
Ik zit op het balkon.

Maar ook:

*Die Kinder rennen in **der** Klasse.* (3ᵉ naamval, *Wo?*)
De kinderen rennen in het klaslokaal.

*Rennen* is weliswaar een beweging, maar in deze zin zonder richting: de kinderen blijven in het klaslokaal.

Na deze voorzetsels volgt de **4ᵉ naamval** als er sprake is van een beweging met richting, van een komen of gaan:

*Wir fahren in **den** Wald.* (4ᵉ naamval, vraag: *Wohin?*)
We rijden naar het bos.

Nog een paar voorbeelden:

*Die Kinder rennen auf **dem** Spielplatz.* (3ᵉ naamval)
De kinderen rennen **op** het speelplein. (d.w.z.: ze bevinden zich op het speelplein en daar rennen ze.)

*Die Kinder rennen auf **den** Spielplatz.* (4ᵉ naamval)
De kinderen rennen het speelplein **op**. (d.w.z.: ze komen van elders en betreden nu rennend het plein.)

*Die Kinder rennen in **der** Schule.* (3ᵉ naamval)
De kinderen rennen **in** het schoolgebouw. (d.w.z.: ze bevinden zich in het schoolgebouw en daar rennen ze.)

*Die Kinder rennen in **die** Schule.* (4ᵉ naamval)
De kinderen rennen het schoolgebouw **in**. (d.w.z.: ze zijn buiten het schoolgebouw en ze rennen nu naar binnen.)

Zoals uit sommige voorbeelden blijkt, wordt in het Nederlands dit type voorzetsels in geval van beweging *achtergeplaatst*.

## 5  BIJVOEGLIJKE NAAMWOORDEN

### 5.1  Verbuiging na een bepaald lidwoord of ander bepalend woord

Als er voor het bijvoeglijk naamwoord een vorm van *der, die, das, dieser, jener, jeder, mancher, solcher* staat, gelden de volgende verbuigingen:

| nv | mannelijk | vrouwelijk | onzijdig | meervoud |
|---|---|---|---|---|
| 1 | der junge Mann | die junge Frau | das kleine Kind | die alten Leute |
| 2 | des jungen Mannes | der jungen Frau | des kleinen Kindes | der alten Leute |
| 3 | dem jungen Mann(e) | der jungen Frau | dem kleinen Kind(e) | den alten Leuten |
| 4 | den jungen Mann | die junge Frau | das kleine Kind | die alten Leute |

### 5.2  Verbuiging na een onbepaald lidwoord

Als er voor het bijvoeglijk naamwoord een vorm van *ein, kein* of een bezittelijk voornaamwoord (*mein, dein,* enz.) staat, geldt de volgende verbuiging:

| nv | mannelijk | vrouwelijk | onzijdig | meervoud |
|---|---|---|---|---|
| 1 | ein junger Mann | eine junge Frau | ein kleines Kind | keine alten Leute |
| 2 | eines jungen Mannes | einer jungen Frau | eines kleinen Kindes | keiner alten Leute |
| 3 | einem jungen Mann(e) | einer jungen Frau | einem kleinen Kind(e) | keinen alten Leuten |
| 4 | einen jungen Mann | eine junge Frau | ein kleines Kind | keine alten Leute |

**DUITSE GRAMMATICA**

Deze verbuigingen zijn gelijk aan die met het bepaald lidwoord, behalve de 1e naamval mannelijk en de 1e en 4e naamval onzijdig, d.w.z. die gevallen waarin het onbepaald lidwoord de vorm *ein* heeft.

### 5.3 Verbuiging zonder lidwoord of ander bepalend woord

| nv | mannelijk | vrouwelijk | onzijdig | meervoud |
|----|-----------|------------|----------|----------|
| 1  | roter Wein | heiße Milch | kaltes Bier | alte Gläser |
| 2  | roten Weines | heißer Milch | kalten Bieres | alter Gläser |
| 3  | rotem Wein | heißer Milch | kaltem Bier | alten Gläsern |
| 4  | roten Wein | heiße Milch | kaltes Bier | alte Gläser |

De uitgangen van het bijvoeglijk naamwoord komen overeen met de uitgangen van het bepaalde lidwoord, met uitzondering van de 2e naamval mannelijk en onzijdig.

### 5.4 Zelfstandig gebruikte bijvoeglijke naamwoorden

*eine deutsche Frau* (een Duitse vrouw) – *eine **Deutsche*** (een Duitse)
*ein blinder Mann* (een blinde man) – *ein **Blinder*** (een blinde)

Het zelfstandige naamwoord wordt weggelaten en het bijvoeglijke naamwoord wordt zelfstandig gebruikt. Het wordt dan met een hoofdletter geschreven. Er komen alleen vrouwelijke en mannelijke zelfstandig gebruikte bijvoeglijke naamwoorden voor.

Verbuiging met bepaald lidwoord:

| nv | mannelijk | vrouwelijk | meervoud |
|----|-----------|------------|----------|
| 1  | der Kranke | die Kranke | die Kranken |
| 2  | des Kranken | der Kranken | der Kranken |
| 3  | dem Kranken | der Kranken | den Kranken |
| 4  | den Kranken | die Kranke | die Kranken |

Verbuiging met onbepaald lidwoord:

| nv | mannelijk | vrouwelijk | meervoud |
|----|-----------|------------|----------|
| 1  | ein Kranker | eine Kranke | keine Kranken |
| 2  | eines Kranken | einer Kranken | keiner Kranken |
| 3  | einem Kranken | einer Kranken | keinen Kranken |
| 4  | einen Kranken | eine Kranke | keine Kranken |

In het meervoud komen verbuigingen voor *zonder* lidwoord:

| nv | meervoud |
|----|----------|
| 1  | Kranke |
| 2  | Kranker |
| 3  | Kranken |
| 4  | Kranke |

### 5.5 De trappen van vergelijking

Net als in het Nederlands wordt de vergrotende trap gevormd door achtervoeging van *-er* en de overtreffende trap door achtervoeging van *-st*:

*Holland ist **klein**.* (Nederland is klein.)
*Belgien ist **kleiner**.* (België is kleiner.)

*Luxemburg ist das **kleinste** Land der EU.* (Luxemburg is het kleinste land van de EU.)

**Maar let op:** de overtreffende trap eindigt op **-est** als de laatste letter van het bijvoeglijk naamwoord een **-d, -t,** of **sisklank** is: *zartest* (tederst), *mildest* (mildst), *hübschest* (mooist).

Veel bijvoeglijke naamwoorden krijgen een **Umlaut**:

*kurz* (kort) – *kürzer* – *kürzest*
*lang* (lang) – *länger* – *längst*

**Onregelmatig zijn:**

*gut* (goed) – *besser* – *best*
*groß* (groot) – *größer* – *größt*
*hoch* (hoog) – *höher* – *höchst*

**Ongelijkheid: overtreffende trap + als**

*Die Sonne ist **größer als** die Erde.* (De zon is groter dan de aarde.)

**Gelijkheid: bijvoeglijk naamwoord + wie**

*Ich bin so **groß wie** du.* (Ik ben even groot als jij.)

**Overtreffende trap van bijwoorden: am *(im, auf, zu)* + overtreffende trap + -en**

*Susanne ist am größten.* (Suzanne is het grootst.)
*Ich schäme mich nicht im geringsten.* (Ik schaam me helemaal niet.)

## 6  TELWOORDEN

### 6.1  Hoofdtelwoorden

Deze kunt u vinden in een aparte bijlage (*Getallen*) na deze grammatica.

### 6.2  Rangtelwoorden

Achter de hoofdtelwoorden 2 t/m 19 wordt **-te** geplaatst, vanaf 20 **-ste**:

| | | |
|---|---|---|
| **erste** | sechste | zwanzigste |
| zweite | siebente | dreißigste |
| dritte | achte | hunderste |
| vierte | neunte | tausendste |
| fünfte | zehnte | millionste |

Als rangtelwoorden als cijfers worden weergegeven (bijv. bij data) staat er een punt achter:

*am 13. Juni – am dreizehnten Juni* ((op) de dertiende juni)
*Karl V. – Karl der Fünfte* (Karel de Vijfde)

### 6.3  Breuken

De breuken worden gevormd door **-l** achter het rangtelwoord te plaatsen (uitzondering: *ein Halb*):

**DUITSE GRAMMATICA**

| 1/2 | ein Halb | 1 1/2 | **ander**halb |
|---|---|---|---|
| 1/3 | ein Drittel | 2 1/2 | zweieinhalb |
| 1/4 | ein Viertel | 1 3/4 | ein (und) drei Viertel |
| 1/8 | ein Achtel | | |

## 7 PERSOONLIJKE VOORNAAMWOORDEN

| nv | 1ᵉ pers. enk. | 2ᵉ pers. enk. | 3ᵉ pers. enk. | | | 1ᵉ pers. mv. | 2ᵉ pers. mv. | 3ᵉ pers. mv. | 3ᵉ pers. enk.+mv. |
|---|---|---|---|---|---|---|---|---|---|
| 1 | ich | du | er | sie | es | wir | ihr | sie | Sie |
| 2 | meiner | deiner | seiner | ihrer | seiner | unser | euer | ihrer | Ihrer |
| 3 | mir | dir | ihm | ihr | ihm | uns | euch | ihnen | Ihnen |
| 4 | mich | dich | ihn | sie | es | uns | euch | sie | Sie |

*Kommt **er** mit ins Kino?*    1ᵉ naamval (hij)
*Ich will neben **ihm** sitzen.*    3ᵉ naamval (hem)
*Ich werde **ihn** fragen.*    4ᵉ naamval (hem)

De 2ᵉ naamval komt alleen nog maar bij een aantal werkwoorden voor die niet vaak gebruikt worden (zie §16.3).

***Du*** **en *ihr*** worden informeel gebruikt, bij vrienden, goede bekenden, alle familieleden en onder jongeren.
***Sie*** (enkelvoud en meervoud) is de beleefdheidsvorm en wordt veel meer gebruikt dan in het Nederlands: onder collega's, leraren tegen leerlingen boven de zestien, docenten tegen studenten. 'Sie' staat in het schema hierboven bij het meervoud, omdat de erbij horende werkwoorden in het meervoud worden vervoegd, ook als het om één persoon gaat: *Sie gehen* (u gaat).

## 8 AANWIJZENDE VOORNAAMWOORDEN

In het Duits worden de bepaalde lidwoorden ook regelmatig als aanwijzende voornaamwoorden gebruikt:

*Der Käse da oben schmeckt am besten.*
Die kaas daarboven is het lekkerst.

| | |
|---|---|
| *der, die, das* | die, dat |
| *dies-* | deze, dit |
| *jen-* | die, dat |
| *derselbe (dieselbe, dasselbe)* | dezelfde, hetzelfde |
| *derjenige (diejenige, dasjenige)* | degene |
| *solch-* | zo'n, zulk |

**Verbuiging:**

*Dies-, jen-* en *solch-* worden verbogen als het bepaald lidwoord:

| nv | mannelijk | vrouwelijk | onzijdig | meervoud |
|---|---|---|---|---|
| 1 | dieser | diese | dieses | diese |
| 2 | dieses | dieser | dieses | dieser |
| 3 | diesem | dieser | diesem | diesen |
| 4 | diesen | diese | dieses | diese |

Voor vormen van *derselbe* en *derjenige* geldt dat *der-* wordt verbogen als het bepaald lidwoord en dat *–selbe* en *-jenige* worden verbogen als het bijvoeglijk naamwoord voorafgegaan door het bepaald lidwoord:

> *Hast du meinen Bruder gesehen?* **Der** *ist in der Küche.* (Heb je mijn broer gezien? Die is in de keuken.)
> **Den** *habe ich dort gesehen.* (Die heb ik daar gezien.)
> *Nimmst du diesen Pullover? Ich nehme* **denselben**. (Neem jij deze trui? Ik neem dezelfde.)

## 9 BETREKKELIJKE VOORNAAMWOORDEN

> *Die Frau,* **die** *dort steht, ist meine Mutter.* (De vrouw die daar staat, is mijn moeder.)

Het betrekkelijk voornaamwoord (*die*) verwijst naar het zelfstandig naamwoord in de hoofdzin. Het moet in getal en geslacht overeenkomen met dat zelfstandig naamwoord (hier: enkelvoud, vrouwelijk).
De naamval hangt van de functie af die het betrekkelijk voornaamwoord in de bijzin heeft.

**Verbuiging** (bijna gelijk aan het bepaald lidwoord):

| nv | mannelijk | vrouwelijk | onzijdig | meervoud |
|----|-----------|------------|----------|----------|
| 1  | der       | die        | das      | die      |
| 2  | dessen    | deren      | dessen   | deren    |
| 3  | dem       | der        | dem      | denen    |
| 4  | den       | die        | das      | die      |

> *der Mann, mit* **dem** *ich gesprochen habe* – 3$^e$ naamval (de man met wie ik gesproken heb)

> *Das Mädchen,* **dem** *ich das Buch gegeben habe, wird es morgen wieder zurückbringen.* - 3$^e$ naamval (Het meisje, dat ik het boek heb gegeven, zal het morgen weer terugbrengen.)

> *Das ist der Junge,* **dessen** *Vater gestorben ist.* – 2$^e$ naamval (Dat is de jongen wiens vader is gestorven.)

> *Der Jungen,* **den** *sie entführt haben* – 4$^e$ naamval (de jongen die ze ontvoerd hebben)

## 10 VRAGENDE VOORNAAMWOORDEN

**Wer** (wie) vraagt naar personen, **was** (wat) naar dingen.

*Was* komt alleen in deze vorm voor, *wer* wordt verbogen:

> **Wer** *ist zu Hause?* – 1$^e$ naamval (Wie is thuis?)
> **Wessen** *Koffer steht da?* – 2$^e$ naamval (Wiens koffer staat daar?)
> **Wem** *gibst du das Buch?* – 3$^e$ naamval (Aan wie geef je het boek?)
> *Für* **wen** *ist das Brot?* – 4$^e$ naamval (Voor wie is het brood?)

**welcher, welche, welches, welche** (welk) wordt verbogen als het bepaald lidwoord (zie §2.1):

> *An* **welchen** *Tagen hast du frei?* – 3$^e$ naamval, meervoud (Op welke dagen ben je vrij?)

## 11 WEDERKERENDE VOORNAAMWOORDEN

Wederkerende voornaamwoorden komen meestal bij wederkerende werkwoorden voor. In de 3ᵉ persoon enkelvoud en meervoud is de vorm van het wederkerend voornaamwoord *sich*, de overige vormen komen overeen met de vormen van de persoonlijke voornaamwoorden in de 3ᵉ en 4ᵉ naamval (zie §7):

| 4ᵉ naamval: | 3ᵉ naamval: |
|---|---|
| *sich waschen* (zich wassen) | *sich das Gesicht waschen* (zijn gezicht wassen) |
| *ich wasche **mich*** | *ich wasche **mir** das Gesicht* |
| *du wäschst **dich*** | *du wäschst **dir** das Gesicht* |
| *er wäscht **sich*** | *er wäscht **sich** das Gesicht* |
| *wir waschen **uns*** | *wir waschen **uns** das Gesicht* |
| *ihr wascht **euch*** | *ihr wascht **euch** das Gesicht* |
| *sie waschen **sich*** | *sie waschen **sich** das Gesicht* |

## 12 BEZITTELIJKE VOORNAAMWOORDEN

De bezittelijke voornaamwoorden zijn:

| *mein* | mijn | *unser* | ons |
| *dein* | jouw | *euer* | jullie |
| *sein* | zijn | *ihr* | hun |
| *ihr* | haar | *Ihr* | uw |

De bezittelijke voornaamwoorden worden net zo verbogen als *ein* en *kein*:

*Das is mein Hund.* (Dat is mijn hond.)
*Der Schwanz meiner Katze* (De staart van mijn kat)
*Das gebe ich seinem Bruder.* (Dat geef ik aan zijn broer.)
*Er sieht unsere Mutter.* (Hij ziet onze moeder.)

### Zelfstandig gebruikt

*Kann ich diese Bücher mitnehmen? – Nein, das sind seine.* (Nee, die zijn van hem.)
*Ist das dein Fahrrad? – Ja, das ist mein(e)s.* (Ja, dat is de mijne.)

Zelfstandig gebruikte bezittelijke voornaamwoorden worden net zo verbogen als bepaalde lidwoorden (zie §2.1).
Anders dan in het Nederlands wordt het bezittelijke voornaamwoord zonder bepaald lidwoord gebruikt.

## 13 WERKWOORDSVERVOEGING

We onderscheiden werkwoorden die regelmatig verbogen worden van werkwoorden die onregelmatig verbogen worden. Afhankelijk daarvan worden verschillende uitgangen toegevoegd aan de stam van een werkwoord.
De stam is dat gedeelte van het werkwoord wat overblijft als de uitgang weggestreept wordt:

*arbeiten* ***arbeit*** + *en* ***arbeit*** is de stam
*sie lacht* ***lach*** + *t* ***lach*** is de stam

### 13.1 De onvoltooid tegenwoordige tijd (o.t.t.)

Zwakke en sterke werkwoorden worden in deze tijdvorm op dezelfde manier verbogen (zie echter §13.1.1 en §13.1.2):

onvoltooid tegenwoordige tijd van *machen* (maken); stam: *mach*

| | | |
|---|---|---|
| *ich* | *mache* | stam + *e* |
| *du* | *machst* | stam + *st* |
| *er/sie/es* | *macht* | stam + *t* |
| *wir* | *machen* | onbepaalde wijs |
| *ihr* | *macht* | stam + *t* |
| *sie* | *machen* | onbepaalde wijs |
| *Sie* | *machen* | onbepaalde wijs |

**Let op:** Anders dan in het Nederlands wordt in het Duits in de 2ᵉ persoon enkelvoud de uitgang niet weggelaten als het werkwoord voor het onderwerp staat:

*Du machst Essen.* Jij maakt eten.
*Machst du Essen?* Maak je eten?

Werkwoorden waarvan de stam eindigt op *-d* of *-t* krijgen in de o.t.t. 2ᵉ en 3ᵉ persoon enkelvoud en de 2ᵉ persoon meervoud een extra *-e-*:

*du arbeitest, er arbeitet, ihr arbeitet*

Werkwoorden waarvan de stam eindigt op *-s, -ss, -ß, -x,* of *-z* krijgen in de 2ᵉ persoon enkelvoud o.t.t. alleen een *-t* als uitgang (dus niet *-st*):

*grüßen* (begroeten) - *du grüßt*

### 13.1.1 De *e-i*-wechsel

Bij sterke werkwoorden met een *e* in de stam verandert in de 2ᵉ en 3ᵉ persoon o.t.t. en in de gebiedende wijs enkelvoud een lange *e* (als in *sehen*) in een *ie*; een korte *e* (als in *sprechen*) in een *i*:

| | |
|---|---|
| *sehen* (zien) | *sprechen* (spreken) |
| *ich sehe* | *ich spreche* |
| *du siehst* | *du sprichst* |
| *er sieht* | *er spricht* |
| *wir sehen* | *wir sprechen* |
| *ihr seht* | *ihr sprecht* |
| *sie sehen* | *sie sprechen* |
| *Sie sehen* | *Sie sprechen* |

Geb.wijs (zie §13.8): enk.: *Sieh!* *Sprich!*
mv.: *Sehet!* *Sprecht!*

**Uitzonderingen:** *bewegen* (bewegen), *gehen* (gaan), *genesen* (genezen), *heben* (heffen), *stehen* (staan) hebben geen *e-i*-Wechsel.

### 13.1.2 De Umlaut

Bij sterke werkwoorden met *a* in de stam verandert deze *a* in de 2ᵉ en 3ᵉ persoon enkelvoud o.t.t. in *ä*.
De gebiedende wijs wordt net zo gevormd als bij de zwakke werkwoorden.

*fahren* (rijden)
*ich fahre*
*du fährst*
*er fährt*
*wir fahren*

**DUITSE GRAMMATICA**

*ihr fahrt*
*sie/Sie fahren*

Geb. wijs (zie §13.8): enk.: *Fahre!*
mv.: *Fahrt!*

**Uitzondering:** *schaffen* krijgt geen Umlaut.

### 13.2 De onvoltooid verleden tijd (o.v.t.)

De zwakke en sterke werkwoorden worden in deze tijdvorm verschillend verbogen.

#### 13.2.1 Zwakke werkwoorden

Onvoltooid verleden tijd van *machen* (maken), stam: *mach*

| | | |
|---|---|---|
| *ich* | *machte* | stam + *te* |
| *du* | *machtest* | stam + *test* |
| *er/sie/es* | *machte* | stam + *te* |
| *wir* | *machten* | stam + *ten* |
| *ihr* | *machtet* | stam + *tet* |
| *sie* | *machten* | stam + *ten* |
| *Sie* | *machten* | stam + *ten* |

Werkwoorden waarvan de stam eindigt op -*t* of -*d* krijgen in alle personen een extra e:

*ich arbeitete* (ik werkte)
*du redetest* (jij sprak)
*ihr rettetet* (jullie redden)

#### 13.2.2 Sterke werkwoorden

Bij sterke werkwoorden verandert de klinker in de stam in de verleden tijd en bij het voltooid deelwoord.
Omdat de verandering per werkwoord verschillend is, is het nodig om bij elk sterk werkwoord de stamtijden te leren (zie het overzicht van *Duitse onregelmatige werkwoorden* achter in het deel Duits-Nederlands van dit woordenboek).
Als de vertaling van het werkwoord in het Nederlands een sterk werkwoord is, is het Duitse werkwoord meestal ook een sterk werkwoord.
Voor alle sterke werkwoorden geldt: **geen uitgang in de 1e en 3e persoon enkelvoud o.v.t.!**

Onvoltooid verleden tijd van *kommen* (komen):

| | | |
|---|---|---|
| *ich* | *kam* | klinkerverandering |
| *du* | *kamst* | klinkerverandering + *st* |
| *er/sie/es* | *kam* | klinkerverandering |
| *wir* | *kamen* | klinkerverandering + *en* |
| *ihr* | *kamt* | klinkerverandering + *t* |
| *sie* | *kamen* | klinkerverandering + *en* |
| *Sie* | *kamen* | klinkerverandering + *en* |

### 13.3 Het deelwoord

Het **tegenwoordig deelwoord** wordt bij alle werkwoorden gevormd door achter de onbepaalde wijs de uitgang -*d* te plaatsen: *machend, kommend*.

**Het voltooid deelwoord van zwakke werkwoorden** wordt gevormd door vóór de stam *ge-* te plaatsen en achter de stam *-t*:

*machen: gemacht   fragen: gefragt*

Werkwoorden die eindigen op *-ieren* krijgen géén *ge-*:

*Wir haben diskutiert.* (We hebben gediscussieerd.)

Werkwoorden waarvan de stam eindigt op *-t* of *-d* krijgen achter de stam de uitgang *-et* (in plaats van *-t*):

*arbeiten: gearbeitet*
*reden: geredet*
*retten: gerettet*

Het **voltooid deelwoord van de sterke werkwoorden** eindigt op *-en*. Bovendien verandert bij veel sterke werkwoorden de stamklinker. Zie voor de vormen van de voltooid deelwoorden het overzicht van *Duitse onregelmatige werkwoorden* achter in het deel Duits-Nederlands van dit woordenboek.

### 13.4 Hulpwerkwoorden

*Haben* (hebben) en *sein* (zijn) worden (net als in het Nederlands) gebruikt om voltooide tijden (de voltooid tegenwoordige tijd (v.t.t.) en de voltooid verleden tijd (v.v.t.)) te vormen. *Haben* en *sein* kunnen ook als zelfstandige werkwoorden voorkomen (*haben* in de betekenis van 'bezitten' en *sein* in de betekenis van 'zich bevinden') en verder kan *sein* ook als koppelwerkwoord voorkomen.

onvoltooid tegenwoordige tijd   onvoltooid verleden tijd

| | | | |
|---|---|---|---|
| *ich habe* | *ich bin* | *ich hatte* | *ich war* |
| *du hast* | *du bist* | *du hattest* | *du warst* |
| *er hat* | *er ist* | *er hatte* | *er war* |
| *wir haben* | *wir sind* | *wir hatten* | *wir waren* |
| *ihr habt* | *ihr seid* | *ihr hattet* | *ihr wart* |
| *sie haben* | *sie sind* | *sie hatten* | *sie waren* |
| *Sie haben* | *Sie sind* | *Sie hatten* | *Sie waren* |

voltooid deelwoord:
*gehabt         gewesen*

Gebiedende wijs (zie §13.8):
enkelvoud:        *Habe Geduld!* (Heb geduld!)
                  *Sei vorsichtig!* (Wees voorzichtig!)
meervoud:         *Habt Geduld!* (Heb geduld!)
                  *Seid vorsichtig!* (Wees voorzichtig!)
beleefdheidsvorm: *Haben Sie Geduld.* (Hebt u geduld.)
                  *Seien Sie vorsichtig.* (Weest u voorzichtig.)

### 13.5   V.t.t. en v.v.t: vervoegen met *haben* of met *sein*?

De **voltooid tegenwoordige tijd (v.t.t.)** wordt gevormd door *haben* of *sein* in de o.t.t. + het voltooid deelwoord:

*Wir haben geschlafen* (We hebben geslapen.)

**DUITSE GRAMMATICA**

De keuze van het hulpwerkwoord is niet gelijk aan de keuze in het Nederlands. Werkwoorden die het verloop van een handeling of gebeurtenis weergeven, worden altijd met *haben* vervoegd: *abnehmen* (afnemen), *anfangen* (beginnen), *aufhören* (ophouden), *beginnen, enden, gefallen* (bevallen), *heiraten* (trouwen), *nachlassen* (afnemen, minder worden), *promovieren, vergessen* (vergeten):

*Ich habe dich nicht vergessen.* (Ik ben je niet vergeten.)
*Wir haben schon angefangen.* (Wij zijn al begonnen.)

*Sein* wordt gebruikt bij met werkwoorden die een plaatsverandering aangeven en bij *sein, werden* en *bleiben*:

*Ich bin nach Frankfurt gefahren.* (Ik ben naar Frankfurt gereden.)
*Sie sind hier geblieben.* (Ze zijn hier gebleven.)

**De voltooid verleden tijd (v.v.t.)** wordt gevormd door *haben* of *sein* in de o.v.t. + het voltooid deelwoord:

*Ich **hatte** ihn gestern schon **gefragt**.* (Ik had het hem gisteren al gevraagd.)
*Das Kind **war** schon **eingeschlafen**.* (Het kind was al in slaap gevallen.)

### 13.6 Het werkwoord *werden*

*Werden* wordt gebruikt in de betekenis van 'zullen' en 'worden'.

| onvoltooid tegenwoordige tijd | onvoltooid verleden tijd |
|---|---|
| *ich werde* | *ich wurde* |
| *du wirst* | *du wurdest* |
| *er wird* | *er wurde* |
| *wir werden* | *wir wurden* |
| *ihr werdet* | *ihr wurdet* |
| *sie werden* | *sie wurden* |
| *Sie werden* | *Sie wurden* |

Voltooid deelwoord als koppelwerkwoord: *geworden – Sie ist krank geworden.* (Ze is ziek geworden.)
Voltooid deelwoord in de lijdende vorm: *worden – Er ist geschlagen worden.* (Hij is geslagen.)

Gebiedende wijs (zie §13.8):
enkelvoud:          *Werde!*
meervoud.:          *Werdet!*
beleefdheidsvorm:   *Werden Sie!*

*Werden* wordt op drie manieren gebruikt:

1. voor de toekomende tijd (te vertalen met **zullen**):

   *Sie **wird** bestimmt gewinnen.* (Ze **zal** zeker winnen.)

2. als koppelwerkwoord (te vertalen met **worden**):

   *Ich werde schnell braun.* (Ik **word** snel bruin.)

3. voor de **lijdende vorm** (de passief) (te vertalen met **worden**).
   Deze vorm wordt nadere uitgelegd in §13.6.1.

## 13.6.1 De lijdende vorm

Er zijn actieve (bedrijvende) zinnen en passieve (lijdende) zinnen:

actief: *Frank schlägt den Hund.*
passief: *Der Hund wird (von Frank) geschlagen.*

De lijdende vorm kan in alle tijdvormen voorkomen:

o.t.t.: *Das Baby **wird** gewaschen.* (De baby wordt gewassen.)
o.v.t.: *Der Dieb **wurde** verhaftet.* (De dief werd in hechtenis genomen.)
v.t.t.: *Ich **bin** beim Abgucken erwischt **worden**.* (Ik ben betrapt bij het afkijken.)
*Meine Tochter **ist** Ärztin **geworden**.* (Mijn dochter is arts geworden.)
v.v.t.: *Oma **war** mehrmals operiert **worden**.* (Oma was meerdere keren geopereerd.)
*Opa **war** nur siebzig **geworden**.* (Opa was maar zeventig geworden.)

In de v.t.t. en de v.v.t. zijn twee verschillende voltooide deelwoorden mogelijk: *worden* en *geworden*. *Geworden* wordt gebruikt zoals dat ook in het Nederlands het geval is (zie voorbeelden).
Het voltooid deelwoord *worden* wordt in het Nederlands niet vertaald. Het kan ook in het Duits worden weggelaten als het om een toestand gaat. Bij een handeling staat dit voltooid deelwoord er altijd wel.

Toestand: *Ich bin noch nicht informiert.* (Ik ben nog niet geïnformeerd.)
*Das Mädchen ist gut erzogen.* (Het meisje is goed opgevoed.)

Handeling: *Wir sind von den Mücken gestochen **worden**.* (We zijn door de muggen gebeten.)
*Das Haus ist renoviert **worden**.* (Het huis is gerenoveerd.)

### *Von* of *durch*

In het Nederlands staat in zinnen in de lijdende vorm het woord *door* voor degene die of datgene wat verantwoordelijk is voor de handeling of gebeurtenis die in de zin wordt weergegeven. In het Duits kan dit woord *door* vertaald worden met *von* of met *durch*:

- *von* staat voor de handelende persoon of het handelende dier:

  *Das Kind ist **vom** Hund gebissen worden.* (Het kind is door de hond gebeten.)

- *durch* staat voor het handelende ding of niet-levend iets, als dit genoemd wordt:

  *Die Dächer sind **durch** den Sturm beschädigt worden.* (De daken zijn door de storm beschadigd).

## 13.7  Modale hulpwerkwoorden en *wissen*

Onvoltooid tegenwoordige tijd

|     | dürfen | können | mögen | müssen | wollen | sollen | wissen |
|-----|--------|--------|-------|--------|--------|--------|--------|
|     | mogen  | kunnen | lusten | moeten | willen | zullen | weten  |
| ich | darf   | kann   | mag   | muß    | will   | soll   | weiß   |
| du  | darfst | kannst | magst | mußt   | willst | sollst | weißt  |
| er  | darf   | kann   | mag   | muß    | will   | soll   | weiß   |
| wir | dürfen | können | mögen | müssen | wollen | sollen | wissen |
| ihr | dürft  | könnt  | mögt  | müßt   | wollt  | sollt  | wißt   |
| sie | dürfen | können | mögen | müssen | wollen | sollen | wissen |
| Sie | dürfen | können | mögen | müssen | wollen | sollen | wissen |

- de 1ᵉ en 3ᵉ persoon enkelvoud hebben geen uitgang achter de stam.
- de stamklinker is verschillend in enkelvoud en meervoud, behalve bij *sollen*.

Onvoltooid verleden tijd

| | | | |
|---|---|---|---|
| *ich* | *durfte* | *konnte* | *mochte* | *mußte* |
| *du* | *durftest* | *konntest* | *mochtest* | *mußtest* |
| *er* | *durfte* | *konnte* | *mochte* | *mußte* |
| *wir* | *durften* | *konnten* | *mochten* | *mußten* |
| *ihr* | *durftet* | *konntet* | *mochtet* | *mußtet* |
| *sie* | *durften* | *konnten* | *mochten* | *mußten* |
| *Sie* | *durften* | *konnten* | *mochten* | *mußten* |

deelw. *gedurft* *gekonnt* *gemocht* *gemußt*

| | | | |
|---|---|---|---|
| *ich* | *wollte* | *sollte* | *wußte* |
| *du* | *wolltest* | *solltest* | *wußtest* |
| *er* | *wollte* | *sollte* | *wußte* |
| *wir* | *wollten* | *sollten* | *wußten* |
| *ihr* | *wolltet* | *solltet* | *wußtet* |
| *sie* | *wollten* | *sollten* | *wußten* |
| *Sie* | *wollten* | *sollten* | *wußten* |

deelw. *gewollt* *gewußt*

- de stamklinker is een andere dan in de o.t.t., behalve bij *sollen* en *wollen*.
- het voltooid deelwoord van *sollen* bestaat niet.

### De betekenis van de modale hulpwerkwoorden:

- *dürfen* (mogen)
  *Sarah darf noch nicht so lange draußen spielen.* (Sarah mag nog niet zo lang buiten spelen.)
- *können* (kunnen, kennen)
  *Wir können nicht kommen.* (We kunnen niet komen.)
  *Sie können nur Deutsch.* (Ze kennen alleen maar Duits.)
- *mögen* (lusten, leuk vinden, mogelijk zijn)
  *Ich mag keinen Rosenkohl.* (Ik lust geen spruitjes.)
  *Sie mag ihre Lehrerin.* (Ze vind haar lerares leuk.)
  *Es mag sein, daß sie krank ist.* (Het is mogelijk dat ze ziek is.)
- *müssen* (moeten)
  *Andreas muß seine Hausaufgaben machen.* (Andreas moet zijn huiswerk maken.)
- *wollen* (willen)
  *Sabine und Martin wollen bald heiraten.* (Sabine en Martin willen gauw gaan trouwen.)
- *sollen* (moeten (van iemand anders), 'men zegt dat')
  *Du sollst nicht mit dem Auto fahren.* (Je moet niet met de auto gaan.)
  *Sein Vater soll krank sein.* (Men zegt dat zijn vader ziek is.)

### 13.8 Gebiedende wijs

- Enkelvoud: *Mach(e)!*
  De *-e* wordt in de spreektaal weggelaten, bij stammen op *-d* of *-t* of bij stammen op medeklinker + *-m* of *-n* moet de *-e* wel staan: *Arbeite! Atme!*
- Meervoud: *Macht!*
  Deze is altijd gelijk aan de 2ᵉ persoon meervoud o.t.t.
- Beleefdheidsvorm: *Machen Sie!*
  Deze is altijd gelijk aan 3ᵉ persoon meervoud o.t.t. *Sie* staat altijd achter het werkwoord.

## 13.9 De conjunctief (aanvoegende wijs)

Naast de gewone manier om iets uit te drukken (de aantonende wijs) en de gebiedende wijs bestaat er in het Duits ook de conjunctief, die lijkt op de in het Nederlands nauwelijks nog gangbare **aanvoegende wijs**. Daarmee wordt een mogelijkheid, een waarschijnlijkheid of een wens uitgedrukt.
De conjunctief wordt in twee tijdsvormen gebruikt: de tegenwoordige tijd en de verleden tijd.

Het kenmerk voor alle conjunctiefvormen is de **e** (*du bleibest, er bleibe* enz.).
De verleden tijd voor zwakke werkwoorden is gelijk aan de verleden tijd aantonende wijs.
Sterke werkwoorden en (modale) hulpwerkwoorden krijgen in de verleden tijd Umlaut.
Bij modale hulpwerkwoorden verandert de klinker in de tegenwoordige tijd enkelvoud niet.

tegenwoordige tijd:  verleden tijd:

|     | *bleiben* | *mögen* | *machen* | *springen* | *mögen* |
|     | (blijven) | (lusten) | (maken) | (springen) | (lusten) |
| --- | --- | --- | --- | --- | --- |
| ich | bleibe | möge | machte | spränge | möchte |
| du | bleibest | mögest | machtest | sprängest | möchtest |
| er | bleibe | möge | machte | spränge | möchte |
| wir | bleiben | mögen | machten | sprängen | möchten |
| ihr | bleibet | möget | machtet | spränget | möchtet |
| sie | bleiben | mögen | machten | sprängen | möchten |
| Sie | bleiben | mögen | machten | sprängen | möchten |

Afwijkend zijn de conjuctiefvormen van *sein* (zijn):

| ich | sei | wäre |
| --- | --- | --- |
| du | seiest | wärest |
| er | sei | wäre |
| wir | seien | wären |
| ihr | seiet | wäret |
| sie | seien | wären |
| Sie | seien | wären |

### Gebruik

De conjunctief wordt in de indirecte rede gebruikt en in zinnen die een wens of een advies uitdrukken:

*Sie sagte, daß sie wieder gesund sei.* (Ze zei dat ze weer gezond is.)
*Es möge bald regnen.* (schrijftaal: hopelijk gaat het gauw regenen.)

Voor twijfels en niet-werkelijkheid gebruikt men de verleden-tijdsvorm:

*Diese Frau wäre die Mutter?* (Deze vrouw zou de moeder zijn?)
*Wenn ich viel Geld hätte, ginge ich nie mehr zu Fuß.* (Als ik veel geld had, zou ik nooit meer lopend ergens heen gaan.)

Verder wordt de verleden-tijdsvorm ook voor beleefde uitdrukkingen gebruikt:

*Könnten Sie mir sagen, wie ich zum Bahnhof komme?* (Zou u me kunnen vertellen, hoe ik naar het station kom?)
*Ich möchte gern fünf Brötchen.* (Ik wil graag vijf broodjes.)

## 14 WEDERKERENDE WERKWOORDEN

In het Duits zijn er veel meer wederkerende werkwoorden dan in het Nederlands.
(Zie §11 voor de vormen van het wederkerend voornaamwoord.)

**Wederkerende werkwoorden met de 4ᵉ naamval:**

*sich beeilen* (zich haasten), *sich erkälten* (verkouden worden), *sich fragen* (zich afvragen), *sich gedulden* (geduld hebben), *sich legen* (gaan liggen), *sich nähern* (naderen), *sich setzen* (gaan zitten), *sich unterhalten über* (praten over):

> *Beeile dich bitte!* (Schiet alsjeblieft op!)
> *Ich lege mich jetzt ins Bett.* (Ik ga nu naar bed.)

**Wederkerende werkwoorden met de 3ᵉ naamval:**

*sich ansehen* (bekijken), *sich bestellen* (bestellen), *sich brechen* (breken), *sich kaufen* (kaufen), *sich merken* (onthouden), *sich waschen* (zich wassen):

> *Den Film sehe ich mir zwei Mal an.* (Die film ga ik twee keer zien.)
> *Kauf dir nicht nur Süßigkeiten!* (Koop niet alleen maar snoep!)

## 15 SCHEIDBARE EN NIET-SCHEIDBARE WERKWOORDEN

Net als in het Nederlands zijn samengestelde werkwoorden scheidbaar als de klemtoon op het eerste deel van het werkwoord ligt. Ligt de klemtoon op het tweede deel van het werkwoord, dan is het werkwoord niet scheidbaar. De meeste werkwoorden die in het Nederlands scheidbaar of onscheidbaar zijn, zijn dat ook in het Duits. Het Duits kent echter meer niet-scheidbare werkwoorden dan het Nederlands.

Anders dan in het Nederlands zijn de volgende werkwoorden in het Duits **scheidbaar**:
*voraussagen, vorhersagen, vorhersehen* (alle drie betekenen 'voorspellen'), *vorbeugen* (voorkómen)

> *Ich **beuge** einer Grippe lieber **vor**, indem ich mich warm anziehe.*
> Ik voorkom liever een griep, door me warm te kleden.

**Let op:**

- voor het voltooid deelwoord wordt *ge-* tussen de werkwoordsdelen gevoegd:
  *vorausgesagt* (voorspeld)
- *ge-* valt weg als er al een voorvoegsel aanwezig is:
  *vorbereitet* (voorbereid), *aufbewahrt* (bewaard)
- bij de infinitief met *zu* komt *zu* tussen de werkwoordsdelen en alles wordt aan elkaar geschreven:
  *vorzubeugen* (te voorkomen)

Afwijkend van het Nederlands zijn de volgende werkwoorden in het Duits **niet scheidbaar**:
*überbringen* (overbrengen), *überlassen* (overlaten), *überliefern* (overleveren), *übernehmen* (overnemen), *überqueren* (oversteken), *überschlagen* (over-, omslaan, schatten), *übertragen* (overdragen), *überweisen* (overmaken), *hinterlassen* (nalaten bij overlijden), *unterlassen* (nalaten, achterwege laten), *widersprechen* (tegenspreken):

> *Ich **übernehme** seine Firma.* (Ik **neem** zijn bedrijf **over**.)
> *Meine Oma **hinterließ** ein großes Haus.* (Mijn oma **liet** een groot huis achter.)

**Let op:**

- de klemtoon ligt in deze gevallen ook op het tweede lid van het werkwoord.
- het voltooid deelwoord is zonder ge-: *wiederholt, unternommen*
- bij de infinitief met *zu* komt *zu* voor het werkwoord: *zu unterbrechen*

## 16 WERKWOORDEN MET EEN VASTE NAAMVAL

In het Duits staat het meewerkend voorwerp gewoonlijk in de 3$^e$ en het lijdend voorwerp in de 4$^e$ naamval. Bij de behandeling van de voorzetsels (§4) is echter reeds opgemerkt dat bepaalde voorzetsels bepaalde naamvallen regeren. Op dezelfde wijze zijn er ook werkwoorden die bepaalde naamvallen regeren.

### 16.1 Werkwoorden met de 4$^e$ naamval

*Bitten* (vragen, verzoeken), *fragen* (vragen, willen weten), *interessieren* (interesseren), *lehren* (onderwijzen) en *es gibt* (er is) regeren de 4$^e$ naamval:

*Meine Schwester hat **mich** tanzen gelehrt.* (Mijn zus heeft me leren dansen.)
*Ich möchte **dich** bitten, einkaufen zu gehen.* (Ik wil je vragen om boodschappen te gaan doen.)
*Es gibt heute wieder **diesen roten Wein**.* (Vandaag is er weer die rode wijn.)

### 16.2 Werkwoorden met de 3$^e$ naamval

*Ähneln* (lijken op), *begegnen* (tegenkomen), *danken* (danken, bedanken), *gefallen* (bevallen, mooi vinden), *gelingen* (lukken), *glauben* (iemand geloven), *gehören* (toebehoren, zijn van), *gratulieren* (feliciteren), *helfen* (helpen), *nützen* (helpen, van nut zijn), *schaden* (nadeel toebrengen) regeren de 3$^e$ naamval.

*Ich danke **dir** für die Karte.* (Ik dank je voor de kaart.)
*Wir gratulieren **Ihnen** zum Geburtstag.* (We feliciteren u met uw verjaardag.)
*Sie hilft **ihm** bei den Hausaufgaben.* (Ze helpt hem met zijn huiswerk.)

### 16.3 Werkwoorden met de 2$^e$ naamval

*Anklagen* (aanklagen), *sich bedienen* (zelf pakken, inschenken), *bedürfen* (nodig hebben), *beschuldigen* (beschuldigen), *würdigen* (waardig keuren) regeren de 2$^e$ naamval. In de spreektaal komen deze 2$^e$-naamvalconstructies echter nauwelijks meer voor.

*Diese Sache bedarf **einer** Erklärung.* (Deze zaak heeft een verklaring nodig.)
*Der Lehrer würdigte den Schüler **keines** Blickes.* (De leraar keurde de leerling geen blik waardig.)

## 17 WERKWOORDCOMBINATIES

### 17.1 *gehen* + infinitief

*Gehen* (gaan) wordt in het Duits alleen maar in combinatie met andere werkwoorden gebruikt als het daadwerkelijk om een 'voortbeweging' gaat:

*Wir gehen jede Woche schwimmen.* (We gaan elke week zwemmen.)
*Ich gehe am liebsten tanzen.* (Ik ga het liefst dansen.)

In de voltooide tijd staat de infinitief voor het deelwoord:

*Die Kinder sind spielen gegangen.* (De kinderen zijn gaan spelen.)

Het Nederlandse 'gaan' in de betekenis van 'van plan zijn', 'zullen' of 'beginnen' kan niet worden vertaald met *gehen*. Het moet worden omschreven, maar het kan ook vaak worden weggelaten:

*Was kochst du?* (Wat ga je koken?)
*Oma setzt sich.* (Oma gaat zitten.)

### 17.2   *kommen* + deelwoord

Als de 'wijze van naderen' wordt uitgedrukt, gebruikt men in het Duits altijd het voltooid deelwoord, terwijl men in het Nederlands ook de infinitief kan gebruiken:

*Die Schüler kamen angelaufen.*
De leerlingen kwamen aanlopen / aangelopen.

### 17.3   *kommen* + infinitief

Deze combinatie komt in het Duits niet zo vaak voor als in het Nederlands. Alleen in verbinding met bepaalde werkwoorden wordt *kommen* gebruikt:

*Er kommt essen.* (Hij komt eten.)
*Kommst du vorbei zum Schachspielen?* (Kom je schaken?)

In beide gevallen wordt in het Duits sterk aan het doel van het 'komen' gedacht.

### 17.4   'doen' + infinitief

Deze Nederlandse werkwoordcombinatie komt in het Duits niet voor. Er moet dus worden gezocht naar een 'omschrijvende vertaling' in het Duits:

Dit schilderij doet me denken aan vroeger. – *Das Gemälde erinnert mich an früher.*
Hij heeft me doen geloven dat ik te laat was. – *Er hat mich glauben gemacht* (spreektaal: *mir weis gemacht), daß ich zu spät war.*

### 17.5   'liggen te', 'staan te', 'zitten te'+ infinitief

Het Duits gebruikt hier meestal *und* (en). In sommige gevallen wordt het eerste werkwoord als overbodig beschouwd:

Peter zit in de keuken te eten. – *Peter sitzt in der Küche und ißt.*
Antje ligt op de bank te slapen. – *Antje schläft auf der Couch.*

### 17.6   *bleiben* + infinitief

*Bleiben* (blijven) wordt alleen maar in combinatie met werkwoorden gebruikt die rust of een toestand uitdrukken, zoals *hängen* (hangen), *liegen* (liggen), *sitzen* (zitten), *stehen* (staan), *wohnen* (wonen):

*Ich bleibe noch ein bißchen liegen.* (Ik blijf nog een beetje liggen.)
*Er bleibt im Zug sitzen.* (Hij blijft in de trein zitten.)

Anders dan in het Nederlands wordt in de voltooid verleden tijd de infinitief voor het deelwoord geplaatst:

*Der Apfel ist im Baum hängen geblieben.* (De appel is in de boom blijven hangen.)

Andere Nederlandse combinaties met 'blijven' + infinitief moeten in het Duits worden omschreven:

Hij blijft toch roken. (*Er raucht doch weiter.*)
Blijf je eten? (*Bleibst du zum Essen?*)

## 18   WOORDVOLGORDE

In het algemeen is de woordvolgorde in het Duits gelijk aan die in het Nederlands.
In de volgende constructies moet echter op belangrijke verschillen worden gelet:

1. In zinnen die eindigen met twee infinitieven staat de infinitief die de belangrijkste handeling uitdrukt voorop:

   *Das hättest du doch **lesen** können.* (Dat had je toch kunnen **lezen**.)
   *Ich muß die Tasche **reparieren** lassen.* (Ik moet de tas laten **repareren**.)

2. In bijzinnen staat het verbogen werkwoord aan het eind van de zin:

   *Sie sagt, daß sie nichts gegessen **hat**.* (Ze zegt dat ze niets heeft gegeten / gegeten heeft.)
   *Das Kind weint, weil es nicht mitkommen **darf**.* (Het kind huilt omdat het niet mee mag.)

   Als er echter twee infinitieven aan het einde van de zin staan, staat het verbogen werkwoord daarvoor:

   *Ich finde, daß er **hätte** kommen können.* (Ik vind, dat hij had kunnen komen.)

3. In hoofdzinnen staan de twee delen van de voltooide-tijdsvorm zo ver mogelijk uit elkaar:

   *Ich **habe** gestern meine Eltern nach ihren Urlaubsplänen **gefragt**.* (Gisteren heb ik mijn ouders gevraagd naar hun vakantieplannen.)
   *Sie ist nicht von dieser Geschichte überzeugt.* (Ze is niet overtuigd van dit verhaal.)

## 19   HOOFDLETTERS, KLEINE LETTERS

**Zelfstandige naamwoorden** worden altijd met een hoofdletter geschreven:

   *das Mädchen* (het meisje), *eine Blume* (een bloem), *der Morgen* (de ochtend)

Ze worden met een kleine letter geschreven als ze als andere woordsoort worden gebruikt:

   *morgens* (als bijwoord: 's ochtends), *heute morgen* (als bijwoord: vanochtend)

In dit laatste geval wordt *morgen* niet meer als bijwoord gevoeld en het wordt in **de nieuwe Duitse spelling** dan ook met een hoofdletter geschreven:

   *heute Morgen* (vanmorgen), *heute Abend* (vanavond)

**Werkwoorden en bijvoeglijke naamwoorden** worden met een hoofdletter geschreven als zij als zelfstandige naamwoorden worden gebruikt:

   *Das **Essen** schmeckt gut.* (Het eten smaakt goed.)
   *Der **Blinde** läuft mit einem weißen Stock.* (De blinde loopt met een witte stok.)

**Eigennamen** worden, net als in het Nederlands, met een hoofdletter geschreven:

   *das Vereinigte Königreich* (het Verenigd Koninkrijk)
   *das Deutsche Rote Kreuz* (het Duitse Rode Kruis)

Anders dan in het Nederlands worden bijvoeglijke naamwoorden, die zijn afgeleid van landennamen, met een kleine letter geschreven:

*die niederländische Landschaft* (het Nederlandse landschap)
*der deutsche Wein* (de Duitse wijn)
**Uitzondering:** *Schweizer Käse* (Zwitserse kaas)

**De aanspreekvorm (*Du, Ihr, Sie*) in brieven**, opschriften e.d. wordt altijd met een hoofdletter geschreven, in andere teksten wordt deze met een kleine letter geschreven. In de nieuwe spelling moeten *du* en *ihr* altijd met een kleine letter worden geschreven.

## 20   DE DUITSE SPELLINGWIJZIGING

In 1998 wordt er in het Duitse taalgebied een spellingwijziging ingevoerd. De huidige Duitse spelling mag echter nog tot het jaar 2005 worden gebruikt, zodat er een aantal jaren twee spellingen naast elkaar zullen bestaan.
Hoewel de nieuwe Duitse spelling pas in 2005 verplicht zal worden gesteld, meent de Kramersredactie dat het nuttig is reeds nu in dit nieuwe Handwoordenboek Duits aandacht aan deze spelling te besteden. In het deel Duits-Nederlands vermelden wij, na de nu nog geldende spelling, de nieuwe spelling van de trefwoorden die een spellingwijziging zullen ondergaan. Tevens vindt u hieronder in het kort de veranderingen ten opzichte van de oude spelling. Omdat sommige regels nogal gecompliceerd zijn en betrekking hebben op grammaticale kwesties die de meeste Nederlandstaligen zelden of nooit tegenkomen in het gebruik van de Duitse taal, geven we geen uitputtende opsomming:

- Als een woord eindigt op twee dezelfde medeklinkers (*Ballett, Schiff*) en dit als eerste lid van een samenstelling wordt gekoppeld aan een woord dat met eenzelfde medeklinker begint (*Tänzerin, Fahrt*) moeten **alle drie** de letters worden geschreven (*Balletttänzerin, Schifffahrt*). In de oude spelling moest er een letter wegvallen (*Ballettänzerin, Schiffahrt*). Voor een betere leesbaarheid mogen, als alternatieve spelling, beide woorddelen ook met een koppelteken worden verbonden, waarbij het tweede woorddeel, als dit een zelfstandig naamwoord is, met een hoofdletter begint (*Ballett-Tänzerin, Schiff-Fahrt*). In ons woordenboekdeel Duits-Nederlands vermelden we de oude, de nieuwe en de alternatieve spelling.

- In een groot aantal woorden wordt in de nieuwe spelling de zgn. **Ringel-s** (ß) vervangen door een **dubbele s**. Telkens wanneer in de oude spelling de letter ß stond na een **korte** klinker (*Fluß, Schloß, Prozeß*), verandert deze in ss (*Fluss, Schloss, Prozess*). Dit heeft natuurlijk ook consequenties voor deze woorden in samenstellingen met woorden die met een s beginnen; *Schlußsatz* verandert nu in *Schlusssatz* of *Schluss-Satz*. Al deze gevallen staan vermeld in dit woordenboek.

  N.B.: de ß in woorden als *Maß, groß* en *Fuß* wordt voorafgegaan door een **lange** klinker. Er treedt hier dus geen spellingwijziging op.

- Van een aantal in het Duits vaak gebruikte vreemde woorden wordt de spelling 'eingedeutscht', d.w.z. aangepast aan de Duitse schrijfwijze. Dit zijn woorden als *Joghurt, Panther, differentiell, Saxophon* en *Geographie*. In sommige gevallen zijn de nieuwe verduitste spelling en de oude spelling **gelijkwaardige** schrijfwijzen, in andere gevallen wordt de oude spelling een **toegelaten** spelling, terwijl de nieuwe spelling **voorkeurspelling** wordt. Zo blijven naast *Jogurt, Panter, Saxofon* en *Geografie* de oude spellingen bestaan, maar *differenziell* heeft de voorkeur boven de oude spelling. In al deze gevallen vermelden wij in dit woordenboek de nieuwe spelling voorafgegaan door de formulering 'nieuwe spelling ook:'.

**DUITSE GRAMMATICA**

- Om wat meer consistentie in de Duitse spelling te krijgen, worden in sommige woorden waarin nu de letter e wordt geschreven, een ä geschreven, als deze woorden zijn afgeleid van woorden waarin een a staat. Dit is het geval met bijv. *aufwendig*, *überschwenglich* en *verbleuen*, die veranderen in *aufwändig* (wegens *Aufwand*), *überschwänglich* (wegens *überschwang*) en *verbläuen* (wegens *blau*).

  N.B.: de nieuwe spelling van *aufwendig* (*aufwändig*) is een toegelaten spelling. De oude spelling is de voorkeurspelling, omdat *aufwenden* ook bestaat.

- In een aantal **standaarduitdrukkingen** treedt er verandering op in het al dan niet met een **hoofdletter** schrijven van Duitse woorden. Omdat dit geen wijzigingen op trefwoordniveau zijn, zijn zij (nog) niet in dit woordenboek verwerkt. De meest opvallende wijziging doet zich voor in de uitdrukkingen *heute morgen*, *gestern abend* e.d., waarin het tweede woorddeel niet meer als bijwoord wordt gevoeld, maar als zelfstandig naamwoord, dus: *heute Morgen, gestern Abend* e.d.

- Sommige Duitse woorden die in de oude spelling aaneen werden geschreven, worden in de nieuwe spelling **los geschreven**. De regels hiervoor waren gecompliceerd en zijn dat in de nieuwe spelling nog steeds. Soms hangt de beslissing of een woord al dan niet met een ander woord aaneen moet worden geschreven, af van de vraag of dat woord letterlijk of figuurlijk geïnterpreteerd moet worden. Aangezien de verwerking van dit soort wijzigingen in een woordenboekartikel vaak erg ingrijpend is, heeft de redactie besloten om in deze druk de nieuwe spelling alleen te vermelden bij een beperkt aantal frequente trefwoorden, zoals: *achtgeben* (*Acht geben*), *alleinstehend* (*allein stehend*), *bewußtmachen* (*bewusst machen*; twee spellingwijzigingen!).

- De regels omtrent het **afbreken** van woorden aan het eind van een regel worden veranderd. De meest opvallende verandering betreft de afbreekwijze van een woord bij de lettercombinatie *ck*. In de oude spelling mocht er tussen de c en de k worden afgebroken, waarbij de c in een k veranderde: *backen – bak-ken*; *lecker – lek-ker*. Deze regel vervalt. In de nieuwe spelling wordt er voor de c afgebroken: *ba-cken*

# GETALLEN

## Hoofdtelwoorden

| | | | |
|---|---|---|---|
| 0 | null | 21 | einundzwanzig |
| 1 | eins[1] | 22 | zweiundzwanzig |
| 2 | zwei | 30 | dreißig |
| 3 | drei | 40 | vierzig |
| 4 | vier | 50 | fünfzig |
| 5 | fünf | 60 | sechzig |
| 6 | sechs | 70 | siebzig |
| 7 | sieben | 80 | achtzig |
| 8 | acht | 90 | neunzig |
| 9 | neun | 100 | hundert[2] |
| 10 | zehn | 101 | hundert(und)eins |
| 11 | elf | 102 | hundert(und)zwei |
| 12 | zwölf | 110 | hundertzehn |
| 13 | dreizehn | 111 | hundertelf |
| 14 | vierzehn | 200 | zweihundert |
| 15 | fünfzehn | 1000 | tausend[2] |
| 16 | sechzehn | 1500 | fünfzehnhundert[3] *of* |
| 17 | siebzehn | | eintausendfünfhundert |
| 18 | achtzehn | 100.000 | hunderttausend |
| 19 | neunzehn | 1000.000 | Million *v*[4] |
| 20 | zwanzig | 1000.000.000 | Milliarde *v*[4] |

[1] *eins* wordt gebruikt als het telwoord alleenstaand voorkomt:

| | |
|---|---|
| *es ist eins* | het is één uur |
| *sechs und eins ist sieben* | zes en een is zeven |
| *eine römische Eins* | een romeinse één |

In alle andere gevallen wordt *ein* gebruikt. Als *ein* wordt gevolgd door een zelfstandig naamwoord, dan wordt het verbogen als het onbepaald lidwoord:

| | |
|---|---|
| *eine Mark* | één mark |
| *er hat nicht einen Tag gefehlt* | hij is niet één dag afwezig geweest |

[2] Ter versterking kan er voor deze telwoorden ook *ein* worden geplaatst: *einhundert, eintausend*

[3] Bij jaartallen wordt voor deze vorm gekozen: *neunzehnhundertsiebenundneunzig*

[4] *Million* en *Milliarde* zijn vrouwelijke zelfstandige naamwoorden en worden ook als zodanig verbogen:

| | |
|---|---|
| *ein Defizit von einigen Millionen Mark* | een tekort van enkele miljoenen mark |
| *rund 2 Milliarden Bewohner* | ongeveer 2 miljard inwoners |

## Rangtelwoorden

Deze worden gevormd door:
- *-te* te plaatsen achter de corresponderende hoofdtelwoorden van 2 t/m 19: *vierte, zehnte, achtzehnte*
- *-ste* te plaatsen achter de corresponderende hoofdtelwoorden vanaf 20: *zwanzigste, dreiundsechzigste, zweihundertste*

**Let op:** Onregelmatig zijn *erste* (eerste), *dritte* (derde) en *achte* (achtste). Naast *siebente* (zevende) bestaat ook *siebte*.

Bij weergave van rangtelwoorden in de vorm van cijfers, wordt achter het hoofdtelwoord een punt geplaatst: *am 10. April*.

# DE TIJD

| | |
|---|---|
| Het is elf uur | *Es ist elf (Uhr)* |
| Het is precies drie uur | *Es ist genau drei Uhr, es ist Punkt drei (Uhr)* |
| Het is kwart voor vier | *Es ist (ein) Viertel vor vier* |
| | regionaal ook: *Es is drei Viertel vier* |
| Het is kwart over een | *Es ist (ein) Viertel nach eins* |
| | regionaal ook: *Es ist ein Viertel zwei* |
| Het is half twee | *Es ist halb zwei* |
| Het is tien (minuten) over vijf | *Es is zehn (Minuten) nach fünf* |
| Het is vijf (minuten) voor zes | *Es ist fünf (Minuten) vor sechs* |
| Het is tien voor half zeven | *Es is zwanzig nach sechs* |
| Het is tien over half zeven | *Es ist zwanzig vor sieben* |

Om aan te geven of een tijdstip in de ochtend, de middag of de avond valt, gebruikt men in het Duits *vormittags*, *nachmittags* en *abends*: *nachmittags um vier (Uhr)*, *abends um acht (Uhr)*

## DE MAANDEN

| | |
|---|---|
| januari | *Januar* |
| februari | *Februar* |
| maart | *März* |
| april | *April* |
| mei | *Mai* |
| juni | *Juni* |
| juli | *Juli* |
| augustus | *August* |
| september | *September* |
| oktober | *Oktober* |
| november | *November* |
| december | *Dezember* |

## DE DAGEN

| | |
|---|---|
| zondag | *Sonntag* |
| maandag | *Montag* |
| dinsdag | Dienstag |
| woensdag | *Mittwoch* |
| donderdag | *Donnerstag* |
| vrijdag | *Freitag* |
| zaterdag | *Samstag*, N-Duits *Sonnabend* |

De maanden en de dagen hebben in het Duits het mannelijk woordgeslacht. In tijdsbepalingen komt dit ook tot uiting:

| | |
|---|---|
| in april | ***im** April* |
| op tien april | ***am** zehnten April* |
| op vrijdag | ***am** Freitag* (of: *freitags*) |

# LANDENNAMEN

| Nederlandse naam | Duitse naam | inwoner | bijvoeglijk naamwoord |
|---|---|---|---|
| Afghanistan | Afghanistan o | Afghane m | afghanisch |
| Afrika | Afrika o | Afrikaner m | afrikanisch |
| Albanië | Albanien o | Albaner m, Albanier m | albanisch, albanesisch |
| Algerije | Algerien o | Algerier m | algerisch |
| Amerika | Amerika o | Amerikaner m | amerikanisch |
| Andorra | Andorra o | Andorraner m | andorranisch |
| Angola | Angola o | Angolaner m | angolanisch |
| Antigua en Barbuda | Antigua und Barbuda o | Antiguaner m | antiguanisch |
| Argentinië | Argentinien o | Argentinier m | argentinisch |
| Armenië | Armenien o | Armenier m | armenisch |
| Australië | Australien o | Australier m | australisch |
| Azerbaidzjan | Aserbaidschan m | Aserbaidschaner m | aserbaidschanisch |
| Azië | Asien o | Asiat m | asiatisch |
| Bahama's | Bahamas mv, Bahamainseln mv | Bahamaner m, Bahamer m | bahamanisch, bahamisch |
| Bahrein | Bahrein o | Bahreiner m | bahreinisch |
| Bangladesh | Bangladesh o, Bangladesch o | Bangladescher m | bangladeschisch |
| Barbados | Barbados o | Barbadier m | barbadisch |
| België | Belgien o | Belgier m | belgisch |
| Belize | Belize o | Belizer m | belizisch |
| Benin | Benin o | Beniner m | beninisch |
| Bhoetan | Bhutan o | Bhutaner m | bhutanisch |
| Birma | Birma o, Burma o | Birmane m, Burmese m | birmanisch, burmesisch |
| Boerkina Faso | Burkina Faso o | Burkiner m | burkinisch |
| Boeroendi | Burundi o | Burundier m | burundisch |
| Bolivia | Bolivien o | Bolivier m, Bolivianer m | bolivisch, bolivianisch |
| Bosnië | Bosnien o | Bosnier m, Bosniake m | bosnisch |
| Bosnië-Hercegovina | Bosnien und Herzegowina o | - | - |
| Botswana | Botswana o | Botswaner m | botswanisch |
| Brazilië | Brasilien o | Brasilianer m, Brasilier m | brasilianisch |
| Brunei | Brunei o | - | bruneisch |
| Bulgarije | Bulgarien o | Bulgare m | bulgarisch |
| Cambodja | Kambodscha o | Kambodschaner m | kambodschanisch |
| Canada | Kanada o | Kanadier m | kanadisch |
| Centraal-Afrikaanse Republiek | Zentralafrikanische Republik v | - | - |
| Chili | Chile o | Chilene m | chilenisch |
| China | China o | Chinese m | chinesisch |
| Colombia | Kolumbien o | Kolumbianer m | kolumbianisch |
| Comoren | Komoren mv | Komorer m | komorisch |
| Costa Rica | Kostarika o, Costa Rica o | Kostarikaner m, Costaricaner m | kostarikanisch, costaricanisch |
| Cuba | Kuba o | Kubaner m | kubanisch |
| Cyprus | Zypern o | Zypriot m | zyprisch |

# LANDENNAMEN

| Nederlandse naam | Duitse naam | inwoner | bijvoeglijk naamwoord |
|---|---|---|---|
| Denemarken | Dänemark o | Däne m | dänisch |
| Djibouti | Dschibuti o | - | - |
| Dominica | Dominica | Dominikaner m | dominikanisch |
| Dominicaanse Republiek | Dominikanische Republik v | Dominikaner m | dominikanisch |
| Duitsland | Deutschland o | Deutscher m | deutsch |
| Ecuador | Ecuador o | Ecuadorianer m | ecuadorianisch |
| Egypte | Ägypten o | Ägypter m | ägyptisch |
| Engeland | England o | Engländer m | englisch |
| Equatoriaal Guinee | Äquatorialguinea o | | |
| Eritrea | Eritrea o | Eritreer m | eritreisch |
| Estland | Estland o | Este m | estisch, estnisch |
| Ethiopië | Äthiopien o | Äthiopier m | äthiopisch |
| Europa | Europa o | Europäer m | europäisch |
| Fiji | Fidschi o | Fidschianer m | fidschianisch |
| Filippijnen | Philippinen mv | Philippiner m | philippinisch |
| Finland | Finnland o | Finne m, Finnländer m | finnisch |
| Frankrijk | Frankreich o | Franzose m | französisch |
| Gabon | Gabun o | Gabuner m | gabunisch |
| Gambia | Gambia o | Gambier m | gambisch |
| Georgië | Georgien o | Georgier m | georgisch |
| Ghana | Ghana o | Ghanaer m | ghanaisch |
| Grenada | Grenada o | Grenader m | grenadisch |
| Griekenland | Griechenland o | Grieche m | griechisch |
| Groot-Brittannië | Großbritannien o | - | großbritannisch |
| Guatemala | Guatemala o | Guatemalteke m | guatemaltekisch |
| Guinee | Guinea o | Guineer m | guineisch |
| Guinee-Bissau | Guinea-Bissau o | - | guineabissauisch |
| Guyana | Guyana o | Guyaner m | guyanisch |
| Haïti | Haiti o | Haitianer m | haitisch, haitianisch |
| Honduras | Honduras o | Honduraner m | honduranisch |
| Hongarije | Ungarn o | Ungar m | ungarisch |
| Ierland | Irland o | Ire m, Irländer m | irisch, irländisch |
| IJsland | Island v | Isländer m | isländisch |
| India | Indien o | Indier m | indisch |
| Indonesië | Indonesien o | Indonesier m | indonesisch |
| Irak | Irak o | Iraker m | irakisch |
| Iran | Iran o | Iraner m | iranisch |
| Israël | Israel o | Israeli m | israelisch |
| Italië | Italien o | Italiener m | italienisch |
| Ivoorkust | Elfenbeinküste v | - | - |
| Jamaica | Jamaika o | Jamaikaner m, Jamaiker m | jamaikanisch |
| Japan | Japan o | Japaner m | japanisch |
| Jemen | Jemen m & o | Jemenite m | jemenitisch |
| Joegoslavië | Jugoslawien o | Jugoslawe m | jugoslawisch |
| Jordanië | Jordanien o | Jordanier m | jordanisch |
| Kaapverdië | Kapverden o | Kapverdier m | kapverdisch |
| Kameroen | Kamerun o | Kameruner m | kamerunisch |
| Kazachstan | Kasachstan o | Kasache m | kasachisch |
| Kenia | Kenia o | Kenianer m | keniaansch |
| Kirgizië | Kirgisien o | Kirgise m | kirgisisch |
| Kiribati | Kiribati o | - | - |

# LANDENNAMEN

| Nederlandse naam | Duitse naam | inwoner | bijvoeglijk naamwoord |
|---|---|---|---|
| Klein-Joegoslavië | Restjugoslawien o | - | - |
| Koeweit | Kuwait o | Kuwaiter m | kuwaitisch |
| Kongo | Kongo o | Kongolese m | kongolesisch |
| Kroatië | Kroatien o | Kroate m | kroatisch |
| Laos | Laos o | Laote m | laotisch |
| Lesotho | Lesotho o | Lesother m | lesothisch |
| Letland | Letland o | Lette m | lettisch |
| Libanon | Libanon o | Libanese m | libanesisch |
| Liberia | Liberia o | Liberianer m | liberianisch |
| Libië | Libyen o | Libyer m | libysch |
| Liechtenstein | Liechtenstein o | Liechtensteiner m | liechtensteinisch |
| Litouwen | Litauen o | Litauer m | litauisch |
| Luxemburg | Luxemburg o | Luxemburger m | luxemburgisch |
| Macedonië | Makedonien o, Mazedonien o | Makedonier m, Mazedonier m | makedonisch, mazedonisch |
| Madagaskar | Madagaskar o | Madagasse m | madagassisch |
| Malawi | Malawi o | Malawier m | malawisch |
| Maledieven | Malediven mv | Malediver m | maledivisch |
| Maleisië | Malaysia o | Malaysier m | malaysisch |
| Mali | Mali o | Malier m | malisch |
| Malta | Malta v | Malteser m | maltesisch |
| Marokko | Marokko o | Marokkaner m | marokkanisch |
| Mauretanië | Mauretanien | Mauretanier m | mauretanisch |
| Mauritius | Mauritius o | Mauritier m | mauritisch |
| Mexico | Mexiko o | Mexikaner m | mexikanisch |
| Moldavië | Moldau v | Moldauer m | moldauisch |
| Monaco | Monaco o | Monegasse m | monegassisch |
| Mongolië | Mongolei v | Mongole m | mongolisch |
| Montenegro | Montenegro o | Montenegriner m | montenegrinisch |
| Mozambique | Mozambique o, Moçambique o, Mosambik o | Mosambikaner m | mosambikanisch |
| Namibië | Namibia o | Namibier m | namibisch |
| Nauru | Nauru o | - | - |
| Nederland | Niederlande mv, Holland o | Niederländer m, Holländer m | niederländisch, holländisch |
| Nepal | Nepal o | Nepaler m | nepalesisch |
| Nicaragua | Nicaragua o | Nicaraguaner m | nicaraguanisch |
| Nieuw-Zeeland | Neuseeland o | Neuseeländer m | neuseeländisch |
| Niger | Niger o | Nigrer m | nigrisch |
| Nigeria | Nigeria o | Nigerianer m | nigerianisch |
| Noord-Ierland | Nordirland o | Nordirländer m | nordirisch |
| Noord-Korea | Nordkorea o | Nordkoreaner m | nordkoreanisch |
| Noorwegen | Norwegen o | Norweger m | norwegisch |
| Oeganda | Uganda o | Ugander m | ugandisch |
| Oekraïne, de | Ukraine v | Ukrainer m | ukrainisch |
| Oezbekistan | Usbekistan o | Usbeke m | usbekisch |
| Oman | Oman o | Omaner m | omanisch |
| Oostenrijk | Österreich o | Österreicher m | österreichisch |
| Pakistan | Pakistan o | Pakistaner m, Pakistani | pakistanisch |
| Panama | Panama o | Panamaer m | panamaisch |
| Papoea-Nieuw-Guinea | Papua-Neuguinea o | - | - |
| Paraguay | Paraguay o | Paraguayer m | paraguayisch |

# LANDENNAMEN

| Nederlandse naam | Duitse naam | inwoner | bijvoeglijk naamwoord |
|---|---|---|---|
| Peru | Peru o | Peruaner m | peruanisch |
| Perzië | Persien o | Perser m | persisch |
| Polen | Polen o | Pole m | polnisch |
| Portugal | Portugal o | Portugiese m | portugiesisch |
| Qatar | Katar o | Katarer m | katarisch |
| Roemenië | Rumänien o | Rumäne m | rumänisch |
| Rusland | Rußland o | Russe m | russisch |
| Rwanda | Ruanda o | Ruander m | ruandisch |
| Saint-Kitts en Nevis | Saint Kitts und Nevis o | - | - |
| Saint-Lucia | Saint Lucia o | - | - |
| Saint-Vincent | Saint Vincent o | - | - |
| Salvador, El | El Salvador o | Salvadorianer m | salvadorianisch |
| San Marino | San-Marino o | Sanmarinese m | sanmarinesisch |
| Saoedi-Arabië | Saudi-Arabien o | Saudi m, Saudiaraber m | saudiarabisch |
| São Tomé e Principe | São Tomé und Principe | - | - |
| Schotland | Schottland o | Schotte m | schottisch |
| Senegal | Senegal o | Senegalese m, Senegaler m | senegalesisch, senegalisch |
| Servië | Serbien o | Serbe m | serbisch |
| Seychellen | Seychellen mv, Seschellen mv | | |
| Sierra Leone | Sierra Leone o | Sierraleoner m | sierraleonisch |
| Singapore | Singapur o | Singapurer m | singapurisch |
| Slovenië | Slowenien o | Slowene m | slowenisch |
| Slowakije | Slowakei v | Slowake m | slowakisch |
| Soedan | Sudan m | Sudaner m, Sudanese m | sudanisch, sudanesisch |
| Solomoneilanden | Salomonen mv, Salomoninseln mv | - | - |
| Somalië | Somalia o | Somalier m | somalisch |
| Spanje | Spanien o | Spanier m | spanisch |
| Sri Lanka | Sri Lanka o | Srilanker m | srilankisch |
| Suriname | Surinam o | Surinamer m | surinamisch |
| Swaziland | Swasiland o | Swasi m | swasiländisch |
| Syrië | Syrien o | Syrier m, Syrer m | syrisch |
| Tadzjikistan | Tadschikistan o | Tadschike m | tadschikisch |
| Taiwan | Taiwan o | Taiwaner m | taiwanisch |
| Tanzania | Tansania o | Tansanier m | tansanisch |
| Thailand | Thailand o | Thai m, Thailänder m | thailändisch |
| Togo | Togo o | Togoer m, Togolese m | togoisch, togolesisch |
| Tonga | Tonga o | - | - |
| Trinidad en Tobago | Trinidad und Tobago o | - | - |
| Tsjaad | Tschad m | Tschader m | tschadisch |
| Tsjechië | Tschechien o, Tschechei v | Tscheche m | tschechisch |
| Tunesië | Tunesien o | Tunesier m | tunesisch |
| Turkije | Türkei v | Türke m | türkisch |
| Turkmenistan | Turkmenistan o | Turkmene m | - |
| Tuvalu | Tuvalu | - | - |

# LANDENNAMEN

| Nederlandse naam | Duitse naam | inwoner | bijvoeglijk naamwoord |
|---|---|---|---|
| Uruguay | Uruguay o | Uruguayer m | uruguayisch |
| Vanuatu | Vanuatu o | - | - |
| Vaticaanstad | Vatikanstadt v | - | vatikanisch |
| Venezuela | Venezuela o | Venezolaner m, Venezueler m | venezolanisch, venezuelisch |
| Verenigde Arabische Emiraten | Vereinigte Arabische Emirate mv | - | - |
| Verenigde Staten | Vereinigte Staaten mv | Amerikaner m | amerikanisch |
| Verenigd Koninkrijk | Vereinigtes Königreich o | - | - |
| Vietnam | Vietnam o | Vietnamese m | vietnamesisch |
| Wales | Wales o | Waliser m | walisisch |
| West-Samoa | Westsamoa o | Westsamoaner m | westsamoanisch |
| Wit-Rusland | Weißrußland o | Weißrusse m | weißrussisch |
| Zaïre | Zaire o | Zairer m | zairisch |
| Zambia | Sambia o | Sambier m | sambisch |
| Zimbabwe | Simbabwe o | Simbabwer m | simbabwisch |
| Zuid-Afrika | Südafrika o | Südafrikaner m | südafrikanisch |
| Zuid-Korea | Südkorea o | Südkoreaner m | südkoreanisch |
| Zweden | Schweden o | Schwede m | schwedisch |
| Zwitserland | Schweiz v | Schweizer m | Schweizer, schweizerisch |

# ANDERE BELANGRIJKE GEOGRAFISCHE NAMEN

**Aarlen** Arlon o
**Abessinië** Abessinien o
**Achter-Indië** Hinterindien o
**Adige** Etsch v
**Adriatische Zee** Adriatisches Meer o, Adria v
**Aken** Aachen o
**Aleoeten** Aleuten mv
**Alexandrië** Alexandrien o
**Algiers** Algier o
**Alpen** Alpen mv
**Amazone** Amazonas m
**Anatolië** Anatolien o
**Andalusië** Andalusien o
**Andes** Anden mv
**Antarctica** Antarktika o
**Antillen** Antillen mv
**Apennijnen** Apenninen mv
**Arabië** Arabien o
**Aragon** Aragonien o
**Aralmeer** Aralsee m
**Ardennen** Ardennen mv
**Arnhem** Arnheim o
**Asturië** Asturien o
**Athene** Athen o
**Atlantische Oceaan** Atlantischer Ozean m
**Azoren** Azoren mv
**Baffinbaai** Baffinmeer o
**Bakoe** Baku o
**Balatonmeer** Plattensee m
**Balearen** Balearen mv
**Balkanschiereiland** Balkanhalbinsel v
**Baskenland** Baskenland o
**Bastenaken** Bastogne o
**Bazel** Basel o
**Beieren** Bayern o
**Beiroet** Beirut o
**Belgrado** Belgrad o
**Benedenwindse Eilanden** Inseln mv unter dem Winde
**Benelux** Benelux v
**Bengalen** Bengalen o
**Bengalen, Golf van** Bengalischer Golf m, Bengalischer Meerbusen m
**Benghazi** Bengasi o
**Bergen (Henegouwen)** Mons o
**Berlijn** Berlin o
**Bermuda** Bermudas mv, Bermuda-Inseln mv
**Berner Alpen** Berner Oberland o
**Binnen-Mongolië** Innere Mongolei v
**Biskaje, Golf van** Golf m von Biskaya
**Bodenmeer** Bodensee m
**Boedapest** Budapest o

**Boekarest** Bukarest o
**Bohemen** Böhmen o, Böhmerland o
**Bohemerwoud** Böhmerwald m
**Bolzano** Bozen o
**Botnische Golf** Bottnischer Meerbusen m
**Bourgondië** Burgund o
**Bovenmeer** Oberer See m
**Bovenwindse Eilanden** Inseln mv über dem Winde
**Bratislava** Pressburg o
**Brennerpas** Brenner m, Brennerpaß m
**Brno** Brünn o
**Brugge** Brügge o
**Brunswijk** Braunschweig o
**Brussel** Brüssel o
**Bydgoszcz** Bromberg o
**Bytom** Beuthen o
**Calabrië** Kalabrien o
**Calcutta** Kalkutta o
**Californië** Kalifornien o
**Canarische Eilanden** Kanaren mv, Kanarische Inseln mv
**Cantabrisch Gebergte** Kantabrisches Gebirge o
**Caribische Zee** Karibik v, Karibisches Meer o
**Carolinen** Karolinen mv
**Carthago** Karthago o
**Castilië** Kastilien o
**Catalonië** Katalonien o
**Centraal-Azië** Innerasien o, Zentralasien o
**Centraal Massief** Zentralmassiv o, Zentralplateau o
**Chorzow** Königshütte o
**Cluj** Klausenburg o
**Cochin-China** Kotschin-China o
**Comomeer** Comer See m
**Corinthe** Korinth o
**Corsica** Korsika o
**Cycladen** Kykladen mv
**Dalmatië** Dalmatien o
**Damascus** Damaskus o
**Debrecen** Debrezin o, Debreczin o
**Djeddah** Dschidda o
**Dode Zee** Totes Meer o
**Dolomieten** Dolomiten mv
**Dover, Straat van** Straße v von Dover
**Drava** Drau v
**Dudelange** Düdelingen o
**Duinkerke** Dünkirchen o
**Edinburgh** Edinburg o
**Eems** Ems v
**Egeïsche Zee** Ägäisches Meer o
**Elzas** Elsaß o

# GEOGRAFISCHE NAMEN

**Emmerik** Emmerich o
**Ertsgebergte** Erzgebirge o
**Etna** Ätna m
**Eufraat** Euphrat m
**Faeröer** Färöer mv
**Filippijnentrog** Philippinengraben m
**Finse Golf** Finnischer Meerbusen m
**Florence** Florenz o
**Frankenland** Franken o
**Frankfurt** Frankfurt o (am Main/an der Oder)
**Frans Guyana** Französisch-Guyana o
**Frans Polynesië** Französisch-Polynesien o
**Funen** Fünen o
**Galicië** (in Spanje) Galicien o
**Galicië** (in Polen) Galizien o
**Galilea** Galiläa o
**Gardameer** Gardasee m
**Gazastrip** Gaza-Streifen m
**Gdansk** Danzig o
**Gdynia** Gdingen o
**Gele Rivier** Gelber Fluß m
**Gele Zee** Gelbes Meer o
**Genève** Genf o
**Genève, Meer van** Genfer See m
**Genua** Genua o
**Gliwice** Gleiwitz o
**Golan, Hoogten van** Golanhöhen mv
**Golfstroom** Golfstrom m
**Gotenburg** Gotenburg o
**'s-Gravenhage** den Haag, der Haag
**Groenland** Grönland o
**Grote Oceaan** Großer Ozean o
**Gulik** Jülich o
**Haag, Den** den Haag, der Haag
**Henegouwen** Hennegau o
**Hercegovina** Herzegowina o
**'s-Hertogenbosch** Herzogenbusch o
**Hindoestan** Hindustan o
**Hongkong** Hongkong o
**Hoorn, Kaap** Kap Horn, Kap Hoorn
**Iberisch Schiereiland** Iberien o
**Ieper** Ypern o
**Ierse Zee** Irische See v
**IJsselmeer** Ijsselmeer o
**IJzer** Yser v
**IJzeren Poort** Eisernes Tor o
**Indische Oceaan** Indischer Ozean m
**Isfahan** Esfähan o
**Istanboel** Istanbul o
**Istrië** Istrien o
**Jammerbocht** Jammerbucht v
**Japanse Zee** Japanisches Meer o
**Javazee** Javasee v
**Jerevan** Eriwan o
**Jeruzalem** Jerusalem o
**Jordaan** Jordan m
**Judea** Judäa o
**Jutland** Jütland o
**Kaap de Goede Hoop** Kap o der Guten Hoffnung
**Kaapstad** Kapstadt o
**Kaboel** Kabul o
**Kaïro** Kairo o
**Kaliningrad** Königsberg o
**Kamtsjatka** Kamtschatka o
**Kanaal, het** der Kanal m, Englischer Kanal m, Ärmelkanal m
**Kanaaleilanden** Kanalinseln mv
**Karachi** Karatschi o
**Karelië** Karelien o
**Karinthië** Kärnten o
**Karlovy Vary** Karlsbad o
**Kaspische Zee** Kaspisches Meer o, Kaspisee v
**Katowice** Kattowitz o
**Kazan** Kasan o
**Kerkelijke Staat** Kirchenstaat m
**Keulen** Köln o
**Kiev** Kiew o
**Kilimanjaro** Kilimandscharo m
**Klajpeda** Memel o
**Kleef** Kleve o
**Klein-Azië** Kleinasien o
**Koerdistan** Kurdistan o
**Konstanz, Meer van** Bodensee m
**Korinthe** Korinth o
**Kroonstad** Kronstadt o
**Lahore** Lahor o
**Lapland** Lappland o
**Latijns-Amerika** Lateinamerika o
**Legnica** Liegnitz o
**Leie** Lys v
**Leuven** Löwen o
**Levant** Levante v
**Ligurië** Ligurien o
**Ligurische Zee** Ligurisches Meer o
**Lijfland** Livland o
**Ljubljana** Laibach o
**Lombardije** Lombardei v
**Londen** London o
**Lotharingen** Lothringen o
**Luik** Lüttich o
**Lwow** Lemberg o
**Maagdenburg** Magdeburg o
**Maagdeneilanden** Jungferninseln mv
**Maas** Maas v
**Magallanes, Straat van** Magellanstraße v
**Maleise Archipel** Malaiischer Archipel m
**Manilla** Manila o
**Mantsjoerije** Mandschurei v
**Marianentrog** Marianengraben m
**Maribor** Marburg o
**Marmora, Zee van** Marmarameer o
**Mechelen** Mecheln o
**Mecklenburg-Voor-Pommeren** Mecklen-

# GEOGRAFISCHE NAMEN

burg-Vorpommern o
**Melanesië** Melanesien o
**Merano** Meran o
**Mesopotamië** Mesopotamien o
**Mexico(-Stad)** Mexiko o
**Micronesië** Mikronesien o
**Middellandse Zee** Mittelmeer o
**Midden-Amerika** Mittelamerika o
**Midden-Oosten** Nahost m, Naher Osten m
**Milaan** Mailand o
**Moeskroen** Mouscron o
**Moezel** Mosel v
**Mogadishu** Mogadischu o
**Molukken** Molukken mv
**Moravië** Mähren o
**Moskou** Moskau o
**Moskva** Moskwa v
**Mulhouse** Mülhausen o
**Munster** Münster o
**Nabije Oosten** Nahost m, Naher Osten m
**Namen** Namur o
**Napels** Neapel o
**Nauw van Calais** Straße v von Calais
**Neder-Californië** Niederkalifornien o
**Nederlandse Antillen** Niederländische Antillen mv
**Neder-Oostenrijk** Niederösterreich o
**Neder-Rijn** Niederrhein m
**Neder-Saksen** Niedersachsen o
**Neisse** Neiße v
**Neuchâtel** Neuenburg o
**Neurenberg** Nürnberg o
**New Delhi** Neu-Delhi o
**Newfoundland** Neufundland o
**Niagarawatervallen** Niagarafälle mv
**Nice** Nizza o
**Nicosia** Nikosia o
**Nieuw-Caledonië** Neukaledonien o
**Nieuw-Guinea** Neuguinea o
**Nieuw-Zuid-Wales** Neusüdwales o
**Niger** ⟨rivier⟩ Niger m
**Nijl** Nil m
**Nijmegen** Nimwegen o
**Noord-Afrika** Nordafrika o
**Noord-Amerika** Nordamerika o
**Noord-Brabant** Nordbrabant o
**Noordelijke IJszee** Nordpolarmeer o
**Noord-Holland** Nordholland o
**Noord-Ierland** Nordirland o
**Noordkaap** Nordkap o
**Noord-Oostzeekanaal** Nord-Ostsee-Kanal m
**Noordpoolgebied** Nordpolargebiet o
**Noordrijn-Westfalen** Nordrhein-Westfalen o
**Noordzee** Nordsee v
**Noordzeekanaal** Nordseekanal m

**Normandië** Normandie v
**Nova Scotia** Neuschottland o
**Novi Sad** Neusatz o
**Nubië** Nubien o
**Oceanië** Ozeanien o
**Ochotsk, Zee van** Ochotskisches Meer o
**Oder** Oder v
**Oeral** Ural m
**Olympus** Olymp m
**Oost-Berlijn** Ostberlin o
**Oost-Chinese Zee** Ostchinesisches Meer o
**Oost-Duitsland** Ostdeutschland o
**Oostende** Ostende o
**Oost-Europa** Osteuropa o
**Oost-Friesland** Ostfriesland o
**Oost-Vlaanderen** Ostflandern o
**Oostzee** Ostsee v
**Opper-Oostenrijk** Oberösterreich o
**Oranje-Vrijstaat** Oranjefreistaat m
**Ostrava** Ostrau o
**Paaseiland** Osterinsel v
**Palestina** Palästina o
**Palts** Pfalz v
**Panamakanaal** Panamakanal m
**Parijs** Paris o
**Parnassus** Parnaß m
**Patagonië** Patagonien o
**Peking** Peking o
**Peloponnesus** Peloponnes m
**Penninische Alpen** Walliser Alpen mv
**Pennsylvania** Pennsylvanien v
**Perzische Golf** Persischer Golf m
**Piemonte** Piemont o
**Piraeus** Piräus m
**Plzen** Pilsen o
**Polynesië** Polynesien o
**Pommeren** Pommern o
**Porto Rico** Puerto Rico o, Porto Rico o
**Poznan** Posen o
**Praag** Prag o
**Prins-Edwardeiland** Prinz-Eduardinsel v
**Pruisen** Preußen o
**Puerto Rico** Puerto Rico o, Porto Rico o
**Pyongyang** Pjöngjang o
**Pyreneeën** Pyrenäen mv
**Rangoon** Rangun o
**Reuzengebergte** Riesengebirge o
**Rijn** Rhein m
**Rijnland** Rheinland o
**Rijnland-Palts** Rheinland-Pfalz o
**Rijsel** Lille o
**Rivièra** Riviera v
**Rode Zee** Rotes Meer o
**Roer 1** ⟨zijrivier v.d. Maas⟩ Rur v; **2** ⟨zijrivier v.d. Rijn⟩ Ruhr v
**Roergebied** Ruhrgebiet o
**Rome** Rom o
**Saar** Saar v

## GEOGRAFISCHE NAMEN

**Saksen** Sachsen o
**Saksen-Anhalt** Sachsen-Anhalt o
**Sarajevo** Sarajewo o
**Sardinië** Sardinien o
**Sava** Save v
**Savoye** Savoyen o
**Scandinavië** Skandinavien o
**Schaffhausen, Waterval van** Rheinfall m
**Sebastopol** Sewastopol o
**Seoel** Seoul o
**Siberië** Sibirien o
**Sicilië** Sizilien o
**Silezië** Schlesien o
**Sint-Bernardpas** (Großer, Kleiner) Sankt Bernhard m
**Sint-Helena** Sankt-Helena o
**Sint-Maarten** Sankt-Martin o
**Sint-Petersburg** Sankt-Petersburg o
**Sion** (in Zwitserland) Sitten o
**Sjanghai** Schanghai o
**Slavonië** Slawonien o
**Sleeswijk-Holstein** Schleswig-Holstein o
**Soenda-eilanden** Sundainseln mv
**Sont** Sund m
**Sopot** Zoppot o
**Sosnowiec** Sosnowitz o
**Spiers** Speyer o
**Spitsbergen** Spitzbergen o
**Stiermarken** Steiermark v
**Stille Oceaan, Stille Zuidzee** Stiller Ozean m
**Straatsburg** Straßburg o
**Suezkanaal** Suezkanal m
**Syracuse** Syrakus o
**Szczecin** Stettin o
**Taag** Tajo m
**Tafelberg** Tafelberg m
**Tasjkent** Taschkent o
**Tasmanië** Tasmanien o
**Tenerife** Teneriffa o
**Thebe** Theben o
**Theems** Themse v
**Thessalië** Thessalien o
**Thionville** Diedenhofen o
**Thracië** Thrakien o
**Tiber** Tiber m
**Tibet** Tibet o
**Ticino** (rivier) Tessin m; ⟨kanton⟩ Tessin o
**Tigris** Tigris m
**Timboektoe** Timbuktu o
**Tirol** Tirol o
**Tokio** Tokio o
**Tonkin** Tongking o
**Toscane** Toskana v
**Transsylvanië** Siebenbürgen o, Transilvania o
**Triëst** Triest o
**Turijn** Turin o
**Tyrrheense Zee** Tyrrhenisches Meer o
**Umbrië** Umbrien o
**Vah** Waag v
**Valais** Wallis o
**Vaud** Waadt v
**Venetië** Venedig o
**Verona** Verone o
**Verre Oosten** Ferner Osten m, Fernost m
**Vesuvius** Vesuv m
**Victoriameer** Victoriasee m
**Vierwoudstedenmeer** Vierwaldstätter See m
**Vilnius** Wilna o
**Vlaanderen** Flandern o
**Vogezen** Vogesen mv
**Voor-Indië** Indien o
**Vuurland** Feuerland o, Tierra del Fuego o
**Waddeneilanden** Friesische Inseln mv
**Walachije** Walachei v
**Walbrzych** Waldenburg o
**Wallonië** Wallonien o
**Walvisbaai** Walfischbai o
**Wenen** Wien o
**Wenerwoud** Wienerwald m
**West-Berlijn** West-Berlin o
**West-Duitsland** West-Deutschland o
**West-Europa** West-Europa o
**Westelijke Sahara** Westsahara o
**West-Indië** Westindien o
**West-Vlaanderen** Westflandern o
**Wezer** Weser v
**Witte Zee** Weißes Meer o
**Wroclaw** Breslau o
**Zabrze** Hindenburg o
**Zambesi** Sambesi m
**Zanzibar** Sansibar o
**Zaragoza** Saragossa o
**Zeeland** Seeland o
**Zevenburgen** Siebenbürgen o, Transilvania o
**Zevengebergte** Siebengebirge o
**Zielona Gora** Grünberg o
**Zuid-Amerika** Südamerika o
**Zuid-Chinese Zee** Südchinesisches Meer o
**Zuidelijke IJszee** Südpolarmeer o
**Zuid-Holland** Südholland o
**Zuidoost-Azië** Südostasien o
**Zuidpoolgebied** Antarktis v, Südpolargebiet o
**Zuid-Tirol** Südtirol o
**Zwaben** Schwaben o
**Zwarte Woud** Schwarzwald m
**Zwarte Zee** Schwarzes Meer o

# DUITSE CULINAIRE TERMEN EN GERECHTEN

**Anschovis** ansjovis
**Apfelkuchen** appelgebak
**Apfelsine** sinaasappel
**Aprikosenkaltschale** koude abrikozensoep
**Artischocke** artisjok
**Aubergine** aubergine
**Auflauf** ovenschotel
**Aufschnitt** verschillende soorten vleeswaren in plakjes
**Austern** oesters
**Baguette** stokbrood
**Bauernfrühstück** roerei met ham, worst, ui en augurk
**Baumkuchen** hoge, in lagen gebakken, cilindervormige cake
**Bayrischkraut** gekookte witte kool met azijn en appeltjes
**Beefsteak** biefstuk; *deutsches* ˜ schijf gebraden gehakt
**Beerenkaltschale** koude bessensoep
**Berliner Pfannkuchen** kleine, meestal met jam gevulde beignet
**Bienenstich** met pudding of crème gevulde koek, bestrooid met geraspte amandelen of kokos
**Bierschinken** gekookte worst met stukjes ham
**Biersuppe** warme soep bereid met bier, eieren, zure room, suiker en kaneel
**Birne** peer
**Bismarckhering** van graten ontdane, gemarineerde haring
**Blaubeere** blauwe bosbes
**Blaukraut** rodekool
**Blitzgurken** zoetzure augurken
**Blumenkohl** bloemkool
**Bockwurst** gekookte rookworst
**Bohnen**: *grüne* ˜ sperziebonen
**Bratheringe**: *eingelegte* ˜ gebakken haring in azijnsaus
**Bratkartoffeln** gebakken aardappels
**Bratwurst** gebraden worst
**Brechbohnen** sperziebonen
**Bries, Briesel** zwezerik
**Brieschen** kalfszwezerik
**Broiler** gebraden of gegrilde kip
**Brombeere** braam
**Brühe** bouillon
**Buchteln** zoetige broodjes, vaak met pruimenmoes- of jamvulling
**Buchweizengrütze** boekweitgrutten
**Bückling** bokking, gerookte haring
**Bulette** gehaktbal
**Bündner Fleisch** gerookt en gedroogd rundvlees
**Butt** bot <vis>
**Buttermilch-Frucht-Kaltschale** koude vruchtensoep met karnemelk
**Buttersoße**: *braune* ˜ eenvoudige saus van boter en paneermeel
**Chicorée** witlof
**Chinakohlfrischkost** rauwkost van Chinese kool
**Currywurst** braadworst met kerrie(saus)
**Dillsoße** dillesaus
**Dorsch** dors, jonge kabeljauw
**Eierkuchen** pannenkoek
**Eierlikör** advocaat
**Eiersalat** eiersalade
**Eierschecke** koek bedekt met een mengsel van eieren, kwark, rozijnen en amandelen
**Eierstichsuppe** soep met stukjes gestold ei
**Eintopf** eenpansgerecht
**Eisbein** varkenspootje, kluif
**Eisbecher** ijscoupe
**Eisbombe** ijstaart
**Endive** andijvie
**Ente** eend; *kalte* ˜ drank bereid uit wijn, mineraalwater en citroen
**Entenbraten** gebraden eend
**Erbsen** (dop)erwten
**Erbseneintopf, Erbsensuppe** erwtensoep
**Erdbeere** aardbei
**Essig** azijn
**Fenchelgemüse** venkel
**Feuerzangenbowle** warme, geflambeerde bowl met kaneel en kruidnagels
**Filetsteak** biefstuk
**Fisch(ein)topf, Fischsuppe** vissoep
**Fischfilet** visfilet
**Fischklops, Fischbulette** visburger
**Fischstäbchen** vissticks
**Flädlesuppe** soep met reepjes pannenkoek
**Fleischbrühe** vleesbouillon
**Frankfurter Kranz** ringvormige cake met laagjes room en bestrooid met nootjes
**Frikadelle** schijf gebraden gehakt
**Frikassee** vleesragout
**Frischkäse** niet gerijpte, zachte, witte kaas
**Frittatensuppe** = *Flädlesuppe*
**Frühlingsrolle** loempia
**Gänsebraten** gebakken gans
**Gänsebrust**: *gefüllte* ˜ gevulde ganzenborst
**Garnelen** garnalen

## DUITSE CULINAIRE TERMEN

**gedünstet** gestoofd
**Geflügel** gevogelte
**Geflügelleber** lever van kip of ander gevogelte
**Gehacktes** gehakt
**Gemüse** groente
**Gemüsebrühe** groentebouillon
**Gemüse-Risotto** groenten met rijst
**Gemüsesuppe** groentesoep
**Geschnetzelte(s)** gerecht van kleine, dunne vleeslapjes in saus
**Geselchte(s)** gepekeld en gerookt vlees
**Gewürze** kruiden
**Gewürzgurken** augurken
**Glühwein** gezoete en gekruide warme rode wijn
**Grießnocken** balletjes van griesmeel
**Grog** grog, hete drank op basis van rum
**Grünkohlgemüse** boerenkool
**Gulasch** goulash
**Gurkensalat** komkommersalade
**Hackbraten** gehakt, in één groot stuk gebraden
**Hachfleisch** gehakt
**Haferflocken** havermout
**Hähnchen** kip
**Hähnchenkeule, -schenkel** kippenbout
**Halbgefrorenes** parfait
**Hammelfleisch** lamsvlees
**Harzer (Käse)** sterk geurende, zachte kaas
**Hase** haas
**Hasenpfeffer** hazenpeper
**Hecht in saurer Sahne** snoek in zure room
**Hefeklöße mit Heidelbeersoße** ballen van gistdeeg met bosbessensaus
**Heilbutt** heilbot
**Hering** haring
**herzhaft** hartig
**Herzragout** hartragout
**Himbeere** framboos
**Hirtensteak** biefstuk op toast met tomaat en paprika
**Holundersekt** mousserende wijn van vlierbessenbloesem
**Holundersuppe** vlierbessensoep
**Huhn, Hünchen** kip
**Hühnerfrikassee** kippenragout
**Hühnersuppe** kippensoep
**Hummer** (zee)kreeft
**Igelkuchen** = *Lukullus*
**Ingwer** gember
**Jägerschnitzel** ongepaneerd gebakken kalfs- of varkenslapje met gekruide saus en paddestoelen
**Johannisbeere** aalbes
**Kalbsmilch** kalfszwezerik
**Kalbszunge** kalfstong
**Kaldaunen** pens, ingewanden

**Kaninchen** konijn
**Kapernsoße** kappertjessaus
**Karfiol** bloemkool
**Karotten** worteltjes
**Karpfen blau** gekookte karper
**Kartoffelklöße** gekookte ballen van aardappelmeel
**Kartoffeln** aardappels
**Kartoffelpuffer** kleine pannenkoek van geraspte aardappel en ei
**Kartoffelsalat** gekruide aardappelsalade
**Kartoffelsuppe** aardappelsoep
**Käse:** *panierter* ~ kaassoufflé
**Käsekäulchen** = *Quarkkäulchen*
**Käsekuchen** ± kwarktaart
**Kaßlerkotelett** gerookte karbonade
**Kichererbsen** kikkererwten
**Kirsche** kers
**Kirschkuchen mit Streuseln** kersenkruimelgebak
**Klops** gehaktbal
**Kloß, Knödel** balletje van vlees of deeg
**Knoblauch** knoflook
**Knurrhahn** poon
**Kochschinken** gekookte ham
**Königsberger Klopse** gehaktballen in kappertjessaus
**Kopfsalat** sla
**Korn** jenever
**Kotellet** karbonade
**Krapfen** = *Berliner Pfannkuchen*
**Kuchenbrötchen** zoet wit broodje
**Kürbiseintopf** pompoensoep
**Kutteln** = *Kaldaunen*
**Labskaus** stamppot met vlees, vis, aardappels, uien en augurken
**Lachs:** *geräucherter* ~ gerookte zalm
**Languste** langoest, tienpotige kreeft
**Leberpastete** leverpastei
**Leberwurst** leverworst
**Lebkuchen** met stroop of honing bereide, sterk gekruide koek
**Leipziger Allerlei** gemengde groenteschotel
**Linseneintopf** linsensoep
**Lukullus** koek en chocola in laagjes
**Mandel** amandel
**Marille** abrikoos
**Maultaschen** rissole
**Meerrettich** mierikswortel
**Melone** meloen
**Mett** mager varkensgehakt, dat rauw wordt gegeten
**Mettwurst** metworst
**Milchreis** rijstebrij
**Mohnkuchen** maanzaadgebak
**Möhrenfrischkost** wortelsalade
**Mundbrötchen** zoet wit broodje

**Muscheln** mosselen
**Nudelsuppe** vermicellisoep
**Obstsalat** vruchtensalade
**Obstkuchen, -torte** vruchtenvlaai
**Obstler** vruchtenbrandewijn
**Ochsenschwanzsuppe** ossenstaartsoep
**Olivenöl** olijfolie
**Orange** sinaasappel
**Palatschinke** flensje
**Paprikaschoten:** *gefüllte* ~ gevulde paprika
**Pastete** pastei; paté
**Pellkartoffeln** aardappels in de schil gekookt
**Pfannkuchen** pannenkoek
**Pfefferkuchen** = *Lebkuchen*
**Pfifferling** cantharel
**Pfirsich** perzik
**Pflaume** pruim
**Pilzgulasch** paddestoelenragout
**Pilzsuppe** paddestoelensoep
**Pommes frites** patates frites
**Porree** prei
**Punsch** punch, meestal heet gedronken drank bereid uit arak, rum of wijn, thee, water en suiker
**Pute** kalkoense hen
**Putenschenkel** kalkoenbout
**Quarkkäulchen** soort oliebol bereid met kwark, meel, suiker, eieren en aardappel
**Quarkkuchen** kwarktaart
**Räucheraal** gerookte paling
**Räucherfischsalat** salade met gerookte vis
**Räucherschinken** gerookte ham
**Rebhuhn** patrijs
**Rehrücken** reerug
**Reibekuchen** aardappelpannenkoek
**Reis** rijst
**Rhabarberkuchen** rabarbergebak
**Rhabarbersuppe** rabarbersoep
**Rinderfilet** ossenhaas
**Rinderschmorbraten** gestoofd rundvlees
**Rippchen:** *gebratene* ~ spareribs
**Rippenbraten** gebraden kotelet
**Rohkost** rauwkost
**Rosenkohl** spruitjes
**Rostbraten** geroosterd vlees
**Röstkartoffeln** gebakken aardappels
**Rote Grütze** watergruwel met rode vruchten
**Rote Be(e)te** rode biet
**Rotkraut** rodekool
**Rouladen** rollade
**Rührei** roerei
**Rumpsteak** gebraden rundvlees van de rib
**Sachertorte** bep. soort chocoladetaart
**Sahne** room
**Salat** salade, sla
**Salzhering** zoute haring
**Salzkartoffeln** gekookte aardappels
**Sauerbraten** in azijn en kruiden gebraden runderlap
**Sauerkraut** zuurkool
**Schaschlyk** vlees, ui, paprika e.d. aan een spies
**Schinken:** *gekochter* ~ gekookte ham; *geräucherter* ~ gerookte ham
**Schlagobers, Schlagsahne** slagroom
**Schmarren** pannenkoek
**Schmelzkäse** smeerkaas
**Schmorgurken** gestoofde komkommers
**Schnecken** slakken
**Schnitzel** dunne lap kalfs- of varkensvlees, veelal gepaneerd
**Schokoladenplätzchen** chocoladekoekjes
**Schwalbennester** rollade, gevuld met gekookt ei
**Schwarzwälder Kirschtorte** kersentaart met kirsch
**Schwarzwurzeln** schorseneren
**Schweinebraten** gebraden varkensvlees
**Schweinehakse** varkenspoot
**Schweinelende** varkenshaas
**Schweineohren** grote koeken van opgerold bladerdeeg
**Seezunge** tong <vis>
**Sekt** witte, mousserende wijn
**Sellerie** selderij
**Selterkuchen** platte cake
**Semmel** broodje
**Semmelknödel** gekookte ballen van brooddeeg
**Senf** mosterd
**Senfeier** gekookte eieren met mosterdsaus
**Senfgurken** augurken in mosterdsaus
**Senfsoße** mosterdsaus
**Sojasprossen** taugé
**Soljanka** soep van worst- en vleesresten
**Soße** saus
**Spanferkel** speenvarken
**Spargel** asperge
**Spätzle** soort macaroni
**Speckkuchen** hartige taart met spek
**Spekulatius** speculaas
**Spezi** mengsel van limonade en cola
**Spinat** spinazie
**Spritzkuchen** soort oliebol
**Stachelbeere** kruisbes
**Stangenweißbrot** stokbrood
**Steak** biefstuk
**Steinpilz** eekhoorntjesbrood
**Stollen** kerststol
**Strammer Max** gebakken ei met spekblokjes op brood

**Streuselkuchen** kruimelgebak
**Strudel** gebak van opgerold deeg met vulling
**Sülze** sult
**Tartar** rauw gehakt
**Teufelssoße** pikante saus
**Thunfisch** tonijn
**Tintenfisch** inktvis
**Tofu** tahoe
**Tomatenmark** tomatenpuree
**Traube** druif
**Truthahn** kalkoen
**Vanillekipfel** vanillekoekjes
**Weingelee** wijnpudding
**Weißkrautsalat** salade van witte kool
**Wellfleisch** gekookt varkensvlees
**Wiener Würstchen im Schlafrock** worstjes in deeg gebakken
**Wildente** wilde eend
**Windbeutel** slagroomgebak
**Ziegenkäse** geitenkaas
**Zitronencreme** citroenmousse
**Zitronenkuchen** citroencake
**Zucchini** courgette
**Zuckerkuchen** suikergebak
**Zunge** tong <vis>
**Zwetschgenknödel** gekookte deegballen met pruimenvulling
**Zwiebel** ui
**Zwiebelkuchen** hartige taart met ui
**Zwiebelsuppe** uiensoep

# Brieven schrijven in het Duits

Voor wie een brief wil schrijven in het Duits volgen hier een aantal praktische tips voor de adressering, de aanspreekvorm, de plaats van de diverse onderdelen van de brief en de afsluiting. In drie voorbeeldbrieven – een zakelijke brief, een persoonlijke en een reservering – is een aantal veelgebruikte zinnen en uitdrukkingen verwerkt.

**De adressering op de envelop**

Voorbeeld:

Herrn
Dr. jur. L. Pauls
Lerchenstraße 18
80806 München
Duitsland

Toelichting:

- Bij brieven die gericht zijn aan een onderneming, een dienstverlenende instantie e.d. kunt u boven de aanspreekvorm in een aparte regel *An / An den / An die / An das* zetten, bijv.:

  *An das*          Aan de Belastingdienst
  *Finanzamt*

- U kunt een van de volgende aanspreekvormen aan de naam van de geadresseerde laten voorafgaan (al dan niet in een aparte regel):

  | | |
  |---|---|
  | *Herrn* | de heer |
  | *Frau* | mevrouw |
  | *Herren* | de heren |
  | *Familie* | familie |
  | *Firma* | firma |
  | *Herrn und Frau* | de heer en mevrouw |

  De aanspreekvorm *Fräulein*, afgekort *Frl.*, voor ongehuwde vrouwen is verouderd.

  Het is gebruikelijk om altijd, ook bij persoonlijke brieven, de eventuele titulatuur voor de naam van de geadresseerde te zetten, bijv.: *Dipl.-Ing.* Johanna Fröhlich; *Prof.* Carl Mayer.

- De postcode komt voor de plaatsnaam.

- Bij brieven die gericht zijn aan een medewerker van een onderneming kunt u gebruik maken van de formulering: *zu Händen*, afgekort *z. Hd.* of *z. H.*, bijv.:

  Infosoft GmbH
  z. Hd. Frau M. Immer

**De indeling van de brief**

We gaan er in het onderstaande vanuit dat geen gebruik wordt gemaakt van voorbedrukt briefpapier, waarop de plaats van de verschillende onderdelen van de brief reeds is bepaald.

# BRIEVEN SCHRIJVEN

Plaats linksboven de naam en het adres van de afzender.

Plaats enkele regels daaronder links de naam en het adres van degene voor wie de brief is bestemd (zie hiervoor *De adressering op de envelop*).

Plaats iets lager aan de rechterkant de **datum**. Deze kan op verschillende manieren worden geschreven. De volgende vorm heeft de voorkeur: Utrecht, den 13. August 1996. Alternatieven zijn: Utrecht, 13. 8. 96 / Utrecht, am 13. Aug. 1996 / Utrecht, im August 1996. Welke vorm u ook kiest, denk eraan dat de namen van de maanden in het Duits met een hoofdletter worden geschreven.

In zakelijke brieven kunt u boven de aanhef een korte samenvatting van het **onderwerp** van de brief geven. Deze wordt aangekondigd door het woord *Betreff*, gevolgd door een met een hoofdletter beginnende nieuwe regel die in de eerste naamval staat. Bijv.:

> Betreff
> Ihre Bestellung vom 27. Juli 1996

Plaats iets lager links de **aanhef**. In het begin van de drie navolgende voorbeeldbrieven treft u een aantal alternatieven aan voor de vorm die u in de aanhef kunt kiezen. Zie voor de te gebruiken aanspreekvorm in de aanhef *De adressering op de envelop*. Het is niet gebruikelijk om in de aanhef de voorletters van de geadresseerde te zetten. Wel moet in zakelijke brieven de titulatuur worden gebruikt.

De aanhef kan eindigen op een uitroepteken of op een komma. In het laatste geval begint de tekst na de aanhef niet met een hoofdletter (tenzij het betreffende woord altijd met een hoofdletter wordt geschreven, bijv. zelfstandige naamwoorden).
Als twee of meer personen worden aangesproken, moeten bijvoeglijke naamwoorden die grammaticaal slechts bij een enkele naam passen, per persoon herhaald worden. Bijv.:

> Liebe Elisabeth, lieber Andreas!

Aan het slot van de voorbeeldbrieven vindt u een aantal alternatieven voor de **afsluiting** van een brief.

Plaats in zakelijke brieven onderaan een lijst met een opsomming van de **bijlagen**, genoemd *Anlagen* (onderstreept), bijv.:

| Bijlagen: | Anlagen |
|---|---|
| curriculum vitae | Lebenslauf |
| gefrankeerde envelop | Freiumschlag |

## Zakelijke brief

| | |
|---|---|
| Geachte heer ..., | Sehr geehrter Herr ..., |
| Geachte mevrouw ..., | Sehr geehrte Frau ..., |
| | |
| Geachte heer, mevrouw, | Sehr geehrte Damen und Herren, |
| Mijne / Geachte heren, | Sehr geehrte Herren, |
| Geachte dames, | Sehr geehrte Damen, |
| | |
| In antwoord op uw brief van ... delen wij mee dat ... | Auf Ihr Schreiben vom ... teilen wir Ihnen mit, daß... |
| | |
| Met belangstelling hebben wij uw brief van... gelezen. | Wir haben Ihren Brief vom ... mit Interesse gelesen. |

| | |
|---|---|
| Aansluitend aan onze brief van ... Het doet ons genoegen u mee te delen dat ... | Im Anschluß an unser Schreiben vom ... Wir freuen uns, Ihnen mitteilen zu können, daß ... |
| Tot onze spijt moeten wij u meedelen dat ... | Wir bedauern, Ihnen mitteilen zu müssen, daß ... |
| Hierbij sturen wij u ... | Beigefügt / Anbei finden Sie ... |
| Wij hebben belangstelling voor ... Wij zouden het zeer op prijs stellen als ... | Wir sind interessiert an ... Wir wären Ihnen sehr verbunden, wenn ... / Wir würden es begrüßen, wenn ... |
| Wij bieden u onze verontschuldigingen aan voor ... | Wir möchten uns dafür entschuldigen, daß ... |
| Graag zou ik op korte termijn de heer ... willen ontmoeten om ... te bespreken. | Ich würde Herrn ... gern möglichst bald treffen, um mit ihm ... zu besprechen. |
| Hierbij sturen wij u onze offerte met betrekking tot ... | In der Anlage finden Sie unser Angebot für ... |
| Bijgesloten vindt u een lijst met prijzen en leveringsvoorwaarden. | Beigefügt finden Sie unsere Preisliste und die Lieferbedingungen. |
| Naar aanleiding van uw offerte van ...delen wij u mede dat ... | Auf Ihr Angebot vom ... teilen wir Ihnen mit, daß ... |
| Alvorens een besluit te nemen over een eventuele order zouden wij graag de volgende informatie ontvangen: | Bevor wir bestellen können, benötigen wir die folgenden Informationen: |
| Wij willen graag de volgende order bij u plaatsen: | Wir möchten Ihnen den folgenden Auftrag erteilen: |
| Kunt u deze order zo spoedig mogelijk bevestigen? | Bitte bestätigen Sie diesen Auftrag umgehend. |
| Tot onze spijt kunnen wij niet op uw aanbod / offerte ingaan. | Wir bedauern, daß wir nicht auf Ihr Angebot eingehen können. |
| Uw prijzen zijn naar onze mening aan de hoge kant. | Ihre Preise erscheinen uns recht hoch. |
| Hierbij bevestigen wij de ontvangst van uw order. | Hiermit bestätigen wir, daß wir Ihren Auftrag erhalten haben. |
| Wij zullen uw order binnen de overeengekomen termijn uitvoeren. | Wir werden Ihren Auftrag fristgerecht ausführen. |
| Hierbij sturen wij de factuur voor de geleverde artikelen. | Anbei senden wir Ihnen die Rechnung über die gelieferten Artikel. |
| Wij verzoeken u het verschuldigde bedrag binnen ... dagen op onze bankrekening, nummer ... over te maken. | Wir bitten Sie, den Betrag innerhalb von ... Tagen auf Konto Nr. ... bei der ..., Bankleitzahl ..., zu überweisen. |

# BRIEVEN SCHRIJVEN

| | |
|---|---|
| Tot op heden hebben wij geen antwoord van u ontvangen op onze brief / onze offerte van ... | Bis heute ist bei uns keine Antwort auf unseren Brief / unser Angebot vom ... eingegangen. |
| Wij hopen spoedig antwoord van u te ontvangen. | Wir bitten um möglichst umgehende Antwort. |
| Wij hopen u met deze inlichtingen van dienst te zijn geweest. | Wir hoffen, Ihnen mit diesen Informationen behilflich gewesen zu sein. |
| Als u nog meer wilt weten, kunt u ons altijd bellen. | Wenn Sie weitere Informationen brauchen, können Sie uns gern anrufen. |
| Bij voorbaat onze dank voor uw medewerking. | Im voraus vielen Dank für Ihre Bemühungen. |

De slotformule is afhankelijk van de aanhef die u in de brief hebt gekozen.
Indien u de aangeschrevene in de aanhef bij naam hebt genoemd, kunt u het best kiezen voor: Mit freundlichem Gruß / Mit freundlichen Grüßen.
Bij een onpersoonlijker aanhef (Sehr geehrte Damen und Herren) kunt u gebruik maken van de slotformule: Hochachtungsvoll.
Al deze formules komen overeen met het Nederlandse: Met vriendelijke groet / Hoogachtend.

## Persoonlijke brief

De Duitse persoonlijke en bezittelijke voornaamwoorden behorende bij *du* (je) en *ihr* (jullie) zoals *dein, dir, euch* e.d. worden in brieven met een hoofdletter geschreven. In de nieuwe Duitse spelling hoort dit echter niet meer.

| | |
|---|---|
| Lieve Lotte, / vriendin, / tante Maria, / Beste Arthur, / meneer ..., / Beste vrienden, / Beste mensen, | Liebe Lotte! / Freundin, / Tante Maria! / Lieber Arthur, / Herr ...! / Ihr Lieben! |
| Hartelijk bedankt voor je brief. | Vielen Dank für Deinen Brief. |
| Hoe gaat het met je / jullie / u? | Wie geht es Dir / Euch / Ihnen? |
| Hartelijk gefeliciteerd met je verjaardag / met de geboorte van jullie dochter / met het behalen van je diploma. | Herzlichen Glückwunsch zum Geburtstag / zur Geburt Eurer Tochter / zu Deinem Examen. |
| Prettige kerst en een gelukkig nieuwjaar. | Frohe Weihnachten und ein glückliches Neues Jahr. |
| Ik ben heel blij met het pakje dat je me hebt gestuurd. | Über Dein Päckchen / Paket habe ich mich sehr gefreut. |
| Het spijt me dat ik zo lang niets van me heb laten horen. | Es tut mir leid, daß ich so lange nichts von mir habe hören lassen / daß ich mich so lange nicht gemeldet habe. |
| Ik ben erg geschokt door het bericht van het overlijden van... . | Die Nachricht von ...s Tod hat mich sehr betrübt. |

| | |
|---|---|
| Ik wil u graag, namens de hele familie, condoleren met het overlijden van... | Im Namen meiner Familie spreche ich Ihnen zum Tod von ... meine herzliche Anteilnahme aus. |
| Ik wens u veel sterkte toe in deze moeilijke tijd. | Ich wünsche Ihnen viel Kraft und Stärke in dieser für Sie schweren Zeit. |
| Hartelijk dank voor uw medeleven. | Herzlichen Dank für Ihre Anteilnahme. |
| Hebben jullie een goede terugreis gehad? | Hattet Ihr eine angenehme Rückreise? |
| Wij hopen jullie gauw weer eens te kunnen ontmoeten. | Wir hoffen, Euch bald wiederzusehen. |
| Doe de groeten aan ... | Bitte grüße ... von mir. |
| Hartelijke groeten / Liefs | Herzlichen Gruß / Viele Grüße / Viele liebe Grüße / Alles Gute / Mit den besten Grüßen |

## Reservering

| | |
|---|---|
| Wij zijn van plan onze vakantie in uw streek door te brengen. | Wir haben vor, unsere Ferien in Ihrer Gegend zu verbringen. |
| Graag zou ik van u informatie / een brochure ontvangen over uw camping / over hotelaccomodatie in de streek. | Ich möchte Sie bitten, mir Informationen / einen Prospekt über Ihren Campingplatz / über Hotelangebote in Ihrer Gegend zu senden. |
| Kunt u mij laten weten of reservering in deze periode noodzakelijk is? | Bitte teilen Sie mir mit, ob eine Reservierung während dieser Zeit notwendig ist. |
| Graag wil ik in uw hotel twee kamers met bad en toilet / twee plaatsen op uw camping reserveren van ... tot ... | Bitte reservieren Sie mir für die Zeit vom ... bis zum ... zwei Zimmer mit Bad und WC / zwei Plätze auf Ihrem Campingplatz. |
| Wij zouden graag een rustige standplaats willen hebben met schaduw en dicht bij de zee / het zwembad. | Wir hätten gern einen ruhigen, schattigen Standort nahe der See / in der Nähe des Schwimmbads. |
| Wij zullen 7 juli 's middags aankomen en op 14 juli weer vertrekken. | Wir beabsichtigen, am Nachmittag des 7. Juli anzukommen und am 14. Juli abzureisen. |
| Kunt u ons laten weten of wij zelf lakens en slopen moeten meenemen? | Bitte teilen Sie uns mit, ob wir Laken und Bettwäsche mitbringen müssen. |
| Zijn huisdieren toegestaan in uw hotel / op uw camping? | Sind Haustiere auf Ihrem Campingplatz zugelassen? |
| Zijn er op de camping faciliteiten voor kleine kinderen? | Bietet Ihr Campingplatz Spielmöglichkeiten für kleine Kinder? |
| Kunt u deze reservering op korte termijn bevestigen? | Bitte bestätigen Sie diese Reservierung möglichst bald. |

| | |
|---|---|
| Tot mijn spijt ben ik genoodzaakt mijn reservering te annuleren als gevolg van ... | Leider muß ich meine Reservierung absagen, da ... |
| Ik zie uw informatie met belangstelling tegemoet. | Ich freue mich, bald von Ihnen zu hören. |
| Met vriendelijke groet / Hoogachtend | Mit freundlichem Gruß / Mit freundlichen Grüßen / Hochachtungsvoll |